예배와 영성

ⓒ 2012 by Allen P. Ross under the title **Commentary on the Psalms, Volume I: 1-41**
Originally published in the USA by Kregel Publications, Grand Rapids, Michigan.
Translated and printed by permission.

All rights reserved. This Korean Edition ⓒ 2015 by Timothy Publishing House, Inc.,
Seoul, Republic of Korea Published by arrangement with Kregel Publications
through rMaeng2, Seoul, Republic of Korea.

이 한국어판의 저작권은 알맹2 에이전시를 통하여 Kregel Publications와 독점 계약한 (주)도서출판 디모데에 있습니다.
신 저작권법에 의하여 한국 내에서 보호받는 저작물이므로 무단 전재와 무단 복제를 금합니다.

예배와 영성

1쇄 발행	2015년 8월 10일
2쇄 발행	2021년 11월 4일

지은이	앨런 로스
옮긴이	정옥배
펴낸이	고종율

펴낸곳	(주)도서출판 디모데 〈파이디온선교회 출판 사역 기관〉
등록	2005년 6월 16일 제 319-2005-24호
주소	서울특별시 서초구 서초대로 141-25(방배동, 세일빌딩)
전화	마케팅실 070) 4018-4141
팩스	마케팅실 031) 902-7795
홈페이지	www.timothybook.com

값 45,000원
ISBN 978-89-388-1587-3 04230
ISBN 978-89-388-1586-6 (세트)

ⓒ 2015 도서출판 디모데 All rights reserved. 〈Printed in Korea〉

※ 이 책은 부산 영안침례교회에서 출판비의 일부를 후원받아 발행하였습니다.

예배와 영성

앨런 로스의 시편 강해를 위한 주석 I
(1-41편)

앨런 로스 지음 | **정옥배** 옮김

A COMMENTARY ON
THE PSALMS

평생을 강해와 음악으로
하나님의 말씀을 섬기는 데 바친
나의 삼촌과 숙모
레오나드 목사님과
베아트리체 수커트에게
바칩니다.

추천의 글

성경을 연구하고 설교하는 사람들에게 양질의 주석은 사막의 오아시스와 같다. 앨런 로스는 오아시스의 친절한 안내자 같은 사람이다. 우리는 이미 그의 저서인 창세기와 레위기 주석에서 그 친절을 경험했다.

그런데 이번에는 방대한 분량의 시편 주석을 치밀하게 저술하여 또 다시 유익한 가르침을 준다. 시편은 풍부한 시적 표현이 매력적인 책이지만, 동시에 해석의 난해함을 가진 책이다. 시편의 문학적 장르의 특수성으로 인한 어려움이다. 그런데 저자는 정교하고 체계적인 해석으로 시편의 진리를 맛보게 한다.

시편의 진리에 목말라하던 모든 사람에게 이 주석은 갈증을 해소하는 반가운 소식일 것이다. 시편 연구와 강해의 숙제를 안고 있는 모든 사람의 서가에 비치해야 할 필독서로 이 주석을 추천한다.

이동원 지구촌교회 원로목사

앨런 로스는 수십 년 동안 시편을 공부하고, 가르치며, 설교했다. 그의 연구와 반추한 시간들의 절정인 이 시편 주석은 독자들이 뛰어난 학자에게 기대한 석의적 기술과 신학적 통찰력을 드러내준다. 또한 그는 목회자들을 훈련하는 일에 전문가이기 때문에 목회자들이 주석에서 원하는 것이 무엇인지 누구보다 잘 안다. 그는 이 주석에서 그러한 바를 분명하고 이해하기 쉬운 형태로 전달한다. 이 주석은 시편에 관한 한, 현재 출간된 주석 중에 가장 뛰어나다!

로버트 치솜 Robert B. Chisholm 댈러스신학교 구약학과 학과장 및 교수

이 주석은 시편을 이해하고 주해하려는 모든 사람에게 가치를 헤아릴 수 없는 도움을 준다. 저자는 관찰, 분석, 해석 그리고 적용의 단계를 거치며 강해자를 이끈다. 그의 인도를 잘 따르면, 시편에 관한 설교와 가르침이 더 풍성해질 것이다.

존 오스왈트 John N. Oswalt 애즈베리신학교 구약학 석좌교수

앨런 로스는 읽기 쉬운 형식으로 수십 년간의 연구와 가르침을 풍성하게 반영한 주석을 저술했다. 이것은 메마르고 두꺼운 주석이 아니다. 오히려 완전하고, 박식한 강해 주석이다. 시편을 연구하는 사람들은 오랜 시간 동안 이 주석에 감사하게 될 것이다.

대니얼 캐럴 M. Daniel Carroll R. 덴버신학교 구약학 석좌교수

앨런 로스의 이 주석은 균형이 잘 잡혀 있다. 이것은 그가 시편 연구자들에게 본문의 시적인 구조를 다루고, 또한 고등비평의 이슈가 되는 번역의 질문과 본문을 비평하는 일에 자신을 노출하도록 도전을 주고 있기 때문이다.

윌리엄 반게메렌 Willem A. Vangemeren 트리니티복음주의신학교 구약학 교수

모든 세대와 그에 따른 모범이 되는 책이 출간되면, 그것은 그동안 표준으로 여겼던 기존의 업적을 무색하게 해버린다. 앨런 로스는 이 시편 주석을 통해 그 일을 해냈다.

유진 메릴 Eugene Merrill 댈러스신학교 구약학 석좌교수

차례

추천의 글	6
서문	11
약어	19

1	시편의 가치	24
2	시편의 본문과 고대 이본(異本)들	30
3	시편의 제목과 표제	38
4	시편 해석의 역사	66
5	성경적 시 해석	86
6	시편에 나오는 문학 형태와 기능들	122
7	예배에서의 시편	162
8	시편의 신학	172
9	시편 강해	189
10	시편 1편 복 있는 삶	202
11	시편 2편 하나님 아들의 즉위	218
12	시편 3편 역경에 직면하여 확신을 가짐	239
13	시편 4편 거짓된 비난에도 하나님의 사랑 안에서 안전하고 안정됨	254
14	시편 5편 위험한 속임에서 구원받음	267

15	시편 6편 심한 징계에서 구원해달라는 기도	285
16	시편 7편 의로운 재판관 앞에서 드리는 무죄한 자의 호소	302
17	시편 8편 사람에게 자신을 낮추시는 영광	319
18	시편 9편 정당함이 입증되는 것을 확신하는 찬양	333
19	시편 10편 무력한 자들을 억압함	351
20	시편 11편 믿음을 굳게 잡음	374
21	시편 12편 거짓의 세상 안에 있는 진리	388
22	시편 13편 괴로운 자의 부르짖음	401
23	시편 14편 어리석은 자의 어리석음과 미래	413
24	시편 15편 예배자의 자격	428
25	시편 16편 여호와의 영원한 공급과 보호	441
26	시편 17편 의인의 정당함을 입증하는 것과 보호	461
27	시편 18편 하나님이 전쟁에 간섭하신 것에 대한 왕의 감사	483
28	시편 19편 신적 계시의 설계	518
29	시편 20편 여호와의 이름에 대한 확신	543
30	시편 21편 여호와의 기름부음 받은 자의 승리	562
31	시편 22편 악인에게 괴롭힘을 당하고, 하나님께 버림받음 – 절망의 부르짖음	578

32	시편 23편	여호와의 신실한 공급하심	612
33	시편 24편	영광의 왕을 찬송할 준비를 함	634
34	시편 25편	여호와의 길 – 죄 사함, 구원, 인도	653
35	시편 26편	죄인들에게서 분리됨	672
36	시편 27편	용감한 신뢰의 기도 노래	688
37	시편 28편	악인과 그들의 운명으로부터 구원해달라는 확신에 찬 간구	706
38	시편 29편	여호와의 능력의 '소리'	723
39	시편 30편	그의 노염은 잠깐, 그의 은총은 평생	737
40	시편 31편	괴로울 때 의지함	757
41	시편 32편	죄 사함의 기쁨	782
42	시편 33편	그분의 말씀과 신실하심, 의와 사랑에 대한 새로운 찬양 노래	801
43	시편 34편	하나님의 선하심에 대한 교훈적 찬양	826
44	시편 35편	까닭 없이 미움을 받음	845
45	시편 36편	보존하고 만족케 하시는 하나님의 사랑	868
46	시편 37편	신적 섭리의 의로움	888
47	시편 38편	죄 때문에 고난받는 병든 사람의 기도	912
48	시편 39편	몹시 아픈 사람의 기도	933
49	시편 40편	희생 제사의 노래	951
50	시편 41편	배신에 대해 도움을 촉구함	975

서문

오랜 세월 동안 시편은 예배의 표현과 영적 생활의 발전을 위한 매우 풍성한 자원 중 하나였다. 또한 시편은 성경에서 좀 더 복잡할 뿐 아니라, 성경 해설자들의 도전 의식을 자극하는 책이었다. 많은 관련 주석이 출간되었다는 사실이 그 점을 입증한다. 지난 몇 년 동안 주석만 서너 권이 출간되었을 뿐만 아니라 시편 전체에 대한 혹은 개별적 시편들의 다양한 측면들에 대한 문헌들, 수많은 새로운 역본들과 해설 역본들이 꾸준히 발간되었다. 이러한 자료들은 우리가 본문을 이해하는 데 도움을 준다. 하지만 시편에 대한 최종적인 저술은 없다. 시편에 대해 글을 쓰는 사람들은 이것을 익히 잘 안다. 그 이유는 시편의 주제가 광대하고 여전히 많은 난제가 해결되지 않았기 때문이다. 고대 이스라엘에서 오늘날까지 설교와 신학적 논증, 경건한 예배에 이르기까지 대단히 여러 가지 방식으로 시편을 사용해왔기 때문에 시편 해석에 대한 완전한 연구를 한다는 것은 도저히 불가능하다. 분명 주석은 어떤 것이든 그 목적에 따라 한계가 정해질 수밖에 없다. 그럼에도, 간결하지만 최대한 철저하게 연구를 해야 한다는 과제는 여전히 남아 있다.

내가 이 주석을 쓴 목적은 석의의 주요 목표인 본문 강해에 초점을 맞추기 위한 것이다. 많은 사람이 시편을 본문으로 설교하거나 가르친다. 하지만 어떤 시편에서 몇 줄이나 몇 부분을 떼어낸 것을 중심으로 메시지를 전하거나, 신약에서 자주 인용되는 몇 개의 시편들만 강해의 소재로 삼는 경우가 너무 많다. 신자들은 모든 시편을 연구하고 묵상, 기도, 찬양에서 시편을 사용해야 한다. 또한 교회 모임에서도 덕을 세우는 일과 권면을 위해 모든 시편을 해설해야 한다. 모든 시편은 성경의 일부로 신적 영감을 받았으며, 무시되어서는 안 되기 때문이다. 내가 말하는 석의적 강해란 강해가 시편 전체를 포괄하고, 본문을 한 구절씩 설명할 뿐 아니라, 시편의 메시지가 각 부분에서 어떻게 펼쳐지는지도 보여주는 강해를 뜻한다. 결국 시편은 하나의 문학 작품이기 때문에 하나의 통합된 주제가 있고, 그 주제를 전개하는 사고의 흐름이 있다. 물론 해설자는 주어진 시간에 그 시편에 나오는 세부 사항들을 얼마나 많이 포함할지 결정해야 할 것이다. 하지만 메시지의 전개를 염두에 두고 있다면 조금은 더 체계적으로 선택할 수 있다. 교회를 위해 그런 강해를 해나간다면, 열띤 호응을 얻을 수 있다. 많은 사람이 힘들고 괴로울 때 시편에 의지하여 사는 것 뿐 아니라, 승리와 축복의 때에 시편으로 경축하는 것을 배워서, 시편을 사랑하게 되었기 때문이다.

그래서 나는 목사, 교사, 성경을 진지하게 연구하는 사람, 시편을 더 정확하게 이해하고 깊이 있게 해설하는 능력을 갖고자 노력하는 사람을 위해 이 주석을 썼다. 그러므로 이 주석의 구성과 내용은 내 목적과 대상에 맞게 조정되어 있다. 나는 시편 해석 역사 전체에 걸쳐 내려오는 모든 다양한 견해들에 대한 상세한 논의는 포함시키지 않았고, 관련한 문제들에 대한 전문적 논의와 난제 해결을 위한 제안들도 선별해서 다루었다. 나는 내 주요 관심사, 즉 목사나 교사가 강해 메시지를 개발하기 위해 필요한 것을 유념하려 애썼다. 좀 더 학문적인 목적의 책이었다면 다른 많은 것이 포함되어야 했겠지만, 신학교 강의실에서 시편 강해를 가르치고 교회에서 시편을 해설한 경험을 통해, 나는 제한된 상황에서 어떤 방식으로 무엇을 설명할 것인지에 대한 감각을 익힐 수 있었다.

관련된 질문들과 관심사들을 보다 상세히 연구하는 것에 관심이 있는 사람들은 다른 저술들을 참조할 수 있다. 이 책의 "시편 해석의 역사"라는 장에 선별한 주석들과 도움이 될 만한 기본적인 참고 자료를 실었다. 3권 끝에는 관련 시편에 맞춰 구체적 연구에 도움이 될 만한 긴 참고 서적 목록을 제시해놓았다.

강해자들은 시편에 대한 연구서를 서너 권 지니고 있어야 한다. 각각의 부분에서 기여를 하고, 전체적인 연구를 보완할 수 있는 책들이어야 한다. 이 주석은 본문 석의를 한 뒤 강해 구성으로 넘어가도록 구성했다. 즉 각 행과 구절들을 해설할 뿐 아니라, 강해 형식으로 자료들을 모아놓은 것이다. 나는 강해자들이 내가 한 방식으로 자료를 정리하거나, 혹은 내가 써놓은 개요와 요점들을 사용하는 것을 반대하지는 않지만, 그렇게 하기를 바라지도 않는다. 내가 바라는 것은 이 내용을 바탕으로 강해자들이 자료를 정리하는 법을 배우는 데 도움을 받고, 본문에 충실하면서도 고유한 상황에 맞게 강해를 개발하는 것이다.

이 주석을 쓰면서 결정해야 할 것들이 많았다. 무엇보다 나는 읽기는 쉽지만 극단적으로 단순화하지 않은 주석을 쓰고 싶었다. 그러려면 면밀하고 빈틈이 없어야 했다. 이 말은 필요한 전문적 정보를 포함해야 한다는 뜻이다. 하지만 논의에 방해가 되어서는 안 되었다. 그래서 나는 이 주석에서 전문 용어와 히브리어 단어들을 괄호 안에 넣었다. 문장을 읽기 쉽게 하기 위해서다. 또한 본문의 문제들에 대한 각주는 본문의 히브리어와 헬라어 형태를 써놓고 번역했다. 이 언어들에 정통하지 않은 사람은 여러 이문(異文)과 논증들을 이해하고, 이 언어들을 아는 사람은 그에 대한 정보들을 입수할 수 있게 하기 위해서다.

또한 각 시편을 본문과 매우 유사하게 번역했으며, 설명을 위한 말을 많이 포함하지 않았다. 오히려 교회에서 시편을 사용하기 때문에, 전통적인 번역을 가능하면 그대로 유지하려 애썼다. 하지만 영어는 현대 영어로 바꾸었다. 비유적 표현은 풀어놓거나 역동적 등가(dynamic equivalence)를 제시하지 않고 그대로 두었다. 때로는 수수께끼 같거나 생소하게 보이는 행들이 있을 것이다. 결국 이것은 시다. 번역에서 시는 가능한 한 그대로 유지되어야 한다. 번역할 때 말을 풀어서 쉽게 설명하면, 강해는 본문이 실제로 말하는 것과 거리가 멀어질 수도 있다. 그리고 그것은 교인들에게 설명하는 방식에 영향을 끼칠 수 있다. 어떤 경우에는 이해를 위해 어느 정도 풀어쓸 필요가 있었지만, 가능하면 그렇게 하지 않으려 했다. 이 경우 주로 주석에 내용을 담았다.

본문 비평은 시편 연구에 필요한 부분이다. 한 시편을 여러 현대어 역본 – 아마 그들이 교회에 가지고 온 것과 해설자가 사용하고 있는 것 – 으로 비교해 본 사람들은 이것을 명확하게 느낄 것이다. 분명 의문 사항들이 있다. 어떤 시편에는 드물지만 몇 가지는 있다. 그리고 가끔은 원래의 사본이 어떻게 되어 있었는지 확실히 알 수 없는 경우도 있다. 나는 이런 의문을 가진 강해자들을 돕기 위해 중대한 본문의 문제들에 모두 주석을 달기로 마음먹었다. 보다 복잡한 문제들에 대해서는 다양한 견해들을 잘 이해할 수 있게 설명하려 애썼다. 중대한 본문의 문제들을 다루는 데 있어서는(이는 의미의 변화를 말하는 것이다) 적절한 자료를 제시하고, 히브리 본문과 조화를 이루든 번역본들과 조화를 이루든, 그 문제에 대한 나의 결론을 말했다. 본문의 문제에 대해 분명한 해결책이 없는 경우 좀 더 합당해보이는 선택권과 현대적인 제안들을 제시했다. 히브리어 독법이 어렵지만 이치에 맞는 경우에는 번역에서 그것을 그대로 유지하고 각주에 자료를 남겨 강해자들이 어떤 해석이 더 개연성이 있는지 결정하게 했다. 나는 본문을 더 잘 이해할 수 있게 고쳐 쓰려는 유혹을 피하려 애썼다. 대부분의 난점은 히브리어 본문과 헬라어 역본 간의 차이를 중심으로 한 것이었는데, 일반적으로 칠십인역(Septuagint)이라 불리는 옛 헬라어 역본을 그저 '헬라어'(the Greek), '헬라어판'(the Greek version), '헬라어역'(the Greek translation)이라고 했다. 후대의 헬라어 개정판들과 역본들은 이름을 밝혔다. 본문의 문제들로 인해 시편의 전반적인 의미가 크게 바뀌지는 않았지만 개별적인 행들과 표현들은 바뀌었다. 적어도 난점들을 이런 식으로 제시하면, 강해자들은 왜 특정 현대어 역본이 특정 본문을 그런 식으로 번역했는지 더 잘 설명할 수 있을 것이다.

   본문의 단어가 원래의 독법을 납득하게 하기에는 너무 어려워 보이는 곳이 많았다. 그런 경우에는 여러 제안을 제시했다. 이런 제안들은 대부분 본문을 이해하는데 도움이 되었다. 결국 그것이 주석가들이 하려고 애쓰는 것이다. 하지만 그 제안들을 따르려면 본문에서 너무 많은 것을 바꿔야 하는 경우가 종종 있었다. 나는 히브리어 사본이나 역본들을 수정할 것을 제안할 때, 그것을 지지하는 증거가 없을 때는 회의적인 경향이 있다. 그럼에도 각 본문의 문제는 그 나름대로 분석하고, 선택한 결론에 대한 이유를 설명해야 했다. 강해자들은 나의 선택에 동의하지 않을지도 모르지만, 적어도 내가 설명한 이문(異文)들을 좀 더 쉽게, 그러나 깊이 생각해볼 수 있을 것이다.

시편에서 강해자는 또한 단어의 정확한 의미를 설명해야 한다. 시편에는 독특한 단어가 많다(그리고 이 단어들 때문에 종종 본문의 난점이 발생한다). 이것은 명료하게 해명해야 했다. 그것은 어원학적 연관 관계를 살펴본다는 의미다. 잘 알려진 단어들이라도 시편에서는 그 뉘앙스를 명확하게 설명해야 할 필요가 있다. 나는 시편에서 자주 사용된 용어들에 대한 단어 연구를 상당히 많이 포함시켰다. 이 연구들은 지면상의 한계로 인해 충분하다고 할 수 없지만, 강해자들이 어떤 단어의 다양한 용례에서 그 단어가 무엇을 의미하는지 초점을 맞추게 도와주려고 했다. 각 단어는 각주에서 그 단어가 나오는 구절과 연관하여 논의할 것이다. 그 단어가 다른 곳에서 나올 때는 단어 연구가 나오는 본문을 참조하도록 괄호 안에 넣어두었다. 3권 끝에는 모든 단어 연구에 대한 색인이 나온다.

시편은 강해에서 분명하게 설명해야 할 시적 언어들로 가득하다. 나는 "시편에 나오는 문학적 형태와 기능들"이라는 장에서 매우 일반적인 개관을 해놓았으며, 주석 전체에서 비유적 표현 및 다른 시적 장치들이 본문의 의미와 관련이 될 때는 그것에 대해 설명했다. 비유들을 일반적 용어로 언급하기보다는 사용된 정확한 비유가 시편에서 어떻게 작용하는지 명시했다. 강해에서 이런 식으로 설명해준다면, 사람들은 본문을 더 잘 이해할 수 있을 것이다.

시편을 번역하고 해설할 때 가장 어려운 일 가운데 하나는 히브리 시제를 해석하는 것이다. 히브리어를 처음 연구하는 사람들은 여러 시제의 다양한 뉘앙스와, 각각의 시제가 언제 사용되어야 하는지 곧 배우게 된다. 완료시제, 미완료 시제, 연속적인 '그리고'(Wāw)가 달려 있는 것, 의지적 형태들 등이다. 시제를 결정하는 것이 여전히 어려운 일이라는 사실은 여러 영어와 우리말 역본들을 비교해보면 알 수 있다. 번역이 일치하지 않는 부분[종종 영어의 현재 시제('그가 심판하신다')와 미래 시제('그가 심판하실 것이다'), 혹은 어쩌면 의지를 나타내는 법(volitional mood, '그가 심판하시기를') 간에 선택해야 하는 부분]은 전후 문맥 안에서 각 형태를 연구하려고 노력했다. 난해한 행에 나오는 형태의 희귀하고 색다른 용례보다는 좀 더 일반적인 뉘앙스를 선호했다. 그리고 히브리어에서 어떤 동사 형태는 철자는 같지만 다양한 전후 문맥에서 대단히 다양하게 번역될 수 있기 때문에 번역을 선택하는 것은 번역자의 몫이다. 때로 시의 각 행들의 병행 구조는 번역을 선택하는 데 도움이 될 것이다. 하지만 그것은 병행적 행들이 어떤 식으로든 유사한 의미를 가질 때에만 효과가 있다. 어떤 때는 어떤 시편의 유형을 인식할 수 있으면 동사 번역을 결정하는 데 도움이 된다. 하지만 그것 역시 언제나 가능한 것은 아니다. 찬양이나 탄식의 유형을 따르지 않는 혼합된 유형이나 본문이 대단히 많기 때문이다. 그리고 각 역본에서 동사가 번역된 방식은 다른 증거가 없으면 답할 수 없는 또 다른 질문들을 제기하는 경우가 종종 있다. 시제나 다른 구문 구조상의 난점이 있을 때, 나는 보통 여러 선택권을 제시하고 내가 내린 결론을 설명했다. 시제 변화(예를 들어, 현재에서 미래로)가 시편 해석에서 큰 변화를 가져올 수도 있다. 그러므로 모든 번역이 동의하는 부분에 대해서는 다른 번역을 제안하기 전에 주의를 기울일 만한 충분한 이유가 있다.

고등비평 문제는 성경의 어떤 책을 연구할 때도 피할 수 없다. 여기에 시편도 예외는 아니다. 한편, 우리는 시편의 연대, 저자, 기록된 배경이 되는 때가 해석에 중요하지 않다고 말할 수도 있을 것이다. 시는 시간을 초월하는 문학 작품으로 독립적으로 존재하기 때문이다. 또한 특히 우리가 대다수의 시편에 대해 이런 정보를 가지고 있지 않기 때문이기도 하다. 한편, 고등비평은 종종 시편 해석과 관련이 있다. 주석들에 대한 간략한 개관을 보면 알 수 있을 것이다. 많은 시편의 경우, 표제를 보면 저자, 기록된 배경이 되는 때, 이스라엘의 예배에서 시편의 용도 등에 대해 알 수 있다. 이 주석들은 후에 시편을 편찬할 때 추가된 것일 가능성이 매우 많지만, 그럼에도 무시해서는 안 된다. 예를 들어 다윗이 쓴 시편을 연구할 때 적어도 어느 정도는 고려해야 한다. 다윗이 그 시편을 쓰지 않았을 이유가 없다면, 그 전통은 신뢰할 만한 것으로 볼 수 있을 것이다. 저자가 누구인가에 대한 이런 기록은 이 해설과는 전혀 상관없을 수도 있다. 게다가 시편에 그 시편이 기록된 배경에 대한 다른 표시가 없다면, 그 배경을 제시하고 그 배경에 비추어 해설을 전개하는 것에 주의를 기울여야 한다. 현대 학자들은 일반적으로 대부분의 시편들을 바벨론 유수 바로 전이나 바벨론 유수 이후의 것으로 본다. 설령 많은 시편이 시편 모음집 마지막 부분에서 사용되었다 해도, 초기 군주정 시기의 것이거나 혹은 다윗 시대의 것이라는 점은 인정하지만 말이다. 나는 다윗이 실제로 많은 시편을 썼다는 전통적 견해를 폐기할 이유를 전혀 발견할 수 없다. 하지만 전통적으로 그가 썼다고 인정되는 시편을 모두 그가 썼다고 생각하지도 않는다. 각 시편은 각각 하나씩 연구해보아야 한다. 시편 모음집을 구성하는 시편들은 천 년 이상에 걸친 다양한 시기에 기록된 것으로 추정하며, 대부분의 경우 그것을 언제 누가 쓴 것인지 짐작하기 어렵다. 이 문제는 계속 논란이 될 것이다. 그래서 각 시편에 대한 제안들을 제시하고, 필요하면 그 제안들에 대한 나의 견해를 기록했다. 강해자는 본문 해설에 들여야 할 시간이 고등비평 해설에 상당히 많이 할애될 거라는 사실을 발견할 것이다.

시편 연구의 또 다른 측면을 보면 이후의 계시, 특히 신약 자료들과 필연적으로 상관 관계가 있어야 한다. 설령 신약이 특정한 시편을 인용하거나 암시하지 않더라도, 강해는 신학적 메시지가 어떻게 신약 계시와 연결되는지 보여주어야 한다. 때로 강해는 시편에서 언급된 사고방식이나 활동들을 신약에 비추어 설명해야 한다. 그러한 사고방식이나 활동을 형성한 신학은 남아 있지만, 많은 것이 변화 또는 수정되었기 때문이다.

후대 성경과의 상관 관계는 물론 예언적인 것이든 예표적인 것이든 시편에 나오는 메시아적 요소들에 초점을 맞추어야 한다. 하지만 이렇게 연관시키려면 신중해야 한다. 강해는 먼저 시편의 신학적 메시지를 기록된 그대로 전개하고 그다음에 그것이 어떻게 신약에서 성취되었는지 보여주어야 하기 때문이다. 이렇게 하면 성경의 연속성이 유지될 것이며, 시편 저자들이 시편을 이용한 방식을 더 잘 이해하게 될 것이다. 나는 메시아적 본문들과 종말론적 본문들에서 이 절차를 따르려 했다.

마지막으로, 석의로부터 강해를 발전시키는 것이 이 주석의 기본이다. 각 시편에 대해 나는 시편의 여러 부분이 무엇을 말하는지 분명하게 분석하는 상세한 석의적 개요를 썼다. 그다음에 그것을 설교를 위한 개요로 바꾸어 그것을 해당 주석의 표제로 사용했다. 결론부에서는 그 시편 전체를 위한 요약 강해 아이디어를 시편 메시지에 대한 짧은 진술 형식으로 제시했다. 강해자는 그 아이디어를 다양한 목적을 위한 여러 가지 말로 표현할 것이다. 그 아이디어들은 어떻게 그 자료를 하나로 통합시켜 분명하고 적절한 진술로 표현할 것인가에 대한 견본을 제공한다. 나는 "시편 강해"라는 장에서 이 절차를 좀 더 상세하게 설명했다.

이러한 일들은 수많은 사람의 인도와 영감에 의해 이루어졌다. 특히 브루스 와트키(Bruce K. Waltke)와 존 에머턴(John A. Emerton)에게서 시편 연구를 위한 가르침과 영감을 많이 받았다. 또한 오랜 세월 동료로 지낸 도널드 글렌(Donald R. Glenn)은 정확하고 명료한 본문 석의의 신뢰할 만한 원천이 되어 주었다. 그리고 오랫동안 내가 가르친 학생들의 연구는 본문을 깊이 생각하고, 그 의미를 더 잘 설명할 방도를 찾는 기회를 끊임없이 제공해주었다. 도중에 안식년을 주었을 뿐 아니라 많은 격려와 도움을 준 비손신학교(Beeson Divinity School)에게도 감사한다. 또한 크레겔(Kregel) 출판사 사람들이 이 프로젝트를 하기로 한 것에 대해, 그리고 처음부터 뒤에서 이 일을 감당한 짐 위버(Jim Weaver)와 꼼꼼하게 주석 작업을 해준 폴 힐맨(Paul Hillman)에게도 감사를 전한다.

시편에 대한 작업을 하면서 내 마음은 수십 세기 동안 이 본문들을 노래하고, 기도하며, 해설했던 수많은 성도에게로 달려갔다. 종종 그들과 일체감을 느끼기도 했다. 시편 연구는 묵상과 기도와 찬양, 예배와 의식들로 하나님께 더 영광을 돌리기 위해 교회에 그것을 가르치고자 하는 마음을 불러일으켰기 때문이다. 나 자신도 예배 때 시편으로 기도하고 노래하며, 영적 성장을 위해 시편을 의지하고, 여러 회중에게 시편을 해설하는 특권을 누렸다. 이 주석이 기도와 찬양과 선포 가운데 시편을 주의 깊게 사용하는 모든 사람에게 도움이 되기를 바란다.

약어

기호
//	시와 병행되는 행, 행 사이의 구분점
=	같은
<	유래된

A
A	알렉산드리아 사본(A). 헬라어 언셜체(uncial)로 된 성경 사본, 주후 5세기
AJSL	*American Journal of Semitic Languages and Literature*
ANET	*Ancient Near Eastern Texts* (J. B. Pritchard)
AnOr	*Analecta orientalia*
AO	*Archiv orientalni*
ASTI	*Annual of the Swedish Theological Institute*
ASV	American Standard Version, 1901
Aquila	Greek version made about 130 A.D.
AUSS	*Andrews University Seminary Studies*
AV	흠정역

B
B	Vaticanus를 보라.
BArch	*Biblical Archaeologist*
BASOR	*Bulletin of American Schools of Oriental Research*
BDB	*A Hebrew and English Lexicon of the Old Testament* (F. Brown, S. R. Driver and C. A. Briggs)
BH3	Biblia Hebraica (Kittel)
BHS	Biblia Hebraica (Stuttgartensia)
Bib	*Biblica*
BibSac	*Bibliotheca Sacra*
BiTod	*Bible Today*

BJRL	*Bulletin of the John Rylands Library*
BT	*The Bible Translator*
BZ	*Biblische Zeitschrift*
BZAW	*Beihefte zur ZAW*

C
CBQ	*Catholic Biblical Quarterly*
CJT	*Canadian Journal of Theology*
CTJ	*Calvin Theological Journal*
CTM	*Concordia Theological Monthly*

E
EncBib	*Encyclopedia Biblica*
EncJud	*Encyclopedia Judaica*
ESV	English Standard Version
ExT	*Expository Times*
EvQ	*Evangelical Quarterly*
EvTh	*Evangelische Theologie*

G
GKC	*Gesenius' Hebrew Grammar*, ed. by E. Kautsch, trans. by A. E. Cowley
Greek	옛 헬라어 역본, 칠십인역
GTJ	*Grace Theological Journal*

H
HALOT	*The Hebrew and Aramaic Lexicon of the Old Testament* (Ludwig Koehler, Walter Baumgartner, et al)
HTR	*Harvard Theological Review*
HUCA	*Hebrew Union College Annual*

I
Int	*Interpretation*
IB	*Interpreter's Bible*
IDB	*Interpreter's Dictionary of the Bible*

J

JAOS	*Journal of the American Oriental Society*
JBL	*Journal of Biblical Literature*
JETS	*Journal of the Evangelical Theological Society*
JJS	*Journal of Jewish Studies*
JNES	*Journal of Near Eastern Studies*
JNSL	*Journal of Northwest Semitic Languages*
JRel	*Journal of Religion*
JPS	*Jewish Publication Society*
JQR	*Jewish Quarterly Review*
JSNT	*Journal for the Study of the New Testament*
JSOT	*Journal of the Study of the Old Testament*
JSS	*Journal of Semitic Studies*
JTS	*Journal of Theological Studies*
Jud	*Judaica*

K

$k^e thîv$	기록된 것. 사본에 나온 글자들로 그 단어에 대한 모음은 구전(oral tradition)에서 나온다(또한 $q^e rê$를 보라).
KBL³	*Lexicon in Veteris Testamenti Libros*, 3rd Edition (Ludwig Koehler and Walter Baumgartner)
KJV	King James Version

M

ms(s)	manuscript(s)
MT	마소라 본문. BHS로 쓰여진 표준 히브리어 본문

N

NASB	New American Standard Version of the Bible
NEB	New English Bible
NIDOTTE	*New International Dictionary of Old Testament Theology and Exegesis* (ed. by Willem A. VanGemeren)
NJPS	New Jewish Publication Society
NIV	New International Version
NLT	New Living Translation
NovT	*Novum Testamentum*
NRSV	New Revised Standard Version
NT	New Testament
NTS	*New Testament Studies*

O
Or	*Orientalia*, new series
OT	Old Testament
OTS	*Oudtestamentische Studiën*

P
PTR	*Princeton Theological Review*

Q
q^{e}rê	읽기. 단어의 구전으로 본문에서 다른 단어로 쓰인 것에 모음을 붙여 표시한 것이다(k^{e}thîv를 보라).

R
RB	*Revue biblique*
RSV	Revised Standard Version

S
SJT	*Scottish Journal of Theology*
SJOT	*Scandanavian Journal of Theology*
SP	Samaritan Pentateuch
StTh	*Studia Theologica*
Symmachus	주후 2세기 끝 무렵에 나온 헬라어 역본
Syriac	고대 시리아 교회의 성경

T
Targum	히브리어 성경을 고대 아람어로 풀어쓴 것
TDOT	*Theological Dictionary of the Old Testament* (ed. by G. J. Botterweck and H. Ringgren)
Theodotion	주후 2세기 초에 나온 헬라어 역본
ThT	*Theology Today*
ThZ	*Theologische Zeitschrift*
TynB	*Tyndale Bulletin*

V
Vaticanus	바티칸 사본(B). 헬라어 언셜체로 된 성경 사본, 주후 325-350
VT	*Vetus Testamentum*
VT Supp	*Vetus Testamentum Supplement*
Vulgate	고대 라틴어 성경. 제롬(Jerome)이 번역한 것

W
WTJ   *Westminster Theological Journal*

Z
ZAW   *Zeitschrift für die alttestamentliche Wissenschaft*

1 시편의 가치
Value Of The Psalms

믿음의 권속들에게 시편이 지닌 가치를 제대로 표현하기는 거의 불가능하다. 거의 삼천 년 가까이 시편은 하나님 백성의 영적 삶의 한 가운데에 있었기 때문이다. 시편 모음에 열거된 기도, 찬양, 찬송, 묵상, 예배 의식 등은 신앙에 적대적인 세상에서 하나님을 위한 삶의 모든 측면을 망라한다. 시편은 개인적으로나 공동체적으로나 늘 신앙의 표현을 위한 중요한 것이었다. 이스라엘에서 시편 모음은 성전에서 부르는 찬송가책으로 만들어졌다. 많은 시편이 절기와 거룩한 날들을 포함한 특정한 날과 여러 다른 경우에 정기적으로 사용하도록 정해졌다. 초대 그리스도인들도 시편을 소중히 여겼다. 그들은 그 기도와 찬양들을 귀하게 생각했기 때문이다. 하지만 더 중요한 이유는 신약을 쓸 때 시편의 말들이 그리스도께 적용되었기 때문이다. 오랜 역사에 걸쳐 시편이 예배하는 공동체의 기도와 찬양이 된 곳마다, 시편은 잘 알려지게 되었다. 하지만 현대 기독교는 모임에서 시편을 활용하지 않기 때문에 교회의 영적 삶이 손상되었고, 예배에서 시편을 대신해 사용하는 기도와 찬송가, 노래들에는 시편이 지닌 권능과 아름다움이 사라졌다.

신앙의 역사 전체에 걸쳐 시편이 지닌 중요성에 비추어볼 때, 이러한 변화는 의미심장하다. 시편이 믿음과 이해에 결합되었을 때 교리를 알리고 설교를 고취시키며, 영적 삶의 발전을 위한 주된 자원을 제공하는 데 사용되었다. 커크패트릭(Kirkpatrick)은 이렇게 썼다.

> 사람들이 자신의 평범한 생업을 버리고 여러 수도원과 공동체에서 예배와 기도의 삶에 헌신했을 때, 시편을 노래하는 것은 그들의 종교적 훈련에서 큰 부분을 차지했다. 이윽고 시편 낭송은 성직자의 의무가 되었다. 다양한 계획과 용도에 따라 시편이 사용되었다. 정해진 시편들은 일반적으로 특정한 정시과(canonical hours, 하루 일곱 번의 기도 시간 – 역주)에 할당된 반면, 다른 예배 의식들에서는 나머지 시편들이 '적절한 때에' 낭송되었다.[1]

홀라데이(Holladay)는 시편 구조를 다른 종교적 순서로 살펴봄으로 이것을 설명한다. 그러면서 이 순서가 공동체의 기도 생활을 위한 틀을 만들어주었다는 사실에 주목한다.[2]

교회사 전체에 걸쳐, 시편이 대단히 중요하다는 사실은 거듭해서 인식 및 선포되었다. 여기에서 그 사실을 증거하는 수많은 증인을 나열하는 것은 나의 목적이 아니다. 하지만 몇 가지 예를 들면 이 책의 연구를 소개하는 데 도움이 될 것이다. 예를 들어, 아우구스티누스는 다음과 같은 글에서 자신이 시편으로부

---

1 A. F. Kirtpatrick, *The Book of Psalms* (Cambridge: At the University Press, 1914), ci.

2 William L. Holladay, *The Psalms through Three Thousand Years: Prayerbook of a Cloud of Witnesses* (Minneapolis: Augsburg Fortress, 1993), p.176-177 (신성한 직무에서 시편이 사용된 것을 살펴보려면 175-184쪽을 보라).

터 받은 영적 유익을 묘사한다.

> 내가 다윗의 시들, 그 신실한 노래들, 교만의 영을 사라지게 하는 그 헌신의 말을 읽을 때 어떤 말로 주 나의 하나님께 말하였는가…. 어떻게 내가 그 시편 가운데 거하시는 주님께 말하였던가! 주님에 대한 나의 사랑이 그 시편들로 인해 어떻게 불붙었는가! 나는 인류의 교만을 바로잡기 위해 온 세상에 그 시편들이 낭송되기를 얼마나 열망했던가….[3]

이처럼 시편을 매우 중시했기 때문에 안수를 받으려면 먼저 그것을 철저히 알아야 했다. 커크패트릭은 몇 가지 예를 인용했다. 콘스탄티노플 주교 게나디우스(Gennadius, 458-471)는 시편을 부지런히 낭송하지 않으면 그가 누구든 안수를 해주지 않았다. 제2차 니케아공의회(587)는 시편을 철저히 알지 못하면 누구든 감독으로 봉헌될 수 없다고 결론을 내렸다. 그리고 제8차 톨레도공의회(653)는 전체 시편 모음을 완벽하게 알지 못하는 사람은 교회 내에서 어떤 높은 직위도 맡아서는 안 된다고 정했다.[4] 이 기도들로 기도하고, 이 찬송들로 노래하는 것은 신자들, 특히 경건과 예배에서 교회를 인도할 모든 사람에게 필수적인 것으로 인식되었다.

그리고 시편의 중요성에 대한 이러한 인식은 개신교계에서도 이어졌다. 마르틴 루터(Martin Luther)는 시편에 대해 이렇게 말했다.

> 시편은 성경의 축소라고 불러도 옳을 것이다. 시편은 성경 나머지 부분에 길게 제시된 모든 것이 하나로 모여 멋지고 매력적인, 간략하고 아름다운 소책자로 이루어져 있다.[5]

---

3 *The Confession of St. Augustine*, ix. 4, in *A Select Library of Nicene and Post-Nicene Fathers of the Christian Church*, ed. by Philip Schaff(Edinburgh: T & T Clark, 1994 reprint), p.131.

4 Kirkpatrick, *Psalms*, cii.

장 칼뱅(John Calvin)은 시편에 대해 이렇게 말했다.

> 여기에서 선지자들은, 그들이 하나님께 말할 때 우리에게 자신들을 나타내 보이면서, 자기 마음속 가장 깊은 곳에 있는 생각과 감정들을 모두 드러내며 우리 각자에게, 특히 자신에 대해 검토할 것을 명한다. 더 정확히 말하자면, 그렇게 하도록 우리를 끌어당긴다. 우리가 종속된 수많은 약점 그리고 우리 안에 만연한 많은 악이 모두 온전히 드러나게 하기 위해서다.[6]

그리고 후커(Hooker)는 이렇게 썼다.

> 다른 책들에 나오는 모든 유익한 것의 진수가 시편에는 더 간략하게 포함되어 있을 뿐 아니라 더 감동적으로 표현되어 있다. 왜냐하면 시편이 시적인 형태로 기록되었기 때문이다.[7]

종교 개혁 이후에 교회를 위해 구절 모음집이 몇 가지 출판되었다. 거기에는 시편에서 뽑아낸 부분들, 성경의 다른 곳에서 나온 노래와 찬양들, 전통적인 중세 예배의식용 찬송가들, 그리고 성경을 따라 지어진 원래 저술들 등이 포함된다. 예를 들어, 가장 초창기의 것인 동시에 철저한 성경적 서정시와 그에 필적할 시 모음은 〈The Hymnes and Songs of the Church〉(1623)로, 예배 의식에서 시편을 보완하기 위해 만든 것이었다. 뉴잉글랜드의 〈Bay Psalm Book〉(1640)에는 시편의 산문판이 포함되어 있었다. 그것은 뉴잉글랜드에서 회중이 노래하는 데

---

5 Works, ed. 1553. Vol. iii. 356. 조금 더 알려면, Holladay, *The Psalms through Three Thousand Years*, 192-195쪽을 보라.

6 John Calvin, *Commentary on the Book of Psalms*, Trans. By james Anderson. 3 Volumes(Grand Rapids. Eerdmans, 1963 print), p.xxxvii.

7 Hooker, *Ecclesiastical Polity*, Book V. Chapter xxxvii, Par. 2.

쓰는 공인된 본문이 되었다. 그다음에 종교 개혁 이후의 교회 찬송가는 시편에서 자기 나름대로 만든 것이었다. 1640년 무렵까지 영어로 된 시편은 300개 이상의 판형이 있었다.[8] 시편을 상세히 연구하면 왜 그것이 교회의 영적 삶에 그처럼 중요한 것이 되었는지 누구나 이해할 수 있을 것이다. 페로운(Perowne)은 이렇게 말했다.

> 우리는 성도의 친교, 전투하는 교회, 승리한 교회의 하나 됨을 대단히 특별한 방식으로 인식하지 않고는 시편을 기도할 수 없다. 우리는 마음을 열고, 애정을 확장하며, 생각이 하늘로 향하게 하지 않고서는 시편을 기도할 수 없다. 시편을 가장 잘 기도할 수 있는 사람은 하나님께 가장 가까이 있고, 그리스도의 영을 가장 잘 알며, 하늘나라를 위해 가장 무르익은 사람이다.[9]

시편이 오랜 세월 동안 독실한 사람들의 개인적 묵상 뿐 아니라 예배하는 공동체를 위한 찬양과 기도의 책 역할을 해왔다는 사실은 오늘날 교회들이 영적 삶의 교훈과 개발에 시편을 활용하도록 촉구하기에 충분하다. 시편은 우리 찬양의 모델, 기도와 묵상의 교훈, 그리고 경건을 추구하는 영감이 되어야 한다. 또한 예배가 무엇인가를 이해하는 데 도움을 주기 때문에 시편을 면밀히 살펴보아야 한다. 시편은 신적 영감에 의해 이스라엘의 예배에 불가분하게 결속되어 있다. 기도와 찬양은 – 실로 예배는 – 반드시 정보에 입각해야 하므로 이 시편들을 정확하게 해석하고, 분명하게 가르치며, 납득이 가게끔 전파해야 한다. 교회가 시편을 무시하거나 예배 때 아무런 설명 없이 상투적으로만 읽고 그친다면, 풍성한 경험 중 하나를 놓치는 것이다.

---

8 Coburn Freer, *Music for a King*, 14–15쪽과 Terence Cave, *Devotional Poetry in France c.*(Cambridge, 1969) 1570–1613쪽을 보라.

9 J. J. Stewart Perowne, *The Book of Psalms*(Grand Rapids: Zondervan, 1878년판을 1966년에 재인쇄한 것).

하지만 분명한 설명은 쉽게 이루어지는 것이 아니다. 하나님 백성의 영적 삶과 예배에 적용하기 위해 시편을 해설하려는 사람은 몇 가지 도전을 직면할 것이다. 그들은 먼저 본문의 난점들을 해결해야 한다. 그리고 이 일은 현대의 번역들이 다양한 독법들을 선택할 수 있다고 해서 더 쉬워지지는 않는다.

또 다른 도전은 주석들이 시편 연구에서 다양하게 접근하기 때문에 생겨난다. 이러한 다양한 접근법은 많은 시편의 번역과 해석에 모두 영향을 끼친다. 그러므로 강해자들은 다양한 자료를 사용할 때 비판적으로 생각해야 한다.

시 자체가 시편 해석과 적용에서 도전을 제시한다. 강해자들이 히브리 시의 시적 구조와 비유들을 충분히 연구하려면 상당한 훈련이 필요하다. 몇몇 시적 언어는 보편적인 것이며, 그렇기 때문에 상당히 단도직입적이다. 하지만 그중 많은 것이 명백하지 않다. 비유적 표현을 설명하려면 고대 이스라엘 문화 뿐 아니라 성경 언어의 용례도 알아야 한다.

마지막으로, 히브리어 문법과 구문은 많은 해설자에게 도전을 제기할 것이다. 다양한 영어 성경들이 동사와 다른 언어 구문들을 어떻게 번역하는지 살펴보면 누구나 이 분야에 대해 어느 정도 지식이 필요하다는 것을 분명히 알게 될 것이다. 강해자들이 히브리어 형태와 구문에 익숙하지 않다면, 번역과 주석들을 이해하는 데 도움이 되는 믿을 만한 자료를 찾아보아야 할 것이다. 이 자료들이 언제나 서로 일치하지는 않으므로, 강해자들은 논증들을 비교·고찰해보고, 전후 문맥 및 성경에서의 용례에 기초하여 시의 정해진 행에서 정확하게 강조되어야 할 것이 무엇인지 결정해야 한다.

다음 장들에서는 이 도전들에 대한 보다 상세한 논의가 나오며, 다양한 영역에서 시편을 연구하기 위한 지침들을 제시할 것이다. 주석 사체는 그 시편에서 가장 중요한 단어의 의미, 성경의 비유적 표현, 언어의 구문, 다양한 번역과 해석들을 설명하려 애썼다. 강해자가 해석적 결정을 내릴 근거가 되는 좀 더 많은 정보를 갖도록 하기 위해서다.

2 시편의 본문과 고대 이본(異本)들
Text And Ancient Versions Of The Psalms

시편의 본문과 이본들에 대한 간략한 개관은 언제나 철저하고 면밀하게 연구해야 할 복잡한 문제를 지나치게 단순화할 위험성이 있다. 다음 개관으로부터 강해자는 주석들에서 자주 언급하는 본문과 이본들의 관계에 대해 어느 정도 알게 될 것이다.[1]

마소라 본문

우리가 번역한 히브리어 본문은 마소라 본문(Masoretic Text, MT)이다.[2] 현존하는 사본들은 비교적 늦은 시기의 것이지만, 증거로 보아

---

1 E. Würthwein, *The Text of the Old Testament: An Introduction to the Biblia Hebraica*(Grand Rapids: Eerdmans, revised edition, 1995); R. W. Klein, *Textual Criticism of the Old Testament: the Septuagint After Qumran*(Philadelphia: Fortress Press, 1974); Ellis R. Brotzman, Old Testament Textual Criticism (Grand Rapids: Baker Book House, 1994)을 더 보라.

2 히브리어를 연구하는 사람들은 잘 알듯이, 히브리로 마소라(*masorah*)는 '전통', 즉 전해 내려온 전통을 의미한다. 발음을 위해 그들이 배운 모음 표시들을 추가하여 본문을 보존한 서기관들은 *masoretes*라고 불렀다[그들은 주후 8-10세기 갈릴리 부근의 도시 특히 디베랴(Tiberias)에 살았으며, 그래서 그들의 체제를 Tiberian이라고 부른다]. 그리고 그들이 모음을 표시하여 보존한 히브리 성경은 *Masoretic Text*라고 한다.

MT는 기독교 이전 시대의 것으로 추정되는 본문을 보존하고 있다. 일반적인 이론은 바벨론에서 가지고 돌아온 히브리어 사본들이 다른 것보다 더 정확하게 보존되었으며, 권위 있는 것으로 받아들여졌다는 것이다. 이 사본들의 히브리어 본문은 종종 바벨론 본문이라고 불리며, 주후 100년 경에 표준화되었다.[3] 마소라 연구가(Masoretes)라고 하는 서기관들이 주후 약 9세기경 본문에 구두법(모음과 강세를 표시하는 체제)을 더할 때까지 수세기 동안 필사되고 보존된 것은 바로 이 사본들이었다. 그들이 본문에 표시한 구두점들은 단지 각 단어들의 구전, 발음을 기록한 것이다. 본문은 오랜 세월 동안 신실하게 보존되어 왔지만 본문, 특히 시가서 본문들에 나오는 많은 어형과 관련해 난점이 있다.

이런 난점에도 불구하고, 이 마소라 본문은 다른 어떤 본문 유형보다 우월하다. 이는 그것이 언제나 정확한 독법을 보존한다는 의미는 아니다. 본문상의 난점들을 다룰 때, 원문을 어떻게 해석할지 결정하기에 앞서, 모든 내외 증거를 비교하고 검토해보아야 한다. 주석가들은 MT에 나오는 어형이 어려울 때 선호되는 독법을 제시하든가 아니면 본문의 뜻을 통하게 하려고 추측에 기초해서 본문을 수정할 것을 제시하는 경우가 대단히 많다. 이런 해결책은 때로 도움이 되고 때로 도움이 되지 않기 때문에, 반드시 비판적으로 평가해야 한다. 특히 이런 해결책들을 지지하는 사본상의 증거가 없다면 더욱 그렇다. 시편 강해에서 많은 도전을 직면하는 이유는 이런 갖가지 독법들과 제시된 수정안들이 여러 영어 역본에 녹아들어 있기 때문이다. 그래서 강해를 준비할 때, 오늘날 가장 자주 사용되는 본문과 역본들을 한 행 한 행 비교해보아야 한다. MT를 영감된 원본으로 생각해서는 안 되지만, 그것이 여러 역본보다는 본문 평가에서 훨씬 더 신빙성이 있는 것은 사실이다.[4]

---

3 일설에 의하면 1세기 끝 무렵에 랍비 Aqiba 수하에 있던 유대인 교사들이 바벨론 본문이 가장 거칠기 때문에 오경에서 가장 뛰어나다는 결론을 내려서 이 본문이 표준 본문이 되었다고 한다.

4 이론상 우리가 원본을 소유하고 있을 개연성이 아주 높다고 말할 수 있다. 하지만 어떤 것이 원본인지 확신할 수 없는 곳이 여러 군데 있기 때문에 본문 비평을 해야 한다. 현대의 번역가들은 고대 서기관들과 마찬가지로, 어려운 부분들을 매끄럽게 만드는 경향이 있다. 그것이 독자들이 본문을 더 잘 이해하도

헬라어 본문과 다른 역본들

시편의 가장 오래 되고 중요한 역본은 헬라어 번역으로, 일반적으로 칠십인역(LXX)이라고 알려졌다. 구약 전체에 대한 이 칭호는 정확함보다는 편의를 따른 것에 더 가깝다. 이 주석에서 나는 이것을 '헬라어 역본' 혹은 '헬라어 번역'이라고 칭할 것이다. 그에 반해 다른 헬라어 역본과 개정판들은 구체적으로 이름을 말할 것이다. 성경 헬라어 번역은 약 주전 280년부터 시작되었다. 모세오경이 제일 먼저 번역되었으며, 그다음 100년 정도 되는 기간에 나머지 책들도 번역되었다. 그래서 이 작업은 주전 150년 무렵에 완성되었다. 헬라어 번역은 MT의 배경이 되는 본문만큼 엄격하게 보존되지는 않은 여러 히브리어 본문('팔레스타인' 본문이라고 칭하는 사본들)을 토대로 한 것이다. 헬라어 역본은 주후 4세기부터 5세기의 언셜자체(uncial, 주후 4-8세기의 둥근 대문자 필사체 – 역주)로 보존되어 있다. 그리고 첫 번째 라틴어 역본과 초기 영어 역본들은 본문을 이해할 때 헬라어 전통에 크게 의지한다.

헬라어 번역은 얼마 못 되어 약간의 개정을 거쳤다. 그래서 기독교 첫 세기에는 여러 유형의 다양한 사본들과 헬라어 구약에서 인용한 기독교 문서들이 있었기 때문에 상황이 다소 유동적이었다. 헬라어 역본을 표준화된 히브리어 본문과 조화시키려는 시도는 주후 135년 아킬라(Aquila)가 한 적이 있다. 그다음에 같은 세기 후반에 심마쿠스(Symmmahus)와 티어도션(Theodotion)이 또 다시 몇 번에 걸쳐 개정 작업을 했다. 히브리 성경의 참고 자료에서는 이 여러 헬라어 역본 가운데 하나 혹은 다수를 언급할 것이다.

록 도울 수도 있지만, 그로 인해 일부 이문(異文)들이 생겨나는 것이다. 마소라 본문은 좀 더 거칠고 어려운 어형과 구문들을 보존하고 있는데, 그것은 그 본문이 후대의 서기관들에 의해 매끄럽게 다듬어지지 않았음을 나타낸다.

5 헬라어역 및 다른 역본들의 특징에 대한 좀 더 자세한 논의로는 James Barr, *Comparative Philology and the Text of the Old Testament*(Oxford: At the Clarendon Press, 1968), p.238-272를 보라.

이 번역들은 현재 존재하지 않으므로, 우리는 거기에 무엇이 들어있었는지 알려주는 다른 증거에 의지하게 된다. 이를테면 오리겐(Origen)의 '구약성서 6개 국어 대조판'(Hexapla, 그것은 또한 대체로 번역 속에 보존되어 있다) 등이다. 오리겐은 3세기 중반에 역본 대조 성경을 만들었는데, 거기에서 히브리어 본문을 헬라어, 아킬라, 심마쿠스, 티어도션 및 구 헬라어로 된 '칠십인역'으로 번역해놓았다. 성경을 인용한 많은 논문 및 설교 뿐 아니라 기존의 사본들을 사용해서 다양한 독본을 재구성하는 일은 학자들에게 상상을 초월할 만큼 복잡한 과업이었다. 다행히 오늘날 우리는 그들이 제공한 많은 자료를 갖고 있어 좀 더 손쉽게 본문 연구를 할 수 있다.

시편에서 다양한 본문의 차이가 표면에 부상할 때, 거기에는 헬라어 역본과 히브리어 본문이 포함된 경우가 아주 많다. 때로 헬라어 본문은 원래의 독법을 보존하고 있을 것이다. 하지만 대부분의 경우 그 번역은 히브리어에 있는 난점들을 매끄럽게 다듬거나, 그들이 완전히 다 이해하지 못한 독법들을 풀어서 쓰거나, 희귀하고 낯선 단어들을 일반화하려 애쓴 것이다.[5] 이따금씩 후대의 헬라어 개정판이 옛 헬라어 역본과 다른 경우가 있다. 이것은 종종 당시의 표준적인 히브리어 본문이 어떻게 해석되었는지 나타낸다. 때로 헬라어 번역이 히브리어와 다를 때, 그것은 서로 다른 독법이 아닐 수도 있다. 번역자들이 단지 그 어형이나 구문을 다르게 해석한 것일 수도 있다.

그래서 시편에 나오는 본문상의 문제들에 대해 우리는 그저 단순히 헬라어 독법이 잘못되었다고 추정해서는 안 된다. 그보다 각각의 중대한 경우를 주의 깊게 다루어야 한다. 현대 영어 번역은 헬라어판을 따르는 경우가 많다. 그것이 더 매끄럽게 읽히거나, 더 의미가 잘 통하거나, 더 친밀한 비교를 하기 때문이다. 이것은 어떤 문제를 다룰 때는 긍정적이다. 특히 히브리어 본문이 너무 어려운 경우 그렇다. 하지만 이 경우, 애초에 다양한 독법이 나오게 만든 그런 문제를 영속화할 수도 있다.

아람어 번역은 때로는 알기 쉽게 풀어쓰고 있으며, 어떤 곳은 설명이 장황하다. 그 목적이 의미를 분명하게 하는 것임을 고려할 때 그렇다. 본문을 어떻게 해석할 것인지 결정하는 데 있어 좋은 점은 종종 해당 단어, 절, 혹은 구절에 대한 해석을 제시한다는 것이다. 이러한 해석들은 처음에는 구두로 보존되었으나, 그다음에는 몇 세기 후에, 아마 주후 4세기나 5세기에 글로 기록되었다. 수리아 사본 역시 이 시기에 나온 것이다. 이는 대체로 헬라어판의 도움을 받았으며, 그렇기 때문에 대부분의 경우 그것에 동의한다. 라틴어 역본들 역시 시편 연구에 때로 유용하다. 로마눔 시편(Psalterium Romanum: PR)은 옛 라틴어 시편을 옛 헬라어에 부합되도록 개정한 것이다. 갈리아 시편(Gallican Psalter)은 오리겐의 6개 국어 대조판에 나오는 칠십인역에 따라 옛 라틴 시편을 개정한 것이다. 하지만 Psalterium iuxta Hebraeos Hieronymi(PIH)는 제롬(Jerome)이 히브리 본문에 따라 만든 새로운 번역이다. 이것은 불가타 성서(Vulgate: 4세기 후반에 만들어진 라틴어역 성서 – 역주)의 본문인 낯익은 갈리아 시편을 대신한 것은 아니다. 하지만 제롬이 히브리어로부터 연구할 때 본문을 어떻게 번역했는지 살펴보면 이따금 도움을 얻을 수 있다.

사해 두루마리

표준 히브리어(바벨론 혹은 원시 마소라 본문 유형으로 된) 및 헬라어(혹은 알렉산드리아 본문 유형으로 된) 외에 세 번째 본문 유형은 팔레스타인 본문 유형이라 불린다. 시편 연구를 할 때는 쿰란에서 나온 시편 사본들(11 QPsa 혹은 Qumran, cave 11, Psalm scroll a)이 대표적이다.[6] 이 히브리 본문의 사본들은 언제나 MT에 나오는 어형과 배열들에 동의하는 것은 아니다. 여전히 매우 비슷하긴 하지만, 설명과 개정을 곁들인 다른 본문 유형을 나타낸다고 결론을 내리기에는 차이가 있다.

---

6 J. A. Sanders, *The Psalms Scroll of Qumran Cave 11, Discoveries in the Judean Desert of Jordan*, IV(Oxford: At the Clarendon Press, 1965)를 더 보라.

일반적으로 이 본문 유형은 MT에 나오는 표준적 본문보다 못하다. 많은 경우 쿰란 사본들은 MT에서 문제가 되는 독법들을 확증해준다. 하지만 때로 그들은 MT에 나오는 독본과는 반대로 헬라어역 편에 선다. 그래서 쿰란 자료가 읽기 쉬운 형태로 된 곳에서는, 본문상의 난점들을 해결하는 데 있어 그것이 대단히 중요할 수 있다.

단지 다른 본문 유형들이 일반적으로 MT에 보존된 본문보다 못하다고 말한다고 해서, MT 독법을 자동적으로 선호해야 한다는 의미는 아님을 분명하게 알 수 있다. 외적 증거(사본의 증거)만을 살펴서 문제가 해결되는 경우는 거의 없다. 문제를 해결하려면 언제나 내적 증거(필사적, 어휘적, 구문적, 전후 문맥적 고려사항들)를 연구해야 한다.[7]

여기에서 대부분의 강해자들은 본문의 문제를 논하기 위해 주석들에 의존한다. 석의적 특징을 가진 모든 주석은 적어도 일부 본문상의 문제들을 논하고 그들의 결론을 내릴 것이다. 하지만 그 주석들은 언제나 서로 다른 해석들과 그런 해석을 선택한 이유를 충분히 설명하지는 않는다. 그래서 강해자들은 해결해야 할 심각한 문제가 있다면, 결정을 내리기 전에 반드시 최대한 많은 정보를 모아야 한다. 그 후 강해에서 문제를 설명하며, 지혜롭게 사람들이 그 문제를 이해하고 성경에 대한 확신을 잃지 않도록 해야 한다. 하지만 사람들은 다양한 영어 번역본들을 읽어보면, 명확하게 해명해야 할 차이점들이 있다는 것을 이내 알게 될 것이다. 그런데 그 차이들이 단순히 번역상의 선택들('거주지' 대신 '집'이라고 한다든가 '구원받다' 대신 '해방되다'라고 하는 식의 문제)이라면, 이것은 본문상의 문제가 아니며 가볍게 언급하면 될 것이다. 하지만 차이들이 중대한 것이라면, 그것을 설명하는 데 좀 더 시간을 들여야 할 것이다. 전반적으로, 시편의 의미는 다

---

7 그 방법에 대한 간략하고 실제적인 소개(견본들이 포함된)로는 Robert B. Chisholm, Jr., *From Exegesis to Exposition, A Practical Guider to Using Biblical Hebrew*(Grand Rapids: Baker Books, 1998), p. 20-21을 보라. 또한 Kyle MaCarter, Jr., *Textual Criticism*(Philadelphia: Fortress Press, 1986)과 Emmanuel Tov, *Textual Criticism of the Hebrew Bible*(Minneapolis: Fortress Press, 1992)을 보라.

양한 독법에 따라 바뀌지는 않는다. 특정한 문구나 단어들은 바뀔지 모르지만 전반적인 메시지는 그렇지 않다.

나는 각 시편에서 중대한 본문상의 차이들을 주목하고, 행의 의미에 중대한 차이를 가져오는 것은 번역에 대한 각주에서 좀 더 충분히 다룰 것이다. 보다 전문적으로 논의하며 정확한 히브리어와 헬라어 단어를 사용할 수 있게 하기 위해서다. 주석 자체에서는 언어들과 전문적인 특수 용어들은 괄호 안에 넣어 문장을 읽기 쉽게 할 것이다. 본문의 문제들에 대해서는 기존의 본문 비평 규범에 따라 접근할 것이다. 이 규범이 반드시 지켜야 할 엄격한 규칙은 아니지만 말이다.[8] 어려움이 생겨날 때는 독법들 간의 차이를 설명할 것이다. 그것이 중대한 문제라면 마소라 본문으로부터 그것을 이해시키려 애쓸 것이며, 다양한 독법들을 설명하고, 가능하다면 그 배후에 있을 만한 것을 제시하려 할 것이다. 그것들을 종합하여 더 선호되는 독법이 무엇인지 제시할 것이다.

히브리어 본문보다 더 나은 독법을 발견할 필요가 있다면, 특히 다양한 독법을 지지하는 사본상의 증거가 있다면 그것으로 바꿀 것이다. 본문에서 논쟁이 되는 부분이 있음에도 명확한 해결책이 없고 그저 성경 학자들의 역본들을 이리저리 해석한 것과 제안들만 나열해놓은 경우, 히브리어 본문이 이치에 닿는다면 그것을 그냥 둘 것이다. 하지만 본문을 가장 덜 바꾸면서 가장 적합한 제안들은 무엇인지 나열하고, 독자가 어떤 것을 선호할지 결정하게 할 것이다. 주로 좀 더 매끄러운 해석, 더 나은 비교, 더 명확한 의미를 위해 본문을 좀 수정하라는 제안에 대해서는 사본상 그것을 지지해주는 근거가 없다면, 그 행을 이해하는 데 도움이 되는 경우 언급하겠지만, 또한 그 제안이 근거가 없는 것일 수 있다는 사실을 밝힐 것이다. 내가 어떤 것을 더 선호하는지 밝히겠지만, 그

---

8 이 규범은 본문과 다양한 이문들을 매우 면밀히 연구하는 사람들이 개발했다. 기본적 지침은 본문의 기원을 가장 잘 설명하는 독법을 먼저 택해야 한다는 것이다. 이것을 결정하는 데는 보통 다른 판단 기준들이 요구된다. 이를테면 어려운 독법들이나 더 짧은 독법들, 그리고 또한 서기관적 성향들에 대한 인식 등이다.

럼에도 차이점들을 알려주고 설명함으로 각 강해자가 충분한 정보를 가지고 나름의 결정을 내릴 수 있게 할 것이다.

3 시편의 제목과 표제
Titles And Headings Of The Psalms

시편의 이름들

히브리어 제목

히브리 성경에서 이 모음의 제목은 『찬양의 책』(Book of Praises, סֵפֶר תְּהִלִּים)으로, 『찬양들』(תְּהִלִּים)이라고 줄여서 표현한다. 이 제목은 '찬양하다'(הָלַל)라는 동사와 관련된 것으로, 이 동사는 성전 예식과 관련해 빈번하게 사용되며(대상 16:4), 보통 예배하는 공동체들에서는 '여호와를 찬양하라'(הַלְלוּ־יָהּ)라는 표현으로 알려져 있다. '찬양하다'라는 단어가 시편에 여러 번 나오지만, 단 한 편(시 145편)만이 '찬양(תְּהִלָּה)이라는 제목을 붙인다. 『찬양의 책』이라는 제목은 제2성전에서 시편 모음을 쓴 것에서 비롯되었을 것이다(느 12:46을 보라).

시편 모음에는 대단히 다양한 시편이 포함되어 있으므로, 어떤 한 용어로도 그것을 모두 적절히 요약할 수는 없을 것이다. 하지만 찬양과 감사가 눈에 띄는 특징이며, 점점 더 강하게 할렐루야를 반복하는 말로 끝나는(시 145-150편) 시편 모음에 대해 이보다 더 적절한 제목은 없을 것이다.

앞으로 살펴보겠지만, 심지어 기도나 애도의 시편들조차도 찬양의 요소를 포함한다. 이에 대해 베스터만(Westermann)은 이렇게 썼다.

> 구약의 모든 LI(개별적인 탄식 시편들)에 대한 연구 조사에서 나는 놀랍게도 간구와 탄식 이상으로 진전되지 않은 시편은 없다는 것을 발견했다.[1]

그래서 찬양들(תְּהִלִּים)은 적절한 제목이었으며 지금도 그렇다. 또 다른 제목은 분명 더 오래된 다윗 시편 모음에 대한 것으로, 시편 72편 20절에 따른 '기도들'(תְּפִלּוֹת)이라는 것이었다. 시편 17, 86, 90, 102, 142편에만 이 제목이 붙어 있다. 가장 광범위한 기도의 의미는 기도와 감사가 순환되는 것을 포함한다(삼상 2:1; 합 3:1을 보라). 그래서 몇몇 편집자들은 이 제목이 적절하다고 생각했다.

헬라어 제목

우리가 사용하는 '시편'(psalm)이라는 말은 많은 작품들에 사용한 히브리어 제목(מִזְמוֹר)을 헬라어로 번역한 것($\psi\alpha\lambda\mu o\varsigma$)에서 비롯되었다. 그것은 불러야 하는 노래를 나타내는 전문용어로, 음악 반주와 함께하는 것이라고 추정한다. 그래서 이 모음은 LXX B(눅 24:44를 보라)에서 Psalms이라고, 혹은 Psalter(LXX A에서처럼 *psalter* 혹은 *psalterion*)라고 불렸다. 이 헬라어 단어들은 라틴어 *psalmus*, *psalterium*(제롬에서는 시편의 제목이 그렇게 되어 있다)을 통해 우리에게까지 내려온 것이다. *psulmos*, '현악기의 음악' 혹은 *psalterion*, '현악기'라는 고전적 정의는 헬라어 역에서 이 용어들을 사용하면서 퇴색되어 버렸다. *Psalmos*는 '찬양의 노래'를 의미한다.

---

1 Claus Westermann, *The Praise of God in the Psalms*, tr. Keith R. Crim(Richmond: John Knox, 1961), 74.

번호 매기기와 시편

시편

헬라어 성경과 그 뒤를 이어 나온 라틴어 성경은 히브리어 성경의 시편 구분과는 다르다는 것을 금방 알아차리게 될 것이다. 다음 표는 대응되는 본문들을 보여준다.

히브리어	헬라어
1–8	1–8
9–10	9
11–113	110–112
114–115	113
116:1–9	114
116:10–19	115
117–146	116–145
147:1–11	146
147:12–20	147
148–150	148–150

본문 연구나 언어학적 연구에서 헬라어를 가지고 연구할 때 이 차이들을 반드시 염두에 두어야 한다. 라틴어의 번호 매기는 방식을 따르는 학자들이 쓴 주석들을 사용할 때도 마찬가지다(그러나 대부분의 학자들은 두 번호를 모두 사용한다).

쿰란에서는 헬라어판에 나오는 추가 시편 및 시리아 6개 국어 대조판(Syro-Hexapla)에 나오는 시편 151편에 따라 151편을 포함시킨다. 그 본문은 사무엘상 16:1–7에 대한 미드라시다.[2]

---

[2] J. A. Sanders, *The Psalms Scroll of Qumran Cave 11. Discoveries in the Judaean Desert*, IV(Oxford: Oxford University Press, 1965), 54–64.

구절들

히브리 성경에서 구절 번호는 표제(superscription)가 있는 경우, 그 표제에서부터 시작하는 반면, 영어는 헬라어 및 라틴어처럼 거기에서부터 시작하지 않는다. 이것은 많은 시편에서 히브리어의 구절 숫자가 영어의 구절 숫자보다 한 두 숫자 더 크다는 의미다. 히브리어 본문을 다루는 많은 주석과 책은 히브리 체제를 따를 것이다. 그것은 후에 괄호 안에 영어를 포함할 수도 있고 그렇지 않을 수도 있을 것이다. 물론 사람들이 영어 본문을 사용하는 공적 강해에서 강해자는 반드시 같은 구절 숫자를 사용해야 한다.

저자에 대한 전통적 표기

개인의 이름들

많은 시편은 전통적으로 본문 저자를 추정한다고 여겨지는 표제로 시작한다. 현대의 비판적인 학자들은 일반적으로 이런 기록은 신빙성이 없다고 생각한다.[3] 73개의 시편이 *l^eDāwîd*(לְדָוִד)라는 말을 표제 안에 담고 있거나 혹은 표제로 삼고 있는데, 이 말은 보통 '다윗의(에 의한)'라고 번역되는 말이다(헬라어 판에는 이 제목을 가진 시편이 몇 편 더 있다). 사용된 전치사는 여러 다양한 의미를 가진다. 하지만 이것의 가장 일반적인 번역은 '…에게(to), …을 위해(for), …의(of)'라는 것이다. 이 말은 다른 사람들이 쓴 것으로 추정하는 시편들에서도 이용되었다. 아삽(시 50, 73-83편), 솔로몬(시 72, 127편), 모세(시 90편), 에스라인 헤만(시 89편) 등이다. 동일한 전치사가 표제에서도 사용된다(때로는 이름에 대한 표기와 함께 쓰인다).

---

3 이 문제에 대한 좀 더 상세한 논의로는 구약 개론들을 보라. 보수주의 편에서는 R. K. Harrison과 Gleason Archer의 것을, 자유주의 편에서는 Driver와 Eissfeldt를 보면 된다.

그 시편이 '인도자를 따라'(for the Chief Musician) 혹은 '고라의 자손을 위한' 것임을 나타내기 위해서다.

단일한 이름들과 함께 나오는 이 전치사들은 시편 저자에 대한 기록으로 여겨졌다. 이것들은 원래 저술의 일부는 아니었지만, 개별적 시편들에 대한 최초에 가까운 초기의 전통들을 기록하는 것이 사실이다. 이런 명칭을 가지고 있는 시편들이 다윗의 저작임을 받아들이는 강해자들을 뒷받침하는 것은 "이 lāmed auctoris(저작권의 lāmed)라는 말로 저자, 시인 등을 소개하는 것은 다른 셈족 방언, 특히 아랍어에서도 관례적으로 사용된 관용구였다"(GKC, #129c)라는 게제니우스(Gesenius)의 해설이다. 하지만 단지 편리할 때 히브리어 문법을 인용하는 것은 불충분한 논증이다. 예를 들어 '다윗의'라는 표제가 붙은 시편들에 대해 다윗의 저작권을 설득력 있게 주장하려면, 서너 줄의 논증이 있어야 한다. 첫째, 라메드(lāmed)라는 전치사가 저자에 대해 사용될 수 있음을 보여주어야 한다. 그러려면 관례에 의해 그 문법적 사항이 정확하다는 것을 입증해야 한다. 성경 안에서는 그것을 지지해주는 하박국 3:1 같은 본문을 사용할 수 있을 것이며, 성경 밖에서는 사마리아 도편(Samaria Ostraca)이나 라기스 서신(Lachish Letters), 분열 왕국 시대의 질그릇 조각과 사건 일람표 등 발송인과 수신인에 대해 라메드라는 전치사를 사용한 것(예를 들어 … '로부터/에 의해' … '에게로' 발송함)을 사용할 수 있다. 이것은 라메드가 저자를 나타낼 수 있음을 입증한다.

그다음 단계는 이 말이 실제로 특정한 시편에서 저자를 말했음을 보여주는 것이다. 이에 대한 증거는 삼단 논증을 통해 얻을 수 있다. 첫째, 성경에서 다윗이 신성한 시의 저자라는 풍성한 증거를 모을 수 있다.[4] 둘째, 고대 우가리트 시(다윗보다 더 이른 시기의)의 형태와 문체를 비교할 수 있을 것이다. 히브리 시의 일부 특징들이 얼마나 이른 시기의 것인지 보기 위해서다. 셋째, 시편 자체의 내적 증거를 평가할 수 있을 것이다. 표제와 얼마나 조화를 잘 이루는지 보기

---

[4] J. G. S. Thompson, "Psalms, Book of" in *New Bible Dictionary*, 1053을 보라.

위해서다.[5] 모든 자료를 검토할 때, 표제에 나오는 전통적인 표기는 전반적으로 변호할 수 있는 전통임이 분명해질 것이다. 강해자는 그럼에도 여전히 시편 자체의 내용을 분석해보아야 한다. 전통적 저작권을 반대할만한 설득력 있는 어떤 주장이 있는지 보기 위해서다.[6]

추가적으로 신약의 증거, 다윗의 저작권을 지지하는 주 예수 그리스도와 사도들의 몇 가지 증거를 살펴볼 수 있을 것이다. 많은 학자가 예를 들어 다윗에 대한 여러 신약의 언급이 단지 전체 시편에 대한 일반적 언급이거나, 그 시편들이 다윗의 것이라는 일반적 이해(옳건 그르건)에 맞춰 조정된 것이라는 견해를 채택했다. 마가복음 12:35-37, 사도행전 2:24-36, 사도행전 4:25 혹은 사도행전 13:35을 제대로 석의해보면 그 이상의 것이 나타날 것이다. 이 구절들에서 다윗이 성경에 글을 기록한 선지자라고 말하거나, 그가 쓴 시편이 더 크게 성취되었다는 것을 나타내기 위해 다윗의 무덤에 대해 말할 때, 이는 명확한 저작권을 입증하는 강력한 증거다. 그래서 다윗의 저작권은 쉽사리 거부될 수가 없다. 설령 표제들이 시편을 만든 이후에 추가된 것이라 해도, 그것은 그 시편에 대해 예로부터 내려온 전통을 기록한 것이기 때문에 진지하게 고찰할 만한 가치가 있다.

역사적 경고

표제는 또한 다윗의 생애에 일어난 사건들에 대한 역사적 언급들을 포함한다. 이 또한 고대의 전통을 보존한다는 면에서 저작권 문제에 특별히 의미가 있다. 사무엘상 16장부터 사무엘하가 다루는 다윗의 생애는 그가 썼다고 하는 서

---

5 일례로 모세의 저작권에 관해 Delitzsch가 시편 90편에 대해 쓴 것을 보라(Franz Delitzsch, *Biblical Commentary on the Psalms*, tr. Francis Bolton [Grand Rapids: Eerdmans, reprint of 1867 edition], III: 48-49).

6 몇몇 주석가들은 시편 저자에 대한 어떠한 가정도 하지 않고 시편에 접근할 것을 제안한다. 이것은 본문에 대한 집중적인 서이를 하기 위해서는 도움이 될 수 있을 것이다. 유감스럽게도, 실제적으로 이것은 종종 다윗이 시편을 썼다는 것을 부인하는 것을 의미한다. 그렇게 부인하는 것은 저자에 대한 가정을 하지 않고 접근한다는 개념을 어기는 것이다.

너 편의 시편에 대한 배경을 제공한다. 그 상관관계는 다음과 같다. 사무엘상 19:11과 시편 59편, 사무엘상 21:10-15와 시편 56편, 사무엘상 21:10-22:2와 시편 34편, 사무엘상 22:9와 시편 52편, 사무엘상 23:15-23과 시편 54편, 사무엘상 23:24-29와 시편 7편, 사무엘상 24장 혹은 22:1-2과 시편 57편(엔게디 혹은 아둘람), 사무엘상 24장 혹은 22:1-2와 시편 142편(동일한 두 개의 동굴이 있을 수 있다), 사무엘하 8:8, 13 및 역대상 18:9-12와 시편 60편, 사무엘하 22장과 시편 18편, 사무엘하 11장, 12(12:1-15)장과 시편 51편, 사무엘하 15-18장과 시편 3편, 사무엘하 15:23과 시편 63편, 역대상 21:1-22:1과 시편 30편 등이다.

비판적 논의

이 시편들 중 일부는 그것이 가리키는 본문들과 적절히 조화를 이루지 않기 때문에 현대 주석가들은 역사적 표제의 타당성과 가치, 그리고 표제에 나오는 모든 표기의 신뢰성에 의문을 제기한다. 이 문제들에 대해서는 완전한 의견의 일치가 이루어지지 않았다. 현대의 비판적인 저자들은 다윗이 쓴 시편이 하나도 없다고 생각하는 사람들부터 그가 그 시편들 중 일부를 썼을 수도 있다고 인정하는 사람에 이르기까지 다양한 견해가 있다. 대부분의 주석가들은 시편들이 다윗 이후에 나왔다고 추정한다. 어쩌면 왕정 초기일 수도 있지만, 바벨론 유수 전, 바벨론 유수, 혹은 바벨론 유수 후라는 늦은 시기에 쓰였을 가능성이 매우 크다는 것이다. 각 시편에 대해 논할 때 시편이 늦은 시기의 것이라고 생각하는 이유를 언제나 분명하게 진술한 것은 아니다. 단지 독자들에게 다윗이 이 시편을 썼을 가능성이 거의 없다고, 혹은 시편의 특성상 포로기 이후의 연대에 기록된 것이라고 할 뿐이다. 이것은 주석가들의 견해로는 다윗 시대와 맞지 않는 언급들과 신학적 개념들이 있음을 의미한다.

표제에 대한 몇 가지 일반적인 설명은 그것이 바벨론 포로에서 귀환한 후에 인위적으로 발전되었다는 것이다. 브로일스(Broyles)는 이 이론을 상당히 분명하게 제시했다. 그는 사람들이 바벨론에서 돌아왔을 때, 회복된 성전 뿐 아니라 여호와의 계시를 위한 제2의 중심이 있었다고 말했다. 곧 율법이다. 따라서 시편은 이제 문학적인 것이었다. 성경으로서 그것은 사무엘상하에 나오는 다윗과 상관관계가 있었다.[7] 또한 브로일스는 바벨론 포로 이후에 본문들은 저명한 인물들과 동일화되었다고 설명했다. 율법은 모세, 시편은 다윗과 연관되었다는 것이다.[8]

골딩게이(Goldingay)는 역사적 언급이 있는 시편이 그 상황 속에서 기록된 것은 아니라고 하며 이 이론을 기반으로 한 주장을 펼친다. 그보다 서기관들의 활동 목표는 이 시편들을 다윗의 생애에서 일어난 사건들과 연결해 성구집의 본문 배치 비슷한 역할을 하게 하는 것이었다(다윗에 대한 관심으로 표제들이 생겨났다). 시편과 사무엘서 본문을 나란히 놓고 보면 도움이 되었다. 그래서 그 표제들은 시편들의 기원에 대한 증거라기보다는 시편의 용도를 위한 것이 더 많았다. 그는 표제의 특성이 성경의 독자들에게 다윗이 어떤 방식으로 영웅이 되었는가를 반영한다고 결론짓는다.[9]

표제들이 어떻게 생겨났는가 – 그리고 다윗이 어떻게 영웅이 되었는가 – 에 대한 다소 복잡한 재구성은 난점들로 가득하다.

1. 골딩게이는 자신의 주장을 입증하는 증거가 전혀 없음을 인정한다(그는 그 이론이 일부는 사건들과 연관되어 있고 일부는 연관되어 있지 않은 이러한 시편들의 증거에만 들어맞는다고 말했다).
2. 입증 자료가 없는 이론이므로, 기본적 가정 중 일부를 검토할 필요가 있

---

7 Craig C. Broyles, *Psalms*(Peabody, MA: Hendrickson, 1999), 4-5. 그는 '시편기자'(psalmist)라는 말을 사용하는 것을 좋아하지 않는다. 그 말은 시편이 그 개인의 개인적 표현임을 시사하기 때문이다. 그래서 '전례식문 편집자, 말하는 자'(liturgist, speaker) 혹은 '예배자'(worshipper)라는 말을 사용한다.
8 앞의 책, 27-29.
9 John Goldingay, *Psalms 1-41*(Grand Rapids: Baker, 2006), 28-29.

다. 각각의 시편을 그렇게 해야 할 것이다. 늦은 시기에 기록되었다고 추정되는 본문들을 다루기 위해서다. 하지만 일반적으로, 그러한 일반화 가운데 일부에 대해서는 의문을 제기해야 한다. 예를 들어, 성경에는 율법이 맨 처음부터 이스라엘이 하나님의 계시를 이해하는 기본이었다는 사실을 보여주는 충분한 증거가 있다. 그래서 바벨론 유수 이후에 율법이 중요한 것이 되고 시편이 문서화되었다고 말하려면, 단서와 입증 자료가 있어야 한다. 이렇게 가정한다면, 보통 구약에서 율법이 계시를 이해하는 데 중심이 되었음을 나타내는 듯한 본문들 역시 후대에 기록된 것으로 보아야 한다. 그래서 그 주제는 여기에서 철저히 다루기에는 너무 방대하다. 그것은 성경 서너 권에 대한 고등비평을 포함한다.

3. 이 이론의 자연스러운 결론을 받아들이자면, 이것은 다윗이 그 시편들과 연관된 것은 잘못이고, 전통에서 그가 그처럼 높은 위치에 있는 것은 인위적으로 그렇게 된 것이라고 말한다. 이것은 다윗에 대한 신약의 언급에 좋지 못한 영향을 끼친다. 그런 언급 전부를 시편 모음에 대한 일반적 언급이라고 쉽게 무시할 수는 없다. 우리는 다윗과 시편에 대한 성경의 언급들(표제들이 아니라 성경 본문들)이 참인지 거짓인지 여전히 알 수 없는 상태에 있게 된다.

4. 마지막으로, 표제들이 포로기 이후 사람들이 고의로 시편들을 다윗 시대의 사건들에 끼워 맞추려는 것을 나타낸다면, 왜 그들은 겨우 열 네 개의 시편에 대해서만 그렇게 했는가?

내가 보기에는 몇몇 시편이 기록된 배경에 대한 것은 전통적으로 전해 내려왔으며, 그런 배경을 알 수 있는 경우에만 기록되어 있는 것이라고 보는 것이 더 타당하다. 이것은 놀라운 일이 아닐 것이다. 성경은 다윗이 시편들을 쓰고 노래하는 일에 관련되어 있음을 분명하게 보여주기 때문이다. 설령 시편들이 성소에서 예배와 교화를 위해 사용되었다 해도, 그 시편들이 처음에는 각각 시편기자들의 작품이 아니었다거나, 늦은 시기에 기록되어야 했다는 의미는 아니다. 이스라엘 예배에서는 바벨론 유수 때보다 훨씬 이전부터 그런 식으로 시편을 사용했던 듯하다.

이 주석에서 나는 전통적으로 어떤 시편이 다윗이 쓴 것으로 여겨졌다 해서 그 시편을 다윗이 썼다고 결론짓지 않았다. 그렇다고 그 전통을 무조건 무시해 버릴 작정도 아니다. 각 시편을 개별적으로 연구한 뒤, 전통적인 주와 현대의 이론들을 균등하게 비판적으로 평가할 것이다.

물론 시편 메시지를 이해하기 위해 반드시 저자나 그 상황들을 알아야 하는 것은 아니다. 하지만 어떤 것이 이른 시대의 것이고 어떤 것이 늦은 시대의 것인지에 대한 제시된 가정들은 다루어야 할 것이다. 단순히 정해진 시편 안에서만이 아니고, 구약과 신약 전체에서 다루는 것이다. 그리고 대부분의 주석가들은 저자와 배경이 중요하지 않다고 말하지만, 그들은 보통 시편의 배경을 이른 시기보다는 늦은 시기의 것으로 보려 애쓴다.

요컨대, 시편 메시지는 특정한 사건을 언급할 필요 없이 시편 자체의 석의에서 나온다. 어떤 역사적 배경이 제시되었다면, 그것은 단지 그 시편이 다루는 상황을 예증한다. 시는 특정 사건들을 언급하는 경우가 거의 없다. 때로 몇 가지 묘사가 그런 사건들을 암시할 때도 있지만 말이다. 전통적인 것이든 비판적인 것이든, 저자나 배경에 대한 어떤 이론이 메시지 전개에서 지배적인 요소가 된다면, 석의는 거기 엮일 수 있다. 본문들을 그 자체로 문학 작품으로 다루고, 본문에서 말하는 것에서 메시지를 끌어내는 것이 더 낫다.

시편의 유형과 기능에 대한 전통적 표기들

시편들을 유형과 기능들로 분류하는 일에는 시편에 대한 다른 표제들을 검토하는 것도 포함된다.

시편의 유형을 지칭하는 이름들

1. 열다섯 개 시편의 표제인 '시'(מִזְמוֹר)는 음악적 작품을 말한다. 그것과 연관된 동사(זָמַר)는 '악기로 반주하는 찬양들을 노래하기'라는 의미를 지닌다. 이것은 (현)악기로 반주하는 노래를 지칭하는 전문용어가 되었다.[10]
2. '노래'(שִׁיר)는 종교 의식을 위한 노래나 세속 노래 모두에 공통적으로 쓰이는 용어다. 이 용어는 약 삼십 개의 제목에 사용되며, 그중 일부에는 '시'라는 호칭도 붙어 있다(예를 들어, 시 65, 75, 76, 92장).
3. '마스길'(A Contemplative Poem, מַשְׂכִּיל)은 열세 개의 시편에서 발견할 수 있다. 이 용어를 어떻게 번역할 것인가에 관해서는 의견 일치가 이루어지지 않았다. 사람들이 제시한 번역으로는 '효과적인 노래'[모빙켈(Mowinckel)], '묵상'[델리치(Delitzsch)], 혹은 '정교한 시'[에발트(Ewald)] 등이 있다. 이 모든 것은 '지혜로운, 신중한, 성공적인'이라는 동사(שָׂכַל)와의 어원적 연관을 근거로 한다.
4. '믹담'(An Inscribed Poem, מִכְתָּם)이라는 말은 여섯 개의 시편에서 발견된다(16, 56-60편). 이 의미에 대해서는 논란이 있다. 후기 히브리어(그리고 헬라어)에서 이 말은 '명문에 새겨진 시', '풍자시' 혹은 '함축성 있는 말을 포함한 시' 등을 의미한다. 모빙켈은 이것을 '속죄의 노래'라고 했다. 이것이 아카드어로 카타무, 곧 '속죄하다'라는 단어와 관련해서 나오기 때문이다.[11]
5. '기도'(תְּפִלָּה)는 시편 17, 86, 90, 102, 142편의 제목이다(72:20도 보라). 이것은 기도 이상의 것을 의미할 수 있다. 때로 기도가 있는 찬양을 포함하는 기도 노래를 언급하기도 한다(합 3:1과 욘 2:1을 보라).
6. '찬송시'(תְּהִלָּה)는 시편 145편에서만 나온다. 이것은 전체 시편 모음에 대

---

10 Mowinckel, Sigmund, *The Psalms in Israel's Worship*, translated by D. R. Ap-Thomas(New York: Abingdon Press, 1967), 208.

11 Mowinckel, *The Psalms in Israel's Worship*, 209.

한 위대한 송영인 시편 145-150편 중 가장 먼저 나오는 시다.

7. '사랑의 노래'(שִׁיר יְדִידֹת)는 왕족의 결혼을 경축하는 시편 45편의 제목이다(문자적으로는 '사랑하는 자들의 노래').

8. '애가'(שִׁגָּיוֹן)는 시편 7편에서만 나온다. 이것은 '애도'의 시를 의미할 수도 있지만,[12] 어근인 שָׁגָה, '방랑하다'와 연결되어 있을 수도 있다. 그렇기 때문에 이 노래는 불규칙한 구조 혹은 감정의 편차들이 있는 것이 특징이다.

기능을 나타내는 이름들

1. '안식일의'(לְיוֹם הַשַּׁבָּת)는 시편 92편에 나온다. 특히 이 시편은 안식일 예배 때 사용하도록 지정했다.

2. '사례의'(혹은 '감사의, לְתוֹדָה)는 시편 100편에 대한 표제다. 이 시편은 예배 의식에서 토다 제사에 수반해서 사용했을 것이다(찬양 시편들을 보라).

3. '기념하다'(לְהַזְכִּיר)는 시편 38편과 70편의 표제다. 이 용어는 이른바 '기념'(אַזְכָּרָה) 제사와 연관되어 있을 수 있다(레 2:2, 9절을 보라). 만일 그렇다면, 그것은 시편기자의 봉헌과 관련이 있을 것이다. 이 제목은 여호와께 시편기자의 곤경을 상기시키거나, 백성에게 여호와의 역사를 상기시키기 위해 정한 것이었을 것이다.

4. '성전 낙성가'(שִׁיר חֲנֻכַּת הַבַּיִת)는 시편 30편의 제목이다. 이 말과 시편 30편에 대해서는 다윗이 성전 부지를 구매하기 전에 주제넘은 죄를 지었다는 것에서부터, 하스몬가의 통치 시기에 성전을 깨끗하게 하고 빛의 축제를 했다는 것에 이르기까지 다양한 이론이 제기되었다. 시편 30편에 대한 논의를 보라.

5. '상승의 노래' 혹은 '올라가는 노래'(שִׁיר הַמַּעֲלוֹת)는 시편 120-134편의 표제

---

[12] 같은 책, 209.

다. AV에는 '단계들의 노래'(Song of Degrees)라고 되어 있는데, 아마 각 시편에서 사상들이 발전된 것을 생각하고 있을 것이다. 대부분의 주석가들은 이것을 이스라엘이 예루살렘에 절기 때 '올라가는 것'을 말하는 것으로 본다. 따라서 이것을 '순례자의 노래'라고 이해한다.[13]

6. '교훈하기 위한'(לְלַמֵּד) 혹은 '가르치기 위한'(AV)은 시편 60편의 제목 가운데 일부다. 커크패트릭은 이것이 시편을 암기해야 하고(참고. 신 31:19; 삼하 1:18) 공식적 행사에서 암송해야 한다는 의미였다고 주장한다.[14] 모빙켈은 그것이 예배의식과 관련된 것이었을거라고 추측한다. 그는 이것이 백성들을 격려하기 위한 것이었다고 주장했다.[15]

7. '고난당한 자가 마음이 상하여 자신의 근심을 여호와 앞에 토로하는 기도'가 시편 102편의 표제다.

תְּפִלָּה לְעָנִי כִי־יַעֲטֹף וְלִפְנֵי יְהוָה יִשְׁפֹּךְ שִׂיחוֹ

시편 편찬

현대 성경 번역본을 읽는 사람들은 시편에서 다른 표제들을 보게 될 것이다. "제1권"은 시편 1-41편의 표제다. "제2권"은 시편 42-72편, "제3권"은 시편 73-89편, "제4권"은 시편 90-106편, "제5권"은 시편 107-150편의 표제다. 시편을 이렇게 다섯 개의 책으로 배열한 것은 현대에 정리된 것이 아니다. 이는 바벨론 포로 이후 공동체에서 시편 모음집을 최종적으로 편집한 것을 반영한다. 시편이 어떻게 이런 식으로 정리되었는지 그 과정을 재구성하기는 대단히

---

13 C. C. Keet, *A Study of the Psalms of Ascents: A Critical and Exegetical Commentary upon Psalms CXX to CXXXIV* (London: Mitre, 1969), 1-17을 보라.

14 Kirkpatrick, *Psalms*, xxviii.

15 Mowinckel, *The Psalms in Israel's Worship*, 217.

어렵다. 어떤 주석가들은 도저히 재구성할 수 없다고 말하고, 또 어떤 주석가들은 재구성을 해보려 애쓴다. 이러한 시도를 통해 알게 된 것들은 예비적이고 개략적이다. 하지만 그것은 시편들이 임의로 모음집으로 만들어진 것은 아님을 보여준다. 다음 요약은 가상적 제안이다. 하지만 시편에는 이 제안이 논리적으로 그럴듯한 제안임을 시사하는 충분한 암시들이 있다.

이전 모음집들의 증거

시편은 한 명의 저자가 쓴 작품도 아니고, 한 번의 편집 작업을 통해 정리된 것도 아니다. 시편은 오랜 세월에 걸쳐 이루어진 다양한 모음의 산물이다. 이 모든 일이 단계별로 정확히 어떻게 일어났는지는 아무도 확실하게 재구성할 수 없지만 말이다.

현재와 같이 배열된 시편 모음집의 최종 형태는 다섯 개의 책으로 나누어진다. 각 책은 송영으로 끝난다. 제1권에는 시편 41:13에, 제2권에는 시편 72:18-19에, 제3권에는 시편 89:52에, 제4권에는 시편 106:48에, 제5권에는 서너 편의 웅대한 송영이 나온 후, 시편 150:6에 송영이 나온다. 이 송영들은 헬라어 역에도 있으며, 그래서 시편 모음집이 다섯 부분으로 구분된 것, 혹은 이러한 구분의 기초는 아마 그만큼 일찍(약 주전 200년까지) 이루어졌을 것이다.

다섯 권으로 된 이러한 배열은 이전의 더 작은 모음을 재배열한 것이었다. 책 자체를 보면 이에 대한 서너 가지 단서가 나온다.

1. 시편 전체에는 수많은 중복된 시편들이 포함되어 있다(시 14편 = 53편, 시 40:13-17 = 70:1-5, 시 108편 = 57:7-11 + 60:5-12). 하나의 원래 모음이라면 그런 것들이 포함되어 있지 않을 것이다(어떤 예배 의식적인 목적을 위해서가 아니라면).
2. 시편 72:20은 다윗의 기도가 끝난다고 말하지만, 현재의 시편 전체에는

그 말 다음에 약 18개의 '다윗이 쓴' 시편들이 나온다.

3. 시편들의 시작부에 제목을 붙이는 것에서 눈에 띄는 변화가 있다. 처음 90개의 시편은 다양한 사람들이 쓴 것으로 여겨지는 반면, 나머지(91-150) 중 대부분은 작자 미상으로 되어 있다. 또한 책의 후반부에는 덜 음악적이고 예배 의식적인 지표들이 나온다.

4. 어떤 시편은 '여호와'(Yahweh)라는 이름을 선호하고 어떤 시편은 '하나님'이라는 호칭을 선호한다. 제1권(시 1-41편)에서 '여호와'는 약 278번 나오고 '하나님'은 15번만 나온다. 제2권(시 42-72편)에서는 '하나님'은 164번 나오고 '여호와'는 30번만 나온다. 시편 42-83편에는 '하나님'이 201번, '여호와'가 44번 나온다. 게다가 시편 84-89편에서 '여호와'는 31번 나오고 '하나님'은 단 7번만 나온다. 시편 90-150편(제4권과 제5권)에서 '여호와'는 339번 나오고 '하나님'은 9번만 나온다. 앤더슨(A. A. Anderson)은 "그런 변형들은 우연일리 없으며 결코 아무 의미 없는 것이 아니다"[16]라고 말했는데, 그 말은 옳다. 그는 그 현상이 편집 활동을 나타내는 것으로(시 14편과 53편을 비교해보라), 그 이전의 모음집이 적어도 두 개가 있었음을 가리킨다고 주장했다. 하지만 다른 주석가들은 이 차이가 거룩한 이름(하나님을 나타내는 네 글자 - יהוה)을 다른 용어로 대체하는 경향 때문일 수도 있다고 주장한다. 하지만 이런 주장은 마지막 두 권이 바벨론 유수 이후 시대를 반영한다면, 그 두 권에서 그 이름이 점점 더 많이 사용되는 것을 완전히 설명할 수 없다. 그러므로 왜 그 이름이 어떤 시편에는 나오고, 어떤 시편에는 나오지 않는지에 관한 의문은 여전히 남아 있다.

어떤 초기의 모음집이든 복구하는 것은 실제로 불가능하다. 몇몇 시편을 보면 모음집에서 그 시편들이 차지한 위치 및 성소에서 그 시편들이 담당한 기능

---

16 A. A. Anderson, *Psalms 1-72* (Grand Rapids: Eerdmans, 1996), 25.

에 대한 몇 가지 단서가 나오지만, 지금 남아 있는 것은 최종적 배열 뿐이다. 그렇지만 그 자체가 이전 모음집에서 사용되었던 주제들과 후에 강조점이 어떻게 바뀌었는가를 어느 정도 이해하게 할 수 있게 해준다.

모음집의 형성

시편 전체를 다섯 책으로 나눈 것에 대해 유대인들은 시편 1편에 대한 미드라시에 설명했다. 거기에 "모세가 이스라엘에게 다섯 권의 율법 책을 준 것처럼, 다윗은 이스라엘에게 다섯 권의 시편 책을 주었다"[17]라고 기록했다. 이러한 비교는 도움이 된다. 모세가 오경의 두드러진 존재이듯, 다윗은 시편의 두드러진 존재이기 때문이다. 하지만 시편을 수집하고, 편집하며, 배열하는 과정은 훨씬 더 복잡했다. 재구성하려는 시도 중 문제가 없는 것은 없겠지만, 다음의 내용은 타당하다고 볼 수 있다.

개별적인 시

처음부터 개별적인 시들을 정기 예배에 사용하려고 성소에 모아놓았다. 어떤 것은 예배를 위해 쓴 것이고, 어떤 것은 개인적 경험을 바탕으로 쓴 것이었다. 모든 시편과 노래를 다 모아놓은 것은 아니었다. 예배 때 사용하기 위해 성전에 두지 않은 시편의 몇 가지 예만 들어보면, 모세와 미리암의 노래(출 15장), 모세의 노래(신 32장), 드보라의 노래(삿 5장), 요나의 노래(욘 2장) 등이 있을 것이다. 다윗의 노래(삼하 22장과 시 18편)는 특정한 상황에서 만들어졌다가(삼하), 그 후 성전 예배 때 사용하려고 재백하여 약간 손질을 한(시 18편) 노래의 한 가지 예가 될 것이다. 그것은 성전에서 사용하려고 그러한 노래들을 모으는 인도자(Chief

---

[17] William G. Braude, *The Midrash on the Psalms*(New Haven: Yale University Press, 1954)를 보라. N. H. Smith, *Hymns of the Temple* (1951), 18-20에 나오는 이 구조에 대한 또 다른 논의를 보라.

Musician)에게 넘겨졌을 것이다. 역대상 16:4은 성소에서 그런 시편들을 노래하는 다양한 집단이 있다고 말한다.

시편 모음

이 노래 모음집은 상당히 이른 시기에 만들어졌다. 시편 72:20은 이른 시기부터 다윗의 기도 모음집이 있었다는 것을 입증한다. 하지만 그 모음 중 일부는 최종 정리 때 다른 책들로 옮겨졌어야 했을 것이다. 역대하 29:30에 따르면, 그 다음 "히스기야 왕이 귀인들과 더불어 레위 사람을 명령하여 다윗과 선견자 아삽의 시로 여호와를 찬송하게 하매." 이것은 히스기야 시대(주전 700년경)에는 두 개의 시편 모음이 있었음을 나타낸다. 아삽의 작품 대부분은 현재 제3권(시 73-83편)에 있으나, 시편 50편은 제3권에 있다.

시편 120-134편은 '성전에 올라가는 노래'(Pilgrim Psalms)라고 알려진 또 다른 모음집을 형성한다. 하지만 이 시편들 중 일부는 포로기 이후의 것이므로, 순례절기들을 위한 이전 시편 모음집은 있었겠지만, 현재와 같은 형태의 최종적인 모음집은 늦은 시기에 만들어진 것이 분명하다(시 137편은 시온의 노래를 부르는 관습에 대해 말한다).

모아서 책으로 만듦

좀 더 작은 시편 모음집에 후에 기록된 시편들을 추가하며 다섯 권의 책으로 정리했다. 이 다섯 개의 모음집은 오랜 세월에 걸쳐 점진적으로 형성되었을 수도 있다. 하지만 포로기 이후에 정리되었을 가능성이 더 많다. 아마 처음 마지막 세 권보다 처음 두 권은 재정리가 좀 덜 이루어졌을 것이다. 마지막 세 권은 민족의 멸망과 회복을 반영하기 위해 시편들을 재정리한 것으로 추정되기 때문이다.

시편 전체에 걸쳐 명백하게 나타나는 하나의 논증이 있는 것처럼 보이지는 않는다. 시편 메시지를 포함한 최종적 정리를 하려고 계획했다는 증거는 있다.

모든 제안이 다 설득력이 있는 것은 아니지만, 이러한 배열 문제는 최근 들어 상당히 새로운 주목을 받았다. 시편은 매우 복잡하기 때문에, 각 제안들은 유형들을 보기 위해 시편의 메시지들을 어느 정도 일반화해야 한다. 그래서 이것은 좀 더 설득력을 지니기 위해 다듬을 필요가 있다. 하지만 이 연구는 여전히 초기 단계다.

시편 배열을 연구하는 사람들은 그것이 신학적이고 역사적인 배경을 염두에 두고, 의도적으로 계획되었다고 결론을 내렸다.[18] 일반적으로, 제1권과 제2권은 다윗 군주정에서 하나님의 프로그램에 대한 기초를 놓으며, 제3권은 군주정의 실패를 반영하면서 바벨론 유수를 염두에 두고 형성되었고, 제4권과 5권은 회복 및 여호와를 왕으로 한 미래에 대한 소망을 제시한다.

그러므로 최종 편집은 바벨론 유수라는 상처와 충격적인 사건 및 포로생활에서 돌아와 기쁘게 믿음이 새로워진 후에 이루어졌다. 백성에게는 더 이상 왕이 없었으나, 그들은 결국에는 왕이 있으리라는 것을 알았다. 그들은 자신들의 세계가 무너지는 것을 보았지만, 그 모든 것을 통해 여호와를 그들의 왕으로 새롭게 이해하게 되었으며, 그들의 찬양은 확장되어 모든 열방에 대한 그분의 주권을 반영하게 되었다. 고국에 다시 돌아오자 그들은 예배를 위해 성전을 회복했다. 하지만 그들은 토라에 대한 연구 역시 새로운 방식으로 회복했다(그것은 바벨론 유수 전에 민족이 우상숭배에 빠져 들면서 도중에 무너졌었다). 그 모음집이 이렇게 정리되었다는 주장은 그것이 대단히 일반적인 방식으로 이스라엘 역사 내에서의 광범위한 변화들을 반영한다는 주장이다. 하지만 그것은 적절한 메시지가 나오는 시편들을 다양한 부분에 배열함으로 그렇게 하기 때문에, 이스라엘 역사를 분명하게 제시하지는 않는다. 이스라엘 역사에 대해서는 역대기를 읽어야 할 것이다. 이것은 각 기간들을 반영하도록 배열된 시다. 각 시편은 자기 나름

---

[18] 특히 Gerald Wilson, *The Editing of the Hebrew Psalter*(Chico, CA: Scholar's Press, 1985)와 J. Clinton McCann, Jr., *The Shape and Shaping of the Hebrew Psalter*(Sheffield: JSOT Press, 1993)을 보라.

의 의미가 있다. 하지만 그것이 찬송가의 특정한 부분에 들어가게 될 때, 그것은 또한 그 맥락에 적용된다. 시편들이 실제로 각 책이 반영하는 그 시기에 기록되었다고 말하기 쉬울 것이다. 하지만 이것은 시편 모음이 정리된 방식에 대한 불필요한 결론이다. 예를 들어, 원수들을 이기고 승리한 것에 대한 초기의 찬양 시편은 바벨론 포로 생활에서 해방된 것에 대한 찬양 시편들과 쉽게 한데 묶을 수 있을 것이다.

시편 1-2편은 합해서 전체 시편의 서론을 형성한다.[19] 시편 1편은 혼란스럽고 무질서한 세상에서 여호와의 율법에 계속 충실해야 할 인간의 책임을 소개하며, 시편 2편은 하나님의 백성이 세상에서 안전하게 안심하고 살도록 하나님이 왕을 예비하신다는 사실을 소개한다.

제1권부터 3권까지 각 책 사이의 이음매를 이루는 중대한 곳들(시편 2편은 서론에 있다)에서 제왕시[20]가 나오며, 각 책은 제왕시로 끝난다(시편 41편[21], 72, 89편이다). 제1권과 2권은 군주정 시대를 반영한다. 그러나 제3권은 시편 모음집에서 전환점으로, 다윗 계열의 왕 아래 있던 그 민족이 실패했음을 나타내는 온갖 표시들이 나온다. 제4권에서 다윗의 왕권에 대한 강조는 여호와의 왕권을 경축하는 것으로 바뀐다. 구약에서 왕과 여호와의 통치는 불가분한 결합 관계였다. 더 이상 인간 군주가 없었을 때, 신실한 사람들은 여호와가 여전히 다스리시며, 그것이 다윗 언약의 회복을 보장해주리라는 것을 알았다. 이러한 것들이 제5권

---

19 이 시편들은 종종 합해서 서론으로 여겨진다. 제1권에 나오는 대부분의 다른 시편들과는 달리, 이 두 시편에는 표제가 없으며, 이 두 시편은 가끔 하나로 묶여 있기 때문이다. 각 시편은 그 나름대로도 하나의 온전한 시편을 형성한다. Robert Cole, "An Integrated Reading of Psalms 1 and 2," *JSOT* 98 (2002): 75-88을 보라.

20 제왕시는 왕의 전성기에 초점을 맞춘다. 거기에는 시편 2, 20, 21, 45, 72, 89, 110, 144편 등과 다른 몇 개의 시편이 포함된다. 이 시편들은 보좌에 오르는 모든 왕에게 유용했으며, 그 결과 예수 그리스도께도 적용된다. 하지만 원래 문맥에서보다 훨씬 더 숭고한 의미에서 그렇다.

21 시편 41편은 엄밀한 의미에서 제왕시는 아니다. 하지만 그 안에는 시편 72편에 나타나는 몇 가지 주제가 들어 있으므로, 제왕시와 유사한 기능을 한다. 제1권과 2권은 하나로 결합되어 있었으며, 둘 사이에 중대한 구분이 있을 필요가 없었다.

에 자주 등장하는 개념 중 일부다.[22]

제1권

제1권은 시편 1-41편이다. 왕의 대관식을 다루는 제왕적 시인 시편 2편은 시편 전체 뿐 아니라 1권의 기초를 형성한다. 이 시편들은 여호와가 악한 원수들에게서 확실히 보호하신다는 것을 일반적으로 강조한다(시편 2편에서 여호와가 그분의 왕과 특별한 언약을 맺는 것은 여호와의 존전에서 다윗이 보호받는 것으로 나타난다). 이 시편 중 많은 것은 시편기자(전통적으로 다윗이라고 여겨진다)가 겪는 갈등들을 기록한다. 하지만 시편 2편이 분명하게 보여주듯, 그의 원수들은 또한 여호와의 원수들이기도 하므로, 그들의 반대는 실패할 것이다. 이처럼 제1권에 나오는 대단히 많은 노래에는 보호와 해방에 대한 확신이 나온다.

그렇지만 신실한 자들이 하나님의 율법과 조화를 이루어 살 책임이 있음을 상기시키는 말도 나온다. 그들의 기도, 예배, 삶이 하나님께서 받으실만한 것이 되기 위해서다. 제1권 한가운데 시편 19편이 있는데, 시편 19편은 토라의 가치를 찬미한다.[23]

---

22 신약에서 여호와의 통치라는 주제와 기름부은 자인 메시아의 통치라는 주제는 하나님 아들의 성육신에 대한 사도들의 가르침에서 하나로 합쳐진다.

23 제1권 중심부에는 토라를 강조하는 일반적인 교차대구법적 정리가 나타나는 듯하다.

      시편 15편 성문에서 드리는 의식: "오를 자가 누구냐?"
        시편 16편 자기 백성에 대한 하나님의 축복: "여호와는 나의 잔이시다."
          시편 17편 원수에게서 해방시켜달라는 기도
            시편 18편 전투에 관한 제왕시
              시편 19편 토라
            시편 20-21편 전투에 관한 두 개의 제왕시
          시편 22편 원수에게서 해방시켜달라는 기도
        시편 23편 자기 백성에 대한 하나님의 축복. "내 산이 넘치나이다."
      시편 24편 성문에서 드리는 의식: "오를 자가 누구냐?"

제1권은 제2권과 3권처럼 제왕시로 끝나지 않는다. 시편 41편에는 제2권을 끝맺는 제왕시인 시편 72편에 나오는 서너 가지 주제가 나온다. 두 시편 모두 백성을 보호하기 위한 왕의 책임을 제시하고, 두 시편 모두 왕에게 그를 그의 원수들에게서 해방시켜주고 보좌에 안전하게 있게 해줄 것을 약속한다. 첫 번째 책 끝 부분에 제왕시가 없는 것은 두 개의 책이 다윗 시편이라는 하나의 큰 모음으로 편집되었음을 입증할 수도 있다.

제2권

제2권인 시편 42-72편에서도 같은 주제가 계속되지만, 방식은 약간 다르다. 예를 들어, 시편 44편에서 민족은 언약에 충실했지만 전쟁에서 지고 있다. 하지만 책 전체에서 보면 여전히 강한 확신이 엿보인다. 예를 들어, 왕족의 결혼에 대한 시편 45편에서는 원수들을 이기고 승리할 왕의 권세와 의를 칭찬한다. 그다음에 시온의 노래, 여호와가 거기 계시기 때문에 민족에게 힘이 있음을 나타내는 노래가 나온다(시 46편). 이 시편 중 일부를 보면 이사야 7장과 8장 및 앗수르 대침공을 상기하게 된다. 이 책 중심부에서는 백성이 지혜의 길을 따르고(시 49편), 순수한 예배를 회복하며(시 50편), 죄 사함을 발견해야 할(시 51편) 책임에 대해 주의를 기울인다. 그다음에 세상과의 투쟁으로 다시 돌아온다. 일련의 시편들은 시편기자가(다윗이) 원수들로부터 도주한 것을 살펴본다. 거기에서 그는 자신의 믿음을 굳게 하고 주변 나라들에 대해 승리를 이룬다. 이 책 마지막 부분에서 공동체의 믿음은 굳건하다. 그 믿음은 성소에서 여호와와 함께 있고자 하는 마음(시 63편), 추수를 경축(시 65편), 기도 응답에 대한 찬양(시 66편), 세상의 사람들이 믿음으로 나아오는 것에 대한 기대(시 67편) 등을 표현하는 시편들에 의해 고취된다. 시편 68편은 시내산에서 시온으로 하나님이 진행해나가시는 것을 추적함으로써 이스라엘의 믿음의 핵심을 상기한다. 시온은 하나님이 정복하신 왕으로 높임을 받으신 곳이다. 제2권은 도움을 구하는 일련의 기도로 끝난다. 심지어 마지막 제왕시 시편 72편도 왕의 통치를 구하는 기도, 그분이 원수들을 이기고 승리하며, 바다에서부터 바다까지 의로 다스리고, 궁핍한 자들을 위하시는 분(아마 이것은 이 일이 이루어지지 않았음을 암시할 것이다)이 되어달라는 것이다. 시편 72편은 독자들에게 다윗 언약은 다음 세대로 전해져야 한다는 것을 상기시킨다.

제3권

제3권인 시편 73-89편은 몇 가지 같은 주제를 계속 다룬다. 하지만 민족이 어려움에 속한 불안한 모습이 자주 나타난다. 여호와는 다른 민족들이 민족에게 고난을 가하게 하심으로 민족을 심판하셨다. 시편 73편은 번성하지만 이교적인 세계에서 믿음으로 사는 것이 어렵다는 사실에 초점을 맞춘다. 그다음에 시편 74편은 성전의 황폐함을 묘사한다. 민족에 대한 신적 심판이라는 초점은 시편 79, 80, 85, 89편에서도 표면에 드러난다. 그래서 바벨론 유수가 시작되었음을 반영하도록 시편 선정이 이루어졌다는 것을 즉시 알 수 있다. 그럼에도 성소는 여전히 사랑스럽고 바람직한 장소로 추앙된다(시 84편). 사실상 시온은 성소의 축도 역할을 한다(시 87편). 그래서 이 모음집에 있는 시편들은 시온의 영광을 배경으로 민족적 재앙에 초점을 맞춘다. 이 책은 제왕시인 시편 89편으로 끝난다. 그것은 본질적으로 다윗 언약을 시로 표현한 것이다. 거기에서 시편기자는 언약을 되돌아보면서 미래에 대한 관심을 표명한다. 그는 하나님의 약속에 부합되도록 다윗 계열의 왕이 회복될 것을 소망한다. 이제 하나님은 언약을 버리신 것처럼 보인다. 이것은 미래가 암담해보였음을 나타낸다.

제4권

제4권인 시편 90-106편은 시편들의 메시지에 변화가 있음을 나타낸다. 이 모음집에서는 군주정(즉 다윗)의 믿음과 승리를 상기시키는 대신, 모세와 출애굽 시대의 역사를 되돌아본다. 그래서 종종 모세 모음집이라고 불린다. 이 모음집은 백성에게 제 삼 권에서 나타난 딜레마에 대한 대답을 상기시킨다. 즉 민족이

나 왕에게 무슨 일이 일어나든 하나님은 신실하시다는 것이다. 모든 열방에 대해 "여호와가 다스리시기" 때문이다. 그래서 그 부분은 "모세의" 시(시 90편)로 시작된다. 그 시는 어떻게 백성의 죄 때문에 하나님이 백성을 죽게 하셨는지 애도한다. 그것은 바벨론 유수 상태에 있는 사람들이 공감할만한 광야 방랑에 대한 묘사다. 그럼에도 메시지는 긍정적이다. 즉 하나님은 영원하신 하나님이시며, 여전히 신실하시다는 것이다. 그래서 그다음에는 여호와 안에 있으면 모든 위험에서 보호받을 수 있다고 단언하는 신뢰의 노래가 나온다(시 91편과 92편). 이 책의 독특하고 인상적인 부분은 즉위 시편, 즉 온 땅에 "여호와가 통치하신다"는 것을 경축하는 시편들(시 93, 96, 97-99편을 보라)을 포함하는 것이다. 이 주제는 포로생활에서 해방되기 위해 이사야도 선언했던 것이다(사 52:7). 즉위 시편들은 종말론적으로 적용된다. 이 시편들은 민족들이 여호와를 섬기고 여호와가 의로 온 세상을 다스리실 시대가 올 것을 기대한다.

바벨론 유수와 회복을 통해 백성은 여호와의 주권을 새로운 각도에서 보게 되었다. 그리고 이 초시간적 주제에 대한 시편 모음은 그로 인해 제3권에 들어가게 되었다. 이 시편들은 예루살렘에서 맺은 다윗 언약의 개념을 버리지 않았다. 하지만 그들은 이제 여호와가 오셔서 다스리실 위대한 나라를 보았다. 그리고 그분이 오셔서 다스리시는 것은 시내산 경험에서 나온, 신의 현현을 나타내는 말로 묘사된다. 번개, 짙은 구름, 어둠, 지진, 화산 등과 같은 것들이다.

이 책은 또한 역사에 기초한 교훈적 시편들도 포함한다. 백성에게 여호와의 말씀을 들을 때 마음을 굳게 하지 말라는 경고, 광야 세대의 실패에 기초한 경고(시 95편), 또한 자기 백성을 보호하시고 돌보시는 하나님의 신실하심에 대한 교훈(시 104-106편) 등과 같은 것이다.

제4권과 제5권(시 107-150편)은 분명하게 구별할 수 있을 정도의 차이가 있지는 않다(시 106편과 107편은 비슷한 요소들을 지닌다). 그리고 제4권은 제왕시로 끝맺지도 않는다. 하지만 제4권 끝부분 가까이 하나(시 101편), 제5권 시작하는 곳 부근에 하나(시 110편), 중간에 또 하나(시 132편), 그리고 끝에 또 하나(시 144편)의 제왕시가 있다. 제4권과 5권은 너무나 매끄럽게 이어져서, 일부 학자들은 두 부분 간에 시편 90-101편과 102-110편 등과 같은 유사한 부분들이 있다고 보았다.[24]

제5권

제5권은 일반적으로 다윗을 모델로 삼아 미래에 대한 백성의 소망을 표현한다(다윗의 시인 시 108-110편과 138-145편이 이 책의 앞뒤를 장식한다). 거기에는 다른 모음들도 포함되어 있다. 할렐 시편인 시편 111-118편, 135-136편, 순례 시편인 시편 120-134편, 그리고 웅대한 송영인 시편 146-150편 등이다.

시편 107-117편 제5권은 세 부분과 하나의 송영으로 볼 수 있을 것이다. 첫 번째 부분인 시편 107-117편은 여호와의 신실한 사랑에 감사하라는 명령으로 시작된다(hodu, 시 107:1). 그 사랑은 시편 106:47의 "우리를…모으시고 우리가…감사하…게 하소서"라는 간청에 응답하는 것이다. 시편 108편과 109편은 백성들에게 믿음은 오직 여호와만을 의지한다는 것을 상기시켜주고, 시편 111-117편은 하나님께 의지하는 것이라는 주제를 계속 다룬다. 이 찬양 시편들은 후에 이스라엘의 큰 절기들에 사용된다. 시편 111편과 112편은 여호와는 신뢰할 만하다는 것을 선포하고, 시편 113-117편은 그분이 신뢰할 만한 분이라는 것 뿐만 아니라 그분이 높임을 받으셨다는 것을 되풀이해서 말한다. 그분은 출애굽을

---

24 예를 들어, Jinkyu Kim, "The Strategic Arrangement of Royal Psalms in Books IV-V," *WTJ* 70 (2008): 143-157을 보라. 유사한 시편들은 다음과 같다. 인간의 덧없음에 대한 애도 및 여호와를 신뢰할 필요에 대해 다루는 시편 90-91편과 102편(90편과 102편에는 기도라는 표제가 달려 있다); 앞에 나오는 덧없는 삶에 대한 말을 제지하면서, 하나님이 자기 백성을 돌보시는 것에 대한 찬양의 미무리 찬송이 나오는 시 92편과 시 103편, 93편과 104편은 여호와가 창조세계를 다루시는 것과 그분의 공의로운 통치에 초점을 맞추는 찬양이다. 시 95편과 시 105-107편은 여호와가 역사를 다루시는 것이 열방을 위한 영적 교훈 역할을 한다는 것을 보여준다. 시 96-98편과 시 108편은 세상에 대한 여호와의 통치와 원수들의 멸망을 구하는 기도다. 시 97편과 시 109편은 여호와의 통치를 약속한다. 시 99-100편과 시 109편은 반대에 직면하여 시온에 계신 여호와께 신뢰의 말을 드린다. 시 109편과 시 110편은 각 순서의 끝부분에 나오는 두 개의 제왕시다. 왕의 허장(101편)과 왕, 즉 제사장이신 분이 와서 그의 원수들을 정복하신다는 것(110편)이다.

통해 참되고 살아 계신 하나님으로 입증되었으며(시 114편), 이방신들 가운데 그분과 겨룰 자가 없다(시 115-116편). 송영(시 117편)은 이스라엘 사람이나 이방인들 할 것 없이 모두에게 그분의 신실하신 언약 사랑을 찬송하라고 명한다. 이 첫 번째 부분의 중심부에 위대한 제왕시 시편 110편이 있다. 책의 이 부분에 대단히 오래된 다윗의 시편을 둔 것은 백성에게 절실한 메시지를 전달한다. 하나님의 원수들에 대한 승리는 종말론적 전투에서 이루어질 것인데, 그 전투에서 위대한 메시아가 오사 영원한 왕이며 제사장으로서 정복하고 다스리실 거라는 것이다. 이것은 시편 2편에서 약속하고 시편 45편에서 소망하는 정복이다. 그래서 다윗 언약은 이전 어느 때보다 더 웅대한 방식으로 실현될 것이다.

시편 136-145편 다음으로 제5권의 세 번째 부분인 시편 136-145편을 살펴보면, 이 부분 역시 여호와의 인자하심을 경축하여 감사를 드리라(hodu)는 명령으로 시작된다. 이 부분의 첫 번째 찬양인 시편 136편은 매 절마다 감사를 드려야 할 이유를 반복한다. 바로 "그 인자하심이 영원함이로다"라는 것이다. 시편 137편은 바벨론 유수를 상기하면서 어떻게 하나님의 고난받는 백성이 시온의 노래를 부를 수 있는가를 질문한다. 이것은 바벨론 유수 때 부른 탄식시에서 제기된 수사학적 질문이지만, 시편 138-145편에서는 이 질문에 실제로 대답한다. 사람들에게 역경 속에서 시온의 노래를 부르는 법을 보여주는 것은 다윗이기 때문이다. 시편 138편은 찬양이 터져 나온 것이며, 그 뒤에 나오는 나머지 모음(시 139-145편, 모두 해방을 위한 기도)은 자기 백성에 대한 여호와의 자비하신 보호에 초점을 맞춘다. 그다음에 시편 144편은 시편 90편에 나오는 인간의 연약함이라는 주제를, 그리고 또한 시편 18편에 나오는 왕의 정복이라는 주제를 다루지만, 하나님의 창조 계획에 초점을 맞춘다. 시편 144편 끝에서는 메시아 왕국에서 민족의 번영에 대한 또 하나의 종말론적 환상을 제공한다(12-15절). 바벨론 포로들과 포로생활에서 돌아오는 사람들에게는 모음집의 이 마지막 부분이 대단히 영감을 주는 것이었을 것이다.

시편 118-135편 이 두 부분 사이에 제5권의 중심 부분인 시편 118-135편이 있다. 다시 그 부분은 여호와의 인자하심에 감사하라(hodu)는 명령으로 시작된다. 이 시편은 이스라엘이 다시 고향 땅으로 돌아와 다시 한 번 여호와의 프로그램의 중심이 되는 것을 경축한다. 시편 118편과 135편은 여호와의 인자하신 언약 사랑에 초점을 맞춘다는 면에서 서로 대응을 이루어, 그 부분의 인클루지오(inclusio)를 형성한다. 제5권의 중심 부분에는 매우 긴 시편 119편이 있다. 그것은 백성과 여호와의 관계에서 율법이 으뜸가는 위치를 차지함을 보여준다. 사람들은 어떻게 그분께 의지하는가? 토라다! 제5권이 일반적으로 고향 땅에 다시 모이고 하나님의 백성으로 재조직되게 해달라는 백성의 간청에 대한 응답이라면, 시편 119편은 인간 편에서의 수단을 제공한다. 그들이 새롭게 되는 것은 그들의 믿음에 달려 있다. 그리고 그들의 믿음은 하나님의 율법에 대한 순종으로 보여진다. 각 개인이 믿음으로 하나님께 다가가고, 율법을 묵상하고 순종하는 것은 새로운 것이 아니었다. 단지 그것이 민족의 실패라는 상처 이후에 강력하게 재진술된 것 뿐이다. 그러고나서 순례자 시편인 시편 120-134편이 나온다. 여기에서는 찬양과 감사를 드리기 위해 시온에 올라가는 것에 주의를 집중한다. 여기에는 오직 여호와만 믿는 일련의 믿음 노래가 나온다. 어떤 것들은 훨씬 이전에 기록되었으며, 어떤 것들은 바벨론 유수 이후에 기록되었다. 그 노래들의 끝 부분에 시편 132편이 있는데, 그것은 엄격한 의미에서는 제왕시가 아닐지 모르지만, 궤를 위한 장소를 발견하겠다는 다윗의 맹세와, 다윗 언약을 존중하겠다는 여호와의 맹세에 초점을 맞춘다. 시편의 이 부분에서 이 시는 다윗 언약과 그 안에서 약속된 모든 축복들이 새롭게 될 가망성을 제시한다. 사실상 시편 132-134편(시편 125편과 마찬가지로)은 시온의 중심성을 다시 상기시킨다. 그래서 왕권에 대한 약속과 율법에 대한 초점이 제5권을 묶어준다.[25]

시편 146-150편 마지막으로, 그 모음의 웅대한 송영은 시편 146-150편이다. 시편 145편은 제5권의 절정이며, 그다음에 나오는 송영들의 열쇠다. 주제는 시편 145:21에서 소개된다. 시편 146편은 21절 전반, 여호와에 대한 개인의 찬양에 대한 대답을 제시한다. 시편 147편은 찬양의 합창대에 이스라엘과 예루살렘을 포함시킨다. 시편 148편은 하늘의 천군천사를 포함시킨다. 시편 149편은 다시 백성에게 찬양하라고 명한다. 그리고 시편 150편은 호흡이 있는 모든 것들은 찬양하라고 명한다. 이것은 시편 145:21 후반의 주제에 대한 응답이다.

결론

그렇다면 이것이 시편의 현재 배열에 대한 연구에서 발견한 몇 가지에 대한 일반적 요약이다. 저자, 주제, 반복되는 테마별로 관찰한 시편들의 관계는 시편 배열 연구에 대한 긍정적인 시작이다. 하지만 이러한 연구들은 존재하지 않거나, 아니면 존재한다 해도 미미한 연결들과 유형들을 애써 찾아내려는 경향이 있다. 그리고 세부적인 사항들을 만족할 정도로 연구해낼 때까지는 — 실제로 그렇게 할 수 있다면 — 인위적이고 강요된 것처럼 보일 것이다. 이런 연구를 할 때 우리가 가장 주의해야 할 점은 선지서들에 반영된 이스라엘의 경험 유형들을 다양한 시편들의 배열로 해석하지 말아야 한다는 것이다.

모음집에서 시편들의 위치를 연구하는 것은 특정한 시편을 해설하는 데 직접적인 의미는 지니고 있지 않다. 시편 자체에서 강해를 끌어내기 때문이다. 이러한 연구들은 강해자에게 시편의 주요 신학적 주제들을 상기시켜줄 것이다. 이 주제들에 초점을 맞춘 시편들을 다룰 때, 이 주제들에 적절한 주의를 기울이도록 하기 위함이다. 중심되는 주제들은 다윗 계열의 왕에 초점을 맞추고 있는 제왕 시편, 예루살렘에 초점을 맞추고 있는 시온 시편, 그리고 여호와의 주권적

---

25 제1권과 제2권이 결합되었던 것처럼, 제4권과 제5권은 서로 뒤섞여 있는 듯하다. 이것은 이 책들의 전반적 유형이 일반적으로 교차대구법으로 되어 있는 것에서 볼 수 있을 것이다.

    90-110 하나님이 자기 백성을 다루시는 것을 이야기하는 서너 개의 다윗 시편과 다른 시편들
        111-118 예배를 위한 할렐 시편들로, 돌이라는 메시아적 이미지로 끝난다.
            119 토라
        120-134 예배를 위한 순례자 시편으로, 메시아적 소망을 포함한다(시 132편).
    135-145 자기 백성에 대한 하나님의 신실하심을 보여주는 서너 개의 다윗 시편과 다른 시편들

통치에 초점을 맞춘 즉위 시편들에서 발견할 수 있다. 이 시편들은 시편의 신학을 염두에 두고 있을 뿐 아니라, 또한 모음집들을 하나로 모아준다. 강해자들은 제왕시들을 특별하게 신경써서 해설해야 한다. 제왕시는 시편의 배열에서 중대할 뿐만 아니라, 성경 신학에 기본이 되기 때문이다. 결국 그 시들은 신약에서 가장 자주 인용된다. 그리스도 시대에는 사도들이 하나님의 왕과 거룩한 성에 대한 그분의 초시간적 프로그램이 불신과 거부, 추방 속에서 어떻게 성취되는지 다시 발견해야 했기 때문이다. 사도들은 그 프로그램이 끝나지 않았다는 것을 알았다. 또한 그 본문들을 영적으로만 해석해서는 안된다는 것도 알았다. 이처럼 그들은 제왕시와 즉위시들이 주님이신 그리스도의 두 번째 강림에서 성취된 것을 보았다.

　이 연구는 강해자들이 어떻게 이스라엘 역사에서 서로 다른 상황들에 시편들이 적용되었는지 인식하게 해줄 것이며, 이것은 또한 오늘날을 위한 적용에도 도움을 줄 것이다.[26] 다윗의 경험들에서 온 땅에 대한 여호와의 보편적 통치에 이르기까지 책들을 통해 이어지는 시편들의 흐름에서 기도와 찬양과 묵상들은 모이고 정리되어 역사적 사건들 안에서 백성의 믿음을 확증한다. 또한 그들에게 상처가 된 경험 이후 그들의 믿음을 회복시키며, 이스라엘을 향한 하나님의 약속들의 성취에서 열방까지 이르는 더 큰 프로그램에 대한 믿음에 다시 초점을 맞춘다.

---

26 시편은 우리의 찬송책과도 같다. 강림절, 크리스마스, 부활절, 교회 선교 등을 위해 사용한 찬송과 노래들이 있다. 그것이 그 노래의 원래 의도였든 아니든 간에, 현재의 예배와의 연관은 우리가 음악을 사용하는 방식에 실제로 영향을 끼친다. 예를 들어, "기쁘다 구주 오셨네"는 재림에 대한 노래이지만, 강림절(두 강림을 다 경축하는)에 사용되며, 크리스마스 때 드리는 비전례적 예배에서도 사용된다.

4 시편 해석의 역사
History Of The Interpretation Of The Psalms

시편 연구에 대한 접근법들

시편의 복잡성 및 시편들에 대한 문헌의 다양성에 비추어볼 때, 오랜 세월에 걸쳐 시편 연구에서 사용되었던 여러 다양한 접근법을 단 몇 쪽으로 규명하고 묘사하기는 어렵다. 하지만 시편 강해에 대한 일반적 서론으로, 여러 주석에서 어떤 해석법들을 사용했는지 어느 정도 알면 도움이 된다.

오랜 세월 교회는 시편을 교리적, 신학적, 메시아적으로 해석했다. 교부들과 중세 주석가들, 그리고 심지어 수많은 현대 주석가들은 일차적으로 교리, 특히 그리스도와 그분의 나라에 대한 교리에 관심을 갖고 시편을 해석했다. 전반적으로 그들은 시편 모음집을 다윗이 쓴 것으로 여겼으나, 다윗의 후손인 예수님께 더 관심이 있었다. 교회의 의식들을 적어놓은 달력은 이스라엘의 절기들을 그리스도의 사역과 관련시키므로, 시편의 공식적 해석이 같은 목적을 갖는 것은 대단히 자연스러운 일이었다. 원래의 배경이나 시편 사용, 그리고 구약에서 신약으로 계시가 역사적으로 발전한 것에 주의를 기울이는 일은 거의 잊혀졌다.

시편은 또한 성경적 서정시의 모범이 되었다. 곳곳의 교회들은 시편을 그들이 예배 때 사용하는 언어로 번역해서, 그것이 성전의 찬송가였던 것처럼 찬송가로 사용했다. 시편 모음집은 성경 신구약 둘 다에 나오는 모든 신학적 문제의 개요서로 여겼다. 특히 하나님은 시편을 통해 교회에 말씀하셨으며, 또한 교회는 시편으로 하나님께 말했다. 한 편, 선택받은 자에 대한 하나님의 계시는 교훈, 권고, 바로잡음, 위로, 약속, 예언들의 형태를 취했다. 다른 한편, 교회는 시편의 고백, 불평, 기도, 찬양, 감사로 하나님께 말했다. 이처럼 시편은 교회의 신학과 예배 의식에 통합되었다. 전반적으로 이것은 시편의 한 가지 타당한 용법이다. 하지만 몇몇 선택된 시편들만 이러한 용도로 사용되어야 한다. 모든 시편이 기독교 신학 및 예배와 분명한 상관관계를 갖고 있지는 않기 때문이다.

종교개혁 시대 무렵 성경 신학자들은 교리적 신학을 위해 시편을 사용하는 것에 이의를 제기하기 시작했다. 결국은 역사적 비평이 18세기부터 20세기까지 시편에 대한 학문적 연구를 지배하게 되었다. 그 목적은 문학적 분석적 방법에 기초해서 시편의 연대, 저자, 구성, 통일성을 결정하려는 것이었다. 그것은 전통적 개념들, 특히 표제에 기록된 개념들을 거부했다. 시편의 내용이 거기서 제시하는 상황들과 맞지 않는다는 이유에서였다. 그 대신 신학적 평가, 알려진 사건들이나 상황들에 대한 언급, 시적 형태, 언어 등과 같은 분석적 판단 기준에 의해 대부분의 시편들은 다윗보다 훨씬 늦은 시대의 것으로 간주되었으며, 많은 시편은 심지어 마카베 시대(기원전 약 150년)의 것으로 여겨지기까지 했다. 일반적으로 학자들은 제2성전의 찬송가로써 시편이 지닌 의미에 더 주의를 기울였다.[1] 이 접근법에 의해 내려진 많은 결론은 양식 비평의 등장과 고고학에

---

1 이 접근법을 따른 저술가 중 일부는 Duhm, Bernhard, Cheyne, Haupt, Briggs(the ICC commentary on the Psalms) 등이다. 구약 개론들 외에도, Ovid Sellers, "The Status and Prospects of Research Concerning the Psalms," *The Study of the Bible Today and Tomorrow*, ed. H. R. Willoughby(Chicago: University of Chicago Press, 1947)를 보라.

대한 관심의 확대로 심각한 도전을 받았다.

이 접근법은 다소 주관적이 되었기 때문에, 일관된 결과들을 내지 못했으며 따라서 설득력이 없었다. 그럼에도 이 접근법의 좀 더 급진적인 결론들은 유용한 것으로 입증되지는 못했지만, 브리그스(Briggs)의 주석과 같은 것을 읽게 되면 강해자들은 본문 내의 난점들과 문제들을 인식하게 되어, 그럴듯한 해결책들을 찾으려 애쓸 것이다. 본문의 난점들을 전혀 알지 못하는 강해자들이 너무 많다.

이 접근법에 대한 좀 더 급진적인 결론들에 대한 반응으로, 수많은 주석가는 표제 및 성경적 증거들에 비추어 시편들을 이스라엘의 초기 시대, 특히 다윗 시대와 관련시키려 했다. 그들은 역사적 문학적 접근이라 할 만한 것을 따랐다. 심지어 그 시편이 어떤 역사적 상황을 구체적으로 명시하지 않을 때에도, 이 주석가들은 종종 내부적 증거로 보아 그 시편 배후에 있다고 생각되는 사건을 재구성하려 애썼다. 어떨 때는 그들이 제시하는 증거가 대단히 불충분했으며, 어떨 때는 좀 더 설득력이 있었다. 그렇다 해도 결론은 여전히 가설에 근거해서 내려지긴 하겠지만 말이다. 보수적인 강해자들은 이런 주석들이 유용하다는 것을 알게 되었다. 그 주석들은 옛 문헌 분석 방법에 반대되는 논증들을 제시하고, 그럴듯한 대안들을 제안하기 때문이다.[2] 이런 방법을 제안한 사람들의 주석들을 사용할 때, 강해자들은 표제가 있든 없든 가설적으로 재구성된 상황을 시편 해석의 기초로 사용하지 않도록 주의해야 한다. 재구성은 정확할지는 몰라도, 종종 입증되지 않은 경우가 대다수다. 사람들이 어떤 시편을 이른 시기의 것으로 생각하든 늦은 시기의 것으로 생각하든, 메시지는 시편 자체에서 나와야 한다.

시편에 대한 양식 비평적 접근법은 사람들의 시편 연구 방식을 극적으로 바꾸어놓았다. 거의 모든 주석이 이제는 자신들이 연구하는 시편의 문학 형태와

---

[2] MacLaren, Alexander, Perowne, Delitzsch 같은 주석가들은 시편들을 알려진 사건들, 특히 표제에 시사되어 있다면 다윗의 생애에 일어났던 사건들과 관련시킴으로, 대체로 성경 군주정 시대에 짜맞추려 했다.

기능을 밝히려 애쓴다. 이 접근법은 대체로 헤르만 군켈(Hermann Gunkel)이 개척한 것이다.[3] 이 접근법은 시편의 구조, 어휘, 기능을 분석함으로써 시편의 문학적 형태를 밝히려 애쓴다. 시편의 배경을 결정하기 위해, 군켈은 이스라엘 종교에서 모든 노래는 어떤 의식 행위에 수반되기 위해 만들어졌다는 전제에서 출발했다(신 26:5; 삼상 1:24-2:10; 대상 16:1-37; 암 5:21-23을 보라). 이런 견해를 지지하는 증거는 시편 표제의 예배 의식을 나타내는 호칭들(예를 들어 토다, 곧 '감사'라는 이 말은 그 시편을 토다 제사 의식과 관련시켰다. 민 10:35, 36; 레 9:22를 참고하라.) 및 특정한 의식 행위들과 연관된 바벨론 찬송과의 비교에서 볼 수 있다.[4] 이런 개념은 강해자가 그 시편이 생겨나게 된 상황에 대해, 혹은 그 시편이 의식에서 어떻게 사용되었는가에 대해 더 알도록 해주었다. 하지만 모든 시편이 결국에는 성전 예배용으로 채택되긴 했지만, 모든 시편이 처음부터 성전 예배를 위해 기록되었는지는 의심스럽다. 군켈은 가장 초기의 시편들은 제사장들이 의식을 위해 쓴 것이었으며, 개별적 시편들은 그다음 모음집에 더해졌다고 말한다. 그럼에도 그 사실을 입증하기는 어렵다.

양식 비평에 따르면, 갖가지 유형을 형성하는 시편들은 반드시 공통적인 배경, 사상과 논법, 표현 형태, 주제를 공유해야 한다. 이러한 것들을 고려해서 시편은 일곱 개의 유형으로 분류되었으며, 이 유형들은 오랜 세월에 걸쳐 확장되고 명료하게 설명되었다.[5] 공통적인 분류는 다음과 같다.

---

[3] Gunkel은 *Einleitung in die Psalmen*에서 자신의 접근법을 발전시켰는데, 그의 생전에 완성되지는 못했다. 그 일은 Joachim Begrich가 완성했는데, 그는 1932년 3월 Gunkel이 죽기 전에 그 일을 하도록 택한 사람이었다.

[4] 이러한 것에서 표제들은 시편을 이해하는 데 중요한 것으로 인식되었다. 하지만 그 표제들이 그 시편의 기원에 대해 말하는 것인지, 그 용도에 대해 말하는 것인지에 대해서는 여전히 의문으로 남아 있다.

[5] 양식 비평가 중 잘 알려진 사람들로는 Gunkel, Eissfeldt, Engnell, Kittel, H. Schmidt, A. Bentzen, Oesterley, Terrien, 그리고 특별히 시편 연구 방법을 단순화시킨 것으로 잘 알려진 Westermann 등이 있다. 더 자세히 알아보려면 A. R. Johnson, "The Psalms," *The Old Testament and Modern Study*, ed. by H. H. Rowley, 162-207; H. Gunkel, *The Psalms: A Form Critical Instruction*(Fortress, 1967); Gene Tucker, *Form Criticism of the Old Testament*(Fortress, 1971)을 보라.

1) 개인의 탄식(시편기자가 기도한다.)
2) 백성의 탄식(민족이 기도한다.)
3) 개인의 감사(시편기자가 건지심을 받은 것을 찬양한다.)
4) 찬송(시편기자가 하나님을 찬양한다.)
5) 제왕시(왕이 전면에 나선다.)
6) 즉위시(여호와의 통치를 경축한다.)
7) 소소한 유형들: 순례자의 노래(예루살렘으로 가는 순례 여행을 위한 것), 시온의 노래(거룩한 성을 높임), 토라 노래(율법이 탁월하게 드러남), 승리의 노래, 공동의 감사, 확신의 시, 선지자적 시, 애도가, 고백가, 지혜시

시편의 유형을 아는 것은 큰 도움이 된다. 구조와 주제를 분명히 이해하면 시편을 종합하는 것, 특히 개요를 정리하는 것이 더 쉽기 때문이다. 어휘 연구는 서로 다른 시편 유형에서 발견될 때보다 집중적으로 이루어질 수 있다. 그리고 강해에서 본문의 정서를 더 쉽게 포착하기 위해 주어진 시편의 어조나 분위기를 밝혀낼 수 있을 것이다. 게다가 히브리 시제 번역을 명확하게 하는 것은 시편의 그 부분이 확신의 표현인지 기도인지 알 때 조금 더 쉬워진다.[6] 하지만 시편에 대한 이러한 접근법이 지닌 위험은 시편들을 엄격한 양식이나 배경에 억지로 집어넣고, 많은 시편이 지닌 독특함을 허용하지 않는 것이다.

그 이후의 시편 연구는 시편을 의식에서 그것이 수행하는 기능에 비추어 해석해야 한다고 주장하면서, 양식 비평을 한 걸음 더 발전시켰다. 이러한 접근법에서 가장 영향력 있는 저자인 지그문트 모빙켈은 시편들이 바벨론 축제의 유형을 본따 만든 단 하나의 가을 절기 의식을 위해 쓰였다고 주장했다. 거스리

---

[6] 양식 비평 연구가 지닌 이러한 이점들은 언제나 명백한 것은 아니다. 때로는 어떤 시편의 유형에 대한 제안이 어떤 동사나 단어를 번역하는 방식에 영향을 끼친다. 하지만 그 시편을 다르게 받아들이면, 번역도 달라질 수 있을 것이다(동사를 지시법으로, 기도로, 혹은 미래 시제로, 확신의 말로 번역하거나 하는 것과 같은 경우다).

(Guthrie)는 이렇게 말했다. "모빙켈에게는 *Sitz im Leben*, 실제 예배를 드리는 무대가 구약에 보존된 것과 같은 공식 의식용 노래들을 이해하는 데 필수불가결한 열쇠였다."[7] 이 접근법을 주창하는 사람들은 시편이 의식에서 사용된 경우를 재구성하려 하는 전통, 즉 역사적 방법을 따른다. 그들은 구성 분석과 비교 종교 연구를 포함하여 용도를 밝힐 만한 모든 자료를 사용해서, 완벽한 문헌 분석을 하려 한다.

모빙켈은 이 절기를 바벨론의 아키투(Akitu) 절기와 비교했다. 그런 절기가 비옥한 초승달 지대 전역에 퍼져 있었다고 믿었기 때문이다. 그는 이스라엘에도 같은 종류의 절기가 있었음을 입증하기 위해 시편들에서 비교 가능한 개념들과 표현들을 모았다. 그의 논증은 '여호와가 다스리신다'는 사실을 경축하는 특정 시편들, 새해 첫날에 대한 비슷한 절기가 실제로 존재했다는 흔적을 나타내는 성경 이후 히브리 문학의 암시들, 그리고 이스라엘이 주위 이교 국가들의 절기를 따라 자신의 의식을 만들었다는 가정에 크게 의지한다. 이런 개념은 면밀히 검사해보면 사실이 아닌 것으로 드러난다. 너무나 광범위한 그 이론에 따르면 모든 다양한 문학 유형이 다 하나의 절기에 들어맞게 되며, 분명한 증거가 결여되어 있다. 그런 재구성을 위해 시편 여기저기에서 뽑아낸 본문들에 의지하고 있기 때문이다.[8]

모빙켈이 예배 의식의 어떤 측면과 많은 시편이 연관되어 있다는 것(예를 들어 시 5:7, 51:9, 66:3, 68:24-27)을 보여준 것은 시편을 이해하는 데 유용함을 입증한다. 하지만 이스라엘에 그렇게 중요한 절기가 해마다 있었음에도, 구약에서 전혀 언급하지 않았다는 것은 미심쩍다.

어떤 사람들은 이 접근법을 상당히 수정했다. 아르투르 바이저(Artur Weiser)는 대부분의 시편을 가을 절기와 연결했다. 하지만 그는 이 절기가 여호와의 즉

---

[7] H. H. Guthrie, *Israel's Sacred Songs: A Study of Dominant Themes* (Seabury, 1966), 15
[8] W. Brueggemann, *The Message of the Psalms* (Minneapolis: Augsburg, 1984), 18. 더 자세한 논의로는 K. A. Kitchen, *Ancient Orient and Old Testament* (Inter-Varsity, 1966), 102 이하를 보라.

위를 기념하는 것이 아니라 언약 갱신을 기념하는 것이라고 주장했다(참고. 수 24장). 하지만 이 견해 역시 하나의 배경을 기반으로 하고 있으며, 그 배경이 모든 시편을 설명할 수는 없다. 한스 요아힘 크라우스(Hans-Joachim Kraus)는 비슷한 접근법을 사용했으나, 의식에 대해 좀 더 복잡하게 묘사했다. 그는 의식 전통에서 세 개의 형성 요소를 분리시켰다. 첫째, 이스라엘의 광야 방랑을 상기시키는 '장막절'이 있었다. 둘째, 군주정보다 시기적으로 앞서는 언약 갱신 절기가 발달되었다. 셋째, 다윗과 솔로몬 치세 동안 왕권과 가나안 신화라는 개념들이 추가되었다.[9] 이 접근법은 이스라엘 의식의 좀 더 다양한 요소들을 통합시키려 했지만, 여전히 제안된 의식 배경에 대한 설득력 있는 증거가 없다는 문제를 안고 있다.

다른 접근들 역시 시편 연구에 영향을 끼쳤다. 제임스 뮬렌버그(James Muilenberg)는 각 시편의 문체적 특징에 초점을 맞출 수사학적 비판적 접근을 제안했으나, 이런 강조가 어떻게 해석에 도움이 되는지 보여줄 만한 주석을 쓰지는 않았다. 브레바드 차일즈(Brevard Childs)는 시편의 의미가 그 형태와 정경에서 차지하는 위치에 의해 어떻게 영향을 받는지 보여주려고, 시편의 최종 형태에 대단히 많은 주의를 기울였다(그래서 정경 비판이 나온 것이다). 제럴드 윌슨(Gerald Wilson)은 시편들은 신학적 의도를 수집하고 편찬한 것이라고 주장했다. 그러면서 시편의 역사를 재구성하는 것보다 시편의 현재 형태에 더 초점을 맞추었다. 월터 브루그만(Walter Brueggemann)은 시편에 대한 사회학적 접근을 제시했다. 그는 시편을 세 개의 범주로 나누었다. 상황이 어떻게 돌아가야 하는지 보여주는 시편, 상황이 마땅히 되어야 하는 대로 되지 않음을 보여주는 시편, 결국에 가서 하나님이 어떻게 그것을 제대로 돌아가게 하시는지 설명하는 시편들이다. 그리고 이 유형들을 설명하기 위해 사회학적 분석을 제안했다.

---

9 H. J. Kraus, *Worship in Israel*(Knox, 1966), 208 이하. 또한 *Psalmen in the Biblischer Kommentar Altes Testament*(Neukirchen-Vluyn, 1966)를 보라.

시편에 대한 대부분의 현대 연구는 어떤 식으로든 이 세 접근법의 도움을 받는다. 이 방식들은 모두 연구에 유용한 기여를 하기 때문이다. 이 책 또한 다양한 접근법들이 제안하는 내용이 각 시편 해석에 관계될 때, 이와 같은 접근법들을 통합하여 설명할 것이다.

참고 문헌

서론적 연구

Anderson, Bernhard H. *Out of the Depths: The Psalms Speak for Us Today*. Philadelphia: Westminster, 1970.

Crenshaw, James L. *The Psalms, An Introduction*. Grand Rapids: Eerdmans, 2001.

Crim, Keith R. *The Royal Psalms*. Richmond, Virginia: John Knox, 1962.

Drijvers, Pius. *The Psalms, Their Structure and Meaning*. New York: Herder and Herder, 1965.

Estes, Daniel J. *Handbook on the Wisdom Books and Psalms*. Grand Rapids: Baker, 2005.

Gunkel, Hermann. *The Psalms: A Form Critical Introduction*. Trans. by Thomas M. Horner. Philadelphia: Fortress, 1967.

Holladay, William L. *The Psalms through Three Thousand Years, Prayerbook of a Cloud of Witnesses*. Minneapolis: Fortress, 1993.

Kraus, Hans-Joachim. *Theology of the Psalms*. Translated by Keith Crim. Minneapolis: Augsburg Publishing House, 1979.

McCann, J.C., Jr. *A Theological Introduction to the Book of Psalms: The*

Psalms as Torah. Nashville: Abingdon, 1993.

Mowinckel, Sigmund. *The Psalms in Israel's Worship.* Translated by D. R. Ap-Thomas. New York: Abingdon, 1967.

Sabourin, Leopold. *The Psalms: Their Origin and Meaning.* New York: Alba House, 1974.

Sarna, Nahum M. *Songs of the Heart: An Introduction to the Book of Psalms.* New York: Schocken Press, 1993.

Seybold, Klaus. *Introducing the Psalms.* Edinburgh: T. & T. Clark, 1990.

Tsevat, Matitiahu. "A Study of the Language of the Biblical Psalms." Missoula, MT: *Journal of Biblical Literature* Monograph Series, Volume 9.

Westermann, Claus. *The Praise of God in the Psalms.* Richmond, VA: John Knox, 1965.

주석

Alexander, Joseph Addison. *The Psalms Translated and Explained.* Grand Rapids: Baker Books, 1977 reprint of the 1873 edition.

Allen, Leslie. *Psalms 101-150.* Word Biblical Commentary. Volume 21. Revised Edition. Waco, TX: Word, 2002.

Anderson, A. A. *The Book of Psalms.* New Century Bible. 2 Volumes. London: Marshall, Morgan & Scott, 1972.

Braude, William B., editor. *The Midrash on the Psalms.* London: The Soncino Press,

Briggs, Charles A. and E. G. Briggs. *A Critical and Exegetical Commentary on the Psalms.* The International Critical Commentary. Edinburgh: T. & T. Clark, 1903.

Brudggemann, Walter. *The Message of the Psalms.* Minneapolis: Augsburg,

1984.

_____. *The Psalms and the Life of Faith*. Minneapolis: Fortress, 1995.

Broyles, Craig C. *Psalms. New International Commentary*. Peabody, MA: Hendrickson, 1999.

Buttenwiesser, Moses. *The Psalms*. Chicago: University of Chicago Press, 1938.

Calvin, John. *Commentary on the Book of Psalms*. Translated by James Anderson. 3 Volumes. Reprint. Grand Rapids: Eerdmans, 1963.

Clifford, Richard J. *Psalms*. 2 Volumes. Abingdon Old Testament Commentaries. Nashville: Abingdon, 2002, 2003.

Cohen, A. *The Psalms*. Soncino Books of the Bible. London: Soncino, 1945.

Craigie, Peter C. *Psalms 1–50*. Word Biblical Commentary. Volume 19. Second Edition. Waco, TX: Word, 2005.

Dahood, Mitchell. *Psalms*. The Anchor Bible. 3 Volumes. Garden City, NY: Doubleday, 1965.

Dalglish, Edward R. *Psalm Fifty-One in the Light of Ancient Near Eastern Patternism*. Leiden: E. J. Brill, 1962.

Delitzsch, Franz. *Biblical Commentary on the Psalms*. 3 Volumes. Translated by Francis Bolton. Grand Rapids: Wm. B. Eerdmans Publishing Co., reprint.

Eaton, John. *Psalms*. Torch Bible Commentaries. London: SCM Press, 1967.

Gerstenberger, Eberhard S. *Psalms and Lamentations*. Forms of Old Testament Literature. 2 Volumes. Grand Rapids: Eerdmans, 1988, 2001.

Goldingay, John. *Psalms*. 3 Volumes. Grand Rapids: Baker, 2006.

Goulder, Michael D. *The Psalms of the Sons of Korah*. Journal for the Study of the Old Testament Series 2. Sheffield: JSOT, 1982.

Gunkel, Hermann. *Die Psalmen*. Goettingen: Vandenhoeck und Ruprecht, 1926.

Jacquet, L. *Les Psaumes et le couer de l'homme. Etude textuelle, litteraire et doctrinale*. 3 Volumes. Gembloux: Duculot, 1975.

Kidner, Derek. *Psalms 1-72, Psalms 73-150*. 2 Volumes. London: InterVarsity, 1975.

Kirkpatrick, A. F. *The Book of Psalms*. The Cambridge Bible for Schools and Colleges. Cambridge: At the University Press, 1906. Reprint by Baker Books.

Kraus, Hans-Joachim. *Psalms 1-59, Psalms 60-150*. 2 Volumes. Minneapolis: Augsburg, 1988.

Leupold, H. C. *Exposition of the Psalms*. Grand Rapids: Baker, 1969.

Luther, Martin. *First Lectures on the Psalms*. 2 Volumes. Volumes 10 and 11 of *Luther's Works*, ed. by H. C. Oswald et al. St. Louis: Concordia, 1974-6.

Mays, James L. *Psalms*. Interpretation. Louisville: Knox, 1994.

McCann, J. Clinton. "The Book of Psalms," in *The New Interpreter's Bible*, Volume 4 Ed. by Leander E. Keck. Nashville: Abingdon, 1996. 639-1280.

Moll, Carl Bernhard. *The Psalms*. Lange's Commentary on the Holy Scriptures. Edited by John Peter Lange. Grand Rapids: Zondervan Publishing House, reprint of the 1869 edition.

Oesterley, W. O. E. *The Psalms*. London: S. C. K. 1962.

Perowne, J. J. Stewart. *The Book of Psalms*. 2 Volumes. Grand Rapids: Zondervan, reprint of 1878 edition.

Rogerson, J. W. and McKay, J. W. *Psalms*. 3 Volumes. The Cambridge Bible Commentary. Cambridge: Cambridge University Press, 1977.

Terrien, Samuel. *The Psalms*. Grand Rapids: Eerdmans, 2002.

Tate, Marvin. *Psalms 51-100*. Word Biblical Commentary. Volume 20. Waco, TX: Word, 1991.

VanGemeren, Willem. *Psalms*. The Expositor's Bible Commentary. Grand Rapids: Zondervan, 2008.

Weiser, Artur. *The Psalms: A Commentary*. Philadelphia: Westminster, 1962.

Wilson, Gerald H. *Psalms*. NIV Application Commentary. Grand Rapids: Zondervan, 2002.

시로써의 시편

Alden, Robert. "Chiastic Psalms." *Journal of the Evangelical Theological Society* 17 (1974): 11-18; 19 (1976): 191-200; 21 (1978): 199-210.

Alonso-Schoekel, Luis. *Estudios de Poetica Hebrea*. Barcelona: Juan Flores, 1963.

_____. "Hermeneutics in the Light of Language and Literature." *Catholic Biblical Quarterly* 25 (1963): 371-386.

Alter, Robert. *The Art of Biblical Poetry*. New York: Basic Books, 1985.

Berlin, Adele. *The Dynamics of Biblical Parallelism*. Bloomington: Indiana University Press, 1985.

Boling, R. G. "Synonymous Parallelism in the Psalms." *Journal of Semitic Studies* 5 (1960): 221-255.

Bright, John. *Jeremiah*. The Anchor Bible. Garden City, NY: Doubleday, 1965. cxxvi-cxxxviii.

Bywater, Ingram. *Aristotle on the Art of Poetry*. Oxford: At the Clarendon Press, 1909.

Bullinger, E. W. *Figures of Speech Used in the Bible*. Grand Rapids: Baker Book House, reprint of 1898 edition.

Caird, G. B. *The Language and Imagery of the Bible*. Philadelphia: Westminster, 1980.

Casanowicz, Immanuel M. *Paronomasia in the Old Testament*. Boston: Norwood Press, 1894.

Craigie, C. "Psalm 29 in the Hebrew Poetic Tradition." *Vetus Testamentum* 22 (1972): 143-151.

Driver, G. R. "Poetic Diction." *Supplement to Vetus Testamentum* 1 (1953): 26-39.

Empsom, W. *Seven Types of Ambiguity*. London: Chatto and Windus, 1947.

Engnell, Ivan. "The Figurative Language of the Old Testament." In *Critical Essays of the Old Testament*. Edited by John T. Willis. London: S.C.K., 1970.

Gevirtz, Stanley. *Patterns in the Early Poetry of Israel*. Chicago: The University of Chicago Press, 1963.

Good, Edwin, *Irony in the Old Testament*. London: S.P.C.K., 1965.

Honeyman, A. M. "*Merismus* in Biblical Literature," *Journal of Biblical Literature* 85 (1966): 401-435.

Howard, David M. *The Structure of Psalms 93-100*. Biblical and Judaic Studies from the University of California, San Diego, 5. Winona Lake, IN: Eisenbrauns, 1997.

_____ . "Recent Trends in Psalms Study." In *The Face of Old Testament Studies: A Survey of Contemporary Approaches*. Ed. by David W. Baker and Bill T. Arnold. Grand Rapids: Baker, 1999.

Jackson, Jared J., and Kessler, Martin. *Rhetorical Criticism*. Essays in Honor of James Muilenberg. Pittsburgh: The Pickwick Press, 1974.

Keel, Othmar. *The Symbolism of the Biblical World. Ancient Near Eastern*

Iconography and the Book of Psalms. Translated by Timothy J. Hallett. New York: Seaburry, 1978.

Kikawada, Isaac M. "Some Proposals for the Definition of Rhetorical Criticism," *Semitics* 5 (1977): 67-91.

Kraus, Hans-Joachim. *The Theology of the Psalms*. Trans. by Keith Crim. Minneapolis: Fortress, 1992 (original date 1979).

Kugel, James L. *The Idea of Biblical Poetry*. London: Longman Group Ltd., 1969.

Laney, J. Carl. "A Fresh Look at the Imprecatory Psalms." *BibliothecaSacra* 138 (1981): 35-45.

Lewis, C. S. *Reflections on the Psalms*. New York: Harcourt, Brace and World, 1958.

Longman, Tremper, III. *Literary Approaches to Biblical Interpretation*. Grand Rapids: Zondervan, 1987.

Lowth, Robert, *Lectures on the Sacred Poetry of the Hebrews*. Translated by G. Gregory. Andover: Codman Press, 1829.

Mays, James Luther. *The Lord Reigns: A Theological Handbook to the Psalms*. Louisville: Westminster John Knox, 1994.

McConville, Gordon. "The Psalms: Introduction and Theology." *Evangel* 11 (1993):43-54

Muilenberg, James. "From Criticism and Beyond." *Journal of Biblical Literature* 81 (1969):1-18

_____ "A Study in Hebrew Rhetoric: Repetition and Style." *Supplement to Vetus Testamentum* 1 (1953):97-111.

Payne, D. F. "Old Testament Exegesis and the Problem of Ambiguity." *ASTI* 5 (1967):48-68.

Preminger, A., Warnke, F. J., and Hardison, O. B. *Princeton Encyclopedia of Poetry and Poetics.* Revised Edition. Princeton: Princeton University Press, 1975.

Rankin, O. S. "Alliteration in Hebrew Poetry." *Journal of Theological Studies* 31 (1930):285-300.

Roberts, J. J. M. "The Enthronement of Yhwh and David: The Abiding Theological Significance of the Kingship Language of the Psalms." *Catholic Biblical Quarterly* 64 (2002):675-86.

Robinson, Theodore H. "Hebrew Poetic Form: The English Tradition." *Supplement to Vetus Testamentum* 1 (1953):128-149.

_____. *The Poetry of the Old Testament.* London: Duckworth, 1947.

Saydon, "Assonance in Hebrew as a Means of Expressing Emphasis." *Biblica* 36 (1955):36-50; 287-304.

Shepherd, John. "The Place of the Imprecatory Psalms in the Canon of Scripture." *Churchman* 111 (1997):27-47, 110-26.

Slotki, Israel W. "Antiphony in Ancient Hebrew Poetry." *Jewish Quarterly Review* 26 (1935):199-219.

Waltke, Bruce K. "Superscripts, Postscripts, or Both." *Journal of Biblical Literature* 110 (1991):583-96.

Watts, John D. W. "A History of the Use and Interpretation of the Psalms." In *An Introduction to Wisdom Literature and the Psalms.* Ed. by H. Wayne Ballard and W. Dennis Tucker. Macon, GA: Mercer University Press, 2000. 21-35.

Waston, W. G. E. *Classical Hebrew Poetry.* Journal for the Study of the Old Testament Supplement Series 26. Sheffield: JSOT, 1984.

Watters, William R. *Formula Criticism and the Poetry of the Old Testament.*

Berlin and New York: Walter de Gruyter, 1976.

Westermann, Cluas. *The Living Psalms*. Trans. by J. R. Porter. Grand Rapids: Eerdmans, 1989 (original date 1984).

시편 연구를 위한 추가 자료

Anderson, G. W. "Enemies and Evildoers in the Book of Psalms." *Bulletin of the John Rylands Library* 48 (1965):18-29.

Beckwith, Roger T. "The Early History of the Psalter." *Tyndale Bulletin* 46 (1995):1-27.

Bonhoeffer, Dietrich. *Meditating on the Word*. Minneapolis: Augsburg, 1970.

_____. *Psalms, The Prayer Book of the Bible*. Minneapolis: Augsburg, 1970.

Borowski, Oded. *Agriculture in Iron Age Israel*. Winona Lake, IN: Eisenbrauns, 1987.

Braun, Joachim. *Music in Ancient Israel/Palestine*. Grand Rapids: Eerdmans, 2002.

Chisholm, Robert B., Jr. *From Exegesis to Exposition. A practical Guide to using Biblical Hebrew*. Grand Rapids: Baker, 1998.

Cole, Robert L. *The Shape and Message of Book III(Psalms 73-89)*. Journal for the Study of the Old Testament: Supplement Series 307. Sheffield: Sheffield Academic Press, 2000.

Day, John. *Psalms*. Old Testament Guides. Sheffield: JSOT Press, 1990.

Dell, Katharine J. "The Use of Animal Imagery in the Psalms and Wisdom Literature of Ancient Israel." *Scottish Journal of Theology* 53 (2000):275-91.

DePinto, B. "The Torah and the Psalms." *Journal of Biblical Literature* 86

(1967):154-174.

Eaton, J. H. *Kingship and the Psalms*. London: SCM, 1976.

Engnell, Ivan. *Studies in Divine Kinship in the Ancient Near East*. Uppsala, 1943.

Fensham, F. C. "Widow, Orphan, and the Poor in Ancient Near Eastern Legal and Wisdom Literature." *Journal of Near Eastern Studies* 21 (1962):129-139.

Finkelstein, L. "The Origin of the Hallel(Pss. 113-118)." *Hebrew Union College Annual* 23(1850):319-337.

Fisher, L. R., editor. *Ras Shamra Parallels. The Texts from Ugarit and the Hebrew Bible*. 2 Volumes. Rome:AnOr, 1972. 특히 "Literary Phrases" by Schoors, 1-70; "Ugaritic-Hebrew Parallel Pairs" by Dahood and Penar, 383-452; and "Flora, Fauna, and Minerals" by Sasson을 보라.

Gillingam, Susan E. *The Poems and Psalms of the Hebrew Bible*. Oxford Bible Series. Oxford: Oxford University Press, 1994.

_____. "Studies of the Psalms: Retrospect and Prospect." *Expository Times* 119 (2008):209-216.

Hareuveni, Nogah. *Desert and Shepherd in Our Biblical Heritage*. Translated by Helen Frenkley. Neot Kedumim, Israel, 1991.

Harmon, A. M. "Aspects of Paul's Use of the Psalms." *Westminster Journal of Theology* 32 (1969):1-23.

Hayes, John H., and Holladay, Carl R. H. *Biblical Exegesis, A Beginner's Handbook*. Atlanta: John Knox, 1982.

Hilber, John W. *Cultic Prophecy in the Psalms*. New York: Walter de Gruyter, 2005.

Hooke, S. H., editor. *Myth and Ritual. Essays on the Myth and Ritual of the*

Hebrews in Relation to the Cultic Pattern of the ANE. Oxford: Clarendon Press, 1933.

Jaki, Stanley L. *Praying the Psalms, A Commentary.* Grand Rapids: Eerdmans, 2001.

Jenni, Ernsts, and Westermann, Claus. Translated by Mark E. Biddle. *Theological Lexicon of the Old Testament.* 3 Volumes. Peabody, MA: Hendrickson, 1997 (original German edition, 1976).

Keet, C. C. *A Study of the Psalms of Ascents. A Critical and Exegetical Commentary upon Psalms 120-134.* London, 1969.

Knight, Jack C., and Sinclair, Lawrence A. *The Psalms and Other Studies on the Old Testament Presented to Joseph I. Hunt.* Nashotah, WI: Nashotah House, 1990.

Kraus, Hans-Joachim. *Worship in Israel.* Oxford: Clarendon Press, 1966.

Lamb, J. A. *The Psalms in Christian Worship.* London, 1962.

Lipinski, E. "Yahweh malak." *Biblica* 44 (1963):405-460.

McCann, J. C. Jr., ed. *The Shape and Shaping of the Psalter.* Journal for the Study of the Old Testament Supplement Series 159. Sheffield: Sheffield Academic, 1993.

McKeating, H. "Divine Forgiveness in the Psalms." *Scottish Journal of Theology* 18 (1965):69-83.

McKenzie, J. L. "Royal Messianism." *Catholic Biblical Quarterly* 19 (1957):25-52.

Moreton, M. J. "The Sacrifice of Praise." *Church Quarterly Review* 165 (1964):481-494.

Morgenstern, J. "The Cultic Setting of the Enthronement Psalms." *Hebrew Union College Annual* 35 (1964):1-42.

Mowinckel, Sigmund. *The Psalms in Israel's Worship.* Translated by D. R. Ap-Thomas. 2 Volumes. Nashville: Abingdon, 1962. Reprint Eerdmans, 2004.

Pritchard, James. *Ancient Near Eastern Texts Relating to the Old Testament.* Princeton: Princeton University Press, 1969.

Rabinowitz, L. J. "The Psalms in Jewish Liturgy." *Historia Judaica* 6 (1944):109-122 (cf. *CBQ* 1945, 353).

Ross, J. P. "*Yahweh Seba'ot* in Samuel and Psalms." *Vetus Testamentum* 17 (1967):76-92.

Ross, Allen P. *Recalling the Hope of Glory.* Grand Rapids: Kregel, 2006. Pp. 221-292.

Rowley, H. H. *Worship in Israel.* London: SCM Press, Ltd., 1967.

Snaith, N. H. "Selah." *Vetus Testamentum* 2 (1952):42-56.

VanGemeren, Willem, ed. *The New International Dictionary of Old Testament Theology and Exegesis,* 5 Volumes. Grand Rapids: Zondervan, 1999.

Walton, John H. *Ancient Israelite Literature in Its Cultural Context: A Survey of Parallels Between Biblical and Ancient Near Eastern Texts.* Grand Rapids: Zondervan, 1989.

Weiss, Meier. *The Bible from Within: The Method of Total Interpretation.* Jerusalem: Magnes, 1984.

Wieder, Laurence, ed. *The Poets Book of Psalms. The Complete Psalter as Rendered by Twenty-Five Poets from the Sixteenth to the Twentieth Centuries.* Oxford: Oxford University Press, 1995.

Wilson, Gerald H. *The Editing of the Hebrew Psalter.* Society of Biblical Literature Dissertation Series 76. Chico, CA: Scholars, 1985.

Wolff, Hans Walter. *Anthropology of the Old Testament.* Philadelphia:

Fortress, 1974.

Wright, G. E. *The Old Testament Against Its Environment*. London: SCM, 1950.

Yadin, Yigael. *The Art of Warfare in Biblical Lands*. New York: McGraw-Hill, 1963.

5 | Interpreting Biblical Poetry
성경의 시 해석

강해자들은 시편 연구를 할 때 시적 언어에 대한 민감한 이해를 개발해야 한다. 이러한 이해는 속성으로 개발되지 않는다. 그들은 시인들이 본 것을 보고, 느낀 것을 느끼고, 생각한 것을 생각하기 위해 시인들의 경험 안에 '살아야' 한다. 그렇게 할 때 그들은 시적 언어가 단순히 멋진 묘사로 본문을 아름답게 장식하는 것뿐만 아니라, 어떤 개념의 가장 충만한 의미를 전달하는 데 기여한다는 사실을 인식하게 될 것이다.

시의 본질

시는 독자들에게 단어들의 단도직입적인 의미를 넘어서 그것의 지적, 감정적 함축까지 보여준다. 시인들은 독자 혹은 청중 안에 자신이 그 시를 썼을 때 가지고 있었던 개념들과 감정들을 불러일으키고 싶어 한다. 그들은 정선된 단어들로 자신의 감정적 체험을 재현하여, 독자가 그 경험에 참여하도록 한다. 그런 개념과 정서들을 전달하려면 필연적으로 비유적 언어를 사용해야 한다. 사람들은 그림과 상징들 안에서 생각하며, 그들의 대화는 그런 표현들로 가득 차 있다.[1] 그래서 비유적 표현을 사용하여 아름답게 기록된 문학은 미학에 대한 인간의 욕구를 만족시키는 동시에, 이미지에 대한 인간의 필요에 중대한 의미를 지닌다.[2]

그렇다면 시적 언어가 구약과 신약, 성경의 거의 모든 부분에서 발견된다는 것은 놀라운 일이 아니다. 하나님은 학식 있는 사람이나 없는 사람 모두에게 그분의 진리를 전달하기로 하셨다! 이러한 언어는 성경이 미학적 특질 뿐만 아니라 그 내용을 충분히 이해할 수 있는 인간 경험의 차원도 지니게 해준다.

어떻게 해석자가 완성된 저술로부터 그것이 원래 의도한 의미로 돌아가야 하는지를 논하기 전에, 시적 저술이라는 견지에서 생각하는 것이 도움이 될 것이다. 예를 들어, 선지자는 다음과 같은 것을 명백한 용어들로 말할 수 있었다.

1. 세상을 심판하시는 권능의 재판관이 곧 그분의 일을 행하실 것이다.
2. 그분이 오셔서 세상의 모든 악을 제하실 것이다.
3. 그분은 의인을 악인과 구분하실 것이다.
4. 의인은 그분이 그들을 위해 준비하신 곳으로 가게 되지만, 악인은 영원한 벌을 당하게 될 것이다.

대신 그는 이 진리들을 청중이 알만한 인간 활동들과 관련시키기로 했다. 청중이 지적으로나 정서적으로 진리에 완전히 동화되게 하기 위해서다. 그래서

---

[1] 시인들이 그들의 문화와 경험에서 끌어낸 이미지들을 사용한다는 것은 분명하다. 이런 이미지 중 일부는 보편적인 것이고 일부는 그렇지 않다. 강해자는 성경 저자들의 역사와 문화를 잘 알면 큰 도움을 받을 수 있다. Othmar Keel의 *The Symbolism of the Biblical World*(New York: Seabury Press, 1978) 같은 책들은 강해자가 이미지를 '보도록' 돕는 고고학의 묘사와 그림들을 제공할 것이다.

[2] 물론 시적 화법을 규정하고 묘사하는 것은 매우 방대하고 복잡한 주제다. 이런 몇 미디 해설은 분명 그 문제를 지나치게 단순화한 것이다. 이는 단지 강해를 전개하는 과정에서 비유적 언어를 해석하는 과업을 명확하게 하는 데 도움을 주기 위함이다.

그는 이 진리들을 키질이라는 농업 활동과 비교했다. 추수 때 키질을 하여 좋은 알곡 사이에 섞여 있는 쓸모없는 쭉정이를 분리한다. 그래서 앞에서 나온 세 번째 명제는 이렇게 구체적으로 표현된다.

> 3. 그분은 키질을 통해 좋은 알곡과 쓸모없는 쭉정이를 분리하는 사람처럼 의인을 악인과 구분하실 것이다.

두 번째 명제와 네 번째 명제를 비교하여 설명하면 분명히 이해가 될 것이다.

> 2. 그분은 쓸모없는 쭉정이를 제거하기 위해 추수하러 오는 사람처럼 오셔서, 세상의 모든 악을 제하실 것이다.
> 4. 의인은 알곡을 모아 곳간으로 보내는 것처럼 그들을 위해 준비된 곳으로 간다. 하지만 악인은 불에 태워지는 쭉정이처럼 영원한 벌을 당할 것이다.

그러나 쭉정이는 영원히 타지 않으므로, 악인이 받는 벌이 영원하리라는 것을 덧붙일 필요가 있었다. 이렇게 하는 한 가지 방법은 어떤 식으로든 불과의 비교를 제한하는 것이다. 이를테면 이런 말을 덧붙이는 식이다.

> 하지만 악인이 직면하는 불은 다른 종류의 불이다.

첫 번째 명제는 이 심판의 임박함을 알리며 동시에 생생한 예시가 된다.

> 1. 키를 손에 들고 타작마당으로 향하는 사람처럼 세상의 능력 있는 심판자가 곧 그분의 일을 행하실 것이다.

이 비교는 좋은 비교다. 하지만 이런 형태로 놓아두면 곤란하고 부담이 될 것이다. 그래서 선지자는 원래의 명제들을 모두 숨기고 여호와 하나님(영적인 영역에서)과 키질(농업 세계로부터) 간의 암시된 비교를 제시했다. 메시지의 목적(키질하는 법을 가르치는 것이 아니다), 전후 문맥(그분은 오시는 메시아다), 그리고 문자적인 것 외의 다른 것(그 불은 꺼지지 않는 것이다)을 의미한다는 증거의 흔적(전후 문맥 외에) 등은 모두 그 말이 비유적인 것이며, 암시된 메시지는 그림과 같다는 것을 우리에게 드러내준다. 그래서 마태복음 3:12은 이렇게 말씀한다.

> 손에 키를 들고
> 자기의 타작 마당을 정하게 하사
> 알곡은 모아 곳간에 들이고
> 쭉정이는 꺼지지 않는 불에 태우시리라.

강해자는 종종 불가해하고 비유적인 언어인 시적 언어로부터 의도된 의미가 무엇인지 재구성하려 애써야 한다. 시인들은 그들의 의미를 완전하게 전부 설명하지 않는다. 그들은 독자들에게 그 의미를 전달하는 이미지들을 사용하고 있으며, 사실상 문자적 의미는 이미지처럼 많은 것을 전달하지는 못하기 때문이다. 비유는 본질상 생략과 연상을 사용하므로, 그 비유가 전달하는 개념들을 알려주는 것은 강해자가 할 일이다.

그렇다면 어떤 단어가 문자적 의미인지 비유적 의미인지를 구분하는 기준은 무엇인가? 일반적으로 비유적 표현은 그것을 구성하는 단어들이 통상적이거나 관례적인 방식으로 사용된다면, 빤한 거짓이거나 말도 안 되는 진술인 경우라고 말할 수 있다(예를 들어 우리는 양이 아니고, 여호와의 돌 한 덩이가 아니며, 예수님은 돌쩌귀의 나무 조각이 아니다). 본질적으로, 비유들은 몇 가지 용법의 규칙에서 벗어나 있음을 보여준다.[3]

---

[3] 이는 강해자가 먼저 그 단어의 용법을 연구해야 한다는 것을 의미한다. 일반적 단어들의 경우 그 과정은 상당히 간단하다. 용례들을 살펴보고 그것을 몇 종류의 의미들로 분류하는 것이다. 그러면 통상적인

이 판단 기준은 다음과 같은 사항들에 의해 제한된다. 시적 언어는 보통 해설적, 설명적 강화에서 하나의 장치로 사용된다. 그것은 주제를 명확하게 하고 구체적으로 제시하는 데 도움을 주려는 것이다. 그렇기 때문에 비유적 표현들은 문자적 의미를 전달하도록 풀어쓰거나 번역해야 한다. 그래서 시적 언어를 한편에서는 단지 공상과 비유일 뿐이라고 하고, 또 다른 한편으로는 애매모호하고 불가사의하다고 결론을 내리는 것은 시적 언어의 특성을 이해하지 못한 것이다. 이 두 조건은 비유적 언어를 해석하고 평가하기 위한 기초를 제공한다. 통상적 용례에서 벗어날 때는 확인 가능한 점이 있어야 하며(용례 위반이 고의적인 것이어야 한다), 해당 표현에 대한 문자적 번역이 가능해야 한다. 이러한 절차를 밟으려면 강해자들은 사용된 비유적 표현을 인지하고, 그 문자적 의미와 함께 전달되는 개념 및 느낌을 분명하게 제시해야 한다.

히브리 시의 구조

대구법

시편에 나오는 시적 언어들은 히브리 시의 구조 안에 있다. 가장 흔하고 명백한 구조는 대구법이다.[4] 이 용어는 두 개 혹은 그 이상의 짧은 절이나 구를 구성하는 비교적 짧은 문장 형태를 반복해서 사용하는 것을 말한다. 시편 42:9는 이렇

어원적 범주에서 벗어나는 단어들을 발견하게 될 것이다. 예를 들어, 아들이라는 단어에 대한 연구를 해 보면 성경에서 그 말의 일반적 의미는 육체적 후손이라는 것임을 알게 될 것이다. 하지만 그 말의 문자적 의미가 없는 본문들이 있을 것이다. 예를 들어, 그것은 하나님의 아들인 이스라엘 민족(그래서 언약 언어는 아들과 아버지라는 용어를 사용한다)을 말하거나, 면류관을 쓰고 아들(또 다른 언약 언어지만, 다른 언약에 해당되는)로 선포된 왕, 혹은 정치적 속국(아들들이 종종 동맹국을 말하거나, 왕이 앗수르 왕의 아들이라고 불리는 족보의 경우처럼)을 말하거나, 아니면 백성의 본성(벨리알의 아들에서처럼)이나 종교(거짓 신의 아들)를 묘사하기 위해 백성을 언급하는 말이다. 그렇게 통상적 의미에서 벗어난 것들에 대해서는 설명을 해주어야 하며, 비유들을 분류하면 해설자들이 설명을 하는 데 도움이 된다.

게 말씀한다.

> 낮에는 여호와께서 그의 인자하심을 베푸시고//
> 밤에는 그의 찬송이 내게 있어

두 개의 병행 부분은 일반적으로 잠깐 쉬는 것(여기에서는 //라는 평행선으로 표시된)에 의해 분리된다. 두 번째 부분은 첫 번째 부분의 연장선상에 있으며, 완전히 새로운 시작이 아니기 때문이다. 행의 두 번째 혹은 마지막 부분은 완전한 구두점으로 끝난다. 그것을 그림으로 표현하면 다음과 같다.

_____ // _____

영어에서 잠깐 쉬는 것은 쉼표로 표시할 수 있을 것이다(구두점이 필요하다면). 그리고 완전히 쉬는 것은 세미콜론(그것은 아마 시 안의 한 줄일 것이므로)이나 마침표로 표시할 수 있을 것이다.

이것이 기본 유형이지만, 결코 단 하나의 유형은 아니다. 시 전체에 걸쳐 이 유형의 다양한 변형들이 나타날 것이다. 시 한 행이 세 개 혹은 심지어 네 개의 짧은 절들로 되어 있을 수도 있다.

시편을 연구하는 사람이라면 누구나 갖는 중대한 관심사는 이 단위들이 어떻게 관련 되어 있는가 하는 것이다. 이 연구에 도움을 주기 위해 대구법이 나오는 구절에 나와 있는 절들에 여러 이름이 붙여졌다. 가장 흔한 표현은 '대구

---

4 성경(그리고 Ugaritic 같은 다른 본문들)에 나오는 대구법을 완전히 분석하는 것은 그 자체가 연구 주제다. 이 간략한 개관은 강해자가 구절들의 구조라는 견지에서 생각하는 것을 돕기 위해 대구법의 기본 의미와 유형을 제시할 것이다. 나는 이 점에서 그 주제에 대한 주요 연구들의 도움을 받고 있다. 바로 James L. Kugel, *The Idea of Biblical Poetry, Parallelism and Its History*(New Haven: Yale University Press, 1981)과 Adele Berlin, *The Dynamics of Biblical Parallelism*(Bloomington: Indiana University Press, 1985) 등이다.

적 요소'(parallel member)라는 것이다. 하지만 이는 성가신 호칭이다. 그것들은 또한 '반 구절'(half-verse, 단 두 절로만 되어 있을 때), '콜론'이라고 불린다(그래서 한 행은 두세 개의 '콜론들'로 구성되어 있을 수 있을 것이다). 어떤 이름으로 불리든, 그것은 시의 행을 구성하는 짧은 단위들[절(clauses), 하지만 때로는 구(phrases)]이다. 그것들은 히브리 본문에서는 단위를 끝내는 단어에 강세를 사용함으로 나타낸다(본문을 보면 예외가 있긴 하지만 말이다). 어떤 행의 대구 양식을 쉽게 조사해보려면, 먼저 전통에 의해 보존된 구분들을 보기 위해 (영어 역본들에서는 보통 구두점으로 나타나는) 분리적(disjunctive) 강세를 살펴볼 것이다. 그다음에는 그 부분들 혹은 콜론들의 의미론적 개념을 살펴볼 것이다.

시의 행(line 혹은 verse-line)은 보통 영어의 구절 구분과 대응을 이룬다. 히브리 본문에서 그것은 가장 강력한 분리 강세인 실룩(,)과, 그것과 함께 쓰여 있으면서 그에 대응되는 '행의 끝'이라는 의미인 소프 파숙(:)으로 표시된다. 구절에서 주요 구분(이분법이라 불리는)은 그다음으로 강한 분리 강세로 표시된다.

어떤 행이 이런 대구 부분을 두 개 포함하고 있다면, 그것은 바이콜론(bicolon) 혹은 2행 연구(couplet)라고 부를 수 있다. 세 개가 포함되어 있다면 트라이콜론(tricolon) 혹은 3행 연구(triplet)라고 부를 수 있다. 그리고 세 개의 단위가 있다면, 행의 의미에 따라 주요 구분 혹은 이분법은 첫 번째나 두 번째 단위를 따를 수 있다. 시의 행이 네 개의 대구 단위를 포함한다면, 4행시라고 부를 수 있을 것이다.[5]

대구법의 유형들

물론 히브리인들은 시적 구조를 나타내는 이런 용어들을 사용하지 않았다. 이

---

5 Sigmund Mowinckel, *The Psalms in Israel's Worship*. Translated by D. R. Ap_Thomas. Vol. II(New York: Abingdon, 1962), pp.165-66을 더 보라.

용어들은 현대 학자들이 적용한 것이다. 필적하는 다른 분야에서 이 용어들이 시의 구조를 묘사하기 위해 쓰인 용례 때문이다.

로버트 라우스(Robert Lowth)는 성경적 대구법을 '발견'한 것으로 여겨지는 사람이다(1753년에). 그는 parallelismus membrorum, 곧 '절들의 대구법'이라는 말을 만들어냈으며, 현대적 연구를 위해 이러한 대구법 유형들을 정리했다. 그는 세 유형을 다음과 같이 구분했다.

1. 동의적 대구법은 같은 것을 두 번 말하는 방식이 되었다.
2. 대조적 대구법은 대조를 표시하는 것으로, 구분하는 데 기여했다.
3. 종합적 대구법은 다른 두 개에 맞지 않는 것을 모두 포괄하는 것이 되었다.

라우스의 예로부터 이 호칭들이 대구를 이루는 부분들 간의 관계에 대한 정확한 묘사라기보다는, 편의상 정한 묘사라는 것을 분명히 알 수 있다. 그의 범주들은 대구법 분석을 위한 출발점 역할을 하지만, 나는 라우스의 범주들에 대한 앤더슨의 변형을 따른다.[6]

1. 완전 대구법
모든 강세 단위(한 단어든 히브리 단어들에서 한데 결합되어 있든)가 다른 구절의 동등한 단위와 대응되는 구절들이 있다. 나는 예문에서 단어 혹은 단어 단위를 표시할 때는 (/)를 사용했고, 대구법에서의 구분을 표시할 때는(//)를 사용했다. 완전한 대구법은 다음 몇 가지로 사용될 수 있다.

---

6 A. A. Anderson, *The Book of Psalms*. New Century Bible. 2 Volumes (London: Marshall, Morgan & Scott, 1972), I:41-42.

a. 동의적 대구법

정상적 순서 전반부에 표현된 개념이 후반부에서 동일한 단어들로 반복된다. 시편 105:23은 이렇게 말한다.

이스라엘이/애굽에/들어감이여;//
야곱이/함의 땅에/나그네가 되었도다.

거꾸로 된 혹은 교차적 순서 때로 여러 이유로 후반부의 동의적 대구법에서 단어의 순서가 역전된다. 영어 번역은 이런 배열을 유지하지 못할 수도 있다. 이사야 11:13 후반절은 이렇게 말한다.

에브라임은/유다를/질투하지 아니하며,//
유다는/에브라임을/괴롭게 하지 아니할 것이요.

b. 대조적 대구법

저자는 첫 번째 부분의 개념을 두 번째 부분의 개념과 대조시킨다. 이것은 지혜 문학에 빈번하게 나온다. 시편 90:6은 이렇게 말한다.

풀은/아침에 꽃이 피어/자라다가;//
저녁에는/시들어/마르나이다.

c. 상징적 대구법

하나의 대구 단위가 다른 대구에 표현된 개념을 보여주는 완전한 그림 혹은 상징이다. 시편 103:13은 이렇게 말한다.

아버지가/자식을/긍휼히 여김 같이,//

여호와께서는/자기를 경외하는 자를/긍휼히 여기시나니.

2. 불완전 대구법
대구법에서 용어 중 일부만 다른 부분과 대구를 이룰 때, 그것은 불완전 대구법이다. 이런 경우, 해설자는 그렇게 변화가 일어나는 이유를 결정하려 애써야 한다. 불완전 대구법에는 두 종류가 있다.

a. 상쇄되는 불완전 대구법
이 유형에서 행의 각 절반은 같은 수의 단어 혹은 단어 단위로 되어 있지만, 단어들이 모두 짝을 이루는 것은 아니다. 시편 21:10은 운율상 균형을 이루지만, 첫 번째 단어인 동사와 마지막 단어는 조화되지 않는다.

> 그들의 후손을/땅에서/멸함이여(You will destroy/their offspring/from the earth),
>
> 그들의 자손을/사람 중에서/끊으리로다(and their children/from among the sons of/men)

점층적 대구법 혹은 단계 대구법은 이것의 독특한 유형이다. 이 생각은 반복에 의해 발전되며 추가 자료와 함께 절정에 이른다. 시편 29:1-2은 이렇게 말한다.

> 너희 권능 있는/자들아,
> 영광과/능력을/여호와께/돌리고/돌릴지어다,
> 여호와께/그의 이름에 합당한/영광을/돌리며;
> 거룩한/옷을 입고/여호와께/예배할지어다,

b. 상쇄되지 않는 불완전한 대구법

다른 종류의 불완전 대구법의 여러 부분 중 하나에는 다른 부분보다 덜 강조된 단어들 혹은 단어의 단위들이 나온다. 대구되는 단어와 연결되지 않은 단어는 이중적 기능을 가진다. 시편 6:1은 이렇게 말한다.

여호와여,/ 주의 분노로/나를 책망하지 마시오며,//
주의 진노로/나를 징계하지 마옵소서.

3. 형식적 대구법

여기에는 대구법이 없다. 단위들 간의 운율적 균형만 있다. 형식적 대구법에서 문장은 단지 구절의 후반부에 계속 이어질 뿐이다. 시편 2:6은 이렇게 말한다.

내가/나의 왕을//
거룩한 산/시온에 세웠다.

요약

성경적 대구법은 히브리 시의 구조에서 눈에 띄는 특징이다. 엄격한 의미에서 실제로 대응되고 있지 않다 해도 그렇다. 강해자는 대구법이 같은 개념을 다른 단어들로 반복하는 한 가지 방식이라는 말보다 훨씬 더 복잡하다는 사실을 곧 깨닫게 될 것이다. 실제적으로 강해자들은 모든 구절의 대구법을 살펴보고 시편 이해에 도움이 되거나 필요한 대구법들을 설명할 수 있어야 한다. 어떤 것들은 첫눈에 보기에는 설명하기 쉬울 것이며, 어떤 것들은 더 어려울 것이다. 대구법은 연대적, 논리적, 문학적으로 하나의 순서를 나타낸다고 강조한 쿠겔(Kugel)의 말은 유용한 지침이다. 그 구절이 동의 대구법을 사용한다 해도, 두 번째 부분에서 동의어는 추가적 의미를 제공한다.

그래서 해설자는 대응되는 부분들이 필요하거나 도움이 되며 의미에 기여할 때, 그 부분들 간의 관계를 설명해야 할 것이다. 쿠겔은 두 번째 부분이 전체에 기여할 때 개념들의 순서를 대구법이 보여줄 것이라고 설명했다. 그것은 그 개념을 더 진보시키거나, 그대로 되풀이하거나, 규정하거나, 좁히거나, 재진술하거나, 대조하거나, 예를 들어 설명한다. 모두 기본적으로 첫 번째 부분을 지지하는 것이다. 하지만 그것은 미학적으로도 보기 좋고 기억하기도 쉬운 대칭적 유형이다. 그것의 개념, 강조점, 완성, 인과관계, 구분의 형태, 고정된 각 쌍의 차이점들 등이 이어지는 것은 모두 시적 표현에서 중대한 역할을 한다.[7]

비유적 표현

앞에서 언급했듯이, 비유적 표현(혹은 수사 어구)은 단어의 통상적이고 주된 의미에서 벗어나는 것을 포함한다. 때로 어떤 단어는 비교를 제공하려고 그 통상적 의미 범주에서 낯선 의미로 옮겨가며, 또 어떤 때는 주제와 대략적으로 연결된 어떤 것을 묘사하는 단어가 사용된다. 강해자들은 의도된 의미들을 끌어내려고 사용된 비유적 표현들을 밝혀내고 설명할 수 있어야 한다.

때로 주석가들은 실제적인 비유적 표현이 무엇이고 그것이 어떻게 사용되었는지 설명하지 않은 채, 비유(figure)를 은유적(metaphorical)이라고 말한다. 비유적(figurative)이라는 의미다. 그래서 때때로 문학 비평가들은 저자가 의도한 생각과 느낌을 더 잘 파악하기 위해 이러한 일탈들을 분석하고 분류하려 한다. 그 결과, 강해자들은 불링거(E. W. Bullinger)의 『성경에서 사용된 비유적 표현들』 (*Figures of Speech Used in the Bible*) 같은 자료의 도움을 받는 것을 좋아한다. 하지만 이 책은 비판적으로 사용되어야 한다. 불링거의 비유 선택이 언제나 최선은

---

7 Kugel, *The Idea of Biblical Poetry*, 51.

아니기 때문이다. 전반적으로 이 책 및 다른 유사 도서들은 강해자가 단어와 표현들이 사용되는 방식에 대해 생각도록 도와준다.

불링거의 개요를 따라, 우리는 가장 유용한 비교, 대체, 추가, 생략의 비유적 표현들을 살펴볼 것이다.

비교를 포함하는 비유적 표현들

비교를 포함하는 비유적 표현들에서 저자는 자기의 생각을 예시하거나 묘사하고 독자에게서 적절한 감정을 불러일으키기 위해, 어떤 단어를 낯선 의미 분야로 옮겨놓는다. 이렇게 해서 저자는 서로 다른 성질을 가지고 있지만 공통점이 있는 것들을 비교한다. 주제는 실재하지만, 주제의 비교 대상은 상상 속에서 존재한다. 주제와 비교되는 대상과의 공통점은 진술되어 있지 않으며, 해석자들이 저술에 나오는 다른 표시들이나 그 문헌 다른 곳에서 비유적 표현을 사용한 것으로부터 표현하고 확인해야 한다.

1. 직유
직유는 가장 분명한 비교의 표현이다. 직유는 '…와 같은', '…처럼' 등의 말을 사용한다. 이는 공통점을 있는 서로 다른 두 가지를 명백하게 비교하는 것이다.

> 그는 시냇가에 심은 나무…같으니(시 1:3).

율법을 묵상하는 것과 나무를 비교했다. 종종 그렇듯이, 여기에서 직유는 한정되어 있다. 나무는 시냇가에 심겨졌기 때문에 철을 따라 열매를 맺으며 잎사귀가 마르지 않는다. 이 비유를 확대해서 한정하면 물은 율법을, 열매는 의를 나타낸다고 결론을 내릴 수 있다. 하지만 나무와 사람의 공통점은 생명 또는 활력이다. 이 비유적 표현은 바람직한 상황이라는 긍정적인 느낌을 만들어낸다.

2. 은유

은유는 뭔가 공통점을 가진 두 개를 암시적으로 비교하는 것이다. 이는 보통 어떤 것이 다른 것을 나타낸다는 진술이다. 은유를 이렇게 말하는 것은 이 입문서에 맞는 묘사일 것이다. 하지만 이는 주요한 시적 장치를 단순화하는 것이다. 순전한 은유들은 본질적으로 이동을 나타내는 비유적 표현이다.

> 여호와 하나님은 해요 방패시니라(시 84:11).

여호와는 여기에서 '해'와 '방패'에 비교된다. 각 비유는 여호와에 대한 서로 다른 정보를 공급한다. '해'는 빛, 따뜻함, 그리고 다른 것들이 성장하기 위한 양분을 전달하고, '방패'는 주로 보호를 나타낸다. 여호와와 해 사이의 공통점은 빛과 생명을 주는 것이다. 그리고 여호와와 방패 사이의 공통점은 보호다. 이 행은 삶에 대한 하나님의 공급과 보호 안에 있는 안전한 느낌을 전달한다.

3. 암시된 비교(hypocatastasis)

간단히 말해 '암시된 비교'(implied comparison)는 함축을 지닌 것이 특징이다. 이 비유는 뭔가를 공통점으로 가진 두 가지 간의 비교를 암시한다. 앞에서 말한 두 비유적 표현과는 달리, 이 비교에서는 의도된 주제를 추론해야 한다. 본문에서는 의도된 실상이 무엇인지 진술하지 않을 것이다.

> 개들이 나를 에워쌌으며(시 22:16).

시편기자는 그의 원수들을 개에 비교한다. 하지만 그는 그렇게 말하지 않는다. 그는 단지 개들이 그를 에워싸고 있다고 말한다. 실제로 그를 에워싼 개들은 없다. 전후 문맥으로 볼 때, 개는 악행자 무리를 의미하는 것이 분명히다(여기서 대구법이 도움이 될 수 있다). 그가 직유를 사용했다면, 그는 "내 원수들은 개들과 같다"라고 명백하게 말했을 것이다. 단도직입적인 은유라면 "내 원수들은 개들이다"라고 말했을 것이다. 하지만 그는 그저 "개들이 나를 에워쌌다"라고 말한다. 그리고 강해자는 그것이 진짜 개인지, 그리고 그렇지 않다면 그것이 누구인지 결정해야 한다. 일단 그렇게 하고 나면, 연구자는 왜 그가 그들을 개에 비교했는지 물어보아야 한다. 고대 사회에서 개는 쓰레기 더미를 뒤져 썩은 고기를 먹는 존재였다. 개는 무리지어 다니며 먹을 것을 찾았다. 그래서 시편기자는 그의 원수들에 대해 많은 것을 말한다. 하지만 그는 또한 자신이 거의 죽은 상태였다고 말한다. 그 때문에 '개들'이 그를 에워싸고 있었고 그의 손발을 핥고 있었기 때문이다.

4. 비유(Parable)

비유는 전문적으로 말하면 확장된 직유다. 그것은 서로 다르지만 공통점을 가진 두 가지를 비교한다. 그것은 확장된 직유로써 하나의 교훈을 가르치기 위해 고안한 일화성 이야기를 제공한다. 비유라는 단어는 보통 '격언'(מָשָׁל)을 의미하는 단어를 번역한 말 중 하나다. 그것은 '…와 같이 되다'라는 의미의 동사와 관련이 있다. 시편 49편 10절은 재물을 의지하는 어리석은 자를 멸망하는 짐승과 같다고 묘사한다. 그래서 비유의 기본 개념은 구약에서 발견되지만, 가장 유명한 예들은 신약에 나온다.

> 천국은 좋은 씨를 제 밭에 뿌린 사람과 같으니(마 13:24 하).

비유는 본질적으로 직유에 기초한 이야기다. 이야기의 얼마나 많은 부분을 직유의 일부로 해석할지 결정하는 것은 언제나 쉽지 않다. 의도된 것은 비유의 주된 요점이지만, 도중에 다른 비교들이 나타난다고 해도 무방하다.

5. 풍유

풍유는 확장된 은유다(하지만 풍유의 발달과 범위는 보다 상세히 연구할 필요가 있다. 특히 그것이 종종 성경 본문의 문자적 의미를 고려하지 않고 무시하는 풍유적 해석에서 사용되게 되었기 때문이다). 풍유의 기본적 용법에서 저자는 역사적이거나 문화적인 것들에 의지할 것이다.

구약에는 풍유에 대한 예가 많지는 않다. 그리고 사용된 비유적 표현들 또한 역사적 사건에서 나온 것은 아니다(예를 들어, 사 5:1-7에 나오는 포도원의 풍유). 무화과나무, 감람나무, 포도나무, 가시나무의 풍유에서(삿 9:7-15), 그 이야기는 암시된 비교에 기초한다. 숲의 나무들이 자기들을 다스릴 왕을 택하려고 모인다. 모두 정당한 이유들로 사양한다. 하지만 쓸모없는 존재인 가시나무는 그들을 다스리겠다고 응낙한다. 전후 문맥을 보면 그 이야기는 아비멜렉을 염두에 두고 말한 것이다. 그는 흡사 가시나무(물을 차지하고, 그늘을 제공하지 않으며, 쉽게 타버리는)와 같다.

6. 의인화

의인화는 사람이 아닌 대상(예를 들어 추상적 개념들, 무생물, 혹은 짐승들)에 인간의 특성이나 능력을 부여하는 것이다. 여기에서도 역시 비교되는 사물은 본질적으로 다르지만, 비교 대상은 언제나 사람이다.

> 주의 지팡이와 막대기가 나를 안위하시나이다(시 23:4).

괴로울 때에 위로를 제공하는 인간의 능력이 여호와의 지팡이와 막대기에게 있는 것으로 여겨진다. 물론 '지팡이'와 '막대기' 역시 여호와의 활동들을 목자의 활동들과 비교하는 비유적 표현들이다. 이 행은 본질적으로 여호와가 사용하시는 보호 수단이 근심에 빠진 시편기자에게 위안을 준다는 것을 난언한다.

7. 신인동형론(anthropomorphism)

이것은 하나님을 인간의 어떤 유형적 측면에 암시적으로나 명시적으로나 비교하는 것이다. 이것은 암시된 비교와 다소 중복되지만, 여기에서는 이 비유가 모든 사람에게 해당된다는 점에서 다르다. 저자는 인간들 혹은 공통적인 인간적 특성들과 비교하면서, 하나님의 인격에 대한 어떤 진리를 전달하고자 한다. 저자는 하나님의 인격의 어떤 특징에 가장 잘 대응되는 인간의 어떤 특성을 선택할 것이다. 예를 들어, 얼굴은 그분의 임재 혹은 은총을 나타낸다. 눈은 그분의 인식 혹은 평가를 나타내고, 귀는 그분이 주의 깊게 경청하시는 것을 의미한다. 콧구멍은 그분의 진노를, 심장은 그분의 도덕적 목적을 말한다. 신성의 계시는 하나님의 본성을 사람들이 이해하는 언어로 전달하기 위해 인간의 언어를 사용할 것을 요구한다.

내게 귀를 기울여(시 31:2).

이것은 사람들이 면밀히 주의를 기울일 때 하는 행동을 묘사한 표현으로, 좀 더 집중해서 듣기 위해 하는 행동이다. 하나님은 그렇게 하실 필요가 없으시다. 그분은 우리가 기도할 때 듣기 위해 낮게 기울일 귀가 없으시다. 이러한 신인동형론은 우리를 위한 것이다. 이것은 하나님께 기도를 들으시라고 긴급하게 호소하는 것이다.

성경은 하나님에 대한 신인동형론적 표현들로 가득 차 있는데, 그것은 명확하게, 그리고 많은 사람은 그중 일부를 문자적으로 받아들이므로 주의 깊게 해석해야 한다.

하나님은 다음과 같은 것을 가진 분으로 묘사된다.

영원하신 팔
구원하는 손

강렬한 콧숨

발

그분은 다음과 같이 묘사된다.

보좌에 앉으신 분

폭풍우를 퍼부으시는 분

책에서 지워버리시는 분

눈물을 병에 담으시는 분

이것은 인간적 영역에서 취한 수많은 다른 비유적 표현 중 몇 개만 뽑아낸 것이다. 이것은 모두 여호와의 인격과 사역을 우리가 이해하고 인식할 수 있는 용어로 나타내기 위한 것이다.

일부 주석가들은 신인동형론을 하나님의 열정에 대한 묘사와 구분한다. 그들은 그 열정이 anthropopatheia, 곧 하나님의 본성과 인간의 열정 간의 임시적 혹은 명시적 비교라고 칭한다. 하지만 이러한 칭호는 하나님의 열정과 감정의 실상을 부인하는 위험을 감수한다. 그것은 전통적으로 지정의로 규정되는 하나님의 인격을 제한한다.

이교 세계에서는 비슷한 표현들이 다른 신들에 대해 사용된다. 하지만 대단히 중요한 두 가지의 차이가 있다. 첫째, 그 묘사들은 성경에서 하나님께 절대 포함시키지 않는 더 비열한 인간의 본능들과 죄된 행동들을 포함한다. 둘째, 구약은 여호와가 엉이시라는 점에서 여호와와 거짓 신들을 구분한다. 다른 신들은 모두 너무나 인간적이다.

8. 동물형태관(zoomorphism)

이것은 하나님(혹은 사람)을 더 낮은 짐승 혹은 그들의 신체 기관과 비교하는 것이다. 이 분류가 어떤 구절을 설명하기 위해 사용된다면, 그 설명은 그것이 비교의 비유적 표현임을 보여줄 것이다.

내가 주의 날개 그늘에서 즐겁게 부르리이다(시 63:7).

물론 하나님은 날개를 가진 새가 아니시다. 하지만 신적(그리고 인간적) 보호는 종종 어떤 사람을 날개 아래 둔다는 이미지로 표현된다. 이는 안전과 보호에 대해 말한다.

9. 관용구

관용구란 비유적 표현이 통상적으로 나와서 사전에 기재될 정도가 될 때 그 표현에 주어지는 이름이다. 본문 강해에서 이 표현은 관용구라고 부를 수 있지만, 종종 관용구적인 것이 된 비유적 표현이라는 말로 설명할 필요가 있다. 관용구를 죽은 은유, 숨은 비유, 아니면 비유의 일반적 사용 등으로 부르기도 한다. 그것은 다른 식으로 사용된다면 쉽게 활성화될 것이다.

의인들의 길(시 1:6).

'길'은 삶 혹은 행동의 행로를 의미하는 관용구다. 하지만 그것은 암시된 비교로 설명되어야 한다. '길'(road 혹은 way)이라는 단어는 삶의 유형 혹은 방향과 비교하여 사용된다. 강해자는 흔히 나오는 성경적 관용구들을 사람들이 일반적으로 이해하고 있으리라고 추정할 수는 없다.

대체를 포함하는 비유

대체 비유적 표현에서 중요한 것은 비유가 아니다. 여기에서는 개념 자체 대신 개념과 관련된 무언가가 진술된다. 그리고 긴밀한 연관 때문에 그 비유는 문자적이다. 거기에 뭔가가 좀 더 있을 뿐이다. 예를 들어, 시편기자가 "사망(grave)이 주를 찬양하지 못하며"라고 말할 때, 그는 무덤에 있는 죽은 사람(자신)을 의미한다. 그는 자신을 무덤과 비교하는 것이 아니다. 그는 자신이 죽어서 무덤으로 간다면 더 이상 찬양할 수 없다고 말하기 위해 죽은 자와 연관된 표현을 사용한다.

10. 환유

이것은 어떤 명사(혹은 어떤 개념)를 그것과 밀접하게 연관된(하지만 일반적으로 그것의 일부는 아닌) 다른 명사로 바꾸는 것이다. 그것은 명사를 가리키는 경우가 대부분이지만, 또한 동사나 전체 행에 대해 적용될 수도 있다. 거기에는 한정된 혹은 관련된 단어를 그것이 의미하는 것과 대체하는 것이 포함된다. 현대인들은 말을 할 때 이런 비유를 자주 사용한다. '왕위'를 '왕관'으로, '군대 장교'를 '금테모자'(brass)로, '작가'를 '펜'으로, '형편없는 글씨'를 '졸필'(bad hand)로 말하는 식이다.

불링거는 환유를 네 종류로 분석했다. 원인의 환유, 결과의 환유, 주제의 환유, 수식어의 환유 등이다. 이런 분석은 도움이 되긴 하지만, 언제나 적절하게 들어맞는 것은 아니다.[8]

a. 원인의 환유

작가는 원인을 진술하지만 결과를 의도한다. 이것이 원인의 환유라면, 해석자는 의도된 결과가 무엇인지 진술해야 한다.

---

[8] E. W. Bullinger, *Figures of Speech Used in the Bible*(Grand Rapids: Baker, reprint of 1898 edition), p.538-608.

(1) 결과 대신 도구가 제시되는 예

온 땅의 언어가 하나요(And the whole earth was one lip, 창 11:1)

이것은 모든 사람이 같은 언어를 사용한다는 말이다. '입술'(lip)은 원인, 도구이며, 입술을 사용한 결과는 '언어'(language)다.

(2) 결과 대신, 사물이나 행동을 제시하는 예

나라들에게 주의 노를 쏟으소서(시 79:6).

'노'(anger)는 심판 배후에 있는 감정이다. 시편기자는 하나님이 심판의 행동을 쏟으시기를(이 또한 하나의 비유, 암시된 비교다) 원한다. 그래서 원인이 진술되고, 그것은 결과(심판)를 의미한다.

(3) 결과 대신 행동하는 사람, 대행자 혹은 행위자를 제시하는 예

그들에게 모세와 선지자들이 있으니(눅 16:29).

여기에서 의미하는 것은 그들에게 모세와 선지자들이 쓴 성경이 있다는 것이다. 원인이 진술되며, 결과를 의미한다.

b. 결과의 환유

저자가 결과를 진술하지만 그것을 일으키는 원인을 의도하는 것이다. 이것은 첫 번째 것과 반대다. 때로 완전한 개념을 표현하기 위해 시적 병행법 한 행에서 원인의 환유와 결과의 환유를 둘 다 제시한다.

그때에 분을 발하며 진노하사 그들을 놀라게 하여(결과) 이르시기를(원인, 시 2:5).

(1) 결과를 일으키는 사물이나 행동 대신 결과를 제시하는 예

너희의 하나님 여호와께 구하여 이 죽음만은 내게서 떠나게 하라(출 10:17).

메뚜기! 이것은 바로가 애굽에서 제거되기를 원한 생물이다. 하지만 그 메뚜기가 남아 있도록 허용하면, 그것은 그 땅을 완전히 파괴하고 죽음을 가져올 것이다.

내게 즐겁고 기쁜 소리를 들려주시사(시 51:8).

행 전체가 결과의 환유다. 시편기자는 선지자로부터 죄사함의 신탁을 듣기를 바란다. 자신이 다시 한 번 하나님께 찬양을 외치며 회중에게 합류하기 위해서다. 여기서 의도한 원인은 '내가 용서받았다고 말해주시사'라는 것이다.

(2) 결과를 일으키는 물질적 대상 대신 결과를 제시하는 예

주께서 바위를 쪼개어 큰 물을 내시며(You split the springs and brooks, 시 74:15).

그는 바위를 쪼개었고, 물이 나왔다. 여기에서 환유들의 사용은 대단히 경제적이다. 하나님이 물을 가르지 않으셨다는 것은 명백하기 때문이다. 독자는 원인, 곧 바위를 의도하고 있지만 결과, 곧 바위에서 나오는 물이 진술되어 있다는 것을 알 것이다.

(3) 결과를 생겨나게 하는 사람 혹은 동인 대신 결과를 제시하는 예

여호와여 멀리 하지 마옵소서 나의 힘이시여 속히 나를 도우소서(시 22:19).

진술된 결과는 시편기자가 받게 될 도움이다. 원인은 여호와다.

c. 주제의 환유

여기에서 담는 그릇, 주제, 사물이 진술되지만, 그것과 연관된 어떤 것을 의미한다.

(1) 내용 대신 담는 그릇을 제시하는 예

주께서 내게 상을 차려주시고(You prepare a table for me, 시 23:5).

진술된 주제, 즉 개념은 '상'이다. 하지만 의도된 의미들은 상 위에 있는 음식과 음료다. 상을 준비한다(preparing a table)의 문자적 의미, 즉 목수 일은 여기에 적절하지 않다. 시편기자는 영적이고 육체적인 양식들을 열거하고 있기 때문이다.

여호와의 소리가 광야를 진동하심이여(시 29:8).

주제의 환유로써 '광야'는 광야의 동식물을 의미한다. 이 문장에서 '여호와의 소리'는 폭풍우(하나님이 그것을 명하셨다)를 나타내는 원인의 환유이거나, 천둥과 소리의 유사성에 대한 암시된 비교다.

(2) 어떤 사물이나 행동과 관련된 것(수식어) 대신 그 사물이나 행동을 제시하는 예

'욕구, 욕망' 대신 '영혼'(soul)
'생각, 이해, 용기, 의지' 대신 '마음'(heart)
'양심, 애정, 열정' 대신 '신장'(kidney)
'비물질적 부분의 중심 감정' 대신 '간'(liver)[9]

(3) 표시가 나타내는 것 대신 그 표시를 제시하는 예

규가 유다를 떠나지 아니하며(창 49:10).

---

9 또한 Hans W. Wolff, *Anthropology of the Old Testament*(Philadelphia: Fortress Press, 1974)를 보라.

신탁의 요점은 유다[여기에서는 족장이 아니라 지파(원인의 환유)]가 부족의 패권 혹은 통치권을 보유하리라는 것이다. 통치권의 표시는 규다. 그래서 우리는 그것을 주어의 환유로 분류한다. 그것은 (문자적으로) 규를 보유하는 이상의 것을 의미하기 때문이다.

아들에게 입맞추라(시 2:12).

여기 진술된 아들에게 입맞춘다는 개념은 복종, 혹은 경의를 표함이라는 의도된 의미가 있다.

d. 수식어의 환유

저자가 주어 자체 대신 주어와 관련된 수식어나 한정사 혹은 어떤 상황을 제시한다.

(1) 주제(사물 혹은 객체) 대신 수식어를 제시하는 예

너희가 내 흰 머리를 슬퍼하며 스올로 내려가게 함이 되리라(창 42:38).

이것은 주어의 환유와 반대다. 여기에서 주어인 늙은 야곱 대신 수식어인 흰 머리를 제시한다. 흰 머리 이상의 것이 무덤으로 내려갈 것이다.

(2) 어떤 때에 한 일 대신 그때를 제시하는 예

너의 여름 실과, 네 농작물에 즐거운 소리(For the shouting for your summer, 사 16:9).

여기서 의도한 개념은 여름에 이루어지는 추수다. 선지자는 이것을 대신하여 경제적으로 여름이라고 묘사하였으며, '추수'라는 말만으로 전달할 수 있는 것 이상을 전달한다. 추수의 때인 '여름'은 수식어적 개념이다.

(3) 담는 용기 대신 내용물을 제시하는 예

보배합(treasure)을 열어(마 2:11).

그들은 보배를 담고 있는 상자를 열었다. 여기에서는 수식어(용기의 내용)를 진술하지만 이것이 의미하는 것은 주제(용기)다.

(4) 어떤 것 자체 대신, 그것의 나타남을 제시하는 예

그의 원수들은 티끌을 핥을 것이며(시 72:9).

이것은 원수의 패배에 대한 생생한 묘사다. 여기에서 의도한 주어 개념은 원수들이 패배하리라는 것, 납작 엎드리리라는 것이다. 하지만 진술된 묘사는 패배의 부가어, 그 패배와 관련되어 있음을 의미하는 행동이다.

(5) 표시 대신 그것이 의미하는 것을 제시하는 예

이는 구별…이 그의 머리에 있음이라(민 6:7).

이 표현은 자기 머리를 깎지 않는 나실인의 서원에 대한 장에서 나온다. 여기서 의도한 서원의 표시는 깎지 않은 머리(주어)가 될 것이다. 하지만 여기에서는 이것이 의미하는 '구별'을 진술했다. 구별은 결과의 환유가 아니다. 그렇게 되면 긴 머리가 서원의 원인이라고 말하는 셈이 되기 때문이다.

(6) 어떤 사람 대신 그 사람의 이름을 제시하는 예

야곱의 하나님의 이름이 너를 높이 드시며(시 20:1).

진술된 호칭은 '이름'이지만 의도된 의미는 여호와 그분, 또는 여호와의 모든 속성이다.

11. 제유

이것은 하나의 개념을 실제로 연관된 다른 개념과 교환하는 것이다. 이 비유에서 한 단어는 표현되지 않았지만, 그 단어와 연관된 다른 단어에게서 뭔가를 받는다. 그것이 같은 종류에 속하기 때문이다. 환유와 마찬가지로, 이 비유는 유사성보다는 관계에 기초한다. 하지만 환유에서는 그 교환이 다른 종류에 속한 (그래서 접촉이나 귀속에 의해 막연하게 연결되어 있던) 관련 단어들 사이에서 이루어질 수 있는 반면, 제유에서는 교환이 일반적으로 관련된 단어들 간에 이루어진다. 예를 들어, 주의의 환유로써 '땅끝'은 땅 끝에 사는 사람들을 의미하겠지만, 제유에서 그것은 더 큰 땅의 일부로써 멀리 있는 지리적 위치들을 의미할 것이다. 즉 사람이 아니라 땅인 것이다.

일반적인 지침으로, 우리는 실제로 전체의 일부인 비유적 표현들에 대해, 혹은 부분으로 전체를 나타낼 때 제유를 사용할 수 있을 것이다. 그것은 환유보다는 의도된 것에 더 정확하게 연결된 것이다. 속과 종(Genus and Species)의 사용은 전체와 부분(Whole and Part)처럼 자주 나오지는 않지만, 대개 실제적으로 관련된 것에 편리하게 사용할 수 있다.

a. 속(Genus)의 제유

속이 종을 대신한다. 예들 들어 칼 대신 무기, 사람 대신 피조물 등이다.

(1) 협소한 의미 대신 광범위한 의미의 단어들

여호와의 영광이 나타나고 모든 육체가 그것을 함께 보리라(사 40:5).

'육체'라는 일반적인 단어가 '인류'라는 구체적 개념 대신 사용된다(이 단어들은 속과 종의 관계에 있다).

만민에게(to every creature) 복음을 전파하라(막 16:15).

진술된 속은 '피조물'(creature)이다. 의도된 종은 '사람'이다.

(2) 대부분에 대해 '모든'이라는 말을 사용함

　　모든 백성이…예레미야를 향하여 모여드니라(렘 26:9).

이러한 '모든'의 용법은 쉽게 사전적 문제로 처리할 수 있다. 여기에서 진술된 속은 '모든 사람'이지만, 의도된 의미는 '사람들의 절대 다수'다.

(3) 인류에 대해 '모든'이라는 말을 사용함

　　그 안에는 각종(all) 네 발 가진 짐승…이 있더라(행 10:12).

이러한 용법의 의미는 틀림없이 모든 종류의 네 발 가진 짐승(즉 온갖 종류)을 대표한다는 것이다.

b. 종(Species)의 제유

반대로 생각해보면, 속 대신 종이 사용된다. 전체 대신 일부를 쓰는 것이다. 예를 들어 식량 대신 빵, 무기 대신 칼이라고 쓰는 것 등이다.

(1) 광범위한 의미 대신 협소한 의미의 단어들

　　나는 내 활을 의지하지 아니할 것이라 내 칼이 나를 구원하지 못하리이다(시 44:6).

이런 유형의 제유는 해석에 더 유용하다. 이 시편에서는 '활'과 '칼'이 진술되어 있지만, 그 의미는 활과 칼을 포함한 온갖 종류의 '무기들'이다.

(2) 고유의 속 대신 종

　　젖과 꿀이 흐르는 땅(출 3:8, 17).

의도한 속은 모두 사치스러운 음식이다.

오늘 우리에게 일용할 양식을 주시옵고(마 6:11).

의도한 의미는 '기본적 식량'이다. '일용할 양식'은 음식의 속(genus)의 종(species)이다.

C. 부분 대신 전체를 제시함

이 범주에 대한 표본 중 많은 것은 사전적 문제로 취급할 수 있을 것이다. 특히 '모든'이라는 말이 부분에 대해 사용될 때 더욱 그렇다.

보라 온 세상이 그를 따르는도다(요 12:19).

전체의 제유는 '세상'이다. 의도된 의미(부분)는 온갖 종류의 사람들이다.

이 비유 중 많은 것은 주어의 환유를 포함한다. 즉 내용 대신 담는 용기를 쓰는 것이다. 보통 그것을 환유로 분류하고 그 의미를 설명하는 것으로 충분하다. 그 설명은 부분 대신 전체가 제시되었음을 보여준다. 또한 제유는 과장되거나 절제된 표현인 경우가 많음을 주목해야 한다.

그는 종신토록(forever) 그 상전을 섬기리라(출 21:6).

전체는 '영원히'(forever)다. 의도된 부분은 '그 종이 살아 있는 한'이다. 이것 역시 사전적 문제일 수 있다. 아니면 그것이 번역된 방식에 대해 논의해야 할 것이다.

d. 전체 대신 부분

예를 들어 배 대신 돛, 돛 대신 캔버스, 몸 대신 발 등이다. 이런 것들은 또한 '속 대신 종'으로 분류할 수 있다. 게다가 이 중 많은 것은 환유에 가깝다. 이것은 제유의 가장 일반적인 용법이다.

(1) 사람 전체 대신 사람의 일부분

그 발은 악으로 달려가며(잠 1:16).

진술된 부분은 '발'이다. 의도된 전체는 '그들의 몸 전체', 즉 악한 사람이다. 요점은 그들이 온 힘을 다해 악한 행동을 한다는 것이다.

나의 머리를 드시는 자(시 3:3).

진술된 '머리'의 의미는 존엄함으로 높임을 받는 전인(全人)이다. 머리가 높이 들려지는 것이다. 하지만 '머리를 든다'라는 말이 포함되어 있다면, 그것은 결과 혹은 수식어의 환유로 설명하는 것이 더 낫다. 즉 존엄함과 영예로 회복된다는 것이다.

(2) 사물 전체 대신 사물의 일부

네 씨가 그 대적의 성문을 차지하리라(창 22:17).

진술된 부분은 '문'이다. 하지만 의도된 전체는 성이다. 하나의 제유로서 '문'은 벽돌과 모르타르, 곧 실제 성을 나타내기 때문이다. 문이 의미하는 것이 문에 있는 사람들이라고 생각한다면, 그것은 주어의 제유다. 사람과 문은 일반적으로 연결되어 있지 않기 때문이다.

(3) 연관된 다른 사람들 대신 사람들의 필수적 부분

에브라임과 베냐민과 므낫세 앞에서 주의 능력을 나타내사(시 80:2).

시편기자가 말하는 이 부분들은 북부 지파들, 남부 지파들, 요단 건너편 지파들을 의미한다. 다른 맥락에서 그 족장의 이름들은 원인의 환유가 될 수 있을 것이다[예를 들어, '유다가 그를 대항해서 모였다'라는 말은 유다의 후손들(원인의 환유) 혹은 유다 땅에 사는 사람들(주어의 환유)을 의미한다]. 하지만 유다 자신을 의미하지는 않는다. '씨'나 '아들' 같은 단어도 비슷하게 고찰할 수 있을 것이다.

12. 상극법(Merism)

이것은 전체를 의미하기 위해 두 개의 반대 진술을 사용하는 것이다. 예를 들면 낮과 밤, 봄철과 추수, 하늘과 땅 등이다. 상극법은 일종의 제유로, 전체 대신 부분들을 사용하는 것이다.

> 주께서 내가 앉고 일어섬을 아시고(시 139:2).

'앉는다'는 개념과 '일어선다'는 개념은 서로 반대다. 의도된 전체는 앉는 것과 일어나는 것을 포함하는 모든 활동이다. 이것은 '주님은 나의 모든 동작을 아신다' – 이것을 포함해서 – 는 의미다. 그래서 표현된 개념들은 문자적이지만, 더 많은 것을 의도한다.

> 해 돋는 데에서부터 해 지는 데에까지 여호와의 이름이 찬양을 받으시리로다(시 113:3).

이 구절은 이중적 상극법을 형성한다. 이것은 동쪽부터 서쪽까지 모든 곳을 의미할 수 있다. 그리고 해 뜰 때부터 해 질 때까지 모든 때를 의미할 수 있다.

13. 중언법

이 말은 '하나를 통한 둘'이라는 의미다. 이는 하나의 명사와 하나의 형용사 혹은 하나의 동사와 하나의 부사 대신, 공식적으로 동격인 두 개의 용어(명사들이나 동사들)를 통해 하나의 개념을 표현하는 것을 말한다. 그러면 하나의 구성 요소가 다른 구성 요소를 수식한다.

골수와 기름진 것(fat and fatness)을 먹음과 같이 나의 영혼이 만족할 것이라 (시 63:5).

명사 중 하나를 수식 어구로 만들어서 '풍성한 기름진 것'이라는 하나의 개념이 더 잘 표현된다. 이것은 단어들에 중언법이 포함되어 있는지 시험하는 방법이다.

14. 예표

예표는 상응하는 실제[대형(antitype)이라고 불리는]를 하나님이 예시하시는 것이다. 그것은 일종의 예언으로, 중요한 차이는 직접적 예언은 일단 그것을 성취하는 대형이 완전히 시야에 들어왔을 때에만 예언적인 것으로 이해된다는 것이다. 이 주제는 제왕시들에 대한 각주에서 논의할 것이다.

내 하나님이여 내 하나님이여 어찌 나를 버리셨나이까(시 22:1).

이 시편의 단어들은 다윗의 고난을 과장하여 묘사하지만, 예수님 안에서 역사적 사실이 된다.

15. 상징

상징은 도덕적 혹은 영적 진리를 대체하는 구체적 물체, 보이지 않는 어떤 것에 대한 눈에 보이는 표시다. 보이는 표시는 어떤 영적 진리와 부단히 유사한 것으로 나타난다.

내가…너를 세워…이방의 빛이 되게 하리니(사 42:6).

'빛'은 영적이고 도덕적인 교훈의 상징이 된다(다음 구절에 나오는 '어둠'과 대조시켜보라). 실제로 이 상징은 비교의 비유로 시작했다.

추가 혹은 확대를 포함한 비유들

16. 반복

한 책의 본문 혹은 여러 본문에서 같은 단어나 단어들을 반복하는 것이다. 이 현상에는 여러 변형이 있다. 그리고 해설자는 반복의 유형과 목적을 진술해야 한다.[10]

> 내 하나님이여 내 하나님이여 어찌하여 나를 버리셨나이까(시 22:1).

반복을 통해 이 구절의 강렬한 비애감은 한 번만 표현하는 것 이상의 효과를 전달한다.

17. 동음이의어를 사용한 언어유희

이것은 소리가 비슷하고, 의미나 기원 역시 비슷한 단어들을 반복하는 것을 말한다. 단어들이 어원학적으로 연결되어 있다면, 이는 전통적 의미에서 동음이의어 언어유희다. 단어들이 그리 많이 관련되어 있지 않다면, 이는 느슨한 동음이의어 언어유희, 혹은 음성학적 언어유희. 이 연구를 하려면 히브리 단어들을 다룰 줄 알아야 한다.

> 땅이 혼돈하고 공허하며(창 1:2).

토후 와보후(*tōhû wābōhû*)라는 두 단어는 음성학적 언어유희다. 이 두 단어는

---

[10] Bullinger, *Figures*, 189–263의 비교적 자세한 내용을 보라.

서로 관련된 것 같지만, 서로 다른 단어에서 나온 것이다.

그러므로 그 이름을 바벨이라 하니 이는 여호와께서 거기서 온 땅의 언어를 혼잡하게 하셨음이라(Bālal, 즉 횡설수설한 말로 바꾸셨음을 뜻한다, 창 11:9).

'바벨'이라는 이름은 '혼잡하게 하다'라는 히브리어 동사 발랄과 어원학적으로 관계가 없다. 이것은 서로 다른 언어다. '바빌리'는 '하나님의 문'을 뜻하는 바벨론어. 하지만 히브리어에서 이 동사는 이 이름의 소리를 포착하여 문맥에서 이것에 대해 언급한다.

18. 이합체 시

이것은 단어나 절의 첫 부분에 같은 글자 혹은 이어지는 글자들을 반복하여, 시를 알파벳 순서로 정리하는 것을 말한다. 시편 119편은 대부분의 사람들이 잘 알고 있는 본문이다. 각 부분의 각 행은 히브리 알파벳의 연속적인 글자들로 시작된다. 시편 34편에서, 각 구절 첫부분에는 히브리 알파벳 글자가 순서대로 나오는데, 와우는 빼고 21절에서 끝난다. 22절은 페(pe)로 시작하는데, 연속된 글자들과 관계가 없이 강조되어 있다. 이합체 시는 수사학적 목적 뿐 아니라 기억을 돕는 목적에도 기여했다.

19. 인클루지오(Inclusio)

어떤 문학적 단위가 같은(혹은 비슷한) 단어, 구, 혹은 절로 시작되고 끝나는 수사학적 비유다. 이런 반복은 그 부분의 주제를 되풀이하며 뼈대를 형성하는 역할을 한다. 이것은 보통 교차대구법적 구문에서 나온다.

여호와 우리 주여 주의 이름이 온 땅에 어찌 그리 아름다운지요(시 8:1, 9).

20. 과장법
이것은 강조 혹은 강화된 결과를 위해 용어들을 과장하여 사용하는 것이다. 문자적으로 의미한 것보다 더 많은 것을 말한다.

> 내가 탄식함으로 피곤하여 밤마다 눈물로 내 침상을 띄우며 담요를 적시나이다(시 6:6).

눈물로 침상을 띄우고 적시는 것을 문자 그대로 이해해서는 안 된다. 하지만 강렬한 고통과 통제할 수 없는 울음으로 지새는 날을 의미하는 것이 분명하다.

생략이나 억압을 포함한 비유들

21. 생략
어떤 문장에서 한 단어 혹은 단어들을 생략하는 것을 말한다.

> 그들의 얼굴을 향하여 활시위를 당기리로다(When you shall make ready [   ] upon your strings, 시 21:12).

'너의 화살'이라는 말은 본문에 나오지 않는다. 그것은 전후 문맥에 비추어 채워 넣어야 한다. 때로 단어들을 빼는 것은 그 단어들이 전후 문맥에 필요하지 않기 때문이다. 때로는 강조를 위해 난어늘을 빼놓기도 한다.

22. 돈절법
말하고 있는 것을 갑자기 중단해서, 돌연 침묵하게 히는 깃(분노에서, 슬픔에서, 약속에서)이 돈절법이다.

나의 영혼도 매우 떨리나이다 여호와여 어느 때까지니이까(My soul is greatly troubled; but You, O LORD - how long?, 시 6:3).

이 문장은 완전하지 않다. 강렬한 감정이 관련 되어 있기 때문이다. 시편기자는 문장을 갑자기 멈추고 그 모든 것을 여호와의 돌보심에 맡긴다.

23. 에러테시스(Erotesis)
이것은 수사학적 질문으로, 대답을 기대하지 않고 질문을 던지는 것이다(단언, 논증, 경이, 환희, 바람, 부인, 의심, 훈계, 충고, 금지, 연민, 비방, 책망, 비탄, 분개, 불합리함 등과 같은 것을 표현하기 위해).

어찌하여 이방 나라들이 분노하며(시 2:1).

시편기자는 이방 나라들이 여호와께 대항하여 반역을 하는 것에 대한 놀라움, 혹은 분개를 표현한다.

24. 곡언법
곡언법은 어떤 것을 크게 보이게 하기 위해 다른 것을 축소하는 것이다.

우리는 스스로 보기에도 메뚜기 같으니 그들이 보기에도 그와 같았을 것이니라(민 13:33).

이것은 또한 사람을 메뚜기에 비유하는 직유법이라는 것을 주목하라. 작게 축소하는 것은 원수의 크기와 힘을 크게 보이게 하려는 것이다.

25. 축소법(Tapeinosis)

축소법은 어떤 내용을 강화하기 위해 다른 것을 작게 하는 것이다.

> 하나님이여 상하고 통회하는 마음을 주께서 멸시하지 아니하시리이다(시 51:17).

우리는 '주께서 기쁘게 받으시리이다'라는 말을 기대했을 것이다. 하지만 두 가지 개념을 사용하기 위해 축소의 기법이 사용된다. 한 가지는 하나님은 상한 심령을 받으시고 그것을 기뻐하시리라는 것(의도된 의미)과 또 한 가지는 어떤 사람에게 상한 심령이 없으면 하나님이 멸시하시리라는 것이다.

6 Literary Forms And Functions In The Psalms
시편에 나오는 문학 형태와 기능들

탄식시

시편에서 가장 두드러지게 나타나는 주제는 탄식이다. 이것은 많은 시편이 기도 노래라는 것을 거듭해서 상기하게 해준다. 탄식 혹은 기도는 질병이든, 역경이든, 비방이든, 전쟁이든, 다른 어떤 위기 상황에서 궁핍함 속에 있을 때 하나님께 부르짖는 것이다. 고대 이스라엘에서 예배자는 언제 어디서나 하나님께 외칠 수 있었다. 하지만 가능한 한, 간구를 드리러 성소에 가서 대개 제사를 집전하는 제사장이 그를 대신하여 기도를 드렸다. 탄식은 시편 전체에서 발견되는 기도와 찬양의 순환 주기에서 출발점이며, 그래서 시편의 유형들에 대한 이 개관은 거기에서부터 시작하려고 한다.

개인적 탄식의 여러 부분

탄식의 유형에 대한 이 개관은 기본적으로 클라우스 베스터만의 구문 분석에서 나온 것이다. 그가 조심스럽게 지적했듯이, 이 유형들은 절대 판에 박힌 고정된 것이 아니다. 탄식시에는 매우 많은 변형이 있다. 탄식시가 무엇을 포함하는지 아는 것은 강해자가 시편 전체의 메시지의 흐름을 이해하는 데 도움이 된다.

인사말과 서론적 부르짖음

탄식시는 첫마디로 쉽게 판별할 수 있다. 거기에는 도와달라고 하나님께 의지하는 것이 포함된다. "오 여호와여 나를 건지소서." 하나님을 향한 부르짖음은 하나님의 이름을 언급하고 나서 절박하게 도움을 요청하는 것 이상으로 길 필요가 없다. 하지만 그것은 몹시 길 수도 있다. 종종 탄식시에는 공식적인 간구 및 탄식을 예상하는 서론격의 간구와 탄식이 나온다. 강해자가 강해의 구조를 배열할 때 이것을 염두에 두는 것이 중요하다. 그리고 서론에 그것이 포함될 때, 독자는 시편 메시지에 대해 더 분명한 개념을 가질 수 있다.

탄식 자체

시편 본문은 수많은 다양한 특징을 포함한다. 요소들의 순서는 시편마다 상당히 다양하고, 그중 어떤 요소들은 심지어 없을지도 모르지만, 탄식 혹은 불운에 대한 묘사는 가장 중요한 특징이다.

　탄식의 표현은 한 구절 정도로 대단히 간략할 수도 있고, 아니면 상세하고 묘사적일 수도 있다. 종종 애통은 세 가지 관점으로 세분할 수 있다. '내 원수', '나', '오 하나님'이다. 예를 들어, 시편기자의 탄식은 원수들이 그를 에워쌌고, 그가 곤경에 빠져 있으며, 하나님이 그를 구해주지 않으셨다고 말하는 것이다. 즉 그 모든 것이 탄식할 만한 일이다.

　탄식의 내용이 무엇인지 찾아내는 것은 강해에서 중요하다. 그것은 시편기자가 기도할 때 어떤 긴장을 직면하고 있는지 알려줄 것이기 때문이다. 그렇다면 현대의 강해에서 강해자는 시편 메시지를 적용할 때 그에 비교할 만한 '상황들을 찾아본다.

신뢰의 고백

종종 시편기자는 자신의 곤경과 여호와에 대한 신뢰의 진술을 대조한다. 이것은 '하지만 나로서는'(but as for me)이라는 반의(反意) 구문으로 시작된다. 탄식시에는 확신에 찬 믿음의 진술이 나오지 않을 수도 있지만, 또한 그 진술이 시편의 주요 부분이 될 정도로 확장될 수도 있다. 그런 경우 주석가들은 그 유형을 '신뢰의 노래'라고 부르는 경향이 있었다.

간구 자체

시편의 실제 기도, 도움이나 해방을 위한 기도는 서론적 부르짖음을 되풀이하거나 더 발전시킨다. 이 기도는 짧을 수도 있고 길 수도 있다. 또한 보통 분리되어 있지만 서로 관련된 두 가지 요청을 한다. 하나는 하나님께 호의적인 태도를 보여달라는 것이고('보소서', '주의를 기울이소서'), 다른 하나는 하나님께서 간섭해달라는 것이다('구원하소서', '구해주소서').

　기도에 도움이 되는 간구의 한 측면은 시편기자가 종종 하나님의 동기를 유발시키려 한다는 것이다. 왜 하나님이 호의적인 응답을 하셔야 하는가에 대한 이유들을 진술하는 것이다. 그들이 하나님께 호소하는 이유는 필요가 너무 크기 때문이거나(시 54:3), 하나님의 본성(시 86:2, 15) 혹은 하나님의 명예 때문이거나(시 42:10), 혹은 이러한 건지심에 대해 하나님을 찬양하고자 하는 마음 때문이다. 시편기자가 찬양하려 한다면 그 일이 분명 일어나야 한다(시 6:5). 몇몇 시편에서는 하나님이 시편기자를 위해 행동하셔야 하는 이유로 죄의 고백(시 51:3) 혹은 결백하다는 항변(시 59:3)이 나오기도 한다. 신자들에게 기도하는 법을 가르칠 때는 하나님이 기도에 응답하셔야 하는 이유들에 대해 특별히 주의를 기울여야 한다. 그러면 그들은 자신들이 하나님의 뜻에 따라 기도하고 있는지 물을 수 있다.

찬양의 서원 혹은 선언적 찬양

탄식시에서 가장 인상적인 것은 그것이 끝에 가서는 찬양으로 바뀐다는 것이다.[1] 찬양 부분은 심지어 선언적 찬양시의 구조를 따를 수도 있다(아래를 보라).

이 찬양의 서원을 반드시 이해해야 한다. 간구는 여전히 해결되지 않은 상태로 있고 응답은 주어지지 않았다. 그럼에도 시편기자는 기도에 응답을 받을 때 성소에서 찬양하겠다고 약속한다. 그리고 이 약속은 실제로 말할 것의 예행 연습 형태로 되어 있다. 이 찬양 부분이 선언적 찬양 시편 유형으로 만들어질 때, 시편의 분위기는 어느 순간 분기점을 맞이한다. 시편기자는 갑자기 해방을 확신하는 찬양을 한다. 시편기자가 감사의 제사를 드릴 때 성전에서 말하겠다고 혹은 노래하겠다고 서원하는 것은 바로 이 부분이다. 이것 역시 하나님의 동기를 유발한다. 하나님이 이런 말을 듣기 원하신다면, 그분은 그 기도에 응답하셔야 했다.

일단 기도가 응답되면, 시편기자는 의무적으로 이 서원, 곧 찬양의 서원을 이행해야 한다. 히브리어 본문을 보면 찬양의 서원은 더 강한 의지적 형태인 청유법과 함께 시작된다. "내가 찬양하리라"(I will praise).

탄식시에서 기도로, 그리고 찬양으로 갑자기 넘어가는 것에 대해 몇 가지 이유가 제시되었다. 어떤 주석가들은 두 개의 시편이 의도적으로 혹은 우연히 결합되었을 것이라고 주장했다. 아니면 이 시편들이 실제로 선언적 찬양 시편이며 탄식 부분은 단지 비탄에 빠져서 부르짖은 내용을 재진술한 것이라고 주장한다. 하지만 베스터만은 기도와 찬양 사이에는 '구원의 신탁', 곧 기도를 들으셨다는 하나님의 어떤 표시가 있었다고 주장한다. 이 '신탁'이 나타나는 몇 가지 방식이 있었는데, 하나는 제사장이나 선지자 혹은 다른 어떤 개인이 하나님의 촉구를 받아, 기도하는 사람에게 하나님이 그 기도(와 제사)를 받으셨으며, 구해

---

[1] 단, 몇 가지 예외는 있다. 시편 42편은 그렇게 하지 않는다. 하지만 시편 43편은 아마도 이 시편의 마지막 부분이었을 것이다. 마찬가지로, 시편 9편과 10편은 원래 하나였다. 민속적 탄식시인 시편 137편은 찬양 부분을 포함하지 않는다.

주실 것이라고 말하는 것이다(대하 21:1-19에 나오는 여호사밧의 이야기가 그 예다).

'신탁'은 꼭 어떤 중재자로부터 나올 필요는 없다. 기도하는 동안 하나님이 기도하는 그 사람에게 기도가 응답될 것이라는 어떤 표적을 계시하실 수도 있었다. 환경이 변화되기 시작하거나(욘 2장), 하나님이 부분적으로 기도에 응답하시거나(시 3편), 하나님이 기도하는 사람의 마음에 기도가 들려졌다는 확신을 새겨주시거나(시 20장) 하는 것이었다. 그 일이 어떻게 일어나든 간에, 시편기자는 그들이 하나님께 드리려는 찬양을 맹세하기 위해 그들의 기도를 중단할 것이다. 그런 종류의 믿음은 기도하는 모든 사람에게 모범이 된다.

공동적 탄식의 각 부분들

민족적 탄식은 개인적 탄식보다 수적으로 더 적다. 그들은 민족을 포함하는 대재앙들, 이를테면 기근, 역병, 전쟁 등에 대해 탄식한다. 우리는 그런 위기에 처한 민족이 민족적 금식과 기도의 날을 거행하는 모습을 상상할 수 있다(참고. 사 1; 렘 36:1-10; 슥 7장). 민족적 혹은 공동적 탄식은 개인적 탄식과 별다른 차이가 없다.

1. 인사말(하나님께 대한 서론적 간구)
2. 진정한 탄식[종종 적들, 민족('우리'), 하나님을 포함하는]
3. 민족적인 신뢰의 고백
4. 간구 자체와 동기부여(하나님이 원수들에게 이렇게 하시기를, 하나님이 우리에게 이렇게 해주시기를)
5. 찬양의 서원

공동적 탄식으로 분류할 수 있는 시편들은 시편 44, 60, 74, 79, 80, 83편 등이다. 때로 회중을 위한 대변인이 있다. 하지만 탄식에 대한 묘사는 개인적 탄식보다 더 범위가 넓다.

시편에 나오는 저주

어떤 시편들의 기도 안에 저주가 포함되어 있다는 사실은 현대 신자들에게 긴장을 조성한다. 그러므로 강해자는 이 문제에 대해 어느 정도 해명을 할 필요가 있다. 다행히 많은 자료를 구할 수 있다.[2] 우리는 여기에서 저주 시편이 아니라 시편에 나오는 저주들(욕설들)에 관심이 있다. 저주는 그 시편 내용의 일부만 형성하기 때문이다. 그러한 저주를 담고 있는 시편은 약 18개 정도다. 그리고 그 시편들의 약 370개 가량 되는 구절 중 약 65개는 저주라고 부를 만한 어떤 것도 포함하고 있지 않다. 저주를 포함한 시편은 시편 5:10, 10:15, 27:4, 31:17-18, 40:14-15, 140:9-10 등이다. 하지만 가장 강력한 형태의 저주가 담겨진 것은 시편 35, 69, 109편이다.

처음에는 이 저주들이 시편기자의 개인적 원한을 반영한 것처럼 보인다. 그렇게 되면 성경이 그들이 말한 것을 기록하고 있지만, 그것을 기도의 모범으로 제시하지는 않는다고 결론을 내려야 할 것이다. 하지만 그 시편들은 공적 예배에서 불러야 할 찬송들이었다. 그 시편들은 단순히 개인적 복수에 대한 기록이 아니었다.

또한 그 시편들은 고대 근동에서 존재하고 있었을 낮은 수준의 도덕을 반영한 것처럼 보인다. 하지만 모세의 율법조차 개인적으로 원수 갚는 것을 금하고 심지어 원수를 사랑하라고 명령했다(레 19:18). 그것은 신약에서 반복되는 기준이다. 바울은 로마서 12:19 이하에서 구약에서 가져온 두 개의 인용문으로 이처

---

[2] 여전히 가장 유용한 논의는 Chalmers Martin, "The Imprecations in the Psalms," *PTR* 1 (1903): 537-553(reprinted in *Classical Evangelical Essays in Old Testament Interpretation*, edited by W. Kaiser, 113-132)이다. 또한 J. Carl Laney, Jr., "A Fresh Look at the Imprecatory Psalms, *Bibliotheca Sacra* 138 (1981): 35-45; and John Shepherd, "The Place of Imprecatory Psalms in the Canon of Scripture," *Churchman* 111(1997): 27-47, 110-26을 보라.

럼 복수심에 불타는 정신의 죄를 금했다["내가 보복하리라"(신 32:35); "네 원수가 배고파하거든 음식을 먹이고 목말라하거든 물을 마시게 하라"(잠 25:21)]. 시편기자는 분명 그런 가르침들을 알았다. 사실상 저주가 포함되어 있는 몇 개의 시편에서, 그는 핍박하는 사람들에 대해 가졌던 친절한 가정을 단언한다(25:12 하, 109:4-5). 개인적인 피의 복수도 낮은 도덕도 이러한 저주들에 대한 설명으로 만족스럽지 않다. 하지만 다른 가능성들이 있다.

1. 첫 번째로 유념할 것은 이러한 것이 하나님께 대한 기도이며, 그것이 서정시로 쓰여 있다는 것이다. 과장법은 시편에서 자주 나오고 사랑받는 비유적 표현이다. 시편기자는 특히 고난을 받을 때 감정을 매우 풍성하게 표현했다.

2. 이 저주들은 하나님의 의가 옳다고 인정받기를 바라는 구약 신자의 바람을 표현한다. 하나님의 선하심과 의에 대한 그들의 믿음은 악의적 사악함으로 인해 시험을 받았다. 그래서 그들은 자신들의 정당함이 입증되기를 갈망하게 되었다. 더구나 그들의 저주는 악인들이 그들의 저주를 받아 마땅하다는 것을 확신했다. 심지어 신약에서도 주님께 그분의 백성의 피를 갚아달라는 부르짖음이 나온다(계 6:10).

3. 이 저주들은 하나님과 그분의 나라에 대한 열심의 표현이다. 군주정은 신정 국가의 지상 행정부였다. 자신들과 믿음을 타도하려고 하는 원수들(예를 들어 아합과 이세벨)에 대항하여 민족을 보호하는 일은 우선적으로 군주인 다윗과 그의 의로운 추종자들의 어깨에 지워져 있었다. 그래서 만일 왕이 하나님의 대리자라면, 왕의 원수들은 단순히 그의 원수가 아니라 하나님의 원수였다(시 139:19-22을 보라). 심지어 바울은 "만일 누구든지 주를 사랑하지 아니하면 저주를 받을지어다"(고전 16:22)라고 말했다. 하지만 그것은 지도자들에게 믿음을 수호하기 위해 전쟁을 일으키라는 명령은 아니었다.

4. 이 저주들은 죄에 대한 시편기자들의 증오를 표현한 것이다. 실제로 의

인들을 공격하고 그들의 믿음을 조롱하는 원수들은 악의 화신이었다. 그들 안에서 거짓과 배신, 교활함, 탐욕, 증오, 잔인함, 교만, 오만 등이 한껏 표현된 비열한 사람들인 것이다. 다윗은 그들을 불쌍히 여기고 그들을 친절하게 대할 수 있을까? 그는 가능한 한 그렇게 했다. 하지만 왕으로서 그는 하나님의 프로그램을 보호하기 위해 의를 옹호하고 악행자를 벌해야 했다.

5. 마지막으로 이 저주들은 하나님이 장차 죄와 회개하지 않는 자들, 그리고 끈질기게 죄를 짓는 사람들을 다루시는 것에 대한 선지자적 가르침을 형성한다. 예수님이 그분께 적용하신 모든 시편 중, 시편 69편과 109편이 자주 나타난다. 다윗은 선지자였다. 시편들은 영감으로 기록되었다. 그리고 이 저주들에는 악한 자들에 대한 하나님의 의도와 조화를 이루지 않는 것은 아무것도 없다. 그렇다면 그것들은 단지 시편기자들이 하나님이 하시기를 바라는 것들에 대한 진술이 아니라, 하나님이 하신 일 혹은 분명히 하실 일에 대한 진술이다. 악인에게 그들이 악행과 반역을 고집한다면 그들이 받게 될 것을 받게 하는 것보다 더 끔찍한 저주는 없다. 간단히 말해, 저주들은 의의 승리로 끝날 선과 악의 영원한 충돌을 다룬다. 시편기자는 그들이 어디에 충성을 바치는지 명백하게 밝히기 원했다.

신자들의 기도

저주에 대한 유용한 설명들이 있지만, 그리스도인의 기도에 있는 강조점은 다르다. 그리고 그들은 주님이 오시고, 그분의 뜻이 이루어지기를 기도할 수는 있지만 – 그것은 악한 자들에게 심판이 임하는 것을 의미할 것이다 – 원수를 사랑하고 그들을 위해 기도하라는 가르침을 받는다. 이를 제대로 이해하면, 이 권고들은 새 언약에서는 영적 섬김이 새로운 초점을 갖게 된다는 사실을 반영한다. 오늘날 신자들의 기도 생활은 구약 신자들의 기도 생활보다 더 나아야 한다(오늘날 신자들의 기도 생활이 더 낫다는 말은 아니다. 사람들이 기도하지 않는다면 말이다).

신약의 관점에서 한 가지 생각해볼 사항은 첫째, 오늘날 신자들은 그리스도 예수 안에서 약속들의 성취를 통해 하나님과 더 나은 관계를 맺고 있다는 것이다. 신구약은 모두 신자들을 종이라고 부른다(예를 들어, 시 132:2, 89:50, 90:13, 16. 그리고 행 4:29과 바울의 인사말들). 그렇기 때문에 하나님께 복종하고 의지하는 것은 주인에게 호소하는 종의 태도다. 하지만 신약은 구약에서 소개한 신자와 주님과의 관계에 대한 다른 묘사들을 좀 더 상세하게 기록한다. 예를 들어, 아브라함은 하나님의 벗이라고 불린다(약 2:23). 그가 하나님과 가졌던 개인적 관계 때문이다. 하지만 이것은 신약에서 더 광범위하게 적용되고 설명된다(요 15:15). 우리는 그리스도를 통해 밀접한 관계를 가지며 좀 더 분별력 있게 기도해야 한다(이것은 우리 자신의 지식 때문이 아니라 그리스도 안에 있는 충만한 계시 때문이다). 신약은 또한 신자들이 하나님을 그들의 아버지라 부른다는 개념을 발전시킨다. 이런 개념은 구약에도 있었다(말 1:6). 하지만 신약에서는 그것을 매우 상세하게 설명한다. 그렇기 때문에 신자들은 '우리 아버지'라고 기도하라는 권면을 받는다.

둘째, 신약에서는 신자들이 하나님의 은혜에 대한 온전한 계시를 갖고 있다고 가르친다는 것이다. 구약 신자들도 분명 하나님의 은혜를 알고 경험했다. 하지만 그들은 신적 은혜가 어떻게 구원을 제공하는지는 알지 못했다(요 1:14, 16; 딛 2:11을 보라). 그래서 오늘날 신자들은 이러한 온전한 계시를 자기 기도의 태도와 어법에 적용하여, 그리스도 안에 나타난 하나님의 은혜에 대한 계시와 조화된 기도를 드린다.

이것이 그리스도인들이 이스라엘의 영적 리더들처럼 저주 기도를 드리지 않는 한 가지 이유다. 그들은 악한 자들의 구원을 위해 기도한다. 악이 존재하는 한, 여호와의 이름은 세상에서 더럽혀진다. 그리고 오늘날 의인들이 악에게서 구조되기를 갈망한다 해도, 그들은 "주 예수여 속히 오시옵소서"라고 기도할 때 일반적으로 그것을 위해 기도한다.

대체로 신약 신자들은 더 확신을 갖고 기도해야 한다. 하나님의 충만한 은혜에 대한 계시와 경험 때문이다(롬 8:32; 히 4:16). 하지만 시편기자의 확신은 여전히 본보기가 된다.

셋째, 새 언약에는 더 나은 제사장직이 있다. 히브리서는 이에 대해 꽤 상세하게 다룬다. 하지만 기도에 대해 그것이 의미하는 바는 오늘날 신자들이 더욱더 담대하게 확신을 가지고 기도할 수 있다는 것이다. 그들에게는 그들을 위해 하늘 성소로 들어가신 영원하고 죄 없으신 대제사장이 있기 때문이다. 더구나 신약은 성령님 역시 신자들을 위해 중보기도하시며 그들의 기도를 적절하게 바꿔주신다고 가르친다(롬 8:26). 게다가 우리가 완전한 정경, 대제사장의 신탁을 가지고 있기 때문에, 더 이상 제사장에게서 나오는 말이 필요하지 않다. 우리에게는 하나님께로부터 나오는 신탁이 있다. 우리에게는 그분의 말씀이 있다. 하나님은 그분의 뜻을 그들보다 우리에게 더 많이 계시하셨으며, 우리는 그 뜻을 따라 기도해야 한다.

그러나 우리는 여전히 구약 신자들의 기도에서 배울 점이 있다. 하나님이 덕을 세우기 위해 그 기도들을 우리에게 주셨기 때문이다. 따라서 교회는 약간씩 수정을 하더라도, 이스라엘의 이 기도들을 기도 생활의 일부로 채택해야 한다. 이 기도들을 연구하면 많은 것을 배울 수 있다.

1. 우리는 시편기자가 탄식을 확신과 대조하는 적절한 균형으로 교훈을 준다는 사실을 발견할 것이다. 확신의 표현은 믿음을 확립하는 데도 중요하다. 그 결과 그들은 그들의 기도에 대한 응답이 실제로 주어지기 전에 그 응답에 대해 찬양하는 것을 예행 연습할 수 있다.
2. 우리는 또한 그들이 하나님이 반응을 보이시도록 동기를 유발한 것이 교훈이 된다는 사실을 발견할 것이다. 그들의 간구는 하나님이 왜 그들의 기도를 들으셔야 하는가에 대한 타당한 이유들을 제공했으며, 그 이유들은 언제나 하나님과 그분의 대의에 영광을 돌리고 있었다.

3. 우리가 기도에 찬양, 곧 하나님이 기도에 응답하실 때 드리고 싶은 찬양을 포함시킨다면, 교회의 기도가 개선될 것이다.

찬양 시편

성경적 찬양의 본질

신약과 구약은 모두 신자에게 "하나님께 찬양의 제사를 드리"라고 명령한다(시 50:14, 히 13:15). 이것이 명령되었다는 사실은 이것이 선택이 아니라 구속력 있는 책임이라는 것을 의미하며, 이것이 제사라고 불려지는 것은 일종의 예배, 하나님께 드려야 하는 제물임을 의미한다. 이스라엘에서 신자들은 의무적으로 여호와를 찬양해야 했으며, 그렇게 하기 위해서는 언제나 희생을 치러야 했다.

찬양, 곧 성경적 의미의 찬양은 제대로 대접을 받지 못했다. 그것은 모임에서나 신자의 일상적 삶에서나 무시되는 경우가 대부분이다. 아니면 그것은 그저 음악으로 대체된다.[3] 대부분의 신자들은 여호와가 그들을 위해 행하신 모든 것에 진정으로 감사하다고 말할 것이다. 하지만 회중의 개별적 찬양은 그들 감사의 일부인 경우가 거의 없다.

베스터만은 '감사합니다'라고 말하는 현대의 관행과 대조하여 성경적 찬양의 의미에 대해 훌륭한 연구를 했다.[4] 그는 먼저 '감사'라는 단순화된 개념은 많은 주요 언어권에서 주된 의미가 아니라고 말했다. 그리고 히브리어에는 실제로 '감사합니다' 혹은 '감사'를 의미하는 단어가 없다(현대 번역본들은 종종 이 말들을 사용하지만 말이다). 이런 관찰 결과를 통해 그는 '감사합니다'라고 말하는 것(우리가

---

3 이것은 회중이 하나님을 찬양하기 위해 음악을 사용해서는 안 된다는 말은 아니다. 하지만 음악만으로는 개인이 회중 속에서 그들의 찬양을 드리도록 해서는 안 된다.

4 Claus Westermann, *The Praise of God in the Psalms* (Richmond, VA: John Knox, 1965), 25–30.

말하듯)이 그리 자연스러운 일이 아니었을 수도 있다고 말했다. 그는 순전한 찬양은 찬양을 받는 객체가 선포의 주체가 되게 하는 반면, '감사합니다'라고 말할 때는 그 말을 하는 사람이 여전히 주체가 된다고 설명했다(그래서 찬양은 자신으로부터 눈길을 돌리는 것을 포함한다). 찬양은 또한 자발적으로 즐기는 것에 대한 아낌없는 묘사인 반면, '감사'를 말하는 것은 묘사가 거의 없는 딱딱한 의무가 될 수 있다(그래서 찬양은 진정한 감사를 보여준다). 그리고 찬양은 광장이나 모임에서 표현될 수 있는 반면, '감사'를 말하는 것은 사적으로 혹은 말없이 표현될 수 있다(찬양은 다른 사람들에게 여호와에 대해 말하는 것이지만, 감사는 여호와께 말하는 것이다). 여호와께 '주께 감사합니다'라고 말하는 것은 전혀 잘못된 게 아니다. 하지만 감사는 결국 다른 사람들에게 선포되어야 하며, 그래서 그들을 격려하고 믿음 안에서 세워야 한다.

이에 대해 C. S. 루이스는 찬양이 얼마나 자연스러운 것인지 묘사했다.[5] 삶의 어느 분야에서든 사람들은 자신이 감사하게 생각하는 것을 찬양한다. 즉 사실상 찬양은 즐기는 것의 일부다. 어떤 것을 충분히 즐기려면 먼저 그것에 대해 말해야 한다. 그렇다면 하나님을 찬양한다는 것은 사람들이 그분이 주시는 혜택들을 누리는 것을 의미한다. 그리고 하나님이 사람들에게 그분을 찬양하라고 명하실 때, 그분이 주시는 혜택들을 누리라고 부르시는 것이다. 그래서 그들이 찬양할 근거가 되게 하신다.

시편에 나오는 찬양에 대한 주요 단어들을 연구해보면 이런 개념들을 더 자세히 알 수 있다. 이것은 주석에서 훨씬 더 상세히 다룰 것이다. 하지만 여기에서 대략적으로 살펴보면 성경적 찬양이 지닌 열정을 어느 정도 느끼게 될 것이다. 찬양을 나타내는 것으로 가장 잘 알려진 용어는 할랄(הלל)이다. 이 용어에는 '찬양하다, 환희로 소리치다, 찬양을 노래하다, 칭송하다'라는 의미가 있다. 용법은 찬양이 어떤 것에 대한 자연스러운 반응, 열렬한 보고임을 나타낸다[예

---

[5] C. S. Lewis, *Reflections in the Psalms* (New York: Harcourt, Brace and World, 1958), 90-98.

를 들어 사라의 아름다움(창 12:5), 압살롬의 외모(삼하 14:25), 혹은 현숙한 일을 행하는 아내(잠 31:31) 등에 대한]. 찬양의 원인은 찬양하는 사람들이 감사하거나 즐기는 것들이며, 찬양의 방식은 화려한 묘사들과 풍성한 보고이다.

찬양의 일반적 개념을 알려주는 다른 단어들도 많다. 이 용어들은 찬양이 또한 노래를 통해, 종종 악기 반주를 수반하고[시르(שִׁיר), 자마르(זָמַר)], 춤추며(시 149:3), 그리고 온갖 종류의 음악과 함께(시 150:1-5) 이루어졌음을 보여준다. 또한 이 단어들은 찬양이 열정적인 큰 소리로 이루어졌음을 보여준다. 라난(רָנַן)은 '울려퍼지게 외치다'라는 의미이며(기쁨으로 인해 크게 외치는 것을 말한다), 길(גִּיל)은 '소리쳐 부르짖음, 기뻐 날뛰며, 외치는 의식'을 의미한다. 다른 용어들로는 십페르(סִפֵּר), 즉 '선언하다, 말하다', 키베드(כִּבֵּד), 즉 '명예를 주다, 영광을 돌리다', 히그딜(הִגְדִּיל), 즉 '찬미하다', 로맘(רוֹמֵם), 즉 '높이다', 히스키르(הִזְכִּיר), 즉 '상기하다, 찬양하다', 베레크(בֵּרֵךְ), 즉 '축복하다, 찬양에 의해 풍성하게 하다' 등이 있다. 이 모든 것은 찬양이 다양한 형태의 공적 인정이었음을 나타낸다.

아마 찬양을 의미하는 가장 교훈적인 단어는 – 특히 첫 번째 집단의 찬양 시편 연구에서 – 야다(יָדָה)라는 동사일 것이다. 이 말은 보통 '감사'(thanks) 혹은 '감사를 드림'(thanksgiving)이라는 말과 함께 번역된다. 사역형(히필) 어간에서는 '인정하다'라는 의미로, 공적인 인정을 암시한다. 자주 나오는 찬양하라는 명령에는 명령형 호두(הוֹדוּ)가 나오는데, 이 말은 보통 '(여호와께) 찬양을 드리다'라고 번역된다. 강해자들은 영어 번역본들로 연구하겠지만 그들의 강해는 이것이 하나님의 인격과 역사에 대한 공적 인정에 대한 요구라는 것을 명확하게 해야 할 것이다.

역대기의 핵심 본문들은 공적 찬양이 다윗에 의해 예배 중심으로 제정되었으며, 제사장들과 레위인들에게 위임되고, 백성에게 수반되었다고 설명한다(특히 대상 16:4, 16:36, 23:30, 25:3을 보라. 또한 대상 16:36; 대하 8:14, 31:2와 29:30을 보라).

찬양하라는 명령(어떤 용어를 사용했든)은 하나님을 예배하는 자들을 위한 명령으로, 그들이 하나님의 손에서 받은 것들에 대해 자발적으로 찬양을 드리라는 것이었다. 찬양은 히브리인들에게 필요한 삶의 조건이었다. 찬양이 신자의 삶과 그들이 회중으로 모이는 모임에서 중요했던 이유는 그것이 본질적으로 언약과 언약의 주님께 공개적으로 충성을 표현하는 것이었기 때문이다. 이 때문에 그들은 역경 속에서도 찬양할 수 있었다.

토다(הָדוֹת)는 찬양드리는 것을 나타내는 전문적 용어가 되었다. 레위기 율법에 따르면, 어떤 개인이 어떠한 이유로 찬양을 드리기 원할 때 그 공적 인정은 성소에서 이루어져야 했으며, 제사, 곧 화목제가 수반되어야 했다(레 7장). 일반적으로 화목제는 함께 나누는 식사가 될 것이다(그것이 짐승이었다면). 찬양하는 사람, 제사를 관장하는 제사장, 예배자의 친구들, 회중의 일원들, 그리고 가장 중요하게는 가난하고 궁핍한 자들(그들이 누구인지 이 책에서 보여주겠지만)이 모두 함께 이 식사를 나눌 것이다. 그들은 짐승의 고기를 굽는 동안 예배자가 공개적으로 선언하는 것을 들을 것이다. 그는 자신이 드린 찬양의 서원을 성취하고 있었다. 그래서 그들은 자신들이 각각에게 주신 하나님의 풍성한 관대하심에 참여하고 있음을 알게 될 것이다. 그들은 하나님이 누군가를 축복하셨기 때문에 먹었다. 심지어 신약의 히브리서 저자는 청중들에게 찬양의 제사를 드리라고 말할 때, 필요를 가진 사람들과 서로 나누라고 가르친다(히 13:15-16).

이 간략한 개관을 통해 찬양이 예배자의 삶에서 필수적인 부분이었음을 분명히 알 수 있다. 그것은 그들이 큰 절기 때 성소에 올라가는 주된 이유 중 하나였다(시 122:4). 더구나 시편 연구는 다른 신자들을 교훈하는 데 찬양이 끼치는 효과를 보여준다. 그들에게 하나님의 길을 가르치고, 궁핍할 때 드리는 기도에서 그들을 격려하는 것이다.

선언적 찬양 시편

성경 학자들은 이 유형의 시편을 '찬양 시' 혹은 '토다 시'라고 부를 것이다. 그들은 또한 그 시편들을 두 집단으로 나눈다. 개인의 찬양과 공동체의 찬양이다. 하지만 이 둘 사이에 눈에 띄는 차이는 없다. 필수적 요소들은 두 가지에 모두 존재한다.[6] 선언적 찬양시의 통상적 배열은 다음과 같다(그 시들이 엄격하게 이 순서에 매인 것은 아니다).

하나님을 찬양하라는 선포
시편은 찬양하려는 분명한 의도로 시작할 것이다(이것은 탄식시의 "나를 구원하소서, 오 주여"라는 말과 분명한 대조를 이룬다). 이 부분은 통상 '나는 찬양하리라'(I will praise)라는 의지적인 말로 표현된다. 그렇다면 이 유형의 시편들이 지닌 필수적 특성은 제일 처음에 나타난다. 이 선포에서 시편기자는 찬양의 이유를 진술한다("여호와가 …하셨음이라"). 이것이 시편기자가 하기로 약속한 것이다. 기도하는 동안 했던 찬양의 서원이 이제 공개적으로 성취되어야 한다. 이런 찬양 시편 유형은 경험적인 것이기 때문에, 본질적으로 오늘날 많은 신자가 '간증'이라고 부르는 것이다. 물론 거기에 훨씬 더 많은 내용이 담겨 있지만 말이다.

구원하심에 대한 보고
그 전에 찬양이 터져나오지 않는다면 찬양의 내용은 즉시 주어질 것이다. 이 보고는 두 부분으로 되어 있다. 궁지에 대한 것과 건지심에 대한 것이다. 찬양의 이유를 요약한 서론적 진술이 전개된다. 시편기자는 곤경에 빠졌던 때를 되돌아보며 비탄에 젖는다. 그러면서 자신이 그때 기도했던 것을 반복하기까지 한다. 그다음에 그는 하나님이 자기를 구해주셨다고 말한다. 찬양 전체를 통해 나타나는 주된 요소는 '내가 부르짖었다…그분이 들으셨다…그분이 나를 이끌어 내셨다'(혹은 그와 비슷한 것)라는 것이다.

---

[6] 이 집단에 속한 시편은 18, 21, 30, 32, 34, 40, 41, 66, 106, 116, 138편 등이 있다.

찬양, 혹은 새롭게 된 찬양의 서원
시편기자는 이제 찬양을 드린다. 그 시편은 찬양의 이유인 건지심에 대해 말한다. 곧이어 여호와의 구원하심을 선언하는 찬양이 나온다.

묘사적 찬양 혹은 교훈
종종 선언적 찬양은 하나님과 그분의 속성에 대한 묘사적 찬양으로 바뀐다. 여기에는 건지심을 설명하는 것이 포함된다. 이 부분 역시 찬양의 서원을 성취한다. 그것은 여호와께 초점을 맞추기 때문이다.
　때로 그 시편은 짧거나 긴 교훈적 부분으로 결론을 맺는다. 거기에서 경험을 통한 교훈들을 회중에게 가르친다.

묘사적 찬양시 혹은 찬송가

두 종류의 찬양시를 구분하는 것은 때로 어렵기 때문에, 어떤 사람은 이 찬양시들이 본질적으로 같다고 생각한다(이 시들은 종종 다양한 요소들을 가지고 있기 때문이다). 하지만 순전한 묘사적 찬양시가 나올 때는 본질상 다르다.[7] 이러한 것들은 해방 혹은 기도 응답에 대한 개인적 보고가 아니라 하나님의 본성을 묘사하는 찬송이다(하나님이 그분의 백성을 위해 간섭하신 것에 대한 예들을 사용하기 때문이다).

서론
할렐루야! 시편은 이러한 표현들로 시작된다.

찬양하라는 명령
시편의 시작에서는 회중 혹은 회중의 일부에게 여호와께 찬양을 드리는 광범

---

7 이 유형에 속한 시편은 28, 36, 105, 111, 113, 117, 135, 136, 146, 147편 등이 있다.

위한 명령을 할 것이다. 아니면 단지 위에 나온 것처럼 '찬양하라'라고 나올 것이다.

찬양의 원인

이 찬양시의 두 번째 주요 부분은 본질적으로 찬양의 이유와 내용이다. 통상적 유형으로는 찬양의 원인에 대한 요약 진술이 나온 다음, 그것에 대한 구체적 예시가 나온다. 요약 진술은 보통 두 부분으로 되어 있다. 바로 하나님의 위대하심(예를 들어, 창조의 여호와)과 하나님의 은혜(예를 들어, 그분이 역사 내에서 구원하시기 위해 행한 일)이다. 하나님의 위대하심과 은혜에 대한 묘사에서 시편기자는 중요한 주제들, 특히 창조 혹은 이스라엘의 해방을 자주 거론한다. 이러한 창조에 초점을 맞추는 수많은 시편은 '창조주에게 드리는 찬송시'라고 부를 수 있을 것이다.

결론

시편은 시편에 표현된 이유들로 인해 찬양하라는 새로운 명령, 권고, 간구, 심지어 교훈과 더불어 끝날 것이다.

결어

할렐루야! 이 표현은 본문 끝에서도 나온다(언제나 나오는 것은 아니다).

　찬양 시편은 비교적 강해를 전개하기 쉽다. 각 시편에서 기본적 교훈은 찬양하라는 것이다. 하지만 찬양의 이유는 시편마다 다르다. 그래서 각 찬양시에 대한 강해는 찬양의 이유와 그것이 의미할만한 모든 것에 집중할 것이다. 특히 그 시편이 찬양에 기초한 교훈적 요소를 전개한다면 더욱 그렇다. 일단 찬양의 이유를 밝히고 설명한 다음에는 – 하나님의 본성의 어떤 것이든, 어떤 해방의 행동이든 – 기대할 수 있는 즉각적 반응은 찬양이다. 그리고 강해자가 성경적인 찬양의 관점을 염두에 두고 있다면, 찬양은 믿음과 순종을 떼어놓고는 생각할 수 없다. 찬양은 듣는 사람에게서 찬양하는 사람이 지닌 것과 동일한 여호와에 대한 헌신과 신뢰를 유발해야 한다. 듣는 사람은 하나님이 그 기도들에 응답하실 수 있다면, 혹은 그런 상황들 속에서 은혜를 베푸실 수 있다면, 다른 사람들을 위해서도 그렇게 하실 수 있다는 것을 배운다. 그래서 찬양시의 유형들과 찬양의 의미는 이 시편들의 석의적 강해를 전개하기 쉽게 해준다.

하지만 선언적 찬양시에서, 강해자는 추가적 접촉점을 가질 수 있다. 이 시편들은 궁지와 해방을 말한다. 따라서 강해는 특정 종류의 어려움으로부터 거기서 표현된 찬양의 종류에 이르기까지, 기도와 찬양의 주기적 순환에 대해 말한다.

강해자들은 찬양시들을 구분할 때 주의할 필요가 있다. 어떤 시편들은 그들이 말한 유형의 모든 부분에 정확하게 들어맞을 것이다. 그러나 어떤 시편들에는 주요 부분들이 빠져 있거나 재배열되어 있을 수 있다. 여전히 어떤 한 집단에 맞는 필수 요소들을 갖고 있지만 말이다. 강해자들은 유형들을 일반적인 지침으로 사용해야 하며, 존재하지도 않는 부분에 맞추려고 번역이나 개요를 억지로 끼워맞춰서는 안된다. 어떤 부분들을 식별할 수 있을 때 강해자들은 그것을 설명해야 한다. 특별히 어떤 찬양시에서 시편기자가 탄식하는 것처럼 보일 때는(보고에서) 더욱 그렇다. 그러나 영어 번역에서는 때로 이러한 구분들이 모호하다.

시온의 노래와 순례자 시편

시편의 주요 초점은 거룩한 성 예루살렘, 중앙 성소가 있는 곳이다. 그래서 시온에 대한 노래들과 절기 때 시온으로 순례 여행을 가기 위한 노래들이 있는 것이다. 이것은 기도 및 찬양과 다른 별개의 문학적 유형들이 아니다. 이것은 그 기능 혹은 중심 주제를 따라 분류된 것이다. 이것은 또한 탄식이나 선언적 찬양, 혹은 찬송가가 될 수도 있다.

시온의 노래로 분류되는 시편은 적어도 시편 46, 48, 76, 84, 87, 122편(이것은 또한 순례자의 노래이기도 하다). 이 노래들은 시온을 높인다. 시온이 여호와가 거하시는 곳, 하나님의 성, 거룩한 산이기 때문이다. 이것들은 통상 찬송가와 같은 형태를 지닌다.

시온은 옛 예루살렘에 있던 산의 이름으로, 그 위에 성소가 있다.[8] 이는 그 성과 그것의 중요한 시설들을 나타낸다. 그렇기 때문에 그것은 이스라엘의 정치적, 문화적, 종교적 삶에서 중심 역할을 담당했다.

순례자 시편들(시 120-134편)이 거룩한 성으로 순례 여행을 가는 길에 불려졌다는 사실에 비추어볼 때, 시온의 노래들과 같은 몇 가지 주제를 가진다(시 122편은 시온의 노래이면서 또한 순례자의 노래다). 순례자의 노래는 시온의 노래와 마찬가지로, 하나의 문학적 유형을 구성하지는 않는다. 그것들은 순례를 하러 가는 자들에게 영감을 제공하기 위한 것이었다.[9]

이 노래들을 순례자의 노래들과 동일화하는 것은 대체로 전통 때문이다. 여기에는 이것이 모두 함께 분류되어 있으며, 동일한 표제를 갖고 있다는 사실이 반영되어 있다. 이 표제는 '노래'라는 단어가 '올라가다'라는 동사에서 나온 '올라감'이라는 의미의 복수 명사인 함마아랏(הַמַּעֲלוֹת)과 결합되어 있다. 그래서 이것은 '올라가는 노래'라는 의미이다. 번역가와 주석가들이 제시하는 이 표제에 대한 다음과 같은 서너 가지 설명이 있다.

1. '계단의 노래'라는 옛 번역이 있다. 이것은 이 노래들이 불려졌던 장소를 시사한다. 아마 단 입구나 단으로 올라가는 계단일 것이다. 레위인들이 니카노르(Nicanor)의 문의 열다섯 번째 계단에서 노래를 불렀다는 기사가 있

---

[8] 오늘날 그 유적지를 방문하는 사람들은 혼동할 수도 있다. 후대에 '시온'이라는 이름은 옛 성, 윗 성의 다른 부분에 붙혀졌다. 성경 시대에 그것은 성전산(Temple Mount)이었다.

[9] C. C. Keet, *A Study of the Psalms of Ascent, A Critical and Exegetical Commentary upon the Psalms 120-134*(London, 1969)를 보라.

다(Mishnah, Moddot 2:6). 하지만 이것은 후에 시편들을 각색한 것이며, 원래 의미를 나타내는 것이 아니다.
2. '올라감의 노래'라는 번역이 있다. 이것은 한 구절 혹은 반 구절의 마지막 단어가 그다음 구절에서 반복되며 노래들 자체의 문학적이고 율동적인 구조를 전달하려는 것이다(시 121편을 보라). 하지만 이러한 문학적 장치가 이 모든 시편에 공통적으로 나오는 것은 아니다.
3. 이는 '본국에 송환된 사람들의 노래'를 의미하는 것으로 추정된다. 즉 그들이 포로 생활 후 예루살렘으로 올라갈 때를 의미했다는 것이다(에 2:1; 7:7). 이것이 요점이라면, 그것은 그리 분명하게 진술되어 있지는 않다. 게다가 이 개념은 이 시편들의 표제의 다른 부분들과 모순된다.
4. 이것은 절기 때 예루살렘에 '올라갈' 때 불렀던 시편들일 가능성이 가장 많다('올라가는 노래'). 이것은 순례자의 노래다. 순례 여행에 대해 '올라간다'(עָלָה)라는 동사를 사용한 것(렘 31:6; 미 4:2; 사 30:29)과 예루살렘을 중심으로 한 노래들의 특성이 이를 뒷받침한다. 세 번째 제안인 '본국 송환자들의 아들'이라는 말은 분명 이것의 일부이다. 이처럼 오랜 포로 생활 후에 예루살렘으로 순례 여행을 간 것은 중대한 경험이었을 테니 말이다.

이런 표제를 가진 시편들은 모두 예배하는 사람들의 확신과 소망을 표현한다. 하지만 이것들은 다른 어느 것보다도, 믿는 이스라엘 사람들의 사회 생활과 경건 생활을 드러낸다. 가정, 삶의 번영, 형제 사랑에 대한 강조는 모두 가족들이 예루살렘에서 감사의 경축에 함께 참여하는 축제 절기에는 매우 자연스러운 것이었다.[10]

이스라엘의 달력에는 수많은 절기가 있었다. 그들의 달력은 음력이었으므로, 양력으로는 각 절기의 정확한 날짜를 정할 수는 없다. 이 절기들을 계절별

---

[10] 좀 더 상세한 것으로, 계절별 경축에 대해서는 나의 책 *Recalling the Hope of Glory* (Grand Rapids: Kregel, 2006), 223-241쪽을, 그리고 이런 예배 때에 시편을 사용하는 것에 대해서는 262-289쪽을 보라.

로 묶어서 살펴보면 다음과 같다.

1. 봄에는 부림절이 있었다. 그것은 아달월 13일에 지키는 것이었다. 바벨론 포로 이전 시기에는 순례 여행을 가는 절기가 아니었다. 니산월 15일(3월이나 4월)에는 페사흐, 곧 유월절이 있었다. 이는 또한 출애굽기 12:14에서처럼 무교절이라고도 불린다. 그 주간 안에 비쿠림, 곧 초실절이 있었다. 그것은 그 해의 첫 열매를 가지고 드리는 첫 번째 절기였다. 레위기 23장 11절에 따르면 보리 수확의 첫 열매는 유월절 뒤에 오는 안식일 다음날에 드려야 했다.
2. 초여름(실반 6일, 6월경)에는 샤부옷절, 곧 칠칠절 혹은 오순절이 있었다. 그것은 밀 수확을 축하하는 것이었다(출 23:16을 보라).
3. 나머지 절기들은 가을에, 대략 9월이나 10월경에 있었다. 디스리월 1일에는 로스 하샤나, 곧 새해가 있었다. 이 집회의 시작은 나팔과 뿔을 부는 것이었다. 이는 예루살렘에서 2주 간의 성회의 시작을 알렸다. 열흘 후인 디스리월 10일에는 욤 키푸르, 곧 한 해 중 가장 거룩한 날인 속죄일이 있었다. 그다음에 숙고트, 곧 초막절 혹은 장막절이 있었다. 그것은 수장절(이는 여름 과일의 추수를 기념한다)이라고도 불렸다. 이것은 디스리월 15일에 시작되었다.

이 모든 절기를 기준으로 세 번의 순례 여행이 있었다. 봄에는 무교절, 초여름에는 칠칠절, 가을에는 수장절 때였다. 물론 이스라엘 사람들은 자신들이 원하면 어느 때든 혹은 안식일이나 월삭, 혹은 그보다 더 작은 어떤 절기에든 예루살렘으로 올라갈 수 있었다. 하지만 율법에서는 그들에게 세 번의 주요 절기에는 예루살렘에 갈 것을 요구했다.

이 절기들은 백성에게 여러 추수에 대해 하나님을 찬양하고 그 추수에 대한 십일조를 드릴 특권을 제공했을 뿐 아니라, 믿음의 역사 역시 보존했다. 봄의 절기로 무교절을 거행하면서, 출애굽 때의 유월절을 재현했다. 각 이스라엘 사람은 마치 자신이 그 회중 안에 있었던 것처럼 여겼으며, 그래서 유월절을 위한 지시 사항들을 가능한 한 주의깊게 따랐다. 결국 그것은 모든 세대 전체가 보존해야 하는 기억이었다. 순례자들은 유월절, 무교절, 칠칠절을 위해 일주일 간 예루살렘에 머물렀다.

그다음 초여름에는 칠칠절을 거행하기 위해 예루살렘에 순례 여행을 갔다. 율법은 그들에게 안식일 이후 아침부터 칠칠절까지 오십 일을 세라고 말했다. 그래서 칠칠절은 실반월 6일이 되었다. 이 절기는 또 다른 추수 절기로, 이스라엘이 밀 수확을 한 것에 대해 감사하는 것이었다. 하지만 또한 시내산에서 율법이 수여된 것을 기념했다(이 일은 칠칠절 즈음에 일어났다). 이스라엘이 이 절기를 기념한 내용에 대해서는 별로 알려져 있지 않다. 거기에는 토다, 곧 하나님의 추수에 대한 인정 혹은 찬양과, 또한 할렐 시편들을 가지고 성회를 하는 것이 포함되었다. 본질적으로 사람들은 추수에 대해 하나님을 찬양하고 곡식으로 만든 봉헌의 빵 덩어리를 그분께 드릴 것이다.

그다음 가을에는 이스라엘 사람들은 다시 그 거룩한 성으로 순례여행을 가서 새해, 곧 욤 키푸르와 초막절(장막절)을 위해 두 주간 머물렀다. 이 시기의 추수는 여름 작물과 과일들이었으며, 한 해의 농사가 끝나는 시점이었다. 그 절기는 추분에 해당된다(출 34:22). 그래서 가을 순례 여행에는 세 가지의 가장 중요한 부분이 있었다. 새해는 기념하는 날, 속죄일은 정화되는 날, 초막절은 수확을 기념하는 날이었으며 그래서 수장절이었다. 그 세 절기는 성공적인 한 해의 절정이며 새로운 해를 깔끔하게 시작하는 표시였다. 머지않아 절기의 마지막 날이 중요히게 되었다. 그것은 '큰 병설', 큰 호산나라고 알려졌다. 그때 제사장들은 나팔을 불었고, 레위인들은 나뭇가지를 흔들었으며, 모든 예배자는 할렐 노래를 불렀다.

이러한 절기들에는 다음과 같은 세 가지 요소이 특징이 있다.

1. 기쁨, 거기에는 종종 의식을 갖춘 식사와 일하는 것에 대한 금지가 포함되었다.
2. 예배 의식, 거기에는 제사와 시편이 포함되었다.
3. 각 절기의 유형에 대한 특별한 의식들이 수반되었다.

절기들은 이스라엘 공동체에 있어 놀라운 경축의 기회였다. 그들은 온갖 영광의 시온에 주의를 돌릴 것이다. 그 거룩한 성에 대한 그들의 순례 여행은 기대감으로 가득 찰 것이다. 특히 그들이 순례자의 노래로 자신들의 마음과 생각을 준비했을 때는 더 그렇다. 사람들이 "여호와의 집으로 올라가자"라고 말할 때, 그들은 실로 기뻐할 것이다.

그렇다면 순례자의 노래들은 이러한 절기에 비추어 해석해야 한다. 예를 들어, 시편 121편은 그 여행을 위한 신뢰의 시편이다. 그 메시지는 이스라엘을 지키시는 여호와가 예루살렘으로 가는 순례자를 지키시리라는 확신이다. 순례자가 여호와를 신뢰하기 때문이다.

그 후 시편 122편에서 순례자는 시온에 도착한다. 예루살렘까지 오는 순례 여행과 이 영적·도시적 민족 중심지가 지닌 화려함을 상기한 후에, 시편기자는 순례자들에게 예루살렘의 평화와 번영을 위해 기도하라고 명한다. 경건한 자들을 위해 그리고 또한 하나님을 위해 그렇게 하라는 것이다.

시온의 노래들 역시 절기 때 가장 잘 활용될 것이다. 예를 들어, 시편 84편에서 순례자는 이스라엘의 왕이신 만군의 여호와께 간구하는 믿음으로 시온으로 순례 여행을 하는 사람이 복되다고 선포한다.

할렐 시편

시편 113-118편은 할렐 시편으로 알려져 있다. 그것은 찬양의 찬송가로, 봄, 여름, 가을의 세 큰 절기 및 봉헌절과 초하루 때 부르는 것이었다.[11] 집에서 유월절을 기념할 때, 식사를 하기 전에 그 노래들 중 일부를 부르고 식사 후에 또 일부를 불렀다.[12]

절기들을 지낼 때 시편 113-118편을 부르는 관습이 언제 시작되었는지는 알기 어렵다. 모든 표시로 볼 때 기독교 이전부터 시작되긴 했지만, 확실히 알 수 있는 것은 그것 뿐이다. 어쩌면 시편 모음의 최종 편집 이전부터 효력을 갖고 있었을 수도 있다. 이 본문들이 함께 모여 있기 때문이다. 교회는 자연스럽게 시편 113, 114, 118편을 부활절 기간에 부르는 시편으로 분류했다. 그들이 유월절에서 무교병절로, 초실절로 이어지는 것이 예수님의 죽으심과 부활에서 성취된 것으로 보았기 때문일 뿐 아니라, 또한 예수님이 그 절기 때 본문의 의미에 대한 그분의 가르침과 함께 할렐을 명백하게 사용하셨기 때문이다.

이 시편들의 주제는 절기들을 경축하는 것에 잘 들어맞는다(시편의 다른 시들이 그렇듯이 말이다). 시편 113편은 여호와의 위대하심과 은혜에 대한 찬양의 시편이다. 성육신에 대해 아는 사람이라면 누구든 이 시편과 기독교 교리 간의 명백한 유사점들을 놓칠 수 없을 것이다. 이 시편에 따르면, 무력하고 약한 사람들을 높이기 위해 낮은 곳으로 내려오시는 것은 여호와의 본성이다. 시편 114편은 출애굽을 경축하며, 그렇기 때문에 유월절 혹은 다른 어떤 민족적 절기에도 완전히 잘 맞는다. 시편 114편은 어떻게 하나님이 기적적인 간섭으로 그분의 백성을 구해주셨는지 선포하며, 온 땅에게 그분의 임재 앞에 떨라고 명한다. 시편 115편은 명백히 민족적인 굴욕의 때에 쓰였다. 그것은 그분의 백성을 구하셔서 여호와의 명예를 지켜달라는 기도다. 이 시편은 이교의 무력한 신들, 숭배자들 수

---

11 L. Finkelstein, "The Origin of the Hallel(Pss. 113-118)," *Hebrew Union College Annual* 23 (1950): 319-327을 보라. 한 무리의 시편들은 또한 애굽 할렐이라고 불린다(시 114:1을 보라). 대할렐이라는 명칭 역시 사용되었다. 하지만 그것이 무엇을 의미하는가에 대해서는 의견 일치가 이루어지지 않았다. 그것은 시편 136편을 말할 수도 있고, 시편 120-136편, 혹은 시편 135편과 136편을 말할 수도 있다.

12 아마 시편 118편은 예수님과 제자들이 유월절 저녁 식사 때 다락방에서 부른 찬송일 것이다(마 26:30; 막 14:26).

준의 무능함과 무감각함으로 끌어내려진 신들을 전능하신 여호와와 대조시킨다. 시편 116편은 임박한 죽음에서 구해달라는 기도에 응답하신 것에 여호와를 찬양하는 시편이다. 이것에 대해 시편기자는 평생 찬양하겠다고 약속한다. 의인은 평온한 평생을 기대한다. 여호와가 은혜로우시다는 것을 입증했기 때문이다. 시편기자는 매우 어려울 때에도 믿음을 잃지 않았기 때문에, 이제 다른 사람들을 격려할 수 있다. 시편 117편은 유대인과 이방인을 막론하고 모든 사람에게 여호와의 신실하신 사랑과 진리를 찬양하라고 요구한다. 이 짧은 본문은 절기 때 송영으로 사용되었을 것이다. 사도 바울은 로마서 15장 11절에서 하나님의 은혜가 이방인들에게까지 확장되었다는 것을 보여주기 위해 그것을 사용했다. 마지막으로 시편 118편은 아마도 모든 할렐 시편 중 가장 웅대한 것으로, 여호와가 포로생활의 징벌에서 그 백성을 구하신 것에 대한 찬양이다. 이 찬양은 성소로 행진하는 것에서 극적으로 절정에 이른다.

즉위 시편

여호와가 온 땅을 다스리는 것을 경축하는 시편들이 있다. 그 시편들은 즉위 시편이라고 알려져 있다. 그것은 지그문트 모빙켈이 제시한 것으로, 시편에 대한 제의적 접근이 필수적인 부분으로 해석되었기 때문이다.[13] 이는 대단히 많은 관

---

13 Mowinckel의 저서 *The Psalms in Israel's Worship*은 이제 역사적 연구 역할이 더 크다. Mowinckel의 연구에 더하여, 다음과 같은 자료들이 더 연구하려는 사람들에게 도움이 될 것이다. D. J. A. Clines, "Psalm Research Since 1955: I. The Psalms and the Cult," *TB*(1969): 105–125; "The Evidence for an Autumnal New Year in Pre-Exilic Israel Reconsidered," *JBL* 93(1974): 22–40; Keith R. Crim, *The Royal Psalms*(Richmond, VA: John Knox, 1972); J. H. Eaton, *Kingship and the Psalms*(Naperville: Alec R. Allenson, (Inc., 1975); A. Gelston, "A Note on YHWH malak," *VT* 16(1966): 507–512; John Gray, "Canaanite Kingship in Theory and Practice," *VT* 2(1952): 193–220; "The Kingship of God in the Prophets and Psalms," *VT* 11(1961): 1–29; Edward Lipinski, "Yahweh Malak," *Bib* 44(1963): 405–460; Julian Morgenstern, "The Cultic Setting of the Enthronement Psalms," *HUCA* 35(1964): 1–42; and Helmer Ringgren, "Enthronement Festival or Covenant Renewal," *Bib Res* 7(1962): 45–48.

심을 불러일으켰으며, 더 이상 사람들이 이를 널리 따르지는 않아도 그 영향력은 여전하다. 이 시편들에 주어진 이름은 문헌에 여전히 남아 있다. 그것은 적어도 여호와를 왕으로 높이는 것을 강조하는 시편들을 말하지만, 이 시편들은 제의적 행동들의 기록이기보다는 종말론적 환상을 제시하는 것일 가능성이 더 크다.

즉위 시편들을 하나로 통합하는 특징은 형태가 아니라 내용과 기능이다. 각 시편의 주제에 중심이 되는 것은 '여호와께서 다스리신다'(יְהוָה מָלָךְ, YHWH 말락; 시 47:8, 93:1, 96:10, 97:1, 98:6, 99:1을 보라)라는 표현이다. 모빙켈의 견해는 그것이 온 땅에 대한 여호와의 왕권을 경축하는 이스라엘의 연례 절기를 언급했다는 것이다. 이 절기의 중심적 특징은 여호와의 제의적(대리적) 즉위였다. 완료 시제를 사용한 것은 여호와가 방금 왕이 되셨거나 혹은 왕으로 선포되셨다는 것을 시사했으며, 성경 이후의 문헌에 그 절기가 존재했다는 언급들이 있다고 주장함으로 이 가설(그는 그것을 타당한 가설이라고 불렀다)을 뒷받침했다. 그는 다른 문화권의 신화들을 연구하는 가운데 시편에 나오는 표현들 및 본문들과의 유사점을 보았다.

가나안의 바알 신화에서 주요한 주제는 바알의 죽음, 그가 승리 가운데 생명으로 회복되는 것, 운명을 정함, 행진, 또 한 해의 풍요로움을 결정한 즉위 등이었다. 바알은 반역적인 바다의 군주를 정복함으로써 왕권을 획득했다. 그는 북쪽의 신성한 산 위에 그를 위해 특별히 세워진 왕궁에서 왕위에 올랐다. 그 신화는 한 해의 농사가 잘 되게 하는 우기의 시작인 가을과 관련이 있었을 것이다. 학자들이 이 신화를 어떻게 달리 설명하든, 제의적 접근을 제안하는 대부분의 사람들은 그것이 이스라엘의 가을 절기에 어느 정도 직접적인 영향을 미쳤다고 보았다.[14] 이스라엘의 몇몇 제의적 의식들에서, 히브리인의 하나님은 리워

---

[14] 예를 들어, T. H. Gaster, *The Festivals of the Jewish Year: A Modern Interpretation and Guide*(New York: Slane, 1953), 113을 보라.

야단과의 태곳적 싸움에서 세계 질서와 패권을 확보했으며, 그렇기 때문에 엄청나게 흥청대며 비의 계절을 시작하고 비옥함을 보장하면서 우주의 왕으로 즉위했다고 여겨졌다. 그 이론, 혹은 '신화'는 해마다 가을 절기(새해)때 왕이 하나님 역할을 하면서 상연되었다고 시사한다. 하지만 신화적 성질은 무엇이든 억누르는 경향 때문에, 그것이 모두 성경 뒷전으로 밀려났다고 한다.[15]

여호와를 왕으로 맞이하는 시편들은 여호와가 해마다 의식에 따라 즉위하시는 절기에서 제의적 외침이었다고 주장되었다. 그 절기에서 왕-하나님이 오시고(시 98:9) 자신을 알리신다(시 98:2). 하나님 나라는 창조에 기초를 두고 있으므로, 태고의 충돌은 또한 그분의 왕권을 설립하기 위한 일부였다(시 93:3). 이렇게 패권을 확립한 후에, 거룩한 산으로 행진하면서 하나님은 환호성과 함께 그분의 보좌에 오르신다.[16] 그래서 시편 47편은 손뼉치고, 놀며, 노래하고, 춤추면서, 또한 여호와가 왕이시며 땅의 하나님이시라고 외치며 경축한다. 이것은 논리적인 것처럼 보인다. 만일 여호와가 이스라엘의 원수들을 쳐부수기 위해 내려오신다면, 그분은 승리한 가운데 올라가실 것이기 때문이다. 그런 승리들은 그분의 왕권에 대한 백성의 갈채와, 또한 언젠가 그분이 또한 온 세상을 심판하시리라는 기대를 고무시켰다.

이 이론이 지닌 주된 문제는 성경의 산문 문학에는 그 절기에 대한 확실한 증거가 없으며, 시편들에는 그 절기와 함께 고려해야만 바르게 해석할 수 있는 표현과 개념들에 대한 분명한 증거가 없다는 것이다. 그리고 절기의 성질에 대해 이러한 갑론을박이 있다는 것은 그것이 이스라엘의 의식에서 중심 부분이라는

---

15 A. Kapelrud, *The Ras Shamra Discoveries and the Old Testament*(Oxford: Basil Blackwell, 1965), 65-70.

16 Mowinckel은 경축 행진에서 여호와의 임재는 궤로 상징되었다고 주장했다. 하지만 행진에서 궤가 움직였다는 것에 대한 유일한 증거는 다윗이 궤를 예루살렘으로 옮긴 것에서 나온다. 구약은 그 궤를 가볍게 다루어서는 안된다는 것을 증거한다(삼상 6:19-21; 삼하 6:6-7을 보라). Marten H. Woudstra, *The Ark of the Covenant from Conquest to Kingship*(Philadelphia: Presbyterian and Reformed, 1965), 122를 보라.

주장에 대한 반증이다. 신명기에 따르면(16:13-16), 이스라엘이 준수해야 했던 절기 중 하나는 장막절(초막절)로, 수장절이라고도 불렀다. 이 절기는 가을에 있었는데, 신년(New Years, 나팔절이라고도 함 - 역주), 속죄일, 초막절이 같이 포함되었다. 이 절기들과 관련된 의식은 거의 없었다(그것은 간단하게 이교적 개념들에 대한 경건한 억압이라고만 설명하고 넘어갈 수 있는 게 아니다). 의식들에 관한 한, 구약에는 제안된 것과 같은 내용이 전혀 기록되어 있지 않다.

이 제의적 견해에 대한 서너 가지 변형이 있다. 가장 눈에 띄는 것은 앞에서 논한 바이저와 크라우스의 것이다. 그들의 제안은 서로 상이하지만, 가을에 시편에서 자주 암시된 중대한 절기가 있었다는 생각은 동일했다. 하지만 좀 더 최근 들어 학자들은 시편 모음집 전체에 대한 기본적 접근법은 제의적 접근법이라는 생각을 완전히 버렸다.

게르스텐베르거(Gerstenberger)는 시편들이 아마도 오랜 시간에 걸쳐 형성된 경건한 신자들의 표현이었을 것이라고 생각한다.[17] 그리고 그린버그(Greenberg)는 그 시편들이 예배 의식과만 관련되어 있었던 것이 아니며, 제한된 성전 의식과는 별개로 개별적인 하나님과의 친교를 나타낸다고 말했다.[18] 첫 번째 시편에서 소개한 것처럼, 토라로써의 시편을 강조한 것은 시편을 개인의 경건함을 개발하기 위한 여호와의 말씀으로 간주해야 함을 의미했다. 개별적 시편들이 수집되고 이스라엘의 예배에서 사용되었으나, 그 시편들은 하나의 제의적 목적을 위해 쓰인 것이 아니었다. 골딩게이는 "이스라엘의 신앙의 어떤 주제(예를 들어 언약)를 언급하는 시편이 반드시 그 주제를 경축하는 절기와 연관되어 있다는 것은 위험한 가정이다"[19]라고 결론내렸다. 각 시편들을 이스라엘의 믿음과 예

---

[17] E. Gerstenberger, "Psalms", in *Old Testament Form Criticism*, ed. by J. H. Hayes(San Antonio: Trinity University Press, 1974). 그는 시편의 배경이 바벨론 포로 이후 공동체의 예배에 있다고 주장한다. 예배 때 이 시편들을 사용한 것은 특정한 시기에만 국한된 일이었다고 보려는 모든 시도에는 강력한 증거가 없다.

[18] M. Greenberg, *Biblical Prose Prayer*(Berkeley. University of Califormia Press, 1983).

[19] J. Goldingay, *Psalms 1-41*(Grand Rapids: Bakder, 2006), 54.

배에 적용시키고 그에 맞게 각색하는 방법들을 제시하기에 앞서, 그 시편의 메시지가 무엇인지 결정하기 위해 각 시편 각각의 장점들을 연구하는 것이 훨씬 더 낫다.

우리가 시편 모음의 성질과 용도를 어떻게 설명하든, "여호와가 다스리신다"라고 알리며 하나님의 현현을 나타내는 말로 세상에 대한 그분의 주권을 경축하는 시편들은 계속 남아 있다. 한 가지 가능한 해석은 그 시편들을 하나님의 우주적 통치를 가리키는 말로 이해하는 것이다.[20] 그러려면 완료 시제를 격언적 완료, 보편적 진리로 받아들여야 할 것이다. 시편 93편을 읽어보면 이 해석과 잘 조화된다. 또 다른 가능성은 그것들이 이스라엘에 대한 여호와의 역사적 통치를 언급한다는 것이다. 여기에서 갈채는 여호와가 이스라엘의 원수들을 물리치심으로 그분의 주권을 보여주셨음을 의미한다. 아마도 시편 99편은 이런 견지에서 볼 수 있을 것이다. 특히 델리치, 군켈, 외스털리(Oesterley), 크라우스, 베스터만 등의 많은 주석가는 이 시편들을 종말론적 사건들을 언급하는 것으로 (혹은 적어도 그런 사건들을 포함하는 것으로) 보았다. 차일즈는 시편의 최종 형태가 사실상 종말론적이라는 것을 주목했다. 그것이 언약 약속들이 미래에 성취될 것을 고대한다는 점에서 그렇다.[21] 마찬가지로 이사야 52장 7절에서 "하나님이 통치하신다"라는 말씀은 분명 장차 고난받는 종이 온 땅 위에 높아질 때를 말한다. 이 시편들에서 완료 시제는 영어의 현재 시제로 놔두고 미래에 대한 갈채로 설명하거나, 일어난 것처럼 보이지만 미래에 일어날 어떤 것을 묘사하는 예언적 완료로 설명할 수 있다. 이 시편 중 하나를 쓰도록 영감을 준 어떤 사건이 있었다 해도, 시편기자는 사건의 실재를 능가하지만 말일에는 문자 그대로 사실이 될 시적 언어를 사용했다.

우리는 이스라엘이 가을에 있었던 절기에서 어떤 경축을 했음을 알고 있다.

---

20 Alva J. McClain, *The Greatness of the Kingdom*(Grand Rapids: Zondervan, 1959), 22 이하를 보라.
21 Brevard S. Childs, *Introduction to the Old Testament as Scripture*(Philadelphia: Westminster Press, 1979).

거기에는 토라 읽기, 장막에서 광야 체험 재현하기, 시편 노래하고 경축하기, 그리고 언약 갱신(적어도 개인의 경건 면에서는)이 포함되었을 가능성이 매우 높다.[22] 어떤 절기에서든 큰 승리들에 대해 자연스럽게 경축하며, 이를 하나님의 간섭으로 묘사한다. 그 과정에서 이스라엘은 여호와의 최종적 행동을 여호와가 이전에 행하신 구원의 행동, 즉 애굽에서의 해방 및 시내산 현현이라는 행동과 유사한 것으로 묘사했다. 선지자들과 이 즉위 시편들은 시내산에서 하나님이 현현한 것을 나타내는 말을 여호와가 실제로 내려오시고 온 세상이 변화될 마지막 때에 대한 전조로 사용했다.

그래서 한 예로, 시편 47편의 기자는 이스라엘의 주권적이고 거룩하신 군주이신 여호와가 그들을 정복하신 후 그들에게 왕권을 행사하실 때 여호와께 충성을 바치라고 땅의 모든 백성에게 요구한다. 그리고 시편 97편에서 시편기자는 성도들에게 여호와가 경외감을 불러일으키며 현현하사, 의로 그분의 대적들을 심판하실 때를 상상하며 악을 미워하고 여호와 안에서 기뻐하라고 권면한다. 마찬가지로 시편 98편에서 시편기자는 온 땅에게 여호와가 그분의 나라를 확립하실 때 그분께 새 노래를 부르라고 명한다. 여호와가 기이한 일을 행하셨기 때문이다. 그분은 이스라엘을 구원하셨고 이제 의로 세상을 심판하실 것이다.

제왕 시편

궁켈이 제왕 시편으로 분류한 시편이 많다. 그 이유는 그 시편들이 어떤 하나

---

22 개별적 시편들을 연구해보면 초기 시편들이 여러 다른 맥락에서 사용되었으며, 그래서 그 시편들의 기능은 다양한 의미를 지니고 있다는 것이 드러난다. 그리고 이스라엘의 역사적 종교적 상황들에서 큰 변화가 있었냐고 가정할 때, 모든 시편이 한 가지 배경에서 주어졌다고 보기는 어렵다. Patrick D. Miller, *Interpreting the Psalms*(Philadelphia: Fortress, 1986)을 보라.

의 문학적 구조를 공유하고 있기 때문이 아니라, 왕이라는 공동의 주제를 공유하고 있기 때문이다. 모든 고대 근동에서 그랬듯, 고대 이스라엘에서 군주의 역할은 중요했다. 왕은 좋게든 나쁘게든 민족의 운명을 정할 권세를 가지고 있었기 때문이다. 많은 경우 왕은 민족을 대표하는 것으로 여겨졌다. 그러므로 많은 시편이 왕이 경험한 가장 중요한 사건들을 위해 쓰인 것은 놀라운 일이 아니다. 우리는 그 유형을 왕권이라는 비유적 표상을 언급하는 모든 시편 혹은 제왕 시편과 비슷한 주제를 가지고 있는 시편들에까지 확대하지 않도록 주의해야 한다. 여기에는 왕의 생애에서 몇 가지 중대한 때를 위해 쓰인 본문들만 포함된다. 왕의 즉위식, 그의 결혼, 그가 다스릴 헌장, 혹은 여호와가 그의 종 왕에게 승리를 주셨던 가장 큰 군사 행동 등과 같은 때이다.

고대 이스라엘의 전통에 따르면, 왕권은 언제나 그분의 백성을 위한 하나님 계획의 일부였다. 그것이 역사적으로 어떻게 발전되든 간에 말이다. 족장 아브라함에게 주어진 신탁에는 왕들의 후손에 대한 약속이 포함된다(창 17:16). 지파들의 운명에 대한 야곱의 신탁은 그 규가 속한 분이 오실 때까지 규가 유다에게서 떠나지 아니하리라고 구체적으로 말한다[탈굼에서는 그 본문에 '왕 메시아'라는 설명을 추가했다(창 49:8-12)]. 이교도 예언자인 발람은 모압의 스텝 지대에서 이스라엘의 미래의 왕이 올 것을 예견한다(민 24:7, 17-19절). 한나의 노래 역시 여호와의 왕이 승리할 것임을 언급한다(삼상 2:10). 심지어 율법에도 왕에게 아내와 말을 많이 두지 말라는 법률이 포함되어 있었다(신 17:14-20). 그래서 우리는 사무엘의 역사적 이야기들과 이 본문들로부터 하나님의 신정 통치가 그분이 택하신 왕을 통해 이루어지는 것이 하나님의 의도였음을 이해하기 시작한다.

그렇다면 왕은 여호와가 임명하셔야 했으며, 후에 많은 북쪽 왕들이 했던 것처럼 왕실의 음모나 권력 찬탈을 통해 권세를 잡아서는 안 되었다. 왕이 합법적으로 다스리기 위해서는 반드시 여호와의 택하심을 받아야 했다. 하나님은 다윗에게 말씀하셨다. "내가 너를 목장 곧 양을 따르는 데에서 데려다가 내 백성 이스라엘의 주권자로 삼고"(삼하 7:8). 일단 다윗과 언약을 맺자(삼하 7:5-16), 모든 다윗 계열의 왕은 하나님의 택하심을 입은 것으로 간주되었다. 따라서 그 왕은 여호와의 선지자에게 기름부음을 받았으며, '기름부음 받은 자'(מָשִׁיחַ, 마시아, 일반적으로는 '메시아')라고 불렸다. 이 기름부음의 행동은 택하심의 외적 표시가 되었다. 여호와의 선지자가 어떤 왕에게 기름을 붓는다면, 그것은 하나님과 그분이 택하신 언약 집행자 사이의 특별한 관계를 나타내는 표시였다. 종종 기름부음은 그 군주가 효과적으로 다스릴 수 있도록 권능을 부여해주었다. 그 권능은 하나님의 영이 그 왕에게 임재하심으로 임했다(삼상 16:13-14을 보라). 이 권능은 하나님이 언약의 시행을 위해 능력을 부여하시는 것이었다.

고대 사회에서 왕들은 보좌에 올랐을 때, 그들과 하나님과의 특별한 관계 및 그들의 통치에 대한 열망을 표현한 경칭을 지녔다. 이 관습은 이스라엘에서는 널리 퍼져 있지 않았지만,[23] 개인의 특별한 지위를 지칭하기 위해 호칭들이 사용되었다(특히 사 9장에 나오는 오실 메시아에 대한 호칭들을 주목하라). 다윗의 마지막 말에서는 서너 개의 명칭이 사용된 것처럼 보인다. 모두 다 왕에게만 사용되는 것은 아니지만 말이다. "이는 다윗의 마지막 말이라 이새의 아들 다윗이 말함이여 높이 세워진 자, 야곱의 하나님께로부터 기름부음 받은 자, 이스라엘의 노래 잘 하는 자가 말하노라"(삼하 23:1).

왕에게 가장 중대한 칭호는 '아들'이라는 것이었다. 다윗의 언약에서 여호와는 이 칭호를 다윗의 씨에게 영속적으로 약속하셨다.

네 수한이 차서 네 조상들과 함께 누울 때에 내가 네 몸에서 날 네 씨를 네 뒤에 세워 그의 나라를 견고하게 하리라 그는 내 이름을 위하여 집을 건축

---

23 J. J. Stamm, "Der Name des Konigs David," *VT Supplement* 7(1960):165-183과 "Der Name des Konigs Salomo," *ThZ* 16 (1960):285-297에 나오는 다윗과 솔로몬에 대한 글, H. Wildberger, "Die Thronenamen des Messias, Jes. 9, 5b," *TZ* 16(1960):314-332 및 그의 주석 *Isaiah 1-12*(Minneapolis: Augusburt Fortress, 1991)에 나오는 보좌 이름들에 대한 글, 그리고 A. M. Honeyman, "The Evidence for Regnal Names Among the Hebrews," *JBL* 67(1948):13-25에 나오는 이스라엘 왕의 이름들의 증거에 대한 일반적인 글을 보라.

할 것이요 나는 그의 나라 왕위를 영원히 견고하게 하리라 나는 그에게 아버지가 되고 그는 내게 아들이 되리니 그가 만일 죄를 범하면 내가 사람의 매와 인생의 채찍으로 징계하려니와 내가 네 앞에서 물러나게 한 사울에게서 내 은총을 빼앗은 것처럼 그에게서 빼앗지는 아니하리라 네 집과 네 나라가 내 앞에서 영원히 보전되고 네 왕위가 영원히 견고하리라 하셨다 하라(삼하 7:12-16).

이렇게 왕을 하나님의 '아들'로 칭하는 것은 대관식 제왕 시편에서 사용되었으며, 또한 이사야 9장과 다니엘 7장에서 앞으로 오실 메시아에 대한 예언들에서도 사용되었다. 신약 저자들은 다윗의 아들일 뿐 아니라 하나님의 아들이신 주 예수 안에서 그것이 성취된 것을 보았다(롬 1:4).

하지만 고대 이스라엘에서 왕이 하나님의 '아들'로 불려진다 해서 그가 신적 존재라는 의미는 아니었다. 그것은 이 왕이 여호와 하나님에 의해 선택되고 축복을 받으며(시 45:7) 그가 왕관을 썼을 때 아들로 지칭되었다는(시 2:7) 사실에서 분명하게 나타난다. 게다가 그 칭호를 지니게 될 사람은 잘못된 방향으로 가면 여호와의 징계를 받을 것이며, 이스라엘의 역사는 이것이 사실임을 증명한다. 그러한 왕은 그저 장자(시 89:27), 나라의 후사로서 신정국가를 다스리기 위해(시 2:8) 아들로 '입양된' 사람일 뿐이었다. 그는 이교도 군주들이 스스로 주장했던 것처럼 신적인 존재가 아니었다. '하나님'이라는 용어는 인간 왕에게도 적용될 수 있었다(시 45:6). 또한 재판관들이나(시 82:1) 다른 인간 행정관들(출 7:1에서 모세)에게도 마찬가지였다. 하지만 오직 그 왕이 하나님의 대리인이라는 의미에서만 그렇게 사용되었다.[24] 신약의 가르침에 따르면, 성육신은 제왕 시편에 더 높은 의미를 제시했으며, 이에는 약속된 왕에게 그 칭호의 완전한 의미가 부

---

24 이 주제에 대한 더 상세한 논의로는 Ivan Engnell, *Studies in Divine Kingship in the Ancient Near East*; A. R. Johnson, *Sacred Kingship in Ancient Israel*; Sigmund Mowinckel, *He That Cometh*; and J. H. Eaton, *Kingship and the Psalms*를 보라.

여되는 것이 포함되었다. 왕이 여호와께 징계를 받을 수 있다는 사실은 그가 토라 아래 있음을 의미했다. 그는 율법을 순종해야 했다. 그러므로 그는 '여호와의 종'이었다. 그것은 인간이 열망해야 할 최고의 호칭 중 하나였다. 그것은 어떤 사람이 참으로 독실하고 순종적이라는 것을 나타내기 때문이다. 왕이 여호와의 종이 된다는 것은 그 나라가 신정 국가로, 토라와 선지자들의 말에 지배를 받는 인간 왕을 통해 다스리는 신정 국가라는 것을 끊임없이 상기시켜준다(참고. 시 18:1, 89:4, 21절, 144:10). 민족의 슬픈 역사는 많은 왕이 다른 사람들을 효과적으로 다스렸을지는 모르지만, 순종적인 종은 아니었음을 보여준다(삼하 12:7-10을 보라).

왕이 이 땅에 있는 하나님의 대행자라면, 그것은 민족의 평화와 번영이 왕 자신이 아닌 여호와로 인해 이루어진다는 것을 의미했다(시 144:15). 안전한 왕조에 대한 하나님의 약속은 확실한 것이었다. 하지만 그 왕조에 대한 약속들에 참여하려면 믿음과 순종이 필요했다. 왕이 여호와의 신실한 종이었다면, 그는 자신이 하는 많은 일에서 여호와의 축복을 받을 것이다.

다윗의 군주정은 민족의 존재와 안녕이 중심이었기 때문에, 많은 시편이 하나님이 지명하신 '아들'의 생애에 일어난 주요한 사건들을 위해 기록된 것은 놀라운 일이 아니다. 또한 그 이후로 언약이 끊어졌던 다윗 자신이 시인이었으므로, 이 시편 중 서너 개가 전통적으로 다윗의 것으로 확인되었음은 놀라운 일이 아니다. 그 시편들이 어떤 행사 때 쓰였든, 제왕 시편들은 어떤 '메시아', 즉 이스라엘의 어떤 기름부음 받은 왕에게도 적절했을 것이기 때문에 오랜 세월 동안 많은 행사에서 사용되었을 것이다. 그리고 다윗 계열에서 주 예수님이 나오시면서, 사도들은 이 시편들이 어떻게 메시아에게 적용되는지 보았다. 제왕 시편들은 신약 저술들에서 종종 인용된다.

제왕 시편으로 분류되는 주요 시편들은 다음과 같다.

제왕 시편	
시편 2편	아들의 대관식과 그의 확실한 통치
시편 18편	전투에서 승리한 것에 대한 왕의 노래
시편 20편	왕이 전쟁에서 승리하게 해달라는 기도
시편 21편	전쟁에서 승리한 것에 대한 왕의 찬양
시편 45편	승리하고 의로운 왕의 혼인잔치
시편 72편	왕의 의로움과 번성하는 통치를 위한 기도
시편 89편	실패에도 불구하고 다윗 언약이 보증됨
시편 101편	왕이 다스릴 기준이 되는 헌장
시편 110편	거룩한 전쟁에 의해 제사장적 나라가 확립됨
시편 144편	왕의 승리에 의해 평화와 번영이 확립됨

다른 시편들에도 왕에 대한 주제가 담겨 있을 수 있다. 하지만 이 시편들은 왕의 직무, 성품, 혹은 활동이 중심이 된다는 점에서 확실한 제왕 시편들이다.

지혜 시편

구약에는 경건하고 생산적인 삶을 가져오는 실제적 지혜인 토라의 중요성에 주의를 기울이는 부분들이 있다. 구약, 또한 고대 근동 일반의 지혜 문학은 미덕과 근면함에는 보상을 해주는 반면, 악과 나태함에는 심판을 하는 세상의 기정 질서를 인식한다. 그리고 이 장르를 면밀하게 연구하려면 잠언, 전도서, 욥기, 그리고 '지혜 시편'[혹은 모빙켈이 선호하는 호칭으로 '학문적 시편지학'(learned psalmography)]을 상세히 검토해야 한다.[25]

---

25 *Tradition and Interpretation*, edited by G. W. Anderson(Oxford: University Press, 1980)에 나오는 J. A. Emerton이 쓴 지혜 문학에 대한 글은 그 문학에 대한 훌륭한 개관을 제공한다. 또한 대단히 유용한 것은 J. Kenneth Kuntz의 글, "The Canonical Wisdom Psalms of Ancient Israel-Their Rhetorical, Thematic, and Formal Dimensions", in *Rhetorical Criticism*, edited by Jared J. Jackson and Martin Kessler(Pittsburgh: Pickwick Press, 1974), 186-222이다.

지혜 시편의 특징

쿤츠(Kuntz)는 시편적 지혜의 일곱 가지 특징을 열거하면서, 지혜 시편으로 분류된 어떤 시편도 이 일곱 가지를 모두 갖고 있지는 않으며, 각 장치들이 지혜 문학에만 국한되지도 않는다는 것을 지적한다.

1. '낫다'라는 말
잠언과 전도서에 자주 나오는 이 말은 시편에서는 단 여섯 번만 나온다. 시편 37:16, 63:3, 84:11, 118:8-9, 119:72이다. 시편 37:16은 분명히 지혜 문맥에 들어 있다.

2. 숫자에 관한 말[26]
로스(Roth)는 시편에서 세 개의 본문을 열거한다. 시편 1:6, 27:4와 62:11-12 상반절이다. 후자의 언급만이 지혜 문학에 나오는 등급별 숫자에 대한 말의 실례다.

3. 동기가 있는 권고와 동기가 없는 권고
이 특징은 처음 두 가지보다 시편 문학에서 더 광범위하게 입증된다. 이는 시편 32편과 49편에 어느 정도 존재하며, 시편 34편과 37편(여기에서는 동기에 관한 절이 כִּי로 시작된다)에서는 지배적인 역할을 맡는다.

4. 권면의 여설
잠언에서 현자들은 종종 자기 학생들을 아들이라고 부른다(23번). 하지만 시편은 그런 경우가 드물다. 시편 34:11은 "너희 자녀들아 와서 내 말을 들으라 내가

---

[26] W. W. Roth, *Numerical Sayings in the Old Testament: A Form Critical Study*(Leiden: E. J. Brill, 1965)

여호와를 경외하는 법을 너희에게 가르치리로다"라는 말로 지혜의 권고가 나오는 한 연의 앞머리를 장식한다. 다른 본문들에서 저자는 모든 백성에게 주의를 기울일 것을 요구한다(시 49:1, 78:1). 요점은 지혜에 대해 만족스럽게 가르치려면 아들들이나 다른 사람들이 기꺼이 경청하고 있는가 하는 것이 중요하다는 것이다.

5. 아슈레 공식

이것은 '지복'(beatitude, אַשְׁרֵי)으로 시작되는 감탄문이다. 이것은 지혜의 관심사에 초점을 맞춘다. 즉 누가 운이 좋은가? 이것은 시편 1, 34, 112, 127, 128편에 나오며, 32편에서는 두 번 나온다. 이것은 지혜 시편인 37, 49, 133편에는 나오지 않는다. 하지만 이것은 지혜 시편은 아니지만 비슷한 특징을 가지고 있는 시편 40:5-6, 94:8-15, 119:1-2에는 나온다. 다른 본문들도 이 단어를 사용한다.

6. 수사적 질문

현자들은 시편 94:9-11의 지혜 부문처럼 서로 다른 유형의 수사학적 질문들을 사용했다. 수사학적 질문들은 지혜 문학에서는 그다지 자주 발견되지 않는다. 하지만 시편 34:13과 49:6, 그리고 또한 일부 사람들이 지혜 부문으로 분류하는 시편 25:8-14을 보라.

7. 직유

명백한 예시로 주위 세상에서 이끌어낸 직유는 지혜 문학에 흔히 나온다. 시편 1:3-4은 아마 이 특징에 대한 가장 유명한 실례일 것이다. 또한 시편 49:13, 37:2, 20절, 32:9, 127:4 등을 보라. 직유가 나온다 해서 그 시가 지혜 문학이 되는 것은 아니다. 그것은 지혜 문학에서 발견되는 하나의 공동적인 특징에 불과하다.

지혜 시편의 주제들

지혜 문학은 일관되게 특정한 주제들을 포함한다. 분명하게 시편적 지혜를 담은 본문들에서 발견할 수 있는 다음과 같은 네 가지 주제가 있다.

1. 여호와를 경외하는 것과 토라에 대한 공경
지혜로운 사람들은 여호와를 경외하는 것이 지식의 시작이며, 그 경외함은 토라로부터 얻는 것임을 안다. 그래서 지혜 문학은 토라를 매우 강조한다. 그리고 지혜로운 자들은 하나님의 뜻에 복종한다.

2. 의인과 악인의 대조적인 생활방식
의인과 악인은 성경에서 눈에 띄게 두드러진다. 악인들은 자신에게 탐닉하는 불경한 삶을 산다. 이는 어리석은 자이며 죄인이다. 의인은 여호와를 경외하는 것에 순응하여 정결하고 형통한 삶을 산다. 지혜 문학은 종종 이 두 생활방식의 특징들을 대조시킨다. 가장 명확한 예인 시편 1편을 보라. 더불어 시편 37편도 보라.

3. 응보의 실상과 불가피성
모든 지혜 문학이 붙잡고 씨름하는 문제는 이생에 있는 불의의 문제다. 어떻게 여호와를 경외하고 순종하며 사는 의인은 종종 고난을 받는데 악인은 형통할 수 있는가? 지혜는 이생에서든 그 너머에서든 응보가 있다는 것을 이해함으로 이러한 긴장에 대한 해결책을 발견한다. 경건한 자들과 불경한 자들의 대조적인 운명은 시편 49편과 시편 1편 같은 지혜 시편에서 분명하게 나타난다. 시편 73편이 이에 대해 다루기 때문에 많은 사람들이 이 본문 역시 지혜 시편으로 분류한다.

4. 일상생활에 대한 다양한 조언들

지혜 본문은 기본적이고 실제적인 조언들을 해준다. 이를테면 말에 신중하라, 노하기를 더디하라, 사귀는 무리를 주의하라, 조화를 이루며 살라, 성실하라, 관대하라, 여호와를 신뢰하고 자신의 지식을 의지하지 말라, 악을 피하고 선을 행하라 등이다.

공통적 어휘

스콧(Scott)은 지혜 문학이 특징적 어휘를 가지고 있다는 것을 보여주었다. "이 문학의 단어들은 거기에서만 쓰이는 독특한 단어들인 경우는 드물다. 하지만 그 단어들의 나오는 빈도는 주목할 만하다."[27] 그는 지혜 문서들을 연구하는 데 도움이 될 만한 77개의 단어들 목록을 제시하는데, 그중 64개는 시편에 나온다. 특정한 단어들을 자주 사용한다 해서 어떤 장르에 속하는 것은 아니다. 하지만 다른 특징과 주제들을 고려할 때, 이는 도움이 되는 관찰이다.

시편 중 다섯 편(1, 5, 73, 92, 139편)은 9개, 두 편(10, 107편)은 10개, 세 편(19, 37, 49편)은 11개, 두 편(25, 55편)은 12개, 세 편(32, 15, 94편)은 13개의 지혜 단어를 사용하며, 시편 119편은 28개의 단어를 사용한다. 9개 이상의 열다섯 편의 시편들에서는, 지혜 문학의 현저한 몇 가지 특징도 나타난다.

시편을 지혜 시편으로 분류하는 것은 어려운 문제다. 문헌을 살펴보면 알게 될 것이다. 쿤츠는 그의 논의에서 4개의 시편(1, 32, 37, 49편)은 지혜 시편이라고 정당하게 부를 수 있을 것이며, 4개의 시편(25, 92, 94, 107편)은 분명하게 판별할 수 있는 다양한 길이의 지혜 요소를 포함하고 있고, 또 다른 4개의 시편(19 하, 73, 119, 139편)은 이스라엘의 지혜의 관심사 일부를 반영한다고 결론을 내렸다.[28]

---

27 R. B. Y. Scott, *The Way of Wisdom in the Old Testament*(New York: MacMillan, 1971), 121.
28 Kuntz, "The Canonical Wisdom Psalms", 186-222.

문체와 주제에 근거해서 지혜 시편으로 분류된 다른 시편들은 비교적 적은 지혜 단어들을 포함한다. 그것은 34, 112, 127, 128, 133편 등이다.

강해자는 어떤 시편에 그렇게 분류를 할지 충분한 증거 유무를 파악하기 위해, 증거들을 잘 살펴보아야 한다. 하지만 어떤 시편도 지혜 문학에 공통적으로 나타난 모든 장치, 특징, 어휘들을 가지고 있지는 않다는 것을 기억해야 한다.

7 예배에서의 시편
Psalms In Worship

시편은 고대 이스라엘의 예배에서 필수불가결한 것이었으며, 오늘날의 예배에도 마찬가지다. 시편들은 레위인 성가대들이 예배 때 사용하거나 개인들이 필요하거나 적절하게 어떤 방식으로든 사용하도록 성소에 보관해놓았다. 시편 자체는 제사, 제사장, 성전, 절기들에 대한 언급들로 가득하다.[1] 시편 강해는 그 메시지에 초점을 두지만, 종종 그것이 예배에서 어떻게 사용되었는지 살펴보는 것 또한 도움이 된다. 특히 본문 구조에 예배 의식 때 사용되었다는 증거가 있다면 더욱 그렇다.

고대 예배에서의 시편

많은 시편은 특정한 예배 때 사용되도록 지정되어 있었다. 헤이스(Hayes)는 이렇게 말한다.

---

[1] 시편과 이스라엘의 예배에 대한 더욱 면밀한 논의는 *Recalling the Hope of Glory*(Grand Rapids: Kregel, 2006), p.221-292에 나오는 필자의 논의를 참고하라.

고대 이스라엘에서 주요한 예배 의식들은 공동체의 행사였다. 정기적이고 일상적인 의식은 매일, 안식일, 월삭(한 달의 첫 날), 그리고 계절별 절기 때 드려졌다. 날마다 드려지는 제사에 대한 언급은 출애굽기 29:38-46; 민수기 28:1-8; 열왕기상 18:36; 열왕기하 16:15에 나와 있다. 구약 자체는 시편 노래를 날마다 드리는 제사들과 함께 언급하지 않지만, 우리는 후대의 유대 전승을 통해 날마다 드리는 제사에서 다음 시편들이 노래되었다는 것을 안다. 시편 24편(일요일), 시편 48편(월요일), 시편 82편(화요일), 시편 94편(수요일), 시편 81편(목요일), 시편 93편(금요일), 시편 92편(토요일, 시 92의 표제를 보라) 등이다. 날마다 드리는 예배를 위해 이렇게 시편들을 선정한 것은 제2성전 기간의 관행을 반영한다. 하지만 이 증거에 기초해서, 몇몇 시편이 그렇게 사용된 용례는 상당히 오래된 것이라고 결론내릴 수 있다.[2]

우리는 많은 시편이 순례 여행 때(순례자 시편들)나 중요한 절기 때(할렐 시편들), 그리고 때로는 사람들이 기도하거나 찬양하기 위해 성소에 올 때 노래되었다는 것을 이미 살펴보았다. 외스텔리는 "이 모든 유형의 말이 한 신적 존재를 대상으로 한 것이었으므로, 후대의 좀 더 공식적이고 정교한 형태의 예배에서 필수적 요소들이 구성되었다"[3]라고 말했다. 그는 이스라엘의 가장 초기 시절부터 있던 네 가지 유형의 시편 문학을 다음과 같이 논한다.

1. 그는 간구에 대한 실례로 민수기 10:35을 사용한다. 이것은 궤 앞에서 여호와가 거기 계신다는 믿음으로 드려진 기도다. 그래서 이 말은 신에게 드리는 제사 의식이 일부였다.
2. 그는 축복(그가 간구의 말이라고 부르는)에 대해 민수기 6:24-26에 나오는 제

---

[2] J. H. Hayes, *Understanding the Psalms*(Valley Forge: Judson, 1976), 16.
[3] W. O. E. Oesterly, "Worship in the Old Testament," in *Liturgy and Worship*, edited by W. K. Lowther Clarke and Charles Harris(London: SPCK, 1933), 52.

사장적 축도를 인용한다. 이것은 성소와 분명하게 연관되어 있었다. 신에게 드리는 제사 의식이 거행되고 있거나 마무리될 때 말한 것이기 때문이다.
3. 감사에 대해 그는 사무엘하 1장에 나오는 한나의 노래를 언급한다. 이 시편 역시 성소에서 말한 것이었다.
4. 마지막으로, 찬양과 관련하여 그는 출애굽기 15장과 모세의 노래를 살펴본다. 그것은 분명 조직적인 찬양 예배였다. 미리암과 여자들이 노랫말에 번갈아가면서 답창을 하고 있었기 때문이다.

그래서 이러한 네 가지의 초기 시들은 성소 예배의 서로 다른 측면을 나타낸다. 그러고나서 외스텔리는 이러한 것들을 시편에 나오는 유형들과 대응시킨다. 개인적인 영적 필요를 위한 기도들, 간구와 중보, 감사의 시편, 찬양의 노래 등이다. 그는 이렇게 결론을 내린다.

> 여기에서 언급된 네 가지 유형의 시편은 내용에 관한 한 가장 최초로 형태를 갖춘 것이라고 주저 없이 말할 수 있을 것이다. 하지만 곧 다른 여러 유형이 생겨났다. 그리고 전부는 아니겠지만, 그 시편들은 성전 예배 때 제사를 드리는 동안 불렀다. 이에 대한 증거는 주로 미슈나(Mishnah)에서 나온 것이다. 그리고 이 증거는 비교적 후기의 것이지만, 종교적 용례들의 오랫 동안 지속되는 성질에 비추어볼 때, 그중 많은 것은 분명 전통적 관습을 반영할 것이다…그러므로 우리는 머지않아 이런 유형의 시편으로 발전된 간구, 중보, 감사의 말들은 원래 개인 예배자들이 사용한 것이었으며, 후에 이 중 많은 것이 회중들을 위한 용도로 각색되었다고 추측할 수 있다.[4]

---

4 같은 책, 52-59.

간구의 상당한 부분을 형성하는 탄식은 개인의 탄식이든 백성 전체의 탄식이든, 성소에서 하나님께 쏟아내는 것이 가장 효과적일 것이다. 그리고 백성이 기도하러 모였을 때, 이 시편들이 예배 의식의 일부로 반복해서 사용되었다.

이 시편들에는 예언적인 말이 포함되어 있다. 예배에 대한 비판에서든 심판과 구속에 대한 예측에서든 말이다. 선지자들이나 제사장들의 격려의 말은 종종 여호와의 보호와 왕에 대한 축복을 중심으로 했다. 이것은 제왕 시편이 예배 의식을 위한 시편 모음에 포함되어 있었음을 의미한다. 이윽고 예언적 요소는 온 땅에 대한 여호와의 주권적 통치를 강조하기 시작했다. 이 시편들은 성전 찬송가의 일부로서, 신실한 예배자들에게 더 큰 헌신과 확신을 불어넣었을 것이다.

개인이나 회중이 예배 중에 모음집의 시편들을 어떻게 사용했는지 보는 것은 어렵지 않다. 하지만 그 시편들의 용도는 성소에만 국한되어 있지 않았다. 그 시편들은 거룩한 성으로 가는 길에, 혹은 성소로부터 멀리 떨어진 곳에서, 혹은 밤에, 묵상 중에 쉽게 배워 낭송되거나 노래로 불려졌을 것이다. 경건한 이스라엘 사람들에게 그 시편들은 영적 생활에 필수 불가결했으며, 시편을 교회 예배에 도입할 때 전통적인 용도 전체가 계속 유지되었다.

시편에 나오는 표기법

나는 『영광의 소망을 회상함』(Recalling the Hope of Glory)에서 음악가들의 조합과 악기들에 대해 논했기에, 그 모든 정보를 여기에서 반복할 필요는 없을 것이다. 대신 시편에 나오는 표기법에 대한 것으로 나의 논의를 제한하겠다.

(1) "인도자를 따라"(To the Chief Musician, לַמְנַצֵּחַ)라는 말은 55개의 시편에서 발견된다. 이 단어는 '출중하게 되다'(נָצַח)라는 동사에서 나온 분사나. 이 단어의 의미에 대해서는 많은 견해가 있다. AV와 RSV는 '인도자'(chief

musician)라는 말을 사용한다. 이 말이 성가대 지휘자를 의미한다면, 그것은 찬양을 위해 성전에 둔 시편을 지칭할 것이다.

(2) "고라의 자손을 위해"(לִבְנֵי־קֹרַח). 이 경우 전치사가 저자를 나타낼 가능성은 별로 없다. 그렇게 되면 한 씨족이 시편들을 썼다는 의미가 되기 때문이다. 게다가 시편 88편은 "에스라인 헤만의"라는 말과 함께 그 칭호를 사용한다. 그 표제는 아마도 이 표기법이 성전에서 노래하는 이 가족의 음악을 형성했으며, 그들에게서 나왔을 수도 있으리라는 것을 나타낸다.[5]

(3) 다른 개인의 이름을 열거하는 표제에 대해서는, 석의를 할 때 그것이 저자를 의미하는지 예배 의식상의 음악적 용도를 의미하는지 결정해야 할 것이다. 예를 들어, '아삽'은 다윗의 때에 있었던 최고의 음악가 중 한 명이었다(대상 6:38, 15:17, 16:5-6, 대하 5:12). 이 이름이 거론된 시편 중 하나는 성전 파괴를 묘사한다(시 74편을 보라). 그 이름이 아삽을 말하는 것이라면, 아마 "아삽의"라는 말은 "아삽의 아들"에서 나온 줄인 말이었을 것이거나, 아니면 그 이름이 음악가 조합의 이름이 되었을 것이다.

(4) "여두둔에 따라"(עַל־יְדוּתוּן)는 시편 62편과 77편, 그리고 시편 39편(?와 함께)에서 볼 수 있다. 역대상 16:41에 따르면 여두둔은 다윗의 음악 인도자 중 한 명이었다. 시편에 나오는 그 표제는 노래하는 자들의 가족 혹은 그들의 음악을 말할 것이다. 음악적 표시와 곡조에 대한 표시들은 '맞춰진'(set to) 혹은 '…에 따른'(upon)이라고 번역할 수 있을 것이다. 전자는 목소리와 곡조를 나타낼 때 가장 적절하다.

---

5 D. Wanke, *Die Zionstheologie der Korachiten*, BZAW 97(1966): 23-31을 보라.

(5) "현악기[와 함께]"(נְגִינֹת)는 관악기와 타악기를 제외한 음악 반주를 말한다. 그것은 시편 4, 6, 54, 55, 67, 76, 61(단수로)편에 나온다.

(6) "관악"(נְחִילוֹת)은 시편 5편에 나온다(אֶל־הַנְּחִילוֹת). 그것은 탄식의 때를 언급할 것이다.[6]

(7) "알라못"(עַל־עֲלָמוֹת)은 시편 46편에 "고라 자손의"와 "시"(A Song)라는 말과 함께 쓰여 있다. 헬라어판에는 '감춰진 것들'이라는 말이 나오는데, 그것은 또 다른 어근을 추정한다. 하지만 제롬과 아킬라는 '처녀들'이라는 말을 넣는다. 그 시편은 처녀들의 목소리에 맞춰 수금으로 연주되었을 것이다.

(8) "여덟 째"(עַל־הַשְּׁמִינִית)라는 말은 시편 6편과 12편에 나온다. 전치사와 함께 이 말은 아마도 "여덟 줄짜리 수금에 맞춘"이라는 의미일 것이다.

(9) "깃딧"(גִּתִּית)은 시편 8, 81, 84편에 나온다. 전치사와 관사와 함께 이 말은 '깃딧에 맞춘'이라고 번역된다. 이것은 모호한 제목이다. 하지만 이것은 '깃딧'(수금) 혹은 '포도즙 짜는 통'(헬라어) 혹은 '포도 수확 선율'을 의미할 수 있다. 가드는 어떤 장소였다. 하지만 이 단어는 '포도즙 짜는 통'을 의미할 수도 있다. 그래서 이러한 불확실함이 나온 것이다.

(10) "셀라"(סֶלָה)는 현내 독사늘이 가장 많이 질문하는 용어다. 이것은 불분명하다. 이 형태는 명령법인 '고양시키라'라고 되어 있으며, 시편에서 예배

---

[6] Sigmund Mowinckel, *The Psalms in Israel's Worship*. translated by D. R. Ap-Thomas. Volume II(New York: Abingdon, 1967), 210.

자들이 목소리를 높여야 하는 곳을 나타낸 것이다(그래서 표제가 아니다). 헬라어판은 '쉼'(διάψαλμα)이라는 단어를 사용했는데, 그것은 막간 혹은 모종의 쉼으로, 다른 어떤 것을 말하거나 상연하는 곳들을 표시한다. 불가타 성서는 이 단어를 빼놓았다. 유대교의 전통들은 이것을 '영원히'라고 번역했다. 모빙켈은 이것을 아람어 슬('돌리다, 구부리다, 기도하다')과 연결시키며, 사람들이 엎드려 기도하는 곳을 표시한다고 주장한다.[7]

마지막으로 시편의 일부 표제에는 시편을 그에 맞춰 부르도록 한 고대의 가락처럼 보이는 것이 나온다(현대의 찬송가집과 비슷하다).

(11) '백합화'[에 맞춘 노래](שֹׁשַׁנִּים [עַל־])는 시편 45, 60, 80편에서 나오며, 시편 60편에서는 단수로 된 이 말에 '간증'(עֵדוּת)이 추가된다. '간증의 백합화에 맞춘.' 이 꽃은 아마 양귀비의 일종인 아네모네일 것이다. 이 제목은 불확실하고, 어쩌면 어떤 곡조일 수도 있다.

(12) '마할랏에 맞춘'(מָחֲלַת [עַל־])은 시편 53편의 표제이며, 시편 88편의 르안놋(לְעַנּוֹת)이 이 말 뒤에 따라나온다. 이 말은 대단히 모호하다. 이것은 가락일 수도 있고, 예배 의식에 대한 표시일 수도 있다. 모빙클은 '르안놋'을 '참회를 위한'이라는 의미라고 말한다.[8]

(13) "아침의 암사슴에게"라는 표제에 대해서는 시편 22편에 대한 문헌을 보라. 마찬가지로, 시편 56편에서 "저 멀리 있는 비둘기에게"에 대한 해설을 보라. 이러한 것들 역시 곡조들일 수 있으나, 몇몇 저자들은 종교 의

---

7 앞의 책, 211.

8 앞의 책, 212.

식적인 행동들이 연루되어 있다고 본다.

(14) "파괴하지 말라"(אַל־תַּשְׁחֵת)라는 말은 시편 57, 58, 59, 75편에 나온다. 모빙클은 이것이 종교 의식상의 행동이라고 보았으나 (II, 215)[9], 크라우스는 이것이 노래하는 것에 대한 암시라고 말했다(참고. 사 65:8).[10]

(15) "아들의 죽음에 대하여"(עַלְמוּת לַבֵּן)는 시편 9장에서 나오며, 이것이 알알라못의 변형이 아니라면, "아들의 죽음의 때를 위하여"가 될 것이다.

가락, 악기, 음악가 조합에 대한 이러한 몇 가지 언급에 비추어볼 때, 이스라엘의 예배에서 분명 대단히 조직적이고 매우 인상적으로 시편을 노래했음을 알 수 있다.

이스라엘 사람들은 예배드리는 일과 노래하는 일의 다양한 부분에 적극적으로 참여했을 것이다. 손뼉을 치는 것은 그들이 기쁨을 표현하는 방법 중 하나였다(시 47:1,98:8; 사 55:12; 왕하 11:12). 하지만 그것은 분명 자발적이고 자연스러운 것이었을 것이다. 의식상의 춤은 경축하는 것의 일부였다(출 15:20-21; 대하 6:12-19; 시 87:7, 149:3, 150:4). 하지만 또 다시 우리는 하나님께 영광을 돌리는 절기, 행진, 즐거운 축하들에 대해 말한다. 하지만 음악은 언제나 예배에서 중요한 역할을 담당했다. '시'라는 시편의 특성 자체와 악기의 반주는 백성의 기억 속에 메시지를 각인시키는 효과가 있었다. 심지어 오늘날에도 예배자들은 성경 본문보다 찬송가 가사를 훨씬 더 잘 안다. 이스라엘의 찬송가와 노래들은 영감된 성경이었던 반면, 현대의 음악은 그렇지 않다. 그렇기 때문에 음악이 예배자들의 기억 속에 미치는 영향은 이제 언제나 긍정적이지만은 않다.

---

9 앞의 책, 215.

10 Hans-Joachim Kraus, *Theology of the Psalms*. Translated by Keith Crim. (Minneapolis: Augsburg, 1979).

기독교 예배에 시편이 미치는 영향

초대교회는 예배에서 시편을 사용했다. 시편은 성전의 찬송가책이었으며, 곧 연구만 하는 장소였던 회당에서도 쓰였다. 신약 무렵이 되자, 성전과 회당에서 드리는 예배가 완전히 발전되어 시편을 정기적이고 포괄적으로 사용하게 되었다. 이 찬송가책은 의인의 삶에 불가피한 영향을 미쳤을 것이다. 예수님은 모든 절기마다 시편을 노래하는 일에 참여하셨을 것이다. 그 시편들이 전적으로 그분께 적용되지는 않았다 해도 말이다. 사실 예수님은 시편에 너무나 정통하셔서 평생 시편을 사용하셨다. 예를 들어, 사탄이 예수님을 시험하면서 시편 91편을 인용한 것은 사랑받는 신뢰의 시편을 적용하도록 제시했다는 데 의미가 있다. 그분은 시편에서 그분의 경험을 드러내고 예시하셨으며, 자기 제자들에게 그런 본문들이 어떻게 그분의 길을 예비했는지 가르치셨다(요 13:18, 2:17; 눅 24:44). 할렐 시편은 최후의 만찬과 함께 불렸다. 그분이 십자가에 달리셨을 때 하나의 시편이 그분의 생각을 가득 채웠으며, 한 시편과 함께 그분은 자기 영혼이 떠나게 하셨다.

유대인들의 예배 의식이 초기 형태의 기독교 예배에 미치는 영향은 신약에서도 명백히 드러난다. 초기 기독교 찬송가들(성모 마리아의 찬가, 사가랴의 노래, 시므온의 노래)은 시편을 모방하여 만들어졌다. 야고보와 바울은 시편을 노래하는 것을 영적인 삶의 자연스러운 표현이라고 인정했으며(약 5:13; 엡 5:19; 골 3:16), 고린도전서 14:26에서 예배에서 시편이 사용되었다고 나온 것은 시편이 처음부터 예배 의식의 일부였음을 보여준다.

사도적 교부들의 글에서 시편이 빈번히 인용되고 암시되는 것은 시편을 읽고 노래하는 것이 예배의 중심이었음을 보여준다. 전승에 의하면 안디옥의 이그나티우스(Ignatius, 약 100년)는 교회에 시편을 교창으로 노래하는 것을 소개했다고 한다. 터툴리안과 제롬은 유대 회중과 이방인 회중 안에서 시편이 흔히 사용되었다고 증언한다.[11] 터툴리안은 사람들이 한 주의 첫날에 구약 교훈들을 읽은 후 "다윗의 찬송"을 불렀으며, 교창 노래를 했다고 말했다.[12] 오랜 세월 시편은 교리를 가르치는 데 쓰였고, 기도에서 암송했다. 또한 개인적인 묵상 및 하나님께 드리는 예배에서 노래로 불렀다. 그래서 시편이 교회의 찬송가와 전례 의식, 예배에 미치는 영향은 매우 컸다.

---

11 Tertullian, *Apostolic Constitutions*, 10, 39; Jerome, *Ep.*, 46.

12 Tertullian, *Apostolic Constitutions*, 11. 59. 더욱 상세한 연구는 James H. Charlesworth, "Prolegomenon to a New Study of the Jewish Background of the Hymns and Prayers in the New Testament," *Journal of Jewish Studies* 1-2 (1982): 265-285를 참고하라. Charlesworth는 신약의 여러 부분을 이해하기 위해 초기 유대 찬송가들을 개관한다. 또한 Eric Werner, *The Sacred Bridge*(New York: Columbia University Press, 1959); and William L. Holladay, *The Psalms Through Three Thousand Years*(Minneapolis: Fortress Press, 1993)를 보라.

8 시편의 신학
Theology Of The Psalms

우리는 공적 예배에서 기도와 찬양과 음악과 전례 의식을 위해, 그리고 개인적인 경건 생활에서 비슷한 묵상들을 위해 시편을 사용한다. 하지만 시편의 용도 중 간과된 것이 또 하나 있는데, 그것이 이 주석, 강해의 일차적 관심사다.

강해의 자료는 본문에 대해 석의적으로 추론된 신학이므로, 강해자들은 시편을 읽을 때 반드시 신학적으로 생각해야 한다. 시편 모음에서 신학적 개념을 일반적으로 개관하면, 메시지를 전개하는 과정에서 그 단계를 위한 틀을 제공할 것이다.

사실 시편 책이 어떤 용도로 사용되든 그 기초는 반드시 이 이스라엘의 기도와 찬양 모음집이 지닌 신학이 되어야 한다. 그것이 성전 기도책이 되기 위해서는 분명 일관된 신학, 모든 관련된 개념들과 주제들의 근거가 되는 중심적인 신학적 메시지가 있어야 한다. 시편에 그러한 신학적 메시지가 있었다는 것이 이스라엘의 신실한 자들, 편찬자들과 편집자들의 확고한 확신이었으며, 그 중심 주제는 여호와 하나님의 피조 세계, 단지 이스라엘 뿐 아니라 세상 전체에 대한 그분의 주권적 통치였다. 시편 책 전체를 주의 깊게 연구해보면 이것이 모든 시편의 용도를 알려주는 근원적 믿음임을 보여줄 것이다. 그 용도는 기도, 찬양, 교훈, 격려, 소망을 위한 것이다. 그런 연구는 또한 각 시편에 대한 석의적 분석을 포함할 것이며, 그다음에 신학적 주제들을 합쳐서 하나의 분명한 진술로 제시하는 것을 포함할 것이다. 여기에서는 이 중심적인 주제가 서로 다른 유형의 시편들에서 어떻게 나타나는지 일반적으로 개관해본다. 그것은 강해자들이 다양한 유형의 시편에서 발견되는 신학적 주제들을 다룰 때 사용할 지침 역할만 하려는 것이다. 이러한 많은 개요들이 그렇듯, 그 문제를 지나치게 단순화하게 될 것이다. 관련 자료들이 매우 많기 때문이다. 하지만 이용할 수 있는 하나의 틀로써는 이것이 도움이 될 것이다.

중심이 되는 신학적 주제

성경 신학의 중심에 대해, 혹은 심지어 중심이 있는가 아닌가에 대해 상당히 많은 논쟁이 이루어지고 있지만, 시편을 연구하기 위해서는 발터 아이히로트(Walther Eichrodt)의 진술이 매우 큰 도움이 될 것이다.[1] 그는 자신의 논의를 하나님의 언약, 언약 백성, 언약의 도구 등 여러 주제로 나눈다. 이 언약의 기본적 발전은 하나님 나라가 이 땅에 들어오는 것으로 이루어진다. 그래서 모든 피조 세계에 대한 하나님의 통치가 언약의 뚜렷한 강조점이 된다. 언약 하나님은 여호와, 이스라엘의 하나님이시지만, 또한 우주의 하나님이시기도 하다. 그래서 전체 피조 세계는 하나님의 통치를 받는다. 하나님이 모든 피조 세계를 통치하시며 모든 사람이 하나님의 지배를 받는 것은 사실이다. 하지만 하나님의 통치를 확립하는 것에서 진짜 초점은 그분과 언약을 맺을 백성에게 맞춰져 있다. 하

---

[1] Walther Eichrodt, *Theology of the Old Testament*, 2 vols. translated by J. A. Baker(Philadelphia: Westminster, 1961).

나님의 통치는 하나님과 그분의 피조물 사이의 관계에 대한 일반적 묘사다. 하나님은 주권적 은혜와 권능에 의해 그분의 통치를 베푸시며, 백성은 믿음과 그분의 율법에 대한 복종에 의해 하나님의 왕권에 복종한다. 이것이 신학의 중심점에 도달하는 대단히 기본적 방식이다. 메시지를 바꾸지 않고서는 개념들을 더 이상 좁힐 수는 없다. 하지만 그 개념들은 명료하게 하는 많은 세부 사항으로 확장할 수 있다.

시편의 유형들에 나오는 신학적 메시지

이런 일반적 고찰을 염두에 두고, 이제 이 신학적 중심이 어떻게 시편 모음에 나오는 다양한 종류의 시편들에 들어맞는지 추적해볼 수 있을 것이다. 그리고 그 과정에서 우리는 어떻게 많은 신학적 교리와 개념이 계시되는지 보게 될 것이다.

즉위 시편

즉위 시편보다 더 여호와의 통치를 공개적이고 확신 있게 경축하는 시편은 없다. "여호와께서 다스리신다"라는 표현은 이런 시편들의 첫 번째 주제로, 신실한 자들이 어떤 위대한 사건에 대한 응답으로 여호와의 주권을 인정하는 것이다. 이 시편들은 궁극적으로는 종말론적이다. '다스리시다'라는 동사는 이 시편들의 메시지와 그것들이 사용하는 용어에 비추어 볼 때, 예언적 완료로 볼 수 있을 것이다. 델리치는 이 시편들을 '종말론적 여호와 신앙적'(Yahwistic) 시편이라 칭했다. 이 시편들은 장차 여호와가 온 땅을 승리로 다스리실 것이라고 내다본다. 선지자들은 종종 비슷한 표현으로 그런 영광스러운 미래를 예언했으므로, 그들은 아마도 온 땅에 대한 여호와의 통치가 장차 성취되리라는 것을 이해할 것이다. 종말론적 소망에 비추어, 여호와는 언제 어디서나 그분의 언약 백성에게 신뢰를 받으실 것이다(시 106, 135, 136편). 하나님의 계획은 모든 피조물에 대한 그분의 주권적 통치 아래서 절정에 이를 것이다.

제왕 시편

자신의 피조물에 대한 하나님의 통치는 그분의 '아들'로 알려진 인간 왕에 의해 시행되어야 했다. 그래서 시편들 처음부터 끝까지 하나님이 다윗과 맺으신 언약 및 하나님이 그분이 택하신 왕을 보호하고 복주시는 방식을 강조한다. 많은 시편은 거의 전적으로 군주정에 초점을 맞춘다. 시편 2편에 따르면 인간 군주의 통치는 하나님의 주권에서 큰 비중을 차지했기 때문에 그 군주에게 복종하는 것은 하나님께 복종하는 것이었으며, 군주에게 반역하는 것은 하나님께 반역하는 것이었다. 제왕 시편들은 하나님의 프로그램에 군주정이 지니는 중요성을 나타낸다. 심지어 군주정이 끝났을 때에도, 시편기자들은 여전히 다윗 계열의 왕이 회복되기를 고대했다. 이 시편 집단은 시편의 의미에 대단히 핵심으로 여겨져서 분명 최종 편집을 구성하는 주제로 사용되었다.

이 제왕 시편들 역시 종말론적 의미를 지닌다. 이 시편들은 직접적인 예언이 아니라(시 110편을 제외한), 예표론적인 것(델리치가 간접적인 메시아적 시편이라고 부른 것)이다. 이 시편들은 이스라엘의 왕들에게 적용할 수 있었으나, 메시아 안에서 완전한 의미를 발견한다. 그렇기 때문에 이 시편들은 신약의 가르침에서 가장 빈번하게 사용되었다.

감사 시편

즉위 시편과 제왕 시편은 분명 모든 피조물에 대한 하나님이 통치에 초점을 맞춘다. 하지만 다른 유형의 시편들은 이러한 전체적 주제에 어떻게 들어맞는가?

많은 선언적 찬양 시편들은 하나님이 통치하시는 표시들에 대한 하나님 백성의 반응이다. 이 시편들은 기도에 대한 응답, 승리, 원수나 위험에서의 구조, 죄 사함 등을 경축한다. 하지만 이 시편들은 종종 여호와가 그들을 구원하셨다고 선언함으로 이를 경축한다. 그렇지만 원수들이나 불법이나 재앙들로부터 완전하고 최종적인 해방을 시켜달라는 요구가 기도의 찬양에 일반적으로 섞여 있는 것에서 알 수 있듯이, 그들이 찬양하는 내용은 궁극적이고 총체적인 구원은 아니다. 그 찬양들은 세상에서 하나님의 주권적 통치를 입증한다(시 65, 67, 118편을 보라). 그들에게 그러한 간섭은 하나님의 통치의 연장이다(시 40:4, 41:11-14, 92:16). 확신의 시편들은 하늘에서 보좌에 앉아 계신 분의 주권에 전적으로 초점을 맞춘다.

찬송 시편

찬송가, 혹은 서술적인 찬양 시편들은 하나님이 어떤 분이며 무엇을 하시는지 서술한다. 그 시편들은 통상 그분의 위대하심과 그분의 은혜를 찬양한다(예를 들어, 시 113편은 그분이 땅 위 높은 보좌에 앉아 계시지만, 사람들을 구원하려고 내려오신다고 말한다). 많은 유형의 찬송가가 있다. 보좌 시편, 제왕 시편, 시온의 노래들에 찬송가가 포함되어 있을 수 있다. 찬송가의 공통적 주제는 만물 위에 계신 여호와가 평가하고, 심판하며, 구원하신다는 것이다. 그분이 만물을 창조하셨기 때문이다(시 33편). 그분의 권능 있는 창조의 말씀은 또한 우주를 유지하고 주관하며(시 29편), 그분의 통치는 모든 자연에 이른다(시 19, 104, 8편).

여호와는 우주의 창조주와 통치자로서만 찬양받으실 분이 아니라, 이스라엘의 창조주와 통치자로서도 찬양받으실 분이다. 이스라엘은 자신을 만드신 분이자 왕이신 그분을 찬양해야 한다(시 111:2-6, 114:1-8, 111:7-11, 149:7-9, 100:1-5, 150:1-6을 보라). 그분은 자신의 백성을 영원히 유지하는 분이시다(시 33:1-5, 103:20-22, 117, 113, 146:3-10, 147:1-20). 그렇다면 여기에서도 우리는 피조물에 대한 하나님의 주권적 통치의 신학적 기초를 발견할 수 있다.

지혜 시편과 토라 시편

인생은 언제나 하나님의 주권적 주관 아래 있는 것 같아 보일 때도 있다. 어떤 사람들은 하나님께 반역하는데도 형통한 삶을 산다. 악인이 형통하게 사는 모습을 보며 어려움에 직면한 시편들, 즉 지혜 시편들은 일시적 겉모습에도 불구하고 여호와의 통치를 다시금 단언한다. 하나님의 통치는 언제나 그분의 백성에게 즉시 유리하게 작용하지는 않는다. 하지만 궁극적으로 그분의 정의는 승리할 것이다. 우주의 주권자가 만물을 바로잡을 때 신적 응보가 있을 것이다.

그때까지 신실한 자들은 하나님의 계명에 따라 살라는 권고를 받는다. 이스라엘은 신정국가였으므로, 하나님의 율법이 그들의 구속력 있는 법이었다. 그들은 하늘에 계신 그들의 왕의 계명을 지킴으로 왕에 대한 그들의 충성과 감사를 보여야 했다. 서너 개의 시편들, 특히 시편 119편은 하나님의 율법에 의해 사는 것이 지닌 장점들에 집중한다. 하나님의 교훈을 따르는 사람들은 그분의 통치에 복종하여 산다. 그들은 하나님의 의로운 대의에 대한 충성을 주장하며, 그분이 자신들의 정당함을 입증해주실 것을 확신에 차서 기다린다.

탄식 시편

하나님의 백성은 자신들의 정당함이 입증될 것을 기다리면서 모든 형태의 악을 다루어야 한다. 죄, 질병, 기근, 악한 원수들, 전쟁, 심지어, 속이는 친구들까지 말이다. 그들은 이러한 상황들을 탄식한다. 그들의 추론에 따르면, 하나님이 참으로 온 세상의 주권적인 통치자시라면 그분을 신실하게 따르는 사람들은 이러한 것들을 다루지 않아도 되기 때문이다. 그래서 그들은 하나님께 자신들의 탄식을 들으시고 구해달라고 기도한다. 그들은 다양한 방식으로 그분의 나라가 임하기를 기도한다. 그들은 여호와의 주권적 통치에 뭔가가 대단히 잘못된 것처럼 보인다고 생각하기 때문이다.

그들의 기도는 대부분 고난에서 구해달라는 호소다. 그 고난은 악한 원수들의 손에서 나오는 경우가 많다. 이 원수들은 원래 하나님의 원수들이다. 하지만 원수들은 하나님의 백성을 괴롭힌다. 시편기자들이 보기에, 하나님이 그들을 구해주실 때 그분의 주권을 보이실 뿐 아니라, 그분의 통치를 확장시키실 것이다. 그래서 그들은 '높임을 받으시옵소서, 오 하나님'이라고 기도한다.

자신이 괴로운 상황에 처할 때마다 하나님의 평판 역시 위태롭게 된다는 것을 알았다. 그들은 원수가 하나님이 그들을 버리셨다고 하며 그들의 믿음을 조롱할 때, 이것을 생생하게 깨달았다. 신실한 자들은 하나님의 주권적 통치에서 나타나는 이러한 원인을 발견하려 부지런히 애쓸 것이다. 그 원인이 그들 자신의 죄라면, 구해달라는 기도의 일부로서 죄를 고백하는 것이 적절한 행동이었다(예를 들어, 시 6, 32편 같은 참회의 시편). 그것이 부당한 고난이라면(예를 들어 시 22, 44편), 정의로 구해달라는 기도의 일부였다(시편에 나오는 저주들을 보라). 어느 경우든 그들은 모든 창조물의 주권적 주님이며 온 세상의 심판자이신 분께 자신이 호소하고 있음을 알았다.

확신과 찬양은 탄식 시편의 가치를 높여준다. 하나님의 백성은 절대 그분의 주권을 잊지 않는다. 그때에나 미래에 그분이 모든 원수를 물리치실 때나 말이다. 그들의 확신은 하나님이 과거에 보여 주신 구원의 행동들(시 44:1-9), 그분이 의로운 종을 기뻐하시는 것(시 12:7-8), 그분이 그들과 맺은 언약(시 74:20), 혹은 가장 중요한 것으로 신뢰와 찬양을 받으실 만하며 조롱을 받을 만한 분이 아니신 여호와의 평판(시 74:18-21, 83:1-18)에 근거하고 있다.

때로 그들의 확신은 그 자체가 완전한 확신의 시편이 되었다. 그 시편들은 그분이 높은 곳에서부터 다스리신다는 것, 그리고 반석, 요새, 목자, 망대, 피난처, 혹은 지키시는 분을 신뢰하는 사람들은 궁극적으로 그분이 그들을 위해 간섭하시는 것을 보리라고 확신했다. 그분은 그들의 믿음이 옳다는 것을 입증하실 것이며, 땅 위에서 그분이 보좌에 앉아 계시는 것을 보여주실 것이다.

내세

우리는 우리의 관점에서 볼 때, 여호와의 통치에 대한 약속이 완전히 실현되는 것은 미래의 일, 죽음 너머의 일이라는 것을 안다. 그리스도의 부활은 우주적인 의의 나라가 어떻게 죽음에도 불구하고 성취될 것인지 보여준다. 이스라엘 사람들은 이처럼 완전한 계시를 갖고 있지 않았다. 하지만 그들은 자신들이 죽는다고 해도 계속 존재할 거라는 사실을 알았다. 고대사회의 모든 사람은 그것을 알았다! 경건한 이스라엘 사람들 역시 사후에 악인과 함께 스올에 가지 않을 것이며, 하나님과 지속된 친교를 누릴 것을 믿었다. 그들이 얼마나 정확하게 이해했는지는 가늠하기 힘들지만, 신약이 부활과 내세 교리를 뒷받침하기 위해 시편 일부를 사용한다는 사실은 이 문제를 더 고찰할 것을 요구한다.

이스라엘 사람들은 죽음이 멸절 혹은 개인적 실존의 종말이 아니었다는 것을 알았다. 하지만 그들에게 그것은 생명이라고 알려진 모든 것의 종말이었다(시 143:3). 그들은 자신들이 죽어서 무덤으로 내려가면 산 자의 땅에서 여호와를 '보지' 못하며, 그분을 섬기거나 그분의 신실하심을 찬양하지도 못하리라는 것을 애통해한다(시 6:5, 30:9, 88:4-5, 10-12절). 죽음 이후의 어떤 지속적 실존도 그 안에 어떤 도덕적 혹은 종교적 요소도 담고 있지 않았다. 죽음은 단지 비존재로 여겨졌다(시 39:13). 그것은 현재 삶의 수수께끼에 대해 아무런 해결책도 가져다주지 않는다. 신실한 자들은 이생에서 보상과 보복을 보기 원했다. 그들은 죽음 이후에 심판이 있다는 것을 알았다. 온 세상이 그것을 알았다! 하지만 이스라엘 사람들은 죽는 것과 하늘나라로 가는 것이 그들의 기도에 대한 응답이라고 생각하지 않았다. 그들은 이생에서 구조되기를 원했다. 산 자의 땅에서 여호와께 찬양할 수 있도록 하기 위함이었다(사 38장). 커크패트릭은 이렇게 설명한다.

시편 어느 곳에서도 우리는 죽은 자로부터의 부활에 대한 소망을 발견하지 못한다.[2] 선지자들은 민족적인, 그리고 최종적으로는 개인적인 부활을 말하며(호 6:1 하; 사 26:19; 겔 37:1 하; 단 12:2), 죽음의 최종적 멸망에 대해 예언한다(사 25:8). 하지만 위로의 근거로 그러한 소망이 나올만한 곳에는 이상하게도 그러한 내용이 부재하다. 실로 그것은 믿을 수 없는 것으로 제쳐놓고 있다(시 88:10). 아직 사람들이 의지할 만한 부활에 대한 계시가 없었다는 것이 분명하다. 그것은 신실한 사람들이 당연히 위로를 받기 위해 의지할 만한, 일반적인 종교적 믿음의 조항이 아니었다.

하지만 우리는 강한 영혼들이 적어도 가끔씩 몹시 기뻐하는 믿음과 소망이 드러난 순간에, 실로 육체의 부활은 아니지만 죽음을 통과해 하나님과 끝없는 교제를 나누는 참된 생명으로 옮겨가는 것을 얼핏 발견하지 않는가? 에녹과 엘리야처럼 말이다.

시편 26, 17, 49, 73편은 의인이 죽을 때 갖는 소망에 대해 분명하게 말하지 않는가? 그의 질문에 대한 대답은 시편 신학에서 가장 어려운 문제 중 하나다. 그것은 전후 문맥 속에서 본문들을 상세히 강해할 때 만족스럽게 다룰 수 있다. 한눈에 보기에는 스올에서 해방되고 하나님의 좀 더 직접적인 임재로 받아들여진다는 확실한 소망을 암시하는 듯한 몇 가지 표현들(예를 들어, 시 49:15, 73:24)은 다른 곳에서는 죽음으로부터 일시적으로 구조되는 것이나 위험으로부터 보호되는 것에 대해 사용되었으며, 그저 그런 의미로만 사용되었을 수도 있다(시 9:13, 18:16, 30:3, 86:13, 103:4, 138:7). 이 본문들을 보다 충분한 계시에 비추어 읽으면, 우리는 이 본문들에 원래 저자들과 듣는 자들이 이해했던 것보다 더 깊고 더 정확한 의미를 쉽게 부여할 수 있을 것이다.

---

2 이 교리가 시편에 명료하게 진술되어 있지 않은 것은 사실이다. 하지만 그들이 우리가 생각하는 것보다 조금 더 알았음을 시사하는 암시들이 있다. 어떤 학자들은 부활이라는 개념이 훨씬 더 후대에 나왔다고 추정한다. 그래서 이 교리와 비슷하게 보이는 어떤 본문이든 후대의 것으로 여긴다. 이 본문들은 앞으로 더 논의하겠다.

이 본문들은 기독교적 소망으로 매우 쉽게 각색될 수 있어서 우리는 그것이 처음부터 거기 있었다고 믿게 된다.

의심할 바 없이 이 시편들(시 14, 17, 49, 73편)은 영생의 교리의 싹과 원리를 포함한다. 그것은 그 저자들에게 감동을 주신 성령의 마음에 존재하고 있었다. 사람이 할 수 있는 최고의 선이며 가장 참된 행복인 하나님과의 친밀한 교제는 사람의 본성 및 운명과 하나님과의 관계에 비추어볼 때 이생에만 국한되어 있어서 갑자기 최종적으로 중단되는 것이 아니다(마 22:31 하를 보라). 한 걸음만 더 내딛으면 그것의 영원성이라는 진리를 깨닫게 된다. 하지만 시편기자가 이 발걸음을 내디뎠는지 아닌지는 알 수 없다. 설령 그 걸음을 내디뎠다 해도, 미래의 삶이나 부활에 대한 교리의 기초가 될 만한 분명하고 명확한 계시는 여전히 없었다. 그것은 믿음으로 한 가정, 빛나는 소망, 개인적인 결론일 뿐이었다.[3]

이것은 상황에 대한 매우 조심스러운 진술이다. 하지만 나는 시편기자 중 일부는 평균적인 이스라엘 사람들보다 훨씬 더 많이 이해했다고 생각한다. 그렇지만 우리는 그들이 시에서 실제로 말한 것을 연구해야 한다. 각각의 해당 본문들은 주석에서 상세히 다룰 것이다.

신약에서의 성취

시편 신학의 중심 주제는 신약에서의 성취로 확증된다. 특히 이 땅에 하나님 나

---

3 A. F. Kirkpatrik, *The Book of Psalms*(Cambridge: Cambridge University Press, 1914), xciv–xcvi. 그는 Delitsch와 함께 신약에는 시편에서 싹의 상태로 존재하지 않다가 밝혀지는 것이 없음을 인정했나. 숙음과 삶은 신약이 더 충분한 계시에 비추어 전용하고 심화하기 쉽도록 하나님의 진노 및 사랑과 연관되어 있다.

라가 세워지는 것에 대한 가르침과 관련하여 시편들을 사용하는 것에서 그렇다. 히브리서에서 시편 110, 45, 2편을 사용하는 것은 메시아가 세상에 재림하실 때 그분의 의로운 통치가 시작될 것이라는 사실을 가리킨다.

많은 시편이 그리스도의 초림 때 실제로 성취되었다. 그분은 자신의 죽음으로 하나님 나라에 들어가는 것을 가능하게 하셨다. 복음서 기자들은 시편에서 그분의 고난, 반대, 죽음, 부활을 강조하는 웅변적이고 적절한 말을 발견했다. 그러한 것들이 없으면 물론 새 언약도, 하나님 나라도 있을 수 없을 것이다. 우리에게는 그리스도 안에 있는 충만한 계시가 있으므로, 약속과 성취 간의 상호 관계를 볼 수 있다. 이스라엘은 하나님이 과거에 이루신 해방에 의해 피조물에 대한 하나님의 의로운 통치를 경축했으면서도, 그분의 실제 통치를 기대하며 기다렸듯 교회 역시 절대적 통치로 다스리기 위해 영광 가운데 오실 것을 기대하며 기다린다. 이스라엘이 그분이 제공하신 속죄를 따름으로 그분의 나라에 들어가고 그분의 의로운 나라가 그들을 모든 불법에서 구속하기를 간절히 바란 것처럼, 이 시대의 사람들도 다가오는 진노를 피하기 위해 성자께 복종하고 그분의 의가 온 세상 곳곳에서 흥하기를 기도한다. 또한 그분의 통치가 무력해 보일 때 그분의 말씀에 순종하고, 그들이 비탄에 빠져 있을 때 그분의 주권이 드러난 것에 대해 확신의 찬양을 한다. 이 모든 것은 왕이 그분의 백성을 구속하고 세상을 다스리시기 위해 오실 영광스러운 날의 전조다.

우리는 시편에 기독론과 관련된 많은 본문이 있음을 보게 된다. '메시아적' 시편이라고 불리는 것들은 제왕 시편에만 국한되지 않는다. 그 칭호는 부분적이든 완전하게든 메시아적일 수 있는 많은 시편에 적용된다.

델리치는 메시아적 시편들 혹은 시편들 내의 메시아적 요소들의 유형을 다음과 같이 분명하게 구분한다.[4]

---

[4] Franz Delitzsch, *Biblical Commentary on the Psalms*, trans. by Francis Bolton(Grand Rapids: Eerdmans, reprint of the 1871 translation), I:68–71.

1. 첫 번째 범주는 '전형적으로 메시아적인 시편'이다. 이 유형에서 시편의 주제는 어떤 면에서 예수 그리스도의 한 유형이다. 시편기자가 관심을 갖는 진리는 그분 안에서 궁극적으로 성취된다(시 34:20을 보라).
2. 두 번째 범주는 '전형적-선지자적인 메시아적 시편'이다. 여기에서 시편기자는 자신의 현재 경험을 묘사하기 위한 말을 사용한다. 하지만 그 말은 자신의 경험을 넘어서, 오직 주 예수 그리스도 안에서만 역사적으로 사실이 된다(시 22편을 보라).
3. 세 번째 범주는 '간접적으로 메시아적인 시편'이다. 여기에는 당시의 왕이나 일반적인 다윗의 집에 대한 언급이 담겨 있었지만, 이 말들이 더 위대한 다윗인 주 예수 그리스도 안에서 최종적으로 성취되기를 기다린다(이것은 시 2, 45, 72편 등과 같은 제왕 시편들이다).
4. 네 번째 범주는 '순전히 선지자적 시편'이다. 이 시편은 다른 어떤 다윗의 아들에 대한 언급도 없이 오로지 주 예수 그리스도만 언급한다. 시편 110편은 이 범주에 맞는 단 하나의 시편이다. 하지만 그렇더라도, 이 시편은 고대 회중들에게 어느 정도 의미를 지니고 있었던 것이 분명하다.
5. 다섯 번째 범주는 '종말론적 여호와주의적 시편'이다. 이 시편은 여호와의 오심과 그분의 나라가 완성될 것을 말한다. 이 시편은 주님이신 그리스도 안에서 궁극적으로 성취될 것이다(시 96-99편, 이른바 즉위 시편이 이 부문에 들어맞는다).

델리치가 말한 범주들은 약간 수정하면 정확히 어떻게 특정한 시편들이 신약에서 사용되는지 설명하는 데 도움이 된다. 우리는 신구약 간의 상호관계를 위한 지침을 확립하기 위해 그것들을 약간 단순화할 수 있다. 시편들에 직접적인 예언은 그리 많이 담겨져 있지 않으므로, 신약 용례를 설명하는 것은 좀 더 어렵다. 사실 그들이 본문을 시편기자들의 이해와 맞지 않는 것처럼 보이는 방식으로 사용할 때가 있다.

후대의 저자들, 특히 신약 저자들이 히브리 성경을 사용한 것은 어떤 것이든 고대 이스라엘 문학이 광범위한 신학적 의미를 가진다는 전제에 근거한다. 그것은 단지 그들 시대에 그들을 위해서만 쓰인 것이 아니라, 우리를 위해서도 쓰인 것이다. 성경 해석자들은 하나님의 백성을 통한 하나님의 조치들에 대한 기록이 약속에서 약속으로 끊임없이 전진하는 것을 보았다. 이것은 쉽게 예시할 수 있다. 하지만 주님이 청중에게 말씀하실 때 이사야를 이용한 것이 좋은 예다. "이사야가 너희에 관하여 잘 예언하였도다." 이사야는 분명하게 그의 청중에게 말했다. 하지만 그의 말은 분명 예수님의 청중을 위한 것이기도 했다. 또한 우리도 위한 것이기도 하다.

사도들은 구약이 일반적으로 그리스도를 통해 그분 안에서 성취된 약속의 역사였음을 보았다. 심지어 그리스도의 강림조차도 새로운 성취, 또 다른 강림에 대한 약속을 가져왔다. 많은 본문이 새롭고 더 분명하게 보였다. 심지어 예언적인 내용을 다루지 않는 성경들도 그리스도가 오신 것에 비추어 새로운 의미를 지닌 것으로 보였다. 성경에 대한 이런 모든 해석은 하나님의 약속들이 발전되고 성취되는 과정에 대한 이해를 드러낸다.

그것은 지나치게 단순화한 것일 수도 있다. 하지만 다음의 세 범주들은 아마 신약에 나오는 시편의 모든 사용을 연구할 것이다.

직접적 예언

예언은 직선적 역사에서 분명하게 나타나며, 말일에 어떤 일이 일어날 것인지 명백하게 진술한다. 시편에 직접적인 예언적 자료는 매우 제한되어 있다. 그것은 반드시 시편 110편을 포함한다(몇몇 주석가는 이 시편을 대관시로 보며, 그렇게 되면 그것은 예표론이 된다). 그것은 또한 즉위 시편을 포함한다. 이 시편들이 미래의 사건만을 반영하는 것으로 해석된다면 말이다. 하지만 그것이 어떤 역사적 사건에 의해 부분적으로 성취되고(가까운 성취) 종말의 때에 완전히 성취된다면(먼 성취),

이 또한 예표론이 될 것이다. 시편 110편은 예언적인 것으로 간주되어야 한다. 그 내용에는 다윗 계열의 왕과 가까운 성취가 이루어진 것이 없기 때문이다.

예표론

성경 연구자들이 예표론보다 더 자유롭게 적용한 해석적 원리는 거의 없다. 이것이 해석적 원리라면, 우리는 이것에 대해 어느 정도 묘사하고 따라야 할 몇 가지 지침을 쓸 수 있어야 한다. 레왈스키(Lewalski)는 이렇게 말했다.

> 예표론은…원형과 대형 모두 독자적 의미와 타당성을 가지고 역사적으로 실재하는 존재로, 하나님의 섭리적인 역사 주관에 의해 예시, 요점 반복, 성취의 유형을 형성한다. 정확하게 말해 예표론은 그리스도와 새 세대를 예시하고 그 안에서 완벽한 형태(forma perfectior)로 성취되는 것으로 여겨지는 구약 사건, 인물, 의식들과 관련이 있다.[5]

예표론과 예언은 같은 것을 성취하지만 성취하는 수단은 서로 다르다. 예언은 직선적 역사에서 명백하게 진술되지만, 예표론은 사건들을 되돌아보고 새로운 것이 이미 옛 것에 암시적으로 존재하고 있었다는 것을 분별한다. 예표론은 하나님의 계시라는 역사적 틀 안에서 예표(type)와 대형(antitype) 간의 대응을 밝힌다. 그래서 그것은 역사와 계시에 대한 하나님의 주권에 기초한다. 하지만 예표론은 일종의 예언, 곧 간접적 예언이라는 것을 기억해야 한다. 그것은 하나님이 의도하신 것이기 때문이다. 그것은 단지 신약 저자들이 고안한 해석이 아니다.

---

[5] Barbara Lewalski, *Protestant Poetics and the Seventeenth-century Religious Lyric* (Princeton, NJ: Princeton University Press, 1979), 111.

예표는 또한 원형적 상징과 구분해야 한다. 순전한 예표는 한 번 성취되고, 원형(archetype)은 여러 번 성취된다. 바울에 따르면 그리스도는 유월절이다. 더 이상 올 '성취'는 없다. 그리스도가 오셨으므로, 우리는 뒤를 돌아보면서 그 대응을 보고 옛 것을 하나의 예표로 규명할 수 있다. 본문을 전후 문맥 속에서 강해할 때, 옛 것이 그 의미를 잃어버리지는 않으나 그것에 대한 신적 의도는 (이제 계시된) 성취가 없이는 불완전하다. 다른 한편, 가인은 원형이다. 그는 형제에 대한 증오의 본보기로 제시된다. 자기 형제를 미워하는 모든 사람은 가인처럼 살인자다. 원형적 상징들과 사건들은 그다음 범주에 더 잘 들어맞는 것처럼 보인다.

예표론을 밝히기 위해서는 성경 저자로부터 본문에 있는 어떤 것이 하나의 예표였다는 어떤 전언이 있어야 한다. 그것이 신약에서 '예표'로 불려야 한다거나 '성취된' 공식("이것은 성경이 성취되기 위해 말해진 것이다"와 같은)이 있어야 한다는 말이 아니다. 어떤 항목들에 대한 구체적인 문학적 암시 혹은 언급과 그것들로부터 끌어낸 차후의 신학적 함축일 수도 있다. 그 예표들은 더 큰 대형이 나타난 후에, 시간이 흘러감에 따라 단순한 그림자와 개요로 사라져가면서 계시로써 그것이 지닌 중요성을 잃어버리지는 않는다. 그것들은 그 전후 문맥에서 지닌 의미를 계속 유지하면서 종말론적 선포의 일부가 된다.

예표론과 예언은 매우 밀접하게 관련되어 있기 때문에, 신약 저자들은 그 둘 다를 소개할 때 같은 관용 표현을 사용할 수 있었다. "그것이 성취되도록" 혹은 "그리스도에 대해 말한 것" 혹은 그와 비슷한 모든 표현은 예언의 성취에만 국한할 수 없다. 그보다는 가장 완전한 의미가 전개되는 구약의 예표론적 용어에 대해서도 사용할 수 있다.[6] 제왕 시편들은 분명 예표론적이다. 예수님은 다윗 계열의 왕이므로, 그 시편들은 예수님께도 적용된다. 하지만 고대 왕들에게는

---

6 S. Lewis Johnson, *The Old Testament in the New: An Argument for Biblical Inspiration*(Grand Rapids: Zondervan, 1980), p.66 이하를 보라.

절대 가능하지 않았던 방식으로 적용된다. 시편 22편 역시 예표론으로 분류된다. 시편의 언어는 풍성하지만 예수 그리스도 안에서 역사적으로 사실이 된다. 여러 번에 걸쳐 신약 저자들은 그것의 궁극적 의미가 그리스도의 죽음 및 승귀와 더불어 끝났다는 것을 보여주기 위해 이 본문을 참조했다. 그것은 고난받는 신자들에게 적용될 수 있을 것이다. 하지만 완전한 의미는 오직 그리스도께만 적용된다.

델리치가 말하는 다른 범주인 '예표적으로 메시아적인 시편'은 예표론의 범주에 속한 것처럼 보이지 않는다. 그가 제시하는 실례들은 그리스도의 경험과 대응되지만 말이다. 예를 들어, 시편 34:20은 더 광범위한 의미에서 적용될 수 있는 것처럼 보인다. 그래서 세 번째 범주가 이와 같은 본문들을 포괄한다.

적용

많은 곳에서 신약은 유추에 의해 본문을 적용하는 것처럼 보인다. 그것은 예언이나 예표론이 아니고, 적절한 본문들을 일반적으로 사용하는 것이다. 하지만 그 본문들 중 일부가 그리스도께 적용될 때, 그것이 더 큰 의미와 의의를 지니는 것은 사실이다. 예를 들어, 시편기자의 절친한 벗이 그를 배신한 것을 애도하는 본문은 예수님을 배신한 것에 적용할 수 있다. 유사하기 때문에 그렇게 적용해도 된다. 하지만 그것은 본문의 일반적인 적용이다. 마찬가지로, 베드로는 유다 대신 다른 사람을 뽑을 필요가 있다는 것을 역설하기 위해 시편 69편과 109편의 저주에서 나온 본문들을 적용시켰다. 그 시의 내용은 예수님을 배신함으로 스스로 저주를 자초한 사람에게 맞는 것이었다. 비슷한 방식으로 바울은 사역자들을 후원해야 한다고 주장하기 위해 소에게 재갈을 물리는 것을 금하는 율법을 이용했다. 이 범주에서 우리는 구절이나 본문들이 유추에 근거해서 적용되는 것을 본다. 유대인 선생들, 예수님과 사도들이 그렇게 했다. 그리고 우리도 강해에서 본문들을 적용할 때 종종 같은 일을 한다.

이 세 가지 범주 – 직접적 예언, 예표론, 적용 – 는 신약에서 시편을 사용하는 것에 대해 몇 가지 생각할 수 있는 방법들을 제공할 것이다. 각 경우는 단독적으로 연구해야 할 것이다. 하지만 전반적으로 신약 저자들은 영감으로 기록된 시편들은 신적 계시의 일부이며, 그리스도 예수가 완전하고 충만한 계시가 되리라는 것을 알았다. 그들은 모든 본문이 기독론적으로 성취될 것을 강요하지 않았다. 하지만 시편의 신학, 그리고 구약 전체의 신학이 앞으로 오실 왕을 위한 터를 놓는다는 것을 알고 있었기 때문에, 그중 많은 것을 쉽게 적용할 수 있었다. 그리스도가 고난받고, 죽으신 후 다시 살아나셨을 때, 사도들은 그 본문을 더 들여다보고, 자신들이 전에 이해한 것보다 메시아에 대해 더 많은 것을 말함을 발견했다. 또한 오랫동안 기다리던 하나님의 백성들이 해방되는 의로운 나라의 설립이 재림 때 이루어짐을 깨달았다.

9 | Exposition Of The Psalms
시편 강해

시편 본문으로 강해를 하는 것은 벅차고 힘든 일처럼 보인다. 하지만 강해자들이 기본적인 강해 절차를 따른다면, 잘해나갈 수 있다. 다음에 나오는 논의에서는 따라야 할 절차들을 간단히 살펴보고, 이 연구에서 가장 도움이 될 만하다고 여겨지는 몇 가지 측면에 초점을 맞출 것이다. 그 논의는 논리적 순서를 따를 것이다. 하지만 대부분의 경우 강해자들은 단계들이 중복되는 것을 발견하는데, 이는 어떤 한 분야를 연구할 때 다른 분야에 대한 자료가 발견되는 경우가 종종 있기 때문이다. 또한 모든 단계가 모든 본문에 다 적용되지는 않기 때문이다. 그럼에도 불구하고, 이러한 것들은 강해자들이 준비해야 할 기본적인 것들이다.

본문에 대한 예비적 관찰

시편을 연구할 때 강해자들은 어떤 문학적 단위를 다룰 것인지 결정하지 않아도 된다. 시편이 단위다. 준비를 시작할 때 서너 개의 역본에서 본문을 읽어야 한다. 사람들에게 설명해야 할 중대한 차이점들이 나오는 곳이 어디인지 보기 위해서다. 가장 중요하게 그들은 더 주의를 기울여야 하는 어려운 부분, 연구해야 할 핵심 단어, 시적 장치들과 명확하지 않은 비유적 표현, 시제 번역의 변화들 및 다른 문법적 형태들 등을 유의해야 한다.

비평적 문제의 해결

그다음 단계는 본문 비평을 연구함으로, 본문의 정확한 원래 형태를 가능한 한 결정하는 것이다. 여기에서 대부분의 강해자들은 보다 면밀한 주석들에 의지해서 도움을 받아야 한다. 그다음에 본문 구성 및 본문이 기록되었을 만한 환경 등 다른 중대한 문제들을 살펴보아야 할 것이다.

단어 연구

본문에서 가장 중요한 단어, 신학적 단어, 희귀한 단어, 메시지의 핵심이 되는 단어들을 연구하여 쉽게 설명할 수 있어야 한다. 이러한 것은 본문의 난점들을 정리할 때 이미 만나보았을 것이다. 하지만 이제는 사전, 성구 사전, 단어 연구서 등을 사용해서 연구해야 한다.

문학적 · 구문론적 분석

시적 본문들은 단순한 산문보다 더 도전 의식을 북돋는다. 특히 시편들이 완료 시제 및 미완료 시제를 사용하는 방식을 살펴볼 때 그렇다. 히브리어를 아는 사람들은 문법을 복습할 필요가 있을 것이다. 적어도 번역과 주석들을 이해하기 위해서다. 시제들 및 완료 시제의 통상적 사용 범위를 연구할 때, 예언적 완료를 검토해야 한다. 그리고 미완료 시제에 대해서는 와우 연속사가 있는 미완료[혹은 과거형(preterite)이라고도 불린다]를 살펴보는 것이 도움이 된다. 시에서는 이따금 그것이 와우 없이 사용되기 때문이다. 미완료 시제의 법적 용례(modal uses) 중 많은 것이 나올 것이다.

영어 번역본을 개관할 때 강해자들은 시제 번역의 차이에 대해 정신을 바짝 차리고 보아야 한다. 어떤 역본에서는 단순 미래 시제(미완료)를 사용하는데, 다른 역본에서는 그것을 기도(청유형)로 만드는 경우가 종종 있다. 강해자는 어떤 것이 더 적합한지 결정하기 위해 전후 문맥을 연구해야 할 것이다.

시의 분석

시편을 연구하면서 시편의 문학적 유형을 살펴보면 도움이 된다. 그 유형이 독특한 구조를 갖고 있다면 말이다. 이것을 알게 되면 강해자는 시편의 서로 다른 부분들을 명확히 분리하면서도 또한 메시지의 올바른 어조(찬양인지 탄식인지)를 유지하는 데 도움을 받을 수 있다.

그다음에 중대한 비유적 표현들을 연구해서 그 용법의 완전한 의미가 무엇인지 결정해야 한다. 이것은 처음에는 쉽지 않을 것이다. 하지만 강해자가 시편들을 연구할수록 그 글에 익숙해질 것이다. 비유적 표현은 자주 쓰이기 때문에 시간이 흐르면 연구하기 더 수월할 것이다.

석의적 종합

강해자들은 시편의 개요와 요약을 만드는 것이 중요하다. 그것은 그 시편을 이해하고 쉽게 설명할 수 있도록 도와줄 것이다. 이것 역시 처음에는 큰 일처럼 보일지 모르지만, 조금만 지나면 좀 더 빨리할 수 있다. 본질적으로 이 단계에서 강해자들은 구절들 및 구절들의 무리가 말하는 것을 자신의 말로 표현하는 것이다. 이것은 그들이 강해를 전달할 때 해야 할 일이다. 강해 개요로 바꾸기 전에 석의적 개요를 만들면 강해가 본문에 충실해지고 전체 본문을 빠짐없이 다룰 수 있을 것이다. 나는 각 시편에 대한 석의적 개요를 준비했다. 그다음에 주석 부분에서 주된 요점들을 강해적 개요로 바꾸었다. 꼭 이 개요에 따라 본문을 나누고 요약해야 하는 것은 아니다. 하지만 강해자들이 자신의 사고를 전개하는 과정에서 이것을 이용하면 좀 더 쉽게 할 수 있을 것이다. 다음에 나오는 것은 내가 성경 본문에서 사용하는 방법을 예시하기 위해 상세하게 석의 및 강해 과정을 적어놓은 것이다.

어떤 본문을 종합하는 것은 먼저 석의적 개요를 만들고 그다음에 석의적 요약을 만드는 것으로 시작된다. 대부분의 강해자들은 이 단계를 빠뜨린다. 하지만 나에게는 그것이 중간 단계이기는 하지만, 매우 중대한 단계 중 하나다. 본문 개요를 만들어야 하는 이유는 다음과 같다.

1. 본문의 논지를 따라가기 위해
2. 바로 앞뒤 전후 문맥에서 사상들이 어떻게 바뀌는지 보여주기 위해
3. 본문이 말하는 것을 자신의 말로 표현하기 위해

그다음에 청중의 다음과 같은 반응을 유도하기 위해 그 개요를 이용해야 한다.

1. 당신의 논의를 따라오게 하기 위해
2. 본문의 신적 계획을 볼 수 있게 하기 위해
3. 그들이 스스로 그 부분을 요약하기 위해

1. 석의적 개요 만들기

석의적 개요란 본문의 내용을 자신의 말로 묘사하는 것이다. 그것은 주제만 쓰는 것이 아니라 제대로 된 문장으로(완전한 사고) 써야 한다. 또한 역사적이어야 하며 어법은 서술적이어야 한다. 그리고 해석을 해야 하며, 어려운 상태로 놔두어서는 안된다. 시편 2편을 이용하여 이것을 논해보겠다.

1 단계: 각 구절을 한 행씩 요약하라
시의 각 행(보통 영어의 각 구절)에 대해 자신의 말로 짧은 요약 진술을 써보라(이것은 설교에서 각 행을 설명하기 위한 탁월한 준비다). 그것이 흔하고 사람들이 잘 이해하는 관용구가 아니라면, 비유적 표현을 그냥 두지 말고 가능하면 해석하여 의미를 제시하라. 대구법이 재진술을 하고 있다면 재진술을 하지 말고 구절 전체를 하나의 단위로 해석하라. 완전한 문장들을 사용하라. 이 단계에서는 최종 형태를 염려하지 말고, 다만 해석의 정확성에 대해서만 신경쓰라. 시편 2편은 다음과 같이 요약할 수 있을 것이다.

1) 시편기자는 민족의 지도자들이 성공할 수 없는 반역을 꾀하는 것에 대해 놀라움을 표현한다.
2) 시편기자는 이 세상의 군왕들이 여호와와 그분의 기름부음 받은 자를 대적하기로 했다고 말한다.
3) 시편기자는 여호와와 그분이 세운 왕의 권위에 반역하기로 한 그들의 결심을 말로 나타낸다.

4) 시편기자는 여호와가 그들의 우스운 계획을 비웃으신다는 것을 나타낸다.
5) 시편기자는 언젠가 여호와가 분노로 심판을 선언하시며 이 반역자들을 놀라게 하실 것이라고 예언한다.
6) 시편기자는 시온산의 보좌에 그분의 왕을 세우셨다는 여호와의 선언을 인용한다.
7) 시편기자는 자신이 기름부음 받은 왕이라고 선언하는 언약 조항을 암송하겠다는 왕의 결심을 인용한다.
8) 시편기자는 여호와께서 구하면 모든 민족을 그의 소유로 주시겠다고 약속하셨다는 왕의 단언을 인용한다.
9) 시편기자는 여호와가 그에게 반역하는 민족들을 멸하라고 명하셨다는 왕의 단언을 인용한다.
10) 시편기자는 열방의 사람들에게 그의 조언에 주의를 기울이라고 권한다.
11) 시편기자는 그들에게 여호와를 경외하라고 권한다.
12) 시편기자는 열방에게 여호와의 심판이 가까이 오고 있으니 그분의 왕에게 충성을 바치라고 권한다.

2단계: 요약들을 그룹으로 묶으라

행별 요약들을 연구해서 그중 어떤 것을 시편 문학 형태 구조별로(판별할 수 있다면), 그리고 주제별로 자연스러운 단위로 묶을 수 있는지 살펴보라. 나는 이 시편에 대해 각각 세 구절씩 네 부분으로 나누어 내용을 정리할 수 있다고 제안한다.

1–3절	처음 세 구절은 여호와와 그분의 왕을 타도하고자 하는 반역적 나라들의 활동을 기술한다.
4–6절	그다음 세 구절은 그들의 우스운 계획에 대한 여호와의 반응을 기록한다.
7–9절	다음 세 구절은 모두 여호와의 선택받은 자로서 자신의 권리와 특권들을 보여주는 왕의 결심을 논한다.

> **10-12절** 마지막 세 구절은 모두 이 어리석은 나라들에게 왕께 복종하고 여호와의 참된 예배자가 되라는 시편기자의 권고를 기록한다.

3단계: 각 그룹을 요약하라

본문 나누기가 끝나면, 각 그룹에 대한 요약을 쓰라. 이 요약들에는 거기 속한 구절들의 내용이 포함되어야 한다. 하지만 개별적 요약보다는 덜 상세하게 써도 된다. 이 그룹의 요약들은 이제 시편의 로마숫자가 될 것이며, 거기 속한 구절 요약(혹은 다른 세부적 부분들의 요약)은 소 요점들이 될 것이다. 다음에 나오는 것은 시편 2편에 대한 나의 최종적이고 다듬어진 개요다. 하지만 여기 이르기 위해 압축하기, 편집하기, 고쳐 쓰기라는 약간의 중간 단계들을 거쳤다는 사실을 유념하라.

I. 시편기자는 어떻게 이방 나라들이 여호와와 그분의 기름부음 받은 왕에 대항하여 반역하고자 어리석은 것을 바라는지 나타낸다(1-3절).
　A. 그는 이방 나라들의 소란스럽고도 헛된 결심에 놀란다(1절).
　B. 그는 이방 나라들의 결심을 설명한다. 그들은 서로 연합하여 여호와와 그분의 기름부음 받은 자의 권위를 끝내려 했다(2-3절).
　　1. 통치자들이 여호께 대항하여 함께 비밀회의를 한다(2절).
　　2. 그들은 그분의 권위에서 달아나기로 결심한다(3절).
II. 시편기자는 시온의 보좌에 그분의 왕을 세우려는 여호와의 결심을 나타낸다(4-6절).
　A. 하늘의 주권적인 여호와가 그들의 비약한 계획을 비웃으신다(4절).
　B. 여호와는 그들에게 분을 발하사 그분의 왕을 임명한다고 말씀하신다(5-6절).
　　1. 그분은 진노 가운데 말씀하사 그들을 놀라게 하실 것이다(5절).
　　2. 그분은 그들의 반역에도 불구하고 그분의 왕을 세우리라고 발표할

것이다(6절).

III. 시편기자는 왕이 당연한 권리로 다스린다는 것을 보여주기 위해 왕의 단언들을 나타낸다(7-9절).
   A. 왕은 언약 규정들을 선언하기로 결심한다(7절 상).
   B. 왕은 언약에 나오는 '아들'로 즉위함, 땅을 유업으로 받음, 주권적 지배 등의 하나님의 약속들을 반복한다. (7절 하 -9절).
     1. "오늘" 여호와가 그를 왕으로 만드신다(7절 하).
     2. 여호와가 그에게 그분의 나라를 구하라고 권하신다. 그가 반역자들을 지배하도록 하기 위해서다(8-9절).
IV. 시편기자는 어리석은 나라들에게 심판이 급히 임하지 않도록 새 왕에게 복종하라고 권면한다(10-12절).
   A. 그는 이방 나라들의 지도자들에게 지혜를 얻으라고 명한다(10절).
   B. 그는 그들에게 급하게 심판을 받지 않기 위해 왕에게 복종하여 하나님을 섬기라고 명한다(11절).
   C. 그는 그분을 신뢰하는 사람들에게 복이 있다고 말한다(12절).

이와 같은 석의적 개요가 지닌 한 가지 가치는 본문의 각 행이 말하는 것을 당신 자신의 말로 분명하게 진술했다는 것이며, 그것은 당신의 강해를 매끄럽게 흘러가게 할 것이다. 또한 각 부분들 및 부분 안에 속한 구절들을 그룹으로 묶었다. 그래서 본문을 한 번에 몇 부분씩 다룰 수 있다. 그 부분들은 본문의 논지 순서에 따라 흐른다. 그래서 청중을 위한 전개를 추적할 수 있다. 이 단계를 밟았다면, 설교를 위한 개요가 쉽게 나올 뿐 아니라 본문의 개요를 정확하게 정리할 수 있다.

2. 석의적 요약 쓰기

지금 우리가 하고자 하는 일은 전체 본문을 한 문장으로 요약하는 것이다. 이렇게 하면 시편의 통일성과 조직을 보여줄 수 있다. 그것을 하는 방법은 앞에서 썼던 로마숫자로 된 요점들을 모아서 하나의 문단으로 만드는 것이다. 그다음에 본문의 어떤 부분이 중심 사상, 중심 초점, 혹은 절정이 될 것인지 결정하는 것이다(여기에서 나는 모든 것이 이방 나라들에 대한 시편기자의 권고로 이어진다고 결정했다. 그래서 그것이 나의 중심절 혹은 문장이 될 것이다. 그리고 다른 부분들은 이것에 종속된다).

먼저 요점들을 한데 모아 편집하고, 응축하며, 더 짧은 형태로 바꾼다. 마음속에서 몇 가지 요점은 주절에 종속된 절로 바꾼다.

여기에 예가 될 만한 문장들이 있다. 시편기자는 나라들이 어떻게 어리석게 여호와와 그분의 기름부으신 왕에 대해 반역하고자 하는지 나타낸다. 시편기자는 시온의 보좌에 그분의 왕을 세우시려는 여호와의 결심을 나타낸다. 시편기자는 자신이 어떤 권리로 다스리는지 보여주려는 왕의 단언을 나타낸다. 시편기자는 어리석은 나라들에게 심판이 속히 임하지 않도록 왕에게 복종하라고 권면한다.

당신이 글쓰기와 편집에 능하지 않다면, 실제로 사용할 수 있는 형태로 만들기 위한 약간의 편집이 필요할 것이다. 그 과정을 거치면 당신은 이 시편의 개념들에 매우 집중하게 되어, 그것을 분명하고도 충분히 생각할 수 있게 될 것이다. 당신은 아직 설교 개념을 쓰고 있지는 않지만, 이 시편의 내용에 대한 적절한 요약을 쓴 것이다. 그것은 한 문장짜리 요약이 될 만큼 충분히 간략해야 한다. 하지만 오직 이 시편에만 해당할 정도로 충분히 정확해야 한다. 내가 최종적으로 다듬은 시편 2편에 대한 문장 요약은 다음과 같다.

시편기자는 이방 나라들에게 여호와와 그분의 기름부음 받은 왕에 대해 반역하려는 우스꽝스러운 계획을 버리고, 하나님이 나라들을 소유하고 그들의 반역을 끝내기 위해 정하신 이 왕의 권위에 복종하라고 권면한다.

물론 이것을 다른 식으로 요약할 수도 있을 것이다. 하지만 나는 이렇게 표현하기로 했다. 이것은 성경 전체에서 오직 이 본문에만 맞는 말이다. 그리고 이것은 본문의 주요 부분들을 적절히 다룬다. 이것은 어리석은 사람들에 대한 시편기자의 조언을 강조한다. 그에 비추어 우리는 이 시편이 어느 정도 전도적이라고 볼 수 있다!

3. 강해 개요 만들기

강해 개요 만들기는 어렵지 않다. 그것은 본문을 자신의 말로 설명할 수 있게 해준다. 하지만 그것이 강해 개요라면, 그것은 역사적 교훈(그때 거기서 일어난 일을 진술하는 것)이지, 현재 청중에게 해당하는 메시지는 아닐 것이다. 그리고 사람들이 당신이 말하는 것만 듣고 그것을 받아들이기는 너무 어려울 것이다. 석의 개요를 만들면 강해 개요를 쓰는 것이 좀 더 쉬워질 것이며, 그 메시지의 개요가 실제로 본문에 맞도록 해줄 것이다.

로마숫자로 된 요점들을 취해서 그것을 더 짧고 직접적이며 객관적인 명제적 진술로 바꾸라. 그 진술들은 더 이상 역사적이고 서술적인 것이 아니라, 시간을 초월하고 신학적인 것, 그러면서도 여전히 본문에 꼭 맞는 것이 될 것이다. 따라야 할 방법은 보통 개념들을 추상화해서, 일반 원리를 얻기 위해 대체하는 것이다. 그것이 제대로 효과를 발휘하는지 보기 위해 적용할 시험 기준은 당신이 쓰는 원리가 당신의 설교를 듣는 현대의 청중 뿐 아니라 원래의 독자들에게도 맞는지 결정하는 것이다. 시편 2편에서는 다음과 같은 설교 혹은 강해 개요를 얻을 수 있다.

I. 어리석음: 인간들이 하나님의 권위를 떨쳐버리려는 것은 무익한 일이다 (1-3절).

II. 하나님의 계획: 하나님의 주권적 권위는 그분의 '아들'의 통치를 확립한다 (4-6절).

III. 메시아의 주장들: 하나님의 기름부음을 받은 왕이 절대적 권위를 가지고 세상을 다스리실 것이다(7-9절).

IV. 지혜: 인간들이 하나님의 아들에게 복종함으로 하나님의 심판에서 피난처를 발견하는 것은 지혜로운 일이다(10-12절).

이 요점들은 그 부분에서 구절들을 포괄하는 원리들이며, 더 이상 역사적인 서술이 아니다. 진술들이 표현된 방식은 오늘날의 청중을 포함하면서도 원래의 청중에게도 분명하고 유용할 것이다. 그것들은 초월적인 진리들이다(그러므로 신학을 형성할 때 구약과 신약을 묶도록 애써야 한다). 강해자가 "그리스도인들은 …할 필요가 있다"라는 말로 요점을 표현한다면, 옛 청중이 배제된다. 만일 "이스라엘은 …해야 했다"라고 말한다면, 그것은 강해자의 말을 듣는 현대의 청중을 제외시킬 것이다. 강해자는 두 맥락 모두에서 말해도 그 부분의 요점에 대한 적절한 요약이면서 듣는 사람들에게 적절한 것이 되도록 원리를 잘 구성해야 한다. 다시 말해, 몇 구절에 대한 석의적 해석을 취해서 그 구절들을 통해 하나님이 실제적이고 신학적으로 말씀하시는 것을 진술하는 것이다. 이 단계에서는 쓰는 것보다 생각하는 것이 더 필요하다.

4. 강해적 개념 쓰기

이제 통합에서 마지막 단계는 개요에서 했던 것처럼 석의적 요약을 줄여서 더 짧은 문장으로 만드는 것이다. 이것은 분명한 신학적 진술로, 현대 청중을 포함하면서도 원래의 맥락에도 맞도록 표현된 것이다. 이것은 시편의 중심 주제다. 그래서 강해자가 전달하려는 메시지의 중심 주제다. 이것은 본문에 대한 성경 신학을 석의적으로 추론하고, 응축하며, 설교적 목적을 위해 수사학적으로 효과적인 진술로 표현한 것이다. 강해자는 그저 이 진술을 해설할 뿐만 아니라, 이 개념에 대한 표현이 강해자의 강해가 과녁을 제대로 맞히고, 청중들이 메시지의 주요 주제를 파악할 수 있도록 해줄 것이다. 강해자의 메시지는 어떻게 이 개요와 개념에 도달했는지 보여주기 위해 시편을 설명할 것이며, 그러고나서 이런 신학적 개념들에 기초해서 적절한 주장들을 밝힐 것이다. 시편 2편에 대해 나는 이렇게 썼다.

메시아의 권위에 복종하는 것은 지혜롭다. 하나님이 세상을 다스릴 것이라고 선언하셨기 때문이다.

분명 본문에는 이 문장에 나오는 각 단어 혹은 문구들에 대한 많은 세부 사항 및 관련된 개념이 있다. 하지만 이것은 그 시편의 주된 요점을 포착한다. 그 교훈이나 설교를 전달하는 것은 본문 자체로부터 충분한 자료를 가져다가 어떻게 이 개념과 개관이 발전했는지 보여주는 것이 되어야 한다. 강해적 개념은 단순히 시편 강해에 대한 기억하기 쉬운 요약 진술을 제공한다.

이것을 만들고 난 후에는 메시지를 위해 꼭 필요한 나머지 것들을 만들 수 있다. 어떤 단어들을 설명할 것인지, 배경지식에 대해서는 어느 정도 시간을 들일 것인지, 어떤 예화를 덧붙일 것인지, 언제 다른 성경과 연결할 것인지 등등이다. 이 모든 것은 메시지 안에서 그 유용성과 효용성이 평가되어야 한다. 시간 관계상, 혹은 그 메시지를 전달하는 경우에 따라 메시지에 더 중요한 다른 것들을 다루기 위해 생략해야 하는 것들이 있다. 준비할 때는 언제나 강해에서 전달할 수 있는 것보다 더 많은 것을 모으고 더 많이 배워야 한다. 특히 긴 시편인 경우 더 그렇다.

본문의 신학

본문의 신학은 대단히 분명해졌다. 하지만 그것이 시편 요약과 똑같지 않다면 그것을 분명하게 진술해야 한다. 강해를 할 때 본문의 신학적 세부 사항들을 말할 수 있도록 조직하라(본문이 하나님, 그분의 이름, 본성, 행동에 대해 무엇을 말하는지, 그리고 그것이 사람들, 그들의 이름, 본성, 행동에 대해, 언약에 대해 무엇을 말하는지 연구하라).

신학적 개념 및 어떤 사소한 부분이라도 전체 성경, 특히 신약의 신학에 관련시키라. 여기에는 신약이 어떻게 시편을 이용하는지 혹은 신약이 어떻게 동일한 실제적 혹은 신학적 문제를 다루는지 살펴보는 것이 포함된다. 이런 식으로 사람들은 의식과 다른 환경들은 바뀌었을지라도, 시편의 메시지를 여전히 적용할 수 있다는 것을 보게 될 것이다.

적용

마지막으로, 강해는 실제적 적용을 개발할 필요가 있다. 때로는 시편이 당신을 위해 이 일을 해줄 것이다. 그 시편들이 교훈적이거나 교육적인 것이라면 더욱 그렇다. 그렇지 않은 경우에는 시편기자와 상황, 오늘날 신자들의 상황 사이에서 유추해야 할 것이다. 적용은 성경 강해에 기초해서 사람들이 무엇을 믿었으면 하는지, 그 속에서 무엇을 행했으면 하는지 말할 수 있어야 한다.

시편을 설교하거나 가르칠 수 있는 방법은 여러 가지다. 석의적 강해라는 이 방법은 그중 하나일 뿐이다. 하지만 이는 전체 시편을 분명하고 흥미로우며, 의미 있는 방식으로 설명하고, 상호 관련시키며, 적용하도록 보장하는 한 방법이다.

10. 복 있는 삶 (시편 1편)
The Life That Is Blessed PSALM 1

서론

본문과 다양한 역본들

1 복 있는 사람은
　　악인들의 꾀를 따르지 아니하며
　　죄인들의 길에 서지 아니하며
　　오만한 자들의 자리에 앉지 아니하고
2 오직 여호와의 율법을 즐거워하여
　　그의 율법을 주야로 묵상하는도다
3 그는 시냇가에 심은 나무가
　　철을 따라 열매를 맺으며
　　그 잎사귀가 마르지 아니함 같으니
　　그가 하는 모든 일이 다 형통하리로다[1]
4 악인들은 그렇지 아니함이여[2]
　　오직 바람에 나는 겨와 같도다[3]

5 그러므로 악인들은 심판을 견디지 못하며
   죄인들이 의인들의 모임에[4] 들지 못하리로다
6 무릇 의인들의 길은 여호와께서 인정하시나
   악인들의 길은 망하리로다

구성과 전후 문맥

시편 1편은 의인의 길과 악인의 길을 대조하고 악인에게 적대감을 표출할 장을 마련해준다. 또한 시편 2편과 함께 시편 모음 전체의 서론을 형성한다. 시편 2편은 제왕시로, 하나님의 통치와 인간의 군주정 사이의 연관을 제시한다. 시편 1편은 왕에 대해서는 아무것도 말하지 않고, 의인의 길, 곧 여호와의 율법에 따라 사는 길에 초점을 맞춘다. 이 두 시편을 합하면 시편 전체의 주요 주제를 알게 된다. 그것은 의인들이 악인들 사이에서 살아야 하는 길과, 의인들이 하나님이 선택하신 그들의 왕 안에서 갖게 된 구원이다.[5] 시편 1편은 독자들에게 하나님의 말씀을 따라 자기의 삶을 정하는 사람은 이생과 내세에서 성공할 것이지만, 하나님의 말씀을 거부하는 사람들은 그분의 심판을 벗어날 소망이 없음을 상기시키는 말로 시작한다. 시편의 메시지는 하나님 말씀 묵상의 중요성을 중심으로 한다(그래서 학자들은 시편을 종종 토라 시편으로 연구한다[6]).

---

1 헬라어는 '형통하게 될 것이다'(shall be prospered)라고 번역할 수 있다.

2 헬라어는 οὐχ οὕτως, '그렇지 아니함이여…그렇지 아니함이여'를 반복한다.

3 헬라어는 πὸ προσώπου τῆς γῆς, '땅 표면으로부터'라는 말을 덧붙인다.

4 בַּעֲדַת, "모임에"(in the congregation) 대신, 헬라어는 ἐν βουλῇ, "꾀에"(in the counsel)라고 되어 있다. 이것은 1절에서 히브리어 בַּעֲצַת에 대해 사용한 것과 똑같은 단어다.

5 P. D. Miller, "The Ruler in Zion and the Hope of the Poor: Psalms 9–10 in the Context of the Psalter," in *David and Zion, Biblical Studies in Honor of J. J. M. Roberts*, ed. by B. F. Batto and K. L. Roberts(Winona Lake: Eisenbrauns, 2004), p.187–198을 보라.

6 J. L. Mays, "The Place of Torah Psalms in the Psalter," *JBL* 106(1987): 3–12를 보라. 또한 H. W. Wolff, "Psalm 1", *EvTh* 9(1949, 50): 385–394도 보라.

이 시편은 여호와의 율법에 기초한 의로운 삶에 주의를 집중시키도록 묶여 있다.[7] 처음 세 구절은 하나님의 말씀을 따라 사는 신자의(2절) 시들지 않고(3절) 복된(1절) 삶을 제시한다. 시편의 두 번째 부분은 강력한 대조를 제시한다("악인들은 그렇지 아니함이여"). 이는 악인의 삶이 가치 없으므로, 그들이 하나님의 심판을 받고 망한다고 묘사한다. 이 시편의 마지막 구절은 적절한 결론을 제공한다. 의인의 길은 구원의 길이다. 악인의 길은 심판의 길이다.

이 시편의 저자나 연대를 나타내는 것은 아무것도 없다. 주석가들은 다양한 제안을 한다. 그중 하나로, 크라우스는 연대가 BC 1세기 혹은 2세기로 추정된다고 결론내렸다.[8] 또한 페로운은 그 시편에 지혜 문학의 서너 가지 주제가 들어 있음을 주목하면서, 전통적인 이른 연대(솔로몬 시대의)를 제시했다.[9] 그것은 의인을 악인과 대조했고, 여호와를 경외하는 것과 율법을 사랑할 것을 강조했으며, 의인에게는 상이, 악인에게는 심판이 불가피하게 임한다고 결론을 내렸다. 우리는 일반적인 지혜 문학과 마찬가지로 시편 1편이 직유법을 사용하고, "복 있는 사람은"이라는 표현을 사용하며, 그 장르에 흔한 어휘들을 사용한다는 것에 주목할 수도 있다. 이것은 지혜 시편으로 여호와의 율법에 따라 사는 지혜를 칭송한다. 하지만 많은 현대 학자가 이 시편을 바벨론 포로 이후인 늦은 시기에 쓰였다고 생각하는 이유는 그것이 여호와의 말씀을 묵상하는 것에 대해 강조하기 때문이다(서론을 보라). 브로일스는 이 시편에 표제가 없는 것, 특히 일관되게 표제를 사용하는 제1권에 속했는데도 표제가 없는 것은 이 시편과 다음 시편이 시편 모음집의 서론 역할을 하려고 추가되었음을 나타낸다고 주장했

---

7 시적 구조에 대한 좀 더 상세한 연구로는 Sebastian Bullough, "The Question of Meter in Psalm I," *VT* 17 (1967):42-49; and Walter Vogels, "A Structural Analysis of Ps 1," *Bib* 60(1979): 410-416을 보라.

8 그는 그때가 '회중'과 모든 이스라엘은 별개였고, 율법 연구가 그 무렵에는 좀 더 일반적인 것이 되었으며, 참으로 복받은 개인은 세상적 삶의 동향과는 반대되는 삶을 살던 때였다고 추론한다(Hans-Joachim Kraus, *Psalms 1-59*, p.114-115). 성경에는 바벨론 유수 이전의 이스라엘에서도 이러한 특징들을 판별하는 충분한 증거가 나온다.

9 J. J. Stewart Perowne, *The Book of Psalms*, I:108.

다.[10] 이 시편들이 모든 시편이 수집된 다음에 추가된 것인지 아닌지는 입증하기 어렵다. 또한 기록된 연대를 정하는 것도 똑같이 어렵다. 하지만 그것이 바벨론 포로 이후에 기록된 것이어야만 하는 필연적인 이유는 없다. 이전에 기록된 시편을 택해서 시편 모음집의 서론 일부를 형성할 수도 있었을 것이다.

석의적 분석

요약

시편기자는 하나님 말씀에 따라 시들지 않고 형통하는 삶을 사는 복된 개인을 묘사하며, 심판의 날에 멸망할 악인의 무가치한 삶과 대조한다.

개요

I. 시편기자는 여호와의 말씀에 따라 시들지 않고 형통하는 삶을 영위하는 복된 개인을 묘사한다(1-3절).
   A. 그는 시들지 않은 삶의 복됨을 알린다(1절).
   B. 그는 이 삶을 여호와의 율법을 묵상하는 것의 덕으로 돌린다(2절).
   C. 그는 열매 맺는 나무라는 이미지로 의인의 형통함을 묘사한다(3절).
II. 반대로, 시편기자는 악인은 쓸모없고 소망이 없다고 묘사한다(4-5절).
   A. 그는 겨의 이미지로 악인의 쓸모없음을 묘사한다(4절).
   B. 그는 최종적으로 악인이 의인들로부터 분리될 것을 예언한다(5절).
III. 시편기자는 악인은 멸망하지만 여호와는 의인들을 구원하실 거라는 결론을 내린다(6절).

---

10 Craig C. Broyles, *Psalms*, p.42.

강해 형태의 주석

I. 의인의 길: 하나님의 복을 받은 사람들은 그분의 말씀에 따라 시들지 않고 형통한 삶을 영위한다(1-3절)

A. 의인은 시들지 않는 삶을 영위한다(1절)

1절은 의인의 삶에 대한 요약 서술이다. 이는 그들의 영적 상태를 알리는 말로 시작하며, 그후 3절로 그 상태를 한정한다. 그들의 상태는 그들이 '복 있는'(אַשְׁרֵי) 사람들이라는 것이다. 이 용어는 하나님과 올바른 관계를 맺은 사람들의 기쁨에 찬 영적 상태와 그것에서 유래한 기쁨과 만족을 말한다. 그것은 추상적 복수로, 기쁨의 충만함을 강조한다. 그것은 이렇게 풀어 쓸 수 있을 것이다. "오, …하는 사람[11]이 누리는 하늘의 복됨이여."[12]

이 세 개의 관계사절을 따라 복된 삶이 설명된다. 이 절들에는 점점 더 의미

---

11 본문은 '사람은 복되도다'(blessed is the man)라고 말하지만, '사람'(man)이라는 말은 남자에게만 적용되는 것이 아니라, 경건한 삶을 살려 애쓰는 모든 사람에게 적용할 수 있다.

12 '행복하다'(happy)라는 번역은 의미를 그다지 잘 포착한 것이 아니다. 행복은 일어나는 일에 근거한 피상적 느낌일 수 있다. 이 단어는 일어나는 일과는 상관없이, 자신이 하나님과 올바른 관계를 맺고 있음을 아는 것에서 오는 기쁨과 만족을 말한다. 또한 W. Janzen, "Asre in the Old Testament", *HTR* 58(1965): 215-226을 보라.

13 Andre Gunnel, "'Walk', 'Stand', and 'Sit' in Psalm i 1-2" *VT* 32(1982): 327. 이 구절에서 사용된 단어들은 잠언에 흔히 나오는 것이지만, 신명기 6:7도 상기시킨다. G. W. Anderson, "A Note on Psalm i 1", *VT* 24 (1974): 231-34와 S. Reif, "Ibn Ezra on Psalm i 1-2", *VT* 34(1984): 232-36을 보라.

14 "악인"에 해당하는 단어(רָשָׁע)는 시편에 매우 흔하게 나온다. 그리고 그것은 좋은 번역이기는 하지만, 처음에는 약간의 설명을 요한다. 현대 번역들은 옛 번역판들에 나오는 "불경한"(ungodly)이라는 말보다 "악한"(wicked)이라는 말을 더 선호한다. 하지만 본문을 무심결에 읽는 사람들에게는 이 말이 특별히 악하고 위험한 불신자들만 말하고 있으며, 불신 친척이나 친구를 "악인"이라고 부르지는 않다는 인상을 줄 수 있다.
이 단어는 기본적으로 언약에 속하지 않은 사람들, 신자가 아닌 사람들, 따라서 불경한 사람들을 말한다. 주된 개념은 그들이 여호와를 믿는 믿음에 이르지 못했고 그들의 죄에 대해 사함을 받지 못했으므로, 유죄 판결을 받으며 하나님의 벌을 받아야 마땅하다는 것이다. 어떤 곳에서는 형용사뿐 아니라 동사도 '유죄'라고 번역해야 한다. 정죄를 받는 사람들은 하나님의 심판을 기대할 수 있을 뿐이다. 창세기 18:23과 25절에서 아브라함은 의인이 심판을 받아 마땅한 사람들, 곧 악인들과 함께 멸망당할 수도 있다는 것을 염려한다.

가 강해지는 세 개 한 세트로 된 용어(triology)가 세 세트 나온다.[13] 첫째, 세상의 사람들을 나타내는 세 가지 용어는 "악인", "죄인", "오만한 자"다. 여기에서 "악인"(ungodly, רָשָׁע)은 불신자들, 언약에 참여하지 못하므로 하나님 앞에 여전히 죄 있는 상태로 있는 사람들이다.[14] "악한"이라는 번역은 그들이 오로지 악한 일들만 한다는 인상을 준다. 이것은 때로는 사실일 수도 있다. 그리고 그들의 행위를 묘사하는 어떤 맥락에서는 "악한"이라는 것이 더 나은 번역일 수도 있다. 이 단어는 또한 친절해 보이는 사람들, 심지어 회중의 일부인 사람들을 묘사할 수 있다. 그들은 그저 경건하지 않을 뿐이다. 그다음으로 강렬한 말은 "죄인"(חַטָּאִים)이라는 단어다. 이 말은 몰라서 혹은 의도적으로 하나님을 순종하지 못하는 사람들을 말한다.[15] 마지막으로 "오만한 자들"(לֵצִים)이 있다. 의인을 조

성경에서 '악한'이라는 말은 분명 악하게 행동하는 사람들의 특징을 규정하는 말로 사용된다. 그들은 이스라엘의 율법에 대한 어떤 범죄나(사 58:4; 잠 10:2, 12:3, 16:12를 보라), 윤리적 도덕적 활동 영역에서 어떤 악한 행동을 저질렀을 수 있을 것이다(신 9:27; 렘 14:20을 보라). 그들은 그들의 죄가 하나님의 율법에 거역하는 것이기 때문에 유죄라고 선언된다. 이 단어는 율법을 범하는 것에 대해 말할 뿐 아니라, 종종 의인들을 공격하고 그들을 멸망시키려 하는 사람들을 말한다. 악한 자들에게서 보호해달라는 시편기자의 기도가 입증하는 바와 같이(예를 들어, 시 9:5-6, 10:2, 17:13). 이런 의미에서 이 말은 특히 바로(출 9:27), 바벨론(사 14:5), 갈대아 사람들(합 1:4, 13절)의 큰 악함에 대해 사용된다. 그들은 모두 하나님의 백성을 파괴하려고 여념이 없는 사람들이다. 우리는 시편기자가 피에 굶주린 사람들에게 둘러싸인 채 "하나님이여 주께서 반드시 악인을 죽이시리이다"(시 139:19)라고 간청하는 것에 쉽게 공감할 수 있다.

이 단어는 분명 악한 일들을 행하는 사람들을 칭하는 것일 수 있다. 또한 기본적으로 불신자들, 그저 경건하지 않은 사람들을 묘사하는 말일 수도 있다. 그들에게는 하나님을 공경하는 마음이 없다. "불경한" 사람들은 참으로 악한 행동들을 할 수도 있다. 하지만 그들은 또한 유쾌하고 친절한 것처럼 보일 수도 있다. 그들은 심지어 회중에 속한 사람일 수도 있다(시 50:16). 그렇기 때문에 그가 예배에 참석하는 것은 위선적이다. 그들은 하나님의 말씀에 순종할 생각이 없으며, 간음하는 자들이나 도둑들과 교제하는 것이 더 편안하고, (무엇보다) 그들 자신이 심술궂은 비방자들이다. 본문이 불신자의 악한 행동들을 자세히 쓰고 있지 않다면, 사람들이 이 단어가 모든 불신자를 언급하고 있음을 확실히 알도록 하기 위해 "불경한"이라는 의미가 더 적절한 번역일 수 있다. 이 사람들 중 일부는 우리가 보기에는 선한 사람들처럼 보일 수도 있다. 하지만 하나님에 관한 한 그들은 '악한' 사람들이다. 그들은 자신들의 창조주를 거부하고 그분의 율법을 위반하며 살기로 했으며, 그분이 주시는 구원을 거절하기 때문이다. 그들은 하나님 앞에서 유죄이며 정죄를 받는다(시 1:6).

메시아적 예언들에 보면 어떻게 여호와가 의인들을 사랑하시기 때문에 악인들을 미워하시는지 나온다(시 45:7). 그분은 통치하러 오실 때 모든 악을 뿌리 뽑으실 것이다(사 11:4). 여호와의 심판이 불경한/악한 사람들에게 임할 것이라는 것을 예상할 때, 할 수 있는 말은 악인에게는 평강이 없다는 것뿐이다(사 57:21). 잠언 전체에서 그런 악을 전적인 어리석음이라고 말하는 것도 놀라운 일이 아니다. 그것은 이생에서나 내세에서나 멸망으로 이끌기 때문이다.

15 '죄'(חָטָא)라는 동사는 "과녁, 목표, 혹은 길을 벗어나다"라는 의미다(시 51:2의 같은 단어를 보라).

롱하고 그들의 진실함을 파괴하는 자들이다. 이 말은 아마도 그들이 하는 말에 초점을 맞추고 있을 것이다. 이 동사는 다른 곳에서는 '해석하다' 혹은 '통역하다'(창 42:23)라는 의미로 사용되기 때문이다. 이 사람들은 하는 말이 사악하며, 종종 이중적 의미를 가진 말들과 남의 가슴을 찌르는 조롱을 한다(잠 24:9). 불의한 자에 대한 세 가지 묘사는 점점 강도가 높아진다. 이것은 처음에는 불신자의 해롭지 않은 한 마디 조언으로 시작되었을지 모르지만, 끝에 가서는 신앙을 파괴하려는 자들과 위험할 정도로 밀접한 연관으로 끝날 수도 있다는 것을 의미한다.

마찬가지로, 동사들 역시 점점 더 강해진다. 첫 번째 동사는 "따르다"(walk, הלך, 하나의 관용구가 된 암시된 비교)로, 그것은 사람이 도덕적이고 윤리적으로 살든 그렇지 않든, 어떻게 사는지를 의미한다. 여기에서 이 말은 악인의 조언에 따라 사는 것을 말한다. 그다음은 "서다"(עמד, 또 하나의 암시된 비교)로, 죄인의 생활방식을 생각해보기 위해 멈추는 것을 의미한다. 그리고 마지막으로 "앉다"(ישב)가 있다. 이것은 오만한 자들과 공모하고 그들과 동화되는 것을 의미할 것이다(그래서 아마 부가어의 환유일 것이다).[16] '걷다', '서다', '앉다'라는 이 동사들은 모두 현재 시제로 번역해야 하는 특징적 완료(characteristic perfects)다. 여기에서

그것은 비종교적인 문맥에서도 사용될 수 있다. 이를테면 잠언에 나오는 서두르면 길을 벗어난다는 경고(19:2), 혹은 사사기에 나오는 조금도 틀림이 없이 물매 던지는 자들(삿 20:16) 등이다. 종교적 의미에서 그것은 하나님의 율법 안에 계시된 하나님의 기준을 놓치는 것, 그래서 하나님께 죄를 짓는 것을 말한다.

16 이것은 아마 환유로 분류될 수 있을 것이다. 비교의 비유들과는 달리, 비유에 대한 실체가 있기 때문이다. 즉 사람들은 실제로 그들의 모임에서 악인과 함께 앉을 수 있을 것이다. 그리고 그렇게 앉는다는 것은 참여하는 것을 의미할 것이다. 롯은 이 시편에서 제시하는 진전의 예를 보여준다. 그는 처음에는 소돔 옆에 그의 장막을 쳤다. 그다음에는 그 성읍으로 이사했으며, 그다음에는 실제로 그 악한 성읍의 문에 앉아 있고, 어떤 죄들은 용서하고 어떤 죄들은 정죄하면서 법관 역할을 하게 되었다.

17 이 본문은 기계학이나 수리공사에 대한 조언을 얻는 것에 관한 것이 아니라, 의와 진실함의 문제에 관한 것이다.

18 이 단어는 보통 "보여주다, 지적하다, 지시하다"를 의미하는 동사(ירה)와 관련 되어 있다. 칼 어간에서 그 동사는 화살을 쏘는 것에 대해(시 64:4) 혹은 비가 퍼붓는 것에 대해(호 6:3) 사용되었다. 그것이 완전히 다른 단어가 아니라면, 히필 어간에서는 그 동사는 고센으로 가는 길을 가리키는 것에 대해(창 46:28), 하나님이 모세에게 쓴 물을 달게 할 나무를 가리키는 것에 대해(출 15:25), 그리고 하나님의 율

는 그것들을 부인한다. 하나님과 올바른 관계를 가진 사람들은 다양한 유형의 불신자들처럼 살지 않는 것이 특징이다.

셋째, 전치사 문구 안에 있는 명사는 이 강화 유형과 대응을 이루다. 이 구절은 '꾀'(עֲצַת)라는 말로 시작한다. 이것은 삶의 도덕적이고 윤리적인 결정들과 관련된 조언에 해당하는 일반적인 단어다.[17] 그다음은 '길'(דֶּרֶךְ)이다. 이는 인생의 경로, 어떻게 사는가를 말하는 관용구(암시된 비교에 기초한)다. 마지막으로, "자리"(מוֹשַׁב)가 있다. 이것은 오만한 자들과 함께하여 그들의 행동과 동일화되는 자리를 나타낸다(부가어의 환유). 시편에서 경건한 사람들은 악인의 모임에 합류하고 싶어 하지 않는다(시 26:4, 5절).

이 삼중적 강화의 요점은 사람들이 먼저 하나님 대신 불신자들에게 영적 인도를 받으면, 그들은 점차 세상과 같이 살고 더 세상에 얽히게 되리라는 것이다.

B. 의인은 하나님의 말씀을 묵상하는 것을 좋아한다(2절)

복 있는 사람이 되고 세상에서 더럽혀지지 않은 상태를 유지하기 위해, 신실한 자들은 반드시 하나님의 말씀을 따라 살아야 한다. '율법'(תּוֹרָה)이라는 단어는 일반적인 교훈들을 말할 수도 있고, 아니면 개별적 가르침, 혹은 계명들, 혹은 율법책, 혹은 성경 전체를 말할 수도 있다.[18]

법을 가르쳐야 하는 제사장의 의무에 대해(신 33:10) 사용되었다. 히브리어에서는 분명 명사(תּוֹרָה)와 '인도하다, 교훈하다, 가르치다'를 의미한 동사를 어느 정도 연관시켰다.

그렇다면 명사인 '율법'(תּוֹרָה)은 어떤 교훈, 혹은 권위 있는 지시를 가리킬 수 있다. 그것은 부모가 자기 아이에게 주는 지혜의 가르침 등과 같은 어떤 구체적 가르침 혹은 가르침 모음 일반에 대해서 사용할 수 있다. 그것은 또한 전해 내려오는 전통적 관습들(삼하 7:19)과 사람들에게 어떤 기술, 이를테면 성소 건설에 대한 기술을 훈련시키는 것 등에 대해서도 사용되었다(출 35:34).

명사의 용례는 대부분 거룩한 책에서 나오는 가르침을 말한다. 그것은 기본적으로 성경에 기록된 신적 계시를 말하지만(수 24:26), "여호와의 율법"이라는 말에 얼마나 많은 성경이 포함되어 있는지는 말하기 어렵다. 일반적으로 그것은 아마 전체 율법 법전, 즉 구할 수 있었던 율법책들을 말할 것이다(그리고 아마 시 1:2에서와 마찬가지로 시 19:7에서도 그럴 것이다). 그것은 이를테면 무교병에 대한 것(출 13:9)과 같은 율법 법전에 대한 구체적 교훈들을 언급할 수도 있었고, 혹은 규약, 명령, 결정들의 핵심(출 24:12, 그것은 출 20-23장의 내용을 언급하는 것일 수 있다)을 언급할 수도 있었다. 신명기는 또한 여호와의 율법이라고도 한다(신 1:5). 그리고 율법서의 연대에 대해 어떤 결론을 내리느냐에 따라, 이 율법서들 혹은 이 책의 내용들을 바벨론 포로 이전의 공동체가 입수할 수도 있었을 것이다. 이 말은 민사소

지혜 문학은 그것이 의미하는 바를 언제나 명확히 나타내지는 않는다. 하지만 토라에 대해 생각할 때 모세오경 및 그것에 기초한 다른 성경을 관련시키지 않고 생각하기는 어렵다. 일반적으로 시편기자는 율법으로부터 시작되는 신적 계시를 묵상하는 것을 생각한다.[19]

이 구절은 하나님의 말씀에 대한 이 묵상을 언급하는 비유적 표현으로 시작한다. "오직 여호와의 율법을 즐거워하여"(수식어 혹은 원인의 환유). 대응을 이루는 콜론은 그가 율법을 묵상한다는 것을 분명하게 밝힌다. 하지만 이 첫 번째 부분은 그것이 그의 기쁨이라는 것을 말해준다. 신자들에게 하나님의 교훈을 연구하는 것은 기쁨이었다. 그것은 꿀보다 더 달고, 충만하며, 건강한 삶으로 가는 길을 열어주었다(시 19편).

이 구절 후반부에 나오는 동사는 '묵상하다'(יֶהְגֶּה, 시 2:1의 같은 단어를 보라)이다. 이것은 '항상'을 의미하는 상극법(merism)인 '주야'에 의해 한정되므로, 이 번역은 현재 시제(점진적인 혹은 습관적인 미완료)로 표현되어야 한다. 시편에 따르면, 묵상이라는 영적 훈련은 신적 교훈들을 암기하는 것으로 시작된다. 낮에 길을 걸어가면서 혹은 밤에 침상에서, 그것을 회상하고 그것에 대해 생각하도록 하기 위해서다. 이렇게 하나님의 말씀을 마음속에 숨기는 것은 또한 그것을 완전히 이해할 것을 요구한다. 그다음에 우리는 그 개념과 관심사를 기도로 바꾸면서 그 단어에 대해 하나님께 말할 수 있다. 그리고 마지막으로, 묵상은 자신에 대한 권고로 결론을 내린다. 경우에 따라("네 영혼아 네가 어찌하여 낙심하며" - 시 42:5, 11절, 43:5에 나오는 반복구) 책망하거나, 권고하거나, 격려하면서 자기에 대

송 사건들을 판결하는 데 내려지는 결정들(출 18:16), 여호와의 종들을 통해 오는 교훈(사 30:9), 예언서들의 모음(사 42:21, 24절), 혹은 레위인들이 행해야 하는 의식에 대한 가르침(말 2:7) 등을 언급할 수 있다. 그래서 '율법'이라는 말에는 단 하나의 가르침에서부터 성경 전체에 이르기까지 어떠한 신적 교훈이든 다 포함될 수 있었을 것이다. 하지만 그것이 율법 규약 자체에 나오는 교훈들을 언급하리라고 이해하는 것이 가장 가능성 있는 견해다.

19 이 말은 오늘날 신자들이 영광스럽게도 그렇듯이, 반드시 그가 율법 사본을 가지고 있었다는 의미는 아니다. 그는 율법이 말하는 것에 대해 제사장들과 선지자들로부터 가르침을 받았을 것이다. 그다음에 그것을 기억하고 묵상했을 것이다. 그는 율법의 명령이나 부분들을 개인적으로 접할 수 있었을 수도 있

한 권고로 결론을 내린다. '묵상'은 단어들을 말하거나 입 밖에 내는 것보다 더 마음에 고정된다. 그것이 이 히브리어 용어가 실제로 나타내는 것이다(시 2:1을 보라). 말씀에 대한 이러한 묵상은 사람들이 세상의 사상들에 사로잡히지 않도록 막아준다.

C. 의인은 이생에서 성공한다(3절)

세 번째 구절은 상징적 유사성으로 신적 계시에 따라 사는 사람의 성공에 대해 아름다운 묘사를 한다. 그 상징은 처음 몇 절에 있다. "나무 같으니"라는 직유로 시작해서 그것에 대한 상세한 설명이 포함된다. 그다음에 마지막 절에서 의도된 실체를 진술한다.[20]

나무의 직유는 형통하고 열매 맺는 삶을 나타낸다. 직유는 여기에서 명확하게 설명하기 위해 확장된다. 첫째, 그것은 수로 혹은 관개수로 곁에 심어졌다(שָׁתוּל). 나무가 개인을 나타낸다면, 물은 하나님의 말씀을 나타낸다. 물이 나무를 자라게 하듯이, 말씀은 사람을 영적으로 자라도록 하기 때문이다.[21] 마찬가지로, 바울은 어떤 사람들은 뿌려진 씨에 물을 주어야 한다고 말한다. 이것은 새로운 신자들을 가르쳐 성장하게 해야 한다는 의미다(고전 3:6).

둘째, 나무는 철을 따라 열매를 맺는다(יִתֵּן). 언제나 그렇지는 않지만, 그럼에도 나무는 열매를 맺도록 되어 있다. 이 동사는 습관적 미완료든 진행형 미완료든, 그런 나무가 계속적으로 혹은 정기적으로 철을 따라 열매를 맺는다고 단언한다. 나무가 살아 있고 물을 공급받는다면, 적절히 성장할 것이다. 마찬가지

다. 심지어 포로기 이후에도 개인들은 성경 사본을 소유하지 못했다. A. A. Anderson은 이 말이 일반적인 하나님의 뜻에 대한 계시를 말하지만, 원래는 아마 기록된 문서를 말했을 것이라고 말한다(*The Book of Psalms*, 1:59).

20 창조주 여호와의 뜻을 행하는 개인과 관련해서 나무의 이미지에 대한 상세한 분석으로는 Meir Weiss, *The Bible from Within, The Method of Total Interpretation*(Jerusalem: The Magnes Press, 1984), p.135-163("Psalm 1:3-4")를 보라.

21 Jerome F. D. Creach, "Like a Tree Planted by the Temple Stream: The Portrait of the Righteous in Psalm 1:3," CBQ 61(1999): 34-46

로, 참된 신자들이 말씀 안에 있다면 그들은 의의 열매를 맺을 것이다(갈 5:22-23에 나오는 "성령의 열매"에 대한 바울의 논의를 보라). 브로일스는 "철을 따라"를 "신자들은 역경의 때에도 영적 삶을 유지할 수 있어야 하겠지만, 그들은 특정한 때에만 열매를 맺을 수 있을 것이다. 그때가 언제인지 결정하는 것은 우리의 통제권 밖에 있다"[22]는 경고의 말로 설명한다.

셋째, "잎사귀가 마르지 아니함." 나무가 자라고 물을 잘 공급받을 수 있도록 주의 깊게 심어진다면, 그것은 살게 될 뿐 아니라 또한 우거질 것이다. 마찬가지로 우리도 여호와의 말씀으로 영양을 공급받는다면 영적 생명이 살아 있고 번성할 것을 기대할 수 있다.

마지막 말은 대구법의 상징 부분을 놓아두고 그것이 의도하는 실제를 진술한다. "그가 하는 모든 일이 다 형통하리로다"[혹은 '번성하다'(יַצְלִיחַ), 시 45:4의 같은 단어를 보라]. 이것은 무제한적인 성공을 약속하는 총괄적 진술이 아니다. 전후 문맥 자체가 적용을 한정한다. 의인이 하나님의 말씀을 묵상한다면 그들은 그 말씀에 순종하여 살 것이다. 그리고 성공할 일을 할 것이다.

II. 악인의 길: 신자가 아닌 사람들은 하나님을 위해 가치 있는 것은 아무것도 맺지 못하며, 하나님과의 미래는 아무것도 없다(4-5절)

A. 악인의 길은 무가치하다(4절)

강력한 대조가 나오면서 이제 시편의 초점이 바뀐다. "악인들은 그렇지 아니함이여!" 이 구절 나머지 부분은 악인의 삶이 무가치하다는 것을 설명하기 위해 직유를 사용한다. 그리고 이것은 악인의 조언을 피하라는 경고를 훨씬 더 강력하게 만든다. 불신자들은 선한 사람처럼 보이지만, 그들은 믿음을 이해하지 못하며 하나님을 기쁘시게 하거나 그분의 말씀에 순종하고자 하는 마음이 없다.

---

22 Broyles, *Psalms*, p.43.

그래서 그들은 하나님을 위해 가치 있는 것을 아무것도 맺지 못한다. 그들이 신자들이 하나님의 뜻을 행하는 데 있어 도움이 될 만한 어떤 것을 말할 수 있단 말인가?

시편기자는 그들을 알곡에서 분리해버려야 하는 무가치한 껍데기인 겨에 비유한다. 수확된 밀은 타작매로 분쇄하여 통풍이 잘 되는 곳에서 공중에 던져, 작은 겨 조각들은 날리고 더 무거운 알곡은 땅에 떨어지게 했다. 이 비유는 악인들은 아무런 가치가 없을 뿐 아니라 또한 결국에는 제거되리라는 것을 보여 준다. 추수 때 하는 키질이라는 이 비유적 표현은 성경 저자들에게 심판에 대한 생생한 묘사를 제공해주었다(참고. 마 3:12).

혹자는 불신자들도 어느 정도는 가치 있게 산다고 항변할지도 모른다. 한편으로 그들은 관대하고 친절하며, 공동체의 일에 관여하고, 그들의 행동에 의해 모든 사람의 삶의 조건이 개선될 수도 있다. 심지어 하나님은 때로 그들이 그들 자신의 목적을 위해 하는 일들까지도 사용하실 것이다. 다른 한 편으로 성경의 증거는 분명하다. 믿음으로 하나님께 영광을 돌리도록 행한 선행이 아니라면, 그것은 하나님께 가치가 없으며 그렇기 때문에 그분 앞에서 아무 공로가 없다는 것이다(시 127:1-2을 보라).

B. 악인은 심판을 견디지 못할 것이다(5절)

겨가 바람에 날려간다는 이미지를 사용해서, 5절은 악인이 의인과 분리될 것이라고 단언한다. 악인은 의롭지 않기 때문이다(4절). 즉 하나님의 말씀에 순종하여 믿음으로 살면서 의를 촉진하고 낳지 않는 그들은 하나님의 백성이 받는 복을 받지 못한다는 것이다. 그렇기 때문에 그들은 제거될 것이다. 이 사람들은 절대 믿음으로 나아오지 않았으며, 절대 그들의 죄를 회개하지 않았으며, 절대 하나님을 기쁘시게 하려 애쓰지 않았으므로, 심판에서 그들은 살아남지['일어나다'(יָקֻמוּ), 시 3:1의 같은 단어를 보라] 못한다.

이 시편이 어떤 심판을 의미하는지 구체적으로 쓰지 않는다. 이 단어(מִשְׁפָּט,

시 9:4의 같은 단어를 보라)는 어떤 종류의 심판에 대해서든 사용할 수 있다. 우리는 통상 하나님이 알곡과 겨, 의인과 불의한 자를 구분하실 최후의 심판을 생각한다. 시편기자는 하나님으로부터 오는 좀 더 임박한 심판을 염두에 두고 있었을 수 있다. 그것은 회개하지 않은 죄인들에게 내려지는 신적 징벌로, 민족의 삶에서 일어날 어떤 사건이다.[23] 역사에 걸쳐 그런 심판의 때에 많은 의인 역시 전쟁에서, 혹은 역병에 걸려, 혹은 다른 재난으로 죽었다. 시편 1편은 예상된 심판에서 의인과 악인이 분리된다고 알리기 때문에, 그것을 최후의 심판으로 이해하는 것이 가장 좋은 듯하다. 게다가 최종적 응보는 지혜 문학에서 주요 주제다(시 49, 73편). 즉 말세에 의인은 영광 중에 하나님 앞에 설 것이지만 악인들은 그렇지 않으리라는 것이다.[24]

III. 심판: 의인은 여호와가 그들을 아시므로 구원받을 것이지만, 악인은 멸망할 것이다(6절)

마지막 구절은 원인의 접속사 형태를 사용해서 심판 때 일어날 이러한 분리를 요약한다. 그 주요점은 신실한 사람들에게 큰 위로가 될 것이다. 그것은 여호와가 그들을 아신다는 것이다. 이 동사는 분사로(יוֹדֵעַ), 지속적이거나 계속되는 성질을 아는 것을 강조한다. 이 개념은 우리가 지식으로 부르는 지적 인식 이상의 것이다. 델리치는 그것이 "대상에 대한 살아 있고 친밀한 관계이면서, 동시에 대상을 향해 기울어지고 사랑으로 인해 대상에 매여 있는 지식"(시 139:1을 보라)이라고 말한다.[25] 이 단어의 용법을 연구해보면 이 의미에 대해 상당히 일반

---

23 이것에 대한 논의는 John Goldingay, *Psalms* 1–41, p.87–88을 보라. 그는 의인의 모임이 심판을 할 것이라고 주장한다. 악인의 사건을 결정하는 배심원 같은 것이다. 그는 하나님이 그들을 통해 심판하시리라는 것을 고려하지 않는다.

24 E. R. Arbez, "A Study of Psalm 1," *CBQ* 7(1945): 398–404를 더 보라.

25 Franz Delitzsch, *The Psalms*, I:87–88.

적인 이해를 할 수 있지만, 여기에서 의미를 결정하는 요소는 대조적 대구법이다. "악인들의 길은 망하리로다." 다시 말해 '알다'(개역개정은 '인정하다'라고 번역했다 - 역주)라는 것은 '망하리로다'라는 말의 반대다. 따라서 그것은 구원하는 앎이다. 여호와가 그들을 아신다면 그들은 망하지 않을 것이다. 그분이 그들을 알지 못하신다면 그들은 멸망할 것이다. 그리고 이것이 신약에서 예수님이 다가올 심판에서 사용하시리라고 말하는 언어다. 즉, "나는 너희가…알지 못하노라"(눅 13:27)와 "나는 선한 목자라 나는 내 양을 알고"(요 10:14)이다.

이 마지막 두 구절에서 시편기자는 '의인'(צַדִּיקִים)과 반의어 '악인'('ungodly' 혹은 'wicked')을 대조한다. '의인'의 기본적 의미는 기준을 따르는 것과 관련되어 있다. 종교적 본문들에서 이 기준은 신적 계시다. 의인은 믿음으로 하나님과 언약을 맺었으며 그분의 말씀에 따라 살고자 하는 사람들이다(2절).[26] 그들이 하나님

---

[26] "의인"(צַדִּיק)에 해당하는 단어와 관련된 동사 및 명사들은 시편 전체에서 자주 나온다. 이 단어는 하나님의 백성에 대한 묘사로, 언약을 통한 그들과 하나님의 관계 및 언약에 순종하여 사는 그들의 삶의 방식을 강조한다. 이 단어 집단의 의미를 요약하는 한 가지 유용한 방식은 "기준에 따르다"라는 것이다. 이 개념은 신명기 25:13-15에서 무게와 척도를 표준화하는 것에 대한 글에서 예시 되어 있다. 종교적 의미에서 이 기준은 하나님과 그분의 계시된 뜻이다. '의인'이라는 용어는 믿음으로 여호와와 언약을 맺은 사람들을 의미한다. 이것은 창세기 15:6의 아브라함에게 가장 잘 예시 되어 있다. 거기에서는 그가 여호와를 믿었으며 여호와가 그를 의로 여기셨다고 말한다. 그다음 18장에서 그가 소돔을 위해 기도했을 때, 그는 의인과 악인을 구분할 수 있다. 신자들은 여호와로부터 의롭다 하심을 받기(의롭다고 선포되었기) 때문에 '의인'이라고 불린다.
이 용어들은 또한 사람들이 하나님을 기쁘시게 하기 위해 사는 방식을 말한다. 율법 아래 사는 사람들의 활동들은 의로워야 한다. 즉 그들에게 계시된 하나님의 뜻에 부응해야 한다. 여기에서 우리는 의가 종종 진실함, 즉 의지할 만하고 신뢰할 만한 것과 연결되는 것을 발견한다(사 48:1; 렘 4:2). 일반적으로 이것은 의로운 일을 하는 것을 의미한다(시 45:7; 잠 11:6, 21:3). 개인의 의에 대한 이런 강조와 함께, 이 단어들은 법정에서의 정의, 정의로운 결정들에 대해서도 사용된다(잠 16:12; 암 5:7, 6:12). 결정들은 의로워야 한다. 온 세상을 심판하시는 분은 정의를 행하시기 때문이다(창 18:25). 사실상 의는 성경에서 하나님에 대한 주된 묘사 중 하나다. 그분은 하시는 모든 일에서 정의롭고 의로우시다. 그것이 그분의 본성이기 때문이다. 그분은 정의를 사랑하시고 악을 미워하신다(시 11:5-7).
'의'라는 말이 의로운 자들이 낳는 것에 비유적으로 사용된 많은 본문이 있다. 예를 들어, 시편 24:5은 이 단어를 '구원'을 의미하는 것으로 사용한 듯하다. 마찬가지로, 하나님이 전투에서 그분의 의를 나타내신다면, 그것은 전쟁의 적절한 결과를 말하는 것이 분명하다(시 98:2).
Briggs는 이 용어에 대해 관련된 개념들을 면밀하게 포착했다. (1) 하나님은 의의 기준이시다. (2) 사람들은 하나님에 의해 그의 정당함이 입증되고 의롭다 함을 받기 때문에 의인이라고 불린다. (3) 사람들은 하나님과 그분의 율법의 의에 대한 그들의 열심 때문에 의롭다고 알려진다. (4) 그리고 그들은 그들의 행동과 성품이 대개 율법과 일치하기 때문에 의롭다고 불린다(C. A. Briggs and E. G. Briggs, *The Book of Psalms*, I:10).

의 백성이 되도록 만든 언약이다. 즉, 하나님은 그들을 아신다. 그리고 하나님이 그들을 아시기 때문에 그들은 절대 망하지 않을 것이다. 그들은 때로 불의한 일들을 행할지 모르지만, 죄 사함을 받는다. 그들은 옳은 일을 하고 싶어 하기 때문이다.

이 대조에서 강조되는 것은 '길'이라는 단어다. 여호와는 '의인의 길'을 아신다. 하지만 '악인의 길'은 망할 것이다. '길'이라는 단어는 앞에서 말했듯이, 사람들이 따르는 행동 과정을 나타내는 관용구이다(그들이 어떻게 사는지, 그들의 동기, 그들이 무엇을 낳는지). 그래서 악인과 그들이 하는 모든 것은 망할 것이다. 하지만 의인과 그들이 낳은 의는 남아 있을 것이다.

메시지와 적용

시인은 의인과 악인을 대조하여 신자들에게 세상의 방식으로 살지 말고, 불신자들에게서 영적, 도덕적, 혹은 윤리적 조언을 취하지 말며, 그들의 불경한 일에 참여하지 말라고 명한다. 나아가 신자들은 하나님을 위해 더럽혀지지 않고 생산적인 삶을 살기 위해 하나님의 말씀을 연구해야 한다. 그리고 그러한 삶은 하나님이 악인을 심판하실 때, 그들이 심판을 견디게 해줄 살아 있는 믿음의 증거가 될 것이다.[27]

이 시편의 중심 요점을 강해적 진술로 표현하자면 다음과 같다. *성경과 조화를 이루어 쇠하지 않고 형통하며 사는 의인들은, 하나님이 악인들에게 내리는*

---

27 하나님이 축복하시는 것은 성경 연구 뿐만이 아니다. 신자들이 성경을 순종하려는 마음으로 그것을 주의 깊게 연구하는 것 역시 하나님은 축복하신다. Kraus는 바리새인들이 율법을 최대한 엄격하게 순종했지만, 이 시편에서 제시하는 모습을 성취하지 못했다고 말한다(Psalms 1-59, p.121). 오늘날 성경에 순종하려는 산 믿음을 갖지 않은 채 성경을 연구하는 사람들은 이 시편에 나오는 묘사에 훨씬 못 미친다. 사실상 Kraus는 궁극적으로 오직 예수 그리스도만이 그 묘사를 성취했다고 결론을 내릴 수 있다고 덧붙였다. 신자들은 여호와를 향한 살아 있는 믿음으로, 자신들이 점점 더 시편에 나오는 의에 대한 묘사를 따르고 있음을 발견할 것이다.

심판에서 구원될 것이다.

신자들은 이 중심 요점을 삶에서 다음과 같이 적용해야 한다. 그들은 하나님의 말씀을 묵상하며 시간을 보내야 한다. 그들이 하나님을 위해 구별되고 생산적인 영적 삶을 살기 위해서다. 그리고 그 과정에서 하나님이 그들을 아시고 심판 속에서도 보존해주시리라는 확신을 갖게 된다. 불신자들에게 이 메시지는 긴급하다. 그들은 여호와를 믿는 믿음으로 나아와야 한다. 그들이 여호와에 대한 믿음이나 그분의 말씀 없이 삶을 산다면, 그들의 선행조차 아무런 가치가 없을 것이며, 그들은 앞으로 닥칠 심판에서 살아남지 못할 것이다.

신약 역시 이 주제들을 강조한다. 예수님은 "그들을 진리로 거룩하게 하옵소서 아버지의 말씀은 진리니이다"(요 17:17)라고 기도하셨다. 야고보는 사람들이 하나님의 말씀을 연구하고 행함으로 자신들이 하는 일에서 복을 받을 것이라고 강조했다(약 1:22-25). 하지만 바울은 "너희는 이 세대를 본받지 말고 오직 마음을 새롭게 함으로 변화를 받아 하나님의 선하시고 기뻐하시고 온전하신 뜻이 무엇인지 분별하도록 하라"(롬 12:2)라고 말함으로 이 시편의 메시지를 보다 구체적으로 반영했다.

이 모든 것을 볼 때 우리는 이 시편이 어떻게 시편 모음에 대한 적절한 서론을 제공하는지 알 수 있다. 시편 전체에 걸쳐 독자들은 하나님께로부터 소외되어 있을 뿐 아니라, 하나님과 그분의 백성에게 적대적인 세상에서 사는 것이 주는 긴장에 대면할 것이다. 그러므로 그들은 그분의 말씀 안에서 자신들의 방향과 확신을 발견해야 한다. 그리고 그렇게 하면서 그들은 또한 언젠가 여호와가 세상을 심판하시고 자신들의 정당함을 입증해주시리라는 소망을 발견하게 될 것이다.

11

The Coronation of God's Son PSALM 2

하나님 아들의 즉위(시편 2편)

서론[1]

본문과 다양한 역본들

1 어찌하여 이방 나라들이 분노하며
  민족들이 헛된 일을 꾸미는가
2 세상의 군왕들이 나서며
  관원들이 서로 꾀하여
  여호와와 그의 기름부음 받은 자를 대적하며
3 우리가 그들의 맨 것을 끊고
  그의 결박을 벗어 버리자 하는도다
4 하늘에 계신 이가 웃으심이여
  주[2]께서 그들을 비웃으시리로다

---

1 Robert Cole, "An Integrated Reading of Psalms 1 and 2," *JSOT* 98 (2002): 75–88을 보라.

2 '주'라는 말이 거룩한 이름을 나타낼 때는 모음을 표시했다. אֲדֹנָי. 이것은 아마 여호와의 신원을 제대로 확인하기 위해서였을 것이다. 많은 마소라 사본들은 실제로 여기에서 거룩한 이름 יהוה 을 하나님을 나타내는 네 글자(*tetragrammaton*: YHWH)로 표기한다.

5   그 때에 분을 발하며

    진노하사 그들을 놀라게 하여 이르시기를

6   내가 나의 왕을

    내 거룩한 산 시온에 세웠다³ 하시리로다

7   내가 여호와의 명령⁴을 전하노라

    여호와께서 내게 이르시되

    너는 내 아들이라

    오늘 내가 너를 낳았도다

8   내게 구하라

    내가 이방 나라를 네 유업으로(for) 주리니

    네 소유가(for) 땅 끝까지 이르리로다

9   네가 철장으로 그들을 깨뜨림이여⁵

    질그릇 같이 부수리라 하시도다

10 그런즉 군왕들아 너희는 지혜를 얻으며

    세상의 재판관들아 너희는 교훈을 받을지어다

11 여호와를 경외함으로 섬기고

    떨며 즐거워할지어다

---

3 헬라어는 수동형 동사 $κατεστάθην\ βασιλεὺς$, "나는 왕으로 만들어졌다"라고 되어 있다. 이것은 여호와가 아니라 왕이 말하고 있음을 의미한다. 이것과 조화를 이루어, 헬라어에는 그 뒤에 '나의 왕'이 아니라 '그에 의해'라는 말이 나온다.

4 헬라어판은 이것을 구문 안에 있는 것으로 이해했다. "여호와의(*of the*) 명령." 그리고 그다음 동사의 주어가 되도록 또 하나의 '여호와'를 덧붙였다. 그래서 $κυρίου\ Κύριος$ 라고 되어 있는 것이다.

5 헬라어(그리고 수리아) 역본에는 $ποιμανεῖς$, "네가 그들을 목양함이여"라고 되어 있다. 그에 반해 히브리어 본문은 תְּרֹעֵם, "네가 그들을 깨뜨림이여"라고 되어 있다. 히브리어 동사는 רעע다. 하지만 헬라어 역본 번역자는 사본에서 תרעם를 보았으며, 그것을 רעה, '목양하다(to shepherd)'에서 나온 תִּרְעֵם라고 이해했다. '목양하다'라는 단어는 왕들 및 다른 지도자들에 대해 사용되었으며, 이 맥락에서 쉽게 떠오를 것이다. 하지만 원래 사용된 단어가 바로 그 흔한 단어라면, 왜 히브리 서기관들이 그것을 '깨뜨리다'라는 뜻으로 바꾸었는지 설명하기 어렵다. 대구법에 맞추려 했다는 것 외에는 말이다. 마소라 사본은 대구법을 잘 맞추고 있으며 '목양하다'의 갖가지 해석의 기원을 설명한다. '깨뜨리다'라는 동사는 통치를 확립하는 것에 초점을 맞춘다. 이 헬라어는 다스리는 것에 대해 일반적으로 사용된다. 두 형태 모두 이 왕권 시편에서 잘 어울리며, 그로 인해 '다스리다'라는 헬라어 독법이 신약에서 사용되는 것이 더 쉬워졌

12 그의 아들에게 입맞추라[6]

그렇지 아니하면 진노하심으로

너희가 길에서 망하리니[7]

그의 진노가 급하심이라

여호와께 피하는 모든 사람은 다 복이 있도다

구성과 전후 문맥

시편 2편은 시온의 거룩한 성에서 다윗 계열의 왕이 즉위하는 것에 초점을 맞춘 제왕시다.[8] 이는 성가대가 언제든 적절할 때 부르는 노래 모음집에 포함되어 있었다. 이 노래는 분명 왕들이 즉위할 때 불렸지만, 또한 민족적 위기의 때에 백성이 하나님이 그들의 왕을 임명하셨으며 다른 민족들의 위협은 실패하리라는 것을 상기할 필요가 있을 때에도 불렸다.[9] 전통적으로 표제에는 저자가 누구인지 나타내는 표시가 없다. 하지만 이 시편은 사무엘하 7장에 나오는 다윗의 언약을 분명하게 사용하므로, 군주정 시대로부터 나왔을 것이다. 시편 1편과 함께, 시편 2편은 시편 모음집의 서론을 형성한다. 이것은 제왕시로서, 전체 시편

다. 두 신약 용법 모두 시편에서 직접 인용한 것은 아니지만(계 2:27, 12:5), 둘 다 세상에 대한 메시아의 완전한 통치를 기술하기 위해 이 시편을 사용한다. 다스린다는 개념은 시편의 전후 문맥에 잘 맞지만, 히브리어 독법은 보다 명확하게 그 통치의 확립을 바라본다.

6 MT는 '아들'에 대해 아람어와 페니키아어에서는 흔하지만 히브리어에서는 흔하게 사용되지 않는 단어를 사용하여, '아들에게 입맞추라'(נַשְּׁקוּ־בַר)라고 나와 있다. 아람어가 사용되는 다른 나라의 지도자들에게 말을 할 때에는 아람어 단어를 사용하는 것이 이해가 된다. 하지만 이 행은 여러 역본에 상당한 어려움을 유발시켰다. 헬라어 본문에는 $\delta\rho\alpha\xi\alpha\sigma\theta\epsilon\ \pi\alpha\iota\delta\epsilon\iota\alpha\varsigma$, '바로잡음을 받아들이다'라고, 아람어에는 '교훈을 받아들이다'라고, 그리고 라틴어역본에는 *apprehendite disciplinam*이라고 되어 있다. 이 번역들은 본문이 '경건, 순종'을 의미하는 히브리어 בַר라고 추정한다. Jerome은 그것을 부사로 받아들였다. *Adorate pure*(또한 Aquila와 Symmachus를 보라), '정결함 가운데 예배하라'는 것이다. 수리아 역본은 헬라어 역본과는 맞지 않게 '아들에게 입맞추라'는 말이 그대로 남아 있다. Jerome은 *Apologia adv. Rufus*(lib i, 19)에서 그가 '예배하라'는 말을 사용한 것은 예배하는 사람들이 늘 손에 입 맞추고 머리를 숙이곤 하기 때문이라고 설명했다. 어떤 해석이든 전후 문맥에 맞을 것이다. 이 시편은 이미 왕을 '아들'이라고 소개했으므로, '아들에게 입맞추라'는 것은 그 주제와 조화를 이룰 것이기 때문이다. 예상하겠지만, 이 행의 난점을 해결하기 위해 많은 제안이 제시되었다. 편집자들은 "떨림으로 발에 입맞

모음의 최종 구성의 일부로 이 자리에 놓이게 되었다(서론을 보라). 최종적 편집이 이루어졌을 때 다윗 계열의 왕은 없었으며, 그래서 이 서론은 하나님의 계획을 상기하는 역할을 했다. 그래서 시편 처음부터 의인의 길에 초점을 맞추는 하나의 시편과, 여호와가 기름부으신 왕이 민족들을 이기고 승리하시는 것에 초점을 맞추는 또 하나의 시편을 갖게 된다.[10] 이 시편은 위기의 때에 쓰였다. 그러한 위기는 아마 이스라엘 역사에서 자주 일어났을 것이다. 새 왕이 즉위할 무렵은 특별히 취약한 시기였다. 주위 나라가 그때를 틈타 국경선 전역을 약탈하고 성들을 공략했으며, 이스라엘의 통치에서 벗어나기 위해 수시로 들고일어났다. 따라서, 새 왕의 첫 번째 과업은 적군을 물리침으로 국경을 견고하게 하는 일이었을 것이다.

잘 짜인 이 시편은 각각 세 구절짜리인 네 연으로 되어 있다. 첫 번째 연은 여호와와 그분의 기름부음 받은 왕에게 대적하려는 민족들의 계획을 보고한다. 두 번째 연은 그들의 우스운 계획에 대한 하나님의 반응을 보여준다. 세 번째 연은 반대에도 불구하고 왕이 보좌를 자신의 것이라고 주장한다. 그리고 마지막 연은 어리석은 민족들에 대한 현명한 조언을 기록한다.[11]

시편 신학은 여호와를 하늘로부터 다스리는 우주의 주권적 왕이라고 묘사한

추라"라고 해석하기 위해 본문을 약간 재구성한다. Goldingay는 "진지하게 따르다"라는 해석을 더 선호한다(*Psalms 1-41*, p.93). 그리고 S. Olofsson은 בַר이 나와 있는 절을 충성의 표시로 "발에 입맞추라"라고 해석한다 ("The Crux Interpretum in Ps 2, 12," *SJOT* 9 [1995]: 185-199). 강해자가 모든 제안을 읽을 시간이 있다면, 주석들과 다른 곳에서 상당히 많은 문헌들을 구할 수 있다. 일례로, A. A. Macintosh, "A Consideration of the Problems Presented by Psalm II, 11 and 12," *JTS NS* 27 (1976):1-14를 보라.

7 헬라어 본문은 δικαίας를 덧붙인다. '너희가 의로운 길로부터 망하지 않도록.'

8 J. W. Watts, "Psalm 2 in the Context of Biblical Theology," *HBT* 12 (1990): 73-97.

9 Kraus는 본문으로부터 서로 다른 화자들(speaker)이 있는 즉위 절기 의식을 재구성하는 것은 가능하지 않다고 말한다. 노래하는 사람과 화자는 왕 자신이다(*Psalms 1-59*, p.126). 그보다 그것은 보좌에 대한 왕의 주장에 초점을 맞춘 글이다. 하지만 그것은 위기와 결의를 보여주기 위해 화자들 – 실제 화자든 상상 속의 존재든 – 을 통합시킨다.

10 Goldingay는 시편 1편과 2편이 시편 모음집의 서론으로 다소 적절하지 않다고 생각한다. 그는 시편 1편은 잠언 문학에 잘 어울리고, 시편 2편은 선지서에 잘 맞을 것이라고 말한다(*Psalms 1-41*, p.94).

11 Pierre Auffret, *The Literary Structure of Psalm 2*, *JSOT* Supplement 3(Sheffield: JSOT, 1977)을 더 보라.

다. 민족들을 주관하고(사 40:15-17), 경계를 정하며(신 32:8), 왕들을 세우거나 제거하는(단 2:21) 것은 여호와의 특전이었다. 왕을 보좌에 앉히신 분은 그분이었다. 반대가 아무리 잘 계획되었거나 강력하다 해도, 하나님이 반대하시면 그것은 실패할 수밖에 없었다.

이 제왕시는 다윗 계열의 모든 왕에게 적용되었을 것이므로, 궁극적으로는 다윗의 가장 위대한 아들인 예수 그리스도께 적용된다. 사도들은 메시아가 승귀하사 즉위하시는 것에서(히 1:5), 그리고 예수님의 재림 때 지상에 그분의 통치가 확립되는 것에서(계 2:27, 12:5) 이것이 이루어지게 될 것을 보았다. 그리고 메시아의 통치는 영원할 것이므로, 이 시편은 다시는 다른 어떤 왕에게도 적용되지 않을 것이다.

석의적 분석

요약

시편기자는 이교 지도자들에게 여호와와 그분의 기름부음을 받은 왕에 대한 반역적 계획들을 버리고, 하나님이 깨뜨리는 권세로 모든 민족을 다스리도록 임명하신 이 왕의 권위에 복종하라고 권한다.

개요

I. 시편기자는 어떻게 이교 지도자들이 어리석게도 여호와와 그분의 기름부음 받은 자에게 반역하려 하는지 보여준다(1-3절).

    A. 그는 민족들의 사납고 헛된 결의에 분개한다(1절).

    B. 그는 민족들이 여호와와 그의 기름부음 받은 자의 권위를 떨쳐버리려 한다고 설명한다(2-3절).

II. 시편기자는 자기 왕을 왕위에 앉히려는 여호와의 결심을 나타낸다(4-6절).

    A. 하늘의 주권적인 하나님이 그들의 빈약한 계획을 비웃으신다(4절).

B. 여호와는 그분의 왕을 세우시려는 계획을 선언함으로 그들의 노력을 종식시키실 것이다(5-6절).
III. 시편기자는 기름부음 받은 왕이 어떤 권리에 의해 통치하는지 보여줌으로 그 왕의 명령을 나타낸다(7-9절).
   A. 이 왕은 언약의 법령들을 선언하기로 결심한다(7절 상).
   B. 왕은 하나님의 언약 약속들을 반복한다(7절 하-9절)
      1. 그는 이날 하나님의 택하신 왕으로 왕위에 오른다(7절 하).
      2. 그는 하나님으로부터 모든 반역적인 백성에 대한 지배권을 받는다 (8-9절).
IV. 시편기자는 어리석은 나라들에게 멸망을 피하기 위해 하나님을 신뢰하고 왕위에 앉은 이 '아들'에게 복종하라고 권고한다(10-12절).
   A. 그는 지도자들에게 신중하게 행동하라고 요구한다(10절).
   B. 그는 그들에게 하나님을 섬기고 왕에게 복종하라고 명한다. 그렇지 않으면 하나님의 진노가 쏟아질 때 멸망할 것이다(11-12절).

강해 형태의 주석

I. 어리석음: 인간들이 하나님의 권위를 벗어버리려 애쓰는 것은 헛된 일이다(1-3절)

A. 하나님께 대항하는 반역은 헛되다(1절)
첫째 연은 나라들의 반역적 음모에 초점을 맞춘다. 먼저 "어찌하여 이방 나라들이 분노하는가?"라는 수사학적 질문이 나온다. 이것은 그들의 행동의 이유를 탐구하려는 것이 아니라 그들의 분노에 대한 놀라움과 심지어 분개를 표현하는 말이다. '분노'(רָגַשׁ)라는 단어는 이를테면 바다가 사납게 날뛰는 것 등을 묘사하는 말로 사용될 수 있다. 하지만 여기에서 이 말은 공격을 계획하는 반역자들의 소란스러운 모임[12], 왕이 즉위할 때 이루어지는 모임을 말한다(그래서 그 동사는 현재 시제, 특징적 완료이다). 비슷한 동사인 '꾀하다, 궁리하다'(<הָגָה, 진행형 미완료)는 이러한 분노를 명확하게 표현한다. 이 단어는 종종 묵상이라는 종교적 의미로 사용된다(시 1:2). 하지만 여기에서는 그들이 반역을 꾀하고 있음을 의미한다.[13]

이 반역자들은 '나라들'과 '민족들' 등 종종 이스라엘 주변 부족들, 이를테면 아람족, 암몬족, 모압족, 에돔족, 베니게족, 블레셋족 등을 지칭한다. 그들은 모두 이스라엘의 영원한 원수들이다. 이 주변 나라들은 끊임없이 이스라엘과 싸우고 있었다. 그래서 이스라엘 왕들은 정기적으로 그들을 자기 영토로 다시 몰아내야 했다.

그들이 계획하는 것은 "헛된 일"(공허한 일, רִיק)이라고 나온다.[14] 이것은 실제로 존재하고 있던 어떤 것을 저자가 자기 나름대로 해석하여 다른 말로 대체한 것이다. 실제로 존재하고 있던 것은 그들이 계획하던 '전략' 같은 것이었다. 하지만 그들이 계획하고 있던 것이 헛된 것이었기 때문에, 시편기자는 그 대신 이

---

12 רָגַשׁ은 아람어 단어일 수도 있다. 그렇게 보는 것이 적절할 것이다. 그것은 나라들을 언급하는데, 그 중 많은 나라는 아람어를 사용했기 때문이다. 이 말은 다니엘서의 아람어로 된 부분에서 사람들이 다니엘을 비난하기 위해 어떻게 모여드는지 묘사하기 위해 사용되었다(단 6:6).

13 동사 הָגָה의 정의는 '신음하다, 으르렁거리다, 명상하다, 말하다'라는 것이다. 비슷한 의미를 지닌 몇 가지 파생어도 있다. הֶגֶה은 명사로 '으르렁거림'을, הָגוּת은 명사로 '명상'을, הִגָּיוֹן은 명사로 음악 소리를 내는 것과 관련된(시 92:4) '묵상, 명상'을 말한다. 이 모든 용례를 보면, 뭔가를 말했거나 어떤 소리가 났다는 것을 강조한 듯 보인다.
이 동사(그리고 명사)는 모호한 소리에 대해 사용될 수 있다. 이를테면 사자의 으르렁거림(사 31:4), 통곡(사 16:7), 혹은 육체적 연약함과 비탄함으로 신음하는 것(사 38:14) 등이다. 히필 동사 체계는 분사를 사용해서 신접한 자의 주절거림과 속삭거림을 묘사한다(사 8:19).
또 다른 본문들은 뭔가를 입 밖에 내어 말한다는 의미로 이 동사를 사용한다(시 35:28; 38:13; 욥 27:4). 이 용례는 이사야 59:13에서는 다른 동사 어간을 갖고 있는 것으로 나온다. 뭔가를 생각하는 것과 말하는 것을 의미하기 위해서다.
이 동사는 또한 '묵상하다, 명상하다'라는 의미일 수도 있는데, 아마 나직하게 어떤 말을 말하거나 실제로 큰 소리로 말하는 것일 수도 있다. 이 용례는 아마 여호수아 1:8과 시편 1:2, 63:6, 77:12에서 볼 수 있을 것이다. 무언의 묵상은 실제로 말을 함으로써 강화된다.
또한 '궁리하다, 상상하다'라는 의미로 사용되는 경우도 있다. 그것은 '명상하다'라는 의미와 밀접하게 관련되어 있다. 시편 2:1에서 이 말은 어떤 계획을 깊이 생각함으로 그것을 '궁리한다'는 의미일 수 있다. 하지만 그것은 또한 그 계획에 대해 말하는 것을 의미할 수도 있다. 그렇게 보는 것이 분명 전후 문맥에 맞을 것이다.

렇게 묘사한다(그래서 '헛된 일'이라는 말은 수식어의 환유다).

사도행전 4:25-26에서 베드로는 이 행을 사용하면서 더 광범위하게 적용했다. 예수님이 거부당하고 십자가에 못 박히신 후에, 베드로는 예수님을 반대하던 유대인들을 하나님과 그분의 메시아에 대적하여 분노하는 나라들에 포함시켰다.

B. 헛된 노력은 인간을 신과 겨루게 한다(2-3절)

2절은 이 음모에 앞장선 사람들이 "세상의 군왕"(מַלְכֵי־אֶרֶץ)과 이 사람들의 "관원들"(רוֹזְנִים)이었다는 것을 분명히 밝힌다. 소유격으로 된 '세상'이라는 말은 그들이 미치는 영향력의 범위가 어디까지였는지 한정해준다.[15] 이 제한은 여호와가 "하늘에" 있는 왕좌에 계시는 것으로 묘사된 그다음 구절에서 가장 강력하게 드러날 것이다.

2절의 처음 두 병행 부분에 나오는 동사들은, 지금은 시제들의 순서가 반대로 되어 있다는 것만 빼면, 1절에 나오는 것과 똑같이 분류할 수 있다. 먼저 "나서며"에 대해 진행형 미완료가 사용되었으며, 그다음에는 "서로 꾀하여"에 대해 특징적 완료가 사용된다. '나서다'(יִתְיַצְּבוּ)라는 동사는 그 다음에 '…에 대하여'라는 전치사가 오면서 적대적 의미를 지닌다. 병행 동사는 그렇다면 이런 부정적 함축을 계속 가지고 있을 것이다.

왕들이 서로 꾀한다는, 혹은 심지어 누군가에 대해 나선다는 개념은 이 구절의 세 번째 부분인 "여호와와 그의 기름부음 받은 자를 대적하여"라는 말이 없

---

14 '헛된'이라는 말이 추가되어 균형을 잡아준다. 건반부의 후반부기 원진한 동의어는 아니시만 발이나. 유사한 동사들(분노하다//꾸미다)과 유사한 주어들(이방 나라들//민족들)이 나오지만, 첫 번째 콜론의 "어찌하여"라는 대명사는 "헛된"이라는 말과 조화를 이루지 못하며, 그래서 이 말의 변형이 나올 여지가 있었다. 유사한 단어를 사용하지 않고 "헛된"이라는 말을 사용하기로 한 이런 결정의 요점은 그들의 계획이 헛되다는 것을 강조한 것이다.

15 이것이 한정 소유격["세상적 왕들"(earthly kings)]이든 처격 소유격["세상 안의 왕들"(kings in the earth)]이든 심지어 소유한 것에 대한 소유격["세상에 대한 왕들"(kings over the earth)]이든 이것은 사실이다.

다면 그렇게 중요한 일은 아닐 것이다.[16] 그들은 자신들이 그저 어떤 이스라엘 왕과 싸우고 있다고 생각했을지 모른다. 하지만 그들의 음모는 실제로는 여호와와 그의 기름부음 받은 자를 상대로 한 것이었다. '기름부음 받은'(מָשִׁיחַ)이라는 이 말은 수동 형용사로,[17] 선택받은 왕을 가리킨다. 영국식 발음은 'messiah' 혹은 가장 위대하고 최종적인 분을 언급할 때는 'The Messiah'라는 것이다. 기름부음 받은 왕의 권위를 벗어버리려 하는 주변 나라들은 하나님의 계획을 뒤엎으려는 것이기 때문이다.

3절에서는 반역적 음모가 말로 표현된다. 이 단어들은 그들이 결심한 내용(실제이든 상상이든)을 나타내므로, 번역하면 이렇게 표현된다. "그들의 맨 것을 끊고 그의 결박을 벗어버리자 하는도다." 여기서 "끊자"(נְנַתְּקָה)와 "벗어버리자"(נַשְׁלִיכָה)라는 두 개의 청유형은 권고의 의미를 지니고 있다. 이 두 동사의 목적어는 "맨 것"(사슬)과 "결박"(족쇄)이다. 그들은 실제로 감옥에서 매여 있거나 사슬이 채워져 있지는 않았다(그랬다면 그들은 모여서 반역을 계획할 수 없었을 것이다). 그보다 그들은 자신들이 예루살렘에 있는 왕에게 지배받는 것을 속박으로 보았다(그래서 이 말은 암시된 비교를 형성한다). 그들에게 이스라엘의 주관 아래 있는 것은 마치 결박되어 매인 것과 같았다. 그래서 그들은 그것을 떨쳐버리기 위한 전략을 세우려고 서둘러 함께 모였다.

II. 신적 명령: 하나님의 주권적 권위가 그분의 왕의 통치를 확립한다(4-6절)

A. 여호와가 그들의 계획을 우스운 것으로 여기신다(4절)

시편은 이제 이방 나라들이 음모를 꾸미는 것에서 여호와의 반응으로 갑자기

---

16 BHS 편집자들은 운율을 고려하여 이 구절의 후반부("여호와와 그의 기름부음 받은 자를 대적하여")를 삭제할 것을 제안했다. 그렇게 되면 깔끔한 동의어적 대구법이 남을 것이다. 하지만 균형 잡혀 있지 않은 이 행은 그들의 공격의 초점인 후반부 – 여호와와 그의 왕을 대적하여 하는 공격 – 를 강조한다.

17 헬라어로 번역된 이 단어는 Χριστός로, '그리스도', '기름부음 받은 (왕)'이라고 옮겨 쓸 수 있다. 헬라어 본문에서 형태는 κατά τοῦ Χριστοῦ αὐτοῦ이다. 또한 J. Durham, "The King as 'Messiah' in the Psalms," *Review and Expositor* 81(1984):425-36을 보라.

넘어간다. 이 연의 구조는 첫 번째 연과 평행을 이룬다. 1-2절은 세상의 군왕들의 행동들을 묘사하며, 3절은 그들의 말을 기록하고, 4-5절은 하늘의 왕의 반응을 묘사하며, 6절은 그분의 말을 제시한다.

과감한 비유적 표현을 통해 시편기자는 이 우스꽝스러운 계획에 대한 주권자 하나님의 반응을 묘사한다. 첫 번째 콜론에는 "하늘에 계신 이가 웃으심이여"라는 일반적 묘사가 나온다. 그리고 후반부에서 "주께서 그들을 비웃으시리로다"("그들을 조롱하시리로다")라는 명확한 설명이 나온다.

여기에서 하나님의 호칭들은 의미심장하다. "앉아 계신 (이)"(יוֹשֵׁב, 신인동형론)는 그분이 보좌에 앉아 계신다는 혹은 통치하신다는 의미다. 그다음에 전치사구인 "하늘에"라는 말은 이 묘사를 훨씬 더 강력하게 만들어준다. 반역하는 왕들이 세상이라는 영역에 제한된 것과는 대조적으로, 여호와가 하늘에서 그들을 모두 다스리시기 때문이다. 두 번째 호칭은 "주"(Lord)다. 이것은 거룩한 이름인 '여호와'(Yahweh, LORD로 표현되는)가 아니라, '주'라는 호칭이다. 이 철자는 이 둘 사이에 연관이 있음을 확실히 보여주려는 것이긴 하지만 말이다. 이 칭호를 사용한 것은 이 주권자이시며, 다른 모든 사람은 종이라는 것을 나타낸다.

여기서 하나님은 마치 그들의 계획을 조롱하시는 것처럼 묘사된다. 마치 인간이 우스꽝스러운 어떤 것을 조롱하는 것처럼. '웃다'(יִשְׂחָק)와 '비웃다'[18](יִלְעַג)라는 두 동사 역시 과감한 신인동형론적 표현이다. 이 동사들은 이러한 계획이 얼마나 어리석은지 우리에게 이해시키려고 사용된다. 이 비유적 표현의 요점은 그러한 계획이 아주 우스꽝스럽다는 것이다.

B. 여호와는 그들 위에 그분의 왕을 세우심으로 그들의 반역을 종식시키실 것이다(5-6절)

그들의 반역을 끝내겠다는 하나님의 계획에 대한 발표는 "그때에"(אָז)라는 말

---

[18] 시제는 현재 시제다(진행형 미완료). 이 구절은 진행 중인 행동에 대한 하나님의 반응을 묘사하기 때문이며 그 다음절에서 부사는 미래로 바뀌기 때문이다.

로 시작된다. 그것은 미래로 나아가는 과도기를 형성한다. "그가 이르실 것이다"(יְדַבֵּר)와 "그가 그들을 놀라게 하실 것이다"(יְבַהֲלֵמוֹ, 시 83:16을 보라)라는 것이다. 이 두 동사를 합치면 완전한 행동이 된다. 첫 번째 콜론은 원인을 제시한다. "그분이 이르실 것이다"(원인의 환유). 그리고 두 번째는 결과를 제시한다. "그분이 그들을 놀라게 하실 것이다"(결과의 환유). 이 균형은 또한 교차대구법적 단어 순서에서도 명백히 드러난다. 말하다 + 분 // 진노 + 놀라게 하다. 이런 배열은 하나님의 진노를 강조한다. 본문에서 진노에 해당되는 두 단어는 연속해서 나오는 반면, '말하다'와 '놀라게 하다'는 전체 구절을 앞뒤에서 괄호로 묶어주기 때문이다.

'분'(אַף, 시 30:5의 같은 단어를 보라)이라는 말과 '진노'(חָרוֹן, 시 37:1의 같은 단어를 보라)라는 말은 둘 다 열(熱)과 관계가 있다. 즉 타는 분노와 가열된 분이라는 말이다. 여기에서 다시 한 번 글쓴이는 하나님의 진노를 벌름거리는 콧구멍과 타오르는 격노함이라고 표현하면서 신인동형론적 언어를 사용한다.[19] 요점은 하나님의 선포가 진노에서 나온 정죄가 될 것이며, 그들은 두려워하게 되리라는 것이다.

하지만 하나님은 그들에게 정확히 무엇을 말씀하실 것인가? 강해자가 그 명령이 분실되었고 그래서 그것을 보충해줄 필요가 있다고 생각하는 것이 아니라면, 6절은 신적 말씀의 내용을 제공해야 할 것이다. 시편기자는 그들의 음모에 대한 정죄로 하나님이 이스라엘 왕을 세우기로 결심하셨다는 것을 묘사했다. 다시 말해, 사람들이 이 왕을 물리치려 했다면, 그리고 하나님이 자신이 이 왕을 보좌에 두셨다고 선포하셨다면, 그것은 하나님이 그들에게 적대적 입장이시며 그들이 두려워하게 되리라는 의미일 것이다. 그들은 새로운 왕에게 패배하게 될 뿐 아니라, 또한 하나님께 심판을 받을 것이다.[20] 그래서 그분이 그들에게

---

19 이것을 비유적 표현으로 분류하는 것은 하나님께 분노라는 속성이 없다는 의미가 아니다. 하나님은 지정의를 가진 인격이시다. 하지만 열띤 분노와 진노를 인간적 견지에서 묘사하는 것은 비유적 측면을 갖고 있다.

말씀하실 것은 그분, 곧 하늘에 계신 하나님께서 그들이 반대하는 이 왕을 택하셨다는 것이다.

이 말은 강한 대조로 시작된다. "나로서는"(개역개정은 '내가'라고 번역했다. – 역주). 하나님은 사실상 이렇게 말씀하시는 것이다. "그들은 이러한 일을 할 것이다. 그래서 나로서는 이것을 할 것이다…." 그다음에 나오는 동사는 완료 시제다. "세우다, 임명하다"(נָסַכְתִּי). 이것은 대관식 시편이므로, 시제는 동시적(instantaneous) 완료로 분류하는 것이 가장 좋다. "여기에서 지금 나는 내 왕을 세운다"라는 의미다.[21] 이것은 왕이 말하는 '오늘'과 잘 어울린다(7절).[22]

이 말은 또한 즉위식이 산 위의 왕궁(주제의 환유)을 의미하는 시온산에서 일어났다고 진술한다. 시온은 독특한 산, 여호와를 예배하고 섬기기 위해 '구별된' 산이었다. 그렇기 때문에 거기에 '거룩한' 산이라는 호칭이 붙은 것이다. 이 호칭은 하나님이 이 이스라엘 왕 배후에 계시다는 것을 더욱 분명하게 해주었다.

III. 왕의 권리들: 하나님의 선택받은 왕인 그는 절대적인 권력으로 세상을 다스릴 것이다(7-9절)

A. 왕이 신적 명령으로 다스릴 것이다(7절)

세 번째 연에서 우리는 이제 왕이 어떤 권리로 다스리는지 선포하는 방식을 읽는다. 그의 다스릴 권리는 여호와의 명령에 근거한다. 그것은 분명 다윗 언약을 언급하는 말일 것이다. 언약은 왕에게 이방 나라들에 대한 주권을 약속했으며 왕이 하나님의 아들이 될 것이고 하나님이 왕의 아버지가 되실 것이라고 선포

---

20 이 때문에 사도행전 4장에서 베드로가 이 시편을 사용한 것이 그처럼 가슴 아픈 일이 된 것이다. 그는 사람들(유대인 혹은 이방인)이 메시아 예수를 반대한다면 그분을 보내신 하나님을 반대한 것이라고 주장했다. 간단히 말해 그들은 예수 그리스도가 영원히 다스리실 것이라고 선포한 하나님의 원수가 되었다.

21 이것은 또한 아주 최근의 과거, "나는 (바로 지금) 내 왕을 세웠다", 결심의 완료, "나는 세우기로 결심했다" 혹은 선시자적 완료, "내가 세울 것이다"라는 의미의 "내가 세웠다"라고 볼 수도 있다.

22 J. H. Tigay, "Divine Creation of the King in Psalm 2.6," *Eretz-Israel* 27 (2003):246-51를 보라.

했다(삼하 7:14). 이 구절은 그 명령(ph, 시 119:5를 보라)을 낭송하기로 한 왕의 결의를 표현하는 청유형(אֶסְפְּרָה)으로 시작한다.²³ 언약에 나오는 아버지-아들이라는 말은 분명 비유적인 것이었다. 어떤 왕도, 어느 누구도, 절대 하나님의 문자적이고 육체적 아들인 적이 없었기 때문이다. 그렇게 되려면 신이 출산을 해야 할 텐데, 그런 생각은 이교에서는 받아들여졌을지 몰라도, 히브리인들에게는 받아들여지지 않았다. 기껏해야 다윗 계열의 왕은 아들로서의 모든 권리와 특권을 지닌 입양된 아들이라고 주장할 수 있었을 것이다.²⁴ 이 행에서 "너는 내 아들이라"(בְּנִי)라는 말씀은 순전한 비유다. 그 진술은 왕과 아들 간의 특별한 관계를 묘사하기 위해, 아들과 아버지의 관계와 왕과 하나님의 관계를 비교한다. 이 특별한 관계 즉각적 의의는 즉위식 날부터 시작해서 나라를 유업으로 받는 것과 관련된다.

처음의 이 비유는 병행적 행에서 확장된다. "오늘 내가 너를 낳았도다." 이것 역시 비유적 표현(암시된 비교)으로, 왕의 즉위를 아들을 낳는다는 개념과 비교한다. '오늘' 그 왕은 하나님의 아들로 칭함을 받으므로, 오늘은 또한 그가 낳은 날, 그의 즉위일이다. 그가 아무리 젊다고 해도 이미 성장한 사람이었으나, 그는 왕위에 올랐다. 즉 그가 '낳음을 입은' '오늘' 그렇게 한 것이다.

이 시편은 신약에서 예수님, 메시아("그리스도")와 관련해서 인용된다. 히브리서 1장에서는 이 시편이 왕의 즉위에 대해 이 말을 사용했던 것과 정확히 똑같은 의미로 사용된다.²⁵ 히브리서 저자는 어떻게 하나님의 아들이 지극히 높으신

---

23 G. H. Jones, "The Decree of Yahweh," *VT* 15 (1965): 336-44와 Helmer Ringgren, "Psalm 2 and Belit's Oracle for Ashurbanipal," in *The Word of the Lord Shall Go Forth*(Festschrift for David Noel Freedman), edited by C. L. Meyers and M. O'Connor (Winona Lake, IN: Eisenbrauns, 1983), pp.91-95를 보라.

24 이것은 고대 세계에서 이런 칭호를 취해 자신들이 신적 존재로 태어났다고 주장했던 일부 왕들과는 대조될 것이다. Gerald Cooke, "The Israelite King as Son of God," *ZAW* 73 (1960):202-25를 보라.

25 아들 됨이라는 말은 다양한 문맥에서 예수님에 대해 사용된다. 예를 들어, 그분은 요한복음 1장에서 '독생자'(only begotten Son)라고 불린다. '낳은'(begotten)이라는 동사는 문자적 의미에서는 아버지의 본성을 공유하는 자녀('만들어진' 혹은 '창조된'이라는 말과는 반대로)를 말한다. 예수님을 '낳은'이라고 묘

자의 우편에 오르셨는지 말한 후에, 다윗의 언약에서 나온 행들과 함께 이 시편을 인용했다. '오늘 내가 너를 낳았다.' 대관식 때의 명령이라는 맥락을 가진 이 시편은 그렇기 때문에 예수님의 승귀와 즉위에 대해 적절하게 사용되었다.

"오늘"이라는 말을 사용한 것 역시 '낳았다'라는 동사의 시제를 분류하는 데 도움을 준다. 이것은 아주 최근의 과거로 해석될 수도 있다. '내가 (바로 지금) 너를 낳았다.' 이것은 "오늘"이라는 말과 또한 "너는 내 아들이라"라는 선포와 아주 잘 어울린다.

B. 왕은 세계 전역에서 지배를 확립한다(8-9절)

명령의 말은 이어진다. 그러면서 유업으로서 '아들 됨'이 무엇을 의미하는지 표현한다. 주권적 왕이신 하나님의 "아들"로서, 그 기름부음 받은 왕은 나라를 유업으로 받을 것이다. 거기에는 그의 지배를 벗어버리려 하는 바로 그 사람들에 대한 주권도 포함된다. 의지법(volitional moods)의 순서는 그 과정을 보여준다. 명령법인 "구하라"가 나오고, 청유형 접속사 "그러면", 혹은 "내가 너에게 주도록"이 나오는 것이다. 이 순서에서 청유형을 사용한 것은 그에게 나라를 주시겠다는 약속을 성취하고자 하는 신적 결의를 더욱 확실하게 보여준다.

대응을 이루는 두 개의 목적어는 "이방 나라"와 "땅 끝"이다. 후자의 표현은 주어의 환유로, 땅 끝에 사는 사람들을 가리킨다. 그 나라는 모든 땅을 통해 가장 먼 지역까지 확장될 것이다. 이 목적어 각각은 또한 부사적 기능을 가진, 뜻

사하는 것은 그분이 하나님 아버지의 본성, 즉 신적이고 영원한 성질을 갖고 계신다는 것이다. 그리고 만일 그분이 영원하시다면 '낳은'이라는 말은 시작이 아니라 본성을 말한다. 그 묘사는 비유적이다. 이 때문에 니케아 신경은 요점을 명확하게 설명한다. 예수님은 '만들어진 것이 아니라 낳은' 분이라는 것이다. 성경이 그런 의미에서 '낳은'이라는 말을 사용할 때, 그 표현은 '유일한'[μονογενήσ, '유일하게 낳은'(only begotten)]이라는 말을 포함한다. 성부 하나님의 신적 본성을 공유하는 오직 한 분이 있는데, 그분은 예수 그리스도라는 것이다.
하지만 시편 2편에 나오는 "너는 내 아들이라"라는 말은 명확히 기름부음 받은 왕의 즉위에 대해 사용된다. 이 표현은 보좌에 오른 모든 다윗의 후손에 대해 적용되었다. 그래서 신약에서 이 표현은 영광으로 높임을 받으신 메시아의 즉위에 대해 사용된다. 그분은 영원한 왕이시라는 것이다.

을 명료하게 설명하는 명사와 결합되어 있다. "이방 나라를 네 유업으로"[…을 위해(for) 혹은…으로써(as), the nations (for or as) your inheritance] 그리고 "네 소유가[…를 위해(for) 혹은…로써(as)] 땅 끝까지"[the ends of the earth (for or as) your possession]라는 것이다. 본문에서 각 쌍 안의 두 단어는 그냥 나란히 놓인다. 그래서 부사적 연결을 분명하게 하려면 '…을 위해(for)'와 같은 단어가 필요하다.[26] 하나님이 그분의 "아들"에게 나라를 주실 때, 이 나라들은 그의 "유업"이 될 것이다. 궁극적으로 이 일은 기름부음 받은 왕이 나라를 받을 때 일어날 것이다.

그 왕이 이 통치를 받을 때 그는 먼저 모든 반역을 진압할 것이다(10절). 두 동사(미완료 시제 תְּרֹעֵם와 תְּנַפְּצֵם)는 미래의 통치를 약속하는 전후 문맥에 비추어 명확한 미래 시제로 번역되었다. 이 두 동사는 대구법에서 조화를 잘 이루며, 권능으로 통치를 확립하라는 말에서 의미가 분명하게 드러난다. 그것은 "네가 깨뜨릴 것이다"와 "네가 그들을 부술 것이다"이다.[27]

왕이 그의 통치를 확립할 수단은 두 개의 전치사구에 표현되었다. 첫 번째는 "철장으로"다. "장"(rod, שֵׁבֶט)은 권위를 나타내는 왕의 규를 가리킨다. 여기에서 이 말은 수식어의 환유로, 그가 주권적인 권위로 다스릴 것을 의미한다. 또한 이 단어를 수식하는 것은 "철"(물질의 소유격)로, 그 지배가 얼마나 강한지 나타낸다.

대응되는 비유는 "질그릇 같이"라는 직유법이다. 이 비유는 왕의 통치 아래에 있는 각 성의 이름을 작은 봉헌 항아리에 써서 왕의 신전에 두는 애굽의 관습에 기초한 것이었다. 그러고나서 어떤 성의 백성이 반역을 하면, 바로가 그 성의 작은 항아리를 신 앞에서 깨뜨릴 수 있었다.[28] 이러한 상징적 행동은 반역

---

26 그 시는 불완전한 대구법과 함께, 균형이 맞지 않는 5 + 2 운율로 되어 있다. "내게 구하라 내가…주리니"라는 말이 나온 후에, 교차 대구법 – 나라들 + 유업/ 소유 + 땅 끝 – 으로 쓰인 반복되는 목적어구와 더불어, 동의 대구법이 나온다.

27 또한 John Emerton, "The Translation of the Verbs in the Imperfect in Psalm ii 9," *JTS* 29(1978):499-503을 보라.

28 Othmar Keel, *The Symbolism of the Biblical World: Ancient Near Eastern Iconography and the Book of Psalms* (New York: Seabury, 1978)에 나오는 이에 대한 생생한 묘사를 보라. 또한 A. Kleber, "Ps 2:9 in the Light of an Ancient Oriental Ceremony," *CBQ* 5 (1943):63-67을 보라.

자들을 두려워 떨게 만들었을 것이다. 애초에 그 성이 바로에게 저항할 기회가 많이 있었다는 것은 아니다. 시편기자는 하늘의 모든 권세를 가진 왕이 어떻게 반역을 신속히 깨뜨릴지 강조하기 위해 이러한 비유적 표현을 사용한 것이다.

IV. 지혜: 백성은 하나님의 왕께 복종함으로 하나님의 진노로부터 피난처를 발견하는 것이 지혜롭다(10–12절)

A. 사람들은 신중하게 행동해야 한다(10절)

마지막 연에서 시편기자는 이제 대관 예식에 대한 이러한 묵상을 통해 결론을 이끌어낸다. 그리고 반역을 하려 하는 파괴적인 왕들과 통치자들에게 조언하는 일에 주의를 집중시킨다. "지혜를 얻으라"는 조언이다. 묘한 것은 우리는 왕들과 재판관들이 이미 지혜를 소유하고 있을 것으로 기대하지만, 이 경우 그들은 애처로울 정도로 지혜가 부족하다는 것이다.

"지혜를 얻으며 신중하게 행동하라"(הַשְׂכִּילוּ, 시 36:3의 같은 단어를 보라)라는 동사는 왕들에게 올바른 선택들, 그들이 하나님과 더불어 성공하게 하고 멸망에 이르지 않도록 해줄 선택들을 하라고 교훈한다. 제일 중요한 선택은 여호와가 택하신 왕에게 복종하는 것이다. 그것은 생명을 가져올 것이기 때문이다. 두 번째 동사는 "교훈을 받다"(receive instruction) 혹은 "훈계받다"(be instructed, הִוָּסְרוּ, 시 6:1의 같은 단어를 보라)이다. 이는 징계, 교훈, 심지어 아이에게 하는 훈련 등의 개념을 가지고 있으며, 이러한 개념은 세상의 재판관들에게 말하기에는 상당히 역설적인 개념이다.

B. 여호와를 예배하는 자가 되는 것이 지혜롭다(11절)

이제 시편기자는 지혜롭게 된다는 것은 살아 계신 하나님을 참으로 예배하는 자가 된다는 의미임을 분명히 밝힌다. 여호와, 곧 성경에 계시된 여호와께 예배하라는 이러한 명령은 충격적인 말이었을 것이다. 이 이방 나라들에게는 그들 자신의 신이 있었기 때문이다.[29] 그 거룩한 이름이 여기에서 강조된다. 그것은 필적할 만한 것이 없는 유일한 단어이기 때문이다.

그들에게 여호와께 복종하라고 명하는 것은 섬김이라는 견지에서 표현되었다. '섬기다'(< עָבַד, 시 134:의 같은 단어를 보라)라는 동사는 하나님을 예배하고 그분의 명령을 지킨다는 종교적 의미를 가지고 있다. 이 이교 지도자들에게 있어 그분을 섬긴다는 것은 충성의 대상을 그들의 신들에서 참되신 한 분 하나님으로 바꾼다는 의미이다. 하지만 그것은 또한 하나님의 왕을 받아들이고 그를 섬긴다는 의미도 있다. 이런 섬김은 "경외함으로"(בְּיִרְאָה) 이루어져야 했다. 그것은 두려움, 경의, 경배를 포함한다. 하나님을 경외하는 사람은 사랑과, 경배, 그

---

29 여기에 묘사된 다니엘 4:34-35에서 느부갓네살과 관련하여 읽게 되는, 하늘의 참된 하나님에 대한 반응과 같은 것이다.

30 섬김과 기쁨을 '두려움'(fear)과 결합시키는 것은 조화롭지 못한 것처럼 보일 수도 있을 것이다. 하지만 '두려움'(יִרְאָה, '두려워하다, 겁내다', יָרֵא라는 동사와 관련된)은 여기에서 이것의 적절성을 명확하게 해줄 것이다. 이 단어들의 한 가지 기본적 의미는 '두려움' 혹은 '공포'라는 간단한 개념이다. 이를테면 폭풍 속에서 선원들이(욘 1:5) 혹은 동산에서 죄인들이(창 3:10) 갖는 공포와 같은 것이다. 이런 본문들에는 경의의 요소는 없다. 결과들에 대한 공포만 있을 뿐이다. 때로 여호와의 말씀은 그런 두려움을 가라앉히려는 것이다. 전투 후에 아브람에게 "두려워하지 말라"(창 15:1)로 말씀하신 경우처럼 말이다. 이 말은 또한 여호와에 대한 경외감에서 나온 두려움을 나타내기 위해 긍정적인 의미로 사용되기도 한다(출 34:30; 레 19:14; 시 66:5). 이 말은 이런 의미에서 부모를 공경하는 것에 대해(레 19:3) 혹은 다른 것들을 존중하는 것에 대해 사용될 수 있다. 하지만 이것의 대부분은 하나님 혹은 하나님의 말씀과 관련이 있다. 경건한 예배자는 심지어 하나님을 두려워하는 자(God-fearer)라고 언급되기도 하며, 장로들 같은 지도자들은 하나님을 두려워해야 한다(출 18:21; 수 22:25를 보라). 영어의 '공경하다'(revere)라는 단어는 어떤 것을 신성하게 혹은 고귀하게 여기는 것, 어떤 것에 대해 애정 깊은 존중함을 지니는 것, 혹은 받들어 모시는 것 등의 개념을 포함한다. 이 단어의 종교적 의미인 공경하는 경외심의 의미는 두려움이라는 개념을 제거하지 않고, 그것을 긍정적 경건으로 바꾼다. 불타는 산기슭에 있던 이스라엘 사람들처럼 경건한 사람들은 경배와 놀라움으로 여호와께 이끌린다. 그분의 권능이 영광스럽기 때문이다. 하지만 그들은 또한 그 권능이 무섭기 때문에 뒷걸음질친다. 경배와 두려움 간의 이 동일한 긴장이 위험한 동물, 태풍, 혹은 자연적 불가사의 등과 같은 것들에 대한 인간의 반응에서도 나타난다. 하나님의 임재는 사람을 끌어당기는 매력이 있으면서 또한 무서운 것이다. 그 때문에 사람들은 그분의 임재 안에서 기뻐할 수 있지만, 공경하는 두려움으로 기뻐하는 것이다. 이 단어는 두 측면을 다 포함한다. 신자는 경의의 측면이 가장 먼저 떠오를 것이다. 하지만 하나님을 두려워할 만한 충분한 이유가 있는 불신자는 이 단어에서 일차적으로 두려움이라는 측면을 볼 것이다.

많은 본문이 신자가 여호와를 두려워하는 결과 생겨나는 활동들을 언급한다. 예를 들어, 하나님의 말씀에 대한 순종 및 그 결과 악을 피하는 것(시 34:11-14), 또한 순전한 예배(시 5:7)와 여호와를 공경하는 찬양(시 118:4) 등이다.

리고 하나님의 권능과 영광으로 인한 놀라움으로 그분께 이끌린다. 하지만 하나님의 권능과 영광 때문에 또한 우리는 경외와 심지어 두려움으로 뒷걸음친다. 하나님을 경외하는 증거에는 순종, 예배, 섬김이 포함된다.[30]

이 구절의 후반부는 첫 번째 부분이 가지고 있는 것을 강화한다. '즐거워할지어다'(גִּיל, 시 13:6의 같은 단어를 보라)라는 말은 '기쁨으로(예배 의식적) 외치라'라는 의미이며, 그래서 이것은 그 구절에서 요구하는 종교 의식의 일부일 가능성이 매우 많다. 그것이 "떨며"(בִּרְעָדָה) 이루어져야 한다는 것은 하나님을 제대로 섬길 수 있도록 보장한다. 사람들은 성소에서 크게 기뻐할 수 있을 것이다. 하지만 그들이 여호와 하나님의 임재 안에 있다는 것을 인식하면, 그들은 반드시 그분께 영광을 돌리도록 경축할 것이다. 그래서 기뻐하는 것과 두려워하는 것 사이의 균형은 거룩하신 하나님을 예배하기 위한 참된 균형 의식을 포착한다.

C. 왕에 대한 복종이 긴급하다(12절)

사람들이 하나님의 경고를 믿는다는 외적 표시는 하나님이 임명하신 왕에게 복종하는 것이다. 왕에게 복종하라는 명령은 실제로는 하나님께 복종하라는 명령이다. "(그) 아들에게 입 맞추라"(נַשְּׁקוּ־בַר)는 명령에는 '아들'에 해당하는 아람어가 들어 있다. 시편기자는 아람어를 사용하는 이교 왕들에게 말하고 있기 때문이다. "(그) 아들에게 입 맞추는" 것은 상징적 행동일 것이다(수식어의 환유). 정복당하고 복종하는 왕들은 승리자 앞에서 절할 것이며, 그에게 이런 식으로 경의를 표할 것이다. 하지만 여기에서 요구하는 것은 입맞추는 것 이상이다. 즉, 그들은 그 입맞춤이 의미하는 충성을 바쳐야 한다.

복종하라는 긴급한 명령은 그가 진노할지 모른다는 경고와 만난다. '진노하다'(אָנַף)라는 동사의 주어인 "그"에 대해서는 약간의 의문이 있다. 전후 문맥을 보면 '아들'이 주어인 듯도 하지만, 분노라는 말과 진노라는 말은 시편 앞 부분에서 여호와께 대해 사용되었다. 더구나 이 전체 부분은 이들에게 입 맞추라는 명령을 제외하고는, 여호와 하나님께 복종할 것을 요구한다. 더 나은 해석은 하나님을 '그렇지 아니하면 진노하심으로'의 주어로 보는 것이다. 하지만 결국 그 결과는 같을 것이다. 왕은 그들의 반역을 진압할 것이지만, 그에게 승리를 주시는 분은 하나님이시라는 것이다. 왕에게 반역하는 것은 왕과 하나님 둘 다에게 반역하는 것이며, 왕에게 복종하는 것은 둘 다에게 복종하는 것이다. 이 점은 예수님의 가르침에서 자주 강조된다. 예를 들어, 그분은 "너희는…하나님을 믿으니 또 나를 믿으라"(요 14:1)라고 말씀하셨다.

시편은 그분에게 피하는(חסה, 시 7:1의 같은 단어를 보라) 모든 사람은 다 복이 있다는 말로 끝난다. 이 단어는 시편 전체에서 안전과 보호를 위해 여호와를 신뢰하는 것에 대해 비유적으로(암시된 비교) 사용되었다. 이 용례에 기초해서, 여기에 나오는 언급은 아마 여호와를 신뢰하는 것을 말할 것이다. 여호와가 택하신 왕에게 피하는 것을 의미한다고 해석할 수도 있다. 어느 쪽이든 그 의미는 궁극적으로 하나님께 복종하는 것이 될 것이다. 그 표현은 부정적 경고가 균형을 이루게 한다. 반역하는 것은 망하는 것이다. 피하는 것은 복을 발견하는 것이다.

메시지와 적용

시편은 본질적으로 예언적이다. 그것은 먼저 보좌에 오른 모든 다윗 계열의 왕에게 적용되지만 궁극적으로는 왕 중의 왕에게 적용된다.[31] 그러므로 그것은 직접적 예언이 아니라 예표론적 예언이다. 시편 한가운데서 말하는 여호와의 기름부음 받은 자는 선지서들에서 메시아가 지니고 있다고 말하는 것과 동일한

---

31 물론 시편은 여러 번에 걸쳐 중대한 관련성을 발견한다. Richard J. Clifford는 역사에는 이 시편이 가장 강력한 영향력을 발휘했을 만한 세 번의 중요한 상황이 있다고 말했다. 첫째, 다윗 계열의 왕이 왕위에 있을 때 사람들은 반대에도 불구하고 하나님이 이 왕을 선택하셨다는 것을 상기할 필요가 있었다. 둘째, 왕이 없었던 바벨론 포로 이후 시기에 백성들은 군주정이 회복되어 그들을 자기 원수들에게서 구해주기를 바라면서 이 시편에 의지했을 것이다. 셋째, 기독교적 맥락에서 신자들은 예수님의 이름을 기름부음 받은 왕, 하나님의 아들(훨씬 더 위대한 방식으로)로 고백했으며, 그분이 세상을 심판하러 오시기를 기대했다(*Psalms 1-72* [Nashville: Abingdon Press, 2002], 46).

권능과 영광을 가지고 나온다.[32]

　마지막 연은 분명 시편의 교훈을 형성한다. 본문에 나오는 모든 것이 쌓여 이 점까지 이르게 된 것이다. 그래서 강해를 할 때 사용하는 표현들은 이런 흐름을 포착해야 한다. 강해를 위한 중심 개념은 다음과 같다. *하나님이 메시아가 모든 반역을 제압하고 세상을 다스리도록 정하셨기 때문에 메시아의 권위에 복종하는 것이 지혜롭다.* 이 표현은 시편의 요점을 포착하고 다른 부분들을 적절히 반영하거나 추정한다. '메시아'라는 단어는 구약 맥락에 어울리지만, 또한 그리스도에게도 적용할 수 있다. 신약은 시편이 궁극적으로 높임을 받으신 구세주이신 메시아 예수, 하나님의 아들에 의해 성취될 것임을 보여 준다(히 1:5; 계 19:15). 구약에 나오는 이스라엘 왕들이 그랬던 것과 마찬가지로, 오늘날에도 사람들은 참되신 하나님과 그분의 기름부음 받은 아들의 권위를 벗어버리고 싶어 한다. 히브리서 저자는 우리에게 이 시편의 요점을 상기시킨다. 그리스도 예수가 모든 반역을 진압하고 그분의 나라를 확립하기 위해 다시 오신다는 것이다.

　사람들이 하나님의 말씀을 믿고 그분의 아들이 세상을 심판하시고 그분의 통치를 확립하기 위해 오시기 전에 그 아들의 권위에 복종하게 하려는 것이 시편이 적용하려는 바다. 이 적용은 신자들에게 해당되는 것이 아닐 것이다. 그들은 이미 그들의 왕이며 주님이신 그리스도께 복종했기 때문이다. 그것은 어리석게 여호와의 기름부음 받은 왕의 권위를 벗어버리려 애쓰는 세상의 사람들에 대한 경고다. 그렇게 함으로써 그들은 실제로 하나님께 반역하고 있기 때문이다. 많은 사람은 참되신 한 분 하나님을 예배한다고 주장한다. 하지만 그들은 그렇게 하면서 메시아이신 하나님의 아들을 거부할 수는 없다.

　신자들에게 이 메시지는 큰 위로가 된다. 세상이 하나님과 기독교에 보이는 적대감은 명확하게 끝날 것이다. 그 결과는 겉보기에는 의문의 여지가 있는 것처럼 보이지만, 실제로는 의문의 여지가 없다. 그러면 그리스도가 오셔서 모든

---

32. Delitzsch, *Psalms*, I:89.

악을 제압하고 세상을 다스리시리라는 하나님의 계획에 대한 신자들의 믿음은 더욱 강해질 수 있다. 신자들을 위한 두 번째 적용은 이 점과 관련되어 있다. 시편기자가 메시아에게 복종하라고 권고했던 것처럼, 그리스도인들 역시 세상에서 어리석게 행동하지 말고 그리스도께 복종하여 다가올 진노를 피하라고 경고해야 한다는 것이다.

12 역경에 직면하여 확신을 가짐(시편 3편)

Confidence in the Face of Adversity PSALM 3

서론[1]

본문과 다양한 역본들

다윗이

그의 아들 압살롬을 피할 때에 지은 시[2]

1 여호와여 나의 대적이 어찌 그리 많은지요

일어나 나를 치는 자가 많으니이다

---

1 이 시편에 대한 더 상세한 자료는 John S. Kselman, "Psalm 3," *CBQ* 49 (1987):572-580; Christopher Schroeder, "Psalm 3," *Bib* 81 (2000):243-51을 보라.

2 이 시편은 다윗이 왕궁에서 처음 도망친 다음 날 아침에 그가 드린 찬양과 기도에서 영감을 받아 쓴 것이다(삼하 17:21-22을 보라). 사무엘하 15:12-17의 기록 역시 압살롬에게 오는 사람들의 숫자가 어떻게 '많아졌는지' 말하면서 문학적 연결고리를 제공한다. 어떤 사람들은 역사적 사건을 보면 다윗은 여기 나온 것과 같은 확신을 갖고 있지 않았으므로, 이 시편은 그가 도망가는 것을 말하는 것이 아니며, 8절에 나오는 백성에 대한 언급으로 보아 이것은 민족적 위기에 적합한 시편이라고 말한다. 어떤 사람은 다윗의 삶에서 있었던 사건과 이 시편 사이에 약간의 문학적 연관성이 있다고 보고 그것들을 하나로 결합했다(Goldingay, *Psalms 1-41*, p.109). Kraus는 이 시편을 다윗의 생애에 있었던 사건에 적용하는 것은 완전히 잘못된 것이라고 말했다. 시편 자체의 내용 때문이다. 그가 보기에 이 시편을 다윗이 썼다고 간

2 많은 사람이 나를 대적하여 말하기를
그는 하나님께[3] 구원을 받지 못한다 하나이다(셀라)

3 여호와여 주는 나의 방패시요[4]
나의 영광이시요 나의 머리를 드시는 자이시니이다

4 내가 나의 목소리로[5] 여호와께 부르짖으니
그의 성산에서 응답하시는도다[6](셀라)

5 내가 누워 자고
깨었으니 여호와께서 나를 붙드심이로다

6 천만인이 나를 에워싸 진 친다 하여도
나는 두려워하지 아니하리이다

7 여호와여 일어나소서
나의 하나님이여 나를 구원하소서
주께서 나의 모든 원수의 뺨[7]을 치시며[8]
악인의 이를 꺾으셨나이다

8 구원은 여호와께 있사오니
주의 복을 주의 백성에게 내리소서(셀라)

주하는 것은 초기 석의 활동의 증거다(*Psalms 1–59*, p.138–139). 하지만 이 시편에는 다윗이 썼다고 볼 수 없게 하는 것은 사실상 아무것도 없다. 왕과 그의 지지자들이 왕의 도성에서 쫓겨난 것은 민족적 위기였다. 이 글은 그 사건이 있고 나서 어느 정도 시간이 흐른 후에 그것을 시적 형태로 만들어 많은 비슷한 위기에 적용할 수 있을 만한 시간이 있을 때 기록되었을 것이다. 한 편의 시에서 그 도피가 얼마나 혼란스럽고 급작스럽게 이루어졌는가 하는 등 사건의 모든 세부 사항들을 반영할 필요는 없었다(Perowne, *Psalms*, I:120–122에 나오는 논의를 보라).

3 헬라어판은 대명사를 추가하여 명료하게 설명한다. "그의 하나님께."
4 헬라어판에는 '방패' 대신 $ἀντιλήμπτωρ\ μου$ '나를 돕는 자'라고 되어 있다.
5 이 문법적 구조에서 '목소리'라는 말을 사용한 것은 그가 큰 소리로 외쳤다는 것을 분명하게 보여준다.
6 Aquila와 Jerome의 역본들은 이것을 단순 미완료 시제로 번역한다. 그래서 일부 주석가들은 이 단어를 와우 접속사 대신 단순 접속사로 다시 모음부호를 붙이게 되었다(Kraus, *Psalms 1–59*, p.137).
7 '뺨'(jaw) 대신 헬라어는 $ματαίως$ 라고 되어 있다. 이것은 히브리어의 חִנָּם, '이유 없이'에 해당된다.

구성과 전후 문맥

첫 번째 탄식시가 확신으로 가득 차 있는 것은 적절하다. 시편 모음 전체를 통해 확신과 찬양이 탄식의 상당한 부분을 형성하기 때문이다. 이것은 시편기자들의 믿음이 탄식할 만한 환경 속에서도 흔들리지 않았다는 사실을 증거한다. 그 믿음이 확고부동했던 이유는 그들이 계시 뿐만 아니라 경험에 의해 여호와를 알게 되었기 때문이다. 이 시편은 표제를 통해 다윗이 쓴 것으로 간주되었다. 대부분의 현대 주석가들은 이것을 받아들이기 어려워한다. 시편기자의 확신에 찬 어조는 다윗이 압살롬에게서 도망치고 있다는 설명과 상충되는 것처럼 보이기 때문이다. 시편의 첫 번째 부분인 탄식은 곤경에 처한 시편기자의 근심과 깊은 염려를 실제로 반영한다. 하지만 하나님의 보호하심을 보았을 때, 그것은 곧 확신으로 바뀌었다. 시편이 그 사건에서 나왔다는 것이 억측은 아니다.

이는 그를 멸망시키고 그의 믿음을 훼손하고 싶어 하는 사람들이 점점 더 많아지는 것에 관심을 가졌다. 그것은 이 세상에 사는 신실한 사람들이 끊임없이 처한 위험이다. 시편 3편은 탄식시이지만 고난 속에서도 확신을 힘주어 강조하기 때문에, 기도 노래라고 하는 것이 더 나을 것이다.[9]

석의적 분석

요약

여호와가 선택하신 종을 그를 대적하여 일어서고 그의 신앙을 조롱하려 하는 수많은 대적들이 있지만, 자신에게 등을 돌리는 사람들을 완전히 이길 수 있게

---

8 또 다른 해석은 이 완료 시제들을 기원형 완료로 보아서, 명령형으로도 번역하는 것이다. W. VanGemeren은 앞에 나오는 형태들과 조화를 이루기 위해 이 구절에서는 이를 명령법으로 해석해야 한다고 말한다 (*Expositor's Bible Commentary*, "Psalms," p.105). 하지만 이 구절 후반부의 시작 부분에 '왜냐하면'(for, 개역개정에는 이 말이 번역되어 있지 않다 – 역수)이라는 말이 나와 있는 것은 이러한 주장을 반대한다.

9 J. S. Kselman, "Psalm 3: A Structural and Literary Study," *CBQ* 49 (1987):572–80을 더 보라.

해달라고 기도하면서 여호와의 즉각적인 보호를 확신한다.

개요

I. 시편기자는 자신과 자신의 믿음을 멸하고자 하는 대적들이 점점 더 많아진다고 말하지만, 하나님의 영광스러운 공급을 확신한다(1-3절).

    A. 그는 여호와께 부르짖는다. 많은 사람이 그를 대적하여 일어나기 때문이다(1절).

    B. 그는 그들이 자신을 멸망시키기 위해 자신의 신앙을 조롱한다고 설명한다(2절).

    C. 그는 하나님이 자신을 보호하고 공급하시리라는 확신을 표현한다(3절).

II. 시편기자는 큰 다툼에 직면하여 새롭게 용기를 낸다. 하나님이 그의 기도에 대한 응답으로 밤새 그를 붙드셨기 때문이다(4-6절).

    A. 그는 즉각적으로 기도가 응답되었기 때문에 하나님을 찬양한다(4절).

    B. 그는 하나님이 밤새 자신을 붙드셨다고 설명한다(5절).

    C. 그는 큰 우열의 차이에 직면해 새롭게 확신을 표한다(6절).

III. 시편기자는 구원을 위한 완전한 승리를 예상한다(7-8절).

    A. 그는 여호와께 자신을 구원해달라고 탄원한다(7절 상).

    B. 그는 기도하면서 그것이 큰 구원이 될 것이라고 예상한다(7절 하).

    C. 그는 구원이 여호와께 온다는 것을 인정한다(8절).

강해 형태의 주석

    I. 신자들은 자신의 신앙을 조롱하는 적들이 점점 많아지는 상황 속에서도, 그들을 위한 하나님의 계획을 신뢰할 수 있다(1-3절)

A. 신앙의 원수들은 계속 늘어난다(1-2절)

시편에서 낯익은 말이 될 만한 것이 여기에 처음부터 나온다. 즉 의인과 그들의 신앙을 해치고 싶어 하는 사람들이 점점 더 많아진다는 것이다. 하나님의 백성에 대한 그들의 반대는 교묘하고, 때로는 공개적이고 직접적이어서, 경멸하는 것보다 훨씬 더 위험하다(1절).

다윗의 삶에서 폭동이 그와 그의 믿음에 대한 개인적 공격으로 바뀌었다. 하지만 그는 믿음으로 위기를 극복했다. 그 믿음의 첫 번째 신호는 "여호와여"라는 하나님을 향한 즉각적인 부르짖음이다. 위기의 한가운데서 이렇게 여호와께 의지하는 것이 탄식의 특징이다. 곤경에 처할 때 사람들은 바로 그렇게 기도하기 때문이다. 그다음에 네 줄에 걸쳐 긴급한 말로 문제를 제시한다. 이 절들은 반복으로 딜레마를 강조하며 절정으로 나아간다. "나의 대적이 어찌 그리 많은지요 일어나 나를 치는 자가 많으니이다 많은 사람이…말하기를 그는 하나님께 구원을 받지 못한다 하나이다."

시편기자가 처음에 반대가 늘어난 것을 보고 놀랐다는 것이 즉시 표현된다. "나의 대적이 어찌 그리 많은지요!" 상태 동사(רבו)가 서술 형용사로 번역된다. "많으니이다"라는 것이다. 그리고 일어나 그를 치는 사람의 숫자가 점점 더 늘어나는 것을 강조하기 위해 '많은'(רבים)이라는 형용사가 반복되면서 이 개념이 계속된다(분사 קמים는 계속되는 행동을 강조한다).[10] 이 "대적들"(צרר와 같은 단어를 보

---

10 동사 קום는 "일어나다, 일어서다, 서 있다"를 의미한다. 이와 관련된 단어들은 קוֹמָה, '높이', קָמָה, '서 있는 곡식', קָם, '반란을 일으키는 대적', מָקוֹם, '장소' 등이 있다. 같은 어원에서 나온 악갓어 kumu는 '장소'를 뜻한다.
구약에서 이 단어는 서너 가지 방식으로 사용된다. 첫 번째 범주는 '일어나다'라는 단순한 의미다. 그에 대한 예는 쉽게 찾을 수 있다. 그것은 식사 자리에서 일어나는 것(창 25:34), 누웠다가 일어나는 것(룻 3:14), 무릎을 꿇은 후에 일어나는 것(삼상 24:4), 그리고 부상을 당해 넘어진 후에 일어나는(일어나지 못하는) 것(시 18:38) 등을 의미한다.
이 개념과 관련된 것은 일어나는 목적이 분명한 용례들이다. 사사기 20:8에서 이 단어는 말하기 위해 일어나는 것을 가리킨다. 시편 27:12에서는 거짓 증인들이 일어나 시편기자를 대적하는 것을 나타낸다. 그리고 시편 3편에서는 사람들이 반역으로 일어나는 것, 즉 조직적으로 공격을 준비하는 것이라는 적대적 의미에서 사용된다.
두 번째 범주는 '일어나다'라는 단어를 누군가가 등장한다는 의미로 사용한다. 이를테면 왕, 선지자, 지

라. 이것은 꼼짝 못하게 둘러싼다는 의미가 있다)은 심지어 그가 밤에 잠을 자러 갈 때에도 계속해서 그를 둘러쌌다. 그리고 잠을 깼을 때, 그는 그들이 여전히 거기 있다는 것을 알았다(6절).

하지만 이 첫 구절들이 절정에 이르렀을 때, 그들이 그의 믿음을 조롱하며 도전했다는 말이 나온다. "그는 하나님께 구원[11]을 받지 못한다." 대적들은 그들이 계획한 혁명의 일부로 그를 죽이려 하는 악한[12] 사람들이었다(7절). 그 원

도자가 권세를 잡는 것 등이다(예를 들어, 출 1:8).
세 번째 용례 집단은 행동을 위해 일어서는 것을 강조한다. 이것이 사사기 4:14의 용례다. 요나서 1:3에서 이것은 여정을 시작한다는 의미를 지닌다. 이것은 시편에서는 기도에서 여호와께 말하면서 사용되었다. 여호와께 '일어나소서'라고 구하는 것은 활동하지 않던 기간과는 대조적으로, 누군가를 위해 행동하고, 관여하시라고 구하는 것이다(시 3:7).
이 말은 또한 '서 있다'라는 의미일 수 있다. 하지만 이 용례는 단순히 '서 있는' 것을 의미하지는 않는다. 예를 들어, 레위기 27:14에서 이것은 값이 서 있다 혹은 고정되어 있다는 것을 의미한다. '서 있다'는 의미는 어떤 것을 고집하다, 태도를 정하다(사 32:8), 맞서는 것에서(수 7:12-13) 스스로를 유지하다 등을 나타낼 수 있다. 그리고 언약들이라는 견지에서 볼 때, 이 말은 나라의 경우처럼 세워지거나 확증되는 것(삼상 24:20), 혹은 비준되는 것(룻 4:7)을 의미한다.
히필 체계에서 이 동사의 용례들은 관련된 의미 범주들을 더하기 위해 사역적 요소를 덧붙인다. '일어나다'라는 정의에 대해 '일어나게 하다, 일으키다'라는 의미를 부여한다. 돌을 세우거나(수 4:9), 건물을 세우거나(출 26:30), 사사들을 세우는 것(삿 2:16) 등이다. 시편 113:7에서 그것은 어떻게 여호와가 운명을 역전시키시는지 말하는 데 사용된다. 그분은 가난한 자들을 먼지더미에서 일으키셔서 그들이 지도자들과 함께 앉게 하신다.

11 '구원하다, 해방하다'(יָשַׁע)라는 동사 및 그와 관련된 명사들(יֶשַׁע, יְשׁוּעָה, תְּשׁוּעָה)은 시편에서 자주 나온다. 이 어근(이름들은 제외하고)이 사용된 354번 중 136번은 시편에서 사용되었다. 이 말을 '구원하다/구원'이라고 번역할지 '해방하다/해방' 혹은 '승리를 주다/승리' 혹은 '구조하다'라는 말로 번역할지는 각각 번역본의 결정이다. 모두 정당한 번역이다. 하지만 주어진 본문에서 어떤 번역이 사용되든 거기엔 설명이 따라야 할 것이다. 이 말들은 서로 다른 함축들을 지니고 있기 때문이다. '해방' 혹은 '승리'라는 번역을 사용하면 영적 구원 즉 중생이라는 눈에 띄게 신약적인 개념과 혼동되는 것을 피할 수 있다. 하지만 많은 본문에서 해방에는 영적 의미가 있으며, 그 의미가 포함되어야 한다. '구원'(salvation)도 잘 맞는 말이다. 하지만 이것은 주의 깊게 설명해야 할 것이다.
단어집들을 보면 종종 아랍어에 비추어 '넓다, 널찍하다'라는 어원적 개념을 제시한다. 이것은 '좁히다' 혹은 '좁은'이라는 의미의 관련 단어를 갖고 있는 '괴로움' 같은 단어(<צָרַר)와 대조하여 사용될 때 좋은 듯하다. 하지만 이렇게 연관시키는 데는 몇 가지 어려움이 있다. 그래서 그것은 강해에서 강조되어서는 안 된다[F. Stolz, in *Theological Lexicon of the Old Testament*, ed. by Ernst Jenni and Claus Westermann, and tr. by Mark E. Biddle (Peabody, MA.: Hendrickson, 1997), II:584에 나오는 ישע 단어 항목을 보라].
용례를 보면 대부분은 군사적 승리(예를 들어 시 44:4, 21:1, 5절)와 같은 물리적 해방과 관련되어 있다. 이스라엘을 그들의 억압자들로부터 구해낸 카리스마적 사사들은 "구원자/해방자"(saviors/deliverers)라고 불린다(예를 들어, 삿 3:9). 이 구원/해방은 인간 대행자를 통해 하나님께로부터 올 수도 있다(삿 15:18; 삼상 11:13). 하지만 때로 그 해방은 초자연적 간섭을 통해서 온다(출 15:2; 왕하 6:27). 이 해방은 언제나 전투할 때만 오는 것이 아니다. 이것은 어떤 개인적 어려움이나 괴로움의 때로부터의 해방이 될

수들은 하나님의 기름부음 받은 자를 반대하고 있었으므로(참고. 시 2편), 그리고 그들은 예언자로서 인가를 받거나 그를 제거할 수 있는 권위를 갖고 있지 못했으므로 성공할 수 없었다. 그들이 할 수 있는 것이라고는 그가 하나님으로부터 구원을 받을 소망이 없다고 교만하게 선포하는 것 뿐이었다. 그의 믿음에 대한 이러한 공격은 고통을 주고 낙담시키려는 것이었다. 기도에서 나타나듯(7절), 다윗은 여호와의 구원에 대한 믿음을 잃어버리지 않았다. 그는 "구원은 여호와께 있사오니"(8절)라고 여전히 확신했다.

이 점에서 많은 그리스도인 강해자들은 예수님과 비교되는 점들을 주목했다. 대부분의 민족들은 그분을 그들의 왕으로 받아들이지 않고 거부했으며, 오히려 그분을 죽이고자 한 살인적 지도자들을 따르기로 했다. 그리고 여호와의 기름부음 받은 자가 그런 반대를 받았다면, 그분을 따르는 모든 사람 역시 반대를 받을 수 있다. 그러므로 그러한 반대 앞에서 신자들은 기도로 하나님께 의지하고, 다윗처럼 애통함을 쏟아놓아야 한다. 하지만 그들의 기도는 확신에 찬 표현들과 찬양의 말을 통한 진정한 믿음을 보여주어야 한다.

수도 있으며(시 37:39), 다른 사람이 어떤 사람을 구해주는 법적 상황에서 올 수도 있다(신 22:27). 이 집단에 속하는 단어들이 영적인 의미를 가진 경우는 수없이 많다. 시편 51:14은 죄 사함을 호소하면서 "나의 구원의 하나님"(나를 구원하시는 하나님)이라는 표현을 사용한다. 하지만 이 말은 일반적인 말이며, 하나님이 그를 구원해주신 여러 방법을 말하는 것일 수 있다. 시편기자는 또한 구원의 기쁨이 회복되게 해달라고 요청한다(시 51:12). 그것은 그가 여호와를 믿는 믿음을 통해 누렸던 관계를 말한다. 그래서 하나님은 전쟁, 기근, 질병, 법적 어려움, 그리고 심지어 죽음으로부터 백성들을 구원/해방하신다. 죄로부터 구원하는 것은 여러 해방의 일부다. 이 해방은 신적 죄 사함의 결과이기 때문이다.
시편에서 여호와께 '구원해달라'라고 긴급하게 부르짖는 것은 탄식시에서 자주 나오는 간구 부분이다(시 6:4). 구원해달라는 부르짖음이 되풀이되는 주제가 되는 것은 그분의 백성, 특히 하나님의 지원 혹은 구원을 필요로 하는 가난한 자들과 고난받는 자들(시 18:27), 혹은 그것의 대행자가 될(시 72:4) 왕들(시 20:6, 9절)이 그 지원 혹은 구원을 손에 넣게 되었기 때문이다. 하나님이 과거에 베푸신 간섭에 대한 증거는 사람들이 '구원은 여호와께 속한 것'이라고 하거나 '구원의 하나님'이라고 고백하는 곳에서 발견할 수 있다(시 18:48, 25:5).
이 단어 및 관련된 단어들에 대한 보다 상세한 연구는 John F. A. Sawyer, *Semantics in Biblical Research, New Methods of Defining Hebrew Words for Salvation, Studies in Biblical Theology*, Second series, 24 (London: SCM, 1972), pp.60-88을 보라.

12 여기에서 이 단어는 일반적인 번역처럼 '불경건한'(ungodly)이라고 번역하기보다는 '악한'(wicked) 이라고 번역하는 것이 더 낫다. 그들은 악의 있는 원수들이었기 때문이다.

B. 신자들은 그들의 삶에 대한 하나님의 영광스러운 계획을 되풀이하여 고백
함으로써 확신을 얻는다(3절)

대적들은 그의 믿음을 공격했으므로, 시편기자는 가장 큰 확신을 가지고 그의 믿음을 표현했다. "여호와여 주는"(But you, O LORD)이라는 말은 탄식에서 확신으로의 변화를 알리는 신호다. 그는 하나님의 성품과 보살핌이 그들의 도전과 뚜렷하게 대조를 이루었다는 사실에서 확신을 발견했다.

이 구절에 나오는 비유적 표현들은 그에게 그러한 확신을 준 것, 곧 하나님이 그와 맺으신 관계를 확대시킨다. 첫째는 (비유인) "방패"다. 하나님은 그가 수많은 대적들에 맞설 때 필요한 유일한 방패가 되어주셨다. 하나님이 그의 방패시라면 누가 그를 해칠 것인가? 둘째는 "나의 영광"이다. 이 단어(כָּבוֹד, 시 19:1의 같은 단어를 보라)는 존재하는 가장 중요한 분이신 하나님 – 그 사실은 수반되는 현상(종종 "여호와의 영광"이라고 불리는)에 의해 종종 명백히 나타난다 – 을 묘사하는 데 일반적으로 사용된다. 하지만 여기에서 그것은 여호와가 다윗을 택하시고 그에게 나라를 주셨을 때 다윗이 받은 영광과 영예를 언급한다(그래서 그것은 결과의 환유가 된다). 다윗은 그의 왕궁에서 쫓겨났다. 하지만 그의 영광은 손상되지 않았다. 하나님은 그에게 택함받은 왕에게 합당한 영예와 권능을 주셨기 때문이다(NIV는 "당신은 나에게 영광을 주셨나이다"라고 말한다).[13] 셋째는 "나의 머리를 드시는 자"(מֵרִים רֹאשִׁי, 시 46:10의 같은 단어를 보라)라는 비유이다. 이것은 명예롭게 높인다는 이미지다. 하나님은 낙담한 사람의 '머리를 드시며' 그를 다른 사람보다 높이신다.[14] 다윗은 도망칠 때 낙담되고 두려웠을 것이다. 하지만 그는 자신과 하나님의 관계를 곰곰이 생각해 보았을 때, 자신이 하나님의 백성의 지도

---

13 VanGemeren은 "나의 영광"을 그것이 하나님을 가리키는 호칭, "나의 영광스러운 분"이라고 해석하는 것에 찬성했다. 그렇게 되면 그것은 그의 나라에 대한 여호와의 통치를 의미할 것이다(*Expository Bible Commentary*, "Psalms," p.102).

14 창세기 40:13에서 바로는 술 맡은 자의 '머리를 들어' 그를 자신의 지위로 회복시켰다. 본문은 또한 이 이미지에 대해 유쾌하지 않은 말장난을 하기 위해 이 표현을 사용한다. 빵 굽는 자 역시 머리가 들리게 될 것, 즉 교수형에 처해질 것이기 때문이었다.

자 자리로 회복되리라는 확신을 갖게 되었다. 하나님은 그를 높이실 분이시다(그래서 이 표현은 수식어 혹은 결과의 환유다). 하나님은 그가 반란 가운데 죽게 놔두시려고 그 모든 일을 하신 것이 아니었다. 왕은 자신이 머리를 높이 들고 왕의 도성으로 돌아갈 것을 알았다.

II. 하나님의 백성은 기도 응답을 통해 현재 하나님의 보호를 경험하며, 불확실한 미래에 대한 확신을 가질 수 있다(4-6절)

A. 하나님은 자기 백성의 기도에 응답하시며 괴로움의 때에 그들을 붙드신다(4-5절)

이 부분에서 시편기자는 하나님이 밤에 그를 붙드심으로 그의 기도에 응답하신 것에 대해 하나님을 찬양한다. 처음 두 구절에서 다윗은 하나님께 직접 말한다. 이제 그는 다른 사람들에게 여호와에 대해 말한다. 처음 구절들에서 그는 현재의 점점 커지는 위험에 대해 묘사했다. 이제 그는 현재 자신이 구조된 것을 과거 시제로 묘사한다.[15] 그는 여전히 원수들에게서 완전히 구조해달라고 기도할 것이다(7절). 하지만 여기에서 그는 하나님이 그의 기도를 들어주신 것에 대해 하나님을 찬양한다. 이런 대조를 어떻게 설명할 수 있는가?

한 가지 해석은 그 행들이 그의 믿음을 일반적인 용어로 설명하는 것이라고 보는 것이다. 따라서 그 동사들은 현재 시제로 번역할 수 있다. "내가 부르짖으니…그가 응답하시는도다." 그다음에 시편 끝부분에 나오는 기도는 이러한 기도 생활의 연속이 될 것이다.

하지만 이런 유형의 시편에서는 이 구절들에 나오는 동사들을 과거 시제로 번역하는 것이 더 뜻이 잘 통한다. 그래서 그 동사들이 어떻게 하나님이 기도에

---

[15] 역본들은 여기에서 시제를 번역하는 데 있어 일관성이 없다. 우리가 번역을 하기 위해서는 이것이 시편의 어느 부분에 들어 있는지 그리고 형태가 어떤지 유의해야 한다. 여기에서 다윗은 일어난 일을 보고한다.

응답하셨으며 밤에 붙잡아주셨는지 말하게 하는 것이다. 하지만 그는 밤에만 붙잡아주셨으므로, 여전히 완전한 구원을 위해 기도한다. 첫 번째 동사(אֶקְרָא)는 단순 미완료 시제로 해석할 수 있을 것이다. 하지만 그 뒤에 '그가 응답하셨다'라는 말이 나온다. 와우 접속사가 있는 과거(미완료)다(וַיַּעֲנֵנִי). 이 형태로 보아 영어로는 첫 번째 동사의 현재 시제와의 조화를 위해 현재 시제로 번역할 수 있을 것이지만("내가 부르짖으니, 그가 응답하신다"), 그것은 또한 좀 더 일반적으로는 과거 시제로 번역할 수 있다. 첫 번째 동사는 그렇게 되면 역시 와우 접속사 없는 과거형으로 받아들일 수 있을 것이다. "내가 부르짖었더니…그가 응답하셨다."[16] 그다음 구절은 이 해석을 지지한다. 그것은 과거 시제를 사용해서 그 보고를 상세히 설명하기 때문이다. "내가 눕다"라는 것은 완료 시제(שָׁכַבְתִּי)로, 완성된 행동을 나타낸다. 그다음에는 와우 접속사가 있는 또 하나의 과거(미완료)가 나온다. "내가 잤다"(וָאִישָׁנָה). 그다음에는 명확한 과거를 표현하는 또 하나의 완료 시제가 나온다. "내가 깨었다"(הֱקִיצוֹתִי). 마지막으로, "붙들다"라는 동사 역시 와우 접속사 없는 과거형으로 볼 수 있다. "그가 나를 붙드셨다"(יִסְמְכֵנִי, 시 51:12의 같은 동사를 보라). 이 마지막 동사를 습관적 미완료로 보아도 구절의 흐름을 방해하지는 않겠지만 말이다. 여호와가 (언제나) 나를 붙드시기 때문에 나는 밤을 잘 지낼 수 있었다는 것이다.[17] 그렇다면 이 견해에서 이 두 구절은 일반적인 믿음의 표현이 아니라, 일어난 일에 대한 보고다.

이 응답받은 기도에 대한 보고를 설명하는 방법에는 두 가지가 있다. 이 구절들은 하나님을 찬양하려는 서원을 앞질러 표현한 것일 수 있다. 다시 말해, 시편기자는 기도 가운데 그가 최종적으로 구원될 때 할 찬양을 예행 연습했다. 그래서 이것은 과거 시제로 되어 있다. 그것은 하나님이 하신(아니면 곧 하려고 하

---

16 여기에서 첫 번째 동사가 콜론 끝에 나온다는 사실("나의 목소리로/여호와께/부르짖으니")은 왜 *waw* consecutive가 이 형태에 존재하지 않는지 설명해줄 것이다.

17 A. A. Anderson은 여기에서 미완료 시제는 하나님의 보살핌이 끊임없이 이루어졌고, 계속해서 그러리라는 것을 의미한다고 말했다(*Psalms*, I:74).

시던) 일에 대한 보고가 될 것이다. 그런 서원들은 탄식 시에서 흔한 것이었다. 이는 시편 끝에 나오는 경우가 더 많았다.

이 구절들은 또한 위기 때 하나님이 보호해주신 것에 대한 다윗의 즉각적인 찬양일 수도 있다. 그는 깨어나서 하나님이 밤새 붙드심으로 구원해달라는 기도에 응답하셨음을 깨닫고, 자동적으로 찬양을 드렸을 것이다. 하나님은 참으로 그의 방패셨다. 하지만 그는 여전히 대적들을 직면하고 있었기 때문에 하나님께 그들을 완전히 멸망시켜달라고 기도했다. 다시 말해, 즉각적인 구원은 그가 바라던 완전한 구원의 전조가 되었다(그것은 베스터만이 구원의 신탁이라고 부르는 것이다). 시편의 흐름상 이 설명이 좀 더 자연스러워 보인다. 4-6절은 구원해달라는 기도 가운데 있는 확신 부분을 형성하며, 이것이 찬양의 서원이라는 의도가 있든 없든, 다시 성소에 섰을 때 그가 할 말에 그것이 포함되었다.

B. 하나님의 보호하는 돌보심은 점차 커지는 반대에 맞설 수 있는 더 큰 확신을 갖게 한다(6절)

시편기자는 하나님이 밤새 그를 붙드신 것으로 인해 더 큰 확신을 갖게 되었다. 그는 "천만인이 나를 에워싸(שִׁית) 진 친다 하여도 나는 두려워하지 아니하리이다"라고 단언했다. 그가 하나님의 성품 및 응답된 기도를 통해 보호받은 경험에 초점을 맞추자, 승산이 어떠하든 간에 힘을 내어 원수들을 직면할 수 있게 되었다.[18] 그가 기도하고 잠을 자는 내내 대적들은 그를 둘러싸고 있으면서 마지막 공격을 할 준비를 하고 있었다. 하나님이 그의 편이셨기 때문에, 다윗은 그들을

---

18 사용한 단어는 מֵרִבְבוֹת이다. 이것은 일반적으로 '다수, 무수함, 만, 큰 숫자'를 의미할 수 있다. 이 구절에서 시편기자는 자기 주위에 수만 명의 사람들이 있다고 말하는 것이 아니다. 그는 자기를 에워싸 진 치는 무수한 사람도 두려워하지 않을 것이라고 말하는 것이다. 이는 과장된 진술이다. 그리고 다소 가설적이다. 압살롬에게는 수만명의 사람이 있지 않았기 때문에 이 시편이 압살롬의 위협과는 맞지 않는다고 주장하는 것은 사용된 말의 요점을 놓치는 것이다(Kraus, *Psalms 1-59*, p.137-8). 게다가 Kraus는 이 시편을 마카베 시대 같은 후기의 것이라고 본다면, 같은 문제가 존재한다고 생각한다. 시편기자가 수만 명의 사람이 그를 둘러쌌을 때, 혹은 심지어 이것을 민족적 시편이라고 본다면 하나님의 백성을 둘러쌌을 때를 찾아야 한다는 것이다.

두려워하지 않았다.

III. 간구: 하나님의 백성은 여호와께 기도할 때, 완전한 구원을 기대할 수 있다(7-8절)

시편의 간구 부분은 7절부터 시작된다. 그것은 탄식 시편의 통상적 유형을 따른다. "일어나소서…구원하소서." 여호와께 일어나시라고 요구하는 것(신인동형론으로, 하나님께 행동을 시작하시라고 말하는 것과 거의 비슷하다)은 여호와의 즉각적이고 신속한 간섭을 요구하는 것이다. '일어나다'(קוּמָה)라는 단어를 택한 것 또한 탄식과 균형을 이룬다. 많은 사람이 그를 대적하여 '일어나고' 있었다(קָמִים). 그래서 그는 하나님께 '일어나소서'라고 기도한다. 그것은 동해(同害) 복수법적 기도다. 하나님이 일어나실 때, 즉 행동하기 시작하실 때 반역이 무너지리라는 것이다.

두 번째 명령법은 구체적으로 구원을 요구한다. "나를 구원하소서/구하소서"(הוֹשִׁיעֵנִי). 하나님이 그에게 해주지 않으시리라고 그들이 주장한 바로 그 일을 해달라는 것이다. 이 구원은 하나님이 일어나신 결과가 될 것이다. 그러므로 이 간구는 원인의 환유(하나님이 일어나시는 것)를 결과의 환유(그를 구원하시는 것)와 연결해서 사용한다.

이 요구는 분명하고 직접적이다. 또한 믿음의 기도다. 간구자는 큰 구원을 기대했다. 이 기대는 동사들이 완료 시제(נָכָה에서 나온 הִכִּיתָ, "주께서 치셨다", 그리고 שָׁבַר에서 나온 שִׁבַּרְתָּ, "주께서 꺾으셨다")로 쓰인 원인절에 표현되었다. 이것들은 "현재 완료"로 해석될 수 있을 것이다. 그 의미는 과거에 내 원수들을 '주께서 치셨다'(you have struck)라는 것이며, 그래서 나는 주님이 지금도 그 일을 하실 수 있음을 안다는 것이다. 하지만 탄식 시편들은 종종 미래와 관련해 그러한 과거 시제 형태로 확신을 표현한다(종종 확신의 완료라고 불리는 것으로, 예언적 완료와 비슷하다). 다시 말해 시편기자는 결과에 대해 너무 확신한 나머지, 마치 그 일이 이미 일어난 것처럼 글을 쓴다. 그 의미는 구원이 자기 대적들에게 강력한 일격이 되기를 기대했다는 것이다. 이 구절은 확실성을 더 명확하게 보여주기 위해 미래 시제로 번역될 수도 있고, 아니면 시편기자가 자신의 절대적 확신을 표현한 방식에 맞게 과거 시제 그대로 놓아둘 수도 있을 것이다(그럴 경우 강해자가 설명해야 한다).[19]

담대한 이미지들은 하나님이 개인적으로 그리고 문자적으로 원수들의 뺨을 치거나 그들의 이를 꺾으시리라는 것을 의미하지는 않는다. 그보다 그것은 하나님이 왕과 그의 충성스러운 백성이 그 일을 할 수 있도록 하신다는 의미다["주께서 꺾으셨나이다"(우리로 꺾게 하셨나이다). 즉 원인의 환유다]. 이를 꺾고 뺨을 치는 것은 군사적 전투의 일부일 가능성이 높다. 요점은 시편기자가 하나님이 원수들을 결정적으로 칠 수 있도록 하실 것이기 때문에 큰 구원이 오고 있다고 확신했다는 것이다.

IV. 찬양: 하나님의 백성은 구원이 오직 여호와에게서만 온다는 것을 인정해야 한다(8절)

마지막 구절은 진정한 찬양 형태로 된 시편의 교훈을 표현한다. 시편기자가 여전히 승리를 위해 기도하고 있었기 때문에, 그것은 그의 기도에 대한 확신의 일부이거나 찬양의 서원이었다. 탄식들은 종종 그러한 서원으로 끝나기 때문에, 이 구절은 아마도 그가 성소에 다시 갔을 때 드리고자 했거나 드려야만 하는 찬양의 주제를 표현할 것이다. "구원은 여호와께 있사오니 주의 복을 주의 백성에게 내리소서." 여기에 '구원'에 대한 관련 단어들의 세 번째 용례가 있다. 그들은 하나님 안에는 그에게 구원이 없다고 말했다. 그는 하나님께 자신을 구원해달라고 기도했다. 그리고 그는 곧 구원이 하나님으로부터 온다고 단언할 수 있을

---

[19] 몇몇 주석가들은 여기에서 완료 시제들을 명령법으로 번역할 것을 제안했다. 하지만 시편 마지막 부분에서는 확신의 어조가 나오는 것이 시편의 유형에 더 어울린다.

것이다. 하나님이 주시는 복과 선물, 능력은 곧 하나님으로부터 오는 승리가 될 것이다. 대적들은 하나님이 그를 구원하지 않으실 거라고 말하며 그의 믿음을 조롱했으나, 그에게는 하나님께서 그들이 틀렸음을 입증하시리라는 확신이 있었다. 그리고 성소에서, 그가 거기 하나님의 백성 가운데 있는 것 자체가 진리에 대한 증거가 될 것이다.

메시지와 적용

왕은 자신을 보호하고 영광스러운 통치로 다시 보좌로 올려주실 여호와를 믿었으므로, 절망으로 가득 차 있지 않았다. 오히려 가장 견디기 어려운 환경들 속에서 그는 여호와를 외쳐 불렀으며, 그다음에 여호와가 자신을 붙드시리라는 것을 알고 누워서 잤다. 하나님이 밤에 더욱 그를 보호하신 것은 하나님이 궁극적으로 그를 구원하시리라는 확신을 굳건하게 해주었다. 그렇기 때문에 시편 3편은 자기 대적들의 숫자가 늘어나고 결심이 굳어진 것을 발견했으나, 여호와가 자신의 편이기 때문에 두려워하지 않은 참된 신자의 확신에 찬 기도다. 이것은 확신과 찬양에 지배된 기도다.

시편은 우리에게 믿음에 대한 기본적 진리를 제시한다. 강해를 위한 중심 개념은 다음과 같이 표현할 수 있다. *많은 대적들의 반대를 받을 때, 신실한 자들은 구원에 대한 확신을 가지고 기도할 수 있다. 그들을 위한 여호와의 계획은 세상에 의해 좌절되지 않기 때문이다.* 이 시편의 강해는 그러한 확신의 열쇠는 하나님의 성품과 그분의 백성에 대한 보살핌을 개인적으로 알고, 응답받은 기도를 개인적으로 체험하는 데서 온다는 것을 보여줄 것이다. 바울은 그 점을 반복한다. "만일 하나님이 우리를 위하시면 누가 우리를 대적하리요"(롬 8:31). 실로 어떤 것도 우리를 우리 주 그리스도 예수 안에 있는 하나님의 사랑에서 끊을 수 없다. 이 진리를 기도에서 확신의 원천으로 삼기 위해 신자들은 하나님의 성품에, 그리고 믿음에 반대하는 세상에서 그분을 섬기라는 그분의 부르심에 초점을 맞춰야 한다. 또한 이 확신을 확증하고 강화하기 위해 꾸준하고 최근에 받은 기도의 응답이 있어야 한다.

# 13

Safe and Secure in God's Love in Spite of False Accusations   PSALM 4

거짓된 비난에도 하나님의 사랑 안에서 안전하고 안정됨(시편 4편)

서론

본문과 다양한 역본들

다윗의 시, 인도자를 따라 현악에 맞춘 노래

1   내 의의 하나님이여 내가 부를 때에 응답하소서[1]
    곤란 중에 나를 너그럽게 하셨사오니[2]
    내게 은혜를 베푸사 나의 기도를 들으소서

---

[1] 여기에서 히브리어 동사는 칼 명령어다. 하지만 헬라어 본문은 εἰσήκουσέν μου "[내 의의 하나님]이 나를 들으셨다"로, 이것을 완료 시제로 해석한다.

[2] 이 동사(문자적으로는 "당신이 여지를 만들어주었다")는 완료 시제다. 이 절은 관계대명사 없는 관계절일수도 있다. 헬라어에는 정형동사(주어의 수, 인칭, 시제, 법에 의해 한정되는 동사의 형 – 역주), "당신은 나를 위해 여지를 만들어주었다"라고 되어 있다. BHS 편집자들은 이 구절과 조화를 이루기 위해 그것을 명령법(הַרְחִיבָה)으로 해석할 것을 제안한다. 하지만 본문을 변경하지 않고도 명령법적 의미는 주어질 수 있다. 이 말은 의지형(volitive) 문맥에서 나오므로, 이 동사는 서술적 완료(predicative perfect)로 해석하고 명령법으로 번역할 수 있을 것이다. 그래서 NIV는 "곤란 중에 나를 너그럽게 하소서"라고 번역한다.

2 인생들아[3] 어느 때까지 나의 영광을 바꾸어 욕되게 하며[4] 헛된 일을 좋아하고 거짓을 구하려는가(셀라)

3 여호와께서 자기를 위하여 경건한 자[5]를 택하신 줄[6] 너희가 알지어다
내가 그를 부를 때에 여호와께서 들으시리로다

4 너희는 떨며[7] 범죄하지 말지어다
자리에 누워 심중에 말하고 잠잠할지어다 (셀라)

5 의의 제사(right sacrifice)[8]를 드리고
여호와를 의지할지어다

6 여러 사람의 말이 우리에게 선을 보일 자 누구뇨 하오니
여호와여 주의 얼굴을 들어 우리에게 비추소서[9]

---

3 문자적으로는 '사람의 아들들아'(אִישׁ). 하지만 이것은 많은 것을 전달해주지 않으므로, '사람의 아들들'이라는 말이 의도한 의미는 중요한 사람을 쉽게 풀어서 언급한 말에 반영되어 있다(시 49:2).

4 문자적으로 "내 영예(내 영광)가 얼마나 오래 욕되게 될 것인가." 헬라어 본문은 "너희는 얼마나 오래 마음이 둔할 것인가"(βαρυκάρδιοι, '마음이 둔한'은 לֵב כְּבֵדִי를 반영할 것이다)라고 되어 있다.

5 '경건한 자'라는 말은 수동 형태인 חָסִיד로, 신적 사랑의 대상 – 사랑받는 자 – 를 나타낸다. 하지만 그것은 능동적 의미도 있을 수 있다. 이번에는 경건한 자들이 자비를 보여주며, 그래서 '충성된 자'이기 때문이다. 이 단어에 대한 연구로는 시 23:6을 보라.

6 어떤 사람들은 시편 31:21의 הִפְלָא 대신 הִפְלָה를 따라 "여호와께서 그의 사랑을 내게 놀랍게 하셨다"라는 의미가 되도록 본문을 약간 바꾸라는 제안을 따른다. 이렇게 바꾸려면 חָסִיד לוֹ를, 곧 "나에 대한 사랑"으로 바꾸어야 한다. 헬라어역과 Jerome은 פָּלָא를 따르며, "기이한 일들을 행하셨다"라고 번역한다. 하지만 MT에 나오는 단어는 פָּלָה의 이형(異形)으로, 하나님이 자신을 위해 경건한 자들을 구별하셨음을 의미한다(탈굼에서처럼). 이 행에 나오는 근본적 개념은 구별이다. A. A. Anderson은 두 해석 모두에서 요점은 하나님이 달리 대우하기 위해 경건한 자들을 선발했다는 것이라고 결론을 내린다(*Psalm*, I:78).

7 헬라어 본문에는 ὀργίζεσθε, "성내라"라고 되어 있다. 이것은 아마 틀림없이 히브리 단어로 표현되는 감정들의 범주에 있을 것이다. 하지만 대단히 근접한 번역은 아니다. NIV는 번역을 하면서 헬라어를 따랐다. 에베소서 4:26은 이 부분에서 헬라어를 인용한다 "분을 내어도 죄를 짓지 말고"(In your anger do not sin, NIV).

8 문자적으로는 "의의 제사"(sacrifice of righteousness). 또한 John S. Kselman, "A Note on Psalm 4:5," *Biblica* 68 (1987):103–5를 보라.

9 히브리어에는 "들으소서"(lift up, נְסָה)라고 되어 있다. 어떤 사본에는 נָשָׂא로 되어 있다. MT는 '들다'(lift up)에 해당하는 다른 형태로 되어 있는 듯하다. 헬라어 본문에는 ἐσημειώθη라고 되어 있으며 이 행을 "주의 얼굴의 빛이 우리에게 표적이 되었나이다"라고 번역한다. 편집자들은 נָסְעָה을 "오 여호와여, 주의 얼굴의 빛이 우리에게서 떠났나이다"라고 해석하거나(J. H. Eaton, "Hard Sayings: Psalm 4.6–7,"

7 주께서 내 마음에 두신 기쁨은
그들의 곡식과 새 포도주가 풍성할 때보다 더하니이다[10]
8 내가 평안히 눕고 자기도 하리니
나를 안전히 살게 하시는 이는 오직 여호와이시니이다

구성과 전후 문맥

이 시편은 일반적으로 탄식 시편, 저녁 기도로 분류할 수도 있을 것이다. 하지만 이것은 확신으로 가득 차 있어서 확신 시편에 가깝다. 이 시편의 주제들은 여러 면에서 기도 노래인 시편 3편을 반영한다. 그래서 이 시편이 시편 3편 뒤에 나온다. 예를 들어, 시편 3편에서 다윗은 자신이 누워서 잤다고 말했다. 그리고 시편 4편에서는 자신이 평안하게 잘 것이라고 말한다. 시편 3편에서 다윗은 자신의 믿음에 도전하는 많은 사람 가운데서 확신에 가득 차 있었다. 비록 많은 사람이 낙담해도 그는 동일한 확신을 잃지 않았다. 그리고 시편 3편은 아침에 드리는 찬양과 기도였던 반면, 이 시편은 저녁 기도였다. 페로운은 시편 3편과 4편 간의 유사성을 보고 두 시편의 시간적 간격은 같은 날 아침과 저녁 사이였을 거라고 주장했다.[11]

시편 4편에는 다윗이 압살롬에게서 도망쳤던 위기와 연관시킬 것을 요구하는 암시가 전혀 없다. 사실상 이 시편의 증거는 다른 위기를 시사한다. 바로 이 시편기자에 대한 거짓 고발이 이루어졌던 때다.[12] 다른 사람들은 이 시편을 매

Theology 67(1964):355-57; Kraus, *Psalms 1-59*, p.31) 혹은 "오 여호와여 주의 임재의 빛이 우리에게서 사라졌나이다"(Anderson, I:80; 또한 NEB를 보라)라고 해석할 것을 제안한다. 하지만 NIV는 이를 "주의 얼굴의 빛이 우리에게 비추게 하라"라고 번역한다.

10 '더하니이다'라는 번역은 비교급인, מֵאָז를 반영한다.

11 예를 들어, 시편 3편은 어떻게 누워 잤는지 말하며, 시편 4편은 눕겠다는 결심을 기록한다[(Perowne, *Psalms*(I:125)]. 시편에서는 본문들을 모종의 질서정연한 배열 안에서 연결하기 위해 이러한 연관 단어들이 처음부터 끝까지 빈번하게 사용된다.

12 Anderson, *Psalms*, I:76.

우 다르게 본다. 그것을 본질적으로 농작물 생산을 위해 진짜 하나님께 기도하는 문제로 보는 것 등이다. 브로일스는 시편이 개인적 기도가 아니라 다른 사람들에게 들려주는 기도서였다고 주장한다. 다른 사람들이란 거짓 신들을 숭배하는 자들, 혹은 여호와를 따르는 자들이라면 소산을 얻기 위해 어떤 신에게 빌어야 하는지 확실히 알지 못하는 사람들을 지칭했다.[13] 물론 이 시편이 그런 형태로 만들어졌으며 그런 목적으로 사용되었다 해서, 원래 한 개인이 썼다는 사실이 무효가 되는 것은 아니다.

석의적 분석

요약

시편기자는 하나님께 소리쳐 도움을 구하고 나서, 그의 대적들을 향해 자신에게 해를 끼침으로 하나님께 죄를 짓지 말라고 경고한다. 하나님이 보호하고 돌보기 위해 그를 택하셨기 때문이다. 그것은 많은 사람이 낙담하고 있을 때 그의 마음을 기쁘게 하는 사실이다.

개요

I. 간구: 시편기자는 곤란 중에 그를 너그럽게 하신 하나님을 부른다(1절).
II. 권고: 시편기자는 대적들에게 자신에게 해를 끼치지 말고 사랑으로 자신을 택하신 하나님을 신뢰하라고 진심으로 경고한다(2-5절).
    A. 그는 그들이 얼마나 오래 거짓을 구함으로 그분의 영광을 바꾸어 욕되게 할지 묻는다(2절).

---

[13] C. C. Broyles, *Psalms*, p.52. 우리가 앞으로 강해에서 볼 것처럼 시편을 이런 식으로 해석하는 것에 대해 약간의 근거는 있는 반면, 시편을 주의 깊게 읽어보아도 이 해석은 명백하지 않고 그다지 설득력이 없다. 더구나 원래 독립적인 시편이었던 것이, 성소에서 사용되도록 인도자들과 함께 성전에 두었을 때 전례적인 것이 되었을 것이다.

B. 그는 여호와가 자신을 택하셨으며, 자신의 필요를 채우신다고 단언한다(3절).

  C. 그는 악인들에게 범죄하지 말고 여호와를 의지하며 예배하라고 경고한다(4-5절).

III. 신뢰의 표현: 시편기자는 많은 사람이 낙담할 때 하나님 안에서 자신이 누리는 평강과 안전을 기쁘게 표현한다(6-8절).

  A. 그는 많은 사람이 하나님이 공급하신다는 증거를 찾고 있을 때 하나님의 은총을 구한다(6절).

  B. 그는 하나님이 자신에게 주신 기쁨, 추수의 기쁨보다 더 큰 기쁨으로 크게 기뻐한다(7절).

  C. 그는 여호와 안에서 평안과 안전을 확신한다(8절).

강해 형태의 주석

I. 하나님은 자기 백성이 곤란 중에 있을 때 그들을 너그럽게 대하신다(1절)

이 시편은 간구자가 과거에 하나님이 자신을 대하신 것에 기초하여 자신의 확신을 표현하는 간략한 기도로 시작한다. 이 기도는 단순히 이런 곤경에서 '내게 응답하소서'(עֲנֵנִי)라는 것이다. 본문의 단어 순서에서 앞에는 "내가 부를 때"라는 말이 나온다. 여기서 강조하는 것은 그가 하나님을 큰 소리로 부른다는 것이며 하나님을 '내 의의 하나님'으로 부른다는 것이다. '의'라는 말은 한정 소유격으로, "나의 의로운 하나님"(my righteous God, NIV)이라고 해석할 수도 있을 것이다. 하지만 그것은 다윗에게 주어진 의를 더 강조한다. 이 말은 하나님이 다윗을 대적하는 사람들에 반대해서 다윗의 의로운 대의를 옹호하셨거나 옳다고 입증하셨다는 의미다. "나의 옳음의 하나님"(God of my right)이라는 것이다. 이 표현은 관계적이다. 의로운 하나님이 그분 백성의 의를 옹호하신다는 것이다.

이 구절의 두 번째 절은 대명사 없는 관계절처럼 보인다(이런 관계절은 여기에만 나오는 것은 아니다). NIV는 이 동사를 간원형 완료(precative perfect)로 분류해서 기도의 일부로 만들었지만 말이다. "나를 너그럽게 하소서"(give me relief)라는 것이다.[14] 완료 시제(הִרְחַ֥בְתָּ)가 현재 완료로 번역된다면, 그것은 "곤란 중에 나를 너그럽게 해주셨던 (분이신) 주님"[you (who) have made room for me in my distress]이라고 번역할 수 있을 것이다. 혹은 특징적 완료(characteristic perfect)로 번역한다면, "곤란 중에 나를 너그럽게 하는 (분이신) 주님"(you who make room for me in my distress)이라고 번역할 수 있다. 그러므로 그는 자신을 위한 하나님의 의에 기초해서 간청을 하고 있을 뿐 아니라, 하나님이 어떻게 자신을 전에 곤란에서 해방시키셨는지 상기한다. "곤란"(distress)이라는 말은 꽉 죄는 장소 혹은 묶는 것(צַר)을 의미한다. 사람들을 괴롭히며 에워싸는 원수들에 대해 이러한 개념이 쓰인다.

시편기자는 이 구절 마지막 부분에서 하나님께 은혜를 베푸시고 자신의 기도를 들어달라고 하며 간구를 마무리한다. 이것은 아무 공로 없이 받는 은총을 베풀어달라는 호소다.[15] 그리고 이 호소는 구체적으로 말하면 하나님이 들으시라는(שְׁמַע), 즉 기도에 호의적으로 반응해달라는 것이다(시 45:10의 그 단어를 보라).

---

14 NIV와 다른 역본들은 이 형태를 간원형 완료로 해석했기 때문에 명령법과 같다고 보았다. 이런 범주에 대해서는 몇 가지 증거가 있다. 하지만 확실한 경우들은 드물다. 여기에서 본문은 하나님이 과거에 다윗을 다룬 것을 언급하는 관계절로 보는 것이 의미가 잘 통한다. 명령법으로 보면 이 구절이 조화를 이루기는 하겠지만, 그렇게 할 필요는 없다.

15 חָנֵּנִי, "내게 내게 은혜를 베푸소서"는 חָנַן의 명령형이다. 이 동사와 관련 형태들은 종종 '은혜, 은총, 자비'라는 말로 번역된다. 하지만 이 모든 것 안에 있는 근본적 의미는 받을 자격이 없는 자를 향한 호의적 대접과 관련되어 있다. 부사 חִנָּם는 이 점을 보여준다. 이것은 '무상으로, 값없이, 거저, 아무 이유 없이'를 의미하기 때문이니와(욥 2:3; 창 29:15을 보라). 보통 명사는 חֵן, '은혜'로, 그것 역시 예상치 않은 혹은 받을 자격 없는 은총을 표현한다(룻 2:10; 창 6:8을 보라).
은혜를 달라는 간구는 시편 51:1에서 죄의 용서에 대해 사용된다. 이것은 또한 다른 호소들에도 사용된다. 사람들을 그들의 고통에서 구해달라는 것 등이다(시 31:9). 그런 기도들에서는 관련된 명사 תְּחִנָּה, '(은혜를 위한) 간구'라는 말 역시 사용될 수 있다. 시편 전체에 걸쳐 하나님께 은혜를 베풀어달라는 간구는 하나님이 들어달라는 호소와 연결되어 있다(시 4:1 뿐 아니라 27:7, 30:10을 보라). 그것은 마치 은혜 토우신 주권을 가진 청중을 얻는 것과 같다. 그분의 선하신 은혜로 간구를 들어주실 것이다. 그분이 그렇게 하지 않으면 안 되는 이유는 없을지 모르지만 말이다.

II. 하나님의 백성이 가진 것으로 입증된 확신은 그들의 믿음을 욕되게 하려 애쓰는 사람들에게 경고가 되어야 한다(2-5절)

A. 그들은 거짓 주장들에도 불구하고 하나님이 그들의 기도를 들으시리라는 것을 확신한다(2-3절)

시편기자는 이제 그들이 그의 경고를 들을 수 있든 듣지 못하든, 대적들을 향해 말한다. 그는 그들을 '(개인적인) 사람의 아들들'(בְּנֵי אִישׁ)이라고 부른다. 이것은 그들이 높은 지위의 사람들이라는 것을 나타낼 수도 있다. 아마 유명하고 영향력 있는 사람일 것이다(시 49:2, 62:9을 보라). 그들에 대한 경고는 수사학적 질문 형태로 표현되었다. 첫 번째 부분은 "어느 때까지 나의 영광을 바꾸어 욕되게 하며"라고 한다. 이것은 다윗의 개인적 영광, 왕으로서 그의 지위를 언급할 것이다(시 3:4을 보라). 하지만 그것은 단지 왕의 것만이 아니라, 어떤 사람의 것이든 그의 존엄함 혹은 영광과 관련하여 사용될 수 있을 것이다. 그에 대한 그들의 반대는 그것을 "욕되게"(לִכְלִמָּה) 바꾸려 했다. 이 질문은 그들이 그를 망치려 하고 있다는 사실을 탄식한다. 하지만 "어느 때까지"라는 의문사는 또한 그들이 그를 이렇게 취급하는 것에는 한계가 있음을 암시한다.

이 구절의 후반부 역시 수사학적 질문으로, 그들이 헛된 일과 거짓말을 좋아하는 것을 비판한다. 이러한 표현들은 아마 다윗에게 수치를 주려한 거짓 비난

이 말은 또한 하나님이 구체적인 방식으로 은총을 내려주신다는 것을 의미한다. 창세기 33:5에서 이 말은 하나님이 족장에게 자녀들을 은혜롭게 주신 것을 언급한 것이다. 이 말은 또한 인간의 친절함에 대해 사용되기도 한다. 궁핍한 사람들에게 은총을 보이는 것과 같은 경우다. 그들에게 도움을 주는 것을 의미한다(잠 14:31). 또한 욥은 그의 친구들에게 자신을 불쌍히 여겨달라고 요청한다(욥 19:21). 그리고 이 네 번째 시편에서 언급된 대제사장적 축도는 백성들을 보호하고 그들에게 복을 주시는 여호와의 은혜를 말한다(민 6:25; 또한 시 67:1을 보라).

형용사 חַנּוּן는 하나님의 성품에 대한 칭호에서 자주 사용된다(출 34:6, 22:27을 보라). 은혜로운 것은 여호와의 성품이다. 그것은 받을 자격이 없는 사람들에게 죄 사함을 보이고 선한 선물을 제공하는 것을 의미하며, 은혜를 의미하는 단어들이 함축하는 것은 그것을 받는 사람들이 그 유익을 받을 자격이 없을 뿐 아니라, 그 반대의 것을 받아 마땅하다는 것이다.

헬라어역에서 명사는 보통 χάρις로 번역된다. 하지만 동사는 ἐλεέω로 번역된다. 더 자세히 알려면 D. R. Ap-Thomas, "Some Aspects of the Root HNN in the Old Testament," *JSS* 2 (1957):128-48을 보라.

들을 언급할 것이다(시 31:18을 보라). '어느 때까지'라는 의문사는 이 부분에도 적용된다. 하지만 이 절은 그저 '너희는 헛된 (말을) 좋아하고'라고 되어 있다. '헛된'(רִיק)이라는 것은 아마 말을 언급할 것이다. 그다음 절은 '거짓(כָּזָב)을 구하려는가'라고 말하기 때문이다.[16] 동사들은 미완료 시제로, 질문들에 나오는 단순 미래를 표현한다. 하지만 이 질문들의 어법은 그들이 하던 일이 갑자기 끝날 것임을 암시한다.

이 수사학적 질문들은 여호와가 자신의 기도에 응답하실 것이며, 그들에게서 구해주실 것이라는 시편기자의 확신에 기초한다. 그가 말하는 '하지만 알지어다'(but know, 개역개정에는 but이 번역되어 있지 않다 - 역주, וּדְעוּ, 시 139:1의 그 단어를 보라)는 확신에 찬 말이며, 그들이 그 상황의 사실들을 깨닫도록 요구한다. 그들은 여호와가 자기를 위하여 경건한 자들을 택하셨다는 것을 알아야 한다. '경건한 자'는 문자적으로 하면 '사랑받는 자'(חָסִיד, 시 23:6의 이 단어를 보라), 신적 사랑에 의해 여호와와 언약을 맺은 자, 즉 이 충성된 사랑을 받고 또한 실천하는 자다. 이 행의 요점은 하나님이 자기를 위하여 경건한 자를 선발하셨으며 (הִפְלָה) 그들을 악인들에게 넘겨주지 않으시리라는 것이다. 그래서 다윗은 그가 하나님이 사랑하시는 자, 하나님이 자기를 위하여 놀랍게 택하신 자라고 단언한다. 그를 욕되게 하는 것은 그에 대한 하나님의 사랑을 부인하는 것이다.

그가 하나님께 속했기 때문에, 하나님은 그가 하나님을 부를 때 그의 기도를 들으실 것이다(3절 하). 이 확신에 찬 진술은 1절에 나오는 주제들을 다시 말한다. "내가 부를 때에"와 "나의 기도를 들으소서"라는 것이다.

---

16 6절과 7절이 여기에서 그런 의미로 연결된다면, '헛된' 것과 '거짓말'은 그들이 좋아하던 거짓 신들, 그리고 그들이 비와 밭의 소산을 내려달라고 기도하던 거짓 신들을 언급할 것일 수도 있다. 하지만 여기에서 그 의미를 의도했다면 다소 모호하다. 이 용어가 비방하는 그들의 말, 거짓 비난들을 언급한다고 말하는 것이 더 간단하다. 그들은 신실한 자들에게 치욕을 주려 애쓰고 있었기 때문이다.

B. 그들은 자기 적수들에게 그들의 죄를 버리고 여호와를 의지하라고 확신 있게 경고한다(4-5절)

시편기자는 계속해서 자신의 대적들에게 직접 말하면서 회개와 믿음을 요구한다. 그는 그들에게 명한다. "떨며 범죄하지 말지어다." '여기서 떨다'(רִגְזוּ)라는 단어는 분노, 두려움, 불안 등의 강력한 감정을 말한다. 하지만 그것은 본질적으로 두려움과 당황함으로 떠는 것을 의미한다. 여기에서 비방하는 자들이 하나님의 백성에게 수치를 주려 했는데도 하나님이 그 백성에게 선을 베푸시는 것에 대한 반응으로 떠는 것을 말한다. 헬라어 본문에 나오는 '분노하라'는 결국 에베소서 4:26(이것은 직접적인 인용은 아니다)에 나온다. 시편에서 다윗은 자신의 대적들에게 철두철미하게 떨라고 요구한다. 그들이 더 이상 죄를 짓지 않도록 하기 위해서다(וְאַל־תֶּחֱטָאוּ라는 구문은 즉각적 순응을 요구하는 부정 명령어다).

그들이 해야 할 일은 자신들의 죄에 대해 주의 깊게 생각하고, 조용하고 냉정한 성찰을 통해 자신들의 길을 바꾸는 것이었다. '깊이 생각하다'(ponder, 개역개정은 '말하고'라고 번역했다 - 역주)는 문자적으로는 '말하다'(אִמְרוּ)이다. 하지만 여기에서 그것은 밤 시간 동안 묵상하거나 생각한다는 함축을 지닌다. 생각해보라. 그는 그들에게 이러한 것들을 심중에 숙고하고 잠잠하라고(וְדֹמּוּ) 말한다.[17] 잠잠함 혹은 고요함은 그들이 찬찬히 생각해볼 시간을 언급하는 것일 수도 있다. 하지만 그것은 그들의 묵상의 결과를 말할 가능성이 더 크다. 즉 그들은 거짓으로 경건한 자들을 욕되게 하려 애쓰는 일을 그만두라는 것이다.[18]

이것이 묵상의 의도라는 것은 여호와께 제사를 드리라고 명하는 5절에서 분명히 나타난다. 5절의 첫 번째 콜론(제사를 드리라)은 실제로는 두 번째 콜론(여호

---

[17] M. Dahood은 *dmm*이라는 같은 어원에서 나온 어근에 기초해서, '울라'는 번역을 찬성한다(강조의 와우와 함께). 하지만 이 행을 이런 맥락에서 번역하는 것은 그들의 거짓 비난에서 '잠잠할지어다'라는 말처럼 잘 이해되지는 않는다(*Psalm*, I:24).

[18] 추가로 M. L. Barre, "Hearts, Beds and Repentance in Psalm 4:5 and Hosea 7:14," *Bib* 76 (1995):53-62를 보라.

와를 의지할지어다)의 결과다. 여호와를 의지하라(וּבִטְחוּ)는 말은 시편기자의 지혜로운 조언이다. 여호와는 그분께 속한 사람들을 보호하시고 그렇지 않은 사람들을 반대하실 것이기 때문이다.[19] 여호와를 신뢰한다면 그들은 하나님께 귀한 사람들 가운데 속할 것이다. 그리고 그들 믿음의 증거는 참된 예배에서 찾을 수 있을 것이다. "의의 제사를 드리라"(같은 어원에서 나온 대격은 제사를 드리는 것을 강조한다). 하지만 제사는 의로운 것이어야 했다. 즉 "의의 제사"는 그들이 제사를 드리고 있었을지는 모르지만, 의로운 제사가 아니었을지도 모른다는 것을 시사한다. 의로우신 하나님께 드리고 있지 않거나, 그들이 거행하는 의식 배후에 의로운 행동이 없는 상태에서 드렸다는 것이다. 의로운 제사(이것이 한정 소유격이라

---

19 '의지하다'(trust)라는 말은 여기에서 בָּטַח이다. 이것은 여러 가지로 번역될 수 있다. '신뢰하다, 확신하다, 의지하다, 안전하게 느끼다' 등이다. BDB는 이 말이 땅에 벌렁 드러눕는다는 의미를 지닌 아람어와 관련이 있다고 제안한다. 이는 완전한 의존을 의미한다. 하지만 이것은 발전된 의미인 듯하며, 성경적 히브리어에는 명백하게 제시되어 있지 않다. 이 단어의 기본적 개념은 어떤 사람이나 어떤 것에 대한 확실한 의존을 의미한다. 이 신뢰의 안전함이 강조된다. 한 가지 관련 명사 בֶּטַח는 '안전, 무사'라는 개념을 가지고 있다. 이 시편 8절에서는 이런 의미로 사용된다. 그리고 명사 מִבְטָח는 '확신'을 의미하지만 언제나 확신의 대상을 말한다. 이 단어들은 안전한 환경들 혹은 안전한 마음 상태를 묘사하기도 한다. 어떤 사람 혹은 어떤 것을 확신한다는 개념 – 적절하게든 아니든 – 은 분명한 용례들을 가진다. 잠언 31:11에서 남편은 자기 아내를 신뢰한다. 그것은 아내가 너무나 유능하기 때문에 모든 집안일을 아내에게 맡긴다는 의미다. 한 이웃이 다른 이웃 옆에서 안전하게 산다(잠 3:29). 안전하고 무사하다는 신뢰 혹은 확신이 있어야 한다. 때로 이런 종류의 확신은 안일함으로 바뀐다(사 32:9-11). 아니면 그것은 단지 안전에 대한 잘못된 신뢰일 수도 있다. 견고한 성들(렘 5:17), 혹은 부정하게 얻은 이익(시 62:10; 렘 48:7), 혹은 인간(렘 17:5), 심지어 배반할 수도 있는 가까운 친구(시 41:9) 등이다. 이 말들은 거짓 신들을 신뢰하거나 확신하는 것에 대해 사용할 수도 있다. 하지만 이 신들은 무력하기 때문에 신뢰한다 해도 전혀 안전하지 않으며 사람들은 수치를 당할 것이다(사 42:17). 그리고 자기 마음을 믿는 사람은 바보다(잠 28:26). 그럼에도 불구하고, 모든 경우에 신뢰는 자신이 안전하고 안정된 곳에 있다는 느낌을 가져다준다. 이 신뢰의 대상을 주의 깊게 연구해야만 그것이 참으로 안전하고 안정된 것인지 결정할 수 있을 것이다. 궁극적으로는, 오직 여호와를 신뢰하는 것만이 바라던 결과를 가져올 것이다(잠 3:5). 그래서 בָּטַח는 이스라엘의 예배의 기도와 노래들에서 자주 발견된다. 강조된 개념은 우리가 오직 여호와만을 신뢰할 수 있다는 것이다. 시편의 '나는/우리는 여호와를 신뢰한다'라는 진술은 자주 나오는 믿음의 표현으로, 종종 대명사와 함께 나옴으로써 뜻이 강화된다(시 56:4, 11 등). 믿음으로 여호와를 신뢰하는 것은 악인의 슬픔과는 반대로 하나님의 충실한 사랑(시 32:10), 복(잠 16:20), 또한 안전과 안정(시 125:1-2)을 가져온다. 여호와를 신뢰하는 사람들은 참으로 복된 사람들이다(시 40:4). 그들은 순종하며 신실하게 살 것이다. 그들이 여호와를 두려워하기 때문이다(시 115:11). 그리고 그들은 하나님의 신실한 신자들로서 땅에서 안전하게 살 것이다(레 25:18). 시편 4:8에서 시편기자는 자신이 평안히 눕고 자기도 할 수 있는데, 그것은 여호와가 그를 안전히(혹은 안정 가운데) 살게 하시기 때문이라고 확신한다. 그렇다면 확신에 찬 안정감은 걱정하지 않는다는 함축을 지닌다.

면)란 그것이 하나님이 받으실 제사가 되리라는 의미다(시 51:19을 보라). 이 구절은 다른 사람들을 멸망시키는 일에 열중하는 마음이 아닌 올바른 마음으로 여호와를 전심으로 의지하며 제사를 드리라고 명한다.

III. 신실한 자들은 추수 때의 기쁨보다 하나님이 주신 평안과 안전에서 더 큰 기쁨을 발견한다

시편 3편에 나오는 악인들의 조롱하는 도전을 반영하는 말로, 이 시편은 "여러 사람"이 "우리에게 (무엇인가) 선을 보일 자 누구뇨?"[20]라고 한다고 말한다. 이 사람들은 지금 어쩌면 친구들이나 동료들, 환경에 의해 낙담한 사람들일 수도 있다. 하지만 그렇게 말하지 않으면 안 될 이유는 없다. 그들은 여전히 시편기자가 이 시편에서 다룬 적대자들일 수 있다. 어쨌든 그들의 도전은 누군가가 선한 것, 신적 은총의 어떤 증거를 그들에게 보여 달라는 것이다. 이것은 땅에서 나는 소산을 말할 수도 있다.[21] 하지만 '선'은 분명 그런 것들로 국한되지는 않는다(시 34:8의 그 단어를 보라). 그 도전은 신적 은총의 어떤 표시라도 보여달라는 것일 수 있다.

하지만 시편기자는 변치 않는 믿음을 가지고 있다. 그는 성소에서 제사장들의 축복을 상기한다. 그것은 "여호와는 네게 복을 주시고 너를 지키시기를 원하며 여호와는 그의 얼굴을 네게 비추사 은혜 베푸시기를 원하며 여호와는 그 얼굴을 네게로 향하여 드사 평강 주시기를 원하노라"(민 6:24-26)라는 것이다. 이것은 그 축복을 언급하는 네 개의 시편 중 하나다.[22] 여기에서 간구자는 축복의

---

20 Dahood은 여기에서 *tôb*가 '비'를 의미한다고 주장한다(신 23:12; 렘 17:6). 그렇게 보면 이 기도는 비를 위한 기도가 된다. "우리에게 비를 보일 자 누구뇨?" (*Psalms*, I:24). 일반적 개념은 하나님의 복과 관련하여 그럴듯한 것처럼 보일 수도 있지만, 이 번역은 이런 식으로 바꾸어서는 안 된다.

21 C. Boyrles는 시 34:10, 12절, 104:28, 85:11-13에 기초해서 '선'이 농산물을 의미했다고 말한다 (*Psalms*, p.54).

말을 기도로 바꾼다. "여호와여 주의 얼굴을 들어 우리에게 비추소서." 주의 얼굴의 빛(신인동형론적 표현)이란 구원을 위한 신적 은총을 말한다(참고. 시 31:16). 그래서 이것은 그의 은총을 그들에게 내려달라는 기도다.

7절은 하나님이 과거에 은혜롭게 대해주셨던 것을 기억하며 신적 은총을 구하는 이 기도에 확신을 제공한다. "주께서 내 마음에 두신 기쁨은 그들의 곡식과 새 포도주가 풍성할 때보다 더하니이다." 동사는 완료 시제로, 하나님이 과거에 행하신 일을 말한다. "그들의" 곡식과 포도주라는 말은 그의 적들을 말할 수도 있다. 아마 그들에게는 자원이 있으나 자신에게는 없다는 것을 나타낼 것이다. 하지만 그에게는 영적 기쁨이 있고 그들에게는 그것이 없다. 아니면 그저 하나의 비교일 수도 있다. 추수 때 기뻐하는 것은 큰 기쁨이 있는 때이기 때문이다. 그는 하나님이 가득 찬 곡식 창고와 통보다 더 큰 기쁨을 주셨다고 단언한다.

시편기자가 심중에 둔 기쁨, 곧 과거에 하나님이 그를 어떻게 돌보아주셨으며 현재 그가 처한 위기에서 어떻게 그를 구해주실 것인지에 대해 아는 데서 오는 기쁨은 그를 평안히 눕고 또 자게[23] 할 것이다(그가 누린 이 평안함 역시 대제사장적 축복에 대한 언급이다). 그의 확신은 오로지 여호와 안에 있었다. "나를 안전히 살게 하시는 이는 오직 여호와시니이다." "안전히"(לָבֶטַח)라는 표현은 대적들에게 했던 여호와를 "의지하라"(בִּטְחוּ)라는 조언을 상기시킨다. 여호와를 의지하는 것은 이 괴로움으로 가득한 세상에서 유일하게 안전한 것이다. 그리고 경건한 자들에게 곤란을 주는 사람들은 여호와가 자신의 사랑하는 자들의 편이시라는 것을 알아야 한다.

---

22 이 시편은 아론의 축복에 해석을 가미해서 변형한 것으로 여겨졌다(Michael A. Fishbane, Biblical Interpretation in Ancient Israel[Oxford: Oxford University Press, 1985], 331을 보라).

23 יַחְדָּו라는 단어는 '함께' 혹은 이 본문에서는 '둘 다'를 의미한다. Dahood은 같은 어원을 가진 우가릿어 동사에 기초해서, 여기에서 이 단어를 '그의 얼굴'이라고 번역해야 한다고 주장했다(Psalms, I:27). 하지만 이 말은 언급된 것들의 결합을 나타낸다. 여기에서 시편기자는 누워서 바로 잠이 들 것을 예상한다(Deslitzsch, Psalms, I:118).

메시지와 적용

시편 4편은 도움을 구하는 기도다. 하지만 여호와가 사랑하는 자들을 사랑으로 돌보신다는 것과 평안과 안전에 대한 시편기자의 확신에 찬 전망이 이 기도를 지배한다. 그래서 대적하는 자들이 유발한 곤란을 배경으로 하여, 이러한 확신에 초점을 맞춘다. 그렇기 때문에 강해적 개념을 이렇게 표현할 수 있다. *의인은 자신을 욕되게 하려는 어려운 시험을 직면할 때에도 평안과 안전을 주시는 하나님의 보호하시는 은혜 안에서 기뻐할 수 있다.* 믿음의 원수들이 하는 거짓말은 의인들에게 끊임없는 골칫거리가 된다. 하지만 의인은 그럼에도 불구하고 하나님이 자신의 정당함을 입증해주실 것을 안다.

시편에서 충돌이 일어나는 경우는 추수가 필요한 때였을 것이다. 대적하는 자들은 시편기자의 믿음을 손상시키려 하고, 사람들은 하나님이 공급하신다는 증거를 찾는다. 시편기자가 대제사장적 축복을 암시한 것은 추수 절기와도 잘 맞아떨어질 것이다. 이 축복은 여러 경우에 주어지긴 했지만 대체로 그러한 연관성에 대한 증거는 불충분하다. 시편의 의미는 훨씬 더 광범위하게 적용되는 듯이 보인다. 어떤 상황에서도, 신자들은 그들과 그들의 신앙에 대한 거짓 비난들을 견뎌야 한다. 하지만 그들은 하나님이 보호하고 돌보아주시며 평안과 안전함을 주신다는 확신을 갖고 있다. 신약에서 예수님도 신실한 자들을 이렇게 격려하셨다. "나로 말미암아 너희를 욕하고 박해하고 거짓으로 너희를 거슬러 모든 악한 말을 할 때에는 너희에게 복이 있나니 기뻐하고 즐거워하라 하늘에서 너희의 상이 큼이라 너희 전에 있던 선지자들도 이같이 박해하였느니라"(마 5:11-12). 그리고 사도 바울보다 이것을 더 깊이 경험한 사람은 없을 것이다. 그러나 그는 고린도 성도들에게 쓴 글에서 자신이 언제 어디서나 해를 당하고 괴롭힘을 당했지만, 기쁨이 넘친다고 단언했다(고후 7:2-5). 입증된 믿음만이 세상의 적대감을 극복할 수 있다.

14 위험한 속임에서 구원받음(시편 5편)
Deliverance from Dangerous Deception PSALM 5

서론

본문과 다양한 역본들

다윗의 시, 인도자를 따라 관악[1]에 맞춘 노래

1 여호와여 나의 말에 귀를 기울이사
　나의 심정을 헤아려 주소서
2 나의 왕, 나의 하나님이여
　내가 부르짖는 소리를 들으소서
　내가 주께 기도하나이다

---

1 נְחִילוֹת이라는 단어는 악기들을 뜻하는데, 속이 빈 갈대로 만든 악기들이라고 추정한다. 헬라어 역본은 이 말을 לנחל에서 가져왔는데, 이는 소유 및 유업과 관련이 있다. "유업으로 받는 그녀에 대해서는," ὑπὲρ τῆς κληρονομούσης. Aquila(Symmachus, Jerome)는 원문이 נַחֲלוֹת라고 추정하여 κληροδοσιῶν 라고 번역한다.

3 여호와여 아침에 주께서 나의 소리를 들으시리니

   아침에 내가 주께 기도하고 바라리이다

4 주는 죄악을 기뻐하는 신이 아니시니

   악이 주와 함께 머물지 못하며[2]

5 오만한 자들[3]이 주의 목전에(in your presence)[4] 서지 못하리이다

   주는 모든 행악자를 미워하시며

6 거짓말하는 자들을[5] 멸망시키시리이다

   여호와께서는 피 흘리기를 즐기는 자와 속이는 자를 싫어하시나이다

7 오직 나는 주의 풍성한 사랑을 힘입어 주의 집에 들어가

   주를 경외함으로 성전을 향하여 예배하리이다

8 여호와여 나의 원수들로 말미암아

   주의 의로 나를 인도하시고

   주의 길을[6] 내 목전에 곧게 하소서[7]

9 그들의[8] 입에 신실함이 없고

   그들의 심중이 심히 악하며(filled with destruction)[9]

   그들의 목구멍은 열린 무덤 같고

   그들의 혀로는 아첨하나이다

---

2 이 동사에 붙은 접미사는 누구와 함께 머무는지를 나타내는 대격을 제공한다. 또한 시편 62:5, 68:19, 120:5을 보라.

3 분사 הֹלְלִים은 הלל와 관련되어 있다. 하지만 동음이의어들이 있다. 이것이 '찬양'이라는 흔히 쓰이는 단어와 관련되어 있다면, 교만하고 시끄러운 자랑이라는 개념을 가지고 있을 것이다(A. A. Anderson, Psalms, I:83). 이것이 '미친'이라는 단어와 관련되어 있다면, '어리석은' 혹은 '거친'이라는 의미일 것이다(Goldingay는 '거친 사람들'이라고 제안한다. Psalms 1–41, p.125). 추가로 Perowne, Psalms, I:136을 보라.

4 문자적으로는 '주의 눈 앞에'[before your sight (eyes)].

5 헬라어는 '모든'이라는 말을 덧붙인다. '모든 자들을.'

6 MT는 "주의 길을 내 목전에"라고 되어 있다. 하지만 어떤 사람들은 이것을 '내 길을 주의 목전에'라고 바꿀 것이다. 그리고 몇몇 히브리어와 헬라어 사본, 또한 Vulgate는 דָּ֯רְ֯라고 읽어서 이 말을 복수로 만든다.

7 케레는 הַיְשַׁר일 것이다. 대다수의 사본과 Targum은 그렇게 되어 있다(또한 잠 4:25와 사 45:2에 나오는 히필도 보라). 케티브는 הוֹשַׁר일 것이다.

10 하나님이여 그들을 정죄하사[10]

  자기 꾀에[11] 빠지게 하시고

  그 많은 허물로 말미암아 그들을 쫓아내소서

  그들이 주를 배역함이니이다[12]

11 그러나 주께 피하는 모든 사람은 다 기뻐하며

  주의 보호로 말미암아

  영원히 기뻐 외치고

  주의 이름을 사랑하는 자들은 주를 즐거워하리이다

12 여호와여 주는 의인에게 복을 주시고

  방패로 함 같이 은혜로 그를 호위하시리이다[13]

구성과 전후 문맥

시편 5편은 시편 4편과 마찬가지로 아침 기도다. 단지 이 경우에만 시편기자는 다른 위협에 직면했다. 사람들이 그에 대해 악의적 거짓말을 하고 있었던 것

---

8 히브리어 본문에는 이 단어에 단수 접미사가 붙어 있다. בְּפִיהוּ. 편집자들은 병행적 행과 조화를 이루기 위해 이것을 복수 접미사를 붙여 בְּפִימוֹ로 읽을 것을 제안한다. 이것은 헬라어 역본, 수리아 역본, 탈굼, Jerome을 따르는 것이 될 것이다. 한 히브리어 사본에는 בְּפִיהֶם라고 되어 있다.

9 הַוּוֹת라는 단어는 악을 통해 일어나는 멸망을 말한다. 관련된 의미는 '바라다'라는 것으로, 이것은 멸망이 의도되고 준비된 것임을 시사한다. 이것은 악의적인 멸망이다(Perowne, I:136을 더 보라).

10 동사 אָשַׁם는 '유죄이다'라는 의미다. 여기에서만 이것은 히필로 되어 있는데, 이것은 '유죄로 선포하다, 정죄하다'라는 의미다.

11 이 전치사는 그들이 넘어지는 수단, 혹은 그들이 넘어지는 조건을 표현한다. 신약에 나오는 "너희가 너희 죄 가운데서 죽으리라"(요 8:21, 24절)의 경우처럼 말이다.

12 헬라어 역본은 '오 여호와여'를 덧붙여서, '그들이 주님을 실망시켰기 때문입니다, 오 여호와여'라고 해놓는다.

13 이 형태는 תַּעְטְרֶנּוּ이다. 편집자들은 이 동사를 칼 대신 피엘로 읽을 것을 제안한다. 이 문장에서 두 번째 대격이 먼저 나오고 접치사구가 그 앞에 나온다. 그것은 두 번째 대격과 동격이다. 이 동사의 접미사는 '그를'로, '그들을'을 의미한다. 이것은 또한 '우리를'이라고 볼 수도 있다(형태는 같다). 그래서 헬라어에는 '우리'라고 되어 있다. '주께서 우리에게 면류관을 씌우셨다.'

이다.[14] 그에게 위로를 주는 사실은 그가 성소로부터 분리되지 않았으며, 여전히 성소에 들어갈 수 있고 거룩한 곳에서 하나님 앞에 절할 수 있다는 것이었다. 그렇다면 도움을 구하는 그의 기도는 하나님은 의로운 하나님이시기 때문에 의인들을 지지해주셔야 한다는 강한 확신에 근거한다. 그러면서도 그는 자신을 악인들과 대조할 때 자신의 의로운 행동들을 열거하지 않고, 하나님의 인자하심으로 자신이 하나님께 받아들여졌다고 선언한다.[15] 그래서 독실한 신자로서 그는 신적인 왕이신 하나님께 자신을 보호해달라고 호소할 수 있다.[16] 그래서 시편기자는 자신은 성소에 받아들여지지만, 악인들은 그렇지 않다는 사실에 초점을 맞춘다. 하나님은 악을 미워하시기 때문이다. 시편기자는 어떤 배경도 제공하지 않는다. 그래서 우리는 이 글이 언제 쓰였는가에 대해 내부적 증거에 의지하여 제안할 수 밖에 없다. 전통적으로 이 시편은 다윗이 쓴 것으로 여겨진다. 하지만 비판가들은 이러한 의견에 도전한다.

브로일스는 이 시편이 1-3절과 7-8절의 "나는" 부분, 4-6절과 9-10절에 묘사된 악인의 행동들 간의 대조, 그리고 11-12절에 나오는 의인의 자격들 등이 있는 전례식문이라고 주장한다. 그래서 시편 15편과 24편에 보존되어 있는 성문 전례문, 성문에 들어갈 수 있는 사람들의 자격을 열거하는 전례문에 대한 순례자의 대답이 나왔다고 말한다. 그리고 이 시편은 성문에 들어갈 수 없는 사람들의 특징들을 묘사했다.[17] 물론 시편을 그런 용도로 사용할 수 있다. 하지만 그렇다고 해서 원래 이 시편이 어떤 개별적 경우를 위해 쓰였을 가능성을 배제할 수는 없다.[18]

이 시편은 세 부분으로 나눌 수 있다. 들려야 할 호소, 확신의 표현, 그리고

---

14 또한 G. W. Anderson, "Enemies and Evildoers in the Book of Psalms," *BJRL* 48 (1965):18-29을 보라.

15 또한 J. W. McJay, "Psalms of Vigil," *ZAW* 91(1979): 229-47을 보라.

16 Kidner는 전체 시편이 2절에 나오는 "나의 왕, 나의 하나님이시여"라는 부르짖음의 정신을 표현한다고 말한다(D. Kidner, *Psalms 1-72*, p.57).

17 Broyles, pp.58과 61.

기도다. 처음 세 절은 하나님을 향해 아침 기도를 들어달라는 호소를 형성한다. 그 다음에는 자신이 의로우신 하나님, 악과 악을 고집하는 사람들을 미워하시는 하나님께 받아들여졌다고 단언하는 확신 부분이 나온다(4-7절). 그는 하나님과의 이런 관계 때문에, 계속적인 하나님의 인도, 악인에 대한 심판, 여호와를 사랑하는 모든 사람에 대한 보호를 위해 기도한다(8-12절).

석의적 분석

요약

시편기자는 자신의 절박한 부르짖음에 응답해달라고 하나님께 간청하면서, 불의를 미워하고 모든 불의에서 자신을 분리시키시는 하나님께 받아들여졌다는 확신을 단언한다. 그다음 하나님의 인도와 악인의 멸망을 위해 기도한다. 그것이 여호와를 의지하는 사람들에게 가져올 큰 기쁨을 예상하면서 말이다.

개요

I. 시편기자는 자신이 아침 기도 때 드리는 진심 어린 탄식과 진지한 부르짖음을 들어달라고 간구한다(1-3절).
    A. 그는 하나님께 자신의 탄식을 들어달라고 부탁한다(1절).
    B. 그는 왕이신 하나님께 도와달라는 부르짖음에 응답해달라고 간구한다(2절).
    C. 그는 하나님이 아침에 그의 기도를 들으실 것을 기대한다(3절).

---

18 Kraus는 이 시편이 기도 의식서였으며 그런 의식서들을 성전 제사장들이 만들었다고 추정할 수 있는 가능성을 제기한다. 그는 그로 인해 간구자에 대한 상세한 묘사를 하지 않아야 했다고 말한다(*Psalms 1-59*, p.153). 그는 본문에 바벨론 포로 이전 시대 시온 성전에서 나온 것일 가능성을 배제하는 것은 아무것도 없었다는 Beyerlin의 결론을 받아들이다. 그는 다윗이 저자라는 생각은 고려하지 않는다. 이 시편에 나오는 '성전'이라는 언급 때문이다(p.153-154). 대부분의 비판가들은 이 시편이 포로시대 이후의 것으로, 어떤 제사장이나 레위인이 성전 예배를 위해 쓴 것이라고 추정했다.

II. 하나님이 미워하고 제거하시는 악인들과 대조적으로, 시편기자는 자신이 하나님의 사랑을 받아 성소에 받아들여진다고 단언한다(4-7절).

   A. 그는 하나님이 죄악을 미워하신다고 묘사한다(4-6절).

      1. 하나님은 죄악을 기뻐하지 않으시며 그것을 그분과 분리시키신다(4절).

      2. 하나님은 어리석은 행악자를 미워하시며 그들을 내쫓으신다(5절).

      3. 여호와는 속이는 자들, 피 흘리기 좋아하는 자들을 멸하신다(6절).

   B. 그는 자신이 하나님의 사랑으로 성소에 받아들여졌다고 단언한다(7절).

III. 교만한 자들의 위협에 비추어 시편기자는 인도를 위해, 그리고 악한 적들이 정죄받기를 기도하며, 여호와의 보호를 받는 신자들의 기쁨을 확신하고 예상한다(8-12절).

   A. 그는 원수들로 말미암아 의의 길에서 신적 인도를 구한다(8절).

   B. 그는 속이고 파괴하는 사람들이 정죄를 받기를 기도한다(9-10절).

      1. 악인들은 열린 무덤 같이 속이며 파괴적이다(9-10절).

      2. 그의 기도는 악인이 자신의 죄에 스스로 정죄를 받고, 그들의 패역한 행동 속에서 추방당하게 해달라는 것이다(10절).

   C. 그는 여호와가 보호하시는 사람들이 누릴 기쁨을 예상한다(11-12절).

      1. 하나님이 그분께 피하는 사람들을 보호해주실 것이기 때문에 그들은 기뻐한다(11절).

      2. 하나님은 의인을 방패처럼 보호하심으로 그들에게 복주실 것이다(12절).

---

19 '귀를 기울이다'(give ear, הַאֲזִינָה)라는 말은 시에서 흔하게 나오는 말로, 면밀히 경청한다는 의미다.

20 הָגִיג이라는 단어는 '묵상' 혹은 '한숨'으로 번역할 수 있다(시 2:1의 이 단어를 보라). 이 단어는 여기와 시편 39:4에만 나온다. 이것은 간신히 들을 수 있는 말(한나가 기도할 때 오해를 받았던 것처럼)을 나타낸다.

21 간신히 들을 수 있는 그의 말과는 대조적으로, 도와달라는 그의 부르짖음은 큰 소리로 나온다. 내가 부르짖는 소리(שַׁוְעִי)를 들으소서"["주의를 기울이다"(Pay attention), הַקְשִׁיבָה, "주목하다"(regard)]라는 말이 나타내는 것처럼 말이다.

강해 형태의 주석

I. 의인은 진지하게 지켜보고 기도할 때, 그들의 하나님이며 왕이신 그분께 부르짖음을 들어달라고 확신을 갖고 탄원할 수 있다(1-3절)

A. 그들의 기도는 주권적인 여호와께 드리는 것이다(1-2절)

처음 두 구절은 하나님을 통해 기도를 들어달라는 강력한 호소다. 시편기자는 하나님께 그의 말에 "귀를 기울이사"[19] 그의 심정[20]을 "헤아려" 달라고 말한다. 그리고 도와달라는 그의 부르짖음을 "들으소서"[21]라고 간구한다. 호소가 쌓이는 것은 간구가 더 긴급해지는 것을 나타낸다. 더욱 중요한 것은 그 호소가 그의 왕이자 하나님을 향한 것이라는 점이다. 시편기자는 하나님 외에 도움을 받기 위해 의지할 수 있는 다른 대상이 없다. 그래서 그는 "내가 주께 기도하나이다"라고 말한다.[22]

---

[22] 기도를 나타내는 단어는 여러 가지가 있다. שָׁאַל, '청구하다', הִתְחַנֵּן, '은총을 구하다', חָלָה, '은총을 간청하다'(진정시키다, 달래다), שִׂיחַ, '탄식하다, 탄식을 쏟아놓다', עָתַר, '탄원하다', קָרָא, צָעַק/זָעַק, '외치다, 부르다', 그리고 שָׁוַע, '괴로움으로 외치다' 등이다. 여기에는 기본적 단어인 '기도하다', הִתְפַּלֵּל가 나온다. 이것은 פָּלַל동사의 히트파엘이다. תְּפִלָּה이 이것과 관련된 명사로, '기도'라는 뜻이다. פָּלַל은 '간섭하다, 끼어들다, 중재하다'라는 의미다. 피엘 동사 체계에서는 '중재하다'와 '조정하다'라는 의미가 나오지만, 그런 언급들은 많지 않다(겔 16:32; 시 106:30을 보라). '재판관' 혹은 '심판'을 뜻하는 명사 פָּלִיל가 있다. 또한 같은 의미의 '재판하다' 혹은 '결정을 내리다'라는 의미의 단어들이 몇 개 더 있다. 히트파엘 어간에서 이것은 '기도하다'라는 의미를 가지고 있다. 이 두 체계 간의 연관은 자신을 위해 혹은 다른 누군가를 위해 중재나 조정을 하려 애쓴 것이라고 설명할 수 있을 것이다. 이 두 가지는 사무엘상 2:25의 재치 있는 말장난에 나온다. "사람이 사람에게 범죄하면 하나님이 심판하시려니와(피엘) 만일 사람이 여호와께 범죄하면 누가 그를 위하여 간구하겠느냐(히트파엘)." 기도가 기도하는 사람의 필요에 관한 것이라면, '기도하다'라는 번역이 적절하다(한나가 아이를 구하는 기도를 드렸던 삼상 1:27이나, 물고기에게서 구해달라고 기도했던 욘 2:2). 기도가 다른 누군가를 위한 것이라면 '중보하다'라고 번역할 수 있을 것이다(아브라함이 왕과 그의 권속을 위해 기도하는 창 20:7, 17절, 모세가 뱀을 백성에게서 떠나게 해달라고 기도하는 민 21:7). 기도는 거의 대부분 여호와께 드려진다. 하지만 몇몇 본문에서 말은 우상들에게 기도하는 것에 대해 사용된다(사 44:17, 45:20).
명사 תְּפִלָּה는 동사와 동일한 기본 의미를 가진다. 이것은 또한 성전을 "기도하는 집"(사 56:7)이라고 언급하는 것에서도 나온다. 이것은 시편의 표제들에서 여러 번 나오는데, 아마 이 기도들이 이제 예배 의식에 사용되는 기도가 될 것임을 나타낼 것이다(시 17:1, 86:1, 90:1, 102:1, 142:1 또한 합 3:1). 일반적으로 이 말은 "다윗의 기도"(시 72:20)로써 시편 모음집에 나오는 다윗의 시편들을 말한다.

시편기자는 여호와를 그의 왕이며 하나님이라고 말하며, 여호와가 최고의 재판관으로 모든 일을 집행하는 분이심을 인정한다. 그리고 그의 왕이 하늘에 계신 여호와 하나님이시기 때문에, 그분은 또한 온 세상에 주권을 가지고 계신다. '왕'은 하나님에 대한 적절한 호칭이다(시 68:24을 보라). '정부'는 신정 정체이기 때문이다. 실제로 이 시편을 왕이 썼다면, 세상의 왕이 신적 왕에게 도움을 구하는 호소를 하고 있는 것이다. 군주정은 신정 아래 있었다.

3절은 시편기자의 기대를 나타낸다. "여호와여 아침에 주께서 나의 소리를 들으시리니 아침에 내가 주께 기도하고 바라리이다." 동사들은 미래적 뉘앙스를 담고 있다.[23] 전후 문맥을 보면 그가 아침에 기도할 때 응답을 기대한다는 것을 시사하기 때문이다. "내가 주께 기도하고"(lay out, אֶעֱרָךְ־לְךָ)는 직접 목적어가 없다. 그것은 간구들을 순서대로 제시한다(laying out)는 말로 받아들일 수 있다. 하지만 이 동사는 다른 곳에서는 기도에 대해 쓰이지 않는다. 이것은 율법에서는 제사를 준비하기 위해 나무를 단에 놓는 것에 대해 쓰인다(예를 들어 레 6:5; 민 28:4). 그렇다면 거기에 '제사'라는 목적어가 주어질 수 있을 것이다. 이것은 그가 성소에서 제사를 드릴 계획임을 나타낸다. 그의 기도와 함께 제사를 드린다는 것이다. 앤더슨은 또 다른 목적어가 있어야 한다고 말했다. 이것은 변호 혹은 법적 소송이다.[24] 이것은 그가 여호와 앞에 제시할 상소, 소송을 말한다. '요청'이라고 번역되어 있든 '제사' 혹은 '소송'이라고 번역되어 있든, 이 개념은 그가 아침에 공식적으로 여호와께 호소할 계획을 세웠다는 것이다. 그리고 이 시편은 그가 성소에서 환영받았다고 단언하므로, 그가 기도하러 성소에 갈 계획을 하고 있었다고 추정할 수 있다.

그리고 아침 기도 후에 대답을 듣기 위해 기다린다. "내가 바라리이다"라는 동사(צָפָה, '기다리다'에서 나온 וַאֲצַפֶּה)는 계시를 위해 기다린다는 의미로 사용할 수

---

[23] Anderson은 תִּשְׁמַע이 여기에서 명령법과 동등한 의미, 명령의 뉘앙스를 지닌다고 주장했다. 하나님께 계속 간청하라는 것이다(*Psalms*, I:81). For the word שָׁמַע, s.v. Ps. 45:10.

[24] 앞의 책, 81.

도 있다(합 2:1을 보라). 여기에서 간구자는 파수꾼처럼 밤을 새면서 기도의 응답을 기다린다(이 분사는 사 21:5; 미 7:4에서 이런 식으로 사용된다). 이것이 지켜보고 기도하는 것에 대한 구약적 배경이다.

II. 여호와가 악을 미워하고 제거하시기 때문에 의인은 자신을 받아주셨다는 확신을 갖고 기도할 수 있다(4-7절)

A. 의인이 기도하는 대상인 하나님은 악을 미워하신다(4-6절)

시편기자가 그다음 네 구절에서 말하는 점은 이것이다. 하나님은 성소에 그를 받아들이셨지만, 악을 미워하고 떨쳐버리시기 때문에 그는 악인들에게서 구해 달라고 확신을 갖고 기도할 수 있다는 것이다. 다시 말해 여기에 의로우신 하나님께 불의한 자들로부터 보호해달라고 기도하는 의로운 사람이 있다. 하나님이 정말로 악행자들을 벌하신다면, 그는 하나님이 그 일을 지금 해주시고 의인을 악에게서 구해달라고 확신에 찬 기도를 할 수 있다.

그가 악인의 성품을 묘사할 때, 그의 생각의 기초는 하나님이다. "주는 죄악을 기뻐하는 신이 아니시니 악[25]이 주와 함께 머물지 못하며."[26] 악의 길 중 하나님이 묵인하고 넘어가시는 부분은 조금도 없다. 사실 그가 "악이 주와 함께 머물지 못하며"(יְגֻרְךָ. גּוּר에서 나온 잠재적 미완료)라고 말할 때, 그는 악이 심지어 임시로라도 하나님의 임재 안에 묵을 수 없다는 것을 의미한다(גּוּר은 '머무르다, 임시로 거하다'라는 의미) 그것은 하나님의 손님이 될 수 없다. 그렇게 되면 악이 하나님의 보살핌과 보호를 받을 권리를 갖게 될 것이기 때문이다. 악은 하나님의 집에서 환영받지 못한다.

---

[25] 헬라어역과 Jerome은 이것을 '악한 사람'을 의미하는 것으로 해석했다.

[26] '악함' רֶשַׁע이라는 단어는 악인 혹은 불경한 자들의 행동을 말한다. 그렇기 때문에 이것을 하나님이 정죄하시는 범죄 행위로 이해하면 될 것이다(시 1:1의 이 단어를 보라). '악' רַע이라는 난어는 모든 궁극의 악을 말한다. 하지만 이것은 보통 재난 혹은 재앙이라는 함축을 지닌다. 생명에 고통이나 해를 유발하는 것이라면 무엇이든 해당된다(시 10:15에 나오는 같은 단어를 보라).

심지어 오만한 자는 하나님의 목전에 서 있을 수도 없다(5절). '오만한' 사람들은 헛되이 자랑하는 자들, 오만한 어리석은 자들이다(הֹלְלִים, 시 33:1의 같은 단어를 보라). 그들은 하나님에게서 독립하여 자신들을 높이기 때문에, 그분의 임재 안에서 어떠한 위치도 차지할(יִתְיַצְּבוּ) 수 없다. 이 동사는 심판에서 서는 것(시 1:5-6에서처럼), 혹은 법정에서의 결정이나 왕을 섬기는 법정을 말하는 것으로 간주할 수 있다. 하지만 그것은 여호와 앞에 서는 것을 말할 수도 있다(시 2:2에서처럼 말이다. 여기에서는 '주의 목전에'). 여호와가 그분의 임재를 알리시는 곳에서 어리석은 자들은 자신의 주장을 고집하거나 견해를 그대로 지니고 있을 수 없다.

그들이 하나님 목전에서 오만한 입장을 고수할 수 없는 이유는 하나님이 "모든 행악자"(פֹּעֲלֵי אָוֶן, '악'에 대해서는 시 28:3에 나오는 같은 단어를 보라)를 미워하시기 때문이다. 이것은 단지 죄를 짓는 사람을 말하는 것이 아니다. 분사는 악을 행하는 것이 행동의 특징인 사람들을 묘사한다(참고. 마 7:23). 하나님이 그들을 '미워하신다'면, 그것은 그들이 하나님의 거룩하고 의로운 성품과 양립할 수 없기 때문에 하나님이 거부하신다는 의미다. 이 개념들은 5절의 순서와 유사한 6절에서 확장된다.[27] "거짓말하는 자들(דֹּבְרֵי כָזָב)을 멸망시키시리이다." 시편기자가 직면한 악은 거짓말이라는 형태를 띠고 있었다. '거짓말'(כָזָב)은 속이는 것(מִרְמָה)과 병행해서 나온다.[28] 그들의 속임은 악의적이다. 그들이 '피 흘리기를 즐기는' 사람들이기 때문이다. 문자적으로는 '피의 사람들'로, '피'의 복수형 용례로써, 그들이 피를 흘렸다는 것을 나타낸다. 그들의 속임수는 배반하는 것이

---

27 5절은 오만한 자들이 하나님 목전에 서지 못한다고 말하고 그 이유로 하나님이 행악자를 미워하시기 때문이라는 것을 제시한다. 6절은 하나님이 거짓말하는 자들을 멸망시키실 것이라고 말하고 그 이유로 하나님은 피 흘리기를 즐기는 자와 속이는 자를 싫어하시기 때문이라고 말한다.

28 '속임'(מִרְמָה)이라는 말은 동사 רָמָה와 관련이 있다. 이 동사는 피엘 체계에서는 '속이다, 배신하다'라는 의미를 지닌다. 이것은 תַּרְמִית 및 רְמִיָּה와 같은 어원을 가지고 있다. 이것은 '사람을 속임'과 '변절'에 해당하는 단어다. 기본적 의미는 이 모든 관련 단어에 공통적으로 들어가 있는 것처럼 보인다.

그 의미를 보여주는 수많은 용례들이 있다. מִרְמָה라는 용어는 레위와 시므온이 세겜 사람들을 속여 그들이 언약을 맺고 있다고 생각하게 하려고 제안한 거래에 대해 사용된다(창 34:13). 마찬가지로, 기브온 사람들은 낡은 옷을 입고 오래 된 농산물을 가지고 옴으로써 그들이 먼 나라에서 온 것처럼 생각하도록 여

었다. 그들의 거짓말은 위험한 것이었다. 시편기자가 여기에서 말할 수 있는 단 한 가지 희망은 하나님이 이들을 싫어하신다는 것이다. '싫어하다'(יְתָעֵב)라는 동사는 잘 알려진 명사인 '가증함'(תּוֹעֵבָה, 시 14:1의 같은 단어를 보라)과 관련이 있다. 그것은 하나님 보시기에 전적으로 혐오스러운 것을 나타낸다. 한계점, 금기 사항이라는 것이다. 그래서 만일 시편기자가 하나님이 혐오하시는 사람들로 인해 위험에 빠지고 있었다면, 그는 보다 확신 있게 기도할 수 있었다.

B. 의인은 하나님의 성소에 받아들여졌다(7절)

시편기자는 하나님이 자신의 편이라는 것을 주장하기 위해, 그들의 악한 행동과 자신의 의로운 행동을 대조시키지 않는다. 그보다 단순히 자신이 여호와를 의지하는 사람이라면 누구나 받을 수 있는 하나님의 사랑에 의해 받아들여졌다고 선언한다. 그 대조는 힘주어 강조되어 있다. "오직 나는"(וַאֲנִי). 그리고 나서 자신이 받아들여진 이유를 즉시 말한다. "주의 풍성한 사랑(בְּרֹב חַסְדְּךָ)[29]을 힘입어." 그렇게 받아들여졌다는 것이다. 그는 믿음으로 여호와와 언약을 맺었으며, 그분의 백성에 대한 여호와의 인자하신 사랑 때문에, 성소("주의 집"//"성전", 악행자가 설 수 없는 곳)에 출입할 수 있다. 여기에서 시편기자는 자신을 악한 자들과 구분한다.

일부 주석가들은 여호와의 "집"과 "성전"에 대한 언급이 나온 것으로 보아

호수아를 속였다(수 9:22). 또 다른 적절한 예는 사무엘상 28:8-12에 나오는데, 거기에서 사울은 엔돌의 무당을 속였다.
이 단어는 통상적으로 어떤 사람이 말한 내용과 관련된다. 하지만 그것은 또한 행동과 사물, 이를테면 '속이는'(dishonest) 저울(잠 11:1; 암 8:5) 등과 같은 것에 대해 사용된다. 다윗은 역대상 12:17에서 이 단어를 배신의 의미로 사용했다. 잠언에서 '간사함' 혹은 '속임'은 지혜로운 자가 아니라 어리석은 자의 표시다. 간사함이 없는 사람은 복이 있다. 그것은 자신의 죄를 공개적으로 하나님께 고백하고, 스스로 속여 자신이 죄를 짓지 않았다고 생각하지 않는 사람을 의미한다(시 32:2).

29 חֶסֶד라는 단어는 '인자하심'(loyal love)을 의미한다. 이것은 언약 단어다. 이것은 하나님이 언약의 일원이 된 사람들에 대해 갖는 신실하신 사랑을 묘사한다. 이것은 또한 언약의 일원들이 여호와와 다른 신자들에 대해 가져야 하는 충실한 사랑에 대해서도 사용된다. 이것은 종종 '인지함'(lovingkindness)이라고 번역된다. 하지만 이것은 그 사랑의 신실함을 더 강조한다. 시편 23:6에서 이 단어에 대한 보다 상세한 연구를 보라.

그 시편은 다윗 이후에 기록되었다고 지적한다. 성전은 솔로몬이 건축했기 때문이다. 하지만 두 단어 모두 다윗이 등장하기 전 실로에서 성소에 대해 사용되었다. "집"이라는 단어는 여호수아 6:24와 사무엘상 12:20에서 이렇게 실로의 성막을 언급하는 말로 사용되었다. 이것은 지상의 성소라는 개념을 예배자를 위한 하나님의 임재와 연결시킨다(심지어 창 25:15에서 그것이 야곱의 '사다리' 환상이 주어진 장소에 대해 사용된 것을 보라). "성전"(הֵיכָל)에 해당하는 단어는 좀 더 어렵다. 이는 운반할 수 있는 휴대용 성막에 대해서는 다른 어느 곳에서도 사용되지 않았기 때문이다. 하지만 이 단어 역시 실로에 있던 성소의 임시 위치에 대해 사용되었다. 아마 성소의 일부였던 건물을 말했을 것이다(삼상 1:9, 3:3을 보라). 이것은 여기에서 단지 예루살렘이 선택되기 전 궤가 놓여 있던 장소에 대해서 사용되었을 수도 있다.[30] 시편기자가 주장하는 것은 자신은 참된 신자로서 예배하기 위해, 그리고 이 경우에는 기도하기 위해 여호와의 성소에 들어가도록 환영받는다는 것이다. 그는 오직 하나님의 인자하심에 의해서만 받아들여진다. 그렇기 때문에 그는 교만함이나 독립적인 마음이 아니라, 경외와 겸손으로 들어갈 것이다. 즉 그는 경외함으로 성전을 향하여 예배할 것이다(절할 것이다, אֶשְׁתַּחֲוֶה).[31] 그래서 그는 하나님의 임재에 자유롭게 접근할 수 있다는 확신과 경외감 그리고 겸손을 함께 표현한다.

---

30 Kraus는 다윗의 저작권(그가 근본주의자들의 주장이라고 일축해버린 견해)에 대한 주장은 '집'과 '성전'에 대한 언급과 함께 완전히 실패로 끝나고 말았다고 말한다(p.153-154). 하지만 구약에서 이 용어들을 사용한 유사한 예가 없는 것은 아니다. 이 문제에 대해서는 Perowne, *Psalms*, I:133을 더 보라. 게다가 원래의 시편을 후대에 성전에서 사용하기 위해 약간 변경(새롭게 경신)했을 수도 있다.

31 이 동사는 BDB 같은 오래 된 사전들에서는 שָׁחַח라는 어근 아래 나와 있다. 거기에서는 이 철자가 음위 전환(단어 내의 소리나 철자가 바뀌는 것 – 역주)이라고 설명되어 있다. 그러나 그보다는 חָוָה 어근에서 나온 히스타펠 형태로, 어간의 접두사가 사역적 개념과 재귀적 개념을 부여하는 것일 수도 있다. '스스로' 땅에 엎드린다는 것이다. 이는 아마 몸을 둥그렇게 마는 것처럼 무릎까지 구부리고는 이마를 땅에 대는 것을 의미할 것이다. 대부분의 경우 그것은 그냥 '예배하다'라고 번역되지만, 이 단어는 '구부리다'라는 의미다(이 해석은 이 단어를 수식어의 환유로 받아들인다. 이것은 예배드리거나 절을 할 때 나오는 자세다). 사람들이 군주에게 절하는 것에 대해서도 사용되었다. 상세한 논의는 John A. Emerton, "The Etymology of *Hištaḥăwāh*," *OTS* 20 (1977):41-55을 보라.

III. 의인들은 악을 미워하시는 하나님께 속해 있기 때문에 자신에 대해서는 하나님의 인도를, 원수들에 대해서는 심판을 위해 기도할 때 하나님께로부터 즐거운 구원이 이르리라 기대한다(8-12절)

A. 의인들은 멸망에 대한 위협과 속임수 때문에 반드시 신적 인도를 위하여 기도해야 한다(8-9절)

시편기자는 이제 여호와께 그분의 의로 자신을 인도해달라고 기도한다. 그것은 그가 인식한 불가피한 일이다. '나를 인도하다'(נְחֵנִי)라는 동사는 시편 23:3에서 신적 목자에 대해, 그리고 시편 31편 3절에서는 여호와에 대해 사용된다. 그가 바라는 인도는 하나님의 의(צִדְקָתֶךָ, 시 1:5에서 같은 단어를 보라)를 중심으로 한다. 성경에서 이 의는 하나님의 성품과 동일시된다. 그분은 의로우시기 때문이다. 하지만 이것은 또한 하나님이 믿는 자들에게 주시는 의를 말한다(창 15:6과 롬 3:21, 22절, 25절을 보라). 여기에서 그것은 아마 하나님이 요구하시는 삶에서의 의를 의미할 것이다(참고. 잠 8:20, 12:28). 시편기자는 속이는 자들을 상대하기 때문에 그런 하나님의 인도를 필요로 한다.

이 구절에 나오는 병행 콜론은 하나님께 그분의 길을 "곧게 하소서"라고 구한다. 이 명령(< יָשַׁר, 시 67:4의 같은 단어를 보라)은 그 방향에 장애물과 유혹들이 없기를, 그 길이 곧고 평탄하기를 구하는 것이다. 하나님의 '길'이라는 비유적 표현(암시된 비교에 기초한 관용구)은 안전한 삶 뿐 아니라 도덕적으로 순수한 삶을 말한다.

이 구절에 간구들이 나오는 이유는 "나의 원수들(שׁוֹרְרָי)로 말미암아"서다. 이들은 숨어서 기다리며 행동하기에 적절한 때가 언제인가 지켜보는 사람들이다.[32] 그들이 그런 의도를 가지고 있기 때문에 의인에게는 신적 안내와 보호가

---

[32] 동사 שׁוּר는 '보다, 주시하다'라는 의미다. 이 분사는 악한 의도를 가지고 '지켜보는 자들'(렘 5:26; 욥 33:27을 보라), 행동하기에 가장 적절한 순간을 기다리는 사람들(시 27:11, 54:7, 59:11, 92:11을 보라)에 대해 사용된다.

필요하다.

4행시로 된 그다음 구절은 이 원수들의 성품을 열거한다. 첫째, 그들의 입에는 신실함이 없다(그들이 하는 말에서 '입'은 원인의 환유다). '신실함'(כון에서 나온 נְכוֹנָה, 시 93:1의 같은 단어를 보라)이라는 단어는 그들이 말하는 것 중 확고하거나 변치 않는 것이 아무것도 없음을 의미한다. 그것은 기대어 의지하거나 신뢰할 수 없다. 둘째, 그들의 마음은 악하다(destruction, הַוּוֹת). 즉 그들이 무엇을 말하든, 그들이 바라는 계획('마음'은 주제의 환유다)은 이러저러한 식으로 의인을 파멸시키는 것이다. 셋째, 그들의 말은 사람들을 파멸시킬 것이다. 그들의 "목구멍"은 그들의 말을 의미한다(원인의 환유). 그리고 "열린 무덤"은 그들 말의 결과가 죽음과 파멸한 삶이라는 것을 의미한다. 무덤이 열려 있다는 것은 멸망이 신속히 오고 멸망당한 자들을 효과적으로 제거한다는 의미다(제대로 된 매장을 할 시간이 없는 전쟁 때에 그렇게 하듯 말이다. 렘 5:16을 보라). "목구멍"은 열린 무덤이라는 말과 의미심장한 병행을 이루기 위해 '입술'이나 '입'이라는 말보다 우선적으로 선택되었을 것이다. 9절 후반에 나오는 "무덤"(קֶבֶר)은 9절 전반에 나오는 "마음"(קֶרֶב, 문자적으로는 '한가운데')을 가지고 말장난을 한 것이다. 마지막으로, 그들은 혀로 아첨한다(speak deceit, חָלַק에서 나온 יַחֲלִיקוּן)는 것이다. 이 동사에는 어떤 것을 감추기 위해 덮는다는 의미가 있다(시 36:3과 잠 29:5를 보라. 이것은 시 55:22에서 말에 대해 사용된다). 이것은 분명 거짓말에 해당하는 것이지만, 신뢰할 만하거나 진실하다는 거짓된 인상을 주도록 말하는 것이다. 그다음에 사건이 전개되면서 참된 의도가 드러나며, 그것이 악의적이라는 것이 나타난다. 교활하고 위험한 원수들의 덫을 피하려면 하나님의 인도가 필요하다.

B. 악인이 하나님께 반역했기 때문에, 의인은 그들을 희생시켜 자신을 구원하시기를 구한다(10절)

시편기자에게 이 영속적인 위험을 처리하는 가장 쉬운 방법은 하나님이 그들을 심판하시는 것이다. 그리고 그들은 심판을 받아 마땅하다. 그들은 하나님께 반역했기(<מָרַר) 때문이다. 이러한 요청은 원수를 사랑하라는 명령을 받는 신약 신자들에게는 가혹하게 들릴지도 모른다. 하지만 이 기도는 충분히 하나님의 뜻 안에 있었다. 시편기자는 하나님이 하지 않으실 어떤 일을 하도록 구한게 아니기 때문이다. 다윗의 기도는 악인을 위해 계획된 심판을 나중이 아닌 속히 시작하시라는 것이었다. 결국 왕은 하나님 백성의 지도자였으며, 그들의 영적 안녕에 주의를 기울여야 했다. 마찬가지로, 신약에서도 신자들이 악한 공격으로부터 구해달라고 기도할 때, 그것은 하나님이 악인을 제거하시는 것에 의해 응답될 수도 있다.

그래서 이 기도는 "그들을 정죄하사"(Declare them guilty)라는 말로 시작한다. 이 동사(הַאֲשִׁימֵם)는 '죄가 있다'(אָשֵׁם, 시 34:22의 같은 단어를 보라)라는 동사의 사역적 어간이다(여기에서만 그렇다). 이 동사는 레위기에서 죄를 지은 사람, 죄를 고백하고 죄책을 제거하기 위해 "속건제물"(reparation offering, אָשָׁם, trespass offering 이라고도 번역한다)을 가져와야 하는 사람들에 대해 사용된다. 회개하지 않고 이 제사를 드리지 않으면, 그 사람은 유죄인 채 있다. 즉 하나님의 성소에 들어가지 못한다. 그리고 그것이 이 기도다. 시편기자는 하나님이 그들에게 심판을 선언하시기 원한다. 그들은 너무나 심술궂고 파괴적이기 때문이다. 그것은 그들이 스스로의 죄에 빠지리라는 것, 즉 그들 자신의 꾀(מֹעֵצוֹת)로 인한 어떤 불운에 의해 파멸하거나, 아니면 단지 그들의 계획이 망하는 것을 의미한다. 심지어 그런 심판이 있기 전에도 그들은 그 허물로 말미암아 쫓겨날 것이다(הָדַח에서 나온הַדִּיחֵמוֹ, '밀려나다, 추방되다'). 그들이 추방당한 사람들, 거부당하고 방치된 사람들이 될 것이다. 그래서 이 간구는 그것도 위한 것이다. 하지만 이 기도는 단순히 개인적인 피의 복수만은 아니다. 악인들이 시편기자의 원수인 것은 그들이 먼저 하나님의 원수이기 때문이다. 그러므로 본문에 "주를"(against you)이라는 말이 나오는 것이다(시 139:19-22를 보라).

C. 여호와는 그분을 의뢰하는 사람들을 보호하시기 때문에, 의인들은 영원한 기쁨을 기대한다(11-12절)

하나님이 악인들을 처리해달라는 기도의 다른 측면은 의인을 보호해달라는 기도다. 이 요청은 의인이 영원히 기뻐 노래하리라는 기대를 표현하는 식으로 이루어진다. "주께 피하는 모든 사람"(חָסָה כָּל־חוֹסֵי בָךְ; חָסָה에 대해서는 시 7:1의 같은 단어를 보라)은 여호와를 믿는 사람들, 그분의 충실한 사랑(7절)을 받아들인 사람들이다. 이 기도는 이들이 "기뻐하며"(יִשְׂמְחוּ, 시 48:11의 같은 단어를 보라) "기뻐 외치"(울려 퍼지게 외치다, יְרַנֵּנוּ, 시 33:1의 같은 단어를 보라)리라는 것이다. 이 두 단어는 미완료로 보거나 명령법으로 볼 수 있으며, 다양한 번역본들을 보면 두 가지가 모두 나온다. 이 부분은 기도이고 그다음 구절은 구원에 대한 기쁨에 종속되어 있을 것이므로, 이 단어들은 명령법으로 보아야 할 것이다. 어떤 경우든 이 단어들은 비유적인 말(결과의 환유)로, 찬양은 구원의 결과다.

---

33 이 본문에서 '복주다'라는 단어는 בָּרַךְ이다. 관련된 명사 '복'은 בְּרָכָה이다. 이 단어들을 동음이의어인 '무릎 꿇다'와 그것의 명사인 '무릎', בֶּרֶךְ과 혼동해서는 안된다. 옛날에 나온 사전들에서는 이 두 어근이 함께 묶여 있긴 하지만 말이다. 이 동사는 주로 피엘 동사 체계에서 사용된다. 하지만 그것은 칼 수동분사에서 찬양 형태로 나온다. בָּרוּךְ יהוה, '여호와께서 복을 받으시기를'과 관련된 표현들이다. '복주다'라는 동사의 기본 의미는 육체적, 물질적, 영적으로든 어떤 식으로라도 '풍성하게 하다'라는 것이다. 그리고 '복'이라는 동사는 심지어 '선물'을 의미할 수도 있다(창 33:11). 여호와가 주시는 풍성함에는 종종 하나님이 그 복을 획득할 수 있도록 해주시는 것이 포함된다. 이를테면 아담과 하와에게 최초로 주신 바 생육하고 번성하게 하신 복 등이다. 신적 복에 대한 이러한 선언은 종종 하나님을 대변하는 신정국가의 행정관들, 이를테면 백성들에게 복을 알린 대제사장 같은 사람들에게 임한다(민 6:22-26 또한 창 14:19에 나오는 멜기세덱, 신 33:1의 모세도 보라). 많은 경우 누군가에게 여호와의 복이 임하기를 바란다는 표현은 그 사람이 도착하거나 떠날 때 호의적으로 건네는 인사말이었다(창 24:60). 여호와가 백성들에게 주시는 복은 복을 받는 사람들에게 무한히 많은 유익을 가져올 수 있다. 자녀, 승리, 풍작, 비, 제사장의 특권, 평화 등이다. 하지만 여호와는 사물들, 이를테면 안식일(창 2:3) 등도 축복하셨는데, 그것은 분명 그날을 특별한 때로 풍성하게 해주었다.
사람들이 여호와를 축복했을 때, 그 의미는 본질적으로 '찬양'이었다. 사람들은 어떤 식으로 여호와를 풍성하게 할 수 있는가? 그분은 상상할 수 있는 모든 것 위에 영원토록 복되시다. 하지만 우리는 찬양을 드림으로 회중들의 마음 속에서 여호와의 평판을 풍성하게 한다. 바로 여기에서 '여호와께 복이 있으리로다'라는 말의 명확한 의미를 발견한다. 게다가 여호와께 찬양을 드리는 것은 그분께 선물을 드리는 것이며, 그래서 '복주다'라는 말이 잘 어울린다.
더 자세히 알려면 A. Murtonen, "The Use and Meaning of the Words L^ebarek and B^erakah in the Old Testament," *VT* 9(1959): 166–68과 또한 특히 Claus Westermann, *Blessing in the Bible and the Life of the Church*, tr. by Keith Crim(Philadelphia: Fortress, 1968)을 보라.

의인을 위한 기도는 하나님의 보호를 그들에게 펼쳐달라는 것이다(הָסַךְ, סָכַךְ, 곧 이 어간에서는 문자적으로는 '칸막이' 혹은 '덮개'라는 의미의 말에서 나온 형태를 '명령'으로 사용한 것). 그래서 그분의 이름을 사랑하는 사람들 – 헌신된 언약 일원들 – 이 기뻐하도록(<עָלַץ) 해달라는 것이다. 여호와의 이름이란 그분의 성품, 곧 여호와 그분을 말한다(그래서 '이름'은 주제의 환유다. 시 20:1의 같은 단어를 보라).

여호와께 그의 백성을 보호해달라는 기도는 여호와가 그들을 '복주신다'는 사실에 기초한다(이 동사의 어조는 습관적 미완료이거나 미래일 수도 있다).[33] 복은 병행 콜론에서 신적 보호로 설명된다. "방패로 함 같이 은혜로 그를 호위하시리이다." 방패(צִנָּה)는 온몸을 가리는 큰 방패일 것이다(삼하 17:7을 보라). 그것은 '호위하다'라는 동사(עָטַר)와 조화를 이룬다. 군사적 용어들에 의지한 이 직유는(또한 시 91:4를 보라) 하나님이 그분의 백성을 보호하신다고 표현되는 개념을 강조한다. 하나님이 그분의 백성을 대하시는 호의적 태도를 의미하는(그럴 때 그것은 원인의 환유다) 하나님의 은혜(רָצוֹן, 시 30:5의 같은 단어를 보라)는 그들을 에워싼 보호 방패를 형성한다. 악하고 속이는 자들의 악의적 계획들이 하나님의 백성을 파멸시키지 않도록 하기 위해서다. 그리고 시편 30:5에 따르면 이 은총은 평생 동안 지속된다.

메시지와 적용

이 시편에 나오는 경우는 대부분의 신자들이 맞닥뜨리는 여러 상황을 묘사하며, 그렇기 때문에 보호를 구하는 데 대단히 유용한 기도를 제공한다. 여기에서 믿음의 중심 조항은 의인이 하나님이 주시는 사랑의 수혜자라는 것이다. 그렇기 때문에 그들은 하나님의 임재로, 그분의 보호 안으로 받아들여진다. 그러므로 악인이 의인을 심술궂게 파멸시키려 할 때, 그들은 자신들의 왕이신 하나님이 그런 악을 싫어하고 물리치신다는 것을 안다. 그렇다면 여기에 그들의 확신에 대한 기초가 있다. 강해적 개념은 요점을 포착하기 위해 이렇게 표현할 수 있을 것이다. *하나님이 악을 싫어하시기 때문에, 의인들은 그들을 속이는 악의적 공격에서 구해달라고 확신 있게 기도할 수 있다.*

신약에서 예수님은 신자들에게 악인들이 먼저 예수님을 미워했다는 것을 상기시키시며(마 5:11-12), 그분의 이름을 위해 큰 비난과 악의를 당할 사람들을 축복하셨다. 예수님이 제자들에게 원수들을 위해 기도하라고 명하신 것은 분명하지만 말이다(마 5:44). 그분은 또한 그들에게 시험에 들지 않게 하시고, 악에서 구해달라고 기도하게끔 가르치셨다(마 6:13). 신자들이 하나님의 뜻이 이루어지도록 기도할 때, 그런 문제들을 이렇게 다루어주시기를 하나님께 맡기는 것이다.

15 심한 징계에서 구원해달라는 기도(시편 6편)

A Prayer for Deliverance from Severe Chastening PSALM 6

서론[1]

본문과 다양한 역본들

다윗의 시, 인도자를 따라 현악 여덟 째 줄에 맞춘 노래

1 여호와여 주의 분노로 나를 책망하지 마시오며
  주의 진노로 나를 징계하지 마옵소서
2 여호와여 내가 수척하였사오니 내게 은혜를 베푸소서
  여호와여[2] 나의 뼈가 떨리오니 나를 고치소서
3 나의 영혼(I)[3]도 매우 떨리나이다

---

1 Robert Althann, "Atonement and Reconciliation in Psalm 3, 6, and 83," *JNSL* 25(1999): 75-82를 보라.
2 몇몇 히브리어 및 헬라어 사본에는 두 번째로 나오는 이름은 나오시 않는다.
3 히브리어 וְנַפְשִׁי, '그리고 나의 영혼/생명'; 시 11:5의 같은 단어를 보라.

여호와여 어느 때까지니이까

4 여호와여 돌아와 나의 영혼(life)[4]을 건지시며
주의 사랑으로 나를 구원하소서

5 사망 중에서는 주를 기억하는 일이 없사오니[5]
스올[6]에서 주께 감사할 자 누구리이까

6 내가 탄식함으로 피곤하여
밤마다 눈물로 내 침상을 띄우며
내 요를 적시나이다

7 내 눈이 근심으로 말미암아 쇠하며
내 모든 대적으로 말미암아 어두워졌나이다

8 악을 행하는 너희는 다 나를 떠나라
여호와께서 내 울음 소리를 들으셨도다

9 여호와께서 내 간구를 들으셨음이여
여호와께서 내 기도를 받으시리로다

10 내 모든 원수들이 부끄러움을 당하고 심히 떨이여[7]
갑자기 부끄러워 물러가리로다

구성과 전후 문맥

시편 6편은 노래하는 자가 자신의 질병과 그 병으로 인한 강한 고통 및 괴로움을 탄식하는 탄식 시의 특징을 많이 지니고 있음을 본문을 읽어 보면 분명히 알

---

[4] 히브리어 נַפְשִׁי, '나의 영혼/생명.'

[5] 헬라어 ὁ μνημονεύων σου, '아무도 주를 기억하지 않는다'는 분명 זִכְרְךָ 대신 זָכְרְךָ라고 읽는다. Kraus는 이 줄에 אֵין이 있는 것으로 보아 이것이 원래 독법이었다고 말한다(Psalms, p.159-160).

[6] 히브리어 שְׁאוֹל.

[7] 이 구절에 나오는 동사들은 헬라어 번역에서 의지를 나타내는 말(volitive)로 해석된다. '내 모든 원수들이 부끄러움을 당하게 하라….'

수 있다. 또한 참회의 시편이라는 것 역시 하나님께 분노로 징계하지 말라고 부르짖는 첫 부분에서 분명히 알 수 있다. 시편기자는 자신이 왜 징계를 받는지 설명하지 않는다. 죄에 대한 언급이나 참회, 고백도 없다(그래서 어떤 사람들은 이 시편을 참회 시편이라 부르는 것에 이의를 제기한다). 그는 그 징계가 하나님의 분노와 함께 올지 모른다는 것에 더 괴로워한다. 그 분노가 이미 강렬하기 때문이다. 하지만 그의 탄식은 곧 확신에 찬 기도로 바뀐다. 그로 인해 그는 자기 원수들에게 떠나라고 경고한다. 징계가 끝났을 때 하나님은 원수들이 그를 그토록 파멸시키려 한 것에 대해 벌하실 것이기 때문이다.

이 시편은 여러 가지로 분석할 수 있다. 이 시편은 4개의 연을 포함한다(1-3, 4-5, 6-7, 8-10절). 처음 3연은 탄식과 간구 둘 다를 사용하며, 4연은 돌연한 변화를 소개한다. 시편기자가 도전적인 믿음을 보여주는 것이다. 마지막 부분은 너무 달라서 그것이 원래는 따로 분리된 것이라는 이론들이 생겨났다. 하지만 석의를 통해 그것이 시편 나머지 부분들과 얼마나 밀접하게 연결되어 있는지 보게 될 것이다. 처음 3연은 첫 번째 요점을 지닌 것으로 한데 묶을 수 있으며, 4연은 그 반대의 것을 보여주는 따로 분리된 요점으로 볼 수 있다.

이 시편이 다윗의 생애에서 나온 것이 되지 못할 이유는 없다. 그의 생애에서 그 시편의 배경이 될 만한 한 가지 경험이 무엇인지 밝혀내기는 불가능하지만 말이다.[8] 강력한 고난의 언어는 이스라엘에서 자주 사용되던 표현과 개념들에 잘 맞으며 예레미야 시대나 그 이후의 것으로 한정 지을 수 없다.[9] 구체적인 언급이 없는 것 역시 기저에 있는 경험이 이 시편기자 – 다윗이든 다른 어떤 사

---

8 A. A. Anderson은 이 시편이 초기의 것이 될 수 없을 만한 상력한 이유는 없다고 인정하지만, 포로시대 이후의 것일 가능성이 더 크다고 결론을 내린다. 이 시편이 다른 후대의 시편들 및 예레미야에 의존하고 있기 때문이다(*Psalms*, I:87). 하지만 비슷한 시편들의 연대들 역시 논쟁의 대상이 되고 있으며, 예레미야에게 의지한다는 개념은 설득력이 없다(J. Coppens, "Les Psaumes 6 et 41 dependent–ils au livre de Jeremie," *HUCA* 32 [1961]:217–226).

9 Kraus, *Psalms* 1–59, p.161. Kraus는 이 시편이 예레미야에 의지한다고 말하는 이론들에 대한 반응으로 자신의 주장을 밝힌다. 그는 이 시편의 연대를 추정하는 것은 불가능하다고 결론짓지만, 이것이 바벨론 유수 이전에 쓰여졌다는 것은 받아들인다.

람이든 – 에게만 독특한 것이 아니기 때문이다. 하나님은 죄에 대해 사람을 징계하시는 것이 사실이며, 하나님은 징계 과정의 일부로 다른 사람들을 사용하시는 것이 사실이다. 왕에게는 이것은 개인적 원수들을 포함할 수도 있었을 것이며, 아니면 군대를 갖고 있는 국가적 원수들을 포함할 수도 있었을 것이다(삼하 24:13을 보라). 하나님은 징계의 일부로 원수들의 자연적 적의를 사용하시고 나서, 그들이 그분의 백성을 파멸시키려고 열심이었던 것에 대해 그들을 심판하신다(합 2장을 보라).

시편 모음집에 나오는 다른 시편들처럼 이 시편도 성전에 놓아두고 사람들이 비슷한 상황에 처할 때 자신에게 적용하도록 했다. 그래서 시편이 원래 어떤 경우에 쓰여졌든 간에, 신실한 사람들이 그것을 사용했다는 것이 더 중요하게 되었다. 그리고 교회가 특정 시편을 특정한 날에 예배 때 사용하도록 정했을 때, 시편 6편은 사순절 때 노래하는 회개 시편 중 하나가 되었다. 대대로 성도들은 이 기도를 자신의 기도로 사용함으로써, 하나님의 징계로 자신들이 심하게 아프거나 깊은 괴로움을 당할 때 어떤 확신을 갖고 기도해야 할지 배웠다.[10]

석의적 분석

요약

회개하는 신자는 여호와께 죄로 인해 원수들이 가하는 강렬한 징계에서 자신을 구해달라고 간청한다. 그리고 그의 기도를 하나님이 들으셨다고 확신하고는 핍박자들에게 하나님이 멸하시기 전에 떠나라고 경고한다.

개요

I. 시편기자는 하나님의 책망에서 그에게 큰 고난을 가한 원수들로부터 구해달

---

10 추가로 P. Miller, "Trouble and Woe: Interpreting the Biblical Laments," *Int* 37(1983):32–45를 보라.

라고 기도한다(1-7절).

    A. 다윗은 여호와의 징계가 그같이 큰 진노와 함께 오지 않게 해달라는 기도와 탄식을 드린다(1-3절).

        1. 그는 여호와께 자신을 진노로 징계하지 말아달라고 구한다(1절).

        2. 그는 여호와께 어찌할 바 모르는 자신을 구해달라고 호소한다(2절).

        3. 그는 여호와께 자신의 구원이 지체되는 것을 탄식한다(3절).

    B. 다윗은 여호와께 자신을 구해달라고 탄원한다. 자신에 대한 하나님의 사랑과 하나님을 찬양하고자 하는 자신의 바람에 기초해서 기도한다(4-5절).

        1. 그는 여호와께 그분의 사랑으로 자신을 구해달라고 구한다(4절).

        2. 그는 여호와께 찬양하고자 하는 자신의 마음 때문에 자신을 구해달라고 구한다(5절).

    C. 다윗은 자신이 겪는 극도로 가혹한 고난과 오래도록 이어지는 괴로움을 탄식한다(6-7절).

II. 시편기자는 여호와가 자신의 기도를 들으셨으며, 원수들이 부끄러움을 당하게 하실 것이라고 확신하기 때문에 그들에게 자신에게서 돌아서라고 경고한다(8-10절).

    A. 다윗은 여호와가 자신의 기도를 들으셨기 때문에 그들에게 떠나라고 경고한다(8절).

    B. 다윗은 그들에게 여호와가 이제 곧 자신을 구해주실 것이라고 경고한다(9절).

    C. 다윗은 그들이 완전히 패배할 것이라고 경고한다(10절).

강해 형태의 주석

I. 징계받은 신자는 징계의 고뇌와 고통에서 구해달라고 하나님께 호소할 수 있을 뿐이다(1-7절)

A. 그들은 징계받는 것에서 구해달라고 기도한다(1-3절)

개요에서 나타났듯이, 시편 전반부는 세 부분으로 나눌 수 있다. 서론적 부르짖음(1-3절), 간구(4-5절), 정식 한탄(6-7절)이다. 그렇다면 이 시편은 징계 속에서 구조해달라는 긴급한 호소로 시작되며, 이 시편의 단어 순서는 인상적이다.[11] "여호와여, 나를 책망하시되 주의 분노로 하지 마시오며 나를 징계하시되 주의 진노로 하지 마옵소서"(O LORD, not in your anger reprove me, and not in your wrath chasten me). 이런 부정적 간구들을 함으로써 시편기자는 자신의 고난이 하나님이 징계하시는 것임을 인정한다. 그래서 그것은 암시된 죄의 고백이다.[12] 이 기도는 징계가 하나님의 맹렬한 분노와 함께 오지 않았으면 하는 것이다. 시적 구조에서 '분노'(אַף, 시 30:5의 같은 단어를 보라)와 '진노'(חֵמָה)[13]에 대한 강조는 그냥 지나칠 수가 없다. 그는 원수들의 분노에 대해서는 하나님의 분노에 대해서만 큼 신경을 쓰지 않았다. 즉 신적 징계는 엄중한 신적 진노와 함께 올 수도 있다는 것이다.

두 개의 평행하는 명령법, '책망하다'(יָכַח;에서 나온 תוֹכִיחֵנִי; 시 38:1의 같은 단어를 보라)와 '징계하다'(יָסַר;에서 나온 תְיַסְּרֵנִי)는 둘 다 성경에서 관계 속에서 바로잡

---

11 강조는 뒤에 나오는 병행적 행들에서 볼 수 있다.
יְהוָה אַל־בְּאַפְּךָ תוֹכִיחֵנִי
וְאַל־בַּחֲמָתְךָ תְיַסְּרֵנִי

12 Broyles는 이 시편에는 죄의 고백이 없다고 주장하며, 그렇기 때문에 강해자들에게 그런 모든 고난들이 도덕적 원인을 가지고 있다는 생각을 갖지 않도록 주의를 준다(*Psalms*, p.63). 하지만 이 첫 번째 구절을 보면 시편기자의 경우에는 연관이 있다고 볼 수 있는 결론이 충분하게 나타난다.

13 동의어 חֵמָה(חָמַם;라는 단어를 보라)는 분노를 나타내는 다른 단어들처럼 열기, 즉 불타는 격분이라는 개념이다.

고 훈육하는 행동에 대해 사용된다. 아버지가 아들을 훈육하는 경우 등이다.[14] 예를 들어, 잠언 19:18은 아버지에게 명한다. "네가 네 아들에게 희망이 있은즉 그를 징계하되"(<יָסַר) 요점은 여전히 행동의 변화에 대한 희망이 있다는 것이다. 하지만 그것은 강력한 수단들을 요했다. 이러한 용어들은 신적 훈육을 묘사하는 데도 적절하다. 잠언 3:12은 "여호와께서 그 사랑하시는 자를 징계하시기를"(<יָכַח)이라고 말한다. 이러한 바로잡는 행동들에는 말로 하는 책망이나 교훈과 오류, 반역을 바로잡기 위한 어떤 훈육적 행동이 포함된다. 훈육과 바로잡음은 죄를 교정하는 수단이 될 수도 있고 그렇지 않을 수도 있다. 하지만 여기서 하나님의 진노에 대한 언급이 반복되고, 강렬한 고통에 대한 생생한 묘사가 나오면서 이 동사들이 결합될 때, 가장 그럴듯한 결론은 그가 죄를 지었다는 것이다.

---

14 '징계하다'라는 단어는 יָסַר이며, 이것의 명사인 '징계'는 מוּסָר이다. 기본적 의미는 '응징하다'이다. 그리고 이러한 응징은 말로 하는 것일 수도 있고(가장 흔한 용법) 신체적인 것일 수도 있다. 이 용어는 가르치는 것에 대한 강조를 포함한다. 성경에서 이 단어는 종종 꾸짖음 혹은 책망을 더 강조하는 יָכַח과 연관된다.
의미의 몇 가지 범주 중 하나는 '교훈하다'(동사), '교훈'(명사)이라는 긍정적 의미다. 예를 들어, 역대상 15:22에서 그나냐는 다른 사람들에 대해 노래에 대해 가르쳤다(<יָסַר). 그는 노래에 익숙했기 때문이다. 시편 16:7에서 다윗은 그의 마음이 밤에 자신을 교훈했다고 말한다. 아마 그가 암송한 말씀을 하나님이 그의 계획을 형성하기 위해 사용하셨다는 의미일 것이다. 시편 50:7에서 악인은 교훈을 미워하기 때문에 책망을 받는다. 그들은 말씀을 안다. 하지만 계속해서 죄를 짓는다. 이 맥락에서 병행적 행들에 나오는 단어들은 종종 가르침을 의미하는 동사들이다.
두 번째 집단의 본문들은 '훈계하다, 바로잡다'라는 의미다. 잠언 9:7은 조롱하는 자를 바로잡는 것에 대해 말할 때 이런 의미에서 이 단어를 사용한다. 이 구절에서 병행절 행은 מוֹכִיחַ(<יָכַח, '징계하다, 책망하다')를 사용한다. 악인을 '징계하는 자'라는 것이다. 이것은 시편 6:1에서도 나오는 병행적 단어다. 명사 מוּסָר는 '바로잡음'이라는 의미로 자주 나온다. 이것은 어떤 번역본들에서는 '교훈'으로 번역될 수도 있다. 하지만 '책망'과의 병행법은 그것이 바로잡음을 의미한다는 것을 나타낸다. "내 아들아 여호와의 훈계를 멸시하지 말고 그의 책망을 원망하지 말라"(시 1:8, 4:1, 13:1).
잠언에서 분명히 나타나는 것처럼, 징계는 말로 하는 것일 수도 있다. 하지만 신체적인 것일 수도 있다. 이사야 53:5에서 그가 '징계'를 받음으로 우리가 평화를 누린다고 말하며 NIV는 그것을 '벌'(punishment)이라고 번역한다. 징계와 책망이 분노와 함께 임하지 않게 해달라고 기도하는 시편 6편의 의도는 아마 이런 의미일 것이다. 마찬가지로, 잠언 15:10은 "도를 배반하는 자는 엄한 징계를 받을 것이요 견책(<יָכַח)을 싫어하는 자는 죽을 것이니라"라고 경고한다.
또 다른 집단의 본문들은 '훈육'의 개념을 요구한다. 때로 어떤 단어가 사용될 때 거기서 의도하는 결과가 있다. 그래서 우리는 때로 '훈육' 혹은 '교화'라는 말을 사용하는 번역들을 발견한다. 교훈, 훈계, 바로잡음이 결과는 훈육 – 주로 도덕적 영적인 – 이다. 신명기 11:2에서 광야에서 하나님이 이루신 역사들은 백성들에게 훈육적 효과를 가지고 있었다고 말한다. 훈육을 받으려면 사람들은 바로잡는 것과 권고가 임할 때 그것에 복종해야 한다(잠 23:12).

처음에 하나님의 징계가 심하지 않게 해달라는 호소를 한 후에, 시편기자는 여호와께 은혜를 베풀어달라고 간구한다(2절). 이 동사(חָנַן에서 나온 חָנֵּנִי, 시 4:1의 같은 단어를 보라)의 의미는 '은혜롭다, 은총을 보이다, 자비롭다'이다. 그리고 거의 모든 용법에서 그 은총은 받을 자격이 없는 과분한 것이다. 사실상 신적 은총을 구하는 사람은 보통 그와 정반대의 것을 받아 마땅하다. 다윗은 하나님께 자비를 베풀어달라고 구함으로써, 자신이 징계를 받아 마땅하지만 은혜를 바란다는 것을 인정한다. 병행 동사는 '나를 고치소서'(רְפָאֵנִי, 시 30:2의 같은 단어를 보라)다. 이러한 치유는 하나님이 그에게 은혜를 베푸신 결과일 것이다(그래서 환유다). 이 시편에서 그의 질병과 약함에 대한 묘사로 보아, 그는 분명 치유를 필요로 했다. 하지만 이 단어(רָפָא)는 육체적 치유에 국한되지 않는다. 그것은 또한 영적 치유에서도 사용될 수 있으며(출 15:26에 나오는 "나는 너희의 치료자라"는 말에서처럼), 또한 큰 타격을 입은 사람의 경우처럼 낙심한 사람에게 희망을 주는 것에 대해서도 사용될 수 있다.[15] 이 시편에서 치유는 육체적 치유를 넘어서는 것일 가능성이 매우 높다.

이 구절에 나오는 원인절들은 하나님의 구제가 긴급하게 필요하다는 것을 드러낸다. 첫 번째 콜론에서 시편기자는 자신이 '수척하였'기 때문에 자비를 구한다. 이 형용사(אֻמְלַל)는 육체적으로나 정서적으로 쇠약해진 혹은 약화된 상태를 말한다. 그다음 그는 자신의 뼈가 떨리기 때문에(נִבְהֲלוּ, 시 83:15의 같은 단어를 보라) 치유를 위해 기도한다. '뼈'는 어떤 사람의 전체적인 육체적 구조를 말할 수도 있다. 하지만 종종 뼈의 구조 안에 있는 영혼, 그의 고통스러운 떨림의 중심을 의미한다(그래서 주어의 환유다). 그의 안에 있는 모든 것은 깊은 불안에 빠져 있다. 이 동사는 시편기자의 영혼 안에 있는 정서적 영적 괴로움을 포착한다.[16] 그렇다면 시편들에서 이 콜론은 그의 약화된 육체적 상태에 초점을 맞추는 이

---

15 S. Mowinckel, *The Psalms in Israel's Worship*, II:15-16을 보라.

16 이 동사(בָּהַל)는 광범위하게 적용된다. 이것은 전쟁의 날에(삿 20:4), 혹은 환상으로부터(단 4:2), 혹은 갑작스러운 죽음에 대한(레 26:16), 혹은 신적 활동 때문에(시 90:7, 2:5) 오는 두려움에 대해 사용된다.

구절 첫 부분과 강력한 대비를 이룬다. 간단히 말해 그는 육체적으로나 정서적으로 약하고 고민에 싸여 있다.

3절은 한탄스러운 상황에 초점을 맞춘다. 그는 자신이 두려워한다는 사실을 반복하며 하나님께 부르짖는다. "여호와여 어느 때까지니이까…" 이 구절은 '나'라는 말로 시작했다.[17] 하지만 두 번째 콜론의 시작인 '하지만'(but you, '여호와여' 앞에 이 말이 나오지만 개역개정에는 번역되어 있지 않다 – 역주)이라는 말은 그것과 뚜렷한 대조를 이룬다. 그것은 사실상 이렇게 말하는 것이다. '저로서는 두렵습니다. 하지만 여호와여 당신으로서는 어느 때까지니이까?' 이 질문은 미완성이다. 이 문장은 극도의 좌절과 스트레스 때문에 그냥 멈춰버렸다. 우리는 그가 "여호와여 어느 때까지 제가 이런 상태에 계속 있도록 허락하시겠습니까?"와 비슷한 말을 하려 하지 않았을까 생각할 수 있을 것이다. 하지만 그는 그저 "어느 때까지니이까?"라고 말할 수 있을 뿐이었다.

시편기자는 약하고, 두려워하며, 불안해했다. 원수의 손에 고난당하느라 건강과 안녕이 사정없이 황폐해졌다. 더 절망스러운 상황이 된 것은 여호와가 침묵하셨으며, 기꺼이 그가 고통과 의기소침함 속에서 수척하게 되도록 허용하신 것처럼 보였기 때문이다. 그는 자신의 고난이 하나님의 징계라는 것을 알았다. 그래서 그가 할 수 있는 일이라고는 은혜를 구하며 호소하는 것 뿐이었다.

B. 그들은 호소의 기초를 하나님의 신실하신 사랑 및 그분을 향한 찬양에 두어야 한다(4–5절)

이 원리는 진정한 간구를 제공하는 다음 두 구절에서 추론해낼 수 있을 것이다. 시편기자의 기도는 여호와의 충실한 사랑에 기초하고 있으며, 여호와께 찬양(개역개정은 '감사'라고 번역했다 – 역주)하고자 하는 마음이 그 동기다. 4절에서 그는

---

17 문지적으로 번역하면 '그리고 나의 영혼은 두려워하나이다'가 될 것이다. 이것은 분명 가능하다. 하지만 שׁפֶנ이라는 단어는 전인, 육체와 영혼(즉 육체 안의 영혼)을 말한다. 대명 접미사 '나의 영혼'과 함께, 이 형태는 종종 단순히 '나', 혹은 '나, 나 자신'을 나타낸다. Anderson, *Psalms*, I:88, 266을 더 보라.

여호와께 돌아와(שׁוּבָה) 다시 그를("나의 영혼을") 건져달라고(חַלְּצָה) 간청한다. '돌다' 혹은 '돌아오다'라는 말이 사용된 것은 하나님이 일견 그로부터 돌이키시는 것처럼 보이는 것에 비추어 해석할 수 있다. 강조점은 분명 건져달라는 요청에 있다. "돌아와(שׁוּבָה)…건지시며(חַלְּצָה)…나를 구원하소서(הוֹשִׁיעֵנִי)." 마지막 동사는 '건지다'와 유사한 것으로 '구원하다'(יָשַׁע, 시 3:2의 같은 단어를 보라)이다. 그것은 영적 구원과 육체적 구원에 모두 사용할 수 있다. 이 명령법들은 그 탄원이 하나님의 징계의 고통에서 즉각 구해달라는 것임을 나타낸다.

이 호소의 기초는 분명히 진술되어 있다. "주의 사랑(חֶסֶד)으로"(because of your loyal love)이다.[18] '사랑'(loyal love)이라는 말은 언약 단어다. 그것은 그분의 백성에게 하신 언약에 대한 하나님의 변함없는 신실함을 표현한다(출 34:7, 8절; 신 7:9; 삼상 20:8).[19] 여호와의 신실한 사랑(loyal love)이 그가 구원받아야 하는 이유다. 그가 자기 백성에 대한 하나님의 신실하신 사랑이 특징인 언약을 가지고 있기 때문만이 아니라, 여호와가 고난받는 자들을 구해주심으로 그 사랑을 그들에게 보여주지 않으신다면 그 사랑의 평판이 나빠질 것이기 때문에 그렇다. 다윗에게는 하나님의 신실하신 사랑 외에 그의 호소의 기초가 될 만한 다른 것이 없다. 하지만 그에게는 다른 어떤 기초도 필요하지 않다. 하나님의 신실하신 언약 사랑으로 충분하다. 그 때문에 그것은 하나님이 자기 백성을 다루실 때 핵심이 된다. 심지어 그들이 죄를 짓고 있고 징계를 받을 필요가 있을 때조차 마찬가지다.

다음은 여호와가 기도에 응답하셔야 하는 동기다. 그 동기는 그분께 드려질 찬양이다. 의인은 공적 찬양으로 사람들이 하나님께 영광을 돌리게 하려고 하나님이 기도에 응답하신다는 것을 아주 잘 안다.[20] 시편 111:4에 따르면, 하나님은 자신의 모든 기적을 기념물로 만드셨다. 다시 말해, 그분의 위대한 일

---

18 전치사적 형태인 לְמַעַן은 ' 때문에'(on account of) 혹은 '을 위해'(for the sake of)를 의미한다.

19 חֶסֶד라는 단어는 종종 '인자하심'(lovingkindness)이라고 번역된다. 하지만 이는 더 명확하고 구체적인 말이다. 이것은 언약 용어이며 언약 약속들을 신실하게 사랑으로 지키는 것을 말한다(시 23:6의 같은 단어를 보라).

들, 특히 그분의 구원의 행위들은 신실한 자들의 끊임없는 찬양에 의해 사람들의 기억 속에 살아 있어야 했다. 이와 함께, 시편기자는 하나님이 자신을 구해 주지 않으신다면 자신은 죽을 것이며, 하나님은 어떠한 찬양도 받지 못하실 것이라고 논리적으로 설득한다. 사람들은 하나님이 어떻게 그를 구해주셨는지 듣지 못할 것이다. 그는 찬양이 드려지는 절기에 참여하지 못할 것이기 때문이다(시 122:4). 그는 "사망 중에서는 주를 기억하는 일이 없사오니"라고 말할 때, "기억"(זָכַר)이라는 말을 병행적 행에 나오는 '찬양'이라는 말과 같은 뜻으로 사용한다. 하나님의 구원하심을 기억하는 것은 그것을 인해 하나님을 찬양하는 것, 그

---

[20] '찬양'이라는 동사는 יָדָה라는 의미의 히필 동사다. 이것과 관련된 명사는 תּוֹדָה이다. 이 단어들은 시편 도처에서 공적 인정 혹은 찬양이라는 의미로 사용된다. 대부분의 번역본들은 '감사를 드리다'와 '감사'라는 번역들을 사용하고 있지만, 이 단어는 훨씬 더 많은 것을 말한다. 감사를 드리는 것은, 비록 하나님께 영광을 돌리는 것이라 해도, 개인적이고 조용한 행동이 될 수 있다. 감사를 드릴 때는 찬양의 대상이 언제나 사람들이 듣도록 높여지는 것은 아니다. 이 단어들이 나타내는 성경적 찬양은 통상 하나님이 어떤 분이시며 그분이 어떤 일을 하셨는가를 공적으로 인정하는 것이다. 그것은 성소에서 화목제와 함께, 혹은 다른 말로는 '찬양의 제사'(시 50:14-15)와 함께 드려질 것이다.
이 용어를 이해하는 데 도움이 될 만한 서너 범주의 의미가 있다. 칼 동사 체계에서 이것은 '내던지다, 던져 버리다'(이 단어가 관련되어 있다면)라는 기본 의미를 가진다. 이것은 예레미야 50:14에서 화살을 쏘는 것에 대해, 그리고 예레미야애가 3:53에서는 돌을 던지는 것에 대해 사용된다. 이러한 용례들과 찬양하는 것 사이의 연관성은 분명하지 않다. 따라서 그것을 그리 중시할 필요는 없다.
히필 동사 체계에서 이 동사의 기본적 의미는 '찬양하다' 혹은 여호와를 '인정하다'라는 것이다. 시편 111:1은 모임에서 공적 찬양을 하는 것을 알리기 위해 이 단어를 사용한다. 시편 122:4는 이스라엘에게 예루살렘에게 가라는 명령은 일차적으로 찬양을 드리라는 것이었다고 설명한다. 그리고 시편 105:1은 "여호와께 감사하고 그의 이름을 불러 아뢰며 그가 하는 일을 만민 중에 알게 할지어다"라고 말한다. 선언적 찬양 시편들이 입증하듯, 백성들의 찬양 혹은 인정을 기록하고 거기에 곡을 붙여서 부를 수도 있었다(대상 16:4-10; 느 12:46).
주로 명사, 때로는 동사와 관련이 있는 또 다른 범주는 찬양의 제사를 드린다는 것이다. 즉 תּוֹדָה이다. 이것은 레위기 7장에서 한 가지 유형의 화목제라고 나와 있다. 역대하 30:22에서는 그들이 화목제물을 먹고 여호와를 찬양했다고 말한다. 시편 54:6은 제사와 찬양을 연합시킨다. 이 식사는 찬양을 드리는 사람이 제공하는 공동 식사일 것이다(히 13:15-16에 나오는 비슷한 주제들을 보라).
마지막 범주는 죄를 '고백하다' 혹은 '인정하다'라는 것이다. 이것은 주로 히트파엘 동사 체계의 의미이지만(레 16:21) 또한 히필 체계의 의미이기도 하다(시 32:5). 같은 동사가 '죄를 고백하다'라는 의미와 하나님을 '찬양하다'라는 의미를 가질 수 있다는 사실은 '인정하다'라는 번역을 제시할 수 있는 좋은 근거가 된다. 죄를 고백하기 위해서는 하나님의 은혜를 인정하는 것이 필요하다. 그리고 하나님을 제대로 인정하려면 죄와 필요를 인정해야 한다.
구약에는 찬양을 나타내는 다른 많은 단어가 나온다. 하지만 이 단어가 여호와의 놀라운 일들을 공적으로 인정하는 성소 의식과 가장 밀접하게 관련되어 있다. 이는 다른 사람들에게 하나님을 의지하도록 교훈하고 격려하는 데 도움이 될 것이다. 하지만 이 시편기자가 말하듯이, 그가 죽으면 그는 하나님의 신실하심을 말할 수가 없다.

것을 회중의 기억 속에서 간직하는 것이다.[21] 하지만 하나님을 잊어버리는 것은 그분이 생명을 위해 공급하시는 것을 인정하지 않는 것이다(신 8:10-14).

그다음에 나오는 수사학적 질문은 이 점을 분명히 보여준다. "스올[22]에서 주께 감사할 자 누구리이까?" 그가 죽는다면 그는 하나님의 신실한 사랑, 은혜로운 간섭, 혹은 그의 기도에 응답하시는 것을 찬양하지 못할 것이다. 죽음의 영역에 있다는 것은 바로 그 반대를 나타낼 것이기 때문이다. 앤더슨은 상황이 심상치 않았기 때문에 시편기자가 이미 스올 상태를 경험하기 시작했음을 끊임없이 상기하게 되었다고 말한다.[23] 다윗은 하나님이 응답하시도록 자극하려는 수사학적 질문을 통해 이 점을 표현한다. 만일 하나님이 그가 그분의 신실하신 사랑을 찬양하기 바라신다면, 하나님은 그를 구해주심으로 신실하신 사랑을 보여주셔야 할 것이다. 하나님이 행동하시도록 하는 이러한 자극은 어리석은 거래가 아니었다. 그저 응답받은 기도의 결과가 어떠할 것인지 인정하고 있었을 뿐이다. 즉 하나님이 영광을 받으시고 사람들의 믿음이 강화되리라는 것이었다.

---

21 זָכַר, '기억하다'라는 동사는 정신적 회상을 의미할 수도 있다. 하지만 이는 종종 기억한 것에 기초해서 행동하는 것을 강조한다("여호와여 나를 기억하소서"라는 기도에서처럼). 우리는 이것을 창세기 8:1 같은 곳에서 발견한다. 거기에서는 "하나님이 노아를 기억하사"라고 되어 있다. 이것은 하나님이 이제 노아를 홍수에서 구하시기 위해 그를 위해 행동하기 시작하셨다는 의미다. 마찬가지로 명사 אַזְכָּרָה, '기억'도 같은 의미를 갖고 있다. 제물의 일부는 '기억'으로 드려졌다. 하나님께 예배자의 헌신을 상기시키고, 예배자에게 하나님의 은혜와 언약의 규정들을 상기시키기 위한 것이었다. 이는 이 의식을 언약 갱신식으로 만들었다(신약에 나오는 '이것을 행하여 나를 기념하라'라는 말처럼).

명사 זֵכֶר, '기념, 기억'은 기억되고 있는 것을 의미하게 되었다. 우리는 이것이 예를 들면 하나님의 이름 대신 나오는 것을 발견한다. 출애굽기 3:15에서 '나의 기억할'(זִכְרִי) 칭호라는 말은 '나의 이름'이라는 말과 나란히 나온다. 이 단어들은 교의와 찬양에 의해 보존되어야 하는 여호와의 본성을 말한다.

우리는 이것과 '찬양' 간의 연관을 그 단어의 히필 동사 체계에서 발견할 수 있다. 이것은 말한 것을 통해 (사람들로) 여호와를 '기억하도록 하다'라는 의미를 지닐 수 있다(사 43:26; 시 71:16). 하지만 이것은 또한 어떤 것을 깊이 생각하거나 묵상하면서 기억 속에 간직한다는 의미를 지닌 내부적 사역동사(internal causative)가 될 수 있다(시 20:7). 이 단어는 어떻게 찬양이 여호와의 행동들 및 예배자의 경건과 예배라는 예상되는 행동들을 기억 속에 간직하는 데 중요한 역할을 하는지 분명하게 보여 준다. Brevard S. Childs, *Memory and Tradition*(Naperville, IL: Alec R. Allenson, 1962), p.1-8을 보라.

22 שְׁאוֹל의 어원에 대해 지금까지 수많은 제안이 있었다. 하지만 어떤 것도 설득력 있는 것으로 입증되지 않았다. 우리가 이해하는 이 단어의 의미는 성경적 용례를 통해 알게 될 것이다. 한 가지 범주의 의미는 '무덤'이라는 것이다. 창세기 37:35에서 야곱은 슬퍼하며 무덤으로 내려갈 것을 예상함으로 자기 아들의 죽음을 애도한다. 에스겔 32:27은 이 명사를 죽은 병사들의 시체가 있는 곳에 대해 사용한다.

C. 그들은 여호와께 근심을 쏟아부을 수 있다(6-7절)

그다음 두 구절은 탄식이며, 그 탄식은 강렬하다. 하나님은 그분의 백성이 그렇게 하기를 바라신다. 그분이 그들을 불쌍히 여기도록 하시기 위해서다. 시편기자는 먼저 자신의 눈물 및 괴로움의 탄식과 함께 오는 피곤함(weariness)을 묘사한다. "내가 피곤하여"(יָגַעְתִּי)라는 동사는 그가 오랜 기간 고난받고 탄식한 결과를 표현한다. 그것은 종종 격렬한 활동에서 오는 결과인 육체적 피로감을 말할 수 있다(참고. 사 57:10, 여기에서는 말은 거짓 신들에 대한 지치게 만드는 추구를 말한다). 하지만 그것은 또한 지치는 것의 정신적 혹은 감정적 측면을 말할 수도 있다. 이를테면 특정한 단어와 태도들에 지치는 것 등이다[예를 들어, 말 2:17에서 사람들이 말로 여호와를 괴롭혔을(wearied) 때]. 이 경우 시편기자의 피곤함은 육체적인 것과 정신적인 것이 결합된 것으로, 계속 울고 탄식하는 원인인 그의 괴로움에 의해 야기된 것이었다.[24] 육체적인 고통은 원수들의 공격들로 인한 것이었을 수도 있을 것이다. 하지만 내적 탄식과 눈물은 신적 징계의 일부였던 하나님의 오랜

두 번째 범주는 '죽음'이다. 이것은 밀접하게 관련된 용법이다. 너무나 밀접한 나머지 어떤 본문들은 첫 번째 집단에든 여기에든 둘 다 잘 들어맞는다. 잠언 5:5에서 그의 "발은 사지로 내려가"라는 간음한 여인의 위험들에 대한 경고에서 이 단어는 "사지"(death)와 대응을 이룬다. 시편 18:5에도 이러한 대응되는 용어들이 나온다. "스올(death, שְׁאוֹל)의 줄이 나를 두르고 사망의 올무가 내게 이르렀도다." 이 단어는 또한 '흙'과 대응을 이룬다. 흙은 무덤 혹은 죽음을 의미할 수 있다(욥 17:16).
이 단어는 또한 '극도의 위험', 생명을 위협하는 위험에 대해서도 사용될 수 있다. 시편 30:3에서 시편기자는 하나님이 그를 שְׁאוֹל에서 끌어내셨다고 선언한다. 그는 죽지 않았다. 그래서 '무덤'과 '죽음'은 제외된다. 하지만 그는 죽은 것이나 다름없었다(또한 욘 2:2을 보라).
마지막으로, '지옥' 혹은 '하데스'라는 범주가 있다. 이것은 죽은 영들의 영역, 음부다(욥 11:8; 사 14:11). 민수기 16:30-33은 고라의 사람들이 삼키웠을 때 이런 의미를 염두에 두고 있었을 것이다. 시편 49:14은 더 분명한 예다. 이는 죽음이 거민들의 목자가 되는 곳이기 때문이다. 그것은 사람들이 하나님과의 교제에서 끊어지는 곳이다(시 88:5). 몇몇 본문들을 보면 이것이 경건하지 못한 영혼들에게는 끔찍한 곳이리라는 것이 분명하다. 또한 외인들은 여기 오지 않는다는 것도 분명하다. 의인이 שְׁאוֹל에 가는 것에 대해 말하는 모든 본문에서, 이 말은 죽음, 무덤, 혹은 위험을 의미한다. 사실상 끔찍한 장소를 묘사할 때, 대조되는 것은 보통 의인이 더 영광스러운 전망을 가지리라는 것이다. 더 자세한 논의로는 Alexander Heidel, *The Gilgamesh Epic and Old Testament Parallels*, chapter 3, "Death and the Afterlife"(Chicago: University of Chicago Press, 1946), pp.137-223을 보라.

23 Anderson, *Psalms*, I:89. Broyles는 하나님을 찬양할 수 없게 되면 사람들은 죽음 가까이 있는 것처럼 느끼게 된다는 것을 덧붙인다. 찬양하지 않는 것은 히브리인들에게는 일종의 죽음과 같았다(*Psalms*, p.65).

침묵에 의해 더 심해졌다.

그러고나서 시편기자는 우는 것을 과장하여 묘사함으로 자신이 얼마나 괴로운지 더 강하게 표현한다. 이런 명백한 과장이 없다면 독자들은 그의 괴로움을 충분히 인식하지 못할 것이다. 시편기자는 자신이 밤새 눈물로 침상을 띄웠으며, 요를 흠뻑 젖게 했다고 말한다. '띄우다'(שׂחה에서 나온 אשׂחה)와 '적시다'(מסה에서 나온 אמסה, '녹이다, 분해시키다')라는 두 동사는 계속적인 활동을 표현한다(그래서 진행적 미완료로 분류할 수 있다). 요점은 그가 밤마다 큰 고뇌와 끊임없는 울음으로 지샌다는 것이다. 그것은 마치 그가 자기 눈물로 그의 침상을 흠뻑 적시는 것처럼 느껴졌다.

7절에서 그는 자신의 근심에 대한 묘사에서 한 걸음 더 나아간다. "내 눈이 근심으로 말미암아 쇠하며 내 모든 대적으로 말미암아 어두워졌나이다." 동사들(עששׁה과 עתקה)은 무슨 일이 일어났는지, 무엇이 여전히 사실인지 표현한다(이제는 완료 시제로, 특징적 완료의 뉘앙스를 지닌다). '눈'은 그의 근심, 약함, 우는 것 등에 대한 탁월한 척도의 역할을 한다. 그것은 자신의 일반적 상태를 나타낸다[그래서 아마 제유(일부로써 전체를 나타내는 나타내는 표현법 – 역주)일 것이다. 그것은 그의 온 몸이 쇠약해지고 있다는 의미다]. 첫 번째 동사는 시편 31:10에서 사용되는데, 거기에서 그것은 오랜 기간의 괴로움, 슬픔 가운데 보낸 인생의 결과였던 쇠약함을 묘사한다. 오늘날에도 눈의 상태는 그 사람의 일반적인 건강과 안정을 측정하는 좋은 척도다. 병행 콜론은 그의 눈이 대적들 때문에 약해졌다고 말한다. 눈이 약해 보인다면 그것은 그가 압력을 받아 나이든 것처럼 보인다는 것이다. 그는 완전히 지쳤기 때문에 눈에 생기나 활력이 없다.

그 대적들이 이런 비참한 상황의 원인이라는 것은 분명하다. 시편기자는 그것이 하나님의 징계의 일부라는 것을 알고 있었지만 말이다. 대적들이 이 고난

---

24 본문은 이 단어들과 함께 전치사 בּ를 사용한다. 이것은 그 상태 혹은 원인을 나타내는 것으로 이해할 수 있다. 그리고 이 경우에는 아마 둘 다일 것이다. 그래서 그는 탄식하는 일에, 그리고 그로 인해 피곤하다.

의 수단이었다고 생각하면서 다윗은 그의 하나님이 그를 멸하려는 이 사람들에게 자신을 내어주지 않으시리라는 확신에 차 있었다. 하나님의 징계는 일시적이지만, 그분의 은총은 평생 지속된다(참고. 시 30:5).

II. 죄를 고백하는 신자들은 대적들의 응징하는 고통에서 해방될 것을 기대한다 (8–10절)

A. 그들은 하나님이 기도를 들으신다고 확신한다(8–9절)

시편기자는 자신이 원수들의 손에 받는 고난에 대한 탄식에서 이제 치명적인 위험에 처한 원수들에게 경고하는 것으로 즉시 넘어간다. "악을 행하는 너희는 다 나를 떠나라!"[25] 이같이 청중이 돌연히 바뀌는 것(돈호법, 시행, 연설 등의 도중에 그 자리에 없는 사람들 등을 부르는 것 – 역주)은 분위기가 급변하는 것을 알린다. 이것은 탄식 시편의 명확한 특징이다. 시편기자는 이제 여호와가 징계를 끝내기 위해 그의 기도에 응답하셨다는 것을 확신한다. 그리고 그것은 여호와가 기꺼이 그를 괴롭히던 악한 원수들의 권세를 종식시키려 하신다는 것을 의미한다. 결국 그들은 "악을 행하는 자"[26]다. 이 악한 원수들은 악한 행동으로 시편기자를 멸망시키려 한다. 거기에는 중상, 저주, 무고, 혹은 '악'(אָוֶן)이라는 말이 묘사하는 바 말과 행동으로 하는 다른 여러 죄가 포함되었을 것이다(시 28:3의 같은 단어를 보라). 그들이 누구이든, 그들이 하던 일이 무엇이든, 그들은 여기에서 할 수 있을 때 떠나라는 명령을 받는다.

이러한 경고의 이유는 시편기자가 여호와가 자신이 우는 것을 들으셨다는 것(현재 완료), 고뇌에 찬 기도가 수반된 울음을 들으셨음을 확신한다는 것이다(그래서 수식어의 환유다). 그다음 9절에서 그는 여호와가 자신의 간구를 듣고[27](현재 완

---

[25] 마태복음 7:23과 누가복음 13:27에 나오는 이 행에 대한 언급을 보라.
[26] 분사(פֹּעֲלֵי)는 불법을 행하는 자 혹은 불법 시행자들이라는 원수들의 특성을 강조한다. 그들이 그냥 뭔가 악한 일을 한다는 것이 아니라, 그렇게 하는 것이 그들의 성품적 특성이라는 것이다.

료) 그를 원수들로부터 구해주며, 자신의 육체적·정서적 건강을 회복시켜주시기를 기도한다[28](진행형 미완료).

B. 그들은 하나님이 억압자들을 벌하실 것이라고 확신한다(10절)

이 시편은 모든 원수가 부끄러움(יֵבֹשׁוּ, 시 31:1의 이 단어를 보라)을 당하고 심히 떨 것이라고(וְיִבָּהֲלוּ, 시 83:15의 이 단어를 보라) 결론을 내린다. 이것이 바로 그가 두려워 떠는 이유였다. 이제는 원수들이 떨 것이다. 하나님이 그들을 멸하실 것이기 때문이다. 비록 그들이 하나님께 쓰임받았지만, 자기 뜻대로 행동하고 자신들의 악함으로 여호와의 종을 멸망시키려 애썼기 때문에 하나님은 그들을 벌하실 것이다. '부끄러움을 당하다'라는 말은 상황이 기대하던 것과 반대로 나타날 때 느끼는 혼란, 당혹함, 낙담을 표현한다. 이것은 종종 혼란스러운 패배(시 31:1의 같은 단어를 보라)에 대해 사용된다. 이 두 동사는 비유적 표현으로(수식어와 결과의 환유), 돌연히 운명이 뒤집힌 것의 결과와 그들이 경험할 패배를 표현한다.

마지막 콜론은 "갑자기 부끄러워 물러가리로다"[return(turn)]라고 말한다. "그들이 물러갈 것이다"(שׁוּב에서 나온 יָשֻׁבוּ, 시 126:1에 나오는 같은 단어를 보라)라는 동사는 다소 어렵다. 그것은 그들이 시편기자로부터 떠나갈 거라는 말일 수도 있다.[29] 하지만 그것은 아마 '그들이 부끄러움을 당할 것이다'라는 번역과 함께 부사적으로 기능할 것이다. 하지만 이 구절의 주된 요점은 분명하다. 즉 그들이 '갑자기'[30] 멸망하리라는 것이다.

---

27 '듣다'라는 이 동사 שָׁמַע는 보통 '대답하다', 즉 '기도에 응답하다'라는 의미다. 다른 본문들에서 '…의 음성을 듣다'라는 구문은 '순종하다'를 의미한다. 시편기자들이 하나님이 기도를 들으시기를 기도했다면, 그것은 하나님이 기도에 호의적으로 응답하고 무언가 행하시기를 원했다는 의미다(시 45:10의 그 구절을 보라).

28 '받다'라는 동사(קָח)는 진행형 미완료로 받아들일 수 있을 것이다. 그것은 여호와가 기도를 받고 계신다는 의미다. 아니면 그것은 단순 과거로, 여호와가 그것을 들으셨고 받으실 것이라는 의미다.

29 하지만 동사는 שׁוּב로, 그가 하나님이 그에게 돌아오시기를 원했을 때 사용된 것과 같은 것이며, 그가 '떠나라'고 경고한 것에서 사용된 것과 같은 סוּר이 아니다.

메시지와 적용

그렇다면 이 시편은 흉악한 대적들에 의해 야기된 고통스러운 괴로움에서 구해달라는 긴급한 기도다. 이 시편을 독특하게 만드는 것은 강렬한 고난이 또한 죄에 대한 신적 징계인 것처럼 보인다는 것이다. 신체적 고통 혹은 원수의 손에 당하는 괴로움이 모두 죄에 대한 징계는 아니다. 하지만 독실한 신자들이 그런 곤경에 처하게 될 때, 그들은 자연히 그들이 실제로는 징계를 받고 있는 것이 아닌지 자기 분석을 할 것이다(시 44편을 보라). 어떤 명백한 죄가 밝혀지지 않는다면, 그 신자는 고난에 대한 다른 설명들을 생각해볼 것이다. 시편 6편에서 다윗의 경우 그것은 신적인 바로잡음으로 보인다. 그리고 다윗은 회개하는 신자라면 누구나 반드시 해야 할 일을 한다. 곧 징계에서 구조해달라고 기도하는 것이다. 그것은 사실상 죄를 인정하는 것이다.

일반적인 강해적 개념은 다음과 같이 표현할 수 있을 것이다. *하나님이 대적의 막대기로 그분의 백성을 징계하실 때, 진실하게 회개하는 사람들은 하나님의 신실하신 사랑 때문에 구해달라고 기도할 수 있다.*

히브리서는 어떻게 여호와가 그분이 사랑하는 사람들을 징계하시는지 상당한 시간을 들여 설명한다(히 12:4-11). 이 논의는 거룩함을 가져오기 위한 일반적인 신적 훈육에 초점을 맞춘다. 여기에는 바로잡는 것도 포함된다. 그래서 시편의 메시지는 구약과 신약의 모든 신자에게 적용할 수 있다. 신적 징계는 사랑으로 이루어지므로, 신자들은 그들을 향하신 하나님의 신적 사랑에 기초하여 하나님께 구해달라고 호소할 수 있다.

---

30 '갑자기' 혹은 '빨리'라는 이 단어는 '눈 깜박할 사이에'라는 의미의 בְּרֶגַע 다.

16. 의로운 재판관 앞에서 드리는 무죄한 자의 호소 (시편 7편)

An Appeal of the Innocent Before the Righteous Judge PSALM 7

서론[1]

본문과 다양한 역본들

다윗의 식가욘[2],

베냐민인 구시의 말에 따라

여호와께 드린 노래

1 여호와 내 하나님이여 내가 주께 피하오니

나를 쫓아오는[3] 모든 자들에게서 나를 구원하여 내소서

2 건져낼 자가 없으면

---

1 R. R. Hutton, "Cush the Benjaminite and Psalm Midrash," *HAR* 10(19986):123-37; J. Leveen, "The Textual Problems of Psalm 7," *VT* 16(1966):439-445; G. J. Thierry, "Remarks on Various Passages of the Psalms," *OTS* 13(1963):77-82.

2 이것은 아마 불규칙한 운율을 가진 시를 의미할 것이다. 헬라어 번역은 $\psi\alpha\lambda\mu\grave{o}\varsigma$이다.

3 רדף라는 단어는 '쫓아오다' 혹은 '핍박하다'를 의미할 수 있다. 헬라어 번역은 $\tau\hat{\omega}\nu\ \delta\iota\omega\kappa\acute{o}\nu\tau\omega\nu$, '핍박하다'라는 표현을 택했다.

그들이⁴ 사자 같이 나를 찢고⁵ 뜯을까⁶ 하나이다

3 여호와 내 하나님이여 내가 이런 일을 행하였거나

내 손에 죄악이 있거나

4 화친한 자를 악으로 갚았거나

내 대적에게서 까닭 없이 빼앗았거든⁷

5 원수가 나의 영혼을⁸ 쫓아⁹ 잡아

내 생명을 땅에 짓밟게 하고

내 영광을 먼지 속에 살게 하소서 (셀라)

6 여호와여 진노로 일어나사

내 대적들의 노를 막으시며¹⁰

나를 위하여 깨소서¹¹ 주께서 심판을 명령하셨나이다¹²

---

4 히브리어에는 단수 형태 שֹׁרֵף로 되어 있다. 헬라어는 '어느 때든 그가 사자처럼 내 영혼을 꽉 붙잡지 않도록'(μήποτε ἀρπάσῃ)이라고 되어 있다.

5 히브리어는 וּפֹרֵק다. 시편 11:5의 같은 단어를 보라.

6 문제는 פֹרֵק라는 단어다. 그것이 이 구절의 전반부에 포함되는가(헬라어와 수리아 역본에서 그렇듯) 후반부에 포함되는가 하는 것이다. 이 단어는 '찢어내다, 떼어내다'를 의미한다. 이것은 '벗기다, 분리시키다, 혹은 제거하다'라는 의미를 지니고 있으며, 몇몇 경우에 '구조하다'라는 의미를 지닐 수 있다. 헬라어 역에서는 후자의 의미로 보는 것이 이 단어를 이 구절 마지막 부분과 조화시킨다고 이해한다. '나를 건져내거나 구해줄 사람이 아무도 없는 동안'(μὴ ὄντος λυτρουμένου μηδὲ σῴζοντος). 이 경우 우리는 본문이 פֹרֵק אֵין라고 되어 있을 것이라 기대했을 수도 있다. 하지만 본문이 구성된 방식으로 보아 이 단어는 이 구절 전반부와 연결된다고 보는 것이 더 낫다.

7 이 행에서 וָאֲחַלְּצָה의 의미는 분명하지 않다. 이것은 "만일 내가 나의 원수를 이유 없이 약탈했다(빼앗았다)면"이라는 의미라고 해석할 수 있을 것이다. 이것은 그가 부인하고 있으며 4절 전반과 대응을 이루는 또 하나의 가설이다(NIV를 보라). 이것은 또한 하나의 삽입구로 번역할 수도 있을 것이다. "그렇다. (오히려) 나는 나의 원수인 그를 이유 없이 구해주었다." 이 행은 그렇게 되면 앞에 나오는 두 행과 정반대되는 대조를 이룰 것이다. 첫 번째 해석은 전후 문맥과 조화를 이루며 도입부를 깔끔하게 계속 이어간다. 하지만 이 해석은 '약탈했다'가 아니라 '구하다'라는 의미인 피엘 동사의 용법 문제를 가지고 있다. 이것을 지지하는 것은 거기서 유래된 '옷을 벗기다' 즉 '노략질하다'라는 의미의 명사가 있다는 것이다(두 번 나옴). 두 번째 해석이 아마 더 나은 해석일 것이나, 이것은 돌연한 변화이며 그렇기 때문에 더 어렵기 때문이다. 헬라어판은 이러한 해석들 대신 '그렇다면 내가 내 대적에 의해 빈 손으로 멸망할 것이다'라고 되어 있다.

7 민족들의 모임이 주를 두르게 하시고

그 위(over them)[13] 높은 자리에 돌아오소서[14]

8 여호와께서 만민에게 심판을 행하시오니

여호와여 나의 의와

나의 성실함을 따라 나를[15] 심판하소서

---

8 히브리어는 שָׁפְטֵנִי다.

9 헬라어에는 또 다시 '핍박하다'라는 말이 나온다.

10 헬라어에는 ὑψώθητι ἐν τοῖς πέρασι τῶν ἐχθρῶν μου로 되어 있다. '내 원수의 최고도의 경계선 안에서 높아지소서', 아마도 내 원수들의 '죽음'에서 높아지라는 것이다.

11 헬라어로는 "깨소서 여호와 나의 하나님이여 주께서 명하신 명령에 따라"라고 되어 있다. MT에 나오는 '나에게'(unto me, אֵלַי)라는 말은 '내 하나님'(אֵלִי)으로 여겨졌으며, 몇 가지 현대어역들은 이 독법을 따른다(NIV). Goldingay(*Psalms 1-41*, p.103)도 그렇게 한다. 이것은 멋진 병행적 표현들이 된다. "여호와여 일어나소서//깨소서 내 하나님이여"(헬라어에는 '여호와, 나의 하나님'이라고 되어 있지만). 하지만 서기관이 '내 하나님'을 '나에게'라는 말로 바꿀 가능성이 얼마나 있을까. 이 단어들은 형태가 비슷하긴 하지만 의미는 매우 다르다. 하지만 '내 하나님'이라는 이문은 공인되지 않은 단순화다.

12 MT는 완료 시제로 되어 있다. 아마 '명령하셨나이다'(צִוִּיתָ)라고 번역되었으며, '정의'(justice, 개역개정에는 번역되어 있지 않다 – 역주)를 말할 것이다. 이것은 이 행을 보다 복잡하게 해석한 것이지만 불가능한 것은 아니다. Kraus는 명령법 צַוֵּה로 보아야 할 것이라고 제안한다(*Psalms 1-59*, p.167). 본문에 있는 형태를 '간원형 완료'로 보아 실제로 본문을 바꾸지 않으면서 이것을 '명령'으로 번역하는 것도 가능하다. 그렇게 되면 이 행을 분명 더 매끄럽게 읽을 수 있을 것이다. '내 하나님'으로 바꾸는 것 역시 받아들여진다면 말이다. "깨소서, 내 하나님이여. 정의를 명하소서."

13 히브리어는 '그 위'(over it)라고 되어 있다. עָלֶיהָ에 해당되는 헬라어 ὑπὲρ ταύτης는 '이 원인으로 인해'라는 의미일 수 있다.

14 이 행은 첫눈에 보기에는 잘 이해가 안되기 때문에(되돌리다, 쫓아내다, 돌아오다), 주석가들은 수정을 할 것을 제안한다. 예를 들어, Krause는 '돌아오다'라는 שׁוּבָה 대신 '왕으로 앉다, 보좌에 앉다'라는 의미의 שְׁבָה로 볼 것을 제안한다(p.167). 민수기 10:23과 시편 116:7 같은 증거 본문들도 이와 비슷하게 바꾸어놓는다. 하지만 그렇게 바꾸는 것에 대한 사본상의 증거는 없으며, 여호와가 높은 자리에 돌아오신다는 개념은 불가능한 것이 아니다.

15 MT는 단순히 עָלַי로 되어 있다. 그것은 '나에게'(unto me)라는 의미일 것이다. 그것은 암묵적 지시(understood jussive)로 간주할 수도 있을 것이다. '그것이 내게 이루어지게(let it be done) 하소서.' 하지만 그냥 '내 안에 있는 나의 성실함'(my integrity *which is* within me)일 수도 있다. 헬라어 본문은 '내 안에 있는 내 순전함에 따라'(according to my innocence *that* is in me, ἐπ' ἐμοί)라고 되어 있다. 어떤 번역들은 그 단어를 '지극히 높으신' 하나님을 말하는 것으로 해석한다(NIV를 보라).

9 악인의 악을 끊고

　의인을 세우소서[16]

　의로우신[17] 하나님이

　사람의 마음과 양심을 감찰하시나이다[18]

10 나의 방패는

　마음이 정직한 자를 구원하시는 하나님께[19] 있도다

11 하나님은 의로우신 재판장이심이여

　매일 분노하시는 하나님이시로다[20]

12 사람이 회개하지 아니하면[21]

　그가 그의 칼을 가심이여

　그의 활을 이미 당기어 예비하셨도다

13 죽일 도구를 또한 예비하심이여

　그가 만든 화살은 불화살들이로다[22]

---

[16] 헬라어는 미완료 תְּכוֹנֵן를 κατευθυνεῖς, '그러면 당신이 지도하시리이다'라고 번역한다.

[17] 헬라어를 보면 '의로우신'이라는 말이 다음 구절과 연결되어 있다.

[18] 이 문장을 문자적으로 보면 '그리고 마음과 양심을 감찰하시는 분은 의로우신 하나님이시다'라는 것이다.

[19] 히브리어는 עַל־אֱלֹהִים로써, 이것은 '하나님의'(of God) 혹은 '하나님에게'(upon God)라고 번역할 수 있을 것이다. 어떤 사람들은 그것을 하나님에 대한 묘사로 보아서 '지극히 높으신 하나님'이라고 번역한다. 헬라어 본문은 다르게 되어 있다. '나의 도움'(βοήθειά)은 의로운 것으로 마음이 정직한 사람들을 구원하시는 하나님께로부터 온다'는 것이다.

[20] 헬라어 역본에서 이 구절은 '하나님은 의로우신 재판장이시며, 강하고 인내심이 많으셔서, 매일 복수를 가하지는 않으신다'라고 되어 있다.

[21] 이 동사는 난순히 שׁוּב나. 그것은 그의 분노에서 '[하나님이] 누그러지지 않는다'는 의미로 받아들일 수도 있고, 아니면 '[죄인이] 돌아서지 않는다'는 의미로 받아들일 수도 있다. 헬라어 본문은 이런 식으로 해석해서, '네가 회개하지/돌아서지 않으면'(ἐπιστραφῆτε)이라고 번역한다. A. A. MacIntosh, "A Consideration of Psalm vii. 12f.," *JTS* 33(1982):481–90을 보라.

[22] MT는 문자적으로 '불꽃을 위한(לְדֹלְקִים) 그의 화살들을 그가 만든다'라고 되어 있다. דלק라는 단어에는 '뜨겁게 타다' 혹은 '뜨겁게 추구하다'라는 의미가 있다. 그러므로 여기서 분사는 문자적으로는 '타는 것들을 위한'이라는 의미다. 헬라어는 이 분사적 용법을 다음과 같이 해석한다. '그는 타고 있는(καιομένοις) 사람들을 위한 그의 화살을 완성하셨다.'

14 악인이 죄악을 낳음이여

　　재앙을 배어 거짓을 낳았도다

15 그가 웅덩이를 파 만듦이여

　　제가 만든 함정에 빠졌도다

16 그의 재앙은 자기 머리로 돌아가고

　　그의 포악은 자기 정수리에 내리리로다

17 내가 여호와께 그의 의를 따라 감사함이여

　　지존하신 여호와의 이름을 찬양하리로다

구성과 전후 문맥

이 시편은 원수들로부터 구해달라는 기도 이상의 것이다. 이것은 의로우신 세상의 재판관으로부터 정당함을 입증받게 해달라는 기도다. 의로우신 재판관은 반드시 의인의 정당함을 입증해야 한다. 시편기자는 원수들에게서 구해달라고 기도하면서, 자신의 결백함을 엄숙하게 단언하며 의로운 재판관에게 악인을 멸함으로 정당함을 입증해달라고 호소한다. 이 시편은 "세상을 심판하시는 이가 정의를 행하실 것이 아니니이까?"라는 좌우명을 내걸 만한 시편이다.[23] 그는 의로운 재판관에게 그분의 의로운 백성을 구해달라고 호소한다. 브로일스는 이 시편이 전례 의식적 기원을 갖고 있다고 주장했다. 그는 이것을 입증하는 근거가 주로 무죄를 주장하면서 맹세 의식을 사용하는 것과, 기도에서 간증으로 바뀌는 것이라고 말한다.[24]

---

23 Perowne, *Psalms*, I:141.

24 Broyles, *Psalms*, p.66. 또한 W. H. Bellinger, "Psalms of the Falsely Accused: A Reassessment," *SBL Seminar Papers* 25(1986):463-69와 G. Kwakkel, "'According to My Righteousness': Upright Behavior as Grounds for Deliverance in Psalms 7, 17, 18, 26, and 44," *OTS* 46(Leiden: E. J. Brill, 2002)를 더 보라.

표제를 보면 다윗이 사울의 지파 혈족 중 하나인 베냐민인 구시와 더불어 경험한 것에 대해 나온다. 이것은 그런 사건에 대한 유일한 언급이다. '구시'라는 이름은 어떤 개인이나 지파 내의 어떤 집단을 말한다. 이 노래가 다윗이 사울의 사람들에게 쫓기고 있을 때 나온 것이라면(삼상 22:8, 24:9, 26:19), 구시는 모진 말로 다윗을 반대하는 데 강력한 역할을 담당한 사울의 신하 중 한 명이었을 것이다. 이것 외에 우리는 이 시편이 어떤 경우에 쓰인 것인지 확실히 알지 못한다. 다윗이 사울의 신하들에게서 도망칠 때 나온 것일 수도 있다. 이 시편은 다른 다윗 시편들의 문체와 잘 어울리며, 몇 부분은 사무엘상 24장과 26장에 기록된 사건들과 잘 조화를 이룬다(예를 들어, 시 7:3-4; 삼상 24:11-12 및 17절). 이 시편의 기원이 무엇이든 간에, 일단 이것이 시적 형태로 만들어지고 성소에서 사용되도록 다듬어진 후에는 비슷한 상황에 처한 사람들에게 훨씬 더 광범위하게 적용될 수 있었다. 이런 글들이 다 그렇듯, 시편의 메시지 자체는 분명하다.[25]

석의적 분석

요약

의로운 시편기자는 그를 비방하는 원수들에게서 구해달라고 기도하며, 자신의 결백함을 엄숙하게 단언하고 의로우신 세상의 재판관에게 악인들을 그들이 스스로 계획한 악 속에서 파멸시킴으로 자신의 정당함을 입증해달라고 호소한다.

개요

I. 시편기자는 자신을 비방하는 원수들에게서 구해달라고 확신있게 기도한다 (1-2절).

---

25 Kraus는 이 배경이 예루살렘 성전 뜰이었다고 말한다. 하지만 그는 또한 이 시편의 고풍스러운 요소들을 주목하면서 그것이 이른 시기에 쓰인 것이라고 제안한다(*Psalms 1-59*, p.169).

A. 그는 하나님이 피난처를 제공하시리라는 확신을 표현한다(1절).
　　B. 그는 자신이 완전히 멸망되지 않도록 건져달라고 기도한다(2절).
II. 시편기자는 하나님 앞에서 결백함을 항변하면서, 의로우신 세상의 재판관에게 자신의 대의가 정당하다는 것을 입증함으로 의를 보여달라고 호소한다(3-9절).
　　A. 그는 자신의 무죄함을 엄숙하게 항변한다(3-5절).
　　　　1. 그의 손에는 죄악이 없다(3절).
　　　　2. 그는 친구에게 악으로 갚지도 않았으며, 대적에게서 빼앗지도 않았다(4절).
　　　　3. 그는 자신이 이 일들을 했으면 원수들이 자신을 파멸시키라고 단언함으로써, 엄숙하게 맹세한다(5절).
　　B. 그는 세상의 의로운 재판장에게 자신의 대의가 정당함을 입증해달라고 호소한다(6-9절).
　　　　1. 여호와는 회중 앞에서 그의 의로운 심판을 나타내 보이셔야 한다(6-7절).
　　　　2. 주권적 재판장은 그의 성실함을 보이셔야 한다(8-9절).
III. 시편기자는 하나님이 직접적인 벌에서 그들 자신의 책략에 의한 간접적인 덫에서 악인들을 다루시는 것을 묘사한다. 이 모든 것은 여호와의 의로우심을 나타내 보여준다(10-17절).
　　A. 그는 하나님이 마음이 정직한 자를 구원하실 것을 확신한다(10절).
　　B. 그는 회개하지 않을 악한 자들에 대한 하나님의 직접적 심판을 묘사한다(11-13절).
　　　　1. 의로우신 재판장은 매일 분노하신다(11절).
　　　　2. 분노한 재판장은 심판을 촉발하실 것이다(12-13절).
　　C. 그는 하나님이 음모를 꾸미는 악인들을 어떻게 멸망시키시는지 묘사한다(14-16절).

1. 악인들은 자신의 악으로 인한 웅덩이에 떨어진다(14-15절).
2. 악인들이 계획한 폭력은 자신들의 삶으로 돌아갈 것이다(16절).
IV. 시편기자는 지존하신 여호와가 그의 정당함을 입증하실 때 보여주실 의를 찬양하겠노라고 맹세한다(17절).

강해 형태의 주석

I. 여호와 하나님을 신뢰하는 사람들은 임박한 위험의 때에 구해달라고 호소할 수 있다(1-2절)

시편기자는 사자처럼 그를 갈기갈기 찢으려 하는 원수들에게서 구해달라고 확신에 찬 기도를 한다(참고. 시 10:9, 17:12, 22:13, 21, 35:17, 57:4, 58:6). 그는 하나님이 자신을 구해주지 않으신다면, 어느 누구도 구해줄 수 없다는 것을 안다. 그래서 그는 자신의 신앙에 대한 분명한 단언과 함께 간략한 호소로 시작한다. 거기에서 그는 여호와가 하나님, 그가 피할 수 있는 분이라고 진술한다(חָסִיתִי의 현재 완료 뉘앙스). 피한다는 비유적 표현은(쉼터를 구한다는 개념과의 암시적인 비교) 시편에서 흔히 나온다. 그것은 그가 보호와 안전을 위해 여호와를 신뢰한다는 의미다.[26]

---

26 동사 חָסָה는 '피하다, 피난처를 구하다, 숨다'라는 의미다. 이것은 문자적으로는 안전한 혹은 보호받는 장소를 찾는다는 의미를 지닌다. 나무의 그늘(삿 9:15)이나, 시온(사 14:32) 등이다. 이 말은 가장 흔하게 하나님 안에서 피난처를 찾는 것에서 종종 사용된다(시 2:11, 5:11, 7:1, 11:1, 16:1 등). 비록 그것은 또한 거짓 신들에게 피하는 것에 대해서도 사용될 수 있지만(신 32:37) 말이다. 때로 그것은 상황을 상세히 묘사하기 위해 신을 동물 형태로 표시하여 '날개'라는 말을 덧붙인다. 사람들은 그의 날개 그늘 아래 피할 수 있다(시 36:7, 91:4). 아니면 다른 사람의 날개 아래(룻 2:12) 피할 수 있다. 시편에서 이 단어는 여호와의 보호에 대한 확신을 표현하는 관용 표현에서 관련된 명사(מַחְסֶה)는 "쉼터" 혹은 "피난처"다. 이것은 문자적 의미를 지닐 수 있다. 폭풍우 속에서 피난처 같은 경우다(시 4:6, 25:4). 이 말은 또한 신적 보호를 나타내는 비유로 사용될 수도 있다. 예를 들면 하나님은 은밀하게 숨을 곳이다(시 91:1). 이 구절은 사람들을 이전 세대의 예배자들의 경험과 동일화할 수 있게 한다.

그의 요청은 단도직입적이다. "나를 구원하여 내소서"(הוֹשִׁיעֵנִי, 시 3:2의 같은 단어를 보라). 이 동사는 '나를 구원하소서' 혹은 '나를 구해주소서'라고 번역할 수 있다. 이 말은 여기에 나온 그를 추적하는 사람들에게서 구해주는 것을 포함해서, 여러 의미를 지닐 수 있다. 이 행에 나오는 대응되는 동사는 그냥 '나를 구해주소서'(הַצִּילֵנִי, 시 22:20의 같은 단어를 보라)라는 의미다. 이것은 위험으로부터 재빨리 구출하다 혹은 확 잡아당겨지다라는 함축을 가진다.

시편기자는 그를 추적하는 모든 사람(מִכָּל־רֹדְפַי)에게서 구원받고 싶어 한다. 그다음 절이 설명하듯이, 그들은 사자처럼 그를 찢고 뜯고 싶어 한다. 2절에서는 단수 동사로 바뀌어 '그가 나를 찢고 뜯지 않게'(פֶּן־יִטְרֹף) 해달라고 말한다. 아마도 이것은 그의 원수 중 한 명이 유력한 자임을 나타내거나 아니면 원수라는 말이 많은 사람을 대표한다는 것을 나타낼 것이다. 어느 경우든 두려운 것은 사자에 대한 비교가 나타내듯, 원수들이 그를 폭력적으로 파멸시키지 않을까 하는 것이다. 이 직유는 이 구절의 두 번째 콜론에서 더 한정된다. "나를 찢고 뜯을까"(פֶּרֶק)한다는 것이며, 건져낼 자(מַצִּיל)가 없다는 것이다.

II. 정당함을 입증할 의로운 재판관에게 호소할 때, 의인은 반드시 무죄해야 한다 (3-9절)

A. 의인은 자신의 무죄함을 단언해야 한다(3-5절)

시편기자는 자신의 정당함을 입증해달라는 호소를 정당화하려고, 그의 손에는 죄악이 없다고 엄숙하게 단언한다.[27] 죄가 있다면 정당함을 입증해달라는 호소는 위선적인 호소가 될 것이다. 이 구절들은 통상 맹세에서 사용될 표현들로 되어 있다. "내가 이런 일을 행하였거나 내 손에 죄악이 있거나 화친한 자를 악으로 갚았거…든 원수가 나의 영혼을 쫓아 잡…게 하소서." 정당함을 입증해달라

---

27 '손'은 원인의 환유로 자신이 부정한 일을 하나도 하지 않았음을 의미한다.

는 그의 기도에 비추어볼 때, 이 행들은 그의 무죄함에 대한 엄숙한 주장으로 받아들여야 한다. 그는 자신이 이러한 일들을 행하지 않았으며, 그것에 기꺼이 자신의 생명을 걸겠다고 말한다.

그가 부인하는 비난은 4절에 명료하게 나와 있다. 그의 원수는 분명 그가 화친한 자(שׁוֹלְמִי, 시 38:3의 같은 단어를 보라)를 '악으로 갚았다'(עַר, 시 10:15의 같은 구절을 보라)고 비방하는 고발을 했다. 그는 이 구절에서 그 고발에 대한 항변으로 맹세를 계속할 뿐 아니라, 오히려 그 반대라고 하면서 흐름을 중단시킨다. 사실상, "나는 까닭없이 내 대적을 구원했다"라는 것이다. 그의 행동은 그 비난이 거짓임을 입증한다. 다른 해석도 앞뒤가 잘 맞지만, 그 행을 그렇게 해석하는 것이 더 나은 듯하다. 즉 그가 '내가 빼앗았다면'이라는 조건절 형식으로 계속 말한다는 것이다.

자신이 무죄하다는 그의 항변은 설득력이 있다. 그는 자신이 죄를 지었다면 자기 원수의 손에 죽게 해달라고 빌기 때문이다(5절). 그는 원수의 추적이라는 주제로 다시 돌아가서 "원수가 나의 영혼을 쫓아 잡아 내 생명을 땅에 짓밟게 하고 내 영광을 먼지 속에 살게 하소서"라고 말한다. 이러한 짓밟음의 결과는 그들이 그를 먼지 속에 눕게 만들리라는 것이다. 그 자신과 관련하여, 그는 "내 영광"(כְּבוֹדִי)이라는 말을 사용한다. 단지 그의 생명 뿐 아니라 그의 본질적 가치에 초점을 맞추는 것이다.[28] 원수가 그의 영광을 먼지 속에 자게 혹은 눕게(יַשְׁכֵּן) 만든다는 것은 원수가 그를 죽이리라는 의미이기 때문이다(단 12:2). '먼지'(무덤을 나타내는 수식어의 환유)를 사용한 것은 수치스러운 죽음이라는 신호다. '잠자다'('살게 하소서'라는 말이 영어로는 sleep이라고 되어 있다 - 역주)라는 말은 죽음 가운데 무의식적으로 존재하는 것을 가리키는 말이 아니다. 이것은 비유적인 말이다. 죽은 사람은 누워서 잠자는 것처럼 보이기 때문이다. 간구자는 자신의

---

28 '영광'은 ר 자신, ר이 영혼을 의미하지만, 그것은 어떤 사람이 가장 고상한 부분을 강조한다(시 4:2, 16:9, 30:12). 그것은 그의 성품과 좋은 평판을 함께 말하는 것이다(시 19:1의 그 단어를 보라). 또한 John W. McKay, "My Glory - A Mantle of Praise," *SJT* 31(1978):167-72를 보라.

무죄함을 강하게 확신한 나머지, 그것을 맹세로 표현한다. 자신이 그런 죄를 지었으면 원수가 자신을 죽이게 하라는 것이다. 하지만 그렇게 말하면서 그는 자신이 무죄하다는 것을 분명하게 알고, 그들이 자신을 이기고 승리하는 것을 볼 생각은 전혀 없다.

B. 의인은 정당함을 입증해달라고 호소할 수 있다(6-9절)

시편기자는 아무 죄가 없기 때문에, 자유롭게 하나님의 변호를 호소한다. 그리고 이것이 다음 네 구절에 나오는 메시지의 취지다. 첫째, 6절에서 다윗은 여호와께 오셔서 도와달라고 요구한다. 그는 담대한 명령법을 사용한다. "일어나사(קוּמָה, 시 3:1의 같은 단어를 보라)…머리를 드시며(rise up, 개역개정은 '막으시며'라고 번역했다 – 역주)(הִנָּשֵׂא, 시 24:7의 같은 단어를 보라)…깨소서"(ע֭וּרָה)라는 것이다. 대단히 인간적인 이 호소들(신인동형론)은 하나님이 속히 그를 위해 행동하시도록 자극하려는 것이었다. 그는 하나님이 이 원수들의 분노에 대항해서 진노로 일어나시라고 호소한다. 이 구절에서 '깨소서'라는 단어를 사용한 것은 지금까지 하나님이 그에게 주의를 기울이지 않으셨음을 시사한다. 이제 그 호소는 하나님이 이 난국에 대처해서 정의를 시행하시라는 것이다. 이 정의는 원수에 대한 심판을 포함할 것이다. 이것은 일반적인 심판일 수도 있고, 다음 두 구절의 초점인 구체적 심판일 수도 있다. 앞에서 말했듯이, 이 구절의 마지막 몇 단어는 두 가지로 해석할 수 있을 것이다. 이 단어들은 독립적인 절로 간주해서 "심판을 명령하소서"라고 해석할 수도 있고, 아니면 '심판'(justice)을 '깨소서'라는 말의 목적어로 보고, 그다음에 관계절이 나오는 것으로 보아 '나를 위해 주께서 명령하신 그 심판을 깨우소서'라고 해석할 수도 있을 것이다. 이 해석에서 시편기자는 하나님께 정의를 실천하시라고 기도한다. 하나님이 그에게 명하신 정의다. 어떻게 해석하든 이 구절은 신적 정의를 요구한다.

7절의 요청에 따르면, 시편기자는 모인 모든 사람이 목격하도록 분명하고 신중한 정당화를 원한다.[29] 이 구절의 두 번째 콜론은 해석하기가 조금 어렵다.

이것은 문자적으로는 이렇다. '그리고 그것의 위 높은 곳으로 다시 돌아오소서'(לַמָּרוֹם שׁוּבָה וְעָלֶיהָ). 이것은 마치 하나님이 땅으로 오셔서 증인들을 모으시고, 그들 위에 있는 그분의 심판 보좌로 다시 돌아가는 것과 같다. '돌아오다'라는 동사는 하나님이 그분의 심판의 행동을 재개하실 것을 요구한다. 이 행동은 하나님이 잠시 버려두셨던 것처럼 보인 행동이다.[30] 이 해석이 너무 무리한 것 같다면, 대안은 본문을 바꿔서 이것을 '위로부터 그들 위로 다스리소서'라고 해석하는 것이다. 하지만 전후 문맥을 보면 기도를 하는 순간에는 작동하지 않는 것처럼 보이는 신적 정의를 요구하고 있으므로, '돌아오다'라는 해석이 불가능한 것은 아니다.

8절로 가면 이 간구는 분명하고 직접적이다. 이것은 여호와가 백성들/민족들에게 심판을 행하신다(יָדִין, 시 140:12의 같은 단어를 보라)[31]라는 주장으로 시작된다. 이 동사는 '통치하다' 혹은 '정의를 시행하다'는 의미를 갖는다. 그리고 여호와는 세상을 통해 이 일을 하시므로, 시편기자는 그분이 지금 자신을 심판하실 것을(שָׁפְטֵנִי), 즉 자신이 옳다는 것을 인정하실 것을(시 9:4의 그 단어를 보라) 요구한다. 그의 호소는 그의 의와 성실함을 따라 그가 옳다는 것을 입증해달라는 것이다.[32] 다시 말해 그는 거짓 비난에도 불구하고 자신이 의와 성실함으로 행동해왔다는 것을 보여줄 만한 결정을 내려달라고 간청한다.

---

29 J. H. Tigay "Psalm 7:5 and Ancient Near Eastern Treaties," *JBL* 89(1970): 178-86과 R. L. Hubbard, "Dynamic and Legal Processes in Psalm 7", *ZAW* 94(1982):268-79를 더 보라.

30 Perowne, *Psalms*, I:145-6.

31 또한 이 동사를 여기에서 명령법으로 보는 것도 가능하다. '여호와께서 심판하소서.'

32 '내 성실함'은 여기에서 תֻּמִּי으로, '완전함, 성실함'을 뜻하는 명사 תֹּם에서 나온 것이다. 이것은 창세기 20:5-6에서 왕이 족장 아내에 대해 결백함을 주장하는 것에 대해 사용된다. 이 단어는 '완전하게 되다, 마무리되다'라는 의미의 동사 תָּמַם와 관련되어 있다. 이것은 여러 곳에서 이런 문자적 의미를 가진다. 글쓰기를 마치는 것(신 31:24), 혹은 성전 건축을 완성하는 것(왕상 6:22) 등이다. 그리고 이것은 무언가가 끝나는 것을 말할 수 있다. 한 해가 끝나는 것 등이다(창 47:18). 거기서 유래된 형용사 תֹּם는 '완전한, 유익한, 건전한'이라는 의미다. 예를 들어, 야곱은 장막에 살았기 때문에 균형을 잡았으며(마음이 평정하며) 혹은 문명화되었다. 술람미 여인은 완벽한 아름다움을 가졌다(아 5:2). 그것이 삶이 끝나는 것을 말한다면, 종종 '마쳤다' 혹은 '멸했다'라는 부정적 의미를 갖는다.

그는 또한 의롭고 전지하신 재판관이 악인의 악을 끝내고 의인을 안전하게 하도록[혹은 '그리고 의인을 세우소서'(וּתְכוֹנֵן, 시 93:1의 같은 단어를 보라)', 9절] 구한다. 의인의 기도가 종종 하나님이 세상사를 바로잡아달라는 것임은 이해할만하다. 이 호소의 기초는 하나님에 대한 통찰력 있는 지식이다. "의로우신 하나님이 사람의 마음과 양심을 감찰하시나이다." 이 행은 다소 불가해하고 좀 다르게 번역될 수도 있지만, 요점은 분명하다. 사람의 마음을 감찰하시는(בֹּחֵן, 시 139:23의 그 단어를 보라) 하나님은 의로운 하나님이시라는 것이다. 그러므로 의로운 사람들은 하나님이 면밀히 검토하실 때 아무것도 두려워하지 않아도 된다.

III. 하나님이 어떻게 악인을 물리치실지 관찰함으로, 의인은 하나님의 의로우심에 대한 확신을 새롭게 할 수 있다(10-17절)

A. 그들을 방어하는 것은 정직한 자를 구원하시는 하나님께 있다(10절)

10절은 개인적인 적용의 말을 기록한다. 하나님은 정직한 자를 구원하는 방패시라는 것이다. 이 행은 문법적으로 조금 어렵다. 문자적으로는 '내 방패는 하나님께 (있도다)'라는 것이다. 이것은 '내 방패는 하나님께 (놓여 있다)' 혹은 어쩌면 '내 방패는 하나님의 (것이다)'라는 의미다. '방패'는 보호 혹은 방어를 나타내

하지만 이것은 영적인 영역에서도 그 의미를 적용시킬 수 있다. 이것은 '완전한, 건전한' 혹은 '윤리적으로 손상되지 않은' 것을 의미할 수 있다(시 19:13을 보라). 보다 흔하게는 형용사 תָּמִים가 '온전한, 건전한, 결백한' 혹은 '성실함을 지닌'이라는 의미를 가졌음을 발견할 수 있다. 이 형용사는 주로 제사 때 드리는 제물들을 수식하며, 그 제물이 흠이 없어야 한다는 추가 조건이 첨부된다. 성실함을 가진 사람, 흠이 없다고 불리는 사람은 여호와와 평온한 관계를 누리며, 성소에서 환영을 받는다. 또한 하나님은 길을 완전하게 하시고(시 18:32), 그의 율법은 완전하며(시 19:7), 노아(창 6:9)와 욥(욥 1:8, 2:3) 같은 사람들은 완전한 자다. 아브라함은 완전하라는 명령을 받았다(창 17:1).
어떤 시편기자가 흠 없다거나 완전하다고 주장할 때, 그것은 자신이 하나님의 성소에서 하나님과 더불어 친교를 나눌 수 있는 적절한 영적 상태에 있다는 의미다. 그는 건전하고, 온전하며, 도덕적으로 손상되지 않았다. 그는 죄를 지었을지는 모르지만, 율법에 따라 어떻게 그 죄를 처리해야 하는지 알았다. 전반적으로, 그는 신실한 신자이기 때문에, 성실하게 행한다. 그는 온전하다. 이 주장은 일반적으로 그의 삶의 방식에 대한 것일 수도 있고, 아니면 그에게 가해진 어떤 구체적인 비난에 대해 그가 결백하다는 주장으로 반응하는 것과 관련된 것일 수도 있다.

는 비유다(암시된 비교). 이 행은 다소 불가해하다. 하지만 이것은 '께'(upon)를 하나님에 대한 호칭으로 읽지 않고서도, 있는 그대로 해석할 수 있다['나의 방패는 지극히 높으신 (עַל) 하나님이시다']라는 것이다.[33] 두 번째 부분은 시편기자의 안전에 대한 의식에 덧붙여 말한다. 즉 하나님은 마음이 정직한 자를 구원하신다 (מוֹשִׁיעַ, 시 3:2의 같은 단어를 보라)는 것이다. 간단히 말해, 그분은 의인을 보호하고 구하는 의로우신 하나님이다.

B. 하나님은 회개하지 않는 자들을 심판할 준비가 된 의로운 재판장이시다 (11-13절)

다윗은 그다음에 어떻게 하나님이 마음이 정직한 자를 구원하시며 악인들에게 직접적인 심판을 내리시는지 설명한다. 첫째, 악인들에게 심판은 불가피하다. 하나님은 유일하게 의로운 재판관이시기 때문에(참고. 시 9:8), 그분은 매일 분노하신다('분노' זֹעֵם에 대해서는 나 1:2을 보라). 그렇다면 순종하는 신자들은 세상의 악이 그냥 넘어가지 않는다는 사실에서 위로를 받을 수 있다. 하지만 복수는 여호와께 속한 것이라는 말을 기억해야 한다. 그분이 그분의 때에 보복하실 것이다(참고. 신 32:25; 롬 12:19; 히 10:30).

둘째, 악인이 악한 길에서 돌이키지 않는다면 여호와의 분노는 심판으로 바뀔 것이다(12절). 하나님은 전사처럼 악인을 죽일 도구를 준비하신다(12-13절). 칼, 화살(12절), 죽일 도구(치명적 무기들), 불화살들[34](13절)은 종종 악인을 멸할 하나님의 심판을 나타내는 비유적 표현이다. 그 심판이 어떤 형태를 띠든, 즉각적 간섭이 있든 없든, 시편기자와 그의 지지자들이 그런 무기를 가지고 원수들을 파괴시킬 수 있는 능력을 받게 되든 아니든 상관없다.[35]

---

33 이 해석이 받아들여진다면, '방패'라는 비유적 표현은 직접적 비유다.
34 이 묘사는 어떤 가연성 물질로 둘러싸인 화살을 말할 것이다. 또한 에베소서 6:16을 보라.
35 이 비유들은 아마 암시된 비교로 보는 것이 가장 좋을 것이다. 악한 자들에 대한 하나님의 심판을 군사적 공격과 비교하는 것이다. 다윗이 군사들에게 쫓기고 있었고 하나님이 바야흐로 그들의 책략들을

C. 하나님은 악인들의 계획을 그들에게 돌려주실 것이다(14-16절)

이제 시편기자는 어떻게 여호와가 악인들에게 심판을 행하실까 하는 문제에 초점을 맞춘다. 첫째, 그는 악인들이 실제로 무엇을 낳을 것인지 묘사하기 위해 임신하고 아기를 낳는 것(암시된 비교)이라는 비유적 묘사를 사용한다. 첫 번째는 일반적 원리를 제시하는 '그가 낳음이여'(יְחַבֶּל)라는 미완료 동사다. "악인이 죄악을 낳음이여."[36] 그다음에 그는 두 개의 완료 시제를 사용한다. "배어"(הָרָה)와 "낳았도다"(יָלַד)로, 첫 번째 절을 상세히 설명하는 것이다. 그는 재앙(עָמָל)을 배어 거짓(שֶׁקֶר)을 낳았다. 의인에게 대항하여 재앙을 일으키려는 계획을 시행하는 사람들은 그것이 의도한 결과들을 낳지 못하리라는 것을 발견할 것이다. 그보다 악한 계획은 음모를 꾸민 자들에게 되돌아갈 것이다. 15절에서 웅덩이를 파는 것과 비교하면서 생생하게 묘사하는 것처럼. 그는 웅덩이(בּוֹר)를 파 만들었으나, 자신이 의인을 위한 덫으로 준비한(יִפְעָל) 웅덩이(שַׁחַת)에 떨어졌다. 아마 미완료 시제가 시사하듯이, 그것을 준비하는 중에 거기 떨어졌을 것이다(시 9:15, 35:8, 57:6; 잠 26:27을 보라).[37] 이것은 하나님의 응보다. 그의 재앙과 폭력은 그의 머리로 돌아갈 것이기 때문이다(삼상 25:39을 보라. 또 다른 예로 에스더에서 하만이 모르드개를 달려 만든 교수대가 어떻게 그의 처형 장소가 되었는지 보라).

IV. 의인은 그의 의를 따라 지존하신 여호와께 찬양을 돌리는 올바른 결심을 할 것이다(17절)

시편은 여호와의 의를 따라 지존하신 여호와께 감사하고(אוֹדֶה, 시 6:5의 같은 단어

그들에게 돌려주려 하고 계셨다면, 그 이미지들이 자연히 연상되었을 것이다. 이 비유적 표현들이 원인의 환유일 가능성도 있다. 본문은 하나님이 무기를 사용하신다고 말하지만, 이 말은 그분이 군대들로 원수들을 무찌르게 하시리라는 의미라는 것이다.

36 NIV는 이 동사를 사람의 한 유형을 대표하는 것으로 받아들인다. '악을 임신하고 괴로움을 잉태하는 사람은 환멸을 낳는다.'

37 다른 한편, 이 행은 '그는 자신이 판(미완료를 의미하는 과거 시제) 구덩이로 떨어졌다(과거)'라고 읽을 수 있을 것이다.

를 보라) 찬양하겠다는(וַאֲזַמְּרָה, 시 33:2의 같은 단어를 보라) 다윗의 맹세로 끝난다. 첫 번째 동사는 보통 '감사를 드리다'라고 번역되는 것으로 공적 찬양, 여호와가 하신 모든 일을 인정하는 것을 말한다. 두 번째 동사는 '시편'이라는 일반적인 단어와 관련된 것으로, 반주에 맞춰 찬양을 부른다는 의미다. 이 구절은 확신의 표시로써 마지막 부분에 더해졌을 수도 있다. 하지만 이것은 찬양하겠다는 맹세로써도 충분히 강력하다. 의인이 여호와가 어떻게 악한 자들의 모든 악한 음모들을 멸하심으로 그들을 의롭게 할 것인지 예상하는 것처럼, 그들의 간구는 찬양을 예상하는 것으로 대체되어야 한다. 이것이 예상인 이유는 이 시편에서 정당하게 되는 것이 여전히 하나의 간구이기 때문이다. 시편기자는 하나님의 의로운 심판을 아직 경험하지 않았다. 다윗은 비록 비방을 당하고 공격을 받았어도 그의 의로우신 여호와, 지존하신(여기에서는 עֶלְיוֹן) 그분이 자신의 정당함을 입증해주실 것을 전심으로 믿는다.

메시지와 적용

이 시편은 본질적으로 의인들이 악의적 원수들에 의해 공격을 당하고 거짓 비난을 받을 때 여호와가 어떻게 그들의 정당함을 입증해주시는가에 대한 것이다. 이 시편의 강해는 다음과 같이 요약할 수 있을 것이다. 성실함으로 행하는 하나님의 백성은 악인들의 악의적 계획을 그 악인들 자신에게 돌아가게 하심으로 자신들의 정당함을 입증해달라고 확신 있게 기도할 수 있을 것이다. 신자들에게 적용할 수 있는 것은 다음과 같다. *반드시 성실함으로 행하여 불경건한 사람들이 의인들을 멸망시키고자 고발할 이유를 남겨두지 말아야 한다. 의롭게 사는데도 악의적인 공격을 당할 때, 의인들은 온 땅의 심판자께 자신의 정당함을 입증해주시고 위협을 멸해달라는 확신에 찬 기도를 할 수 있다. 그분은 즉각적이지 않더라도 때가 되면 이 일을 하실 것이다. 그분은 궁극적으로 의인의 정당*

함을 입증하실 의로운 재판장이시기 때문이다. 때로 죄인들은 심지어 그들 자신의 죄에서 잡히기까지 하며(약 1:15) 그들의 갈 곳을 알지 못한다(요일 2:11). 장차 여호와는 악인을 심판하기 위해 큰 영광 가운데 오실 것이다(마 25:31-46).

이 기도에 나오는 개념들은 오늘날 겪게 되는 수많은 경험 속에서도 적절하다. 신자들이 법정에 가든, 그저 거짓 비난의 대상이 되든 마찬가지다. 그들의 확신은 결국 의로운 재판장에 대한 확신이다. 그분은 악인을 희생시키고 의인의 정당함을 입증해주실 것이다.

17 사람에게 자신을 낮추시는 영광 (시편 8편)

Glory Condescending to Mankind PSALM 8

서론[1]

본문과 다양한 역본들

다윗의 시, 인도자를 따라 깃딧[2]에 맞춘 노래

1 여호와 우리 주여[3] 주의 이름이 온 땅에 어찌 그리 아름다운지요[4] 주의[5] 영광이 하늘을 덮었나이다

---

1 이 시편에 대한 많은 글 중, 다음 글이 개관에 도움이 될 것이다. B. S. Childs, "Psalm 8 in the Context of the Christian Canon," *Int* 23(1969):20-31; Donald R. Glenn, "Psalm 8 and Hebrews 2: A Case Study in Biblical Hermeneutics and Biblical Theology," in *Walwoord: A Tribute*, edited by Donald K. Campbell(Chicago: Moody Press, 1982), pp.39-52; Michael Goulder, "Psalm 8 and the Son of Man," *NTS* 48(2002): 18-29.

2 형태는 '가드'(Gath, גַּת), '포도즙 짜는 기구'라는 단어에서 나오는 여성형 형용사다. 이것은 또한 블레셋의 도시이기도 하다. 이 단어는 그 성 혹은 곡조의 이름을 따서 이름 지은 악기의 이름일 수도 있다. 이 표제는 또한 시편 81편과 84편에도 나온다. 헬라어역에는 ληνῶν, '포도즙 짜는 기구들'이라고 되어 있다.

3 MT에는 יְהוָה אֲדֹנֵינוּ 라고 되어 있으며, 헬라어역에는 *Κύριε ὁ Κύριος ἡμῶν* 라고 되어 있다.

4 헬라어역에는 θαυμαστὸν, '멋진'이라고 되어 있다.

2 주의 대적으로 말미암아

  어린 아이들과 젖먹이들의 입으로

  권능[6]을 세우심이여

  이는 원수들과 보복자들을 잠잠하게 하려[7] 하심이니이다

3 주의 손가락으로 만드신 주의 하늘과

  주께서 베풀어 두신 달과 별들을 내가 보오니

4 사람이 무엇이기에 주께서 그를 생각하시며

  인자가 무엇이기에 주께서 그를 돌보시나이까

5 그를[8] 하나님[9]보다 조금 못하게 하시고

  영화와 존귀로 관을 씌우셨나이다

6 주의 손으로 만드신 것을 다스리게 하시고

  만물을 그의 발 아래 두셨으니

---

5 MT에 보면 אֲשֶׁר תְּנָה로, 관계 대명사 다음에 명령법이 나온다. '…하신 분—주소서'(who-give). 명령법은 불확실하다. 이것은 "당신의 영광이 (하늘을) 덮었다"[which (glory of yours) do set (above the heavens)]"라고 번역될 것이다. 하지만 요점은 영광이 이미 눈에 보이게 존재한다는 것인 듯하다. Delitzsch는 이것을 창세기 46:3에 나오는 병행 구문에 기초한 부정사 구문이라고 보고 '주님, 그분의 영광이 하늘을 덮은 분'(*Psalms*, I:150)이라고 번역했다. 이러한 주장은 널리 받아들여지지 않았다. 수리아 역본과 탈굼을 따르는 다른 사람들은 이 형태가 완료 시제 נָתַתָּה를 변조한 것이라고 결론을 내린다. 그렇게 되면 이것은 '주께서 주의 영광을 하늘 위에 덮었나이다'가 될 것이다. 헬라어 본문은 이것을 수동태로 해석한다. '주님의 장엄함이 하늘 위에 높아졌나이다(ἐπήρθη).' 또한 Mark S. Smith, "Psalm 8:2b-3," *CBQ* 59(1997):637–41을 보라.

6 '권능' עֹז을 헬라어 역본에서는 αἶνον, '찬양'이라고 번역한다.

7 헬라어(καταλῦσαι) '억누르다.'

8 이 행에서 이 동사는 와우 연속법을 지닌 과거형으로, 원래의 창조 행동을 언급한다. 5절 하와 6절 상에 나오는 동사들은 미완료 시제이며, 6절 하에 나오는 동사는 완료 시제다. 단순 미완료처럼 보이는 형태들은 와우 없는 과거형으로 간주할 수 있는데, 그렇게 되면 5절과 6절에 나오는 모든 동사들은 과거 시제가 된다(헬라어역). 그렇지 않으면, 5절 하와 6절 하에는 창조에 대한 언급이 나올 것이다. 하지만 5절 하와 6절 상에 나오는 미완료 동사들의 개념은 현재 인간이 어떤 존재인가를 말할 것이다.

9 여기에서 אֱלֹהִים에 대한 번역은 확실하지 않다. 이것은 '하나님, 신들, 초자연적 존재들,' '하늘의 존재들' 혹은 헬라어 본문에 나온 것처럼 '천사들'로 번역할 수 있을 것이다(ἀγγέλους). 헬라어 역본이 히브리서 2:6-9, 특히 7절에서 예수님이 천사보다 조금 더 못하게 되었다고 주장하기 위해 인용된다는 사실에 의해 문제는 더 복잡해진다. 이 시편은 사람이 아무리 위대해진다 해도 신적인 존재보다 못하다

7 곧 모든 소와 양과
들짐승이며
8 공중의 새와 바다의 물고기와
바닷길에 다니는¹⁰ 것이니이다

9 여호와 우리 주여
주의 이름이 온 땅에 어찌 그리 아름다운지요

구성과 전후 문맥

창조에 대해 하나님을 찬양하는 것은 시편에서 반복해서 나타나는 주제다(예를 들어 시 19, 29, 104편 등을 보라). 시편 8편은 창조의 여러 측면에 초점을 맞추지만, 자연을 찬양하는 것이 아니라 그것을 지으신 하나님을 찬양한다. 사실상 테이트(Tate)가 지적하듯이, 이것은 시편 모음에서 전적으로 하나님께 말하는 단 하나의 시편이다.¹¹ 따라서 신자들이 자연에 탄복하는 것은 하나님의 영광을 인정하는 것이다. 하늘을 깊이 응시하면 찬양으로 이어진다. 그리고 하늘을 응시하면서, 우리는 인간이 얼마나 하찮은 존재인지 느낀다. 그러한 사색에서 오는 찬양은 필연적으로 인류를 위대하게 만드신, 그리고 심지어 인류가 창조주에게 찬양과 경배를 드릴 수 있도록 하신 하나님의 신적 계획에 초점을 맞춘다. 이 찬송가는 창세기 1장을 서정적으로 반영하는 것이므로, 모든 창조의 절정으로

는 것을 강조한다. 하지만 히브리서는 그리스도의 고난을 강조하기 위해 이 구절을 이용한다. 헬라어 역본의 어법은 분명 히브리서 기자에게 더 적절하다. 하지만 이 시편의 요점은 기본적으로 그대로 유지된다. 즉 첫째 사람은 하나님보다 낮았기 때문에 둘째 아담은 마찬가지로 인간의 본성을 옷 입었다는 것이다. 첫째 사람이 결코 성취하지 못한 모든 것을 이루기 위해서였다. 상세한 연구로는 Donald R. Glenn, "Psalm 8 and Hebrews 2: A Case Study in Biblical hermeneutics and Biblical Theology"를 보라.

10 분사는 난수이며(רֹגֵשׁ) '바다의 물고기'와 동격이나.
11 Marvin E. Tate, "An Exposition of Psalm," in *Perspectives in Religious Studies* 28(2001):343–59.

인류 창조를 강조하는 것이 어떻게 이 찬양 시편으로 이어졌는지 보는 것도 놀라운 일이 아니다.

이 시편에는 무심결에 읽는 사람에게도 분명히 보이는 중대한 구조가 있다. 이 시편 전체가 1절 상반절과 9절에 나오는 찬양 후렴구에 의해 괄호로 묶여 있으며, 그 사이에는 두 가지 고려 사항이 나오는데, 그것은 하나님의 영광(1절 하, 2절)과 인류에 대한 찬양(3-8절)이다. 브루그만은 시편의 중심에 인간의 권능과 권위에 대한 단언이 나오는 것에 주목한다. 하지만 그는 중심부(5절)와 경계선 부분(1절 상과 9절)을 함께 읽어야 한다는 것을 강조한다. 둘 중 하나만 따로 읽으면 요점을 놓치기 때문이다. 그는 "인간의 권능은 언제나 신적 찬양에 묶여 둘러싸여 있다. 송영은 통치에 배경과 합법성을 부여해준다"[12]라고 말한다. 하나님은 인간들이 그러한 권능과 권위를 갖도록 하셨다. 하지만 하나님을 찬양하는 것이 없으면 인간은 그 권능을 왜곡하고 남용할 뿐이다.

이 시편은 메시아 시편은 아니다. 이것은 현재에 대해 말한다. 즉 하나님이 그분의 은혜로 인류가 모든 피조물을 다스리게 하셨다는 것이다. 시편에 따르면 인간들은 신적 존재가 아니라, 위대함과 그로 인한 책임들을 부여받은 존재들이다. 신약에서 이 시편은 더 높은 차원에서 적용되는데, 그것은 예표론적 해석을 반영한다. 히브리서 저자는 독자들에게 만물이 아직 그런 지배 아래에 있지는 않다는 것을 상기시킨다(히 2:6-9). 하지만 신적 계획은 성취될 것이다. 하나님의 아들이 사람이 되셨고, 천사들보다 조금 못하게 되셨으며, 결국에 가서는 만물을 그의 지배 아래에 두실 것이다(고전 15:27).

---

12 Walter Brueggemann, *The Message of the Psalms, A Theological Commentary* (Minneapolis: Augsburg, 1984), pp.37-38.

석의적 분석

요약

시편기자는 그 이름이 모든 면에서 탁월한 하늘의 영광스러운 주님이 인간을 높이고 그에게 모든 피조물에 대한 지배권을 주신 것은 물론이고, 심지어 인간을 생각하시는 것에 대해서조차 놀란다.

개요

I. 서론적 후렴: 시편기자는 여호와의 탁월한 성품을 칭송한다(1절 상).
II. 시편기자는 어린아이가 대적들을 좌절시키는 것에서 여호와의 위대하심을, 그리고 인간이 피조물을 지배하도록 하신 것에서 그분의 은혜를 찬양한다(1절 하-8절).
   A. 이 아름다우신 여호와가 강한 자들을 물리치시기 위해 '어린아이들'을 쓰시는 것은 놀라운 일이다(1절 하-2절).
      1. 여호와의 아름다우심은 하늘에서 나타난다(1절 하).
      2. 여호와는 대적을 잠잠하게 하려고 어린아이들의 말을 사용하신다(2절).
   B. 우주를 창조하신 이 아름다우신 여호와가 그분의 통치권을 맡길 만큼 인간들을 존중하셨다는 것은 놀라운 일이다(3-8절).
      1. 창조의 일은 하나님이 손가락으로 하신 일이다(3절).
      2. 하나님은 사람에게 영광과 함께 통치권을 주셨다(4-8절).
         a. 하나님이 그저 죽을 수 밖에 없는 존재인 인간을 생각하신다는 것만으로도 몹시 놀라운 일이다(4절).
         b. 하나님이 죽을 수 밖에 없는 인간들에게 영광과 피조물에 대한 통치권을 주신 것은 놀라운 일이다(5-8절).
III. 결론적 후렴구: 시편기자는 여호와의 탁월한 성품을 칭송한다(9절).

강해 형태의 주석

I. 여호와의 엄위하심: 사람들은 창조주의 엄위하심을 찬양해야 한다(1절 상)

시편은 여호와를 상대로 한 직접적인 말로 시작하며, 그것은 시편 전체에서 계속된다. 거룩하신 이름(יהוה, '야훼')이 먼저 사용되며, 영어에서는 언제나처럼 '여호와'(LORD)라고 번역한다. 그다음에 나란히 '우리 주여'(אֲדֹנֵינוּ)라는 복수 단어가 나온다. 즉 우리의 주권적 주님 혹은 왕이라는 말이다.[13] 이것은 분명 이 시편의, 그리고 실로 성경의 토대가 되는 의미를 표현한다. 이스라엘의 하나님은 주권적인 창조주시라는 것이다.

그 외치는 소리는 찬양이다. "주의 이름이 온 땅에 어찌 그리 아름다운지요." '이름'은 여호와의 본성이다. 여기에서는 모든 피조물에 대한 그분의 주권을 강조한다('이름'에 대해서는 시 20:7의 같은 단어를 보라). 그분의 본성은 온 땅에 '아름답다'(אַדִּיר, '고상한, 높은, 고결한, 멋진').[14] 요점은 땅의 모든 사람이 여호와를 알거나 그분의 권능과 영광을 인정하는 것이라기보다, 신실한 자들은 그분이 만유 위

---

13 '우리 주여'의 용례는 통상 그분이 주권적이시라는 것을 의미한다(W. Vangemeren, *Psalms*, p.138을 보라). 하지만 이 형태는 단어의 복수형이며 신과의 연관을 강조하기 위한 것이다. 이것은 다른 모든 주들과 대조되는 '우리의 신적 여호와'라는 의미를 시사할 것이다.

14 '아름답다'(אַדִּיר)라는 말은 성경에서 그리 흔하게 나오는 단어가 아니다. 하지만 매우 의미심장한 말이다. 여기 포함된 기본적 개념들은 보통 '넓은, 큰, 높은, 강력한, 고상한' 등이다. 관련된 단어로 אַדֶּרֶת가 있는데 이것은 '영광' 혹은 '외투'를 의미한다. '외투'가 이 어근과 연관되어 있다면, 분명 '아름답다'는 개념은 옷을 묘사할 것이며 이것을 나타내는 대한 호칭이 되었을 것이다. 이 단어는 엘리야의 겉옷에 대해 사용되었다(왕상 19:13, 19절).
אַדִּיר는 사람들과 사물들이 넓거나, 높거나, 강력한 것을 묘사한다. 예를 들어, 바다는 장엄하다. 하지만 여호와처럼 장엄하지는 않다(시 93:4). 큰 나무는 강력하고 멋지다(겔 17:23). 왕들은 그들의 모든 화려함과 권능으로 장엄하다(시 136:18). 다른 지도자들 역시 마찬가지로 장엄하다(삿 5:13, 25). 그리고 시편 16:3에 따르면 땅에 있는 의인들, 그들은 존귀한 자들이다. 그들에게 왕의 권세와 영향력은 없을지 모르지만, 땅의 모든 사람들 중 그들은 장엄하다.
하지만 궁극적으로 그분의 권세와 영광 때문에 장엄한 분은 여호와시다(시 8:2). 그분은 전투에서 승리하시는 강력한 하나님이시다(출 15:6). 그리고 하나님의 신전만이 자기 백성의 원수들에게 두려움을 가져다준다(삼상 4:8). 하지만 하나님의 엄위하심 – 그분의 위대하심과 권능 – 은 그분이 자신의 피조물을 지배하시는 것(시 93:4)에 의해 그리고 그분의 찬란한 임재에 의해(시 76:4) 나타난다.

에 강력한 주권자이심을 알고 인정한다는 것이다.

II. 여호와의 권능과 은혜: 사람들은 창조주의 권능과 은혜를 인정해야 한다(1절 하-8절)

A. 여호와는 강한 자들을 좌절시키기 위해 약한 자들을 사용하신다(1절 하-2절)
시편의 중심은 균등하지 않게 두 부분으로 나누어지는데, 첫 번째 부분은 여호와의 영광에 초점을 맞춘다. 1절 하반절은 매우 어렵다. 본문상의 문제 때문이다. 하지만 그 형태가 완료 시제를 좀 변조한 것이라고 받아들여 해석한다면 하나님이 하늘에 그의 영광을 두셨다고 선포하는 것으로 이해할 수 있다. 그분의 영광이 하늘 위에 있다는 사실은 왜 그분의 이름이 온 땅에서 엄위하신지 설명한다. '영광'(כָּבוֹד, 시 19:1의 같은 단어를 보라)이라는 단어는 본질, 엄위한 분이신 하나님의 인격 자체를 강조한다. 그분은 존재하는 가장 중요한 인격이시다. 하지만 "여호와의 영광"이라는 말은 또한 그분의 권능과 엄위하심을 증거하는 자연 현상들을 의미할 수도 있다. 시편은 이 하나님, 하늘이 그 엄위하심과 권능을 반영하는 그분이 온 땅에서 그리고 특히 인간 안에서 자신을 영화롭게 하셨다고 선포한다.[15] 이 시편의 내용을 보다 구체적으로 말하자면, 땅의 흙으로부터 연약한 사람을 지으시고 그다음에 온 땅의 지배권을 그에게 맡긴 것은 하나님의 영광이다. 그런 권세와 권위는 실로 '우리 주님'이신 여호와께만 독특하게 있는 것이다.

이 시편은 2절에서 하나님의 주권적 권능이 지닌 구체적 측면에 초점을 맞춘다. 이 구절의 구체적 의미는 확실하지 않다. 다양한 해석들이 그것을 입증한다. 하지만 일반적 개념은 하나님이 약하고 불충분한 것처럼 보이는 것들을 통해 역사하신다는 것이다. 어린아이들의 입에서 나오는 것은 말일 것이다. 하지

---

[15] Delitzsch, *Psalms*, I:149–150.

만 그 말은 아이의 신앙의 표현, 하나님의 창조와 구원에 대한 찬양의 표현들, 혹은 심지어 도움을 구하는 부르짖음이 될 수도 있을 것이다.[16] 하찮아 보이는 한 어린아이가 하는 말들을 하나님은 귀 기울여 들으시고, 그분의 계획 속에서 악인들을 잠잠케 하기 위해 권능을 세우실 것이다. 특히 그 부르짖음이 고통이나 공포에서 나온 것이면 더욱 그렇다.[17] 하나님은 단순히 절망적인 부르짖음처럼 보이는 것들을 취하셔서, 약하고 무죄한 자를 위협하는 것들을 모두 멸망시키심으로, 혹은 약한 자들을 악인들에게서 지키심으로 필요를 채우실 수 있다. 다시 말해 약하고 취약한 것처럼 보이는 어떤 개인들은 신적 권능을 접할 수 있다. 이것이 하나님이 피조물을 정하신 방식이다.[18]

하나님은 강한 자들을 깨뜨리기 위해 약한 자들을 사용하기로 하셨다. 그분은 대적들을 잠잠하게 하기 위해 강력한 백성 혹은 웅변적 강사들을 사용할 필요가 없으시다. 오히려 도움을 청하는 단순한 부르짖음이 하나님께 들릴 것이며, 그것이 세상을 정복할 것이다. 이것이 원수와 보복자들을 잠잠하게 하기 위한 하나님의 계획이다['잠잠하게 하다'라는 부정사는 לְהַשְׁבִּית, '멈추게끔 하다'이다 (שָׁבַת에서 나온 것, 시 46:9의 같은 단어를 보라)]. 그러나 여기 하나님의 영광스러운 피조물 안에서, 그리고 그분의 주권적 엄위하심 아래에서 하나님의 원수들은 의인들, 특히 취약한 사람들에게 위협을 제기한다. 하지만 하나님은 악인들을 멸하실 것이다. 그리고 그들이 하나님의 권능을 인정하지 않는다 해도, 그 승리는 믿음의 승리가 될 것이다.

---

16 이 시편은 실제 어린아이들에 대해 말한다. 그래서 성전에서 아이들이 "호산나 다윗의 자손이여"라고 말하기 시작했을 때, 예수님은 비판자들에게 이 본문을 상기시키셨다(마 21:16).

17 Kraus, *Psalms 1–59*, p.181–182.

18 이것을 묘사하면서 Broyles는 어린아이들의 외침이 강한 존재인 부모들의 귀에 들린다고 말하며, 힘을 구현하는 사람에게 접근할 수 있는 사람의 외침 속에 바로 힘이 존재한다고 말한다(*Psalms*, p.71). Goldingay는 고난받는 어린아이들의 외침은 하나님께 상달되었으며, 반대 세력들이 하나님의 목적을 정복하지 못하게 막는 장애물을 세우기로 하나님께서 결심하셨다고 말한다(*Psalms 1–41*, p.161). 어린아이들의 외침은 고통이나 두려움에서 나올 것이다. 마태복음 2:16–18의 유아들이나 창세기 21:16, 17절에 나오는 청년이 그랬던 것처럼 말이다. Barbara Pitkin, "Psalm 8:1–2," *Int* 55(2001):177–80; Thomas L. Thompson, "From the Mouth of Babes, Strength," *SJOT* 16(2002): 226–45를 더 보라.

B. 여호와는 사람들에게 통치권이라는 영광을 주신다(3-8절)

이 글 본체의 두 번째이자 더 큰 부분은 하나님이 죽을 수 밖에 없는 존재에 불과한 사람들에 대해 갖고 계신 보살핌 및 계획과 관련이 있다. 이 놀라운 관찰은 첫 번째 것과 비슷하다. 이제 이 시편은 하나님이 권능을 세우시기 위해 어린아이들의 말을 이용하시는 것에 대해 말하지 않고, 하나님이 인간들에게 모든 피조물에 대한 지배권을 맡기시는 것에 대해 말한다. 그것은 3-4절에서 하나의 관찰과 함께 시작된다. 시편기자가 하나님의 피조물을 바라볼 때(אֶרְאֶה), 첫 번째로 드는 감정은 압도감이다. 사람들은 단지 하나님의 피조 세계의 작은 일부일 뿐이다. 시편기자는 모든 피조물은 하나님의 손가락으로 만드신 것, 신적 장인의 솜씨라고 본다. 본문이 달과 별만을 언급한다는 사실은 시편기자가 밤하늘을 관찰하고 있음을 나타낼 수도 있다. 설령 그렇다 해도 결론은 여전히 압도적이다. 즉 하나님은 너무나 엄위하시고 강력하셔서 강한 명령으로 이 모든 것을 창조하실 수 있다는 것이다.

하지만 왜 그런 하나님이 유한한 존재인 인간에게 몰두하시는가? 이것이 4절에 나온 질문들의 어법이다. 하지만 이 질문들은 수사학적 질문들로 놀라움과 경이를 나타내는 것이다. "사람이 무엇이기에 주께서 그를 생각하시며 인자가 무엇이기에 주께서 그를 돌보시나이까?" '사람'에 해당하는 단어들의 선택은 하찮음을 강조한다. 놀라움을 더욱 강화하기 위해, 여기에서 '사람'은 단순한 인간, 죽을 수 밖에 없는 존재(אֱנוֹשׁ)를 지칭했으며, 병행되는 행에서 그는 현세에 사는 사람(man)이다('인자', בֶּן־אָדָם). 이 묘사들은 인간, 일반적인 사람에 대한 것이며 여자와 반대되는 남자(man)에 대한 것이 아니다. 이 묘사들은 인간을 약하고 하찮은 존새로 묘사한다. 특히 광대한 우주를 배경으로 할 때 더욱 그렇다.

이 질문들은 대단히 분명한 의미를 지닌 두 개의 동사를 사용한다. 첫째는 '주께서 그를 생각하시며'(זָכַר에서 나온 תִזְכְּרֶנּוּ, 시 6:5의 같은 단어를 보라)이다. 이 단어는 '기억하다'라는 것이다. 그리고 이것은 보통 기어에 떠오르는 것에 의기하여 행동하는 것을 의미한다. 시편기자는 엄위하신 창조의 하나님이 자신을 위해 무언가를 하시고, 자신의 필요를 채우실 정도로 자신에 대해 생각하시는 것에 놀랐다. 그리고 병행 동사는 이 점을 훨씬 더 강력하게 표현한다. 전통적 번역은 '주께서 그를 방문하신다'(동사 פָקַד에서 나온 תִּפְקְדֶנּוּ)라는 것이다. 하지만 현대의 번역들은 '돌보다' 등과 같은 표현을 선호한다. '방문하다'라는 말은 보통 사람들의 운명을 바꾸는 신적 간섭을 나타낸다.[19] 그 사람이 아무리 약하거나 하찮게 보인다 해도, 하나님은 그들의 삶에 간섭하셔서 그분의 계획을 시행하신다.

5-6절에서는 하나님이 단지 인간에 불과한 자들에 대해 정확하게 어떤 것을 의도하셨는지 말한다. 첫째, 인간들이 신적인 혹은 초자연적인 존재가 아니라는 것을 분명히 설명한다. 본문은 여호와가 사람을 "하나님보다 조금 못하게"

---

19 '방문하다'라는 동사는 פָקַד이다. 사전들을 보면 기본적 의미를 '수행하다, 방문하다, 소집하다, 맡기다' 등이라고 열거한다. 이것은 성경에서 광범위한 용례로 사용되었음을 나타낸다. 이 동사에는 수많은 관련된 형태가 있으며, 이것들 역시 광범위한 의미들을 보여준다. פְּקֻדָּה은 '천벌'(visitation), 이를테면 '형벌'(호 9:7), '옥'(렘 52:11)과 같은 것이다. 하지만 이것은 또한 '쌓은 것'(사 15:7), '감독'(대상 26:30), 그리고 병사들을 '소집하는'(대하 17:14) 것이 될 수도 있다. 이 의미들의 범주는 동사와 유사하다. 명사에 대한 나머지 관련 파생어들 가운데는 פָּקִיד, '감독자'와 פִּקּוּד, '교훈', 곧 순종해야 할 어떤 것(시 19:8)이 있다.
동사에 대해서도 같은 범주를 발견한다. 첫 번째 용례는 '주의하다'(attend to, 이것은 아마 시 8편을 위한 범주일 것이다. 이것은 '주의를 기울이다, 돌보다'라는 의미이기 때문이다)이다. 또 하나의 예는 궁핍한 자들을 돌볼 목자에 대해 예언하는 스가랴 11:16이다.
두 번째 용례는 '방문하다'(visit), 하나님이 축복이나 저주를 위해 모종의 직접적 간섭을 한다는 것이다. 창세기 21:1은 여호와께서 사라를 돌보셨고(visited) 그녀가 아이를 가졌다고 말한다. 룻기 1:6은 여호와가 그의 백성을 돌보시고(visited) 그들에게 비를 주셨다고 말한다. 창세기 50:24-25은 "하나님이 반드시 당신들을 돌보시리니"(visit)라고 말한다. 이 말은 하나님이 간섭하사 그들을 속박에서 구해주시리라는 의미다. 하지만 간섭은 또한 벌이 될 수도 있다. 출애굽기 32:34은 여호와가 그들의 죄를 보응하리라(visit their sin)라고 말한다. 이것은 그 죄에 대해 그들을 벌하시리라는 의미다. 사무엘상 15:2에서 하나님은 아말렉 사람들을 방문하셨다. 즉 그들을 멸하셨다. 욥기 7:17-18에서 여호와가 아침마다 방문하시는 것은 시험하시기 위함이었다.
이 동사의 네 가지 다른 용례를 여기에서 간략히 열거할 수 있을 것이다. 세 번째 용례는 군대 혹은 백성을 '계수하는 것이다(민 1:3). 네 번째 용례는 누군가를 어떤 과업이나 지위로 '임명하는' 것이다(대하 36:23). 다섯 번째 용례는 임명된 사람에게 '위탁하는' 것이다(창 39:4). 여섯 번째 용례는 '검열하는' 것이다(사 13:4).
이 모든 용례에 포함되어 있는 공통적 주제는 어떤 사람 혹은 어떤 활동에 주의를 기울인다는 것과, 그 주의가 하나님으로부터 오는 것일 때 그 결과는 방문을 받은 자의 운명을 결정한다는 점이다. 그 간섭은 어떤 사람을 돌보는 것 이상의 목적을 가진다. 이 단어에 대해서는 Gunnel André, *Determining the Destiny, PQD in the Old Testament*(Lund, Sweden: CWK Gleerup, 1980)을 보라.

만드셨다고 단언한다. 이 구절에 나오는 '하나님'(אֱלֹהִים)이라는 말은 많은 논쟁을 불러일으켰다. 이 단어는 헬라어 역본에서는 '천사들'로 번역되었다. 하지만 이 단어 자체는 통상 천사에 대해 사용되지 않는다. 현대 번역본들에서 이 단어는 '신적 존재들' 혹은 '초자연적 존재들' 혹은 '천상의 존재들'로 번역되었다. 이러한 것들은 '천사'를 달리 표현하는 말인 듯하다. 6절은 창 1:26, 특별히 '하나님의 형상'을 말하므로, '하나님'이라는 번역을 그대로 남겨놓는 것이 가장 좋을 것이다. 창조주는 사람을 신적 존재보다 조금 더 못하게 하셨다.[20]

하나님은 사람을 신적 존재보다 더 못하게 만드셨지만, 그에게 영광과 존귀로 관을 씌우셨다. '영광과 존귀'(כָּבוֹד, 시 19:1의 같은 단어를 보라. 그리고 הָדָר, 시 96:6의 같은 단어를 보라)라는 단어들은 보통 신적 엄위하심을 말한다. 첫 번째 단어는 위엄과 중요성을, 두 번째 단어는 영원한 광휘를 강조한다. 하나님은 그분의 은혜로 인류에게 이러한 것들로 '관을 씌우셨다.'[21] 이 동사는 6절에서 인류에게 주어진 지배권을 예상하기 위해 주의 깊게 선택된 것이다(왕에게 관을 씌우는 것과 위엄의 특성들을 부여하는 것을 비교하는 암시된 비교가 있다). 이것은 다른 식으로 말하면 사람들이 하나님의 형상으로 만들어졌다는 것이다.

사람을 창조하고 그들에게 영광과 존귀로 관을 씌운 것에는 하나의 목적이 있었다. 그들이 하나님이 만드신 것들을 지배하게 하는 것이다. 여기에서 우리는 창세기에 나오는 것과는 다른 단어를 발견한다. 여기에서는 정복과 통치를 강조하는 단어가 나온다(תַּמְשִׁילֵהוּ, מָשַׁל에서 나온 히필형, 시 66:7의 같은 단어를 보라). 하나님이 만물을 그의 발 아래 두셨다고 선언하는 6절 두 번째 콜론은 창세기

---

[20] Goldingay는 창조주가 그를 하나님께 약간 미치지 못하게 만드셨다고 말한다(*Psalm 1-41*; p, 158:9).

[21] 이 번역은 이 동사를 이 구절의 첫 번째 동사와 대응되는 과거형으로, 창조의 행동을 말하는 것으로 본다. 또 다른 선택권은 이 동사를 진행형 미완료로 보는 것이다. 하나님이 여전히 영광과 존귀로 인류에게 관을 씌우고 있다는 의미다. 하지만 6절 시작부에 또 하나의 미완료 형태가 있다. 그것은 분명 창조를 말한다. 그리고 그것은 완료 시제('두셨으니')와 대응된다. 그래서 이 두 구절에 나오는 모든 동사들을 하나님이 인류를 창조하시면서 하신 일을 언급하는 것으로 보는 것이 가장 좋다.

에 나오는 다스림이라는 개념을 그대로 간직한다(창 1:28에 나오는 '정복하고 다스리라', וּרְדוּ הָכְבְשֻׁ)). 간단히 말해, 하나님의 창조에 의해 모든 인간이 이 땅의 생명을 다스리도록 위임받고 능력을 부여받았다는 것이다. 시편 나머지 부분은 이 다스림, 영토, 대상 – 모든 양, 소, 들짐승, 공중의 새, 바다의 물고기, 바닷길에 다니는 것 – 을 기술한다. 이것들은 하나님이 손으로 만드신 것으로 사람의 다스림 아래에 두신 것이다.

신약에서 사도들은 죄의 존재 때문에 인류가 하나님의 창조 세계를 의도된 대로 다스리지 않았다는 것을 지적한다. 창조 세계는 복종하지 않고 혼란에 빠졌다. 신약에 나오는 메시지는 이 계획이 어떻게 성취될 것인지 설명한다. 성육신에 의해 하나님의 아들이 인간의 육체를 입으셨으며 천사들보다 조금 못하게 되셨다(헬라어 번역의 표현을 사용한 신약). 그분은 신적인 존재가 아닌 적이 한 번도 없었지만, 두 번째 아담이 되기 위해 자신을 비우셨다. 모든 지배권과 권위가 그분에게 주어졌지만, 우리는 아직 만물이 그분의 발 아래 있는 것을 보지 못한다. 그 일은 종말 때에 일어날 것이다. 바울은 그분이 단순히 피조된 생명들을 그분의 발 아래 두는 것만이 아니라는 것을 강조한다. 그분은 보이는 것과 보이지 않는 것들을 복종시킬 것이며, 그분이 정복할 마지막 원수는 사망이 될 것이다. 주님을 신뢰하는 사람들은 그분과 함께 다스릴 것이다(계 5:11). 그 때 인류는 새 아담 안에서 그 운명을 성취할 것이다.

III. 여호와의 엄위하심: 사람들은 창조주의 엄위하심을 찬양해야 한다(9절)

이제 마무리하며 시편의 첫 번째 구절이 반복된다. 그리고 비록 이 시편은 인류가 온 땅을 다스리는 것의 영광과 존귀에 초점을 맞추었지만, 시편 마지막 부분은 여호와께 찬양이 드려져야 한다는 것을 상기시킨다. 우리가 온 땅을 다스릴 능력과 특권을 부여받았다는 사실, 즉 우리가 창조되었다는 사실은 하나님의 은혜와 선하심에 의한 것이다. 구세주가 탄생하셨을 때 들판에 있으면서 하늘을 바라보고 천군 천사의 소리를 들었던 목자들처럼, 우리 역시 언제나 '지극히 높으신 곳에 계신 하나님께 영광'을 노래해야 한다.

메시지와 적용

이 시편은 여호와 하나님의 엄위하심을 찬양하도록 독자들을 분명하게 고무한다. 그리고 이 시편에 나오는 찬양의 내용은 명확하다. 그렇기 때문에 본문의 메시지는 찬양의 내용 역할을 할 수 있다. 하지만 이것은 또한 여기 포함된 가르침들에 대한 신학적 성찰을 불러일으킬 것이다. 이것은 모든 피조물의 엄위하신 주님이신 하나님을 묘사한다. 그 하나님은 약한 것들이 기도나 찬양을 드리며 그분의 엄위하신 성품을 인정하고 외칠 때, 강한 것을 깨뜨리기 위해 약한 것을 사용하시기를 기뻐하는 분이시다.

이 시편의 메시지는 강해에서 여러 가지로 표현될 수 있다. 그중 하나는 다음과 같다. *하나님은 약한 인간들이 피조물을 위한 그분의 계획을 수행하는 데 일익을 담당할 수 있게 하셔서, 그분의 엄위하심을 나타내기로 하셨다.* 이것은 하나님이 약하고 취약한 자들을 위한 그분의 힘을 나타내시기 위해 그들의 부르짖음을 사용하시며, 피조물을 다스리도록 하기 위해 단지 인간에 불과한 존재들을 사용하신다는 것을 명시하는 것으로 확장할 수 있다. 강해 자체가 이것을 설명할 것이다. 히브리서가 말하는 것은 오늘날 인간들이 피조물에 대해 어떤 지배권을 갖고 있든, 그것은 하나님이 창조에서 의도하신 것이 아니라는 것이다. 주님의 성육신을 통해 창조의 계획이 성취될 것이다. 그래서 이 시편을 읽는 그리스도인들은 아들을 통해 창조를 온전케 하시려는 하나님의 놀라운 계획에 대해 하나님께 훨씬 더 큰 찬양을 드릴 수 있다. 이 시편은 도와달라는 가장 단순한 부르짖음을 통해서도 하나님의 권능에 다가갈 수 있다는 가르침으로 위로를 주며, 여전히 신자들에게 하나님이 피조물을 다스리기 위해 인간들을 사용하기로 하셨다는 것에 대해 놀라움을 가져다줄 것이다. 신자들은 그들에게 주어진 능력들과 이 세상에서 하나님의 뜻을 행하기 위해 어떻게 그 능력들을 바르게 사용할 것인지 발견할 필요가 있다. 이 시편은 우리가 하나님이 정하신 책임을 가지고 이 땅에 있다는 것을 상기하게 해준다. 이 개념들은 성육신에 비추어볼 때 더 잘 이해할 수 있을 것이다. 예수님은 인간으로 태어나셔서 고난을 받으심으로, 세상을 정복하는 하나님의 능력을 보여주실 수 있었기 때문이다. 그분은 재림하실 때 영광스러운 통치에서 그 능력을 나타내 보이실 것이다. 그들은 그때 그분과 함께 다스리는 구속받은 통치자로서, 자신들의 잠재능력을 충분히 실현할 것이다.

18

Confident Praise for Vindication PSALM 9

정당함이 입증되는 것을 확신하는 찬양(시편 9편)

서론

본문과 다양한 역본들

다윗의, 인도자를 따라 뭇랍벤[1]에 맞춘 노래

א 1 내가 전심으로 여호와께[2] 감사하오며
　　주의 모든 기이한 일들을 전하리이다
　2 내가 주를 기뻐하고 즐거워하며
　　지존하신 주의 이름을 찬송하리니

---

1 이 표현은 어렵다. 나눠시시 않은 형태인 עלמות 때문이나. 선통석인 해석은 "'아들의 죽음'에 맞춘"이라는 것이다. 이것은 아마 그러한 이름의 음악적 가락을 말할 것이다. 하지만 심지어 이 번역조차 상당한 추측을 불러일으켰다. 이것이 골리앗(대상 15:18에 나오는 벤을 보라), 혹은 압살롬의 죽음을 말한다는 주장들이 그에 포함된다. 헬라어는 '아들의 비밀들에 관하여'(ὑπὲρ τῶν κρυφίων, עלמות을 반영하는)라고 되어 있다. Symmachus는 '영원한 것들'이라고 말한다. 많은 주석가들은 MT의 독법이 별로 개연성이 없다고 생각한다. 예를 들어, Briggs는 그것이 עלמות, '어린 소녀들'(예를 들어, 시 46:1의 표제)에서 원형이 조금 훼손된 것이라고 생각한다. 그는 젊은이의 부드러운 음성이라는 개념이라고 주장한다 (*Psalms*, I:lxxvii).

ב 3 내 원수들이 물러갈 때에[3]

　　 주 앞에서 넘어져[4] 망함이니이다

　4 주께서 나의 의와 송사를 변호하셨으며

　　 보좌에 앉으사 의롭게 심판하셨나이다[5]

ג 5 이방 나라들을 책망하시고 악인을 멸하시며[6]

　　 그들의 이름을 영원히 지우셨나이다

　6 원수가 끊어져 영원히 멸망하였사오니[7]

　　 주께서 무너뜨린 성읍들을

　　 기억할 수 없나이다(the very memory of them has perished)[8]

ה 7 여호와께서 영원히 앉으심이여

　　 심판을 위하여 보좌를 준비하셨도다

　8 공의로 세계를 심판하심이여

　　 정직으로 만민에게 판결을 내리시리로다

ו 9 여호와는 압제를 당하는 자의 요새이시요

　　 환난 때의 요새이시로다

---

2 다음 세 콜론들은 직접 여호와께 말하고 있으므로, 일부 주석가들(예를 들어 Kraus, p.190을 보라)은 이 행에서 '여호와'가 호격, 접미사 있는 동사가 되어야 하며, 이 행은 헬라어에 맞게 읽어야 한다('나는 여호와께 감사할 것이다/그분을 인정할 것이다')고 주장한다.

3 이 문장은 또한 '…때문에'라고도 번역되었다. 이 형태는 בשוב, 전치사가 있는 부정사 구문으로, 아마 때를 나타내는 절 역할을 할 것이다.

4 헬라어 역본은 이것을 '연약하여'(ἀσθενήσουσιν)라고 번역한다.

5 헬라어에는 '의를 심판하시는 분'이라고 되어 있다.

6 헬라어에는 '불경한 자들은 멸망했다'(ἀπώλετο, 그것은 אָבַד를 시사할 것이다)라고 되어 있다.

7 헬라어 번역은 이 행을 '원수의 칼(αἱ ῥομφαῖαι)이 전적으로 실패했다'라고 번역했다. 히브리어 본문은 חֳרָבוֹת, '폐허'(חָרְבָּה 단어를 보라)라고 되어 있다. '칼'은 חֲרָבוֹת일 것이다(חֶרֶב 단어를 보라). 본문에서 이 단어는 '원수들'과 함께 구문에 있지 않고, 그보다 형용사적이다.

8 MT에서 이 행은 '멸망했다/그들의 기억/그들(perished/their memory/they)'이라고 되어 있다. '그들'이라는 대명사는 분명 '그들의 기억'에 접미사를 취한 것이다. 이 마지막 대명사 '그들'은 분명 '그들의 기

10 여호와여 주의 이름을 아는 자는 주를 의지하오리니
　　　이는 주를 찾는 자들을 버리지 아니하심이니이다

ז **11** 너희는 시온에 계신 여호와를 찬송하며
　　　그의 행사[9]를 백성 중에 선포할지어다
　　12 피 흘림을 심문하시는 이가 그들을 기억하심이여
　　　가난한 자의 부르짖음을 잊지 아니하시도다[10]

ח **13** 여호와여 내게 은혜를 베푸소서[11]
　　　나를 사망의 문에서 일으키시는 주여
　　　나를 미워하는 자에게서 받는 나의 고통을 보소서
　　14 그리하시면 내가 주의 찬송을 다 전할 것이요
　　　딸 시온의 문에서
　　　주의 구원을 기뻐하리이다

ט **15** 이방 나라들은 자기가 판 웅덩이[12]에 빠짐이여
　　　자기가 숨긴 그물에 자기 발이 걸렸도다

억'에서 접미사를 취한 것이다. 처음부터 끝까지 알파벳 순서대로 정리되어 있다면, 이 마지막 대명사 '그들'(הֵמָּה)이 그 다음 줄 맨 앞에 나와야 한다. 하지만 그것이 그 위치에 있으면 뜻이 안 통한다. 편집자들은 이것을 그 대신 הֵמָּה로 읽을 것을 제안한다. 이것은 문자적으로 '소리내어'라는 의미인 헬라어 본문의 μετ' ἤχους와 더 일치한다. Kraus는 이 단어를 7절 시작 부분에 있는 것으로 읽고(알파벳 순서에 맞춰) 이것을 '감격해서, 여호와께서 앉아 계신다…'(p. 188, 190)라고 번역할 것을 제안한다.

9 Goldingay는 עֲלִילוֹתָיו라는 단어가 뭔가 '엄청난 일' 같은 의미를 지니고 있을 것이라고 제안한다. 이 단어의 용례는 뭔가 임의적이거나 터무니없는 어떤 것을 시사하기 때문이다(*Psalm 1-41*, p.163). BDB에 보면 그 말이 하나님에 대해 사용될 때는 단순히 '행동들'이라는 의미라고 나와 있다.

10 가장 지지를 받는 독법은 케레로, עֲנָוִים로 재구성된다(케티브는 עֲנִיִּים이다). 12절에 대한 논의를 보라.

11 MT에는 חָנְנֵנִי이라고 되어 있다. 하지만 대부분의 사본들에는 חָנֵּנִי라고 되어 있다. 두 개의 역본 (Aquila, Jerome)에는 닝닝뱁 내신 과서 시세토 되어 있다. "여호와께서 내게 은혜를 베푸셨나"(חֲנָנַנִי).

12 헬라어, '멸망'(διαφθορᾷ).

16 여호와께서 자기를 알게 하사 심판을 행하셨음이여
악인은 자기가 손으로 행한 일에 스스로 얽혔도다[13]
(힉가욘[14], 셀라)

17 악인들이 스올로 돌아감이여
하나님을 잊어버린 모든 이방 나라들이 그리하리로다

18 궁핍한 자가 항상 잊어버림을 당하지 아니함이여
가난한 자들이 영원히 실망하지 아니하리로다

19 여호와여 일어나사 인생으로 승리를 얻지 못하게 하시며
이방 나라들이 주 앞에서 심판을 받게 하소서

20 여호와여 그들을 두렵게 하시며[15]
이방 나라들이 자기는 인생일 뿐인 줄 알게 하소서 (셀라)

구성과 전후 문맥

이 시편은 악한 억압자들을 벌하고 억압받는 자들을 변호해주신 것에 대해 하나님께 드리는 감사의 시편이다. 하지만 이것은 온 땅의 의로운 재판관이 다시 한 번 억압받는 자들의 정당함을 입증해달라는 기도로 바뀐다. 노래의 어조는 승리와 소망에 가득 차 있다. 그래서 이 글이 언제 쓰였는지에 대해 여러 승리의 때가 제시되었다. 이를테면 블레셋과의 전쟁이나 수로-암몬과의 전쟁 이후

---

[13] MT의 נוקש 대신 여러 역본들처럼 נוקש으로 읽음.
[14] 힉가욘은 아마 악보 표기법일 것이다. 하지만 '묵상'을 의미할 수도 있다.
[15] 헬라어 본문은 מוֹרָא, '두려움'을 מוֹרֶה, '선생, 입법자'(νομοθέτην)로 이해했다. 이것은 이렇게 해석할 수 있을 것이다. '오, 여호와여 그들에게 선생/입법자를 정해주시옵소서.' 이러한 이해는 '선생'에 대한 통상적 용례에 부정적 의미를 부여할 것이다. 심판에 대한 부분에서는 두려움이라는 개념이 가장 이치에 맞는다. Goldingay는 보다 구체적 의미를 주장한다. 두려움이라는 감정이 아니라 두려운 어떤 것이라는 의미라는 것이다(*Psalms 1–41*, p.164).

등이다. 하지만 다른 많은 경우도 있을 수 있다. 단수 형태에서 복수 형태로 바뀐 것은 이것이 개인적 위기였는가 민족적 위기였는가 하는 의문을 제기한다. 그리고 어떤 사람들은 과거 하나님이 하신 행동에 대한 시편기자의 회상을 갖고 제2성전 때 이것이 쓰였음을 입증하는 것으로 본다.[16] 하지만 이 시편의 배경이나 그것이 쓰인 경우를 밝히는 충분한 증거는 없다.

시편 9편과 10편은 원래 하나의 시편이었으나 히브리 전통에서 둘로 나뉘어졌다는 몇 가지 표시가 있다.[17] 다음과 같은 사항들을 관찰할 수 있다. (1) 시편 10편에는 표제가 없다. 이것은 시편 모음 제1권에서는 드문 일이다. (2) 이 두 시편이 합해서 알파벳 순으로 배열되어 있다(균일하지 않고 정확하게 복원할 수는 없지만 말이다). (3) 이 두 시편에만 독특한 문구와 표현이 있다(이것이 반드시 이 둘이 한 시편이었음을 나타내는 것은 아니고 그냥 한 저자가 쓴 것임을 나타내는 것일 수도 있지만 말이다).[18] (4) 두 시편 모두 유한한 인간에 반대하는 기도로 끝나며 심판을 예상한다. 그리고 (5) 마소라 본문에서 시편 9편은 '셀라'라는 말로 끝난다. 이 말은 다른 경우에는 시편 중간에 나오며 시편 마지막 부분에는 나오지 않았다. 이 두 시편은 원래 한 시편에서 형성되었을지 모르지만, 그것이 나누어진 충분한 이유가 있다. 시편 9편은 대체로 승리에 대한 확신에 찬 소망을 담고 있는 감사의 시편이며, 시편 10편은 전체가 폭력과 악함 기도다.

이 두 시편을 합하면 하나의 구조적 유형이 보인다.[19] 시편 9편은 믿음의 진

---

16 이것 때문에만 이 시편의 연대를 후기의 것이라고 보는 것은 아니다. 본문의 교훈적 성질, 온 세상의 심판자이며 왕이신 하나님이라는 주제들, 그리고 시편에서 다루는 문제들은 포로 시대 이후의 시기에 어울린다고 말한다. Broyles는 시편 9편과 10편은 정형화된 문구들과 이합체적 배열 때문에 포로 시대 이후의 것이라고 생각한다. 그는 이 문구와 배열이 한때 예배 의식에 사용되던 시편이 문헌으로 정리되었고 그렇기 때문에 포로기 이후의 것이라는 증거를 제시한다고 말한다(*Psalms*, p.74). 하지만 Kraus는 이합체적 구조가 B.C. 6세기에도 널리 보급되어 있었다는 데 주목한다(*Psalms 1–59*, p.194). 많은 주제들과 표현들은 후기 구약 시대로 한정되지 않는다.
17 특히 Robert Gordis, "Psalm 9–10," *JQR* 48(1957):104–122를 보라.
18 몇 가지 예를 들면, '환난 때에'라는 말은 시편 9:9과 10:1에 나온다. '압제를 당하다'라는 말은 시편 9:9과 10:18절에. '인생(연약한 사람, 죽을 수 밖에 없는 사람 אֱנוֹשׁ)이라는 말은 시편 9:19, 20; 10:18. 그리고 '잊어버림을 당한 '가난한 자'라는 말은 9:12, 18과 10:12에 나온다.
19 Goldingay, *Psalms 1–41*, p.167–8을 더 보라.

술 및 하나님이 과거에 하신 일에 대한 찬양으로 시작한다(시 9:1-12). 그리고 그 다음에 하나님께 드리는 또 하나의 탄원이 나온다(시 9:13-14). 그리고 과거의 행동에 대해 하나님께 드리는 또 다른 찬양과 함께 또 하나의 믿음의 진술이 나오고(시 9:15-18), 그다음에 하나님에 대한 또 다른 호소가 나온다(시 9:19-10:2). 그리고나서 시편 10:2에서는 현재의 상황들에 대한 탄식이 나오고(시 10:3-11), 뒤이어 호소가 나온다(시 10:12-13). 마지막으로 믿음의 진술과 하나님이 과거에 행하신 일에 대한 찬양이 나온다(시 10:16-18).

이 두 시편은 원래는 하나의 시편을 형성하고 있긴 하지만, 이 주석에서는 이 시편들을 지금 히브리어(그리고 영어) 본문에 나오는 것처럼 따로 다룰 것이다. 하지만 대부분의 강해자들은 각 시편을 따로따로 해설할 여유가 없을 수 있기 때문에, 시편 10편에 대한 논의 끝부분에서 두 본문을 하나의 강해로 다룰 강해 개요와 통합적 개념을 제시하겠다.

석의적 분석

요약

시편기자는 하나님이 악한 민족들을 심판하심으로 그분의 의를 보이신 것, 그리고 그분이 가난한 자(afflicted)들이 의지할 만한 참되고 영원하신 재판관이 되시는 것을 찬양하고 나서, 마지막으로 하나님이 악인을 심판하고 가난한 자들을 도우심으로 그에게 찬양할만한 또 다른 이유를 주실 것을 기도한다.

개요

I. 찬양: 저자는 참되고 영원하신 심판자, 괴롭힘을 당하는 자들의 소망이신 여호와가 그 분의 의를 보여주신 것으로 인해 찬양을 드린다(1-10절).

    A. 그는 전심으로 여호와를 인정하며 기쁘게 그분의 이름을 찬송한다 (1-2절).

B. 여호와는 가난한 자의 악한 원수들을 멸하심으로 그분의 의를 보이셨다(3-6절).

　1. 주권적이고 의로우신 재판관은 시편기자의 원수들을 물리치심으로 그의 정당한 대의를 확증하셨다(3-4절).

　2. 여호와는 악한 이방 나라들을 없애버리셨다(5-6절).

C. 주권적이고 영원하신 여호와는 세상을 심판하고 그분을 의지하는 억압받는 자들에게 정의를 가져다주실 것이다(7-10절).

　1. 주권적이고 영원하신 여호와가 심판을 준비하셨다(7절).

　2. 그분은 세상을 심판하고 정의를 시행하실 것이다(8절).

　3. 그분은 그분을 찾는 억압받는 자들에게 안전을 제공하심으로 이 일을 하실 것이다(9-10절).

D. 그는 사람들에게 가난한 자를 잊지 않으신 하나님을 노래하고 찬양하라고 권한다(11-12절).

II. 기도: 저자는 과거에 악인들을 멸하신 하나님이 다시 가난한 자들을 도우러 오시기를 구한다(13-20절).

A. 그는 하나님께 그의 고통에 반응하사 하나님의 구원하시는 도움을 그가 공개적으로 말할 수 있게 해달라고 요청한다(13-14절).

B. 그는 하나님이 어떻게 가난한 자들이 실망하지 않도록 악인을 심판하셨는지 말한다(15-18절).

　1. 여호와는 악인들이 자기 꾀에 빠지게 하심으로 그분의 정의를 보이셨다(15-16절).

　2. 여호와는 그분을 잊어버리는 악인들을 보이지 않는 세계로 보내신다. 그분은 가난한 자들의 소망을 기억하시기 때문이다(17-18절).

C. 그는 하나님이 이방 나라들을 심판하사 그들이 자신들이 인생일 뿐임을 깨닫고 두려워하게 해달라고 요청한다(19-20절).

강해 형태의 주석

I. 주권적이고 영원하신 온 세상의 심판자는 우리의 찬양을 받으실만하다(1-10절)

A. 그분께 의지하는 자들은 반드시 그분을 찬양하기로 결심해야 한다(1-2절)
이 시편은 여호와께 찬양을 드리겠다는 강력한 결심으로 시작한다. 각 콜론에는 청유법(cohortative)이 포함되며, 각각은 알렙 글자로부터 시작하여 알파벳 순서로 정리되어 있다. 어형 변화 형태들의 성질 덕분이다. 반복은 찬양이 전심을 다한 것이라는 점을 더 강조해준다.

찬양의 내용은 여호와의 이름, 즉 그분의 모든 놀라운 일에 계시된 그분의 신적 본성이 될 것이다. 그리고 그분이 행하신 '기이한 일'은 그분이 지존하신 하나님이시라는 것을 나타낸다. 그분과 같은 분은 아무도 없기 때문이다.

B. 그분은 악인들을 멸하심으로 그분의 의를 보여주셨다(3-6절)
찬양의 직접적 이유는 여호와가 분명 시편기자를 위해 어떤 승리를 주셨다는 것이다. 3절의 절들은 임시적 혹은 사역적 절이라고 볼 수 있을 것이다. 어느 경우든 그것은 찬양의 기초를 제공한다. 원수들은 더 이상 억압할 수 없도록 물러갔다(בְשׁוּב אָחוֹר). 그 이유는 그들이 여호와의 임재 앞에서 넘어져 망하기 때문이다(두 동사 יִכָּשְׁלוּ와 יֹאבֵדוּ는 일어나는 일을 묘사하는 진행형 미완료다). 넘어진다는 비유(아마 환유)는 그들 패배의 한 측면을 사용한다. 전쟁터에 적당한 비유다.

이 신적 간섭의 의의는 여호와가 그의 의로운 대의를 시행하거나 유지하심으로(עָשָׂה) 시편기자의 정당함을 입증하셨다는 것이다(4절). 본문은 문자적으로는 '나의 의와 나의 송사'(מִשְׁפָּטִי וְדִינִי)다. 하지만 이 두 단어는 동의어이므로, 이 말들은 아마 합해서 (중언법으로) '나의 의로운 송사'라고 볼 수 있을 것이다. 하나님은 시편기자를 위해 정의를 나누어주심으로, 앉아서 '의로운 심판'을 하셨다. 그분은 악인에게 벌을 내리고 의인은 의롭다 함을 입증하면서 상황을 바로

잡으심으로 그분의 보좌에 앉으셨다.[20]

이 시편은 그다음 두 구절에서 얼마나 단호하게 하나님이 악인들을 심판하셨는가에 초점을 맞춘다. 5절은 결정적인 3개의 동사들을 사용한다. "책망하시고," "멸하시며," "지우셨나이다." 세 동사들은 현재 완료로, 그 행동과 계속되는 결과들을 강조한다.[21] '책망하다'(גָּעַר, 시 76:6의 같은 단어를 보라)는 악인들이 당장 멈추게 하는 신적 심판의 명령을 말한다(그래서 원인의 환유다). '멸하다'(אבד)는 그분이 그들로 하여금 멸망하도록 했다는 의미이며, '지우다'(מָחָה)는 홍수 세대 역시 완전히 쓸려버린 것처럼(창 6:7, 이 동사는 암시된 비교다) 그들이 무대에서 완전히 제거되었다는 것을 강조한다. '지워진' 것은 그들의 '이름', 그들의 악한 본성과 강력한 억압이다.[22]

---

20 이 본문에서 심판에 해당하는 단어들은 구약 전체에서 흔하게 나온다. שָׁפַט('심판하다')라는 동사는 약 144번 나오며, מִשְׁפָּט('심판')이라는 명사는 422번 나온다. 이 단어들은 너무나 광범위하게 사용되어서, 기본적 개념을 표현하기가 어렵다. 하지만 G. Liedke는 이것이 (법적) 공동체의 어지러운 질서를 회복하는 행동이라고 유용하게 요약해준다("שָׁפַט, špṭ, to judge" in *Theological Lexicon of the Old Testament*, ed. by Jenni and Westermann, III:1392–1399).
이 단어들은 기본적으로, 종종 개인들 간의 어떤 결정을 말한다. 여기에서 명사 מִשְׁפָּט, 특히 복수형의 용례는 법적 영역에 가장 분명하게 적용된다. '결정들'은 출애굽기 21:1에서부터 시작해서 율법의 기본 부분을 형성한다. 이 결정들은 실제로는 소송 사건들에서 내리는 판결들이다. 그래서 결의론적 율법들이다. 그렇다면 구두적 개념은 결정을 내리는 것과 관계가 있다. 이 결정은 유죄인 측에 유죄판결을 내리는 것이 될 것이다. 그래서 이 경우 심판은 처벌을 포함할 것이다(예를 들어, 삼상 3:13). 이 심판이 단순히 재판관들에게서 오는 것이 아니라 여호와로부터 오는 것이라면, 이것은 절대적 권위와 정의를 지니고 있다(창 18:25; 시 50:6).
심판 혹은 결정은 또한 무죄한 자(율법을 범한 결과들을 견디는 자)의 정당함을 입증하는 판결 혹은 결정이 될 수도 있다. 그래서 억압받는 자들은 "나를 심판하소서"(시 7:8)라고 간청하면서 자신의 정당함을 입증해달라고 부르짖는다. 이 본문에서 영어 해설 '심판하다'는 오해의 소지가 있다. '나의 정당함을 입증하소서' 혹은 '나를 옳다고 선언하소서'가 더 낫다. 이런 의미에서 재판관은 구원자다. 그리고 이것은 여호와 뿐 아니라 인간 재판관에게도 적용된다(사 1:17; 삼상 24:16).
'이스라엘을 심판하다'라는 표현은 지배라는 함축을 지닌다. 그것은 억압자들과 위반자들을 벌하고 가난한 자들과 고통받는 자들의 필요를 옹호함으로 계속 공동체에서 평화를 유지하는 활동을 말한다. 그것은 본질적으로 결정들을 내리고 그 결정들을 실행하는 것에서 다스림을 의미한다(삼상 8:5 그리고 여호와에 대해서는 시 67:4). 이것은 분사적 용법, '재판관들'(שֹׁפְטִים, 삿 2:16-19; 룻 1:1을 보라)이라는 말의 의미일 것이다.
신적 심판은 종종 종말론적 구원과 심판의 선포의 일부다(사 2:4, 51:5 특히 어떻게 메시아가 다스리실 때 심판을 하실 것인지 묘사하는 사 11:3을 보라).

21 Kidner는 이 동사들을 5절과 6절에서 예언적 완료로 볼 것을 제안한다. 하지만 그렇게 할 필요는 없다. 시편기자는 7절에서 미래로 넘어가기 때문이다(*Psalms 1-72*, p.69).

6절은 신적 심판의 결과로써 그들의 상태에 주의를 돌린다. '원수가 끝났다'(וּחַמָּה, 시 7:8의 같은 단어를 보라), 완전히 끊어졌다. 곧 그들이 영원히 멸망했다는 의미다. 그들의 성에 대한 기억조차 멸망했다. 하나님이 그들을 무너뜨렸기 때문이다. 마지막 절은 다소 수수께끼 같은 말이다. '멸망했다/그들의 기억들/그들.' '그들의 기억'(זִכְרָם)은 '그들의 이름'에 비교할 수 있다.[23] 그 행이 쓰인 방식을 보면 이것이 분명 강조되어 있다. '그들의 기억, 심지어 그들 자신'이라는 것이다. '그들의 기억'이란 비유(수식어의 환유)이며, '그들'은 그 의미를 명확하게 한다. 그들 자신이 멸망했다는 것이다.[24]

C. 그분은 압제당하는 자의 피난처다. 그분은 악인들을 심판하실 것이기 때문이다(7-10절)

여호와는 악한 원수들에 대한 큰 심판, 특히 이 시편에 언급된 심판 때문에 자신이 온 세상의 의로우신 재판관임을 보여주셨다. 7절은 영원히 보좌에 '그가 앉으심이여'(יֵשֵׁב, 습관적 미완료)라고 선언한다(이 표현 역시 신인동형론적이다). 그분이 과거에 하신 행동들은 그분의 주권을 보여준다. 하지만 그 행동들은 앞으로 올 것들의 서막에 불과하다. 그분은 조만간 심판하실 것이다. 그분은 주권적 재판관이시기 때문이며, 악은 여전히 존재하기 때문이다. 그렇기 때문에 그분은 심판을 위해 자신의 보좌를 준비하셨다(동사 כּוֹנֵן은 현재 완료. 시 93:1의 같은 단어를 보라). 그 보좌는 주권적 통치의 상징이며, 모든 것은 그분이 세상을 심판하시도록 맞춰져 있다. 이것이 8절의 요점이다. 동사들은 여기에서 미래 시제인

---

22 전통적인 번역과 이 동사의 잘 알려진 의미는 이 동사가 실제로 무엇을 의미하지 잘 전달하지 못한다. '더럽히는 것'(blotting)이라는 개념은 압지(blotter)로 여분의 잉크를 제거한다는 의미를 지니며, 실제로 글을 제거하거나 지우는 것을 의미하지는 않는다.

23 구문론에 어려움이 있다. '원수'는 단수이지만, '기억'에 붙은 접미사는 복수로, '그들의 기억'이다. 가장 간단한 해결책은 이 행에 나오는 복수들과 조화를 이루기 위해 '원수'를 하나의 집단으로 보는 것이다.

24 이 대명사(הֵמָּה)가 그다음 줄 시작 부분에 쓰였다는 주장이 제기되어 왔다. 이 시편이 알파벳 순서로 되려면 이 글자(ה)가 거기 나와야 하기 때문이다. 그렇지 않으면 알파벳의 이 글자는 나오지 않는다.

데, 그것은 온 세상이 의의 통치를 보게 될 미래의 신적 간섭을 가리킨다. 그분은 의로 세상을 다스리실 것이다! 그리고 그 과정에서 정직으로 백성에게 판결을 내리실 것이다(דין, 시 140:2의 같은 단어를 보라). 이 심판은 공의롭고 정당할 것이기 때문에, 악인은 멸망할 것이며 의인은 다시 한 번 최종적으로 의롭다는 것이 입증될 것이다.

그다음 두 구절(9절과 10절)은 이 다가오는 심판의 결과를 설명한다. 그것은 여호와가 억압받는 자들의 보호가 되도록 하기 위해 일어날 것이다. 이 행이 말하는 것은 그분의 의로운 통치 덕분에 그분은 요새, 압제를 당하는 자의 피난과 안전의 장소(비유)라는(될 것이라는, 혹은 입증될 것이라는) 것이다. 그다음 비유(암시된 비교)는 억압받는 자들이 고운 가루처럼 '압제를 당한다'(דך)는 것이다. 이것은 완전히 멸망된다는 말이다. "환난 때"[25]에 그들은 권세 있는 악한 억압자들에게 저항할 능력이 없었으며, 그들은 안전을 위해 갈 만한 곳이 없었다. 여호와가 믿음으로 그들의 피난처가 되시기 전까지는 말이다.

게다가 여호와의 이름을 아는 자들은 그분이 자기를 찾는 자들을 버리지 않으시리라는 것을 깨닫고 그분을 의지할 것이다. 그래서 압제를 당할지 모르지만, 여호와를 믿는 사람들은 그분이 높은 망대라는 것을 발견한다. 그들은 여호와의 이름을 안다. 그것은 그들이 여호와가 어떤 분이신지 이해하고, 보호하며 공급하시겠다는 그분의 약속을 믿음으로 체험한다는 의미다. 환난 때에 그들은 여호와를 의지한다. 그분은 그분을 찾는 자들[문자적으로는 '주의 찾는 자들'(דרש), 분사는 여호와를 찾는 백성인 그들의 특성을 강조한다]을 버리지(שכח, 시 103:2의 같은 단어를 보라) 않으시기 때문이다. '그가 버리지 않으셨다'라는 동사를 택한 것은 실제보다 축소해서 말한 것이다. 그것은 그분이 그들을 영광스럽게 구원하시리라는 의미다. 이 단어가 선택된 것은 환난 때에 마치 여호와가 그들

---

[25] '환난 때의'라는 말은 이 시편을 다음 시편과 연결시켜준다. 이 표현(בצרה)라는 어근에서 나온 בצרה)은 결핍하거나 감소된 상태를 말한다.

을 버린 것처럼 보일 수도 있었을 것이기 때문이다. 하지만 그분을 아는 사람들은 그것이 사실이 아니라는 것을 안다. 그래서 그들은 앞으로 올 큰 구원을 기다리면서 계속해서 그분을 그들의 피난처로 삼는다.

D. 그분을 의지하는 자들은 그분을 찬양할 것이다. 그분은 그들을 버리지 않으셨기 때문이다(11-12절)

'찬송하다'라는 말은 1절에서부터 반복된다. 하지만 이제는 명령법으로써, 신실한 자들에게 "시온에 계신(יֹשֵׁב) 여호와를" 찬송하라고 명한다(이는 시온에 계신 여호와. 이 분사는 단수이기 때문이다). 하나님이 그분의 백성 가운데 거하시는 것(그분의 임재가 그들과 함께하심을 의미하는 비유)은 그들의 안전을 보장한다. 시편기자는 신실한 자들에게 백성 가운데서 그분의 행동('그의 행사', עֲלִילוֹתָיו)를 선포하라고 명한다. 그들의 찬양의 주제는 이 시편의 주제다. 즉 주권적이신 심판자가 가난한 자들의 부르짖음을 잊지 않으셨다는 것이다. 의로운 재판관을 "피 흘림을 심문하시는 이"(דֹּרֵשׁ דָּמִים)라고 묘사하는 것은 하나님이 피에 굶주린 억압자들에 대한 벌을 요구하실 것이라고 단언한다(겔 33:6, 8절; 창 9:5). 그런 범죄들에 대해 해명과 배상을 요구하는 것이 그분의 성품이다. 여호와를 의지하는 가난한 자들을 위한 복된 소식은 그들이 억압으로부터 구원받는다는 것이다. '가난한 자'(afflicted)[26]들은 핍박받고 억압받는 자들, 악한 폭군들에게 짓밟힌 자들

---

26 동사 עָנָה와 관련된 두 개의 중요한 단어들이 있다. 이것은 '굴복하다, 괴롭힘을 받다'라는 것으로 규정된다. 이 단어들은 עָנִי와 עָנָו로, 둘 다 '가난한, 괴롭힘을 받는, 비천한'이라는 의미로 규정된다. 이 본문에서 두 번째 단어는 K^ethiv이며, 첫 번째 단어는 Q^ere로, 전자를 바로잡는 것으로 여겨진다. 몇 가지 설명이 적절하다.
이 단어들과 관련된 동사에 대한 간략한 개관이 도움이 된다. 이것은 피엘 동사 체계에서 가장 자주 나오며 이것을 보여주는 용례들이 있다. 이것은 '비천하게 하다, 괴롭히다, 학대하다'라는 의미가 될 수 있다. 사래가 하갈을 대우하는 것(창 16:6)이나 전쟁이나 속박에서 민족이 괴롭힘을 당하는 것(창 15:13)에서 볼 수 있는 것처럼 말이다. 그것은 하나님이 훈련하시는 시험의 일부가 될 수도 있을 것이다(신 8:2-3). 그것은 또한 디나의 강간에 대해서도 사용되며(창 34:2), 특별한 의식들을 위한 영적 준비, 스스로 괴롭게 하라는 말로 묘사되는 준비(레 16:29, 23:29)에 대해서도 사용될 수 있다. 보통 이것은 겸손하고 검소하게 살기 위해 안락함과 사치품을 박탈한다는 의미로 해석된다. 이것은 영적인 것과 육체적인 모든 것에 대해 여호와를 완전히 의지하는 것을 나타내는 한 가지 방식이었다.

이다. 이 시편은 분명 이 세상에서 폭압적 정부들이나 테러리스트들에게 휘둘리며 사는 사람들에게도 적용된다. 여기에 사용된 두 동사는 비유적이다. '그가 기억하시다'와 '그가 잊지 아니하시도다'라는 것이다(이 동사들은 원인의 환유로 분류할 수 있을 것이다. 동사들의 의미는 결과를 포함하지만 말이다). 이 동사들은 하나님이 그분이 기억하시는 것에 따라 행동하신다는 것, 그분의 백성을 위해 행동하신다는 것을 나타낸다. 모든 구원의 행동은 찬양의 원인이며, 앞으로 올 최종 구원, 더 큰 찬양의 원인인 구원의 예고편이다.

II. 온 세상을 심판하시는 분이 다시 악인을 심판하시고 억압받는 자들의 소망과 기도들을 성취하실 것이다(13-20절)

A. 신실한 자들은 여호와께 그들의 고통에 반응해달라고 기도한다(13-14절)

이 시편의 성격은 이제 승리의 노래에서 하나님의 은혜로운 간섭에 대한 진지한 기도("내게 은혜를 베푸소서", חָנְנֵנִי, 시 4:1의 같은 단어를 보라)로 바뀐다. 특히 하나님이 그의 고통을 '보소서'라는 것이다. 이 말은 신인동형론적이다. 하나님께 보

여기에서 문제의 두 단어는 본문에서 언제나 분명하게 구분되지는 않는다. עָנִי라는 단어는 외적 조건처럼 보일 수 있어서 굴복한 사람, 즉 억압당하고 괴롭힘을 당하는 어떤 사람을 묘사한다. 이것은 대부분의 용례에서 볼 수 있다. 예를 들어, 그것은 부자와 권세 있는 자들의 억압을 받는 가난한 자들과 약한 자들을 말한다(사 3:14). 그리고 다른 민족들에게 괴롭힘을 당하는 가난하고, 약하며, 괴롭힘 당하는 이스라엘을 묘사한다(사 51:21, 54:11). 또한 억압과 상관없이 가난한 자들(이삭줍기를 하는 사람들, 레 19:10), 혹은 겸손한 왕(시 9:9)을 묘사할 수도 있다. 명사 עֳנִי은 '고난'(예를 들어 시 44:24) 혹은 '가난'(예를 들어 잠 31:5)을 의미할 수 있다.

다른 단어 עָנָו는 같은 용례를 가지고 있다. 하지만 때때로 내적 정신에 더 초점을 맞춘다. 그래서 '겸손한, 온순한, 온유한' 등의 의미를 가진다. 예를 들어, 모세는 온유한 사람이라고 나온다(민 12:3). 이것은 위에서 나오는 스가랴 9:9의 겸손한 왕과 비슷하다. 여성 명사 עַנְוָה은 겸손 혹은 온유함을 의미한다. 이것은 이것을 옹호하는 정복자 왕에 대해 사용된다(시 45:4). 그렇다면 이것은 약함이 아니라 겸손을 나타내는 용어다. 이것은 괴롭힘을 받고 억압받는 누군가가 아니라, 자신을 대단하게 생각하지 않는 누군가를 묘사한다.

이 두 단어는 상당히 중복된다. 그래서 반드시 적절한 강조를 위해 전후 문맥을 분석해야 한다. 이 용례들에 공통되는 개념은 그렇게 묘사된 사람이 도움을 필요로 한다는 것이다. 억압이나 빈곤 때문이든 나라를 인도하는 도전 때문이든 말이다.

시라고 구하는 것은 긍휼히 여기셔서 자신의 고통을 제거해달라고 구하는 것이다. 그리고 그것은 그를 미워하는 사람들이 주는 고통이다.

하지만 그의 기도는 절망적인 것이 아니라 확신에 차 있다. 그는 여호와를 "나를 사망의 문에서 일으키시는"(מְרוֹמְמִי, 시 46:10의 그 단어를 보라) 분으로 묘사한다. 사망으로 들어가는 입구는 마치 문이 달려 있는 것처럼 묘사된다(그래서 암시된 비교다). 하지만 하나님은 그분의 백성이 악인의 손에 의해 그 문으로 들어가는 것을 막는 분이다.

그분의 구원 목적(לְמַעַן)은 구속받은 자들이 시온의 딸의 문에서 그를 찬양하도록 하기 위함이다.[27] 신실한 자들은 때 이른 죽음의 문을 통과하지 못하게 되어 있다. 그들이 성 문에 서서 여호와의 구원을 찬양할 수 있도록 하기 위해서다(이 경우 '문'은 문자적인 문이다. 하지만 이 표현은 '광장에서' 혹은 '문이 있는 지역에서'라는 의미이며, 그래서 이것은 주제의 환유다). 거기에서 의인들은 하나님을 찬양할 것이다('주의 찬송'이라는 말은 생소한 말이다. 하지만 이것은 '주님으로 인한 찬송'이라는 뜻이 분명하다. 접미사는 가치의 소유격 혹은 목적 소유격이다). 거기에서 의인은 그의 구원(접미사는 주격 소유격이므로, '주의 구원'은 '주님이 가져오시는 구원'을 의미한다)으로 인해 기뻐 뛸 것이다(의식상 찬양의 부르짖음 גִיל에서 나온 אָגִילָה, 시 13:6에 나오는 이 단어를 보라).

B. 그들은 여호와가 다시 악인을 심판하실 것이라고 확신한다(15-18절)

다음 두 구절에서 동사들의 시제는 완료 시제다. 하지만 17-18절에서 그 형태는 미완료 시제다. 15-16절에 나오는 동사들은 또한 미래를 말하는 것으로 받아들여야 할 듯하다. 그래서 예언적 완료로 분류해야 한다. 그렇지 않으면, 이 시편은 갑자기 13절의 간구에서 구원에 대한 보고로 바뀐다. 15절은 확신에 대

---

[27] 이 비유는 암시된 비교다. 시온은 거룩한 성이 있는 곳이며, 그래서 마치 그 산이 그 성과 성소를 낳은 것과 같다. 그 성소는 산 위에 솟아 있었다('딸'이라는 말이 사용된 것은 성이 여성 명사이기 때문일 것이다).

한 부분, 악인들이 장차 그가 이전에 경험한 것과 유사한 패배를 겪을 것에 대한 예상의 도입부다.

악인들에게 부과된 심판은 동해복수법이 될 것이다. 민족들은 그들이 만든 웅덩이에 빠졌으며(빠질 것이며), 그들의 발은 그들이 만든 그물에 걸렸다(걸릴 것이다). 구덩이(שַׁחַת)와 그물(רֶשֶׁת)은 악인들이 무죄한 희생자들을 멸하기 위해 만든 계획들을 나타내는 비유다(암시된 비교). 하나님은 그들의 책략이 그들에게 향하게 하사 스스로 멸망하게 하실 수 있다. 이에 대한 전형적 예는 에스더서에 나오는 하만이다. 그가 모르드개를 죽이려고 준비한 교수대에 자신이 달렸다.

이 역전을 통해 여호와는 자신을 알게 하셨다.[28] 이런 식으로 정의를 시행하심으로('그가…하게 하셨다') 하나님은 자신이 일을 바로잡는 분이라는 것을 계시하실 것이다. 그분은 악인들을 그들 자신의 책략으로 멸하시며, 의인들을 그 책략에서 구하신다. 전체적으로 보면 악인은 자신의 손으로 행한 일('손'은 원인의 환유다)에 얽힌다(MT에 나오는 שְׁנוֹקֵשׁ은 שָׁקַף의 칼 분사다)는 것이다. 다시 말해, 그는 다른 사람들을 파멸시키려는 것에 의해 스스로 파멸한다. 이것이 신적 정의의 작용이다.

신적 심판의 공평성은 17절과 18절의 초점이다. 하나님을 잊어버린 이방 나라들은 스올로 들어갈 것이다. 하지만 가난한 자들은 하나님께 잊어버림을 당하지 않을 것이다. 17절의 첫 번째 동사(יָשׁוּבוּ)는 단순 미래로, '악인은 돌아갈 것이다'일 수도 있고 아니면 의무적 미완료, '악인들은 돌아가야 한다'일 수도 있다. 여기에는 창세기 3:19에 대한 암시가 나와 있다. 거기에서는 죄된 인간들이 흙에서 나왔으며 흙으로 돌아가야 한다고 선언하는데, 그것은 죽음을 의미한다. 하지만 이 행에서 '흙'이라는 말은 사용되지 않는다. 그들은 스올(שְׁאוֹל)로 돌아간다. 이 말은 죽음, 혹은 무덤, 혹은 죽은 영혼들의 영역, 종종 하데스라고 불리는 그 영역을 말하는 것일 수 있다(이 논의에 대해서는 시 6:5의 이 단어를 보라).

---

28 이 형태는 נוֹדַע로, 아마도 '자신을 알게 하셨다'보다는 '알려졌다'일 것이다.

성경은 분명 악인들, 하나님을 잊어버린 모든 사람은 하데스로 갈 것이라고 가르친다. 하지만 이것이 이 시편에서 의도한 의미인지는 알기 어렵다. 이 본문은 적어도 그들의 돌연한 심판과 그들이 산 자의 땅에서 제거되는 것에 대해 묘사한다. 죽음은 그것을 어떻게 묘사하든 간에 그들의 운명이며 그들의 미래의 상태다. 실망하지 않는 의인들(18절)과 대조된 것으로 보아 악인의 죽음 이상의 것을 의미한다. 요점은 하나님이 개입하실 때 마침내 길이 갈라지리라는 것이다. 여호와를 의지하는 가난한 자들은 절대 멸망하지 않을 것이며, 하나님을 잊어버린 이방 민족은 죽은 자들의 영역인 스올로 돌아갈 것이다.

가난한 자들은 영원히 잊혀지지 않을 것이다. 때로는 그들이 잊혀진 것처럼 보일지 모르지만, 성경은 하나님이 그들의 정당함을 입증해주시리라고 명확하게 말한다. 그들의 소망은 멸망하지 않을 것이다. 그들이 기대하고 바라며 기도하는 것, 그들을 견디게 하는 것은 멸망하지 않을 것이다. 그것은 온전히 실현될 것이다.

C. 그들은 억압자들이 멸망하도록 하나님의 심판을 위해 기도해야 한다(19-20절)

마지막 두 구절은 신적 간섭을 구하는 시편기자의 기도다. 이 기도는 교훈적이다. 그는 기도한다. 그래서 악인에 의해 폭정과 공포에 시달리는 모든 사람도 시편기자와 마찬가지로 정당함을 입증해달라고 기도해야 한다. 이 기도는 담대하다. "여호와여 일어나사." 이것은 하나님께 심판관으로 행하셔서, 폭군들이 강한 채로 있지 못하게 해달라고 요청하는 명령법이다(קוּמָה, 시 3:1의 같은 단어를 보라). 이 요청은 '인생' 혹은 '연약한' 사람들(אֱנוֹשׁ), 즉 단지 사람에 불과한 존재들을 언급한다! 하나님은 그들을 강하게 하셔서는 안된다(אַל־יָעֹז, 시 29:1의 같은 단어를 보라). 그들이 대단한 폭정과 공포의 행동을 할 때, 그들에게 힘이 있는 것처럼 보일 수도 있다. 하지만 그들이 심판을 받을 때 그들은 자신들이 어떤 존재인지 확인하게 될 것이다.

기도는 계속해서 여호와가 그들을 두렵게 하시기를 간구한다(여기에서 철자는 מוֹרָה이다). 그들은 자신이 억압하는 자들에게 그들을 두려워하며 살도록 강요했다. 하지만 여호와가 그들을 심판하신다면, 그들은 두려움 가운데 산다는 것이 어떤 의미인지 알 것이다. 여호와가 그들에게 부과할 두려움은 훨씬 더 규모가 큰 것이 될 것이다. 또한 세상은 그들이 연약한 존재에 불과하다는 것을 깨닫게 될 것이다. 그래서 그들이 자신의 권력과 그들을 지지하는 충실한 부하들을 빼앗길 때, 온갖 폭군들과 테러리스트들로 가득할 것이다. 세상은 어떻게 그들이 다른 사람들에게 그렇게 많은 해를 끼칠 수 있었는지 의아하게 생각하게 될 것이다.

메시지와 적용

이 시편은 여러 면에서 사람들의 일들에 대한 하나님의 주권적인 통치에 초점을 맞춘다. 시편기자는 하나님이 악인들을 심판하셨을 때 자신의 정당함이 입증되는 경험을 생각하며, 거기서부터 그 모든 것이 예시하는 것, 앞으로 올 크고 최종적인 심판을 고대한다(Kidner의 *Psalms* 1-72, 69쪽을 참고하라). 그분을 의지하는 약하고 가난한 자들의 옹호자이신 여호와는 언젠가 억압자들을 제자리로 돌려놓으실 것이다. 그 자리는 그들이 속한 스올이 될 것이다.

세월이 흘러도 변치 않는 이 시편의 메시지를 다음과 같이 정리할 수 있다. *하나님이 스스로 세상의 의로운 재판관이라는 것을 보이셨기 때문에, 신자들은 이제 악인들에게서 보호받기 위해 그분께 의지할 수 있으며, 앞으로 올 심판에서 자신들의 정당함을 최종적으로 입증하게 해달라고 확신에 차서 기도할 수 있다.*

이 시편에서 주목해야 할 두 가지 사실이 있다. 하나는 이 시편을 듣는 사람들은 자신들이 이 시편에서 멸망하게 해달라고 기도하는 사람의 일부임을 인정해야 한다는 것이다. 그들은 다른 사람들을 억압하는 것에 참여하고 있는지도 모른다. 소규모로, 또는 강력한 국가의 일원으로 그렇게 할 수도 있다(Goldingay 의 *Psalms* 1-41, 184쪽을 참고하라). 이와 같은 본문들은 신자들에게 기회가 있을 때 다른 사람들의 고난과 괴로움을 덜어내는 데 힘쓰기를 독려한다.

이 시편이 주목해야 할 또 한 가지는 본문이 단도직입적으로 말하는 의미다. 높은 곳이나 낮은 곳에서 악에 의해 억압을 받는 모든 신자 개인은 이 시편에서 구조와 정당화를 위해 기도할 힘과 위로를 얻을 것이다. 그들은 괴롭힘을 받은 다른 사람들의 곤경을 분명 이해할 것이며, 그들의 오랜 기도인 "거룩하고 참되신 대주재여 땅에 거하는 자들을 심판하여 우리 피를 갚아주지 아니하시기를 어느 때까지 하시려 하나이까"(계 6:10)에 동참할 것이다.

19 무력한 자들을 억압함(시편 10편)

The Oppression of the Helpless　PSALM 10

서론

본문과 다양한 역본들

ל　1　여호와여 어찌하여 멀리 서시며[1]
　　　어찌하여 환난 때에 숨으시나이까[2]

　　2　악한 자가 교만하여[3] 가련한 자를 심히 압박하오니
　　　그들이 자기가 베푼 꾀에 빠지게 하소서(they will be taken)[4]

---

[1] 히브리어로 בְּרָחוֹק.
[2] '당신이 숨기다'에 대한 히브리어는 תַּעְלִים이다. 편집자들은 그것을 תִּתְעַלַּם로 읽을 것을 제안한다. '당신 자신'이라고 이해하기 때문이다. 헬라어 번역은 '필요할 때, 괴로움의 때에 [우리를] 간과하시나이까(ὑπερορᾷς)?'라고 되어 있다.
[3] 문자적으로는 '그 악인의 교만에서'(in the pride of the wicked).
[4] 주어가 악한 자들이라고 보면 그 동사는 '그들이 빠지게 하소서'(Let them be taken)라는 명령법으로 볼 수도 있을 것이다.

3 악인은 그의 마음의 욕심을 자랑하며[5]

탐욕을 부리는 자는(he blesses the robber)[6] 여호와를 배반하여 멸시하나이다

4 악인은 그의 교만한 얼굴로[7] 말하기를

여호와께서 이를 감찰하지 아니하신다 하며

그의 모든 사상에 하나님이 없다 하나이다[8]

5 그의 길은 언제든지 견고하고[9]

주의 심판은 높아서 그에게 미치지 못하오니

그는 그의 모든 대적들을 멸시하며[10]

6 그의 마음에 이르기를 나는 흔들리지 아니하며

대대로 환난을 당하지 아니하리라 하나이다[11]

---

5 히브리어 '자랑하며'(הִלֵּל עַל)는 해석상의 문제를 제기한다. 이 의미는 아마 그들이 그들 마음이 바라는 것에 따라 자랑한다는 것으로, 그들이 자기 마음의 충동을 따른다는 의미일 것이다(Perowne, *Psalms*, 1:168). 헬라어는 '죄인은 자신을 찬양한다' 혹은 '찬양받는다'(ἐπαινεῖται)라고 되어 있다. Kraus는 어떤 경우든 전치사 עַל는 지워야 한다고 결론을 내린다(*Psalms 1–59*, p.191).

6 여기에는 두 가지 문제가 있다. '복주다'(bless)라는 단어의 의미와 '탐욕을 부리는 자'(robber, בֹּצֵעַ) 혹은 NIV에 나오는 것처럼 '탐욕스러운 자'(greedy)와의 구문적 연관이다. 한 가지 해석은 '강도(robber)는 여호와를 저주하고 멸시한다'라는 것이 될 것이다. 하지만 '복주다'(בָּרַךְ)라는 단어는 이런 의미를 가지고 있지 않다. 강도를 주어로 보는 또 다른 견해는 '강도는 복을 주고 [그러면서도] 여호와를 멸시한다'는 것이 될 것이다. 헬라어 역시 이 단어를 주어로 보지만, 이 행을 '불의한 사람들은 자신을 축복한다'(ἐνευλογεῖται)로 번역한다. 강도를 목적어로 보고 이 행을 앞 행과 병렬된다고 보는 것이 더 낫다. '그는 강도를 축복하고, 그는 여호와를 멸시한다.'

7 히브리어는 כְּגֹבַהּ אַפּוֹ, '그의 얼굴의 우쭐함에 따라'이다. 이것은 그의 외모의 교만함, 혹은 그가 가진 교만한 표정, 이를테면 비웃는 표정 같은 것이다. 헬라어 본문은 이 행을 '죄인은 여호와의 진노를 한껏 일으키도록 여호와를 도발했다'라고 해석한다.

8 헬라어 본문을 보면 이 행을 '하나님이 그의 앞에 없다'라고 해석한다.

9 히브리어(יָחִילוּ)는 '강한, 확실한, 번창하는'이라는 의미다(또한 חַיִל을 보라). 헬라어 번역은 이 단어를 어근 '모독하다'(חָלַל)와 혼동해서 그것을 βεβηλοῦνται로 번역한다. '(그의 길이) 더럽혀지고 있다'고 번역한다.

10 이 동사는 '콧방귀를 뀐다', יָפִיחַ이다. 그들에게 콧방귀를 뀐다는 것은 그들에게 냉소하면서 그들을 경멸하고 모욕한다는 의미일 것이다. 이것은 그가 그들에게 콧김을 불기만 하면 그들이 시들어버릴 것이라는 의미로 볼 수도 있을 것이다. 헬라어 표현인 '그들에 대한 지배권을 가지고 있다'(κατακυριεύσει)의 배후에는 아마도 이런 개념이 있을 것이다.

11 이 행은 대명사 אֲשֶׁר 때문에 해석하기가 어렵다. 이것은 문자적으로는 '환난 가운데 있지 않은 대대로'(אֲשֶׁר לֹא־בְרָע)라고 읽을 수 있다. 이것은 '환난 없는 [내가 갖지 않을] 대대로' 혹은 불행이 없는 대대로라는 것과 비슷한 것을 의미하는 것이 분명하다. 아람어는 '나는 악을 행하는 것에서 흔들리지 않을 것이다'라고 되어 있다. 헬라어 본문은 관계사를 빼놓으며, ἄνευ κακοῦ, '나는 대대로 [남아 있는] 악이 없

פ 7 그의 입에는 저주와[12] 거짓과 포악이 충만하며

　　 그의 혀 밑에는 잔해와 죄악이 있나이다

　 8 그가 마을[13] 구석진 곳에 앉으며

　　 그 은밀한 곳에서 무죄한 자[14]를 죽이며

ע 　 그의 눈[15]은 가련한 자를 엿보나이다[16]

　 9 사자가 자기의 굴에 엎드림 같이 그가 은밀한 곳에 엎드려

　　 가련한 자를 잡으려고 기다리며

　　 자기 그물을 끌어당겨 가련한 자를 잡나이다

　 10 그가 구푸려(the crushed)[17] 엎드리니

　　 그의 포악[18]으로 말미암아 가련한 자들이[19] 넘어지나이다

이 흔들리지 않을 것이다'라고 되어 있다.

12 종종 '저주'אָלָה라고 번역되는, '거짓 맹세'에 해당하는 단어가 본문 앞 행 끝부분에 놓여 있어서, 이 행의 첫 번째 단어는 이합체 시의 순서에 맞게 פ라는 글자로 시작될 수 있다(פִיהוּ). Goldingay는 그것을 이전 줄의 일부로 남겨두며, 그것을 '[나는 절대 역경 속에 있지 않을 것이다]'라고 그가 맹세했다'라고 번역한다(Psalms 1-41, p.180).

13 히브리어 חֲצֵרִים를 헬라어 번역가들은 עֲשִׁירִים, '부유한', πλουσίων로 읽었다.

14 헬라어는 이 구절을 '그는 무죄한 자들(ἀθῷον)을 죽이기 위해 은밀한 곳에서 부자들과 함께 누워 기다리고 있다'고 번역한다.

15 본문을 보면 ע(עֵינָיו)라는 글이 전면에 나오도록 하기 위해, 이 줄에서 새로운 줄이 시작된다.

16 히브리어는 '숨다, 비장해두다'라는 צָפַן에서 나온 יִצְפֹּנוּ다. 편집자들은 헬라어역의 ἀποβλέπουσιν 과 더 밀접하게 관련하여 יְצַפּוּ('정보를 캐다'라는 의미의 צָפָה에서 나온)을 제시하며, '그의 눈은 가난한 자들에게 초점을 맞춘다'라고 읽는다. Kraus는 '세심히 살피다'라고 표현한다(Psalms 1-59, p.189).

17 본문에서의 형태(וְדָכָה)에 대해 케레 יִדְכֶּה는 '그가 짓밟히다'(he is crushed)라고 번역할 것이다. Goldingay는 대안이 될 만한 구문은 다음과 같은 것이라고 제안한다. '가련한 자들은 구푸러지고, 엎드리고, 넘어진다…'(Psalms 1-41, p.181). Kraus는 '그는 때려눕혀진다'(דָּכָא)라고 해석할 것을 제안했다. 그러면서 어떤 사람들은 이합체에 맞추기 위해 צ이 나오도록 동사의 주어로 '의인'이라는 말을 추가할 것을 제안했다고 덧붙인다. 하지만 이합체가 고르게 나오지 않기 때문에, 그럴 필요는 없다(Psalms 1-59, p.191). 이제 본문 글자들의 모음이 וְדָכָה라고 되어 있다면, 이 단어는 형용사적으로 '짓밟힌 자'라고 읽을 수 있을 것이다. 이것이 두 번째 콜론과 더 나은 대응을 이룰 것이다.

18 עֲצוּמָיו이라는 형태는 복수이며, 그래서 일부 사람들은 이것을 '그의 강한 자들'이라는 의미로 번역했다. 이 말은 아마 '사자' 새끼를 말할 것이다. 하지만 이것은 아마 추상적 복수인 '힘'으로 받아들여야 할 것이다.

19 חֵלְכָּאִים이라는 형태는 어렵다. 이것은 א가 기초어의 일부가 아닌, חֶלְכָה라는 단어인 것 같다. MT의 구두법에 따르면 이것은 חַיִל, '군대, 무리'이며, 복수와 함께 아마도 '낙담한 자들의 군대/무리'(חֵיל כָּאִים)라고 볼 수 있을 것이다. 하지만 다른 언어와 역본에 이 말이 나오는 것에 기초해서 볼 때, 이 형태 배후에는 아마 '약함'이라는 어근 חָלַךְ이 있을 것이다(헬라어에는 τῶν πενήτων, '가난한 자들'이라고 되어 있다).

11 그가 그의 마음에 이르기를 하나님이 잊으셨고

그의 얼굴을 가리셨으니 영원히 보지 아니하시리라 하나이다

ק 12 여호와여 일어나옵소서 하나님이여 손을 드옵소서

가난한 자들을 잊지 마옵소서

13 어찌하여 악인이 하나님을 멸시하여

그의 마음에 이르기를 주는(You)[20] 감찰하지 아니하리라 하나이까

ר 14 주께서는 보셨나이다 주는[21] 재앙과 원한을 감찰하시고

주의 손으로 갚으려 하시오니[22]

외로운 자가 주를 의지하나이다

주는 벌써부터 고아를 도우시는 이시니이다

ש 15 악인의 팔을 꺾으소서[23]

악한 자의 악을 더 이상 찾아낼 수 없을 때까지 찾으소서[24]

16 여호와께서는 영원무궁하도록 왕이시니[25]

이방 나라들이 주의 땅에서 멸망하였나이다[26]

---

[20] 헬라어와 수리아 역본에는 앞줄과 조화를 이루기 위해 이 동사의 삼인칭 형태가 나온다.

[21] 편집자들은 '주는'(for you)이라는 말을 중복어구로 간주해서 '주는 재앙과 원한을 감찰하시고'라고 해석할 것이다. '주는'이라는 말이 먼저 나왔을 수도 있다. 하지만 동사를 앞에 두었을 때(이합체시를 위해) 이것은 불필요한 것이 되었다.

[22] 히브리어는 단지 לָתֵת בְּ, '주다/받아들이다…'이다. 이 표현을 이사야 49:16에 나오는 것처럼 손바닥에 새겼다는 것과 비슷하게 하려는 시도는 무리. 이 구절은 단지 하나님이 그것을 돌보시리라고 말하며, 다음 줄은 그것과 조화를 이룬다('외로운 자가 주를 의지하나이다').

[23] 이 구분은 이 행의 의미와 어울린다. 하지만 MT의 강세와는 맞지 않는다. 거기에서는 '그리고 악한 자'를 두 번째 콜론에 놓을 것이다.

[24] 헬라어는 ζητηθήσεται라고 되어 있는데 이것은 שׁרָדְיִ, '그의 죄를 찾을 것이다'라고 해석하는 것을 나타낼 것이다. 마찬가지로, 이 행에 나오는 다른 동사 역시 수동태, εὑρεθῇ로 간주되었다. 그것은 יִמָּצֵא, '찾지 [못하는]'으로 해석하는 것을 나타낸다.

[25] 헬라어는 이것을 하나의 동사로, '다스릴 것이다'(βασιλεύσει)라고 해석한다.

[26] 이 번역은 완료 시제를 예언적 완료로 간주한다. 헬라어는 '이방 나라들이 멸망할 것이다'(ἀπολεῖσθε)라고 되어 있다. 이 동사가 역사적 간섭을 언급하고 있다면, 이것은 과거 시제일 것이다.

ㄲ 17 여호와여 주는 겸손한 자의 소원을 들으셨사오니
그들의 마음을 준비하시며
귀를 기울여 들으시고
18 고아와 압제 당하는 자를 위하여 심판하사
세상에 속한 자가 다시는 위협하지 못하게 하시리이다[27]

구성과 전후 문맥

시편 10편은 탄식하는 가운데 갑자기 하나님께 부르짖는 것으로 시작한다. 이 독특한 초점으로 인해 이 시편이 두 개의 시편으로 나누어지게 된 것일 수도 있다. 시편 10편에는 긴 탄식의 말이 나올지 모르지만, 전부 다 탄식은 아니다. 거기에는 악한 자의 억압에 대한 탄식과 신적 심판이 있을 것을 기대하는 승리의 환호가 흥미롭게 섞여 있다. 크라우스는 이 시편 전체가 처음에는 개별적인 감사의 노래로, 교훈 부분이 추가로 달려 있는 것이었을 수도 있다고 말한다. 그 추가 부분은 찬송가적 표현들, 탄식, 하나님이 버리신 것에 비추어 도움을 간청하는 것 등의 형태를 띤다.[28] 그 결과 현재 두 시편으로 되어 있는 것 전체를 연결하는 주제를 가진 예술적인 글이 나왔다. 이 글은 하나님이 악인들과 그들의 경멸 및 오만함을 멸망시켜달라는 기도다. 특히 그들이 성공적이지만 악한 자신들의 행동들을 자랑하기 때문이다. 혹은 바로 벌을 받지 않으면, 마치 하나님

---

27 이 행은 '세상에 속한'이라는 의미의 מִן הָאָרֶץ를 어느 위치에 두는가에 따라 두 가지 다른 방식으로 해석되어 왔다. 한 가지 방식은 전치사구를 לַעֲרֹץ와 결합해서 '사람들을 위협하여 땅에서 나가게 하다'라고 해석한다. 이것은 그들이 사람들을 내쫓고 있다는 의미일 것이다. 문제는 אֱנוֹשׁ, 곧 '사람'이 고난받는 자들이 아니라 폭군들에 대해 사용될 만한 말이라는 것이다. 그것이 고난받는 자를 언급한다면 우리는 '괴롭힘을 받는 자'라는 말을 예상했을 것이다. 두 번째 방법은 이 문구를 '사람'과 연결해서, 이 행을 '세상에 속한 자(mortal man)가 다시는 위협하지 못하게 하시리이다'라고 읽는다. '사람'(man)에 해당되는 단어는 교만한 약탈자를 경멸하기 위해 선택되었다. 그들은 여기에서 단지 세상에 속한 자일 뿐이다(하늘의 하나님과 대조해서).

28 Kraus, *Psalms 1-59*, p.198-199.

이 존재하신다 해도 자신들의 행동에 대해 벌을 요구하지 않는 것처럼 행동하기 때문이다. 탄식 부분(시 10:1-10)에서 이 시편은 악인들이 번영(5절), 안전(6절), 오만(4, 11절), 속임(7절), 폭력(8-10절) 가운데 있는 것에 대해 광범위하게 묘사한다. 그다음에 이 탄식은 하나님이 신실한 자들의 정당함을 입증하시는 것에 대한 찬양과 확신으로 바뀐다. 악인들이 지배하는 세상의 모든 무질서에도 불구하고, 여호와는 여전히 왕이시다(시 10:16). 그분의 주권에 대한 이 표현은 지존하신 하나님이시며(시 9:2) 세상의 심판자이신(시 9:4, 8절, 16절, 19절, 10:5, 18절) 여호와에 대한 확신에 찬 묘사의 연장선상에 있다. 시편기자는 여호와가 그분의 백성 가운데 거하시며 그들의 부르짖음을 실제로 듣고, 응답하신다고 단언한다. 악인들은 아직 쫓겨나지 않았을지 모르지만, 곧 그렇게 될 것이며, 그들이 심판받는 것은 신실한 자들이 옳다는 것을 입증할 것이다. 시편에서 표현된 쟁점들은 고대 문화에서 나왔을 것이다. 하지만 이것은 어느 시대에나 해당하는 문제다. 이 문제가 주는 어려움, 그리고 이 문제에 대한 믿음의 해결책들은 탐욕스럽고 권세 있는 사람들에게 억압을 당하며 끊임없는 테러의 위협과 함께 살아야 하는 현대 신자들에게도 공감되는 내용일 것이다.

최종적으로 고정된 지금의 형태로 볼 때, 이 시편은 세 부분으로 나누어진다. 첫 번째 부분은 현재는 악한 책략들로 형통하고 무죄한 사람들을 멸하겠다고 위협하는 행악자들에 대한 묘사다(1-11절). 두 번째 부분은 그런 사람들에게 제압당한 무력한 자들을 도와달라는 기도다(12-15절). 마지막 부분은 왕이신 여호와가 악한 억압자들을 심판하시고, 그분을 의지하는 가난한 자들이 옳다는 것에 대한 승리의 인식이다(16-18절).

석의적 분석

요약

시편기자는 하나님을 향한 악인들의 무시무시한 힘과 무력한 자들에 대한 그들의 폭력을 묘사한 후에, 주권적 왕이신 여호와께 악인들을 멸망시킴으로 억눌린 자들을 구원해달라고 호소한다.

개요

I. 시편기자는 하나님을 향하여 오만방자하고 무력한 자들을 폭력적으로 억압하는 악인들에 대해 무시무시한 묘사를 한다(1-11절).

    A. 그는 환난 때에 하나님의 도우심이 없는 것을 한탄한다(1절).

    B. 그는 악한 억압자들의 특징을 묘사한다(2-7절).

        1. 악인들은 교만함에서 약한 자들을 괴롭히고 하나님을 멸시한다(2-3절).

        2. 악인들은 자신감에 차서 정의를 요구할 하나님은 계시지 않다고 확신한다(4-5절).

        3. 악인은 마음속으로 누구도 자신을 막을 수 없다고 확신한다(6절).

        4. 악인은 거짓과 저주만을 말한다(7절).

    C. 그는 가련한 자들에 대한 악인의 강력한 공격들을 묘사한다(8-9절).

        1. 악인은 가련한 자를 잡기 위해 은밀한 곳에서 숨어 앉아 있다(8-9절).

        2. 악인은 무력한 자들을 짓밟는다(10절).

        3. 악인은 하나님이 자신을 잊어버렸으며 절대 보지 않으실 것이라고 확신한다(11절).

II. 시편기자는 하나님께 억압자들을 멸망시킴으로 신실한 자들의 정당함을 입증해달라고 간구한다(12-15절).

    A. 첫 번째 호소: 하나님은 가난한 자들을 구하기 위해 곧 행동하셔야 한다(12절).

    B. 이유: 악인이 더 이상 하나님을 멸시하는 것을 허용해서는 안된다(13절).

    C. 동기: 가련한 자들은 그들이 괴로움을 보신 하나님을 의지한다(14절).

    D. 두 번째 호소: 하나님은 억압자들을 멸하시고 악을 제거하셔야 한다(15절).

III. 시편기자는 하늘의 왕이신 여호와가 악인을 멸하시고, 신실한 자들의 정당함을 입증해달라는 자신의 기도에 응답하시라는 확신을 선포한다(16-18절).
   A. 선포: 여호와는 영원히 왕이시기 때문에 이방 나라들은 멸망할 것이다(16절).
   B. 확신: 여호와는 억압받는 자들의 정당함을 입증해주시고 유한한 인생에 불과할 뿐인 악인에 대한 두려움을 제거해달라는 기도를 들으셨다(17-18절).

주석 형태의 강해

I. 신실한 자들은 불경하고 폭력적인 억압자들의 위협을 받는 세상에서 살아간다 (1-11절)

A. 간혹 하나님이 멀리 떨어져 계신 것처럼 보일 때가 있다(1절)

시편은 하나님이 숨어 계신 것에 대한 즉각적인 탄식으로 시작한다. 당면한 괴로움도 문제지만, 시편기자에게는 하나님이 간섭하시지 않는 것이 더 큰 문제다. 첫 번째 구절은 수사학적 질문의 형태다. "여호와여 어찌하여 멀리 서시며 어찌하여 환난 때에 숨으시나이까." 이런 질문들은 이따금씩 탄식 시편에서 사용된다(예를 들어 시 13:1, 22:1-2). 이 질문들은 신실한 신자들이 언약의 하나님이신 여호와께 드리는 부르짖음이다. 이 질문들은 하나님이 스스로 거리를 두셨다는 느낌을 표현한다. 언약의 하나님은 멀리 서시거나 숨으시면 안된다. 이 담대한 비유들(신인동형론)은 여호와가 개입하시는 데 실패한 것을 의미한다. 마치 그분이 괴로움을 당하는 신자들에게서 멀찍이 떨어져 계시거나 환난(צָרָה)의 때에 숨어 계신 것처럼 말이다. 하지만 이런 질문들은 하나님이 가까이 오셔서 주의를 기울이도록 자극하기 위해 만든 것이다(참고. 시 22:11, "나를 멀리하지 마옵소서 환난이 가까우나 도울 자 없나이다").

B. 악인들의 억압을 견딜 수 없을 때가 있다(2-11절)

이제 시편은 문제에 초점을 맞출 것이다. 힘 있는 악한 자들은 자신들이 원하는 것을 얻기 위해 무죄한 사람들과 무력한 사람들을 멸망시키려 한다. '악한'이라는 단어가 일반적으로 '불경한' 사람들을 언급할 수 있지만, 여기에서는 만행을 저지르는 불경한 자들을 말한다. 이 단어는 단수이지만, 악한 사람들의 집단이다. 무죄한 자들과 가난한 자들을 나타내는 단어와 마찬가지다. 이 악한 사람들은 악의 있고, 신성모독적이며, 무자비하다. 그들은 거만하고 불경하며, 무신론자들이지만, 아마도 확신을 가진 사람들은 아닐 것이다.[29] 인간적 차원에서 보면 이들이 하려는 일들은 무엇이든 그 땅의 무력한 사람들을 쉽게 멸망시킬 것이다.

1. 그들은 오만하고 악의적 계획들을 세우면서 자신만만하다(2-7절)

이 첫 번째 주요 부분에서 시편은 악한 억압자들이 계획된 공격들을 감행할 때 얼마나 오만하고 불경한지 길게 묘사한다. 그들의 교만이 먼저 언급된다 (בְּגַאֲוַת). 악인들이 가련한 자들에게 고난을 가하는 것은 교만으로 인한 것이다. 본문은 악인들이 가련한 자들을 심히 압박한다(יִדְלַק)라고 말한다. '불타다'라는 개념을 가진 이 동사는 괴롭힘을 받는 사람들이 견디는 고난을 한층 강력하게 표현한다. 페로운이 말하듯이 그것은 마치 그들의 희생자를 뜨거운 풀무에 넣는 것과 같다고 말한다.[30] 시편기자는 고난에 대한 이런 일반적 개념을 진술하고 난 후, '그들'(이제는 복수 동사다)이 자신들이 상상한 혹은 꾸민(חָשְׁבוּ, 시 32:2의 같은 단어를 보라) 책략 혹은 꾀(מְזִמּוֹת)[31]에 잡힌다고 덧붙인다. 동사의 주어(יִתָּפְשׂוּ)

---

29 Kidner, *Psalms 1–72*, p. 71.
30 Perowne, *Psalms*, I:165.
31 그들의 꾀에 해당하는 단어(מְזִמָּה)는 '목적, 책략, 계획'에 대해 일반적으로 사용되는 단어다. 이것은 זָמַם라는 동사와 관련되어 있는데, 이 동사는 '꾀하다, 궁리하다, 고찰하다'라는 의미다. 이 단어 자체는 중립적이다. 그 목적들은 누가 그것을 궁리하고 있는가에 따라 선한 것일 수도 있고 악한 것일 수도 있다. 하지만 대부분의 일반적 용례들은 악한 계획들, 그리고 그것들을 계획 범죄로 만드는 악한 행동들과 관련되어 있다. 살펴볼 네 가지 영역의 용례들이 있다.

인 '그들'은 가련한 자들일 수도 있고 악인들일 수도 있다. 후자라면 이 구절은 악인의 멸망을 예상할 것이다. 실제로 가련한 자들 대신 그들이 자신들의 계획에 말려들게 된다.[32] 동사의 주어가 가련한 자들이라면, 즉 전후 문맥을 보면 그것이 더 맞는다. 그것은 탄식의 연속이며, 그것은 가련한 자들이 악한 사람들의 책략에 빠졌음을 나타낸다.

그다음에 악인의 교만은 그들이 자랑하고, 멸시하는 것에서 볼 수 있다(3절). 먼저 그가 자기 마음의 욕심에 따라 자랑한다(הָלַל, 시 33:1의 같은 단어를 보라)고 나온다. 이것은 아마 그의 욕심과 악한 계획들은 바로 자랑이라는 의미일 것이다. 그는 자기 마음의 욕심을 찬양한다. 악한 욕심이 무엇이든, 그들은 그것을 이루며, 그것에 대해 자랑한다. 이 동사는 특징적 완료다. 그다음에 나오는 '축복하다'(개역개정은 he blesses the greedy를 '탐욕을 부리는 자는'이라고 번역했다 – 역주)와

첫 번째 범주는 긍정적인 것이지만, 매우 흔한 것은 아니다. 이 동사는 '고찰하다, 방향을 갖다'라는 의미이며, 명사는 '방향'이라는 의미다. 잠언 31:16은 여인이 '밭을 살펴보고 사며'라고 말한다. 잠언 1:4은 그 책의 목적이 젊은 자에게 지식과 근신함/목적 – 목적이 있는 지식(자기 혼자 힘으로 행동하거나 판단할, 혹은 올바른 선택을 할 능력)이라고 말한다.
두 번째 범주는 더 흔한 것이다. 이것은 '계획, 목적, 궁리'를 의미한다. 인간에 대해 사용했을 때는 이 동사와 명사들은 모두 계획 혹은 목적이라는 의미를 지닌다. 보통은 나쁜 의미다. 이것은 창세기 11:6에서 악한 목적을 갖고 일을 시작한 바벨 세대에 대해 사용된다. 시편에서 그것은 종종 악한 사람들의 악한 음모나 계획을 묘사한다(시 10:2, 10:4, 21:11). 이 본문들은 종종 이 단어를 חָשַׁב, '생각하다, 계획하다'라는 단어와 비교해서 계획 수립에 대한 강조를 강화한다.
때로 명사 מְזִמָּה은 계획된 악한 행동들에 대해 사용된다(이 범주는 환유에 의해 생겨나 자라났을 것이다). 잠언 12:2는 악을 꾀하는 사람에 대해 말한다. 그는 분명 다른 사람들이 그의 계획들에 대해 알도록 무언가를 하고 있어야 했다. 시편 37:7은 사람들에게 악인이 그들의 계획을 수행할 때 두려워하지 말라고 말하면서, 연결 부위를 제공한다. 시편 139:20은 여호와의 이름을 헛되이 입에 올리는 사람들에 대해 말한다. "그들이 주를 대하여 악하게 말하며." 우리는 또한 관련된 단어인 מְזִמָּה이 미리 계획한 악한 행동들에 대해 사용되는 것을 발견한다. 호세아 6:9에 나오는 살인 같은 것이다. 하지만 이것은 또한 모든 중대한 죄들, 간음, 근친상간, 우상숭배 등과 같은 것에 대해서도 사용된다. 이것들은 모두 계획된 것이며 그렇기 때문에 사전에 계획한 범죄다.
마지막으로, 동해복수법적 정의에 의해 이 집단의 단어들은 종종 하나님의 계획 혹은 목적들에 대해 사용된다. 가장 자주 사용되는 것은 사람들의 계획된 악에 대해 그들을 벌하는 것이다(렘 23:20, 30:24, 51:11; 슥 1:6을 보라). 마지막 본문에서 사람들은 여호와가 계획하셨던 그대로 그들에게 행하셨다고(포로로 잡힘) 인정했다. 그리고 스가랴 8:15에서 이 동사는 어떻게 여호와가 그분의 백성을 위해 선한 일을 계획하시는지 묘사한다.

32 A. A. Anderson은 이 동사를 명령법으로 본다. '그들이 빠지게 하소서…' 그가 이렇게 복수 동사를 사용한 것은 '악인들'을 가리키는 집합명사에 기초한 것이다(*Psalms 1–72*, p.114).

'멸시하다'라는 동사들처럼 말이다. 이 동사들은 악인의 행동의 특징을 표현한다. 그것은 과거와 현재에는 해당되지만 미래에는 해당되지 않을 것이다.

그다음에 악한 것들에 대한 그들의 잘못된 자랑을 보여주기 위해, 본문은 악한 사람들이 '강도(בֹּצֵעַ)를 축복한다'라고 말한다. 강도가 꼭 노상강도, 혹은 침입해서 훔쳐가는 도둑을 말하는 것일 필요는 없다. 그는 영악하고 무자비한 탐욕스러운 사업가, 다른 사람들이 투자한 것을 파산에 이르게 하고서도 한 몫 잡고 떠나는 사람일 수도 있다. 악한 사람은 성공하기 위해 불운한 사람들을 이용할 수 있는 사람을 찬양할 수밖에 없다. 그것이 그들이 이해하는 세상이다. 악인들이 범죄자들을 축복한다면, 그는 반드시 필연적으로 그런 활동을 금하는 여호와를 멸시할 수밖에 없다. 이 단어(נִאֵץ)는 '얕보다, 경멸하다, 멸시하다'라는 의미이다. '축복하다'와는 대조적으로 그것은 멸시를 의미한다. '멸시하다'라는 것은 어떤 사람에 대해 나쁘게 말하는 것 이상이다. 그것은 증오와 경멸을 추정한다. 물론 역설적인 것은 사람들은 여호와를 축복하고 강도를 멸시해야 한다는 것이다.

4절에서 이 시편은 오만함과 불경함에 대해 말한다. 본문은 문자적으로 '악인은 그의 얼굴의 높아짐을 따라(כְּגֹבַהּ אַפּוֹ), 말한다.'[33] 이것은 교만, 오만한 표정, 거만한 표현이다. 그의 외모 자체가 경멸하는 오만함을 보여준다. 그런 교만한 사람은 하나님이 '그것을 요구하지 않는다'(בַּל־יִדְרֹשׁ)고 확신한다. 아마 하나님이 그에게 그의 범죄에 대한 해명을 하라고 요구하지 않는다는 의미일 것이다(그에 반해 13절을 보라). 마지막 행은 그가 사실상 무신론자임을 보여 준다. "그의 모든 사상에 하나님이 없다 하나이다." 악한 계획의 기초가 되는 모든 것의 특징은 법에 따라 처벌할 하나님이 없다는 개념을 갖고 있는 것이나.

---

[33] 물론 두 번째 단어는 '분노'로 번역될 수 있다. 하지만 '그의 분노의 높아짐'이라는 말은 잘 풀어 써서 (악인들의 견해에 의하면) 심지어 여호와의 분노가 높을 때에도 그분은 악인들로부터 어떤 것도 요구하지 않는다는 의미를 나타내도록 해야 할 것이다(A. A. Anderson, *Psalms 1-72*, p.114을 보라). 이런 맥락에서 이 말이 악인의 얼굴에 나타난 경멸하는 교만한 표정을 말한다고 보는 것이 더 간단하다.

그가 가는 인생 행로는 확실하다. 적어도 세상의 척도로 보면(동사 יָחִיל는 '힘, 권능'을 뜻하는 חַיִל과 관련이 있다. 시 49:6의 같은 단어를 보라) 그는 강하고 번창하는 것처럼 보인다. 그의 계획과 행동에는 아무런 약점이나 흔들림도 없는 듯하다. 그의 견해에 따르면, 하나님의 심판(מִשְׁפָּטִים, 시 9:4의 같은 단어를 보라)은 그보다 훨씬 위에, 그가 전혀 보이지 않는 곳에 있다. 다시 말해 설사 하나님이 계시다 해도, 하나님의 결정들은 그와 아무런 관계가 없고 효과도 없어서, 하나님의 뜻은 고려조차 하지 않는다는 것이다. 그것을 의의 길과 대조시킬 수 있다. 하나님의 길과 생각은 언제나 그들 앞에 있기 때문이다(시 18:22-23). 하지만 악인은 그의 악한 계획을 막는 사람이 아무도 없으므로, 자신의 모든 대적을 멸시한다. 이 동사는 '콧방귀 뀌다, 혹 불다'이다. 이것은 비유, 수식어의 환유로, 혐오, 경멸, 조롱 등을 의미한다. 악한 제사장들이 마찬가지로 의식을 경멸하여 '코웃음 치는' 것과 마찬가지다. 그는 자신에 대해서나, 신적 간섭이 없을 것에 대해서 굳게 확신하므로, 전혀 신경을 쓰지 않는다.

6절에 따르면 그는 자신이 흔들릴 수 있다고 생각하지 않는다(בַּל־אֶמּוֹט, 시 62:2의 같은 단어를 보라). 즉 그의 행동 경로에서 흔들리지 않는다는 것이다. 그리고 이러한 안정감을 갖고, 자신이 절대 역경이나 불운에 직면하지 않을 거라고 믿는다.[34] 지금도 그렇고, 앞으로도 그렇다는 것이다. 그는 분명 당면한 환경들에 의해, 자신의 오만과 자신감에 눈멀어 있다.

그런 교만과 불경함, 사람들에 대한 적대감으로, 이 악인은 입을 열 때마다 자신의 성품을 드러낸다. 그의 입은 저주(אָלָה) - 이 맥락에서는 아마도 무모한 거짓 맹세(59:12-13; 호 4:20을 보라)와 거짓(מִרְמוֹת, 시 5:7의 같은 단어를 보라) - 특히 그가 관여하는 모든 모험 사업의 고용에서 손해 혹은 억압(תֹּךְ에서 나온 תֹּךְ)이 충만하다.[35] 그의 혀(표현할 준비가 된 말이나 거짓을 특징으로 하는 말 가운데 하나를 의미한

---

34 אָלָה라는 단어를 다음 문장이 아니라 이 문장에 속한 것으로 본다면, 그리고 그것이 '그가 말하다'와 같은 의미의 '그가 맹세하다'라는 동사라고 본다면, 그것은 그가 절대 불운에 직면하지 않을 것이라는 의미가 될 것이다(또한 Briggs, *Psalms*, I:86을 보라).

다) 밑에는 잔해(עָמָל)와 죄악(אָוֶן, 시 28:3의 같은 단어를 보라)만 가져오는 것들이 있다. 사람들에게 주는 경고는 심지어 시편의 이 부분에서도 분명히 나타나야 한다. 어떤 개인이 하나님을 멸시하고 부인하며, 자신의 행동에 대한 어떠한 책임도 부인하고, 더 약한 사람들을 희생하고 얻은 승리를 자랑한다면, 사람들은 그런 사람과 어떤 사업상 거래나 사회적 접촉도 피하라는 경고를 받을 것이다.

2. 그들의 공격들은 은밀하고 갑작스럽다(8-11절)

이제 시편기자는 방향을 돌려 악인이 어떻게 무력한 사람들을 공격하는지 말한다. 그것은 매복으로 묘사된다. 8절은 악인이 마을 곁의 은밀한 곳에 앉는다고 말한다. '마을'이라는 이 단어는 울타리로 둘러싸여 있지 않은 지역으로, 공격에 취약한 지역을 의미한다. 은밀한 곳(מַאְרָב)이 정확하게 무엇인지는 분명하지 않다. 그것은 무력하고 불운한 사람이, 앉아서 기다리는 누군가에 의해 공격을 당하기 알맞은 지점을 묘사하는 듯하다. 이것은 공개적인 대결이 아니라 은밀한 공격이다. 본문은 그가 마치 그를 죽이기에 적절한 순간을 기다리면서 죽일 수 있는 가능성을 마음에 품고 있는 것처럼 은밀히 지켜보고 있다고 말한다. 그 희생자는 무죄한 자(נָקִי, 시 19:13의 같은 단어를 보라)와 약한 혹은 무력한 자(חֵלְכָה) – 때로는 '불운한' 자라고 번역되는 – 그리고 의심하지 않는 자라고 불린다. 본문은 그 의도가 무죄한 사람을 죽이는 것이라고 말한다. 이것은 테러 행위에 익숙한 사람들이 잘 알듯이 문자적으로 받아들일 수도 있을 것이다. 하지만 이 말은 더 광범위한 의미에서 희생자를 망치는 것을 언급하는 것일 가능성이 더 많다. 사법적으로 법의 절차를 따르지만, 그 과정에서 정의를 왜곡하는 듯 보이는 사람을 생각할 수 있다. 나봇의 포도원을 빼앗으려고 그를 사법적으로 살인한 경우와 같다(왕상 21장). 이 경우에는 실제로 무죄한 사람을 죽였다.

---

35 이 구절에서 '저주'를 제거하면, '잔해와 죄악'이라는 말과 대응을 이루는 '거짓과 포악'이라는 좀 더 깔끔한 한 쌍의 단어가 남는다.

하지만 그것은 적절한 법적 결정처럼 보이도록 만들어졌으며, 모든 것이 나봇의 재산에 대한 아합의 탐욕을 만족시키기 위한 것이었다.

잠복이라는 주제는 9절에서도 이어진다. 이제 악인은 자기 굴에서 은신한 채, 먹이를 잡으려고 기다리는 사자에 비교된다. 그는 가련한 자를 잡으려고 숨어 있거나 잠복해 있다(יֶאֱרֹב). 그리고 "자기 그물을 끌어당겨"[부정사는 그가 어떻게 그들을 잡는지 묘사한다. 즉 그들을 끌어당긴다는(בְּמָשְׁכוֹ) 것이다] 그를 잡는다. 이제 비유는 사냥꾼의 비유에서 그물의 비유로 바뀐다(암시된 비교). 희생자에게 은밀하고 갑작스레 펼쳐지는 악한 계획은 그물과 같으며, 영악한 책략은 무죄한 자를 끌어들여 그가 잡히도록 할 것이다.[36] 그 결과는 무력한 자들의 멸망이다(10절). 이 구절은 가련한 자들을 묘사하는데, 먼저는 '구푸린' 것으로, 그다음에 '무력한' 것으로 묘사한다. 첫 번째 단어는 본문 구조상 해석하기 어렵다. 이것은 동사로 읽을 수 있을 것이다. '그가 구푸려진다'는 것이다. 이것은 '무력한 자'를 주어로 볼 수도 있을 것이다. '그 무력한 자는 구푸리고 엎드리고 넘어진다…' 아니면 그것은 '구푸러져서 그는 엎드리고 넘어진다'는 의미의 그다음 동사에 종속될 수도 있을 것이다. 그다음 독법은 형용사로 설명될 수 있을 것이다. '구푸러진 자가 엎드러진다…' 이것은 두 번째 콜론과 깔끔한 대비를 이룰 것이다.

다른 단어 역시 문제의 소지가 있다. 이것은(חֵלְכָה) 이 시편에서 단수형으로 두 번, 복수형으로 한 번 나온다. 이 단어는 '약함'에 해당하는 명사와 관련이 있으며, 그래서 '무력한' 혹은 심지어 '불운한'을 의미한다. 연약한 사람인 가련한 사람은 악한 사람의 계획적인 공격에서 적수가 되지 못한다. 그래서 동사들의 비유적 표현들이 결과를 말해준다. 그는 원수의 포악 때문에 엎드러지고 넘어진다는 것이다. 악인들은 압도적으로 강하다. 사실상 '포악'에 해당하는 단어는 그 개념을 강조하기 위한 추상적 복수로써, 복수형으로 쓰여 있다. 약하고 가련한 사람들은 그저 압도당한다. 이것이 악인의 공격에 대한 시편기자의 묘사다.

---

36 시편 9:15에서 그들의 발이 결국은 자신들이 숨겨놓은 그물에 걸린 것을 상기하라.

시편기자는 거기서 끝나지 않는다. 그는 교만한 파괴자가 여전히 자기는 아무런 벌도 받지 않고 넘어갈 거라 확신한다고 지적한다. 11절은 4절의 주제를 반복한다. 하지만 이번에는 더욱 설득력이 있다. 그는 마음속으로 "하나님이 잊으셨다"라고 말한다.[37] 이것은 그가 하나님이 존재하신다는 것은 인정하지만, 인간사에 개입하시는 하나님은 인정하지 않는다는 것을 시사한다. 하나님이 '잊으셨다'고 말하는 것은 그분이 그것에 따라 행동하지 않으셨다는 의미다.[38] 그는 하나님이 "그의 얼굴을 가리셨"고 "영원히 보지 아니하"셨다고 덧붙인다(둘 다 신인동형론이다). 즉 하나님은 가련한 자들에게서 그분의 은총을 거두셨고 필요에 주의를 기울이지 않으셨다는 것이다. 그의 생각은 만일 하나님이 계신다면 그분은 개입하실 수 없든가 아니면 개입하려 하지 않으시든가 둘 중 하나라는 것이다.

현대의 독자들은 이것을 악인, 힘 있고 무자비한 사람들, 심지어 테러리스트라는 견지에서 쉽게 생각해볼 수 있다. 그들은 자신의 이익이나 대의를 위해 은밀히 숨어서 무죄하고 무력한 희생자들을 찾아 멸망시키려 한다. 그리고 그 행동을 자기 친구들과 동조자들에게 자랑하고 그 과정에서 하나님을 조롱한다. 가련한 자들은 무익하다는 느낌에 시달린다. 그들이 아무리 방심하지 않고 부단히 경계해도, 그들은 그런 공격에 대해 무력하기 때문이다. 하지만 그들에게는 확실한 자원이 있다. 바로 하늘에 계신 하나님이시다.

II. 신실한 자들은 하나님께 그분의 백성을 도와달라고 기도할 수 있다(12-15절)

A. 그들은 갑작스럽고 강력하게 구조해달라고 기도할 수 있다(12절)

12절에서 시편의 어조는 돌연 단절된다. 악인들의 지배에 대해 탄식하다가 갑

---

[37] 시편 9:12에서 시편기자가 하나님은 가난한 자의 부르짖음을 잊지 않으셨다고 말하는 것을 상기하라.
[38] 마찬가지로, 하나님이 어떤 것을 기억하신다고 말하는 것은 하나님이 자신이 기억하는 것에 의거해서 행동하신다는 의미다. 아니면 그분이 우리의 죄를 더 이상 기억하시지 않는다고 말하는 것은 그분이 우리를 향해서 그것을 기억하지 않으시리라는 의미다. 하지만 하나님은 하나님이시므로 모든 것을 똑같이 잘 아신다.

자기 하나님께 와서 그의 백성을 도와달라는 기도로 바뀌는 것이다. 그것은 도움과 복수를 청하는 부르짖음이다. 시편 9절을 상기하면서, 브로일스는 이 간구가 하나님께 이전에 찬양을 이끌어냈던 행동을 다시 해달라고 요청하는 것이라고 말한다.[39] 기도는 담대하게 시작된다. "여호와여 일어나옵소서 하나님이여 손을 드옵소서 가난한 자들을 잊지 마옵소서." 하나님께 일어나시라고(קוּמָה)요구하는 것은 하나님이 이제 행동을 시작하시라고 요구하는 한 가지 방법이다(시 3:1의 같은 단어를 보라). 하나님께 일어나라고 요구하는 것은 대단히 인간적인 개념이다. 그리고 그것은 담대한 개념이다. 그것은 하나님께 외견상 무관심하고 아무 활동도 하지 않는 것처럼 보이는 것을 중단하시라고 요구하는 것이기 때문이다. 하나님께 그분의 손을 드시라고 호소하는 것은 신적 간섭을 요구하는 것이다. 사실상 손을 드는 행동은 악한 자들을 향한 적대감을 나타내는 신적 행동으로 해석할 수 있을 것이다.[40] 하나님께 잊지 마시라고 요청하는 것은 교만한 자들의 거짓 가정을 뒤집는 것이며, 하나님이 가난한 자들을 잊지 않으신다는 확신에 기초하고 있는 호소다(시 9:12). 그것은 실제로 하나님께 기억해달라는, 즉 그분의 가련한 백성을 위해 행동하시라는 요청이다. 그 가련한 사람들은 여호와를 의지하며 도와달라고 그분께 부르짖는 사람들이다. 그리고 억압자들은 하나님을 멸시하고 폭력을 좋아하는 악한 불신자들이다. 시편기자는 하나님이 무엇을 하셔야 하는지 명백히 알고 있었다. 나중이 아니라, 지금 말이다.[41]

B. 그들은 하나님의 명예에 기초하여 호소할 수 있다(13절)

이 호소는 하나님의 명예에 기초한다. 그 명예는 악인들의 신성모독에 의해 도전을 받았던 것이다. 왜 악인들은 여호와를 멸시했는가? 왜 그것에 대해 해결

---

39 Broyles, *Psalms*, p.78.
40 이 개념은 사무엘하 20:21에 예시되어 있다. 거기에서 우리는 어떻게 세바가 다윗왕에 대하여 그의 손을 드는지 읽게 된다.
41 기억하고 복수하시는 분은 여호와시라는 것을 상기해보라(9:12).

하지 않은 채 지나가야 하는가? 왜 악인들이 하나님이 자신의 죄에 대해 책임을 묻지 않으실 것이라고 착각하도록 놔두어야 하는가? 시편기자가 생각하는 하나님이 간섭하셔야 하는 이유는 악인의 계획이 성공한 것처럼 보이면서 그가 오만하게 구는 것에 의해 하나님의 영예가 치욕을 당한 것과 관련되어 있다. 하나님이 자기 백성을 구할 때, 그분은 자신의 평판도 구하시게 될 것이다.

C. 그들은 하나님이 보시고 그분의 백성을 위해 간섭하신다고 확신할 수 있다(14절)

14절에서 시편기자는 하나님이 문제를 아시고 곧 그들을 구해주시리라는 것을 인식한다. 이 행은 "주는 재앙과 원한을 감찰하시고//주의 손으로 갚으려 하시오니"[42]라고 말한다. 시편기자는 악한 자의 말에 강력하게 항의한다. 악한 자들은 하나님이 그들의 악한 행동들을 보셨다고 생각하지 않았다. 하지만 시편기자는 하나님이 보셨다고 주장한다. 그분은 언제나 사람들의 행위를 보시기 때문이다(그분은 아시며, 관여하신다. 시 33:13, 80:15을 보라). 이 행에 시편기자는 과거에 있었던 하나님의 간섭들을 포함한다. '주는 전에 이 일을 하셨으며, 그 일을 다시 행하셔야 합니다.' 그래서 무력한 사람은 그것을 여호와께 맡긴다. 그분은 아마도 가장 취약하고 적은 자원을 갖고 있는 사람인 고아를 돕는 이가 되셨다. '도우시는 이'(עוֹזֵר)라는 단어는 종종 하나님을 묘사한다. 그것은 그분이 사람들이 스스로 할 수 없는 일을 그들을 위해 하실 수 있다는 의미다(시 46:1의 같은 단어를 보라).

---

[42] 첫 번째 동사는 격언적 완료로 분류할 수 있을 것이다. 하나님은 언제나 고통받는 자들의 고통을 보신다. 그것은 시편기자가 이제 인정하는 사실이다. 두 번째 동사는 유사한 것이며 그래서 습관적 미완료로 볼 수 있을 것이다. 하지만 그것을 미래로 보는 주장도 있을 수 있다. 주님이 보시기 때문에, 그 문제를 처리하심으로 '주님이 관심을 보이실 것이다'라는 것이다.

D. 그들은 하나님께 악인들을 멸망시켜달라고 기도할 수 있다(15절)

이 기도는 반복된다. 하지만 지금은 훨씬 더 담대한 이미지와 함께 나온다. 첫 번째 간구는 악인의 "팔을 꺾으소서"라는 것이다. 이 행은 아마 악센트보다는 의미를 따른다. 그래서 '악한 자'(and the evil man)라는 말을 이 목적어와 결부시킨다. "악인(the wicked and the evil man)의 팔을 꺾으소서"[43]라는 것이다. 여기에는 비유적 표현이 포함되어 있다. 문자적 의미는 악인들이 그들의 악한 계획들을 수립하고 실행하는 것을 막지 못하기 때문이다. 팔을 꺾는다는 개념은 그들의 힘을 깨뜨린다는 의미다(참고. 시 44:3). 이 기도는 하나님이 그들의 공격 능력을 파괴시켜달라는 것이다(원인의 환유, 팔은 계획을 실행하는 데 사용되기 때문이다).

두 번째 콜론에서 시편기자는 하나님이 악을 더 이상 찾아낼 수 없을 때까지 악을 찾아내달라고 기도한다. 즉 악을 완전히 제거해달라는 것이다. '해명을 요구하다'(10:13에서처럼)라는 말이 복수의 의미를 포함하긴 하지만, 이 구절에서 '찾는다'는 것은 '복수하다' 혹은 '보복하다'(9:12)라는 개념에 더 가까울 것이다. 이 행의 요점은 악이 사라진다는 것이다. 하나님이 그것을 찾으시고 멸하신다면, 그것은 더 이상 발견되지 않을 것이다. 이것은 신약 신자들에게는 적절한 기도처럼 보이지 않을지 모른다. 그럼에도 불구하고, 신자들이 여호와가 빨

---

43 '악한'(רַע)이라는 단어는 죄를 나타내는 또 다른 주요 단어다. 그리고 그것은 רָשָׁע과 중복되긴 하지만, 다른 의미를 지닌다. 관련된 단어들이 몇 개 있다. '나쁨, 악'을 의미하는 명사 רַע, '나쁜, 악한'을 의미하는 형용사 רַע, '악, 비탄, 불행'을 의미하는 명사 רַע와 여성명사 רָעָה, 그리고 명사에서 파생한 동사로 '나쁘게 되다, 악하게 되다'라는 의미의 רָעַע가 있다. 이 모든 단어는 죄에 대한 일반적 묘사로 사용된다. 하지만 그것이 구체적으로 죄를 묘사하지 않는 본문들은 '손해' 혹은 '고통'이라는 개념을 지닌다. 형용사는 유쾌하지 않은 것, 고통을 주는 것, 혹은 불행을 유발하는 수많은 것들을 묘사할 수 있다. 즉 악한 날들(창 47:9), 악한 보고(창 37:2), 고통스러운 징계(잠 15:10), 나쁜 물(왕하 2:19), 쓴 무화과(렘 24:2), 슬픈 마음(잠 25:20) 등이다. 그리고 동사도 마찬가지로 뭔가 불쾌한 것(욘 4:1), 슬픈 것(신 15:10), 혹은 역경과 수고 속에 사는 것(출 5:19) 등을 말할 수 있다. '악한' 것은 불쾌하면서, 사람의 건강과 안녕에 해롭거나 아니면 단순히 그것에 도움이 되지 못하는 것이다. 이런 의미에서 그것은 '선한' 것의 반대다. 선하다는 말은 생명과 그것을 누리는 것을 촉진하고, 보존하고, 고양시키는 것들을 묘사한다(예를 들어, 창세기 31:52에 따르면 라반은 야곱을 돕거나 해를 끼치는 것이 허용되지 않았다). "빨리 악으로 달려가는 발"(잠 6:18)은 분명 해를 끼치려고 열심인 것을 의미한다. 일반적으로 손해와 불쾌함을 묘사하는 '악'에 해당하는 단어들의 수많은 용례를 보면 그 말이 죄를 말할 때, 그것이 다른 사람들에게 고통과 불운을 일으킨다는 함축을 지닌다.

리 오시도록 기도한다면, 그들은 그분이 오셔서 세상을 심판하시고 악을 완전히 제거하시도록 요청하는 것이다.

III. 신실한 자들은 여호와가 악인을 심판하실 때 자신들의 정당함을 입증해주실 것이라고 확신한다(16-18절)

A. 신실한 자들은 여호와의 주권을 선포한다(16절)

시편기자는 찬송가 방식으로 마무리하면서, 하나님의 주권에 대한 절대적 확신을 신적 왕권이라는 견지에서 표현한다(예를 들어 시 29:10, 47:7, 93:1). 그는 이 세상에 있는 사람들의 일시적 악과는 대조적으로, 여호와가 영원무궁하도록 왕이시라고 선포한다. 요점은 현재의 이 악한 시대는 일시적이고 제한된 것이지만, 여호와의 통치는 영원하고 보편적이라는 것이다.

이 점이 미치는 영향은 민족들이 그의 땅에서 멸망하리라는 것이다(16절 하).[44] 이 동사는 완료 시제이며(אָבְדוּ), 그것은 무엇이 일어날 것인지 말하는 예언적 완료로 받아들일 수 있다.[45] 헬라어 번역은 단순히 그것을 미래로 번역했다. 시편이 하나님의 신원을 바라는 기도라는 사실에 비추어볼 때, 저자는 이 절이 미래에 실현될 것을 마음속에 두고 있었음이 분명하다.

B. 신실한 자들은 하나님이 그 모든 두려운 악을 끝내실 것이라고 확신할 수 있다(17-18절)

이와 일치하는 것은 이 시편의 마지막 부분이다. 거기에서 저자는 하나님이 겸손한 자(afflicted)의 소원을 들으셨다는[46] 확신을 표현한다. 그리고 하나님이 악

---

[44] 시편 9:5에서 이방 나라들이 책망을 받았던 것을 기억하라.

[45] 또한 이 동사를 하나님의 구원 프로그램의 역사를 통해 오랜 기간 일어난 것을 언급하는 동사로 볼 수도 있을 것이다.

[46] 시편 9:18의 "가난한 자들(afflicted)이 영원히 실망하지 아니하리로다"라는 말씀을 기억해보라.

인의 팔을 꺾으시고 그들이 일으킨 두려움을 무효로 만들어달라고 소원한다. 이 동사는 완료 시제로 되어 있다. 이는 하나님이 겸손한 자들의 기도를 들으셨다는 그의 확신을 표현한다. 그 구절에 나오는 그 다음 두 동사는 미완료로, '당신이 견고하게 하시다'와 '당신이 귀를 기울여 들으시다'라는 것이다. 이 미완료들은 하나님이 들으신 결과 지금 행하고 있는 것을 묘사하는 진행형 미완료로 분류할 수 있을 것이다. 하나님은 그들의 마음을 준비하시고 그들의 부르짖음에 주의를 기울이고 계신 것이다.

겸손한 자의 소원은 18절에서 좀 더 충분히 최종적으로 표현된다. "고아와 압제당하는 자를 위하여 심판하사 세상에 속한 자가 다시는 위협하지 못하게 하시리이다."[47] '심판하다'라는 동사에는 '정당함을 입증하다'라는 의미가 있다. 고아와 압제 당하는 자들은 악한 억압의 가장 취약한 희생자들이기 때문이다. 하나님이 악인을 멸하신다면, 무죄한 희생자들은 구조될 뿐 아니라 여호와에 대한 그들의 믿음이 정당하다는 것을 입증받을 것이다. 이 구절에서 악인은 단순한 인생들로 묘사된다(אֱנוֹשׁ은 '연약한 자'라는 함축을 지니고 있을 수 있다. 즉 어떤 사람이 아무리 강하다 해도 그는 여전히 세상에 속한 자, 이 세상의 인생들이다). 이들은 세상의 폭군들(시 9:10을 보라), 경건한 모든 것보다 자신을 높이고, 자신이 무적의 존재라 여기며, 무엇인가를 요구할 수 있는 하나님의 능력을 비웃는 사람들이다. 시편기자는 그들을 세상에 속한 인생이라고 부름으로써, 그들이 그저 죽을 수밖에 없는 인생임을 나타내며 그들에게 경멸을 퍼붓는다. 결국 그것은 죽을 수밖에 없는 인생과 영원하신 왕, 세상의 폭군과 하늘의 하나님의 문제다.

---

[47] 이 구문은 동사적(verbal) 중언법을 사용한다. '더 이상 위협하는 일에 더하지 못하게.'

메시지와 적용

시편 10편이 하나의 독립적인 강해로 발전한다면, 시작부에서는 분명 무자비하고 강력한 사람들의 악한 억압을 견뎌야 하는, 가련하고 신실한 자들의 탄식할 만한 곤경을 강조할 것이다. 이로 인한 억압과 공포에도 불구하고, 신실한 자들은 악인을 멸하고 신실한 자들을 구해달라고 확신 있게 기도할 것이다. 하나님이 영원하신 왕이고 신적 재판관이기 때문에 바로 그 일을 하시리라는 것을 알기 때문이다. 우리는 다음과 같은 말로 시편 10편의 개념을 요약할 수 있다. *악인과 힘 있는 사람들이 약한 자들을 두렵게 하고, 억압하며, 심지어 멸한다 해도, 고난받는 하나님의 백성은 신적 심판을 구하며 확신 있게 기도할 수 있다. 여호와는 영원하고 의로운 왕이시기 때문이다.* 여기서 초점은 악한 세상에 사는 의인들의 유일하고 최고의 자원인 기도이다. 기도가 최고의 자원인 것은 여호와가 영원한 영광의 왕이며 온 세상의 의로운 재판관이시기 때문이다.

시편 9편과 10편이 하나의 강해적 메시지로 발전한다면, 이 메시지는 모든 기본적 개념을 포괄하고 구체적 문제들을 다루는 매우 조직적인 것이 되어야 한다. 강해적 개요를 발전시킬 때, 각 시편의 주요 개념이 주된 요점들이 될 것이며, 그렇게 되면 각 시편의 주 요점들은 세부적 요점이 될 것이다.

I. 하나님은 악한 자들을 심판하심으로 의를 보여주셨기 때문에, 신자들은 현재 하나님의 보호에 대해 그분을 찬양하고, 장차 하나님이 정당함을 입증하실 것에 대해 신뢰할 수 있다(시 9편).

    A. 하나님은 그분의 백성을 보호하시고 악인들을 멸하심으로, 의를 보여주셨기 때문에 찬양받으셔야 한다(시 9:1-12).

    B. 하나님은 악인들을 심판하시고 그분 안에 피하는 가련한 사람들의 소망을 성취하실 것이기 때문에 신뢰받으셔야 한다(시 9:13-20).

II. 악인과 힘 있는 사람들은 약한 사람들을 억압하고 파멸시켰기 때문에, 신자들은 신적 정의를 위해 확신을 갖고 기도할 수 있다. 하나님이 영원하신 왕이며 의로우신 재판관이심을 알기 때문이다(시 10편).

   A. 하나님의 백성은 악하고 불경한 사람들에게 위협을 받고 억압받는 세상에서 살아야 한다(시 10:1-11).

   B. 하나님의 백성은 여호와가 그분의 백성을 잊지 않으시기 때문에 확신을 가지고 구원을 위해 기도해야 한다(시 10:12-15).

   C. 하나님의 백성은 영원한 왕이신 여호와가 악인들을 이 땅에서 멸망시키실 때 자신들의 정당함이 입증되기를 기대할 수 있다(시 10:16-18).

그렇다면 이 전체 메시지에 대해, 본문의 진수를 포착하는 설교 개념을 발전시킬 수 있을 것이다. 그것은 두 시편을 포괄할 정도로 폭넓어야 하지만, 하나의 강해로 이해될 정도로 짧아야 한다. 하나님의 고통받는 백성은 악인의 폭정을 의기양양하게 극복한다. 하나님이 과거에 그들에 대한 사랑의 보살핌을 베푸셨고, 현재 도움을 구하는 그들의 부르짖음을 들으시며, 미래에 악인을 심판하러 오실 때 그들의 정당함을 입증해주실 것이기 때문이다. 신자들에게 주는 명령은 하나님이 과거에 보호해주신 것과 미래에 그들의 정당함을 입증해주시겠다는 약속을 기뻐하고, 억압과 위험의 기간에 온전히 그분을 신뢰하며, 악인에 대한 심판을 통해 그분이 약속하신 구원이 오도록 열심히 기도하고, 지극히 높으신 하나님, 의로운 재판관, 영원하신 왕이신 그분에 대한 신뢰를 구축하라는 것이다.

신약에서 주 예수 그리스도는 지극히 높으신 분의 아들, 오실 왕, 그리고 온 세상의 심판자로 선포된다. 그분은 영광 중에 다시 오셔서, 악인을 심판하고 의인을 의롭다고 입증하실 것이다. 그분이 예배와 영광을 받으실 의와 평강의 영원한 나라를 세우기 위해서다. 모든 시대의 성도는 그것을 기다리고 기도해왔다. 그동안 쉽게 그들을 두렵게 할 수 있고, 종종 어떻게든 그들을 괴롭히고 심지어 파멸시키기까지 할 수 있는 세상에서, 신실한 자들은 하나님의 보살핌과 구원의 모든 증거에 대해 하나님을 찬양하며, 그분의 계속되는 현재가 구원의 행동들 안에서 나타나보이도록 기도한다.

20 믿음을 굳게 잡음(시편 11편)

Holding Fast to the Faith PSALM 11

서론[1]

본문과 다양한 역본들

1 다윗의 시, 인도자를 따라 부르는 노래

내가 여호와께 피하였거늘
너희가 내 영혼에게(to me)[2]
새 같이 네 산으로[3] 도망하라[4] 함은 어찌함인가

---

1 Isaiah Sonne, "Psalm 11," *JBL* 68(1949):241-245; J. Morgenstern "Psalm 11," *JBL* 69(1950):221-31.
2 문자적으로는 '내 영혼에게'(to my soul)이다.
3 '네 산'(הַרְכֶם)이 헬라어 역본에는 ἐπὶ τὰ ὄρη ὡς, '…와 같은 산'으로 되어 있다. 분명 이것은 הָרִים כְּ(혹은 כְּהָרִים)라고 읽은 것이다.
4 נודו라는 형태는 케티브-케레 독법이다. K는 남성 복수 명령법이다. Q는 문법적 동의에 대한 여성 단수다. Q는 헬라어, 수리아 역본, 탈굼, 아킬라 등 대부분의 사본들에서 지지를 받는 것이다. 영어 번역은 변하지 않는다.

2 악인이 활을 당기고

　화살⁵을 시위에 먹임이여

　마음이 바른 자를 어두운 데서 쏘려 하는도다

3 터가 무너지면⁶

　의인이 무엇을 하랴

4 여호와께서는 그의 성전에 계시고

　여호와의 보좌는 하늘에 있음이여

　그의 눈이 인생을 통촉하시고⁷

　그의 안목이 그들을 감찰하시도다

5 여호와는 의인을 감찰하시고

　악인과 폭력을 좋아하는 자를 마음에 미워하시도다

6 악인에게 그물⁸을 던지시리니 불과 유황과

　태우는 바람이 그들의 잔의 소득이 되리로다

7 여호와는 의로우사 의로운 일을 좋아하시나니

　정직한 자⁹는 그의 얼굴을 뵈오리로다

---

5 헬라어는 MT의 חִצָּם, '그들의 화살' 대신에 βέλη, '화살들'(חִצִּים라고 읽은 것)이라고 되어 있다.

6 헬라어는 ἃ κατηρτίσω καθεῖλον, '그들은 너희가 뼈대를 형성한 것을 무너뜨린다'라고 되어 있다. 아마 הֲרָסוּן יְסוֹדוֹת라고 읽었을 것이다.

7 헬라어는 εἰς τὸν πένητα, '가난한 자들을 (바라보신다)'라는 말을 덧붙인다.

8 히브리어 פַּחִים는 '새덫'과 같은 '덫(그물)'을 의미한다. 그것은 어떤 종류의 덫이든 말할 수 있으며, 여기에서는 불과 불타는 유황에 해당하는 단어들로 이어지는 일반적 용어가 될 것이다. W. VanGemeren은 '덫'이 나오고 그다음에 '불'이 나오는 것은 무의미하다고 결론을 내린다(*Psalms*, p.164). 대부분의 현대 주석가들은 본문을 복수로 된 명사 פַּחִים에서 '석탄'이라는 명사 פֶּחָם로 바꾼다. 하지만 이것을 지지하는 난 하나의 역본은 Symmachus 뿐이나. 다른 모든 사본들과 역본들에는 '덫'(παγίδας)이라고 나온다. 이 주장이 맞으려면 마지막 두 글자의 순서를 바꾸어야 하며, 이 형태는 פַּחֲמֵי, '[불의 석탄'으로 읽어야 한다. 이 구절만 보면 이렇게 바꾸는 것은 분명 타당하다. 하지만 원래 본문이 '…의 석탄'으로 되어 있다면, 왜 서기관이 그것을 다른 단어들과 조화되지 않는 단어인 '덫'으로 바꾸는지 설명하기 어렵다(그가 우연히 글자들의 순서를 바꾸지 않았다면). 하지만 원래 단어가 '덫'이었다면, 서기관이 그것을 현대어 역본들처럼 '석탄'으로 바꾸는 데 관심을 가진 것은 설명할 수 있을 것이다. 그 해결책은 단어들을 따로따로 읽으면 찾게 될 것이다(수석을 보라).

9 '정직한 자'가 단수라는 점에서 이 행은 해석하기가 다소 어려우며, 집합적으로 해석해야 한다(이 단어를 그렇게 해석하는 것은 좀 색다른 일이다). 헬라어는 '그의 얼굴이 정직함을 본다'(εὐθύτητα, '정직함'

구성과 전후 문맥

우리는 이 시편이 쓰인 상황에 대해 추측만 할 수 있을 뿐이다. 여러 제안 중 이 시편이 원래는 도피처를 찾는 것과 관련이 있지만 보다 광범위하게 적용된다고 하는 벨링거(Bellinger)의 견해가 설득력이 있다.[10] 그는 이 시편이 탄식, 신뢰의 표현, 감사의 세 부분으로 배열되어 있다고 본다. 감사는 다소 억제되어 있지만 말이다. 다윗이 이 시편을 썼다면, 그가 안전을 추구한다고 볼 수 있을 만한 경우가 몇 번 있다. 바로 사울 혹은 압살롬과 충돌하는 몇몇 사건이다.

이 시편은 9행으로 된 시다. 처음 4행에서는 위험을 고려해서 도망하라고 유혹하며, 마지막 5행에서는 그 유혹에 대한 대답에서 시편기자의 확신에 찬 믿음을 제시한다. 원수들로부터 도망하라는 유혹은 믿음의 위기다. 시편기자는 "너희가 내 영혼에게 새 같이 네 산으로 도망하라 함은 어찌함인가"라고 묻는다. 그는 다른 사람들의 말을 인용하고 있다. 하지만 문제는 인용문이 어디에서 끝나는가 하는 것이다. 그것이 2절과 3절을 포함한다면, 그 유혹은 원수들이 사회의 터를 뿌리째 뽑고, 의인인 그가 무력하게 될 것이기 때문에 그가 도망해야 한다는 것이다. 다른 한편, 3절에서 시편기자가 말하고 있다면, 터가 없이는 자신이 아무것도 할 수 없다고 말함으로 그들의 말에 대답하고 있는 것이며, 그 터는 여호와에 대한 그의 믿음이다. 이 두 견해 모두 가능하다. 하지만 첫 번째 견해일 가능성이 더 많다. 그들은 터가 파괴되면 의인이 무엇을 할 수 있는지 묻고, 다윗은 그들이 여호와 안에 피할 수 있다고 대답한다. 그래서 4절부터 이 같이 어조가 바뀌어, 주목할 만한 확신의 어조로 자신 있게 대답한다.

이라는 의미의 יָשָׁר 대신 יְשָׁרִים으로 읽음)고 되어 있다. Broyles는 이 헬라어 번역에 더하여, 그것은 또한 '그의 얼굴이 정직한 자를 보리라'라고 번역될 수 있을 것이라고 말한다. MT에서처럼 '정직한 (자들)이 그의 얼굴을 보리라'고 번역할 수 있는 것과 마찬가지다(참고. 시 17:15; *Psalms*, p.81).

10 W. H. Bellinger, "The Interpretation of Psalm 11," *Ev Q* 56(1984):95-101.

석의적 분석

요약

적법한 권위가 곧 멸망할 것처럼 보이는 때에 도망하라는 유혹에 저항하면서, 시편기자는 의를 사랑하고 궁극적으로 악인을 멸하실 여호와에 대한 믿음을 굳게 붙잡는다.

개요

I. 시편기자는 적법한 권위의 멸망이 임박한 것처럼 보일 때 도망하라는 유혹에 저항한다(1-3절).

   A. 다윗은 그 유혹에 놀란다. 그는 여호와를 의뢰하기 때문이다(1절 상).

   B. 다윗은 자신이 받은 바 악인의 위험에서 도망하라는 유혹을 말한다(1절 하-3절).

     1. 새처럼 도망해야 한다(1절 상).

     2. 악인이 정직한 자를 멸망시키려 하기 때문에 도망해야 한다(2절).

     3. 임박한 혼란에 비추어볼 때, 성도의 안전이 절망적이기 때문에 도망해야 한다(3절).

II. 시편기자는 하나님이 모든 사람을 감찰하시고 의를 사랑하시기 때문에 궁극적으로 악인을 멸하실 여호와에 대한 확고한 믿음을 되풀이한다(4-7절).

   A. 다윗은 이 세상의 문제를 하늘에 계신 여호와의 주권적 권위와 대조한다(4절 상).

   B. 다윗은 악인의 공격을 그들의 궁극적 심판과 대조한다(4절 하-6절).

     1. 하나님은 의인을 철저히 감찰하신다(4절 하-5절 상).

     2. 하나님은 그분이 미워하시는 악인들을 철저히 심판하실 것이다(5절 하-6절).

   C. 다윗은 여호와가 의를 사랑하시기 때문에 그분을 의뢰하는 의인들은

궁극적으로 승리할 것이라고 설명한다(7절).

강해 형태의 주석

I. 하나님의 백성은 사회 질서가 위협을 받을 때 여호와에 대한 자신의 믿음을 굳게 잡는다(1-3절)

A. 신실한 자들은 여호와께 피한다(1절)

시편기자는 강한 믿음의 표현으로 시작한다. "내가 여호와께 피하였거늘." '피하다'(חסה, 시 7:1의 같은 단어를 보라)라는 동사는 쉼터 혹은 보호를 찾기 위해 어떤 것으로부터 '벗어나다' 혹은 '쫓겨나다'라는 의미다. 그러므로 피한다는 물리적 행동과 보호를 위해 여호와를 의뢰하는 영적 행동 간에는 암시된 비교가 있다. 이 동사의 현재 완료 뉘앙스는 시편기자의 신뢰가 내내 계속되었다는 것을 강조한다.

이 믿음의 단언은 안전을 위해 도망하라는 유혹에 대한 주된 반응이다. 시편기자는 그들이 어떻게 그런 것을 제안할 수 있는지 묻기 때문이다. 누가 그에게 도망치라고 말하는지 알려주는 표시는 없다. 하지만 그들은 악인이 정직한 자들을 공격하는 것에 대해 말하므로, 그가 가장 잘되기를 바라는 호의적인 사람들이 있다고 결론을 내릴 수 있을 것이다. 다윗의 대답은 수사학적 질문의 형태로(erotesis, 남의 질문을 받았을 때 거꾸로 질문 형식으로 반대되는 것을 억지로 말하는 수사적 기법 – 역주) 그들의 제안에 대한 놀라움과 거부를 표현한다. 그가 여호와께 피했는데 어떻게 그들은 그에게 도망하라고 제안할 수 있는가?

'도망하다'(נוד)라는 동사는 '앞뒤로 움직이다, 목적 없이 방황하다, 물러나다, 도망하다, 멀리 날아가다'라는 의미다. 같은 어원의 의미에는 아람어, '…로부터 위축되다'와, 후에 아랍어, '달아나다'가 포함된다. 정확한 개념은 새에 비교함으로(직유) 명확하게 설명된다. 더 안전한 곳인 산으로 멀리 날아가라는 것이다. 하지만 시편기자는 분명 그렇게 두려움에 떨면서 날아가는 것은 그의 믿음과 양립할 수 없다고 생각했다.

B. 신실한 자는 무정부주의자들에 의해 율법과 질서가 위협을 받을 때 믿음을 굳게 붙잡는다(2-3절)

유혹의 이유는 악인이 정직한 자들을 공격하고, 사회의 터를 파괴하고 있었다는 것이다. 원수들은 그저 '악인'(רָשָׁע)이라고 묘사된다. 이 단어는 종종 일반적으로 '불경한 자들'을 의미하며, 그들이 하나님 앞에 유죄라는 의미를 지닌다. 여기에서 그들은 최악의 측면을 보여주기 때문에 '악인'이라는 번역이 적절하다(시 1:1의 그 단어를 보라). 여기에서 이것은 단수로 되어 있다(그리고 그 뒤에 나오는 명사들도 마찬가지다). 하지만 그것은 공격자 무리를 말한다.

그들은 공격을 하며 "활을 당기고 화살을 시위에 먹"였다. 이는 그들이 쏠 준비가 되어 있다는 것을 말한다. 활을 당기는 것, 문자적으로는 활을 발로 밟는 것(יִדְרְכוּן)은 양쪽 끝에 줄을 끼기 위해 활을 구부리고 한쪽 끝을 밟는 것을 말한다. 이 동사의 어조는 진행형 미완료이다. 이 행동은 말하는 순간에 진행되고 있었기 때문이다. 그렇다면 대응되는 동사인 '먹임이여'(포렐, כּוֹנְנוּ, 시 93:1의 같은 단어를 보라)는 특징적 완료로, 그들이 이전에 그랬던 것처럼 지금도 활시위를 당기고 있었다는 것을 말한다. 이 동사들은 극도로 긴급하다는 느낌을 전달한다. 원수들이 공격을 준비하고 있기 때문이다. 그들이 준비하는 목적은 "마음이 바른 자를 어두운 데서 쏘려(דֶּרֶךְ에서 나온 לִירוֹת)" 한다는 부정절로 표현된다. 다윗은 분명 독실한 신자, 마음이 바른 자 중 하나였다. 그가 여호와를 신뢰하고 섬겼기 때문이다. 그가 도망했다면 악인들이 그를 쏠 이유가 없었을 것이다. 도망가는 것은 여호와를 향한 그의 믿음과 양립되지 않을 것이다.

이 동사들은 문자적인 것일 가능성이 매우 많다. 그것은 군사적 공격이 진행 중이었다는 것을 나타낸다. 또한 비유적인 것일 수도 있다. 활을 쏘는 것을 파괴적인 말에 비교하는 것이다(그래서 암시된 비교다). 화살은 독한 말에 대해 사용될 수 있다(시 64:3을 보라). 어둠의 조건은 그런 공격에 신빙성을 더해준다. 어둠 속에서 화살을 쏘는 것은 어려움을 제기할 수 있기 때문이다('어둠'이 비유적인 것이며 '비밀한 것'을 의미하지 않는다면 말이다). '어둠'(אֹפֶל)이라는 용어는 시에서만 나온다. 그것은 '사라지다, 떠나다, 지다(해가 지는 것)' 등을 의미하는 단어다. 이 용어는 이사야 29:18에서 영적 어두움에 대해 그리고 욥기 10:22에서 (지하세계의) 어둠과 흑암에 대해 사용된다. 여기에서 이 단어는 아마 공격의 은밀함을 묘사하는 말일 것이다. 하지만 실제 물리적 공격보다 말로 인한 공격 때문에 안전을 위해 산으로 도망갔을 가능성은 거의 없다.

3절에서 도망하라는 조언에 대해 추가 이유가 더해진다. "터가 무너지면 의인이 무엇을 하랴." '터'(הַשָּׁתוֹת, '두다, 정하다'라는 동사 שׁית와 관련된 말)는 기존 관습들, 율법들, 그 땅에서의 생활방식들에 대한 비유적인 말이다(그래서 암시된 비유다. 또한 사 19:10을 보라). 그것은 사회의 지지물, 그 위에 문화가 세워진 것(터와 같이)을 말한다.[11] 이러한 것들은 분명 '무너질'(הָרַס, 이것은 잠 24:31에서 돌담이 무너진 것에 대해 사용된 용어다) 위험에 처해 있었다. 호소의 내용은 그러한 무질서 상태에 직면해서, 의인들이 무엇을 할 수 있는가[12] 질문한다. 이 질문은 수사학적(에로테시스)으로, 의인이 율법과 질서의 파괴를 멈추는 데 아무것도 할 수 없다는 것을 시사하기 위한 것이다.

II. 하나님의 백성의 믿음은 의를 사랑하시고 악을 미워하시는 여호와의 주권적 권위에 대한 것이다(4–7절)

A. 주권적이신 여호와는 땅에 있는 모든 사람을 감찰하신다(4절)

시편 후반부에서 다윗은 신적 대안을 제시한다. 왜 의인은 여호와를 신뢰해야

---

11 Perowne은 사회의 토대 혹은 기둥들은 사회 내의 주요 인물들, 법관들과 지도자들, 혹은 지금은 타파된 법과 질서의 원리들을 말하는 것일 수 있다는 점을 주목한다(*Psalms*, p.173).

12 이 행의 완료 시제는 매우 드문 잠재적 완료의 어조를 지닌다. '그들이 무엇을 할 수 있는가?'

하는가? 첫 번째 이유는 거룩하신 하나님이 하늘에서부터 땅의 일들을 다스리시기 때문이다. 4절은 여호와가 그분의 거룩한 성전에 계시다고 단언하며 그 다음에 그분의 보좌가 하늘에 있다는 것을 분명히 밝힌다. 여호와의 성전을 거룩하다고(시 22:3의 그 단어를 보라) 묘사하는 것은 그것을 세상적이거나, 물리적이거나, 불경스러운 어떤 것과도 분리시키는 것이다. 즉 그것은 하늘의 성전이다. 그리고 그의 보좌(그분의 왕권에 대한 환유)가 하늘에 있다는 것은 모든 인간사에 대한 그분의 주권을 확증한다. 우리가 앞으로 다가올 무정부 상태와 그것이 어떻게 사회의 터를 흔들어놓을지를 염려한다면, 유일한 소망은 하늘로부터 다스리시는 주권적이고 거룩하신 여호와에 대한 믿음 뿐이며, 그 통치는 흔들리지 않는다. 이 구절에 표현된 확신은 이사야 6장에 묘사된 것에 비할 수 있다. 왕이 죽었을 때, 선지자는 왕이신 여호와가 그분의 거룩하신 하늘에서 계속해서 '거룩하다 거룩하다 거룩하다'라고 외치는 천사들에게 둘러싸여 계신 것을 보았기 때문이다. 여기서 신실한 자들은 이 땅의 제도들이 아니라 하늘의 주권자와 그분의 계획을 단단히 확신한다는 것이 요점이다.

의인이 여호와를 신뢰해야 하는 두 번째 이유는 그분이 모든 사람의 일을 감찰하신다는 것이다(4절 하). 다윗은 이 점을 아름답게 진술한다. "그의 눈이 인생을 통촉하시며 그의 안목이 그들을 감찰하시도다." 인간적 견지에서 말하면서(신인동형론), 그는 하나님이 사람들을 면밀히 검토하시는 것을 묘사한다. '눈'을 사용한 것은 이해할 만하다. 하지만 안목(eyelids)이라는 말은 이해하기가 다소 어렵다. 그것은 어떤 물체를 가까이에서 집중하여 들여다볼 때 눈을 가늘게 떠서 눈꺼풀이 눈에 파묻히는 현상을 말한다. 물론 하나님은 언제나 사람들이 무엇을 하는지 잘 아신다. 하지만 이 구절은 요점을 말하기 위해 주의 깊고 면밀하게 검사한다는 인간적 견지에서 진술한다. 두 동사는 감찰을 강조한다. 첫째 동사인 통촉하다(behold, חָזָה)는 '응시하다, 골똘히 바라보다, 보다'라는 의미다. 여기에서 이 말은 하나님이 검사하시는 것을 말한다. 하나님이 삶의 모든 세부 사항을 다 알고 계신다는 의미다. 두 번째 동사 '감찰하다'(בָּחַן, 시 139:23의 같은 단어를 보라)는 어떤 것을 '시험하다' 혹은 '시도하다'라는 개념을 전달한다. 이 단어들이 함께 나오면 하나님의 지식은 평가하는 지식이라는 것을 보여준다. 그리고 하나님의 지식은 언제나 그렇기 때문에, 그 동사들은 습관적 미완료로 분류해야 한다. 다윗은 여호와가 그의 모든 행동을 알고 계실 뿐만 아니라 그 행동들을 시험하고 계시다는 것도 알았다. 그렇기 때문에 그는 자신이 두려움이 아닌 믿음으로 행동하고 있다는 것을 확실히 밝히고 싶어 했다.

B. 주권적 여호와는 의인들 및 악인들을 의롭게 다루시다(5-6절)

다음 두 구절에서 시편기자는 인간사에 대해 하나님의 꿰뚫어보는 지식이 무엇을 함축하는지 말한다. 먼저 그는 의인에게(5절 상), 그러고나서는 악인에게(5절 하-6절) 초점을 맞춘다. 의인에 관해서는 단순히 하나님이 그들을 감찰하신다는 것만 되풀이한다. 그러므로 이 맥락에서 여호와는 무정부 상태와 핍박의 위협으로 다윗의 믿음을 시험하셨다. 성경에서 종종 하나님은 그런 위협들로 신자들의 믿음을 시험하셨기 때문이다.

그것은 하나님이 악인을 다루시는 방식과 대조된다[본문은 강력한 이접적 접속사 (but, yet 등 - 역주) 와우를 사용한다. '하지만 악인'(but the wicked)]. 그것은 다윗이 그의 믿음에 굳게 서는 또 다른 이유다. 악인에게는 입증하거나 시험하는 것이 없다

---

13 이 두 단어는 하나로 합쳐서 중언법으로 볼 수 있을 것이다. '악인'과 '폭력을 좋아하는 자'보다는 '폭력을 좋아하는 악인'이라는 것이다.

14 시편 전체를 통해서 우리는 이 단어 נֶפֶשׁ를 만나게 된다. 이것은 전통적으로는 '영혼'이라고 번역되어 왔다. 이 단어에 대한 유용한 논의로는 Hans Walter Wolff, *Anthropology of the Old Testament* (Philadelphia: Fortress Press, 1974), p.10-25를 보라. 이 단어는 수많은 다른 의미를 지닌다. 이 의미들은 개별적 본문들을 강해할 때 살펴보아야 한다. '영혼'이라는 말은 적절한 번역이 아닌 경우가 많다. 이것은 창세기 2:7에서 처음부터 볼 수 있다. 육체와 생기가 합해져서 살아 있는 נֶפֶשׁ을 구성한다. 그것은 전체 생명체, 육체와 영혼을 말한다. 사람은 נֶפֶשׁ을 가지고 있는 것이 아니라, 바로 그가 נֶפֶשׁ이다. 이 말은 전인, 모든 육체적 정신적 욕구들을 가지고 있는 존재를 말한다. 하지만 정확하게 어떤 것이 강조되는지는 전후 문맥을 통해 결정될 것이다. Wolff는 다음과 같은 의미들을 열거하고 논한다. 첫째는 '목(throat)이다. 그것은 음식을 섭취하는 기관을 묘사하는 본문들에서 사용될 수 있다(시 107:5, 9절). 아니면 그것은 목을 열고 있는 저승에 대해 비유적으로 그런 의미로 사용할 수 있다(사 5:14). 그것은 또한 간절한 식욕 혹은 목의 욕구(잠 10:3), 목이 마른 것(잠 25:25), 혹은 호흡하는 것(욥 11:20)을 의미할 수 있다.

(이 행동은 여호와가 신자들에게 더 강한 믿음을 개발시키기 원하실 때 적용된다). 여기에는 거절과 심판에 대한 경고만 있을 뿐이다. 신적 진노의 대상은 "악인과 폭력을 좋아하는 자"[13]다. '폭력'(חָמָס, 시 58:2의 같은 단어를 보라)은 사회적 불의로부터 모욕적인 말까지 다양한 폭력 행위들을 말한다. 악인들은 궁극적으로 그러한 폭력을 촉진한다. 그들은 그것을 다른 식으로 표현할지 모르지만 똑똑한 사업상 거래, 사회 개혁, 혹은 심지어 인종 청소와 같은 것으로 그 과정에서 사람들을 파괴한다. 그것은 악한 폭력이다. 시편기자는 여호와가 그분의 온 존재를 다해 폭력을 미워하신다고 선포한다(문자적으로는 '그분의 영혼이 미워하신다').[14] 여기에서 보편적 진리를 표현하기 위해 격언적 완료인 '미워하다'라는 동사(שָׂנְאָה, 시 139:21의 같은 단어를 보라)는 하나님이 그들의 폭력을 혐오스럽다고 생각하실 뿐 아니라, 또한 그것을 거부하신다는 것을 나타낸다. 어떤 것을 미워한다는 것은

이와 비슷한 두 번째 의미는 '목'(neck)이다. 시편 105:18은 목(개역개정은 '몸'이라고 번역했다 – 역주)은 발과 함께 쇠사슬에 매였다고 말한다. 예레미야 4:10에서는 칼이 그들의 목(개역개정은 '생명'이라고 번역했다 – 역주)에 이르렀다고 말하며, 사무엘상 28:9에서는 그 둘레에 올무를 둘 수 있다.

세 번째 범주는 '욕구'다. 이것은 Wolff가 궁핍한 사람의 필요라고 부르는 것이다. 즉 그는 좋은 것이든 나쁜 것이든 어떤 것들을 열망하거나 바란다. 잠언 13:2은 믿을 수 없는 자의 נֶפֶשׁ을 강포(violence)라고 묘사한다. 그것은 그들의 욕망을 의미한다. 잠언 16:26은 일하는 자의 음식에 대한 욕구가 그를 계속 일하게 해준다고 말한다. 그것은 종종 음식 아닌 다른 것들에 대한 욕구에 대해서도 사용된다. 땅(렘 24:4)이나 여자(창 34:2)에 대한 것 등이다.

네 번째는 '영혼'이라는 의미다. 여기에서 이 단어는 다른 영적 경험들과 감정들에 대한 자리 및 행동에 대해 사용된다. 이런 의미에서 נֶפֶשׁ은 고난받거나(시 31:7), 수고하거나(사 5:11), 괴로워하거나(삼상 1:10), 질병 가운데 괴로워하거나(왕하 4:27), 수많은 다른 감정들(사랑, 미움, 슬픔, 기쁨과 같은)을 가질 수 있다. 어떤 사람이 온 영혼을 다해 사랑하거나 미워한다는 것은 마음 속 존재의 가장 깊은 전체를 갖고 그렇게 한다는 의미이기 때문이다. 그래서 시편 103:1에서 시편기자는 자기 자신과 자신 안의 모든 것에게 찬양하라고 명한다. "내 영혼아 여호와를 송축하라."

다섯 번째는 '생명'이라는 의미다. 이 단어가 계속 살아가기 위해 만족시켜야 하는 몸 안의 중대한 필요를 가진 어떤 기관을 묘사한다면, 그것은 삶 전체를 의미할 수 있다. 시편 30:3은 이 말을 이런 식으로 사용한다. 시편기자는 하나님이 자신의 영혼을 스올에서 끌어올렸다고 말하기 때문이다. 레위기 17:11은 그것을 분명하게 말한다. "육체의 생명(נֶפֶשׁ)은 피에 있음이라." 그리고 그것은 율법에 나오는 "생명은 생명으로"(출 21:23 하)라는 표현을 형성한다. 욥기 2:4에서 시험하는 자는 사람이 그의 모든 소유물로 생명을 바꿀 것이라고 말한다. 하지만 생명은 전인이다. 그 '생명'이 떠나면 그 사람은 호흡을 멈추고, 생명은 사라진다. 하나님이 육체에 주신 호흡은 사람을 살아 있는 נֶפֶשׁ으로 만든 것이기 때문이다.

마지막으로, 대명사로 사용될 수 있다. 종종 우리는 본문에 나오는 '내 영혼'이 '나'를 의미한다는 것을 발견한다. 창세기 12:13에서 아브람은 "내 נֶפֶשׁ이 부존되리라"(live)라고 말한다. 그것은 "네가 살리라"라는 의미다. 시편에서 그것은 대명사와 유사하다. "하나님은 나를 돕는 이시며 주께서는 내 נֶפֶשׁ을 붙들어주시는 이시니이다"(시 54:4).

본질적으로 그것을 거부하는 것이며, 어떤 것을 좋아한다는 것은 그것을 선택하는 것이기 때문이다.[15] 여호와가 미워하시는 것들은 결국 벌을 받을 것이다. 그것들은 죄이고, 파괴적인 것이기 때문이다.[16]

6절은 하나님이 싫어하시는 것과 그 결과를 묘사한다. 그것은 바로 심판이다. 여기에서 하나님의 특정한 심판은 바람 혹은 기도의 형태로 표현되어 있다. "악인에게 비를 내리시리니[개역개정은 '악인에게 그물을 던지시리니'라고 번역했다 – 역주, יַמְטֵר은 히필 지시법(jussive)이다].[17] 시편기자는 악인에게 임할 신적 심판을 표현하기 위해 '비'(여기에서는 사역형으로 '비가 내리게 하다')에 해당하는 일반적인 단어를 사용한다(실제로 비가 내리지는 않을 것이므로, 암시된 비교이다). 그가 이렇게 하는 것은 악인들이 분명 초자연적인 것처럼 보이는 방식으로 멸망하는 것을 말하기 위해서다.

동사의 첫 번째 목적어는 다른 것들과 조화를 이루지 않는다. 히브리어 본문에서 이 단어는 '덫', 새덫 등 모든 종류의 덫을 의미한다. 아마 시편기자는 그 역설을 표현하기 위해 이 단어를 사용했을 것이다. 그는 새처럼 도망가고 싶은 유혹을 받았지만, 하나님은 곧 그들을 그들의 악함 속에서 잡으려고 그물 – 새덫 – 을 보내실 것이다. 심판이 임할 때 안전을 위해 산으로 도망칠 사람은 악인이다(마 24:16을 보라). 하지만 그들은 피할 길을 발견하지 못할 것이다.

이 행에는 이어서 하나님이 보내실 심판을 말하는 서너 가지 다른 단어가 나온다. "불, 유황, 태우는 바람"과 같은 그들 잔의 소득이 될 것이다. 성경에서 잔의 상징은 어떤 사람의 삶의 운명에 대해 이야기할 때 사용된다. 그것은 축복의 잔이 될 수도 있고(시 23:5; 16:5), 심판, 분노, 두려움의 잔이 될 수도 있다(사

---

15 그래서 우리는 말라기에서 여호와가 야곱을 사랑하고 에서를 미워하신다는 말씀을 읽게 된다(말 1:1-6). 그것은 이삭의 후손의 한 계열이 택함을 받고 다른 계열은 택함받지 못하는 것과 관련이 있다.

16 잠언 6:16-19은 여호와가 미워하시는 일곱 가지를 나열한다.

17 기도는 종종 하나님으로부터 나온 확실한 말을 취해서 그것을 하나의 요청으로 바꾼다. 그분의 나라가 임하시오며라고 기도하는 것과 같은 경우다. 여기에서 시편기자는 심판이 악인에게 임할 것임을 안다. 그래서 믿음으로 그는 그것을 위해 기도한다.

51:17). 악인에게 준비된 것은 유황과 태우는 바람이다. 태우는 바람(사 11:4에서 처럼, 불타는 기운)은 미친 듯이 타는 열을 의미하는 것으로, 신적 심판에 대한 비유적 표현이다. 이 묘사들은 실제로 있을 불 심판을 의미할 가능성이 매우 많다(그래서 결과의 환유 혹은 수식어의 환유다). 시편기자가 소돔에 부어진 신적 심판(그것은 아마도 불을 위로 뿜어내어 도시에 비처럼 내리게 한 화산 활동으로 인한 것이거나, 아니면 하나님이 다른 수단을 통해 악인들에게 타오르는 심판을 부어버리신 것으로 인한 것이다)과 같은 어떤 것을 염두에 두고 있다면 말이다. 시편기자가 그것을 생각하고 있었든 아니든, 본문은 종말의 때에 일어날 큰 심판을 예상한다(슥 14:12-15). 그가 당면한 성취에 좀 더 염두에 두고 있었다면, 우리는 이 신적 심판이 그 당시에 어떤 형태를 띠고 있었는지는 정확하게 알지 못할 것이다. 이 단어들은 말일에 악인에게 임할 궁극적인 신적 심판에 아주 잘 적용할 수 있다. 그래서 이것이 바로 하나님이 악을 미워하시는 것의 결과다.

C. 주권자이신 여호와는 의를 사랑하고 의인이 승리하게 하실 것이다(7절)

마지막 구절에서는 심판의 이유를 다른 측면에서 바라본다. "여호와는 의로우사 의로운 일을 좋아하시나니."[18] 여호와는 의로우시므로, 악은 설 수 없다. 여

---

[18] 이 시편은 폭력을 좋아하는 사람들(5절)에게 임하는 여호와의 심판에 대해 말한다. 그분은 의를 좋아하시기 때문이다(7절). '좋아함'에 해당하는 단어(אָהֵב)는 성경에서 다양한 용례로 사용된다. 그것은 인간의 사랑을 묘사하는 경우가 가장 많다. 하지만 대상은 다양하다. 그 사랑은 아들(창 22:2), 아내(창 24:67) 혹은 주인(출 21:5) 등 다른 사람에 대한 것일 수 있다. 모두 깊은 애정과 헌신을 의미한다. 사랑의 대상은 또한 음식(창 27:4), 마실 것(잠 21:17), 혹은 잠(잠 20:13)일 수도 있다. 그것은 헌신보다는 향락에 기초한 선택에 더 가까운 것을 보여준다. 그 사랑은 또한 지식과 의와 지혜에 대한 것일 수도 있다(잠 8:17, 21, 그리고 잠언 도처). 여호와(시 5:11), 예루살렘(시 122:6), 그 궁정과 활동에 대한 독실한 사랑이 될 수도 있다.
사랑의 대상은 또한 잘못된 것이 될 수도 있다. 그것은 육체적 매력에만 근거한 육욕적인 것(삼상 13:1, 4절)이 될 수도 있고, 아니면 여기에서처럼 어리석음에 대한 사랑(시 11:5), 그리고 물론 우상숭배와 거짓 신들에 대한 사랑일 수도 있다(호 4:18).
'사랑'은 중요한 언약 단어가 된다. 심지어 고대 근동 나라들의 정치적 관계에서조차, 이런 용례를 발견하게 된다. 예를 들어, 두로의 히람은 다윗을 사랑하였다. 이는 그들이 주로 정치적 관계를 가졌다는 말이다(왕상 5:1). '사랑'이라는 말은 또한 이스라엘에서 왕에 대한 충성을 표현하기 위해 사용되었다(삼상 18:16). 이스라엘 백성이 그들의 하나님 여호와를 사랑하라는 명령을 받았을 때(신 5:10, 6:5), 그들은 여호와에 대한 그들의 사랑과 헌신에 기초해서 언약을 지키는 데 헌신하라는 명령을 받은 것이다. 그 사랑

호와는 의를 사랑하시므로, 악을 미워하신다. 어떤 행동들이 '의롭다'고 하려면 그 행동들은 하나님의 기준에 맞아야 한다. 그분만이 참으로 의로우시기 때문이다. 이 기준에 미치지 못하는 것은 무엇이든 죄다. 그래서 심판에 대한 약속은 인류의 악에서 곧바로 나오는 결과이지만, 일차적 원인은 하나님의 의로운 본성이다.

이 시편은 정직한 자들은 큰 승리를 얻을 것이라는 약속으로 결론을 맺는다. "정직한 자는 그들의 얼굴을 뵈오리이다." 어떤 의미에서 이것은 의인이 그들을 변호하고 구해주시는 하나님의 은총을 볼 것이라는 의미일 수도 있을 것이다. 하나님의 '얼굴'은 신적 은총을 나타내는 말로, 비유적으로 사용되기 때문이다(민 6:22-27; 시 30:7, 31:16). 시편기자는 이 이상의 것을 염두에 두었을 가능성이 매우 많다. 그는 여기에서 언젠가 하나님을 보리라는 모든 시대 신자의 소망을 표현했을 것이다(시 17:15; 욥 19:26을 보라). 이것은 의인을 위한 가장 큰 승리일 것이다. 특히 악인의 운명과는 대조적으로 말이다.

메시지와 적용

이 시편의 중심 메시지는 이렇게 표현할 수 있다. *악인의 공격으로 율법과 질서가 붕괴되려 할 때, 의인들은 위로부터 다스리고 심판하시는 주권적인 하나님에 대한 믿음 안에서 굳게 서야 한다.* 이 시편은 불경한 사회에 대한 이 묘사에

은 또한 이웃들과 이방인들에 대한 신실한 행동들을 통해 보여질 것이다(레 19:18). 이 용례들은 신실한 공동체로 살고자 하는 의지의 행동을 강조한다. 마찬가지로, 예수님은 제자들과 우리들에게 우리가 그분을 사랑하면 그 분의 계명을 지킬 것이라고 말씀하셨다(요 14:15).
언약 사랑은 자기 백성을 위한 하나님의 사랑에 대한 적절한 반응이다. 말라기는 그의 청중에게 하나님이 야곱은 사랑하셨지만 에서는 미워하셨다는 것을 상기시켰다. 이것은 여호와가 이스라엘을 택하셨고 그들과 언약을 맺으사 그들이 거룩한 나라가 되도록 하셨지만, 에돔 사람들과는 언약을 맺지 않으셨다는 것을 의미한다. 여호와는 의로우시기 때문에, 그분은 의를 사랑하시고 악을 미워하신다(시 45:7). 따라서, 여호와를 사랑하는 사람들은 악을 미워함으로 그들의 언약 충성을 보여주어야 한다(시 97:10).

서 무질서, 높은 사람들의 악, 의인에 대한 공격 등을 묘사한다. 모두 다 암담하지는 않다. 의인은 하나님이 주권적인 분이시라는 것, 그분이 의인을 사랑하신다는 것, 그리고 그분이 결국에는 모든 것을 바로잡으시리라는 것을 안다. 하나님은 하늘로부터 다스리신다. 그것은 그분의 나라다. 그분은 악이 잠시 존재하도록 허용하실지는 모르지만, 결국에 그 악을 모두 멸하실 것이다.

하지만 그때까지 악인은 허용되어야 한다. 도망치고 싶은 유혹을 느낄 때가 있다. 하지만 믿음이 아니라 두려움 때문에 도망한다면, 그것은 잘못이다. 신자는 믿음으로 살아야 한다. 거기에는 언제 떠나고 언제 머무를지 아는 것이 포함된다. 머무름으로 우리는 부패한 사회 한가운데서 악의적 공격과 핍박이 있을지라도 의를 위해 싸울 수 있다. 신자는 부패한 환경에 굴복해서는 안 된다. 그리고 신실함을 유지하여 고난을 받는다면, 적어도 그 고난은 의를 위한 것이 될 것이다.

신자들이 주권적 하나님이 하늘에서부터 다스린다는 것과 언젠가 그분이 악인들을 멸하시리라는 것을 절대적으로 확신한다면, 그들은 적수 앞에서 용기를 가질 것이다. 예수님은 자기 제자들에게 그분이 그들을 이리 가운데 양처럼 보낸다고 경고하신다(참고. 마 10:16-20; 행 20:29). 하지만 그분은 그들에게 그들이 믿음 안에서 굳게 서고, 몸에 대한 권능만 가진 사람들을 두려워하지 말고(마 10:28), 몸과 영혼에 대한 권능을 가진 여호와를 두려워하라고 말씀하신다. 그렇게 생명을 위협하는 반대에 직면한 여호와의 종들은 믿음으로 반응해야 한다. 여호와가 인간사를 다스리시며 정해진 상황에서 어떻게 반응하는 것이 최선의 길인지 결정할 수 있는 지혜를 제공하실 것이라는 믿음이다. 예를 들어, 사도 바울은 믿음을 옹호하며 여호와를 섬길 때 많은 고난을 견딘다. 하지만 계속 섬기기 위해 광주리에 담겨 성벽을 타고 도망하는 것이 지혜롭다는 것 또한 발견한다(고후 11:24-33을 보라).

21

Truth in a World of Deception PSALM 12

거짓의 세상 안에 있는 진리(시편 12편)

서론

본문과 다양한 역본들

다윗의 시, 인도자를 따라 여덟 째 줄에 맞춘 노래

1 여호와여 도우소서[1] 경건한 자가 끊어지며
　충실한 자들[2]이 인생[3] 중에 없어지나이다[4]
2 그들이 이웃에게[5] 각기 거짓을 말함이여

---

1 헬라어에는 '나를'(me)이라는 말이 덧붙여져 있다.
2 이 단어는 אֱמוּנִים이며, 신실한 사람들, 그들의 약속을 지키리라고 신뢰할 수 있는 사람들을 말한다. 이것은 '경건한 자'라는 말과 유사하며, '진리'가 아니라 '신실한 자'를 말한다(헬라어는 αἱ ἀλήθειαι라고 되어 있다).
3 히브리어를 문자적으로 번역하면 '사람의 아들들[자녀들]'이다. 이것은 다른 인상을 줄 수 있다.
4 동사 פָסַס는 다른 곳에서는 나오지 않는다. 어떤 사람들은 시편 73:19처럼 סָפוּ라고 주장한다. 헬라어는 '감소되다' 혹은 '드물게 되다'(ὠλιγώθησαν)라고 되어 있다.

아첨하는 입술과 두 마음으로 말하는도다

3　여호와께서 모든 아첨하는 입술과

　　자랑하는 혀를 끊으시리니

4　그들이 말하기를 우리의 혀가 이기리라[6]

　　우리 입술은 우리 것이니 우리를 주관할 자 누구리요 함이로다

5　여호와의 말씀에 가련한 자들의 눌림(violence)[7]과

　　궁핍한 자들의 탄식으로 말미암아

　　내가 이제 일어나

　　그를 그가 원하는 안전한 지대에 두리라 하시도다[8]

6　여호와의 말씀은 순결함이여

　　흙 도가니[9]에

　　일곱 번 단련한 은 같도다

7　여호와여 그들을[10] 지키사

5　히브리어는 אֶת라고 되어 있으며, 헬라어는 이것을 약간 부드럽게 바꿔서 'to'(πρὸς)라고 번역한다.

6　히브리어 לִלְשֹׁנֵנוּ를 '우리 혀에 대해서는 (우리는 능력이 있다)' 혹은 '우리 혀에 관해서는 (우리는 능력이 있다)'이라고 해석할 수 있을 것이다. 헬라 역본은 이것을 대격으로 본다(그냥 לְשֹׁנֵנוּ로 읽는 것처럼). "우리는 우리 혀를 크게 보이게 할 것이다"(τὴν γλῶσσαν ἡμῶν).

7　헬라어는 이것을 '불행'(misery)이라고 번역한다(폭력의 결과를 보면서).

8　이 두 단어는 단순히 '그가 그것(안전)을 원한다'(갈망한다, יָפִיחַ לוֹ)라고 말한다. 헬라어는 '나는 (그들에게) 그것을 공개적으로 말할 것이다'(παρρησιάσομαι ἐν αὐτῷ)와 비슷하게 되어 있다. Symmachus에는 ἐμφανείς라고 나온다. Goldingay는 그 행을 이렇게 읽을 것을 제안한다. '나는 나의 구원을 주장할 것이다. 그는 그것을 증거한다.' 그가 말하는 '구원'은 '구원자'를 의미한다. 그리고 그는 그 동사를 두 번째 어근 פוח, '증거'에서 취한다(Psalms 1–41, p.195). 이 번역은 난해한 행에 대한 설득력 있는 해결책은 되지 못한다. Patrick D. Miller, "Yapiah in Psalm xii 6," VT 29(1979):495–501; 그리고 J. G. Janzen, "Another Look at Psalm xii 6," VT 54 (2004):157–64를 더 보라.

9　עֲלִיל라는 용어는 제련을 위한 용광로다. 하지만 문제는 그 다음 표현인 לָאָרֶץ다. 이것은 종종 '흙의'(of earth)라고 번역된다. 용광로의 재료를 의미하는 것이다. 이것은 히브리어 표현치고는 색다를 것이다. 그래서 흙에 '속한'(거기 고정된)이라고 보는 것이 더 그럴 듯할 것이다(Perowne, Psalms, I:179를 보라).

10　히브리어 접미사는 ם-, '그들을'이다. 하지만 헬라어는 '우리를'(ἡμᾶς)이라고 되어 있다. 아마 그 다음 행과 조화를 이루기 위해서일 것이다. 거기에서 접미사는 נוּ- 로써, '그들이'거나 아니면 이 본문에서 더 가능성 있는 것으로 아마 '우리를'일 것이다.

이 세대로부터 영원까지 보존하시리이다
8 비열함이 인생[11] 중에 높임을 받는 때에[12]
악인들이 곳곳에서 날뛰는도다

구성과 전후 문맥

이 시편이 어떤 때 쓰였는지 정확하게 알기는 어렵다. 그것은 대다수의 사람들이 정직보다 속임수, 비방, 거짓 아첨을 택했으며, 그 과정에서 가난한 자들을 학대했다고 말한다. 크라우스는 요르그 예레미아스(Jorg Jeremias)의 말을 따라, 하박국 1장과 다른 본문들과 유사한 점에 비추어볼 때 이것이 바벨론 유수 이전 시기에 쓰여졌다고 주장한다.[13] 하지만 이 시편이 다윗이 쓴 것이라면, 그것은 왕이 자신의 궁전에서 대부분의 사람들이 상상하던 것보다 더 많은 속임과 부정직을 견뎌야 했다는 것을 의미한다. 특히 그를 멸시하는 사람들에게서 말이다. 시편기자는 거짓말을 하고, 두 마음을 가지고 있으며, 겉과 속이 다른 말을 하는 수많은 사람에게 둘러싸여 있었다. 마치 신실한 사람들은 모두 사라진 것 같았다. 상황이 정확하게 어떠했든 간에, 이 시편은 하나님께 신실한 소수의 사람들이 있었다는 것을 나타낸다. 그리고 그들은 시대의 부패함에서 구원받기를 갈망했다. 이 점에서 이 시편은 초시간적이다. 오늘날 세상은 여전히 거짓말쟁이들과 아첨자들로 가득 차 있어서 의인은 누구를 신뢰해야 할지 알 수 없다. 시편은 신뢰할 수 있는 것은 오직 하나님의 말씀 뿐이라고 단언한다.

---

11 히브리어로 '사람의 아들들.'

12 동사 זָלַל는 '약한, 침체된, 기력 없는'을 의미한다. 그래서 이 단어는 경멸할 만한 혹은 비열한 것을 말한다. 이 절은 '비열함의 높임을 따라'(כְּרֻם זֻלּוּת)라고 되어 있다. 헬라어 본문은 대단히 다르다. '당신의 높임받은 상태에 따라 당신은 사람의 아들들을 대단히 중시했다'(κατὰ τὸ ὕψος σου ἐπολυώρησας τοὺς υἱοὺς τῶν ἀνθρώπων)라는 것이다. 편집자들은 כְּרֻמֹּה זֻלּוּת라고 읽을 것을 제안한다. 다른 제안들은 본문을 수정해서 예배의 대상으로서 '별자리들'(mazzalot) 등과 같이 읽는다(W. E. March, "A Note on the Text of Psalm xii 9," *VT* 21[1971]: 610–12 혹은 "vineyard with spoils"(P. Wernberg–Moller, "Two Difficult Passages in the Old Testament," *ZAW* 69[1957]: 69–73을 보라).

이 시편은 하나님께 도움을 구하는 부르짖음으로 시작되어, 이어서 광포하게 날뛰는 부정직을 묘사하는 탄식을 쏟아놓는다(1-4절). 그다음에 하나님이 연약한 사람들을 위해 상황을 고쳐주시겠다고 선언하신다(5절). 이 시편 나머지 부분은 시편기자가 순전한 하나님의 말씀에 대해 갖고 있는 확신과, 어떻게 하나님께로부터 나오는 말씀이 이 땅에서 비열함으로 고난받는 사람들을 위해 구원을 약속하는지 기록한다. 이 마지막 구절들은 본질적으로 여호와의 말씀에 대한 찬송이며 구원의 약속에 대한 확신이다. 마무리 부분의 서원을 빼고는 탄식의 모든 요소들이 나오지만, 이 시편은 통상적인 탄식 시편의 유형을 따르지 않는다. 크라우스는 이것이 하나의 신탁이 통합된 기도 노래라고 말한다.[14]

모든 주석가는 이 신탁(5절)이 이 시편 전체의 초점이라는 데 동의한다. 앤더슨은 이 시편을 예배 의식에서 사용할 때 제사장이나 예배를 주관하는 선지자가 이 신탁을 말했을 것이며, 시편 나머지 부분은 회중이 반복했을 것이라고 말한다.[15] 선지자는 이 구원의 메시지를 선포함으로 예배에 참여했다. 하지만 원래는 그것이 선지자, 즉 시편기자에게 계시되었을 것이다. 그렇지 않으면 그것은 아무 권위가 없었을 것이다.

석의적 분석

요약

I. 시편기자는 진실함이 사라진 것같이 보이는 때에 교만한 거짓말쟁이들과 속이는 자들로부터 구해달라고 기도한다(1-4절).

    A. 시편기사는 여호와께 완전히 부패한 문화에서 구해달라고 기도한다(1절).

---

13 Kraus, *Psalms 1-59*, p.208.
14 같은 책, p.207.
15 Anderson, *Psalms 1-72*, p.126.

B. 시편기자는 그가 주위에서 듣는 거짓말들과 아첨의 말들에 대해 한탄한다(2절).

　　C. 시편기자는 여호와가 이 교만하고 불경한 사람들을 멸망시켜달라고 기도한다(3-4절).

II. 여호와는 말씀하신다: 그분은 시편기자에게 그분을 신뢰하는 가난한 자들을 억압에서 구해주실 것이라고 다짐하신다(5절).

III. 시편기자는 무가치한 것을 높이는 악한 세상 가운데서 하나님의 더럽혀지지 않은 말씀에 대한 확신을 표현한다(6-8절).

　　A. 시편기자는 여호와의 말씀을 순결한 말씀이라고 묘사한다(6절).

　　B. 시편기자는 여호와가 약속하신 대로 가난한 자들을 보존하실 것이라는 확신을 표현한다(7절).

　　C. 시편기자는 자기 주위의 악인들의 존재를 인식한다(8절).

강해 형태의 주석

I. 땅에서 신실함 대신 속임수와 사기가 판을 칠 때 의인은 구원을 위해 오직 하나님만 의지할 수 있다(1-4절)

A. 그들의 기도는 신실함이 땅에서 사라질 때 가장 긴급하다(1절)

이 시편은 긴급한 부르짖음, 명령어인 '구원하다'(יָשַׁע,에서 나온 הוֹשִׁיעָה, 시 3:2에 나오는 같은 단어를 보라)라는 말로 시작된다. 이것은 '구원하다'에 해당하는 흔한 단어로 '구해주다, 자유케 하다, 해방시키다'라는 의미가 있다. 이 간구의 이유는 경건한 자가 끊어졌다는 것(동사 גָּמַר의 현재 완료 뉘앙스)이다. 즉 그들이 더 이상 존재하지 않는다는 것이다. 그리고 이에 대응되는 것은 '충실한 자들'이 사라졌다는 것이다. '충실한'(faithful, אָמַן의 수동 분사)이라는 단어를 사용한 것은 교훈적이다. 그것은 믿음직한 혹은 신뢰할만한 것이라는 분명한 개념을 지니고 있기 때문이다. 이 단어는 '진리'(אֱמֶת, 시 15:2의 같은 단어를 보라)와 관련되어 있다. 믿음직한 사람들, 그들이 말하는 것이나 행하는 것에서 신뢰할 수 있는 사람들이 사라진 것처럼 보인다(פָּסַס, 여기에서만 나오는 단어이다. 하지만 같은 어원의 단어들에서는 '가리다, 제거하다'라는 의미로 나온다). 충실한 자들과 경건함이 모두 사라져버리고 표리부동함과 사기행위만이 날뛰는 땅은 억압적이고 위험했을 것이다. 시편기자가 하나님께 부르짖는 것도 놀라운 일이 아니다.

B. 그들의 기도는 속임과 표리부동함이 널리 퍼져 있을 때 가장 긴급하다(2절)

두 번째 구절은 첫 번째 구절에 나오는 탄식의 다른 측면이다. 신실한 자들은 거의 사라졌을지 모르지만, 거짓말쟁이들과 사기꾼들은 그렇지 않은 듯 보인다. 그들은 더 설치고 있는 듯하다. 시편기자의 첫 번째 관측은 모든 사람이[16] 자기 이웃에게 거짓을 말한다는 것이다. 동사의 어조는 이것이 사람들의 특성임을 나타낸다. 심지어 자기 이웃들에게도 그들은 진리를 말할 수 없다. '거짓'은 종종 '헛된' 혹은 '헛됨'[십계명(출 20장)에서처럼 שָׁוְא]으로 번역되는 단어다. 하지만 또한 거짓된 목적, 혹은 속임이라는 의미도 지니고 있다(거짓 신들을 묘사할 때 이 단어를 사용하는 것으로 입증된다. 욘 2:4; 시 127:1의 같은 단어를 보라). 대화들은 아무리 좋게 보아준다 해도 쓸모없는 것이고, 최악의 경우 부정직하다. 간단히 말해, 대화에 아무런 선한 목적도 없었다.

이 구절 후반부는 그들이 아첨하는 입술로 말한다는 것을 덧붙인다. 문자적으로, 이것은 그들이 매끄럽게 말한다는 의미이다. 그들은 사람들이 듣고 싶어 하는 옳은 것들을 말한다. 그들의 아첨하는(즉, 그들의 매끄러운 말) 입술은 이중적인 마음(문자적으로는 '마음과 마음으로')에서 나온다. 히브리어는 여기에서 두 종류의

---

[16] 이 동사는 삼인칭 형태로, '그들이 말한다'라고 되어 있다. 하지만 이 명사는 단수이며 그래서 모든 사람으로 여겨져야 한다.

것을 표현하기 위해 반복을 사용한다['저울추와 저울추' 등은 두 개의 다른 종류의 저울추라는 의미다(신 25:13)]. 그래서 이 표현(בְּלֵב וָלֵב), '마음과 마음으로'(with a heart and a heart)라는 표현은 두 개의 다른 의도(표리부동한 마음)를 의미한다.[17] 그들이 말한 것은 아첨하는 것처럼 들린다. 하지만 그들은 완전히 다른 어떤 의도의 또 다른 마음을 가지고 있었다. 그래서 그들의 말은 속이는 것이었다. 거짓 아첨의 말은 선의로 한 것이었을 수도 있고, 아니면 악의적인 것이었을 수도 있을 것이다. 다윗의 경우 그것은 궁중 신하들의 아첨이었을 것이다. 하지만 그런 아첨조차 정직하지 않은 것이다.

C. 긴급한 기도는 하나님이 교만과 속임을 멸망시켜달라는 것이다(3-4절)

시편기자는 여호와께 교만한 거짓말쟁이들에게서 구해달라는 부르짖음으로 시작한다. 여호와는 문제, 곧 교만한 거짓말쟁이들을 제거하심으로 이 일을 하실 것이다. 이제 그는 여호와께 그들을 끊어달라고(יַכְרֵת) 기도한다. 이 동사 형태는 명령법으로, 단지 시편기자가 바라는 바를 표현할 수도 있을 것이다. 하지만 시편의 이 부분에서 그것은 간구의 일부일 가능성이 더 많아 보인다. 그는 하나님께 그들을 끊어달라고 기도한다. '끊다'라는 동사의 정확한 의미가 무엇인지 결정하기는 쉽지 않다. 율법에서 하나의 벌로써의 제거는 공동체로부터의 출교, 공동체가 수행하는 육체적 죽음, 혹은 신적 간섭에 의한 멸망을 말할 것이다. 여기에서 다윗이 단순히 그들을 공동체에서 제거하기 원했을 것 같지는 않다. 그의 기도는 보다 긴급하며 그의 호소는 이 땅에서 정의가 이루어지게 해달라는 것이다. 그가 묘사한 특정 거짓말쟁이들은 단순히 악의 없이 서로 아첨하는 사람들이 아니다. 그들은 그들의 오만에 대한 도전을 모조리 무시해버리는, 교만하게 자랑하는 자들이다. 그들은 사회에 위협이 되며, 다윗은 하나님께 그들을 멸망시켜달라고 구한다.

---

17 *Gesenius' Hebrew Grammer*, ed. by E. Kautsch, trans. by A. E. Cowley(Oxford: Oxford University Press, 1910), par. 123f.

이 부분에서 '아첨하는 입술'이라는 말이 반복되지만, 이제는 '자랑하는 혀'(the tongue that speaks great things, 그냥 גְּדֹלוֹת)가 합해진다. 그다음 행들에 비추어 볼 때, 그들이 말하는 이 큰 일들(great things)이 도량이 넓은 관대함을 나타내는 것은 아니었음을 말해야 할 것이다. 그들은 가난한 자들과 궁핍한 자들을 돕겠다는 위대한 솔선수범의 자세를 발표한 것이 아니었다. 그들은 자신들의 야망과 계획들을 자랑하고 있었으며, 동시에 사람들 귀에 그럴듯하도록 매끄럽게 잘 매만져 말하고 있었다. 이는 모두 대단히 속이는 것이었다. 그들의 자랑은 4절에서 좀 더 상세히 표현되었다. "우리의 혀가[18] 이기리라 우리 입술은 우리 것이니 우리를 주관할 자 누구리요." 여기에서 우리는 그들이 어떤 권위에도 복종하는 것을 내켜하지 않는다는 것을 알게 된다. 사실상 그들은 누군가가 자신들에게 권위를 가질 수 있다는 것도 부인했다. 그래서 그들은 ('혀'는 원인의 환유이므로) 큰 일들을 말했다. 이 동사(גָּבַר)는 기본적으로 '강하다, 강력하다'(시 45:3의 같은 단어를 보라)라는 의미다. 하지만 단어의 이 형태(히필 미완료)는 그들이 큰 일을 할 것임을 의미한다. '우리의 혀에 관해서 우리는 큰 힘을 준다'라는 표현은 그들이 말하는 것을 제어할 수 있으며, 원하는 것은 무엇이든 말할 자유가 있다는 의미다(선전활동을 위해 매스컴을 제어하는 것처럼). 델리치는 어떤 권위가 그들에게 자기의 권리를 주장하려 하면, 그들의 입이 그것을 억누르고 그들의 혀가 그것을 때려서 복종하게 만들 것이라고 말한다.[19] 그들은 자신들의 입술이 그들에게 속해 있다고, 그들이 자신들이 원하는 것을 말하고, 또한 아무에게도 대답하지 않을 권리가 있다고 확고하게 믿었다. 그런 교만이 속임과 결합될 때, 끝없는 멸망이 따를 것이다.

---

18 '우리의 혀가'(לְלְשֹׁנֵנוּ)라는 표현은 전치사에 비추어볼 때 해석하기가 어렵다. 그것은 '우리의 혀에 대해 우리가 권능을 가지고 있다'는 의미로 받아들일 수도 있을 것이다. 그것은 자신들이 하고 싶은 말을 할 수 있다는 의미가 될 것이다. 아니면 그것은 '우리의 혀와 관해서는 우리는 권능을 가지고 있다'는 의미일 수도 있다. 이 두 번째 용례가 가장 의미가 잘 통하는 듯하다.

19 Delitzsch, *Psalms*, I:195.

II. 여호와의 말씀은 폭군으로부터 안전을 구하는 사람들을 구원하기로 약속하신다 (5절)

지금까지 다윗은 하나님께 말씀을 드렸다. 하지만 페로운이 말하듯, "다윗은 하나님이 그에게 대답하시리라는 자신의 확신감을 표현하는 대신, 말하자면 하나님이 말씀하시는 것을 듣는 듯하다."[20] 이 문장은 신적 간접을 약속하신 이유로 시작된다. "가련한 자들의 눌림으로 말미암아"(원인적 의미의 מִן). 이 말은 가난한 자들('가난한' 혹은 '가련한'은 목적 소유격이다. 시 9:12의 같은 단어를 보라)에 대한 눌림(violence)을 의미한다. 그리고 이에 대응되는 것은 "궁핍한 자들의 탄식으로 말미암아"('궁핍한 자들'은 이제 주격 소유격이다. 즉 그들이 탄식을 하고 있다)라는 것이다. 동의적 대구법을 결합해보면 폭군들이 가난한 자들에 대해 폭력을 행사하고 있었다는 것을 알게 된다. 그리고 가난한 자들은 탄식하고 있었으며, 하나님은 그 모든 것에 반응을 보이셨다.

"이제"라는 말은 하나님이 그분의 백성을 다루는 것이 참음에서 구원으로 바뀌는 결정적 전환점을 표시한다. "내가 일어나"라는 동사는 신적 행동의 시작을 표현한다(시 3:1의 이 단어를 보라). 그리고 그 개입은 그것을 "원하는" 사람들을 안전한 지대에 두는 것이다. 이 표현은 약간의 문제를 제기한다. 이 문제에 대해 여러 제안이 있다. 이 행은 문자적으로는 "내가 (그를) 그가 갈망하는(יָפִיחַ לוֹ, '숨을 내쉬다'라는 의미인 פוּחַ의 히필 미완료) 안전에 둘 것이다"라고 말한다. 마지막 절은 관계 대명사 없이 쓰여 있다. 하지만 그것은 목적어 '안전'을 명확하게 설명하든가 아니면 첫 부분에 나오는 동사 '두다'의 간접 목적어를 제한한다.[21] 그것은 다른 사람들의 포학 행위와 속임수에서 구조되기 위해 하나님의 개입을 바라는 사람들을 의미한다.

---

20 Perowne, *Psalms*, I:177.
21 Perowne은 그것을 '그것(안전을 의미함)을 그가 갈망한다'라고 보거나, 아니면 לוֹ을 재귀적 의미로 사용해서 '그가 호흡을 회복할 수 있도록'이라고 보아야 한다고 말한다(Ibid, I:179).

III. 신실하고 참된 하나님의 말씀은 비열함을 높이는 세상에서 유일한 위로의 원천이다(6–8절)

지난 세 구절에서 다윗은 여호와의 말씀에 대한 그의 확신을 표현한다. 그것은 그가 하나님의 말씀에 대해 갖고 있는 주관적 느낌이 아니다. 그분의 말씀이 순결하다는 것이 입증된 것은 하나의 사실이다. 친구든 적이든 사람들이 말하는 것을 믿기 어려운 세상에서, 하나님의 말씀이 완전히 믿을 만하다는 것, 특히 그것이 하나님의 백성을 위해 구원을 약속할 때 그렇다는 것을 알면 위로가 된다.

거기에서 선언하는 것은 하나님의 말씀이 순결한 말씀이라는 것이다. '순결한'(מָהוֹר)은 이스라엘의 의식 율법에서 더 익숙한 말이다. 그것은 어떤 종류의 흠이나 결함도 없이 의식상 깨끗하다는 개념을 전달하거나 그렇게 깨끗한 것이다(시 51:10에 나오는 그 단어를 보라). 하나님의 말씀은 깨끗하고, 직접적이며, 참되고, 믿을 만하다. 이 점을 강조하기 위해 다윗은 흙 도가니에 광석을 제련하는 이미지를 사용한다. 이 과정에서 제련된 금속에서 불순물이 제거될 것이다. 모든 불순물이 제거되려면 서너 번 그렇게 제련 과정을 거쳐야 한다. 다윗은 여기에서 이 과정과 비교한다. 그것은 마치 하나님의 말씀이 그런 과정을 거쳐 오해를 불러일으키거나 현혹시키는 진술들과 같은 모든 불순물이 제거된 것과도 같다. 그리고 이 과정은 완벽하게 이루어졌다. 그래서 완성 혹은 완벽함을 나타내는 숫자인 일곱이 나오는 것이다. 분명 하나님의 말씀은 그 안에 불순물이 있는 단계에 있던 적이 결코 없었다. 다윗은 단지 하나님의 말씀이 얼마나 온전한지 강조할 뿐이다. 그것이 말하는 모든 것은 완벽하게 믿을 수 있다. 그것은 그렇게 신뢰할 수 있는 유일한 말씀이다.

하나님의 말씀은 순결하기 때문에, 그 말씀이 약속한 것은 확실하다. 그래서 7절은 하나님이 그들을 그들의 특정한 세대로부터 보존하실 것이라는 시편기자의 기대를 반복해서 말한다. '세대'(דּוֹר)라는 말은 시대 정신을 공유하는 사람들 무리의 일반적 특성을 묘사할 수 있다(예를 들어, '독사의 세대'). 그것은 여기에서 단순히 특정한 때에 살았던 사람들만 묘사하는 것이 아니라, 그 시대 정신, 이 경우에는 교만과 속임을 공유하는 사람들을 말한다.[22] 하나님은 그분의 백성을 얼마나 오래 보존하실까? 영원까지다.[23] 그는 하나님이 즉시 문제를 제거하실 것이라고 말하지 않고, 하나님이 그것을 통해 그분의 백성을 보존하실 것이라고 말한다.[24] 반게메렌(VanGemeren)이 말하듯이, "하나님이 그 분의 백성을 지키신다는 것은 심지어 악인들이 왕처럼 돌아다닐 때도 해당되는 말이다."[25]

8절은 불경한 자들이 도처에 있다는 사실을 냉혹하게 상기시켜준다. 그것은

---

22 Briggs, *Psalms*, I:97.
23 Dahood은 '영원까지'라는 말을 여호와에 대한 호칭으로 보아서, 그것을 '오 영원하신 분이시여'라고 번역한다(*Psalms*, I:72).
24 동사 שָׁמַר는 보통 하나님의 보호하시는 돌보심과 관련해서 사용된다. 그것은 '준수하다, 지키다, 보존하다'라는 일반적인 의미들을 가지고 있다. 동사 형태들은 여러 가지에 대해 사용될 수 있다. 헌신, 곧 종교적 관행들을 세심하게 준수하는 것(욘 2:9)에서부터, 어떤 사람을 구금하는 것(창 37:11), 밤의 파수꾼(시 130:6)에 이르기까지. 관련된 명사들은 이런 개념들을 예시해준다. מִשְׁמָר은 '감옥'이고, מִשְׁמֶרֶת은 '경호원, 파수꾼', אַשְׁמֹרֶת은 일정 길이의 시간을 나타내는 '경'(삿 7:19), 그리고 שְׁמֻרָה은 '눈꺼풀'이다. 첫 번째의 의미 범주는 (눈으로) '관찰하다'라는 것이다. 밤의 파수꾼에 대해 분사를 사용한 것이 여기 적용될 것이다(시 130:6). 파수꾼 노릇하는 것은 종종 기다린다는 개념과 관련되어 있다(렘 20:16).
두 번째 밀접하게 관련된 범주는 율법과 관습들을 준수함으로, 즉 지킴으로 '보존하다'라는 의미를 지니고 있다. 여기에서 언약을 지키는 것에 대한 표현들을 발견한다(겔 17:4). 이 용법에는 율법들, 서원들, 성일들을 세심하게 지킨다는 개념이 포함된다(신 5:12; 23:24; 렘 35:18; 창 18:19; 느 13:14). 종교적 관행들을 세심하게 준수하는 것이 이 개념에 속할 것이다(욘 2:9). 이것은 또한 어떤 것을 기억하다(창 37:11) 혹은 식량을 저장하다(창 41:35)라는 것에 대해서도 사용되었다.
세 번째 범주는 '보호하다'라는 의미다. 이 의미는 '호위하다' 혹은 '보호하다'라는 번역으로 표현된다. 하지만 대상은 대단히 다르다. 이것은 그룹이 생명나무로 가는 길을 지키는 것(창 3:24), 여호와께서 성을 지키시는 것(시 127:1), 그리고 아마사가 요압의 칼을 주의하지 않았다고(니팔) 나온다(삼하 20:10). 호위하는 것 혹은 보호하는 것은 뭔가를 억제한다는 함축을 지니고 있을 수 있다. 소가 다른 사람들을 해하지 못하도록(출 21:36), 혹은 입이 다른 사람들을 해하지 못하도록(잠 22:23) 억제한다는 것이다. 영적인 맥락에서, 말라기는 백성들에게 '주의를 기울여', 자신을 지켜 배신의 행동을 하지 않도록 하라고 경고한다(말 2:15, 16).
이러한 '보호하다'('지키다' 혹은 '호위하다')라는 개념은 여호와가 그분의 백성을 보호하시는 것에 대해서도 사용된다(민 6:24에 나오는 제사장적 축복을 보라). 여호와는 '이스라엘을 지키시는 자'로 알려져 있는데, 그 결과 해로부터 보호해주신다(시 121편). 하나님은 자기 백성을 지키도록 천사들을 명령하심으로 이 일을 할 수도 있고(시 91:11), 아니면 광야 세월 동안 내내 그렇게 하신 것처럼(수 24:17) 그분 자신이 모든 위험으로부터 그분의 백성을 보호하실 수도 있다. 사람들은 그들의 문과 창문을 잠글 수는 있겠지만 궁극적으로 그들의 안전은 여호와께서 주의 깊게 돌보시는 것을 통해 온다. 하나님이 그분의 백성을 악한 원수들에게서 보호하신다면, 그분은 원수들을 멸하심으로 혹은 그분의 백성이 그들을 정복할 수 있게 하심으로 그렇게 하신다.

사회가 비열함을 높일 때에만 예상되는 일이다. '비열함'(זֻלּוּת에서 나온 זֻלּוּת)이라고 번역된 단어는 정의 내리기 어려운 단어다. 이 말과 같은 어원을 가지고 있는 단어들은 이 말이 도덕적으로나 사회적으로나 경멸할만하고 비열한 것, 무가치함 뿐 아니라 수치스러운 무절제함이 특징인 것을 묘사한다는 개념을 지지한다(참고. 렘 15:19; 잠 23:20; 신 21:20).[26] 어떤 시대든, 사회가 무엇을 중요하거나 매력적이거나 본보기가 되는 것이라고 생각하는지만 보면 된다. 그것이 비열하고 무가치한 것이라면, 우리는 왜 의인이 기도해야 하고, 하나님의 말씀을 신뢰해야 하며, 그것에 따라 살아야 하는지 알 수 있다. 이 말씀은 하나님이 모든 교만과 부정직을 멸하실 것이라고 약속한다. 하지만 그때까지 그분은 자기 백성을 안전한 데 둘 것이라고 약속하신다.

메시지와 적용

이 본문에서 나온 강해적 개념은 다음과 같이 정리할 수 있을 것이다. *거짓과 포악함을 따라 사는 사회에서 하나님의 말씀은 유일하게 참되다.* 이 시편의 메시지를 오늘날의 세계와 연관시키는 것은 쉽다. 속임, 거짓 아첨, 사기, 선전, 이중적인 말들이 사회를 지배한다. 위아래 할 것 없이 모두 부정직하다. 또한 권력과 권위, 지위를 누리는 사람들이 부정직하게 행동하여 약한 자들을 파멸에 몰아넣을 때, 거기에는 악의가 있다. 사람들은 누구를 신뢰할 수 있는가? 그들은 오직 진리인 참된 어떤 것을 읽을 수 있는가? 바로 하나님의 말씀이다. 크라우스는 적절히 결론을 내린다. "이 시편은 어떻게 만물이 하나님의 말씀에 달려 있는지, 그리고 어떻게 이 말씀이 실제로 믿을 만하고 도움이 되는지 보여준다."[27]

---

25 VanGemeren, *Psalms*, p.169.
26 Perowne, *Psalms*, p.179을 보라.
27 Kraus, *Psalms 1-59*, p.211.

하나님의 말씀은 순결하다. 말씀은 진리다(요 17:17). 말씀이 말하는 것은 완전히 정확하다. 말씀이 가르치는 것은 적절하고 옳다. 말씀이 약속하는 것은 확실하다. 사람들은 성경이 말하는 것을 언제나 좋아하지는 않을지 모르지만, 성경은 진리를 말한다. 그렇기 때문에 그들은 자신의 삶을 그 위에 세울 수 있다. 이것이 이 본문에서 나온 명백한 적용이다. 하나님의 말씀이 완전하고 참되다면, 하나님의 백성은 말씀을 읽고, 말씀으로부터 배우며, 말씀을 신뢰하고, 말씀에 따라 살며, 말씀의 진리를 들을 필요가 있는 다른 사람들과 나누어야 한다.

22

The Cry of the Afflicted PSALM 13

괴로운 자의 부르짖음(시편 13편)

서론

본문과 다양한 역본들

다윗의 시, 인도자를 따라 부르는 노래

1 여호와여 어느 때까지니이까 나를 영원히 잊으시나이까

  주의 얼굴을 나에게서 어느 때까지 숨기시겠나이까

2 나의 영혼이(within myself)[1] 번민하고(take counsel)[2]

  종일토록(all the day)[3] 마음에 근심하기를 어느 때까지 하오며

---

1 히브리어 בְּנַפְשִׁי는 종종 '나의 영혼 안에서'라고 번역된다. 시 11:5의 같은 단어를 보라.
2 '번민'(counsel)이라는 말은 주로 지적 활동이며 영혼의 강렬한 느낌과 관련이 없기 때문에 편집자들과 주석가들은 이 단어(עֵצוֹת)를 '괴로움' 혹은 '슬픔'을 의미하는 עֲצָבוֹת이나 עַצְּבוֹת로 바꿀 것을 제안한다. W. VanGemeren은 '번민'(anguish), 고통'이라고 해석할 것을 제안한다(Psalms, p.171). 이에 대한 사본상의 증거는 없다. 역본들은 모두 MT에 동의한다. 이것은 단순히 그다음 행과 보다 긴밀한 대응을 이루기 위한 시도일 뿐이다. NIV는 그것을 '생각들'(thoughts)이라고 번역한다. '내가 어느 때까지 내 생각들을 갖고 씨름해야 하나이까?'
3 어떤 헬라어 사본들은 '그리고 밤'(and night, καὶ νυκτός)이라는 말을 덧붙인다.

내 원수가 나를 치며 자랑하기를 어느 때까지 하리이까
3 여호와 내 하나님이여 나를[4] 생각하사 응답하시고
나의 눈을 밝히소서 두렵건대 내가 사망의 잠을 잘까 하오며[5]
4 두렵건대 나의 원수가 이르기를 내가 그를(over him) 이겼다[6] 할까 하오며
내가 흔들릴 때에 나의 대적들이 기뻐할까 하나이다
5 나는 오직 주의 사랑을 의지하였사오니
나의 마음은 주의 구원을 기뻐하리이다
6 내가 여호와를 찬송하리니
이는 주께서 내게 은덕을 베푸심이로다[7]

구성과 전후 문맥

시편 13편은 분명 탄식 시편이다. 이것은 서론적 부르짖음과 탄식(1-2절)으로 시작되는데, 그 초점은 원수(2절 하), 그의 고난(2절 상), 하나님이 계시지 않는 것처럼 보이는 것(1절)이다. 그다음에 하나님이 행동하셔야 할 동기와 함께(3-4절), 하나님이 들으시고(3절 상) 구해달라는(3절 하) 간구가 나온다. 마지막으로 하나님의 사랑에 대한 확신의 표현 및 바야흐로 일어날 일에 대해 여호와를 찬양하리라는 서원이 나온다(5-6절). 이 작은 시편이 전개되면서 일어나는 어조의 변화들은 놀랍다. 델리치는 구성이 깊은 한숨으로 시작하여 부드러운 기도로 이어지고, 큰 기쁨으로 결론을 맺었다고 말한다.[8]

---

[4] 편집자들은 이 단어를 약간 바꿔서 עָנְיִי 대신 עֵינַי, '나의 고통'으로 읽을 것을 제안한다.
[5] 본문은 '내가 죽음을 잠잘까 하오며'라고 되어 있다. 죽음의 종류는 여기에서 직접 목적격에 의해 표현되어 있다.
[6] 히브리어는 יְכָלְתִּיו,로 되어 있다. 헬라어는 '내가 그에 대해(against him) 이겼다'라고 되어 있다(아마 יָכֹלְתִּי לוֹ,. ἴσχυσα πρὸς αὐτόν라고 읽었을 것이다). Goldingay는 כִּלָּה라는 어근을 제시한다. "나는 그를 끝냈다"(Psalms 1-41, p.203).
[7] 헬라어에는 한 줄이 덧붙어 있다. '그리고 내가 지극히 높으신 여호와의 이름에 시편을 부르리라.'
[8] Delitzsch, Psalms, I:199.

시편에는 혹은 다윗의 생애에 대한 기사에는 이 시편이 어떤 사건을 반영하는지 말해줄 만한 정보가 아무것도 없다. 다윗 혹은 다른 신자들이 원수들에게 둘러싸여, 지치고 버림받은 느낌을 받았으나, 그럼에도 불구하고 기도로 하나님께 부르짖을 때가 많았을 것이다. 이 시편을 레위 지파 성가대가 노래하도록 성소에 놓아두었다는 사실은 이것이 하나님께 버림받았다고 느끼면서 환난 가운데 어찌할 바를 모르던 다른 신자들을 격려하려는 목적으로 쓰여진 것이며, 단순히 사람들에게 시편기자의 삶에서 있었던 한 사건을 상기시키려는 것은 아니었음을 나타낸다. '여호와여 어느 때까지니이까'라고 하나님께 부르짖으며 격려를 구했던 많은 사람들이 있었기 때문이다.

석의적 분석

요약

비록 시편기자는 원수들의 괴롭힘에서 즉시 구원받지는 못하지만, 구원해달라는 기도가 응답되어, 자신이 찬양의 노래를 드리리라는 것을 확신한다. 그것은 하나님의 사랑에 대한 믿음을 기반으로 하고 있기 때문이다.

개요

I. 다윗은 원수의 손에서 괴롭힘을 당하면서, 하나님께 자신을 더 이상 버리지 말고 구원하사, 원수들이 자기를 이기고 승리하지 않게 해달라고 구한다(1–4절).
 A. 시편기자는 하나님이 번민 가운데 있는 그를 버리셨다고 한탄한다 (1–2절).
  1. 그는 하나님께 잊혀지고 버림받은 것처럼 느낀다(1절).
  2. 그는 매일 자신의 근심을 해결하려 하지만 그렇게 하지 못한다(2절 상).
  3. 그의 원수는 그를 치며 자랑한다(2절 하).
 B. 시편기자는 하나님께 자신이 죽고 원수들이 기뻐하지 않도록, 자신의

근심을 해결해달라고 간구한다(3-4절).
> 1. 그는 하나님께 보시고, 응답하시며, 구원해달라고 간구한다(3절 상).
> 2. 그는 하나님께 구원해달라고 구한다(3절 하).
> 3. 그는 하나님께 원수들이 기뻐할 기회를 갖지 못하도록 자신을 구원해달라고 간구한다(4절).

II. 다윗은 하나님의 사랑을 신뢰했기 때문에 구원을 예상하며 하나님께 찬양드릴 것을 서원한다(6절).
> A. 시편기자는 하나님의 사랑에 대한 믿음을 확신 있게 표현한다(6절 상).
> B. 시편기자는 하나님의 구원을 기뻐할 것을 확신 있게 기대한다(6절 중).
> C. 시편기자는 하나님이 베푸시는 은덕을 찬송하겠다고 서원한다(6절 하).

강해 형태의 주석

I. 억압을 당하는 신자들은 하나님께 버림받았다고 느끼며 그분께 자신의 불평을 쏟아놓을 수 있다(1-2절)

강해적 배열을 위해 시편 첫 부분, 곧 시편기자가 하나님께 말하는 부분(1-4절)을 탄식과 간구로 나누는 것이 더 간단하다. 그렇게 되면 강해자가 각 부분의 독특한 개념들에 초점을 집중할 수 있다. 1-2절이 탄식 부분을 형성한다.

A. 신자들은 하나님께 버림받았다고 느낄 때 기도해야 한다(1절)

이 시편의 독특한 특징은 "어느 때까지니이까"[how long, עַד־אָנָה, '언제까지입니까?'(until when)]이다. 이 표현은 각 문장에서 위치와 반복으로 인해 강조된다. 탄식 부분에서 이 말은 네 번 사용된다. 그럼으로써 시편기자가 한동안 원수들에게 억압을 당했다는 것과, 한동안 하나님이 기도에 응답하지 않으셨다는 것을 분명하게 알 수 있다.[9] '여호와여 어느 때까지니이까?'라는 말은 수사학적 질문으로, 하나님이 그를 구해주지 않으셨다는 사실을 탄식하기 위한 것이다. 이 문장은 불완전하다. 어느 때까지 기다려야 하나님이 구해주실 것인가 하는 개념이 채 끝나기도 전에 문장이 중단된다. 문장을 중단하는 것은 극단적인 감정을 표현하는 한 방식이다(이 비유는 돈절법이라고 부른다). 하나님은 괴로운 사람이 "여호와여 어느 때까지니이까?"라고 외칠 때 그가 무슨 말을 하는지 정확히 아신다.[10]

이 불완전한 한탄 다음에는 명료하게 설명하는 절이 나온다. 그것은 "나를 영원히 잊으시나이까"라는 또 하나의 수사학적 질문이다. 시편기자가 보기에는 하나님이 그를 완전히 잊어버리신 것 같다. '잊다'라는 동사(תִּשְׁכָּחֵנִי, 미래를 나타내는 미완료)는 정신적 기억상실보다는 기도에 응답하지 않는 것과 더 관계가 있다(이것은 신인동형론적이다. 시 103:2의 이 단어를 보라). 하나님이 어떤 사람을 '기억'하실 때, 그것은 그분이 '기억하시는' 것에 조화를 이루어 그들을 위해 행동하신다는 것을 의미한다. 하나님이 어떤 사람을 잊으실 때, 그것은 그분이 그들을 도우러 오지 않으신다는 의미다. 다른 곳에서는 신적 도움이 없는 것을 잊어버리거나, 얼굴을 돌린다는 개념으로 표현한다(시 9:13, 19절, 10:11, 12절). 요점은 하나님이 그를 버리신 것 같다는 것이다. 그리고 "영원히"(נֶצַח)라는 부사는 시편기자가 '이것이 과연 변화될까?' 하고 생각했음을 나타낸다. 이 문장에서 이 부사는 계속 그 같이 버리실 것이라는 의미를 나타내도록 번역할 수 있을 것이다. '어느 때까지 나를 계속해서 잊으실 것이니이까?'라는 것이다.

병행구는 탄식의 강도를 더해준다. "주의 얼굴을 어느 때까지 숨기시겠나이

---

9 시편에 대한 *Midrash*(1:176)는 여호와가 사용하시는 '어느 때까지인가?'의 네 가지 대응되는 용례들을 적어 놓는다. "어느 때까지 너희가 내 계명과 내 율법을 지키지 아니하려느냐"(출 16:28). "이 백성이 어느 때까지 나를 멸시하겠느냐"와 "어느 때까지 나를 믿지 않겠느냐"(민 14:11), 그리고 "나를 원망하는 이 악한 회중에게 내가 어느 때까지 참으랴"(민 14:27) 등이다. 고난받는 시편기자는 하나님의 유사한 질문을 알고 있었을 것이다. 아마 어느 때까지 여호와가 그들에게 응답하시지 않겠느냐고 탄식하면서 그들은 자신들이 그분께 응답하지 않았던 것을 상기하게 되었을 것이다(슥 7:13을 보라).

10 A. F. Kirkpatrick은 이렇게 말한다. "두 개의 질문을 하나의 자기모순적 표현으로 결합시키면서, 논리가 아니라 느낌이 문장을 형성한다"(*Book of Psalms*, p.64).

까?"(הַסְתִּיר)라는 것이다. 얼굴을 숨긴다는 것은 은총을 거두시는 것을 나타내는 비유적 표현(신인동형론)이다(시 30:7을 보라. 그것은 백성에게 비치는 여호와의 얼굴은 그분이 그들에게 은혜로우시다는 것을 의미하는 곳인 시 31:16 및 특히 민 6:25과 반대된다). 하나님은 그를 '잊으셨을' 뿐 아니라, 또한 그에게서 은총을 거두신다.

B. 신자들이 어찌할 바를 모를 때, 그들은 진지하게 기도해야 한다(2절)

'어느 때까지니이까'라는 말의 세 번째 용례는 시편기자의 개인적 좌절과 슬픔을 표현한다. "나의 영혼이 번민하기를(take counsel within myself) 어느 때까지 하오며"는 상황을 해결하고자 하는 그의 끊임없지만 헛된 시도들을 말한다. 이 동사(אָשִׁית)는 '두다, 배치하다, 확립하다'라는 의미로, 이것의 목적어는 '조언'(counsel, עֵצוֹת), '자문을 받다'(take counsel)라고 번역할 수 있다(개역개정은 '번민하고'라고 번역했다 – 역주). 이 행에서 이 동사는 '의무적' 뉘앙스를 지닌다. '어느 때까지 번민해야만 합니까?' 그가 자기 스스로 자문하거나 계획을 세우는 모습이 그가 어려움에서 벗어나야 한다는 생각을 하고 있음을 말한다. 하지만 그는 여전히 여호와께 부르짖고 있으므로, 그의 계획들은 지금까지 성공하지 못했다.

대응되는 콜론은 어려움을 해결할 수 없다는 좌절을 표현한다. 그의 마음에는 늘 근심이 있다. 이 행은 앞 행과 구체적인 연관은 없다. 이것은 그저 '날마다 근심한다'라고 읽을 수 있다. 이는 동사를 보충해서 하나의 독립절로 볼 수 있다('그리고 근심하고 있다…'). 또한 부사적으로 볼 수도 있다('근심하고 있으므로…'). 어떠한 경우든 그의 탄식의 일부는 그가 억압 때문에 이 '내적 슬픔' 혹은 '비탄'(יָגוֹן)을 참고 견딘다는 것이다. 이 묘사는 육체적 고통에 대한 것이 아니라, 정서적 영적 고통에 대한 것이다. 그는 자기를 거의 움직이지 못하게 만든 비애로 가득 차 있었다. 이것은 날마다(יוֹמָם) 끊임없이 일어나는 일이었다. 모든 계획은 실패했으며 더 많은 슬픔을 가져왔다.

C. 신자들은 원수가 높아지는 것을 볼 때 더 열심히 기도한다(3절)

네 번째 탄식은 그가 받는 괴로움의 직접적 원인을 설명한다. 즉 원수가 그를 치며 자랑했다는 것이다. '자랑했다'(be exalted, יָרוּם, 시 46:10의 같은 단어를 보라)라는 말은 권세와 존귀의 자리로 '올라가다'라는 의미이며, 그러므로 교만하게 자신이 그보다 우월하다고 여긴다는 것이다. 그 원수가 누구인지 나타내는 표시는 아무것도 없다. 전후 문맥을 보면 대단히 골치 아픈 권력 투쟁이 벌어지는 반란을 묘사하는 것일 수 있지만 말이다. 원수는 분명 악하다. 그렇기 때문에 다윗의 원수는 여호와의 원수이기도 하다. 정확하게는 여호와의 원수가 다윗의 원수가 된 것이다(시 139:19-24을 보라). '어느 때까지니이까'라는 탄식에 비추어볼 때, 그의 원수가 현재 그에게 지배권을 행사한다는 것은 분명하다. 그리고 여호와가 계속 그를 무시하신다면, 그 지배는 그의 죽음과 신실한 자들의 재앙으로 이어질 것이다. 여기에서 얻을 수 있는 교훈은 악인이 신자들보다 높아지는 것은 기도하라는 부르심이라는 것이다.

II. 억압받는 신자들은 괴로운 상황이 악화되지 않도록 기도한다(3-4절)

우리는 이제 이 시편의 간구 부분에 이르렀다. 이 구절들은 하나님을 향한 시편기자의 호소를 기록했지만, 생명을 위협받는 상황에 처한 모든 신자에게 본보기와 교훈이 된다. 하지만 여기에서 가장 교훈적인 것은 이 간구가 하나님이 행동하셔야 할 동기, 왜 기도가 응답되어야 하는가 하는 이유들을 포함하고 있다는 것이다. 이 기도는 먼저 전형적인 탄식 시편 방식으로 표현된다. '보다'와 '응답하다'라는 것이다.[11] 첫 번째 명령어는 '보다' 혹은 '생각하다'라고 다양하게 번역되는데(נָבַט에

---

11 Meir Weiss는 '어느 때까지니이까'라는 반복된 질문들을 설명하면서 어떻게 탄식에 이어 간구가 나오는지 보여준다. 그 구조는 '당신', '나', '그들'의 순서를 따른다. 먼저 "여호와여 어느 때까지니이까"(당신), 그다음에 "내가 어느 때까지 하오며"(나), 그러고나서는 "내 원수가 어느 때까지 하리이까?"(그들). 간구는 그다음에 같은 순서를 따른다. "보시고 응답하소서"(당신), "내가 잠을 잘까 하오며"(나), "나의 원수가 …할까 하오며"(그들). "The Literary Work in Its Entirety, Psalm 13," in *The Bible from Within*, p.298-314, 특히 303을 보라.

서 나온 הַבִּיטָה), 이것은 어떤 것을 혹은 어떤 것에 '집중해서 응시하다'라는 의미이다. 이는 여기에서(신인동형론) 하나님께 자신의 딜레마를 면밀히 바라봐달라고 요구하는 대담한 비유적 표현이다. 하나님은 문제를 면밀히 보실 필요가 없다. 그분은 모든 것을 아신다. 하나님이 그를 잊으셨다는 표현 및 그의 얼굴을 숨기셨다는 표현들과 함께 사용되면서, 면밀히 살펴보라는 요청은 자연스럽게 보인다. 두 번째 명령어는 단도직입적으로 요점을 말한다. "내게 응답하소서"(עֲנֵנִי). 물론 이 명령법들은 기도다. 기도에서 이런 명령법들을 사용한 것은 그 요청의 긴급성을 강조하면서, 즉각적인 행동을 요구하는 것이다. 이 긴급한 요청은 "여호와 내 하나님"께 직접 말하는 것이었다. '여호와'는 하나님의 인격적이고 언약적인 이름이다. 그래서 다윗은 하나님의 인격적인 이름을 이용해서, 언약에 의해 하나님이 그와 맺으신 관계에 기초하여 하나님께 호소했다.

간구의 두 번째 부분 역시 명령법을 사용한다. 하지만 이 단어는 비유적이다. "나의 눈을 밝히소서"(הָאִירָה עֵינַי). 이(히필) 어근에서 이 단어는 '빛을 주다, 빛나게 하다, 비치다, 밝게 하다' 등을 의미할 수 있다. 어떤 본문들에서 그것은 교훈을 통해 빛을 준다는 의미, 즉 누군가를 계몽한다는 의미이다. 하지만 여기에서는 그런 의미가 아닌 듯하다. 여기에 나타난 상황은 요나단의 이야기에 기록된 것과 많이 비슷하다. 그는 먹고나서 눈이 밝아지기 전까지 기력이 급속하게 떨어지는 상태였다(삼상 14:27-29). 마찬가지로 여기에서 이 단어는 육체적 힘과 도덕적 에너지를 소생시키는 것을 의미한다(또한 잠 29:13; 겔 9:8을 보라). 어떻게 하나님은 그의 눈을 밝히실까? 그분의 얼굴이 그에게 비치게 하심으로 그렇게 하신다. 그것은 그에게 은총을 베풀고 그의 기도에 응답하셨다는 의미이다. 그다음에 시편기자는 두 가지 이유로 하나님이 그의 기도에 응답하시도록 자극한다. 첫째는 하나님이 그의 기도에 응답하시지 않으면, 그가 죽으리라는 것이다. 문자적으로는 '내가 잠, 사망을 잘까 하오며'라는 것으로, 그것은 '내가 사망(의 잠)을 잘까 하오며'(פֶּן־אִישַׁן הַמָּוֶת)라는 의미다. '…할까 하오며'(lest)라는 말은 부정적 목적을 소개한다. 그것은 앞 절에 나타난 행동의 동기를 표현한다. 두려움은 그가 잠을 잘지 모른다는 것이다. 하지만 그것은 보통 잠이 아니라, 죽음이 특징이거나 죽음에 이르는 잠이다.[12] 헹스텐버그(Hengstenberg)는 이렇게 말한다. "시편기자는 자신을 죽어가는 사람으로, 이미 반쯤 끝나버린 사람, 여호와가 그에게 새로운 생명의 능력을 주시지 않는다면 곧 죽음의 어두움에 완전히 압도될 사람으로 제시한다."[13]

그가 제시하는 두 번째 동기는 그가 원수와 그를 괴롭히는 자들로부터 구원받지 못한다면 그들이 "내가 그를 이겼다"라고 말하리라는 것이다. 다시 말해 그는 최종 승리를 주장할 것이다(이 동사는 현재 완료다). 그의 원수가 그를 이긴다면, 그 원수 편에서 그를 억압하던 사람들('나를 괴롭히던 사람들' 혹은 그냥 '나의 대적들', צָרַי)도 그가 타도될 때 기뻐할 것이다. 그들의 기쁨은 거의 제의적 외침일 것이며(גִּיל, 아래를 보라), 그들이 기뻐하는 근거는 그가 제거되었기 때문일 것이다(동사 מוֹט는 그가 있는 곳으로부터 '흔들리다, 움직이다, 제거되다, 타도되다'라는 의미다. 시 62:2의 같은 단어를 보라).

요점은 다윗이 여호와를 신실하게 믿는 신자라는 것이다. 그의 원수들은 다윗과 그의 믿음을 이기고 승리했다고 환호할 것이다. 다윗의 호소는 하나님이 그들이 기뻐하기를 – 아마도 제사를 드리면서 – 원치 않으신다면, 그의 기도에 응답하셔야 한다는 것이다.

III. 하나님의 사랑(loyal love)을 신뢰하는 고난 중에 있는 신자들은 확신을 가지고 하나님께 기도한다(5-6절)

마지막 두 구절은 완전히 다른 어조이다. 지금까지 시편기자가 사용한 말들은 긴급하고 염려스러운 것으로, 괴롭힘을 당하는 영혼의 부르짖음이었다. 이제

---

[12] '사망'이라는 단어는 내적 목적어 역할을 한다. 이 단어는 그 행동의 최종 결과로써 따를 것을 제시한다. 잠은 사망이 된다.

[13] Hengstenberg, *Commentary on the Psalms*.

그가 사용하는 말은 하나님의 구원을 확신한다. 그리고 자신이 그 구원을 찬양하리라고 확신한다. 이 부분은 시편기자와 같은 신자들 또한 하나님의 사랑에 대한 확신을 가지고 기도할 수 있음을 보여준다.

A. 하나님의 사랑에 대한 신뢰는 기도 안에서 확신을 가져온다(5절)

다섯 번째 구절은 강력한 반의어로 시작한다. "나는"(But as for me, '그러나 나에 관해서는', וַאֲנִי). 지금까지 그는 자신을 억압하는 자들이 하고 있는 것에 대한 우려를 표현했다. 그리고 이제는 그가 무슨 일을 하고 무슨 일을 할지 선언한다. 그리고 그가 할 일, 곧 하나님의 구원을 기뻐하는 이유는 그가 하나님의 사랑을 신뢰하기 때문이다. 그래서 '사랑'이라는 단어가 처음에 나온다. "하지만 나로서는, 주의 사랑을 의지했다." 여기에서 말하는 사랑[loyal love, חֶסֶד, 시 23:6의 이 단어(개역개정은 '인자하심'이라고 번역했다 – 역주)를 보라]은 자기 백성에 대한 여호와의 신실하신 언약 사랑이다. 억압자들과 반대로 가득 찬 세상에서 그보다 더 좋은 확신의 원천은 없다. 다른 확신의 원천은 없다. 그의 확신의 표현은 '의지하다'(בָּטַחְתִּי, 현재 완료 뉘앙스로, 나는 의지했고 계속해서 의지한다는 의미이다. 시 4:5의 같은 단어를 보라)라는 단어를 사용한다. 그것은 그가 안전을 위해 하나님을 굳게 붙잡는 믿음을 갖고 있음을 강조한다.

---

14 '기뻐하다, 기쁨으로 외치다'(גִּיל)에 해당하는 단어는 이 시편에서 두 번 사용되었는데, 열광적인 찬양, 즉 기뻐 날뛰며 소리치는 것, 심지어 흥분으로 떠는 것을 말한다. 관련된 명사는 '기쁨으로 환호하는 외침'(하늘의 예루살렘에 대해, 사 65:18을 보라)을 의미한다. 다음의 범주들을 보면 다양한 문맥에서 이 말이 지닌 의미를 알 수 있다. 첫째, 이 말은 전쟁에서의 승리에 대한 환희를 표현할 때 사용된다. 시편 13편의 기자는 여호와께 원수들이 그들에 대해 기뻐하지 않도록 해달라고 기도한다. 이것은 승리를 경축하는 것과 똑같은 의미이다. 원수들이 기뻐하는 한 가지 예는 바벨론 사람들에 관한 것이다(합 1:15). 긍정적 측면에서 이 단어는 전쟁이 영원히 끝나리라고 예언하는 메시아적 메시지에서는 큰 환희라는 의미를 가진다(사 9:3 하). 개인적인 차원에서, 잠언 24:17은 사람들에게 그들의 원수가 넘어질 때 즐거워하지 말라고 경고한다. 그것은 승리에 대한 또 하나의 경축이 될 것이다.
둘째, 이것은 가정에서 경축하는 것에 대해 사용된다. 이러한 기뻐함은 잠언에서 부모가 지혜로운 자녀에 대해 기뻐하는 것을 표현할 때 몇 번 나온다(잠 23:24-25). 이것은 또한 결혼을 경축한다(아 1:4 상). 유감스럽게도, 이 단어는 또한 악을 기뻐하는 사람들의 경축도 묘사한다(잠 2:11, 14절).

B. 하나님의 사랑 때문에 신자들은 승리에 대해 그분을 찬양할 것이다(6절)

시편기자는 하나님의 사랑을 확실하게 의지하기 때문에 하나님의 구원을 '기뻐할'(גִיל) 것이다. 이것은 대적들이 '기뻐할' 것에 대한 그의 우려를 나타낼 때 사용한 것과 같은 단어다. 하나님의 신실하신 사랑 때문에, 그 기뻐함은 하나님 백성의 패배가 아니라, 하나님의 구원에 대한 것이다.[14] '구원'(deliverance)이라는 말은 또한 이와 같은 맥락에서는 '구원'(salvation)이라고도 번역할 수 있다. 그것은 오늘날 사람들이 영적 구원이라고 할 만한 것을 말하지는 않는다. 그것은 하나님이 원수들에게서 그를 구원하시는 것을 말하는 영적·육체적 구원이다(시 3:2의 같은 단어를 보라).

그는 자신의 마음이 그것을 기뻐한다고 확신하기 때문에, 여호와를 찬송할 것을 서원한다("내가 찬송하리니"). 이 시편의 마지막 절은 원인절로, 그가 노래할 이유를 제공한다. 그것은 단순 완료 시제(גָּמַל)를 사용한다. "내가 여호와를 찬송하리니 이는 주께서 내게 은덕을 베푸심이로다"(he shall have dealt bountifully with me). 그는 하나님의 은덕을 기대하며 그분을 찬송하겠다고 약속한다.[15]

셋째, 그것은 예배 때 제의적인 외침에 대해서도 사용된다(주로 여호와를 예배할 때, 하지만 또한 우상 숭배적 배경에서도). 그것은 열렬한 외침 혹은 환희, 열정적인 제의적 경축을 의미한다. 참된 예배자들은 즐겁게 소리치며 온종일 '기뻐한다'는 것이 뭔지 안다(시 89:15 하, 16절). 다윗은 사람들에게 '기뻐하라'고, '기쁨으로 소리치라'고 권고한다(울려 퍼지는 부르짖음을 말하는 유사어 רָנַן). 요엘은 이스라엘에게 하나님이 행하신 위대한 일에 비추어 '기뻐하라'고 권면한다(욜 2:21). 이 단어는 아마 시편 2:11에서 이런 의미를 지니고 있을 것이다. 이 말은 '경외함'이라는 말과 결합되어 있지만 말이다. '기뻐하다'라는 단어가 기쁨으로 인한 열광적인 제의적 외침을 말한다면, '떨며'라는 말을 넛붙인 것은 그것이 감당할 수 없을 정도는 아님을 보장해주는 것이다. 이 모든 본문은 궁극적으로는 성소 예배에 배경을 두고 있다. 그래서 본문이 '기뻐하다'에 대해 이 단어를 사용할 때, 그것은 정력적으로, 심지어 말없이도 기쁨을 표현하는 것을 말한다. 즉 회중들의 고함, 부르짖음, 혹은 포효함이다. 하나님이 영광스럽게 그분의 백성을 구원하신다면, 그들의 반응은 열정적인 것이 되어야 한다.

15 Weiss는 여기에서 완료 시제를 사용한 것은 그가 미래가 아닌 과거에 대해 말한다는 것, 이미 일이 난 사건에 대해 말하고 있음을 보여준다고 설명한다. 그는 자신의 간구가 받아들여졌다고 확신한다(*The Bible from Within*, p.313).

메시지와 적용

이 짧은 시편의 주된 메시지는 매우 분명하다. 이는 같은 강해 개념으로 표현할 수 있다. *하나님이 그분의 백성을 버린 것처럼 보이는 위험한 상황에서 신자들은 좀 더 절박하게 그리고 하나님의 사랑에 대한 더 큰 확신을 가지고 강하게 호소해야 한다.* 이 시편은 이중의 문제를 다룬다. 의인을 기습 공격하는 악한 원수들의 문제와 하나님이 곤경에 처한 사람들을 버리시는 문제다. 이 시편은 하나님의 신실하신 언약 사랑에 기초하여 하나님께 호소하는 시편기자의 강렬함과 긴급함을 표현한다. 마찬가지로 신약 신자들은 아무것도 그리스도 예수 안에 있는 하나님의 사랑에서 그들을 끊지 못한다는 것을 안다(롬 8장). 그래서 위험한 반대의 때에 쉬지 않고 더 절박하게 기도한다. 때로는 심지어 "여호와여 어느 때까지니이까?"라고 비통하게 부르짖는다. 브로일스는 불평을 표현하는 것이 반드시 신뢰의 결여를 나타내는 것은 아니라고 말한다. 신뢰한다고 해서 불평이 필요 없어지는 것도 아니다.[16] 신자들은 자신이 하나님을 찬양하는 것을 신뢰하며 불평을 쏟아놓기 때문이다.

---

16 Broyles, *Psalms*, p.87.

23

The Folly and the Future of the Fool PSALM 14

어리석은 자의 어리석음과 미래(시편 14편)

서론[1]

본문과 다양한 역본들

다윗의 시, 인도자를 따라 부르는 노래

1 어리석은 자는 그의 마음에 이르기를
  하나님이 없다 하는도다
  그들은 부패하고 그 행실이 가증하니
  선을 행하는 자가 없도다[2]
2 여호와께서 하늘에서
  인생[3]을 굽어살피사
  지각이 있어

---

1 Robert A. Bennett, "Wisdom Motifs in Psalm 14 = 53." *BASOR* 220(1975):15-21을 보라.
2 헬라어는 3절에서처럼 '하나도 없도다'라는 말을 덧붙인다.
3 히브리어로 '사람의 아들들[자녀들]'

하나님을 찾는 자가 있는가 보려 하신즉

3 다 치우쳐

함께 더러운 자가 되고

선을 행하는 자가 없으니

하나도 없도다[4]

4 죄악을 행하는 자는 다 무지하냐[5]

그들이 떡 먹듯이 내 백성을 먹으면서

여호와를 부르지 아니하는도다

5 그러나 거기서 그들은 두려워하고 두려워하였으니[6]

하나님이 의인의 세대에 계심이로다

6 너희가 가난한 자의 계획[7]을 부끄럽게 하나

오직 여호와는 그의(their)[8] 피난처가 되시도다

7 이스라엘의 구원[9]이 시온에서 나오기를 원하도다

여호와께서 그의 백성을 포로된 곳에서 돌이키실(restores the fortunes)[10] 때에

야곱이 즐거워하고 이스라엘이 기뻐하리로다

---

4 로마서 3:13-18에는 악인에 대한 묘사에 살을 붙이기 위해 구약 여러 부분에서 나온 일련의 인용문들을 포함시킨다. 몇몇 헬라어 사본들, Vulgate, 그리고 다른 몇몇 자료들을 보면 이 시편 3절 이후에 이 인용문들이 덧붙여져 있다. 하지만 그것은 시편 53편에는 덧붙여져 있지 않다. 이 인용문들은 후에 기독교 자료들로부터 그 역본들에 추가된 것으로 보인다. 그러나 바울이 이미 존재하고 있던 글모음을 이용하고 있었을 수도 있다. 추가된 부분은 이렇다. "그들의 목구멍은 열린 무덤이요 그 혀로는 속임을 일삼으며 그 입술에는 독사의 독이 있고 그 입에는 저주와 악독이 가득하고 그 발은 피 흘리는 데 빠른지라 파멸과 고생이 그 길에 있어 평강의 길을 알지 못하였고 그들의 눈 앞에 하나님을 두려워함이 없느니라 함과 같으니라."

5 헬라어역은 미래 시제인 οὐχὶ γνώσονται(Symmachus, Jerome, Targum과 함께)로 되어 있다. '그들이 무지할 것인가'(יֵדְעוּ 대신 יֵדָעוּ으로 읽음).

6 헬라어역본을 보면 '거기서 그들은 두려워하고 두려워하였으니'에 시편 53:5을 따라 '두려움이 없는 곳에서'라는 말을 덧붙인다.

7 Kraus는 전후 문맥으로 보아 그것은 '약한 자에 반대하는 계획들', 목적 소유격이라는 의미가 되어야 한다(Kraus, *Psalms 1-59*, p.218). 하지만 Goldingay는 '약한 자의 계획에 의해 너희를 부끄럽게 하도록'이라고 읽는 편을 선호한다(*Psalms 1-41*, p.211).

구성과 전후 문맥

시편 14편은 의인이 살아야 하는 곳이며 그들에게 끊임없이 위협을 제기하는 곳인 불경한 사회에 대한 강력한 묘사다. 다른 시편들은 악인들 혹은 원수들의 악한 행동을 묘사한다. 하지만 이 시편은 인류 전체에 대해 말한다. 그리고 커크패트릭이 지적하듯이, "인류의 깊고 보편적인 부패는 그들이 하나님을 찾지 않는 것에서 그 기원을 발견할 수 있다."[11] 그리고 의인이 그들의 파괴적 방식의 대상이기 때문에, 이 시편에 나오는 부패함에 대한 묘사는 하나님이 없는 것처럼 살기를 고집하는 불신자들을 말한다. 하나님은 살아 계신 분이므로 그들이 선택한 길은 전적인 어리석음이라고 묘사될 수 있을 뿐이다.

이 시편은 우리가 가진 표준적 유형들에 따라 쉽게 분류할 수 없다. 탄식 시편, 특히 공동적 탄식 시편에서 발견될 몇 가지 특징을 가지고 있지만 거기에는 적절한 간구가 없다. 또한 지혜 시편과 약간 비슷한 점도 있다. 특히 어리석음, 그리고 지혜와 지식을 다루는 표현들이 그렇다. 그러나 지혜 시편이라고 분류할 만한 특징들이 충분하지는 않다. 또한 이 시편은 예언적 예배 양식에 맞는 몇 가지 요소들로 결론을 내린다. 그렇다면 이 시편은 여러 유형의 시편이 지닌 많은 특징을 나타내는 독특한 구성인 듯하다.

이에 비추어볼 때, 시편 53편이 시편 14편의 또 다른 변형일 수 있음을 주목해야 한다. 아니면 시편 14편을 이른바 시편 모음의 엘로히스트(Elohist, 하나님을

---

8 본문에는 단수 형태로 되어 있으나, 개념은 집단적이다.
9 히브리어에는 '누가 줄 것인가'(מִי יִתֵּן)로 기원형을 표현한다. 헬라어는 이 관용구를 '누가 줄 것인가'(τίς δώσει)라고 문자적으로 해석한다. 아마 독자가 히브리어 관용구적 표현에 익숙할 것이라고 추정하기 때문이다.
10 '운명'(fortunes)은 שְׁבוּת로, 동사 שׁוּב와 같은 어원에서 나온 대격을 형성한다. 이 단어는 '포로로 잡아가다'라는 동사 שָׁבָה와는 관계가 없다. 그러므로 '포로생활에서 회복시키다'라는 번역은 정확하지 않다. John M. Bracke, "šûb šᵉbût: A Reappraisal," ZAW 97(1985):233-44를 보라.
11 Kirkpatrick, *Psalms*, p.65.

엘로힘이라고 부르는 것 - 역주) 부분(시 42-83편)에서, 다른 목적으로 각색한 것인 듯하다. 이런 중복의 이유는 시편 53편을 연구할 때 조금 더 분명해질 것이다. 두 시편 모두 다윗이 쓴 것이라고 한다. 그리고 이 둘은 거의 똑같다. 앤더슨은 이 시편들이 책의 각 부분에 존재한다는 것은 첫 번째 모음(1 3-41편)과 두 번째 모음이 둘 다 독자적으로 존재한다는 사실을 가리킨다고 주장한다.[12] 설사 그렇다 해도, 우리는 두 시편이 약간 다른 목적을 위해, 아마 시편기자의 삶에서 서로 다른 때 쓰였다고 결론을 내려야 할 것이다.[13] 시편 14편은 신실한 자들에 대한 위로에 초점을 맞추는 듯 보이지만, 시편 53편은 악인에 대한 경고에 더 가깝다. 시편 53편이 새로운 역사적 언급을 소개하기 위해 조금 변경되어 편집되었을 수도 있다.[14]

석의적 분석

요약

시편기자는 인류의 불경하고 위험한 부패를 묘사한 후에, 하나님이 악인을 완전히 멸하실 것이라고 선언한다. 그것은 그를 고무시켜 이 땅에 하나님의 통치가 확립되기를 갈망하게 한다.

개요

I. 시편기자는 불경한 인류에 대한 여호와의 평가를 기술한다. 그들은 완전히 부패했으며 대단히 위험하다(1-3절).

    A. 요약: 그들은 실제적인 무신론자이며 완전히 부패한 사람들이다(1절).

---

[12] Anderson, *Psalms 1-72*, p.130.
[13] 시편들 간의 차이점들은 시편 53편을 다룰 때 좀 더 충분히 논의할 것이다.
[14] Kirkpatrick, *Psalms*, p.66.

B. 묘사: 그는 인류에 대한 여호와의 평가를 말한다(2-3절).

    1. 여호와는 지혜로운 사람을 찾는다(2절).

    2. 여호와는 전체 인류가 선에서 악으로 바뀌었다고 결론을 내린다(3절).

II. 시편기자는 부패한 인류에게 앞으로 임할 파멸을 계시한다(4-6절).

  A. 의인을 핍박하는 자들은 고의적으로 무지한 자들이다(4절).

  B. 불경한 자들은 미래에 대해 두려워하는 자신들의 모습을 발견할 것이다(5절).

  C. 악인은 수치를 당할 것이다(6절).

III. 시편기자는 하나님의 백성이 만물의 회복에 대해 기뻐할 큰 구원의 날이 오기를 고대한다(7절).

강해 형태의 주석

I. 인류는 어리석게 하나님을 부인했으며, 자신의 비뚤어지고 부패한 방식을 따랐다(1-3절)

A. 그들의 어리석음은 그들이 하나님을 부인했다는 것이다(1절 상)

시편은 악인(ungodly)과 의인의 대조로 시작한다. 이 대조는 시편 전체에 걸쳐 반복적으로 나온다. 이 시편의 초점은 불경한 자에게 맞춰져 있다. 하지만 그것은 하나님과 독립해서 산다는 것이 무엇을 뜻하는지 나타내기 위함이다. 이 시편은 대다수의 인류를 어리석은 자로 분류해야 한다고 말한다. 그들은 하나님이 존재하신다는 것을 부인하려 애쓴다. 그리고 그렇기 때문에 그들의 길은 완전히 부패했고, 지금도 부패하고 있다. 그것은 인간의 완전한 부패함에 대한 성경의 가장 강한 본문 중 하나다. 하지만 세상에는 다른 집단들도 있다. 바로 의인들이다. 그들은 하나님의 은혜로, 믿음으로 말미암아 그분과 언약을 맺었으며 의롭다고 선포되었다. 이들은 하나님의 백성이다. 그리고 의인의 존재 자체가 불경한 사람들을 괴롭게 해서, 의인들은 종종 핍박을 받는다. 이 시편은 모든 것이 끝날 날이 오고 있다는 것을 의기양양하게 알린다. 그날은 어리석은 자들에게는 큰 수치의 날이 될 것이며, 하나님의 백성에게는 영원한 기쁨의 날이 될 것이다.

이 시편은 그렇기 때문에 "어리석은 자는 그의 마음에 이르기를 하나님이 없다 하는도다"라는 단언으로 시작한다. 이 계시는 이 시편에 대한 놀랍고도 괴로운 시작을 알린다. 하지만 하나님을 믿는 사람들에게는 그것은 그분을 부인하는 것이 완전히 어리석은 일이라는 것을 상기시켜준다. '어리석은 자'(נָבָל)라는 말[15]에는 관사가 붙어 있지 않다. 그래서 특정한 사람을 말하는 것이 아니라 '바보'의 부류에 속하는 모든 개인을 말하는 것이다. 이것은 뒤에 나오는 어리석은 자에 대한 묘사에서 이 동사의 복수 형태를 사용한다는 사실로 알 수 있다.

어리석은 자의 주된 특징은 불경한 삶을 살겠다고 진심으로 결정하는 것이다. 마치 하나님이 없는 것처럼 살겠다는 결정이다.[16] 따라서 지혜 문학은 사람들에게 "여호와를 경외하는 것이 지식의 근본이거늘 미련한 자(אֱוִילִים)는 지혜와 훈계를 멸시하느니라"(잠 1:7)라고 상기시켰다. 부정적 불변화사(אֵין, '…이 없다')는 어리석은 자들이 하나님의 존재를 절대적으로 부인하는 것을 나타낼 수도 있지만, 그것은 어리석은 자가 화자와 관련해서(적어도 이 맥락에서는) 하나님의 존재를 부인한다는 것을 보여줄 가능성이 더 많다. 그것만으로도 그 사람은 하나님이 없는 것처럼 살아가는 실제적 무신론자일 것이다. 결국 어리석은 자

---

15 이 단어는 사전에서 '분별없다, 어리석다'를 의미하는 동사와 관련되어 있다. נָבָל은 시편에서는 그렇게 많이 나오지 않는다. 이 말의 의미, 그리고 관련된 단어들의 의미는 불완전한 지성보다는 종교적, 도덕적 무감각함과 더 관계 있는 듯하다. 기본적으로, 어리석은 자는 지성이 아니라 지혜가 부족하다. 어리석은 자는 거칠고, 불경하며, 도덕적으로 아둔한 것으로 묘사할 수 있다.

16 Goldingay는 이것이 이론적 무신론자의 진술이 아니라, 하나님을 매일의 생활에서 무시할 수 있다는 선언이라고 말한다(*Psalms 1-41*, p.213). 하지만 그가 이 단어를 '악당'이라고 번역한 것은 적당하지 않다.

는 마음으로 이것을 말한다. 이것은 지성이 아니라 의지에 근거한 결론이다. 어리석은 자는 절대 하나님을 자신의 일상사에 관여하시는 분으로 생각하지 않기로 한 사람이다.

B. 그들의 본질은 완전히 부패했다는 것이다(1절 하-3절)

그다음 몇 구절에 따르면, 어리석은 자의 마음에서 나오는 것은 도덕적 곡해다. 첫 번째 선언은 어리석은 자들이 '부패했다'(שָׁחַת에서 나온 הִשְׁחִיתוּ)는 것이다.[17] 이보다 더 강력한 단어를 발견하기는 어려울 것이다. 이 동사는 '망치다, 황폐하게 하다, 부패시키다'라는 의미이기 때문이다. 이는 홍수 이전 인간의 완전한 부패에 대해(창 6:11-12), 그리고 여호와가 소돔과 고모라를 멸망시키신 것에 대해(창 3:10) 사용되었다. 여기에서 이 말은 도덕적 영적 부패를 말한다. 하지만 이 단어는 독자들에게 부패함은 사람이 할 수 있는 가장 나쁜 것이어서 하나님이 과거에 행하셨던 심한 심판을 반드시 받게 되리라는 사실을 상기시킨다. 이

---

[17] 이 (히필) 동사 어간에서 나온 동사 '부패하다'(שָׁחַת)는 내적 사역적 용례로 여길 수 있을 것이다. 그들이 스스로 부패하게 되거나 부패되었음을 의미한다. 하지만 그것은 그들이 부패했다(행위)고 말하기 위해 사용되는 통상적인 사역동사일 가능성이 더 많다. 이 단어는 대단히 강한 단어다. 이것은 '갑자기 망하다, 망쳐놓다, 부패하다'라는 의미다.
우리는 전쟁에서의 파괴를 말하는 본문들을 발견한다(삼하 11:1). 그 (히필) 분사는 때로 '살해자'(slayer)에 해당하는 전문적인 군사 용어가 된다(삼상 13:17, 14:15; 삼하 24:16). 또한 약탈꾼들은 농작물을 망칠 수도 있었다(삿 6:4).
그것은 또한 공동체 안에서 일을 망치는 것을 말할 수도 있다. 이를테면 부패한 가르침에 의해 레위와의 언약을 망치는 것(말 2:9), 혹은 모압 여인과 결혼함으로 기업에 손해를 입히는 것(룻 4:6) 등이다. 그것은 심지어 씨를 낭비하는 것에 대해서도 사용된다(창 38:9). 부주의한 말로 어떤 사람의 삶을 망칠 수도 있다(잠 11:9). 도덕적 영적 차원에서, 이 단어는 이스라엘이 금송아지를 만들었을 때 그들의 부패함을 묘사한다(출 32:7).
이 말은 또한 죄성을 부패와 왜곡으로 묘사한다. 인류가 도덕적으로 부패하게 되었고 제거될 필요가 있다는 것이 여호와의 평가였다(창 6:12은 시 14:1의 주제와 많이 비슷하다). 이사야는 그의 시대의 악하고, 위선적인 사람들을 "행위가 부패한"(사 1:4) 사람들이라고 묘사했다. 그리고 그들이 하나님께 드리려 했던 이스라엘의 병들고 더럽혀진 짐승들은 '망쳐진' 혹은 부패한 것이라고 불린다(말 1:14).
이 단어는 그렇기 때문에 부패한 인류에 대한 하나님의 심판에 대해 사용된다(창 9:11; 출 8:20). 그것은 창세기 13:10과 19:13에서 소돔과 고모라의 완전한 '멸하심'에 대해 사용되었다(그리고 창 18:28에 나오는 중보를 보라). 애굽에서 사람들이 현관에 피를 묻히지 않았다면 '멸망'의 사자가 들어올 것이디(출 12:23).
이 심판이라는 주제와 관련된 것은 이사야 52:14에 나오는 고난받는 종을 '상하였다'고 묘사한 예언이다.

동사는 다음 동사와 직접 목적어를 공유한다. 문자적으로는 "그들은 가증하게 되었다"(הִתְעִיבוּ에서 나온 הִתְעִיבוּ, '가증하게 행동하다')일 것이다. 그래서 이 줄은 '그들은 부패하고, 그들은 가증하게 한다, 그들의 방자한 행동'(עֲלִילָה)[18]이라고 있을 수 있다. 방자한 행동조차 그들은 부패하게 하고, 그들은 하나님과 사람들에게 가증하게 한다.[19] 하나님을 무시하려 하는 사람은 그저 자기 탐닉에 빠진 삶을 사는 게 아니다. 심지어 그것조차 비뚤어지고 부패하게 될 것이다.

이 구절의 마지막 절은 명확하게 "선을 행하는 자가 없도다"라고 말한다. 이 것은 하나님을 부인하는 사람들, 어리석은 자들에 대한 하나님의 평가다. 그들 중 누구도 선한 일을 하는 데 관여하지 않는다. 여기에는 해석하기 어려운 말이 나온다. 분명 사람들은 무신론자들과 불신자들도 사회에서 선한 일들을 한다고 주장할 수 있다. 하지만 하나님이 보시기에 그것은 선하지 않다. 그것은 하나님의 영광을 위해 한 행동이 아니기 때문이다. 그런 행동들은 전혀 가치가 없다.[20]

---

18 단수 형태는 아마 시적으로 생략한 형태인 עֲלִילֹתָם, '그들의 방자한 행동'이 될 것이다.

19 '가증하게 하다'(תָּעַב>)라는 동사는 '가증한 것'(תּוֹעֵבָה)이라는 명사와 관련된 파생 동사다. 이 단어는 그 용례들 및 동의어들을 보면 이해할 수 있을 것이다. 일반적으로 그것은 하나님과 그분의 삶의 질서와 양립하지 않는 것을 말한다. 그것은 위험하고, 기괴하며, 부적절하고, 불쾌한 것을 말한다. 이 모든 용례에 다 맞는 번역을 찾기는 어렵다.
단지 적절하지 않은 것만을 강조하는 곳들이 있다(다소 중립적인 용도). 예를 들어, 애굽 사람들은 히브리 사람들과 함께 먹는 것을 가증한 것이라고 생각했다(창 43:32). 마찬가지로, 이스라엘에서는 가증한 것은 무엇이든 먹지 말라고 경고하는 법률이 점차 생겨났다(신 14:3). 특정한 유형의 사람들 혹은 환경들은 서로 전혀 맞지 않는다(의인과 악인들, 잠 29:27; 어리석은 자들과 악에서 돌이키는 것, 잠 13:19 혹은 왕과 행악자, 잠 16:12 등이다).
그렇다면 자연히 신적 성품과 전혀 양립할 수 없는 것들은 가증한 것이라고 불릴 것이다. 사회 생활에서 부정직한 저울은 금기다(잠 11:11, 20:10). 악한 재판관(잠 17:15) 및 거짓말쟁이(잠 12:22)도 마찬가지다 거짓된 예배는 여호와께 가증한 것이다(사 1:13). 거짓말, 속임수, 불화, 살인 역시 가증한 것이다 (잠 6:16-19). 우상숭배와 비열한 이교 관행 역시 가증한 것이다(겔 5:9, 11:7; 신 7:25, 17:1). 매음(신 23:18), 성적 의식(신 22:11)도 금기다.
이 본문들에서 우리는 '가증한 것'이라는 단어에 색을 입혀주는 병행 동사들을 발견한다. 예를 들어, '거부하다'(מָאַס), '미워하다'(שָׂנֵא), '의식상 부정한 것으로 혐오하다'(שָׁקַץ) 및 '해로운 혼합, 금기, 부정한, 몹시 싫은, 수치스러운' 등에 해당하는 단어들이 있다. '가증한 것'이라고 묘사되는 것은 신적 성품과 양립할 수 없을 뿐 아니라, 또한 너무 나빠서 불쾌한 것이다. 시편 14편에서 이교도들은 그들의 방자한 행실들을 가증한 것으로 만들기까지 했다.

20 성경 다른 곳에서는 그들의 의로운 행동들조차 더러운 것으로 여겨야 한다는 것을 분명히 한다.

"선을 행하는 자가 없도다"라는 진술은 전적 부패 교리의 핵심이다.

2절에서 시편기자는 하나님이 믿지 않는 사람들의 세상에서 하나님을 찾거나 하나님을 기쁘시게 하려는 사람들을 찾으시는 것에 대해 기록한다. 그러나 그 탐색은 허사였다. 그런 사람이 아무도 없기 때문이다. 본문은 문자적으로 '여호와께서 하늘에서 보려고 굽히사(הִשְׁקִיף)[21]…'라고 되어 있다. 여호와가 하늘에서 인간들을 보려고 몸을 굽히신다는 진술은 비유적인 것이다(신인동형론). 하나님은 전지하시므로 더 자세히 볼 필요가 없기 때문이다. 이 표현은 바벨과 소돔의 대심판에 대한 예상을 상기시킨다. 그때도 여호와는 사람들이 하는 것을 보려고 내려오셨다(창 11:5, 창 18:21). 이 표현을 사용한 것은 죄된 인류에 대해 하나님이 얼마나 속속들이 아시는지 그리고 그들의 죄가 얼마나 변명할 수 없는 것인지 전달하기 위해서이다.

여호와는 "지각이 있어 하나님을 찾는" 자를 찾으신다. 이 시편이 하나님의 개인적 이름인 여호와를 사용하는 것은 주목할 만하다. 그 이름과 언약 및 언약 백성들 간의 연관 때문이다. 불신자들이 하나님이 누구신지 안다면, 그들은 그분이 주시는 죄 사함과 의를 이용할 것이다. 이 시편 후반부에서는 다른 사람들은 그렇게 했다고 분명히 밝힌다. 그래서 하나님은 하나님을 알고 찾을만한 사람이 있는지 찾으신다. 이 두 단어는 분사로 되어 있다. 첫 번째 단어(שָׂכַל에서 나온 מַשְׂכִּיל, 시 36:4의 그 단어를 보라)는 지혜 혹은 신중함을 지닌 사람, 적절한 이해와 지식 때문에 지혜로운 선택을 하는 사람, 하나님의 주권을 인정하고 적어도 신적 섭리에 의해 살려고 애쓰는 사람을 묘사한다. 이 단어는 '어리석은' 것과 정반대다. 그래서 어리석은 자들 가운데서 지혜를 찾으면 지혜롭게 행동하는 자가 아무도 없다는 결론에 이르게 된다. 그러한 탐색은 사실상 인류에 대한 이전의 관찰들을 확증한다. 이와 연관된 것은 다른 탐색 대상이다. "하나님을

---

[21] 이 형태의 뉘앙스는 아마도 금언적 완료일 것이다. 이것은 하나님이 신적 전지함의 일환으로, 죄된 인류를 끊임없이 인지하신다고 말하기 때문이다.

찾는"(דרשׁ) 사람이 있는지 보려는 것이다. 하나님을 찾는 것은 '조사하다, 탐구하다, 찾아내다'라는 것이 될 것이다. 그것은 그 사람이 하나님이 계시다는 것과 반드시 찾아낼 수 있다는 것을 깨달았음을 의미한다. 그러한 탐색에는 하나님께 기도하는 것과 하나님에 대해 배우는 것이 포함될 것이다.

하나님의 조사 결과는 전적으로 헛된 것이다(3절). 모든 인류는 하나님에게서 완전히 떠났으며(סור의 현재 완료), 그러므로 그분에게서 분리된 채로 있다. 게다가 그들은 모두 부패했다(אלח의 니팔형, 다른 곳에서는 상한 우유에 대해 사용되는 용어). 이러한 탐색의 결과는 이 시편의 주제를 반복한다. "선을 행하는 자가 없으니"라는 것이다. 이것은 "하나도 없도다"라는 말로 더욱 강조된다. 여기에서 주장하는 것을 로마서 3장에서 바울이 반복한다. 즉 하나님을 떠난 인류는 보편적으로 부패하고 타락했다는 것이다. 심지어 전능하신 하나님조차 이 슬픈 주제에 대한 단 하나의 예외도 찾아내지 못하신다.

II. 사악한 인류는 자신들이 두려움과 부끄러움에 던져질 것을 알지 못한 채 의인을 핍박한다(4-6절)

지금까지 주제는 하나님을 부인하고 그분의 율법을 무시한 채 살아가는 어리석은 인류에 관한 것이었다. 첫 번째 구절은 그다음에 나올 묘사들을 제한한다. 시편기자는 의인에 대해 이야기하는 것이 아니기 때문이다. 그것은 처음 세 구절에는 암시되어 있지만, 그다음 세 구절에서는 보다 분명하게 제시되어 있다. 그 세 구절에서는 여호와를 거부하고, 그분께 반역하여 살며, 심지어 진리를 이해조차 하지 못하는 사람들 가운데 살아가야 하는 의인들에 대해 말할 것이다.

A. 무지하여 죄악을 행하는 자들은 의인을 핍박한다(4절)

4절의 표현은 여호와가 악인의 어리석음에 놀라움을 표현하시는 것을 나타낸다. 이 언어는 신인동형론적이다. 하나님은 '죄악을 행하는 자들', 즉 죄악을 행하는 일에 완전히 빠진 자들의 부패함의 깊이를 도저히 믿을 수가 없다고 생각하는 것으로 나타나기 때문이다.

여호와는 수사학적 질문으로 그분의 놀라움을 표현하신다. "그들이 다 무지하냐?" 그들은 영적으로 심각하게 눈멀어 있어서 자신들이 무엇을 하는지 알지 못한다. 그들의 영적 이해의 결여 때문에, 심지어 자신들의 행동을 죄악이라고 생각조차 하지 못할 수 있다. 성령이 개입하사 그들에게 죄를 자각시켜줄 때에만 그들은 자신들이 지닌 엄청난 죄책을 깨닫는다. 시편 36편은 악인이 자신의 죄를 덮어 그것을 보지 못하는 것을 묘사한다. 그 죄를 보게 된다면 그는 그 죄들을 미워할 것이기 때문이다(4절).

그들이 한 일은 (1) 하나님의 백성을 먹고 (2) 여호와를 부르지 아니하는 것이었다.[22] 첫 번째 절은 그들이 의인을 멸망시키는 것을 묘사하기 위해 먹는다는 이미지를 사용한다(암시된 비교). '떡을 먹는다'는 유추는 그들이 마치 떡을 먹는 것처럼 자연스럽게 하나님의 백성을 먹어치운다고 말하려는 것이다.[23] 영적으로 눈이 먼 그들은 의로운 백성의 삶에 대해 무정하고 무관심했다.

불경한 사회에 대한 최종적 묘사는 사람들이 여호와의 이름을 부르지 않는다는 것이다. 표면적으로 보면 이것은 '기도한다'는 의미인 것처럼 보인다. 하지만 그 표현에는 이스라엘의 조직화된 예배, 특히 여호와의 인격과 사역을 선포하게 될 중심적 활동인 예배 이상의 것이 포함되어 있을 수 있다. 사람들이 여호와의 성품을 선포하는 것은 고사하고, 여호와에 대해 생각하는 것을 완전히 거부한다면 이렇게 악하게 살 수 밖에 없다. 여호와의 이름을 부르기 위해서는 영적 지식과 회개, 그리고 믿음이 필요할 것이다.

---

[22] 이 두 한정절은 그들의 무지를 분명하게 설명해주고 하나님이 놀라시는 이유를 제시한다. 이 시편의 시작 부분에서 분명하게 밝히듯이, 그들에게 결여된 지식은 지적인 것과 경험적인 것 모두이다. 그들은 마음에 이르기를 하나님이 없다고 한다. 그들은 이것이 그들에게 의인을 멸할 자유를 준다고 생각한다.

[23] 미가는 똑같은 비유적 표현을 사용하여, 악인이 하나님의 백성의 가죽은 벗기고 살을 뜯어 그들의 삶과 뼈를 머으며 그것을 솥 사운에 담은 고기처럼 다진다고 말한다(미 3:1-3). 이러한 생생한 언어는 그들이 하나님의 백성에게 폭력적이고 파괴적인 공격들의 죄를 지었음을 의미할 뿐이다.

B. 악인은 곧 큰 두려움과 부끄러움에 빠질 것이다(5-6절)

그들이 하나님의 성품에 대해 조금이라도 안다면, 그분이 의로우신 재판관이라는 것과 그들의 죄를 심판하시리라는 것을 알 것이다. 이렇게 심판의 주제로 넘어가는 것을 알리는 신호는 '거기서'(שׁם)라는 말이다. 그것은 어쩌면 묘사된 장면이 특정 지역에서 일어날 것임을 의미한다. 어쩌면 악인이 의인을 공격한 장소에서 하나님이 그들을 심판하실 것임을 의미한다. 그런 일이 이따금 일어났다. 하지만 그것으로 일반적 원리를 형성하기에는 충분하지 않다. 결국 그 시편은 도덕적으로 완전히 방종한 보편적인 사람들(모든 불신자)에 대해 묘사해왔으며, 다음에는 그들 모두에게 임할 보편적 심판을 묘사할 것이다. 그러므로 '거기서'(there)라는 말은 또한 시간적 의미를 지니고 있다. 이것을 분명하게 하기 위해 '그때'(then)라는 번역을 사용할 수 있다. 여기에서 상상하는 심판은 시편 2편 및 시편 110편 같은 본문들에 소개된다. 여기서 여호와의 기름부음 받은 자가 와서 돌연한 공포로 악인들을 멸할, 돌연한 진노의 때가 올 것이라고 말한다(마 24:30도 보라).

앞으로 올 두려움이 얼마나 강렬한 것인지는 같은 어원에서 나온 직접 목적격으로 강조되어 있다["그들은 두려워하고 두려워하였으니"(they will be terrified with a great terror)]. 그것은 사람들이 스스로 어리석었다는 것을 너무 늦게 발견하게 될 돌연한 공포의 때를 나타내는 말이다. 그들은 그때 자신이 부인했던 하나님이 그들이 먹어버린 사람들의 정당함을 입증하기 위해 오시는 것을 보게 될 것이다. 이것은 의인[24]의 세대,[25] 하나님이 내내 함께 하셨던 사람들이다. 그리고 때로는 그들이 보호받지 못하는 것처럼 보였을지 모르지만, 악인들은 하

---

[24] '의인'은 언약 백성, 여호와를 참으로 믿는 신자들이다(시 1:5의 이 단어를 보라). 믿음으로 그들은 의인으로 선포되었다. 그리고 그들의 신실함에 의해 그들은 하나님의 뜻에 따라 산다. 즉 그들의 삶이 기준을 따른다. 이 시편과 잠언에서 의인은 자주 어리석은 자들과 대조된다.

[25] '세대'라는 말은 시간적 기간보다는 이 부류의 성질을 묘사하기 위해 사용된다(악행자의 세대에서처럼). Frank J. Neuberg, "An Unrecognized Meaning of Hebrew *dor*," *JNRS* 9(1950): 215-17도 보라.

나님이 절대 상황을 감당하지 못할 정도로 놓아두지는 않으신다는 것을 발견할 것이다. 하나님은 악인들이 그분의 백성을 다루었던 것보다 훨씬 더 가혹하게 악인들을 다루실 것이다. 이스라엘 역사에는 하나님이 간섭하사 자기 백성을 멸망시키려 애쓰는 사람들에게서 그 백성을 구해주신 경우들이 있었다(에스더서가 바로 이러한 경우에 해당된다). 그리고 시편기자는 아마 그러한 구원을 염두에 두고 있었을 것이다. 하지만 이 단어들의 가장 충분한 의미는 종말 때 백성들에 대한 핍박이 가장 심할 때를 나타낸다. 그때는 인류 역사상 유례 없는 환난의 때, 그리고 여호와가 심판 중에 오셔야만 끝나게 될 때다.

어리석은 자들의 어리석음은 6절에서 다른 식으로 제시된다. 그들은 가난한 자의 계획을 부끄럽게 할 것이다. 그렇지만 여호와가 그의 피난처가 되신다는 사실을 발견하게 될 뿐이다. 이러한 구절들의 흐름 속에서 이 시편은 이 어리석은 자들이 자신들의 죄에 대한 심판의 경고에 직면해서, 회개하지 않고 큰 분노로 가난한 자들(afflicted), 즉 그들이 핍박하고 괴롭힌 의인들을 부끄럽게 한다고 말하는 듯하다('부끄럽게 한다'는 것은 군사적 배경에서 적군을 완전히 멸하고 굴욕을 주는 것에서 종종 사용된다. 시 31:1의 같은 단어를 보라). 시편 53장 5절은 의인에게 수치를 당하게 하려는 사람들은 자신이 수치를 당할 것이라는 말을 덧붙인다.[26]

III. 의인은 앞으로 올 큰 구원의 날을 고대한다(7절)

이 시편은 시편기자의 기도로 끝난다. 그것은 여호와에게서 오는 구원과 회복을 열망하는 기도다. 구원의 원천은 시온으로, 그것은 여호와가 그분의 백성 가운데 거하시는 장소를 의미하는 비유적 표현이나(수제의 환유). 시편기자는 여호와가 참으로 그분의 백성 가운데 계신다고 믿었다. 하지만 그는 백성을 악인의

---

26 5절과 6절의 구조는 대조되는 말로 적절한 관점을 제공해준다.
"거기서 그들은 두려워하고 두려워하였으니/하나님이 의인의 세대에 계심이로다//
너희가 가난한 자의 계획을 부끄럽게 하나/오직 여호와는 그의 피난처가 되시도다."

억압적 존재에서 구하심으로 그 임재가 나타나기를 고대했다.

여호와가 그분의 백성을 구원하실 때, 그분은 그들의 운명(שׁוּב שְׁבוּת)을 회복시키실 것이다. 이 행은 특히 '포로된 곳에서 돌이키실 때에'라는 번역이 있으므로, 이 본문이 포로기 때에 쓰였음을 시사한다. 이 언급은 훨씬 더 일반적인 것으로, 어느 정도 비참한 기간이 지나면 운명의 회복이 이루어지는 것을 말한다(욥 42:10; 암 9:14; 호 6:11을 보라. 모두 포로기 이전의 본문들이다). 이 구절이 포로 생활에서 회복되는 것을 말한다고 결론을 내린다면, 이는 기존의 시편에 전례적 용도로 덧붙여졌을 것이다.[27] 이 표현은 다른 곳에서는 운명의 회복을 의미하는 것으로 사용되므로, 여러 상황에 다 적용될 수 있다. 이 시편에서 의인의 세대는 또한 가난한 자라고 불린다. 그래서 약간의 불행이 역전될 필요가 있다. 이 시편은 포로 생활 속에 있는 사람들, 심지어 디아스포라 유대인들에게 의미심장하게 적용될 수도 있었을 것이다. 하지만 죄악을 행하는 자들이 어떤 한 기간에만 있는 것이 아니라는 사실에 비추어볼 때, 대체로 초기에 쓰였을 것이다. 이 구절은 다윗의 저작권을 반대하는 설득력 있는 논증이 아니다.

시편기자는 여호와가 그분 백성의 운명을 회복하실 때, 그분이 개입하사 모든 것을 바로잡으실 때, 그때 이스라엘 백성이 기뻐하리라고 예상한다. 당분간은 그들이 고난을 받고 세상에서 부끄러움을 당하는 듯 보인다. 하지만 앞으로 그들은 세상을 이기신 여호와의 승리를 경축할 것이다.

이교 세계의 존재와 권능으로부터 구원해달라는 모든 기도와 마찬가지로, 궁극적 응답은 여호와가 세상을 심판하러 나타나실 때 올 것이다. 그때는 큰 구원의 날, 최종적 회복의 날, 그리고 끝없이 기뻐하는 날이 될 것이다.

---

27 Perowne, *Psalms*, I:185.

메시지와 적용

시편 14편이 끼치는 영향력은 어마어마하다. 의인은 없으니 하나도 없다. 온 인류가 하나님께 반항하여 살기로 했기 때문에 부패하고 위험하게 되었다. 사람들이 하나님을, 혹은 하나님이라는 개념을 무시한다면, 그들은 자연히 하나님이 정하신 선과 악의 구분을 무시한다. 삶을 왜곡하고 하나님께 역겨운 것이 되는 것은 어리석은 일이다. 하나님은 악인을 심판하고 의인에게 위로와 회복을 가져다주실 것이기 때문이다.

이 본문에 대한 강해에는 신앙에 적대적인 불경한 세상에 대한 강력한 계시가 포함될 것이다. 하지만 강해를 할 때 또한 하나님의 확실한 심판에 비추어볼 때 그런 생활방식의 어리석음을 강조해야 할 것이다. 의인이 이 세상에서 견딜 수 있게 해주는 것은 그들에게 구원과 기쁨을 가져다줄 다가올 심판 날에 대한 기대다. 이런 개념들을 하나로 묶는 요약 강해는 이렇게 표현할 수 있다. *의인은 그들을 멸하려 애쓰는 불경하고 부패한 세상에 살아야 하지만, 하나님이 악인을 멸하시고 그분의 백성을 구하실 영광스러운 결산의 날이 다가오고 있다.* 신자들을 이 타락한 세상에서 신실하게 살도록 고무하는 것은 그들이 기쁨으로 가득 찰 영광스러운 구원에 대한 이러한 기대다. 예수님이 십자가를 참으사 부끄러움을 개의치 않으시도록 해준 것은 그분 앞에 있는 기쁨이었다(히 12:2). 사도 바울이 심한 박해에도 불구하고 계속 해나가게 해준 것은 영광의 소망이었다(고후 4장). 신자들은 세상이 지나가고 있다는 것을 알고 진실함을 굳게 잡으라는 부르심을 받는다. 이 시편은 또한 신자들에게 무신론적이고 부패한 세상 제도에 휘말리지 말라는 경고이기도 하다.

24 Qualifications of Worshipers PSALM 15
예배자의 자격(시편 15편)

서론[1]

본문과 다양한 역본들

다윗의 시

1 여호와여 주의 장막[2]에 머무를 자 누구오며
  주의 성산에 사는 자 누구오니이까
2 정직하게 행하며 공의를 실천하며
  그의 마음에 진실을 말하며
3 그의 혀로 남을 허물하지[3] 아니하고
  그의 이웃에게 악을 행하지 아니하며
  그의 이웃을 비방하지 아니하며

---

1 Michael Barre, "Recoviring the Literary Structure of Psalm xv," *VT* 34(1984):207-211; Patrick D. Miller, "Poetic Ambiguity and Balance in Psalm xv," *VT* 29(1979):416-24를 보라.

2 많은 사본은 이 단어를 복수로 보아, בְּאָהֳלֶיךָ를 '너의 장막들에'라고 본다. 아마 복수형으로 되어 있는 일반적인 단어 '성막'과 조화를 이루기 위함일 것이다.

4 그의 눈은 망령된 자를 멸시하며
여호와를 두려워하는 자들을 존대하며
그의 마음에⁴ 서원한 것은 해로울지라도 변하지 아니하며
5 이자를 받으려고 돈을 꾸어 주지 아니하며
뇌물을 받고 무죄한 자를 해하지 아니하는 자이니
이런 일을 행하는 자는 영원히 흔들리지 아니하리이다

구성과 전후 문맥

시편 15편은 성문에서 드리는 기도서로 분류할 수 있다. 그것은 누가 하나님과 교제하기 위해 성소에 들어갈 수 있는지 묻고 그 질문에 대한 대답을 제시하기 때문이다. 그 질문은 성소에서 하나님과 함께 있고 싶은 예배자들이 던졌을 것이다. 그리고 그 대답은 동료 순례자가, 혹은 더 가능성 있는 것으로 성문을 지키는 레위인이 해주었을 것이다. 그 레위인의 임무는 예배자들에게 성소에 들어가기 위한 필요 조건을 상기시키는 것이었다. 이 시편이 성소 입구에서 면밀히 시행되었던 각본이었다는 증거는 없다. 그러나 그 내용은 성소에 들어가기 위한 일반적인 자격 목록에서 나온 것이다. 그것은 사람들에게 하나님 임재 안에서 거룩함의 기준이 무엇인지 사람들에게 상기시키려는 제의 시편일 가능성이 더 많다.⁵

이 시편은 성소에 들어가 여호와와 교제를 나누도록 허락받을 만한 사람의

---

3 헬라어 본문은 ἐδόλωσεν, '교활하게 말하다'라고 되어 있다.
4 히브리어로 לְרֵעֵהוּ에 해당하는 것이 헬라어는 τῷ πλησίον αὐτοῦ, 즉 '그의 이웃에게'라고 되어 있다. 그것은 רֵעַ를 '악을 행하다'라는 동사가 아니라 '이웃'이라고 읽은 것이다. Symmacus에는 ἑταῖρος εἶναι 라고 되어 있다. Goldingay는 '재앙을 가져오다'라는 midrash의 선택을 따른다(*Psalms 1–41*, p.218).
5 Goldingay, *Psalms 1–41*, p.219. 그는 또한 말하는 사람에 대한 질문들도 제기한다. 그것이 성소에 사는 사역자들을 위한 것인가, 왕을 위한 것인가, 아니면 평범한 사람을 위한 것인가 하는 것이다. 내가 보기에는 이것이 하나님의 임재 안에 있는 것의 기준이라면, 그것은 모든 사람에게 적용될 것이다. Kraus는 "누구든지 하나님의 임재의 영역에 들어가는 사람들은 매일 행동하는 방식에 관해 질문을 받으며 책임을 져야 한다"(*Psalms 1–59*, p.231).

열 가지 특징을 열거한다. 분명 자격을 갖춘 예배자의 다른 특징들도 있었다. 하지만 이 목록이 선택된 것은 의의 기준인 십계명과 대응시키기 위함이었을 것이다.[6] 믿음이 있는 예배자들은 통상 십계명을 범하지 않을 것이다. 하지만 이 목록에 나오는 것들에 대해서는 그렇게 말할 수가 없다. 이것이 성문에서 낭독되는 것을 들으며 이스라엘 사람들은 자신들이 의롭게 살지 못했다는 것을 상기했을 것이며, 이것들을 들음으로써 자신이 신성한 경내에 들어가려면 제물을 가져오고 신앙고백을 할 필요가 있음을 상기하게 되었을 것이다. 이와 같은 시편들은 하나님과의 교제를 위한 기준을 설정한다. 사람들이 여호와의 임재 안에 기꺼이 받아들여지고 싶다면, 그들은 여호와의 기준을 충족시켜야 한다. 그들이 아무것도 고백할 것이 없다고 생각하면서 왔다면, 이와 같은 시편은 살펴보아야 할 것이 무엇인지 계시해줄 것이다.

석의적 분석

요약

시편기자는 의의 열 가지 특성을 열거함으로 예배자들에게 하나님과 교통하기 위해 성소에 들어가기 위한 자격 조건들을 상기시킨다.

개요

I. 질문: 예배자들은 누가 여호와의 임재 안에 들어가 그분과 교제를 나눌 수 있는지 묻는다(1절).

II. 대답: 레위인 성문지기는 여호와의 임재 안에 머물 수 있는 사람들의 의로운 특성들을 묘사한다(2-5절).

---

6 Kidner는 그 묘사가 하나도 빠짐없이 철저한 것은 아니라고 말한다. 다른 특징들은 시편 24편, 이사야 33장, 그리고 후에는 팔복과 같은 본문들에서 나온다(*Psalms 1-72*, p.81).

A. 그는 하나님께 받아들여질 만한 사람들을 묘사한다(2-5절 상).

1. 그들의 개인적 행동은 정직하다(2절 상).
2. 그들의 삶 전체는 공의를 실천한다(2절 상).
3. 그들은 마음에 있는 진실을 말한다(2절 하).
4. 그들은 남의 허물을 들추지 않는다(3절 상).
5. 그들은 다른 사람들에게 고통을 주지 않는다(3절 중).
6. 그들은 다른 사람들을 비방하지 않는다(3절 하).
7. 그들은 망령된 자와 의인을 구분한다(4절 상).
8. 그들은 서원의 신성함을 고수한다(4절 하).
9. 그들은 이자를 받으려고 돈을 꾸어주지 않는다(5절 상).
10. 그들은 뇌물로 매수할 수 없다(5절 중).

B. 그는 이 모든 것을 행하는 예배자들은 여호와의 존전에서 안전할 것이라고 결론을 내린다(5절 하).

강해 형태의 주석

I. 하나님의 백성은 예배를 위해 여호와의 존전에 들어갈 때, 반드시 자신의 삶을 점검해보아야 한다(1절)

이 시편은 모든 예배자가 거룩하고 살아 계신 하나님과 친교를 나눌 준비를 할 때 반드시 던져보아야 할 질문을 제기한다. 누가 이렇게 하고 그분의 임재에 들어갈 수 있을까?[7] 이 질문은 거의 수사학적 질문에 가까운 것으로, 어느 누구도 하나님과 친교를 나눌 만큼 충분히 선하지 않다고 단언하는 것이다. 하지만 이

---

7 Pierre Auffret, "YHWH, qui séjournera en ta tente?" *VT* 50(2000):143-151을 더 보라.

시편의 나머지 부분이 그 질문에 대답하므로, 그것은 수사학적인 것 이상이다. 그 대답은 하나님이 그분의 말씀 안에 확증해놓으신 의의 기준을 충족할 사람은 거의 없다는 것이다.

이 구절은 두 개의 대응되는 동사들을 사용한다. '머무를 자'(גּוּר)[8]와 '사는 자'(שָׁכַן)다. 둘 다 '허락'이라는 어조를 지닌 미완료 시제다. 그리고 이렇게 바라던 거주 장소는 장막, 곧 성소다(다윗 시대에 성전은 아직 지어지지 않았다). '장막'이라는 말은 이스라엘 민족이 광야에서부터 가져온 휴대용 신전을 말하며, '성산'은 언약궤가 놓일 예루살렘의 한 장소를 말할 것이기 때문이다.[9] '장막'과 '산'이라는 두 단어는 비유적이다(주제의 환유). 시편기자는 여호와의 임재를 말하고 있기 때문이다. 그 장막은 여호와가 거룩한 경내에서 거하시는 곳이었으며, 시온 산은 그것이 위치한 언덕이었다. 물론 보통 예배자들은 누구도 그 신성한 경내에서 영원히 살 수 없을 것이다. 제사장들과 레위인들만 그곳 가까이에서 살았을 것이다. 그곳은 그들이 섬기는 곳이었기 때문이다. 그렇다면 이 동사들은 이스라엘 사람들이 예배에 참여하는 것을 말하며, 그래서 일시적 거주를 나타내는 동사들이 사용되었다. 머무르는 것과 단기간 사는 것이다. 예배자는 성전 안에 하루 종일 머무를 수 있을 것이다. 하지만 일반적으로 절기들과 제사 때, 그리고 기도하기 위해서만 머물렀다. 하지만 그것조차도 일시적으로 여호와와 같이 사는 것으로 묘사될 수 있다.

II. 하나님의 백성은 여호와와 교제하기 위해 거룩한 장소에 들어가려면 완벽하게 의로워야 한다(2-5절)

이 시편의 나머지 부분은 성소에서 여호와를 예배하며 시간을 보낼 수 있는 사

---

8 이 동사는 전통적으로 '머무르다'(sojourn)라고 번역되었다. 그것은 어떤 곳에 임시로 머물거나 거하는 것을 의미한다. 그것은 또한 자연권 없이 어느 나라에 정착한 외국인이나 이방인들에게서 적용된다.
9 다윗이 이 시편을 썼다면 그것은 여호와가 시온을 그분의 거하시는 곳으로 택하시고, 궤가 그곳으로 옮겨진 이후에 쓰였어야 한다.

람들의 열 가지 특징으로 이 질문들에 대답할 것이다. 물론 여기에 덧붙일 만한 자격들은 훨씬 더 많을 것이다. 하지만 하나님과 교제를 나누기 위해 그 사람이 완벽해야 한다는 점을 보여 주는 데는 열 가지면 충분하다. 여호와는 그분을 거룩하게 하고 그분 앞에서 흠 없는 삶을 사는 사람들을 찾으셨고, 지금도 여전히 찾으신다.

A. 여호와와 친교를 나눌 만한 사람들은 완전히 의로워야 한다(2-5절 상)

1. 그들의 개인적 행동은 정직해야 한다(2절 상)

받아들여질 만한 예배자에 대한 처음 세 가지 묘사가 2절에 곧바로 나온다. 여기에서 사용된 동사 형태는 분사다. 이 분사들의 명사적 용법은 묘사된 것의 특징적 성질을 강조한다. 형태는 단수이지만, 그것은 모든 예배자에게 적용된다. 첫째는 생활방식이 흠이 없다는 것이다. "정직하게 행하며"(הוֹלֵךְ תָּמִים). '행하다'라는 동사는 물론 어떤 행동 방침에 따르거나 행동하는 것을 나타내는 관용구다. 하지만 여기에서 핵심 단어는 '정직하게'(blamelessly, תָּמִים, 시 7:8의 같은 단어를 보라)라는 수식어다. 이 단어에는 광범위한 의미가 있다. 거기에는 '완벽한, 손상되지 않은, 무죄한, 진실함을 가진, 완전한, 건전한, 마음이 평정한, 약점이 없는(짐승들의 경우와 같이, 흠이 없는)' 등이 포함된다. '흠 없이', '건전하게', 혹은 '비난할 점 없이'와 같은 번역들도 적절할 것이다. 이 행은 이 시편 전체의 일반적인 분위기를 형성하기 때문이다. 기준은 높으신 하나님이다. 예수님도 말씀하셨다. "그러므로 하늘에 계신 너희 아버지의 온전하심과 같이 너희도 온전하라"(마 5:48). 이 첫 번째 줄만으로도 순례 예배자들에게 그들이 신앙고백을 하고 적절한 제사를 드릴 필요가 있다는 것을 깨닫게 하기에 충분했을 것이다.

2. 그들의 삶의 특징은 공의를 실천하는 것이 되어야 한다(2절 중)

두 번째 묘사는 "공의를 실천하는(פֹּעֵל) 자" 혹은 의의 행동을 하는 자라는 것이다. 요한계시록에 따르면, 신자들은 옳은 행실로 스스로를 장식하도록 되어 있다(계 19:8). '공의'(צֶדֶק)라는 단어는 앞에서 논한 대로(시 1:5의 같은 단어를 보라) 하나님의 기준에 따라 도덕적으로나 윤리적으로 옳은 것을 말한다. 그러므로 이 행은 하나님께 받아들여질 만한 사람은 하나님의 뜻을 행하는 사람, 하나님의 율법에 계시된 그분의 기준에 따르는 사람이라고 말한다. 이 시편의 내용에는 앞으로 살펴볼 계명들에 대한 외적 순종과 더불어 마음의 태도도 포함될 것이다.

3. 그들은 마음에 있는 진실을 말해야 한다(2절 하)

세 번째 묘사는 "그의 마음에 진실을 말하는 자"라는 것이다. '진실'(אֱמֶת)이라

---

10 '진실'(אֱמֶת)에 해당하는 단어는 אָמַן라는 동사 및 그것의 다른 다양한 파생어들과 관련되어 있다. 이 단어들을 용례를 조사해보는 것은 '진실'이라는 단어를 명확하게 하는 데 도움이 될 뿐 아니라, 다른 단어들이 시편에 나타날 때 이 단어들을 위해서도 귀중한 작업이 될 것이다. 사전들은 보통 이 동사를 '확증하다, 지지하다, 확고하다, 꾸준하다, 신뢰할 만하다' 등으로 정의한다. 이 동사는 칼 동사 체계에서는 자주 나오지 않는다. 하지만 이 분사는 "양육자"(룻 4:16)와 후견인 혹은 맡아 보관하는 사람(에 2:7)에 대해 사용된다. 보관인과 믿을 만한, 의지할 만하다는 개념 간의 관계는 명백하다.

니팔 체계에서 이 동사는 '확고부동한, 안전한'이라는 개념을 지닌다. 그것은 지속적인 강(사 33:16), 혹은 지속적 증인으로서의 달(시 89:37)을 말한다. 다윗의 집은 "견고"해야 했으며(삼하 7:16), 제사장직은 "견고한" 집이 될 것이다(삼상 2:35). 니팔 역시 '신실한, 믿을만한' 것에 대해 사용된다. 하나님은 자신이 "충실한" 제사장을 일으키실 거라고 말씀하신다(삼상 2:35). 느헤미야는 창고를 맡은 "충직한" 사람들에 대해 이 말을 사용한다(느 13:13). 물론 하나님은 "신실하신"(신 7:9) 분이시다. 시편 111:7은 그가 하는 일이 "진실과 정의"(신뢰할 만하게 의로운)이며 그의 법도는 "확실하다"고 말한다. 솔로몬의 기도는 약속이 성취되도록, 즉 하나님이 약속들에 신실하시도록 기도한다(대하 1:9).

히필은 좀 덜 명백하다. 이것은 '믿다'라는 의미다. 이것은 선언적 용례로 설명할 수 있을 것이다. 즉 어떤 것을 믿을 만한 혹은 확실한 것으로 간주하고 그에 따라 행동한다는 말이다. 이것은 일반적으로 단순히 '믿다'라고 번역된다. 이것은 다양한 것들을 말할 수 있다. 스바의 여왕은 자신이 들은 것을 '믿지' 않았다(왕상 10:6-7). 그다랴는 자기 생명에 대한 위협이 있다는 보고를 믿지 않았다(렘 40:13-14). 모세는 사람들이 그를 믿지 않을까봐 두려워했다(출 4:8). 그리고 아기스는 다윗을 다시 믿었다(삼상 27:12). 가장 중요한 것으로 그것은 하나님을 믿는 것을 말한다(출 4:31의 장로들, 욘 3:5의 니느웨 사람들, 그의 믿음으로 의롭다고 여기심을 받은 창 15:6의 아브람).

동사 용례들에서 공통적인 개념은 신뢰할 만한, 신빙성 있는 것, 의지할 수 있는 어떤 것이라는 개념인 듯하다. 수많은 관련 단어들 역시 이러한 점을 강조한다. 명사인 '창조자', אָמוֹן(잠 8:30), 분사-명사인, '기둥', אֹמְנוֹת(왕하 18:16), '아멘, 참으로'라는 말 אָמֵן(느 5:13; 시 106:48), 명사인 '신실함, 확고함', אֱמוּנָה(모세의 손을 내려오지 않게 한 것에 대한 출 17:12, 의인이 그의 믿음으로 사는 것에 대한 합 2:4), 그리고 가끔 나오는 수많은 다른 관련 단어들 등이다.

가장 흔한 파생어는 명사 '진리, 확고함, 신실함'이다. 참된 것은 믿을 만한 것이다. 이것은 신뢰하고, 의지하고, 믿을 수 있다. 이 단어는 일반적인 '진리'에 대해 혹은 신실함에 대해 사용할 수 있다. 이 단어는 종종 중언법으로 나타난다. 예를 들어 '진리와 평화'는 '지속적인 평화' 혹은 '믿을 만한 평화'를 의미할 것

는 단어는 믿을 만하고 신뢰할 만한 것을 뜻한다.[10] 그들이 말한 것은 반드시 옳은 것이어야 하고, 반드시 현실과 부합해야 한다. 그것이 약속 혹은 보고라면, 믿을 만한 것이어야 한다. 이 행은 기준을 더 높은 차원으로 끌어올린다. 마음에 있는 진리를 말해야 한다는 것이다. 마음은 의지의 중심, 결정과 의도들을 나타내는 장소로 여겨진다(주어의 환유). 이 추가된 묘사는 말하는 사람의 진지함과 말한 내용의 정확성을 요구한다. 교활함이나 숨겨진 의제, 절반의 진리도 있을 수 없다. 말로 표현된 진리는 진실해야 한다. 그것은 반드시 마음의 의도를 나타내야 한다. 바울은 신자들에게 그들의 '예'는 '예'라고, '아니오'는 '아니오'라고 하라고 상기시킨다. 그들은 다른 사람들의 양심에 좋은 인상을 주어야 한다.

4. 그들은 남의 허물을 들추지 말아야 한다(3절 상)

네 번째 자격은 비방에 관한 것이다.[11] 본문은 이것을 '그의 혀 위로 걷지 말라'(לֹא־רָגַל)라고 표현한다. 이 말은 비방을 하지 않는다는 의미다. 우발적인 비방도 충분히 나쁘지만, 일부러 여기저기 퍼뜨리는 것은 더 나쁘다. 비방은 손상을 주는 뒷공론을 퍼뜨리는 것을 말한다. 그런 뒷공론은 보통 사실이 아니거나 입증되지 않은 것이다. 그것은 비방을 당하는 사람을 파괴하거나 그에게 큰 해를 끼친다. 잠언은 이 죄를 매우 길게 다룬다.

5. 그들은 다른 사람들에게 고통을 주지 않아야 한다(3절 중)

그다음에는 "그의 이웃에게 악을 행하지 아니하며"라는 것이다. "악"(רָעָה)이라는 단어는 삶에 해를 주는 것 혹은 고통을 유발하는 것을 말한다(시 10:15에 나오는 이 단어를 보라). 의인은 누구에게든 고통이나 비참함을 유발하는 행동을 하

이다(사 39:18; 렘 14:13). 마찬가지로, '충성된 사랑과 진리'는 '신실한 사랑'을 의미할 것이다. 그래서 사람들이 진리를 말한다면 그들이 말하는 것은 믿을 만하고 의지할 수 있다.

11 이 형태는 미세 완료 시세도 바뀐다. 이것은 분사들이 강조하는 것을 계속하고 있기 때문에, 이 형태는 '특징적 완료'(characteristic perfect)로 분류할 수 있을 것이다.

지 않을 것이다. 친구를 돕기 위해서는 고통스러운 비판을 할 필요가 있을지도 모른다.["친구의 아픈 책망은 충직으로 말미암는 것이나"(잠 27:6)]. 하지만 이 본문은 이런 고상한 목적을 지닌 어떤 것도 말하지도 않는다. 의인은 이웃의 선을 염두에 둔다. "네 이웃을 사랑하라"(레 19:18). 그리고 이웃이란 가까이 있는 모든 사람, 만나는 사람 중 무엇인가가 필요한 모든 사람이다(눅 10:25-37의 선한 사마리아인의 비유에서처럼).

6. 그들은 다른 사람들을 비방해서는 안 된다(3절 하)

비방(חֵרְפָה)이란 비꼬는 비웃음, 멸시, 날카로운 비판, 혹은 인신공격이다(시 22:6의 이 단어를 보라). 이는 말로 하는 것을 말한다. 다른 사람을 멸시하는 것은 대단히 쉽다. 특히 그들의 일이 잘 안 풀릴 때는 더욱 그렇다. 하지만 여호와는 이것을 금하신다. 의인은 이런 종류의 조롱을 선동하거나 탐닉하지 않을 것이다. 의인은 가까이 있는 사람들을 높이고 그들을 칭찬할 것이다. 그들이 좋은 이웃이기 때문이다. 야고보는 초대교회에게 그들의 혀를 제어하여 축복과 저주가 같은 입에서 나오지 않게 하라고 상기시켰다(약 3:9-11).

7. 그들은 반드시 망령된 자와 의인을 구분해야 한다(4절 상)

본문은 "그의 눈은 망령된 자를 멸시하며 여호와를 두려워하는 자들을 존대하며"라고 말한다. 이 자격 조건은 영적 분별력과 관계가 있다. 첫 번째 콜론은 "그의 눈은"이라는 문구와 함께 두 개의 수동적 분사를 사용한다. "멸시당하다/그의 눈/쓸모없는"(נִבְזֶה בְּעֵינָיו נִמְאָס). 번역에서 이 단어들을 배열한 것에는 약간의 의문이 있지만, 이 시편 전후 문맥을 보면 이 행을 쓸모없는 사람이 멸시당해야(그다음 콜론에 나오는 '존대하다'라는 동사와는 대조적으로) 한다는 말로 이해하는 것이 가장 의미가 잘 통한다. '쓸모없는'(נִמְאָס)이라는 분사는 '거부당한, 타락한, 쓸모없는'이라는 의미의 동사에서 나온 것이다. 그렇게 되면 이 구절에 나오는 첫 번째 분사(נִבְזֶה)는 술어다. "멸시[당]하다." 이 동사는 '멸시하다, 가볍게 대하다, 경멸함으로 대하다'라는 의미다(시 22:6의 같은 단어를 보라). 의인이 보기에 타락한 사람은 멸시를 당한다. 이것은 사람들이 비열하고 쓸모없는 많은 사람을 우상화하는 경향이 있는 대중문화와는 반대다. 요한은 신자들에게 세상이나 세상에 있는 것들을 사랑하지 말라고 상기시킨다. 그것들은 지나가기 때문이다(요일 2:15-17).

두 번째 콜론은 대조를 제공한다. "여호와를 두려워하는 자들." 동사는 이제 미완료 시제로(יְכַבֵּד, 시 19:1의 그 단어를 보라), 그 자격 조건에 대해 습관적 혹은 진행형 미완료의 뉘앙스를 지닌다. 이 동사는 하나님께 영광을 드리는 경우에서처럼, '찬송하다'라는 의미일 수 있다. 또한 부모와 관련된 십계명에서처럼 '공경함으로 대우하다' 혹은 '존경하다'라는 의미일 수 있다. 의인이 존대하고 존경해야 하는 사람들은 하나님을 두려워하는 자들, 여호와를 믿고 경건함과 경외로 그분을 예배하며 섬기고자 하는 사람들이다. 그러므로 의로운 사람들은 누가 공경받기에 합당한지 결정할 수 있는 참된 영적 분별력을 반드시 가져야 한다. 그들은 인기의 흐름을 넘어서 누가 참으로 경건한지 보아야 한다[이런 사람들은 땅에서 존귀한 자들이기 때문이다(시 16:3). 그리고 그들은 공경을 받아야 한다(벧전 2:17)].

8. 그들은 서원의 신성함을 고수해야 한다(4절 하)

여덟 번째 특성은 의인은 서원할 수 있으나 설사 고통스럽더라도[נִשְׁבַּע לְהָרַע, '그는 (그 자신의) 고통이 되도록 서원한다'. שָׁבַע에 대해서는 시 63:11의 같은 단어를 보라] 그들의 서원을 번복해서는 안된다. 여기에서 시편기자는 신실함, 약속을 지키는 것에 대해 나눈다. 설사 그것이 큰 희생을 요하거나 불편한 것으로 입증되더라도 그렇게 하라는 것이다. 의인은 예상치 않은 고통스러운 결과를 피하기 위해 마음을 바꿔서는 안된다. 그들은 약속을 지키는 것이 어떤 손실을 감수하는 것을 의미한다 해도, 그 약속을 지켜야 한다. 시실싱 시원을 하고 그것을 지키지 않는 것은 여호와의 이름을 헛되이 하는 셈이다. 가능하면 애초에 서원을 하지 않는 것이 더 낫다. 따라서 오늘날 많은 사람은 신약에 나오는 맹세하지 말라는 경고에 주의를 기울였다(하지만 그들은 혼인 서약이나 세례 때 서약을 하며, 십일조와 헌금도 약정한다). 서원을 하든 하지 않든 성경은 하나님의 사람들에게 자신이 한 약속을 지키라고 가르친다.

9. 그들은 이자를 받고 돈을 꾸어주어서는 안된다(5절 상)

5절은 돈을 빌려주는 것에 대해 다룬다. 의인은 이자를 받고 자기 돈을[문자적으로는 '차감을 하면서'(with a bite, בְּנֶשֶׁךְ)] 내주지 않는다. 이것은 취득과 투자를 위해 돈을 빌리는 사업상 거래를 말하는 것이 아니다. 그러나 이 말은 사람에게 부담이 되도록 이자를 받아 그 사람이 한동안 남에게 의지하고 굴욕을 당하는 것을 제한하는 말이다. 이 행은 분명 궁핍한 사람들을 돕는 것에 적용된다.[12] 재정적 도움을 필요로 하는 사람들이 있다면, 그들을 도울 수 있는 사람들은 이자를 부과하여 그들을 더 이용하지 말고 도와야 한다. 의로운 사람들은 궁핍한 사람들에게 주어야 한다. 이자를 얻을 생각을 말고, 혹은 심지어 다시 돌려받을 것을 생각하지 말고 주어야 하는 것이다. 이 원리를 확장하면, 궁핍한 사람에게 재정적 도움을 줄 때는 찬사나 존경의 말을 기대하지 않아야 한다. 그것 역시 궁핍한 자들에게 억지로 요구하는 것이다.

10. 그들은 뇌물을 받지 말아야 한다(5절 중)

마지막 자격 조건은 의인에게 뇌물을 받지 말라고 말한다(왕상 15:19; 사 45:13을 보라). 정의는 땅에서 보존되어야 하며, 무죄한 자에게 뇌물을 받는 것은 정의 실현을 왜곡하는 것이 될 것이다. 어느 누구도 그런 일을 하고서 온 땅의 의로우신 재판관과 교제하기 위해 성소에 들어오라는 환영을 받으리라 기대할 수

---

[12] 이 구절은 다른 사람의 운명을 이용하는 것을 금한다(신 23:20과 레 25:35-38을 보라). 심지어 궁핍한 자들에게는 음식도 이윤을 남기고 팔아서는 안된다. 성경은 일반적으로 강탈을 금하고 관대함을 장려했다.

없을 것이다. 뇌물을 받는다는 개념은 어떤 부당한 이득을 위해 정의의 실현을 왜곡하는 모든 것에 확대될 수 있다. 부자를 편애하는 것, 혹은 법정에서 증인이 되지 못하는 것은 본질적으로 같은 죄다. 특히 뭔가 이득을 얻게 되는 경우 더욱 그렇다. 이와 같은 죄를 지은 사람은 예배를 드릴 자격을 상실하게 된다. 말라기와 야고보는 둘 다 이것의 미묘한 적용을 경고한다. 즉 사람들, 특히 부자들을 편애하는 것에 대한 경고다(말 2:11; 약 2:1-10).

B. 흠없이 의롭게 사는 사람들은 여호와 안에서 안전하고 안심할 수 있다(5절 하)
이제 묵상은 결론을 맺는다. 이러한 방식을 세세하게 지키며 사는 사람들은 여호와와 함께 거할 뿐 아니라 또한 안전할 것이다. "흔들리다"(מוט의 수동태, 시 62:2의 같은 단어를 보라)에 부정적 부사가 있을 때, 그것은 단순한 육체적 안정뿐 아니라 경건한 자들의 영적 안전을 말한다(그래서 암시된 비교다). 이런 식으로 산다면 의인은 그들의 신앙에서 흔들리지 않는다. 그들은 여호와의 임재 안에서 살며 승승장구할 것이기 때문이다. 이 시편 전체에 대한 이 요약은 그들이 여호와의 거하시는 곳에서 움직이지 않을 것이라는 말로 질문에 대한 대답을 마무리한다(1절).

메시지와 적용

이스라엘 사람들은 하나님이 성소에 받아들여지기 위해 하나님을 기쁘시게 하려면 무엇이 필요한지 재빨리 배웠다. 바로 온전함이다! 그것이 바로 하나님의 거룩하심이 요구하는 것이다. 이와 같은 목록은 예배자들로 하여금 자신들이 그 기준에 따라 살지 못했다고 고백하고, 죄 사함과 속죄를 위해 적절한 제물을 가지고 갈 필요가 있음을 깨닫게 한다. 때가 되어 영적으로 성숙하면, 예배자들은 하나님의 기준에 점점 더 부합하게 될 것이다. 이러한 요구 조건들은 비록 불가능해보이지만 행할 수 있는 일이기 때문이다. 삶의 본질을 생각해볼 때, 하나님의 요구사항들을 상기하면 하나님과 완전한 친교를 누릴 수 있기 전에 고백하고 제거해야 할 필요가 있는 다른 것들이 드러나게 될 것이다.

신약에 나오는 기준도 이보다 낮지 않다. 이 또한 온전함이다. "하늘에 계신 너희 아버지의 온전하심과 같이 너희도 온전하라"(마 5:48). 히브리서 저자는 이렇게 가르쳤다. "거룩함을 따르라 이것이 없이는 아무도 주를 보지 못하리라"(히 12:14). 그래서 이 시편에 대해 모든 시대의 예배자들에게 적용되는 강해적 개념은 이렇게 표현할 수 있을 것이다. *여호와와 친교를 나누기 위해 우리는 흠없고 의로운 삶을 살아야 한다(그리고 그렇게 하지 않았다면, 그분과 교제를 나누려 하기 전에 반드시 죄를 고백해야 한다).*

사람들이 처음에 여호와를 믿는 믿음으로 나아올 때, 그들은 자신들이 하나님 나라에 들어가기에 충분할 정도로 의롭지 않지만, 예수 그리스도의 속죄의 피와 성령의 공급으로 그들을 위해 무언가를 준비해놓으셨다는 것을 인식하기 때문에 나아오는 것이다. 그렇다면 평생 그들이 믿음으로 살려고 분투하는 내내, 그들이 여호와와 교제를 나누기 위해 성소에 들어가려 할 때마다, 그들은 또한 그분의 말씀에 의해 그들이 온전하지 않다면 살아 계신 하나님과 친교를 나누기 전에 죄 사함을 받아야 한다는 것을 상기해야 한다. 따라서 시편 15편 같은 기도서들은 신자들에게 예배자들의 자격 조건들을 상기시키는 데 도움을 준다. 교제를 위해 순종을 강조하는 것은 여호와가 확증하신 바 있다. 예수님은 "너희도 내 계명을 지키면 내 사랑 안에 거하리라"(요 15:10)라고 말씀하셨다.

25 | 여호와의 영원한 공급과 보호(시편 16편)

The LORD's Everlasting Provision and Protection PSALM 16

서론[1]

본문과 다양한 역본들

다윗의 믹담[2]

1 하나님이여 나를 지켜 주소서
  내가 주께 피하나이다
2 내가 여호와께 아뢰되[3]
  주는 나의 주님이시오니

---

[1] H. W. Boers, "Psalm 16 and the Historical Origin of the Christian Faith," *ZNW* 60(1969):105-110; 그리고 Walter C. Kaiser, "The Promise to David in Psalm 16," *JETS* 23(1980):219-29를 보라.
[2] 히브리어로 מִכְתָּם.
[3] MT에 나오는 이인칭 형태, '당신이 내게 말하되'에 대해, 헬라어, 수리아 역본, Jerome은 일인칭으로 쓴다. '네가 이뢰되.' 그렇게 되면 '오 내 영혼아' 같은 것을 추가할 필요가 없다. 이것이 그 행의 의미다. 하지만 보다 어려운 히브리어 독법이 아마 정확한 독법일 것이다.

주 밖에는[4] 나의 복이 없다 하였나이다

3 땅에 있는 성도들은[5]

존귀한 자들이니 나의[6] 모든 즐거움이 그들에게 있도다

4 다른 신에게 예물을 드리는 자는[7]

괴로움이 더할 것이라

나는 그들이 드리는 피의 전제를 드리지 아니하며[8]

내 입술로 그 이름도 부르지 아니하리로다

5 여호와는 나의 산업과 나의 잔의 소득이시니

나의 분깃을 지키시나이다[9]

6 내게 줄로 재어 준 구역은 아름다운 곳에 있음이여

나의 기업[10]이 실로 아름답도다

---

4 MT에는 טוֹבָתִי בַּל־עָלֶיךָ으로 되어 있다. 그렇게 되면 이 행은 '나의 복(good), 주 밖에는 없나이다'라는 어려운 독법이 된다. 헬라어는 οὐ χρείαν ἔχεις로, '주님은 나의 선함' 혹은 '선한 것'이 '필요하지 않습니다'라는 것이다. Symmachus는 οὐκ ἔστιν ἄνευ σου라고 되어 있다. 편집자들은 בַּלְעָדֶיךָ를 제안한다.

5 MT에는 첫 번째 콜론 끝 부분에 '그들은'이라는 말을 포함시킨다. 그로 인해 어떤 사람들은 이것이 '성도들에 대해서는, 그들이 땅에 있으며 그 안에 나의 모든 즐거움이 뛰어난 사람들이다'(문자적으로는 '그들 안에 있는 나의 모든 즐거움이 뛰어난')라는 말이라고 해석한다. 현대 번역가들은 이 말을 두 번째 콜론에 주어로 붙여놓으며, 거기 나온 접속사를 지워버린다. וְאַדִּירֵי. 이 단어에 대해 헬라어는 ἐθαυμάστωσεν라는 동사를 사용한다. 아마 יַאְדִּיר, '그가 확대되었다'라고 읽었을 것이다.

6 헬라어 본문에는 3인칭 대명사가 나와 있다. '그의 즐거움.' 그렇게 되면 이 구절 전체는 '그는 그들(3절 전반의 '성도들'을 의미하는) 안에서 그의 모든 즐거움을 확대했다'라고 보면 된다.

7 이 번역은 이 동사를 임시로 מָהַר III, "구입 가격을 지불함으로 획득하는"에 속하는 것으로 보는 BDB를 따른다. 다른 사람에게 지불을 하는 것이다. 히브리어 מָהַר אַחֵר는 첫눈에 보기에는 '그들이 (다른 신들을) 서둘러 따른다'라는 뜻처럼 보인다. 헬라어 본문은 4절을 '(그들의 약점이 배가 되었다) 그 후에 그들이 서둘렀다'라고 해석한다. Briggs는 그것을 '거꾸로 서두르는 사람들'이라고 해석할 것을 주장한다. 배교자라는 의미다(p. 119).

8 헬라어는 이 행을 '나는 그들의 피 제사 모임에 모이지 않을 것이다'라고 해석한다.

9 헬라어는 ἐμοί를 덧붙이며 이 행을 '당신은 내 분깃을 회복시키는 분이십니다'라고 해석한다.

10 헬라어와 수리아어는 '나의 분깃'이라고 되어 있다.

7　나를 훈계하신 여호와를 송축할지라
　　밤마다 내 양심[11]이 나를 교훈하도다
8　내가 여호와를 항상 내 앞에 모심이여
　　그가 나의 오른쪽에 계시므로 내가 흔들리지 아니하리로다
9　이러므로 나의 마음이 기쁘고 나의 영(my glory)[12]도 즐거워하며
　　내 육체도 안전히[13] 살리니
10　이는 주께서 내 영혼을[14] 스올에 버리지 아니하시며
　　주의 거룩한 자를 멸망시키지(to see the pit)[15] 않으실 것임이니이다
11　주께서 생명의 길을 내게 보이시리니[16]
　　주의 앞에는 충만한 기쁨이 있고
　　주의 오른쪽에는 영원한 즐거움이 있나이다

구성과 전후 문맥

신자들은 마음속으로 반드시 하나님의 선하심을 가장 먼저 떠올려야 한다. 그

11　MT에는 '내 신장이'라고 되어 있다.
12　'나의 영광' 대신에 헬라어역에는 ἡ γλῶσσά μου, '나의 혀'라고 되어 있다.
13　MT에는 לָבֶטַח라고 되어 있다. 하지만 헬라어역에는 ἐλπίδι, '소망' 안에서라고 되어 있다.
14　히브리어는 נַפְשִׁי.
15　이 번역은 대부분의 현대어역을 따른다. 히브리어 שַׁחַת('가라앉다, 파다'라는 의미의 שׁוּחַ에서 나온)는 구덩이(pit)라고 적절히 번역할 수 있다. 이것은 '스올'과 좋은 대응을 이룬다. '부패'라는 번역은 '멸망시키다'라는 동사 שָׁחַת와 연관되어 있을 것이다. שַׁחַת라는 단어는 23번만 나오며, 그 용례들 중 단 8개의 본문에서만 '부패'라는 의미를 사용하는 것이 허용될 것이다. 하지만 시편 55:23('속이는 자'로 번역됨 – 역주)와 욥기 17:4('무덤'이라고 번역됨 – 역주)에서만 그런 의미로 번역하는 것이 설득력이 있다. 하지만 욥기 17:14에서도 대구법에는 '구더기'라는 단어가 포함되며, 그것은 그 '무덤'이 '구더기'와도 대응될 수 있음을 시사한다. 하지만 이 명사가 '파멸시키다'라는 동사에서 나온 것이라면, 욥기 33:18, 22절, 30절에서처럼 '멸망'이라는 의미일 가능성이 더 크다. 헬라어 본문은 이 단어를 διαφθοράν로 번역했는데, 그것은 '멸망'을 의미한다. 이 행의 개념은 육체가 무덤에 버려져 점차 멸망하게 되리라는 것이다. 하지만 본문에서 이 단어는 '멸망하다'가 아니라 '가라앉다'와 관련된 것처럼 보인다.
16　헬라어는 이것을 '내게 보이셨으니'라고 번역한다.

것이 이생과 관련되어 있을 뿐 아니라 또한 내세와도 관련되어 있기 때문이다. 이것은 중요하다. 그렇지 않으면 신자들이 여호와의 진실하심에 의문을 제기하고, 그분의 선하심을 의심하며, 따라서 그분의 말씀에 대한 확신을 잃어버리는 어려운 때가 간혹 있기 때문이다. 하나님의 선하심에 대한 확고한 확신이 없으면 죄책감을 느끼게 하는 두려움이 지배하고, 불안정함이 사람들을 압도하며, 기도는 가망이 없는 것을 희망하는 것이 되고, 혹시 찬양이 존재한다 해도 공허한 울림이 된다. 필요한 것은 하나님의 선하심과 은혜를 끊임없이 의식하는 것이다. 하나님은 변덕스러운 분이 아니시다. 그분은 자기 백성이 그분의 뜻을 행하기 위해 허우적거린다는 이유로 그 백성을 포기하지는 않으실 것이다. 또한 하나님은 이생에서 자기 백성을 인도하시다가 그들이 죽을 때는 그냥 버리지도 않으실 것이다. 하나님은 영원한 사랑으로 성도들을 사랑하시며, 그들을 위해 행하기를 기뻐하신다.

시편 16편은 모든 신자가 이 주제에 집중할 수 있는 놀라운 기회를 제공한다. 이 시편은 전형적인 탄식 형태로 되어 있지 않다. 이 시편은 기도 노래의 특징들을 지니고 있다. 하지만 이는 신뢰의 시편, 혹은 브로일스가 명료하게 말하듯이, 여호와를 향한 믿음과 충성의 고백일 가능성이 가장 크다.[17] 첫 번째 부분은 보호를 위한 기도다 – 하나님은 그분의 백성을 보호할 수 있으시다(1-4절). 그다음 부분은 하나님의 공급하심에 대한 찬양이다 – 하나님은 그분의 백성을 위해 모든 것을 공급하신다(5-8절). 그리고 이 시편은 하나님의 견인에 대한 확신의 표현으로 끝난다 – 하나님은 결코 그분의 백성을 버리지 않으실 것이다(9-11절).

이 시편은 다윗이 쓴 것으로 추정된다. 하지만 오늘날 그가 이 시편을 썼다고 말할 사람은 별로 없을 것이다.[18] 그가 이 시편을 쓰지 않았다면, 신약에 나

---

17 Broyles, Psalms, p. 96.
18 Kraus는 이 시편의 난점들 때문에 연대를 추정하려는 어떤 시도도 불가능하다고 말한다. 그는 이것이 포로기 이후의 것이라고 생각한다. 하지만 포로기 이전의 연대도 배제할 수는 없다고 인정한다

오는 바울의 주장은 의미가 통하지 않는다. 그는 다윗이 죽었기 때문에 이 시편이 의도한 의미가 그에게 맞을 수 없다는 사실에 주의를 환기시킨다(행 13:35-36). 현대 주석가들 가운데는 이 시편이 언제 쓰였으며 저자는 누구인가 하는 것에 대해 매우 다양한 의견들이 있다. 여러 저자들은 이 시편을 왕, 제사장, 혹은 개인 예배자가 언약 절기 때 썼다고 주장한다. 수많은 저술가는 이 시편을 포로 이후 시대 초기의 것으로 본다. 하지만 또 어떤 사람들은 본문에 나오는 여러 언급을 기초로 포로시대 이전의 것이라고 주장한다. 이를테면 이방 신들을 거부하는 것 혹은 땅을 수여하는 것 등이다.[19] 물론 신약 저자들은 이 시편을 메시아적인 것으로 보고 다윗의 저작이라는 것을 받아들였다.

석의적 분석

요약

시편기자는 여호와께 절대적으로 충성했고, 평생에 걸쳐 자신에게 대한 여호와의 선하심을 알고 신뢰했기 때문에, 여호와가 죽음에서도 자기를 버리지 않으시리라는 것을 확신한다.

개요

I. 시편기자는 그가 여호와께 계속해서 절대적으로 충성했다고 단언하며, 여호와의 보호를 위해 기도한다(1-4절).

(*Psalms 1-59*, p.235). A. A. Anderson은 이방 신들을 거부하는 것 등과 같은 특정한 주제들을 관찰하며, 이것이 포로기 이전의 것일 수도 있다고 말한다(*Psalms 1-72*, p.146). 어떤 사람들은 우상숭배는 다윗 시대에 중대한 문제가 아니었기 때문에, 다윗이 이 시편을 쓰지 않았을 거라고 주장했다. 하지만 이 시편에는 우상숭배가 민족적 쟁점이 되었다고 시사하는 것이 전혀 없다. 시편기자는 다른 어느 신에게도 아니고 오직 여호와께만 충성을 맹세했다. 이와 별도로, 비유와 여러 표현이 나오는 이 시편의 언어는 분명 다른 다윗 시편들과 조화를 이루며, 신약은 다윗이 이 시편을 썼다고 확증한다. 뒤에서 그것을 살펴보겠다.

19 A. A. Anderson, *Psalms 1-72*, p.140-141을 보라.

A. 그는 여호와께 자신을 지켜달라고 간구한다. 그가 그분께 피하였기 때문이다(1-4절).
   B. 그는 주님에 대한 자신의 믿음의 삶을 돌아본다(2-8절).
      1. 그는 자신이 오직 여호와만을 믿는다고 알리면서, 하나님은 그가 잘 되는 일에 관심이 있으시다고 설명한다(2절).
      2. 그는 그가 동일화한 성도들에게 갈채를 보내고, 그가 피하는 우상 숭배자들을 고발한다(3-4절).
II. 시편기자는 여호와의 선하심과 그분이 평생 자신을 인도하신 것에 대해 찬양한다(5-7절).
   A. 그는 여호와를 자기 삶의 분깃, 아름다운 기업이라고 묘사한다(5-6절).
   B. 그는 여호와가 말씀을 묵상하는 동안 자신을 훈계하셨다고 인정한다(7절).
III. ("이러므로") 평생 하나님이 선하신 결과, 시편기자는 여호와가 결코 죽음에서도 자신을 버리지 않으실 것이며, 영원한 즐거움으로 인도하실 것이라고 확신한다(8-11절).
   A. 그는 자신이 그 앞에 모신 여호와가 언제나 자신을 안전하고 안정되게 지켜주실 것이라고 확신한다(8-9절).
   B. 그는 하나님이 그분의 거룩한 자가 멸망하도록 허용하지 않으실 것이라고 믿는다(10절).
   C. 그는 현재의 어려움들에도 불구하고, 하나님으로부터 충만한 기쁨과 즐거움을 발견할 것이라는 결론을 내린다(11절).

강해 형태의 주석

I. 기도: 하나님은 전심으로 그분을 의뢰하는 자를 보호하신다(1-4절)

첫 번째 부분은 기도다. 여기서 다윗은 자신의 신앙을 고백하고 하나님을 향해 충성을 단언한다. 이것은 단지 절망에서 나오는 기도가 아니다. 이는 여호와의 신실한 종에게서 나오는 기도이며, 그 자체로 모든 시대 독실한 신자가 기도하는 방식을 대표한다.

여기서 구하는 것은 여호와의 보호다. "하나님이여 나를 지켜주소서(שָׁמְרֵנִי, 시 12:7의 같은 단어를 보라). 이 시편이 전개되면서 다윗이 생명을 위협받는 위기에 처해 있었음이 분명해진다. 그는 자기 원수들의 손에 죽을 가능성도 있었다! 그는 죽음에서 벗어나기 원했기 때문에 여호와께 부르짖었다.

그렇다면 이것은 이 시편에 나오는 실제 기도의 전부다. 그의 생각은 재빨리 여호와를 향한 믿음, 여호와의 관대함에 대한 찬양, 여호와가 성도를 보존하시는 것에 대한 확신에 초점을 맞춘다. 기도에서 그의 믿음으로 넘어가는 것은 원인절에서 표현된다. "내가 주께 피하나이다"(직역하면 '피했기 때문입니다' – 역주). 이 동사(חָסִיתִי)는 위험한 상황에서 보호를 구하는 사람에게 적합하다[그것은 새처럼 피난처를 찾는 것에 사용되거나(시 57:1, 61:4, 91:4), 아니면 동굴로 피하는 것(신 32:37)이나, 방패로 안전을 찾는 것(시 144:2)에 대해 사용된다. 시 7:1에 나오는 같은 단어를 보라]. 다윗은 그가 위험에 처할 때 어디에서 성소를 발견할지 알았다. 그는 기도로 여호와에게서 성소를 발견했다.

B. 참된 신자들은 하나님에 대한 그들의 믿음을 고백한다(2절)

2절의 첫 번째 부분은 그의 신앙을 다시 진술한다. "주는 나의 주님이시오니." 다윗은 그가 여호와를 향한 충성된 신자, 언약의 헌신된 일원이라는 것을 단언함으로, 하나님이 그의 기도에 응답하셔야 할 충분한 이유를 제시한다. 요점은 그가 자기 하나님 여호와께 전적으로 의지하고 있다는 것과, 여호와가 자신을 돌보시리라고 확신한다는 것이다. 그는 자신에게 행복을 공급하는 분이 하나님 이심을 인정하고 확신한다.

이 구절은 다소 어렵다. 이것은 문자적으로 '나의 복은 주님을 넘어서지 않는다'(혹은 주님을 떠나 있지 않다, טוֹבָתִי בַּל־עָלֶיךָ)라고 말한다. '나의 복'(my good)은 보다 명확하게는 '나의 안녕'(my welfare)으로 이해되는데, 이는 일반적인 '나의 보호와 행복'을 의미한다(이것은 욥 22:21에서 욥의 회복에 대해 그리고 창 50:20에서 하나님이 요셉을 돌보고 높이신 것에 대해 사용된다). 그의 복이 하나님 밖에 없다는 말은 오직 하나님만이 그의 행복을 위한 모든 것을 공급하신다는 의미이다. 그 결과, 그 선하심은 무한하다.[20] 하나님이 공급하실 수 없는 것은 아무것도 없다. 그리고 하나님이 공급하시지 않은 것 중 다른 누가 공급할 수 있는 것도 없다.

C. 참 신자들은 하나님께 충성을 맹세한다(3-4절)

이제 시편기자는 자신의 호소를 강화하기 위해 하나님을 향한 충성을 보여준다. 첫째, 그는 성도들과 동일화한다(3절). 둘째, 그는 거짓 예배나 종교적 배교, 우상숭배를 멀리한다(4절).

3절은 "땅에 있는 성도들은 존귀한 자들이니 나의 모든 즐거움(혹은 …의 존귀한 자들, 내 즐거움이 그들에게 있도다)이 그들에게 있도다"라고 말한다. 이 행 역시 약간 색다른 구조로 첫 번째 단어에 대한 전치사로 시작한다. 그것은 이 행을 앞 행과 연결해서 다음과 같은 의미를 부여하는 것으로 생각할 수 있다. "나에게는 주 밖에 복이 없다. (내가 그런 것처럼) 성도들에게 속한, 그리고 그 안에 존귀한…"[21]이라는 것이다. 아니면 그것은 단지 성도들을 언급하면서 새로운 행이

---

[20] בַּל라는 단어는 통상 전치사구(오직 이곳과 잠 23:7에서만 나오는)가 아니라 형용사 및 부사와 같이 사용된다. 이 본문에서 전치사 עַל는 '넘어서, 초과하여'라는 의미다(민 3:46; 신 25:3; 사 9:7에서처럼). 그의 복지는 여호와 밖에 놓여 있지 않다.

[21] Perowne, *Psalms*, I:199. לְ라는 전치사는 새로운 주제를 소개하기 위해 사용된다. 이 전치사 더하기 실사는 casus pendens(강조를 위해 명사 혹은 명사에 해당하는 것을 원래의 자리가 아닌 문장 앞에

시작되는 것일 수도 있다. '성도'라는 말은 문자적으로는 '거룩한 자'(קְדוֹשִׁים)다. 그것은 의로운 이스라엘 사람들, 예배하는 공동체를 말한다. 그다음에 '존귀한 자들'(אַדִּירֵי, 시 8:1에 나오는 같은 단어를 보라)은 그들을 빛나거나, 엄위하거나 높은 위치에 있는 존재로(왕으로, 시 136:18의 같은 단어를 보라) 묘사한다.[22] 시편기자는 바로 이 사람들과 자신을 동일시한다. 또한 그들 안에서 기뻐한다. 그들은 땅에서 소수 집단일지 모르지만, 참으로 존귀한 백성이다. 그들을 대하는 것은 쉽지 않을지 모르지만, 여호와에 대한 그들의 헌신과 그들에 대한 여호와의 보살핌은 그들을 감탄할만한 존재로 만든다. 이들은 같은 언약 구성원으로, 그가 마땅히 교제하기를 바라는 사람들이다.

하지만 그가 연관을 맺지 않을 다른 사람들이 있다. 거짓 종교를 따른 사람들이다. 그들은 참된 신앙을 떠나 우상숭배를 하거나, 처음부터 우상숭배자였던 사람들이다. 이 행은 이해하기 어렵다. 본문은 '다른 이들을 따라 서두른다'(אַחֵר מָהָרוּ)라고 말하는 듯하다. 이것은 '그들이 다른 신을 따라 서두른다'라는 의미로 받아들여져, 직접 목적어가 '신'이라고 이해되었다.[23] 그리고 이 해석을 변형한 견해는 이것을 '그들이 뒤를 향해 서두른다'는 의미로 받아들인다. 이 말은 분명 배교를 말하는 것이다. '재촉하다/서두르다'라고 번역할 때 문제는 그 동사가 칼 어간으로 되어 있다는 것이다. 그리고 그것이 '재촉하다, 서두르다'라는 의미의 어근에서 나온다면, 그것은 피엘 체계로 되어 있어야 한다. 그래서 이것은 완전히 다른 동사일 가능성도 있다. 그리고 여기에서 가장 타당한 동사는 '구입가를 지불함으로써 획득하다'라는 의미의 동음이의어다. 이 동사는

놓고, 그 명사 자리에는 그 명사를 가리키는 대명사를 사용하는 것 – 역주) 역할을 할 수도 있다[GKC 143e(Gesenius는 시 16:4가 의심스럽다고 생각했지만 말이다)].

22 이 단어는 구문으로 되어 있긴 하지만(in construct) 그 뒤에 명사가 나오지는 않는다. 그다음 절은 소유격으로 사용된다. "…의 존귀한 자들, 나의 모든 즐거움이 그들에게 있도다." '모든'(כָּל)이라는 단어는 과장법이다. 그는 그들이 그의 주된 기쁨임을 의미한다.

23 거짓 예배에 대한 문맥에서 '다른'이라는 단어는 '하나님'이라는 단어와 함께 63번 사용된다. 여기와 이사야 42:8에서만 '하나님'이라는 단어가 배제되어 있다.

헌신을 보여주기 위해 거짓 종교에게 모종의 제물, 재정적 투자가 이루어졌음을 의미한다. 심지어 '다른 것(신)과의 교환'이라는 의미가 있었을 수도 있다. 요약하면 그는 하나님을 떠나 그들이 따를 또 다른 신을 획득한 백성에 대해 말한다. 그의 요점은 그렇게 하는 사람들은 "괴로움(עַצְּבוֹתָם)이 더할 것이라"는 것이다. 그는 일반적인 관찰을 한다. 즉 그들의 선택은 괴로움을 가져온다. 그 표현은 육체적 역경과 정서적 고통 그리고 앞으로 갖게 될 염려, 그리고 심판 때의 큰 고뇌를 충분히 포함할 만큼 일반적이다. 우상숭배에 관여하면 예물과 제사를 훨씬 뛰어넘는 큰 대가를 치러야 했다. 변절한 사람들은 자신의 영적·육체적 안녕을 희생시키면서 참된 하나님을 거짓된 신과 바꾸었다. 그들은 한 분 참되신 하나님의 은혜와 선하심을 포기했기 때문이다. 따라서 다윗은 계속 그들과 거리를 둘 것이다. 그는 신실한 자의 기도가 효과적인 것이라는 사실을 알았기 때문이다.

이처럼 그는 거짓 종교에서 그들이 하는 일을 자신은 하지 않는다고 설명한다. 그는 거짓 신들에게 전제를 드리지 않는다. 그렇게 했다면 그것은 그들의 권세, 엄위, 가치에 호소하는 일일 것이다. 그리고 그는 그렇게 할 수가 없다. 그는 심지어 자신이 그들의 이름[24]도 말할 수 없다고 단언한다. 그들의 이름을 입 밖에 내는 것조차 충성의 행동으로 간주될 것이다. 즉 바알은 '주님', 몰렉은 '왕'을 의미한다. 이름은 존재의 본성이나 실상을 의미했으며, 이 호칭들은 그 신들을 주권자로 묘사했기 때문이다. 다윗은 그들의 이름을 입 밖으로 내어 말하지 않으므로, 여호와 외의 어떤 '신'의 신성이나 권세도 인정하지 않았다. 대단히 괴로운 시기에, 다윗은 자신이 거짓 신들이나 그 신들의 추종자들과 어떠한 관계도 맺지 않았다고 하며, 자신을 보호해달라고 더욱 자신있게 간구할 수 있었다. 그는 여호와께 절대적으로 충성했다.

---

[24] 여기에서 이 말은 배교자들이나 우상숭배자들의 이름이 될 수도 있지만, 이 전제를 받는 신들의 이름일 가능성이 더 크다.

II. 찬양: 하나님은 그분의 백성을 위해 좋은 선물들, 인도, 보호를 제공하신다(5-7절)

시편기자는 여호와가 자신의 하나님이시며 모든 좋은 것의 원천이라고 선언하면서 그 문제에 대해 더 생각하게 되었기 때문에 당면한 위기를 다시 언급하지 않고, 갑자기 찬양을 드린다.

A. 하나님은 기쁘고 만족스러운 삶을 제공하신다(5절)

5절에서 다윗은 여호와를 찬양한다. 그분은 그의 개인적 소유이고, 그의 공급들의 원천이시며, 그의 운명의 수호자이시기 때문이다. 그는 먼저 두 가지 비유를 말한다. 첫 번째는 '나의 산업'(the portion of my heritage, מְנָת־חֶלְקִי), 혹은 '나의 할당된 유업'(my allotted heritage)이다. 이 비유의 원천은 아마 지파별로 땅을 할당한 것에 대한 본문들(수 19:9), 특히 할당을 전혀 받지 못한 레위인들(민 18:20-24)과 관련된 본문들일 것이다. 땅이 지파들에게 분배되었을 때, 레위지파을 제외한 모든 지파는 할당된 몫을 받았다. 레위인들은 아무것도 받지 않았다. 하나님이 그들의 분깃이 되셔야 했다. 할당받은 땅과 비교할 때, 그것이 삶의 필요에 원천이 되는 소유라는 것이다. 하나님이 신자의 분깃이시라면, 그분이 그들의 소유이자, 삶에 필요한 것들의 끊임없는 원천이 되시리라는 의미다. 사람들이 여호와를 의지할 때, 그분은 그들에게 그분 자신을 주시며, 삶에서 그들에게 필요한 모든 것을 주신다.

두 번째 비유는 '잔'이다. "여호와는 나의 잔(כוֹסִי)이시니." 성경에서 잔은 사람의 운명을 상징했다. 그것은 사람의 삶의 분깃, 말하자면 마시도록 주어지는 것이다. 그래서 모든 사람은 잔을 하나씩 받는다. 악인에게 그것은 심판과 관련된 것, 망연자실하게 하는 잔, 혹은 불과 유황의 잔이다(시 11:6). 하지만 의인에게 그 잔은 축복의 잔이다(시 23:5). 이 본문은 이생에서 신자들의 운명은 좋은 것이라고 선포한다. 여호와는 그들의 공급자이며 운명의 주관자이시다. 성도들이 가진 것 혹은 그들의 존재는 모두 여호와가 정하신 것이다. 다윗은 이것을 좀 더 상세히 설명한다. 여호와가 어떤 존재이시든, 자신에게 무엇을 주셨든, 모두 여호와가 공고히 하신다는 것이다. 그것을 지키는(תּוֹמִיךְ) 분은 하나님이시다. 그분이 그것을 붙잡고 유지하시며, 특별한 돌보심으로 공고하게 하신다.

다윗이 이 시점에서 할 수 있는 것은 자신에 대한 하나님의 선하심에 놀라는 것 뿐이다. 그는 여전히 할당된 유업이라는 개념을 사용하면서, "내게 줄로 재어 준 구역(the lines have fallen to me)은 아름다운 곳에 있음이여"라고 말한다. '구역'(lines, חֲבָלִים)에 해당하는 말은 측량에 사용되는 끈, 혹은 측량된 몫을 말하는 것일 수 있다. 이것은 복수로 되어 있으므로, 첫 번째 것이라고 볼 때 가장 의미가 잘 통한다. 그리고 '…에게 …으로 떨어지다'(to fall to someone as something)라는 표현은 땅을 할당받는 것에 대해 사용하는 표현이다. 그래서 이 비유는 암시된 비교다. 사람들이 유업으로 받은 땅이 얼마나 좋은지 보기 위해 그 땅을 살펴보러 나가는 것처럼, 시편기자는 그가 하나님 안에서 가진 것, 그가 하나님에게 받은 것은 만족스럽고 즐거운 것이라고 말한다. 그것을 더 많이 볼수록 그는 그것이 누군가가 가질 수 있는 가장 좋은 소유물이라는 것을 확신한다.

여호와가 주신 그의 삶을 땅의 '아름다운 곳'(נְעִמִים<נָעַם)과 비교하는 것은 물질적 축복과 영적 축복을 모두 아우른다. 이 단어를 사용해서 기뻐하는 것 혹은 기쁨을 강조하는 것은 분명 이생에서 하나님이 주시는 모든 좋은 선물들을 말할 것이다. 하지만 이 선물들은 하나님이 그를 기뻐하시고 사랑하신다는 증거임을 알게 되면 그 모든 것은 또한 영적인 것이 된다.

B. 하나님은 도덕적 인도와 교훈을 제공한다(6-7절)

다윗은 여호와가 그분의 임재로 그에게 주신 것을 인식할 뿐 아니라, 평생 그를 인도하신 것을 찬양한다. 그는 "나는 여호와를 송축할지라"라는 말로 이 부분을 시작한다. 이 흔한 말(בָּרַךְ, 시 5:12의 같은 단어를 보라)은 하나님 백성의 공적 찬양으로, 하나님의 성품과 역사를 온 세계에 알리는 찬양에서 사용된다. 그들의 찬송은 사람들이 인식하는 여호와의 영광을 더해줄 것이다. 여기에서 다윗은 갑자기 찬양하기 시작한다!

　이 찬양의 주제는 여호와의 '훈계'(יָעַץ,에서 나온)와 '징계'(יסר,에서 나온 단어로, 시 6:1의 같은 단어를 보라)다. 어떻게 여호와가 여러 행동 방침에서 그를 지도하셨는지, 그리고 어떻게 여호와가 그를 권고하시고 바로잡으셨는지 찬양하는 것이다. 이 후자의 개념과 연결하여 시편기자는 '내 양심'(my kidneys, כִּלְיוֹתַי)이라는 말을 사용한다. 이 말은 종종 '내 심장'(my heart)이라고 번역된다.[25] 그것은 그의 양심을 사용하는 정신이라는 의미다. 하지만 여호와가 어떻게 이 일을 하시는가? 그 단서는 '밤마다'(night seasons)라는 복수 단어를 사용한 것에서 찾을 수 있다. 다른 곳에 보면 시편기자에게 밤은 기도와 하나님의 말씀을 묵상하는 시간이다. 다윗은 아마 밤에 행해지는 이 활동들을 '밤들'이라는 말로 대체했을 것이다(그래서 주제의 환유다). 그는 그의 정신과 양심에 받아들여지는 하나님의 말씀을 묵상하고 그 안에서 기도할 때 하나님의 교훈을 얻을 수 있다고 말한다.[26]

　사람들은 여호와를 믿을 때, 자기 삶을 그분께 내어드린다. 하지만 그들은 곧 그분이 하나님이며 구세주로서 자신을 그들에게 주신다는 것을 알게 된다. 그래서 그들은 자신들에게 평생 좋은 것들과 적절한 인도를 주기를 기뻐하시는 분을 받는다.

III. 하나님의 보호하시는 돌보심은 영원히 지속된다(8-11절)

A. 하나님은 그분의 백성을 보호하실 것이다(8-9절)

이제 우리는 이 시편의 세 번째 부분에 이른다. 바로 미래에 대한 확신 부분이다. 첫째, 시편기자는 하나님께 충성과 헌신을 단언하면서 보호해달라고 기도

---

[25] 내장 기관들은 영적 능력에 대해 사용되었다. 그래서 우리는 이것들을 주제의 환유로 분류한다. 심장과 간이 가장 자주 사용되지만, 신장(kidneys) 역시 종종 양심을 언급하는 말로 사용된다.

[26] 성경 각 부분들을 시편기자가 어떻게 접했는지는 알 수 없다. 그는 왕이었으므로 사람들이 그에게 율법서를 읽어주거나 암송해주었거나, 아니면 그가 성경의 행들이나 본문들을 암기하였을 것이다. 그것은 밤에 묵상하기에 충분했다.

한다. 이로 인해 그는 하나님으로부터 받는 관대한 보살핌과 인도에 대해 하나님을 찬양하게 되었다. 그리고 그것을 생각하며, 그는 미래에 대해 확신하게 되었다. 그것이 이 위기 속에서 그의 기도를 강화해준다. 다윗이 여호와 안에서 안전함을 느끼는 것은 여호와가 그를 보살펴주셨던 방식과, 여호와를 신실하게 신뢰했던 그의 삶을 묵상했기 때문이다.

8절에서 그 확신이 시작된다. 사실상 그것은 이 시편 전체의 확신에 찬 메시지의 축소판이다. 여기에서 다윗은 2-7절까지의 원리들로 9-11절까지의 위기에 적용한다. 그는 먼저 그의 신앙을 선포한다. "내가 여호와를 항상 내[27] 앞에 모심이여."[28] 이것은 그가 하나님을 끊임없이 깊게 묵상한 것을 말한다. 그는 그의 모든 생각과 행동에서 여호와께 우선권을 두면서, 늘 그분을 염두에 둔다. 이것은 그의 삶에 큰 영향을 끼친다. 분명 밤에 침상에서 기도하고 묵상하는 것에서 오는 영향력이다. 여호와가 항상 그의 생각 속에 계시지 않으면 경건에 문제가 생기고, 괴로움으로 이르는 문을 여는 셈이 될 것이다.

하나님의 임재 속에 보호가 있다. 그는 또 다른 신인동형론적 표현을 사용한다. "그가 나의 오른쪽에 계시므로." 오른쪽은 힘, 지지, 영예의 자리를 나타내는 관용구다. 전사들은 왼쪽 팔로 방패를 들고, 오른손으로 싸웠다. 그로 인해 그들은 오른쪽에 가해지는 공격에 취약했다(욥 30:12; 시 91:7). 하지만 다윗은 오른쪽을 보호받는다. 그는 여호와가 그의 오른편에 계시면, 여호와는 그의 힘이며 방패이시고, 어떤 대적도 그에게 해를 끼치지 못한다는 것을 안다. 그는 여호와가 그의 인생에 임재하시면 절대 어떤 역경도 직면하지 않을 것이라고 말하는 게 아니다. 하나님의 보호하심이 그에게 안전하다는 확신을 가져다준다고

---

27 이 행에서는 신인동형론을 사용하여 하나님을 어떤 지역에 국한시킨다. 실제로 그분은 국한되지 않는데도 말이다. 그리고 '내 생각'을 의미하기 위해 '내'라는 제유(일부로써 전부를 혹은 전부로써 일부를 나타내는 비유 – 역주)를 사용한다. 이 표현은 잠언과 비슷하다. "너는 범사에(in all your ways) 그를 인정하라"(알라, 잠 3:6). 즉 모든 것에서 하나님을 보라는 것이다.

28 동사 שִׁוִּיתִי은 피엘이다. '적절한 것으로 간주한다'는 의미는 이 어간에는 나오지 않는다. 이 의미는 '두다'라는 것이 되어야 한다.

말하는 것이다.

이것에 대해서는 즐거운 반응 뿐이다. 자발적인 찬양이 터져나오는 것이다. 그의 마음은 기뻐하며 그의 영(여기에서는 '영광' כָּבוֹד, 시 19:1의 같은 단어를 보라)[29] 이 크게 기뻐한다(יָּגֶל는 '몹시 기뻐하며 외치라'는 גִּיל에서 나온 과거 시제다. 시 13:6의 같은 단어를 보라). 그는 여호와 안에 있는 안전함 때문에 즐거움으로 가득 차 있다. 심지어 그의 연약한 인간적 '육체' 속에서도 그는 안전하다고 느끼며 안전히 (בֶּטַח, 시 4:5의 같은 단어를 보라) 누울 수 있다(יִשְׁכֹּן).

B. 하나님은 절대로 죽음의 권세에게서도 그분의 백성을 버리지 않으실 것이다(10-11절)

이제 다윗은 여호와가 보호하시고 보존하시리라는 이 확신의 기초에 대해 단언한다.[30] 그는 "주께서 내 영혼을 스올(שְׁאוֹל, 시 6:5의 같은 단어를 보라)에 버리지 아니하시며"라고 확신에 차서 주장한다. 하나님은 절대 그를 버리지 않으신다. 무덤의 권세에게조차도.[31] "주께서 버리지 않으실 것임이니이다"(לֹא תַעֲזֹב)는 강한 표현이다. 그것은 '내버리다, 떠나다, 혹은 버려두다'라는 의미다. 다윗은 때로 버림받은 듯한 느낌을 받았을 수도 있다(시 22:1, "내 하나님이여 내 하나님이여 어찌 나를 버리셨나이까"[32]를 보라). 그리고 그는 자신이 결국 언젠가는 죽으리라는 것을 알았다(시 89:48, 49:16, 55:16, 86:13을 보라). 하지만 그의 관심사는 여호와가 그를

---

29 '영광'은 '간'(liver)과 관련된 단어로, 가장 깊은 느낌과 선택이 이루어지는 장소인 영혼에 대해 사용되었다. 이 단어는 사람에게 존엄성 및 개인적으로 하나님께 가치 있는 존재라는 느낌을 부여한다는 면에서 진인을 묘사한다. 또한 John W. McKay, "My Glory – A Mantle of Praise," *SJT* 31(1978):167-72도 보라.

30 J. J. Kilgallen, "The Use of Psalm 16:8-11 I Peter's Pentecost Speech," ExpT 113(2001):47-50과 G. V. Trull, "Views of Peter's Use of Psalm 16:8-11 in Acts 2:25-43," 그리고 "An Exegesis of Psalm 16:10," *BibSac* 161 (2004):194-204와 304-321을 보라.

31 Delitzsch는 신실한 자들이 사망의 손에 떨어지는 것은 불가능하다고 말한다(*Psalms*, 1:228).

32 시편 22편의 예표본적 성취는 주께서 우리 대신 버림을 받으셨기 때문에, 그분을 믿는 우리가 절대 버림받지 않으리라는 것이다.

죽도록 버려두지 아니하신다는 것이었다. 지금도 버리지 않으시며 분명 영원토록 버리지 않으신다는 것이다.[33] 그는 결국 하나님이 그를 무덤(여기에서 스올은 무덤을 의미한다. 그것은 '웅덩이'와 대응되며, 시 6:5에 나오는 '무덤'과 대응되기 때문이다)에 버리지 않으시리라는 사실에서 안도한다. 지금까지 모든 성도가 알았던 것처럼, 다윗은 하나님이 그가 가장 위급한 순간인 죽음의 순간에 그를 버리려고 그와 언약을 맺으시고 필요한 것을 공급하시며, 평생 인도하지는 않으셨음을 안다.

이 표현은 "주의 거룩한 자를 멸망시키지 않으실 것임이니이다"(직역하면 '웅덩이를 보도록 하지 않으실 것임이니이다' - 역주)라는 말과 대응을 이룬다. 이러한 확신의 상당 부분은 그와 여호와의 관계에서 나왔다. 이 관계는 여기에서 자신을 "거룩한 자"(חֲסִידְךָ), 좀 더 정확하게는 여호와의 사랑을 받는 자, 언약의 일원이라고 말하는 것에서 볼 수 있다. 이 콜론에서 중대한 단어는 번역에 대한 주에서 언급했듯이 종종 '썩음'으로 번역되는(헬라어역에 맞춰) '웅덩이'(שַׁחַת)라는 말이다. 이 단어는 무덤을 말한다. 그리고 이를 웅덩이라고 부르는 것은 스올 안의 지하 감옥 같은 것이라고 할 수 있다. 즉 도망칠 수 없는 죽음의 영역이라는 것이다.[34] 웅덩이, 즉 무덤은 육체가 썩는 곳이다. 그래서 다윗은 그것을 웅덩이라고 언급함으로 죽음과 부패의 장소로써 그것이 지닌 모든 함축을 표현했다. 이 반 구절에서 동사는 첫 번째 것보다 훨씬 더 강력하다. 하나님은 그를 무덤에 버리지 않으실 것이다. 하나님은 그의 사랑하시는 자들이 웅덩이를 보도록 허용하지 않으실 것이다. 그는 자신을 보존해달라고 기도하는 그때에 그가 웅덩이를 보지 않

---

[33] Kraus는 저자의 관점에 대해 말하면서 이 시편이 부활 심지어 불멸에 대해 말하고 있는 것이 아니라, 극심한 이 세상의 위험을 다루고 있다고 말한다(*Psalms 1-59*, p.240). 이것은 어느 정도까지는 사실이다. 하지만 시편기자는 그와 여호와의 관계가 죽음으로 끝나지는 않으리라는 생각을 갖고 있었던 것 같다. 후에 Kraus는 이 개념을 확장해서 이 시편을 노래하는 자들의 이러한 주장 중 일부는 초대 그리스도인들에게 궁극적인 것을 표현할 수 있는 언어와 명확한 개념들을 제공했다고 말한다. 그것은 바로 죽음으로부터의 부활이라는 것이다(p.242).

[34] Briggs, p.119을 보라.

으리라는 의미로 말했을 수도 있다. 그는 아직 죽지 않을 것이다. 아니면 그는 그 웅덩이가 의미하는 모든 것을 보지 않으리라는 의미로 말했을 수도 있다. 이 때문에 헬라어 역본은 이 단어를 '부패'라는 의미로 이해했을 수도 있다. 그가 사용하는 단어들은 자신의 경험이라고 보기엔 터무니없이 엄청나다. 그러면서도 이 말의 일반적인 의미는 모든 신자가 가진 확신을 표현한다. 하나님이 그들을 썩어갈 무덤에 버리지 않으시리라는 것이다.

다윗은 여호와가 그에게 생명의 길을 알려주실거라고 말하면서 이 시편을 맺는다. 그는 생명의 길, 참으로 살아 있는 자의 경로, 하나님과의 교제 안에서 기쁨과 즐거움을 지닌 자의 길을 경험할 것이다. 그렇게 되면 이 삶은 살아 계신 하나님과의 연합이다. 그리고 이 생명의 길로부터 불멸이라는 개념이 생겨난다.[35] 시편기자는 하나님과의 그런 관계가 무덤에서 끝나리라고는 상상할 수 없을 것이다. 그는 여호와와 그의 관계가 어떻게 무덤을 정복할지는 분명하게 알지 못했을 수도 있다.[36] 그러나 그는 자신이 하나님의 임재 안에서 충만한 기쁨을, 그리고 그의 오른쪽에서 영원토록 기쁨을 발견하리라는 것을 알았다.[37]

그 이전의 모든 신자가 그랬던 것과 마찬가지로 다윗은 죽을 것이다. 하지만 그는 언약 약속들이 거기에서 끝나지 않으리라는 것, 여호와와의 교제는 이생을 넘어서까지 중단되지 않고 이어지리라는 것, 하나님이 결코 죽음이 언약의 끝이 되도록 허용하지 않으시리라는 것을 알았다.

이 시편의 단어들은 놀랍도록 강력한 믿음을 나타낸다. 그러면서도, 시편기

---

35 Perowne, *Psalms*, I:195.
36 죽음 이후의 삶에 대해서는 세계의 모든 종교가 일반적으로 믿는다. 하지만 개인적인 육체의 부활은 잘 알려지지 않았다. 다윗의 이 말은 자연히 그런 믿음으로 이어진다. 하지만 그가 그것을 얼마만큼이나 이해했는지는 알기 어렵다. 또한 Norman A. Logan, "The Old Testament and an Future Life," *SJT* 6(1953):165-172를 보라.
37 A. A. Anderson은 נֶצַח라는 단어가 영원까지는 아니고 생명이 지속되는 한이라는 의미를 가질 수도 있다고 말한다(Psalms 1-72, p.146). 이것은 일반적으로 이 단어에 해당되는 말이다. 참음, 불멸, 영구적임, 영원한 등의 의미 중 어떤 것이 가장 잘 적용되는지는 전후 문맥에 따라 결정해야 한다(참고. 시 13:2). 시편기자는 영속(perpetuity)이라는 견지에서 생각했을지도 모르지만, 이 단어는 분명 성경 전체의 맥락에서 볼 때 훨씬 더 많은 것을 의미한다.

자가 단어들을 선택한 것은 이 시편의 의미가 그가 겪은 경험에서 온전히 다 규명되지는 않았다는 인상을 남긴다. 간단히 말해, 이 구절의 완전하고 정확한 의미는 자신의 경험을 넘어선다. 이 단어들은 너무나 강력해서 더 많은 것을 말하고 있는 것처럼 보인다.[38] 이 점이 사도들이 설교할 때 주장한 점이다. 다윗은 죽었다. 그의 무덤이 그 증거다. 그리고 천년 동안 무덤에 있었던 그의 육체는 분명 무덤의 썩음을 보았다. 하지만 예수님은 죽은 자 가운데서 다시 살아나셨다. 하나님이 그에게 썩음을 보지 않도록 하셨기 때문이다(행 13:35-37). 사도들에게 해결책은 언제나 예수 그리스도가 죽은 자 가운데서 다시 살아나사, 죽음에도 불구하고 그 약속들이 어떻게 성취되었는지 보여주셨다는 것을 분명히 밝히는 것이었다. 시편 16편의 말은 저자가 이해한 내용이라고 보기에는 지나친 것이었으나, 예수 그리스도에게 문자적으로 성취되었다. 베드로는 다윗이 그리스도에 대해 이러한 것들을 말했다고 선언한다(행 2:25-28). 다시 말해, 신약 저자들은 다윗이 이 본문을 썼을 때 성령이 의도하신 것이 무엇인지 알고 이 본문을 제기한다. 사도들은 이 말들이 미래의 부활이라는 일반적인 의미에서만 다윗에게 적용될 수 있음을 분명히 밝힌다. 그의 육체는 천년 동안 무덤에 있었기 때문이다. 하지만 주님께서는 이 말의 정확하고 완전한 의미로 적용시킨다. 부활에 의해 그분은 모든 인간이 겪는 경험, 곧 무덤의 결과를 보지 않으셨기 때문이다. 예수님이 죽은 자 가운데서 살아나신 것은 죽음 가운데 잠자는 모든 사람의 첫 열매였으므로(고전 15:20), 다윗과 또한 모든 성도가 죽은 자 가운데서 다시 살아날 것을 보증했다. 그러므로 하나님은 다윗을 - 그리고 어떤 성도도 무덤에 - 버리지 않으시고 승리의 삶으로 다시 살아나게 하실 것이다.

요점은 하나님이 그의 신실한 종들을 무덤에 버리지 않으시리라는 것이다.

---

38 Kirdpatrick은 "미래의 삶에 대한 교리가 어떤 식으로든 시편기자의 신앙에 관련되어 있다. 그는 자신이 구원받으리라는 소망의 근거를 그와 여호와의 관계에 두고 있다. 그리고 그런 관계는 죽음에 의해 중단되지 않는다(마 22:32). 하지만 이 진리는 점진적으로 그리고 오랜 분투 끝에야 이해할 수 있으며, 그리스도가 '사망을 폐하시고 복음으로써 생명과 썩지 아니할 것을 드러내시'(딤후 1:10)는 때에 가서야 완전히 깨닫게 될 것이다"(*Psalms*, p.78).

하나님은 죽음보다 더 크신 분이다. 그리고 하나님이 그분의 종을 너무 빨리 죽지 않도록 보존하실 수 있다면, 또한 그들을 죽음에서 건져내실 수도 있다. 하나님은 언약 약속들이 무덤 속에서 사라져버리도록 하지 않으실 것이다. 그리고 성도들은 바로 이 사실을 확신할 수 있다. 우리 주 예수 그리스도의 "나는 부활이요 생명이니 나를 믿는 자는 죽어도 살겠고 무릇 살아서 나를 믿는 자는 영원히 죽지 아니하리니"(요 11:25)라는 말씀을 믿기 때문이다. 그리스도의 죽음은 우리에게 구속을 가져다준다. 그리고 그리스도의 죽음은 영원히 그분의 임재 안에서 누리는 영구적인 기쁨과 즐거움을 보장한다.

메시지와 적용

예수 그리스도를 믿는 사람들은 시편 16편의 말씀을 더 잘 알고 이 말씀에 대해 더 확신을 갖는다. 이 시편의 강해적 개념은 이런 식으로 표현할 수 있을 것이다. *하나님이 그분의 성도들을 보호하고 돌보시는 일은 죽음에서 끝나는 것이 아니라, 무덤 너머의 영원한 삶까지 계속된다.* 강해에서는 하나님이 그분의 성도들을 무덤에 버리지 않으신다는 진리를 진술할 수 있다. 그러고나서 이 시편의 메시지는 부활 교리가 온전히 계시될 것을 예상한다는 사실을 성경은 명확하게 설명한다.

그러므로 신자들은 그들을 위한 하나님의 사랑과 돌보심이 무덤 너머까지 확장된다는 것을 온전히 확신하고 하나님의 신실하심과 선하심에 대한 강력한 믿음을 구축해야 한다. 그것은 영원토록 지속된다! 바울은 빌립보 성도들에게 말한다. "너희 안에서 착한 일을 시작하신 이가 그리스도 예수의 날까지 이루실(완성하실) 줄을 우리는 확신하노라"(빌 1:6). 하나님은 자기 백성을 구속하시고, 그들을 평생 인도하시며, 그들에게 필요한 것을 공급하시고, 계속 그들을 보호하시다가 결국에는 그 모든 것이 무덤에서 끝나버리게 하시려는 것이 아니다.

그분은 그들을 부패에서 부패하지 않는 것으로 일으키사, 영원토록 그분의 임재 안에서 영광스러운 새로운 상태에 이르게 하실 것이다.

성도들은 인생의 시련과 어려움들에 직면할 때, 실패에도 불구하고 자기 백성을 향한 신실하신 하나님의 선하심을 절대적으로 확신해야 한다. 그들은 시편기자가 했던 것처럼 이런 확신을 구축할 수 있을 것이다. 새로운 관심과 목적을 가지고 하나님의 말씀을 연구함으로, 밤마다 그분의 선하심과 인도를 묵상함으로, 그분이 영원토록 사랑하시는 그분의 성도들에게 나누어주시는 은혜와 영광에 초점을 맞춤으로, 언제나 그분을 앞에 모심으로 고취되는 순종의 삶을 계발함으로, 앞다투어 우리의 충성을 요구하는 종교적 개념들에 직면할 때도 그분께 충성하기로 결심함으로, 그리고 그분의 모든 보살핌과 인도를 더욱 찬양함으로 말이다. 그때에 그들은 확신을 갖고 기도할 수 있을 것이다. 결코 그 무엇도, 죽음이나 생명도, 어떤 권세도, 그들을 그리스도 예수 안에 있는 하나님의 사랑에서 끊을 수 없으리라는 것을 알기 때문이다(롬 8:38-39).

26 의인의 정당함을 입증하는 것과 보호(시편 17편)

Vindication and Protection for the Righteous   PSALM 17

서론

본문과 다양한 역본들[1]

다윗의 기도

1 여호와여 의[2]의 호소를 들으소서 나의 울부짖음에 주의하소서

거짓 되지 아니한 입술에서 나오는 나의 기도에 귀를 기울이소서

2 주께서 나를 판단하시며

주의[3] 눈으로 공평함을 살피소서

3 주께서 내 마음을 시험하시고 밤에 내게 오시어서

---

1 Jacob Leveen, "The Textual Problems of Pssalm xvii," *VT* 11(1961):48–54를 보라.
2 본문에는 צִדְקִי '의'라고만 되어 있다. 헬라어에는 대명 접미사가 나와 있어서, '나의 의'라고 읽는다. '들으소서'라는 동사와 그의 부르짖음 및 기도에 관한 병행적 표현들은 '의'가 의로운 주장 혹은 간청 같은 것을 의미한다고 시사하나, '오, 의로운 자여'라는 호격일 가능성이 더 짙다.
3 헬라어 본문에는 '나의 눈'이라고 되어 있다.

나를 감찰하셨으나 흠을 찾지 못하셨사오니

　　　내가 결심하고[4] 입으로 범죄하지 아니하리이다

4　사람의 행사[5]로 논하면 나는 주의 입술의 말씀을 따라

　　　스스로 삼가서 포악한 자의 길을 가지 아니하였사오며

5　나의 걸음이 주의 길을 굳게 지키고[6]

　　　실족하지 아니하였나이다

6　하나님이여 내게 응답하시겠으므로 내가 불렀사오니

　　　내게 귀를 기울여 내 말(my prayer)[7]을 들으소서

7　주께 피하는 자들을

　　　그 일어나 치는 자들에게서 오른손으로 구원하시는

　　　주여 주의 기이한[8] 사랑을 나타내소서

8　나를 눈동자 같이 지키시고

　　　주의 날개 그늘 아래에 감추사

4　이 단어는 זַמֹּתִי이다. 이 형태는 '내가 결심하다'라는 זָמַם에서 나온 완료 시제인 듯하다. 하지만 불규칙한 악센트가 달려 있다('나의 생각들, 목적들'). 하지만 이것은 접미사가 달린 부정사(III 헤 동사의 유형을 따라)로 볼 수도 있다. 이 주제와 관련된 것은 그것이 구문론상 전후 문맥과 어떻게 연관 되어 있는가 하는 것이다. 그것이 앞에 나오는 절과 연결되어 있다면(악센트 표시가 되어 있는 이분법을 무시하고), 이 구절은 '주께서 나의(즉 내 안의) 어떤 악한 목적도 발견하지 못하시며, 내 입도 범죄하지 아니하나이다'라고 번역될 것이다. 하지만 이 형태는 완료 시제의 철자이기 때문에, 그리고 주요 악센트는 이것을 앞의 것과 구별하기 때문에, 이것을 동사로 보아 그다음 줄과 연결시켜서 이 두 줄을 '주께서 아무 것도 발견하지 못하셨나이다. 나는 입으로 범죄하지 않기로 결심하였나이다'(NIV와 ESV처럼)라고 읽는 것이 더 낫다. 이 경우 '주께서 아무것도 발견하지 못하셨나이다'라는 말은 '아무 잘못된 것도 찾지 못하셨나이다'라는 의미라고 설명해야만 한다. 본문의 전반적인 의미에 대해서는 독법들 간에 거의 차이가 없지만, 선호되는 독법은 하나님이 감찰하셨으나 어떤 잘못된 것도 찾지 못하셨다고 단언하며, 시편기자의 결심이 그의 입술로 범죄하지 아니하려는 것이었다고 표현한다.

5　'행사'(works)에 해당하는 말은 문자적으로는 '행함'(doings)으로 לִפְעֻלּוֹת이다. 전치사는 일반으로 언급되는 לְ로, '…와 관련하여'라는 것이다. 그러나 그것은 또한 시간이나 조건을 표현하는 것일 수도 있다. 수리아 역본에는 '사람의 행사도 내 입술의 말에서 내 입을 지나가지 아니하였사오며'라고 되어 있다.

6　תָּמֹךְ는 정형 동사(finite verb) 대신 독립 부정사다. 이것은 또한 동명사로 사용될 수도 있다. '굳게 지킴으로…나는 지켰나이다…' 시편 35:15, 16절을 보라.

7　문자적으로는 '내 말'(my word) 혹은 '내 이야기'(my speech).

8　הַפְלֵה는 불가사의할 정도로 독특한 어떤 것과 관련하여 '구별하다, 분리하다'라는 의미다(그래서 הַפְלֵא와 비슷하다). 시편 31:22과 이사야 28:29을 보라.

9　내 앞에서 나를 압제하는 악인들과

　　나의 목숨을 노리는⁹ 원수들에게서 벗어나게 하소서

10　그들의 마음은 기름에(in their strength)¹⁰ 잠겼으며

　　그들의 입은 교만하게 말하나이다

11　이제 우리가 걸어가는 것을¹¹ 그들이 에워싸서(surrounded us)¹²

　　노려보고(cast us)¹³ 땅에 넘어뜨리려 하나이다

12　그는(their)¹⁴ 그 움킨 것을 찢으려 하는 사자 같으며¹⁵

　　은밀한 곳에 엎드린 젊은 사자 같으니이다

13　여호와여 일어나 그를 대항하여 넘어뜨리시고

　　주의 칼로 악인에게서 나의 영혼을 구원하소서

---

9 MT에서는 '영혼'(נֶפֶשׁ)이라는 말을 색다른 방식으로 사용한다. 이 표현은 '내 생명까지 내 원수들' 혹은 '내 치명적인 원수들'이라고 읽을 수 있다. 이것은 '내 생명에 반대하여' 혹은 '탐욕에서'라는 의미로 해석할 수도 있을 것이다. 헬라어 번역은 '영혼/생명'을 목적어로 만들었다. '내 원수들이 내 영혼을 둘러쌌다.'

10 이것은 '그들의 기름'을 해석적으로 번역한 것이다. 이 말은 곧바로 의미가 전달되지는 않는다. 하지만 '기름'은 탐욕스럽고 오만한 사람의 번영과 힘에 대해 사용될 수 있다. 본문은 그저 '그들이 닫은 그들의 기름'이라고 말한다. BHS 편집자들은 '그들의 기름'(חֶלְבָּמוֹ) 대신 '그들 심장의 기름'(חֵלֶב לִבָּמוֹ)이라는 추측에 의한 독법을 제안한다.

11 본문을 보면 '우리가 걸어가는 것, 이제 그들이 우리를 에워쌌다'라는 이중적 목적어가 나온다. 따라서 어떤 사람들은 '우리를'이라는 말은 번역하지 않고 '우리가 걸어가는 것'만 번역한다. '하지만 우리가 걸어가는 것'(אַשֻּׁרֵינוּ)은 그 자체가 난해한 것으로 입증되었다. 헬라어 역본은 그것을 ἐκβάλλοντές με라고 번역해서 이 구절이 두 개의 동사를 가지고 있는 것으로 본다. '그들은 나를 쫓아내었으며 나를 둥 그렇게 둘러쌌다'는 것이다. 이 형태는 자주 שֵׁרוּנִי로 수정된다. '그들이 추적해서 잡았다'는 것이다(NIV에서처럼. M. Cohen, "'AŠŠURÊNÛ 'ATTÂ SᴱBÂBÛNÎ (Q. SᴱBABÛNÛ) (PSAUME XVII IIA)," VT 41 [1991]:137-44를 보라).

12 케레 독법은 '우리를'이라는 것이다. 하지만 많은 사람들은 전후 문맥에서 '나를'이라는 케티브 독법을 선호한다.

13 이 구절 첫 번째 부분에 나오는 접미사는 이중적 임무를 수행하며, 그래서 여기에서 매끄럽게 읽도록 하기 위해 덧붙여져 있다.

14 본문에는 '그의 …같으며'라고 되어 있다. 하지만 이 단수는 반드시 배분사(each, every 따위 – 역주)가 되어야 한다. 원수들은 처음부터 끝까지 복수이기 때문이다.

15 '그의…같으니'는 דִּמְיֹנוֹ로, 이것은 보통 그저 '그는…같다'라고 번역된다. 헬라어역은 이것을 ὑπέλαβόν με, '그들이 나를 기다렸다'라고 번역했다.

14 여호와여 이 세상에 살아 있는 동안

그들의 분깃을 받은 사람들에게서

주의 손으로 나를 구하소서

그들은 주의 재물로[16] 배를 채우고

자녀로 만족하고

그들의 남은 산업을 그들의 어린 아이들에게 물려 주는 자니이다[17]

15 나는 의로운 중에 주의 얼굴을 뵈오리니

깰 때에 주의 형상으로 만족하리이다

구성과 전후 문맥

이 시편에서 다윗은 원수들에게 둘러싸여 있지만 자신의 진실함을 확신한다. 그 원수들의 분깃은 이생 뿐이다. 그는 자신을 억압하는 악한 세상에서 보호해 주시고 억압자들로부터 구원해달라고 기도한다. 그 구원은 그의 정당함을 입증하는 것이 될 것이다. 그의 기도는 확신으로 가득 차 있다. 그 확신은 이 땅에서 하나님의 은총을 볼 것이며 여호와의 임재 안에서 영광스러운 미래를 즐길 것이라는 예상에서 가장 잘 표현되어 있다. 어떤 상황인지는 본문에 분명하게 설명되어 있지 않으며, 다만 암시만 되어 있다. 그래서 일부 사람들이 주장하듯이 여호와가 그의 결백함을 결정하시기를 기다리는 동안 보호를 받기 위해 성소에 누워 있었다는 것은 설득력이 없다.[18] 배경과 환경에 대한 언급들은 너무나 모호하다.

---

16 케레는 צְפוּנְךָ로써 접미사가 있는 수동 분사이며, '주께서 비축해놓으신, 쌓아놓으신 것'이라는 의미다. 그리고 케티브는 명사 צְפִינְךָ로써, 비축된 어떤 것을 의미한다. 그러므로 이 두 독법 간에는 의미상 차이가 거의 없다.

17 헬라어 본문은 이 구절에 대해 일반적인 해석적 번역을 제공한다. '여호와여 당신의 손의 원수들로부터 그들을 땅에서 멸하소서 그들의 생명을 흩으소서. 그들의 배는 당신의 감춰진 (보물로) 가득 차 있었지만, 그들은 자녀로 만족하고 남은 것을 그들의 유아들에게 남겨주었나이다.'

이 시편은 많은 면에서 시편 16편과 유사하다. 하지만 중대한 차이가 몇 가지 있다. 시편 16편에서 다윗은 배경에 있는 위험을 인지한다. 하지만 그의 신앙은 그에게 두려워하지 말라고 권한다. 하지만 시편 17편에서 위험이 그에게 밀려 들어오기 때문에 여호와로부터 도움이 긴급히 필요하다. 시편 16편에서 다윗은 그에게 그처럼 많은 것을 주신 하나님이 그를 죽음에 버리지 않으실 것이라 확신한다. 시편 17편에서는 여호와의 임재 안에 있는 영광스러운 미래를 기대한다.

이 시편의 구조는 분명하다. 1-2절에서, 여호와께 하나의 간구가 드려진다. 그러고나서 3-5절에서는 무죄함에 대한 고백이 나온다. 그다음에 6-12절에서 하나님이 시편기자를 악인에게서 보호하심으로 그분의 기이한 사랑을 나타내달라는 또 하나의 기도를 드린다. 거기에는 악인의 본성에 대한 한탄이 포함된다. 마지막으로 13-15절에는 세상의 악인들에게서 구원해달라는 또 다른 호소가 나온다. 거기에는 신적 은총에 대한 기대가 포함된다. 시편 17편을 탄식시로 분류할만한 증거는 충분하지가 않다. 그것은 반복된 간구가 특징인 기도 노래,[19] 혹은 좀 더 구체적으로는 보호를 위한 무죄한 사람의 기도라고[20] 할 수 있을 것이다. 이 시편에서 다루는 상황은 고발자 및 핍박자와 관계가 있다. 그래서 그가 무죄하다는 탄원은 필요한 것이 되고, 구원해달라는 그의 기도는 긴급한 것이 되며, 영광스러운 미래에 대한 그의 기대는 의미 있는 것이 된다.

---

18 Kraus, *Psalms 1-59*, p.245를 보라. Broyles(*Psalms*, p.99)는 이 본문을 시편 26편 같은 다른 본문들과 연관시킨다. 성소에 들어가는 과정에 의인들을 악인들과 분리시키는 심판이 전제되어 있다는 것을 보여주기 위해서다(예를 들어 시 5:11, 36.7, 73:28). 그는 피난처를 찾는 사람들은 자신들이 의인임을 확증해야 한다고 설명하며, 여기에는 보통 속이는 말을 피하는 것이 포함되었다(시 5:6, 24:4, 36:3, 52:4, 17:1에서도). 분명 예배에 참석하기에 앞서 성문에서 행해지는 의식이 있었다. 하지만 그렇다 해서 필연적으로 이 시편에서 시편기자가 성소에서 그의 진실함에 대한 판결을 듣기를 기다렸다는 결론으로 이어지는 것은 아니다.

19 Kraus, *Psalms 1-59*, p.245.

20 Craigie, *Psalms*, p.161.

석의적 분석

요약

시편기자는 자신이 정직하다는 것을 알지만, 이생에만 분깃을 가진 원수들에게 둘러싸여 있다. 그는 여호와의 풍성한 은총을 볼 것을 확신하면서 그를 억압하는 악한 세상에서 지켜달라고 기도한다.

개요

I. 시편기자는 자신의 주장이 옳고 자신의 삶은 정직하다고 확신있게 호소한다(1-5절).

    A. 그는 하나님께 정당한 자신의 주장을 들어달라고 간구한다(1-2절).

        1. 그의 주장에는 위선이 없다(1절).

        2. 정당화는 하나님께로부터 와야 한다(2절).

    B. 그는 자신의 생각과 행동이 옳다고 단언한다(3-5절).

        1. 하나님이 그의 마음을 살펴보셔도 잘못된 것을 전혀 발견하시지 못한다(3절).

        2. 그는 자신을 멸망시키는 자들을 멀리한다(4절).

        3. 그는 하나님의 길을 굳게 잡는다(5절).

II. 시편기자는 악한 사람들의 악으로부터 지켜달라고 기도한다. 그들은 악한 교만으로 가득 차 있기 때문이다(6-12절).

    A. 그는 세상의 억압으로부터 지켜달라고 기도한다(6-8절).

        1. 이 기도는 인자하심에 기초한다. 여호와는 그분께 피하는 자들을 구원하시기 때문이다(6-7절).

        2. 이 기도는 눈동자 같이 자신을 보호해달라는 것이다(8절).

    B. 그는 기도하면서 악인의 본성을 탄식함으로 하나님의 동기를 유발시킨다(9-12절).

1. 그들은 그를 멸망시키려 하는 치명적인 원수들이다(9절).

　　2. 그들은 강력하게 되고 큰 소리로 말한다(10절).

　　3. 그들은 그들을 핍박할 때 무자비하고 가차없다(11-12절).

III. 시편기자는 자신이 하나님의 은혜로 영광스러운 미래를 볼 것이라고 확신하고, 세상 사람들이 현재 그에게 가하는 핍박으로부터 구해달라고 기도한다(13-15절).

　A. 그는 자신을 멸하기 위해 핍박하는 세상 사람들에게서 구원해달라고 기도한다(13-14절).

　　1. 그는 여호와께 자신을 구원해달라고 기도한다(13절).

　　2. 여호와는 그를 하나님이 공급하시는 이 세상의 것들을 위해서만 살아가는 이 세상 사람들에게서 구해주셔야 한다(14절).

　B. 그는 자신이 하나님의 은혜로 인해 영광스러운 미래를 볼 것이라고 확신한다(15절).

　　1. 그는 자신의 기도에 대한 여호와의 은혜로운 반응을 목격할 것이다.

　　2. 그는 그가 깰 때 여호와의 형상으로 만족할 것이다.

강해 형태의 주석

I. 신자들은 그들의 삶이 하나님과 올바른 관계에 있을 때, 하나님이 그들의 정당함을 입증해주실 것을 확신하며 기도할 수 있다(1-5절)

A. 하나님께 그들은 자신들의 주장이 옳다는 것을 들어달라고 호소한다(1-2절) 이 시편의 첫 부분에서 다윗은 하나님께 자신의 정당함을 입증해달라는 호소를 들어달라고 간구한다. 1절에서 세 개의 명령법이 사용된다. '듣다'(שִׁמְעָה, 시 45:10의 같은 단어를 보라), '주의하다'(הַקְשִׁיבָה), '귀를 기울이다'(הַאֲזִינָה)이다. 이 삼

중적 청원은 긴급하다는 인상을 주며, 그 긴급함은 심각한 반대에 직면해서 그가 옳다는 것을 입증하려는 것이다. 첫 번째 콜론은 단지 "여호와의 의(צֶדֶק, 시 1:5의 같은 단어를 보라)의 호소를 들으소서"라고 말한다. '의'라는 말의 해석에 대해서는 서너 가지 주장들이 제기되었다. 이를테면 그것을 '여호와여'를 수식하는 말로 '오 의로운 여호와여'라고 보거나, 그것을 '의로운 사람을 (들으소서)'라고 보는 것이다.[21] 그것은 목적어로, 접미사가 암시되어 있을 것이다(헬라어에서 사용된). 그래서 '나의 의'가 된다. 이것은 '나의 의로운 주장'[22] 혹은 '나의 의로운 호소'(NIV)를 의미할 수도 있을 것이다. 그렇게 되면 두 번째 절 '나의 울부짖음(רִנָּתִי, 시 33:1의 같은 단어를 보라)에 주의하소서'와의 대응이 분명해질 것이다. 그의 기도는 하나님이 그의 의로운 주장을 들어달라는 것이었다.

이러한 기도는 부정직한 사람에게서 나오지 않는다. 이것은 의로운 사람의 의로운 주장이다. 본문은 단지 "거짓되지 아니한 입술에서"(מִרְמָה, 시 5:7의 그 단어를 보라)[23]라고 말한다. 이것은 그 기도가 거짓과 함께 말해지지 않았다는 의미다. 그가 의로운 주장을 할 때, 그는 진리를 말한다. 물론 하나님께 거짓말을 하려 해도 아무 소용이 없을 것이다. 시편기자는 단순히 그의 진실함을 강조하고 있다.

두 번째 구절에서 시편기자는 자신의 정당함이 오직 하나님으로부터만 입증되기 원한다는 것을 분명하게 밝힌다. 단어의 순서는 이 점을 강조한다. '주의 임재로부터/나의 정당함이/나오게 하시며'(2절 상) 그리고 '주의 눈으로/그것이 옳은 것을 보게 하소서'(2절 하). 하나님이 정당성을 입증해주셔야만 상황을 바로잡을 수 있을 것이다. 이 구절에서 핵심 단어는 '내 정당화', 문자적으로

---

21 Goldingay는 이것을 부사적으로 보아서 '신실하게 들으소서'라고 해석한다(*Psalms 1-41*, p.238). 하지만 이런 견해나, '신실하게'라는 해석을 지지해주는 것은 그리 많지 않다.

22 Broyles, *Psalms*, p.99.

23 '입술'은 원인의 환유로, 그가 말하는 것이라는 의미다. 그리고 '거짓됨'은 한정 소유격 '거짓된 입술'(deceitful lips)이거나 목적격 '거짓을 (말하는) 입술'[lips (speaking) deceit]일 것이다.

는 '나의 판단'(מִשְׁפָּטִי, 시 9:4의 같은 단어를 보라)과 '공평함' 혹은 '옳은 것'(מֵישָׁרִים, 시 67:4의 같은 단어를 보라)이다. '나의 판단'은 또한 '나의 판결'이라고 번역될 수도 있을 것이다. 그가 하나님께 그의 사건을 유리하게 선언해달라고 구하고 있었기 때문이다. 그는 자신의 정당함을 입증할 판결을 원했다. 대응되는 단어는 '공평함'으로, 이는 옳은 것, 어울리는 것, 적당한 것을 말하는 용어다. 이 호소는 하나님이 그의 사건을 심리하신다면, 그가 하고 있는 일이 옳다는 사실을 아시리라는 것이다(이것은 물론 신인동형론적이다. 하나님은 모든 것을 아시기 때문이다). 그다음에 하나님은 그가 옳다는 것을 입증하실 것이다. 마찬가지로 하나님이 옳다고 입증해주시기를 기도하는 신자들은 때때로 생각과 행동에서 이러한 진실함을 주장할 수 있어야 한다.

B. 그들의 기도는 진실함에 대한 선언과 함께 드려진다(3-5절)

시편기자는 주장을 강화하기 위해 그의 진실함을 담대하게 선언한다. 그는 믿음, 하나님과의 동행을 고수했다. 하나님이 얼마나 그를 철두철미하게 아시는지 표현하기 위해 세 개의 동사(완료 시제)가 사용된다. 주께서 시험하셨다(בְּחַנְתָּ, 시 139:23의 같은 단어를 보라), 주께서 오셨다(פָּקַדְתָּ, 시 8:4의 같은 단어를 보라), 주께서 나를 감찰하셨다(צְרַפְתַּנִי)이다. 이 모든 동사는 행동 뿐만 아니라 계속적인 영향들 역시 강조하기 위해 현재 완료로 볼 수 있을 것이다.[24] 이 단어들은 보통 영적 시험과 검토에 대해 말할 때 사용된다. 때로는 하나님의 말씀을 적용함으로, 때로는 하나님이 어떤 사람의 믿음을 시험하기 위해 개인을 어려운 환경들에 두심으로 시험하시는 것이다. 첫 번째 진술은 그 시험이 마음에서 나온 것임을 강조한다. 즉 하나님은 단지 그의 행동들 뿐 아니라 그의 생각

---

[24] 이 동사들은 또한 현재 시제로 번역되기도 한다. '주께서 판단하시며…찾지 못하시니.' NIV는 그것을 양보절로 보아 '비록…'이라는 말을 보충한다. '…비록 주께서 나를 시험하시지만, 아무것도 찾지 못하실 것이니이다.' Dahood은 이 동사들을 앞에 나오는 명령법과 동등한 간원형 완료로 볼 것이다(Psalms, I:94).

과 결정들을 검토하신다는 것이다. 두 번째 진술은 하나님이 그에게 오신다고 (attend, 그를 방문한다고) 말한다. 그리고 이 왕림은 부분적으로는 밤에 이루어진다. 이 절은 그가 무죄한 것으로 판결을 받을 때까지 거룩한 경내에 머물러 있는 것을 말할 수도 있다. 하지만 그저 그가 자기 침상에 누워 조용히 생각하는 가운데 자신의 삶을 하나님의 말씀에 비추어 묵상하고 있다는 말일 가능성이 더 많다(시 4:4, 6:6, 16:7). 이런 묵상 속에서 하나님이 그에게 가야 할 길을 가르쳐주실 것이다. 여기에 나오는 오시는 것(이 방문에서)에는 집중적이고 면밀한 검토가 포함된다. 이 시리즈의 마지막 동사들이 강조하는 바와 같다. 그리고 그 문제에 대한 시편기자의 결론은 "흠을 찾지[25] 못하셨사오니"라는 것이다. 그는 하나님 앞에서 결백하다.

더구나 시편기자는 그가 말하는 것에서 범죄하지 않기로 결심했다(זַמֹּתִי)[26]고 말한다("내가…입으로 범죄하지 아니하리이다", '입'은 원인의 환유다). 이것은 말을 통한 어떤 범죄라도 의미할 수 있지만, 특히 이 맥락에서는 무엇보다도 진실함에 대한 그의 주장, 자신이 옳고 무죄하다는 주장에 적용된다. 그가 자신의 행동에 대해 말하는 것은 참이다.[27]

4-5절에서 그는 자신이 의롭게 행동했다고 선언한다. 사람의 행사에 대해 그는 자신이 포악한 혹은 폭력적인 사람(פָּרִיץ)의 길을 삼갔다고(שָׁמַרְתִּי, 시 12:7의 같은 단어를 보라) 말한다. 이것은 피하거나 떨어져 있었다는 의미다.[28] 어떻게 이것이 가능했는가? "주의 입술의 말씀을 따라" 그렇게 했다. 여호와가 말씀하신 말(입술은 원인의 환유이므로), 즉 여호와의 말씀은 그가 자신의 진실함을 유지할

---

25 시제는 이제 미완료로 바뀌며, 현재 시제, 혹은 심지어 미래 시제로 '흠을 찾지 못하실 것이라'라고 번역할 수도 있다. 그것은 완료 시제들을 현재로 번역하는 것에도 맞을 것이다.
26 동사 זַמֹּתִי는 "고찰하다, 의도하다, 꾀하다"라는 의미다(시 10:2의 이 단어를 보라). "내가 의도했다."
27 Delitzsch는 이것이 또한 그가 악한 생각을 마음에 품었다 해도 그것이 그의 입술을 빠져나가지 않을 것이라는 의미도 될 수 있다고 시사한다(*Psalms*, I:235-6).
28 Goldingay는 이것을 특정한 유형의 언급이라고 말한다. "나는 강도의 길들을 계속 삼갔다"(*Psalms 1-41*, p.240).

수 있는 유일한 길이었다(말씀은 그에게 주어진 신탁이었을 수도 있고, 성소에서 사용하기 위해 쓰인 말씀이었을 수도 있다). 그것은 그가 악인의 길을 가지 않도록 지켜준다. 악인의 길이란 그들의 생활방식을 의미할 수도 있고(이 경우 그가 그들에게 가담한다면, 그에게는 진실함이 없을 것이다) 아니면 그들의 파괴적인 활동의 결과들을 의미할 수도 있다(그렇게 되면 그에게는 끝없는 듯한 문제들이 유발될 것이다). 또한 하나님의 말씀은 그가 하나님의 길을 "굳게 지키"게 한다.[29] 그다음 말인 "나의 걸음"(אֲשֻׁרָי)은 주어가 될 수도 있고 목적어가 될 수도 있다. "나의 걸음이 주님의 길에 굳게 고정되어 있나이다"라는 것이거나 "내가 나의 걸음을 주님의 길에 굳게 고정시켰나이다"라는 것이다. 어떤 경우든 그의 행동과 행동 과정은 하나님의 길을 정확하게 따랐다. 그의 행동들은 하나님의 길에서 움직이지 않았다. 그는 전혀 미끄러져 넘어지거나 흔들리지 않았다. 그의 진실함과 의는 그가 모든 걸음마다 하나님의 계시된 뜻을 살아냄으로 얻게 된 것이다. 그리고 그는 의인이기 때문에 확신을 가지고, 정당함을 입증해달라고 하나님께 호소할 수 있다.

II. 신자들은 악인들의 본성 때문에 악으로부터 지켜달라고 확신 있게 기도할 수 있다(6-11절)

A. 그들의 기도는 억압자들에게서 보호해달라는 것이다(6-9절)

이 시편은 이제 기도로 돌아가 별개이지만 관련된 관심사를 표현한다. 다윗의 간구는 의로운 간구다. 그는 악하고 위험한 사람들 가운데서 의로운 사람이기 때문이다. 그는 하나님의 말씀을 듣기 때문에 신실함을 유지한다. 그는 이제 하나님이 그의 말을 들으시기 원한다. 6설은 전례적 방식으로 기도를 소개한다. 첫 번째 동사는 완료 시제로 대명사의 강세적 용례가 선행된다(אֲנִי־קְרָאתִיךָ).

---

[29] תָּמַךְ라는 동사는 '붙잡다, 꽉 붙들다, 움켜쥐다'를 의미한다. 이것은 잠언에서 지혜의 말씀을 굳게 잡는 것 혹은 지키는 것에 대해 사용된다(잠 4:4). 그리고 시편 16:5에서 이것은 여호와가 시편기자의 삶의 분깃을 안전하게 지키는 것에 대해 사용되었다.

이 구절에는 기도의 명령법이 포함되기 때문에, 완료 시제를 즉각적 완료로 보아 현재 시제로 번역하는 것이 가장 이해하기 쉽다. "내가 불렀사오니." 두 번째 절은 미완료를 사용해서 그의 확신을 표현한다. "내게 응답하시겠으므로"(for you will answer me). 이 예배 의식용 서론이 나온 후, 두 절에 걸쳐 기본적인 요청이 나온다. 첫 번째 절은 하나님께 귀를 기울이시라고 요청한다(신인동형론적 표현). 대단히 주의 깊게 경청하시라는 의미다. 그리고 둘째 절은 응답을 간청한다. "내 말[prayer, 문자적으로는 '내 말'(my speech, אִמְרָתִי, 시 119:11의 이 단어를 보라]을 들으소서."

이것은 들어달라는 기도가 아니라 행동을 해달라는 기도다('듣다'라는 단어가 암시하듯이). 그리고 극적으로 해달라는 것이다. "주의 기이한 사랑(wonder of loyal love, חֶסֶד, 시 23:6의 그 단어를 보라)을 나타내소서." 동사(הַפְלֵה)는 '분리하다'라는 의미로, '독특한 것으로 구별하다'라는 의미를 지닌다.[30] 하나님이 그분의 사랑을 독특하게 하신다는 것은 그것을 새롭고 놀라운 방식으로 보여주신다는 의미다. 이 맥락에서 '사랑'은 사랑이 할 일을 의미하는 것이 분명하다(그래서 이것은 원인의 환유다). 이것은 그 사랑이 어떻게 보여져야 하는지 표현하기 위해 사용하는 호칭에서 분명하게 알 수 있다.

"주께 피하는(חוֹסִים) 자들을 구원하시는(מוֹשִׁיעַ, 시 3:2의 같은 단어를 보라) 주여." 그가 자기 백성을 구원하시는 것은 그분을 믿고 의지하는 사람들을 위한 사랑의 결과일 것이다. '피하다'(חָסָה, 시 7:1의 같은 단어를 보라)라는 동사는 여호와를 의지하는 것을 나타내는 흔한 비유적 표현으로, 피난처를 찾는다는 개념을 강조한다(그래서 암시된 비교다).

많은 주석가가 여기에서 출애굽기 15장에도 나오는 서너 가지 용어의 용도를 주목하는데, 그것은 암시가 있을 수 있음을 나타낸다. 여호와가 놀라운 행동들

---

30 일부 해석자들은 이 말을 '멋지게 만들다'라는 의미의 동사와 연관시킨다. 그 독특함은 초자연적인 것이 될 것이기 때문이다(= הפלא).

로 그분의 언약 백성 이스라엘을 억압하는 애굽인들에게서 구해주신 것과 마찬가지로, 그분은 이 사람을 그의 원수들로부터 구해주실 것이다.

피해야 할 필요가 있다는 것은 시편기자가 현재 공격을 받고 있음을 나타낸다. 그리고 그다음 줄은 이 점을 분명하게 밝힌다. 여호와는 그의 백성을 "그 일어나 치는 자들에게서 오른손으로" 구원하신다.[31] '일어나'라는 분사는 문자적으로는 '스스로를 고양시키다'(מִתְקוֹמְמִים, 시 3:1의 같은 단어를 보라)라는 것으로, 여호와와 그분의 강력한 계획에 대한 적극적 반대라는 의미를 지닌다(시 27:12; 미 7:6을 보라). 여호와는 자신에게 피하는 자들을 구원하심으로, 또한 그들이 계획한 반역도 좌절시켜버리신다.

하나님의 엄청난 사랑을 나타내달라는 요청 다음에는 보호해달라는 기도가 나온다(8-9절). 8절에서 사용된 두 개의 이미지는 성경 다른 곳에서도 발견된다. 첫째는(직유) "나를 눈동자 같이 지키시고"(שָׁמְרֵנִי, 시 12:7의 이 단어를 보라)라는 것이다(참고. 신 32:10; 슥 2:8). '눈동자'라는 표현은 동공과 눈으로 보이는 동공 안의 작은 형상을 말한다. 히브리어에서 이것은 '눈의 작은 사람'(אִישׁוֹן)이다. 이 요청은 하나님의 보호하시는 돌보심이 절대 그를 그분의 눈에서 멀어지지 않게 해달라는 것이다(신인동형론적으로 말하는 방식). 다른 이미지 역시 보호하시는 돌보심을 말한다. 이것은 "주의 날개 그늘"과의 비교다[신 32:11; 시 36:7, 57:1, 61:4. 이 동물도형관(신을 동물 모양으로 나타내는 것 – 역주)은 마 23:37에서 예수님도 사용하신다]. 그것은 사랑의 보살핌과 안전의 이미지이므로 "나를 감추사"(תַּסְתִּירֵנִי, 명령의 미완료)는 적절한 동사다.

보호라는 초점이 9절에 계속되는 기도에 표현되어 있다. "내 앞에서 나를 압제하는 악인들과 나의 목숨을 노리는 원수들에게서." 악인들이 그를 멸망

---

31 헬라어 본문은 이 행을 그다음 구절과 합쳐놓는다. "나를…일어나…는 자들에게서…지키시고." NIV 역시 이 행들을 재배열해서 "주께 피하는 사람들을 주의 오른손으로 그들의 원수들에게서 구원하시는 주님"이라고 밝힌다. 여기에서 유일한 의미 변화는 '주의 오른손으로'가 '주의 오른손을 대적해서'라는 반대의 취지 대신 구원의 수단이 되는 것이다.

시키기 위해 그의 주위에 모여들고 있다. 그들에 대한 첫 번째 묘사는 '압제하다'(שַׁדּוּנִי, שָׁדַד의 완료 시제)라는 동사에서 발견된다. 이것은 '황폐하게 하다, 초토화하다, 격하게 다루다'라는 의미다. 이것으로부터 그다음 묘사가 나온다. 즉 문자적으로는 '생명으로/안에서/까지 나의 원수들'(אֹיְבַי בְּנֶפֶשׁ), 그들은 "나의 목숨을 노리는 원수들"이다. 이 표현은 다양하게 번역되었다. 하지만 그 모든 번역은 원수들이 그의 생명을 파괴하고 싶어 한다는 동일한 취지를 가진다.[32] 그들은 그를 공격하며 생명을 파괴할 의도로 그를 둘러싼다. 오직 하나님만이 그런 공격들로부터 그를 보호하실 수 있다.

B. 원수의 권세 때문에 그들의 기도는 절박하다(10-12절)

그다음 세 구절은 악인들과 그들의 계획들에 대한 간략한 탄식을 어느 정도 포함한다. 그 묘사는 앞 부분, 특히 9절에서 이미 시작되었다. 하지만 이 부분에서 그 묘사는 그들의 본성과 그들의 악한 계획들에 초점을 맞춘다. 그들의 본성은 냉담하고 교만하다(10절). 첫 번째 표현은 이해하기 어렵다. 첫째, '그들의 마음은 기름에 잠겼으며'(their fat they close up). BHS에서 제안하는 독법('그들은 그들 마음의 기름을 차단한다')은 자신들이 상처를 준 사람들에게 닫혀 있는 그들의 마음에 초점을 맞춘다. 즉 그들은 무관심하거나 냉담하다. 골딩게이는 기름이 심장이 있는 곳인 횡경막을 둘러싸고 있다고 주장하면서, 본문을 수정하지 않고도 똑같은 의미를 주장한다.[33] ESV는 이 행을 자유롭게 해석하여 번역한다. '그들은 동정에 대해 그들의 마음을 닫았다'는 것이다. 이렇게 해석하는 것은 가능하다. 하지만 본문이 '마음'을 언급하지 않는다는 사실이 문제다. 기름이라는 이미지는 종종 가장 좋고 건강한 부분, 혹은 번영과 성공을 말한다. 그 이미지는

---

[32] Goldingay는 '생명/영혼'에 대한 해석적 번역을 제안한다. 그는 '원수들이 열망을 가지고 나를 둘러싼다'라고 번역한다. 즉 그의 생명과 재산을 바라면서 그렇게 한다는 것이다(시 27:12, 35:25, *Psalms 1-41*, pp.241-2).

[33] Goldingay, *Psalms 1-41*, p.242.

여기에서 악인을 비유한다. 그것은 그들을 세상에서 번성하며 여호와께 강하게 반역하는 사람들(신 32:1-15와 비교해보라. 또한 시 119:70을 보라)로 묘사하는 것일 수도 있고, 하나님에 대한 그들의 반역적 정신을 묘사하기 위해 기름지다는 개념을 사용할 수도 있다(신 32:15; 사 6:10을 보라).[34] 힘과 탐욕 가운데 있는 이 사람들은 하나님께 반역하고 있었기 때문에 다른 사람들에게 무관심했다.

그들은 하나님과 궁핍한 사람들에게 닫혀 있었을지는 모르지만, 입을 닫고 있지는 않았다. 그들은 입으로 마음껏 교만한 것들, 하나님께 반항하는 그들의 행동을 정당화하는 오만한 말을 했으며, 그래서 그들은 무관심하면서 교만했다.

둘째, 그들이 계획한 행동들은 잔인하고 파괴적이었다(11절). "이제 우리가 걸어가는 것을 그들이 에워싸서." 페로운은 '우리가 걸어가는 것'(our steps)을 '우리가 어느 쪽으로 가든'이라고 풀어 쓴다.[35] 이것은 '우리의 발걸음들'이라는 말이 서로 다른 곳들로 간다는 말이라는 개념을 담고 있다(암시된 비교가 성경에서 관용구가 되었다). 시편기자는 그의 발걸음이 어디로 인도하든 간에, 원수들이 나타나 그를 둘러싸며, 그들의 악한 의도가 눈에서 보인다는 것을 발견한다. 그들은 우리를 노려보고 땅에 넘어뜨리려 한다(그들이 노려본다는 것은 수식어의 환유가 되며, 그들의 얼굴 표정은 단호한 시선과 함께 의도된 행동이다). 그들의 '눈'은 그들이 악의적임을 보여준다. 그를 멸망시키려고 여념이 없는 것이다. 하지만 시편기자는 하나님이 그를 눈동자처럼 지키실 것이라고 믿는다.

셋째, 그들의 공격이 맹렬하다는 것은 그들을 강력한 사자(lions, 단수 형태는 아마 배분사로, 그들 각자를 말할 것이다)에 비교하는 그다음 구절에 기록되어 있다. 이 구절 시작 부분에서 '같으니이다'(his likeness)라는 말을 사용하는 것은 사자의 직유를 강조하며, 이 대구법은 위험을 고조시킨다. 원수는 먹이에 굶주린 사자, 힘

---

34 Anderson, *Psalms 1-72*, p. 150.
35 Perowne, *Psalms*, I:124.

이 넘쳐흐르는 젊은 사자, 공격할 준비를 갖추고 은신처에 앉아 있는 사자와 같다. 시편기자가 직면한 위험은 그러므로 그를 멸망시키는 데 열중하는 계획적이고 강력한 공격이다. 세상은 지금도 변함없이 의인과 그들의 주장을 공격한다.

III. 신자들은 영광스러운 미래를 기대하므로 확신 있게 기도할 수 있을 것이다(13-15절)

A. 그들은 이생에만 관심이 있는 악인들을 멸해달라고 하나님께 기도한다 (13-14절)

이 시편은 다시 한 번 간구로 돌아온다. 하나님께 지금 행동하사("일어나") 악인들을 멸해달라는 것이다. 13절에 나오는 일련의 명령어들 – "일어나(קוּמָה, 시 3:1의 같은 단어를 보라), 대항하여(קַדְּמָה), 넘어뜨리시고(הַכְרִיעֵהוּ), 구원하소서 (פַּלְּטָה, 시 37:20의 같은 단어를 보라)" – 은 이 호소가 얼마나 절박한 것인지 강조한다. 하나님께 즉시 행동을 시작하시라고 청하는 최초의 명령어 다음에, 두 명령어는 원수를 멸해달라고 요구하며, 마지막은 그에 상응하여 시편기자의 생명을 구해달라는 것이다. 그렇게 구해주는 것은 여호와의 칼에 의해 이루어질 것이다. 그것은 군사적 승리를 나타내는 비유적 표현이다.[36] 이 기도는 세상의 사람들에게서 구원해달라는 것이다. 그래서 이 간구는 14절까지 계속된다(NIV는 14절이 별도의 호소가 되도록 하기 위해 13절에 나오는 동사를 반복한다).

14절은 여러 난점을 가지고 있으며, 주석들에 나오는 다양한 설명들로 판단할 때, 쉬운 해결책은 없다. 이 구절의 전반부는 "여호와여 이 세상에(מֵחֶלֶד) 살아 있는 동안 그들의 분깃을 받은('그들의 분깃이 이 세상에 있는') 사람들에게서

---

36 시편기자가 이스라엘 사람들이 군사적으로 승리하는 것을 염두에 둔다면, "주의 칼"은 원인의 환유가 될 것이다. 여호와가 승리를 얻기 위해 그것을 사용하실 것이기 때문이다(아니면 그는 다른 군대들 역시 사용할 수 있을 것이다). 그 구원이 이스라엘의 참여 아닌 어떤 신적 간접을 통해 온다면, '칼'은 암시된 비교일 것이다. 아마도 여호와의 말씀을 칼에 비교하는 것이다.

(מְמְתִים) 주의 손으로 나를 구하소서"라는 것이다. '사람들'(מְתִים)에 해당하는 단어는 단순히 죽을 수밖에 없는 존재들 혹은 인간들을 의미한다. 이것은 아마 그들의 비참함을 시사할 것이다(사 41:14을 보라).[37] 브로일스는 몇 줄의 원형이 훼손되었다고 생각하며, '사람들' 대신 '그들을 처형함'(מְמִיתָם)이라고, '세상' 대신 '끝내다'(<חָדֵל)라고 읽을 것을 제안한다. 그는 이것을 '주의 손으로 그들을 처형함, 그들을 처형함, 이생에서 그들의 분깃을 끝냄'이라고 번역한다.[38] 이런 재구성은 흥미롭지만 설득력이 있지는 않다. 이 행들은 원수들을 이생을 그들의 분깃으로 보는 이 세상 사람들로 묘사한다. 그들은 순간을 위해 산다. 그들은 세상적이기 때문이다.

14절 후반은 더 어렵다. 본문은 "그들은 주의 재물(treasure, 즉, צְפוּנְךָ, 주께서 쌓아놓은 것)로 배를 채우고 자녀로 만족하고 그들의 남은 산업을 그들이 어린아이들에게 물려주는 자니이다"라고 되어 있다. 이 반 구절은 두 가지로 받아들일 수 있다. (1) 14절 전반부의 연속으로 해석할 수 있다. 이것이 악인, 세상적 사람, 이생만을 위해 사는 사람에 대한 계속적인 묘사라는 것이다. 악인을 위해 쌓아놓은 것(개역개정은 '주의 재물'이라고 번역했다 – 역주)이라 함은 하나님이 그들을 위해 비축해놓으신 벌을 말하는 것일 수도 있고, 아니면 일반 은총에 의한 기본적 공급을 말하는 것일 수도 있다(사람들은 이생을 위해서만 살 수도 있다. 하지만 그들은 이생의 모든 것이 하나님께로부터 오는 것임을 좀처럼 인식하지 못한다). 첫 번째 견해에 맞게, 동사들을 시편기자의 바람 혹은 호소라는 의미로 받아들일 수도 있을 것이다. "주께서 그들을 위해 비축하신 것(벌)으로 그들의 배를 채우소서. 심지어 그들의 자녀들까지도 그것으로 만족하게 하소서"라는 것이다.[39]

(2) 아니면 14절 후반이 의인에 대한 새로운 부분을 시작하는 것일 수도 있

---

[37] Goldingay, *Psalms 1-41*, p.243.
[38] Broyles, *Psalms*, p.101.
[39] Anderson, *Psalms 1-72*, p.152.

다. 그 의인들은 이제 하나님의 '소중한 사람들'(treasured ones)이라고 언급된다. 그렇게 되면 이 구절은 하나님이 의인들의 필요를 채우시며, 그들에게 자녀의 복을 주시고, 그들 가족들의 미래를 책임져주신다는 말일 것이다. 그렇다면 이 것은 14절에 나오는 세상의 사람들과 대조를 이룰 것이다. NIV는 이런 견해를 따른다. 그래서 이 구절 한가운데에서 한 번 크게 중단했다가, 이 행들을 '주님은 주께서 소중히 여기시는 사람들의 굶주림을 채워주십니다. 그들의 자녀들은 풍성하게 갖고 있으며 그들의 어린아이들을 위해 재물을 쌓아놓으십니다'라고 번역한다. 이 해석에서 중대한 문제는 '주의 재물' 혹은 보다 구체적으로 말하면 '주께서 쌓아놓으신 것'의 의미와 관련이 있다. 여러 가지 이유로 이 말은 하나님이 소중히 여기시는 백성인 의인들에 대한 언급이기보다는 여호와가 악인들을 위해 쌓아놓으신 것을 언급할 가능성이 더 많다. 첫째, 15절 시작부의 '나는'(as for me)이라는 말에는 강력한 대조의 의미가 담겨 있다. 이것은 15절이 14절에 나오는 악인들과의 대조로 시작된다는 것을 나타낸다. 둘째, 14절 후반의 "그들의"라는 말은 14절 전반에 나오는 "그들의"라는 말에서 어떤 식으로든 바뀐 것 같지 않다. 그리고 마지막으로, 14절 후반에서 "주의 재물"('주께서 소중히 여기신 것')은 단수 형태로 되어 있으며 복수인 '그들의'와 대조를 이룬다.[40] 그래서 이 구절은 여호와가 그들을 위해 쌓아놓은 것으로 그들의 배를 채운다고 말한다. 그것이 벌이건, 아니면 여호와께 대한 그들의 반역에도 불구하고 삶에서 일반 은총으로부터 얻는 것이건 간에 말이다.[41] 그들의 관심사는 이생의 것들에만 있으므로, 그들은 자녀들로 만족한다. 그리고 남은 것을 자기 후사들에게 남겨놓는다. 그들의 만족은 현세적이고 일시적이다.

---

40 W. VanGemeren, "Psalsm," p.200에서 이 이유들에 대해 더 상세히 설명해놓은 것을 보라. Broyles는 이 두 번째 견해를 따른다. 하지만 동사들을 의지적인 것(volitional)으로 만든다. "주께서 쌓아놓으신 것으로 그들의 배를 채우시기를, 그들의 자녀가 만족케 되고 그 나머지를 그들의 어린아이들에게 넘겨주기를"(p.101).

41 ESV는 '배'를 '자궁'으로 번역하며 그것을 하나님이 그들에게 자녀를 주신다는 말로 받아들인다. 이것은 아마 그 행이 그다음 행과 더 직접적으로 들어맞게 만들려는 것이다.

B. 그들은 여호와를 보리라고 확신한다(15절)

다른 한편, 이 시편 마지막 구절이 단언하듯이 의인들은 훨씬 더 많은 것으로 만족할 것이다. 바로 앞 구절이 구문론적으로나 문법적으로 어렵다면, 이 구절은 신학적으로 어렵다. 번역은 단도직입적이다. "나는[나로서는] 의로운 중에 (בְּצֶדֶק) 주의 얼굴을 뵈오리니(אֶחֱזֶה) 깰 때에 주의 형상으로(תְּמוּנָתֶךָ) 만족하리이다." 이 시편은 시편기자가 자신의 의로움을 주장하면서, 시작 부분과 똑같이 끝난다. 그리고 이 의로움은 그로 하여금 삶을 헤쳐나가게 해줄 것이다. 그는 하나님의 임재로 만족할 영광스러운 미래를 기대하기 때문이다. 다른 한편, 이 세상에서의 삶에 만족하는 악인은 하나님과의 미래가 없다. 하나님은 그들을 멸망시키고 그분의 백성을 구원하실 것이다.

여호와의 얼굴을 보는 것은 아무도 하나님을 볼 수 없다고 말하는 출애굽기 33:20과 같은 구절과 상충되는 것처럼 보인다. 이런 갈등을 피하기 위해, 헬라어 사본은 그 행을 이렇게 해석했다. '나는 주의 얼굴 앞에서 의로운 가운데 나타날 것이며, 나는 주의 영광이 나타날 때 만족할 것입니다.' 하지만 이 동사는 분명히 '나는 뵈오리니'(니팔이 아니라 능동태 동사)다. 여호와의 '얼굴'은 신적 은총과 관련되어 있으므로(민 6:22-27에 나오는 축복과 비교해보라), 그분의 얼굴을 보는 것은 그분의 신적 은총을 목격한다는 의미일 것이다. 이 표현은 예를 들면 시편 63:2에 표현된, 성소에서 예배드리는 경험에 대한 묘사와 비슷하다. 성소 안에서 하나님의 권능과 영광을 본다는 것은 그분의 은총의 증거를 보는 것을 의미했다(그래서 이 표현은 환유적일 것이다). 즉 사람들의 찬양을 통해 계시된 하나님의 권능과 영광을 보는 것이다. 시편기자가 기대하는 것은 그의 기도에 대한 응답이었다. 여호와가 그분의 은총으로 그를 원수들에게서 구원하리라는 것이다. 거기서 그는 하나님을 볼 것이다. 이 구절 이 부분에서 시편기자가 자신이 죽으리라고 예상했기 때문에 그 후에 하나님의 얼굴을 보리라고 생각했다는 견해에는 설득력이 없다. 그보다 이런 예상은 하나님 없이 살아가는 악인의 멸망과 하나님의 은혜 안에서 계속될 그의 생명을 대조한 것이다.

하지만 이런 생각은 병행 콜론에 의해 더 복잡해진다. 그것은 "내가 깰 때에 주의 형상으로 만족하리이다"라고 말한다. '내가 만족하리이다'(אֶשְׂבְּעָה)라는 말은 특정한 기대가 만족되는 것을 강조한다. 그 형태는 또한 요청으로 해석할 수도 있다. '내가 만족하게 해주소서'라는 것이다. 이것은 미래의 기대가 실현되게 해달라는 기도다. 어떤 경우든 만족은 그가 주의 형상(תְּמוּנָתֶךָ)'으로' 혹은 '안에서' 깰 때 올 것이다. NIV는 보다 완벽하게 대응시키기 위해 전후 문맥에서 본다는 개념을 추가했다. '주의 형상을 보는 것으로.' 분명 이렇게 해석할 수는 있다. 하지만 "내가 깰 때에"라는 말은 이 구절을 복잡하게 만든다. 그것은 그가 잠에서 깰 때라는 의미일 수도 있다. 하지만 이런 해석은 여기에서 설득력이 거의 없을 것이다. 구약에서 '깨다'라는 단어는 죽음에서 깨는 것을 의미할 수 있다(왕하 4:31; 욥 14:12; 렘 51:39; 사 26:19을 보라). 다후드(Dahood)는 실제로 그것을 '부활 때에'라고 번역한다. 이것은 가능한 해석이다.[42] 대부분의 주석가들은 이 시편에서 부활이나 내세에 대한 언급이 나와 있다고 생각하고 싶어 하지 않는다. 그 교리가 알려져 있었다고 생각하지 않기 때문이거나, 그것이 이 시편의 논지에 맞지 않는다고 생각하기 때문이다.[43]

여호와가 즉시 구원하시리라는 확신을 확장하여, 죽음 이후에(시편기자가 부활의 견지에서 생각했든, 장차 하나님 임재 앞에서 죽음 이후에 존재하는 것에 대해 생각했든) 궁극적으로 그의 정당함이 입증되리라는 것까지 포함하지 않을 이유는 없다. 따라서 반게메렌이 말하듯이, 시편기자는 영감에 의해, 부활 이후의 세계에서만 경험할 수 있는 하나님과의 더 큰 경험을 찾고 있었다.[44] 현재 정당함을 입증받는 것은 일시적인 만족을 가져다줄 것이다. 하지만 미래의 최종적 구원은 하나님의 임재 앞에서 완전한 만족을 가져올 것이다. 그렇다면 이 개념은 악인

---

42 Dahood, *Psalms*, I:99.

43 Goldingay는 여기에서 강조점은 하나님이 지금 행동하시라는 것이며, 내세를 희미하게 감지하는 것은 이 시편의 요점을 훼손시킨다고 주장한다(*Psalms 1-41*, p.245).

44 VanGemeren, *Psalms*, p.200.

을 이 세상에 속한 사람으로서, 그 분깃이 이생에 있는 사람들로 묘사하는 것과 더 대조가 될 것이다. 당시 부활에 대한 이해가 널리 퍼져 있지 않았다 해서 이 시편이 미래의 삶에 대해 간단하게 언급할 수 없다는 말은 아니다(시 16편에서처럼). 성경의 진리는 궁극적으로 정당함이 입증되는 것은 내세에서 이루어진다는 것이다. 이 시편의 말은 미래에 영화가 계시되는 것과 조화를 이룬다. 즉 내세에서 의인은 그분과 같이 되리라는 것이다. 시편기자가 이것을 의도했는지 혹은 이해했는지는 알 수 없다. 하지만 성경의 전체 계시에 비추어볼 때, 이 시편은 이제 더 광범위한 맥락에서 읽을 수 있다.

메시지와 적용

그렇다면 이 시편은 하나님이 악인의 반대와 교만을 끝내심으로 의인의 정당함을 입증해달라는 확신에 찬 기도다. 시편기자는 이 시편에서 확신에 차 있었다. 그는 자신이 하나님 앞에 의롭다는 것을 알고, 하나님이 그를 위해 영광스러운 미래를 준비해놓으셨다는 것을 알았기 때문이다. 이 시편의 메시지는 다음과 같이 표현할 수 있을 것이다. *경건하게 사는 사람들은 하나님께 자신의 정당함을 입증해주시고, 악인들에게서 보호해달라고 확신 있게 기도할 수 있다. 그들의 확신은 자신이 하나님과 올바른 관계를 맺고 있으며, 그분과 영광스러운 미래를 누릴 것임을 아는 데서 온다.*

이 시편에서 강조해야 할 중요한 점은 기도하는 사람들은 자신이 의롭다고 주장할 수 있다는 것이다. 즉 하나님의 시험과 검토를 받고나서도 의롭다는 것이다. 이 때문에 그들은 하나님이 악인들을 멸하시고 그들의 적대감을 끝내심으로 그들의 정당함을 입증해달라고 확신 있게 기도할 수 있다. 신약은 의인의 기도에 효과가 있다고 확증한다. 특히 정당함을 입증해달라는 기도는 더 그렇다(예를 들어 계 6:10; 마 6:10). 반대는 세상적인 사람들에게서 온다. 그들은 이 세상의 것으로만 만족하는 사람들이다. 그들의 생명, 그리고 그들의 만족은 여호와가 지금, 그리고 앞으로(계 22:20) 그분의 백성을 구하러 일어나실 때 끝날 것이다. 시편기자는 자신이 즉각 구원되어 하나님의 은총을 목격할 것을 충분히 기대했다. 그는 영광스러운 미래로 깨어나고 하나님의 형상으로 만족하게 될 것을 기대했다.[45] 그가 정확하게 무엇을 기대했는지는 완전히 분명하지는 않지만, 의인은 이 영광스러운 미래가 내세에까지 확장될 것을 기대했다. 이 시편의 말은 의인이 궁극적으로 의롭다고 입증되리라고 약속하는 신약의 말을 예상한다. "우리가 그와 같을 줄을 아는 것은 그의 참모습 그대로 볼 것이기 때문이니"(요일 3:2).

---

[45] Jaki는 이렇게 말한다. "이것은 구약에서 죽음 이후의 삶이 스올에서 그림자처럼 존재하는 것보다 엄청나게 더 우월한 것이라는 희미한 믿음을 보여주는 불가해한 문구들 중 하나다"(*Praying the Psalms*, p.60).

27

A Royal Thanksgiving for Divine Intervention in Battle　PSALM 18

하나님이 전쟁에 간섭하신 것에 대한 왕의 감사 (시편 18편)

서론

본문과 다양한 역본들

여호와의 종 다윗의 시, 인도자를 따라 부르는 노래, 여호와께서 다윗을 그 모든 원수들의 손에서와 사울의 손에서 건져주신 날에 다윗이 이 노래의 말로 여호와께 아뢰어 이르되

1 나의 힘이신 여호와여 내가 주를 사랑하나이다
2 여호와는 나의 반석이시요 나의 요새시요 나를 건지시는 이시요 나의 하나님이시요 내가 그 안에 피할 나의 바위시요
  ¹나의 방패시요 나의 구원의 뿔이시요 나의 산성이시로다
3 내가 찬송 받으실 여호와께 아뢰리니
  내 원수들에게서 구원을 얻으리로다

4 사망의 줄이 나를 얽고

　불의의 창수가 나를 두렵게 하였으며

5 스올의 줄이 나를 두르고

　사망의 올무가 내게 이르렀도다

6 내가 환난 중에서 여호와께 아뢰며

　나의 하나님께 부르짖었더니[1]

　그가 그의 성전(temple)[2]에서 내 소리를 들으심이여

　그의 앞에서 나의 부르짖음이 그의 귀에 들렸도다

7 이에 땅이 진동하고

　산들의 터도 요동하였으니

　그의 진노로 말미암음이로다

8 그의 코에서 연기가 오르고

　입에서 불이 나와 사름이여

　그 불에 숯이 피었도다

9 그가 또 하늘을 드리우시고 강림하시니

　그의 발 아래는 어두캄캄하도다

10 그룹을 타고 다니심이여

　바람 날개를 타고 높이 솟아오르셨도다

11 그가 흑암을 그의 숨는 곳으로 삼으사

　장막 같이 자기를 두르게 하심이여

　곧 물의 흑암과 공중의 빽빽한 구름으로 그리하시도다

---

1 어떤 사본들은 אֲשַׁוֵּעַ, '내가 부르짖었다'는 이 형태를 אִוָּשֵׁעַ, '내가 구원받았다'는 형태와 혼동한다. 사무엘상 22:7에 나오는 유사한 시는 אֶקְרָא, '내가 아뢰었다'(I called)라는 단어를 반복한다.

2 헬라어에는 '거룩한 전'(holy temple)이라고 되어 있다.

3 '우박과 숯불'이라는 이 문구는 이 말이 실제로 어울리는 곳인 12절로부터 무심코 모방한 것일 수 있다.

12 그 앞에 광채로 말미암아

    빽빽한 구름이 지나며 우박과 숯불이 내리도다

13 여호와께서 하늘에서 우렛소리를 내시고

    지존하신 이가 음성을 내시며 우박과 숯불을³ 내리시도다

14 그의 화살을 날려 그들을 흩으심이여

    많은 번개로 그들을 깨뜨리셨도다

15 이럴 때에 여호와의 꾸지람과 콧김으로 말미암아

    물 밑이 드러나고

    세상의 터가 나타났도다

16 그가 높은 곳에서 손을 펴사 나를 붙잡아 주심이여

    많은 물에서 나를 건져내셨도다

17 나를 강한 원수와⁴

    미워하는 자에게서 건지셨음이여

    그들은 나보다 힘이 세기 때문이로다

18 그들이 나의 재앙의 날에 내게 이르렀으나

    여호와께서 나의 의지가 되셨도다

19 나를 넓은 곳으로 인도하시고

    나를 기뻐하시므로 나를 구원하셨도다

20 여호와께서 내 의⁵를 따라 상 주시며

    내 손의 깨끗함을 따라 내게 갚으셨으니

---

4 히브리어 본문은 단수 형태 '나의 원수'라고 되어 있다. 하지만 헬라어역과 수리아 역본 및 많은 다른 현대어 역본들은 이 구절의 두 콜론과 조화를 이루기 위해 복수 형태로 되어 있다. 이 형태가 복수형이었다면, 왜 그것이 단수로 바뀌어 어려움을 발생시켰는지 설명하기가 어렵다.

5 여기 24절에서 본문은 צֶדֶק 을 사용한다. 하지만 몇몇 사본들과 사무엘상에 나오는 유사한 시에서는 다른 단어 צְדָקָה 를 사용한다.

21 이는 내가 여호와의 도를 지키고
  악하게 내 하나님을 떠나지 아니하였으며
22 그의 모든 규례가 내 앞에 있고
  내게서 그의 율례를 버리지 아니하였음이로다
23 또한 나는 그의 앞에 완전하여
  나의 죄악에서 스스로 자신을 지켰나니
24 그러므로 여호와께서 내 의를 따라 갚으시되
  그의 목전에서 내 손이 깨끗한 만큼 내게 갚으셨도다
25 자비로운 자에게는 주의 자비로우심을 나타내시며
  완전한 자에게는 주의 완전하심을 보이시며
26 깨끗한 자에게는 주의 깨끗하심을 보이시며
  사악한 자에게는 주의 거스르심을 보이시리니
27 주께서 곤고한 백성은 구원하시고
  교만한 눈은 낮추시리이다[6]
28 주께서 나의 등불을 켜심이여
  여호와 내 하나님이 내 흑암을 밝히시리이다
29 내가 주를 의뢰하고 적군을 향해 달리며[7]
  내 하나님을 의지하고 담을 뛰어넘나이다
30 하나님의 도는 완전하고
  여호와의 말씀은 순수하니
  그는 자기에게 피하는 모든 자의 방패시로다
31 여호와 외에 누가 하나님이며
  우리 하나님 외에 누가 반석이냐

---

6 헬라어역에서는 이 줄을 '주는 교만한 자의 눈을 꺾으신다'라는 의미로 받아들인다.
7 헬라어 역본에는 '나는 적군으로부터 구원받을 것이라'고 되어 있다.

32 이 하나님이 힘으로 내게 띠 띠우시며

　내 길을 완전하게 하시며

33 나의 발을 암사슴 발 같게 하시며

　나를 나의 높은 곳(the heights)[8]에 세우시며

34 내 손을 가르쳐 싸우게 하시니

　내 팔이 놋 활을 당기도다

35 또 주께서 주의 구원하는 방패를 내게 주시며

　주의 오른손이 나를 붙들고[9]

　주의 온유함(graciousness)[10]이 나를 크게 하셨나이다

36 내 걸음을 넓게 하셨고

　나를 실족하지 않게 하셨나이다

37 내가 내 원수를 뒤쫓아가리니

　그들이 망하기 전에는 돌아서지 아니하리이다

38 내가 그들을 쳐서 능히 일어나지 못하게 하리니

　그들이 내 발 아래에 엎드러지리이다

39 주께서 나를 전쟁하게 하려고 능력으로 내게 띠 띠우사

　일어나 나를 치는 자들이 내게 굴복하게 하셨나이다

---

[8] MT에는 '나의 높은 곳'(my heights)이라고 되어 있다.

[9] 이 콜론은 사무엘하 2장의 시에는 나오지 않는다.

[10] 히브리어 본문을 보면 '주의 온유함'[meekness, 혹은 겸손함(lowliness), עֲנְוָתְךָ]이라고 되어 있다. 여호와에 대해 이 단어를 사용하는 것은 색다른 일이다. 하지만 그것은 여호와가 그를 돕기 위해 몸을 굽히신 것을 의미한다는 견지에서 설명할 수 있을 것이다(NIV). 그분의 은혜로운 간섭을 의미하는 것이다. 그렇게 되면 이 단어는 수식어의 환유가 될 것이다. 나는 명확하게 설명하기 위해 문자적 번역 대신 번역본이 의도한 의미를 사용했다. 다른 한편, 이 단어에 대한 다른 해석들도 있다. 헬라어 역본은 (몇 가지 변형들과 함께) 이것을 '징계'(παιδεία)라고 번역했다. 주님의 징계가 나를 떠받쳤다는 것이다. 이것은 히브리어 피엘, עֲנּוֹתְךָ을 반영한 해석일 것이다. M. Dahood는 '-n-w', '정복하다'라는 어근을 제안하고, 이것을 '주의 승리'라고 번역했다(Psalms, 1:116). 보다 그럴듯한 것은 '주의 응답하심'(עֲנוֹתְךָ)이라는 제안이다. 이것은 사무엘하 22:36에 나오는 유사한 시에서 발견된다. 이것은 41절과 대조를 이룰 것이다. 이것은 또한 '주의 들으심, 주의 신탁, 주의 격려'를 의미할 수도 있다(Kraus, Psalms 1–59, p.255).

40 또 주께서 내 원수들에게 등을 내게로 향하게 하시고
나를 미워하는 자들을 내가 끊어 버리게[11] 하셨나이다.

41 그들이 부르짖으나 구원할 자가 없었고
여호와께 부르짖어도 그들에게 대답하지 아니하셨나이다

42 내가 그들을 바람 앞에 티끌 같이 부숴뜨리고
거리의 진흙 같이 쏟아 버렸나이다

43 주께서 나를 백성의 다툼에서 건지시고
여러 민족의 으뜸으로 삼으셨으니
내가 알지 못하는 백성이 나를 섬기리이다

44 그들이 내 소문을 들은 즉시로 내게 청종함이여
이방인들이 내게 복종하리로다

45 이방 자손들이 쇠잔하여
그 견고한 곳에서 떨며 나오리로다[12]

46 여호와는 살아 계시니 나의 반석을 찬송하며
내 구원의 하나님을 높일지로다

47 이 하나님이 나를 위하여 보복해 주시고
민족들이 내게 복종하게 해 주시도다

48 주께서 나를 내 원수들에게서 구조하시니
주께서 나를 대적하는 자들의 위에 나를 높이 드시고
나를 포악한 자에게서 건지시나이다

49 여호와여 이러므로 내가 이방 나라들 중에서 주께 감사하며
주의 이름을 찬송하리이다

---

11 이 동사는 대명 접미사를 가지고 있다. '나를 미워하는 자들 그들을 내가 끊어버렸다.'
12 헬라어 역본은 이 이미지들을 보다 구체적으로 해석하여, 이방 자손들이 '내게 거짓말을 하고…늙어 버렸고(즉 시들었고), 그들의 길에서 절었다'라고 말한다.

50 여호와께서 그 왕에게 큰 구원을 주시며
기름부음 받은 자에게 인자를 베푸심이여
영원토록 다윗과 그 후손에게로다

구성과 전후 문맥[13]

이 풍성하고 다소 복잡한 시편은 제왕 감사시로 분류할 수 있을 것이다. 왕의 경험에 초점을 맞추기 때문에 제왕시이며, 그 내용과 구조 때문에 감사시이다. 시편기자는 여호와가 그에게 어떤 의미인지를 요약 찬양하는 것으로 시작해서 (1-3절), 그다음에 그의 큰 고난과 기적적인 구조에 대해 말하는 것으로 넘어간다(4-19절). 그다음에는 그 구원을 여호와의 덕으로 돌리는 교훈 부분이 나온다 (20-30절). 그러고나서 긴 찬사에서 시편기자는 군사적 경험 안에서 여호와께 받은 축복들을 말한다(31-45절). 이 시편은 송영으로 끝을 맺는다(46-51절).

 이 시편이 약간 변형된 형태이긴 하지만 사무엘하 22편에도 기록되어 있다는 사실은 이 구성이 통일성을 갖고 있음을 증거한다. 그것은 예배 때 사용하기 위해 성소에 둘 때 편집되거나 약간 바뀌었던 듯하다. 첫눈에 보기에 이 시편이 사무엘하에 나와 있다는 것은 이것이 다윗의 군사적 활동이 끝날 무렵에 쓰였다는 것을 시사한다. 하지만 이 시편의 표제를 보면 이것은 사울과의 전쟁 끝 무렵과 연관되어 있다. 이것은 후에 다윗이 평생 겪은 전쟁들의 요약으로 사무엘하에 들어가 있었을 것이다. 이 시편은 하나님이 초자연적으로 간섭하셨던 하나의 중대한 전투를 말하는 듯하다. 하지만 그것은 또한 다윗이 많은 원수들을 이기고 승리할 수 있게 하신 하나님의 간섭들을 요약해서 말해준다. 그래서 하나의 사건에만 완전히 국한시킬 수가 없다. 이 시편은 저자가 전사이자 왕

---

13 F. M. Cross, Jr., and D. N. Freedom, "A Royal Song of Thanksgiving: II Samuel 22 = Psalm 18," *JBL* 72 (1953): 15-34과 J. Kenneth Kuntz, "Psalm 18: A Rhetorical-Critical Analysis," *JSOT* 26(1983):3-31을 보라.

이라는 것을 드러내며, 말과 묘사들은 다윗의 경험들에 어울린다.[14] 이 시편을 다윗이 썼다고 보는 사람들은 별로 없지만, 여기 나오는 모든 내용은 다른 어느 누구보다도 그의 삶에 더 맞는다. 대부분의 주석가들은 이 시편이 다윗의 저작이라는 것을 완전히 묵살해버린다. 골딩게이는 그 가능성을 받아들이는 듯하지만, 그 또한 페르시아 시대에 누군가가 다윗을 기념하여 이 시를 썼다는 견해를 더 선호한다. 그가 이 시편이 갖고 있다고 느끼는 한 가지 문제는 시편기자가 자신의 진실함을 주장했다는 것과 관련되어 있다. 그는 이것을 다윗의 삶과 대조시키면서 이렇게 말한다. "그의 악함에 비추어볼 때, 다윗이 그의 진실함을 그처럼 명료한 용어들로 말하는 것은 도저히 적절하지 않다."[15] 그는 다른 누군가가 다윗에 대해 쓰고 그의 삶에서 긍정적인 측면들에만 초점을 맞추었을 가능성이 더 클 것이라고 생각한다. 물론 이런 견해는 그가 제기한 문제를 전혀 해결하지 못한다.

이러한 외적인 긴장을 더 잘 설명해주는 것은 자신이 무죄하다는 주장을 이전후 문맥 안에서 이해하는 것이다. 다윗은 자신이 무죄하다고 주장하는 것이 아니라, 자신이 참된 이스라엘 사람, 언약과 언약 하나님께 신실한 사람이었다고 주장한다. 이것은 군사적 패배에 대한 민족적 탄식시인 시편 44편에 나오는 결백함의 주장과 비슷하다. 이 시에서 그 백성은 자신들이 언약 하나님께 신실했었으며, 그런 재앙을 가져올만한 죄를 짓지 않았다고 주장한다. 그들은 다른 신들을 따르지 않았으며, 여호와께 반역하지 않았다. 그런데도 그들은 전쟁터 전역에서 죽임을 당하고 있었다. 그들은 그런 굴욕적인 패배를 받아 마땅한 죄를 짓지 않았다. 이처럼 다윗이 주장하는 것은 자신이 왕이자 하나님의 백성의 군사적 지도자로서 하나님께 충성하고 신실했다는 것이었다. 그는 이 점에서

---

14 한 가지만 예를 들면 Kidneer는 그의 시대 이후에는 병거를 사용했던 것에 반해, 그는 걸어다니며 싸웠다는 것을 언급한다(29, 33절, *Psalms 1-72*, p.90).

15 Goldingay, *Psalms 1-41*, p.254.

신실했기 때문에 하나님은 이스라엘과 그 왕에게 그분의 언약 약속에 대한 신실함을 보여주셨다.

마찬가지로, 시편 17편에는 하나님께 대한 충성과 신실함에 대한 주장이 나온다. 시편기자는 의롭기 때문에, 하나님께 자신의 정당함을 입증해달라고 확신있게 구한다(또한 시 26편을 보라). 실제로 여호와를 믿고 그분의 길에 행하는 자들은 의로운 자, 신실한 자, 거룩한 자라고 불린다. 그들이 죄가 없기 때문이 아니라, 언약에 신실하기 때문이다.[16] 시편기자는 죄가 없다고 주장하는 것이 아니었다. 어느 누구도 그런 주장을 할 수 없다. 허물이 없다고 주장하는 것은 어떤 사람이 죄가 없거나 죄를 사함받았다는 의미다.

시편 18편은 또한 시편 19편과도 연관되어 있다.[17] 예를 들어, 시편 19편은 시편 18:9, 13절, 16절에 나오는 하나님의 현현을 나타내는 말을 상기시키며 하늘의 하나님께 초점을 맞출 것이다(1-6절). 시편 19편은 시편 18:30을 상기시키면서, 여호와의 완전하신 말씀에 주의를 기울일 것이다(7-11절). 그리고 시편 19편은 진실한 삶을 계속해서 추구할 것을 요구할 것인데(12-14절), 그것은 시편 17(3-5절)과 18편(20절) 모두의 중심 요점이다.

강해적 분석

요약

시편기자는 여호와가 그에게 무엇을 의미하는지 모두 살펴보고 나서, 그가 위험한 고난에 처했던 것과 여호와가 베푸신 기적적인 구원을 말한다. 그러면서 이것과 다른 모든 승리를 전능하신 하나님에 대한 그의 믿음으로 설명하고, 그 다음에 그에게 나타난 자비를 기뻐하면서, 송영으로 결론을 내린다.

---

[16] 신실한 자들이 죄를 어떻게 다루는가 하는 문제는 시편 51편에 대한 강해에서 다룰 것이다.
[17] VanGemeran, *Psalms*, p.201-202.

개요

I. 시편기자는 몇 번이고 반복해서 자신을 보호하고 원수들로부터 구해주시는 여호와에 대한 자신의 사랑을 선포한다(1-3절).

    A. 그는 자신에게 힘을 주시는 여호와에 대한 사랑을 표현한다(1절).

    B. 그는 여호와를 자신의 보호자이며 건지시는 자로 입증된 분으로 묘사한다(2절).

    C. 그는 여호와께 아뢰며 자신의 원수들에게서 구원을 받는다(3절).

II. 시편기자는 여호와가 어떻게 자연의 모든 힘을 사용하사, 자신을 고뇌와 위험으로부터 초자연적으로 구원해주셨는지 상술한다. 그는 그 놀라운 간섭을 여호와에 대한 믿음이라는 견지에서 설명한다(4-30절).

    A. 그는 자신이 받은 크고 초자연적인 구원을 기록한다(4-19절).

        1. 딜레마에 대한 보고: 그는 악인의 손에 무덤으로 향했다(4-5절).

        2. 구원에 대한 보고: 여호와가 초자연적으로 간섭하사 그를 죽음에서 구원하셨다(6-19절).

            a. 요약 보고: 여호와는 재앙에서 도와달라는 그의 부르짖음에 응답하셨다(6절).

            b. 시적 묘사: 여호와는 하늘에서 응답하셨으며 초자연적으로 원수들을 멸하셨다(7-15절).

            C. 결론: 여호와는 손을 펴사 그를 원수들에게서 구해주셨다. 그분이 그를 기뻐하셨기 때문이다(16-19절).

    B. 그는 그 구원을 하나님께 대한 자신의 신실함과 자신에 대한 하나님의 신실하심이라는 견지에서 설명한다(20-30절).

        1. 그는 여호와의 도에 따라 삶으로써 여호와께 계속 신실했다고 단언한다(20-24절).

            a. 하나님은 그의 의 때문에 그를 호의적으로 대하셨다(20절).

            b. 하나님의 도와 결정들은 그의 삶을 인도했다(21-23절).

      c. 하나님은 그의 의를 따라 그에게 갚으셨다(24절).
  2. 그는 여호와의 도가 완전하다고 단언한다. 그분은 의로운 자들에게 신실하시며 겸손한 자들을 구원하시기 때문이다(25-30절).
      a. 하나님은 사람들이 그분의 도에 따라 사는 것으로 그들을 대하신다(25-26절).
      b. 하나님은 그분을 겸손히 의뢰하는 자들이 승리를 얻을 수 있게 하신다. 그분의 도는 완전하기 때문이다(27-30절).

III. 시편기자는 여호와, 살아 계신 하나님이 왕이 모든 원수를 이기고 승리할 수 있게 하심으로 그분의 인자하심을 보여주셨다고 인정한다(31-50절).
  A. 그는 하나님이 그에게 주신 많은 축복에 대해 기뻐한다(31-45절).
    1. 서론: 하나님은 그의 반석이시다(31절).
    2. 하나님은 그에게 힘을 주시며 전쟁을 위해 그를 훈련하신다(32-34절).
    3. 하나님은 그에게 원수에 대한 승리를 주셨다(35-45절).
  B. 그는 자신이 민족들을 이기고 승리할 수 있게 하심으로, 인자를 보이신 살아 계신 하나님을 인정한다(46-50절).
    1. 그는 자신의 반석, 살아 계신 여호와께 복을 구한다(46절).
    2. 그는 원수들을 정복하심으로 복수하시는 하나님을 찬양한다(47-48절).
    3. 그는 원수들에게서 엄청난 승리를 거두게 하신 것에서 기름부음 받은 왕에 대한 하나님의 인자하심을 인정하겠다고 맹세한다(49-50절).

강해 형태의 주석

I. 헌신적인 사랑은 하나님께로부터 비롯된다. 그분은 자기 백성이 그분을 부를 때마다 그들을 보호하시고 구원하신다(1-3절).

A. 신실한 자들은 여호와를 사랑한다(1절)

위험한 시기에 신적 간섭으로 가득 찼던 삶을 되돌아보면서, 시편기자는 하나의 선언으로 시작한다. "나의 힘이신 여호와여 내가 주를 사랑하나이다." 여기에서 사용된 동사는 색다른 것이다(אֶרְחָמְךָ). 이 형태와 의미는 유일하게 여기에서만 나온다.[18] 이것은 측은함과 부드러운 애정의 깊은 느낌을 묘사한다(시 51:1의 같은 단어를 보라). 이것은 보통 자기 백성에 대한 여호와의 부드러운 측은함을 말한다. 하지만 여기에서 시편기자는 여호와에 대한 그의 깊은 애정을 표현하기 위해 이 단어를 사용했다. '나의 힘'(חִזְקִי, 시 27:14의 같은 단어를 보라)이라는 표현은 '여호와'와 동격으로, 그분을 그의 종들에게 힘을 주시는 분으로 묘사한다(그럴 때 '힘'은 원인의 환유다). 다윗은 반복해서 연이어 승리를 얻으면서 여호와의 힘을 보았다. 그리고 하나님을 자신의 힘이라고 말할 때, 자신이 평생 겪은 경험들을 상기하게 되었다. 그는 이 경험들을 이제 일련의 비유적 표현들로 말한다.

B. 신실한 자들은 여호와를 그분의 구원의 행동들이라는 견지에서 묘사한다(2절)

2절은 일련의 비유적 표현들과 함께 하나님의 성품에 초점을 맞춘다(시 31편과 72편에 나오는 비슷한 목록들을 보라). 이 이미지들은 군사적 배경 및 지리적 위치들로부터 나온 것이다. 키드너(Kidnder)는 이 묘사들을 열거하면서 다윗이 자신의 도피들과 승리들을 되새기고 있었다고 말한다.[19] 첫 번째 묘사인 "나의 반석"(סַלְעִי)은 지리적 비유다. 이것은 자연적인 보호의 장소, 방어시설 역할을 하는 험한 바위산을 말한다.[20] 이 구절 뒷부분에서는 '바위'에 해당하는 다른 단어가 사용되었

---

18 Anderson은 그 형태를 석의적으로 재구성해서 말한다. 이를테면 그것을 '나는 주님을 높입니다'(אֲרוֹמִמְךָ, A. A. Anderson, Psalms 1-72, p.154를 보라) 등으로 바꾸려는 것이다. Goldingay는 친밀함이라는 개념을 축소하고 헌신이라는 개념을 택한다. 그는 그것을 '나는 주님께 헌신합니다'라고 번역한다(Psalms 1-41, p.256)

19 대부분의 주석가들은 시편 저자가 다윗이 아니므로, 이 비유적 표현들이 다윗이 방문한 특정한 장소들에서 나온 것은 아니라고 말한다(A. A. Anderson, Psalms 1-72, p.154-155).

20 Kidner, Psalm 1-72, p.91. 사무엘상 23:28에서 이 단어는 기념으로 이름을 지을 때 사용되었다. 다윗의 군대와 사울의 군대는 바위로 된 산마루 양쪽을 따라 움직이고 있었다. 하지만 누군가 갑자기 사울을 불러냈다. 이 섭리적 구원의 결과 그 장소는 סֶלַע הַמַּחְלְקוֹת, 혹은 '구분의 바위'('도피처')라고 불렸다.

다. "내가 그 안에 피할 나의 바위(צוּרִי)시요"(시 40:17 = 70:5을 보라). 이 비유들에 의해 그는 하나님이 그의 안전함과 방어의 장소라고 말한다.

이 구절에는 또한 네 개의 군사적 비유가 나온다. 첫 번째는 "나의 요새"(מְצוּדָתִי, 삼상 22:4을 보라)다. 이 단어는 굉장한 피난 장소인 마사다라는 사막의 거대한 바위 고원에 사용되었다. 다윗이 그곳에 갔었는지는 알 수 없다. 하지만 그것은 자연적인 사막 요새(군사적 요새를 위해 지리적 장소를 사용)에 대한 좋은 예를 제공한다. 대응되는 용어는 이 구절의 마지막에 나오는 "나의 산성", 혹은 '나의 높은 망대'(שָׂגַב에서 나온 מִשְׂגָּב으로, '높은 곳에 있다, 공격할 수 없다'는 의미)다. 이런 산성은 바위 속 높은 곳에 고립되어 있거나(사 33:16을 보라) 높은 곳에 세워져 있었다. 세 번째 군사적 비유인 "방패"(시 3:3; 창 15:1을 보라)는 자기 백성을 보호하시는 하나님을 의미한다. 특히 전투를 할 때 그렇게 하신다는 것이다. 마지막으로 그분은 "나의 구원의 뿔"(혹은 '나의 구원하는 뿔')이라고 불린다. '뿔'이라는 개념은 동물 세계에서 나온 것이다. 그것은 힘을 의미하기 때문에 왕들에 대해 사용된다(참고. 시 132:17; 단 7:7, 8).[21] 이 이미지에 의해 하나님은 그의 구원의 능력, 전투에서 그를 구원하는 분으로 묘사된다. 여호와에 대한 나머지 묘사들은 다른 것들처럼 비유가 아니다. 그것은 단지 여호와가 "나를 건지시는 이"(מְפַלְטִי, 시 37:20의 같은 단어를 보라), '나를 구해주시는 분'이라는 것이다. 이 구절에 나오는 모든 이미지는 여호와가 그를 위험에서 구해주시는 방식과 경우를 예시해준다. 그는 그분께 피했기 때문이다(시 7:1의 같은 단어를 보라).

C. 여호와는 자기 백성이 기도할 때 그들을 구원하신다(3절)

3절은 요약 설명을 제공한다. 시편기자는 여호와께 아뢰며 그의 원수들에게서 구원을 받는다. 여호와가 과거에 행하신 모든 구원과 보호의 행동들을 보면 불

---

21 이것은 단의 뿔을 말하는 것일 수도 있다. 그렇게 되면 이것은 성소에 도피하는 것을 의미할 것이다. 하지만 이 시편은 하나님이 왕으로 전투에 승리할 수 있게 하시는 것과 관련되어 있다. 뿔은 또한 군대를 정렬하기 위해 전투에서 사용되는 동물의 뿔일 수도 있다.

가피한 결론을 내리지 않을 수 없다. 그 결론이란 그분이 찬송받아야 한다는 것이다. 곤경에 처했을 때 찬송받기에 합당하신 분보다 더 아뢰기 좋은 분이 누가 있겠는가? 그것은 그가 기도 응답을 받은 역사를 가지고 있다는 의미이기 때문이다. 그래서 그 구절에는 '찬송받으실'(מְהֻלָּל) 여호와에 대한 묘사가 포함되어 있다. 이 단어는 구절 첫 부분에 나오고 분명하게 연결된 것처럼 보이지 않기 때문에, 번역할 때는 구문을 명확하게 해야 한다. 그렇게 하는 것은 다소 쉬울 수도 있다. "내가 찬송받으실 여호와께 아뢰리니." NIV는 '찬송받기에 합당하신'이라고 되어 있다.[22]

3절의 동사들은 몇 가지로 볼 수 있을 것이다. 이 동사들(미완료들)이 여러 상황을 말한다면, 현재 시제로 번역되어야 한다(습관적 혹은 진행형 미완료). "내가 아뢴다…내가 구원을 받는다"(יָשַׁע,의 니팔 미완료, 시 3:2의 같은 단어를 보라)는 것이다. 첫 번째 동사는 시제를 나타내는 종속된 절로 만들 수 있을 것이다. "내가 아뢸 때마다…나는 구원받는다"(혹은 구원받을 것이다)라는 것이다. 골딩게이는 이 동사들을 과거 시제로 보아(6절에서처럼) 요약 보고를 6절이 아닌 4절에서 시작한다. "나는 아뢰었고…나는 구원받았다."[23] 하지만 이 구절은 그의 경험들에 기초한 원리의 일반적 진술로 보는 것이 더 적절하다.

II. 하나님은 그분을 의뢰하는 사람들을 구원하시기 위해 인간 역사에서 초자연적 수단을 사용하셨다(4-30절)

A. 신실한 자들은 하나님의 초자연적인 구원 행동들에 대한 기억을 간직한다(4-19절)

---

22 Kraus는 그것을 מָחַל, '관통해서 찔리다'라고 바꿀 것을 제안한다. 그것은 그가 관통해서 찔렸을 때 여호와께 부르짖었다는 의미다(*Psalms 1-59*, p.255). A. A. Anderson은 מְהֻלָּל, '자랑하는 자로부터'라고 해석할 것을 제안한다(*Psalms 1-72*, p.155). 헬라어 번역은 MT에 나오는 단어에 더 가깝다. "찬송으로(αἰνῶν) 내가 여호와께 아뢰리니."

23 Goldingay, *Psalms 1-41*, p.258.

1. 딜레마에 대한 보고: 사망이 확실한 듯이 보였다(4-5절)

시편기자는 대단히 시적인 말로 그가 어떻게 원수의 손에 거의 죽을 뻔했는지 말한다. 그는 자신이 곤란에 빠졌으며 무덤으로 무너져 내려가고 있다는 점을 강조하기 위해 네 개의 유사한 표현을 사용한다.[24] 그는 "사망의 줄"(חֶבְלֵי־מָוֶת), "불의의 창수"(נַחֲלֵי בְלִיַּעַל), "스올의 줄"(חֶבְלֵי שְׁאוֹל), "사망의 올무"(מוֹקְשֵׁי מָוֶת)에 초점을 맞춘다. '줄'과 '올무'라는 비유적 표현들은 암시된 비교로, 사람을 사로잡는 사망의 능력을 나타낸다. 그것은 마치 줄이 그를 휘감아 사망으로 끌어내리는 것과 같다. 여기에는 또한 하나의 세력인 혼돈이라는 개념이 암시되어 있을 수도 있다. 이교 가나안 세계에서 '사망'은 못('사망')이라는 이름의 신으로 신격화되었기 때문이다. 그리고 고대에 혼돈의 상징이었던 강(창수, 나하르), 그리고 바다(얌) 역시 신적 존재가 되었다. '불의의 창수'(torrents of destruction)라는 말은 혼돈에 대한 그런 이해를 암시할 것이다. 특히 '불의'에 해당하는 특정한 단어(בְּלִיַּעַל)가 포함된 이교 신앙이 함축되어 있다는 사실에 비추어볼 때 그렇다.[25] 병행 시편(삼하 22:5)에서 첫 번째 절에는 '사망의 줄'이 아니

---

24 이 두 구절에 나오는 동사들은 단순 과거 시제다. 이 부분은 이야기가 시작되는 부분이기 때문이다. 동사 중 세 개는 완료 시제로 되어 있다. 하지만 하나는 접두사가 붙은 활용 동사 יְבַעֲתוּנִי다. 이것은 이 구절의 대구법에 비추어볼 때 와우 접속사 없는 과거/미완료로 보아야 한다.

25 벨리알(beliyaʿal, בְּלִיַּעַל)이라는 용어는 주로 기존 사회 질서를 붕괴시키는 결과를 가져오는 악한 행동을 묘사한다. 그것은 '무가치(함)', '쓸모없(음), 악(함)' 혹은 '무익한'으로 쉽게 번역할 수 있을 것이다. 그보다 덜 빈번한 의미는 '파괴' 혹은 '파멸'이라는 것이다. 이 단어의 어원은 확실하지 않다. 그것은 부정적인 접두사인 벨리(beli, בְּלִי)와 명사인 알(yaʿal, יַעַל), 곧 '가치가 없는'이라는 말이 결합된 것일 가능성이 가장 많다. 하지만 다른 설명들도 가능하다.
처음 몇 가지 의미의 범주는 '악함, 무가치함'이라는 개념을 가지고 있다. 이것은 이 질서를 붕괴시키도록 하는 악한 행동들을 묘사한다. 첫 번째 범주는 율법을 구체적으로 위반하는 것을 보여준다. 예를 들어, 이것은 가난한 사람들에게 신경을 쓰지 않는 사람을 묘사한다(신 15:19). 하지만 위반은 보통 이보다 더 비열하다. 기브아의 악인들은 '불량배들'(men of beliyaʿal)이라고 불린다(삿 19:22). 그들은 밤새도록 한 여인을 강간하고 학대했다(삿 20:13). 그것은 음행과 망령된 일로 묘사된다(삿 20:6). '벨리알의 아들들'이라는 표현은 나봇이 하나님과 왕을 저주했다고 맹세하면서 거짓말한 두 사람에 대해 사용된다(왕상 21장). 잠언 16:27에서는 비방하는 자도 이런 식으로 묘사된다.
두 번째 범주는 단순히 사회의 법률들을 굴절시키는 것을 말한다. 그래서 무가치함이라는 개념 역시 존재한다. 나발은 예의바른 행동에 대한 그의 일반적인 적대감 때문에 '벨리알의 아들'이라고 불린다(삼상 25:17). 시편 101:3에서 왕은 비천한 악한 것을 절대 그의 눈 앞에 두지 않겠다고 맹세한다.

라 '사망의 물결'이 나오면서, 창수와 더 강하게 연관시켜준다. 폭력적 죽음은 시편기자에게는 이생의 혼돈, 이교 사고방식에서 삶을 지배하는 혼돈의 일부처럼 보일 것이다. 심지어 그가 그런 저항할 수 없는 죽음을 맞이한다면, 신격화된 이교의 세력들이 승리하는 것으로 보였을 수도 있다. 하지만 여호와는 그를 그런 혼돈스러운 죽음, 삶에 대해 권세를 가진 것처럼 보였던 죽음으로부터 구원하셨다. 하나님은 그의 종을 그렇게 요절하도록 내어주지 않으실 것이며, 실제든 상상이든[26] 죽음과 지옥의 어떤 악한 권세에도 내어주지 않으실 것이다.

2. 구원에 대한 보고: 여호와가 초자연적으로 간섭하셨다(6-19절)

이 부분에는 기도 응답에 대한 요약 진술(6절), 하나님의 초자연적 간섭에 대한 묘사(7-15절), 그다음에 구원에 대한 보고(16-19절)가 나온다. 요약 진술은 그냥 그가 환난 중에 여호와께 부르짖었고 여호와가 그의 부르짖음을 들으셨다는 것이다. 6절 전반에 나오는 동사들은 3절에 나오는 표현들과 비슷하게 미완료인 것처럼 보인다. "내가 아뢰며"는 앞 구절에 나오는 "내가 아뢰리니"로 번역된 것과 같은 형태다(אֶקְרָא). 하지만 이것은 일반적인 진술이었다. 그리고 여기

세 번째 범주는 제사 의식을 오용하는 것이다. 엘리의 아들들은 의식을 기다리지 않았기 때문에 '벨리알의 아들들'이라고 불렸다. 그들은 자기 몫을 먼저 취했으며, 또한 제의적인 성교에 관여했다(삼상 2:12). 네 번째 범주는 군주정을 침해한 무리와 관련되어 있다. 예를 들어, 새로 형성된 북왕국에서 여로보암 1세를 지지하던 하층민들 역시 이런 표현으로 묘사된다(대하 13:7).
다른 주요 영역은 '멸망' 혹은 '파멸'이라는 의미와 관련된 것이다. 시편 41:8에서 시편기자가 병이 들었을 때 원수들과 거짓 친구들은 그에게 벨리알을 퍼부음으로 그를 이용했다. 이것은 분명 모종의 육체적 위험을 의미할 것이다. 그것은 '치명적인 부상'을 말할 수도 있다. 같은 종류의 용법이 여기 시편 18:5(// 삼하 22:5)에서도 나온다. 거기에서 이것은 육체적 파멸을 말한다. 이것은 '사망' 및 '스올'과 유사하므로, 어떤 사람들은 이것이 저승에 대한 말이라고 생각했다. 하지만 '저승의 창수'는 '멸망(을 가져오는)'의 창수처럼 유용하지는 않다.
개인적인 의미에서 벨리알은 '파괴자'를 의미할 수 있다. 이것은 나훔 1:15(2:1)에 나오며, 어쩌면 욥 34:18(KBL에 따르면)에도 나온다. 이 언급은 위전인 랍비 문헌과 고린도후서 6:15에서 벨리알이 사탄을 말하게 된 것과, 후대 문헌에서는 적그리스도를 언급하게 된 것의 기초가 될 것이다.

26 이교 사상들에 대한 이러한 언급들은 단순히 이스라엘의 것을 차용했다는 표시는 아니다. 종교 제도들은 매우 다양했기 때문이다. 이것들이 이교적 개념들에 대해 격렬한 논쟁 속에 사용되었을 가능성이 훨씬 더 많다. 저자는 살아 계신 하나님의 임재 안에서, 문화 내에 흔하게 있었던 표현들과 이미지들 안에 있는 어떤 신격화나 권능도 제거하기 위해 그런 표현들을 사용했다.

에서 이것은 요약 보고로써 과거 시제로 취급된다(와우 접속사 없는 과거형). 두 번째 동사도 마찬가지로 미완료처럼 보인다. 하지만 이것 역시 반드시 과거 시제로 번역되어야 한다. "내가 부르짖었더니"(אֶקְרָא). 그다음 동사는 6절 후반에 나오는 "그가 들으심이여"이다. 이것 역시 미완료 시제처럼 보인다(יִשְׁמַע). 하지만 이 보고에서는 과거 시제. 흥미롭게도, 사무엘하에 나오는 병행 시편에서 이 형태는 명확한 과거로 분명하게 설명된다(시 22:7에서는 와우 접속사 있는 과거형, וַיִּשְׁמַע). 하나님은 그의 성전에서 기도에 응답하셨다. 그다음에 나오는 모든 하늘의 이미지들을 볼 때, 이 성전은 하늘에 있는 성소를 말할 가능성이 높다.

7-15절에는 초자연적 간섭에 대한 묘사가 나온다. 일인칭 동사들과 접미사들은 이 부분에서는 사용되지 않는다. 그리고 그렇게 하는 것은 옳다. 이 부분은 모두 여호와에 대한 것이기 때문이다. 이것은 신적 현현을 나타내는 말을 사용한다. 거기 보면 자연의 모든 힘과 요소가 구원을 위한 여호와의 임재 안에 포함되어 있다. 이 말은 시내산에서 여호와가 자신의 임재를 자기 백성에게 알리셨을 때 일어났던 현상들을 말한다. 그때처럼 그 이후의 기적적인 간섭들에서도, 여호와가 나타나실 때는 자연의 모든 현상이 그분을 둘러싼다.[27] 그리고 비록 그 현상들은 여호와를 가려 분명하게 볼 수 없게 해도, 너무나 복잡하고 눈부셔서, 통상적인 사건이라고 오해할 수가 없다. 하나님이 자기 백성을 구하러 권능으로 오실 때, 모든 자연은 진동한다. 이 말은 두 가지로 설명할 수 있다. 시편기자가 실제로 지진, 화산 활동, 어둡고 불길한 구름, 우박과 번개와 천둥을 경험했다면 이것은 수식어의 환유로, 그분의 임재의 실상에 수반되며 다양한 개념들을 전달한 현상들을 말할 것이다. 다른 한편 이러한 현상들이 문자적으로 일어나지는 않았으며, 시편기자가 단지 그를 위해 간섭하신 여호와의 엄청난 힘을 묘사하기 위해 신적 현현의 언어를 사용했다면, 이 비유적 표현들은 암시된 비교가 될 것이다. 하늘에서는 자연 현상들이 줄줄이 일어나고 땅 위

---

[27] Kraus, *Psalms 1–59*, p.260.

에서는 분명 신적 간섭의 징조들이 있었을 가능성이 가장 많다.[28]

첫째는 지진이다(7절). 지진은 신적 현현의 일반적인 출발점처럼 보인다(삿 5:4; 신 33:2, 3절; 시 97:2 하; 사 30:27 하). 반역적 세력들이 땅에 있었기 때문에, 땅은 여호와의 진노를 예상하며 흔들렸다. 땅은 전율로 휘청거리고 흔들렸다. 그리고 그분이 분노했기 때문에 산이 떨었다.[29] 연기와 불과 타오르는 숯이 그의 코에서 타올랐다(8절).[30] 이러한 것들은 신적 진노가 내뿜어져 나오는 것의 상징이다. 화산 분출을 나타내는 말은 소돔의 종말을 상기시킨다. 9절은 그의 발 아래 짙은 어둠이 있다는 비유적 표현을 덧붙인다. 어두운 구름이 그 지역에 떠 있었으며, 그 구름 위에는 어둠으로 가려진 그분의 임재가 있었다. 그분의 움직임은 재빠르고 확고했다(10절). 그분은 그룹과 바람 날개를 타고 재빨리 오셨기 때문이다. 폭풍우 한가운데에서, 짙고 어두운 구름 너머에서, 여호와는 승리를 타고 오셨다. 그분의 병거는 천사들이었다(시 68:33). 여기에서는 '그룹'이라는 강력하고 무시무시한 복합적인 천사 같은 존재로 나와 있다. 짙은 구름이 그를 지탱하는 것처럼 보였으나, 그것은 사실 천사의 병거였다(겔 1장). 그분이 재빨리 하늘을 가로질러 날아가는 것은 마치 바람의 날개를 타는 것 같았다(시 104:3-4를 보라). 여기에는 이교 종교들에 대한 또 하나의 암시가 나온다. 가나안에서 바알은 '구름을 타는 자'로 알려져 있었기 때문이다. 바알을 하늘과 땅의 주로 묘사하는 것에 이것이 포함되어 있었다. 이런 묘사는 단지 신화적 본문의 일부였다. 성경에서 이 묘사는 만군의 여호와의 임재 자체에 대한 것이다. 가나안에서 신격

---

28 이에 대한 한 가지 좋은 예는 드보라와 바락이 가나안 사람 시스라와 싸운 전쟁이다(삿 4-5장). 드보라의 노래는 자연의 힘들을 의미하는 비유적 표현을 많이 사용한다. 이것은 사건에 대한 시적 기록처럼 보인다. 하지만 이 장은 그 전에 역사적 사건을 기록한다. 강한 폭풍우가 적군의 병거들을 진창에 빠뜨리고 이스라엘 사람들이 가나안 사람들을 물리칠 수 있도록 해준다. 날씨에는 이스라엘의 승리를 위해 하나님이 예비하신 시기적절한 현상이 있었다. 이 노래는 그 현상을 신적 현현의 말로 묘사한다.

29 사무엘하의 대응되는 구절은 "하늘의 기초"라고 말한다. 이것은 아마 산과 같은 뜻일 것이다. 산이 하늘까지 솟아올라 있다는 생각 때문이다(욥 26:11을 보라).

30 '코'(nostrils)라는 단어는 '분노'라고도 번역될 수 있다. 하지만 이 구절은 또한 '입'이라는 말도 사용하므로, 이렇게 바꿀 필요는 없다. 코에서 연기가 난다는 개념은 분노의 이미지다.

화된 세력들에 대한 승리는 성경 기사가 사실임을 분명하게 보여준 것이었다.

짙은 구름 속의 어둠은 그분의 차양이 되었다. 명백히 어두운 폭풍우는 그분의 영광스러운 임재의 덮개가 된 것처럼 보인다(11절). 하지만 구름 앞에는 그분이 가실 때 앞서가던 눈부신 광채가 있었다(12절; 신 33:2; 합 3:4을 보라). 이 어두운 구름 덮개로부터 우박과 숯불이 내렸다. 이것은 여호와의 신속한 심판의 증거로서 폭풍우와 화산 폭발의 이미지를 합해놓은 것이다. 이 모든 것이 지극히 높으신 분의 강력한 음성을 의미하는 무시무시한 우레에 선행된다(시 29편을 보라. 또한 계 19:6을 보라). 바알 역시 비를 내리려 할 때 천둥을 친다고 표현되었다. 하지만 비가 내리는 것 – 신으로부터 나오는 것이라고 설명할 수 있는 – 보다 훨씬 더 많은 것을 말한다는 점에서 이 본문은 다르다. 그것은 여호와가 그의 백성이 이교 원수들을 이기고 승리하도록 전쟁에 실제로 개입하시는 것을 수반한다. 이 폭풍우에서 하나님은 적군을 흩으시기 위해 번개를 화살처럼 내려보내신다(시 77:17, 144:6; 합 3:9-11을 보라).

마지막으로 이제 혼돈의 물이 존재하지 않는 땅의 터에 대한 묘사로 넘어간다.[31] 자연 중에서 무시무시하고 혼돈스러우며 이교도들이 신격화한 모든 것이 하나님의 권능 하에 악한 세력들을 파괴시키는 데 사용된다. 여기에는 여호와가 강력한 명령으로 물을 주관하사 마른 땅이 나타났던 창조 활동과 유사성이 있다. 여기에서 우리는 이 맹렬한 폭풍우를 통해 그분의 꾸지람이 폭발한 결과 바다의 물 밑[32]이 나타나며, 세상의 터가 발가벗겨진다는 것을 읽게 된다. 이로

---

31 Kraus, *Psalms 1-59*, p.260. 여기에는 이교 신화에 대한 또 다른 암시가 있을 수 있다. 가나안에서 높은 신(high god) 엘의 기주지는 두 바다의 두 해협(channel, *'apq*) 한가운데 있는 두 강의 근원에 자리하고 있다(Anderson, *Psalms 1-72*, p.159). 이것은 여호와가 이스라엘의 원수들을 멸하실 뿐 아니라 그 과정에서 혼돈의 세력들을 드러내고 통제하신다는 것을 더 강조할 것이다.

32 시편에는 '물밑'(channels of water)'이라고 되어 있으나, 사무엘상 22:16의 대응되는 시에서는 '바다'(sea)라고 말한다. Anderson은 마임('물')의 머리글자 멤은 전접어(자체의 악센트가 없어 바로 앞 말의 일부처럼 발음되는 것을 뜻한다 – 역주) 멤이 그런 것처럼, 앞에 나오는 단어[이피케, '…의 상마닥'(channels of)]에 덧붙여야 한다고 주장한다. 그 결과 생겨난 의미는 사무엘에서 나온 것과 거의 똑같을 것이다(*Psalms 1-72*, p.158-159). 본문을 이런 식으로 조화시켜야만 하는 부득이한 이유는 없는 듯하다.

써 신적 현현, 자연 현상에서 신적 임재의 나타남에 대한 묘사가 끝난다.

16-19절은 실제 구원에 대한 감사를 기록한다. 이 부분은 6절이 끝나는 곳에서 다시 시작하며, 일인칭 형태가 다시 나타난다. 여호와가 그의 기도를 들으시고 하늘에서 간섭하신다. 그분은 그를 그의 원수들에게서 구원하신다. 그것은 많은 물(4절의 창수에 대한 언급, 암시된 비교)에서 건짐을 받는 것과도 같다. '구원'에 해당하는 단어는 '꺼내다'(מָשָׁה)이다. 이것은 출애굽기 2:10에서 모세가 물에서 건져진 것에 대해 사용되었다. 이스라엘이 열방으로부터 최초로 구원된 그 사건 – 먼저 지도자를 물에서 구해내는 것으로 상징되는 – 에 대한 암시가 나와 있는 것일 수도 있다.[33] 또한 그것이 여호와께 적대적인 세력들을 상징하는 저승, 혹은 혼돈의 물을 암시하는 것일 수도 있다.[34] 성경은 다른 곳에서 단순히 침략자 군대를 묘사하기 위해 창일한 큰 하수라는 말을 사용한다(사 8:6-8). 그리고 그것은 이 시편의 이 부분에 대단히 잘 맞을 것이다. 17절은 그 딜레마를 분명하게 진술한다. 그의 원수들,[35] 그를 미워하는 자들은 그에게는 너무 강하다는 것이다. 그들은 분명 전쟁터에서 패배한 민족의 적일 것이다. 하지만 이 표현은 또한 원수들을 충동질하는 어둠의 세력들을 포함할 수도 있다. 그다음에 18-19절은 구원을 분명하게 진술한다. 원수들이 그의 재앙의 날에 그에게 이를 때, 여호와는 그를 기뻐하시므로 구원하신다(19절 하). 이 구원에 대한 보고는 시편기자가 경험한 역전들을 강조한다. 재앙의 장소에 있게 되는 대신, 여호와는 그를 위해 견고한 지지를 제공하신다(18절). 재난의 장소, 좁아지는 곳 혹

---

33 출애굽기 2장에서 모세는 물에서 건져졌고, 그 사건을 기념하기 위해 모세라는 이름을 갖게 된다 ("내가 그를 물에서 건져내었음이라"). 하지만 출애굽기 14장에서 모세는 이스라엘 사람들을 바다에서 건져 냄으로 그들을 구원했다.

34 Anderson, *Psalms 1–72*, p.159를 보라.

35 본문에서 '원수'라는 말은 단수로 되어 있는 반면 '나를 미워하는 자'는 복수로 되어 있다. 많은 주석가들은 더 잘 대응시키기 위해 이 단어를 복수로 바꾼다. 하지만 단수는 집합 명사가 될 수 있다. 아니면 첫째 콜론은 어떤 한 명의 주된 원수를 염두에 두고 있었을 수 있고, 둘째 콜론은 그것을 확대해서 자기를 미워하는 모든 사람을 포함한 것일 수 있다. 요약하면, 본문을 바꾸는 것 외에도 단수 형태를 설명할 수 있는 다른 방법들이 있다는 것이다.

은 해협에서 여호와는 그에게 넓은 곳을 주신다(19절). 그리고 비록 원수들은 그를 미워할지라도, 하나님은 그와 함께 기뻐하신다(19절).

B. 신실한 자들은 여호와께 충성된 자들에게 그분이 신실하심을 찬양한다 (20-30절)

1. 그들은 그들의 진실함을 단언한다(20-24절)

20-30절까지는 여호와의 초자연적 구원에 대해 설명한다. 그것은 그분께 신실한 자들에 대한 여호와의 신실하심이다. 첫 번째 부분(20-24절)에서 시편기자는 여호와께 대한 그의 신실함을 주장하며, 그다음에 두 번째 부분(25-30절)에서 자기 백성에 대한 하나님의 신실하심을 선언한다. 첫 번째 부분은 간증이며, 두 번째 부분은 교훈이다.

20-24절은 첫 번째 부분에 대한 인클루지오(inclusio)를 형성한다. 이 구절들은 24절에서 약간 변형되어 있으나 본질적으로 같은 것을 말하기 때문이다. 그것은 하나님이 그의 의를 따라 상주신다는 것이다. 이 구절들은 첫눈에 보기에는 교만한 자랑처럼 보일지 모르지만, 사실은 그렇지 않다. 이 구절들은 하나님의 신실하심에 대한 찬송의 일부이기 때문이다. 이 구절들은 하나님은 사람들을 그분을 향한 그들의 마음을 보시고 그대로 다루시기 때문에,[36] 하나님의 사람들은 기도를 통한 신적 간섭을 의에 대한 하나님의 상으로 설명할 수 있다고 단언한다. 그래서 20절 첫 부분에서 시편기자는 하나님이 그분의 의에 따라 그를 다루시고 그분의 깨끗한 손(원인의 환유로 그가 한 일이 의로 행한 일임을 나타낸다) 때문에 그를 상주신다고 말한다. 첫 번째 동사는 전후 문맥 때문에 종종 '상주다'라고 번역된다. 하지만 그것은 '다루다'(גָּמַל)라는 의미다. 두 번째 동사(שׁוּב)는 '갚다'라는 의미로, 이 구절에서 '보상하다'라는 개념을 지닌다. 하나님은 그분의 백성의 의를 갚아주신다. 시편기자가 말하는 '의'(צֶדֶק, 시 1:5의 같은 단어를

---

[36] Perowne, *Psalms* I:213.

보라)는 그가 하나님의 율법에 따라 신실하게 살았다는 것을 의미한다. 20절은 또한 그의 손이 깨끗하다고 말한다(כְּבֹר יָדַי, '내 손의 정결함을 따라'. 손은 그가 하는 것을 나타내는 원인의 환유다).

이 부분에 나오는 말은 성소에 들어가는 의식에서 사용되었던 말을 상기시킨다. 하나님께 받아들여지기 위해, 예배자들은 자신들이 의롭고, 순결하며, 흠 없다는 것을 입증할 수 있어야 할 것이다(시 15편과 24편을 보라). 여기에서 시편 기자는 하나님이 그를 승인하셨다는 것을 안다. 그를 위한 초자연적 간섭 때문이다. 그래서 이러한 것들은 그 사실을 확증해준다. 마찬가지로, 시편 118:19-21에서 예배자는 하나님께서 그를 구원하셨고 그의 구원이 되셨기 때문에 의의 문에 들어간다.

이 단언의 구체적 세부 사항들은 그가 여호와의 율법, 특히 여호와의 도에 순종한 것과 관련되어 있다(이 부분은 시 17:1-5와 비슷하다). 21절에 따르면 그는 여호와의 도를 지켰을 뿐 아니라 또한 악하게 행동하지도 않았다. 그리고 23절에 따르면 그는 자신을 죄악에서 스스로 지켰다. 하나님의 도를 지키고 자신을 죄악으로부터 지킨다는 말의 의미는 자신의 진실함(תָּמִים, 시 7:8의 같은 단어를 보라)을 유지했다는 것이다. 게다가 그는 하나님 앞에서 모든 행동을 하며, 하나님의 결정들(규례, 시 9:4의 같은 단어를 보라)을 지켰고 그것을 버리지 않았다.[37] 이것은 교만이 아니다. 그를 구원하신 여호와는 겸손한 자들을 구원하시기 때문이다. 이것은 단지 하나님이 그를 구원하심으로써 그를 의로운 자로 받아주신다고 주장하는 것이다.

2. 그들은 여호와가 그들에게 승리를 주신다는 것을 인정한다(27-30절)

승리는 오직 하나님에게서만 온다. 처음 두 구절에서 우리는 사람들이 그분

---

[37] 본문은 이 동사 אָסִיר의 히필 형태로 되어 있다. 그래서 이 절은 '나는 그분의 법령들을 버리지 않았다'라고 읽을 수 있다. 사무엘하에 나오는 시는 이 동사의 칼 형태 אָסוּר를 사용해서, 약간 다르게 써놓았다. 그래서 이 절은 '나는 그 법령들에서 돌아서지 않았다'라고 읽을 수 있다.

의 뜻에 순응하는 것에 따라 하나님이 그들을 대하시는 것을 읽게 된다. 신실한 자들에게는 주의 신실하심을 보이신다. 완전한 자들에게는 주의 완전하심을 보이신다. 깨끗한 자들에게는 주의 깨끗하심을 보이신다. 그리고 사악한 자들에게는 비뚤어지게 대접하는 모습을 보이신다(25-26절). 첫 번째 표현에서는 '신실한 자'[the faithful, 개역개정은 '자비로운 자'라고 번역했다 – 역주, חָסִיד, 시 23:6의 같은 단어(인자하심)를 보라]라는 표현을 보게 된다. 이 말은 여기에서 종종 '자비로운 자'(the merciful)라고 번역된다. 이것은 시편에서 하나님의 신실한 백성을 나타내는 흔한 묘사다(시 16:10, 30:4 등을 보라). 이것은 하나님이 그들과 맺으신 언약에 충성된 사람들을 묘사한다(시 50:5을 보라). 그래서 언약에 충실한 사람들에게 하나님은 자신도 충실함을 보이실 것이다(시 17:7을 보라). 마찬가지로, 두 번째 표현에서 완전한 자(תָּמִים)에게 하나님은 그분의 완전함을 보이신다. 그것은 자신의 진실함을 주장하는 사람들에 대해 하나님은 신실함과 의로 대하시리라는 것이다. 어느 누구도 그것을 탓할 수 없을 것이다. 세 번째 표현은 깨끗함과 관련이 있다. 사람들을 '깨끗한'(נָבָר, בָּרַר의 니팔 형태, '깨끗하게 된 자' 혹은 '자신을 깨끗하게 하는 자')이라고 묘사하는 것은[38] 도덕적 깨끗함을 말한다. 신자들을 '깨끗한' 존재로 묘사할 때 거기에는 하나님의 죄 사함을 통해 죄를 깨끗하게 하는 것이 포함될 것이다. 하지만 신실함을 강조하는 이 맥락에서는 그 말을 의롭게 사는 것을 통해 깨끗함을 유지하는 것을 말한다. 깨끗한 자들에게 하나님은 인자함과 정의를 베푸시면서 깨끗함, 열림, 완전함으로 대하신다.

26절의 마지막 콜론과 함께 하나님은 또한 악인들을 그에 걸맞게 대하신다는 어조의 변화가 일어난다. 그들은 여기에서 '비뚤어진, 사악한'(עִקֵּשׁ, 잠 2:15, 28:6을 보라)으로 묘사된다. 하나님은 그들에게는 사악하고 비뚤어지게 대하신

---

[38] 일부 주석가들은 G. R. Driver의 제안을 따라 이 단어를 '천박한'(boorish, 시리아어에서 나온 말, '버릇없는', '무지한')으로 번역한다. 그래서 '천박한 자들에게는 하나님이 천박함을 보이신다.' 이것은 26절 후반과 밀접한 대응을 이룰 것이며, 그렇기 때문에 26절 전체를 25절에 대한 대조로 보게 할 것이다(A. A. Anderson, *Psalms 1-72*, p.161을 보라).

다(הִתְפַּתָּל). 이런 생각은 처음에는 난처하게 보일지 모르지만, 그것은 단지 하나님이 사람들을 그들이 하는 그대로 대하신다는 것을 말한다. 하나님은 그들에게 딱 맞게, 그들의 악함을 비틀어서 그들에게 다시 돌려주실 수 있다.[39] 하나님은 그들이 스스로에게 멸망을 가져올 때까지 그들의 사악한 길에 버려두신다(레 26:43; 롬 1:28을 보라).[40] 사악한 자들에게는 하나님은 사악하신 분처럼 보일 수도 있다. 그분은 의인들을 대하듯 그들을 대하지 않으시기 때문이다. 그리고 그들은 하나님이 전혀 은혜롭거나 사랑이 많지 않다고 불평할 수도 있다.

시편기자는 하나님이 사람들을 대하시는 원리를 규정한 다음에, 어떻게 하나님이 그분께 피하는 겸손한(humble, 개역개정은 '곤고한'이라고 번역했다 – 역주) 자들에게 승리를 주시는지 말한다(27-30절). 이 행들은 또한 분명 특정한 사건들을 언급하는 것이긴 하지만, 일반적 원리들로 간주해야 한다. 요점은 27절에 나온다. 하나님은 겸손한 자들은 구원하시지만 교만한 자들은 낮추신다는 것이다. '겸손한'(עָנִי, 시 9:12의 같은 단어를 보라)이라는 단어는 괴롭힘을 받는, 가난한, 혹은 겸손한 자를 의미할 수 있다. 여기에서 이 말은 교만한 자와 대조를 이룬다. 그러므로 겸손함, 도움이 필요하다는 인식을 강조한다. 따라서 왕이 전쟁에서 승리하는 것은 하나님이 옹호하는 사람들을 그가 옹호하기 때문이다. 하나님은 교만한 자, "교만한 눈"(עֵינַיִם רָמוֹת)은 낮추신다(שָׁפֵל). 교만한 사람들은 자신들에게 하나님이 필요없다고 생각한다. 그리고 그 결과 그들은 다른 사람들의 가치나 필요를 무시한다. 그들의 눈으로 표현된 이 교만한 태도는 여호와께서 싫어하시는 것 중

---

[39] 이 시편은 하나님의 행동에 대해 서술어[여기에서는 '사악한'(perverse)]를 반복하지 않음으로써 마지막 세 콜론의 유형을 깨뜨린다. 그 대신 동사를 바꾼다. 그 의미는 같지만(신 32:5와 잠 8:8에 나오는 대구법에서 그것들을 보라). 하나님이 그들을 다루시는 것에 대해 사용된 단어는 비틀음 혹은 비뚤어짐(פָּתַל)이라는 개념을 가지고 있다. 그것은 창세기 30:8에서 야곱의 부인들이 어머니가 될 권리를 놓고 투쟁하며 이 단어를 사용해서 아이의 이름을 납달리라고 지었다고 말할 때 사용된다. 사실상 Kidner는 야곱–라반의 관계가 이 시편이 주장하고 있는 점에 대한 좋은 예가 된다고 말한다. 즉 하나님은 라반의 교활함을 사용하사 야곱에게 유리하게 상황을 역전시키신다는 것이다(*Psalms 1–72*, p.94).

[40] Perowne, *Psalms*, I:214.

하나다(잠 6:16). 그들의 눈은 높을지 모르지만 하나님은 그들을 낮추신다.

그다음 두 구절에서 시편기자는 서너 가지 비유를 사용한다. 첫째는 빛이다. 하나님은 그분의 등불을 켜신다(28절).[41] 등불은 번영, 생명의 지속, 신적 인도를 의미하는 비유다(암시된 비교). 등불을 켜는 것은 하나님이 생명을 주시는 것을 나타낼 것이다(반면 등불을 끄는 것은 생명을 잃게 하는 것을 의미할 것이다. 삼하 21:17을 보라). 심지어 어둠 속에서도 하나님은 생명의 원천이시다. 여기에 나오는 어둠 역시 비유로, 생명을 위협하는 때와 환경들을 의미한다(암시된 비교).

그다음 표현은 여호와의 권세로 장애물들을 극복하는 것과 관련이 있다. 29절은 "내가 주를 의뢰하고 적국을 향해 달리며"(전쟁에서 있는 온갖 종류의 충돌을 말하는 제유)라고 말한다.[42] 이 구절 후반부는 무슨 말인지 곧바로 분명하게 이해되지는 않지만, 역시 전쟁의 어떤 측면을 말하는 것일 수 있다. "내가 담을 뛰어넘나이다"(아마도 도피하는 것을 뜻한다. 삼상 23:2을 보라)라는 것이다.

30절은 여호와의 도는 완전하다고(다시 תָּמִים) 단언하면서 이 부분의 요약 결론을 제공한다. 그것은 또한 신적 완전함을 묘사할 다음 부분(31-36절)으로 넘어가는 과도기적 역할을 한다. "이 하나님"(הָאֵל)이라는 말은 독자들의 하나님에 대해 말해진 모든 것에 독자의 주의를 집중시킨다. 그분이 하시는 모든 일은 흠이 없고 완전하다. 게다가 그분의 말씀(אִמְרָה)은 순수하다(proven, צְרוּפָה, 마치 불에서 정련된 것처럼, 시 12:6을 보라). 시편기자는 하나님의 말씀이 참되기 때문에 믿을 만하다는 것을 안다. 그분은 그들의 필요를 인정하고 그분 안에 피하는 사람들에게 방패(보호를 나타내는 비유)가 되셨기 때문이다.

---

41 사무엘하 22장의 대응되는 시는 "주는 나의 등불이시니"라고 말한다.
42 이 행이 다르게 번역될 수 있을 가능성도 있다. '내가 달린다'라는 동사는 אָרוּץ로써, 보통 '달리다'라는 רוץ에서 나온 것이다. 이 형태는 또한 '짓밟다'라는 의미의 어근 רצץ에서 나온 것일 수도 있다 (Goldingay, Psalms 1-41, p.271, n.39를 보라). 하지만 '달리다'라는 번역이 정확하다. 사무엘서의 대응되는 시에서는 그것을 온전히 기록하고 있다(אָרוּץ).

III. 하나님은 그분의 존재 자체와 백성과 왕을 위해 하신 일 때문에 모든 세상에서 찬송과 영광을 받기에 합당하시다(31-50절)

A. 의인은 하나님의 축복에 기뻐한다(31-45절)

1. 그들은 그분의 완전함과 공급을 인식해야 한다(31-36절)

이 찬송은 성도들이 따를 유형을 정해준다. 그것은 찬송가와 같은 신앙고백으로 시작되는데, 오직 여호와만이 하나님이시라는 것이다. 이 구절은 요점을 말하기 위해 수사학적 질문들을 사용한다. "여호와 외에 누가 하나님이며." 이것은 여호와 외에 어떤 신도 없다는 의미다. "우리 하나님 외에 누가 반석이냐." 이것은 우리 하나님만이 모든 힘과 안전의 원천이라는 말이다(반석의 비유는 신 32:4, 15절, 18절에서 더 충분히 다루어진다). 요점은 다른 어떤 신도 신뢰할 수 없으며, 다른 어떤 신도 여호와가 받아 마땅한 찬송을 받아서는 안 된다는 것이다.

32-36절에서 시편기자는 이것이 그에게 무엇을 의미하는지 상세히 설명한다. 어떤 역본들은 이 부분의 동사 형태들을 과거 시제로 번역하여, 여호와가 하신 일에 대한 감사의 말로 만든다. 사용된 동사 형태들이 다양하다는 것은 이것들을 여호와가 하시는 일에 대한 일반적 묘사로 보아야 한다는 것을 시사한다. 그것은 분명 여호와가 하신 일을 포함할 것이다. 32-34절은 각각 능동 분사("내게 띠 띠우시며", "같게 하시며", "가르쳐")로 32절 후반은 과거형을 사용하며("…하게 하시다/주시다"), 33절 후반은 미완료를 사용한다("나를 세우시며"). 그리고 34절 후반은 주제를 바꾸며 완료 시제를 사용한다. "내 팔이 놋활을 당기도다."

첫째, 시편기자는 하나님이 그를 강하게 만드신다고 선포한다(32절). 이 구절은 "이 하나님이 내게 띠 띠우시며"(equips me with strength)라고 되어 있으며, '띠를 매다, 두르다'(הַמְאַזְּרֵנִי)의 분사형을 사용한다.[43] 힘(חַיִל)으로 띠 띠운다는 말은 강하게 한다는 말이다(이 비유는 전쟁을 위해 무장하는 것을 말한다). 이 구절은 같

---

[43] 사무엘하에 나오는 시는 여기에서 "나의 견고한 요새"(מָעוּזִּי)라고 말한다.

은 일련의 개념들의 나오는 이사야 45:5와 비슷하다. 유일하신 참 하나님 여호와는 그분의 과업을 위해 고레스를 강하게 하신 분이시다. 여기에서 시편은 하나님이 그에게 힘을 주신다면 또한 그의 길을 완전하게 하신다는 것을 덧붙인다. 아마 안전하고 어려움이 없게 하신다는 의미일 것이다. 하나님이 이렇게 하시는 것은 그분의 길이 완전하기 때문이다(30절).

둘째, 33-34절에서 시편기자는 구체적인 행동에 의해 힘을 주신 것을 묘사한다. 첫 번째 행동은 울퉁불퉁한 바위턱과 절벽에 발을 단단히 딛고 선 암사슴 – 아마 야생 염소일 것이다 – 과의 비교에 기초하고 있다(직유). 하나님은 그가 발을 단단히 딛고 서게 만드신다. 그분은 그가 높은 곳에 설 수 있도록 하신다. 요는 그가 절벽을 올라가고 산의 요새를 붙잡는 데 필요한 민첩함이다. 그리고 34절에서 그는 다리에서 손과 팔로 넘어간다. 하나님은 전쟁을 위해 그의 손을 가르치신다(מְלַמֵּד). 그가 놋 활을 당길[44] 수 있도록 하기 위해서다. 활을 놋이라고 묘사하는 것은 놋으로 만든 활을 의미하려는 것이라면 과장법일 것이다. 그보다 그것은 나무로 되었으나 놋으로 강화한 활을 말할 것이다. 아니면 끝이 놋으로 된 화살을 쏘는 데 사용되는 강한 활을 말할 것이다. 요점은 그가 그렇게 매우 튼튼한 활을 사용할 수 있다는 것이다. 하나님이 그에게 그렇게 할 수 있는 능력과 힘을 주시기 때문이다.

그 다음 두 구절(35-36절)에서 시편기자는 삼인칭(하나님에 대한)에서 이인칭(하나님께 직접 말하는)으로 바꾼다. 그는 하나님이 그를 보호하며 붙드시고 크게 하신다는 것을 인식한다. 35절의 동사들은 첫 번째 동사가 와우 접속사를 가지고 있다는 것을 제외하고 미완료다. 하지만 이 동사들은 모두 현재 시제로 번역될 수 있을 것이다. 하나님이 주시는 보호는 "주의 구원의 방패" 혹은 "주의 구원하는 방패"라고 묘사된다. 그는 그 자신의 방패를 이런 식으로 보는 것일 수도

---

[44] 이 형태 נִחֲתָה는 '누르다, 굽히다'라는 의미인 נָחַת 의 피엘 완료다. 이것은 활의 끈을 꿰기 위해 구부리는 것을 말하거나, 아닌 활을 쏘는 과정에서 구부리는 것을 말한다. 이 구절은 '그가 가르치신다'(trains)는 분사로 시작되며, 차례로 이 형태로 결론을 맺는다.

있다. 아니면 단순히 하나님의 보호를 방패에 비교하고 있을 수도 있다(창 15:1을 보라). 그다음에 그는 하나님의 능력(즉 오른손)이 그를 붙드신다고 인정한다. 마지막으로 그는 하나님의 '온유함', 즉 그를 대하시는 하나님의 친절하고 은혜로운 대하심이 그를 크게 하신다고 인정한다. 이 모든 것에 비추어볼 때, 시편기자는 하나님이 그의 길을 넓히사(미완료 시제) 그가 실족하지 않게 하시다(부정사에 와우 연속법이 있는 완료 시제)고 주장한다. 사용된 비유적 표현들은 하나님이 그의 길을 평탄하고 넓게 하신다고, 그래서 걷기 쉽다고 말한다. 그것은 그의 모든 활동을 말하지만, 일차적으로 그의 군사적 활동을 말한다.

2. 그들은 그분이 승리를 주셨다는 것을 인정한다(37-45절)

이 부분은 하나님이 시편기자가 전쟁터에서 무엇을 할 수 있도록 해주셨는지 말한다. 동사들은 대부분 접두사가 달린 어형변화를 보이지만(즉 미완료들), 과거 시제로 번역할 것을 요한다(그래서 이것들을 과거형으로 분류할 수 있을 것이다). 사무엘하에 나오는 병행시를 보면 서너 군데에서 그 형태에 와우 접속사가 포함되어, 과거 시제 번역을 확증한다. 이 부분은 마치 다윗이 자신의 군사적 업적을 자랑하는 것처럼 보인다. 하지만 시편은 하나님이 그가 이 일을 할 수 있게 해주셨다는 것을 대단히 분명하게 밝힌다. 그러므로 이것은 하나님이 능력을 주신 것에 대한 묘사다.

일반적 진술은 37절에 나온다. 이 구절은 그가 자기 원수들을 뒤쫓아가 잡았다고[45] 말하며, 그들이 망할(כַּלּוֹתָם) 때까지 가차 없이 추적했다고 덧붙인다. 여기에다가 그는 자신이 그들을 쳐서(thrust them through) 그들이 일어날 수 없었다는 말을 덧붙인다.[46] 그들은 그의 발 아래에 엎드러졌다.[47] 그것은 그들이 충성

---

[45] 사무엘하 22:38에 나오는 시에는 '멸하였다'(< שָׁדַד)라는 말이 나온다.
[46] 사무엘하 22:39에서는 이 부분을 좀 다르게 배열한다. 이것은 다른 동사인 "내가 그들을 무찔렀다"(אֲכַלֵּם)라는 말로 시작해서 그다음에 "내가 그들을 전멸시켰더니"(과거 시제를 위해 와우 연속법이 붙은)라는 동사가 나오며, "그들이 능히 일어나지 못하였다"(단순히 יְקוּמוּן)라는 말로 끝난다. MT는 '능히…하다'라는 말을 '일어나다'라는 부정사 앞에 둔다.

을 맹세했다는 것이 아니라 그들이 죽었다는 것이다. 이 승리의 이유는 하나님이 그에게 힘을 구비시켜주셨고(띠 띠우셨고) 원수들이 그의 아래 가라앉게(sink) 하셨기 때문이다. 사실상 하나님이 그들의 등을 그에게 향하게 하셨다(40절). 이것은 그들이 그 앞에서 도망갔다는 의미일 수도 있고, 아니면 이 문맥에서는 그가 그들을 멸망시켰다고 말하므로, 더 가능성 있는 것은 그들이 그의 앞에 엎드러질 때 그가 발로 그들의 등을 밟았다는 의미일 수도 있다(수 10:24을 보라).

41절에서 그는 하나님께 대한 그들의 부르짖음을 하나님이 듣지 않으셨다고 말한다. "그들이 부르짖으나[48] 구원할 자가 없었고(구원자가 없었다. מוֹשִׁיעַ)"라고 설명한다. 대응되는 콜론은 "여호와께 (그들이 부르짖었다)"라고 덧붙인다. 하지만 그것은 '관해서, 거슬러서, …까지'(עַל) 전치사를 사용한다. 대부분은 그것을 '…까지'(unto)라고 번역한다(마치 그것이 삼하에 나오는 אֶל인 것처럼). 하지만 이 전치사는 통상 기도의 내용을 의미할 것이다. 그래서 그들은 하나님이 그들을 다루시는 방식에 대해 부르짖고 있었을 것이다. 어쨌든 구원은 없었다. 반대로, 시편 기자는 하나님이 그에게 그들을 티끌처럼(직유) 부수어버리고 진흙같이(직유) 쏟아버리셨다고 말한다.[49] 패배한 그의 원수들을 티끌 및 진흙과 비교하는 것은 그들을 쓸모없는 쓰레기로 묘사하는 것이다.

그다음 세 구절은 그가 민족들을 정복한 것에 대해 말한다. 그는 먼저 하나님이 그를 백성들의 다툼으로부터 구해주셨다는[50] 말로 시작한다(43절 상). '다툼'이라는 말은 종종 법적 고소를 말하는 단어(רִיב)에서 나온 것이다. 하지만 여기에서 이 말은 백성과의 여러 전투를 말할 것이다(그래서 복수 구문이 나온 것이

---

[47] 사무엘상 22:39에 나오는 시편에서는 와우 연속법이 달린 형태를 사용한다.

[48] '부르짖었다'(cried for help)는 יְשַׁוְּעוּ이다. 사무엘하 22:42에는 יִשְׁעוּ, '그들이 도움을 구했다'(they looked)라고 되어 있다.

[49] MT에는 '쏟아버리다(cast/empty out)'(אֲרִיקֵם < רִיק)라고 되어 있다. 사무엘하 22:43의 이 행은 첫 번째 콜론과 더 유사한 대응을 형성하기 위해 "가 그들을 밟고 짓밟았다"(אֲדִקֵּם אֶרְקָעֵם)라고 되어 있다.

[50] 사무엘하 22:24은 여기에서 와우 연속법을 사용하는데, 이것은 다시 한 번 과거 시제를 나타낸다.

다).⁵¹ 하나님은 그를 구해주셨을 뿐 아니라, 그를 여러 민족의 으뜸으로 삼으셨다.⁵² 그가 알지 못했던 백성이 이제 그의 신하가 되었다. 그는 두 구절을 더 할애에서 이 점에 대해 말한다. 이 이방인들이 그에 대해 들었을 때 어떻게 그들이 청종하면서(cowering)⁵³ 그에게 나아오는지 말하며, 그들이 쇠잔하여(움츠러들어) 그들의 견고한 곳에서 떨며⁵⁴ 나왔다고 설명하는 것이다. 하나님은 주위의 민족들을 너무나 강력하게 진압하셔서 그들은 싸울 의지를 잃어버리고 왕에게 기꺼이 복종했다.

B. 의인은 세상에 여호와가 살아 계시며, 그분의 기름부으심을 받은 왕의 통치를 열방들에게 펼치신다고 선포한다(46-50절)

1. 여호와는 살아 계시며 찬송으로 높임을 받으신다(46절)

이 시편의 마지막 부분은 여호와께 대한 찬송으로 가득 차 있다. 그것은 처음부터 끝까지 여호와의 구원의 행동들을 인정했던 시편에 어울리는 결론을 형성한다. 이 송영은 "여호와는 살아 계시니"(חי יהוה)라는 환호로 시작한다. 이것은 여호와가 존재하신다는 것에 대한 단언일 뿐만이 아니라, 여호와의 행동을 통해 계시된 그분의 권능 – 그분이 살아 계신다는 증거 – 에 대한 단언이다. 그리고

---

51 '…의/와의 전쟁으로부터'라는 의미의 מְרִיבֵי 대신, 어떤 주석가들은 '…의 대중들로부터'라는 의미의 מֵרִבְבוֹת로 읽을 것을 제안한다(시 3:6을 보라. Kraus, *Psalms 1–59*, p.255–256).

52 MT의 '놓다, 두다'(<שׁית) 대신, 사무엘하 22:44의 시에서는 '삼으셨다'(kept, <שׁמר)라고 되어 있다.

53 MT에 나오는 형태는 יְכַחֲשׁוּ다. 하지만 사무엘하 22:45에서 이것은 יִתְכַּחֲשׁוּ이다. '쇠잔하여'(cower) 대신에 '시들다'라는 의미의 '수척해지다'라는 번역이 제기되었다(J. H. Eaton, "Some Questions of Philology and Exegesis in the Psalms," JTS 19[1968]:603–9).

54 MT는 יַחְרְגוּ이지만, 사무엘하 22:46은 וְיַחְגְּרוּ, '절뚝거리는'이라고 되어 있다.

55 이 표현에 대한 다른 해석들은 지지할 수 없다. 이를테면 그것을 소망을 비는 공식, "여호와는 장수하소서" 혹은 "여호와가 살아 계시기를" 같은 말로 간주하는 것이다(Dahood, *Psalms*, p.118). Kidner는 이것이 순진하다고 말하는데 그 말은 옳다(*Genesis 1–72*, p.96). 그리고 이것이 죽었다가 살아났다가 하는 고대 사회의 신으로부터 나온 것이라는 주장은 증거가 없다. 이 표현이 가나안에 기원을 두고 있다는 Anderson의 주장조차 증거가 없다. 그는 이것이 이교 신들과 대조해서 여호와의 변함없는 생명력과 권능을 말한다고 한다(p.165–166).

이것은 여호와를 말 못하고 무력한 이교 신들과 구분해준다(시 115:3, 5절 등).[55] 하지만 여호와가 살아 계시기 때문에, 그분은 찬송을 받으실 만하다. "나의 반석을 찬송하며(בָּרוּךְ, 시 5:12의 같은 단어를 보라) 내 구원의 하나님(나를 구원하시는 하나님)을 높일지로다(יָרוּם)."

2. 하나님은 그의 적들에게 보복하신다(47-48절)

이 구원이 적들을 희생시켜 얻은 것이라는 점이 그다음 두 구절의 요점이다. 신명기 32:35에 따르면, 복수는 여호와께 속한 것이다. 하지만 하나님의 보복이 그분의 백성을 통해 시행될 때가 있다. 이 본문은 그런 때를 언급한다. 다윗이 하나님이 그에게 그의 원수들을 복수할 권한을 주신다고 말한다.[56] 그것은

---

56 동사 נָקַם는 '보복하다, 복수하다'를 의미한다. 이 단어는 같은 어원을 가진 언어들에서 서너 번 나온다. 아랍어에서 이 용례는 시간이 흐르면서 확장되어 '적대적인, 원한으로 가득 차 있는, 원한을 품은, 앙심을 품는, 분개하는' 등을 포함하게 되었다(Wehr, p.1168). 성경적 히브리어 용례는 좀 더 한 부분에 집중되어 있다. 이것은 저질러진 잘못에 기초한 불균형을 바로잡기 위해 취한 행동을 묘사하는 데 사용된다. 한 두 경우에 이 말은 원한을 품은 보복을 의미한다. 하지만 통상적 용례는 비경멸적 의미를 지니고 있다.
이 단어는 '비율법적'이라고 부를 수 있는 본문들에서 사용된다. 이것이 문화적 정의를 다루기는 하지만 율법의 일부는 아니라는 의미다. 창세기 4:15에서 여호와는 누구든 가인을 죽이면 그에게 일곱 배로 벌을 내리겠다고 약속하셨다. 약속된 행동은 예방적인 것이었다. 사사기에 보면 어떻게 삼손이 자기 아내 (15:7)와 자신의 시력(16:28)을 잃은 것에 대해 블레셋 사람들에게 복수했는지 나온다. 피의자를 죽임으로써 그는 자신에 대한 그들의 행동으로 인해 야기된 불균형을 바로잡고 있었다. 좀 더 큰 규모로는, 성경은 또한 하나님이 이스라엘에게 해를 끼친 민족들에게 복수하심으로 정의의 불균형을 바로잡는다고 말한다(겔 24:8, 25:12, 15절). 때로 이것은 여호와가 이스라엘의 군대에게 성공을 주심으로 이루어졌다.
이 말은 엄밀하게 법적인 맥락에서도 사용된다. 출애굽기 21:20-21에서 이 말은 종을 죽이는 것에 대한 규정들과 함께 나온다. 의도적으로 죽인 것이었다면, 율법은 주인의 생명으로 종의 생명을 보상할 것을 요구했다. 그 목적은 단순히 그의 죽음에 대해 보복을 하는 것이 아니라 종을 보호하려는 것이었다. 여기에서 이 말은 균형 혹은 법적 의미의 지불을 보여준다. 민족적 규모에서는 하나님은 이스라엘에게 그들이 언약을 범한다면 보복을 시행할 것이라고 경고하셨다. 그 보복은 유행병이나 전쟁에서의 패배를 통해 올 것이다. 그것은 그들이 언약을 어긴 것으로 인한 불균형을 바로잡을 것이다. 마찬가지로, 이사야 1:24에서 여호와는 그가 보응하실 때 이스라엘은 그들의 불순종에 대한 정당한 벌을 받을 것이라고 진술한다.
레위기 19:18에서 사람들은 원수를 갚거나 동포를 원망하지 말라는 명령을 받는다. 여기에서 이 단어는 아마 불균형을 바로잡는 것보다는 원한을 품은 것에 가까울 것이다.
이 단어의 의미는 다른 용어들과 중복된다. שָׁפַט, '재판하다, 정당함을 입증하다'와 רִיב, 분쟁을 조정하기 위해 '법적 논쟁을 하다' 등이다. 가장 자주 사용되는 헬라어 번역은 ἐκδικέω로, 이것은 복수와 정당함을 입증하는 것에 대해 사용된다.

하나님이 백성들을 그분에게 복종시키고 그에게 대항해서 일어나는 원수들에게서 그를 구원하심으로써 일어난다. 그 원수들은 포악한(חָמָס, 시 58:2의 같은 단어를 보라) 자라고 언급된다. 그들은 왕에게 저항하여 일어날 뿐만 아니라 이 세상에 무질서와 혼란을 가져온다. 하나님은 왕이 그의 권위 아래 그들을 진압할 수 있게 하신다(시 2편에서 이 점을 참고하라).

3. 하나님은 왕에게 그분의 인자하심을 보이신다(49-50절)

왕인 시편기자는 자신이 이방 나라들 중에 여호와를 공개적으로 찬송할 것이라고 선언한다. 49절에서 사용된 청유법인 "내가 감사하리이다"(אוֹדְךָ, 시 6:5의 같은 단어를 보라)와 "내가 찬송하리이다"(אֲזַמֵּרָה, 시 33:2의 같은 단어를 보라)는 감사의 시편에서 사용된 용어들이다. 이 용어들은 시편기자가 모든 사람이 듣고 나누도록 공적 예배에서 여호와를 인정할 것임을 나타낸다. 하지만 공적 선언은 이방 민족들을 위한 것이었을 것이다. 그들은 그들을 이 왕 아래 진압한 분은 살아 계신 하나님이셨다는 것을 들을 필요가 있었다. 그것은 찬송의 마지막 부분에 의해 강조된다(50절). 이 부분은 문자적으로 이렇게 말한다. "그 왕에게 큰 구원을 주시며 기름부음 받은 자에게 인자를 베푸시는 (여호와께) 영원토록 다윗과 그 후손에게." 왕이 바라는 승리들은 여호와에 의해 큰(מַגְדִּל) 승리들이 된다. 그리고 이 모든 것은 여호와가 왕의 가족들에게 그분의 신실하신 언약 사랑(חֶסֶד, 시 23:6의 같은 단어를 보라)을 실행하신 것이다. 하나님의 신실하신 사랑은 지금 다스리는 이 왕으로 끝나지 않고, 영원토록 다윗의 후손에게 보장된다.

신적 전사이신 하나님은 그의 기름부음 받은 왕이 이스라엘 뿐 아니라 이방 민족들 위에 그의 나라를 설립하도록 택하셨다. 예루살렘에서 보좌에 오르게 된 모든 성공적인 왕은 이 시편을 그의 것으로 만들 기회가 있었다. 하나님이 그가 다스릴 수 있게 하셨기 때문이다. 그것은 모든 왕들 중 다윗에게 가장 근접하게 들어맞는다. 그는 연합 군주정을 세우고 주위의 모든 지파들과 민족들을 진압했기 때문이다. 하지만 그 환호가 다윗의 '후손'(집합적 단수, 갈 3:16에서 설명된 것과 같다)을 언급하므로, 본문은 그 이후에 이어지는 군주국들에서 성취되며, 궁극적으로는 새 언약의 약속들의 성취의 일부로써 메시아 예수가 성취하실 것이다. 바울은 로마서 15:8-12에서 그리스도가 유대인뿐 아니라 이방인들을 위해서도 오셨다는 것과 그의 나라는 우주적이고 영원하다는 것을 보여주기 위해 다른 세 본문과 함께 이 시편을 인용한다. 신약은 그분이 다시 오실 때 그분은 모든 원수를 제압하고 그분의 백성을 세상에서 구속하신다고 가르친다.

메시지와 적용

시편 18편은 여호와의 위대한 구원 행동들에 대한 길고도 상세한 감사다. 그것은 여호와가 자신의 기도를 거듭해서 응답하신 평생의 경험을 되돌아보는 사람이 드릴 만한 감사다. 이제 마침내 충돌과 위기들을 극복한 시편기자는 그의 반석이시며 구원자이신 여호와를 향한 사랑과 감사를 길게 표현할 수 있다. 그가 드리는 감사의 말에서 모든 시대의 성도들은 많은 것을 배울 수 있다.

신자가 사는 세상은 하나님과 그분의 길을 따르는 모든 사람을 반대하는 악하고 위험한 세상이다. 하지만 그렇다고 두려움에 굳어버려서는 안된다. 하나님은 신자들이 믿음으로 세상을 극복하고, 민족들에게 하나님이 그들을 정복하실 것이며, 그분의 기름부으신 왕에게 신하로 주실 것이라고 선포할 수 있게 하신다. 그들이 거부하고 반역하면 그들은 수치를 당할 것이다.

이 시편은 시편 모음집의 다른 많은 시편과 마찬가지로, 전쟁에 관심이 있다. 전쟁은 물론 인간 경험의 악한 부분이다. 하지만 이스라엘의 경험을 보면 때로는 하나님의 백성으로 살아남으려면 전쟁이 필요했다. 하나님은 그들의 전쟁을 이용하셨을 뿐 아니라 그들이 승리를 이룰 수 있게 하셨다. 그 전쟁이 의롭고 필요한 것이었는가 아니면 하나님의 뜻을 위반하는 것이었는가 하는 질문은 언제나 던져야 한다. 두 유형 모두 성경에서 발견된다. 그리고 이것은 모든 시대가 직면해야 할 질문이다. 하지만 하나님은 다윗이 이스라엘의 모든 원수들을 물리침으로 나라를 세울 수 있게 하셨다. 하지만 하나님은 다윗이 성전을 건축할 필요가 있었음에도, 그가 피를 많이 흘렸기 때문에 허락하지 않으셨다. 오늘날 교회는 다른 차원에서 기능한다. 교회는 하나의 장소에 있는 나라가 아니기 때문이다. 오늘날 우리의 전쟁은 보이지 않는 세력과 권세에 대항하는 영적 무기와 방법을 요하는 영적 전쟁이다(엡 6:10-18). 오늘날 뉴스에 등장하는 하나님의 이름으로 벌이는 폭력과 피가 난무하는 전쟁은 성전(聖戰)이 아니다. 그리스도 안에 있는 하나님 나라는 사람들에게 회개하고 믿으라고 하면서 복음으로 확장되어야 하기 때문이다. 이 일에 원수가 관여할 것이며 충돌이 일어날 것이다. 영적 전쟁은 어느 모로 보나 이스라엘의 충돌들과 똑같은 신앙과 용기를 요한다. 그리고 그것은 그들의 전쟁과 똑같은 목표를 가진다. 세상에 하나님 나라를 확장하는 한편, 언약 공동체를 방어하는 것이다. 하나님의 기름부음 받은 왕의 전쟁은 재림을 기다린다. 바울은 아버지 하나님이 만물을 그리스도께 복종하게 하셨으며 그분은 모든 원수를 정복하실 것임을 상기시킨다(고전 15:22-28). 요한은 세계의 나라가 그리스도의 나라가 되고, 하늘과 땅에서 감사와 찬양이 드려질 때에 대한 환상을 본다. 하나님이 심판하실 때 신실한 자들은 상을 받고 땅을 멸망시킨 자들은 멸망당할 때이기 때문이다(계 11:15-18). 그리스도인은 전쟁의 분위기 안에 있다. 하지만 결과는 확실하다. 모든 민족이 기름부음 받은 왕에게 복종할 것이다. 그 사이에 신자는 여호와가 그분의 백성을 구원하시리라는 것을 확신하면서 신실하게 살 수 있다.

신적 보호와 구원의 실상 그리고 장차 최종적 승리의 전망 때문에, 신실한 자들은 여호와께 그들의 사랑과 감사를 품는다. 적어도 이 시편은 모든 신자에게 그들이 그들의 하나님 여호와께 영원한 찬송을 드려야 한다는 사실을 상기시킨다. 그들의 찬양에는 하나님이 그분의 백성들의 기도에 응답하시고 구원하신 역사를 열거하는 것이 포함되어야 한다. 단지 신자의 믿음의 역사 뿐 아니라 그의 평생에서 말이다. 이 경험들 중에서 하나님의 초자연적 간섭이 가장 분명하게 나타난 놀라운 경험들이 몇 가지 있을 것이다. 그러므로 신자들은 그들의 경험에 걸맞는 표현과 묘사들로 하나님과 그분의 역사를 묘사하고, 그들의 성공과 성취들을 신학적 견지에서 설명하며, 그들의 찬양을 공개적이고 교훈적인 것으로 만들 수 있어야 한다. 단순히 직접 그것을 듣는 사람들을 위해서 뿐만 아니라, 세상이 듣도록 하기 위함이다. 하나님은 살아 계신 하나님이시며, 그분은 영원한 의의 나라를 소유하시리라는 것이다.

하지만 이 시편에는 주의를 기울여야 하는 교훈적 요소들도 있다. 그것은 신자들에게 하나님은 그분을 온전히 의지하는 사람, 괴로울 때 그분께 기도하는 사람, 그분과 삶의 방식이 같은 사람(자비로운 자에게는 주님도 자비하시고, 완전한 자에게는 주님도 완전하시며 깨끗한 자에게는 주님도 깨끗하시다)을 구원하신다는 것을 상기시킨다. 여호와께서는 그분의 궁핍한 백성이 기도할 때 응답하신다. 하지만 그분은 교만한 자들에게는 저항하시며 그들을 낮추신다. 겸손, 순종, 믿음은 유사시에 그분을 부르는 사람들에게 반드시 필요하다.

이와 같은 시편을 강해할 때는 많은 것을 포함시켜야 한다. 그래서 자료들을 주의 깊게 배열하고 정확하게 설명해야 한다. 요약 강해 아이디어는 이 시편의 주요 취지를 파악하고 강해가 본문 메시지와 연결되게 해준다. 그것은 다음과 같이 표현할 수 있을 것이다. *살아 계신 하나님은 악의 세력들을 멸하고 그분의 백성에게 승리를 주시기 위해 초자연적으로 간섭하시기 때문에 찬양을 받으셔야 한다. 그리고 그 과정에서 언약에 대한 그분의 인자하심을 따라, 기름부음 받은 왕의 지배에 백성을 복종시키기까지 하신다.* 모든 구원의 행동은 약속들을 성취하는 방향으로 나아가는 또 다른 발걸음이다. 하지만 최종적 승리는 왕이 나타나셔야 이루어진다.

28. 신적 계시의 설계(시편 19편)
The Design of Divine Revelation PSALM 19

서론

본문과 다양한 역본들[1]

다윗의 시, 인도자를 따라 부르는 노래

1 하늘이 하나님의 영광을 선포하고
  궁창이 그의 손으로 하신 일을 나타내는도다
2 날은 날에게 말하고
  밤은 밤에게 지식을 전하니
3 언어도 없고 말씀도 없으며(There is no speech and there are no words)
  들리는 소리도 없으나[2]

---

[1] 일반적으로, J. v. d. Ploeg, "Psalm XIX and Some of Its Problems," *Jaarsbericht v. h. Vooraziatisch-Egtptisch Genootschap 'Ex Oriente Lux,'* 17(1963):193-201을 보라.

[2] 이 절은 관계절로 앞 절에 종속될 수도 있을 것이다. 헬라어에는 ὧν οὐχὶ ἀκούονται αἱ φωναί

4 그의 소리(line)³가 온 땅에 통하고
그의 말씀이 세상 끝까지 이르도다
하나님이 해⁴를 위하여 하늘에 장막을 베푸셨도다

5 해는⁵ 그의 신방에서 나오는 신랑과 같고
그의 길을 달리기 기뻐하는 장사 같아서

6 하늘 이 끝에서 나와서 하늘 저 끝까지 운행함이여
그의 열기에서 피할 자가 없도다

7 여호와의 율법은 완전하여 영혼을 소성시키며
여호와의 증거는 확실하여 우둔한 자를 지혜롭게 하며

8 여호와의 교훈은 정직하여 마음을 기쁘게 하고
여호와의 계명은 순결하여 눈을 밝게 하시도다

9 여호와를 경외하는⁶ 도는 정결하여 영원까지 이르고
여호와의 법도 진실하여 다 의로우니⁷

αὐτῶν, '그 안에서 그들의 목소리가 들리지 않는'(in which their voices are not heard)이라고 되어 있다. Delitzsch는 이 해석을 따라 이것을 '그들의 음성이 들리지 않는'[들을 수가 없는, whose voice is unheard(inaudible)]이라고 번역한다. 요점은 그것이 세상의 모든 사람이 이해할 수 있는 종류의 말로, 어디서나, 귀로 들을 수 있는 강화라는 점일 것이다(참고. 롬 1:19, Psalms, I:282-3).

3 MT에는 측량하는 '줄'(line)에 해당하는 단어 קָו가 접미사와 함께 나온다(קַוָּם). 다림줄이라는 개념은 이 전후 문맥에 맞지 않으며, 이 단어는 본문의 줄로 이해할 수 있을 것이다. 이사야 28:10, 13절에 나오는 '교훈에 교훈을 더하며'(line upon line)에서와 같다. 헬라어 번역(Symmachus와 수리아 역본)은 '음성' 혹은 '소리' φθόγγος라고 되어 있으며, Jerome은 sonus라고 해놓는다. 헬라어 본문의 번역자가 '줄'이라는 개념을 갖고 고민하다가 그 형태가 앞줄에 나오는 단어 קוֹלָם와 똑같아야 한다고 추측했든지, 아니면 히브리어 본문을 필사하는 서기관이 ל을 빼놓아 혼란을 제기했든지 둘 중 하나다. NIV는 헬라어역을 따르며 본문을 수정해서 '그들의 소리'(their voice)라고 해놓았다.

4 헬라어에는 '해 안에 그는 그의 장막을 두셨으며 그는 신랑으로 오신다…'라고 되어 있다.

5 MT에는 וְהוּא라고 되어 있다.

6 여호와를 '경외'하는 것은 율법에 해당하는 단어들의 순서에 맞는 것처럼 보이지 않는다. Kraus는 '경외'라는 말을 그냥 사용할 수 있다고 말하지만, 그 대신 시편 119:39과 조화를 이루도록 אִמְרַת, '…의 말씀'이라고 읽을 것을 제안한다(Psalms 1-59, p.268). 하지만 그렇게 바꿀 필요는 없으며 그것을 입증하는 증거도 없다. 역본들은 모두 '…을 경외함'이라고 읽는다. '경외'라는 단어는 율법을 말한다. 율법의 외적 측면이 아니라 율법이 마음에 끼치는 영향이다(결과의 환유). 마찬가지로, 하나님은 '이삭이 경외하는 이'(창 31:42)라고 불린다.

7 헬라어에는 δεδικαιωμένα, '의롭게 되다'라고 되어 있다. '여호와의 심판은 참되고 다 의롭게 되었으니.'

10 금 곧 많은 순금보다 더 사모할 것이며
　　꿀과 송이꿀보다 더 달도다
11 또 주의 종이 이것으로 경고를 받고[8]
　　이것을 지킴으로 상이 크니이다
12 자기 허물을 능히 깨달을 자 누구리요
　　나를 숨은 허물에서 벗어나게 하소서
13 또 주의 종에게 고의로(presumptuous)[9] 죄를 짓지 말게 하사
　　그 죄가 나를 주장하지 못하게 하소서[10]
　　그리하면 내가 정직하여
　　큰 죄과에서 벗어나겠나이다
14 나의 반석[11]이시요 나의 구속자이신 여호와여
　　내 입의 말과 마음의 묵상이 주님 앞에 열납되기를 원하나이다

구성과 전후 문맥[12]

시편 19편은 신적 계시와 그것이 의도한 결과들에 대한 최고의 제시다. 이 시편은 세 부분으로 뚜렷이 구분된다. 자연 속에서 나타난 신적 계시에 대한 묵상,

---

8 헬라어에는 '주의 종이 그것을 지키고(φυλάσσει), 그것을 지킴으로 상이 크니이다'라고 되어 있다.
9 זֵדִים라는 단어는 정확히 말하면 '주제넘은 사람' 혹은 '악한 사람'이다(시 119:69의 이 단어를 보라). Kraus는 זָדוֹן, '주제넘음, 반항'이라고 보는 것이 무심코 저지른 실수들과 더 대조가 될 것이라고 말한다. 그럼에도 그는 그것을 '악인'이라고 번역한다(Psalms 1–59, p.268). 하지만 MT에 나와 있는 형태의 단어는 '주제넘은(presumptuous) 죄'라는 의미를 지닐 수 있다. 주제넘은 죄가 반복되면 죄인이 종이 되며, 그래서 "그 죄가 나를 주장하지 못하게 하소서"라는 추가적 개념이 있다고 보는 것이 적절하다(Delitzsch, Psalms, I:289). 헬라어 번역은 '이방인들'(strangers, ἀλλοτρίων)인데, זֵדִים을 생각하고 있는 듯하다.
10 헬라어 번역은 이 행을 다음 행에 종속시킨다. '그들(이방인들)이 나를 주장하지 않는다면, 나는 정직하게 될 것이다…'라는 것이다.
11 헬라어역은 '나의 반석'이라는 비유를 '나를 돕는 자'(βοηθέ μου)로 해석한다. 오늘날 많은 번역가들은 '힘'이라는 말을 사용한다. 하지만 그것은 '반석'의 의미를 충분히 표현하지 못한다.
12 추가로 Walter Harrelsom, "Psalm 19", in Worship and the Hebrew Bible, Festschrift for John T. Willis, ed. by M. Patrick Graham et al, JSOT Supplement 284(1999):142–147; Julian Morgenstern,

여호와의 말씀에 쓰인 계시의 가치와 유익, 그리고 죄로부터 깨끗하게 하고 보존해달라는 기도 – 모든 계시의 계획된 결과 – 다.

처음 두 부문은 내용이나 문체 면에서 매우 다르기 때문에,[13] 많은 주석가들은 이것들이 원래는 개별적으로 독립된 저술이었다고 결론을 내린다. 브리그스,[14] 모르겐슈테른(Morgenstern),[15] 그리고 다른 사람들은 첫 번째 부분(19A)이 원래는 비 이스라엘적인 것이었으며, 여호와께 드리는 찬송이 아니라 엘이라는 태양신 샤마시/쉐메스에게 드리는 옛 찬송이었다고 추정한다. 다른 사람들은 그렇게까지 주장하지는 않고, 단지 19B의 저자가 자기 글의 서론으로 사용한 것은 창조주에게 드리는 옛 찬송이었다고만 주장한다.[16] 1–6절의 표현 및 개념들과 태양신에 대한 성경 외적 언급들 간에는 약간의 유사성이 있다. 하지만 그런 유사성들은 선택해서 각색한 것이라기보다, 의도적인 논증이라고 설명하는 것이 더 낫다. 시편기자는 여호와가 율법 수여자일 뿐 아니라 창조주라는 믿음을 제시하면서, 이교의 믿음을 약화시키고 태양(이교도들이 숭배하던)이 여호와가 창조하신 것이라는 진리를 제시하기 위해, 태양신에게 속한 것으로 여겨지

"Psalm 8 and 19A," HUCA 19(1945–1946):491–523; A. H. VanZyl, "Psalm 19," *Biblical Essays 1966*(1967):142–158을 보라.

[13] 예를 들어, 1–6절 시적 문체가 긴 행들로 된 삼보격시(trimeter)의 특징을 지니고 있는 반면, 7–11절은 짧은 행들로 이루어진 오보격시(pentameter) 운율에 맞는 것 등이다. H. Leo Eddleman, "Word Pictures of the Word: An Exposition of Psalm 19," *Review and Expositor* 49(1952):413–424을 보라.

[14] Briggs는 시편 19A는 원래 'Shemesh'['해'에 해당되는 히브리 단어(שֶׁמֶשׁ), 하지만 다른 언어들에서는 다르게 발음될 것이다. '샤마시'(Shamash) 혹은 '샴슈'(Shamshu)]를 기념하여 쓰였지만, 여호와 예배에 맞게 각색되었다고 말한다. 예를 들어, 그는 그것이 원래는 '쉐메스가 그의 장막을 세웠다'라고 되어 있었는데, 히브리 서기관이 하나님이 해를 위해 장막을 세웠다고 말하기 위해 그것을 전치사가 있는 것으로 바꾸었다고 말한다(*Psalms*, I:166).

[15] Morgenstern은 첫 번째 부분이 여호와를 언급하지 않기 때문에, 그것은 원래 엘 신에게 드리는 찬송이었음이 분명하다고 주장한다(p.515).

[16] 예를 들어, A. A. Anderson은 저자가 더 오래된 바벨론 유수 이전의 찬송의 단편들을 그의 글의 서론으로 사용했다고 말한다. 그는 그것이 비이스라엘적 기원을 가지고 있었다는 다른 사람들의 주장을 배제하지는 않지만, 그것이 이스라엘의 신년(New Year) 절기의 일부였을 수도 있다고 말한다(*Psalms 1–72*, p.167). Kraus도 마찬가지로 이 시편이 가을 절기 때 사용되었던 두 개의 의식용 찬송으로 구성되어 있었다고 제안하면서, 첫 번째 부분이 태양신 숭배에서 왔을 수도 있다고 본다(*Psalms 1–59*, p.269–270).

던 특정한 측면들을 나타내는 표현들을 사용했다. 이 태양신이 또한 정의의 신이었다는 사실이 논증에 추가된다. 이 시편은 이어서 율법이 태양을 만드신 여호와로부터 온다고 말할 것이기 때문이다. 찬송가 작가는 우주의 창조주이시며 율법 수여자이신 여호와께 드리는 찬송가를 쓸 때, 정의와 법의 이교신에 신빙성을 부여할 의도는 전혀 없었다. 하지만 이 시편기자가 율법에 대해 여호와를 찬양하면서 서론으로 창조주에게 드리는 옛 찬송가를 사용했을 수는 있다. 하지만 그렇다 해서 그 찬송가가 가나안의 기원을 가지고 있다는 의미는 아니며, A부분이 B부분보다 훨씬 더 오래되어야 한다는 것도 아니다. 그것은 단지 19A가 더 먼저 쓰인 논증적 글이라는 의미일 뿐이다.

이 두 부분은 한데 결합되어 있다. '해라'는 비유적 표현이 전체 글에 통일성을 부여하기 때문이다.[17] 해가 육체적 생명을 위한 창조주의 가장 영광스러운 선물이라면, 여호와의 말씀은 영적 생명을 위한 가장 영광스러운 선물이다. 그리고 해가 생명을 지배하고 그 아래 있는 모든 것을 비춘다면, 말씀은 영적 삶 - 그리고 또한 육체적 삶 - 의 모든 측면을 늘 지배한다. 해가 없으면 육체적 생명이 없다. 말씀이 없으면 영적 생명이 없다. 두 부분은 완전히 상호 보완을 이루는데, 이것은 두 부분의 연관이 매우 계획적인 것임을 보여준다.[18] 시편의 기원에 대한 모든 추측들은 일단 제쳐놓고, 여호와는 우주의(그러므로 분명 해의) 창조주라는 주제와, 모든 법과 정의의 원천이라는 주제는 이스라엘이 언제나 믿었던 것이다. 이러한 기본적인 믿음들이 없었다면 결코 시내산에서 언약을 맺지 않았을 것이다.

---

17 Jonathan T. Glass, "Some Observations on Psalm 19," in *The Listening Heart,* Festschrift for Roland E. Murphy, ed. by Kenneth G. Hoglund, et al, *JSOT Supplement* 58(1987):147-159; and N. Sarna, "Psalm XIX and the Near Eastern Sun-God Literature," *Fourth World Congress of Jewish Studies* 1(1967):171-175.

18 Broyles는 하나님(계시자)이 이러한 상호보완성을 저자가 아닌 편집자에게 알려주셨다고 말한다 (*Psalms*, p.108). 그는 다소 색다른 이러한 주장을 설명하지도 않고, 입증하는 어떤 증거를 제시하지도 않는다. 그는 두 번째 부분의 저자가 첫 번째 부분을 쓰기는커녕, 그의 글에 결합시킬 수도 없었을 것이라고 추정한다.

시편 19편을 면밀하게 검토해보면 이 부분들 간의 차이에 대해 더 잘 설명할 수 있으며 이것이 하나의 글이었다는, 즉 B부분의 저자가 자기 책임 아래 A부분을 포함하여 이것을 썼으리라는 결론에 이르게 된다. 이 시편은 창조주에 대한 찬송으로 시작된다. 창조주는 '하나님'(אל)이라고 언급되는데, 이것은 어떤 가나안 신을 언급하기 때문이 아니라, 창조주의 주권적 권세가 강조되고 있기 때문이다(창 1장에서처럼). 두 번째 부분은 여호와의 말씀에 초점을 맞춘다. 그것은 하나님의 자비와 사랑에 주의를 환기시키기 위해 언약 규정들의 모든 주요 용어들을 사용한다. 언약에 대한 이런 분명한 언급들 때문에, 여호와라는 언약 이름이 일곱 번 사용된다. 첫 번째 부분이 하나님의 영광에 대해 말한다면, 두 번째 부분은 그분의 뜻에 대해 말한다. 첫 번째 부분이 모든 피조물을 해가 지배한다는 것을 강조한다면, 두 번째 부분은 모든 생명을 하나님의 말씀이 지배한다고 단언한다. 첫 번째 부분에서 두 번째 부분으로 갑자기 바뀐 것은 주제의 변화로 인한 것이다. 사실상 갑작스러운 변화는 대조를 더 강조한다. 하나님의 말씀에 나타난 하나님의 계시는 자연에 나타난 하나님의 계시보다 훨씬 더 크다.[19] 이 시편의 두 부분은 한데 결합되어 있다. 이것은 하나의 통합된 글을 형성한다.[20]

게다가 이 글이 포로기 후에 쓰인 것이라는 강력한 증거는 없다. 그러나 연대를 더 이전의 것으로 잡을 만한 충분한 이유가 있다. 예를 들어, 시편 19편은 시편 18편과 시적 정서나 주제에 있어서 수많은 연관을 지닌다.[21] 두 본문에서

---

[19] Goldingay는 A부분이 일반 계시를, B부분이 특별 계시를 말한다는 것을 인정한다. 하지만 그는 그러고나서 그 말이 무슨 의미인지 한정하기 시작한다. 그는 두 번째 부분이 "자연으로부터는 알 수 없을 더 이상의 진리들을 제공하지는 않는다. 이를테면 예수 안에서 절정에 이른, 이스라엘의 이야기 안에 표현된 하나님의 목적에 대한 진리 등이다"(p.298)라고 말한다. 그는 B부분이 하나님의 교훈의 본질에 대해 말한다고 인정한다. 하지만 이스라엘의 가르침과 도덕들이 다른 나라들의 가르침 및 도덕들과 비슷했다고 말한다. 이 논의의 배경이 무엇이었는지는 분명하지 않다(아마 성경을 숭배하는 것처럼 보이는 사람들에 대한 그의 관심일 것이다. p.299]). 하지만 그의 해설은 혼란을 야기한다.

[20] M. Fishbane은 각 부분이 또 하나의 주제로 연결된 것을 주목한다. 첫 번째 부분에서는 우주가 말하고, 두 번째 부분에서는 여호와가 말씀하시며, 세 번째 부분에서는 시편기자가 말한다(*Text and Texture*, p.86).

[21] James R. Durlesser, "A Rhetorical Critical Study of Psalms 19, 42, and 43," *Studia Biblical et Theologica* 10 (1980): 179–197.

중요한 공통 주제 중 일부는 하나님이 창조 세계를 지배하신다는 것, 하나님 보시기에 흠이 없기를 바라는 시편기자의 마음, 여호와를 반석으로 묘사하는 것 등이다. 우리는 적어도 이 두 본문의 이런저런 세부 사항들로 인해, 시편의 최종 책임자가 다윗 시편 모음집에서 시편 19편을 시편 18편 뒤에 배치했다고 말할 수는 있을 것이다. 그런데 사무엘하 22장의 유사 본문에 비추어 시편 18편을 초기 다윗 시대의 것으로 볼 수 있다면, 시편 18편과 연관된 점들로 보아 시편 19편 역시 이른 시기의 것이라고 말할 수 있을 것이다. 게다가 백성들은 포로기보다 오래 전에 적어도 선지자적 메시지나 가르침을 통해 율법의 내용을 알고 있었다.

석의적 분석

요약

시편기자는 하늘이 해의 지배적 영향 아래 하나님의 손으로 하신 일의 영광을 선포하시는 것에 감동을 받아, 생명에 지배적인 영향을 미치는 것은 여호와의 효과적인 율법이라고 주장한다. 그로 인해 그는 깨끗하게 보존되게 해달라고 기도하도록 촉구한다. 그의 생명이 여호와 앞에 받으실 만한 것이 되기 위해서다.

개요

I. 자연 계시: 시편기자는 하늘이 해의 지배적 영향 아래 하나님이 하신 일의 영광을 선포한다고 말한다(1-6절).

    A. 그는 하늘에서 창조의 각 부분들이 선포하는 것을 말한다(1-4절 상).

        1. 요약 진술: 하늘은 하나님이 하신 일의 영광을 선포한다(1절).

        2. 묘사: 하늘은 그분의 영광을 계속적이고 우주적으로, 인간의 말 없이 전한다(2-4절).

B. 그는 피조세계를 지배하는 해에 초점을 맞춘다(4절 중-6절).
    1. 해는 하늘에 하나님이 만들어주신 밤의 장소(night-place)를 가지고 있다(4절 하).
    2. 해는 자기 길을 갈 때 피조물을 지배한다(5-6절).
II. 특별 계시: 시편기자는 강력하고 삶을 변화시키는 여호와의 말씀을 묘사한다(7-11절).
  A. 그는 말씀의 특성과 효과를 열거한다(7-9절).
    1. 여호와의 완전하고 확실한 말씀은 사람을 변화시킨다(7절).
    2. 여호와의 순전하고 직접적인 말씀은 사람들을 고무하고 계몽시킨다(8절).
    3. 여호와의 말씀에 대해 경외감을 일으키는 결정들은 의롭다(9절).
  B. 그는 여호와의 말씀이 지닌 가치와 유익을 나타낸다(10-11절).
    1. 여호와의 말씀이 주는 가르침은 즐겁고 바람직하다(10절).
    2. 여호와의 말씀이 주는 가르침은 그를 하나님을 기쁘시게 하는 삶으로 인도한다(11절).
III. 계시에 대한 반응: 시편기자는 완전히 깨끗하게 되기를 간구한다. 흠 없고 열납될 만한 삶을 살게 하기 위해서다(12-14절).
  A. 그는 숨겨진 잘못에서 완전히 깨끗하게 되기를 기도한다(12절).
  B. 그는 고의로 짓는 죄에서 자신을 보존하셔서, 정직하게 해달라고 기도한다(13절).
  C. 그는 자신의 말과 생각이 자신을 강하게 하시고, 구속하시는 여호와 앞에 그것이 열납되기를 기도한다(14절).

강해 형태의 주석

I. 자연적 계시: 해의 지배적 영향력 아래 있는 하늘은 끊임없이 하나님의 영광을 드러낸다(1-6절)

A. 모든 창조 세계는 하나님의 영광을 분명하게 증거한다(1-4절 상)
이 시편의 처음 몇 구절은 우주 안에 있는 하나님의 무언의 계시를 묘사한다. 창조세계는 하나님의 영광을 분명하게 계시한다. 많은 사람은 과학적 연구의 일환으로 해, 달, 별을 관찰한다. 어떤 사람들은 점을 치기 위해 그것을 관찰한다. 하지만 신자들은 그것을 통해 만물을 지으신 하나님께 큰 찬양과 경배를 드릴 것이다. 사실상 이 시편의 시정이 너무나 우아하고 주제도 너무나 고상해서, 믿음의 역사에서 가장 위대한 음악가들이 이것을 찬양으로 만들었다.

첫 구절은 요약 진술과 함께 계시를 소개한다. "하늘이 하나님의 영광을 선포하고 궁창이 그의 손으로 하신 일을 나타내는도다."[22] 이 구절은 '하늘'이라는 말로 시작한다. 이것은 아마 하늘에 있는 모든 것을 의미할 것이다(주제의 환유). 즉 주로 해, 달, 구름, 별, 행성들이다.[23] 이와 대응되는 것은 바로 위 하늘 너머의 '넓게 트인' 공간을 의미하는 '궁창'(רָקִיעַ)이다. 창세기 1:8에서 '궁창'은 '하늘'이라 불린다. 그래서 이 단어들은 같은 것을 말할 수 있다. 하늘의 모든 무리가 하나님의 영광을 '선포한다'(מְסַפְּרִים). 이것은 계속적인 계시를 강조하는 구절의 분사들이다['선포하다'와 '나타내다'(מַגִּיד)]. 이것은 피조세계의 이 부분들이 실제로 하나님에 대해 계시한다는 것을 나타내는 의인화다. '선포하다'(סָפַר)라는 단어는 추가적 함축을 지닌다. 이것은 시편 전체에서 예배 때 하나님의 행동을 찬

---

22 본문에서 이 행은 교차법으로 되어 있다. (A) 하늘이 / (B) 선포하고 / (C) 하나님의 영광을 // (C') 하신 일을 / (그의 손으로/ (B') 나타내는도다 / (A') 궁창이.
23 '하늘' 혹은 '하늘들'(שָׁמַיִם)은 새가 날아가는 하늘을 말할 수도 있고, 눈에 보이는 우주를 말할 수도 있으며, 하나님의 임재를 말할 수도 있다. 지상의 관점에서 보면 별들과 행성들이 하늘 '안에' 있는 것처럼 보이지만, 이 용어의 부차적 의미에서만 그렇다(이 언어는 현상적인 것이다).

미하며 선포하는 것에서 일관되게 사용된다.[24] 이것은 마치 하늘의 모든 내용물이 하늘의 성소에서 하나님께 영광을 돌리고 있는 것과 같다. 바로 이것들이 실제로 존재하는 것을 따라서 말이다. 대응되는 동사(נגד)는 보통 알려지지 않았던 어떤 것을 드러내는 것을 말한다. 그래서 역시 하늘 안에 있는 모든 것을 의미하는 궁창은 하나님이 손으로 하신 일, 즉 모든 것을 만드신 창조주가 계심을 드러낸다. 이 언어는 비유적이다(신인동형론적). 하나님은 손으로 무엇을 만들지 않으셨기 때문이다. 하나님은 모든 것이 그분의 명령을 따라 창조되게 하셨다(창 1:3; 시 33:6-9). 하지만 '그의 손으로 하신 일'이라는 표현은 그가 모든 것을 만드셨음을 인간적 차원에서 전달한다(또한 시 8:1, 3절; 롬 1:20; 행 14:17도 보라).

이 구절 중심부에는 하늘이 선포하는 것에 대한 신학적 묘사가 있다. "하나님의 영광"이라는 것이다. 하나님에 대해 사용된 호칭(אל)은 창조주와 우주에서 최고의 존재가 지닌 주권과 권능을 의미한다. '영광'(כבוד)이라는 말은 사람들이 이해하기가 조금 더 어렵다.[25] 그것은 무거움이라는 비유적 의미가 '중요

---

24 NIDOTTE, III:282, by A. R. Pete Diamond에서 ספר라는 단어를 찾아보라.

25 '영광'(כבוד)이라는 말은 '무겁다'(כבד)라는 동사와 관련되어 있다. 이것은 확대하면 '중요한' 것을 의미한다. 이 말은 문자적 의미로 무거운 것, 이를테면 사람(삼상 4:18) 혹은 바위(사 32:2) 같은 것을 말한다. 하지만 그것은 또한 눈먼 것(무거운 눈, 창 48:10) 혹은 불신(무거운 혹은 완강한 마음, 출 9:7) 등을 묘사하기 위해 비유적으로 사용될 수도 있다. '중요한'이라는 관련된 의미는 무게가 있는 것은 중요한 것으로 인식되었기 때문에 나오는 것이다[우리가 사용하는 직권을 남용하다(throwing one's weight around)라는 표현에서처럼]. 그래서 물건들과 사람들이 중요하다고 말하는 것이다. 이를테면 성전(학 2:3), 혹은 옷(출 28:2), 심지어 숲(사 10:18) 등이다. 사도 바울은 영원한 영광의 무게에 대해 말할 때 이 단어의 의미로 언어유희를 한다(고후 4:17).
파생된 동사 어간에서 이 단어는 '중요하게 취급하다, 공경하다'라는 의미를 지니게 되었다. 부모를 공경하는 것(출 20:12), 혹은 안식일을 존귀하게 여기는 것(사 58:13), 혹은 가장 중요한 것으로 하나님을 영화롭게 하는 것(시 50:15)이다. 하나님을 영화롭게 하려면 사람들은 하나님의 명령들에 순종함으로 그것을 보여야 한다(말 1.6).
'영광'이라는 단어는 때로는 영혼에 대해 사용된다. 이것은 진짜 사람, 본질적 생명을 의미한다(시 30:12). 관련된 명사는 '간'(liver)으로, 역시 인간 생명의 핵심에 대해 비유적으로 사용된다. 그것은 가장 무겁고 중요한 것으로 간주되었다. 본질적인 사람에 대해 '영광'이라는 말을 사용하는 것은 그 사람에게 '중요성'을 부여하는 것이다. 모든 사람은 이 '영광', 이 내적 영광 혹은 중요성을 가지고 있다. 하지만 여호와는 다른 모든 사람보다 우월한 최상급의 영광을 가지고 계신다(E. Jacob, *The Theology of the Old Testament*, tr. by A. W. Heathcote and P. J. Allcock[New York: Harper and Row, 1958], p.88을 더 보라).

함'이라는 의미로까지 발전되면서, 그 동사의 기본적 개념을 보유하고 있다. 하나님의 영광에 대해 말하는 것은 그분의 본질적 가치, 그분에게 중요성을 부여하는 것이 무엇인지 말하는 것이다. 누구든 우주를 바라보고 하나님이 권능의 말씀으로 이 모든 것을 창조하셨음을 이해하는 사람들은 하나님이 일찍이 현존하는 가장 중요한 분이시라는 것, 다른 누구도 근접조차 할 수 없이 중요한 분이라는 것 외에 다른 결론을 내릴 수 없을 것이다. 이 구절에서 우리는 하늘에 존재하는 모든 것이 창조주의 하신 일을 드러내며 모든 피조세계가 그분 만큼 중요한 분은 없음을 말해준다는 것을 읽는다.

의인화는 2절에서 낮과 밤이 말하고(יַבִּיעַ אֹמֶר), 지식을 전하면서(יְחַוֶּה־דָּעַת) 잇따라 하나님을 알게 한다는 말로 계속된다. '낮'과 '밤'은 하늘에서 낮과 밤에 볼 수 있는 모든 것을 말한다(그래서 주제의 환유다). 그리고 낮과 밤 둘 다를 사용한 것[상극법(merism)] 및 '날은 날에게'와 '밤은 밤에게'라고 반복한 것은 그 증거가 계속적이며 절대 다함이 없다는 것, 메시지가 줄곧 발산된다는 것을 강조한다. 창조의 각 부분의 존재 자체가 연속적으로 특유의 방식으로 우리에게 말하고 지식을 선포한다(습관적 미완료). '말하다'(נָבַע)라고 번역된 동사가 강조하듯이, 이러한 소통은 억누를 수가 없다. 이 단어는 강 혹은 물 웅덩이가 콸콸 솟아오르고 넘쳐 흐르는 것에 대해 사용된다. 하지만 여기에서 이것은 찬양, 지혜, 지식이 흘러나오거나 흘러넘치는 보다 자주 사용된 비유적 의미를 지닌다. 계속

'영광'이라는 명사는 어떤 사람의 중요함 혹은 위대함을 반영하는 것에 대해 사용되었다. 예를 들어, 요셉은 그의 형제들에게 자기 아버지에게 그가 누리는 영광(NIV 'honor', 창 45:13)에 대해 말하라고 했다. '여호와의 영광'이라는 말처럼 이 의미가 여호와에게 적용되었을 때, 그것은 이를테면 시편 19편처럼 하나님의 권능의 임재의 모든 표현을 말했다. 그것은 또한 바다와 광야의 밝게 비치는 구름을 말할 수도 있었다(출 14:19-20, 24절). 모세는 그 모든 것을 보았다. 하지만 그럼에도 여전히 하나님의 영광을 보기 원했다(출 3:18). 그는 현상을 넘어 진짜 존재를 보기 원했다(여기에서 헬라어역은 '영광'을 '당신 자신'이라고 번역한다).
여호와와 관련해서 '영광' 혹은 '영광스러운'이라는 단어를 사용할 때, 그것은 기본적으로 그분이 현존하는 가장 중요한 혹은 탁월한 분이시라고 말하는 것이다. 그리고 성경이 하나님의 영광을 말할 때, 그것은 보통 하나님의 탁월하심과 위대하심의 모든 증거를 말하고 있다. 여기에서처럼 창조이든, 구원이든, 그분의 임재이든 말이다.

해서 항상 흘러나오는 것은 바로 하나님의 엄위와 권능의 증거다. 하늘이 선포하는 지식은 하나님의 본성에 관한 것이다. 자신의 의지와 명령에 의해 모든 것을 창조하신 행동은 그분의 권능을 드러낸다. 광활한 우주와 그 모든 복잡한 것들은 그분의 무한함과 주권을 드러낸다. 창조의 모든 측면이 완벽하게 기능하는 것은 그분의 지혜를 드러낸다. 모든 창조의 아름다움은 하나님의 아름다움을 드러낸다.

자연의 계시는 특정한 말로 통하지 않을지도 모르지만, 그럼에도 그 메시지는 분명하다. 사실 3절은 이 계시에는 언어(אֹמֶר, 그가 "날은 날에게 말하고"라고 할 때 방금 사용한 바로 그 단어)도 없고, 말씀(דְּבָרִים)도 없으며 – 문자적으로는 없다 – 그들의 소리(קוֹלָם)는 들리지 않았다고 말한다. "그들의 소리가 들리지 않는 곳에서"라고 읽으라는 제안은 이 점에 잘 맞는다. 하늘의 증거들은 침묵할지 모르지만, 그것들의 증거는 연속해서 들린다.

4절은 이 계시의 범위를 덧붙인다. 그것은 사람들이 사는 세상 도처에 이른다. 4절은 '그들의 줄'(קַוָּם)이라는 색다른 표현으로 시작된다. 이 단어의 주된 용례는 '측량줄'이라는 것이다. 하지만 그것은 이 구절에서 요점이 아니다. 이 때문에 옛 역본들이나 현대 주석들이나 할 것 없이 그것을 3절에서 처음 소개된 단어가 변형된 것으로 '그들의 소리'라고 읽는 편을 선호했다. 그런 변화는 전후 문맥에 잘 맞으며, 4절 후반에 나오는 '그의 말씀'과 더 잘 대응된다. 하지만 바로 이런 이유로 서기관은 '줄'이라는 어려운 단어를 분명한 단어로 바꾸었을 것이다. 게다가 '그들의 줄'이라고 읽는 것이 이 구절에서 불가능하지는 않다. 이사야 28:10, 13:26에서 나오듯이,[26] 이 용어는 또한 본문의 행을 말할 수도 있기 때문이다. 그것은 하늘의 계시가 한 행의 본문처럼 온 세상 도처에서 계속되는 것과 같다. '말씀'이 사람이 살고 있는 세상(תֵּבֵל, '땅'과 '세상'은 주제의 환유로, 그 지

---

26 본문은 전통적으로 '경계에 경계를 더하며(line upon line)(צַו לָצָו), 경계에 경계를 더하며, 교훈에 교훈을 너하며(קַו לָקָו), 교훈에 교훈을 더하며'(NIV, '행함에 행함을'// '규칙에 규칙을')이라고 번역되었다. 요점은 קַו이 본문을 말한다는 것이다.

역에 살고 있는, 계시를 받아야 할 사람들을 의미한다)까지 이르는 것이다. 이 지구에서 사람들이 사는 곳마다, 자연적 계시는 주권적인 창조주가 계신다는 진리를 전달한다.

B. 해는 활발하고 강력한 길을 따라 하늘의 선포를 지배한다(4절 하-6절)
4절 한가운데에서 초점의 변화가 일어난다. 전체 피조 세계로부터 우리가 보는 피조 세계 지배적 부분인 해(שֶׁמֶשׁ)로 초점이 바뀌는 것이다. 낮 동안에는 해가 너무나 밝아서 하늘에 있는 별들과 행성들을 볼 수가 없다. 그리고 해는 너무나 강력해서 밤에서 낮으로 날씨를 바꾸고, 사람들이 살 수 있도록 땅을 따뜻하게 하며, 사람의 유익을 위해 모든 것이 땅에서 자라도록 한다. 이 시는 하늘에서 해가 밤에 지내는 곳을 하나님이 해를 위해 만든 장막이라고 말한다. 그래서 시편기자는 계속 의인화하면서(신에 대한 몇몇 이교적 묘사들을 사용하여), 해를 원기왕성한 신랑으로 묘사한다. 그는 밤이 되면 자신의 장막으로 가고, 곧 어둠이 내린다. 아침에는 행복과 열심으로 가득 차서 장막에서 나와 낮 동안 자신의 길을 달린다. 이 길은 해가 뜨는 하늘의 한쪽 끝에서 해가 지는 다른 쪽 끝까지다. 해는 지배적인 존재이기 때문에, 아무것도 그 빛이나 열기로부터 감춰지지 않는다. 누구든 관찰해보기만 하면 해가 우주의 지배적 부분이라는 것을 알 수 있다 (이 말은 지구에 있는 우리의 관점에서 쓴 것이다). 하지만 더 깊이 이해하면 빛, 열, 에너지가 어떻게 해로부터 나와 이 땅에 생명을 주는지 알 수 있다. 이것 역시 창조주의 지식과 이해를 나타낸다. 그분이 해와 지구가 지구의 생명을 유지하기에 적절한 시간에 정확한 관계에 있도록 정하셨기 때문이다.

하지만 이 부분에는 하나님의 창조에서 해가 나타나는 것과 해의 중요성에 대한 시적 묘사 이상의 것이 있다. 고대 사회에서 이교도들은 샤마시 혹은 샴슈(샵슈)라는 태양신을 숭배했다. 바벨론의 신 샤마시는 심지어 '신랑'이라고 불리기까지 했다. 아마도 밤에 그의 연인(바다)의 팔에서 혹은 결혼하여 쉬는 태양신의 신화와 관련하여 불렸을 것이다.[27] 히브리인 저자는 논쟁을 형성하기 위해 이교 세계로부터 나온 몇 가지 표현들을 찾아 쓰는 듯하다. 해는 아침에 신방에서 일어나는 강한 남자에 비교할 수 있다. 하지만 이교 신화와는 반대로 그것은 여전히 해이며, 그 언어는 시적이다. 해는 단지 하나님의 창조의 일부일 뿐이다.

게다가 메소포타미아 태양신은 또한 정의와 의를 유지하는 존재로 간주되었다. 예를 들어, 함무라비 법전이 들어 있는 석비에 샤마시는 법을 왕에게 주는 것으로 혹은 왕이 법을 쓰는 것을 인도하는 것으로 묘사되어 있다(Pritchard, ANET, p.163; ANEP, plate 246을 보라). 시편기자는 이것에 반발할 것이며, 그 대신 법을 여호와에게서 나오는 것으로 볼 것이다. 시편의 처음 두 부분은 의도적으로 이교 개념들의 토대를 무너뜨리고 그것을 진리로 대체하기 위해 그 개념들에 반격을 가한다. 피조물은 숭배되어서는 안된다. 그것은 경배해야 할 창조주를 증거하는 것이다. 피조물은 법을 부여하거나 정의를 옹호하지 않는다. 창조의 하나님인 여호와가 그렇게 하신다.

II. 특별 계시: 여호와의 말씀을 가장 사모해야 한다. 그 이유는 말씀이 하나님의 뜻을 계시할 뿐 아니라 사람들의 삶을 변화시키기 때문이다(7-11절)

A. 여호와의 말씀은 하나님의 뜻을 계시하고 사람들의 삶을 변화시킨다(7-9절)
7절에서 어투, 문체, 내용이 갑자기 바뀐다. 주의를 기울여야 할 초점은 하나님의 창조의 장려함에서 여호와의 말씀의 가치로 바뀌는 것이다. 자연 계시는 하나님의 권능과 엄위하심에 대해 상당히 많이 선포한다. 하지만 그것은 특별 계시의 세부 사항들은 전달할 수 없다. 하늘의 무리들, 특히 해는 이 땅의 생명에 큰 영향을 끼친다. 하지만 그것들은 특별 계시가 미치는 영향에 필적할 수 없다. 사람들이 여호와의 말씀의 교훈들과 원리들을 따를 때 삶은 변화되고 풍성해진다. 7-11절에 나오는 자료들은 성경에 강조점을 둔 지혜 문학 혹은 토라('율법')

---

27 A. A. Anderson, *Psalms 1-72*, pp.169-70. Kraus, *Psalms 1-59*, p.272-273.

문학에 거의 가깝다. 첫 번째 부분인 7-9절은 여호와의 말씀의 서로 다른 측면들을 극찬하며, 각 측면이 신자들에게 미치는 영향을 묘사한다. 두 번째 부분인 10-11절은 성경의 가르침이 얼마나 사모할 것이고 유익이 되는지 선포한다.

칭송을 받아야 할 여호와의 말씀의 여섯 가지 측면이 있다.[28] 첫째는 일반적 제목인 "여호와의 율법"(תּוֹרַת יהוה, 시 1:2의 같은 단어를 보라)이다. '율법'이라고 번역된 이 단어는 개별적 가르침, 시내산에서 받은 율법, 모든 율법책 전반, 혹은 성경 전체를 말하는 것일 수 있다. 여기에서 이것은 시내산에서 주어진 율법을 말하는 듯하다. 하지만 이것은 어떤 성경 계시에도 쉽게 적용될 수 있다. 특별 계시로 바뀌면서 이제 '하나님' 대신 언약 이름 '여호와'가 사용된다. 자연 계시는 만물을 창조하신 주권적이고 권능이 있으신 하나님에 대해 말할 수 있다. 특별 계시는 자기 백성에게 그분의 뜻과 계획을 계시하신 인격적인 언약의 하나님 여호와에 대해 말할 수 있다. 다윗은 이 율법이 완전하다(תְּמִימָה, 시 7:8의 같은 단어를 보라)고 말한다. 이것은 흠이 없고 오류가 없다. 오해하게 만들거나 불필요한 교훈은 없다. 그것은 건전하고, 일관되며, 손상되지 않은 진정한 것이다. 다시 말해 여호와의 율법은 신적 진실함을 가지고 있으며, 이것이 사람들에게 미치는 영향은 생명을 회복시킨다("영혼을 소성시키며"는 מְשִׁיבַת נָפֶשׁ다)는 것이다. 즉 이것은 사람들을 다시 돌려준다(<שׁוּב, '제자리로 돌려주다', 시 126:1의 같은 단어를 보라. נֶפֶשׁ에 대해서는 시 11:5의 같은 단어를 보라). 사람들이 어떤 영적 상태에 있든, 혹은 어떤 물리적 장소나 사건으로 인해 그들이 제멋대로 나가게 되었든, 여호와의 율법은 그들이 어떻게 하나님과 올바른 관계로 회복될 수 있는지 보여준다. 많은 사람은 '율법'이라는 말을 들으면 정죄함이 수반되는 규칙들만 생각한다. 하지만 율법은 또한 죄 사함과 회복을 위한 하나님의 은혜로운 규정인 제사의 모든 의식도 포함했다.

---

28 시편에서 여호와의 말씀에 대해 사용되는 다양한 용어들에 대한 보다 상세한 논의는 시편 119편 서론을 보라.

나와 있는 두 번째 주제(7절 하)는 "여호와의 증거"(עֵדוּת, 시 119:2의 같은 단어를 보라)다. 이 말은 '언약' 혹은 '증거'로 번역할 수 있을 것이다. 이것은 하나님이 이스라엘과 맺으신 언약을 구성하는 율법들과 계명들에 대한 일반적 언급이다. 이 증거는 '확실하다'(נֶאֱמָנָה에서 나온 אָמַן, 시 15:2의 같은 단어를 보라). 이것은 그 말씀이 '신뢰성 있는' 혹은 '믿을 만한'이라는 의미다. 그리고 그 결과는 그것이 우둔한 자를 지혜롭게 한다는 것이다. '우둔한 자'(פֶּתִי)란 순진한 사람, 종종 어린 사람으로, 아무 훈련도 받지 못했기 때문에 지식이나 훈계가 없는 사람, 그리고 온갖 종류의 위험에서 방황하는 사람이다(예를 들어, 잠 1:4, 8:5, 9:4, 16; 14:15, 18, 19:25를 보라). 우둔한 사람에게는 지혜가 절실하다. 지혜는 훈련되고 생산적인 삶, 공동체, 가족, 하나님께 영광을 가져오는 삶을 살기 위한 기술이다.[29] 여호와와 언약을 맺고 그 조항들에 따라 살 때, 우둔한 자는 지혜로워 질 수 있다. 하지만 성경이 없이는 경건한 지혜는 없다.

세 번째 주제는 "여호와의 교훈"(פִּקּוּדֵי יְהוָה, 8절 상)이다. 이 동사(פָּקַד, 시 8:4에서 같은 단어를 보라)는 무엇보다도 '임명하다'라는 의미다. 이것은 종종 어떤 사

---

[29] '지혜롭게 하다'라는 말은 (히필) '지혜롭다'(חָכַם)라는 동사의 분사다. 관련된 단어들은 '지혜'(חָכְמָה)와 형용사 '지혜로운'(חָכָם)이다. 이 단어의 기본적 의미는 그 집단의 비신학적 용례들에서 볼 수 있다. 이 용례들에서 공통적인 것은 실제적 기술(명사에 대해) 혹은 숙련되게 행동하다(동사에 대해)라는 개념이다. 예를 들어, 이 명사는 출애굽기 31:6과 35:10에서 성막을 지어야 하는 사람들에게 주어진 기술에 대해 사용된다. 마찬가지로, 이사야 3:3에서 이 말은 숙련공을 말한다. 시편 107:27에서는 폭풍 한가운데서 선원의 기술을 묘사한다. 이것은 행정적 기술(창 41:33)에 대해서도 사용된다. 이런 기술은 분명 솔로몬의 기도에서 나타난 관심사였다(왕상 3:12). 마지막으로 이것은 메시아가 지혜와 이해의 영을 받을 때 갖을 행정적 기술들에 대해 사용된다(사 11:2). 이 모든 것에는 '기술' 혹은 '실제적 능력'이라는 개념이 나와 있다. 이것은 성공적인 결과를 낳기 위해 준비된 기술이다.
지혜는 또한 하나님의 속성 중 하나다. 모든 것을 창조하고 유지하기 위해 어떤 지혜, 어떤 기술과 지식이 필요할 것인가(욥 28:12-20; 잠 8:22-31). 사도 바울은 역사의 범위를 살펴볼 때 하나님의 지혜에 놀랄 수 밖에 없다(롬 11:33).
지혜에 해당하는 단어들은 또한 윤리적 종교적 활동들을 의미할 수 있다. 기술이라는 기본적 개념은 여기에도 역시 적용된다. 지혜 문학은 사람들에게 어떻게 도덕적 영적 일들에서 숙련된 삶을 살아서 결국에는 그들이 하나님을 영광스럽게 하고 공동체에 유용한 뭔가를 생산할 수 있게 가르치도록 만들어진 것이다. 여기에는 지식, 훈련, 이해 역시 포함될 것이다. 하나님은 사람들이 지혜를 얻을 능력을 예비시키셨다(잠 2:6-7; 욥 38:36). 그렇기 때문에 자기 백성들에게서 지혜를 바라신다(시 51:6). 지혜는 언고 계발해야 한다(잠 4:7). 그리고 성경에서 지혜 문학이 강조하는 것은 그것이 여호와를 경외하는 것과 그분의 말씀을 묵상하는 것을 떠나서는 얻을 수 없다는 것이다.

람의 입장이나 운명을 바꾸는 것을 강조한다. 여호와의 교훈은 추가적 책임과 의무들을 지닌 더 높은 섬김으로 하나님의 임명을 받는 것과 같다. 이것들은 '정직하다'(יְשָׁרִים, 시 67:4의 같은 단어를 보라). 이것들은 정확하게 옳고, 적절하게 명확하고 직접적이다. 이 교훈들의 효력은 어떤 사람이 이것들을 받고 그 차원에 따라 살아간다면, 이것들이 마음을 기쁘게 한다는 것이다(מְשַׂמְּחֵי־לֵב, 시 48:11의 같은 단어를 보라). 언약에 계시된 하나님의 계획을 실행하는 것은 기쁨을 가져올 것이다. 슬픔과 불안정의 느낌은 자신이 하나님의 율법에 반역하며 산다는 인식으로부터 온다.

네 번째 주제는 "여호와의 계명"(מִצְוַת יהוה)이다. '계명'의 단수 용법은 모든 계명과 규정들을 가진 전체 율법에 대한 언급이다(신 8:1을 보라). 이 언약 프로그램은 "순결하다"(בָּרָה). 어떤 불완전함이나 오염도 없는 것이다(순금과 같이). 그리고 하나님의 명령은 순결하기 때문에, 이것은 "눈을 밝게" 한다(מְאִירַת עֵינָיִם). 이것은 사람들에게 영적 이해를 주고, 그들을 올바른 선택들로 인도한다('눈'은 통상적으로 보는 것 이상을 나타낸다). 부패한 세상에서 살아남기 위해서는 영적 인식이 반드시 필요하다.

다섯 번째 주제(9절)는 유형에 맞지 않는 것처럼 보인다. 바로 "여호와를 경외하는 도(יִרְאַת יהוה)는 정결하여(טְהוֹרָה)"라는 것이다. 다른 모든 주제는 하나님의 율법에 대한 규정이므로, 여기에서 의도하는 의미 역시 율법임이 분명하다. 시편기자는 율법의 결과, 곧 율법에 대한 경외감을 말한다(그러므로 그 비유는 환유다). 율법을 적절히 이해하고 받으면 신자에게서 경건한 경외감을 촉발할 것이다(시 2:11의 같은 단어를 보라). 그런 경외감을 촉발하는 율법은 정결하다고 나온다(טָהוֹר). 이것은 레위기에 나오는 성소 의식에서 낯익은 용어다(시 51:10의 같은 단어를 보라). 이것의 반대말인 '부정한'이라는 말은 성소 밖의 세상에서 더럽혀짐으로 인해 오염되거나 부패한, 그렇기 때문에 하나님 앞에 허용되지 않는 모든 것을 말한다. 시편 19편에서 '정결한'이라는 말은 경건한 경외심을 낳은 율법을 묘사할 것이다. 이것은 어떤 식으로든 오염되거나 곡해되지 않았기 때문에 하나님의 임재 앞에 열납된다. 그리고 그 결과는 그것이 영원까지 이른다는 것이다[보다 구체적으로 말하면 그것은 영원히 서 있다(עֹמֶדֶת לָעַד)]. 하나님의 거룩하신 말씀은 영원토록 지속될 것이다. 그것은 진리이기 때문이다. 하늘과 땅은 지나가지만 여호와의 말씀은 그렇지 않을 것이다(또한 마 24:35을 보라).

마지막으로, "여호와의 법도"(מִשְׁפְּטֵי־יְהוָה)가 나온다. '법도'(decisions)라는 단어는 '판단'(judgments)으로 번역될 수도 있다(시 9:4의 같은 단어를 보라). 하지만 이 문맥에서 이것은 아마 사건들을 판결하는 판결들을 말할 것이다(이른바 מִשְׁפָּטִים, 예를 들어 출 21-23장). '진리'는 '신실한'이라는 말과 '믿을 만한'(אֱמֶת, 시 15:2의 같은 단어를 보라)이라는 말과 관련되어 있으므로, 진리는 현실에 대응되는 것이기 때문에 신뢰할 수 있는 것이다. 법적 사건에서 판결을 내릴 때 목적은 진리에 이르는 것이다. 하나님의 모든 판결은 바로 이것을 할 것이다. 그래서 결론은 그것들이 "다 의로우니"(יַחְדָּו צָדְקוּ)라는 것이다. 의는 기준에 부합하는 것을 말하므로(시 1:6의 같은 단어를 보라), 하나님의 모든 결정들이나 판결들은 옳다. 이것은 당연하다. 그분은 의로우시며 의를 사랑하시기 때문이다(시 11, 45편). 하나님의 결정들에서만 누구든 참된 정의를 발견할 것이다.

B. 여호와의 말씀은 사모할 만하고 즐거운 것이다. 그것은 사람들이 여호와를 기뻐할 수 있게 하기 때문이다(10-11절)

이렇게 사람들의 삶에서 여호와의 말씀이 지닌 가치와 영향을 살펴보고 나서, 시편기자는 여호와의 말씀에 대한 그의 기쁨과 거기서 오는 유익을 말한다. 신자들에게 여호와의 율법은 짐이 아니다. 그것은 사모할 만한 것이다(הַנֶּחֱמָדִים). 그렇게 사모하면 보통 바라던 것을 얻게 된다(창 3:6 금단의 어떤 것을 바라는 것, 시 39:12의 소중한 것, 재물). 시편기자는 여호와의 율법이 순금보다 더 사모해야 하는 것이며, 그것이 송이꿀에서 나온 꿀보다 더 달다는 것을 알았다. 하나님의 말씀은 그것이 신실한 신자들에게 가져다주는 삶이 풍성함과 만족이라는 점에서 달콤하며, 그 달콤함은 날마다 그것을 더 사모하는 마음을 가져다준다.

다윗은 여호와의 말씀이 그의 삶에 준 즐거움을 곰곰이 생각해보면서 또한 그것이 그의 삶에 미친 영향도 묵상했다(11절). 첫째, 하나님의 종인 그는 그 말씀에 의해 경고를 받는다(נִזְהָר, 예를 들어 겔 33:7에서 이 말을 악인을 경고하는 데 사용한 것을 보라). 여호와의 율법을 적용하면 어떻게 우리가 삶에서 내리는 선택들에 계속해서 경고를 받는지 보려면 잠언을 읽어보면 된다. 율법은 사람들에게 그들이 무엇을 하지 말아야 할지 말해주었을 뿐 아니라, 또한 율법을 어기면 어떤 결과가 따르는지 경고해주었다. 다른 한편, 하나님의 율법을 지킴으로 '상'(עֵקֶב은 기본적으로 '결과'를 의미한다. 하지만 이 맥락에서는 이것은 분명 좋은 결과를 말할 것이다)이 있었다. 하나님의 율법은 달고 사모할 만한 것이었다. 이 율법들은 사람들이 자신의 삶과 주위 사람들의 삶을 망치지 않도록 막았으며, 율법을 지키는 것에 대해 좋은 결과를 약속했다(레 26장에 나오는 축복과 저주의 목록들을 보라). 이 시편 첫 번째 부분에 기초해서, 우리는 주권적인 창조주가 그분의 피조물에게 무엇이 가장 좋은지 아시기 때문에 그렇다고 결론을 내릴 수 있을 것이다.

III. 신적 계시에 대한 반응: 신적 계시에 대한 적절한 반응은 죄를 고백하는 것과 하나님께 열납되기를 바라는 것이다(12-14절)[30]

다윗은 자연 계시, 곧 모든 하늘의 일월성신이 하나님의 엄위하심과 영광에 대해 제공하는 계시를 자세히 이야기한 후에, 여호와의 말씀, 곧 신자들의 삶에 변화와 고양을 가져다주는 특별 계시의 여러 측면들을 기술하고 자신의 고집스런 태도를 인정하며 죄를 씻어주시고 죄성에서 벗어나 자신을 보존해달라고 기도한다. 하나님께 열납될 만한 삶을 영위하기 위해서다. 이 점에서 신적 계시를 믿는 모든 사람은 이 결론부의 기도를 반드시 함께 드려야 한다.

---

30 이 점은 다음과 같이 보다 완전하게 설명될 수 있을 것이다. 자연 계시를 통해 하나님의 영광을 그리고 특별 계시를 통해 하나님의 뜻을 묵상해본 신자들은 자신들이 여호와께 열납될 수 있도록 죄로부터 깨끗하게 되고 보존되기를 위해 기도한다(12-14절).

A. 신자들은 숨겨진 잘못들에서부터 깨끗하게 해달라고 기도해야 한다(12절)

12절은 "자기 허물을 능히 깨달을 자 누구리요?"라는 수사학적 질문으로 시작한다. 그가 주장하고 있는 점은 어느 누구도 허물을 깨달을 수 없다는 것이다. 그가 말하는 죄의 유형은 '부지 중에 범한 죄'(שְׁגִיאוֹת)다.[31] 이 용어는 일반적인 고집스러움을 말하는 것일 수도 있지만, 제사 의식에 관한 율법들에서는 의도적이지 않은, 숨겨진 혹은 고의가 아닌 죄를 말한다. 그것이 무의식 중에 범한 죄라는 것은 레위기에서 그 죄를 지은 사람이 그 죄에 대해 발견했거나 알게 되었을 때 속죄제를 드리라고 규정한 사실에서 입증된다(시 4:28). 이 말은 율법에 대한 무지에서 범한 죄, 혹은 무심코 저지른 죄, 혹은 합리화되는 죄는 어떤 것이든 말할 수 있을 것이다. 이러한 죄들은 분명 미리 계획해서 율법을 어긴 것이 아니다. 하지만 설사 부지불식간에 저지른 것이라 해도, 그럼에도 불구하고 그것은 죄다. 다윗은 자신이 그 죄들을 탐지해낼 수 없다는 것을 알기 때문에 하나님께 자신의 은밀하고 감춰진(< סָתַר) 죄에서 벗어나게 해달라고 기도한다. '나를 벗어나게 하다'(נַקֵּנִי)라는 동사는 '무죄로 하다'라는 동사에서 나온 것이다. 그는 무죄하다고, 혹은 그 순간 그에게 감춰진 어떤 죄들도 없다고 선언되기를 원한다.[32] 그가 율법을 묵상한다면

---

[31] Jacob Milgrom, "The Cultic שׁגגה and Its Influence in Psalms and Job," *JQR* 58(1967–68):115–125.

[32] 동사 נָקָה는 '결백하다'라는 의미다. 형용사 נָקִי는 '죄 없는, 결백한'이라는 의미다. 어원을 보면 이 말은 '비워내다'라는 개념을 시사할 수 있으며 그렇기 때문에 '면제하다' 혹은 '해방되다'라는 개념을 시사할 수 있다. 신명기 24:5에서 이 단어는 군사적 의무에서 '면제된' 신혼의 신랑에 대해 사용된다. 이것은 또한 창세기 44:10에서는 종이 되는 대신 '죄가 없게 된다'는 의미로 사용된다. 하지만 이 동사는 통상 '벌을 받지 않은 채로 있다' 혹은 '면제되다, 사면되다'라는 의미다.
'결백한'이라는 형용사는 종종 취약성을 의미한다. 결백한 자들은 뇌물의 희생자가 되거나(시 15:5) 아니면 갱단에게 죽임을 당할 위험에 처하기 때문이다(잠 1:11). 무죄한 피를 흘리는 것은 특별히 극악한 것으로, 그런 죄를 지은 책임이 있는 사람은 유혈의 죄를 지은 셈이 될 것이다(신 19:10). 보통 사람의 피를 흘리는 것이든 아니면 아이를 제물로 바치는 것에서 무죄한 아이의 피를 흘리는 것이든(왕하 21:16).
법적 맥락에서 이 동사는 의무, 처벌, 혹은 죄책으로부터의 자유를 강조한다. 법정은 어떤 사람이 '형벌을 면할' 것인지 결정한다(출 21장; 민 5:31). 그리고 '벌을 받지 않는다'는 개념은 언제나 기도에서 하나님께 '무죄하다고 선언'해달라고 혹은 죄과에서 벗어나게 해달라고 요청하면서 나온다(시 19:13). 벌이 시행되어야 한다면, 율법은 죄 있는 자들이 벌을 받지 않고 그냥 넘어가서는 안 된다고 말한다(출 20:7, 그것은 죄 있는 자들이 죄에서 벗어나지 못하리라는 의미다).

그런 죄들을 발견할 것이다. 그의 기도는 그 죄들이 제거되어 자유로워지게 해달라는 것이다.

B. 신자들은 고의적 죄에서 보존되도록 기도해야 한다(13절)

그는 또한 하나님이 그를 고의로 짓는 죄(מִזֵּדִים)에서 보존해달라고(< חָשַׂךְ, '그를 억제하다, 그를 제지하다') 기도한다. 이 동사(זוּד)는 '끓어 넘치다'라는 의미이지만, 또한 '교만하다, 주제넘게 행동하다'라는 의미이기도 하다(경계선을 넘어선다는 의미에서). 이 말은 사전에 계획된 죄, 고의적인 죄를 말한다(민 15:27-31). 그는 고의로(presumptuous) 죄를 짓는 사람들이 하는 것처럼 주제 넘게(presumption) 행동하기를 원치 않는다. 고의로 죄를 짓는 사람은 계획적인 죄인이었다. 주제 넘음이란 그가 알고서 고의적으로 하나님께 대항해서 죄를 지을 수 있다는 개념을 나타낸다. 다윗의 기도는 그런 교만한 죄가 그를 지배하지 않도록 해달라는 것이다. 즉 그것은 그처럼 강력하다.

이 시편기자가 은밀한 죄가 없고 고의적인 죄에서 보존된다면, 그는 정직하여 큰 죄에서 결백하게 될 것이다. '정직하여'(blameless, אֵיתָם, 이 동사의 일인칭 형태, 보통은 אָתֵם)라는 말은 '정직함'의 통상적 형태(תָּמִים)와 관련되어 있다. 이 단어는 여러 가지로 적용될 수 있는데, 그중 하나는 성소에 가져올 수 있는 흠 없는 짐승들을 말한다. 비슷한 의미로, 다윗은 죄가 없을 때 하나님 앞에 흠이 없기 때문에 환영받는다고 말한다. 다른 단어인 '벗어나다'(innocent, נִקֵּיתִי)라는 말은 '없다, 깨끗하다, 면제되었다'라는 단어다. 즉 그의 큰 죄과가 면제될 것이다. 이 시편이 말하는 '큰 죄과'가 무슨 의미인지는 말하기 어렵다. '죄과'(transgression)라는 단어는 보다 구체적으로 말하면 반역적 행동이다(단어가 군사적 반란들에서 사용된 것에서 볼 수 있듯이. 시 51:1의 같은 단어를 보라). 고대 사회에서

결백함에 대한 선언에는 또한 제의적 의미도 있다(시 73:13). 자격을 갖춘 예배자는 "손이 깨끗하여"(시 24:4)야 한다. 여기에서 이 말은 제의적 의미와 윤리적 의미를 둘 다 가지고 있다. 예배자는 삶의 행동에서 죄책이 없고 결백해야 했다.

'큰 죄'란 종종 간음을 말했다. 하지만 이 시편에서는 이 표현을 아마 그렇게 구체적인 의미로 사용한 것은 아닐 것이다. 그는 어떤 심각한 죄에서든 벗어나기를 원한다.

그래서 모든 하나님의 백성은 은밀한 죄에서 깨끗하게 되고, 고의로 짓는 죄를 범하지 않도록 보호받을 때, 하나님 앞에서 흠이 없고 결백하다. 하지만 그런 영적 진실함을 유지하려면 끊임없이 경계를 늦추지 말아야 한다.

C. 신자들은 언제나 자신의 말과 생각이 여호와께 열납되기를 기도해야 한다(14절)

마무리 기도는 시편에서 가장 유명한 기도 중 하나다. 이 기도는 말과 묵상이 여호와께 열납되기를[33] 바라는 것이다.[34] 이것은 봉헌을 위한 관용 표현 유형을 따른다(시 104:34, 119:108을 보라). 시편기자는 하나님의 영광을 반영하는 자연 계시의 말씀들과, 그의 삶을 인도하고 지도하여 하나님께 순종하도록 하는 하나님께로부터 온 특별 계시의 말씀들에 대해 길게 논했다. 이제 그는 하나님께 드리는 자신의 말 역시 하나님께 열납되기를 기도한다.[35] 하지만 관심사는 말에 대한 것만이 아니고 또한 묵상에 대한 것이기도 하다. 델리치는 이렇게 말한다. "기도는 내적 사람이 드리는 제사다. 마음은 그것을 묵상하고 형성한다. 입은 단어의 형태로 만들어진 그것을 입 밖에 냄으로써 그것을 말한다."[36] 좋은 의미에서 '묵상'(הָגָיוֹן > הִגָּיוֹן)은 신적 계시를 기도하는 마음으로 분석하고 적용하는 것

---

[33] לְרָצוֹן는 문자적으로 번역하면 '열납을 위해'(그것들이 있게 하라)가 될 것이다(시 30:5의 같은 단어를 보라). 그것은 보통 '그것들이 열납되도록 하라'로 번역된다. 동사 רָצָה는 레위기에 나오는 의식에서 열납될 만한 제물의 기분 좋은 특성과 관련해서 사용되는 또 다른 단어다. 시편기자는 죄된 백성이 하나님께 열납되지 않는다는 것을 잘 알고 있었다. 열납되게 해달라는 그의 기도는 죄 사함과 죄로부터 보호될 것을 추정한다.

[34] 동사 יִהְיוּ는 명령법으로 '(그것들이) 있게 하라'는 것이다.

[35] 선지자 이사야가 계속해서 하나님을 찬송하는 천사들의 환상을 보았을 때 어떻게 자신이 부정한 입술의 사람이라고 고백했는지 생각해보라(사 6:1-3).

[36] Delitzsch, *Psalms*, I:289.

을 말할 것이다(시 1:2). 하지만 나쁜 의미에서 이 말은 하나님을 반대하는 어떤 명상이나 상상에 대해서도 사용될 수 있다(시 2:1을 보라). 여기에서 이 기도는 그가 말하는 모든 것과 그가 생각하는 모든 것이 하나님께 열납되게 해달라는 것이다. 그리고 이것은 부적절한 묵상들을 배제할 것이다.

이 기도에서는 여호와를 "나의 반석이시요 나의 구속자"라고 부른다. 반석이라는 비유적 표현은 시편 18:2에서 주권적인 창조의 하나님을 원수들로부터 구원하고 보호해주시는 분으로 묘사하는 맥락에서 사용되었다. 현대 역본들은 그것을 '나의 힘'이라고만 번역하는 경향이 있다. 하지만 이 비유적 표현의 의미는 그보다 더 광범위하다. 이것은 하나님을 그의 삶의 견고한 토대, 그가 안전하게 보호받는 장소, 그리고 그의 힘으로 나타내기 때문이다.

"나의 구속자"(יֹאֲלִי)라는 호칭 역시 여러 측면을 지닌다.[37] 인간적 차원에서 보면 이 단어는 가족을 위해 보호하고 공급하는 친족으로서의 구속주를 말한다. 빚을 다 갚거나 과부와 결혼하는 것 등이다. 하지만 신적 차원에서 보면 이 단어는 하나님의 언약 백성에 대한 그분의 보호와 구원을 말한다. 보통 하나님이 원수들에게 복수를 함으로써 그렇게 하시는 것이다. 하나님을 그의 구속자

---

37 이 동사 '구속하다'(יָּאַל)는 가까운 친척의 풍습들과 연관되어 있으며, 일반적으로 율법을 매개로 한 관계의 권리와 직무를 수행한다는 개념을 가지고 있다. 친족의 모든 활동들은 가족을 보호하는 것이며, 그래서 '구속하다'의 해석으로 '보호하다'라는 정의가 적절하다.
기저에 있는 의미는 어떤 가족 구성원을 구속 또는 보호하거나, 재산, 자유, 생명, 그리고 필요하다면 후손을 되찾기 위해 행동할 친척, 어떤 가족 구성원과 관계되어 있다. 친족은 어떤 친척이 포기해야 했던 땅을 되삼으로써 재산을 보호할 것이다(레 25:25-34; 룻 4:6). 친족은 빚을 갚기 위해 스스로 종으로 팔려야 했을 수도 있는 친척의 자유를 확보해줄 것이다(레 25:35, 39절, 47-54절). 친족은 또한 친척이 죽임을 당했을 때 그 죄를 지은 사람이 도피성을 떠나 자유롭게 돌아다닌다면 복수를 할 것이다(민 35:19-24). 그리고 친족은 또한 죽은 친척을 위해 후사를 제공할 것이다(신 25:5-10; 룻 4:5, 10). 그가 기꺼이 그럴 마음이 있고 그렇게 할 수 있는 능력이 있다면 말이다.
이 의무들은 가족과 민족의 복지에 대단히 중요한 것으로 간주되었으며 그래서 그중 대부분은 가난한 자들과 궁핍한 자들을 옹호해야 했던 왕의 의무로 간주되었다(시 72:12-14).
하나님을 주어로 하면 이 단어는 이스라엘을 애굽의 속박으로부터 구해내는 것에 대해 사용된다. 첫 번째 경우는 하나님이 애굽에서 이스라엘에게 하신 약속이었다(출 6:6). 시편 74:2와 이사야 51:10에서는 출애굽 또한 구속이라고 말한다. 하지만 단어는 이스라엘을 바벨론의 포로생활에서 구속하는 것에 더 자주 사용된다(사 48:20; 미 4:10). 선지자들은 또한 이스라엘의 영광스러운 미래의 회복을 묘사할 때 이 단어를 사용한다(사 52:9).

로 부르는 것은 하나님이 그의 충실하신 보호자시라는 것, 모든 것을 바로잡으실 분이라는 것을 의미한다. '나의 반석'과 '나의 구속자'를 결합한 것은 하나님의 본성과 공급에 대한 강력한 요약을 제공한다.

메시지와 적용

시편 19편의 두드러진 특징은 자연과 그분의 말씀에 나타난 하나님의 계시를 상기시킨다는 것이다. 하지만 그것이 더 큰 영적 성찰 및 헌신으로 이어지지 않는다면, 그 계시의 가치는 상실될 것이다. 분명 신자들은 함께 창조주를 찬양하고 말씀의 권능에 놀랄 수 있다. 하지만 이것은 이 시편의 주요 취지가 아니다. 모든 계시는 반응을 요구한다. 그래서 이 시편은 시편기자의 반응에서 절정에 이른다. 따라서 우리는 그것에 초점을 맞추도록 핵심적인 강해 개념을 표현할 수 있을 것이다. 그래야 강해가 온전해질 것이다. 이 시편의 핵심적인 강해 개념은 다음과 같다. *창조와 성경에 나타난 여호와의 계시를 주의 깊게 묵상하는 것은 신자에게 더 큰 경배와 새롭게 된 영적 헌신을 불러일으킨다.*

자기 백성을 해방시키는 신적 친족 구속자로서, 여호와는 자기 백성에게 해를 끼친 사람들에게 복수하신다. 이사야 47:4은 여호와가 이스라엘의 구속자이시기 때문에 바벨론은 멸망할 것이라고 진술한다. 그리고 이사야 63:4에서 "내가 구속할 해"는 "내 원수 갚는 날"과 대응된다.
이 단어는 또한 모든 악으로부터(창 48:16), 멸망으로부터(시 103:4), 그리고 사망으로부터(호 13:14) 건지는 것에 대해서도 사용된다. 이와 관련해서는 "내가 알기에는 나의 대속자(redeemer)가 살아 계시니"(19:25)라는 욥의 진술도 있다. 욥은 그가 이제 죽으리라는 것을 알았다. 하지만 그는 누군가가, 여호와, 그의 구속주가, 결국은 모든 것을 바로잡으리라는 것을 알았다. 이 용례는 구원이라는 의미와 복수라는 이미를 결합시킨다.
마지막으로, 이 단어는 죄로부터의 구속에 대해 사용할 수 있다. 이사야 44:22은 죄를 제거하는 것을 설명하기 위해 '구속하다'라는 동사를 사용한다. 이것은 포로생활에서의 해방을 말할 수도 있으나, 그런 해방에는 백성들의 죄를 완전히 덮어버리는 것이 포함된다.
하나님을 구속주라고 묘사할 때, 자기 백성을 속박, 불행, 임박한 죽음, 죄들로부터 구원하려는 그분의 능력과 의지가 강조될 것이다. 이스라엘은 이것을 할만큼 강하지 않았으므로, 하나님이 그것을 해주셔야 했다(렘 31:11). 그분의 구속은 사랑과 자비에 기초하고 있으며(사 63:9) 억압자들에 대한 심판을 통해 수행된다. 결국, 백성들은 그에게 속해 있다.

물론 강해는 여러 요소들을 신약의 가르침들과 연결시킨다. 자연 계시는 바울이 로마의 교회에 보낸 서신의 출발점이며, 이 책에서 바울은 이스라엘이 말씀을 들어본 적 없다고 말할 수 없다고 주장하기 위해 시편 19:4을 인용한다(롬 10:18). 하나님의 계시는 변하지 않는다. 자연 계시는 그분의 권능과 엄위하심을 보여준다. 하지만 여호와의 말씀은 그분의 뜻을 계시한다. 바울에 따르면 율법은 거룩하고, 의로우며, 선하다(롬 7:12). 율법은 하나님의 뜻을 계시한다. 하지만 가장 중요하게도 죄를 계시한다(롬 7:13). 성경은 하나님의 감동으로 된 것이기 때문에 사람들을 지혜롭게 하고 의로 교육하기에 유익하다(딤후 3:15-16). 신적 계시는 사람들이 하나님을 찬양하고, 그들의 죄를 고백하며, 순종에 대해 새롭게 헌신하도록 인도한다.

그리스도인들은 또한 그리스도가 오시는 것과 함께 계시가 완성되었다고 증거할 것이다. 우리는 시편기자가 일찍이 갖고 있던 것보다 훨씬 더 많은 것을 가지고 있다. 그렇지만 신적 계시의 본질과 효과는 동일하다. 그리스도가 만물 안에서 뛰어나시다는 것을 제외하고 말이다. 그분은 창조주이시다. 그래서 하늘이 그리스도의 영광을 선포한다(요 1:1-10; 골 1:15-20). 그리고 그분은 말씀, 하나님의 완성된 계시이시다. 그래서 그분을 믿으면 생명과 기쁨과 영적 이해를 누리게 된다(요 1:1-18; 히 1:1-3). 우리가 말씀을 통해 그분에 대해 배우듯이, 우리의 은밀한 죄들과 반역적인 행동들은 밝혀질 것이다. 그래서 우리는 죄 사함을 발견하고 큰 죄에 저항할 영적 힘을 얻을 것이다(요일 1:7).

Confidence in the Name of the LORD PSALM 20

여호와의 이름에 대한 확신(시편 20편)

서론

본문과 다양한 역본들

다윗의 시, 인도자를 따라 부르는 노래

1 환난 날에 여호와께서 네게 응답하시고
  야곱의 하나님의 이름이 너를 높이 드시며
2 성소에서 너를 도와 주시고
  시온에서 너를 붙드시며
3 네 모든 소제[1]를 기억하시며
  네 번제를 받아 주시기를[2] 원하노라 (셀라)

---

1 MT에서 형태는 불완전하게 쓰인 복수형 מִנְחֹתֶךָ이다. 몇몇 사본들은 그것을 מִנְחוֹתֶךָ라고 완전하게 쓴다. 헬라어 사본과 Jerome에는 단수로, מִנְחָתֶךָ에 해당되는 것으로 나와 있다. 요드 없는 본문 형태로 인해 번역자들이 그렇게 번역할 수 있을 것이다.

2 MT에는 יְדַשְּׁנֶה, '기름지다고 선언하다'라고 되어 있는데, 그것은 '받아들이다'라는 의미다. 주석가들은 본문을 수정할 것을 제안한다. 예를 들어, Kraus는 그 단어를 יִדְרְשֶׁנָּה, '그가 그것에 대해 묻도록'이라고 해석해야 한다는 주장을 찬성한다. 이것은 이 단어에서 ר이 빠졌다고 가정할 것이다(Psalms 1–59, p.277). 그렇게 수정할 필요는 없다.

4 네 마음의 소원대로 허락하시고

　네 모든 계획을 이루어 주시기를 원하노라

5 우리가 너의 승리로 말미암아 개가를 부르며

　우리 하나님의 이름으로 우리의 깃발(banners)³을 세우리니

　여호와께서 네 모든 기도를 이루어 주시기를 원하노라

6 여호와께서 자기에게 기름부음 받은 자를 구원하시는 줄 이제 내가 아노니

　그의 오른손의 구원하는 힘으로

　그의 거룩한 하늘에서 그에게 응답하시리로다

7 어떤 사람은 병거, 어떤 사람은 말을 의지하나

　우리는 여호와 우리 하나님의 이름을

　자랑하리로다

8 그들은 비틀거리며 엎드러지고

　우리는 일어나 바로 서도다⁴

9 여호와여 왕을 구원하소서

　우리가 부를 때에 우리에게 응답하소서⁵

구성과 전후 문맥

시편 20편의 주제는 기도에서의 확신이다. 이 본문은 왕을 위한 백성의 중보 기

---

3 MT는 "우리의 깃발을 세우리니"라는 표현 נִדְגֹּל에 대해, דֶּגֶל, '깃발'(banner)이라는 말을 사용한다. 헬라어역본은 μεγαλυνθησόμεθα라는 형태로 되어 있다. 아마 '우리는 찬미할(대단히 기뻐할) 것이다'라는 것으로, 아마 נָגִדִיל라고 읽은 것이다. 이것은 7절에서 '우리는…자랑하리로다'(we will make mention/keep our confidence)라고 번역하기 위해 이 동일한 동사를 사용할 것이다.

4 이 구절에 나오는 동사들은 예언적 완료다. 이 동사들은 미래의 확실함으로 해석되어야 한다.

5 이 번역은 이 행의 운율적, 논리적 구분을 반영한다. MT에 나오는 강세에 따르면 "여호와여 구원하소서. 우리가 부를 때에 왕이 우리에게 응답하게 하소서"라고 읽어야 할 것이다. '우리에게 응답하도록'이라는 동사 יַעֲנֵנוּ는 헬라어 번역에서 עֲנֵנוּ인 것처럼 해석된다. "그리고 우리를 들으소서(καὶ ἐπάκουσον ἡμῶν) 어느 날에든 우리가 주님을 부르는 것에서"라고 되어 있는 것이다.

도를 기록한다.[6] 왕 자신이 전쟁에서 구원을 위해 기도하고 있었다. 백성들은 모두 분명한 확신을 표현했다. 그리고 이것은 오늘날 신자들에게 매우 교훈적이다.

시편 20편은 또한 제왕시로도 분류된다. 즉 왕이 전면에 나서는 시편이라는 것이다. 이것은 전쟁에 나가기 전에 드리는 기도에 대한 것으로, 기도하는 자기 왕을 위한 백성들의 기도와, 그다음에 자신의 기도가 응답받았다는 왕의 확신이다. 말하고 있는 사람은 십중팔구 왕 자신일 것이다. 그러나 일부 주석가들은 이것이 왕에게 말하는 개인일 수도 있다고 생각한다.[7] 표제에서 주장하는 것처럼, 왕이 다윗이 아닐 이유는 없다. 하지만 이 시편이 일단 성소에 두어진 후에는, 후대 왕들이 반복해서 그것을 사용했을 것이다. 시편이 '여호와의 이름'에 초점을 맞추고 있다 해서, 여호와의 이름이라는 개념이 보다 고도로 발전된 것으로 생각되었던 후대의 것으로 보아야 하는 것은 아니다. '여호와의 이름'은 성경 본문들에서 7세기 훨씬 이전부터 사용되었다.[8] 이에 더하여, 우리는 제왕 시편들이 종종 더 위대한 왕이신 신약의 메시아 예수를 예표한다는 것을 주목할 수 있다. 하지만 제왕 시편에 나오는 다윗 왕과 예수님 간의 대응에는 몇 가지 한계가 있다. 예를 들어, 신약에서 신자들은 그들의 왕이 다시 오실 때 전쟁에서 성공하실 것이라고 기도하지 않는다. 하지만 그분이 권능과 영광 가운데 세상을 심판하고 그의 백성을 구속하러 오시는 것에 대해서는 기도한다.

시편 20편은 전쟁에서 왕이 승리하기 위한 확신에 찬 기도일 뿐 아니라, 화자가 바뀌므로 제의적 시편이기도 하다. 우리는 다윗이 원래 기도드리던 사건

---

6 Goldingay는 이것을 중보 기도로 보지 않는다. 그는 이것이 왕을 위한 축복으로, 축복하는 자는 하나님의 권능을 받아 이 왕에게 하나님의 축복을 말했다고 말한다(*Psalms 1-41*, p.309). 이 해석은 무리한 것이다. 이것은 시편의 현대적 용례를 반영할 수도 있다. 게다가 시편 21편은 시편 20편에 나오는 이 기도에 대한 응답에 대해 드리는 찬양처럼 보인다.

7 Broyles는 시편 20편이나 21편에서 왕은 어떤 시점에서도 화자로 나서지 않는다고 말한다(p.110). 하지만 회중들이 역시 기도하고 있는 자신들의 왕을 위해 기도하고 있을 수는 있다(1-5절). 그러므로 왕은 시편 두 번째 부분의 화자로 그의 확신을 표현하고 있을 수도 있다.

8 Kraus, *Psalms 1-59*, p.279의 논의를 보라. 물론 일부 학자들은 신명기주의자들의 신학에 대해 그들이 이해한 바에 따라, 이 글을 후대 포로기 이전의 것으로 보려 애썼다.

이 끝난 후에, 앞으로 비슷한 상황에서 사용하도록 사건들을 회상하고 기도 및 거기 수반된 예배시 형태의 찬양을 썼다고 생각할 수 있을 것이다. 그런 강력한 시편은 분명 이스라엘의 역사 내내 그리고 심지어 신자들의 개인적 투쟁의 때에도 매우 효과적이었다.

이 시편은 극적 상황을 가능한 재구성하는 데 도움이 된다. 이때에도 왕은 그의 군대를 전투로 이끌고 가고 있었다. 그는 그날의 부담에 무겁게 짓눌렸다. 그는 위대한 과거의 승리들을 기억할 수는 있었으나, 하나님의 간섭이 없으면 이 전투가 재앙이 되리라는 것을 알았다. 적군은 그들의 말과 맹렬한 전쟁용 병거를 자랑했다. 하지만 그의 전략은 보병 – 그리고 여호와를 믿는 믿음 – 뿐이었다. 그는 '여호와의 이름으로' 골리앗을 대면했던 잊지 못할 날부터 내내 전쟁에서 여호와를 의지했다. 이번도 예외가 아닐 것이다.

전투 전에 다윗은 번제와 소제를 가지고 기도하러 성소에 왔다. 짐승을 제물로 바칠 때 그것을 단 위에 두었다. 그리고 연기가 여호와를 기쁘시게 하는 향기로 올라갈 때, 다윗은 단 구석에 서서 하나님께 승리를 간구했다. 그가 기도할 때 회중들은 그를 위해 중보하기 위해 안뜰에 모였다. 그들의 말은 그들이 얼마나 큰 기대를 가지고 기도했는지 보여준다. 승리를 얻기도 전에 여호와께 찬송하는 기대였다! 그들이 기도한 내용은 1-4절에 나와 있으며 그들의 확신은 5절에 나와 있다.

가늠할 수 없는 침묵의 기간이 이어졌다. 그 침묵의 기간에 하나님의 영이 다윗의 마음에 말씀하시고 그의 기도가 응답되었고 승리가 보장되었다고 확신시키셨다. 그다음에 왕이 하나님이 그의 기도에 응답하셨다는 – 실로 이미 그를 구원하셨다는 – 승리의 선언을 가지고 등장했다(6-8절).

그는 여호와의 이름을 온전히 의지하며 울려 퍼지는 백성들의 큰 외침을 듣고 자신의 군대를 전장으로 이끌었다. 그들은 그들의 왕에게 승리를 달라는 확신에 찬 기도를 반복했다(9절).

압도적 열세에 직면해서 이처럼 큰 신뢰를 갖는 것은 본보기가 된다. 어떻게 그런 확신이 발전될 수 있는지 발견하기 위해, 우리는 백성들의 확신에 찬 중보와 관련해서 왕이 가지고 있던 강한 믿음의 단언들을 주의 깊게 연구해야 한다. 백성들이나 왕이나 이런 믿음을 가지고 있었다. 하지만 그것이 어떻게 가능했는지는 왕의 말이 보여줄 것이다. 그다음에 시편 21편에서 우리는 전쟁의 결과에 대해 듣는다. 그것은 여호와를 믿는 믿음에 의한 승리였다.

석의적 분석

요약

승리를 위해 기도하고 있는 자신들의 군주를 위한 백성들의 중보 기도에 대한 반응으로, 왕은 자신이 의지하는 여호와가 그들에게 압도적 승리를 주시리라는 확신을 표현한다.

개요

I. 시편기자는 모여 있는 예배자들의 중보 기도와 찬양을 기록한다. 그들은 여호와가 전쟁 때 도와달라는 왕의 기도에 응답하시기를 바라고 있었다(1-5절).

   A. 모인 예배자들은 자신들의 왕을 위해 기도한다(1-4절).

      1. 그들은 하나님께 왕의 요청들에 응답해달라고 구한다(1절).

      2. 그들은 하나님께 성소로부터 도움을 보내달라고 구한다(2절).

      3. 그들은 하나님께 왕의 제사들을 받아달라고 구한다(3절).

      4. 그들은 하나님께 왕의 마음의 소원을 이루어달라고 구한다(4절).

   B. 모인 예배자들은 하나님이 왕의 기도들을 응답해주시리라는 자신들의 확신을 말로 표현한다(5절 상).

   C. 모인 예배자들은 자신들의 기도를 반복한다(5절 하).

II. 왕인 시편기자는 자신이 받은 확신을 말한다. 자신이 여호와의 이름을 의지하기 때문에 압도적 승리를 얻게 되리라는 확신이다(6-8절).

A. 그는 여호와가 여호와의 기름부음 받은 자인 자신을 구원하실 것임을 확신한다(6절).
B. 그는 오직 여호와의 이름만을 의지하는 것에 의해 그의 확신을 설명한다(7절).
C. 그는 압도적 승리를 예상한다(8절).

III. 모여 있는 예배자들은 여호께 구원하시겠다는 약속을 성취해달라고 함께 외친다(9절).

강해 형태의 주석

I. 신자들은 그들을 의로운 목적으로 인도하는 사람들을 위해 중보할 때 확신을 가질 수 있다(5절)

A. 신실한 자들을 후원하는 중보는 고무적이고 덕을 세우는 일이다(1-4절)

처음 네 구절은 백성들의 중보를 기록한다(그래서 모든 동사는 명령법이 될 것이다). 이 시의 행들은 그들의 중보의 네 측면을 강조하며, 그 과정에서 왕의 믿음의 네 측면을 드러낸다.

첫째, 그것은 환난의 때에 하나님의 권능을 보여달라는 기도다(1절). 그들은 하나님이 다윗의 기도에 응답해달라고 기도한다. "환난 날에 여호와[9]께서 네게 응답하시고 야곱의 하나님의 이름이 너를 높이 드시며." 이 대구법에서, 두 번째 절은 그들의 기도에 대해 어떤 응답을 바라는지 자세히 말한다. 그 기도는 구체적으로 하나님이 전쟁에서 그를 구원해달라는 것이다. "너를 높이 드시

---

[9] 나는 이 시편에 대한 논의에서 실제로 거룩한 이름을 사용할 것이다. 그것은 이 시편 전체에 대한 강해에서 중요하기 때문이다.

며"(שׂגב)라는 말에는 군사적 함축이 담겨 있다. 이 말의 용법은 암시된 비교를 제공한다. 어떤 것을 도저히 접근할 수 없게 높이 올려놓을 수 있는 것과 마찬가지로, 하나님이 왕을 안전하게 보호해달라고, 말하자면 원수들의 손이 닿지 않는 곳에 놓아달라고 기도하는 것이다.

이 바라던 보호와 환난 사이의 대조를 놓쳐서는 안된다. '환난'(צָרָה)은 문자적으로는 '곤란, 협소함'이다. 그것은 적들이 이스라엘 사람들을 둘러싸 압력을 가하는 상황을 말한다. 우리는 이스라엘이 궁지에, 곤경에 처해 있었다고 말할 수 있을 것이다. 그래서 하나님은 그들의 지도자들을 안전하게 적의 손이 닿지 않는 곳에 두어야 한다는 것이다.

그런 환난으로부터는 구원하실 수 있는 분은 오직 전능하신 하나님 뿐이었다. 하나님의 인격적 이름인 여호와라는 이름은 전반부에서 사용되며, "야곱의 하나님의 이름"이라는 말과 대응을 이룬다. 야곱에 대한 이러한 언급은 족장의 맹세를 생각나게 한다. "내 환난 날에 내게 응답하…신 하나님께 내가 거기서 (벧엘) 제단을 쌓으려 하노라"(창 35:3). '야곱의 하나님'의 응답은 강력한 신적 간섭을 나타내는 유명한 말이 되었다. 그래서 사람들은 이제 그들의 환난 날에 비슷한 구원을 기대했다. 여기에서는 야곱의 하나님의 '이름'(שֵׁם)을 언급한다. 표면상 하나님의 '이름'은 단지 '여호와'라는 이름을 의미하는 것으로 추정될 것이다. 하지만 이 시편에서, 혹은 '여호와의 이름'이라는 표현이 나오는 곳들에서 의도하는 것은 그런 의미가 아닌 듯하다. '여호와의 이름'이 어떻게 사용되는지 간략히 논해보면 이 연구에 도움이 될 것이다.[10] 사용할 수 있는 많은 본문들 중 아마 출애굽기 34:5-7보다 더 간단명료한 것은 없을 것이다. 이 본문에서 여호

---

10 '이름'(שֵׁם)이라는 단어는 구약에 매우 흔하게 나온다(단수로는 770번, 복수로는 84번). 이 단어는 이 시편에만 세 번 나온다. 어원학에 대한 견해는 서로 다르다. 하지만 이 단어의 기본 개념은 구별짓는 표시 혹은 이름인 듯하다.
이 단어는 통상 어떤 것을 더 강조하는 법 없이 그냥 이름을 말하지만, 그런 용례와는 별도로 종종 '평판'이라는 의미로 사용된다. 아브람에게 이름을 빛나게 한다고 약속하신 경우와 같이(창 12:2). 마찬가지로, 지혜 문학은 명예(good name, 잠 22:1)의 가치를 칭송한다. 평판이라는 어조는 성품 묘사라는 의미와 중복된다. 특히 하나님을 언급할 때는 더욱 그렇다(사 9:5-6과 출 34:5절 하에서처럼). 이것으로부터

와 그분이 '여호와의 이름'이라고 선포되었다.

여호와께서 구름 가운데에 강림하사 그와 함께 거기 서서 여호와의 이름을 선포하실새[וַיִּקְרָא בְשֵׁם יהוה]]¹¹ 여호와께서 그의 앞으로 지나시며 선포하시되 여호와라 여호와라 자비롭고 은혜롭고 노하기를 더디하고 인자와 진실이 많은 하나님이라 인자를 천대까지 베풀며 악과 과실과 죄를 용서하리라 그러나 벌을 면제하지는 아니하고 아버지의 악행을 자손 삼사 대까지 보응하리라.

'명성'이라는 어조가 나왔다. 자신을 위해 이름을 내는 것은 명성을 추구하는 것이다(창 11:4). 명성의 함축은 '이름'을 뜻하는 זָכַר, '기억'이라는 말의 대응되는 용법에 의해 명확하게 설명할 수 있을 것이다(출 3:15).

많은 본문이 이 개념들 간의 관계를 보여준다. 예를 들어, '이름'을 제거하면 기억을 잘라내는 결과를 가져온다(신 9:14). 알려지지 않고 불명예스러운 부랑자들은 "이름 없는 자들의 자식"이다(욥 30:8). 역으로 이름을 갖는 것은 기억하는 것, 사회적 불멸성과 같은 뜻이다(사 56:5; 습 3:19).

이스라엘인들의 이름짓는 풍습은 이런 동일한 의미를 전달했다. 태초에 아담이 동물들을 위한 이름을 지어주었을 때 그는 아마도 그것을 묘사하고 있었을 것이다. 부모가 자기 자녀의 이름을 지을 때 그들은 자녀나 탄생 환경을 묘사하는 단어 혹은 표현들을 사용했다.

이름은 사람의 본성의 본질적 부분과 동일화되었다. 이 때문에 어떤 사람이 다른 사람의 이름으로 행동할 수 있었다(삼상 25:9). 그것은 사람이 무의식적으로 자기 이름의 의미에 따라 산다는 의미가 아니라, 그들의 이름이 그들의 존재와 동일한 것이었다는 말이다. 이스라엘에서 자녀가 없이 죽는다는 것은 이름이 죽는 것을 의미했다(삼하 18:11). 그래서 죽은 사람의 이름을 보존하기 위해 수혼(levirate) 관습이 생겨났다(신 25:5-6). 이름은 그 사람과 너무나 동일화되었기 때문에, 우리는 어떻게 이름이 단절되고, 파괴되고, 진멸되고, 가려지고, 죄의 대상이 되고, 확립될 수 있는지 읽게 된다. 이름은 강력한 것으로 여겨질 수도 있지만, 그렇게 이름이 지어진 사람이 강력한 경우일 때만 그렇다.

어떤 사람의 이름이 그 사람의 힘이나 중요성과 연결되어 있다면, '여호와의 이름'이 구약에서 뛰어난 힘을 가지고 있는 것은 이해할 만하다. 사실상 '여호와의 이름'은 종종 그분의 실제 임재에 대한 칭호로 간주된다. 우리는 어떻게 '여호와의 이름'이 행동하는지(시 20:2)에 대해, 혹은 여호와가 성소에 그분의 이름을 두신다는 것(신 12:5)에 대해 읽는다. 시편들은 '여호와의 이름'을 그분의 속성들과 연결시킨다. 의(89:15), 신실함(89:24), 구원(96:2), 거룩함(99:3), 선함(100:4), 자비(109:21), 사랑(119:55), 진리(138:2), 영광(148:13) 등이다. '여호와의 이름으로' 싸우거나, 보냄을 받거나, 기도하는 것은 믿음으로 그분의 능력과 권위 안에서 그렇게 한다는 것을 의미했다. 마지막으로, 궤에서 '여호와의 이름'은 그분의 임재와 연관되어 있으므로, 예배와 연결되어 있다. 그것은 찬양을 받고(욥 2:26), 사랑받으며(시 5:11), 선포되고(시 22:22), 경외함을 받으며(말 4:2), 기다리고(시 52:9), 그 안에서 행한다(렘 34:16). 이것은 또한 더럽혀지거나(blasphemed, 사 52:5), 더럽혀지거나(polluted, 렘 34:16), 더럽혀진다(profaned, 겔 36:21 하). '여호와의 이름'은 여호와 자신, 백성의 삶에서 나타나는 적극적인 힘으로 계시된 그분의 본질적 성품을 나타낸다. 그래서 '여호와의 이름'이라는 표현은 주제의 환유로 설명할 수 있을 것이다, 이 표현은 여호와의 본성을 말하기 때문이다. *The New International Dictionary of Old Testament Theology and Exegesis*, edited by W. VanGemeren에 나오는 שֵׁם, 'Name'에 대한 나의 글을 보라.

11 이것은 '그리고 그가 이름(=본성)에 의해 여호와를 선포했다'라고 번역할 수 있을 것이다.

선포의 내용은 신적 속성들의 목록이다. 마찬가지로 이사야 9:6에 나오는 메시아에 대한 예언은 이렇게 말한다. "그의 이름은 기묘자라, 모사라, 전능하신 하나님이라, 영존하시는 아버지라, 평강의 왕이라 할 것임이라." 여기에서도 역시 '이름'은 속성 혹은 본성과 동일한 것이다. '하나님의 이름'은 이스라엘에게 하나님의 행동에 계시된 바 하나님의 존재에 대해 알려진 모든 것, 그분의 본성과 평판을 나타냈다. 그렇기 때문에 회중들이 하나님께 호소할 때, 하나님에 대해 그들이 공유한 경험의 큰 부분은 그분이 자기 백성을 환난에서 구원한다는 평판이었다. 그들은 자기 기도의 기초를 '이름'에 두었다. 그리고 이것은 하나님의 본성을 상기함으로써 더욱 큰 확신을 가지게 했다.

둘째, 그것은 하나님으로부터 도움을 구하는 기도다(2절). 신실한 백성들의 그다음 요청은 시온의 성소에서 도와달라는 것이다. 두 평행선이 다시 한 번 하나로 통합된 개념을 형성한다. 성소는 시온산에 자리하게 되었으며, 하나님이 그분의 백성 가운데 거하신다는 것을 나타냈기 때문이다. 그분이 거하시는 장소를 도움의 원천이라고 말할 때, 그들은 여호와 그분이 원천이라는 의미로 말한 것이다.

하나님이 정확히 어떻게 왕에게 '도움'을 보내실 것인지는 구체적으로 나와 있지 않다. 하지만 '도움'(עֶזְרָה, '너의 도움', 소유격 '너의'는 너를 위한 도움을 의미한다. 이 단어에 대해서는 시 46:1을 보라)이라는 용어는 어떤 사람이 스스로 할 수 없는 것을 그 사람을 위해 해준다는 의미를 지닌다. 그것은 하나님이 승리를 주신 군사적 충돌들에서 승리를 설명하기 위해 사용된다. 예를 들어, 사무엘은 블레셋 사람들을 물리친 후에 "여호와께서 여기까지 우리를 도우셨다"(삼상 7:12)라고 말하면서, "에벤에셀"(도움의 돌)이라는 돌을 세웠다. 시편 46:1은 하나님을 "환난 중에 만날 큰 도움"이라고 찬양한다. 민족들에 대한 그분의 권능 때문이다. 회중들은 군사적 승리가 여호와의 '도움'을 필요로 했으며 그 도움에 의해 보장된다는 것을 알았다. 이것은 하나님이 그저 다윗의 노력을 지지해주신다는 의미가 아니었다. 이것은 신적 간섭이 없으면 다윗은 완전히 실패하리라는 것이었다. 그리고 '붙들다'(<סָעַד)라는 대응되는 동사는 그 도움이 유지된다는 것을 덧붙여 강조한다.

셋째, 이것은 독실한 신실함을 존중하는 기도다(3절). 의인은 이제 여호와께 그들의 왕이 예배하면서 드리는 간구를 응답해달라고 호소한다. "네 모든 소제를 기억하시며 네 번제를 받아 주시기를 원하노라." 그들은 쉽게 하나님께 왕을 도와달라고 빌 수 있다. 그 왕이 신실하게 제물과 제사를 드리고 있었기 때문이다. 그것은 신실한 신자의 독실한 예배 행동이었다. 그는 예물과 함께 하나님께 의로운 간구를 드리고 있었다. 이 모든 것은 그를 위해 간구하는 것을 설득력 있게 만들었다.

이 구절에는 두 가지 요소가 있다. 바로 피 제사(עוֹלָה, 레 1장)와 예물을 가지고 가는 것이다(מִנְחָה, 레 2장). 전부를 드리는 '번제', 피 제사는 예배자가 하나님께 완전히 복종하는 것과, 그가 속죄의 제사에 기초해서 하나님께 완전히 받아들여지는 것을 나타낸다.[12] 짐승 전체를 단에서 태워서 그 연기가 달콤한 향기로 하늘에 올라간다. 회중의 기도는 다윗이 믿음으로 드린 이 제사를 하나님이 받아달라는 것이었다. '받다'(דָשֵׁן, 피엘형)라는 동사는 문자적으로는 '기름진 것을 발견하다'(혹은 그렇게 만들다)라는 의미다.[13] 기름은 가장 좋은 것을 상징한다. 그래서 만일 하나님이 그 제사가 '기름지다'는 것을 발견한다면, 그것이 최고라

---

12 독자들은 나의 책 *Recalling the Hope of Glory*(Grand Rapids: Kregel, 2006), p.198-204에서 각 종류의 제사의 본질에 대해 더 완전하게 이해할 수 있을 것이다.

13 동사 דָשֵׁן는 기본적인 어간에서 '기름이 오르다, 기름이 오르게 되다'라는 의미다. 이 말의 용례 대부분은 '기름 오르게 하다'라는 사역적 의미를 지닌 피엘과 푸알 체계로 되어 있다. 하지만 이것은 본문에서 서너 개의 관련된 의미를 지닌다. 시편 23:5에서 이 말은 기름을 붓는다는 의미를 지닌다. 이것은 여호와 앞에서 축제와 기쁨을 상징한다. 여기에서 이것은 '제사가 기름진 것을 발견하다' 혹은 '그것을 기름지게 하다'라는 의미로, 이것이 받으실 만한 것임을 발견한다는 것이다. 이것은 또한 단에서 기름기가 많은 재를 버린다는 것을 의미도 있다(민 4:13). 이것은 또한 번영한다는 의미도 지닌다(잠 11:25).

명사는 דֶּשֶׁן '기름짐' 혹은 '기름 재'다. 이 말은 의식에서 기름과 섞인 재에 대해 사용되었다(레 1:16). 이것은 또한 풍성함, 화려함, 혹은 비옥함을 나타내는 말로 사용될 수도 있다(삿 9:9; 사 55:2; 시 36:8을 보라).

형용사 דָּשֵׁן는 '기름진'이라는 의미다. 이것은 이사야 30:23에 나오는 '기름'과 유사하게 땅의 풍성한 소산을 나타내며, 시편 22:29에서 이것은 건강하고 원기왕성한 사람을 말한다. "세상의 모든 풍성한 자."

는 것에 기뻐하시며 그것을 받으시리라는 의미였다.

이스라엘 사람들은 제사를 드리는 사람의 믿음(그리고 신실함)이 그 제사가 받아들여질지 거부될지를 결정한다고 이해했다. 이것은 단순히 신실한 사람들은 좋은 짐승을 갖고 오리라는 것이 아니라, 그들이 그것을 믿음으로 드리리라는 것이었다. 하나님은 순종을 공허한 의식보다 더 좋아하신다(삼상 15:22; 시 40:7). 사람들의 마음을 아시는 여호와는 불신과 위선으로 드리는 제사를 거부하시고(사 1:10-15; 렘 6:20), 참된 예배자의 제사를 받으신다(사 56:7). 개인의 삶이 죄에 의해 손상되었다면, 제물과 함께 드리는 예배는 먼저 상한 심령의 모습을 보여야 한다(시 51:16-17). 그것은 고백으로 표현될 것이다. 오늘날 기독교에서와 마찬가지로, 고대 이스라엘에서는 참되고 받으실 만한 예배를 결정한 것은 외적인 종교의 형태가 아니라, 내적인 마음의 상태였다. 다윗의 마음이 여호와 앞에 바르다면, 그의 제사는 받아들여질 것이다.

이 제사에 수반되는 것은 '제물'이었다. 다윗은 제사의 속죄의 피에 기초해서 호소하고 있을 뿐 아니라, 또한 이 제물(מִנְחָה)로 하나님께 그의 헌신을 선언하고 있었다. 이 선물 혹은 공물은 보통 식사나 과일 제물로, 헌신을 나타내는 것이었기 때문이다. 이 공물에서 태워진 부분은 '기념물'(레 2:2에서 אַזְכָּרָה)이라고 불렀다. 그것은 하나님께 그 제사를 드리는 사람을 기억시키려는 것이다. 믿음의 기념물로 고넬료의 기도가 하나님께 상달되었다는 것도 같은 맥락이다(행 10:4). 하나님은 그런 기도와 헌신을 받으실 것이며 그에 근거해서 행동하실 것이다.

따라서 전쟁터에서 여호와가 '기억하시고'(יִזְכֹּר) 그의 믿음과 봉헌에 상을 달라는 것이 그들의 기도였다. '기억하다'(시 6:5의 같은 단어를 보라)라는 동사는 '상기하다'보다 훨씬 더 많은 것을 의미한다. 이것은 기억된 것에 따라 행동하기 시작한다는 의미다('주여 나를 기억하옵소서'에서처럼). 이것은 보통 신적 약속에 따라 하는 행동을 의미한다. 이 시편에서 백성은 하나님이 다윗의 믿음에 반응하고 언약으로 그와 맺은 약속들을 지키시기를 원했다(참고, 시 132편).

넷째, 이것은 왕의 계획을 이루어달라는 기도다(4절). 중보의 마지막 줄은 왕의 계획들을 하나님의 권능에 맡긴다. "네 마음의 소원대로 허락하시고 네 모든 계획을 이루어주시기를 원하노라." 후반부는 다윗의 마음의 소원이 그의 계획이었다고 설명한다. 계획이라는 말은 다른 곳에서는 전투 전략에 대해 사용되었다(왕하 18:20을 보라). 에드문드 제이콥스(Edmund Jacobs)는 마음은 사상이 계획으로 바뀌어 행동으로 끝나는 곳이라고 말한다.[14] 마음에 대한 이 묘사는 이 구절에서 다윗의 전쟁 계획들을 강조하는 것과 잘 맞는다(시 21:2, 이 기도에 대한 응답이 주어진 것에 대한 찬양을 보라). 그렇다면 여기에서 믿음과 행위는 결합되어 있다. 왕은 독실한 예배자이기 때문에, 그의 계획들은 신적 계획과 조화를 이룰 것이다(잠 16:3을 보라). 주어진 수단들을 확신 있게 사용하겠지만, 전투 계획을 세우고 수행하면서 시편기자의 참된 확신은 전적으로 하나님께 있다.

B. 후원하는 중보 기도는 확신을 갖고 기도한다면 강력한 것이다(5절)

이제 시편의 어조에서 강한 변화가 일어난다. 예배자들은 왕을 위한 중보 기도를 하고 나서, 승리에 대한 큰 기대를 표현한다(5절). 그들은 그들의 왕이 구원받는 것을 보면서 개가를 부를 것이다. '개가를 부르다'(רנן, 시 33:1의 같은 단어를 보라)[15]라고 번역된 동사는 군사적 맥락에서 종종 사용된다. 사무엘상 4:5에서 사람들이 궤가 승리를 거두고 의기양양하게 돌아온 것에 대해 "큰 소리로 외친" 때와 같은 경우다. 이것은 조용한 감사의 말이 아니라 크고, 강렬하며 흥분해서 떠는 날카로운 승리의 소리였다.

이같이 열광적으로 기뻐하는 이유는 왕의 예상된 승리 때문이다. 사용된 명사는 '구원' 혹은 '해방'(יְשׁוּעָה, 시 3:2의 같은 단어를 보라)에 해당하는 일반적인 용어다. 이 명사, 그리고 특히 이것과 관련된 동사 형태들은 거의 전적으로 신적

---

14 *The Theology of the Old Testament*, p.165.
15 본문에 나오는 형태는 청유법(cohortative) נְרַנְּנָה이다. 이것은 백성의 기도를 계속하면서 기도 요청을 격려하는 것으로 해석할 수도 있지만, 일인칭으로 바뀌고 미완료 시제를 따라가는 것은 이것이 결의에 찬 격려임을 나타낸다. '우리는 개가를 부를 것이다.'

인 간섭 혹은 신적 임명을 받은 대리인들의 활동을 강조한다. 이 간섭은 전쟁에서의 승리(삼상 17:47), 전쟁터의 승리를 통해서든 평강을 확보하는 것을 통해서든 속박자들(출 14:30)이나 억압자들로부터 해방되는 것(출 2:16)을 말할 수 있다.

회중은 이제 승리의 귀환을 하면서 그들이 하나님의 이름으로 깃발을 흔들 모습을 상상한다(동사는 이제 미래의 예상을 나타내는 단순 미완료 נִדְגֹּל다). 이런 환희는 그들이 의지하는 이름의 신실함과 능력, 구원의 행동들에서 보여진 하나님의 성품이다. 그들은 찬양을 함께 나눌 것이다. 그들은 다윗을 위해 간구함으로 짐을 함께 나누었기 때문이다.

마지막으로, 백성은 요약된 형태로 기도를 반복한다(5절 하). "여호와께서 네 모든 기도를 이루어 주시기를 원하노라"라는 것이다. 왕의 간구들은 민족의 최선의 이익을 위한 것이고 하나님의 뜻에 맞는 것이 될 것이기 때문에, 백성들은 신실하게 이 모든 것을 지지할 것이다.

이 시편의 처음 다섯 구절은 6절에서 다윗의 믿음의 선포 배후에 무엇이 놓여 있는지 더 잘 이해하게 해준다. 여기에 자신에게 하나님이 필요하다는 것을 인정하고 믿음으로 도움을 구하는 사람, 참된 예배에 대한 하나님의 규정들을 알고 그것을 신실하게 준수하는 사람, 그리고 자기 전략의 부적절함을 인정하고 믿음으로 하나님께 내어드리는 사람이 있다. 그리고 이것이 이 회중의 믿음이기도 했다. 여기에 응답이 실제로 오기도 전에 하나님을 찬양할 수 있는 믿음이 있다.

II. 의인은 하나님의 성품을 묵상하며 기도할 때 더 큰 확신을 얻는다(6-8절)

이 시편의 두 번째 주요 부문(6-8절)은 이 사람들의 영적 지도자인 한 개인 – 분명 다윗일 것이다 – 이 표현하는 위대한 확신에 초점을 맞춘다. 이것을 나타내는 표시는 일인칭으로 바뀐다는 것이다. "이제 내가 아노니." 이것은 전쟁에서 도와달라고 기도했던 왕이며, 큰 확신을 발견하고 선언함으로 그의 백성들을 이렇게 흥분시키는 왕이다. 독자들에게 이 구절들은 효과적인 기도를 위해 필요한 믿음이 어떤 것인지에 대한 교훈을 제공할 것이다.

A. 믿음의 기도는 확신을 가지고 응답을 기대한다(6-8절)

이제 왕은 응답의 확실함을 선언하며, 이 확실함은 이 구절의 가장 놀라운 측면이다. "내가 아노니"(יָדַעְתִּי)라는 확실함을 표현한다. 이 동사는 보통 경험적인 지식을 의미하지만, 이 경우에는 경험이 막 실현되려 한다. 우리는 여호와에 대한 참된 믿음이 보통 그처럼 강력한 확신의 표현으로 표현된다는 것을 볼 수 있을 것이다. "이제 내가 아노니"는 소망이 아니라 단언이다. 이것은 바울의 "내가 믿는 자를 내가 알고"(딤후 1:12)라는 말과 비교할 수 있을 것이다. 이것은 마치 시편기자가 큰 구원을 이미 경험한 것과도 같다.

그리고 그가 믿음으로 아는 것은 하나님이 주실 승리의 확실함이다. 다윗은 종종 그렇듯 자신을 삼인칭으로 언급하면서 "여호와께서 자기에게 기름부음 받은 자를 구원하시는 줄 이제 내가 아노니 그의 오른손의 구원하는 힘으로 그의 거룩한 하늘에서 그에게 응답하시리로다"라고 말한다. 그는 전쟁에 이겼다는 것을 믿음으로 알았다. '구원받았다'(הוֹשִׁיעַ, 몇몇 영어 역본에서는 '구원받는다'라고 현재 시제로 번역했다)라는 그의 표현은 예언적 완료(아니면 일부 사람들이 시편에서 설명하듯이, 확신의 완료)로 간주할 수 있다. 그것은 믿음으로 그가 최종 성취를 인식하고 미래를 완성된 것으로 보았음을 나타낸다. 그는 이제 회중이 기도했던 그 승리를 확신했다.

이 표현은 다윗의 확신의 또 다른 측면을 보여준다. 그것은 '어떻게든'이 아니라 '득의양양하게' 되었다는 것이다. 그는 압도적인 힘의 과시로 구원이 이루어질 것이라고 확신했다. 그는 이것을 두 가지로 단언했다. 하나는 중보에 의해 표현된 생각을 확장시킨 것이다. 백성은 도움이 성소에서 오기를 기도했지만, 왕은 그것이 하늘에서 올 것이라고 확신했다. 시온산의 거하시는 곳은 하나님의 임재를 나타냈으며, 그분이 자신을 낮추시는 것을 시사했다. 하지만 그분의 보좌는 하늘에 있었다(시 11:4). 그는 이 묘사를 다른 방식으로는 "그의 오른손의 구원하는 힘찬 행동으로"[문자적으로는 בִּגְבֻרוֹת יֵשַׁע יְמִינוֹ, '그의 오른손의 구원의 힘찬 (mighty)[16] 행동으로]라고 말한다. 다윗은 믿음을 갖고 있었기 때문에 그의 기도에 대한 하나님의 응답으로 하나님의 권능이 엄청나게 나타나리라고 예상했다. 그 구원이 명백히 하나님의 것이라는 점이 보여지기 위함이다.

우리는 8절을 내다보면서 이 확신이 확장된 것을 볼 수 있다. 하나님에 대한 참된 믿음은 결과를 생생하게 예상한다. 시편기자는 전쟁의 결과를 마치 그것이 이미 일어난 것처럼 묘사하면서 기도에서 찬양으로 그리고 찬양에서 확신에 찬 기대 – 거의 예언 – 로 나아가는 것이다. 그는 "그들은 비틀거리고 엎드러지고 우리는 일어나 바로 서도다"(이 동사들은 여기에서도 역시 예언적 완료가 될 것이다). 이들의 행동들은 다윗의 군대가 승리하고 적군이 패배하는 결과의 환유다. 그렇다면 여기에서 그는 엄청나게 큰 믿음으로 결과를 생생하게 마음속에 그리는 것이다.

B. 믿음의 확실성은 여호와의 본성에 기초한다(7절)

7절은 왕과 그를 위해 기도하는 백성과, 또한 모든 신자가 가진 확신의 핵심이다. 이 구절은 적군의 군대와 이스라엘의 군대 간의 대조(대조적 병행법)로 구성되어 있다. "어떤 사람은 병거, 어떤 사람은 말을 의지하나 우리는 여호와 우리 하나님의 이름을 자랑하리로다." 이 구절의 전반부에는 동사가 없다. 후반부의 동사가 전반부와 후반부 모두에 해당되면서, 서로 다른 믿음의 대상을 더욱 강력하게 대조시킨다. 우리는 이 구절에서 참된 확신은 적절한 믿음의 대상에 대한 적절한 개념 – 군사적 힘이 아니라 하나님의 능력(시 33:17을 보라) – 에 기초하고 있음을 볼 수 있다.

이 구절의 전반부는 믿음의 부적절한 대상을 다룬다. 바로 인간적 자원이다. 자신만만한 적군은 그들의 자원, 말과 병거를 의지했다. 그들이 가진 무적의 병거는 철로 되어 있었으며 쉽게 군대를 전멸시킬 만한 무기를 갖추고 있었다. 하

---

16 이 단어에 대해서는 시편 45:3의 같은 단어[용사(mighty man) – 역주]를 보라.

지만 성경 역사에는 약한 것이 강한 것을 좌절시킨 사건들이 포함되어 있다. 그 중 한 경우에 다윗은 많은 병거와 말들을 가지고 있었던 소바 왕 하닷에셀을 물리쳤으며(대상 18:4), 다른 날에는 병거에서 싸운 아람 군대를 패퇴시켰다(대상 19:18). 아마 이 시편의 배경은 이 사건들 중 하나일 것이다. 이처럼 성경은 인간의 방법과 책략들만 의지하는 자들은 곧 스스로의 어리석음을 깨닫게 될 것이라는 점을 분명히 한다. 적절한 믿음의 대상은 군사적 장비가 아니다. 사람들은 무기를 든든한 존재로 믿고 확신할 수는 없다.

신앙의 적절한 대상은 '여호와의 이름'이다. 이방 민족이 전쟁 기계를 믿었다면, 이스라엘은 '여호와의 이름'을 믿었다. 이스라엘 사람들이 그들의 전쟁에 대해 여호와를 신뢰하는 한, 그들은 승리했다. 하지만 그들이 불신앙으로 말의 숫자를 늘리고, 믿음의 대상이신 하나님을 버리고 이방 신들을 받아들이면서 그들의 안전을 위해 여러 나라와 동맹과 협약들을 맺을 때, 그들은 이교도 적군들에게 함락당했다.

여기에서 '의지하다'(keep confidence)라고 번역된, 혹은 다른 사람들이 '확신을 갖다, 언급하다' 혹은 '…에 대해 확신하다' 혹은 '신뢰하다'라고 번역한 동사는 '기억하다'(זָכַר에서 나온 נַזְכִּיר)라는 동사의 한 형태다. 이 시편 앞 부분에서 이 동사는 회중이 다윗의 제물을 하나님이 기억하시도록 하는 것에 대해 사용되었다. 시편기자는 자신과 동료 신자들이 계속해서 하나님을 신앙의 대상으로 유념하고 있다고 공언한다. 사실상 '하나님의 이름으로'라는 문장은 강조를 위해 첫 부분에 나와 있다. 이 구절에서 동사(히필 형태)는 어떤 것을 계속 기억하다, 즉 확신에 가득 찬 찬양으로 나오는 내적 묵상(때로는 '숙고하다, 묵상하다'라고 번역되는)이라는 의미를 지닌다.[17] 시편기자는 도움을 구하는 기도를 하는 동안, 그리고 확신에 차서 전투에 나갈 때, '여호와의 이름'을 묵상하고, 숙고하며, 기억함으로 계속 커져가

---

17 히필은 내적 사역형으로 분류된다. 어떤 것을 '상기하다, 염두에 두다, 숙고하다, 혹은 묵상하다'라는 의미다. 본질적으로 이것은 어떤 것을 '확신하다, 신뢰하다, 혹은 자랑하다'라는 의미다.

는 확신을 갖고 그렇게 했다.

우리는 이미 '여호와의 이름'이 하나님의 계시된 본성, 신적 행동에서 나타난 그분의 속성들을 말한다는 사실을 보았다. 다윗은 하나님의 능력, 신실하심, 인자하심, 의 등등을 믿으면서 전쟁에 나갔다. 다윗은 여호와가 과거에 그분의 백성을 다루신 것에 이해 및 자신의 삶에서 겪은 풍성한 경험으로부터, 여호와의 능력들과 완전하심에 대해 잘 알았다. 그는 곤란한 장애물을 만났을 때 기도할 것이다. 그는 여호와를 알고 그분과 많은 영적 경험을 한 성숙한 신자였다. 그는 자신의 기도 시간 중 상당히 많은 시간을 자신이 실제로 존재한다고 알고 있는 하나님의 영광스럽고 비교할 수 없는 속성들을 깊이 생각하고 묵상하는 일에 할애했다. 그처럼 놀랍고 거룩한 묵상을 하고 나서 그는 마음속으로 하나님이 그 기도에 완전히 응답해주시리라는 것에 대해 전혀 의심하지 않았다. 묵상으로 인해 갖게 된 온갖 확신을 가지고, 그는 '여호와의 이름'으로 싸우러 갈 것이다. 그러고는 돌아와서 '여호와의 이름'을 찬양할 것이다. 이스라엘의 기도와 찬양들이 하나님의 속성들로 가득 차 있는 것은 놀라운 일이 아니다!

그렇다면 여기에 다윗의 (그리고 회중의) 확신에 찬 믿음의 원천이 있다. '여호와의 이름', 즉 그분의 드러난 속성들이 그들의 생각을 가득 채웠고, 그들의 찬양을 불러일으켰다.

III. 그럼에도 신자들은 승리를 얻을 때까지 계속 중보해야 한다(9절)

마지막 구절에서 시편기자는 백성이 여호와께 자신들이 확신한 그 승리를 보여달라고 요청하면서, 꾸준히 간구한다고 기록한다. "여호와여 왕을 구원하소서 우리가 부를 때에 우리에게 응답하소서."[18] 이 구절에서 '응답하다', '날'(관용구: '…

---

[18] 이 행은 어렵다. MT에는 יְהוָה הוֹשִׁיעָה הַמֶּלֶךְ יַעֲנֵנוּ, '오 여호와여 구원하소서, (우리가 부를 때에) 왕이 우리에게 응답하게 하소서'라고 되어 있다. 하지만 הַמֶּלֶךְ을 기짐으로 나누나면, 이 문장은 이렇게 읽을 수 있다. '오 여호와여 왕을 구원하소서. 우리가 부를 때에 그가 우리에게 응답하게 하소서.'

할 때), '구원하다'와 같은 용어들을 사용한 것은 이 시편의 시작을 반영하는 것으로, 멋지게 기도의 개요를 말함으로써 기도를 하나로 묶어준다(יָשַׁע와 관련된 단어가 네 번 나온다). 본문이 어렵긴 하지만 이 마지막 구절의 요점은 왕이 전쟁에 나갈 때 백성이 계속 확신을 가지고 기도한다는 것이다.

메시지와 적용

이 시편에서 우리는 전쟁에서 구해달라는 기도에 나타난 중보와 간구의 확신을 보았다. 시편에는 실제로 응답을 받기도 전에 찬양으로 넘어간 다른 기도들이 많이 나왔다. 그것은 이스라엘의 기도의 특성 중 하나다. 하지만 이 시편은 그런 확신의 기초에 대한 통찰을 제공한다. 명백하게 시편기자들이 기도하는 동안, 그들은 여호와의 계시된 특성을 묵상했으며, 그러는 과정에서 하나님이 그들의 기도를 들으셨다는 확신을 갖게 되었다.[19] 그에 기초하여 시편기자들은 찬양하기 시작했다.

하지만 많은 현대 그리스도인에게, 이러한 믿음은 입증되지 않은 것이다. 그들은 예수님의 말씀에 대한 알려지지 않은 불신을 갖고 읽기 때문이다. "내가 진실로 너희에게 이르노니 누구든지 이 산더러 들리어 바다에 던져지라 하며 그 말하는 것이 이루어질 줄 믿고 마음에 의심하지 아니하면 그대로 되리라 그러므로 내가 너희에게 말하노니 무엇이든지 기도하고 구하는 것은 받은 줄로 믿으라 그리하면 너희에게 그대로 되리라"(막 11:23-24).

이 모든 제왕 시편들은 이런저런 의미에서 예수 그리스도를 예표한다. 그분

---

19 Claus Westermann, *The Praise of God in the Psalms*, p.65-70. Westermann은 이것을 '구원의 신탁' 이라고 부른다. 이러한 신탁은 선지자로부터 오는 말씀, 환경의 변화, 혹은 점차 커지는 내적 확신이 될 수 있을 것이다. 즉 기도하는 사람으로 하여금 하나님이 바야흐로 응답하신다는 것을 알게 하는 어떤 것이다.

은 이 시편들의 성취다. 그분은 다윗 계열의 가장 위대한 왕이시기 때문이다. 우리가 이 땅에서 주님의 삶을 연구할 때, 그분이 굉장한 믿음의 사람이셨다는 것을 명백하게 볼 수 있다. 따라서 그분은 충분히 사람들에게 어떻게 기도할지 가르치고 효과적인 믿음의 유형을 설정할 수 있었다. 시편 20편의 메시지가 삶에서 영위되는 것을 보기 원한다면, 예수님의 기도 생활을 보기만 하면 된다.

예수님이 말씀하신 믿음의 필요성에 대해 묵상하고, 그것이 이 시편에서 대단히 생생하게 예시된 것을 볼 때, 강해에서 강조할 만한 많은 아이디어가 떠오른다. 하지만 이 시편의 주된 개념을 강조해야 한다. 그것에 의해 이 시편은 하나로 통일되며 다른 노래들과 구별되기 때문이다. 그리고 그것으로부터 우리는 더 큰 믿음을 개발하는 법을 배울 수 있다. 그것은 바로 *기도가 응답되었다는 확신 – 참된 믿음 – 은 여호와의 성품을 묵상하는 것에 의해 발전되고 강화된다*는 것이다. 사람들이 그들의 삶에서 주님의 능력을 한 번도 경험하지 못했다면, 환난의 때에 기도로 문제를 주님께 가져갈지는 모르지만, 이 기도에 확신은 조금도 없을 것이다. 기도에서 더 큰 확신을 개발하기 위해 필요한 과정은 하나님이 무엇을 하셨고, 무엇을 하실 수 있는지 발견하는 것이다. 그래서 시련의 때에 '여호와의 이름'이 우리의 생각을 채우고 우리의 믿음을 강화하게 하는 것이다. 이에 따라 예수님은 "내 이름으로 무엇이든지 내게 구하면 내가 이루리라"(요 14:14)라고 말씀하신다. '내 이름으로'라는 이 표현은 신속한 결과를 위한 공식이기는커녕, 우리가 그 성품과 역사와 능력들을 알게 된 그분을 전적으로 의지한다는 표현이 되어야 한다.

30 | 여호와의 기름부음 받은 자의 승리 (시편 21편)
The Triumph of the LORD's Anointed PSALM 21

서론

본문과 다양한 역본들

다윗의 시, 인도자를 따라 부르는 노래

1 여호와여 왕이 주의 힘으로 말미암아 기뻐하며
주의 구원으로 말미암아 크게(how greatly)[1] 즐거워하리이다[2]
2 그의 마음의 소원을 들어 주셨으며
그의 입술의 요구를 거절하지 아니하셨나이다 (셀라)
3 주의 아름다운 복으로 그를 영접하시고[3]
순금 관을 그의 머리에 씌우셨나이다

---

1 헬라어 사본, 수리아 역본, Jerome에는 'how'라는 말이 없다. 이것은 분명 본문을 단순화하는 것이었다.
2 케티브 독법은 יָגֵיל이며, 케레는 יָגִיל이다.
3 이 동사들은 접두사가 붙은 동사 활용을 하며 여기에서 과거형으로 여겨진다. 이 동사들은 미완료로 여겨지며 영어에서는 현재 시제로 번역된다.

4 그가 생명을 구하매 주께서 그에게 주셨으니[4]
  곧 영원한 장수로소이다(length of days for ever and ever)

5 주의 구원이 그의 영광을 크게 하시고
  존귀와 위엄을 그에게 입히시나이다

6 그가 영원토록[5] 지극한 복을 받게 하시며
  주 앞에서 기쁘고 즐겁게 하시나이다

7 왕이 여호와를 의지하오니
  지존하신 이의 인자함으로
  흔들리지 아니하리이다

8 왕의 손이 왕의 모든 원수들을 찾아냄이여(reach after)[6]
  왕의 오른손이 왕을 미워하는 자들을[7] 찾아내리로다

9 왕이 노하실 때에
  그들을 풀무불 같게 할 것이라
  여호와께서 진노하사 그들을 삼키시리니[8]
  불이 그들을 소멸하리로다

10 왕이 그들의 후손을 땅에서 멸함이여
   그들의 자손을 사람 중에서 끊으리로다

---

[4] 헬라어와 수리아 사본에는 접속사가 있다. '그리고 주께서 주셨으니.'

[5] 헬라어 본문은 εἰς αἰῶνα αἰῶνος라고 되어 있다. 아마 4절의 영향을 받았을 것이다. '주께서 그에게 영원 무궁토록 복을 주실 것이다'(For you will give him a blessing forever and ever).

[6] 히브리어 본문에는 '발견하다'라는 동사가 있다. 첫 번째 나온 것에는 전치사가 있으며 그래서 '…에 손을 뻗치다, …을 겨냥하다'라는 의미이다(시 10:10을 보라). 두 번째에는 אֵת이 있으며, '발견하다, 도달하다'라는 의미이다. 헬라어역은 이것(그리고 뒤에 나오는 형태들)을 의지적인 것으로 번역하며, 수동태로 본다. '왕의 손이 발견되기를.'

[7] 헬라어 Targum에는 '모든'이라는 말이 있다. 이것은 모두 לְכׇל라는 독법을 반영한다.

[8] 헬라어 번역에는 MT의 יְבַלְּעֵם, '그들을 삼키다'라는 말 대신, συνταράξει '(그들을) 괴롭히다'라는 동사가 있다. 이것은 בהל(시 2:5을 보라)와 무심코 혼동한 것일 수도 있고, 아니면 이 비유를 해석하려는 시도일 수도 있다.

11　비록[9] 그들이 왕을 해하려 하여

　　음모[10]를 꾸몄으나

　　이루지 못하도다

12　왕이 그들로 돌아서게 함이여[11]

　　그들의 얼굴을 향하여[12]

　　활시위를 당기리로다

13　여호와여 주의 능력으로 높임을 받으소서

　　우리가 주의 권능을 노래하고 찬송하게 하소서

구성과 전후 문맥

이 찬양의 제왕시에서 왕은 여호와를 의뢰하기 때문에 전쟁에서 그에게 승리를 주신 여호와를 크게 기뻐한다. 승리, 왕의 마음의 소원은 기도에 대한 즉각적 응답이었다. 이것은 아마 몇 가지 연관이 시사하듯 시편 20편의 기도를 말할 것이다.

이 시편을 더 정확하게 분류하기는 어렵다. 1-7절은 분명 기도 응답에 대한 감사다. 하지만 8-12절은 미래의 전투를 예상하는 듯하다. 앤더슨은 이 부분은 왕에게 말한 신탁의 말일 수도 있고, 여호와께 말씀드린 확신일 수도 있다는 결론을 내린다. 그는 이 시편이 대관식 같은 의식을 위해 지어진 시일 수도 있다고 시

9　분사 כִּי는 원인을 나타내는 '때문에'(for)로 번역할 수 있다. 그들의 멸망의 이유를 제시하는 것이다. 하지만 양보적으로 해석하는 것이 메시지에 더 설득력이 있다.

10　MT와 헬라어역에는 단수 명사(מְזִמָּה)로 되어 있으나, 몇몇 헬라어 사본들, Symmachus, Targum, Vulgate는 복수로 읽는다.

11　MT는 '왕이 그들을 짊어질 것이다'라고 읽는다.

12　헬라어 역본에는 '당신의 남은 것 속에서(ἐν τοῖς περιλοίποις σου) 당신은 당신의 활을 그들의 얼굴을 향해 준비할 것이라'라고 되어 있다. MT에는 '당신의 줄로 (בְּמֵיתָרֶיךָ) 당신은 (당신의 활이) 그들의 얼굴을 향해 준비되게 할 것이라'고 되어 있다. מֵיתָר라는 단어는 '끈, 줄'이지만, 관련 동사 יָתַר는 '남다, 남겨두다'라는 의미다. 헬라어 번역은 어원을 조사한 것이다.

사한다.[13] 왕이 최근의 승리에 대해 여호와를 찬송하고 백성에게 앞으로 올 더 큰 승리들을 기대하게 하는 것이 생소한 것처럼 보일지 모르지만, 고대 이스라엘 사회에서는 그것이 그리 생소한 일이 아니었을 것이다. 그럼에도 이 시편은 예배 의식을 위한 것이다. 시편 20편처럼 분명하지는 않지만, 21편은 전쟁에서 왕이 거둔 어떤 승리에 대해서라면 어느 시대에나 사용될 수 있을 것이다.

시편은 왕이 여호와를 기뻐한다는 선포로 감사 부분을 시작한다. 2-6절은 왜 그가 기뻐할 수 있는지 설명한다. 하나님이 그의 기도를 응답하셨다는 것이다. 그분은 그의 필요를 예상하셨으며 전쟁터에서 그를 높이셨다. 하나님은 전쟁터에서 왕을 보호하심으로 그의 생명을 연장시키셨고, 또한 그에게 영광과 존귀와 축복도 주셨다. 하나님이 그에게 복을 주셨기 때문에, 그는 사람들에게 복이 될 것이다. 이 부분에서 시편기자가 찬양한 이유들은 구체적인 것에서 일반적인 것으로 나아간다.

그다음에 왕은 왜 하나님이 기도에 응답하셨고 그처럼 영광으로 복을 주셨는지 진술한다. 그는 여호와를 의지하고, 여호와는 인자하심으로 그를 대하신다(7절)는 것이다. 이 구절은 이 시편의 핵심이며, 그렇기 때문에 그다음 부분으로 넘어가는 과도기적 부분을 형성한다. 그것은 그가 여호와를 의지하는 것이 왜 그가 그처럼 크게 복을 받았는지 이유를 제공해줄 뿐 아니라, 앞으로 있을 전투에 대한 확신의 기초를 제공한다. 그렇다면 7절은 왕이 경험으로 배운 기본적 메시지를 끌어낸다. 그것은 여호와의 인자하심 때문에 그분을 의지하는 사람들은 결코 흔들리지 않으리라는 것이다. 이것은 성소에서 사용하도록 준비된 제왕시이므로, 그러한 믿음을 가진 후대의 왕들 역시 구원을 경험하고 그렇기 때문에 찬양을 할 이유 역시 발견할 것이다. 심지어 이 찬양의 시편을 이용해서 말이다.

두 번째 부분인 8-13절에서, 회중 혹은 회중의 대표는 왕에게 확신의 메시지

---

[13] Anderson, *Psalms 1-72*, p.179.

를 말한다. 그들은 승리의 미래에 대해 자신만만한 기대를 말한다. 즉 시편 20편의 회중이 왕이 승리했을 때 찬양하고 깃발을 흔들 것을 예상했던 것과 마찬가지다. 왕은 절대 흔들리지 않을 것이며, 그를 대상으로 음모를 꾸미는 자들을 멸하리라는 것이다. 이 모든 것을 통해 백성은 하나님의 크신 능력을 노래하고 찬송할 것이다. '힘' 혹은 '능력'(עֹז, 시 29:1의 같은 단어를 보라)이라는 이 단어는 시편의 가장 독특한 단어 중 하나다. 이 본문은 '여호와여 주의 능력으로'라는 말로 시작하고 '여호와여 주의 능력으로 높임을 받으소서'라는 말로 끝난다.

시편 21편은 시편 20편을 보완해준다. 반복되는 개념들 때문에 그렇다. 적어도 이것은 기도를 보완해주는 감사로 적합하다(그래서 시편 모음에서 서로 바로 옆에 놓여 있다). 시편 20편에서 다윗은 여호와를 의지하여 전쟁에 나갔고, 백성은 "네 마음의 소원대로 허락하시고"라고 기도하며 그를 위해 중보했다. 여기에서 그는 "그의 마음의 소원을 들어주셨으며"라고 말하면서 여호와를 찬양한다. 왕은 그의 찬양에서 전쟁 때 강력한 도움이 되시는 여호와로 인해 전쟁에서 이겼음을 인정한다. 왕은 하나님이 택하신 종이기 때문에, 그리고 그는 여호와의 이름으로 전쟁에 나갔기 때문에 그 전투는 그의 것만이 아니며, 승리 역시 그의 것이 아니었다. 이 시편이 묘사하는 것과 같은 구원을 경험한 사람들이 보일 수 있는 유일한 반응은 찬양으로 여호와를 높이는 것이다. 그래서 시편 21편은 시편 20편의 기도에 대한 응답으로 볼 수 있을 것이다.

석의적 분석

요약

시편기자는 여호와의 능력을 기뻐한다. 여호와는 그의 믿음에 압도적 승리로 반응하신 분이시며 하나님이 주실 미래의 승리를 기대하는 신실한 자들에게서 추가의 자극을 받는 분이시다.

개요

I. 찬양: 왕은 그가 여호와를 의지했기 때문에 전쟁에서 그에게 승리를 주신 하나님의 힘을 기뻐한다(1-7절).

   A. 그는 여호와가 주신 승리를 크게 기뻐한다(1절).

   B. 그는 여호와가 승리를 달라는 기도에 놀랍게 응답하신 것으로 인해 기뻐한다(2-6절).

      1. 하나님은 마음의 소원을 주셨다(2절).

      2. 하나님은 그에게 왕관을 포함해서 좋은 것들을 주셨다(3절).

      3. 하나님은 그 모든 것을 통해 그에게 생명을 주셨다(4절).

      4. 하나님은 그에게 지극한 복을 주사 그가 크게 영광을 받도록 하셨다(5-6절).

   C. 그는 하나님을 의지하기 때문에 이 승리에서 인자하심을 보여주신 하나님을 깨닫는다(7절).

II. 확신: 왕은 여호와를 의지하기 때문에, 백성들은 그가 계속해서 안전할 뿐 아니라 미래의 원수들 역시 물리칠 것이라고 예상한다(8-12절).

   A. 백성들은 왕이 원수들에게 가할 엄청난 패배를 예상한다(8-10절).

      1. 왕은 자신을 미워하는 자들을 찾아낼 것이다(8절).

      2. 왕은 여호와가 진노로 원수들을 멸하실 때 그들을 철저히 패배시킬 것이다(9절).

      3. 그는 그들의 후손과 그들에 기한 기억을 땅에서 끊을 것이다(10절).

   B. 그들은 왜 원수들이 왕에 의해 타도될 것인지 설명한다(11-12절).

      1. 원수들은 음모를 통해 그에 대해 악을 꾀했나(11절).

      2. 원수들은 그들의 계획들을 수행할 수 없다. 왕이 승리할 것이기 때문이다(12절).

III. 기도: 백성은 여호와가 높임을 받으사 그들이 그분의 능력을 찬양하도록 해달라고 기도한다(13절).

강해 형태의 주석

I. 하나님의 권능에 대한 모든 표현은 찬양을 요구한다(1–7절)

A. 찬양에 대한 알림: 하나님은 그분의 위대하신 구원 행위 때문에 찬양받으셔야 한다(1절)

1절은 전체 시편의 분위기를 정한다. 즉 지금은 크게 기뻐할 때다. 이 절은 왕이 여호와의 능력을 기뻐한다고 말한다. 왕은 화자이지만 자신을 삼인칭으로 말하고 있다(시 20:6에서처럼). 하지만 그의 말은 여호와께 직접 향한 것이다. 그는 자신이 여호와의 힘을 기뻐하고(יִשְׂמַח, 시 48:11의 같은 단어를 보라), 그분의 구원을 크게 즐거워한다(יָגֵל, 시 13:6의 같은 단어를 보라)고 말한다. 이 동사들은 왕이 하게 될 일을 말하는 미래 시제로 볼 수도 있을 것이다. 하지만 이 시편은 찬양이므로, 영어 번역처럼 현재 시제로(진행형 미완료) 번역하는 것이 더 낫다. 이 구절은 실제로는 요약 서론이다. 왕은 기뻐한다. 그리고 그가 무엇에 대해 기뻐하는지 그다음에 기록할 것이다. 그 기뻐함은 제의적 경축을 묘사하는 단어(גִּיל)를 선택한 것 뿐 아니라, 또한 '크게'(מְאֹד)라는 부사를 사용한 것에 의해 1절 후반부에서 한층 증강된다. 이 절은 감탄의 말로 의문 불변화사(מַה־)를 사용한다. '얼마나 크게 그가 즐거워하는지!'[14]

이 구절의 두 부분은 찬양의 초점을 비슷하게 예시한다. '힘'(עֹז, 시 29:1의 같은 단어를 보라)과 '구원' 혹은 '승리'(יְשׁוּעָה, 시 3:2의 같은 단어를 보라)이다. 이 단어들은 흔한 비유적 표현이다. 첫 번째는 원인의 환유이며, 두 번째는 결과의 환유로, 하나님의 힘이 승리의 원동력이며 승리는 그 힘의 결과라는 의미다. 이 두 단어는 전체 사건을 묘사한다. 승리가 없으면 힘은 찾아볼 수 없을 것이다. '힘'이라

---

14 외침에 대해 의문 불변화사가 붙은 동사(יָגֵל־מַה)를 사용한 것은 짧은 형태의 동사 활용형이 사용된 이유다.

는 단어는 모든 차원의 힘에 대해 사용할 수 있다. 하지만 하나님의 힘을 묘사할 때 그것은 초자연적인 것(이를테면 피조물에 대한 힘과 같은 시 29:1, 11절을 보라)이다. 여기에서 언급된 '구원'은 승리다. 하지만 이것은 구원(이 단어에 대한 가장 흔한 번역 중 하나)과 다를 바 없다. 죄로부터의 구원이 아니라, 전쟁에서 확실하게 죽는 것으로부터의 구원이다.

B. 찬양의 내용: 하나님은 그분의 권능으로, 그분께 기도하는 자신의 백성을 구하시고 복주신다(2-6절)

그다음 몇 구절에서 시편기자는 이 구원에 대한 세부적 묘사를 제공한다. 그것은 찬양의 이유다. 2절에서 시제는 과거에서 완료 시제(נָתַתָּה)로 바뀐다. 기도 응답에 대해 말하기 위해서다. 하지만 이 응답의 유익들은 계속 남아 있으므로, 현재 완료가 가장 좋은 번역이다. "들어주셨으며", 그다음에는 부정적 진술로 "거절하지 아니하셨나이다." 다윗은 마음속으로 소원하던 구원을 또한 입술로 요구했다(시 20:4). '소원'(תַּאֲוָה)이라는 단어는 바라는 것을 의미한다. 그것은 강한 단어로, 심지어 탐내는 것을 금하는 계명에서도 사용된 것이다(출 20:17). 그리고 '요구'[15]라는 유사한 단어는 소원 뿐 아니라 필요를 표현한다. 그는 힘이 약해서 하나님께 그분의 신적인 힘을 나타내달라고 기도했기 때문이다.

3절에서 시편기자는 하나님이 어떻게 이렇게 하셨는지 설명했다. 하나님은 그의 필요를 미리 내다보시고 좋은 것들로 복주신 것이다. 동사들은 이제 접두사가 달린 어형으로 변화되었다.[16] 그리고 그것들은 기도에 응답하시고 자기 백성을 돌보시는 하나님의 계속적인 행동들을 표현할 수도 있겠지만, 이 맥락에

---

15 אֲרֶשֶׁת이라는 말은 여기에서만 나온다. 이것은 아마 רוּשׁ, '가난하게 되다, 궁핍하게 되다'와 관련이 있을 것이다. 그래서 이 명사는 필요 혹은 요청을 의미할 것이다.

16 시에서 이 형태는 과거 시제를 표현하기 위해 와우 연속법 없이 자주 사용된다. "주께서 그를 영접하셨나이다…그의 머리에 순금 관을 씌우셨나이다." Briggs는 좀 다른 해석을 취하긴 하지만, 이 시제들을 비슷하게 설명한다. "완료들 사이에 미완료들이 있는 이 원인절은 구문 뿐 아니라 시제도 바꾼다. 이것이 생생하게 묘사하는 왕의 취임식으로 돌아가기 위해서다"(Psalms, p.184).

서는 하나님이 행하신 일을 말한다(그래서 과거형으로 분류할 수 있을 것이다). 첫째, 하나님은 "그를 영접하셨다"(תְּקַדְּמֶנּוּ). 이 동사는 또한 하나님이 '그보다 먼저 오셨다'는 의미로 해석할 수도 있다. 이 말은 하나님이 기도를 예상하고 그보다 앞서 가셨다는 의미다. 둘 중 어떤 것으로 생각해도 전후 문맥에 맞는다. 신적 간섭의 목적은 "아름다움의 복(으로)"(blessings of good) 혹은 "아름다운 복"(good blessings)으로 그를 영접하시는 것이었다.[17] '복'은 좋은(good) 선물, 풍성하게 하는 것이며, 그래서 이 표현은 용어법(pleonastic: 강조를 위해 논리적으로 불필요한 말을 덧붙이는 것 – 역주)이다. 이 개념은 강조된 것이다. 풍성한 복이라는 것이다[시 5:12의 같은 단어를 보라. 그리고 '아름다운'(good)에 대해서는 시 34:8(개역개정은 '선하심'으로 번역했다 – 역주)의 같은 단어를 보라]. 둘째, 하나님은 그의 머리에 순금 관을 씌우셨다. 이것은 그가 하나님께 받은 명예를 상징하는 자신의 왕관일 수도 있고, 아니면 다윗이 잡은 암몬 왕의 왕관일 수도 있다(삼하 12:30). 후자라면, 그를 영접한다는 것은 전쟁에서 승리를 공급하신 것을 말할 것이다(그래서 원인의 환유다).[18]

시편기자는 그다음 구절에서 문제의 핵심에 이른다(4절). "그가 생명을 구하매 주께서 그에게 주셨으니." 두 번째 콜론은 '생명'이라는 개념을 "영원한 장수"로 확대한다. 즉 끝이 눈에 보이지 않는다. 이것은 시편기자가 전쟁에서 죽음으로부터 보호해달라는 의미였다. 하지만 하나님은 그보다 훨씬 더 나아가셨다. 다윗은 하나님이 그의 생명을 상상 이상으로 연장해주셨다고 말한다. 시편기자에게 있어 "영원한"(forever and ever)이라는 말은 과장된 것이다. 그럼에도 하나님의 완전한 계시에서 이 말은 가장 완전한 의미를 지닌다(시 61:5의 같은 단어를 보라). 죽음에서 구원해달라는 기도는 즉각적인 응답을 받을 것이다. 하지만 우리가 알듯이, 그것은 또한 여호와가 그분의 백성을 죽음에서 영생으로 구

---

[17] '복'은 부사적 대격이고, '아름다운'(good)은 한정 소유격이다.
[18] 이 표현은 비유적인 표현으로 그에게 승리를 주는 것을 그의 머리에 관을 씌우는 것과 비교한 것일 수 있다.

원하시리라는 점에서 더 큰 응답을 받을 것이다. 대부분의 제왕시들이 그러하듯, 이 시편이 여기에서 예표론적 요소를 지니고 있다면, 왕의 왕이 죽음에서 구원하시는 것은 분명 영원할 것이다.

전쟁에서 구원은 하나님이 이 왕에게 큰 영광을 주셨다는 즉각적 증거였다. 5절은 하나님의 복에 대한 찬송의 표현이다. "주의 구원이 그의 영광을 크게 하시고 존귀와 위엄을 그에게 입히시나이다." '영광'이라는 말은 보통 신적 속성 혹은 완전함에 대해 사용된다. 하지만 시편 3편에서와 마찬가지로, 여기에서 이 말은 왕으로서 신적 영광을 나타내는 왕의 영광에 대해 사용된다(이 단어의 의미에 대해서는 시 19:1의 같은 단어를 보라). 하나님이 다윗의 영광을 나타내시는 것은 구원, 곧 전쟁터에서의 승리를 통한 것이었다. 그리고 두 번째 줄은 하나님이 그에게 존귀(הוֹד)와 위엄(הָדָר, 시 96:6의 같은 단어를 보라)을 주셨다고 덧붙이면서 이 점을 한층 더 강화한다. 첫 번째 단어는 '위엄, 활기, 장려함'을 의미하며, 두 번째 단어는 '장식, 장려함, 명예'를 의미한다. 이 두 단어는 매우 유사해서 어쩌면 한 가지를 말하는 것일 수도 있다(그래서 중언법이다). 바로 '엄위한 영광'이라는 말이다. '입히다'(lay)라는 동사(שׁוה에서 나온 תְּשַׁוֶּה)는 기본적으로 '두다' 혹은 '놓다'라는 의미다. 전치사(עַל)와 함께 사용되면 이것은 하나님이 수여하시는 것에 대해 사용된다(시 89:21을 보라). 다윗의 영광이 큰 것은 하나님이 그에게 엄위한 영광을 주셨기 때문이다. 그리고 하나님은 그를 전쟁에서 구원하심으로 다윗이 어떻게 백성에게 하나님의 영광을 반영하는지 나타내 보이셨다.

이런 영광과 영예의 이유는 하나님이 그에게 영원한 복을 주셨으며[19] 그가 그분의 임재로 기뻐하도록 하셨다는 것이다(6절). 개념들의 순서에서 이제 그는 왕의 기쁨을 언급하면서 안전히 한 바퀴 돌아 이 시편의 첫 부분으로 다시 돌아왔다. 그는 구원에 대해 기뻐하는 것으로 시작했다(1절). 그것은 기도에 대한 응

---

19 본문은 כִּי־תְשִׁיתֵהוּ בְרָכוֹת לָעַד라고 되어 있다. 문자적으로 하면 '주께서 그를 영원히 복으로 만드셨으니'라는 것이다. 이것은 하나님이 그를 자신과 다른 사람들을 위한 복으로 가능 자게 하셨다는 의미이다(Perowne, *Psalms*, I:234을 보라).

답이었으며(2절) 신적 축복과 높임의 표현이었다(3절). 그다음에 그는 기도에 대한 응답(4절), 높이심(5절)을, 그리고 이제는 복과 기쁨(6절)을 반복해서 말한다. '주 앞에서 그가 기쁘게 하셨나이다'(הדה에서 나온 תְּחַדֵּהוּ)라는 말은 '성원하다, 즐겁게 만들다'라는 의미다(출 18:9을 보라). 같은 어원에서 나온 아랍어는 노래를 부름으로써 짐을 진 짐승을 응원하고 그 짐승들이 더 빨리 걷도록 재촉하는 데 사용되었다. 여기에서는 "주 앞에서 기쁘고 즐겁게 하시나이다." 마지막 두 단어(אֶת־פָּנֶיךָ)는 어떻게 그렇게 되었는지 설명한다. 즉 '으로'(אֶת)라는 전치사는 다윗이 기뻐하는 이유는 여호와의 얼굴, 즉 신적 임재 때문이라는 것을 나타낸다. 얼굴이라는 이미지는 그의 삶에 간섭하심으로 은총을 보이심으로써 기뻐할 이유를 주시는 신적 임재를 의미한다.

C. 원리: 하나님은 자신을 의지하는 자들에게 인자함을 보이신다(7절)

여호와는 시편기자의 기도에 응답하시고 그에게 복주셨다. 그가 여호와를 의지하고 있었기 때문이다. 이 구절은 원인절로 시작한다. 그리고 그 안에 나오는 동사는 계속되거나 지속적인 행동을 강조하는 분사다(בֹּטֵחַ). 이 동사는 '의지하다' 혹은 '확신하다, 안전하게 하다'라는 의미이며, 그것과 관련된 명사들은 '조용함, 안심, 안전, 확신'을 의미한다(시 4:5의 같은 단어를 보라). 다윗은 여호와에 대한 확신이 있었다. 그의 확신은 그에게 안전감을 주었다. 그가 신뢰하는 것은 여호와였지만, 두 번째 콜론에 따르면 보다 구체적으로는 "지존하신 이의 인자함"(בְּחֶסֶד עֶלְיוֹן)이다. 그의 믿음은 최고의 하나님, 만유보다 더 높은 하나님이지만, 또한 사랑으로 그와 언약을 맺으신 하나님이었다(시 23:6의 같은 단어를 보라). 그는 주권적 하나님이 그에 대한 사랑을 유지하실 것이라고 신뢰했다. 이러한 신뢰의 결과, 그는 안심했다. "흔들리지 아니하리라"(בַּל־יִמּוֹט)라는 동사는 '비틀거리다, 흔들리다, 움직이다'라는 의미의 동사에서 나온 것이다(시 62:2의 같은 단어를 보라). 이 의미는 여기에서 왕이자 군대의 지도자인 다윗의 지위에 적용된다. 그는 타도될 수가 없다. 그의 나라는 안전하다. 그와 여호와와의 관계 역시 확실하기 때문이다. 여기에서 표현된 원리는 그 이후에 일어날 왕이든 개인이든 여호와를 의지하는 모든 사람에게 적용된다. 안전은 믿음을 통해서 온다. 하지만 그것은 하나님의 사랑에 의해 가능하게 된다는 것이다.

II. 신적 구원에 대한 이러한 표현들은 하나님의 백성의 궁극적 승리를 보장한다 (8-12절)

A. 하나님은 악인을 멸망시킬 것이다(8-10절)

두 번째 부분에서 이 시편은 왕의 원수들이 장차 패할 것을 예상한다. 페로운은 저자가 "영광스러운 과거로부터 영광스러운 미래를 점칠 수밖에 없었다"[20]라고 말한다. 이 부분은 첫 번째 연의 부산물로, 실제로 과거 경험의 실제적 경험이다. 이 경험은 시편기자의 확신을 구축하는 데 도움이 되었다. 이 부분은 가망이 없는 일에 대한 기대가 아니라 하나님이 악인들에게 언젠가 완성될 일을 시작하셨다는 온전한 기대였기 때문이다.

이제 화자가 바뀐다. 이 말은 왕에게 한 말이기 때문이다. 누군가가 회중을 대표해서 미래에 대한 격려의 말을 하며, 시편기자는 그것을 그의 시에 기록했다.[21] 그들은 먼저 그 왕이 그를 미워하고 죽이려 하는 모든 사람을 '찾아낼'(תִּמְצָא) 것이라고 주장한다(8절). '찾아내다'라는 동사는 여기에서 '우연히 만나다, 우연히 발견하다, 약탈하다'라는 의미를 가지고 있다. 이 두 콜론에서 공식적 주어는 '손'과 '오른손'이다(왕의 강력한 행동을 나타내는 환유들). 이 구절에 나오는 모습은 둥우리, 이 경우에는 악한 둥우리를 약탈하기 위해 거기 손을 뻗는 것을 시사한다. 이러한 예상은 확실하다. 왕은 하나님께 충성되며 적들은 그에

---

20 Perowne, *Psalms*, I:23.

21 이 행들을 왕이 아니라 하나님께 한 말로 해석할 수도 있다. 그분이 자기 원수들을 멸망시키기를 기대하면서 한 말이라는 것이다. 어떤 의미에서는 모두 사실이다. 다윗이 원수들을 멸한다면, 그 일을 하시는 것은 하나님이 될 것이기 때문이다.

게 적대적이고, 그가 미끄러져 넘어지는 것을 보기 원하는 악인들이기 때문이다. 하지만 하나님은 왕이 그들을 발견하고 멸망시킬 수 있도록 하실 것이다.

이 멸망은 그다음 절(9절)에 생생하게 묘사되어 있다. 왕은 그들을 풀무불(תַנּוּר, 휴대용 난로) 같이 만들 것이다. 이 직유의 요점은 그들은 풀무의 내용물처럼(그래서 역시 환유다) 완전히 타 없어지리라는 것이다(말 3:19; 사 31:9; 창 19:28을 보라). 불이 멸망시킬 그들에 대한 공격의 일부가 될 수도 있을 것이다. 많은 고대 전투에서 그랬듯이 말이다. 이러한 예상된 승리는 왕이 나타나실 때(문자적으로는 '왕의 얼굴의 때', 개역개정은 '왕이 노하실 때'라고 번역했다 – 역주)가 될 것이다. 이것은 왕이 전투를 위해 나타난다는 의미다.

이 구절 후반부는 진노로 그들을 삼키실 분이 여호와가 되리라는 것을 분명하게 밝힌다.[22] 여기에서 사용된 이미지는 담대한 것으로(암시된 비교), 악인의 패배를 그들을 삼키는 것과 비교한다. 이 동사는 '불이 그들을 삼킬 것이다'라는 개념과 밀접하게 조화를 이룬다. 그것은 여호와가 그분의 진노로 전쟁에서 그들을 완전히 멸망시킬 것이며, 그래서 그들이 사라지리라는 것을 의미한다. 그들을 삼킬 불은 원수들이 왕에게 멸망을 당할 때 성읍에서 만나게 될 문자적 대화재일 수도 있을 것이다. 하지만 이것은 또한 악인을 삼킬 여호와의 불타는 진노에 대한 비유적 표현으로 받아들일 수도 있을 것이다.

여기에서 예상하는 것은 왕의 원수들이 최종적으로 멸망하리라는 것이다. 10절에 따르면 그들과 그들의 후손들은 땅의 표면에서 멸망할 것이다. '후손'(fruit)과 '자손'(seed)이라는 관용구는 심판에서 제거될 그들의 후손들을 말한다. 악인들이 대대로 계속되는 일은 없을 것이다. 그들은 제거될 것이기 때문이다. 여기에서 사용된 언어는 엄청난 것이다. 시편기자는 분명 그의 눈 앞의 원수들이 완전히 패배하는 것을 말하고 있었기 때문이다. 하지만 이 시편의 예표

---

22 마소라 사본의 강세에 의하면, '여호와'(Yahweh)가 후반부의 시작이며 그렇기 때문에 동사의 주어다. 이 이름을 첫 번째 콜론과 함께 살펴보면 이는 호격이며, 9절의 '당신'(you, 개역개정에는 생략되어 있다 – 역주)이 여호와라는 것을 명확하게 보여준다.

론적 의미에서 이 엄청난 말은 메시아가 최후의 심판에서 모든 악인을 멸망시키실 때 문자적으로나 역사적으로 성취될 것이다(또한 시 2편을 보라).

B. 하나님은 악인들을 멸하실 것이다. 그들이 의인들을 멸하려 꾀하기 때문이다(11-12절)

이 시편은 이제 그들의 멸망을 상세히 묘사한다. 이것은 먼저 그들이 이 땅에서 하나님의 개인적 대리인인 왕에 대해 악을 도모했음에도(펼치다, 확대하다 [נָטָה]) 불구하고 이 일이 일어날 것임을 분명히 밝힌다. 그들은 음모(מְזִמָּה, 속이는 혹은 반역적인 계획, 시 10:2의 같은 단어를 보라)를 계획함으로(<חָשַׁב, 시 32:2의 같은 단어를 보라, 그리고 시 2:1와 비교하라) 이 일을 했다. 하지만 그것은 성공할 수 없는 계획이었다(시 2:1에 나오는 '헛된 일'). 완료 시제로 되어 있는 이 두 동사는 그들이 이길 수 없다는 단언으로 이어지는 양보절들에 나온다.[23]

그들이 이기지 못하는 이유가 12절에 나온다. "왕이 그들로 돌아서게 함이여." 다윗은 그들이 모두 어깨로 만들 것이다(문자적으로). 즉 그들은 전쟁에서 패배하고 돌아서 도망해야 할 것이다. 보이는 것이라곤 그들의 등 밖에 없을 것이다. 그것은 이스라엘의 군대가 직접 그들의 얼굴을 향해 활을 당길 준비를 하고 있을 때 일어날 것이다. 이 행은 해석하기가 어렵지만 매우 분명하다. "그들의 얼굴을 향하여 (너희의 활시위를) 당기리로다." 다른 곳의 용례들이 나타내는 것처럼(시 7:4; 11:2을 보라) '너희의 활시위'이라는 말을 보충해주어야 한다. 왕은 그들을 완전히 물리치고 그들이 달아나게 만들 것이다.

이 전쟁은 신적 간섭의 또 다른 증거다. 불로 정복하고 화살을 쏘는 것은 왕이다. 하지만 왕과 그의 군대를 통해 이 일을 하실 분은 분명 여호와시다(시 18:14, 97:3-5). 이것이 승리의 확신을 주는 것이다. 곧 자기 백성을 위해 싸우는 여호와이시다.

---

[23] 이 절들은 또한 멸망의 원인을 제공하는 원인절 '때문에'(for)라고 볼 수도 있을 것이다.

III. 하나님은 그분의 강한 권능 때문에 찬송을 받으셔야 한다(13절)

이 시편은 여호와가 높임을 받으시라는(רוּמָה, 시 46:10의 같은 단어를 보라) 요청으로 끝난다. 왕의 원수들에 대해 전쟁에서 승리하는 모습을 보여달라는 의미다. 그것은 하나님이 그분의 권능을 보여주사(בִגְבוּרָה, 시 45:3의 같은 단어를 보라) 사람들이 다시 노래하고 찬송할 수 있도록 해달라는 것이다. 그들은 그분이 모든 힘의 원천이라는 사실에 환호했다. 그들은 그분의 크신 일을 끊임없이 노래할 것이다. 그렇기 때문에 이 시편은 시작한 것과 똑같은 어조로 끝난다. 즉 여호와를 의지하는 사람들을 위해 그분이 힘을 보여주시기 때문에 여호와를 찬양하는 것이다.

메시지와 적용

시편 21편은 원수들 앞에서 여호와 안에 있는 안전함을 나타내는 가장 강력한 표현 중 하나다. 이것은 큰 기쁨과 즐거움을 일으키는 안전이다. 이 시편을 강해로 전개할 수 있는 많은 방법이 있다. 하지만 분명한 주제는 신자들의 안전이 될 것이다. 왕이 그랬듯 여호와를 의지하는 사람들은 안전하다. 어떤 것도 성도들을 움직이거나 흔들 수 없다. 여호와의 권능이 자기 백성을 향한 그분의 인자하심을 통해 나타났기 때문이다. 악인에 대해 승리를 주시겠다는 여호와의 약속에 대한 이러한 확신은 앞으로 뿐 아니라 오늘날에도 적용된다. 우리는 강해적 개념을 다음과 같이 잠정적으로 발전시킬 수 있다. *여호와를 의지하는 사람들은 하나님이 세상에 대해 승리를 주실 때(지금의 개별적 충돌들을 비롯해 장차 최종 승리에서) 기뻐할 것이다.* 이 확신은 정기적인 기도 및 찬양을 통해 형성될 것이다. 기도가 응답될 때 여호와에 대한 찬양은 보다 확신에 찬 것이 된다.

이 시편은 제왕 시편이므로, 다윗의 더 위대한 후손인 메시아 예수에 대해서도 적용된다. 그분은 자기 원수들을 대면할 때 생명과 영광으로 회복하게 해달라고 구하셨다(요 17장). 그리고 그는 부활과 승귀를 통해 그것들을 받으셨다. 그분은 영광으로 관을 쓰셨고 영원히 복을 받으셨다. 완전한 인간으로서 그분은 흔들릴 수 없는 믿음으로 하나님을 의뢰하셨다. 하나님의 아들로서 그분은 모든 악을 완전히 물리칠 수 있으시다. 그분은 우리의 영광스러운 왕으로 다시 오실 때 그 일을 하실 것이다. 세상을 이기고 그분이 오시는 것은 모든 신자가 기쁨으로 기다리는 승리다.

31

Afflicted by the Wicked, Abandoned by God—A Cry of Despair PSALM 22

악인에게 괴롭힘을 당하고, 하나님께 버림받음 – 절망의 부르짖음 (시편 22편)

서론

본문과 다양한 역본들

다윗의 시, 인도자를 따라 아앨렛샤할(The Hind of the Morning)[1]에 맞춘 노래

1 내 하나님이여 내 하나님이여[2] 어찌 나를 버리셨나이까
어찌 나를 멀리 하여 돕지 아니하시오며 내 신음 소리를 듣지 아니하시나이까[3]

---

1 이것은 이 시편을 위해 사용된 멜로디였을 것이다. 헬라어 본문은 이것을 '아침 도움에 관해서는'이라고 번역한다. 많은 사람들은 이것에서 더 중요한 어떤 것을 만들어내려 애썼다. 예를 들어, Martin Luther는 이것을 그리스도를 말하는 것으로 받아들였다. 밤새 추적당하고 새벽에 죽임을 당한 분이라는 것이다. Delitzsch는 이것이 고뇌의 밤 이후에 구속의 새벽을 나타낸다고 말했다. 심지어 유대인 학자들조차 여기에서 뭔가 상징적인 것을 보았다. 'Hind'는 구속의 날에 새카이나(여호와)에 대한 이름이었으며, Canticles(2:8)의 *Midrash*는 이것이 아침 제사로 새벽에 드려지는 어린 양에 대한 언급, 혹은 암사슴이 뛰는 것 같은 새벽 자체에 대한 언급이라고 보았다. 그러나 이러한 해석은 이 시편에서는 너무 즐거운 해석인 듯하다. 물론 이 중 어느 것도 입증될 수는 없다. 하지만 이러한 다양한 해석은 이와 같은 시편에서는 모든 것이 더 심오한 의미를 갖고 있다는 믿음을 나타낸다.

2 내 하나님이여 내가 낮에도 부르짖고
   밤에도 잠잠하지 아니하오나 응답하지 아니하시나이다
3 이스라엘의 찬송(praises) 중에 계시는 주여
   주는 거룩하시니이다[4]
4 우리 조상들이 주께 의뢰하고
   의뢰하였으므로 그들을 건지셨나이다
5 그들이 주께 부르짖어 구원을 얻고
   주께 의뢰하여 수치를 당하지 아니하였나이다

6 나는 벌레요 사람이 아니라
   사람의 비방 거리요 백성의 조롱거리니이다
7 나를 보는 자는 다 나를 비웃으며
   입술을 비쭉거리고 머리를 흔들며 말하되
8 그가 여호와께 의탁하니[5] 구원하실 걸,
   그를 기뻐하시니 건지실 걸 하나이다

---

2 헬라어에는 '오 하나님이여 내 하나님이여'라고 되어 있다. 그다음에 '나에게 주의를 기울이소서'($πρόσχες\ μοι$)라는 말이 이어진다.

3 헬라어에는 '나의 범죄의 이야기가($οἱ\ λόγοι\ τῶν\ παραπτωμάτων\ μου$) 내 구원에서 멀리 떨어져 있다'라고 되어 있다.

4 헬라어는 이 행을 이렇게 번역한다. '하지만 이스라엘의 찬송인 주는 성소에/성도들 중에 거하시나이다'($σὺ\ δὲ\ ἐν\ ἁγίοις\ (ἁγίῳ)\ κατοικεῖς,\ ὁ\ ἔπαινος\ τοῦ\ Ἰσραήλ$). 몇몇 사본들, 수리아 사본과 Jerome은 단수인 '찬송'(praise)이라고 되어 있다. 헬라어 역본은 여호와가 이스라엘의 찬송 중에 거하신다기보다, 성소에 거하신다고 생각했다. 그래서 יוֹשֵׁב 가 קָדוֹשׁ로 여겨졌다.

5 헬라어(수리아 역본과 Jerome, 뒤이어 마 27:43)는 גֹּל라는 단어를 완료 시제(גַּל)이며 모음이 없는 것으로 보았다. 이것은 $ἤλπισεν$, '그는 여호와를 소망했다(신뢰했다)'라고 되어 있기 때문이다. 하지만 마태복음에는 "그가 하나님을 신뢰하니", $πέποιθεν\ ἐπὶ\ τὸν\ θεόν$라고 되어 있다. 본문상의 증거는 MT에 나오는 명령형을 지지한다. 이것은 통상적 유형에 맞지 않고, 서기관들은 그것이 완료 시제라고 추정할 것이니 때문이다. 히브리어에 나오는 명령법은 고난받는 자에게 여호와를 의지하라고 요구하는 더 가혹한 조롱이다.

9 오직 주께서 나를 모태에서 나오게 하시고

 내 어머니의 젖을 먹을 때에 의지하게[6] 하셨나이다

10 내가 날 때부터 주께 맡긴 바 되었고

 모태에서 나올 때부터 주는 나의 하나님이 되셨나이다

11 나를 멀리 하지 마옵소서 환난이 가까우나

 도울 자 없나이다

12 많은 황소가 나를 에워싸며

 바산의 힘센 소들이 나를 둘러쌌으며

13 내게 그 입을 벌림이 찢으며

 부르짖는 사자 같으니이다

14 나는 물 같이 쏟아졌으며

 내 모든 뼈는 어그러졌으며

 내 마음은 밀랍 같아서

 내 속에서 녹았으며

---

6 헬라어에는 분사 대신 명사가 나온다. '나의 소망'($ἡ\ ἐλπίς\ μου$).

7 이 단어는 정확하게 대응되지 않기 때문에 보통 입천장이라는 의미의 חִכִּי로 수정된다. '힘'이라는 단어는 입이 마르는 것을 나타내는 환유일 수 있다.

8 헬라어 본문은 '많은'이라는 말을 덧붙인다.

9 히브리어 본문에 보면 이 지점에 כָּאֲרִי라는 말이 나온다. 이것은 문장에서 전혀 의미가 통하지 않는다. '사자처럼($ka'ari$) 내 수족.' 모든 고대 역본들과 또한 초기 유대 자료들은 '사자처럼'이라는 말 대신 동사를 하나 집어넣는다. 마소라 사본 중 일부 역시 동사가 나온다. כָּארוּ이나 כָּרוּ의 완료 시제 복수 형태다. 현재의 히브리어 본문과 역본들 배후에 있던 히브리어 사이의 차이점은 본질적으로 마지막 글자일 것이다. 이것이 '사자'라면 י(요드)이고, 복수형 동사라면 ו(와우)일 것이다. 그리고 요드와 와우는 비슷하므로, 이것을 바꾸기는 쉬웠을 것이다.
그래서 한편으로는 '사자처럼'이라는 히브리어 성경에 대한 표준적인 마소라 독법이 있다. 하지만 다른 한편으로(동사) 마소라 히브리 전통에서 '사자처럼'이라는 독법과 어울리지 않는 두 사본이 있다 (Kennicott ms 39는 요드를 와우로 바꿨고, DeRossi ms 337에는 두 형태를 모두 입증하는 케티브-케레 독법이 있다). 후대의 세 히브리어 사본은 서기관들이 동사 $k-r-w$(알렙이 없음)로 바꾸어놓았고, 고대 헬라어, 아람어, 수리아어, 라틴어 역본들에는 동사 형태가 나온다. 그것은 '그들은 찔렀다, 그들은 팠다, 그들은 구멍을 뚫었다'와 같은 식으로 읽을 수 있다(헬라어로는 $ὤρυξαν$). 후대의 헬라어 개정판들

15 내 힘⁷이 말라 질그릇 조각 같고

   내 혀가 입천장에 붙었나이다

   주께서 또 나를 죽음의 진토 속에 두셨나이다

16 개들이⁸ 나를 에워쌌으며

   악한 무리가 나를 둘러

   내 수족을⁹ 찔렀나이다

17 내가 내 모든 뼈를 셀 수 있나이다¹⁰

   그들이 나를 주목하여 보고

18 내 겉옷을 나누며

   속옷을 제비 뽑나이다

에는 다른 동사 형태들이 나온다. 하지만 그럼에도 불구하고 여전히 동사들이다. Aquila에는 ἐπέδησαν 라고 되어 있고, Symmachus에는 ὡς ζητοῦντες, '그들은 묶였다' 혹은 그와 비슷한 것이 나와 있다. Midrash에는 동사가 나와 있다. 하지만 '마술을 하다'라는 번역과 함께 나온다.

히브리어 전통 내에서는 이 문제가 더 발전되었다. 난외주(Masorah finalis)에서 Jacob ben Chaim 사본의 중세 편집자는 이 지점에서 케티브-케레 독법이 나온다고 말했다. 본문에 '사자처럼'이라고 되어 있지만, 다른 어떤 것으로 읽어야 한다는 것이다. ben Chaim을 지지하는 증거는 "'ochlah vᵉ 'ochlah"라는 유대 사본에서 발견되었다. 이것은 히브리 성경 두 군데에서 서로 다른 의미를 가지고 나오는 단어들을 열거해놓은 것이다. kaʾari, '사자처럼'이라는 단어도 이 목록에 나온다. 이 말이 다른 곳에서 나올 때 그것은 '사자처럼'이라는 의미였다. 그렇기 때문에 여기에서 그 의미일 수는 없다. 1800년대의 한 개신교 학자 Hupfeld는 Ben Chaim이 그리스도인 친구들의 영향으로 그 주를 끼워 넣었다고 주장했다. C. D. Ginsberg는 이 문제를 다룬다(Introduction to the Massoretico-Critical Edition of the Hebrew Bible [New York: KTAV, 1966], p.969에서). 거기서 그는 Hupfeld의 비난이 변명할 수 없는 것이었다고 말했다. ben Chaim이 참고한 사본 목록은 Hupfeld가 가르쳤던 University of Halle 도서관에 있었으며, 그는 그것이 거기 있는지 확인하지 않았기 때문이다. Ginsberg는 Targum의 독법을 따르는데, 거기에는 '사자처럼'이라는 뜻과 '그들은 찢었다, 찔렀다'라는 뜻이 모두 나온다.

모든 외적 증거, 사본들과 역본들은 이 구절에 동사가 있다는 것을 지지한다. 아마 '그들은 찔렀다'라는 의미의 동사일 것이다. 그렇다면 이 본문은 '사자처럼'이라는 의미를 지지하는 독법을 피하기 위해 수정되었을 것이다. 시편기자의 마음 속에 있는 이미지는 아마 개가 손과 발을 물고 구멍을 내는 모습이었을 것이다. 마찬가지로, 메시아가 찔림을 당하리라는 개념은 스가랴 12:10에서 발견된다(또한 사 53:5을 보라).

10 헬라어로는 '그들이 나의 모든 뼈를 세나이다'(ἐξηρίθμησα)라고 되어 있다.

19 여호와여 멀리하지 마옵소서[11]

　나의 힘이시여 속히 나를 도우소서

20 내 생명을 칼에서 건지시며

　내 유일한 것을 개의 세력에서 구하소서

21 나를 사자의 입에서 구하소서

　주께서 내게 응답하시고 들소의 뿔에서 구원하셨나이다[12]

22 내가 주의 이름을 형제에게 선포하고

　회중 가운데에서 주를 찬송하리이다

23 여호와를 두려워하는 너희여 그를 찬송할지어다

　야곱의 모든 자손이여 그에게 영광을 돌릴지어다

　너희 이스라엘 모든 자손이여 그를 경외할지어다[13]

24 그는 곤고한 자의 곤고[14]를

　멸시하거나 싫어하지 아니하시며

　그의 얼굴을 그에게서 숨기지 아니하시고

　그가 울부짖을 때에[15] 들으셨도다

---

11 헬라어로는 '내 도움을 멀리 두지 마옵소서'라고 되어 있다.

12 MT에서 이 형태는 완료 시제다. 많은 번역은 그것을 구절에 맞게 명령법, 간원형 완료로 만든다. 하지만 시편기자는 자신의 기도를 하나님이 들으신다고 확신한다. 그래서 여기에서 동사는 탄식을 끝내고 다음으로 넘어간다(Kraus, *Psalms 1-59*, p.292). 헬라어에는 동사가 나오지 않는다. '들소의 뿔로부터 나의 비천함'(τὴν ταπείνωσίν μου).

13 헬라어는 φοβηθήτωσαν, '(이스라엘의 모든 자손들이) 경외하게 하라'라고 되어 있다.

14 헬라어 번역은 '가난한 자/괴로운 자의 간구'(τῇ δεήσει)라고 되어 있다. 이 독법은 글자들을 혼동한 것으로 설명할 수 있다. 그래서 번역자가 עֱנוּת, '…의 괴로움' 대신 עֲנוּת, '부르짖음' 혹은 '…의 간구'라고 생각하게 한 것이다. 앞 단어 שָׁקַץ, '싫어하다'는 צ로 끝난다. 통상적 형태의 이 글자가 이 단어를 시작하면서 두 번 복사되었을 수 있다. ע라는 글자가 이 다음에 온다. 그다음에는 아마 נ와 ו가 단단히 붙어 있어 ק(נו)로 생각되었을 것이다. 마지막에 나오는 ת는 두 단어 모두 끝부분이었을 것이다. 이것은 헬라어 역본이 이 단어를 어떻게 보았는지 설명해준다. 두 해석 모두 전후 문맥에서 볼 때 의미가 잘 통한다. 하지만 헬라어('간구')는 부차적 독법으로 쉽게 설명되는 반면, 히브리어('괴로움')는 그럴 수 없다.

15 헬라어는 대명사들을 바꾼다. '…그의 얼굴을 나에게서 숨기지 아니하시고 내가 울부짖을 때에…'

25 큰 회중 가운데에서 나의 찬송은 주께로부터 온 것이니

  주를 경외하는 자 앞에서 나의 서원을 갚으리이다

26 겸손한 자는 먹고 배부를 것이며

  여호와를 찾는 자는 그를 찬송할 것이라

  너희 마음은[16] 영원히 살지어다

27 땅의 모든 끝이 여호와를 기억하고 돌아오며

  모든 나라의 모든 족속이 주의 앞에 예배하리니

28 나라는 여호와의 것이요

  여호와는 모든 나라의 주재심이로다

29 세상의 모든 풍성한 자가 먹고 경배할 것이요

  진토 속으로 내려가는 자

  곧 자기 영혼을 살리지 못할 자[17]도 다 그 앞에 절하리로다

30 후손이[18] 그를 섬길 것이요

  대대에 주를 전할 것이며[19]

31 와서 그의 공의를

  태어날 백성에게 전함이여

  주께서 이를 행하셨다 할 것이로다[20]

---

[16] 헬라어로는 '그들의 마음은(αἱ καρδίαι αὐτῶν) 영원토록 살지어다'라고 되어 있다.

[17] 이 행은 본문상의 난점들로 가득 차 있다. MT는 נַפְשׁוֹ לֹא חִיָּה, '그의 생명을 그는 살아 있게 할 수 없다'라고 되어 있다. 이것은 누구든 자신을 살아 있게 할 수 없다는 의미다. 헬라어는 καὶ ἡ ψυχή μου αὐτῷ ζῇ로 되어 있으며, '내 영혼은 그를 위해 산다'라고 번역된다. 헬라어 본문에는 다른 대명사들이 나와 있다. '그의' 대신에 '나의'가 나오는 것이다. 이것은 히브리어 문자를 쓸 때 약간 변화가 있었기 때문에 생겨난 혼동일 것이다. 하지만 이것은 이 동사를 피엘 형태('살아가게끔 하다' 혹은 '살아 있도록 보존하다')를 나타내는 것이 아니라, '산다'라는 보다 단순한 번역으로 이해했다. 히브리 본문에 있는 부정적인 לֹא는 לוֹ, '그에게'라는 전치사가 있는 대명사로 이해되었다. 이 행의 난점들은 훨씬 더 많은 연구를 통해 해결해야 한다. 하지만 헬라어 번역은 어려운 행에서 의미를 이해하려 애쓰고 있었던 듯하다.

[18] 헬라어에는 '내 씨(τὸ σπέρμα μου)가 그를 섬길 것이다'라고 되어 있다.

[19] 헬라어에는 '앞으로 오는 세대가 여호와에게 알려질 것이다'라고 되어 있다.

[20] 헬라어 B는 이 마지막 절을 하위에 두어서, 그것을 "(…태어날 사람들), 여호와께서 만든(ὃν ἐποίησεν ὁ Κύριος)이라고 번역했다. 다른 사람들은 ὅτι ἐποίησεν ὁ Κύριος,, '여호와가 행동하셨기 때문에, 혹은 여호와가 그것을 행하셨다'라고 번역했다.

구성과 전후 문맥

시편 22편은 전체 시편 모음집에서 가장 장엄한 시편 중 하나다. 이 시편이 응답받지 못한 기도의 좌절과 뒤섞인 의인의 고난 문제를 열정적으로 묘사하고 있을 뿐만 아니라, 우리 주 예수 그리스도의 고난에 대해 묘사하고 있기 때문이다. 그리스도인들은 이 시편을 읽을 때, 예수님이 십자가에서 받으신 고난에 이 시편을 적용하셨던 것을 기억하지 않을 수 없다. 그래서 하나님의 영이 시편기자를 통해 말씀하셨을 때 의도하셨던 것을 온전히 깨달으려면 이 본문을 두 가지 차원으로 읽어야 한다. 먼저 고난받는 시편기자가 조직적으로 그를 죽이려 한 원수들에게서 구원해달라는 긴급한 기도로 읽어야 한다. 그다음에 이 시편이 어떻게 예수님의 고난에 적용되는지 보기 위해 더 높은 차원에서 읽을 수 있다. 그러나 이 시편의 단어들이 예수님의 고난에서 가장 큰 의미를 발견한다 해서, 시편기자의 고난이나 그가 죽음에서 구원받고 드린 감사와 찬양을 절대 과소평가해서는 안 된다. 두 상황 모두에서 이 시편의 고난은 조롱하는 원수들의 손에 처형당해 죽는 것을 묘사한다. 그러므로 그 심각성을 과소평가해서는 안 된다. 두 경우 모두 하나님이 고난받는 자의 부르짖음을 듣지 않고 무덤에 두시는 것 같기 때문에 더 탄식한다.[21]

이러한 고난의 성격 때문에 이 시편의 저자가 다윗이라는 견해는 도전을 받는다. 우리는 다윗의 생애 중 여기에 묘사된 것과 조금이라도 비슷한 때가 있었는지 전혀 알지 못한다. 그것이 그의 경험에서 나온 것이라면, 이 시편의 언어는 시적이며 군데군데 다소 과장되어 있다. 이런 구체적이고 중대한 사건을 다윗의 생애와 연결시키는 것은 무리일지도 모른다. 하지만 그것이 그 시기에 나

---

21 이 시편에 대해서는 놀랄만큼 많은 문헌이 있다. 이 시편을 좀 더 연구하고 본문에 나오는 몇 가지 세부 사항들에 대한 추가적 자원들을 얻기 위해 몇 가지 핵심적인 글들을 언급하자면, Richard D. Patterson, "Psalm 22," *JETS* 47(2004):214–33; John H. Reumann, "Psalm 22 at the Cross: Lament and Thanksgiving for Jesus Christ," *Int* 28(1974):39–58; H. D. Lange, "The Relation between Psalm and the Passino Narrative," *CTM* 43(1972):610–21 등이 있다.

온 것일 가능성이 없다고 할 수는 없다. 우리는 그가 경험한 것을 빠짐없이 다 알지는 못하기 때문이다. 하지만 주석들은 그래서 이 시편이 다른 때에 쓰인 것이라고 주장한다. 예를 들어, 페로운은 이 시편의 저자는 십중팔구 바벨론 포로 생활을 할 때 고난받던 어떤 이스라엘 사람일 것이라고 주장한다.[22] 하지만 그것은 그 사람이 처형당할 뻔했다는 의미인가? 우리는 구체적 사건에 대해서는 모른다. 또 어떤 사람들은 저자가 히스기야일 것이라고 주장한다(대하 32:23을 보라). 하지만 이것 역시 문제를 해결하지는 못한다. 예레미야(렘 37:11를 보라),[23] 심지어 하만의 손에 죽음을 당할 뻔한 에스더가 이 시편의 저자로 자주 거론되는 후보자다. 그러나 이들 중 어느 누구도 그리 설득력이 크지는 않다.

한 가지 접근법은 이 시편이 직접적인 예언이었으며, 그 의미는 예언이 성취되는 때에만 알 수 있다고 말하는 것이다. 하지만 이 시편에 약간의 예언적인 혹은 예측적인 요소가 있긴 하지만, 직접적 예언은 아니다. 그렇다고 분명하게 메시아적인 것도 아니다. 기름부음 받은 왕에 대한 언급이 없기 때문이다. 어느 모로 보나 이 시편기자는 원수들이 그를 죽이려 했던 때, 그를 거의 죽게 했던 강한 고난의 때에 대해 말하는 것이 분명하다. 하지만 여호와는 결국 그의 기도를 듣고 구원하셔서, 그가 회중 가운데서 여호와를 찬양할 수 있게 하셨다. 그것을 예언적이라고 불러야 할지 메시아적이라고 불러야 할지 논쟁이 될 수 있지만, 분명한 것은 예수님이 그분의 가장 큰 고난에서 이 시편을 그분 자신에게 적용하셨다는 것이며, 그 이후로 복음서 기자들과 사도들은 이 시편과 그분의 수난 사이에 연관성이 있음을 보았다. 이것을 예표론적이라고 불러도 무방할 것이다. 시편기자는 이 시편이 어떻게 성취될지 몰랐으나, 하나님은 아셨다. 예표론은 본문의 원래 의도와 의미를 무효로 만들지는 않으므로, 또한 하나님이 게시지 않는 것치

---

22 Perowne, *Psalms*, I:236.
23 Jaki는 그냥 그것을 예레미야와 연결시키며, 전승에 의지해서 몇 가지 추론을 제시한다. 이를테면 예레미야가 문자 그대로 사망의 재에 누워 있었으나, 앙상해진 그의 몸에서 그의 뼈가 툭 튀어나와서 하나하나 셀 수 있을 정도였다는 것 등이다[Stanley L. Jaki, *Praying the Psalms*(Grand Rapids: Wm. B. Eerdmans, 2001), p.67].

럼 느껴질 때에도 꾸준히 기도하도록 고취시키는 것으로 이 시편을 자유롭게 사용할 수 있다.

이 시편의 대부분은 긴 탄식 시편이다. 하지만 통상 찬양의 서원이 나올 만한 곳에, 선언적인 찬양 시편의 주요 특징들이 있다. 이것은 찬양 부분이 이행해야 할 서원이기보다는 실제 찬양이라는 것을 나타낸다. 이것은 기도하는 동안 다윗이 그의 기도가 응답되었다는 어떤 징후, 그의 원수들이 퇴각하는 것이든가 어떤 신적 간섭 등과 같은 '구원의 신탁'을 받았으며,[24] 그 결과 탄식이나 간구로 다시 돌아오지 않고 찬양을 드리는 것으로 넘어갔다는 의미일 것이다.

석의적 분석

요약

고난받는 시편기자는 외적으로 하나님, 곧 조상들의 하나님이며 그의 젊은 시절의 하나님께 버림받고, 그를 죽이려 하며 조롱하는 원수들에 둘러싸여 있다. 그는 자신의 절망적 곤경에 대해 탄식하며, 죽음에서 구원해달라고 하나님께 간구한다. 그리고 갑자기 하나님이 마침내 자신의 기도를 들으셨다는 것을 확신하고는, 하나님이 자신을 버리지 않으신 것을 찬양하고,[25] 모든 시대의 신자들이 그와 함께 이 크신 구원에 대해 하나님을 찬양할 것이라고 예언한다.

---

24 탄식 시편에서 찬양은 종종 '찬양의 서원'이다. 하지만 여기에서는 탄식에서 찬양으로 너무나 극적으로 바뀌기 때문에, 시편기자의 사고방식을 바꾸기 위해 어떤 일이 일어났음이 분명하다. 즉 그가 선지자를 통해 기도가 응답되었다는 말을 들었거나, 그 기도를 들으신 바 되었다는 내적 확신을 갖거나, 환경에 어떤 변화가 일어났거나 하는 것이다(Claus Westermann, *Praise of God in the Psalms*에서는 그것을 '구원의 신탁'이라고 불렀다).

25 나는 시편에 나와 있는 대로, 즉 기도 응답에 대한 실제 찬양 부분을 반영하도록 이 진술을 표현했다. 이 시편이 찬양의 서원으로 끝났다면 그것을 그가 하나님께 찬양을 드릴 것이라는 예상과 더 잘 연결되도록 표현했을 것이다.

개요

I. 긴 서론적 부르짖음: 여호와께 버림받고 그의 원수들에게 조롱받는 것처럼 보이는 다윗은 그의 조상들의 하나님, 그의 어린 시절의 하나님이 자신을 버리시지 않을 것이라고 여전히 확신한다(1-10절).

   A. 첫 번째 주기: 여호와께 버림받은 것처럼 보이는 다윗은 그의 조상의 하나님이 그를 구원하실 것이라 확신한다(1-5절).

      1. 불평: 여호와께서 그를 버리신 것처럼 보인다. 그의 절망적인 부르짖음에 응답하지 않으시기 때문이다(1-2절).

      2. 확신: 그의 신앙의 역사는 기도에 대한 응답들로 가득 차 있다(3-5절).

   B. 두 번째 주기: 다윗은 사람들에게 조롱을 받으면서 자신이 의지했던 하나님이 여전히 자신을 버리지 않으실 것이라고 확신한다(6-10절).

      1. 불평: 사람들은 그를 버리고 그의 신앙을 조롱한다(6-8절).

      2. 확신: 그는 평생 여호와를 의지했다(9-10절).

II. 타당한 탄식: 다윗은 비인간적이고 무감각한 원수들의 손에 곧 죽게 될 것을 탄식한다(11-18절).

   A. 서론적 간구: 다윗은 하나님께 자기를 도와달라고 간구한다. 그를 도울 자가 없기 때문이다(11절).

   B. 탄식: 다윗은 그를 고문하는 원수들과 그가 받은 고난의 가혹함에 대해 묘사한다(12-18절).

      1. 첫 번째 주기:

         a. '그들': 원수들은 무감각하고, 비인도적이며, 힘이 세고, 그를 죽일 준비가 되어 있다(12 13절).

         b. '나': 그는 죽기 직전이었다(14-15절 상).

         c. '당신': 여호와는 그를 무덤에 눕히는 것처럼 보인다(15절 하).

      2. 두 번째 주기:

         a. '그들': 그의 원수들은 그의 생명을 끝내려 하고 있으며, 의기양

양하게 그를 바라보고 있다(16-17절).

　　b. '나': 그는 약해지고, 절망에 빠졌으며, 자신의 마지막 소유를 빼앗겼다(18절).

III. 타당한 간구: 다윗은 여호와께 무자비한 원수들의 손에 죽음을 당하는 것에서 속히 구원해달라고 기도한다. 그리고 하나님이 자신의 기도에 응답하셨다는 확신을 발견한다(19-21절).

IV. 선언적 찬양: 다윗은 여호와의 크신 구원에 대해 회중 가운데서 여호와를 찬송하기로 결심한다. 그러면서 다른 사람들도 그와 함께 하나님을 찬양하도록 격려하고, 그가 죽음에서 구원받은 것 때문에 후손들이 하나님께로 돌아올 것을 기대한다(21-31절).

　A. 그는 하나님이 죽음 가운데서 구해주신 것을 찬양하며 회중들에게 하나님이 고난받는 백성의 기도를 들으신다는 확신을 준다(22-26절).

　　1. 그는 회중 가운데서 하나님을 찬양할 것이다(22절).

　　2. 그는 다른 사람들도 그와 함께 하나님을 찬양하자고 권유한다. 하나님이 기도에 응답하셨기 때문이다(23-24절).

　　3. 그는 다른 사람들에게 기도하다가 낙심하지 말라고 권면한다(25-26절).

　B. 그는 세상과 후손들이 그가 죽음에서 구원받았음을 듣고 여호와께 예배로 나아올 것이라고 예상한다(27-31절).

　　1. 그는 세상이 왕이신 하나님을 예배할 것이라고 예언한다(27-28절).

　　2. 그는 자신이 죽음에서 구원받은 것에 대해 모든 사람들이 여호와를 찬양할 것이라고 예언한다(29절).

　　3. 그는 후손들이 자신에게 베푸신 큰 구원에 대해 여호와를 찬양할 것이라고 예언한다(30-31절).

강해 형태의 주석

I. 서론적 부르짖음: 여호와에 대한 입증된 믿음을 가진 사람들은 모든 것이 그들에게 불리하게 보일 때라도 더욱 더 큰 확신을 갖고 기도한다(1-10절)

이 시편은 12절에 달하는 긴 서론적 부르짖음으로 시작한다. 그 안에는 불평과 확신의 주기가 두 번 반복되는데, 이것은 시편기자가 이 큰 환난의 때에 어떻게 하나님에 대한 그의 지식에 의지하는지 보여준다.

A. 불평: 하나님이 그분의 백성을 버리신 것처럼 보일 때가 있다(1-2절)
첫 번째 행에서 다윗은 그다음에 나오는 구절들의 분위기를 설정한다. 즉 하나님이 자신을 버린 것 같다는 것이다. "내 하나님이여 내 하나님이여"(אֵלִי אֵלִי)는 이 시편의 유명한 시작 부분이다. 신자들에게는 여기에 고통스러운 반어법이 있다. "내 하나님"은 나를 버려서는 안된다. 같은 의미를 가진 이 말을 반복한 것(epizeuxis)은 다른 표현들로는 제공할 수 없는 감정과 비애감을 투영한 것이다. 애통을 수사학적 질문의 형태로 표현한(에로테시스), "어찌 나를 버리셨나이까?"는 그가 느낀 큰 소외감을 강력한 방식으로 표현한 것이다. 그는 왜 하나님이 반응하지 않으시는지 알고 싶어서 그렇게 물은 게 아니었다. 그는 하나님이 자신을 버리신 것처럼 보이는 사실을 한탄하고 있었다. 그는 하나님이 자신의 부르짖음에 반응하시기를 원했다.

복음서를 아는 사람들에게 이 말은 매우 익숙하다. 예수님이 십자가에서 말씀하신 것은 바로 이 수사학적 질문이었다(마 27:46). 그것은 아람어(לְמָה שְׁבַקְתַּנִי)와 히브리어 절(לְמָה עֲזַבְתָּנִי)로 표현되었다. 우리는 이 행을 두 가지 차원에서 살펴보아야 한다. 다윗이 하나님께 버림받았다는 것은 단지 그의 기도가 응답되지 않을 것이고, 그가 죽을 것임을 의미할 뿐이다. 하지만 예수님이 하늘에 계신 아버지께 죽음으로 버림받았다는 것은 예수님의 죽음이 우리의 구속을 성취할 것임을 의미했다. 아니면 좀 더 정확히 말해서 성부 하나님이 우리 대신 죽으신 예수님을 '버리셨기' 때문에, 그분을 믿는 우리를 절대 버리지 않으실 것이다.

이 구절의 후반부는 막연하게나마 동의적 대응을 형성한다. 그것은 '(어찌 주님은) 나를 멀리하여 돕지 아니하시오며 내 신음 소리를 듣지 아니하시나이까'(이것은 수사학적 질문을 계속하게 한다)라고 번역할 수 있을 것이다. 아니면 '주님의 도우심은 내 신음 소리와는 멀리 있습니다'라고 번역할 수도 있을 것이다. 어떤 경우든 요점은 눈에 보이는 도움이 없다는 것이며, 기도는 필사적인 신음(שַׁאֲגָתִי, '내 신음 소리, 큰 괴로움에서 나오는 부르짖음으로, 시 32:3과 욥 3:24을 보라)의 형태를 취했다.

두 번째 구절은 요점들을 반복한다. 그것은 그가 지금까지 계속해서 부르짖고 있음을 말한다['낮'과 '밤'은 상극법(merism)이다]. 하지만 응답이 없었으며 '잠잠함'이 없었다. 이 '잠잠함' 혹은 '중지'(דֻומִיָּה)는 "응답하지 아니하시나이다"와 대응되는 것으로 '나오는 것이 없다'라는 의미일 수도 있고, 아니면 부르짖음과 대응되는 것으로 '그리고 (나는) 잠잠하지 아니하오나'라고 번역할 수도 있다. 후자가 이 구절에 더 적절하다. 그는 여호와께 계속해서 부르짖으나, 여호와는 그의 계속적인 호소에 응답하지 않으신다.

B. 확신: 하나님이 잠잠하신 것처럼 보일 때, 신실한 자들은 그분이 전에 어떻게 기도에 응답하셨는지 상기해야 한다(3-5절)

시편기자는 하나님이 기도에 응답하시는 분이라는 사실에서 확신을 발견했다. 그의 첫 번째 표현은 처음에는 추상적인 것처럼 보이지만, 아주 적절하다. "이스라엘의 찬송 중에 계시는 주여 주는 거룩하시니이다." '거룩하다'(קָדֹושׁ)라는 용어는 '구별하다, 독특하다, 별개다'라는 의미다.[26] 하나님이 어떤 식으로 별개의 존재인지 명확하게 하기 위해 그분의 다른 모든 속성이 필요하다. 예를 들어, 그분은 능력이 있으시다. 하지만 우리는 그렇지 않다. 우리는 약하다. 그리고 거짓 신들은 완전히 무능하다. 하나님은 우리 혹은 그들과 같지 않으시다. 그분은 별개의 존재시다. 즉 '거룩하시다.' 마찬가지로, 하나님은 신실하고, 주권적이며, 의로우신 분이다. 이러한 속성은 그분이 다른 모든 존재들로부터 구별되었음을 보여준다. 그분은 '거룩하시다.' 요점은 그분이 이방 신들과 별개라는 것이다. 그분은 살아 계시고, 기도에 응답하시며, 자기 백성을 구원하는 분이시다. 그렇기 때문에 어떤 순간에 응답하지 않으시는 것처럼 보일지라도, 신뢰할 수 있다. 그렇다면 전후 문맥에서 볼 때 하나님의 거룩하심이라는 이 속성은 확신을 구축하기에 적절하다. 이 절의 나머지 부분은 즉각적 필요에 대한 이러한 일반적 묘사를 기반으로 한다. 하나님은 신실하게 기도에 응답하셔서 그분의 백성들은 끊임

---

26 이 '거룩하다'(קָדוֹשׁ)라는 단어는 구약 신학에서 가장 중요한 단어 중 하나다. 이것은 형용사다. '거룩하다, 거룩해지다, 구별하다'라는 동사가 있고, '신성함, 동떨어짐'을 의미하는 명사 קֹדֶשׁ, '신성한 장소'를 의미하는 명사 מִקְדָּשׁ, '성소'를 의미하는 명사 קֹדֶשׁ, 그리고 '제의적 매음'(단지 이교 신전에서의 특정한 목적을 위해 통상적인 결혼 생활에서 구별되는 것을 의미하는)을 의미하는 두 형태 קָדֵשׁ와 קְדֵשָׁה가 있다. 이 마지막 단어들은 이 단어군의 공통적 개념이 의롭다는 의미에서 거룩하다는 것이 아니라, 그저 구별되고, 다르며, 독특하다는 것이라는 사실을 보여준다.
성경에서 이것은 하나님의 주요 속성 중 하나다. 그분은 거룩하신 분이다(사 57:15). 그분과 같은 분은 없다(사 45:5, 11-13절, 19절). 그분은 비교할 수 없이 거룩하시다(사 6:3). 이것은 그분이 다른 모든 것과 구별되는 존재라는 의미다. 그분은 독특하시다. 하늘에나 땅에나 그분과 같은 존재는 없다. 하나님의 이 속성을 논함에 있어, 우리는 하나님이 어떤 식으로 독특하신지 명확하게 하기 위해 다른 모든 속성을 살펴볼 필요가 있다. 예를 들어, 하나님은 영원하시지만 다른 어떤 존재도 그렇지 않다. 하나님은 전지하시지만 다른 어떤 존재도 그렇지 않다. 하나님은 의로우시지만, 우리는 순간순간 의로울 뿐, 그분과 같지 않다. 그분은 다르시다. 그분은 전능하시며 우리는 그렇지 않다. 시편 22편에서는 아마 이 형용사를 이렇게 사용하고 있을 것이다. 응답받지 못한 기도에 대해 탄식하는 와중에 하나님이 거룩하다고 말하는 것은 하나님이 이교 신들처럼 무관심하거나 무능하시지 않다는 의미다. 그분은 다르시다. 그분은 권능이 있으시다. 그리고 기도들에 응답하신 역사가 있으시다.
장소들은 구별되고 거룩하다. 시온산은 예루살렘에서 거룩하다(시 2:6). 이 장소는 성소를 위해 구별되었기 때문이다 그것은 하나님이 거기 계시기 때문에 거룩한 산이었다. 그리고 성소와 연관된 것들은 거룩하게 되어야 했다. 기구들, 제단, 성막 등이다(출 29:37, 30:29). 사실상 '거룩한'이라는 말의 반의어는 '불경한, 일반적인, 보통의'(< חָלַל)이다. 영어에서 '불경한'이라는 말의 어원적 설명은 '성전 밖의'이다.
시간은 구별되거나 혹은 거룩하나. 하나님은 안식일을 거룩하게 하셨다(창 2:3). 이는 그분 자신의 목적을 위해 그것을 구별하셨다는 의미다. 일반적이거나 통상적인 일은 거룩한 날에 행할 수 없었다.
사람들은 구별되거나 거룩하게 되었다. 하나님은 이스라엘이 거룩한 나라(출 19:6), 여호와를 섬기는 일을 위해 구별된 백성이 되도록 하셨다. 하지만 제사장들 같은 종교 지도자들은 섬기기 위해, 그리고 사람들 앞에서 여호와를 거룩하게 하는 활동에서 구별되어야 했다(레 10:3). 백성들은 이 예배가 현세적이고 이교적인 모든 것으로부터 구별된 것을 보아야 했다. 보통 사람들은 성소에서나 다른 곳에서나 온갖 종류의 섬김을 위해 자신을 거룩하게 할 것이다(예들 들어 수 7:13). 레위기의 단순한 법칙은 "너희는 거룩하라 이는 나 여호와 너희 하나님이 거룩함이니라"(레 19:2)라는 것이다.

없이 성소에서 그분을 찬양한다. 이것을 표현하기 위해 시편기자는 하나님을 그들의 찬양 가운데 보좌에 앉아 계신 분으로 묘사한다(수식어의 환유로 '찬송'은 찬송이 드려지는 성소를 의미한다). 찬송이 너무 많아서 하나님은 그 위 보좌에 앉아 계신 것으로 나온다. 하나님은 기도에 응답하고 계신 것이 확실했다.

4-5절은 하나님이 자기 백성들의 기도들에 응답하신 역사가 있다는 것을 주목함으로 이를 설명한다. 이것은 말의 순서에 따라 강조되었다. '주께 그들이 의뢰했다'와 '주께 그들이 부르짖었다'는 것이다(이 동사들은 부정 과거다). 또한 그들의 구원을 반복해서 말하는 것에 의해서도 강조된다. 이는 어떤 한 번의 경우를 말하는 것이 아니라, 믿음의 전체 역사를 말한다. 참으로 여호와를 아는 사람들은 그들 자신의 격려를 위해서도 이러한 역사가 있다는 사실에 감사할 수 있다.

시편기자는 흥미롭게도, 이 부분을 "그들이 수치를 당하지 아니하였나이다"(5절)라는 절제된 표현으로 마친다. 이 비유적 표현(tapeinosis)은 반대 의미를 전달하려는 것이다. 조상들이 영광스럽게 구원받았다는 (그리고 수치를 당하지 아니하였다는) 것이다. 하지만 이러한 절제된 표현을 사용한 것은 다시 현재로 돌아오는 데 일조한다. 조상들은 지금 그가 그렇게 보이는 것처럼 수치를 당하지 않았다. 만일 하나님이 그의 기도에 응답하지 않으시면 그는 수치를 당할 것이기 때문이다(결과의 환유로, '수치를 당하다'가 그의 죽음의 결과가 될 것이다).

C. 불평: 하나님이 잠잠하신 것처럼 보일 때 악인들은 신앙을 조롱한다(6-8절)

이 두 번째 주기에서 시편기자는 원수들의 조롱에 자신이 겪는 고난을 탄식한다.[27] 그는 먼저 "나는 벌레요 사람이 아니라"라는 말로 시작한다. '벌레'라는 비유로 그는 (그들이 보기에는) 자신이 쓸모없다고 말한다. 그가 살든 죽든 아무도 신경 쓰지 않기 때문이다. 그는 그의 원수들에게 귀중한 인간으로 간주되지 않

---

[27] 이 구절과의 흥미로운 몇 가지 비교로는 이사야의 고난받는 종에 대한 몇 가지 묘사(사 41:14, 49:7, 53:3, 50:6, 52:14)를 보라.

는다. 그들은 그를 쓸모없는 해충으로 여긴다.

그는 자신이 "사람(의) 비방거리요 백성(의) 조롱거리"라고 덧붙인다. 두 문구에서 다 소유격은 행위자다. 사람들이 비방하고 조롱한다. '비방'(חֶרְפָּה)은 통렬한 조롱, 사람 – 혹은 그들의 신앙 – 에게 상처를 주거나 해치려는 모욕이나 비웃음이다.[28] 분사인 '조롱거리'(בָּזוּי)는 그가 경멸을 받고 있었음을 나타낸다. 즉 그는 얕보이고 무가치한 존재로 취급받았다. 이 단어는 자신의 장자권을 가볍게 여긴(despised) 에서에게서 볼 수 있다(창 25:34).[29]

7절은 원수들이 어떻게 경멸을 표현했는지 묘사한다. 그들은 그의 신앙을 조

---

[28] חָרַף라는 단어는 '비난하다'(reproach)라는 의미다. 이 단어와 같은 어원에서 나온 말로 '날카롭게 하다'라는 개념을 지닌 말이 있다. 이는 히브리 동사가 '날카로운 것들을 말하다'라는 의미임을 시사한다. 이 동사와 관련된 명사는 חֶרְפָּה, '비난', 혹은 '통렬한 조롱'이다. 열거된 모든 범주에서 이것이 기본적 의미다.
이 단어가 동사든 명사든, 원수의 조롱을 묘사하는 서너 가지의 분명한 예가 있다. 골리앗은 이스라엘 군대를 모욕했다(taunted, 삼상 17:10을 비롯한 서너 곳). 혹은 이스라엘 사람들은 전쟁에서 졌을 때 비방을 당했다(taunted, 시 44:16). 시편기자는 원수들에게 자주 비방을 당한다(시 69:19-20).
'비난하다'라는 의미에 대해서는 별도의 범주를 만들 수 있을 것이다. 비난의 대상 혹은 비난받고 있는 사람에서처럼 말이다. 하지만 이 범주는 문법적 강조와 더 관련된 것이며, 이 단어에 다른 의미를 더 부여하지는 않는다. "사람의 비방거리"(시 22:6)라는 것이 여기에 맞는다. 이것은 다른 사람들이 고난받는 시편기자를 조롱하고 있었다는 의미다. 어떤 사람이 비난거리이거나 비난의 대상이라고 묘사하는 본문은 많이 있다(예를 들어, 시 31:11, 39:8).
또 다른 분명한 범주는 비난이 수치나 불명예의 조건으로 어떤 사람에게 머물러 있는 본문들에 적합하다. 아이를 낳지 못하는 여인(창 30:23), 과부생활(사 54:4), 질병(욥 19:6) 혹은 원수로부터 받는 상해(애 3:30) 등은 모두 누군가가 조롱을 하든 아니든 간에 비난 혹은 불명예스러운 느낌을 지닌다. 이스라엘 사람들이 할례를 받고 약속의 땅에 들어갔던 길갈 사건에서, 그들은 하나님이 애굽의 수치를 떠나가게 하셨다고 외쳤다(수 5:9). 그때까지 그들은 세상이 그들의 곤경을 조롱하는 것으로 인해 수치를 느꼈다.

[29] בָּזָה는 머리를 높이, 오만하게 든다는 의미에서 '멸시하다'라는 의미다. 즉 다른 사람들을 내려다보고 그들을 경멸하거나 쓸모없는 존재로 간주한다는 의미다. 시편 22:6에서 고난받는 자는 백성의 조롱거리라고 나온다. 그가 죽든 말든 아무도 신경을 쓰지 않기 때문이다.
이 동사의 대부분의 용례에서 의미는 동일하다. 창세기 25:34는 이미 언급한 바 있다. 이 이야기는 끝에 가서 설명된다. 에서는 장자권을 쓸모없는 것으로 여겼기 때문에 그것을 한 끼 식사와 바꾸었다. 다른 용례들에서 말라기는 제사장들이 여호와의 이름을 멸시한다고 말한다(말 1:6). 그들은 아무런 공경이나 헌신을 하지 않았기 때문이다. 그들은 여호와와 그분께 드려질 의식을 소중하게 생각하지 않았다. 그들의 쓸모없는 제물이 그 결과였다. 말라기가 나타내듯이, 멸시받는 것은 모두 쓸모없는 것으로 여겨지기 때문이다(말 1:7). 이사야 53:3에서 고난받는 종은 멸시를 받는다. 아무도 그를 메시아로 여기지 않기 때문이다. 즉 그들은 '그를 실패한 자로 인식했다.'
이 말은 시편 51:17에서 삼가는 표현으로 사용되나. 하나님은 상하고 통회한 심령을 멸시하지 않으시리라는 것이다. 이 의미는 반대다. 하나님은 그들을 기쁘게 받으시리라는 것이다.

롱할 때 온갖 동작과 얼굴 표정들을 사용했다(수식어의 환유). 그들은 조롱 혹은 멸시하기 위해 그를 보고 비웃었다. 그리고 그들은 입술을 비쭉거리고 머리를 흔들었다.[30] 다른 동작들은 놀라움과 조롱의 모욕하는 동작들이다.

그다음 구절(8절)은 그들이 말한 것들을 기록한다. 그들은 그에게 여호와를 신뢰하라고 말한다. 그분이 그를 구원하실 것이기 때문이다. 그들의 조롱에서 첫 번째 동사는 '신뢰하라'('의탁하라', גֹּל, '구르다'라는 동사 גָּלַל에서 나온 것)이다.[31] 이 어근과 관련된 모든 단어는 원 및 구르는 것과 관련이 있다. '의탁하다'라는 의미는 그 안에 짐을 '여호와께 굴리다' 혹은 '던지다'라는 개념을 반드시 지닌다. 신약에서 그리스도께 짐을 맡기라(벧전 5:7)라고 말할 때의 이미지다. '맡기다'라는 말의 의미는 비유적 전개였을 것이다(암시된 비교). 명령법이 사용되었다는 사실은 조롱을 더 강한 것으로 만든다. 그들은 그를 죽음으로 몰아넣으며, 자신들에게 벗어나게 해달라고 하나님께 의탁해보라고 조롱하고 있었다.

이 본문은 마태복음 27:43에 포함되어 있다. 거기에서는 과거 시제(πέποιθεν)를 사용한다. '그가 신뢰했다'는 것이다. 그것은 해석에서 옛 헬라어와 비슷하지만 같지는 않다. 마태복음에 나오는 이 용례는 본문에서 직접 인용한 게 아니라 일반적으로 풀어쓴 것이다. "그가 하나님을 신뢰하니 하나님이 원하시면 이제 그를 구원하실지라 그의 말이 나는 하나님의 아들이라 하였도다." 거기에서 일어난 일은 예수님의 원수들이 십자가에서 그분을 조롱하고 있었다는 것이다. 그

---

30 '그들이 조롱하다'라는 동사를 번역하기 위해 헬라어는 ἐξεμυκτήρισάν με를 사용했다. 이것은 누가복음 23:35에서 사용된 정확한 어법이다.

31 동사 גָּלַל는 가장 일반적으로 구르는 것을 의미한다. 이와 관련된 단어들은 모두 구르는 것 혹은 원들과 관련되어 있다. 예를 들어, גֻּלָּה는 '대접'이며, מְגִלָּה은 '두루마리', גַּלִּים는 '부서지는 파도, 큰 너울(파도)이고, גֻּלְגֹּלֶת는 '해골'이다. 또한 이름들도 있다. 길갈과 갈릴리 같은 것이다.
여기에는 세 가지 의미의 범주가 있다. 첫째, '굴러가는' 행동이다. 야곱이 무덤에서 돌을 옮긴 것처럼(창 29:10) 혹은 아마사가 칼에 찔린 후 뒹굴었던 것처럼(삼하 20:12), 혹은 피에 굴린 옷처럼(사 9:5) 말이다. 이 단어군의 흥미로운 용례들은 비유적이다. 이스라엘의 수치를 굴러가게 하는 것(제거하는 것) 등이다(수 5:9). 그것은 또한 아모스 5:24에서도 사용된다. "정의를 물 같이 흐르게(roll on) 할지어다." 하나님은 정의가 밀어닥치는 급류처럼 빨리 퍼져나가기를 바라셨다.
둘째, '공격하다, 짓밟다, 파괴하다'라는 의미. 죄책감에 사로잡힌 요셉의 형제들은 요셉이 자신들을 공격할 것이라고 생각했다(이 특정한 동사 어간은 '우리에게 굴러오다' 혹은 '우리를 제압하다'라는 의미

들은 그분이 자신을 메시아라고 주장하셨다는 것을 알고 있었다. 그리고 시편 22편이 전통적으로 고난받는 메시아에 대한 메시아 시편임을 알고 있었다.[32] 그래서 그들은 그저 십자가상에 계신 그분을 조롱하기 위해 이 시편에서 한 줄을 사용했다. 바로 그 순간 자신들이 이 시편을 성취하고 있다는 사실은 깨닫지 못한 채 말이다. 이는 영적 무분별함을 보여주는 놀라운 예다.

D. 확신: 성숙한 신자들은 그들의 신앙이 도전을 받을 때 평생토록 신뢰했던 것에 의지할 수 있다(9-10절)

서론은 이런 식으로 전개된다. 하나님은 그를 버리신 것처럼 보인다(1-2절). 하지만 하나님이 자기 백성을 버리지 않으신 역사를 가지고 있다(3-5절). 다른 사람들은 그의 신앙을 조롱했다(6-8절). 하지만 그는 평생 신앙을 지니고 살았다. 그래서 그는 그것을 지금 버리지 않을 것이다(9-10절). 그래서 9-10절은 이제 시편기자를 위한 이 두 번째 확신의 원천을 제공한다. "나를 모태에서 나오게 하신(밀어낸) 분은 하나님이셨다." 이 표현은 문자적으로는 '밖으로 밀어낸'(גֹחִי)으로, 아마 목적 소유격 '내'가 달린 분사일 것이다. 그리고 탄생을 나타내는 원인의 환유인 것이 분명하다. 그는 어머니의 젖을 먹을 때부터 여호와를 의지하도록 양육되었다. "의지하게 하셨나이다"(מַבְטִיחִי, 시 4:5의 같은 단어를 보라)는 삶이 시작될 때부터 여호와를 의지하도록 배웠으며, 여호와를 의지해야 하는 위치

를 나타낸다). 욥기 30:14에서 이 동사는 희귀한 어간으로 된 것이 사용되어, 달려드는(rolling in) 원수들을 묘사한다. 그것은 공격 혹은 제압을 나타내는 말이다.

셋째, '던지다, 맡기다, 신뢰하다'이다. 시편 37:5에 보면 "네 길을 여호와께 맡기라(גֹל) 그를 의지하면 그가 이루시고"라고 되어 있다. '맡기다'(구르다)라는 말은 '신뢰하다'(בָּטַח)와 유사한 말이다. 같은 용례가 잠언 16:3, "너의 행사를 여호와께 맡기라 그리하면 너의 경영하는 것이 이루어지리라"에도 나온다. 이 개념은 하나님께 그것을 굴려드리라는 것, 그것을 그분께 내어드리라는 것이다. 그리고 여기 시편 22:8에서는 "그가 여호와께 의탁하니(גֹל)"라는 말을 보게 된다. 다시 모든 짐과 염려를 하나님께 내어드리라는 것, 즉 그것들을 그분께 굴려드리라는 것이다. 형태가 명령형이든 완료 시제든 이것이 요점일 것이다. 명령법은 그 조롱에 좀 더 분명하게 맞을 것이다.

[32] 놀라운 해석이 *Yalkut* 60에 나온다. 거기에서는 이 본문을 메시아에게 적용하며, 사람들의 조롱을 묘사하기 위해 같은 단어들을 사용한다. *Yalkut*은 15절을 메시아에게 적용한다.

에 놓였다는 의미다. 그는 자신이 모태에서부터 여호와를 의지했으며, 평생토록 여호와가 그의 하나님이 되셨다는 말로 결론을 내린다('나의 하나님'이라는 말은 1절과 함께 인클루지오를 이루어 그 사이의 내용을 괄호로 묶는 효과를 제공한다). 하나님은 그가 평생 그분을 의지하도록 만드셨으므로, 이 사건은 그분을 의지할 또 다른 기회였다. 그러므로 그는 악인들의 조롱에 굴복하지 않을 것이다.

II. 진정한 탄식: 여호와를 의지하는 사람들은 그들의 온 마음을 다해 여호와께 그들의 탄식을 쏟아놓는다(11-18절)

이 탄식 부분에도 역시 두 주기가 있다. 그것은 먼저 원수들('그들')과 그다음에 고난받는 자('나'), 마지막으로 하나님('당신')에 대해 말하는 탄식의 기본 유형을 따른다. 악인의 공격과 그것이 가져온 고난은 대단히 좋지 않은 것이었다. 하지만 하나님 역시 그의 원수처럼 보였을 때, 즉 그것이야말로 큰 탄식의 원인이었다.

A. 강력하고 냉혹한 원수들의 손에 고난받는 신자들은 고통 속에서도 하나님께 호소할 수 있다(11-15절)

1. 기도는 도와달라는 것이다(11절)

시편기자는 먼저 이 시편의 주요 주제를 반복한다. "나를 멀리하지 마옵소서." 즉 환난이 가까이 왔기 때문이다(멀리와 가까이를 대조한다). 하나님께 '멀리 하지' 말라고 기도하는 것은 하나님이 곁에 계시며 도와달라고 기도하는 것이다. 이 구절의 마지막 행에 분명히 표현되어 있는 것처럼 말이다. '환난'이라는 단어는 '곤경, 곤란, 모종의 재난'(צָרָה에서 나온 צָרָה)이다. 물론 문제는 도울 사람이 아무도 없다는 것이다['도울 자'에 해당하는 단어(עֹזֵר)는 자기 힘으로 할 수 없는 것을 그 사람을 위해 하는 사람이라는 의미다. 시 29:1의 같은 단어를 보라]. 그런 '도움'이 없으면 고난받는 자는 죽을 것이다. 하나님이 멀리 계시면(간섭하지 않는다는 의미), 돕는 자(구원이라는 의미)가 없다. 하지만 하나님이 가까이 계시면 환난은 사라진다. 19절은 진정한 간구의 일부로 이 기도를 반복할 것이다.

2. 이 탄식은 원수들을 묘사한다: 첫째, '그들' 부분(12-13절)

이 탄식은 이제 원수들을 짐승에 비교함으로 그들을 강력하고 비인도적인 존재로 묘사한다(암시된 비교). 첫째, '황소들'이 그를 에워쌌다. 그들은 바산의 힘센(시 8:1의 그 단어를 보라) 소들이었다. 바산은 모든 것이 더 크고 더 잘 자라는 곳처럼 보였다. 물론 황소가 실제로 그 자리에 있지는 않았다. 하지만 시편기자는 자신의 원수들을 황소라고 부름으로 그들이 힘세고, 잔인하며, 무감각하고, 위험하다고 말하고 있었다. '둘러싸다'(encircled, כָּתַר)라는 단어가 시사하듯이 그들은 의기양양하게 그를 에워싸고 있었다. 이 단어는 '왕관'에 해당하는 단어와 관련이 있기 때문이다. 이 강력한 원수들은 자신들이 그를 이기고 승리했다고 느꼈다.

그다음에 그들은 사자에 비유된다. 역시 실제로 사자는 없었다. 즉 그것은 사자 같은 강력한 원수들과의 암시된 비교였다. 주어가 밝혀지기 전에 동사로 문장이 시작된다. "내게 그 입을 벌림이(פָּצוּ, 즉각적 완료 혹은 현재 완료) 찢으며 부르짖는(이 두 분사는 '사자'를 수식한다) 사자 같으니이다." 그들은 힘이 세다. 그들은 그를 잡았고 그를 없애버릴 준비가 되어 있었다["사자가 움킨 것이 없는데… 부르짖겠느냐"(아 3:4)]. '부르짖다'(שָׁאַג)라는 단어는 이 시편의 시작부에서 그가 하나님께 부르짖어 기도하는 것에 사용된 것과 같은 단어다. 아마 거기에서 이 단어를 선택한 것은 이 기도를 강렬한 딜레마와 조화시키기 위함이었을 것이다.

3. 탄식은 고난을 묘사한다: 둘째, '나' 무문(14-15설)

14절에는 그의 육체적 연약함에 대해 나오고, 그다음에는 그의 쇠하는 영혼에 대한 묘사가 나온다. 그의 강렬한 고난들을 독자들에게 이해시키기 위해 과장법이 사용된다. "나는…쏟아졌으며"라는 것은 자신의 연약해진 상태를 비유하는 말이다(암시된 비교). 이것은 마치 "나는 에너지가 고갈되어 버렸다"라고 말하는 것과 같다. 이것은 지금은 텅 빈 그릇과의 비교를 암시한다. '물 같이'라는 직유는 이것을 분명하게 한다. 시편기자는 그다음에 협응이 되지 않고 고통스러운 육체적 상태를 과장법으로 말한다. "내 모든 뼈는 어그러졌으며." 그는 고통으로 괴로워하며, 자신의 모든 뼈가 분리되었다고 느낀다.

그다음에 그는 자신의 영에 대해 말한다. 그는 살고 싸우려는 의지를 거의 다 잃어버렸다. 그의 마음은 밀랍처럼 녹았다. '마음'은 그의 영 혹은 의지를 의미한다(주제의 환유). 그것이 '녹았다'는 것은 밀랍과의 비교를 확대하는 것이다. 열기나 압력으로 밀랍이 녹는 것처럼, 이 사람들의 공격이라는 압력 아래 다윗의 영혼은 거의 녹아 없어져 버렸다. 그에게는 싸울 의지가 남아 있지 않았다.

그리고 15절에서 그는 바싹 마르고 시들어 버린 자신의 메마르고 약해진 상태에 초점을 맞춘다. 그의 '힘'은 질그릇 조각처럼 말라버렸다. 그것은 어떤 것의 메마름을 사용한 직유다. 오래되고 메마른 화분 같은 것이다. 그의 활력, 생명력(life-juice)은 말라 버렸다. 습기는 전혀 없었다. 그것은 에너지가 쇠해가는 것을 나타내는 증상이다. 따라서 그의 혀는 말라서 입천장에 붙어버렸다 (מַלְקוֹחָי라는 용어는 문자적으로는 '나의 턱'이며, 그래서 '나의 입천장'이라는 의미를 얻기 위한 주제 혹은 수식어의 환유로 여겨야 한다).

4. 이 탄식에는 외적으로 '하나님의 거절'이 포함된다. 셋째, '당신' 부분(15절 하)

15절의 마지막 행은 탄식의 가장 힘든 부분을 표현한다. 하나님이 그를 버리셨을 뿐 아니라 그의 멸망에 관여하신 것처럼 보인다는 것이다. "주께서 또 나를 죽음의 진토 속에 두셨나이다"(תִּשְׁפְּתֵנִי). 요컨대, 하나님이 그를 구원하시기 위해 어떤 것을 하지 않으신다면, 그를 무덤에 두신 것은 하나님이셨다는 것이다. 미완료 시제(진행형 미완료)의 뉘앙스는 하나님이 지금도 그 일을 하고 계신다는 것을 강조한다. 무덤은 "죽음의 진토"(수식어의 환유)라고 언급된다. 메마르고 쇠약해지며 이제 곧 무덤에서 진토로 변할 그의 시체를 받아들일 곳이 먼지 투성이인 건조한 곳이기 때문이다.

물론 여기에서 예표론적 성취 역시 주목해야 한다. 예수님은 악인들이 그를 둘러싸고 조롱하는 동안, 십자가에서 고난을 받으셨다. 하지만 궁극적으로 메시아를 무덤에 두신 것은 하나님 아버지셨다(사 53:10; 행 2:23을 보라).

B. 악의적인 원수들의 손에 고난을 당하는 신자들은 응답이 있을 때까지 하나님께 속상함을 계속 쏟아야 한다(16-18절)

이제 탄식의 2라운드가 시작된다. 이것은 첫 라운드('그들' 부분)에 이어 계속해서 원수들에 대해 묘사한다. 시편기자는 황소와 사자를 사용했었다. 이제 그는 그들을 묘사하기 위해 개들(또 하나의 암시된 비교)을 사용한다. 그런 개들은 길들여진 애완견이 아니다. 그것들은 무리지어 다니는 자칼로, 다른 문화권에서는 독수리에 더 가깝다. 그들은 시체의 유해를 물고, 사지 곧 손과 발을 물어뜯는다. 원수를 개로 묘사하는 것은 그들을 역겨운 포식동물, 썩은 고기를 먹는 존재로 묘사하는 것이다. 하지만 그것은 또한 그가 죽은 것이나 다름없다는 것 혹은 생명이 없는 것처럼 보인다는 것도 나타냈다. 그렇지 않으면 '개들'이 주위에 모여들지 않을 것이기 때문이다. 그가 개들에 대해 말하고 있지 않다는 것은 그들을 "악한 무리"로 규정하는 대구법에서 분명하게 알 수 있다.

"내 수족을 그들이 찔렀다"(구멍을 냈다)라는 표현은 전후 문맥에 나오는 썩은 고기를 먹는 개에 대한 묘사와 어울린다. 그들은 물고 뜯으며, 이 과정에서 펼친 수족에 구멍을 낸다. 앞에서 논했듯이, 찌른다는 개념은 약간 바뀌어서 "사자 같이 (내 수족을)"로 읽게 된 듯하다. 원래 독법에는 동사가 있었다. 아마 '그들이 찔렀다'일 것이다.[33]

17절에서 시편기자는 계속해서 자신의 고난을 묘사한다(또 다른 '나' 부분). "내

---

33 이 시편에서 나온 이 절이 신약에 인용되지 않은 것은 중요하다. 이 사실은 이 해석의 진정성을 반대하는 논증으로 취할 수 있지만, 그것은 그리 설득력이 없다. 그것은 잘 입증된 해석이기 때문이다. 이 시편이 신약 서너 군데에서 인용되고 있으므로 사도들이 전체 시편을 메시아 예수의 고난과 승귀를 말하는 것으로 받아들였을 가능성이 더 크다. 다시 말해, 이 언급은 너무나 명백해서 뽑아낼 필요가 없었다.

가 내 모든 뼈를 셀 수 있나이다"(잠재적 미완료). 그것은 그가 너무 여위고, 너무 말라서 자기 뼈, 즉 갈비뼈를 쉽게 셀 수 있다는 것이다(이 표현은 과장법이다). 갈비뼈를 센다는 것은 몸이 많이 야위었음을 시적으로 표현한 것이다(결과의 환유). 즉 이것은 고난의 결과다. 그래서 그는 사람들이 자신을 바라보며 조롱한다고 말한다.

뿐만 아니라, 그는 마지막이자 가장 큰 모욕을 견뎌야 했다. "그들이 내 겉옷을 나누며"(18절). 사람이 가진 마지막 소유는 옷이다. 그것은 그가 죽을 때까지 그의 것이었다. 여기에서 그들은 그의 소유를 나누었다. 그들은 그가 죽은 것과 다름없다고 여겼기 때문이다. 이 구절은 십자가에서 문자 그대로 성취되었다(요 19:24). 이 구절의 대구법['겉옷'(garments)//'속옷'(clothing)]은 여기에서 동의어처럼 보일 것이다. 하지만 복음서들은 그것이 별개의 것임을 암시한다.

III. 간구: 신자들은 확신을 갖고 그분이 응답하실 때까지 자신들을 구해달라고 기도해야 한다(19-21절)

이제 시편은 실제의 기도를 기록한다. 그것은 자신을 원수들에게서 구해주시고, 죽음으로부터 구원해달라는 것이다. 그는 먼저 거리라는 주제를 반복하는 것으로 시작한다. "여호와여 멀리 하지 마옵소서 나의 힘이시여 속히 나를 도우소서." 그는 하나님을 "나의 힘"이라고 부른다(결과의 환유). 하나님은 그에게 힘을 주는 분이시기 때문이다. 그리고 그는 여호와께 속히 그렇게 해달라고 청한다. 그는 거의 죽을 지경이기 때문이다.

그다음에 그 고난 받는 자는 구원을 위해 간청한다. "나를 구하소서"[34] 그리고 "나를 구원하소서"(시 3:2의 같은 단어를 보라)라는 말은 긴급성을 간단하고 분명하게 강조한다. 그는 간구에서 일련의 비유들을 사용한다. 첫 번째 비유는 '칼'이고, 두 번째 비유는 개의 '손'(권세를 의미하는 앞발), 세 번째는 사자의 '입', 네 번째는 들소의 '뿔'이다. 이 비유들은 해악의 수단인 원인 혹은 수식어의 환유다. 하지만 어떤 것들은 또한 이미 사용된 비교를 나타내는 비유적 표현 중 일부다(개, 사자, 소).³⁵ 중심 개념은 원수들이 그에게 해를 끼치게 만들 만한 것에 대한 그의 우려다. 그는 그러한 것들에게서 구원받기 원한다.

이 부분에서 흥미로운 것은 간구 부분의 마지막 단어와 함께 대구법이 끊긴다는 것이다(21절). 마지막 단어는 '구하소서'와 '구원하소서' 같은 또 다른 명령법이 아니다. 그것은 완료 시제다. "주께서 내게 응답하셨나이다"(עָנָה에서 나온 עֲנִיתָנִי).

---

34 '구하다'(נָצַל)라는 단어는 구약에서 구원하고 구하는 것을 나타내는 또 다른 핵심 단어다. 이 단어는 '옷을 벗다, 망치다, 떼어내다, 구해내다'를 의미할 수 있는 피엘 동사 체계와, '잡아채다, 치우다, 구하다, 구조하다'를 의미할 수 있는 히필 동사 체계에서는 능동적 의미를 지닌다. 이 의미들은 또한 수동적 동사 구조에서도 나온다. 파생어들 및 같은 어원에서 나온 형태들은 용례와 발전된 의미의 흥미로운 행렬을 제공한다. 하지만 성경에 나오는 이 동사의 용법은 대단히 교훈적이다. Sawyer는 이 공통적 단어의 기본 개념은 분리라고 말한다. 종종 어떤 것을 다른 어떤 것과 분리시킨다는 의미라는 것이다(Semantics in Biblical Research, p.96). 모든 용례는 다소 격렬하게 잡아 벗기거나 잡아채는 맥락에서 나온다. 심지어 법적 맥락에서도 나오는데, 그것은 값을 지불하지 않고 어떤 사람의 재산을 취하는 것을 말할 것이다.
어떤 용례는 '도망하다'라는 의미를 전달한다. 이 말은 도망한 종(신 23:15), 혹은 도망가는 적군(삼하 20:16)을 묘사할 수 있다. 보다 빈번하게는 '구하다'라는 의미를 지닌다. 모세가 제사장의 딸들을 목자들에게서 구한 이야기나(출 2:19), 혹은 다윗이 사울에게 그가 어떻게 양들을 사자와 곰들로부터 구했는지 말하는 것에서(삼상 30:18) 그렇듯 말이다. 이 동사는 또한 '회복하다'라는 뉘앙스로 사용될 수 있다(삿 11:26).
'약탈하다' 혹은 '빼앗다'라는 개념은 분리와 같은 개념을 가진다. 하지만 이 분리는 좀 더 급작스럽고 폭력적이다. 예를 들어, 이스라엘은 그들이 떠났을 때 애굽 사람들의 물품을 취할 것이다(출 3:22). 그리고 여호사밧은 암몬과 모압의 패배한 군대를 탈취했다(대하 20:25). 이 개념은 어떤 것을 '낚아채다' 혹은 누군가의 '옷을 벗기다'라는 것이다.
하나님이 이 동사의 주어인 경우에는 '구원하다'라는 일반적 의미로 사용될 수 있다. 하지만 어떤 곳에서는 '빼앗아가다 혹은 구조하다'라는 개념이 더 정확하다. 그것은 하나님이 야곱의 아내에게 속한 재물 혹은 소유를 빼앗아 가시는 것을 말한다(창 31:9). 하지만 그것은 또한 하나님이 백성들을 적들 혹은 재앙으로부터 데리고 가시는 것을 말하기도 한다(렘 15:21). 다윗은 여호와가 모든 원수들에게서 그를 구원하셨을 때 감사의 시편을 썼다(삼하 22:1). 이와 대조적으로 이방 신들은 그들 자신의 백성을 능히 구원하지 못한다(대하 25:15).
시편 56:13에서 시편기자는 하나님이 그를 사망에서 건져주셨다고 말한다. 마찬가지로, 하나님은 시편기자를 스올에서 건지셨다(시 86:13). 시편 34:4는 여호와가 시편기자를 그의 모든 두려움에서 건지셨다고 말한다. 많은 곳에서 우리는 어떻게 여호와가 사람들을 고난과 사망에서 구원하셨는지 읽는다. 그들을 원수들 혹은 사망으로부터 분리한다는 개념이 이 단어의 핵심이다. 그리고 이 구원은 전쟁이라는 배경에서처럼 갑작스럽거나 폭력적일 수 있을 것이다.

35 탄식의 비유적 표현은 간구에서는 순서가 거꾸로 된다. 탄식에서 순서는 황소 – 사자 – 개였다. 이제 기도는 개 – 사자 – 황소/들소를 언급한다. 또한 본문상의 난점들이 사자에 대한 또 다른 언급을 포함한다고 해석하면 좌우 균형이 깨지리라는 것을 유의해야 한다.

어떤 주석가들은 완료 시제가 명령적 용례로 사용되었다고 주장한다('내게 응답하소서'). 그렇게 되면 이 간구는 또 하나의 유사한 요청의 동사로 끝나게 될 것이다. 그래서 현대의 많은 번역가는 그것을 이런 식으로 받아들인다. 하지만 이 시편기자가 또 다른 명령법을 사용하기 원했다면, 그렇게 하는 것은 쉬웠을 것이다. 게다가 헬라어 본문에는 '나의 낮음'이라는 명사가 나온다['그리고 나의 낮음을 들소의 뿔에서 (구원하시다)'라고 해석하는]. 이것은 이 형태가 불확실하다는 것을 나타낸다. 명령법이 아니기 때문이다. 브리그스는 이 형태를 명사로 번역한다. '내 괴롭힘을 당하는 자'로, 그것은 '나'라는 의미다.[36] 요점은 여기 간구 부분 제일 끝에 분명한 완료 시제가 나온다는 것이다(심지어 이 행의 단어 순서에서도 이 동사는 문장 끝에 있다. "들소의 뿔에서 나를 구원하셨나이다"). 그리고 이 시점 이후, 이 시편에는 어떠한 종류의 탄식이나 간구가 한 마디도 나오지 않는다. 이 시점 이후에 이 시편은 찬양으로 가득 찬다. 완료 시제는 찬양 부분으로 넘어가기 위해 선택되었을 것이다. 간구 중간에 하나님께 원수들에게서 자신을 구원해달라고 구하면서, 고난받는 시편기자는 '구원의 신탁,' 즉 하나님이 기도를 들으셨으며 그가 구원되었다는, 혹은 곧 구원될 것이라는 어떤 표시를 받았다. 그래서 그는 간구를 중단하고[이 비유는 돈절법(문장을 도중에서 갑자기 끊는 것 – 역주)이 될 것이다] 하나님이 그에게 응답하셨다고 선포했다.[37]

---

36 Briggs, *Psalms*, p.190.
37 Kraus는 이 형태를 임시변통으로 수정하는 것에 대해 "심지어 감사의 노래(22절 이하)가 시작되기 전부터 하나님이 분명하게 기도를 듣고 계신다는 점이 명확하게 표현되어 있다는 기이한 사실은 피할 수 없다. 동사 형태 עֲנִיתָנִי는 애도를 끝내고 감사의 노래로 넘어가는 전환점을 형성한다"(*Psalms 1-59*, p.292)라고 말한다.

IV. 선언적 찬양: 헌신된 신자는 하나님이 기도에 응답하신 것을 찬양한다. 다른 사람들이 자신의 신앙을 통해 격려를 받도록 하기 위해서다(22-31절)

A. 회중 안에서 하나님을 찬양하는 것은 다른 사람들이 계속 기도하도록 격려할 것이다(22-26절)

1. 찬양은 구원에 대한 즉각적 반응이다(22-23절)

시편기자는 이제 회중 가운데서 하나님을 찬양하기로 결심한다. 어떻게든 그의 모든 환난 가운데서, 그리고 하나님이 그를 버리신 것처럼 보인다는 사실에도 불구하고, 하나님은 그의 기도에 응답하사 그가 사망에서 구원받도록 하셨다. 그는 그로 인해 성소에서 찬양할 것이다. 찬양은 기도의 완성이기 때문이다(시 50:15). 22절은 이 자연스러운 반응을 말한다. "내가 주의 이름을 형제에게 선포하고 회중 가운데에서 주를 찬송하리이다." 이 동사들(청유형)은 하나님을 찬양하려는 그의 결심을 표현한다. 그는 즉시 그 일을 할 것이다.

'이름'(시 20:1의 같은 단어를 보라)은 하나님의 성품, 하나님의 속성들 혹은 완전함을 말한다('이름'은 주제의 환유다). 그것은 시편기자가 하나님이 어떠한 분인지, 즉 이 신적 간섭이 하나님의 성품을 어떻게 드러내는지 선포하리라는 의미다. 그리고 찬양은 공동의 행동이기 때문에 그는 회중들에게 그와 함께 이 찬양에 참여하도록 명한다(23절). 그는 "여호와를 두려워하는"(시 2:11의 같은 단어를 보라) 모든 사람에게 그분을 찬송하라고 권한다. 이들은 회중의 핵심을 이루는 신실한 사람들이다. 그들은 다른 사람들을 위해 여호와를 기꺼이 찬송한다. 그들은 언약 백성이다. 그다음 두 줄은 '이스라엘 자손'과 '야곱의 자손'이라는 시적 대구를 사용하기 때문이다['자손'(seed)은 원인의 환유로, 씨의 결과인 후손들을 의미한다]. 그들은 시편기자와 함께 죽음에서 구하심을 받은 것에 대한 찬양에 동참하며 여호와를 존경하라는 명령을 받는다.

2. 찬양은 여호와께 초점을 맞춘다(24절)

시편기자는 하나님이 괴로움 가운데 있던 그를 결국 버리지 않으셨다고 말한다. "그가 멸시하지 아니하시며"와 "그가 싫어하지 아니하시며"라는 표현들은 절제된 표현이다(tapeinosis). 이 말이 의도하는 의미는 하나님이 그를 소중히 여기고 영광스럽게 구원하셨다는 것이다. 이 표현들이 사용된 것은 잠시 하나님이 그와 그의 곤고함을 멸시하신 것처럼 보였기 때문이다. 동사들의 목적어는 '곤고한 자의 곤고'(עֱנוּת עָנִי)로, '곤고한 자'란 그 자신을 말한다. 이 구절의 두 번째 줄은 이 점을 긍정적으로 진술하면서 끝난다. "그의 얼굴을 그에게서 숨기지 아니하시고 그가 울부짖을 때에 들으셨도다"(שָׁמַע). 이것은 하나님이 기도에 응답하셨다는 뜻이며 그것을 그저 들으셨다는 의미가 아니다. 다윗은 여전히 자신을 삼인칭으로 말하면서, 하나님이 그에게서 은총을 보류하지 않으셨다고 선포한다('얼굴을 숨기다'라는 비유는 은총을 보류하는 것을 의미하는 신인동형론이다). 이것의 증거는 그분이 기도에 응답하셨다는 것이다.

3. 찬양은 백성에게 유익을 준다(25-26절)

시편기자는 "나의 찬송은 주께로부터 온 것이니"라고 말한다. 이것이 의미하는 것은 찬송의 이유, 즉 구원이 하나님께로부터 왔다는 것이다('찬송'은 그렇게 되면 결과의 환유로, 원인은 구원이다).

그는 회중 가운데서 자신의 서원을 지킬 것이다. 이 서원은 기도가 응답될 때 여호와께 드리겠다고 한 찬송을 말한다(시 66:13-20을 보라). 기도 응답은 공적 찬송으로 이어져야 한다. 하나님이 성소에서 찬양을 받으시고 다른 사람들이 세워지도록 하기 위해서다. 이 찬송은 화목제(레 7장)와 함께 드려야 한다. 화목제는 실제로 함께 나누는 식사가 될 제사를 말한다. 짐승을 단에서 굽는 동안, 그것을 가져온 사람이 단 옆에 서서 사람들에게 하나님이 무슨 일을 하셨는지 말할 것이다. 그다음에 모든 사람이 함께 먹을 것이다(이것은 이스라엘 사람들이 성소에서 먹을 수 있는 유일한 제사였다). 그들이 먹는 이유는 하나님이 그를 축복하셨기 때문이다.[38] 그래서 우리는 26절에서 "겸손한 자는 먹고 배부를 것이요 여호와를 찾는 자는 그를 찬송할 것이라"라는 말씀을 읽는다. 겸손한 자(poor people, עֲנָוִים, 시 9:12의 같은 단어를 보라), 여호와께 도움을 구하는 궁핍한 사람들은 실제로 먹을(יֹאכְלוּ) 것이다. 하나님이 다윗의 곤경에 개입하셨고, 다윗은 신실하게 그의 서원을 지켜서 공동의 식사를 위해 짐승을 가져왔기 때문이다. 사람들은 그의 찬송을 함께 나눌 것이다. 단지 그들이 뭔가 먹을 것이 생기기 때문만이 아니라 그들이 독실한 신자들이고, 여호와가 다른 사람들을 위해 하신 일을 기뻐할 수 있기 때문이다. 그들이 계속 기도하면 하나님이 실제로 기도에 응답하시고 그들의 기도에 응답해주실 것임을 알기 때문이다.

이것이 교훈의 요점이다. "너희 마음은 영원히 살지어다." 탄식 부문(14절)에서 다윗은 그의 마음, 살고자 하는 의지, 계속 기도하려는 결단이 밀랍처럼 녹았다고 말했다. 그는 거의 포기할 뻔했다. 그러나 그는 포기하지 않았다. 그리고 이제 그는 다른 사람들에게도 포기하지 말고, 격려를 받아 계속 기도하라고 말할 수 있었다. 하나님은 곤고한 자의 곤고를 멸시하지 않으시기 때문이다. 이것은 찬양이 덕을 세우는 한 예다.

B. 하나님이 죽음 가운데서 어떻게 구원하시는가에 대한 말을 전하는 것은 많은 사람을 믿음으로 이끈다(27-31절)

이 시편 나머지 부분은 사람들이 이 하나님이 어떤 분이신지 들을 때 그들은 언약 공동체에 속하고 싶어 하리라는 기대를 기록한다.

1. 전세계 사람들이 하나님 나라에 들어올 것이다(27-28절)

"땅의 모든 끝"이 여호와께 돌아올 것이다. 즉 땅 끝(주어이 한유)에 사는 사람들을 말한다. 본문은 그들이 기억하고(시 6:5의 그 단어를 보라) 돌아올 것이라고 말한다. 즉 그들은 자신들이 들은 것에 대한 믿음에 의해 행동할 것이며 여호

---

38 *Recalling the Hope of Glory*(Grand Rapids: Kregel, 2006), chapter 17, "Offering the Sacrifice of Praise," pp.269-275에 나오는 예배의 이 측면에 대한 나의 논의를 보라.

와께 돌아올 것이다. 그들은 하나님 앞에 예배할 것이다. '예배하다'(bow down, הִשְׁתַּחֲוָה)라는 말은 예배를 나타내기 위해 사용된다. 몸을 굽히는(bow down) 행동은 복종, 경례, 기도를 의미한다. 이 시편은 사람들이 여호와가 하신 일을 들을 때 그들이 믿음을 갖게 될 것이며 참된 예배자가 되리라고 기대한다.

이에 대한 이유가 28절에 웅대하게 진술되어 있다. "나라(dominion, מְלוּכָה)는 여호와의 것이요 여호와는 모든 나라의 주재(מֹשֵׁל)심이로다." 이것은 원수들이 시편기자를 죽이지 못하도록 하나님이 막으셨을 때, 세상 족속들에 대한 그 분의 주권을 보이셨다는 말이다. 이스라엘에게 이것은 하나님의 지배(dominion)를 의미했다. 사실상 시편기자들에게는 어떤 기도 응답도 사람들과 자연에 대한 하나님의 주권적 통치의 확장으로 여겨졌다.

2. 여러 부류의 사람들이 대대로 하나님 나라에 들어갈 것이다(29-31절)

시편기자는 또한 사람들이 이 하나님의 주권을 이해할 때 그들이 그분의 나라에 들어가고 싶어 할 것이라고 기대한다. 이 구절들은 난점들로 가득 차 있다. 하지만 본질적인 의미는 분명하다. 심지어 아직 태어나지도 않은 사람들이 듣고 믿음으로 나아올 것이다. 29절은 예배 중에 먹고 축연을 베푼다는 개념을 반복하는 말로 시작하지만[39] 이제는 건강한 사람부터 죽어가는 사람까지 모든 사람을 포함한다. 한편으로 그것은 번영한 사람들을 포함한다. "세상의 모든 풍성한 자"는 문자적으로는 '세상의 모든 살찐 자'(דִּשְׁנֵי)로, 풍성함과 부요함의 상징이다('땅의 기름'처럼). 하지만 이것은 다른 한편으로는 "진토 속으로 내려가는 자"(יוֹרְדֵי עָפָר), 죽어가는 자들도 포함한다. 이 두 묘사는 상극법(merism)을 형성하는데, 이것은 모든 종류의 육체적·정서적 상태에 있는 사람들을 의미한다.

---

39 동사 אָכְלוּ는 예언적 완료로 분류할 수 있을 것이다. 그것은 미래에 실현될 것에 대한 비전이기 때문이다. 두 번째 동사 וַיִּשְׁתַּחֲווּ는 그렇게 되면 동일한 뉘앙스를 가질 것이다. 그래서 "그들은 먹을 것이고 그들은 경배할 것이다." 이 두 동사는 중언법을 형성하여, 이 예배가 그들이 먹는 가운데 이루어질 것임을 나타낸다.

29절의 마지막 줄은 MT에서는 "그리고 [심지어] 자기 영혼(즉, 자신)이 살리지 못할 [사람인] 그"라고 되어 있는데, 그것은 죽어가는 사람에 대해 묘사를 재진술하는 것으로 보인다.

마지막 두 절은 장차 사람들은 자기 자녀들에게 여호와가 행하신 일을 말함으로써 그분을 섬길 것이라고 말한다. 그들은 '후손'(seed, 원인의 환유)이라고 불리며, 이 이야기를 미래의 '대대에', 즉 아직 태어나지 않은 사람들에게 퍼뜨릴 것이다. 그들의 메시지는 여호와의 '공의'(시 1:5의 같은 단어를 보라), 하나님의 행동 배후에 있는 그분의 속성(원인의 환유)에 관한 것이다. 의는 원인이며, 구원은 결과다. 여호와는 의를 옹호하는 하나님이시며, 그분은 의로운 종들을 악인의 핍박에서 구원하신다(참고. 시 98:1). 이 시편에서 우리는 자신과 자신의 신앙을 조롱하는 악인으로부터 구해달라는 의로운 사람의 의로운 기도를 보게 된다. 끝에 가서 시편기자는 하나님이 의로우시다고 선포할 수 있다. 그분은 죽음에서 구해달라고 요청하는 자기 백성을 버리지 않으신다.

이 시편은 퍼뜨려야 할 선포에 대한 요약으로 결론을 내린다. "주께서 이를 행하셨다." 본문에 나오는 것은 단순 동사, "주께서 행하셨다"(עָשָׂה)라는 말 뿐이다. 이 시편의 맥락에서 그것은 하나님이 고통받는 시편기자의 부르짖음에 응답하시고 그를 특정한 죽음에서 구원하신 것을 말한다. 백성들이 참되고 살아 계신 한 분 하나님이 실제로 기도에 응답하시고 사람들을 죽음에서 구원하신다는 것을 들을 때 그들은 믿음으로 그분에게 돌아오고, 그들 세대에 그분의 증인이 될 것이다. 그리스도 안에서 이 시편이 적용된다는 관점에서 볼 때, 사람들은 하나님이 그리스도를 죽음에서 구하신다는 것, 즉 죽은 자 가운데서 다시 살리신다는 것을 듣고 그 권세를 갖고 계신 구원의 하나님을 믿고 싶어 할 것이다.

메시지와 적용[40]

이 시편은 자신의 기도가 응답받지 못한 것 같아서 하나님께 버림받았다고 느끼는 사람들을 격려해준다. 아주 오랜 기간 시편기자의 문제는 바로 이것이었다. 그는 자신을 죽이려 애쓰는 원수들의 손에 고난을 받았다. 그의 상황은 한탄할 만한 것이었다. 하지만 그것이 견디기 힘든 지경에 이른 이유는 하나님이 그를 버리신 것처럼 보인다는 사실 때문이었다. 그럼에도 불구하고, 그는 놀라운 좌절의 한가운데서 확신을 구축하는 방법들을 발견했으며, 적절한 순간에 하나님은 실제로 그를 죽음에서 구하셨다. 그때 그는 찬송할 수 있었을 뿐 아니라, 또한 다른 사람들에게 계속 기도하라고 권면할 수 있었다(26절). 그래서 우리는 이 모든 것을 포착하기 위해 잠정적으로 이러한 강해적 개념을 쓸 수 있다. *신앙 때문에 핍박과 조롱을 받는 사람은 하나님이 곤고한 자기 백성을 버리지 않고 그 기도를 들으셔서, 회중 가운데서 찬송할 이유를 주실 것임을 알고, 그분께 구해달라고 끈질기게 기도해야 한다.*

이 분명한 메시지에 더하여, 신약은 시편 연구를 위한 또 하나의 초점을 제공한다. 고난받는 구세주의 기도다. 그렇다면 예수님은 시편 메시지의 완벽한 예가 되신다. 시편을 간단히 읽어보기만 해도, 독자들은 예수님이 십자가에서 죽어가실 때 이 본문을 자신에게 적용하셨다는 사실을 기억하게 된다. 그렇다면 복음서 기자들과 사도들은 그리스도가 받으신 고난의 많은 세부 사항이 이미 이 시편에 규정되어 있음을 인식했으며, 그리스도인들은 예수 그리스도 안에서 하나님이 의도하신 이 시편의 의미를 발견할 수 있다. 이것이 이루어진 방식은 성령님이 이 시편을 쓰도록 시편기자에게 영감을 주셔서 그가 자신의 고

---

40 또한 S. B. Frost, "Psalm 22: An Expositino," *CJT* 8(1962):102-115를 보라.
41 Delitzsch의 진술이 나는 여전히 타당하다고 생각한다. 그는 이 시편의 과장법적 요소는 성령님에 의해 예언적인 것으로 바뀐다고 말한다. "성부 하나님이 그분 자신의 뜻에 따라 예수 그리스도의 역사를 형성하시듯, 성령은 그 역사를 고려해서, 다윗이 미래에 오실 분의 예표인 그 자신에 관한 말까지도 형성하신다."(*Psalms*, I:307).

난, 궁극적으로는 다윗의 더 위대한 아들인 메시아가 더 크게 겪으실 고난을 생생하고도 과장이 섞인 표현을 사용하여 묘사하도록 하셨다는 것이다.[41] 그것이 그처럼 강력하게 연관되는 이유는 그 탄식이 질병이나 전쟁에서 비롯된 고난이 아니라, 처형, 대적들이 시편기자를 마치 쓸모없는 범죄자나 되듯이 죽이려고 의도적으로 애쓰는 것이라는 점이다. 시편기자의 언어는 원수에 의한 강렬한 고뇌 및 하나님께 버림받은 것처럼 보이는 것을 견디는 사람에게서 자연스럽게 나올 수 있는 말이다. 하지만 그것은 좀 지나치다. 그것은 고난받는 시편기자에게 혹은 그런 고통에 있는 모든 사람에게는 지나친 것처럼 보이지 않았다. 이 모든 것은 그가 마지막 순간에 여호와께 구원받았을 때 끝났다. 그리고 그의 탄식은 온 세상이 들을 기쁜 찬송으로 바뀌었다.

이 시편에 나오는 지나친 말의 놀라운 점 중 하나는 그것이 십자가 처형으로 죽는 사람에게 매우 적절하다는 것이다. 그리고 예수님이 이 시편을 사용하신 것이 더욱 적절한 이유는, 이 탄식에 독특한 특성이 있기 때문이다. 고난받는 시편기자는 원수들의 공격에도, 절대 원수들을 저주하지 않으며, 절대 자신이 죄를 지었기 때문에 고난받는다고 말하지 않는다. 후회나 회개하는 슬픔의 말은 한 마디도 없다. 어떻게 봐도 그는 원수들의 손에 불의하게 고난을 당하는 무죄한 사람이다. 즉 하나님이 그를 무덤에 버리신 것처럼 보였다.

신약은 이 시편에서 그리스도께 적용되는 상세한 부분들을 보여준다. 저자들은 다윗이 선지자였으며, 실제로 메시아에 대해 말했음을 알았다. 그가 그것을 모두 이해했든 아니든 말이다. 다음 목록은 신약에서 시편 22편이 인용되거나 암시된 것을 말해준다.

마 27:46//시 22:1	내 하나님이여 내 하나님이여 어찌 나를 버리셨나이까
마 27:39//시 22:7	나를 보는 자는 다 나를 비웃으며 입술을 비쭉거리고 머리를 흔들며 말하되…

마 27:43//시 22:8	그는 하나님을 신뢰하니 하나님이 원하시면 이제 그를 구원하실지라
요 19:28//시 22:15	내가 목마르다
요 19:23-24//시 22:18	그들이 내 겉옷을 나누며 제비뽑나이다
히 5:7//시 22:24, 31	그가 들으셨도다
히 2:12//시 22:22	내가 주의 이름을 형제에게 선포하고

이 시편의 예표론적 성취에서 우리는 이제 어떻게 예수님도 악인들에게 죽임을 당하셨는지, 그리고 겟세마네 동산에서 고뇌하신 것을 시작으로, 죽음에서 구해달라고 부르짖으셨음을 본다. 히브리서 5:7은 그가 육체에 계실 때에 심한 통곡과 눈물로 열심히 기도하셨으며, 그의 경건하심으로 인해 들으심을 얻었다고 말한다. 예수님은 이러한 죽음에서 구해달라고 기도하셨다("이 잔을 내게서 지나가게 하옵소서"). 하지만 그분은 죽으셨다. 그럼에도 히브리서는 그가 들으심을 얻었다고 말한다. 즉 그의 기도는 응답되었다. 이 긴장에 대한 해결책은 히브리서 2:12에서 볼 수 있다. 그것은 이 시편의 22절을 그리스도께 적용시킨다. "내가 주의 이름을 선포하고…" 히브리서의 맥락에서 이것은 하늘에서 성취되었다. 그래서 이 시편을 예수님께 적용하는 것에 관해 기독교 주석가들은 간구(21절)와 찬송(22절) 사이에서 부활이 일어났을 것이라고 결론을 내린다.

이것은 다윗이 기도에 대해 즉각적이고 직접적인 응답을 받은 것과는 대조적으로, 십자가상의 예수님의 기도에 대한 응답은 그분이 기도하신 것과 다른 때에 다른 식으로 왔다. 그분은 성금요일에 기도하셨으나, 일요일에 죽음에서 구원되셨다. 즉 다른 때다. 그분은 죽는 것에서 구원해달라고 기도했으나, 부활에 의해 죽음에서 구원되셨다. 즉 다른 방식이다. 다른 시기에 다른 방식으로 응답이 왔다면, 그것은 또한 더 나은 시기와 더 나은 방식이었다. 부활 때 죽음에서 구원된다는 것은 그분이 죽을 수 밖에 없는 육체에 머물지 않으셨다는 의미였다. 그리고 부활절 일요일에 구원받았다는 것은 그분의 죽음이 우리의 구속을 성취했다는 의미였다. 그분은 죽은 자 가운데서 살아나사, 하늘 성소에서 그분의 찬송을 선포하기 위해 영광으로 올라가셨다.

예수님의 기도가 이런 식으로 응답되었다면, 이는 또한 신자들에게도 해당되어야 한다. 성경이 우리를 믿음으로 이끄는 것은 바로 이것이다. 바울은 우리가 마땅히 기도할 바를 알지 못한다는 것을 상기시킨다(롬 8:26). 우리가 어떻게 기도해야 할지 알지 못한다면, 우리가 구한 것과 다른 방식으로 기도가 응답될 수도 있다는 것은 당연하다. 또한 바울은 하나님이 우리가 생각하거나 구할 수 있는 것보다 훨씬 더 넘치도록 능히 하실 수 있다는 것을 상기시킨다(엡 3:20). 이것이 사실이라면, 우리의 기도는 우리가 구하는 것보다 더 나은 방식으로 응답될 수 있는 것이 당연하다. 이 시편은 우리의 필요가 무엇이든 그것을 위해 계속해서 하나님께 기도해야 한다고 가르친다. 하나님이 우리를 버리신 것처럼 보인다면, 이 시편의 메시지는 더욱 더 강력하게 적용된다. "너희 마음은 영원히 살지어다." 우리는 포기하지 말고 계속 기도해야 한다. 이 시편이 예수 그리스도와 더불어 성취된 것을 통해, 우리는 기도에 대한 응답이 우리가 기도한 것과 다른 시기에 다른 방식으로 올 수 있음을 배운다. 그리고 만일 그렇다면 우리의 기도는 더 나은 시기에 더 나은 방식으로, 그리고 이생에서 이루어지지 않는다면, 내세에서 반드시 이루어질 것이다.[42]

---

[42] 이 시편의 이러한 적용에 대한 개념들은 Bruce K. Waltke의 본문 강해에서 나온 것이다.

32

The Faithful Provisions of the LORD PSALM 23

여호와의 신실한 공급하심(시편 23편)

서론

본문과 다양한 역본들

1 다윗의 시

여호와는 나의 목자[1]시니 내게 부족함이 없으리로다

2 그가 나를 푸른 풀밭에 누이시며

쉴 만한 물 가로 인도하시는도다

내 영혼을 소생시키시고[2]

3 자기 이름을 위하여

의의 길로 인도하시는도다

4 내가 사망의 음침한 골짜기[3]로 다닐지라도

---

1 '나의 목자'(רֹעִי)라는 분사를 헬라어는 '나를 목양하시니'($ποιμαίνει\ με$)라고 번역한다.
2 처음 동사에 대해 헬라어 번역은 '나를 거하게 하셨다'라고, 두 번째 동사에 대해서는 '나를 살찌게 하다'라고 번역한다.
3 '골짜기' 대신 헬라어에는 '한가운데'($μέσῳ$)라고 되어 있다.

해를 두려워하지 않을 것은
주께서 나와 함께 하심이라
주의 지팡이와 막대기가 나를 안위하시나이다

5 주께서 내 원수의 목전에서
　내게 상을 차려 주시고
　기름을 내 머리에 부으셨으니
　내 잔이 넘치나이다⁴
6 내 평생에 선하심⁵과 인자하심이
　반드시 나를 따르리니
　내가 여호와의 집에
　영원히 살리로다(return)⁶

---

4 헬라어에는 '주의 잔이 가장 좋은 [포도주]처럼 나의 기운을 북돋아준다'(τὸ ποτήριόν σου μεθύσκον ὡς κράτιστον)라고 되어 있다.

5 '선하심'이라는 말은 헬라어 번역에 반영되어 있지 않다. 이것은 그냥 '주의 자비가 나를 따르리니'라고 되어 있다.

6 히브리어는 '돌아오다'(return, שׁוּב)에서 나온 칼 완료로, 와우 연속사가 있는 1csg(וְשַׁבְתִּי)다. 이것은 "내가 [여호와의 집에 조만간] 돌아갈 것이다"라고 번역된다. 이것은 2절에 나오는 그가 나의 영혼을 '소생시키시고'라고 번역된 동사 어근과 같다. 여기에서 문제는 이 형태 뒤에 나오는 '안에'(in)라는 전치사다. 이것은 단순히 번역할 수가 없었다. 즉 '나는 여호와의 집 안에 돌아갈 것이다.'
헬라어에는 '그리고 내 거하는 것'(τὸ κατοικεῖν με)이 여호와의 집 안에 [있을 것이다] 혹은 '나는 여호와의 집 안에 거할 것이다'라고 되어 있다. 이것은 וְשַׁבְתִּי이 다른 어근에서, 아마 יָשַׁב에서 나온 칼 부정사(וְשִׁבְתִּי)로 접미사가 달린 것이라고 추정한다. Symmachus, 수리아 역본, Old Latin은 모두 '그리고 내가 거하다'가 나오는 이 독법을 따른다. 아마 시편 27:4이 이 독법에 영향을 끼쳤을 것이다. 그것은 בְּבֵית־יְהוָה כָּל־יְמֵי חַיַּי שִׁבְתִּי, '내가 내 평생에(all the days of my life, 시 23:6에서처럼 for the length of the days)가 아니라) 여호와의 집에 살면서[내가 거할 것이다]라고 되어 있다. 병행 구절, 전치사의 난점들, 은혜로우신 주인과 함께 거한다는 개념 때문에, 헬라어 역본이 이렇게 번역되었는지 볼 수 있다.
많은 현대의 주석가들 역시 MT 형태가 불가능하지는 않다 해도 어렵다고 결론을 내리며, 그래서 좀 더 매끄럽게 읽기 위해 그냥 그것을 바꾼다. 그것은 손쉬운 해결책일지는 모르지만, 본문 비평의 기본 절차를 무시한다. 헬라어역에서 발견되는 매끄러운 독법이 원래의 독법이었다면, 왜 MT가 그 독법을 택했는지 설명하기 어렵다. 우리는 또한 이문(異文)들이 같은 개념을 따르긴 하지만, 똑같지는 않다는 것을 주목할 것이다. MT에 나오는 독법은 좀 더 어려운 구조로 되어 있어, 헬라어 번역이 그것을 바꾸게 하기 쉬우며, 헬라어역은 시편 27:4를 따라 그렇게 바꾸었다. 전치사는 '…로'(to)라는 분명한 의미를 가지고 있지 않기 때문에 구문은 '…안에 돌아가다 [그리고 살다]'라는 의미를 지닐 수 있다. Briggs는 이 동사

구성과 전후 문맥[7]

성경의 모든 시편 중 23편보다 더 잘 알려진 것은 없을 것이다. 이 본문은 여호와를 사랑하는 사람들 뿐 아니라, 신앙과 거의 관계가 없는 사람들에게도 사랑을 받는다. 그렇지만 이것이 예배 공동체에 의해 자주 사용됨에도 불구하고, 사람들은 그 의미를 충분히 발견하기 위해서는 거의 시간을 들이지 않는다. 본문을 면밀히 분석해보면 이것이 여호와께서 그분을 신뢰하는 사람에게 행하시는 모든 것에 대한 묵상임을 알 수 있다.

이 시편은 분류하기가 어렵다. 주요 분류 체계에 맞지 않기 때문이다. 하지만 '확신의 시편'(탄식과 탄원이 뒤로 물러난)[8]이라는 군켈의 묘사는 맞을 것이다. 이 시편은 여호와가 그분의 인자하심을 보여주시는 것과, 그 사랑 안에서 신실한 자들이 누리는 기쁨에 초점이 맞춰져 있다. 그것은 원수들, 혹은 위험한 골짜기, 혹은 여호와가 그러한 장소들에서 주시는 위로를 언급하는 것 외에는 구체적인 위기에 주의를 기울이지 않는다. 따라서, 이것은 탁월한 신뢰의 노래이다.

이 시편의 배경이 무엇인지 결정하기는 더 어렵다. 전통적으로 이것은 다윗이 쓴 것으로 여겨졌다. 그리고 저자를 나타내는 특징을 거부할 이유는 없다.[9] 델리치는 "이 시편은 압살롬의 반역 때에 쓰인 것이다"라고 주장한다. 다윗이 광야에

에 대해 함축성 있는 의미를 열거한다. '살기 위해 돌아간다'라는 것이다(*Psalms*, p.212). 헬라어 번역가가 전치사의 사용에 대해 고민하고 시편의 내용에 익숙하다면, 그는 그 형태가 시 27:4에 나오는 것과 똑같다고 가정했을 것이다. 그렇기 때문에 시편기자는 십중팔구 여호와의 집에 '돌아갈' 것이라는 생각으로 결론을 내렸을 것이다. 그러한 '돌아감'이라는 개념은 예배한다는 의미에서 '거하는' 것으로 이어질 것이다. 하지만 '돌아감'이라는 개념은 그의 결론에 영적 갱신이라는 의미를 가져온다.

7 P. D. Miller, *Interpreting the Psalms*(Philadelphia: Fortress Press, 1986), pp.112-19. Dennis Pardee, "Structure and Meaning in Hebrew Poetry," in *Sopher Mahir*(Fs. for S. Segert), ed. by E. M. Cook(Winona Lake: Eisenbrauns, 1990): 239-80을 보라.

8 Hermann Gunkel, *The Psalms*(Philadelphia: Fortress, Press, 1969), p.35.

9 Goldingay는 이 시편을 다윗이 쓴 것이라고 말하는 표제가 "우리에게 다윗이 이 시편을 사용하는 모습을 상상하게끔 한다"라고 말한다. 특히 다윗이 목자였기 때문이다. 다윗이 이 시편을 사용한다는 그의 말이 무슨 의미인지는 분명하지 않지만 그는 1-4절에 나오는 비유적 표현과 5-6절에 나오는 묘사가 다윗의 이야기와 맞아 떨어진다고 덧붙인다(*Psalms 1-41*, p.347).

있던 때다. 그는 근거로 시편 3편과의 유사성을 든다. 시편 3편은 그 시기와 연결되어 있다고 알려진 것이다.[10] 런드봄(Lundbom) 역시 이 시편이 그 당시 광야를 배경으로 한다고 결론을 내린다.[11] 분명한 역사적 언급이나 설득력 있는 내적 증거가 없이는, 이 시편이 정확히 언제 쓰였는지 도저히 알 수가 없다. 말할 수 있는 것은 들판의 목자와 연회장의 주인, 그리고 성소에서 여호와와 교제하려는 열망 등의 주제가 모두 다윗에게 익숙한 것이라는 점 뿐이다.

다른 이론들은 좀 더 상상에 근거한 것인 듯 보인다. 크라우스는 배경이 제의적인 것이라고 말한다. 그것은 여호와의 집에 초점을 맞추고 있기 때문이다. 그는 그것이 포로기 이전의 것일 수도 있음을 인정한다. 그는 시편기자가 부당하게 고발당하고 그 후에 무죄 선고를 받았을 것이라는 견해를 취한다. 그렇다면 이 시편에 나오는 식사는 그를 고발한 사람들 앞에서 드리는 감사의 잔치였을 것이다.[12] 메릴(Merrill)은 이 시편이 성 주위를 순례하면서, 성전에서 샘까지 행진하는 것을 포함한 대관식에 대한 것이라고 추정한다.[13] 포크트(Vogt)는 이 시편이 순례자가 드리는 감사 제사와 연결되어 있다는 견해를 취한다. 아마 순례자는 최근에 그가 어두운 골짜기를 지나갔을 때 경험한 보호에 대한 감사로 이러한 제사를 드릴 것이다.[14] 서너 저자들은 이 시편이 순례 여행을 배경으로 한다고 말한다. 아마 왕이 사망의 음침한 골짜기를 통과해가는 상징적인 제의적 여정이었을 것이다.[15] 이런 견해에 응하여, 앤더슨은 화자가 원래 왕족의 우두머리이며 공동체의 대표였을 것이라고 말한다. 하지만 이런 생각은 포로시대

---

10 시편 3편은 여호와에 대한 강력한 확신 부분이 담겨 있다. 하지만 다른 유사점들은 설득력이 덜하다. Delitzsch, *Psalms*, I:329를 보라.
11 Jack R. Lundbom, "Psalm 23: Song of Passage," *Int* 40(1986):6-16.
12 Kraus, *Psalms 1-59*, p.305-306.
13 A. L. Merrill, "Psalm XXII and the Jerusalem Tradition," *VT* 15(1965):354-60.
14 E. Vogt, "The Place in Life' of Psalm 23," *Bib* 34(1953):195-211.
15 예를 들어, J. H. Eaton, *Psalms: Introduction and Commentary*를 보라.

이후 공동체에서는 적용되지 않을 것이다.[16] 또 어떤 사람들은 원래 노래를 포로 공동체에서 창조적으로 손질해서, 다윗이 경험한 것과 동일한 언약 축복들을 누리게 했다고 추론했다.[17] 고대 시편을 개정하지 않고서도 후에 겪은 경험들에 적용할 수 있다고 말할 수도 있을 것이다.

이 시편이 여호와에 대한 확신에 찬 신뢰의 노래로 쓰인 것이며, 한 개인의 개인적 믿음을 나타낸다는 표시는 대단히 많다. 이것이 쓰인 방식은 여러 가지로 적용이 가능하기 때문에,[18] 수많은 제안이 있는 것도 놀라운 일은 아니다.

이 시 자체는 비유적 표현들과 상징적 대구법들이 풍성하게 섞여 있으면서, 생생한 장면들과 사상들이 충분히 발전되는 것을 입증한다. 이 시편에 나오는 사상들의 기원은 다양한 단계에서 찾아볼 수 있으며, 각각은 묵상을 위한 다양한 배경을 제시한다. 브리그스는 1-3절 전반(3보격)을 목자와 먹이는 자에 대한 계시로, 3절 하-4절(4보격)을 목자와 안내자, 그리고 5절과 6절(5보격)을 잔치의 주인에 대한 계시로 본다.[19] 이것은 페로운이 '내게 부족함이 없으리로다', '내가 두려워하지 않을 것은', '내가 살리로다'(return)의 세 동사에 따라 시편을 나눈 것과도 대응을 이룬다.[20] 조금 다른 세 장면으로 나누면 더 좋을 것이다. 들에 있는 목자(1-4절), 연회장에 있는 주인(5절), 그리고 성소에 있는 여호와(6절). 6절은 실제로 결론을 형성한다. 목자와 잔치의 주인으로서의 여호와를 묵상한 후에, 시편기자는 성소로 돌아가기를 간절히 바란다. 그래서 시편 끝 무렵에는 순례 여행을 가는 모습이 나온다. 하지만 여호와에 대한 묵상과 그분의 인자하심이 나타나 그것을 가려버린다.

---

16 A. A. Anderson, *Psalms* 1-72, p.196.

17 Michael L. Barré and John S. Kselman, "New Exodus, Covenant, and Restoration in Psalm 23," in *The Word of the LORD Shall Go Forth*, ed. by Carol F. Meyers and M. O'Conner(Winona Lake: Eisenbrauns, 1983), pp. 97-127.

18 Mark S. Smith, "Setting and Rhetoric in Psalm 23," *JSOT* 41(1988):61-66. Kirkpatrick은 "각각의 양은 전체 양 떼에게 약속된 보살핌을 주장할 수 있다"고 말한다(Luke xv. 4ff)(*Psalms*, p.124).

19 *Psalms*, I:207.

20 *Psalms*, I:257.

석의적 분석

요약

다윗은 목장과 연회장이라는 배경을 사용하여 여호와가 그의 영적·육체적 안녕을 제공하시는 몇 가지 중요한 방식들을 묵상하고, 이러한 여호와의 영원하신 인자하심이 그가 물러나 여호와의 집에서 온전한 친교를 누리게 한다고 결론을 내린다.

개요

I. 다윗은 목자와 그의 양이라는 이미지를 사용해서, 여호와가 어떻게 위험한 상황들에서조차 그의 모든 필요를 공급하시는지 묵상한다(1-4절).

   A. 먹는 것이라는 상징을 사용해서, 그는 여호와가 모든 필요를 채워주사, 만족하고 또 발전하게 하신다고 말한다(1-2절 상).

      1. 진리: 그는 여호와가 공급하실 때 아무것도 부족한 게 없다고 단언한다.

      2. 상징: 푸른 초장이라는 이미지를 사용해서, 그는 여호와가 최고의 식량만을 제공하신다고 말한다.

   B. 씻는 것과 쉬는 것이라는 상징을 사용해서, 그는 여호와가 충분한 회복으로 이끄신다고 말한다(2절 하-3절 상).

      1. 상징: 평온한 물이라는 이미지를 사용해서, 그는 여호와가 안식의 장소로 인도하신다고 말한다.

      2. 진리: 그는 여호와가 그의 영혼을 회복시키신다고 말한다.

   C. 의의 길로 인도한다는 상징을 사용해서, 그는 여호와가 그분의 명성 때문에 그를 인도하신다고 말한다(3절 하).

      1. 진리: 그는 여호와가 의의 길로 인도하신다고 말한다.

      2. 이유: 그는 여호와의 명성이 그것에 달려 있다고 설명한다.

D. 목자가 양을 보호한다는 상징을 사용해서, 그는 위험한 상황들을 통과해서 그를 안전하게 인도하신다고 주장한다(4절).

    1. 위험: 그는 그가 생명을 위협하는 환경들을 통과해나갈 것이라고 설명한다.

    2. 진리: 그는 여호와의 임재가 두려움을 쫓아낸다고 선언한다.

    3. 상징: 그는 지팡이와 막대기라는 비유적 표현을 사용해서 여호와가 그를 안위하실 것이라고 주장한다.

II. 자비로운 주인과 손님이라는 비유를 사용해서, 다윗은 여호와가 어떻게 위험한 환경 속에서도 그의 모든 필요를 채워주시는지 곰곰이 묵상한다(5절).

    A. 원수의 목전에서 그를 위한 잔치상을 준비한다는 상징을 사용해서, 그는 여호와가 유사시에 그를 계속 지키신다고 말한다.

    B. 주인이 머리에 기름을 붓는다는 상징을 사용해서, 그는 여호와가 그를 기쁨으로 여호와의 존전에서 환영하신다고 말한다.

    C. 가득 찬 잔이라는 상징을 사용해서, 그는 여호와가 인생의 운명을 좋은 것으로 가득 채우신다고 말한다.

III. 다윗은 여호와의 선하심과 인자하심이 언제나 그를 따를 것이므로 다시 성소 안에서 온전한 친교를 누릴 것이라고 결론을 내린다(6절).

    A. 결론: 여호와의 선하심과 인자하심은 도처에서 끊임없이 그를 따를 것이다.

    B. 결정: 그는 영원히(for the length of his days) 여호와의 집에 살 것이다(return).

강해 형태의 주석

I. 여호와는 목자로서 자기 백성의 영적·육체적 필요를 채우신다(1-4절)

시편 23편은 잘 알려진 비유인 "여호와는 나의 목자시니"라는 말로 시작한다. 이 비유적 표현은 다윗이 신적 목자의 여러 공급을 살펴보는 1-4절을 지배하며, 그는 목자로서의 경험 때문에 충분히 그렇게 살펴볼 수 있었다(삼상 16:11, 17:34).

A. 여호와는 영적 양분을 공급하신다(1-2절 상)

시의 첫 행은 목자가 양을 먹이는 일에 초점을 맞춘다.[21] '목자'는 실사로 사용된 능동 분사로, 이 단어의 의미를 강조한다. '나의 목자' 혹은 심지어 '나를 먹이는 분'(동사 רָעָה에서 나온 רֹעִי, '풀을 뜯다, 기르다, 풀을 먹이다, 먹이다')이라는 것이다. 이 단어는 단순히 풀을 뜯거나 먹이를 먹는 짐승들을 말하는 것일 수도 있다. 창세기 41:2에서 암소들이 늪지에서 풀을 뜯는 것을 언급하는 경우 등이다. 그것은 또한 하나님과 그분의 백성 간의 영적 관계에 대해 사용된다. "우리는 그가 기르시는 백성이며 그의 손이 돌보시는 양이라"(시 95:7). 물론 백성은 양이 아니며, 여호와도 문자적으로 목자가 아니시다. 양 떼를 먹이는 목자의 비유적 용법은 여호와를 영적 지도자와 교사로 제시한다. 마찬가지로, 에스겔 34:2은 이스라엘의 지도자를 '목자들'이라고 말한다. 그러나 양 떼를 먹이는 대신 자기를 먹이는 목자다. 이 부목자들은 백성을 돌보고 그들에게 여호와의 말씀을 가르쳐야 했다. 그리고 백성, 곧 '양'은 그 가르침을 받고 영적으로 자라야 했다. 목자가 양을 먹이는 것처럼, 여호와는 자기의 백성의 영적 성장을 위해 영적 식

---

[21] 첫째 행은 맛소라의 구절 구분과 맞지 않는다. 대구법에 기초해서 이 줄은 다음과 같이 읽을 수 있을 것이다. "여호와는 나의 목자시니 내게 부족함이 없으리로다.// 그가 나를 푸른 풀밭에 누이시며." 후반부는 상징적 대구법을 형성한다.

량을 제공하신다. 종종 목자로 부름받은 그분의 종들을 통해 그렇게 하신다.

이 비유의 이러한 의미는 성경 전체에서 입증될 수 있다. 신약에서 베드로는 예수님께 "내 양을 먹이라"(요 21:16)라는 명령을 받는다. 그러고나서 목자장이신 예수님의 권위 아래 베드로는 장로들에게 양 떼를 먹이며 치라고 명한다(벧전 5:1-4). 따라서 히브리서 5:12-14은 여호와의 말씀에 대해 음식이라는 비유적 표현을 사용한다. 이런 예들은 '목자'의 이미지가 가르침을 의미한다는 것을 확증한다.

이 서론적 비유의 바로 다음에서 시편기자는 이러한 공급이 풍성하다는 사실을 알린다. "내게 부족함이 없으리로다." 이 동사(<חָסֵר)는 '부족하다, 필요하다, 결여되어 있다, 감소하다'라는 의미다['내게 부족한 것이 없다'(I shall not want)라는 번역도 괜찮지만 'want'라는 말의 의미가 바뀌었다].[22] 여기에서 다윗은 여호와의 공급에는 결핍이 없다고 단언한다.

두 가지 문법적 관찰이 필요하다. 첫째, 동사(אֶחְסָר)는 습관적 미완료로 보아야 한다. 이 묵상의 특성 뿐 아니라 앞에 나오는 분사에 비추어 '내게 아무것도 부족함이 없다'(I lack nothing) 혹은 '내가 부족함이 없다'(I do not lack)라고 번역된다.[23] 둘째, 이 절과 앞 절을 나란히 놓은 것은 '내게 부족함이 없으리로다'가 결과절(와우가 없는)임을 보여준다. 즉 여호와가 공급하신 것의 결과는 그에게 아무런 부족함이 없다는 것이다.

하나님의 공급은 양적으로 부족함이 없을 뿐만 아니라, 그 질도 최고다. 병행 콜론 "그가 나를 푸른 풀밭에 누이시며"는 이 구절 전반부를 위한 상징을 제

---

22 이 파생어들은 이 동사에 대해 의미심장한 조명을 해준다. 명사적 형태(חֶסֶר)는 잠언 28:22에서 '빈궁'을 의미하는데, 여기에서 이 말은 '재물의 반대다. 형용사적 형태(חָסֵר)는 "내게 미치광이가 부족하여서"(Am I needy of madman)라고 되어 있는 사무엘상 21:15에서 '부족한'(needy)이라는 의미다. 흥미롭게도 한 명사 형태(חֶסְרוֹן)는 '결핍'이라는 뉘앙스를 지닌다. 전도서 1:15은 돈 혹은 물질적인 것이 모자란 것을 말한다. 그리고 어떤 명사(חֹסֶר)는 '양식이 떨어지'(lack of break)는 것에 대해 말하는 아모스 4:6에서처럼 '결핍'(lack)을 나타낸다.

23 이런 개념은 '내가 부족함이 없으리로다'(I shall not want)라는 옛 번역에서 암시되어 있었을 것이다.

공한다. 그렇기 때문에 전체 콜론은 비유의 연속으로, 혹은 암시된 비교로 설명할 수 있을 것이다. 이 상징에서 '풀'(דֶּשֶׁא)은 봄철의 비옥하고 풍성한 풀을 나타낸다.[24] 예를 들어, 신명기 32:2에서 이 용어는 아침 이슬이 내리는 연한 풀에 대해 사용된다.[25] 여기에서 이것은 한정 소유격으로, 풀밭을 풀이 무성한 곳으로 묘사한다. 이 동사(יַרְבִּיצֵנִי, 사역적 히필) 역시 습관적 미완료로 사용된다. 즉 목자가 정기적으로 양을 무성한 풀밭에 누인다는 것이다. 이 상징은 하나님이 다윗의 삶에 역사하사, 그가 마음에 만족하도록 '먹을' 수 있는 최고의 양식으로 인도하셨다는 진리를 강조한다. 이 행은 첫 부분에 나오는 비유에 기초하고 있으므로(그래서 암시된 비교다), 시편기자는 여호와가 그의 영적 필요를 채우시고 그 과정에서 그에게 가장 좋은 것을 주신다고 말하는 것이다. 풀이 양에게 식량이 되는 것처럼, 여호와의 말씀과 이 모든 규정은 '주린' 영혼을 위한 식량이 될 것이다. 이렇게 '먹이는 것'은 개인적 묵상을 통해서도 이루어지겠지만, 보통 여호와의 말씀을 백성에게 가르쳐야 하는 사람들인 제사장들, '부목자들'의 사역을 통해 이루어질 것이다(말 2:1-9을 보라). 여호와는 시편기자에게 어느 때, 어느 곳에서든 영적 식량을 공급하실 수 있을 것이다. 하지만 그것은 성소에서의 정기적인 공급이 될 것이다.

B. 여호와는 영적으로 원기를 회복시키신다(2절 하-3절 상)

시편의 두 번째 줄은 씻기고 휴식을 취하게 함으로써 양들이 원기를 회복하게 하는 목자의 보살핌에 대해 말한다. 동사(יְנַהֲלֵנִי)는 '인도하다, 물이 나오는 장소 혹은 위치로 안내하다, 기운이 나게 하다'라는 의미다. 이 말은 통상 물로 인도

---

[24] 땅의 많은 부분에서 풀은 여름의 뜨거운 열기에 사라져버린다. 하지만 봄철에는 대부분 메마른 언덕에도 신선한 풀이 있다. Sabatean의 같은 어원에서 나온 말은 '봄철'이라는 함축을 지지한다(BDB, p.206을 보라).

[25] 흥미롭게도, 신명기 32:2의 전후 문맥은 가르침이 연한 풀 위에 내리는 가는 비와 단비 같나는 것이다.

하는 것과 관련해서 사용된다[사 49:10은 "(그분이) 그들을 이끌되 샘물 근원으로 인도할 것임이라"고 말한다].

여호와가 인도하시는 물은 '쉴 만한' 곳, 문자적으로는 '휴식을 줌'(מְנוּחָה에서 나온 מְנֻחֹת)이라는 것이다. 이것은 완전한 휴식과 원기 회복이 이루어지는 장소를 의미한다. 이 단어는 '물가' 뒤에 나오는 한정 소유격으로, 어떤 물가를 염두에 두고 있는지 묘사한다. 이 양은 세차게 흐르는 시내가 아니라 잠잠하고, 고요한 작은 늪으로 데려간다. 고대 근동에서 양 떼들은 적어도 하루에 한 번, 보통 정오 무렵에 물을 먹었다.[26] 하지만 이것은 마실 물을 찾도록 인도하는 것에 국한되지 않았다. 거기에는 씻고 원기를 회복할 장소를 찾는 것도 포함되었다. 여기에서 잔잔한 물은 상처와 더러워진 곳을 깨끗하게 씻을 수 있는 곳을 말한다. 구약 전체에 걸쳐 거센 폭풍이 몰아치는 물은 고통과 괴로움에 대해 말한다(참고. 사 43:2, 28:2, 삼하 5:20). 하지만 고요한 물은 영적 씻음을 나타낸다(참고. 렘 11:32, 16:4, 17:15; 민 19:7; 출 30:18). 요점은 여호와가 사람들을 죄에서 씻어주시고, 인생의 혼란에서 영적으로 원기를 회복시키고 새롭게 하신다는 것이다.

이것이 요점이라는 것은 그 상징 배후의 실상을 제시하는 병행절로부터 볼 수 있다. "내 영혼을 소생시키시고." 여기에서 '소생시키다'라는 동사[שׁוּב, 여기에서는 שׁוֹבֵב로 폴렐(습관적) 미완료로써, '돌아오게 하다, 회복시키다'라는 의미다. 시 126:1의 같은 단어를 보라]는 광범위한 용례를 가진 흔한 동사다. 기본적인 칼 동사 체계에서 이 단어는 단순히 '돌아오다'라는 의미이거나 '회개하다'라는 의미일 수 있다. 이것은 또한 사역적 형태로 광범위하게 사용된다. 이것은 열왕기상 13:6에서 마른 손이 '다시 성하게 되는' 것에 대해 사용된다. 이사야 52:8에서는 포로들이 그들의 땅으로 '돌아오는' 것에 대해 사용된다. 이사야 58:12에서는 벽을 '보수하는' 것을 말한다. 그리고 다니엘 9:25에서는 황폐한 성을 '중건하는' 것에 대해 사용된다. 그렇기 때문에 이 단어는 어떤 것을 원래 상태로 되돌린다는 개념을 지닌다. 다

---

[26] *International Standard Bible Encyclopedia*, "Shepherd" by James A Patch, IV:2763을 보라.

윗의 말은 여호와가 그를 용서하고 새롭게 하심으로, 적절한 영적·육체적 상태로 회복하신다는 것을 충분히 의미할 만큼 일반적이다(시 32편과 51편을 보라).

그에게 왜 이러한 공급이 필요할까? 양이라는 상징을 사용해서 영적인 방종함을 묘사하는 본문들에서 이에 대한 몇 가지 대답들을 찾아볼 수 있다. 예를 들어, 에스겔 34장은 왜 '양'에게 회복이 필요한지 말한다. 그들은 거짓 가르침을 베푸는 나쁜 목자들에 의해 흩어졌을 수도 있다. 위험한 골짜기 건너 어디에선가 신선한 풀의 냄새를 맡았을 수도 있다. 아니면 인생의 풍랑에 놀랐을 수도 있다. 물론 여호와의 이러한 공급에 대해 가장 잘 알려진 묘사 중 하나는 예수님이 회개할 필요가 있는 잃어버린 양을 구하시는 목자라는 묘사다(눅 15:3-7). 다윗이 말하는 영적 치유와 원기 회복은 그의 기도와 묵상을 통해 이루어졌을 수도 있다. 하지만 그것은 성소에서 가장 효과적으로 전달되었을 것이다.

C. 여호와는 의의 길로 인도하신다(3절 하)

이 시의 셋째 줄은 여호와가 의의 길로 인도하신다고 단언한다. '그가 나를 인도하시는도다'(יַנְחֵנִי)라는 동사는 목자의 비유를 계속 이어간다. 이런 인도는 또한 여호와가 직접 일으키신 환경들을 통해서나, 일반적인 인도에 대한 말을 통해서, 혹은 성소에 있는 영적 인도자들과 상담자들을 통해 이루어진다.[27] 요는 궁극적으로 하나님이 다윗을 가야 할 곳으로 향하게 하려고 그의 인생을 주권적으로 주관하신다는 것이다.

이 인도는 '의의 길'(בְמַעְגְּלֵי־צֶדֶק) 안에서 이루어진다. 두 번째 단어는 한정

---

[27] נָחָה는 단지 '인도하나, 안내하나'라는 의미나. 이 단어는 비신학적 맥락에시는 그리 자주 시용되지 않는다. 이 말은 여호와와 관련하여 목자의 이미지와 함께 종종 나온다(예를 들어, 시 31:3, 77:20, 78:72을 보라). 이 단어는 하나님의 인도를 말하기 위해 목양이라는 배경에서 나온 말이었을 것이다. 많은 본문들에서 하나님의 인도라는 개념은 하나님의 임재에 대한 신자의 확신을 표현한다. 출애굽과 광야의 방랑에서 인도는 구름 기둥(출 13:17)과 여호와가 모세에게 주신 교훈들이라는 분명한 형태를 취했다. 창세기 24:27과 48절에서는 기도하는 마음으로 여호와께 의지한 결과, 일어난 환경들을 여호와의 인도라고 말했다. 어떤 용례들은 여호와가 수권적인 숭님으로서 세상의 나라들을 인노하실 미래를 내나본다(시 67:4).

소유격으로 보아, '의로운 길'이라고 번역할 수 있을 것이다. 브리그스는 그런 길이 "길을 잃고 헤매게 하는 잘못된 길과는 구별되는 것으로, 직접 안전하게 목적지로 인도한다"[28]라고 말한다. '길'(tracks)은 문자적으로는 마차 길(wagon tracks)이다. 정신을 바짝 차린 목자라면 안전하게 집으로 가는 길을 발견하기 위해 그런 길들을 찾아낼 것이다. 이 시편에서 수식하는 단어인 '의'(righteousness) 혹은 '의로운'(right)은 선택된 길이 올바른 것임을 나타낼 것이다. 하지만 하나님이 인도하고 계시다면, 그것 또한 의로운 것이었다. 이 표현에는 이중적 의미가 있다. 요점은 하나님은 절대 어떤 사람을 불의한 길로 인도하지 않으신다는 것이다. 하나님은 언제나 의로운 길, 집으로 가는 길로 인도하신다. 그분이 의로운 길로 인도하시는 이유는 그분의 평판이 달려 있기 때문이다. '이름'(שׁם)이라는 용어는 성경에서 '평판'이라는 개념으로 자주 사용된다(시 20:1의 같은 단어를 보라). 고대 사회에서 목자의 평판은 양을 옳은 방향으로 인도하는 능력에 달려 있었다. 양이나 집으로 가는 길을 잃어버리면, 그는 나쁜 평판을 얻고 쓸모없는 목자가 될 것이다. 다윗은 여호와의 평판이 양을 안전하게 집으로 인도할 수 있는 능력에 달려 있다고 단언하며, 그분은 실제로 그렇게 인도하신다.

여호와가 인도하시는 사역은 신약에서 구원의 증거로 확증된다. 예수님은 그분의 양이 자신을 따른다고 말씀하시며, 하나님 아버지가 자신에게 주신 모든 것을 하나도 잃어버리지 않았다고 단언할 수 있으셨다(요 6:39). 바울은 "무릇 하나님의 영으로 인도함을 받는 사람은 곧 하나님의 아들이라"(롬 8:14)라고 했다. 여호와는 의의 길로 그분의 백성을 인도하시며 그들을 하나님 아버지께로 데려갈 것이다.

영적 의미를 나타내는 개념들이 진전하는 것을 주목하라. 시편기자는 여호와의 가르침을 받는다. 그리고 이 가르침은 영적 갱신으로 이어지고, 영적 갱신은 그가 의 안에서 여호와를 따르도록 해준다.

---

28 *Psalms*, p.209.

D. 여호와는 위험한 때에 자기 백성을 지키신다(4절)

4절은 심지어 가장 위험한 상황에서도 여호와가 그분의 백성을 보호하신다고 말한다. 이 구절은 양보절로 시작된다. "내가 사망의 음침한 골짜기로 다닐지라도." 골짜기로 다닌다는 관용구는 그의 인생 행로에서 만날 수 있는 위험한 길을 의미한다. 거기에는 실제로 깊은 골짜기를 걸을 가능성도 포함된다. 브리그스는 이렇게 설명한다. "유다의 산지는 좁고 가파른 협곡들, 혹은 와디들로 나뉘져 있어서 오르내리기가 어렵고, 어두우며, 음침하고, 동굴이 많고, 야생짐승들과 강도들의 소굴이었다."[29] 여기에서 시편기자는 십중팔구 그 당시 광야에 있던 그런 수많은 골짜기들을 염두에 두었을 것이다. 하지만 그는 그런 '골짜기'라는 개념을 생명을 위협하는 경험들 혹은 힘든 장소들을 나타내는 이미지로 사용했다(암시된 비교, 또한 시 130:1을 보라).

이것이 요점이라는 것은 그다음의 소유격 '사망의 음침한'(צַלְמָוֶת)에 시사되어 있다. 이 단어는 어원적으로 난해하다. 이것은 두 단어가 결합되어 있는 것처럼 보이기 때문이다. '음침한'(shadow, צָלַל에서 나온 צֵל, '어둡다, 어두워지다')과 '사망'(מָוֶת)이다. 이것은 '사망 같은 어둠' 혹은 '사망의 어둠'으로 번역할 수 있을 것이며, 심지어 '깊은 어둠'을 의미하는 것으로 해석할 수도 있을 것이다. 이 단어는 골짜기들의 두려움을 묘사하는 비유적 표현일 것이다(그래서 수식어의 환유다). 이것은 아모스 5:8에서 밤의 깊은 어둠에 대해 사용된다. 욥기 24:17에서는 간음하는 자가 "죽음의 그늘의 두려움을 앎이라"고 말한다. 예레미야는 이 용어를 '곤경'(13:16)과 '극도의 위험'(2:16)에 대해 비유적으로 사용한다. 욥기 10:21은 죽은 자들의 세계를 나타내는 칭호로 '어둠의 땅'이라는 표현을 사용한다. "사망의 음침한 골짜기"는 그렇기 때문에 생명이 위협을 받는 위험한 장소들에 대한 생생한 묘사다. 마치 죽음이 여행자에게 그림자를 드리우는 것과 같다. 다윗은 종종 그런 위험한 장소들에 처했다. 심지어 양을 구출하는 경우도 있었을 것이다.

---

29 *Psalms*, p.209.

이 장소들은 너무 위험해서 하나님이 그와 함께하지 않으셨다면 그는 살아서 그곳을 나오지 못했을 수도 있다. 비록 그는 그런 곳을 다니지만 아무런 해(רע, 시 10:15의 같은 단어를 보라)도 두려워하지 않을 것이다.

다윗이 두려워하지 않을 수 있는 이유는 여호와가 그와 함께 계셨기 때문이었다. 여기에서 이 시편의 초점은 여호와에 대해 이야기하는 것에서 직접적으로 여호와께 이야기하는 것으로 바뀐다.[30] 그리고 여호와의 임재에 대한 단언은 위험한 곳에 있는 그의 견해를 완전히 달라지게 만드는 것이다. 목자가 언제나 자신의 양과 함께 머무르는 것처럼, 여호와는 위험한 곳에서조차 그분의 백성과 함께 계신다. 여호와는 언제 어디에나 임재하시기 때문에(참고. 시 139:7-12), "주께서 나와 함께하심이라"라는 말은 보다 구체적인 어떤 것을 의미한다. 그것은 여호와가 공급 뿐 아니라 보호를 위해 그의 삶에 간섭하신다는 의미다. 이것이 성경의 주요 주제 중 하나다. 하나님은 맨 처음에 벧엘에서 그것을 야곱에게 소개하셨다. "내가 너와 함께 있으리라"(창 28:15). 그리고 여호와는 모세에게 그것에 대해 해설하셨다. "내가 너와 함께 있다"(출 3:12). 그것은 '임마누엘' – '하나님이 우리와 함께 계신다'(사 7:14) – 의 예언에서 온전히 표현된다. 마찬가지로 신약의 예수님, 세상 끝날까지 언제나 우리와 함께하시겠다는 그분이 약속을 가지고 계신다(마 28:20).

이 시편은 하나님의 보호를 "지팡이와 막대기"와 연관시킴으로 목양이라는 이미지를 계속 이어나간다. '지팡이'('때리다, 죽이다'라는 동사로부터 나온 שֵׁבֶט)는 레위기 27:32에서 양을 세는 막대기로 사용되며, 에스겔 20:37에서는 비유적으로 징계의 회초리로 사용된다. '막대기'(מִשְׁעֶנֶת, 동사 שָׁעַן에서 나온 것, '기대다, 지지하다')는 보호 뿐 아니라 지탱하기 위한 것이었다. 스가랴 8:4에서는 노인들의 지팡이다. 이사야 36:6에서는 비유적으로 애굽이 이스라엘을 지원하는 것에 대해 사용된

---

[30] 이 유형은 주목할 만하다. 그(1절), 그(2절), 그(2절), 그(3절)가 나오고, 그다음에는 주(4절), 주(5절), 주(5절)가 나온다.

다. 보호의 어조를 지니는 것이다. 지팡이와 막대기는 여기에서 물론 비유적 표현들이다(암시된 비교). 하나님이 사용하실 실제 지팡이와 막대기는 없기 때문이다. 따라서 이 말들은 여호와의 보살핌과 방어를 말한다(그것들은 그 보살핌과 보호의 표시였다). 이러한 것들은 그가 어려울 때 안위함을 가져다준다.[31]

II. 여호와는 자비로운 주인으로서 그분의 백성들의 영적·육체적 필요를 공급하신다(5절)

5절에서 목장에서 연회장으로 장면이 바뀐다. 그리고 여호와의 이미지도 목자에서 주인으로 바뀐다.[32] 여기에서 다윗은 주인이 자신이 존귀히 여기는 손님에게 공급하는 것에 대해 묵상한다.

그는 먼저 "주께서 내 원수의 목전에서 내게 상을 차려주시고"라고 말한다. 이 개념은 또 하나의 암시된 비교다. 여호와는 연회장이 공급하는 것처럼 그의 손님들에게 공급하신다. 그리고 '상을 차리다'라는 말은 상 위에 먹을 것과 마실 것을 늘어놓는다는 말이다(그래서 '상'은 주어의 환유다). 시편기자가 어떤 배경과 환경들을 말하는지 곧바로 명백하게 알기는 어렵다. 이 구절은 실제 음식을 제공하는 것을 말할 것이다. 여호와는 모든 좋은 선물들을 제공하시기 때문이다(1절에서 먹인다는 것은 영적인 것들을 가르치는 것을 말했다). 이 말은 여기에서도 여전히 영적 공급이라고 볼 수 있을 것이다. 특히 그것이 여호와가 자신의 손님들을 맞아들이는 곳인 성소에서 먹는 감사절이라면 더욱 그렇다. 그 음식은 분명 하나님의 공급하심이 될 것이다.[33] 하지만 주인이라는 이미지는 그 같은 구체적인

---

31 '안위하다'라는 동사는 이 행에서 의인화처럼 보인다. 하지만 '지팡이'와 '막대기'가 보살핌과 방어를 나타내는 비유적인 말이므로, 안위는 이러한 신적 활동들로부터 올 것이다. 요점은 어떤 경우든 거의 비슷할 것이다.

32 어떤 해석들은 이 구절에서도 목자의 이미지를 가져와서 상(table)을 고원(tableland)으로, 기름을 붓는 것을 양을 치료하는 것으로 본다. 하지만 이것은 무리한 해석이다. 이 말은 연회장이라는 배경에서 더 어울린다.

것들까지 말하지 않을 수도 있다.

수식 문구는 그것이 물리적 음식이라는 것을 지지한다. "내 원수의 목전에서"라는 것이다. 전치사적 문구(문자적으로는 '앞에서')가 원수들을 소개한다. 그들은 그를 반대하고 괴롭히는 사람들이다. 관례에 따르면 주인의 공경을 받는 손님들은 안전했다. 주인은 무슨 수를 써서라도 손님을 보호할 의무가 있었기 때문이다.[34] 원수들이 가하는 위험 한가운데서, 먹고 마시기 위해 앉는 것은 안전과 안정감을 나타내는 놀라운 묘사다. 다윗은 하나님이 그의 백성에게 식량과 안정을 공급하신다고 말한다.[35]

이 구절 후반부는 주인이라는 이미지를 계속 이어간다. 이제는 기름을 붓는다는 말이 같이 나온다.[36] 손님이 상쾌해지도록 좋은 냄새가 나는 향기로운 기름을 제공하는 것은 자비로운 주인의 의무이며 기쁨이었다(특히 땡볕에서 모래를 헤치고 걸어온 손님들에게는 큰 상쾌함을 선사했다. 현대로 치면 스킨이나 로션 같은 것이 될 것이다). '기름'에 해당하는 단어는 흔한 것이다(שֶׁמֶן). 그것은 '지방, 기름, 감람유'를 의미한다. 이것은 전도서 9:8에서는 행복의 상징이다(참고. 전 9:7). 에스겔 16:19에서는 번영의 상징이다. 열왕기하 20:13에서는 왕의 보물로 제시된다. 호세아 12:2에서는 애굽에게 보내는 공물이다. 이처럼 이것은 재물, 번영, 행복, 영예를 의미했다. 여기에서 이것은 공경받는 손님에게 기분 좋은 환대를 베푸는 것이다. 신약에서 예수님은 그분께 기름을 부은 여인을 비난하지 말라고 말씀하시면서, 집주인은 예수님이 자기 집에 들어왔을 때 물도 기름도 주지 않았다고 상기시키신다(눅 7:44-45).

---

33 Arno C. Caebelein, *The Book of Psalms* (Wheaton: Van Kampen Press, 1939), p.115.
34 Briggs, *Psalms*, p.210. 롯이 자신과 함께 머물러 온 천사들을 보호하려 했던 것과 비교해보라. 선지자 이사야도 원수의 목전에서 먹고 마신다는 말을 사용한다. 하지만 거기에서 참석자들은 공격할 준비를 하고 있는 외부의 원수들을 알지 못하는 듯 보인다(사 21:5).
35 단지 본문이 원수들을 언급한다 해서 '상'이라는 말을 모종의 무기에 해당하는 단어로 바꾸는 것은 근거도 없을 뿐 아니라 불필요하다.
36 여기에서 완료 시제는 전체적으로 나오는 미완료 시제와 조화를 이루어야 한다. 이것은 특징적 완료 혹은 금언적 완료가 될 것이다.

'기름을 붓다'(שִׁנַּנְתָּ)라는 동사는 '살찌다'라는 동사에서 나온 것이다. 이 말은 사역적 피엘 어간에서 '살찌게 하다'와 '기름을 붓다'를 의미할 수 있다. 이렇게 기름을 붓는 것은 의식에 따라 왕에게 기름을 붓는 것이 아닌(מָשַׁח), 잔치와 기쁨의 상징이다. 이 말은 잠언 15:30에서 "좋은 기별은 뼈를 윤택하게 하느니라"라고 할 때 사용된다. 즉 전인격적으로 기쁨으로 가져온다는 것이다. 그런 아낌없는 대접을 주인이신 하나님이 베푸신다고 말함으로, 다윗은 하나님이 그의 기쁨의 원천이라고 말하는 것이다. 하나님이 그를 맞이하고 그를 안위하시며, 원기를 회복시켜 주셨다는 점에서 그렇다.

마지막으로, 다윗은 "내 잔이 넘치도록 가득 찼다"라고 외친다. '내 잔이 넘치나이다'라는 옛 번역 역시 요점을 잘 포착한 것이다. 이 개념(רְוָיָה)은 충분히 가득 차서, 포만감을 느낄 정도라는 의미이기 때문이다. 성경에 '잔'은 인생에서 어떤 사람의 몫 혹은 운명에 대한 상징이다. 이것은 나쁜 것일 수 있다. 심판을 예고할 "그의 분노의 잔"(사 51:17) 혹은 불과 유황의 잔(시 11:6) 등과 같은 것이다. 이런 용법들에는 심판이라는 주제 역시 존재한다. 하나님 아버지는 예수님께 그 잔을 마시도록 주셨다. 그것은 십자가 처형으로, 예수님은 그것으로부터 구해달라고 기도하셨다(마 26:39). 반면 이 잔은 좋은 것일 수도 있다. 여기 시편 23편에서와 같은 경우다(그리고 시 16:5, 116:13). 연회장에서 잔은 최고급 포도주로 채워질 것이다. 그래서 다윗은 여호와가 그의 삶을 좋은 것들로 채우셨다고 말하는 것이다. 어떤 의미에서 이 행은 여호와가 공급하시는 것을 묵상하면서 앞에 나온 모든 것을 요약해준다. 하지만 특별히 그것은 삶에 주어지는 여호와의 물리적 공급들을 강조한다.

III. 여호와의 공급들을 즐기는 사람들은 그분과 계속 친교를 나누기를 바란다(6절)

6절은 이 시편의 결론을 제공한다. "반드시"(אַךְ)는 앞에 나온 것으로부터 변화가 있다는 표시다. 그 변화는 이중적인 것이 될 것이다. 첫째, 그는 여호와에 대해 목자와 주인의 이미지로 묵상하던 것에서 자신의 거룩한 집에 계시는 여호와에 직접 초점을 맞춘다. 둘째, 그는 이제 자신의 묵상을 통해 여호와와 더 많은 교제를 바란다는 결론을 내릴 것이다.

다윗의 맺음말에서 중대한 단어는 '인자하심'[loyal love, חֶסֶד, 종종 '자비' 혹은 '인자함'(lovingkindness)이라고 번역된다]이다. '선하심'(וְחֶסֶד טוֹב)이라는 말을 덧붙인 것은 아마 중언법일 것이다. "선하심과 인자하심이 반드시 나를 따르리니"라는 말은 '선하신 인자하심이 나를 따르리니'라고 번역될 것이다. 그것은 인자하심의 가치를 강조하고, 거기에 완전히 집중하는 한 가지 방식이다. 이 두 단어는 서로 잘 어울린다. '선하심' 혹은 '선'은 삶을 증진시키고, 보호하며, 생산하고, 고양시키는 것을 말한다(시 34:8의 같은 단어를 보라).[37] 그리고 '인자하심'은 자신이 언약 약속들을 지키시는 하나님의 신실하신 사랑을 묘사하는 잘 알려진 언약 단어다.[38] 다른 어떤 용어도 시편 23편에서 열거한 여호와의 공급들을 더 적절

---

37 또한 Michael Fox, "TOB as Covenant Terminilogy," *BASOR* 209(1973):41, 2를 보라.

38 '인자하심(loyal love)'이라고 번역된 단어(חֶסֶד)는 보통 '자비' 혹은 '인자함'(lovingkindness)이라고 번역한다. 이것은 '선함, 친절함'으로 그리고 또한 '자비, 애정, 사랑스러운 모습' 등으로 규정된다. Nelson Glueck (Hesed in the Bible)은 이 용어가 언약 하나님이 그분의 백성에게 보이시는 신실하고 사랑 많은 돌보심 및 그들이 그에 대한 보답으로 하나님 및 다른 언약 구성원들에게 보이는 신실한 사랑을 묘사한다는 것을 보여주었다. 관련된 단어들로는 '선하다, 친절하다'라는 동사(חָסַד)가 있고, '친절한, 경건한, 신실한'이라는 형용사(חָסִיד)가 있으며(그것은 성도들, 언약에 충실한 경건한 사람들에 대한 실명사로 사용된다), '학'(stork) 혹은 '사랑'이라는 명사(חֲסִידָה)가 있다. 학에게 그런 이름이 붙여진 이유는 자기 새끼를 친절하고 넘치는 사랑으로 돌보기 때문이다(시 104:17). 이 명사의 용례에는 우리의 단어에 유용한 실례가 있다. 욥기 39:13-15에서 여호와는 타조를 학에(아니면 몇몇 역본들이 그렇게 번역하듯이 '사랑'에) 비교하신다. 타조는 학(혹은 사랑)과 다르다. 타조에게는 자기 새끼들을 보살피는 신실한 사랑이 없기 때문이다.

Glueck(그리고 그의 이전의 다른 사람들)에 따르면, חֶסֶד라는 단어는 자발적이고 이렇다 할 동기가 없는 친절함을 말하는 것이 아니라, 권리와 책임을 가진 관계(결혼, 가정, 정부)에서 나오는 행위를 말한다. 이 단어가 하나님과 함께 사용될 때 그 관계는 언약이라는 견지에서 규정된다. '충성된 사랑'(loyal love), 혹은 '신실한 언약 사랑'(covenant faithful love)이라는 말은 장황하지만, 그것이 '인자함'(lovingkindness)이라는 말보다 더 정확하다. 이 단어 및 관련 형태들의 용법에 대한 개관은 다음과 같이 정리할 수 있다.

첫째, 이사야 40:6에서 이 단어는 '외모상 아름다운' 것을 의미하는 듯하다. 본문은 "모든 육체는 풀이요 그의 모든 아름다움(חַסְדּוֹ)은 들의 꽃과 같으니"라고 말한다. 이 맥락에서 이 단어는 의문에 부쳐지고 수정안들이 제시된다.

중요한 의미의 범주는 '일반적인 친절함(kindness), 은혜'다. 창세기 40:14에서 요셉은 "내게 은혜를 베풀어서 내 사정을 바로에게 아뢰고"라고 말한다. 마찬가지로, 라합은 정탐군들이 그녀를 선대하기를

히 묘사할 수는 없을 것이다.

시편기자가 이 행에서 '따르다'(pursue)라는 단어를 사용한 것은 의미심장하다. 이것은 의인화일 수 있다. 하지만 '인자하심'은 하나님과 그분의 사랑의 행동들을 말하는 것일 가능성이 더 많다(그래서 원인의 환유다). 그를 따르고 그분의 인자하심을 세심하게 펼치실 분은 하나님이시다. 하나님은 다윗이 그분의 신실하신 사랑의 돌보심에서 벗어나게 하지 않으실 것이다. 왜 이 사랑이 그를 '따르는'가? 그는 도망가려고 했는가? (참고. 시 139:7). 그가 어디로 가든 혹은 왜 가든, 다윗은 하나님이 그분의 사랑으로 그를 따르시리라는 것을 알았다. 그의 삶을 따르는 사람들이 종종 있었다. 하지만 어떤 사람도 여호와처럼 그렇게 끈질기고 효과적으로 그를 추적하지는 않았다.[39]

그래서 바울의 결론은 그가 영원히 집으로 돌아가리라는 것이다. 여기에서 사용된 단어 '돌아가다'(개역개정은 '살리로다'라고 번역했다 – 역주)는 앞에서 "내 영

(treat kindly) 원했다(수 2:12). 열왕기상 20:31은 이스라엘의 왕이 인자한(kind) 왕이라고 말한다. 그리고 잠언 11:17은 인자한(kind) 사람에 대해 말한다.
또 다른 범주는 '관계에 기초한 친절함'이다. 아브라함은 자기 아내에게 그녀가 말한 친절함을 보여 달라고 호소했다(창 20:13). 룻기에서 이 말은 종종 이런 의미를 지닌다. 예를 들어, 룻은 자신의 가족에게 인애(loyal love)를 보여주었다(3:10).
가장 중요한 범주는 '신실한 언약 사랑'이다. 하나님은 그의 백성에게 행하신 모든 것 – 때로는 그들의 신실하지 못함에도 불구하고 – 에 의해 그들에게 그분의 언약 사랑을 보여준다. 신명기 7:12은 여호와께서 자신이 맺으신 언약과 맹세하신 인애를 성취할 것이라고 약속한다. 솔로몬은 "주의 종들에게 언약을 지키시고 은혜를 베푸시"는 것에서 여호와와 같은 분이 없다고 인정한다(왕상 8:23). 하나님의 '인자하심'은 그의 백성들에게 구속과 인도를 가져다준다(출 15:13). 전쟁이나 기근의 때에 언약 백성은 여호와의 신실한 사랑에 의지할 것이다(시 33:22). 하나님의 '인자하심'은 또한 생명을 보존한다(시 6:4). 하나님의 '인자하심'은 죄 사함의 기초다(시 51:1). 하나님의 '인자하심'은 생명을 회복한다(시 109:21-26). 하나님의 이 속성은 그분의 속성들에 대한 정선된 목록들에 자주 나온다(시 36:5; 욘 4:2; 출 34:7; 시 118:1, 2). 실제로 시편 118편은 이스라엘의 찬양에서 흔히 나오는 표현들을 사용한다. "여호와께 감사하라 그는 선하시며 그 인자하심이 영원함이로다"라는 것이나.
또 다른 범주는 '경건함, 신실한 언약 행동들'이다. 이 범주는 하나님의 백성의 그들의 언약 하나님에 대한 반응을 말한다. 호세아는 백성들에게 그들의 언약 의무를 실행하라고 명한다. 여호와가 경건을 기뻐하시기 때문이다(6:4). 이 단어, 그리고 특히 이 형용사는 '의'와 비교되어 사용된다(사 57:1). 그래서 사람들은 하나님이 그러신 것처럼 신실한 언약 사랑을 보여야 한다.
이 단어는 종종 '진리'와 결합하여 중언법을 형성한다. '인자와 진리'는 '신실한 인자'를 의미할 것이다(시 15:2에서 '신리'에 대한 논의들 보라).

[39] 이에 비추어 Francis Thompson의 시 "The Hound of Heaven"을 읽어보라.

혼을 소생시키시고"라고 말할 때 사용되었던 것과 같은 단어다. 다윗은 영적으로 새롭게 될 필요가 있었는가? 아니면 단순히 환경 때문에 공식 예배 장소로부터 분리되어 있었는가? 다윗의 영적 상태가 어떻든 간에, 하나님의 인자하심은 그를 따랐으며 그를 하나님의 모든 공급이 완전히 실현될 수 있는 곳인 성소로 되돌아가게 하신 것처럼 보인다. 그는 자신의 영적·육체적 안녕을 위한 여호와의 모든 공급하심을 묵상할 때, 자신이 그런 신적 공급을 이용할 수 있는 최고의 장소에 있고 싶다는 결론에 이르게 되었다. 그 장소는 '여호와의 집'이었다. 그 호칭은 시골에서 여호와가 나타나신 장소든(창 28:17을 보라), 회막이든(삼상 1:7), 하나님이 자신을 계시하시고 예배를 받으신 모든 장소를 말한다. 그것은 여호와와 교제를 나누고 예배를 드리는 장소다. 거기에서 신실한 자들은 하나님의 말씀을 배울 것이다. 그들은 죄 사함과 회복을 발견할 것이다. 그들은 하나님의 의로운 인도를 배울 것이다. 그들은 그분의 보호와 공급을 위해 기도하고 찬양할 것이다. 그들은 그분의 집으로 들어가 거기서 풍성한 공급을 받을 것이다(시 36:6-8을 보라). 하나님의 임재가 실현될 곳은 바로 거기다. 그래서 다윗은 거기 있기를, 생의 남은 날 동안 여호와와 친밀한 교제를 나누기를 바란다.

그리스도인들은 이제 하늘의 성전, 여호와의 영원한 거처에 초점을 맞춘다. 그래서 이 시편의 단어들은 종종 여호와와 중단 없는 교제가 있는 곳을 말하는 것으로 받아들여진다.

메시지와 적용

이 시편은 일차적으로 여호와의 영적·육체적 공급을 묵상한다. 다윗의 예를 통해, 이 시편은 신자들에게 여호와의 인자하심에 대한 많은 표현을 묵상하고 여호와의 성소에서 그분과의 교제를 새롭게 하라고 권한다. 완전한 강해적 개념은 다음과 같이 표현할 수 있을 것이다. *의인들은 여호와의 말씀을 먹고, 영*

적 회복을 발견하며, 의로 인도함을 받고, 보호하시는 임재를 상기하며, 그분의 풍성하심으로부터 공급을 받고, 기쁘게 환영을 받을 만한 그분의 임재 안에 들어가기를 바란다. 여기에는 매우 실제적인 순서가 있다. 사람들은 먼저 하나님의 말씀을 배울 필요가 있다. 그리고 그렇게 할 때 그들은 삶에서 씻고 회복할 필요가 있는 영역들이 있음을 보게 될 것이다. 씻음을 입었을 때, 하나님의 의의 인도를 발견할 것이다. 그분의 인도를 따라갈 때, 그들은 보호를 발견할 것이다. 그 보호는 그분의 집에서 받는 공급에서 가장 잘 느낄 수 있을 것이다.

오늘날 이 시편에서 매우 중요한 또 하나의 의미가 있다. 성경에서 보면 주 예수 그리스도는 예언을 성취하는 '목자'이심이 분명하다(사 40:10-11).[40] 이 땅에서 예수님은 자신을 따르는 사람들을 가르치고, 새롭게 하며, 인도하고, 보호하며, 그들에 대한 이러한 공급을 보여주셨다. 그리고 그분은 지금까지도 목자장으로서 이 사역들을 성취하신다. 그분은 성령님의 사역을 통해 그리고 부목자들이라는 대행자들을 통해 이 일을 하신다. 구약에서 이스라엘의 목자들인 제사장들의 사역을 통해 그렇게 하신 것처럼 말이다.

이 시편의 메시지는 또한 이 영적 지도자들에게도 교훈적이다. 그들이 여호와를 위해 그분의 집에서 사역할 때, 자신들의 사역이 말씀을 가르치고, 사람들을 영적으로 회복시키며, 그들을 의로 인도하고, 육체적·영적 위험에서 보호하며, 그들에게 주어진 사람들의 육체적·영적 모든 필요를 채우는 것이라는 사실을 상기하게 된다.

---

[40] 신약에서 예수님은 요한복음 10:11에서 양을 위해 죽는 선한 목자, 베드로전서 5:4에서 양을 돌보는 목자장, 그리고 히브리서 13:20에서 영광 중에 올 큰 목자이시다.

33 | 영광의 왕을 찬송할 준비를 함 (시편 24편)

Preparation to Praise the King of Glory PSALM 24

서론

본문과 다양한 역본들

다윗의 시[1]

1 땅과 거기에 충만한 것과
  세계와 그 가운데에 사는[2] 자들은 다 여호와의 것이로다
2 여호와께서 그 터를 바다 위에 세우심이여
  강들 위에 건설하셨도다
3 여호와의 산에 오를 자가 누구며
  그의 거룩한 곳에 설 자가 누구인가
4 곧 손이 깨끗하며 마음이 청결하며

---

[1] 헬라어 역본에는 '한 주일의 첫 날에'($τῆς\ μιᾶς\ σαββάτων$)라는 말이 덧붙여져 있다.
[2] 헬라어는 '모든'이라는 말을 덧붙여서 '그리고 모든 사는 자들'($καὶ\ πάντες\ οἱ\ κατοικοῦντες$)이라고 말한다. 하지만 이런 추가는 필요없다.

뜻(his soul)³을 허탄한 데에 두지 아니하며

거짓 맹세하지 아니하는 자로다⁴

5 그는 여호와께 복을 받고

구원의 하나님께 의를 얻으리니

6 이는 여호와를 찾는 족속이요⁵

야곱의 하나님의⁶ 얼굴을 구하는(who seek your face, even Jacob) 자로다 (셀라)

7 문들아 너희 머리를 들지어다⁷

영원한 문들아 들릴지어다

영광의 왕이 들어가시리로다

8 영광의 왕이 누구시냐

강하고 능한 여호와시요

전쟁에 능한 여호와시로다

9 문들아 너희 머리를 들지어다

영원한 문들아 들릴지어다⁸

영광의 왕이 들어가시리로다

---

3 MT에는 '내 영혼', נַפְשִׁי이라고 되어 있다. 하지만 대부분은 נַפְשׁוֹ, '그의 영혼'으로 바꿀 것을 시사한다. 이것은 여러 역본들 및 사본들과 조화를 이룬다. 하지만 Broyles는 MT가 정확한 독법일 것이라고 주장한다. 그것이 계명('내 이름'을 망령되이 부르지 말라)에 더 가까울 것이기 때문이다. '나를 허탄한 데 두지 않으며'(Psalms, p.132).

4 헬라어 본문은 τῷ πλησίον αὐτοῦ을 덧붙인다. 그것은 לְרֵעֵהוּ, '그의 이웃에게'를 반영할 것이다.

5 MT에는 케티브-케레 형태 דֹּרְשָׁיו가 나온다. 대다수의 사본은 복수 분사로 보는 케레 독법을 따른다.

6 MT는 '주의 얼굴을 구하는 자, 야곱'(아마 '심지어 야곱도'라는 의미일 것이다. 그것은 구하는 자들인 자신을 말한다). 어떤 사람들은 '오 야곱이여'라고 읽을 것을 제안한다. 하지만 전후 문맥에서 볼 때 훨씬 더 의미가 통하지 않을 것이다. 헬라어 본문은 פְּנֵי에 대한 접미사를 빼놓는다. 대신에 그것은 (그리고 수리아 사본과 몇몇 히브리어 사본들은) '…의 하나님'(= אֱלֹהֵי)를 덧붙여 '야곱의 하나님의 얼굴을 구하는'이라고 읽는다. 두 개의 수리아 사본은 '당신의 얼굴, 야곱의 하나님'이라고 되어 있다. 그리고 Targum은 3인칭 단수 접미사인 '그의 얼굴'이라고 되어 있다. 이런 변형들은 이 행이 지닌 어려움을 입증한다. 분명한 것은 예배자들이 야곱의 얼굴이 아니라 하나님의 얼굴을 구한다는 것이다. MT는 '야곱'이 하나님의 얼굴을 찾기(즉 그분의 은총을 발견하기) 위해 산을 오르기 원하는 예배자들을 의미한다는 사실을 명확하게 하도록 해석할 수 있다.

10 영광의 왕이 누구시냐
만군의 여호와께서
곧 영광의 왕이시로다 (셀라)

구성과 전후 문맥

시편 24편은 음악적으로 각색되고 자주 인용되어 잘 알려져 있다. 하지만 그러한 용도로 쓰이다보면 때로는 이 시편의 주요 메시지가 모호해질 수 있다. 이 본문은 찬양 절기를 위한 전례식문처럼 보인다. 이는 모빙켈이 제안한 것처럼 가을 절기와 종종 연관된다.[9] 대부분의 주석가들은 이 시편을 포로기 이전의 군주정 시대, 하지만 솔로몬 이후의 것으로 볼 것이다. 예루살렘에 있는 성전과의 연관 때문이다.[10] 이 시편이 여호와가 성소로 승리의 행진을 하는 것을 경축하는 전례적 시편이라는 점은 의문의 여지가 없다. 브로일스는 이것이 다윗 시대에 언약궤를 예루살렘까지 가져 가는 것과 대단히 유사하다고 말한다.[11] 하지만 시편의 내용에 비추어볼 때, 전쟁에서 큰 승리를 거둔 것을 기념하여 성소로 행진하기 위해 쓰여졌을 가능성이 더 크다. 이 시편은 전례식문으로 성전 예배의 필수적인 부분이 되었으며(또한 시 15, 118, 132편에 나오는 성소 전례식을 보라) 또한

---

7 여기에서와 9절에서 헬라어는 '너희 문들을 들라, 너희의 통치자들이여'(οἱ ἄρχοντες ὑμῶν)라고 되어 있다. '머리'를 지도자에 대한 언급으로 이해한 듯하다.

8 동사는 וְהִנָּשְׂאוּ로, 단순 칼 명령법으로 첫 번째 절의 직접 목적어가 여기에도 암시되어 있다. 몇몇 히브리어 사본들과 역본들은 이 형태를 첫 번째 반복구와 조화시킨다. 이 반복구는 7절 후반에서 니팔 명령법, '그리고 들어올려지라' וְהִנָּשְׂאוּ로 되어 있다. 두 행을 조화시키기 위해 변형된 사본을 따를 이유는 없다. 이것이 원래의 독법이었다면, 어떻게 단순 칼 형태가 본문에 들어오게 되었는지 설명하기 어려울 것이다.

9 S. Mowinckel, *The Psalms in Israel's Worship* (New York: Abingdon, 1967), pp.5, 6, 115.

10 A. A. Anderson, *Psalms 1-72*, p.200을 보라. 물론 시편의 연대에 대해서는 다윗 시대부터 B.C. 164년 성전이 재봉헌된 시기에 이르기까지 수많은 주장이 있다(M. Treves, "The Date of Psalm 24," *VT* 10[1960]: 428-37). 이 시편은 분명 그 당시에 사용되었을 것이다. 하지만 아마 훨씬 더 일찍 사용되었을 것이다.

11 *Psalms*, p.131.

여러 경우에 사용되었음이 분명하다.[12]

시편을 상세히 분석해보면, 이 글이 쓰인 경우와 배경을 재구성해볼 수 있다. 내적 증거는 이스라엘 사람들이 가나안 사람들과의 전쟁에서 승리하여 방금 돌아왔음을 시사한다. 그들은 전쟁에서 크고 힘차게 승리할 수 있게 해주신 여호와께 감사를 드리기 위해 성소로 행진하고 있었다. 그들이 문에 다가갈 때 레위인 문지기들이 그들을 맞이했다. 누가 여호와의 성소에 들어갈 수 있는지 묻는 것은 예배자의 몫이었다. 그리고 율법에 규정된 기준들 – 완전한 의 – 로 대답해주는 것은 문지기의 몫이었다. 이 경우 예배자들은 들어갈 자격을 갖추었다고 주장하지 않았다. 다만 그들은 단지 자신들이 여호와의 은총을 구하고 있다고만 대답했다. 이 대답은 그들이 여호와의 요구 사항들을 충족하기 원했으나, 그렇게 하기 위해 제물을 가져와야 했음을 나타낸다. 이 시편은 사람들이 격려하는 반복구 형태로 표현된 여호와의 위대하심에 환호를 외치며 성소로 들어가는 것으로 결론을 내린다.

석의적 해석

요약

영광스러운 왕, 창조의 주권적 주님, 전투에서 자신의 강력하심을 보이신 그분을 높일 준비를 하며 행진하는 예배자들은 깨끗한 손과 청결한 마음을 가진 사람이 그분의 거룩한 곳에 올라갈 수 있음을 상기한다.

개요

I. 서론적 찬양: 시편기자는 세상의 모든 것이 여호와께 속해 있다는 것을 인정한다. 그분이 모든 것을 창조하셨기 때문이다(1-2절).

---

[12] Jamse L. Crenshaw, "Knowing Whose You Are: Psalm 24," in *The Psalms: An Introduction*(Grand Rapids: Eerdmans, 2001), p.155-167을 더 보라.

II. 성문에서의 전례: 시편기자는 성소 문에서 하는 의식을 자세히 이야기한다. 그것은 예배자들에게 생각과 행동이 깨끗한 사람은 하나님의 임재에 들어가고, 그분의 축복을 받을 수 있다는 것을 상기시킨다(3-6절).
   A. 질문: 사람들은 성소에 들어가 여호와를 예배하기 원한다(3절).
   B. 교훈: 생각과 행동에서 죄가 없는 사람들만이 하나님의 임재에 들어가 그분의 축복을 받는다(4-5절).
   C. 신원 확인: 사람들은 자신이 여호와의 은총을 구하고 있음을 고백한다(6절).

III. 성소로 행진함: 시편기자는 전쟁에서 여호와가 영광스럽게 승리하신 것에 대한 갈채가 어떻게 백성의 신앙에 격려가 되는지 상기한다.
   A. 부름: 그는 영광의 왕이 승리의 입장을 하는 것에 의해 격려를 받으라고 문에서 사람들에게 명한다(7절).
   B. 설명: 그는 영광의 왕이 전쟁에 능하신 여호와라고 설명한다(8절).
   C. 반복된 부름: 문에서 그는 영광의 왕이 승리의 입장을 하는 것에 격려를 받으라고 사람들에게 명한다(9절).
   D. 반복된 설명: 그는 영광의 왕이 전쟁에 능하신 여호와라고 거듭 설명한다(10절).

강해 형태의 주석

I. 여호와를 믿는 사람들은 피조물에 대한 그분의 주권에 갈채를 보낸다(1-2절)

이 시편의 처음 두 구절은 서론적 갈채다. 땅과 그 안에 있는 모든 것이 여호와께 속했다는 것이다. 그분이 모든 것을 만드셨기 때문이다.[13] 시편들은 흔히 일반적인 찬양의 말로 시작한다. 하지만 찬양의 말은 이 시편에서 보다 구체적인 판단 기준을 갖는다. 행진이 나타내듯이, 이 시편은 전쟁에서의 승리를 위한 찬양이다. 그래서 세상의 모든 것에 대한 여호와의 주권을 칭송하는 것은 전쟁과도 어느 정도 구체적인 연관이 있었을 것이다. 다시 말해 이스라엘의 원수들에 대한 승리를 경축하면서, 이스라엘 사람들은 하나님이 피조세계의 모든 것에 주권을 갖고 계신다는 것을 상기하게 될 것이다.

이 환호는 영토와 거민 모두 여호와께 속했다고 말한다. '땅'과 '세상'(사람이 살고 있는 땅)은 영토를 말한다. 추가적 표현들은 그 안에 사는 모든 것을 더해주기 때문이다. 이 구절을 시작하는 전치사구, "여호와께 땅이"라는 문구는 소유를 표현한다. 즉 그것은 모두 여호와께 속했다. 그분은 이스라엘의 하나님이시지만, 또한 온 세상(그분께 속한 모든 인종)의 하나님이시기도 하다.

그다음에 2절은 여호와가 모든 것을 주권적으로 소유하셨다는 것을 설명한다. 그분이 그것을 모두 창조하셨다. 이 구절에 나오는 대구법은 이 점을 강조한다. 두 동사는 창조를 단언한다. 하지만 각 콜론에서는 전치사구가 먼저 나온다. "바다 위에 그 터를 세우심이여 강들 위에 건설하셨도다"(이것이 원래 어순이다 – 역주). 첫 번째 동사는 단순 한정 과거가 될 수도 있을 완료 시제(יָסַד)이지만, 현재 완료로 보는 것 역시 결과와 어울릴 것이며, 이것을 강조할 것이다('그가 세우심이여'). 두 번째 동사(יְכוֹנְנֶהָ)는 명백히 역시 과거에 대한 언급이며, 첫 번째 동사와 똑같은 식으로 번역되어야 한다(이것은 과거형, 와우 없는 미완료 형태의 과거 시제 용법으로 분류할 수 있을 것이다).

'바다'(יַמִּים, 단수는 יָם)와 강들(נְהָרוֹת, 단수는 נָהָר)에 대한 언급과 함께, 우리는 사람이 살 수 있는 땅이 물과 흐름 위에 창조되는 모습을 보게 된다. 아마 이것은 땅 밑에 수원지, 샘, 강들이 있는 것을 설명하는 말일 것이다. 이것은 현대의 수준 높은 독자들에게는 고리타분하고 기이하게 보일지도 모르지만, 이 색다른

---

13 이 행의 불완전한 대구법은 여호와께 초점을 맞춘다. "여호와께[속한다]/땅과/거기 충만한 것//세계와//그 가운데 사는 것." 거룩한 이름이 두드러지게 나타나는데, 이것이 이 행에서 먼저 나오며 이승적 의무를 다하기 때문이다.

구절은 원래 가나안 신앙에 대한 논박으로 기록된 것이었다. 이것은 이 노래가 전쟁 이후에 쓰였다면 아마 가나안 사람들을 상대로 쓰였을 것임을 시사한다. 가나안 신화에서는 자연의 세력들이 신격화되었다. 그중 두 가지는 바다 왕자(얌)와 강 재판관(나하르)이다. 이 구절에서 바로 이 단어가 사용되었다. 이교도들에게 이 신성들은 지하계의 강력한 세력들이었다. 하지만 이스라엘 사람들에게는 하나님이 창조하시고 땅을 세우실 때 주관하신 자연의 세력일 뿐이었다. 가나안 사람들은 그것을 영적 세력으로 숭배했으므로, 이스라엘은 여호와의 주권을 찬양하며 그것들을 꼭 집어서 말할 수 있었다. 여호와가 가나안 사람들을 물리치는 것에서 그들이 믿는 신들에 대한 주권도 보여주셨음을 강조하기 위해서다. 시편기자는 모든 피조물에 대한 여호와의 주권을 단언하며, 어떤 가나안 신이나 가나안 세계의 일부도 여호와의 권위에 필적하거나, 심지어 그분의 뜻에서 독립적으로 행동할 수 없었음을 말하기 위해 이 두 단어를 선정했다. 일반적으로 우리는 구약에서 여호와가 혼돈의 물을 이기고 승리하심으로, 그분의 주권적 창조를 확립하셨다는 사실을 강조하는 것을 발견한다. 따라서 시편은 실제이든 상상이든 가나안 세상의 혼돈에 대한 승리의 부르짖음으로 시작한다.[14]

II. 여호와의 임재에 들어갈 사람들은 생각과 행동에 죄가 없어야 한다(3-6절)

A. 예배자들은 하나님의 거룩한 임재에 들어가기 위해 반드시 하나님의 기준들을 충족해야 한다(3절)

이 시편은 이제 성문 예식이라고 할 만한 것, 곧 사람들이 성소에 들어가 여호와와 친교를 누리도록 준비하기 위해 마련된 예식으로 갑자기 넘어간다. 많은 레위인들은 문지기로 지정되었다. 그들의 임무는 성소에 오는 사람들이 거룩함

---

14 Broyles, *Psalms*, p.127.

의 요구 조건을 충족하고 적절한 제물을 가졌는지 확인하는 것이었다. 예배자들은 매번 하나님의 임재에 들어가기 위한 기준을 들을 때마다, 율법에 규정된 의식을 통해 정결함과 속죄에 대한 하나님의 은혜로운 공급이 필요함을 인정해야 했다. 심지어 시편기자와 같이 신실한 신자, 하나님이 전쟁터에서 승리로 복 주셨으며, 그것에 대해 하나님을 찬양하려고 성소에 오고 있는 신자라 해도, 이 의식에 의해 거룩한 곳에 들어가는 것은 결코 가벼운 일이 아님을 상기해야 했다. 이 구절의 대구법은 이것을 강조한다. 첫 번째 콜론에 있는 "여호와의 산"은 두 번째 콜론에 있는 "그의 거룩한 곳"과 조화를 이루기 때문이다.[15] 여기에서 핵심은 그 장소를 거룩한 곳으로 묘사하는 것이다. 즉 그것은 거룩한 곳, 하나님을 예배하기 위해 구별된 곳이었다(시 22:3에서 '거룩한'에 해당하는 같은 단어를 보라).[16] 사람들은 거룩하게 하는 의식을 통해 여호와의 은총을 구할 때에만 찬양하면서 그분의 뜰에 들어갈 수 있을 것이다.

여호와가 거하시는 곳의 거룩한 특성 때문에, 처음에 나오는 질문을 반드시 던져야 했다. "여호와의 산에 오를 자가 누구며 그의 거룩한 곳에 설 자가 누구냐?" 아마 시편기자는 성소로 향하는 행렬을 이끌면서 이 질문을 던졌을 것이다. 그리고 그 대답은 제사장들이 했을 것이다. 이 질문에서 두 동사는 허용의 미완료다. "오를 자가 누구며?" 첫 번째 동사(יַעֲלֶה)는 거룩한 산에 물리적으로 오르는 것과 잘 맞는다. 그리고 그 때문에 순례자들이 어디 살든지 그들은 언제나 여호와를 예배하러 '올라갈' 것이다.[17] 두 번째 동사 "설 자가 누구인가"(יָקוּם)는 '성소에 남아 있는다'라는 개념을 추가한다.

---

[15] 그렇다면 '산'(hill)은 주제의 환유다. 여기에서 의도한 것은 산꼭대기에 있는 성소에 들어가는 것이기 때문이다. '거룩한 곳'은 성소에 대한 형용사적 묘사다. 그래서 이 또한 비유, 곧 거룩한 성소를 의미하는 수식어의 환유다.

[16] Broyles는 성전은 여호와가 세계 질서를 성취한 것을 상징한다고 말한다. 그래서 그분의 올바른 질서를 따른 사람들만이 그곳에 들어갈 수 있었다(*Psalms*, p.129).

[17] 만일 이 시편이 실제로 다윗이 쓴 것이라면, 그리고 이 산이 예루살렘을 말한다면, 이 사건은 다윗이 언약궤를 시온산으로 옮긴 후에 일어났을 것이다. 하지만 이것이 예루살렘을 언급하는 것일 필요는 없다. 사무엘상 1:3에서 우리는 사무엘의 부모가 여호와를 예배하기 위해 해마다 실로에 '올라갔음'을 알 수 있다.

B. 행동과 생각이 깨끗한 사람은 하나님의 거룩한 곳에 들어가고 복을 받을 것이다(4-5절)

4절은 질문에 대한 대답을 하나의 요약 진술로 제공하며, 그다음에 구체적인 예를 제시한다. 이 요약 진술의 결과는 엄청날 것이다. 그 범위와 최종성 때문이다. "손이 깨끗하며 마음이 청결한 자"(נְקִי כַפַּיִם וּבַר־לֵבָב)라는 것이다. '손'과 '마음'은 비유로, 손은 어떤 것을 행하는 도구이므로 행동을 말하며, 마음은 뜻이 거하는 위치이므로 의도와 선택을 말한다(이 비유들은 각각 원인의 환유와 주제의 환유다). 다시 말해, 하나님의 임재에 들어가고 그분과 교제를 나누기 위해 예배자들은 완벽해야 한다. 즉 죄된 행동들과 부적절한 동기들, 선택들, 혹은 생각들은 있을 수 없다. 그들은 그들이 하는 일에서 '깨끗해야' 하고[문자적으로는 결백한, 죄책이 없는(נָקִי), 시 19:12의 같은 단어를 보라], 그들이 생각하거나 계획하는 일에서 청결해야[문자적으로 깨끗한, 투명한, 순결한(בַּר)] 한다. 표면적으로 이 기준에 따르면 모든 사람은 신적 공급이 없으면 하나님의 임재에 들어가지 못한다. 그 목적은 사람들에게 여호와가 얼마나 거룩하신 분이며, 그들이 먼저 정결 의식을 행하지 않으면 그분의 임재에 들어갈 자격이 얼마나 갖춰지지 않았는지 상기시키려는 것이었다.

이 구절 후반부는 생각과 행동의 어떤 청결함이 요구되는지 구체적인 예를 제공한다. 이 행은 본문상으로나 문법적으로나 어렵다. 하지만 그것은 그의(히브리어로는 '나의') "뜻을 허탄한 데에 두지 아니하며 거짓 맹세하지 아니하는 자"라고 되어 있다. 이것은 거짓 맹세, 곧 거짓된 목적을 이루기 위해 맹세하는 것에 관한 율법을 범하는 것에 관한 말이다.[18] 첫 번째 행은 해석하기가 어렵다. "허탄한데 두지 아니하며"(אֲשֶׁר לֹא־נָשָׂא לַשָּׁוְא). '이름'이라는 단어로 이해한다면, 이것은 '(그의 이름을) 헛되이 취하지 않으며'라는 말이 될 것이다. 하지만 히브리어 본문에서 이 절은 '내 영혼/생명'(=나, 개역개정은 '뜻을'이라고 번역했다 – 역주)이

---

18 Goldingay, *Psalm 1–41*, p.359.

라는 말로 끝난다. 이것은 명령에 대한 구체적인 언급이라고 설명할 수 있을 것이다. 수많은 사본과 역본들은 이것을 '그의 영혼/생명'으로 번역했다. 여기에서도 이것을 기대하는 듯하다. 이 절이 여호와의 이름을 헛되이 취하는 것을 말한다면, '그의 영혼/생명'('그'를 의미하는)은 '그의 이름'을 대체한 것이다.

이 구절의 세 번째 콜론은 거짓된 혹은 속이는 목적으로 맹세를 한다는 이 개념을 지지한다. "거짓 맹세하지 아니하는"[(וְלֹא נִשְׁבַּע לְמִרְמָה), '거짓'에 대해서는 시 5:7의 같은 단어를 보라]. 그래서 한 절은 (여호와의 이름을) 헛되이, 곧 거짓 목적으로 취하지 않는 사람을 말할 것이며, 병행 절은 그것이 거짓 맹세하지 않는 사람을 말한다고 더 설명할 것이다. 한 부분은 맹세에서 신적 이름을 부적절하게 사용하는 것을 보고, 다른 부분은 의도된 속임수를 본다. 이 2행 연구는 제대로 해석되었다면 서론적 요약에 적절한 정교한 설명이 될 것이다. 거짓 맹세로 손을 들지 않은 사람(그래서 깨끗한 손)은 속임수로 맹세하지 않은 사람(그래서 청결한 마음)이라는 것이다.

그다음에 6절은 여호와의 집에 들어갈 자격을 갖춘 사람들은 복을 받을 것이라는 약속을 한다. 처음에 나오는 동사(יִשָּׂא, 여기에서는 '그가 복을 받으리니'라고 번역되었지만, 문자적으로는 '올리다, 지니다, 가지고 있다'라는 의미)는 이 행에서 두 가지 역할을 한다. "그는 여호와께 복을 받고//구원의 하나님께 의를 얻으리니." 이 줄의 핵심 용어들은 분명 '복'과 '의'다. 이것은 참된 예배자가 여호와께 받기 원하는 것이다. '복'(בְּרָכָה, 시 5:12의 같은 단어를 보라)이라는 단어는 광범위한 의미를 지닌다. 하지만 모든 의미는 선물, 여호와에게서 오는 풍성함 혹은 관대함이라는 기본 개념과 관련되어 있다. 이것은 물리적이거나 영적이거나 둘 다일 수 있으며, 그 풍성함을 빌진시킬 수 있는 능력을 포함한다. 여기에서 사용된 이 용어는 대제사장의 복을 말할 수도 있다(민 6:22-27). 이것은 예배자들에게 은혜와 평강이라는 영적 유익들을 선언하는 것이다("여호와는 네게 복을 주시고 너를 지키시기를 원하며…"). 성소에서 이 복을 받는다는 것은 예배자와 하나님 사이에 모든 게 다 좋다는 의미일 것이다.

병행 단어인 '의'(צְדָקָה, 시 1:5의 같은 단어를 보라)는 기본적으로 율법, 곧 하나님의 기준을 따르는 것을 의미한다. 간단히 읽어보기만 해도 하나님이 여기에서 예배자에게 의를 주신다는 해석을 하게 될 것이다. 하지만 이 단어에는 다른 용례들도 있다. 정당함을 입증함, 혹은 승리 등이다(그것은 이 단어를 비유적으로 사용한 것에 기초한 용례로, 의도된 결과를 제시하는 원인의 환유다). 이 단어는 번역할 때 그냥 '의'라고 놓아둘 수도 있을 것이다. 하지만 혼동을 피하기 위해 '정당화'(vindication)를 뜻한다고 보는 것이 더 나을 것이다. '정당화'는 예배자가 받는 '복'과 밀접한, 설명적 대응을 이룬다.

C. 신원 확인: 들어갈 사람은 여호와의 은총을 구한다(6절)

이 구절은 여러 면에서 어렵다. 이것은 문자적으로는 '이는 그분을 찾는 사람들의 세대, 주의 얼굴을 찾는 자들, 야곱이다'(זֶה דּוֹר דֹּרְשָׁו מְבַקְשֵׁי פָנֶיךָ יַעֲקֹב)라고 되어 있다. 이 줄은 균형 잡힌 운율을 갖고 있다. 하지만 해석이 난해하다. 첫 번째 콜론은 그리 어렵지 않다. "이는 여호와를 찾는 족속이요"(דֹּרְשָׁו). 이것은 예배자들에 대한 언급으로, 그다음에는 그들을 묘사하는 분사가 나온다. 이 말은 자신들이 경건한 예배자, 여호와를 찾는 자들이라고 밝히는 사람들이 말했을 것이다. '찾다'(דָּרַשׁ)라는 동사는 '탐구하다, 구하다, 조사하다'라는 의미다. 이것은 성경에서 예배적 행동을 나타내는 중대한 단어로, 여호와를 부지런히 추구하는 것, 때로는 여호와에게서 무언가를 알아내는 것을 말한다(여호와에 대해 조사하러 가는 것에서처럼). 이 예배자들 무리를 '족속'(generation)이라고 묘사한 것은 이 단어의 비유적 용법을 사용하는 것이다(암시된 비교). '족속'(generation)은 한 시대다. 하지만 이것은 종종 어떤 것을 공유하는 집단, 한 계층의 사람들, 보통 뒤에 나오는 소유격에 의해 분명하게 설명되는 집단을 말한다['독사의 자식들'(generation of vipers)처럼]. 이것을 여기에서 사용한다는 것은 이 사람들이 모두 똑같은 기본적인 영적 관심사와 필요를 가졌다는 것을 의미한다. 즉 그들은 여호와를 찾는 자들이다.

두 번째 콜론은 '주 하나님의 얼굴을 구하는 자(מְבַקְשֵׁי פָנֶיךָ), 야곱'이라고 말한다. '주의 얼굴을 구하는 것'('얼굴'은 목적 소유격이다)은 '그를 찾는 자들'과 대응을 이룬다. 하지만 '그'라는 접미어는 이제 하나님에 대한 직접적 언급, '하나님의 얼굴'과 평행을 이룬다. '얼굴'이라는 단어가 나온 것은 무엇을 구하는 것인지 분명하게 보여준다. 하나님의 얼굴을 구한다는 개념은 여호와의 은총을 구하는 것이기 때문이다(신인동형론적 표현). 여기에서 다시 한 번 제사장적 복에 대한 암시를 볼 수 있을 것이다. "여호와는 그의 얼굴을 네게 비추사 은혜 베푸시기를 원하며"라는 것이다.

'야곱'이라는 이름은 이 행에 갑작스럽게 추가된다. "이는 주의 얼굴을 찾는 족속이요, 오 야곱"은 거의 말이 안 될 것이다. '야곱'은 이 구절 앞부분에 나오는 '족속'과 평행을 이루면서 이 구절에 대한 난해한 교차를 형성한다. "이는 족속이요/여호와를 찾는//하나님의 얼굴을 구하는/야곱"(ABBA 유형). 백성들을 묘사하기 위해 '야곱'이라는 이름을 택한 것은, 야곱이 그의 순례 여정에 대한 이야기에서 그랬던 것처럼,[19] 그들이 하나님이 주시는 복을 필요로 하고 있음을 시사할 것이다. 여기에서 '야곱'이라는 이름은 족장으로부터 내려오며 그의 성품의 많은 부분을 공유하는 민족을 말한다(그래서 원인의 환유다). 그렇다면, 사람들은 자신들이 하나님의 은총을 구하고 있었다는 것을 인정했다. 그들은 자신들이 공로에 의거해 그분의 임재에 들어갈 자격이 없음을 알고 있었기 때문이다.

III. 여호와의 강력한 행동에 대한 환호는 하나님의 백성을 격려한다(7-10절)

마지막 몇 구절은 성문에서 전례식을 통과하고 여호와를 찬송하기 위해 성소로 행진하는 예배자들의 음성을 기록한다. 그들은 성소의 문들에게 영광의 왕이

---

19 성경 저자들은 종종 민족이 하나님께 반역할 때 혹은 자급자족할 수 있다고 생각할 때는 이 민족을 '야곱'이라고 말하고, 하나님께 복을 받고 있을 때는 '이스라엘'이라고 말한다(왕상 18:31을 보라. 여기에서 민족은 야곱으로 묘사되지만, 예상되는 부흥을 고려하여 '이스라엘'이라고 명시한다).

들어가도록 크게 열리라고 명하며, 그러고나서 이 왕이 누구인지 설명한다. 후렴구는 9-10절에서 본질적으로 반복된다.

7절은 균형잡힌 3+3+3 운율로 되어 있으며, 두 번째와 세 번째 단위 사이에서 크게 둘로 나눌 수 있다.

'들으라/문들아/너희 머리를/
그리고 들릴지어다/문들아/영원한//
그리고 들어가시리로다/왕이/영광의.'[20]

시편기자는 문들[21]에게 말하며 그들에게 머리를 들라고 말한다.[22] 이때, 해석에서 결정적으로 중대한 것은 '문들'의 의미다. 한 가지 가능성은 '문들'이 문에 앉아 있는 장로들을 의미한다는 것이다.[23] 이것은 주제의 환유일 것이다. 이것은 처음에는 이상하게 들릴 것이다. 하지만 우리가 사용하는 언어에서도 비슷한 관용구가 나온다. 우리는 법정이 말했다고 이야기할 수 있다. 이 말은 법정

---

20 그래서 반 구절 안에 분명한 대구법이 나온다. 이 구절 전반부(처음 두 구절)와 마지막 사이에서, 관계는 공식적 대구법이다. 문장의 의미가 마지막 절까지 계속되기 때문이다. 이 절은 왜 문들이 들려야 하는지 설명하는 원인절이다.

21 문들은 오래된 혹은 영원한 것으로 묘사된다. 이것은 이 시편이 다윗의 저작이 될 수 없는 이유 중 하나로 여겨졌다. 이 시편이 기록될 무렵에는 성소 문들이 오래된 것으로 여겨졌다고 말하는 것처럼 보이기 때문이다. '문들'은 여호와의 임재로 접근하는 것을 말할 수 있다. 이것은 오래된 것이다(창 28:17). Dahood는 이것을 여호와를 언급하는 것으로 본다. "영원하신 분의 문들"(*Psalms*, I:153)이라는 것이다.

22 נשא, '들라'는 단어는 성경에서 매우 흔하게 나오는 단어다(약 655번 나온다). 이것은 '들어 올리다, 지니다, 취하다'로 규정된다. 이 말의 의미들은 대단히 단순하고 문자적인 의미로부터, 좀 더 비유적인 용법들에 이르기까지 다양하다.
첫째, 이 말은 기본적으로 '들어 올리다' 혹은 '위로 들어 올리다'라는 의미다. 예를 들어, 우리는 홍수가 방주를 들어 올렸다는 것(창 7:17), 혹은 야곱이 그의 발꿈치를 들어 올렸다는 것(즉 열심히 걸었다는 것, 창 29:1), 혹은 기도할 때 하늘로 손을 드는 것(신 32:40)에 대해 읽는다. 이렇게 '들어 올린다'는 의미에는 몇 가지 비유적 용도가 있다. 이것은 '눈을 드는 것'에 대해서도 사용된다. 이것은 자세하게 본다는 의미다(시 121:1). 아니면 '목소리를 높이다'라는 의미로도 사용된다. 큰 소리로 말한다는 의미다(사 52:8). 우리는 여호와의 이름을 망령되이 부를(lift up) 수 있다. 그 이름을 거짓되게 사용한다는 의미다(출 20:7; 시 24편의 앞부분). 우리는 또한 영혼이 여호와를 우러러볼(lift up) 수 있다. 그것은 마음과 뜻

에 앉아 있는 사람들이 문제를 결정했다는 의미다. 그렇게 되면 이 개념은 성의 지도자들, 성문에 앉아 있는 장로들과 인근 광장들에서 사고파는 사람들이 거의 낙담할 정도로 전투에 대해 염려했다는 의미가 될 것이다. 승리의 행진이 시작되고 있었으므로, 그들에게 주어진 말은 그들의 머리를 들라는 것이었다. 이 말은 그들의 기운을 돋우라는 의미다(그래서 이 동사에 대한 수식어의 환유다). 영광의 왕이 이제 들어오실 것이기 때문이다.

이런 개념과 함께 여기에는 가나안의 믿음들에 대한 또 다른 암시가 있을 것이다. 우가릿 본문들에 보면 바알과 그의 배우자 아나스(Anath)에 대한 비슷한 시가 하나 있다.[24] 이 인용문에서 얌(바다)과 나하르(강)에서 나온 사절들이 바알 신을 붙잡기 위해 온다.

이 그분을 향한다는 의미다(시 25:1). 여호와가 그분의 손을 들어 올리신다고 나온다. 이것은 그분의 능력을 보여준다는 의미다(시 10:12). 어떤 사람은 자신의 머리를 들게 할 수 있을 것이다. 그것은 명예 회복이 된다는 의미다(창 41:13). 그리고 시편 24편에서 이 명령은 문들이 그들의 머리를 들라는 것이다. 둘째, 이 말은 또한 '지니다, 가지고 가다'라는 의미일 수 있다. 이것은 물리적인 물체를 가지고 가는 것을 말할 수 있다. 이를테면 제물을 가지고 가는 것이다(시 96:8). 하지만 이것은 또한 죄 혹은 벌의 짐을 지고 가는 것에 비유적으로 사용될 수도 있다(창 4:13; 레 10:17).
셋째, 이것은 '제거하다, 가져가다'를 의미할 수 있다. 이것은 상당히 문자적 방식으로 사용될 수 있다. 이를테면 어떤 사람을 아내로 데려가거나(룻 1:4), 숫자를 세거나 총 합계를 내는 것(출 30:12) 등이다. 하지만 이것은 또한 어떤 것을 파괴하는 것, 즉 제거하는 것에 대해서도 사용될 수 있다(욥 32:22). 이런 범주에서 우리는 죄 사함을 나타내는 용법, 즉 죄와 죄책이 제거되는 것, 그 사람에게서 들어 올려지는 것을 보게 된다(시 32:1).
이 동사와 잘 어울리는 몇 개의 명사가 있다. 가장 흔하게 사용되는 것들은 다음과 같다. נָשִׂיא은 최고 군주(chief prince, 들림을 받은 사람)이고, מַשָּׂא은 짐, 적재량, 혹은 공물이거나 아니면 무거운 말, 선지자의 마음의 짐이다. מַשְׂאֵת은 폭동(uprising), 짐, 혹은 중요한 제물이나 공물이다.

23　아주 이른 시기부터 '문들'은 성문 사이 입구의 양쪽에 방들이 있는 큰 성문 복합 단지가 되었다. 이 빙들은 짐승들을 위한 외양간으로, 창고로, 혹은 장로들이 앉아서 판결을 내리는 곳으로 사용되었다. 입구의 길은 광장으로 열려 있었으며, 바로 거기에서 성읍의 사업이 이루어졌을 것이다. 보아스는 그 백성의 전체 '문'이 룻이 현숙한 여인임을 안다고 인정했다. 이것은 성문의 사람들을 의미하는 것이다(룻 3:11).

24　J. Pritchard, *ANET*, Text III AB B, lines 23-30을 보라. 본문의 정확한 의미에 대해서는 대단히 여러 방식으로 해석할 수 있을 것이다. 하지만 여기에서 요점은 단지 낙담한 백성을 격려하기 위해 수많은 관용구가 사용된다는 것이다. 이 시편 첫 부분에서 '바다'와 '강'을 사용하지 않았다면 이 연관은 덜 흥미로울 것이다.

이제 신들이 먹기 위해 앉고 있다

거룩한 자들이 만찬을 위해

바알이 엘을 수발들면서

그 신들은 그들을 보자마자

얌의 사자들을 본다

나하르 재판관의 특사들이다

신들은 그들의 머리를 떨군다

그들의 무릎까지

그리고 그들의 군주의 보좌로

바알은 그들을 꾸짖는다

오 신들이여, 왜 너희는

머리를 너희 무릎까지

그리고 너희 군주의 보좌로 떨구었는가?

나는 신들이 위협하는 것을 보았다

얌의 사자들에 대한 두려움으로

나하르 재판관의 사절들에게

오 신들이여, 너희 머리를 들라

너희 무릎으로부터

너희 군주의 보좌로부터[25]

---

25 이 서사시는 이어서 바알이 얌을 물리치고는 그를 그의 영역인 바다로 보내고 자신은 산꼭대기에 있는 그의 집으로 상징되는 영원한 나라로 보내는 전쟁을 묘사한다.

여기서 사용된 언어의 표현들은 우연의 일치일 수도 있지만, 그 이상의 어떤 것이 일어나는 것처럼 보인다. 이 시편은 의도적으로 '바다'(ם)와 '강'(נהר)을 사용하는 것으로 시작된다. 이제 원수들에 대한 승리를 경축하면서 시편기자는 이 우주적 세력들 혹은 신들의 승리를 표현하는 가나안 사람들의 문구 일부를 사용했을 수 있다. 이 문구는 성문의 사람들(신들이 아니라, 지도자들)에게 두려움이나 염려에서 아래를 내려다보는 것이 아니라, 원수가 하나님과 상대가 되지 않기 때문에 위를 올려다보라고 명하는 것이다. 이것이 사실이라면 시편기자는 이 행들을 뒤집어 가나안 사람들을 향해 말하고 있을 것이다. 그는 그들이 자신들의 승리를 경축하기 위해 사용했던 행들을 가져다가 이스라엘의 승리에 대해 말한다. 전쟁에서 능한 것은 가나안 사람들이나 바알이 아니라 여호와시다. 그리고 여호와가 전쟁에서 능하신 것은 그분이 얌과 나하르—그것들은 단지 하나님이 창조하신 자연의 일부일 뿐이다—를 물리치셨기 때문이 아니라, 그분이 가나안 사람들 및 그들이 믿는 모든 것을 물리쳤기 때문이다. 가나안 사람들이 패배한다면 그들의 신들이 패배한 것이다.

이것이 한 가지 견해다. 두 번째 견해는 실제로 순례자인 노래하는 자들이 문들을 부른다는 것이다. 그리고 그것은 성소로 이어지는 문들이다. 이 경우 비유적 표현은 문들에게 그 윗부분을 들라고 명하는 의인화일 것이다(이러한 의인화의 다른 예들을 보라. 사 14:31; 슥 9:9). 그것은 마치 '비키라'고 말하는 것과도 같을 것이다. 영광의 왕은 성소에 들어가기 위해 아치 밑으로 고개를 숙여서는 안 된다. 문들은 활짝 열리고 그 문의 윗부분은 여호와를 위해 들어 올려져야 한다. 시편 118편 역시 예배자들이 통과해서 지나갈 이 '문들'(의의)에 초점을 맞춘다.

두 번째 견해가 저자의 일차적 의도일 것이다. 하지만 그는 그것을 너무나 색다른 방식으로 말해서, 또한 아마 가나안 신화를 암시할 수도 있다. 그것이 단순한 우연의 일치라고 말하기에는 너무 밀접하게 연관되어 있다.

그렇다면 누가 성소에 들어갈 것인가? 영광의 왕, 전쟁에서 능하신 분, 만군의 여호와다.[26] 이 모든 것은 이스라엘의 하나님 여호와가 왕이며 용사라는 묘사다. 여호와는 이미 그분의 성소에 거하고 계셨으며, 그들은 그분의 임재에 들어가고 있었다. 여호와를 영광의 왕으로 묘사한 것은 그 행진이 성문을 통해 성소에 이르기까지 궤를 가져 가는 것이었음을 시사한다. '영광'이라는 단어를 사용한 것은 이따금 언약궤와 연결된다. 이스라엘 사람들이 블레셋에게 궤를 잃어버리고, 아이의 이름을 영광 곧 궤로 대표되는 여호와의 임재가 떠났음을 나타내기 위해 '이가봇'(영광이 없는)이라고 지었던 사무엘상 4장 이야기에서처럼(21절, 영광에 대해서는 시 19:1의 같은 단어를 보라).

여기에 묘사된 것은 언약궤가 전쟁터에서 돌아와 성소로 행진하는 것을 말하는 모든 요소를 지닌다. 언약궤가 나타내는 이 영광스러운 왕('영광'을 한정 소유격으로 볼 때)은 다름 아닌 여호와였다. 그분은 또한 여기에서 "만군의 여호와"로, "강하고(עִזּוּז, 시 29:1의 같은 단어를 보라) 능한(גִּבּוֹר, 시 45:3의 같은 단어를 보라)" 분, "전쟁에 능한" 분으로 묘사된다. 이 주제들을 강조한 것은 여호와가 방금 전쟁에서 능한 분임을 보여주셨고, 이제 그분의 거룩한 산으로 돌아간다는 개념을 강조한다. 물론 그들은 전쟁 때 하나님을 상자 안에 넣어가지는 않았다. 그들은 여호와가 그들과 함께 계신다는 믿음을 나타내는 궤를 가지고 있었다. 이제 백성은 행진을 한다. 승리의 군대로서 승리에 대해 하나님을 찬송하러 간 것이다.

---

26 יְהוָה צְבָאוֹת의 전통적 번역은 '만군의 여호와'(LORD of hosts)다. 하지만 보다 구체적으로 말하면 이것은 '만군의 여호와'(Yahweh of armies)다. 이 호칭은 능력의 하나님, 전사로서의 여호와를 지칭한다. 그분의 마음대로 할 수 있는 군대들은 하늘과 땅의 모든 무리, 이스라엘의 병력과 다른 민족의 병력들이다. 이 호칭은 아마도 '군대들'이라는 말을 소유한 것에 대한 소유격으로 사용하고 있을 것이다. 여호와가 군대를 소유하신다는 말이다.
보통 이 표현이 사용될 때는 지상의 군대들을 염두에 둔다. 하나님은 다른 민족들을 억제하거나 벌할 때 민족들을 사용하시기 때문이다. 이 호칭을 사용한 것은 하나님이 모든 민족에 대해 주권을 갖고 계시며 그저 이스라엘만의 민족 신은 아니라는 것을 보여준다. 여호와는 자신의 뜻을 행하기 위해 애굽을 부르거나 바벨론 사람들, 혹은 다른 어떤 세력이라도 일으키실 수 있다. 어떤 군대를 의미하는지 결정하기 위해 각 용례를 연구할 필요가 있다.
선지자들이 백성에게 경고를 전달하면서 이 칭호를 사용할 때, 이것은 뭔가가 대단히 잘못되었으며, 하나님은 자신이 마음대로 사용하실 수 있는 모든 군사력으로 그것을 해결할 것이라는 사실을 강조한다.
이 호칭은 이스라엘이 만군의 여호와가 그들을 위해 싸우셨던, 그의 원수들에 대한 승리를 기념할 때 긍정적 의미를 지닌다. 이것이 시편 24편에서의 의미다.

메시지와 적용

이 시편의 메시지를 가장 잘 표현한 강해적 개념은 다음과 같다. *주권적인 창조의 하나님이 행하신 능하고 영광스러운 구원을 찬송하기 위해 모인 사람들은 (그들이 하나님의 은총과 정당함의 입증을 받으려면) 생각과 행동이 순결해야 한다.* 이 진술의 어법은 성소에 모이는 사람들이 예배를 드릴 자격을 갖출 필요성을 강조한다. 설사 그들이 방금 신적 간섭에 의해 엄청난 구원을 받았다 해도! 큰 구원, 기도에 대한 응답, 강력한 역사, 모종의 구원이 있을 때마다, 자연스럽고 적절하게 해야 할 일은 회중과 함께 가서 여호와께 찬송을 드리는 것이다. 이 찬송은 여호와를 세상의 창조주, 모든 것의 소유자, 영광스러운 왕, 강하고 능한 정복자로서 높여야 한다. 그분의 승리는 때로는 실제 전쟁들을 포함했으며, 때로는 그렇지 않았다. 하지만 언제나 그분의 능한 행동들은 세상을 악한 세력들에게 해방시키려는 것이었다.

시편기자는 첫째, 예배자들이 예배를 드리기에 적절한 영적 상태에 있는지 확인해야 한다고 말한다. 이 시편의 주요 개념들을 가지고 다른 본문들과 서로 관련시키는 것은 어렵지 않을 것이다. 창조에 대해, 구원에 대해, 혹은 세상에 대한 영적 승리에 대해 하나님을 찬양하는 많은 본문이 있다. 신약은 또한 어떤 예배든, 어느 때든, 예배에서 하나님의 임재에 들어가는 것에 대한 영적 필수 조건이 있다는 것을 반복한다. 하나님께 찬양을 드릴 수 있지만 거룩한 손으로 드려야 한다. 이 땅에서 드리는 예배는 영광 가운데 드리는 예배의 전주곡이다. 그리고 요한계시록은 결국 부정한 것은 어떤 것도 그분의 임재에 들어갈 수 없다는 것을 상기시킨다. 모든 것은 거룩하고 정결해야 한다. 하늘의 성소에 들어가기 위해서다. 하지만 여기에서도 역시 우리의 기도와 찬양이 들려지기 위해서는 그래야 한다. 하나님은 불순종하는 사람들이 드리는 찬양을 필요로 하지 않으시며 원치도 않으신다. 여호와와 교제를 나누는 것에 대한 거룩함의 기준이 있다. 그리고 그 기준은 매우 높아서 우리가 하나님께 받아들여질 수 있는 유일한 길은 그분이 은혜로운 속죄를 베푸시는 것 뿐임을 인정해야 한다. 우리 역시 신적 은총을 구하는 '야곱'이다. 하나님은 우리에게 값없이 그 은총을 주사 우리를 그분의 임재에 맞게 거룩하게 하신다. 또한 우리가 깨끗한 손과 정결한 마음으로 그분을 찬양하게 하신다.

34

The Way of the LORD—Forgiveness, Deliverance, and Guidance PSALM 25

여호와의 길 – 죄 사함, 구원, 인도(시편 25편)

서론

본문과 다양한 역본들

다윗의 시

א 1 여호와여 나의 영혼이 주를 우러러보나이다

ב 2 나의 하나님이여 내가 주께 의지하였사오니

　　나를 부끄럽지 않게 하시고

　　나의 원수들이 나를 이겨[1] 개가를 부르지 못하게 하소서

ג 3 주를 바라는 자들은 수치를 당하지 아니하려니와

　　까닭 없이[2] 속이는 자들[3]은

---

1 동사 עָלַץ 뒤에 전치사가 나오는 것은 색다르다. 헬라어는 '나를 비웃어 경멸하다', καταγελασάτωσάν μου라고 되어 있다.

2 '까닭 없이'는רֵיקָם, '공허하게, 헛되이'라는 말이다.

3 הַבּוֹגְדִים, '(까닭 없이) 반역하는 자들', 헬라어에는 '까닭 없이 무법한 자들(οἱ ἀνομοῦντες διὰ κενῆς)이'

수치를 당하리이다

ד　4　여호와여 주의 도를 내게 보이시고
　　　주의 길⁴을 내게 가르치소서
ה　5　주의 진리로 나를 지도하시고 교훈하소서
　　　주는 내 구원의 하나님이시니
　　　내가 종일 주를 기다리나이다⁵
ז　6　여호와여 주의 긍휼하심과 인자하심이 영원부터 있었사오니
　　　주여 이것들을 기억하옵소서
ח　7　여호와여 내 젊은 시절의 죄와 허물⁶을 기억하지 마시고
　　　주의 인자하심을 따라 주께서 나를 기억하시되
　　　주의 선하심으로 하옵소서

ט　8　여호와는 선하시고 정직하시니
　　　그러므로 그의 도로 죄인들을 교훈하시리로다
י　9　온유한 자를 정의로 지도하심이여
　　　온유한 자에게 그의 도를 가르치시리로다
כ　10　여호와의 모든 길은
　　　그의 언약과 증거⁷를 지키는 자에게 인자와 진리로다

라고 되어 있다. 반역은 하나님을 향한 것일 수도 있고(시 78:57; 렘 3:20), 사람을 향한 것일 수도 있다(삿 9:23; 말 2:14). 선지서에서 그들은 약탈자들과 억압자들이다(사 21:2, 24:16; 합 1:13).

4　헬라어역에는 '그리고 주의 길로'라는 말로 두 번째 구절이 시작된다.
5　어떤 사본들에는 이합체 시를 완전하게 하기 위해 וֹ를 보충해서 MT의 אֹתָה 대신 וֹאֹתָה라고 되어 있다. 이것은 역본들에서도 지지를 받는다.
6　헬라에는 '무지함'(ἀγνοίας)이라고 되어 있다.
7　NIV는 이 단어들을 중언법으로 본다. '그의 언약의 요구들.'

ל 11 여호와여 나의 죄악이 크오니

주의 이름으로 말미암아 사하소서[8]

מ 12 여호와를 경외하는 자 누구냐(what man)[9]

그가 택할 길을 그에게 가르치시리로다

נ 13 그의 영혼[10]은 평안히 살고

그의 자손은 땅을 상속하리로다

ס 14 여호와의 친밀하심[11]이 그를 경외하는 자들에게 있음이여

그의 언약을 그들에게 보이시리로다

ע 15 내 눈이 항상 여호와를 바라봄은

내 발을 그물에서 벗어나게 하실 것임이로다

פ 16 주여 나는 외롭고[12] 괴로우니

내게 돌이키사 나에게 은혜를 베푸소서

צ 17 내 마음의 근심이 많사오니[13]

나를 고난에서 끌어내소서

---

8 본문에서 형태는 강력한 와우가 있는 완료 시제 וְסָלַחְתָּ다. 이것은 그 앞에 나오는 명령법이 없다는 점에서 색다르다. 하지만 전후 문맥으로 볼 때 이것은 교훈 혹은 명령의 미완료다(Perowne, *Psalms*, I:261; 마찬가지로, 룻 3:3). 헬라어에는 '주는 속죄하실 것이다' *ἱλάσῃ*라고 되어 있다.

9 히브리어에는 '이 사람은 누구냐'라고 되어 있으며, NIV는 그것을 '그렇다면 그 사람은 누구냐'라고 번역했다.

10 이 번역은 이 행의 נַפְשׁוֹ의 강조를 포착한다(참고, Briggs, *Psalms*, p.224).

11 '친밀하심'(secret counsel)이라고 번역된 단어는 סוֹד, '회의, 협의'다. BDB(p.691)는 그것을 여기에서 여호와와의 친밀함으로 설명한다(참고, 잠 3:32). 헬라어는 마치 סוֹז인 것처럼 '힘', *κραταίωμα*이라고 되어 있다.

12 히브리어 יָחִיד는 '홀로, 고독한, 유일한'이다. 그것은 다른 곳에서 단 하나의 소유 혹은 유일한 자녀를 묘사하는 데 사용된다. 그래서 헬라어에는 '나는 아이일 뿐이다'(*μονογενής*)라고 되어 있다.

13 완료 시제 הִרְחִיבוּ은 '근심들이 내 마음을 넓혔사오니'라고 번역될 것이다. 아마도 이것은 근심들이 스스로를 위한 공간을 만들었다는 의미일 것이다(시 119:32). 헬라어에는 '고난들이 확대된다'(*ἐπλατύνθησαν*)라고 되어 있다. 많은 사람은 이 형태를 명령법 הַרְחֵיב, '자유롭게 하라'로 수정할 것을 권한다. 마지막에 나오는 וּ는 그렇게 되면 그다음 단어에 대한 접속사가 될 것이나, 이렇게 바꾸면 너 나은 대구법이 되고 동사의 모호함이 제거될 것이다. Goldingay는 완료 시제를 간원형으로 본다면 같은 결과가 될 것이라고 말한다(*Psalms 1–41*, p.376). 그래서 본문을 수정할 필요가 없다.

| ר | 18 | 나의 곤고와 환난을 보시고[14]
| | | 내 모든 죄를 사하소서
| ר | 19 | 내 원수를 보소서 그들의 수가 많고
| | | 나를 심히[15] 미워하나이다
| ש | 20 | 내 영혼을 지켜 나를 구원하소서
| | | 내가 주께 피하오니 수치를 당하지 않게 하소서
| ת | 21 | 내가 주를 바라오니
| | | 성실과 정직으로 나를 보호하소서[16]
| פ | 22 | 하나님이여 이스라엘을
| | | 그 모든 환난에서 속량하소서

구성과 전후 문맥

이 시편은 본질적으로 탄식이다. 여기에는 불평, 간구, 신뢰의 표현들이 가득 차 있다. 시편기자는 여호와께 그의 죄와 고난을 제거함으로 은총을 보이사, 자기 대신 원수들이 수치를 당하게 해달라고 기도한다. 이 시편이 기록된 방식에서는 어떤 구조를 찾기가 대단히 어렵다. 본문 전체에 걸쳐 반복되는 주제들이 유형을 암시한다. 반복된 개념들은 다음과 같다. '수치를 당하다'는 2, 3, 5, 20, 21절이며 '고난'은 9, 16, 18절이고, '죄 사함'은 7, 11, 18절이며 '교훈'은 4, 5, 8, 9, 12, 14절이다. 반게메렌은 이 시편을 다윗이 쓴 것으로 추정하며, 그가 큰 죄를 범한 이후 역경의 때에 기록했을 것이라고 말한다. 하지만 그는 이러한 배경에서 쓰인 것으로 보기에는 몇 가지 문제가 있다고 말한다. 이를테면 죄를 사해달

---

[14] 이합체 시를 위해서는 ק라는 글자가 필요하다. 누군가는 ראה를 קשב 비슷하게 수정할 것을 제안한다.
[15] חמס라는 단어는 헬라어에서 '부당한', ἄδικον으로 번역된다.
[16] '악의 없고 정직한 사람들이 나와 한편이 된다'는 것이 헬라어 번역이다(ἄκακοι καὶ εὐθεῖς ἐκολλῶντό μοι).

라는 시편기자의 기도에 어린 시절의 죄가 포함되는 것 등이다.[17] 다른 사람들은 이 시편에 나오는 개념들이 대단히 일반적이어서, 그것을 어떤 특정한 경우에 해당하는 것으로 보기 어렵다고 말한다. 앤더슨은 이것이 포로기 이후의 것이었다고 말하는데, 그 이유는 주제와 이합체적 배열 때문이다.[18] 골딩게이는 이것이 언제 쓰였는지는 불확실하지만, 이것이 제2 성전 공동체에서 어떻게 쓰였는지는 알 수 있다고 결론을 내린다.[19] 하지만 모든 시편이 다 이 경우에 해당할 것이다.

이 시편은 이합체 시다. 이것은 체계적인 알파벳 형태를 따른다. 따라서 사고의 진전에 근거한 구조나 분명한 구성을 추적하는 데 어려움이 있다.[20] 여기에는 탄식이 나온다. 하지만 구체적인 탄식 부분은 없다. 또한 확신, 지혜, 교훈도 나온다. 이것은 탄식시라고 부를 수도 있겠지만, 또한 교육적 시편이기도 하다(시 37, 111, 112, 119, 145편을 보라). 이 주제는 하나님이 고난받는 자의 교사이며 죄를 범한 자들의 인도자라는 것이다. 크라우스는 이 시편이 기도 공식과 지혜라는 주제를 예술적으로 결합한 정교한 기도 형식이라고 말한다.

여기에서 이합체 시를 완벽하게 따르는 것은 아니다. 2절은 ב이 아니라 א로 시작하며, 많은 주석가는 헬라어 번역에서 하듯이 두 번째 줄을 '너희 안에'(בְךָ)로 시작할 것을 제안한다. 순서에는 ו라는 글자가 없다. 그래서 5절 후반 시작부에서 그것을 공급하기 위해 접속사를 추가했다. ר라는 글자는 18절과 19절에서 반복되는 반면, 18절은 ק로 시작되어야 한다. 어떤 사람들은 이 순서에 맞추기 위해 본문을 수정할 것이다. 이 시편의 마지막 구절은 פ라는 글자로, 알파벳 순서와는 상관이 없다.

흥미롭게도, 시편 26편과 34편 둘 다 마지막 구절은 פְּדֵה로 시작하는데, 이것

---

[17] VanGemeren, *Psalms*, p.263-264. 하지만 시편 51편에 보면 죄의 고백 안에 그 참회하는 자가 자기가 태어났을 때부터 죄의 상태에 있었음을 인정하는 것이 실제로 포함되어 있다.

[18] *Psalms 1-72*, p.206-207.

[19] *Psalms 1-41*, p.368.

[20] Kraus, *Psalms 1-59*, p.319.

은 이 두 구절을 같은 저자가 기록했다는 것, 혹은 적어도 한 저자가 다른 저자에게 영향을 끼쳤다는 것을 나타낸다. 이 구절은 일반적인 본기도 역할을 한다.

그럼에도 전반적으로 이 시편은 탄식시로 보아야 한다. 하지만 판에 박히지 않은 탄식시다. 미운 원수들에게서 구해주고 죄를 사해달라는, 그리고 올바르게 살아가기 위한 교훈을 달라는 호소다. 이 주제 중 어느 것도 다윗의 삶과 맞지 않는 것은 없다. 시편기자는 명백히 수많은 심술궂은 원수에게 둘러싸여 있으며, 그래서 자신을 고난받는 자로 묘사한다. 그는 구원받을 필요가 있다. 그는 자신이 죄를 지었다는 것을 안다(8절). 그래서 죄 사함을 위해 기도한다(7, 11절). 또한 그는 인도를 필요로 하기 때문에 여호와께 자신을 옳은 길로 인도해 달라고 기도한다. 이 시편을 지배하는 개념은 하나님이 고난받는 자들의 교사이시며 죄를 지은 자들의 인도자시라는 것이다.[21]

이 시편은 두 부분으로 나눌 수 있다. 기도가 나오고, 그다음에는 하나님에 대한 확신에 찬 주장과 함께 기도가 반복된다.

석의적 분석

요약

시편기자는 원수에게 구원받고 보존되기를 바라며, 올바르게 살아가기 위해 필요한 신적 교훈을 위해, 그리고 이스라엘을 향한 여호와의 부드럽고 긍휼에 찬 자비에 기초를 둔 죄 사함을 위해 확신 있게 여호와께 의지한다.

개요

I. 시편기자는 구원과 인도와 자신이 젊은 시절에 지은 죄의 사함을 위해 확신을 갖고 여호와께 기도한다(1-7절).

---

21 Perowne, *Psalms*, I:258.

    A. 그는 여호와께 원수들에게 구해달라고 확신에 차서 기도한다(1-3절).

        1. 그는 여호와를 우러러본다(1절).

        2. 그는 주를 의지하기 때문에 원수들에게 패하지 않기 원한다(2절).

        3. 그는 여호와를 바라는 자들은 아무도 수치를 당하지 않을 것이라고 확신한다(3절).

    B. 그는 자신을 하나님의 진리로 인도해달라고 기도한다(4-5절).

        1. 그는 여호와의 도를 알기를 바란다(4절).

        2. 그는 주의 진리를 알기 위해 구원의 하나님을 기다린다(5절).

    C. 그는 하나님의 긍휼하심과 인자하심에 기초해서 그가 젊은 시절에 지은 죄를 사해달라고 기도한다(6-7절).

II. 시편 기자는 여호와께 참된 길로 교훈해주실 것과, 그의 죄와 이스라엘의 죄를 용서해주실 것과, 원수에게서 구원해주시고 보존해달라고 거듭 기도한다(8-22절).

    A. 그는 참된 길로 인도해주시고, 죄를 용서해달라고 기도한다(8-11절).

        1. 여호와는 선하심으로 죄인에게 도를 가르치신다(8절).

        2. 여호와는 온유한자에게 (정의로) 그의 도를 가르치신다(9절).

        3. 여호와의 도는 언약을 지키는 자들에게 인자와 진리다(10절).

        4. 그러므로 그는 여호와의 이름으로 말미암아 죄 사함을 위해 기도한다(11절).

    B. 하나님을 경외하는 자들은 상속과 하나님의 계획을 아는 지식으로 복을 받을 것이다(12-14절).

        1. 여호와는 하나님을 경외하는 자들에게 택할 길을 가르치신다(12절).

        2. 여호와를 경외하는 자는 땅을 상속받을 것이다(13절).

        3. 여호와는 그를 경외하는 자들에게 그분의 언약들을 보이실 것이다(14절).

    C. 그는 자신의 모든 괴로움과 죄에서 벗어나 은혜로운 구원과 보존을 구

하며 기도한다(15-21절).

    1. 그는 신실하게 여호와를 따르며 벗어나게 되기를 기대한다(15절).

    2. 그는 하나님이 은혜를 베풀고 환난에서 구하시며 죄를 사해주시기를 간구한다(16-18절).

    3. 그는 잔인한 원수들에게서 구하시고 보존해달라고 구한다(19-21절).

  D. 그는 이스라엘이 모든 환난에서 속량되게 해달라고 기도한다(22절).

강해 형태의 주석

I. 신자들은 구원, 인도, 죄 사함을 위해 통상적으로 기도한다(1-7절)

A. 그들은 원수들에게서 해방되기를 기도한다(1-3절)

이 시편에 정리된 기도들은 의심할 바 없이 시편기자의 개인적 경험에서 나온 것이다. 하지만 이 기도들은 모든 시대 신자들의 전형적 기도다. 사람들은 평생에 걸쳐 보호, 인도, 용서를 위해 기도해야 하며 실제로 기도한다.

  시편기자는 여호와를 의지한다고 단언하는 말로 시작한다. "여호와여 나의 영혼이 주를 우러러보나이다"(시 24:7의 같은 단어를 보라). "우러러보나이다"(אֵלֶיךָ)라는 말로 시작하는 단어의 순서는 강조를 위한 것이며, 단순히 문체상 그런 것만은 아니다. 동사 역시 א로 시작되며 이것이 첫 번째로 나올 수도 있었기 때문이다. 여호와를 우러러 본다는 개념은 그가 믿음으로 하나님께 초점을 맞추는 것을 의미한다. 두 번째 구절은 그의 신뢰를 단언한다. 이 구절 역시 "나의 하나님이여"(אֱלֹהַי)라는 말의 강조를 위해 문장 첫 부분에 놓는다. "나

---

22 이 행의 배열에서 '나의 하나님이여'라는 말은 첫 번째 행의 끝부분에 놓여 있다. "주께"(in you)라는 말이 ב으로 두 번째 줄을 시작할 수 있도록 하기 위해서다.

의 하나님이여 내가 주께 의지하였사오니"(בְּטַחְתִּי, 시 4:5의 같은 단어를 보라).[22] 그 다음에 그의 믿음을 단언하고 나서, 시편기자는 첫 번째 간구를 한다. 이 간구는 두 부분으로 되어 있다. 그가 수치를 당하지 않게 해달라는 것과, 그의 원수들이 그를 이기지 못하게 해달라는 것이다. 첫 번째 요청은 "나를 부끄럽지 않게 하시고"[여기에서 청유법(cohortative) אַל־אֵבוֹשָׁה이 나온다]. '수치를 당하다'(בּוֹשׁ, 시 31:1의 같은 단어를 보라)라는 말은 실제로는 '멸망당하다' 혹은 '파멸하다'라는 의미로, 부끄럽게 한다는 개념은 이 결과 생겨난 환경들을 말한다. 두 번째 호소는 이 요청의 일부다. "나의 원수들이 나를 이겨 개가를 부르지 못하게 하소서"라는 것이다. 주된 기도는 하나님이 원수들로부터 자신을 구원해달라는 것이다. 그리고 하나님이 그렇게 하지 않으신다면, 원수들이 이길 것이며 시편기자는 수치를 당하리라는 것이다.

그의 간구는 속이는 자들은 수치를 당할 것이며 신실한 자들은 그렇지 않으리라는 확신에 의해 균형이 잡힌다(3절). 신실한 자들은 "주를 바라는 자들"(כָּל־קֹוֶיךָ)이다. '바라다'라는 말은 결과를 기다리는 혹은 열망하는 것을 강조하는, 믿음을 나타내는 말이다. 하지만 그 기다림은 확신에 찬 기대를 갖고 기다리는 것이다.[23] 여기에서 시편기자는 여호와를 바라는 자들은 수치를 당하지 않을 것이라고 확신한다. 동사 형태(이제 부정어 לֹא가 달려 있는 יֵבֹשׁוּ)는 자신의 확신에 대한 표현이며 기도가 아니다. 그리고 서론부에 나오는 '실로'(indeed, גַּם,

---

23 동사는 קָוָה, '바라다, 기다리다'이다. 이것과 관련된 명사는 '소망', תִּקְוָה이다. 이 단어는 의미상 יָחַל와 비슷하며, 종종 그것과 대응되어 사용된다. 이 두 단어는 종종 의미를 구분하기가 어렵다. 단어 קָוָה는 '기다리다'라는 의미다. 하지만 이것은 기다림의 긴장을 어느 정도 포착하는 듯하다. 모든 셈족 언어에서 이 단어 및 그와 관련된 형태들은 약간의 긴장을 시사하는 의미들을 지닌다. 매듭의 꼬인 부분과 같은 것이다. 실제로 קָו라는 단어는 '밧줄, 새끼' 혹은 측량하는 '줄'을 의미한다. '바라다, 기다리다'라는 동사의 긍정적 용법들은 단순히 어떤 것을 바라면서 이것을 열심히 기다린다는 개념을 강조한다. 하지만 기다림은 적극적인 개념이다. 즉 여호와를 기다린다는 것은 여호와의 개입을 준비한다는 의미다. 이 단어가 하나님께 초점을 맞추지 않는 본문들에서 사용될 때, 소망은 부정적인 용어로 표현된다. '기대에 어긋간 혹은 잃어버린 소망'이라는 것이다. 하지만 히브리 사람이 소망의 초점일 때, 그 때는 이 말이 확신을 표현한다. 하나님에 대한 소망은 예외 없이 긍정적으로 표현된다. 사실상 믿음의 역사는 여호와께 소망을 둔 사람의 역사다.

'또한, 더구나')라는 말(개역개정에는 이 말이 번역되어 있지 않다-역주)은 그 주장에 독자의 주의를 집중시킨다. 신실한 자들은 멸망당하지 않을 것이다. 하지만 "까닭 없이 속이는 자들"은 멸망할 것이다. 이 분사(동사 בָּגַד에서 나온 הַבּוֹגְדִים, 시 78:57의 같은 단어를 보라)는 원수들을 속이는 자, 즉 배반자 혹은 배신하는 자로 묘사한다(삿 9:23; 렘 3:20을 보라). 그리고 그들의 배신은 '까닭 없이'(רֵיקָם, 문자적으로는 '공허한, 헛된') 그런 것이다. 키크패트릭은 '속이는'(treacherous)이라는 단어가 그들이 신실하지 못하게 하나님을 저버리는 것을 말한다고 주장한다. 이것은 참을성 있게 그분을 기다리는 것의 반대다.[24] 시편기자는 분명 자신이 직접 경험한 것을 말했다. 이 사람들은 그를 막 이기고 승리할 찰나에 있었기 때문이다. 하지만 수치를 당하지 않게 해달라는 그의 기도는 확신에 찬 기도였다. 그는 하나님이 그분을 바라는 자들을 영광스럽게 하시리라는 것을 알고 있었기 때문이다.

B. 그들은 여호와의 인도를 위해 기도한다(4-5절)

그다음 두 구절은 간구로 돌아온다. 하지만 이것은 인도를 위한 간구이지, 보호를 위한 것이 아니다. 4절에 나오는 두 개의 명령법 '내게 보이소서'(cause me to know, יָדַע의 히필)와 '내게 가르치소서'(לָמַד의 피엘)는 이 간구를 절박하고 직접적인 것으로 만든다. 그가 배우기를 바라는 것은 하나님의 도우시는 길, 즉 하나님의 뜻과 조화를 이룰 적절한 삶의 행동들이다. 그는 이것을 주로 하나님의 말씀을 통해 배울 것이다. 덧붙여 그는 하나님의 진리(시 15:2의 같은 단어를 보라)로 지도받기를 바란다. '지도하다'라는 말은 '길, 걸음'이라는 명사에서 나온 명령법 형태다[문자적으로 הַדְרִיכֵנִי는 '나로 걷게 하다'(cause me to walk)라는 말이다]. 진리 안에서 행한다는 관용구는 이 진리를 따라 산다는 의미다. 이런 간청을 하는 두 가지 이유가 있다. 첫째, 하나님의 진리는 살아갈 길이다. 하나님은 구원의 하나

---

24 *Psalms*, p.133.

님이시기 때문이다. 원인절은 하나님을 목적 소유격을 사용해서 "내 구원의 하나님"이라고 말한다. 이것은 '하나님이 나를 구원하신다'는 의미다. 이 구원은 대부분 인간 대행자들을 통해 왔겠지만('구원'에 대해서는 시 3:2을 보라), 아마도 어떤 신적 간섭을 통해서도 역시 왔을 것이다. 그가 그런 기도를 드리는 두 번째 이유는 그의 신앙이다. 3절에 나오는 동사들이 반복된다. "내가 종일 주를 기다리나이다." 그는 끊임없이 여호와를 기다리며, 여호와는 구원의 하나님으로 입증되셨다. 그러므로 그는 의의 길로 교훈받고 지도받기를 기도한다.

C. 그들은 하나님으로부터 오는 죄사함을 위해 기도한다(6-7절)

시편기자는 다른 모든 신자들과 마찬가지로, 죄사함을 위해 기도한다. 6절에서 그는 하나님께 기억해주실 것을 구한다. 7절에서 그는 하나님께 기억하지 말아달라고 구한다. 이 단어의 의미는 그저 회상(시 6:5의 같은 단어를 보라)하는 것보다는, 기억한 것에 의거하여 행동하는 것과 더 관계가 있다. 6절에서 그는 하나님이 그분의 "긍휼하심"(רַחֲמֶיךָ), 하나님이 자기 백성에게 가지고 계신 부드러운 긍휼의 마음[25]에 따라, 그리고 그분의 "인자하심"(חֶסֶד, 시 23:6의 같은 단어를

---

[25] 이 단어는 '사랑하다, 불쌍히 여기다'라는 의미인 רחם라는 동사와 관련되어 있다. 이것은 무력하거나 의존하는 존재에 대한 부드러운 감정들을 강조한다. 사전들을 보면 이 동사를 명사에서 유래된 동사로 분류한다. 그래서 '자궁'이라는 명사 רֶחֶם 혹은 רַחַם 이 더 명확하게 관련되어 있다. '불쌍히 여기다'라는 동사에는 어머니가 아이에 대해 자궁에 아이를 품었을 때와 같은 모성 본능이라는 의미가 있다. 관련된 단어는 רַחֲמִים로, 이것은 '긍휼'이다. 이것은 또한 '형제애', 어떤 사람이 같은 자궁에서 나온 다른 사람에게 갖는 느낌이라는 의미도 지닌다. 이 동사 및 관련 명사들은 하나님과 인간 모두를 주어로 해서 사용된다. 하지만 가장 많이 나오는 경우는 하나님의 긍휼과 자비라는 말이다.
이 의미의 한 가지 범주는 가족 사랑의 '깊은 느낌'과 관련되어 있다. 이사야는 여인이 자기 태에서 난 아들을 긍휼히 여기지 않을 수 있느냐고 묻는다(사 49:15). 이 본문에서 어머니가 자기 자녀를 보호하고 돌보고자 하는 마음을 가리키면서, 이 느낌의 강력함과 자발성을 강조한다. 하지만 이 단어는 또한 아버지의 긍휼에 대해서도 사용된다(시 103:13). 의미심장하게도, 두 본문 모두에서 자기 백성에 대한 하나님의 긍휼이 더 큰 것으로 여겨진다. 이 감정의 강력함은 창세기 43:30에서 요셉이 그의 형제들을 보고 긍휼이 북받쳐 방에서 뛰쳐나가야 했던 때와 같은 것이다.
또 다른 범주는 '친절한 대우'다. 이 용법들은 긍휼의 마음으로 인해 불운한 사람들을 대하는 것에 더 초점이 맞춰져 있다. 이것은 부정적으로 사용될 수 있다. 자녀를 긍휼히 여기지 않을 때라 사람들을 언급하는 경우 등이다(사 13:17-18). 아니면 긍정적으로도 사용될 수 있다. 하나님이 다니엘에게 지도자들이 보기에 은혜와 긍휼을 얻도록 하신 경우 등이다. 그는 좋은 대우를 받았다(단 1:9).

보라)으로 행동하시기를 원한다. 두 단어 모두 복수형으로 되어 있다. 하나님의 궁휼과 사랑은 행동들에서 나타나기 때문이다. 하나님이 이 두 속성은 모두 영원하다. 문자적으로는 "영원부터 있었다"(from everlasting). '영원'(עוֹלָם, 시 61:5의 같은 단어를 보라)이라는 말은 전후 문맥에 의해 규정되어야 한다. 영어에서 '언제나'(ever)와 '절대'(never)가 그런 것과 마찬가지다. 이 단어는 영속성, 오랜 시간, 끝없음, 영원함 등을 의미한다. 이 속성들은 하나님을 묘사하므로 그것들은 영원하다고 말할 수 있을 것이다. 하지만 그것들을 궁휼과 사랑의 행동들을 나타내는 것으로 볼 때에, 이 단어는 '예로부터'(from old), 혹은 저 먼 옛날 인간사에서 하나님이 활동을 시작하셨을 때부터라는 의미가 될 수 있을 것이다.

시편기자는 또한 죄 사함을 원한다. 하지만 그는 이것을 부정적 단어로 표현한다. "기억하지 마시고"[지시법(jussive)]라는 것이다. 그는 하나님이 그의 죄에 의거하여 행동하시는 것을 원치 않는다. 그리고 그는 이 죄들을 "내 젊은 시절의 죄와 허물"이라고 말한다.[26] 그의 관심사는 과거의 죄(욥 13:26을 보라)는 묻혀 진 채 있고, 그의 반역적 행동들은 잊혀지고 용서받는 것이다. 이 간구에서도 역시 그는 하나님이 '인자하심'을 따라("주의 인자하심을 따라 나를 기억하시되") 그리고 "주의 선하심으로"(시 34:8의 같은 단어를 보라) 행동하실 것을 기도한다. 하나님의 선하심은 그의 안녕을 보존하고 제공하실 것이다.

세 번째 범주의 의미는 '감동적인 궁휼'이다. 이것은 '친절한 대우'보다 한층 더 강한 것이다. 용서, 탕감, 회복은 종종 하나님의 '부드러운 궁휼'(tender mercies, 개역개정은 '용서, 불쌍히 여김' 등으로 번역했다—역주, 겔 39:25; 사 60:10; 렘 33:26)과 관련되어 있다. 하나님의 용서는 종종 그분의 궁휼이 많으신 성품에 기초한다. 미가서 7:18-29절이 보여주는 바와 같다. 시편 51편은 하나님의 부드러운 궁휼에 기초하여 죄 사함을 호소한다(시 51:1). 하나님이 궁휼을 보이기를 거부하시는 그때, 죄로 인한 심판이 임한다. 호세아의 말의 예언적 메시지가 보여주는 바와 같다(로루하마, '돌보심을 받지 못함', 호 1:6). 하지만 이것은 회복과 함께 변화될 것이다(그리고 그 이름은 루하마, '돌보심을 받다'가 될 것이다).
'궁휼'이라는 단어는 신경(信經)에 나오는 속성들 목록에서 하나님의 일반적인 속성이 되었다.

26 '죄' חַטָּאת에 대해서는 시편 51:2의 같은 단어를 보라. '허물(rebellious acts), 범죄' פֶּשַׁע에 대해서는 시편 51:1의 같은 단어를 보라. '죄'는 표적을 맞추지 못하는 것, 기대에 미치지 못하는 것, 필요에 부합하지 못하는 것을 의미한다. Goldingay는 여기에서 염두에 두는 것은 첫째, 그가 젊었고 더 잘 알지 못했을 때의 단점들 혹은 실패들이며, 둘째, 그가 어른이 되어 했던 것처럼 반역적인 행동들이라고 말한다 (Psalms 1-41, p.371).

II. 신자들은 하나님의 인도를 확신하기 때문에, 그들의 죄와 다른 사람들의 죄를 용서받고, 원수들에게서 구원하여 보존해주시기를 계속해서 기도해야 한다 (8–22절)

A. 하나님이 길을 가르치시기 때문에 그들은 죄 사함을 위해 기도한다(8–11절)

그다음 네 구절에서 시편기자는 계속해서 죄 사함을 위해 간구한다. 그는 먼저 하나님의 속성들인 선하심과 정직하심에 호소한다. 하나님은 죄인들에게 길을 보여주신다는 것에서 선하고 정직하시다. 시편기자가 하나님이 그렇게 하시기를 간구한 그대로 말이다. 이제 그는 '가르치다'에 대해 다른 단어를 사용한다. 이 단어는 올바른 방향을 가리킨다는 의미다(יוֹרֶה, יָרָה의 히필 미완료, '교훈, 율법'에 해당하는 단어 תּוֹרָה와 관련이 있다. 시 1:2의 같은 단어를 보라). 하나님이 선하고 정직하시다면, 그분이 죄인들에게 따르라고 가르치시는 길도 마찬가지일 것이다. 이 길은 또한 구원의 길이다. 9절에서 시편기자는 그가 온유한 자(the afflicted, עֲנָוִים, 시 9:12의 같은 단어를 보라)를 정의로 지도하시고(5절에서처럼) 그들에게 그의 도(way)를 가르치신다고(4절에서처럼) 단언하기 때문이다.[27] '정의'는 '심판' 혹은 '결정'이라는 단어다(מִשְׁפָּט, 시 9:4의 같은 단어를 보라). 이 말은 여기에서 올바른 결정, 정의, 혹은 정당성을 입증하는 것 등의 개념을 포함할 것이다.

10절에 따르면, 여호와의 모든 길은 "인자와 진리"다. 아마 '신실한 언약 사랑'(시 23:6의 같은 단어를 보라)을 의미하는 중언법일 것이다. 하나님은 그분의 언약들에 신실하시다. 하나님의 백성은 보호, 공급, 변호를 위해 그분께 의지할 수 있다. 하지만 강조되는 점은 하나님이 그분의 법을 지키는 사람들에게 신실하시다는 것이다. 이 의미는 그분을 믿는 사람들은 언약에 계속 충실할 필요가 있다는 것이다. 하나님의 요구 사항에 대해 생각하다가 시편기자는 죄 사함과

---

[27] 첫 번째 동사는 명령법 형태이며, 그래서 이 구절에 나오는 동사들은 기도가 될 수 있다. '그가 지도하고…가르치시기를'이라는 것이다.

인도를 위해 기도한다(11절). "주의 이름으로 말미암아" – 신실하고 긍휼하며 선한 하나님이시라는 주님의 평판에 부합된다는 의미다 – "나의 죄악이 크오니…사하소서"('죄악'은 타락한다는 의미다. עָוֹן 에 대해서는 시 32:5의 같은 단어를 보라). 그리고 그의 죄악이 무엇이었든지, 그것은 큰 것이었다. 그것은 원수들이 그를 이기게 될 임박한 위험이 닥치게 된 이유였을 수도 있다. 그래서 자신이 수치를 당하지 않게 해달라는 기도의 일부로, 죄 사함을 구하는 기도가 나오는 것이다. '사하다'라고 번역된 동사(סָלַח)는 레위기 4장에 나오는 제의 율법에서 잘 알려진 것이다. 그것은 시편 130:4에서 위대한 믿음의 단언으로 사용된다. 그 진리가 없이는 다른 어떤 것도 중요하지가 않을 것이다. "사유하심(forgiveness)이 주께 있음은 주를 경외하게 하려 하심이니이다."[28] 그리고 하나님이 용서하신다면, 이생에서든 내세에서든 그 죄는 절대 다시는 기억되지 않을 것이다.

B. 여호와를 경외하는 자들은 유업과 지식으로 복을 받을 것이다(12-14절)
그다음 세 구절은 확신에 찬 기대로 넘어간다. 본문은 여호와를 경외하는 모든 사람에게 초점을 맞춘다["누구든지 경외하는 자"(whoever is he that fears), '경외'에 대해서는 시 2:11을 보라]. 여호와는 경건하고 순종하는 예배자들에게 그의 길을 가르치신다(12절). 여기에서 우리는 8절에서 사용된 것과 동일한 동사를 볼 수 있다. 하지만 '그가 택하다'(יִבְחָר)라는 그다음 동사와 함께 새로운 개념이 추가된다. 그것은 길을 말할 가능성이 높다. 즉 여호와가 그가 택해야 하는 길(미완료는 의무적 미완료일 것이다), 즉 가장 좋은 길을 그에게 보여주신다는 것이다.

더구나 여호와는 그분을 경외하는 자들을 형통하게 하신다(13절). 그들은 "평안히"[in prosperity, 문자적으로는 '좋은 상태로'(in good), בְּטוֹב, 시 34:8의 같은 동사를 보라] 살 것이다. 좋다는 개념에는 삶을 증진하고, 고양하며, 풍성하게 하는 모든

---

[28] 현대 히브리어에서 이 단어는 '실례합니다'(excuse me), '실례지만'(pardon me)에 해당하는 표현(סְלִיחָה)에서 동일한 기본적 의미로 쓰인다.

것이 포함된다. '살다'라는 동사는 '숙박하다, 밤을 보내다'라는 의미다. 그것은 그가 좋은 것에 그의 시간을 보내리라는 것을 의미한다. 이 좋은 것은 땅을 상속받을 다음 세대까지 확장된다(참고. 출 20:12; 레 26:3; 신 4:1). 여호와를 신뢰하고 순종하는 백성은 그들의 삶에서 복을 받을 것이며, 하나님이 주시는 좋은 것들을 영원히 누릴 것이다.

여호와는 그분의 백성을 가르치고 그들에게 복주실 뿐 아니라, 또한 그들에게 그분의 뜻을 알려주실 것이다. 시편기자는 앞에서 하나님께 그의 길을 알려달라고 기도했다(4절). 이제 그는 여호와가 경건한 자에게 언약에 대한 비밀한 것들을 계시하신다고 단언한다. '친밀하심'(secret counsel)이라고 번역된 단어(סוֹד)는 하나님과 그분의 백성 간에 밀접하고 친밀한 교통이 있음을 나타낸다. 하나님은 그들에게 그분의 뜻 뿐 아니라 그분의 마음도 계시하신다(예를 들어, 여호와가 아브라함에게 자신이 하려고 하시는 일을 숨기지 않으시는 창 18:17을 보라. 또한 잠 3:22; 시 55:14-15을 보라).

C. 그들은 구원과 보호를 위해 기도한다(15-21절)

도움을 위해 기도하는 모든 신자처럼, 시편기자는 먼저 자신이 여호와를 신실하게 따르는 자라고 단언한다. "내 눈이 항상 여호와를 바라봄은"(이것은 1절에 나오는 "여호와여 나의 영혼이 주를 우러러 보나이다"에 비할 수 있다). 그가 말하는 '눈'은 자신의 영적 초점과 헌신을 의미한다. 종의 눈이 주인에게 그러하듯이, 어떠한 지시라도 내리기를 기다리고 있는 것이다(참고. 시 123:2). 여기에서 그는 구원을 바라고 있다. 그것이 기대하는 기도의 태도다. 하나님이 자기 발을 그물(암시된 비교)에서 "벗어나게"(문자적으로 '끌어내게', יוֹצִיא) 하시기를 기대하는 것이다. 그물이란 자신의 잘못으로 인한 것이든 원수들로 인한 것이든 삶의 얽히고설킨 것과 당혹스러운 일들을 의미한다.[29]

---

[29] Kirkpatrick, *Psalms*, p.135.

기도는 16절에서 더 절박하다. "돌이키사 은혜를 베푸소서"는 중언법일 것이다. 하나님이 '돌이키시라'는 기도는 호의적으로 봐달라는 의미일 것이다(얼굴을 숨기는 것과는 반대). 그렇기 때문에 '은혜를 베풀다'(시 4:1의 같은 단어를 보라)라는 동사를 더 강화한다. 그가 하나님의 호의적 반응을 필요로 하는 이유는 그가 친구도, 이러한 위기 때 돕는 자도 없이 외롭고 괴롭기 때문이다. 그렇기 때문에 그는 9절에 언급된 고난받는 자(개역개정은 '온유한 자'라고 번역했다 – 역주)와 동일시된다. 그리고 거기서 표현된 확신 곧 하나님이 온유한 자에게 정당함을 입증할 길을 보여주시리라는 확신은 여기에서는 암시된 간구가 된다. 17-19절에서도 구원해달라는 이 기도가 계속된다. 15절에 나오는 '그가 벗어나게 하실 것이다'라는 동사는 이제 17절에 나오는 "나를 끌어내소서"(release me 혹은 bring me out, הוֹצִיאֵנִי)라는 간구다. 그의 환난들은 증가되었으며, 그는 하나님이 그를 고난(מְצוּקוֹתַי)에서 구해주시기를 필사적으로 바란다. 그다음 18-19절에서 그는 하나님께 첫째는 그의 곤고를(18절), 그다음에는 그의 원수들을(19절) 보시라고 (רְאֵה) 호소한다. 하나님께 보시라고 요청하는 것은 하나님이 간섭하시기를 원한다는 의미다('보다'는 탄식시에서 '구원하다'와 같은 동사와 결합해서 자주 사용된다. 시 142:4-7을 보라). 여기에서 그는 하나님이 그의 심각한 곤고함을 보시고 그의 죄를 사해주시기 원한다. 그의 곤고는 죄의 결과다. 하지만 하나님이 그의 곤고함을 보신다면 그분은 그것이 얼마나 심각한지 보시고 그를 긍휼히 여기실 것이다(시 6:1을 보라). 그는 또한 하나님이 그의 문제의 원인, 곧 잔인한 증오심을 가지고 그를 미워하는 원수들을 없애주시기 원한다. 그들에 대한 묘사는 같은 어원에서 나온 대격(accusative)에 의해 강화된다. 그들은 나를 심히 미워하며, 그러한 어원의 대격은 '심히'(cruel)에 의해 한정된다. "그들이 나를 심히 미워하나이다"(with a cruel hatred they hate me). 하나님이 그들을 보신다면, 그분은 그들의 적의가 터무니없이 심해졌다는 것을 보실 것이다. 그렇게 되면 하나님은 그들이 수치를 당하게 하실 것이다(3절).

그의 기도는 보호(שָׁמְרָה, 시 12:7의 같은 단어를 보라)와 구원(הַצִּילֵנִי, 시 22:20의 같은 단어를 보라) 모두를 위한 것이다. 그것은 이 시편 첫 부분에 나온 후렴구를 반복한다. "내가 수치를 당하지 않게 하소서." 그의 호소는 믿음에 근거한다. 하지만 이제 "내가 피하오니"(חָסִיתִי, 시 7:1의 같은 단어를 보라)라는 동사로 표현된다. 그는 안전과 안심을 필요로 했기 때문이다.

그의 기도는 성실(תֹּם, 시 7:8의 같은 단어를 보라)과 정직(יֹשֶׁר, 시 67:4의 같은 단어를 보라)으로 보호받는 것을 포함한다. 그는 여호와를 바라기 때문이다(קִוִּיתִיךָ). 어떤 사람들은 이 특질들을 여호와에 대한 묘사라고 본다.[30] 다른 사람들은 그들이 곤고한 사람들을 구원하기 위해 보냄을 받은 사자들을 말한다고 주장한다.[31] 이 특질들은 시편기자 자신을 말하는 것일 수도 있다. 그는 성실과 정직이 자신을 보호할 것이라고 기도하면서 하나님 앞에 온다.[32] 그의 호소는 죄책이 떠나고, 그 대신에 새로운 생명의 힘들이 들어오라는 것이다.[33] 그것이 시편기자의 특징들이라 해도, 그것은 여전히 하나님께 배운 것이었을 것이다.

D. 그들은 완전한 구속을 위해 기도한다(22절)

마지막 구절은 이합체 순서의 일부가 아닌 것으로(전례식을 위해 추가된 것이다), 완전하고 궁극적인 구원을 위한 기도다. "하나님이여 이스라엘을 그 모든 환난에서 속량하소서." 이 기도는 당면한 딜레마에 처한 시편기자의 관심사를 요약한다. 하지만 이것은 시간을 초월하는 것이다. 온 세상이 구속의 날을 기다리고 있기 때문이다(롬 8:19-22). '구속하다'(פָּדָה)라는 동사는 '자유케 하다'라는 의미다.[34]

---

30 A. A. Anderson, *Psalms 1-72*, p.213을 보라.
31 Briggs, *Psalms*, p.226을 보라.
32 VanGemeren, *Psalms*, p.271을 보라.
33 Kraus, *Psalms 1-59*, p.322.
34 '구속하다'에 해당하는 다른 주요 단어는 פָּדָה다(גָּאַל와 비교하고 시 19:14의 같은 단어를 보라). 사전을 보면 이 단어를 '몸값을 지불하다(ransom)' 혹은 '되사다(redeem)'라고 정의한다. 이것은 값을 치르는 곳 혹은 폭력이나 죽음으로부터 몸값을 치르고 자유롭게 되는 곳에서 사용될 수 있다. 주로 하나님이 주어다. 관련된 명사들이 있다. פְּדוּת은 '속전'(ransom)이다(출 8.19). 하지만 이것은 구별 혹은 분리를 의미하는 듯하다), 그리고 פִּדְיוֹם, '속전(ransom, ransom money, 민 3:49, 51절)이다.

메시지와 적용

이러한 시편의 강해는 다양한 방향으로 풀어나갈 수 있을 것이다. 이것은 악한 원수들에게 멸망당할 위협, 젊은 시절의 죄와 허물에 대한 고백, 이 세상에서 살기 위한 하나님의 길을 배울 필요성, 모든 괴로움에서 자유케 되고 하나님으로부터 오는 선한 것들을 즐기는 것에 대한 기대 등을 강조한다. 괴로움에 대한 염려 가운데서도, 이 시편 전면에 부상하는 것은 곤고한 자들의 교사이며 죄를 범한 자들의 구속자이신 하나님에 대한 끊임없는 생각이다. 어떤 면에서 이 시편은 하나님의 백성에게 가해지는 역경이 개인에게 미치는 영향을 바라본다.[35] 곤고한 자들은 여호와께 구원해달라고 부르짖을 때, 자신들이 하나님의 길로 인도받을 필요가 있다는 것을 인식하게 되고, 그분의 길에 대한 인식은 자신들의 길이 실패라는 것을 인식하게 한다.[36] 여호와의 도는 그분의 말씀에 온전히

한 가지 범주의 의미들은 '지불함으로 자유의 몸이 되게 하는 것'과 관련이 있다. 예를 들어, 민수기 18:15-16절에서 모든 장자는 값을 지불함으로 하나님을 섬기는 일로부터 대속되어야 했다. 레위기 27:27에서 이 말은 서원했던 것을 되사는 것에 대해 사용된다. 시편 49:8에서는 이 단어는 같은 의미로 사용되어, 어느 누구도 값을 치르고 스스로를 죽음에서 속량하지 못할 것이라고 말한다.
나머지 용법들은 두 번째 범주에 들어갈 수 있다. '자유케 하는 것, 구속하는 것'이라는 일반적 의미다. 이 본문들에는 값을 지불하는 것에 대한 언급은 없다. 그보다 자유롭게 되는 것이 강조된다. 첫째, 그것은 이스라엘이 구속되는 것, 특히 애굽의 속박으로부터 속량되는 것에 대해 사용된다(신 7:8, 15:15, 24:18). 돈을 지불하는 것은 없었다. 이것은 하나님의 권능에 의해 성취되었다. 하나님은 과거에 이스라엘을 속량하셨기 때문에(참고. 미 6:43), 이사야는 그분이 앞으로 이스라엘을 속량하실 것이라고 말한다(사 35:10). 둘째, 이것은 죄악으로부터의 속량에 대해 사용된다. 이것은 주된 용법은 아니지만, 실제로 쓰였다. 시편 130:7은 하나님이 이스라엘을 모든 죄악에서 속량하실 거라고 단언한다. 셋째, 이 말은 죽음과 재난으로부터의 속량에 대해 사용된다. 이 동사는 사람들을 재난, 어려움, 파멸, 죽음으로부터 자유케 하는 것에 대해 말하는 문맥에서 사용된다(시 26:11, 44:26, 69:20). 이것이 시편 25편에서의 의미다. 이것은 하나님께 이스라엘을 모든 괴로움으로부터 자유케 해달라는 기도이기 때문이다.
한 본문에서 이 단어는 사람이 다른 사람을 속량하는 것에 대해 사용된다. 사울은 요나단을 죽이려 하고 있었다. 하지만 사람들이 그를 구원했다(삼상 14:45).
그렇다면 이 단어는 '속량하다'에 해당하는 일반적인 말이다. 이것은 다른 사람을 어떤 위험한 어려움에서든, 그리고 특히 속박에서 자유케 하는 혹은 해방시키는 행동을 말한다. 주로 하나님이 구속자이시다. 이 단어에 따르면 그분이 백성들을 그들의 죄와 죄의 결과들로부터 자유케 하신다는 의미다.

35 VanGemeren, *Psalms*, p.263.
36 Stanley L. Jaki, *Praying the Psalms*, p.72.

계시되었으며, 이제 신약을 가진 우리는 하나님의 도를 더욱 분명히 이해한다.

이런 개념들은 강해에 통일성과 방향을 부여할 강해적 진술에서 통합될 수 있다. 이러한 진술 중 하나는 다음과 같다. *하나님의 백성이 잔인한 원수들에게 위협을 받을 때, 그들은 속이는 세상에서 살고자 애쓰면서 죄 사함 및 여호와의 길로 인도받는 것과 함께 환난에서 해방되기를 간구해야 한다(혹은 기도할 수 있다).* 많은 신자가 대단히 평화롭고 조용한 환경에서 살며, 그렇기 때문에 이와 같은 시편에 나오는 위기에 공감하기가 어려울 것이다. 하지만 역사를 통틀어 그리고 심지어 지금도 세계 전역의 신자들은 잔인하고 반역적인 원수들을 직면한다. 신자들에 대한 적대감은 미묘한 방식으로 언제나 존재하며, 신자들, 믿음, 혹은 하나님의 말씀을 비난할 기회를 노린다. 그래서 구원을 위해 기도하는 것, 죄를 고백하는 것, 여호와의 길을 따르는 것을 두고 기도하라는 적용은 절대 부적절하지 않다. 베드로는 신실한 자들에게 그들이 믿음을 위해 고난을 받도록 부름받아야 함을 상기시킨다. 그리고 그런 일이 일어날 때 그들은 부끄러워하지 말아야 한다(벧전 5:10). 그런 경험은 그리스도의 고난의 길을 따르는 것이기 때문이다. 바울은 에베소 교인들에게 했던 고별 설교에서 앞으로 진리에 대한 반역과 반대가 있을 것이라고 경고했다. 심지어 그들이 신뢰하던 일부 사람들을 통해서도 그런 일이 일어날 것이다. 그에 대비해 그들은 하나님이 그분의 말씀을 따라 거룩하게 된 사람들을 위해 영광스러운 기업을 준비하셨다는 사실을 알고, 믿음에 굳게 서라는 하나님의 은혜의 말씀에 초점을 맞출 필요가 있다(행 20:29-30).

35 죄인들에게서 분리됨(시편 26편)
Separation from Sinners PSALM 26

서론

본문과 다양한 역본들

다윗의 시

1 내가 나의 완전함에 행하였사오며 흔들리지 아니하고[1] 여호와를
  의지하였사오니
  여호와여 나를 판단하소서
2 여호와여 나를 살피시고 시험하사
  내 뜻과 내 양심을 단련하소서[2]

---

1 לֹא אֶמְעָד라는 절은 여기에서 부사절로 종속되어 있다. '움직임 없이' 혹은 '흔들림 없이.'
2 케티브는 צְרוֹפָה이고 케레는 צָרְפָה로, 둘 다 명령법이다. 하지만 아마 케티브로 읽어야 할 것이다(마찬가지로 사 32:11; 삿 9:8, 12; 삼상 28:8을 보라).

3 주의 인자하심이 내 목전에 있나이다
   내가 주의 진리 중에 행하여³

4 허망한 사람⁴과 같이 앉지 아니하였사오니
   간사한 자와 동행하지도 아니하리이다

5 내가 행악자의 집회를 미워하오니
   악한 자와 같이 앉지 아니하리이다

6 여호와여 내가 무죄하므로 손을 씻고
   주의 제단에 두루 다니며

7 감사의 소리를 들려 주고⁵
   주의 기이한 모든 일을 말하리이다

8 여호와여 내가 주께서 계신 집(refuge of your house)⁶과
   주의 영광이 머무는 곳을 사랑하오니

9 내 영혼(me)⁷을 죄인과 함께,
   내 생명을 살인자와 함께 거두지 마소서

10 그들의 손에 사악함이 있고
   그들의 오른손에 뇌물이 가득하오나

---

3 헬라어로는 '나는 주의 진리로 매우 기뻐하여'(εὐηρέστησα).

4 헬라어로는 '회의'(council, συνεδρίου).

5 MT의 '듣게 하다' 대신 두 개의 사본과 헬라어 역본에는 MT의 '듣게 하다' 대신 '듣다'로 되어 있다 (לִשְׁמֹעַ을 ἀκοῦσαι로 읽어서). 본문에 나오는 형태는 לַשְׁמִעַ로써, 이것은 모음이 없으면 분명 칼 동사로 읽힐 것이다. 중간 글자 ה이 생략되었고, ' 없이 단어가 불완전하게 쓰였기 때문이다. 사람들은 이 형태가 לְהַשְׁמִיעַ일 거라고 예상할 것이다. 번역은 בְּקוֹל를 취해 전치사를 동사의 목적으로 본다(전치사 구문 분석에 대해서는 겔 27:30을 보라).

6 헬라어는 '엄위'(εὐπρέπειαν)라고 되어 있다. 아마 '안전한 장소, 피난처'를 뜻하는 מָעוֹן를 '기분 좋은, 기쁜'을 밀하는 נָעִים, 혹은 시편 27:4에 나오는 נֹעַם와 혼동된 듯하다.

7 문자적으로는 '내 영혼.'

11 나는 나의 완전함에 행하오리니
   나를 속량하시고 내게 은혜를 베푸소서
12 내 발이 평탄한 데에 섰사오니
   무리 가운데에서 여호와를 송축하리이다[8]

구성과 전후 문맥

시편 25-28편은 같은 시기에 쓰인 듯하다.[9] 공통적 주제에는 신원을 알 수 없는 원수들이 시편기자에게 퍼붓는 부당한 비난과 반대, 여호와에 대한 일관된 충성, 정당화와 구원에 대한 기도, 하나님이 기도에 응답하실 거라는 확신 등이 포함된다. 원수들 중 일부가 지배 계층의 일부임을 나타내는 암시들이 있다(시 26:10에 나오는 뇌물에 대한 언급 같은). 이 시편의 특징은 다윗이 오직 하나님께만 충성하겠다고 단언함으로 자신의 정당함을 입증해달라는 호소를 뒷받침한다는 것이다.

이 시편을 분류하기는 어렵다. 언뜻 탄식시처럼 보이지만, 탄식시의 기본적 특징 몇 가지, 특히 시편기자를 공격하는 원수들에 대한 묘사가 없다.[10] 하지만 이것은 정당함의 입증과 구원을 위한 기도다. 즉 그가 주위의 악한 사람들에게서 구별되는 것이 대단히 강조되었다. 완전한 탄식이 아니라면 이것은 분명 보

---

8 헬라어 본문에는 '내가 당신을 송축하리라, 오 여호와여'라고 되어 있다.

9 시편에 대한 보다 역사적인 접근법들이 시사하듯이, 이 시편들과 다윗의 생애에 일어난 사건들 간에 연관을 지을 수 있다면, 압살롬이 반역한 때가 한 가지 가능한 배경이 될 것이다(Delitzsch, *Psalms*, I:349). 이 사건을 이 시편과 연결할 만한 몇 가지 이유가 있다. 원수들은 위선자들이었다. 그들은 피비린내나는 의논에 합의했다. 그들은 자신들의 변장을 벗어버렸으며, 뇌물로 승리했다. 이것이 맞다면, 또한 이 시편이 다시 성소에 가고 싶은 마음을 언급한 것을 설명해줄 것이다. 이것이 해석에서의 요점은 아니지만(6-8절) 말이다. 이 주제들은 어떤 하나의 사건에 국한되지 않고, 모든 시대 악인의 특징을 이룬다. 이것은 이 시편을 어떤 하나의 사건과 연결하는 것을 어렵게 한다. 하지만 이 시편을 모든 시대에 적절한 것으로 만들어주기도 한다.

10 Broyles, *Psalms*, p.137.

호를 위한 기도다. 어떤 역사적 경우이든, 시편기자는 원수들로부터 엄청난 압력을 느끼고 있었기 때문이다. 크라우스가 말하듯 그의 존재 자체가 피에 굶주린 사람들의 비난과 고발이라는 위협적인 징후 아래 있었다.[11] 그는 자신의 무죄함을 확신했으며, 그렇기 때문에 여호와께 자신을 구원함으로 자신이 정당하다는 것을 입증해달라고 호소했다.[12] 시편기자는 자신의 정직함을 확신했을 뿐만 아니라, 하나님의 의, 곧 그분이 자기 백성을 위해 의롭고 공정한 일을 행하시리라는 것을 확신했다. 그렇다면 시편기자가 생각하기에는 여호와가 자신의 정당함을 입증해주시는 것이 적절한 일이었다.

시편기자의 관심사들은 시편을 따라 자연스럽고 매끄럽게 흘러간다. 1-2절은 그의 호소다. 하나님께 자신의 완전함과 충성 때문에 정당함을 입증해달라는 호소다. 그다음 3-5절은 그가 죄 있고 악의적인 사람들과 구별되는 것에서 어떻게 완전함이 나타났는지 보여준다. 한편 6-8절은 다른 예배 장소에 대한 적극적인 태도로 그의 완전함을 묘사한다. 마지막으로 9-11절은 진정한 의미의 간구를 형성한다. 정직한 사람이 악인과 같은 운명을 당하지 않게 해달라는 것이다. 12절은 별도의 한 부분으로 여길 수 있을 것이다. 하지만 그것이 간구의 끝에 있는 것도 아주 잘 어울린다. 그것은 성소에서 여호와를 찬송할 것이라 기대하는 확신을 표현하며, 그렇기 때문에 어느 정도 찬송에 대한 서원이 된다.[13]

---

[11] *Psalms 1-59*, 329.

[12] W. H. Bellinger, "Psalm 26," *VT* 43(1992):452-461을 보라.

[13] 정당함을 입증해달라는 시편기자의 기도와 악에서 분리되는 것 사이의 상호작용에 대한 좀더 상세한 논의로는 Paul G. Mosca, "Psalm 26: Poetic Structure and the Form-Critical Task," *CBQ* 47(1985):21-37을 보라.

석의적 분석

요약

죄 있고 악한 사람들과 구별되고 공개적인 순종의 마음으로 여호와를 예배하는 사람들은 여호와가 그들을 악인들의 운명에서 구별하실 것을 확신하며 기도한다.

개요

I. 정당함을 입증해달라는 호소: 시편기자는 자신의 완전함을 유지하기 때문에 여호와가 자신을 살피시고 정당함을 입증해달라고 간구한다(1-2절).
II. 결백함에 대한 항변: 시편기자는 자신이 죄 있고 악의 있는 사람들과 구별되며, 신실하고 기꺼이 여호와의 예배에 동화된다는 것을 보여줌으로 자신의 완전함을 단언한다(3-8절).
   A. 그는 하나님의 인자하심이 그에게 진리를 순종하게끔 했기 때문에 자신이 죄된 사람들 및 그들의 모임과 구별되었다고 단언한다(3-5절).
   B. 그는 자신의 무죄함과 여호와가 거하시는 곳에 대한 사랑을 단언한다. 거기에서 그는 여호와의 기이한 일을 선포할 것이다(6-8절).
III. 구원에 대한 호소: 시편기자는 여호와께 그를 죄 있는 사람들과의 공동 운명에서 건져달라고 간구하고, 구원받아 회중 가운데서 하나님을 송축할 것이라고 확신한다(9-12절).
   A. 그는 여호와께 자신을 죄인들과 함께 그들의 운명에 처하게 하지 마시고, 속량해달라고 간구한다(9-11절).
   B. 그는 구원받아 여호와를 찬양하리라는 확신을 표현한다(12절).

강해 형태의 주석

I. 심각한 반대에 직면했을 때 참으로 의로운 사람들은 하나님께 자신의 정당함을 입증해달라고 호소할 것이다(1-2절)

처음 두 구절은 이 시편의 주제를 소개하며 분위기를 설정한다. 이것은 의인의 정당함을 입증해달라는 절박한 호소다. 이 의인은 악의적인 원수들이 파멸시키려 열중하는 사람이다. 이 호소는 '나를 판단하소서'(vindicate me)라는 명령법으로 시작된다. 이 동사(שָׁפְטֵנִי)는 '판결을 내리다'라는 의미다. 판결은 석방을 위한 결정일 것이다. 그래서 이것은 '의롭다고 선언하다, 정당함을 입증하다, 혹은 공정하게 대하다'라고 번역할 수 있다(시 9:4의 같은 단어를 보라). '정당함을 입증하다'(vindicate)라는 번역은 무죄한 자를 위한 도움을 강조하며, 이 본문의 전후 문맥이 지닌 어조를 더 잘 표현한다. 이것은 시편들에서 하나님이 상황을 바로잡아달라는 의인의 흔한 기도이며, 정당함을 입증해달라는 호소에는 거짓 고소를 하는 악한 대적들에 대한 정죄가 필연적으로 포함된다.

그가 이 간청을 하는 두 가지 이유가 있다. 첫째, 자신이 완전하게 행한다는 것이다. '내가 행하다'(הָלַכְתִּי, 특징적 완료 혹은 현재 완료)는 그가 완전함으로 자신의 삶을 사는[תֹּם, 여기에서는 "나의 완전함"(תֻּמִּי), 시 7:8의 같은 단어를 보라] 방식을 나타내는 관용구다. 이 단어는 균형 잡히고 흠 없는 삶을 묘사할 뿐 아니라, 또한 적절한 동기를 지닌 삶을 묘사한다(왕상 9:4; 시 7:8, 25:21, 41:12, 78:72를 보라). 그러므로 시편기자는 자신의 삶이 생각과 행동에서 적절하다고 주장하는 것이다. 이 묘사는 시편기자가 죄 없는 삶을 산다는 의미가 아니다. 이것이 의미하는 것은 그가 죄로부터 자유하거나 죄에 대해 용서함을 받았다는 것이다. 이것이 사실일 때 그는 흠이 없다.

흠 없는 삶은 여호와에 대한 흔들리지 않는 신뢰의 결과다. 두 번째 콜론의 두 번째 동사인 '내가 확신을 가졌다' 혹은 '내가 의지한다'(בָּטַחְתִּי, 시 4:5의 같은 단어를 보라)는 '행하다'라는 동사와 마찬가지로, 특징적 완료(혹은 현재 완료)로 볼 수 있다. '내가 행하다'라는 동사가 '나의 완전함에'라는 말로 한정된 반면, 이 동사는 '흔들리지 아니하고'(부정적 동사가 절을 형성한다. '나는 흔들리지 않는다.' לֹא אֶמְעָד)라는 부사절로 한정된다. 이 동사에는 '미끄러지다, 미끄러지듯 움직이다, 비틀거리다'라는 의미가 있다(삼하 22:37; 시 18:36; 욥 12:5을 보라). 그래서 여호와를 의지하는 시편기자의 삶은 확고하여 흔들리지 않는다. 말하자면 발을 잘못 짚는 것도, 미끄러지는 것도 없다(이 동사는 또한 비유적이다. 걷는 것과 믿음으로 사는 것 간의 암시된 비교다).

믿음과 순종에 기초하여, 정당함을 입증해달라는 그의 호소는 하나님께 이제 자신을 시험하고 자신의 주장이 올바르다는 것을 보시라는 호소로 한층 강화된다. 첫 번째 명령법을 형성하는 동사 '나를 살피시고'(בְּחָנֵנִי, 시 139:23의 같은 단어를 보라)는 '입증하다, 시험하다, 시험해보다'라는 의미다. 그것은 자신의 주장들에 대한 어떤 경험적 시험을 해달라는 호소다(욥 12:11과 34:3, "입이 음식의 맛을 구별함같이 귀가 말을 분간하지 아니하느냐"를 보라). 두 번째 동사도 비슷한 강조점을 지닌다. "나를 시험하소서"(וְנַסֵּנִי).[14] 이 동사들은 비유적이다(인간이 시험하는 것과 암시된 비교를 하는 것). 하나님은 전능하시므로 무언가 발견하기 위해 살펴볼 필요가 없기 때문이다. 다윗은 여호와가 자신이 하나님께 충성한다는 것을 확증해주시

---

14 이 동사 נָסָה는 어떤 사람 혹은 어떤 것을 인정하기 위해 그것을 시험한다는 좋은 의미로 사용된다. 이것은 어떤 것을 시험적으로 사용해보는 것에 대해 사용할 수 있다. 다윗이 사울의 갑옷을 시험한 경우와 같다(삼상 17:39). 그것은 또한 하나님이 아브라함의 순종(창 22:1), 혹은 여호와의 명령을 따르는 이스라엘의 믿음(출 15:25), 혹은 바벨론 사절에 대한 히스기야의 마음(대하 32:31)을 시험하신 것 등에 대해서도 사용된다.
이것은 또한 나쁜 의미로도 사용된다. 광야에서 이스라엘이 반역한 경우 등이다. 거기에서 그들은 여호와를 신뢰하지 않음으로 그분을 시험했다(출 17:2).
이 모든 용법에는 해결해야 할 약간의 의문이 있다(이스라엘이 하나님을 시험한 것에서 그들의 의심은 불신에 해당한다). 여호와가 사람들을 시험하실 때, 보통 하나님은 시험받는 사람들 앞에 그분을 신뢰할 것을 요구하는 다양한 환경들을 합쳐놓으신다. 시편 26편에서 이 동사의 용법은, '살피다'라는 첫 번째 동사와 마찬가지로, 함정에 빠뜨리기 위해 시험하려는(왕상 10:1에서 스바 여왕이 솔로몬에게 그런 것처럼) 의도가 아닌, 승인하려는 의도를 가지고 있다. 시편기자는 자신이 완전하다는 주장의 정당함을 입증하기 위해 기꺼이 하나님의 면밀한 검사를 받는다.

기를 원한다. 여호와는 그에게 어떤 약점이든 알게 해주심으로 이 일을 하실 수 있을 것이다. 하나님은 그분의 말씀을 통해 이 일을 하실 수 있다. 다윗이 그 말씀을 묵상할 때 하나님은 변화될 필요가 있는 것을 드러내실 것이다. 여호와가 이 일을 하시는 또 한 가지 방법은 그의 삶이 어떠한 환경에 처하게 해서, 그 환경이 그의 신앙의 진정성을 보여줄 기회를 주시는 것이다.

여기에서 사용된 세 번째 동사(צָרְפָה)는 '정련하다, 제련하다, 시험하다'라는 의미다. 아마 이 문맥에서 가장 좋은 번역은 '깨끗하게 하다'(purify)일 것이다. 거기에는 시험하는 행동과 그것이 의도한 목적이 포함되기 때문이다.[15] 은을 정련할 때, 불순물은 제거되고 순은은 남아 있을 것이다(그래서 여기에는 또 하나의 암시된 비교가 나온다). 그렇다면 유추에 의해, 여호와는 그분의 백성을 시련이나 신앙을 시험할 상황에 두심으로 그들을 단련하신다. 그리고 그 과정에서 쓸모없거나 해로운 것은 제거되고 순수한 것, 즉 믿음의 삶만 남는다. 이런 맥락에서 시편기자는 그의 활동 배후에 있는 영적 성향들을 정결하게 하고자 한다. 대상은 "내 뜻과 양심"이다. '뜻'이라는 것은 문자적으로는 신장(kidneys)을 말한다. 고대 사람들은 무엇이 옳고 그른지 결정하는 양심의 활동으로 신장을 사용했으며, '양심'(heart)은 의지와 애정의 자리를 의미했다.

시편 139:23-24에도 "하나님이여 나를 살피사 내 마음을 아시며 나를 시험하사 내 뜻을 아옵소서 내게 무슨 악한 행위가 있나 보시고 나를 영원한 길로 인도하소서"라는 비슷한 기도가 나온다.

---

15 정련 과정은 귀금속을 깨끗하게 하기 위한 것이다. 예를 들어, 고대의 정련자는 납황화물 광석(은이 풍부한)을 금속 상태로 만들었다. 그다음에 녹은 금속 표면에 뜨거운 바람을 불어 납을 은과 분리시켰다. 납은 산화납으로 변했다. 산화납은 가루 상태에서는 바람에 날려갔다. 이 과정이 성경에서 여호와가 자기 백성이 시련을 통과하게 하심으로, 그들의 신앙을 연단하는 것에 대한 좋은 묘사(암시된 비교)로 입증되었다.

II. 정당함을 입증해달라고 기도하는 사람들은 자신의 완전함을 보일 수 있어야 한다(3-9절)

A. 하나님을 향한 충성은 악에서의 분리를 요구한다(3-5절)

이 시편의 가운데 부분은 무죄함에 대한 항변이다. 시편기자의 일반적인 주장들은 충분하지 않았다. 그는 자신이 어떻게 살았는지 상세히 말하기를 원했다. 그는 하나님께 호소하면서 자기 삶을 살펴보시라고 자신 있게 말했다. 그는 자신이 어떻게 살았는지 알기 때문이다.

1. 하나님을 향한 충성이 반드시 확증되어야 한다(3절)

시편기자는 먼저 그의 삶을 인도하는 원리들을 규정한다(3절). 한편으로, 여호와의 인자하심(시 23:6의 같은 단어를 보라)은 언제나 그의 앞에 있다. 이 절은 불변하고 영속적인 상태를 강조한다. 이는 그의 영구적인 마음 상태였음을 나타낸다. 그의 초점은 계속적으로 하나님의 신실하신 언약 사랑에 맞춰져 있다. 그는 하나님의 사랑을 언급함으로 이 사랑의 결과들, 이 사랑이 어떻게 하나님의 돌보심과 공급하심이 그에게 분명하게 나타났는가를 포함한다[그래서 '인자하심'(loyal love)은 원인의 환유다].

다른 한편 그는 자신의 일상생활이 하나님의 진리와 조화를 이루었다고 주장한다. '행하다'(여기에서 히트파엘 완료, הִתְהַלָּכְתִּי, '앞뒤로 행하다, 돌아다니다')라는 동사는 일반적인 행위와 행동, 삶의 특징적 유형과 일상적인 과정을 의미한다(이것은 관용구가 된 비교다). 그는 이 행동이 하나님의 진리와 조화를 이루었다고 주장한다. "주의 진리 중에 행하여"(בַּאֲמִתֶּךָ)라는 표현에서, 전치사는 표준 혹은 기준을 나타내며, 이 기준은 하나님의 진리다. '진리'(אֱמֶת)는 의지할만한 혹은 신뢰할 수 있는 것이다. 그리고 그것이 인류에게 계시된 하나님의 진리이기 때문에, 그것은 순종의 약속된 결과들 뿐 아니라 삶의 인도와 교훈을 제공한다(시 15:2의 같은 단어를 보라). 시편기자는 자기 삶의 기초를 하나님의 신실한 사랑과 진리에 두었다. 모든 생각과 모든 행동은 이 영적 지침들을 따른다.

2. 하나님을 향한 충성에는 악과 구별될 것이 요구된다 (4-5절)

이제 시편기자는 자신이 하지 않는 일을 열거한다. 그것은 본질적으로 하나님의 진리에 반대되는 모든 것이다. 첫째, 그는 죄인들과 관련을 맺지 않는다(4절). "나는 앉지 아니하였사오니"(יָשַׁבְתִּי, 특징적 완료 혹은 현재 완료)라는 말은 악인의 활동들에 참여하는 것을 비유적으로 나타낸 것이다(수식어의 환유). 이 주장은 시편 1:1에 나오는 복 있는 자의 기준을 생각나게 한다. 그는 악인들(문자적으로는 '거짓의 사람들' 혹은 '헛된 일', שָׁוְא, 시 127:1의 같은 단어를 보라), 즉 거짓 혹은 쓸모없는 활동들이 특징인 사람들과 분리되어 있다. 이와 유사한 것은 그가 또한 현혹하고 속이는 사람들, 문자적으로는 '자신을 숨기는 사람들'(נַעֲלָמִים, '숨기다'라는 עָלַם의 니팔형)을 피한다는 ("내가 동행하지도 아니하리이다", 진행 미완료 לֹא אָבוֹא) 이유로 그들은 스스로를 경건하고 선하다고 내세울지 모르지만, 그들은 자신들의 참된 본성을 숨기고 있을 뿐이다. 거짓과 위선은 영적인 사람들을 쫓아버린다.

이러한 단언들을 뒷받침하는 것은 결정들 배후에 있는 시편기자의 태도에 대한 증언이다. 그는 "내가 행악자의 집회를 미워하오니"라고 말한다. '미워하다'라는 동사는 혐오의 느낌을 지닌 결과를 포함한다. 즉 그는 그들의 모임을 혐오함으로 거부한다(시 139:21의 같은 단어를 보라). 그 이유는 명백하다. 그들이 행악자로서 다른 사람들에게 고통을 주기 때문이다(רָעַע에서 나온 מְרֵעִים, 시 10:15의 같은 단어를 보라). 다윗은 악과 그것을 꾀하는 자들에 대한 건전하고 적절한 반응을 표현한다. 그리고 이것은 진리를 따라 사는 사람에게 반드시 일어나는 결과다. 이것은 개인적으로 원수를 갚는 것이 아니다. 그는 독실한 신자로서 여호와를 멸시하고 거부하는 자들을 묵인할 수가 없다.

여기에 그는 자신이 악한 자(רָשָׁע, 시 1:1의 같은 단어를 보라)와 같이 앉지 않는다는 말을 덧붙인다. 악인들은 언약의 일부가 아니기 때문에 신자들처럼 의의 기준을 따르지 않는 불경한 사람들이다. 그런 사람들에게는 삶에서 안정감이 결여되어 있다. 마치 폭풍우 치는 바다에서 흔들리는 깃 같다(시 57:20). '나는 앉지 않는다'(אֵשֵׁב)라는 동사는 또한 진행형 미완료다. 즉 그들과 함께 하려하지 않는 것은 시편기자가 계속적으로 하는 일이다.

B. 여호와를 향한 충성은 성소에서 드리는 예배에서 온전히 표현된다(6-8절) 이제 우리는 여호와를 향한 시편기자의 충성의 긍정적 증거를 보게 된다. 그는 먼저 "내가 무죄함으로 손을 씻고"라고 말한다.[16] 손을 씻는 것은 원래 심각한 죄과에서 무죄함을 나타내든가, 어떤 활동에서의 분리를 나타내는 상징적 행동이었다(신 21:6; 마 27:24을 보라). 이것을 염두에 두고 이 표현은 무죄한 행동을 입증하는 것에 대해 비유적으로 사용되었다(욥 9:30; 시 73:13). 동사는 그의 결백에 대한 항변으로 현재 시제로 번역될 수 있다. 하지만 이 문맥에서는 여호와를 찬양하기 위해 성소에 들어가는 준비의 일부처럼 보인다. 어떤 경우든 그는 자신의 무죄를 단언한다(נִקָּיוֹן은 '죄에서 자유로운' 혹은 '죄가 없는'이라는 의미를 지닌다. 시 19:12의 같은 단어를 보라).

이 확고한 선언의 목적은 그다음 콜론에 표현되어 있다. 이 동사에 대한 접속사는 목적을 표현하는 데 기여한다. "손을 씻고 주의 제단에 두루 다니며"(아마 절기의 행진에서였을 것이다.[17] 참고. 시 42:4). 행악자들과 함께 참여하는 죄를 지었다면, 그는 예배에서 자유롭게 여호와의 단에 나아가지 못할 것이다. 하지만 그는 자신의 무죄함을 단언하며 자신이 단에 가까이 갈 수 있다고 말한다. 그리고 그가 거기 있는 목적은 여호와를 찬송하기 위함이었다(7절). 이 구절의 전반부와 후반부는 둘 다 이 목적을 표현하는 부정사를 사용한다. 첫 번째의 '듣게 하다'는 형태(통상적 형태인 לְהַשְׁמִיעַ에 대해 לַשְׁמִעַ)와 기능이 다소 색다르다. 이 동사 어간은 통상적으로 '(누군가가) 듣게끔 하다'라는 의미일 것이다. 하지면 여

---

16 이것이 그가 제사장임을 나타낸다는 주장은 별로 설득력이 없다. P. G. Mosca, "Psalm 26," *CBQ* 47(1985): 212-237을 보라.

17 Briggs는 이것이 그가 절기 행진에서 제사장들이 제사를 준비하는 동안 음악 및 노래와 함께 단 주위를 행진하는 것을 의미한다고 말한다. 그는 히브리인들 사이에서 이 의식이 행해졌다는 것을 의심할 이유는 없다고 덧붙인다. 이것에 대한 직접적인 증거는 근소하다(시 42:4, 118:27; 삼상 16:11, 30:16을 보라. Briggs, *Psalms*, p.233).

기에서 전치사구인 '찬송의 소리로'(개역개정은 '감사의 소리'라고 번역했다 – 역주)라는 말은 이 부정사를 완성시킨다. '찬송의 소리가 들려지게 만든다'는 것이다. '찬송'(תוֹדָה)은 화목제에 수반되는, 성소에서 공적으로 인정하는 것을 말한다(시 6:5의 같은 단어를 보라). '찬송의 소리'라는 표현은 그 소리가 선포하는 것이 찬송이라는 것을 의미한다(목적 소유격). 여호와와 함께 행하고 그분의 복을 누리는 사람들만이 성소에서 그러한 공적인 찬송을 드릴 것이며, 그렇기 때문에 이 의도는 자신이 완전하다는 그의 주장의 일부다.

두 번째 콜론은 '말하다'(לְסַפֵּר)라는 부정사를 사용하며, 이제 찬송의 내용을 구체적으로 말한다. '주의 기이한 일'(פֶלֶא에서 나온 נִפְלְאוֹתֶיךָ, 시 139:5의 같은 단어를 보라), 즉 여호와가 행하시는 놀랍고, 엄청나며, 초자연적인 일(시 139:14에 따르면 그것은 하나님이 하시는 모든 일이 될 것이다)이다. 그의 무죄함은 그에게 여호와를 예배하기 위해 성전 뜰에 들어가는 특권을 부여하며, 여호와를 향한 그의 충성은 자연히 그가 찬송을 하게 한다.

8절은 이 부분의 본질을 포착한다. 그는 악인들의 모임은 미워하지만 여호와의 성소는 사랑한다(אָהֵב에 대해서는 시 11:7의 같은 단어를 보라). 여기에서 성소는 이중적으로 묘사된다. 이것은 진짜 성소이며 영광스러운 거주 장소다. 첫 번째 단어(מָעוֹן)는 피난처를 의미하며, 여기에서는 하나님의 집을 명시한다. "주께서 계신 집"[the refuge(안전한 장소) of your house]이라는 것이다. 이 단어는 시편에서 피난처를 강조하기 위해 사용된다(시 71:3, 90:1, 91:9). 그리고 여기에서 그러한 함축을 지닌다. 여호와의 집을 보호의 장소–참된 성소–로 만드는 것이다. 두 번째 묘사는 그 장소의 중요성과 기이함을 강조한다. 즉 그곳은 "주의 영광이 머무는"(מִשְׁכַּן כְּבוֹדֶךָ) 장소다. 사람들은 여호와의 권능과 영광을 보기 위해 성소에 갈 것이다(시 63:2). 즉 그들 가운데서 그분의 임재를 확증하신 그분의 기이한 일을 목격하고 비교할 수 없는 전능하신 하나님이신 그분에 대한 확신을 새롭게 하기 위한 것이다. 신적 임재가 서기 서한다는 증거로 인해 그곳은 영광스러운 장소가 되었다. 하지만 그들은 또한 지성소에 여호와의 영광이 거한다는 것을 알았다('영광'에 대해서는 시 19:1의 같은 단어를 보라).

III. 신실한 자들은 그들이 악인과 같은 운명을 면하리라는 확신을 가지고 기도한다 (9-12절)

A. 그들은 악의 있고 악한 사람들에게서 분리되기 위해 기도한다(9-11절)
이 시편 첫 부분에 나오는 호소는 정당함을 입증해달라는 것이었다. 이제 간구 부분에서 우리는 이 시편기자의 말이 어떤 의미인지 본다. 그는 살면서 악과 행악자들을 피함으로써, 여호와를 향한 충성을 유지하려 애썼다. 그의 정당함은 여호와가 그를 그들과의 공동 운명에서 면하게 해주실 때 입증될 것이다. 여호와가 악인들을 심판하기 시작하실 때-그의 생전이든 종말의 때이든-그는 자신이 그들과 함께 심판받는 것을 원치 않는다. 그의 기도는 절박하다. "내 생명을 죄인과 함께 거두지 마소서"(אַל־תֶּאֱסֹף, 부정 지시법). 이들은 악의 없는 불신자들이 아니다. 대응되는 간구는 그들이 '살인자'(bloodthirsty men, אַנְשֵׁי דָמִים, '피의 사람들')임을 분명히 밝히기 때문이다. 그들은 피를 흘리는 것이 특징인 사람들이다. 그들에 대한 그의 묘사는 10절에서 두 개의 관계절과 함께 계속된다. "그들의 손에 사악함이 있고 그들의 오른손에 뇌물이 가득하오나"('손'은 원인의 환유다. 그들의 손에 두는 것, 그들이 하는 것을 나타낸다). '사악함'(זִמָּה)은 시편기자를 포함해서, 무죄한 사람들을 멸하려는 그들의 계획을 말한다(시 10:2의 같은 단어를 보라). '뇌물'(שֹׁחַד)에 대한 언급은 그들이 악한 계획들을 수행하기 위해 매수당하거나 어떤 식으로든 꾀임을 받을 수 있다는 것을 나타낸다.

시편기자는 자신이 완전함으로 행하기 때문에 "나를 속량하시고"(פְּדֵנִי, 시 25:22의 같은 단어를 보라), "내게 은혜를 베푸소서"(וְחָנֵּנִי, 시 4:1의 같은 단어를 보라)라고 자유롭게 기도할 수 있다. 이것은 하나님의 은혜로 그들에게서 구해달라는 기도다(여호와가 억압자들을 멸하고 계실 때 이스라엘을 애굽으로부터 구속하신 경우처럼). 하나님의 은혜로 그들에게서 자유케 되는 것은 현재에서나 미래에서나 의인의 정당함을 입증해줄 것이다.

B. 그들은 여호와를 찬송하리라고 확신한다(12절)

12절에서 시편기자는 자신의 완전함과 여호와를 찬송하겠다는 결심을 반복한다. 이 구절은 이 시편의 네 번째 부분으로, 찬송에 대한 서원을 하는 것으로 여겨질 수도 있다. 하지만 그것은 그가 이미 이 시편에서 말한 것과 대응을 이루므로, 그의 신실함과 예배에서 나타난 여호와에 대한 충성을 다시 진술한 것이다. 그는 자신의 신앙이 확고하다는 것을 나타내기 위해 자신의 발이 평탄한 데 섰다는 이미지를 사용한다(그의 발이 미끄러지는 것과는 반대로). "평탄한 데"(בְּמִישׁוֹר, 시 67:4의 같은 단어를 보라)는 옳은 혹은 공정한 곳이다. 그것은 하나님의 진리와 일관된 확고한 신앙을 묘사한다. 그것은 악인의 굽고 속이는 길들과 대조를 이룬다. 그리고 그는 완전하기 때문에 원수들은 그를 공격할 수 없다. 그러므로 그는 의인들의 모임에서 여호와를 찬송하겠다는 결심을 성취할 것이다. 하지만 이제 이 단어는 '내가 축복하리라'(אֲבָרֵךְ, 시 5:12의 같은 단어를 보라)이다. 그것은 찬양을 말하지만, 찬양으로 여호와를 풍성하게 해서 다른 사람들이 그분이 누구시고 무슨 일을 하셨는지 더 잘 인식하게 한다는 의미를 갖고 있다.

메시지와 적용

우리는 이 시편에서 하나님을 향한 자신들의 충성이 정당함을 입증해달라는 외인의 열렬한 기도를 본다. 이 기도는 여호와의 정의에 대한 호소다. 이것은 충성과 진실함의 단언들, 여호와가 더 면밀히 검토해보면 입증하실 수 있는 단언들에 의해 뒷받침되는 호소이기 때문이다. 시편기자는 주위의 악한 사람들에게 물들지 않았기 때문에, 여호와가 그를 악인들과의 공동 운명에서 구해주실 것이라는 확신으로 기도할 수 있다. 그가 자신의 영적 삶을 유지하는 길은 악인들의 모임을 싫어하고 여호와의 성소를 사랑하는 것이다. 이것은 모든 시대 신자들에게도 해당한다. 하나님께 충성되고, 악한 죄인들과 구별된 의인들은 여호와께 자신의 정당함을 입증해주고 악인들과 동일한 운명에서 속량해달라고 확신 있게 기도할 수 있을 것이다.

하나님의 모든 백성은 물론 기도할 수 있다. 하지만 의롭게 사는 사람들은 그들이 기도할 때 더 확신을 갖게 될 것이다. 골딩게이는 "이상적으로 기도하는 사람들은 도덕적 진실함과 종교적 헌신을 주장하고, 신앙이 없는 사람들과 반드시 관계를 끊을 수 있어야 한다"[18]라고 말하며 시편의 함축들을 강조한다. 야고보 역시 효과가 있는 것은 의로운 사람의 기도라고 말한다(약 5:16). 예수님은 자기 잘못 때문이 아니라 신앙 때문에 고난을 당하는 사람들은 복을 받는다고 말씀하셨다. "나로 말미암아 너희를 욕하고 박해하고 거짓으로 너희를 거슬러 모든 악한 말을 할 때에는 너희에게 복이 있나니"(마 5:11).

설사 사람들이 무죄함을 항변할 수 없다 해도, 그들은 여전히 여호와께 자신들을 악인들에게서 구원해달라고 기도할 수 있을 것이다. 그들은 하나님께 속해 있으며 그분이 악인들을 심판하실 때 그들을 구해주실 것이기 때문이다. 이 시편에서 이 말은 이생에서 심판이 이루어지게 해달라는 것이겠지만, 그것은 성도들의 정당함이 입증될 마지막 날에는 대단히 확실하게 적용된다. 심지어 하늘에서 단 아래 있는 영혼들도 이렇게 기도한다. "거룩하고 참되신 대 주재여 땅에 거하는 자들을 심판하여 우리 피를 갚아 주지 아니하시기를 어느 때까지 하시려 하나이까"(계 6:10). 순교자들 뿐 아니라, 모든 신실한 자는 그들이 악을 피하고 여호와께 충성한 것이 신원될 때를 고대하는데, 이러한 기대는 그리스도 안에 있는 하나님의 끊을 수 없는 사랑에 기초한다(롬 8:31-39). 그동안 시편 26편은 의인들이 이 타락한 세상에서 그들의 결백함을 유지하고, 여호와의 인

---

[18] Goldingay, *Psalms 1-41*, p.388.

자하심에 계속 주의를 기울이며, 그분의 기이한 행동을 찬양하면서 그분의 뜰에 들어가라는 것을 상기시킨다.

36 | 용감한 신뢰의 기도 노래(시편 27편)
A Prayer Song of Courageous Trust PSALM 27

서론

본문과 다양한 역본들

다윗의 시[1]

1 여호와는 나의 빛이요 나의 구원[2]이시니
  내가 누구를 두려워하리요
  여호와는 내 생명의 능력이시니
  내가 누구를 무서워하리요

2 악인들이 내 살을 먹으려고
  내게로 왔으나

---

1 헬라어 본문에는 또한 '그가 기름부음 받기 전에'($\pi\rho\grave{o}\ \tau o\hat{v}\ \chi\rho\iota\sigma\theta\hat{\eta}\nu\alpha\iota$)라는 말이 있다.
2 헬라어에는 '구원자'($\sigma\omega\tau\eta\rho$)라고 되어 있다.

나의 대적들, 나의 원수들[3]인
　　　그들은 실족하여[4] 넘어졌도다
3　군대가 나를 대적하여 진 칠지라도[5]
　　　내 마음이 두렵지 아니하며
　　　전쟁이 일어나 나를 치려 할지라도
　　　나는 여전히 태연하리로다
4　내가 여호와께 바라는 한 가지 일
　　　그것을 구하리니
　　　곧 내가 내 평생에[6]
　　　여호와의 집에 살면서
　　　여호와의 아름다움을 바라보며
　　　그의 성전에서 사모하는[7] 그것이라
5　여호와께서 환난 날에
　　　나를 그의[8] 초막 속에 비밀히 지키시고
　　　그의 장막 은밀한 곳에 나를 숨기시며
　　　높은 바위 위에 두시리로다

---

3 '그들은 나에게 (그랬다)'라는 용어법(pleonastic, 강조나 수사적 효과를 높이기 위해 불필요한 말을 덧붙이는 것 – 역주)이다.

4 헬라어에는 '약해졌다'($ἠσθένησαν$)라고 되어 있다.

5 '진'이라는 명사와 '진 치다'라는 동사는 말장난이다.

6 BHS 편집자들은 이것이 덧붙여졌으며, 시편 23:6을 말한다고 시사한다.

7 헬라어에는 '그의 성전에서 개관하다'($ἐπισκέπτεσθαι$)라고 되어 있다. Goldingay는 드물게 나오는 이 히브리어 단어가 여기에서 '요청하다'라는 독특한 의미를 지녔다고 말한다(*Psalms 1–41*, p.390).

8 케레에서 나온 대명사적 접미사 '그의'이다. 이 대명사가 여기에 덧붙여지지 않았다면 이것은 그다음 행들에서 암시되어 있을 것이다. 헬라어에는 '장막 안에'라는 말이 있다.

6 이제 내 머리가 나를 둘러싼[9]

　내 원수 위에 들리리니[10]

　내가 그의 장막에서

　즐거운 제사를 드리겠고

　노래하며 여호와를 찬송하리로다

7 여호와여 내가 소리 내어 부르짖을 때에 들으시고

　또한 나를 긍휼히 여기사 응답하소서

8 너희는 내 얼굴을 찾으라[11] 하실 때에 내가 마음으로 주께 말하되

　여호와여 내가 주의 얼굴을 찾으리이다 하였나이다

9 주의 얼굴을 내게서 숨기지 마시고

　주의 종을 노하여 버리지 마소서

　주는 나의 도움이 되셨나이다[12]

　나의 구원의[13] 하나님이시여

　나를 버리지 마시고 떠나지 마소서

10 내 부모는 나를 버렸으나

　여호와는 나를 영접하시리이다

---

9 MT에는 סְבִיבוֹתַי라고 되어 있다. 헬라어는 그것을 '내가 돌아다녔다'(ἐκύκλωσα, 이것은 הְסִבֹּתִי를 나타낼 것이다)라고 번역한다.

10 MT에는 '내 머리를 높이 들어 올릴 것이다'라고 되어 있다. 헬라어와 다른 몇 역본에는 마치 그 형태가 히필인 것처럼 '그가 내 머리를 높이 들어 올릴 것이다'라고 되어 있다.

11 MT는 בַּקְּשׁוּ פָנָי, 복수 동사로 되어 있다. '내 얼굴을 찾으라.' 대부분의 사람들은 이 단어들을 단수 단어와 다른 접미사로 바꿔야 한다고 주장한다. בַּקְּשׁוּ פָנָיו, '그의 얼굴을 찾으라'라는 것이다. MT를 그대로 사용한다면, 이것은 여호와의 명령이 인용되고 있음을 의미해야 한다는 의미일 것이다. Kraus는 이렇게 말한다. "내 마음은 '내 얼굴을 찾으라'라는 (당신의 명령을) 높이 올립니다"(*Psalms 1–59*, p.331). 헬라어에는 '내 얼굴을 찾았다'(my face sought, ἐζήτησεν)라고 되어 있으며, B에는 "나는 당신의 얼굴을 찾았습니다"라고 되어 있다.

12 헬라어로는 '나를 돕는 자가 되소서.'

13 헬라어에는 '구원자'라고 되어 있다.

11 여호와여 주의 도를 내게 가르치시고

　　내 원수를 생각하셔서

　　평탄한 길로 나를 인도하소서

12 내 생명을 내 대적에게 맡기지 마소서

　　위증자와 악을 토하는 자가[14]

　　일어나 나를 치려 함이니이다

13 내가 산 자들의 땅에서

　　여호와의 선하심을 보게 될 줄[15]

　　확실히 믿었도다[16]

14 너는 여호와를 기다릴지어다

　　강하고 담대하며[17]

　　여호와를 기다릴지어다

---

[14] MT에는 וִיפֵחַ, 곧 형용사 יָפֵחַ의 구문이 나와 있다. 이것은 폭력을 '토해내다' 혹은 좀 더 생생하게는 '코로 씩씩거리다'와 같은 의미다. 어떤 사람들은 이 형태에 대해 다른 어근, 아마도 פִּיחַ, וַיְפִיחוּ '그리고 그들이 (불의를) 일으켰다'를 제시한다. 하지만 이것은 불필요하다. MT에 있는 그대로가 뜻이 통하기 때문이다. 헬라어 본문에는 καὶ ἐψεύσατο, '그리고 (불의가) 스스로 거짓말하다'라고 되어 있다.

[15] 본문에서 이 형태는 부정사 구문 לִרְאוֹת, '보다'이다. 이것은 아마 그가 무엇을 믿는가 하는 질문에 대답하면서, 그가 볼 것이라는 동사의 직접 목적어 역할을 할 것이다.

[16] 이 줄은 לוּלֵא הֶאֱמַנְתִּי로 시작한다. 분사 לוּ는 조건절의 도입부가 된다. "…않다면 그렇다면"이라는 것이다. 하지만 여기에서는 귀결절이 빠져 있다(돈절법, 신 32:29의 비슷한 구문을 보라). 그다음에 나오는 동사는 완료 시제로, '나는 믿는다'라는 것이다. 그래서 이 문장은 그 믿음의 확실함을 상소한다. Jeffrey Niehaus, "The Use of lûlē in Psalm 27," JBL 98 (1979):88–89를 보라. 이것은 헬라어, Aquila, Symmachus, 수리아 역본에는 나오지 않는다.

[17] 이 행에 나오는 두 동사 חֲזַק와 אָמֵץ는 동의어로, 번역하기 좀 까다롭다. 첫 번째 동사는 명령법으로, '강하라, 확고하라'(חֲזַק)라는 것이고, 두 번째는 히필 명령법으로 '그/그것이 강하게 되기를'(וְיַאֲמֵץ)이다. 이것은 '(여호와가) 너의 마음을 강하게 하시기를' 혹은 '너의 마음이 담대하기를'이 될 것이다. NIV는 그것을 매끄럽게 하여 '강하고 힘을 내기를'이라고 번역한다. 헬라어 본문에는 '용기를 갖고 너의 마음이 강해지게 하라'라고 되어 있다.

구성과 전후 문맥

이 시편과 관련한 주요 쟁점은 이것이 별개의 두 시편인가 아닌가 하는 것이다. 예전의 비판적 견해는 첫 번째 부분은 개별적인 신뢰의 노래이고(1-6절), 두 번째 부분은 개별적인 탄식시라는 것이다(7-14절).[18] 한 가지 문제는 특이하게도 순서상 탄식이 나오기 전에 신뢰가 나온다는 것이다.[19] 두 번째 부분의 분위기와 어조가 달라지는 것과 함께 이것을 설명하려다 보니, 많은 사람은 그냥 두 개의 시편이라고 편하게 가정하게 되었다.

모든 사람이 두 개의 서로 분리된 시편이 합쳐진 것이라고 확신하는 것은 아니다. 강해에서 보겠지만, 양쪽 부분에 다 나오는 용어가 많기 때문이다.[20] 그리고 구성에 관한 한 모빙켈은 이 시편이 의도적으로 긴 찬송적 서론으로 구성되어 있었다고 주장한다.[21] 경배의 찬송이 서론으로 나오는 탄식시는 유사한 예가 없지 않다. 탄식시는 통상 하나님께 대한 서론적 부르짖음으로 시작하며, 서론적 부르짖음은 쉽게 찬양의 송영으로 확장될 수 있다(예를 들어, 시 9, 41, 44, 62편의 시작 부분을 보라. 또한 찬양 부분이 나오고 그다음에 탄식 부분이 나오는 시 40편을 보라). 그래서 시편 27편이 합쳐진 방식 때문에 반드시 두 개의 서로 분리된 작품들을 모아놓은 것이라고 설명해야 하는 것은 아니다.

거의 모든 사람이 시편 27편이 탄식시라는 것에는 동의한다.[22] 하지만 이것은 상세한 찬미의 서론이 있는 탄식시다. 이런 구조에 더하여 우리는 여기에서 발견되는 표현들과 개념들이 탄식시에 맞는다는 것을 주목할 수 있다. 시편

---

18 예를 들어, Bernard Anderson, *Out of Depths*, pp.169-171을 보라. 이 두 부분 간의 차이 때문에 Kirkpatrick은 이것이 한 저자에 의해 쓰였다면, 서로 다른 시기에 서로 다른 환경에서 쓰였다고 결론을 내린다.

19 A. A. Anderson, *Psalm 1-71*, p.219.

20 Broyles, *Psalms*, p.142. 또한 A. H. VanZyl, "The Unity of Psalm 27, in *De Fructu Oris Sui*(Fs. for A. Van Selms), ed. by I. H. Eybers et al(Leiden: E. J. Brill, 1971), p.233-251.

21 *The Psalms in Israel's Worship*, I:95.

22 Kraus는 이 시편이 탄식시의 범주에 충분히 맞는다고 생각하지 않는다. 그래서 그는 이것을 핍박받고 고발받은 사람의 기도 노래라고 부른다(*Psalms 1-59*, p.332).

31편과 비교해보면 알 수 있다(예를 들어 27:1과 31:5, 13절; 27:13과 31:20, 27:5과 37:21, 27:14과 31:25 사이에 비슷한 점들이 있다).

이 시편을 탄식시로 분류하면 그다음에는 어떤 경우에 쓰였는가 하는 문제로 넘어간다. 이 점은 더 불확실하다. 어떤 사람은 이것이 제왕적 예식의 일부라고 주장했다. 왕의 대관식 기념일을 축하하는 자리라는 것이다. 크레이기는 이 시편이 하나의 시라는 것을 받아들이며, 이것이 제왕적 예식을 배경으로 한다고 본다. 왕이 그의 신앙을 공개적으로 선포하고(1-6절), 제사를 드리며(6절이 암시하듯이), 그다음에 기도를 드리고(7-13절), 제사장에게 신탁의 말씀을 받는다는(14절) 것이다. 이 시편은 제왕적 시편 모음집의 일부로 쓰였을 수는 있다. 하지만 어떤 경우에 사용되었는지 밝히기에는 증거가 충분하지 않다. 이 시편에 나오는 표현들은 탄식시를 형성한 개인적 위기에 더 적합하다. 이것을 다윗의 생애의 특정한 위기에 끼워 맞추려는 것은 설득력이 없다. 다윗이 저자가 아니라고 설득력 있게 주장할만한 이유도 없지만 말이다.

이 시편은 시편기자의 확신에 대한 강한 진술로 시작된다(1-3절), 그다음에 성소에 있고자 하는 마음에 대한 표현이 나온다(4-6절). 두 번째 부분은 여호와의 보호(7-10절)와 올바른 길로 인도하는 것(11-12절)에 대한 간구를 기록한다. 이 시편은 시편기자의 확신에 대한 강한 진술로 끝난다(13절). 마지막 구절은 여호와를 기다리라는 권고다(14절). 끝에 나오는 이 권고는 이 시편에 표현된 필요와 확신을 고려하여 제의적 권고로 추가되었을 수도 있다.

석의적 분석

요약

시편기자는 그의 생명을 위협하는 수많은 원수들에도 여호와에 대한 큰 확신을 표현하면서 궁핍할 때 도움과 위로를 위해 기도하고, 여호와를 기다리는 소망 안에서 기뻐한다.

개요

I. 여호와는 그에게 과거에 승리를 주셨으므로, 다윗은 수많은 원수들에도 불구하고 여호와에 대한 그의 확신을 단언하고 그다음에 여호와의 집에서 안전과 경축을 발견하고자 하는 마음을 표현한다(1-6절).

    A. 그는 여호와가 과거에 그랬듯이 그를 보호하실 것이고, 그에게 승리를 주실 것이기 때문에 두려워하지 않는다고 말한다(1-3절).

    B. 그는 안전한 장소이며 찬양으로 경축할 수 있는 성소 안에 거하고자 하는 간절한 마음을 표현한다(4-6절).

II. 다윗은 여호와의 축복을 확신하기 때문에, 여호와를 기다리라는 권면을 받으며 힘들 때 도움과 인도를 구하는 기도를 한다(7-14절).

    A. 그는 여호와께 자신을 버리지 말아달라고 간구한다. 그는 도움이 필요한 그분의 종이기 때문이다(7-10절).

    B. 그는 여호와께 그의 원수 때문에 갈 길을 가르쳐달라고, 그에게 폭력을 행사하는 거짓 증인들에게서 구원해달라고 간구한다(11-12절).

    C. 그는 자신이 여호와께 복을 받을 것이라는 확신을 표현한다(13절).

    D. 그는 참을성 있게 여호와를 기다리라는 권면을 받는다(14절).

강해 형태의 주석

I. 여호와를 신뢰하고 그분의 임재를 고대하는 사람들은 생명의 위협을 받는 상황 한가운데서도 확신을 발견한다(1-6절)

A. 여호와의 보호하심에 대한 확신은 여호와가 하신 일에 기초한다(1-3절)

이 시편은 여호와에 대한 인상적인 표현들로 시작한다. 이것은 '빛'과 '구원'이라는 두 개의 비유를 사용한다. '빛'이라는 비유는 삶의 기쁨, 거룩함의 완전함, 진리의 길에 대한 조명 등을 나타낸다. 빛은 어둠을 쫓아내며, 어둠은 악, 혼란, 침울함, 절망 – 종종 전쟁으로 인한 – 을 쫓아낸다(사 8:20-9:2을 보라). 같은 비유가 미가서 7:8-9에서 여호와가 그의 백성에게 빛, 곧 즐거운 승리를 가져다주실 때 어떻게 원수들이 수치를 당할 것인지 묘사하는 맥락에서 사용된다. 여기에서 쓰인 두 번째 비유는 그렇기 때문에 빛이라는 이미지에서 나오는 것이다. 곧 그것은 여호와는 그의 구원이라는 것으로(결과의 환유), 여호와가 그에게 승리 혹은 해방을 가져다주신다는 것이다('구원'이라는 말에 대해서는 시 3:2의 같은 단어를 보라). 그다음에 첫 번째 구절의 두 번째 줄은 여호와를 안전과 보호의 장소와 비교하면서 '능력'(stronghold, מָעוֹז)이라는 말을 사용한다. 여호와가 시편기자의 생명을 안전하게 보호한다는 것이다. 이 모든 것이 사실이므로, 시편기자는(혹은 우리는) 두려워할 필요가 없다. 수사학적 질문들이 주장하는 바와 같다('두려워하다'에 대해서는 시 2:11의 같은 단어를 보라).

시편기자는 과거의 경험들에 기초하여 그러한 단언을 한다. 여호와는 자신이 빛이고 구원이며 능력이라는 것을 일관되게 보여주셨다.[23] 2절은 "(악인들이) 내게로 왔을 때"(קָרַב의 부정사를 사용해서)라는 시제절로 시작된다. 이렇게 가까이 오는 것은 적대적인 것이었다['나를 상대하여'(עָלַי)라는 전치사를 NIV는 '악인들이 나를 향하여 전진했을 때'라고 번역했다]. 그들의 목적은 그의 살을 '먹는' 것이었다. 이것은 분명 그들이 그를 절멸시키고자 한다는 것을 단언하는 비유(육식 동물과의 암시된 비교)다. 이 사람들을 '악인들'(evil-doers, מְרֵעִים, 시 10:15의 같은 단어를 보라)이라고 묘사하는 것은 그들의 행동이 고통과 멸망을 유발했음을 나타낸다. 이것은 그의 "대적들, 원수들"의 본성이었다. 하지만 그들은 그의 앞에서 실족하여 넘어졌다(아바 9절에서 언급된 것으로, 여호와가 그의 노움이 되셨다는 말일 것이다. 렘 46:6, 16절; 사 3:8, 31:3에 나오는 이 동사들의 용례를 보라).

---

23 어떤 주석가들은 이 구절이 미래에 대한 확신의 연장이라고 보며 완료 시제들을 예언적 완료로 취급한다. 하지만 미래로 바뀌는 것은 2절과 3절 사이에서 이루어지며, 3절은 가설적 미래를 내다본다.

이 때문에 시편기자는 여호와에 대한 흔들리지 않는 믿음을 반복해서 말한다. 3절은 가설적인 미래의 상황을 설정한다(אִם가 시작부를 이루는). 한순간에 현실이 될 수 있는 상황들이다. 이 표현들은 전쟁에 관한 것이다. 그를 대적하여 "군대가 진 칠지라도", 그는 두려워하지 않을 것이다(1절을 보라). 그리고 그를 대적하여 "전쟁이 일어날지라도", 심지어 그때에도 그는 태연할(confident) 것이다(문자적으로는 '이것을 나는 신뢰한다'). '군대가 진을 치다'라는 단어는 진 안에 전사들이 있는 것을 말한다(수식어의 환유).[24] 어떤 경우든 시편기자는 두려워하지 않고 확신을 가질 것이다.

B. 확신은 여호와의 성소에 있음으로써 강화된다(4-6절)

4-6절에서 우리는 시편기자가 영광스러운 여호와를 보고 예배 가운데 안전과 경축을 발견할 성소에서 머물고자 하는 것을 보게 된다. 그는 먼저 여호와께 한 가지를 구했다고 말한다. 그것은 한마음으로 바라는 것이다. '구하다'(have asked)라는 동사(שָׁאַלְתִּי, 현재 완료)에는 과거와 현재가 포함되어 있다. 그다음 동사(אֲבַקֵּשׁ, 미완료)는 미래를 내다본다. '사모하다'(I shall seek)라는 것이다.[25] 그래서 그가 추구하는 바는 지금까지도 성소에 사는 것이었으며, 앞으로도 계속 그럴 것이다. 이것은 이 구절 후반부에 나오는 일련의 부정사절들에 의해 명료해진다. 첫 번째는 내 평생에 여호와의 집에 '살다'(나의 사는 것', שִׁבְתִּי)이다.[26] 이 부정사는 동사의 목적어 역할을 한다. 즉 그것이 그가 구하는 것이다. 성소에 산

---

24 시편기자가 군대에 둘러싸여 있거나 혹은 전쟁으로 공격을 받는다는 사실은 그가 일반적인 개인이 아니라는 것을 나타낸다. 이것은 왕족 혹은 적어도 군사 지도자들에게 일어나는 일이다.

25 두 동사 모두 현재 시제로 번역되어 있다. 여호와의 집에 살고자 하는 그의 현재의 바람을 강조하기 위해서다.

26 Kraus는 이 절이 구문론적으로 그리고 내용의 견지에서 이 문맥에 잘 맞지 않는다고 말한다(*Psalms 1-59*, p.334). 이 행은 시편 23:6과 매우 비슷해서 본문 편집자들은 이것이 시편 27편에 추가되었다고 주장한다. 하지만 입증할 만한 증거는 없다. 더구나 이 구절을 시편 23:6의 여러 독법의 출처로 본다면, 이것은 원래 거기 있는 것이어야 할 것이다.

다는 것은 예배 활동들에 참여한다는 의미이다.[27] 그리고 성소의 예배에 참여한다는 것은 하나님의 언약 규정들을 간직한다는 의미일 것이다(시 61편).

이렇게 성소에 살고자 하는 바람은 그다음에 나오는 두 개의 부정사절에 의해 설명된다. 먼저 여호와의 아름다움을 '바라보다'(응시하다, חזה에서 나온 것)이다. 이 개념은 사람들이 그들의 아름다운 신상들을 응시하는 이교 문화와 대조를 이룰 것이다. 하지만 이스라엘에서 그들은 실제로 하나님이나 혹은 그분을 나타내는 신상을 보지는 않았다. 오히려 그들은 하나님의 기이한 일에서 그분의 은혜로우심을 인식한다.[28] 시편기자는 여호와의 '아름다움'(נֹעַם)을 보기 원했다. 이 단어는 시편 90:17에서 손으로 한 일을 견고하게 하는 것과 함께 사용된다. 이 시편에서 그것은 하나님의 인자하심, 기쁨, 영광스러운 행동에 대한 간구의 순서로 나온다. 시편 27편에서 여호와의 아름다움을 보기 원하는 것은 하나님이 그의 백성을 위해 하시는 일들을 보고자 하는 바람일 것이다(부가사의 환유). 그리고 이 일들은 근본적으로 기도에 대한 응답이 될 것이다.[29] 이와 함께 '보다'('응시하다')라는 부정사도 비유적이다. 이것은 하나님의 기이하심에 주의를 집중한다는 의미다. 성소에서 하나님의 놀라운 일에 대해 들을 때 이런 일이 일어날 것이다(시 63:2에서 하나님의 권능과 영광을 보는 것으로 표현되었다).

마지막 부정사 '사모하다'(to seek 혹은 inquire, וּלְבַקֵּר)는 인도를 위해 여호와의 뜻을 구하는 것을 말한다.[30] 성전에서 하나님 임재 속에 구할 때, 응답에 대한 더 큰 확신을 가질 수 있다. 성소에서 그는 찬송을 듣고 하나님의 언약 축복과 약속들을 상기하게 될 것이기 때문이다. 그는 어디에서든 이런 것들을 떠올릴

---

[27] Perowne, *Psalms*, I:267-268.
[28] A. A. Anderson, *Psalms 1-72*, p.222.
[29] J. D. Levenson, "A Technical Meaning for n'm in the Hebrew Bible," *VT* 35(1085):61-67을 보라.
[30] Kraus는 이것이 그가 성전에서 구원의 표시를 갈망한다는 의미일 것이라고 말한다(*Psalms 1-59*, p.334). Mowinckel은 징조들을 구하는 것이라는 보다 인상적인 해석을 제시한다. 제사에서 표적들을 해석하는 것처럼 말이다(*The Psalms in Israel's Worship*, II:54).

수 있다. 하지만 성소에서는 이러한 축복들에 대한 구름 같은 증인들, 그리고 적절한 제사들 및 하나님이 그를 받으셨다고 안심시키는 말로 그의 구하는 바를 도울 제사장들이 그를 둘러싸고 있을 것이다.

5절은 이처럼 여호와의 임재 안에 있고자 하는 마음에 대한 설명을 제공한다. 그것이 피난과 안전의 장소라는 것이다. 같은 뜻을 가진 동사들인 '그가 숨기실 것이다'(צפן와 סתר)는 그가 성소에서 받게 될 보호에 대한 시편기자의 확신을 표현한다.[31] 여호와는 그를 '초막'(shelter)과 '장막 은밀한 곳'에 숨기실 것이다. 두 장소 모두 일반적인 성소를 말한다. 시편기자는 여호와의 임재 안에서 백성들의 삶에 나타난 하나님의 권능에 대한 선포를 듣고 제사장들로부터 하나님께 받아들여졌다는 안심의 말을 받으면서, 하나님이 안전함과 보호를 제공하시는 것을 더 인식하게 될 것이다. 안전하다는 느낌은 마치 요새와 같은 높은 바위 위에 놓이는 것과 같을 것이다(암시된 비교, 시 18:1-2을 보라).

이 첫 번째 부분의 결론적 구절은 여호와의 집에 있는 것에 대해 추가로 바라는 유익을 덧붙인다. 그것은 찬송을 드릴 수 있다는 것이다. 6절은 "이제"(ועתה)라는 말로 시작하는데, 이것은 왕이 그의 제사를 드리는 제의적 순간이 곧 있을 것임을 알리는 말로 볼 수 있다.[32] 만일 그렇다면, 우리는 시편기자가 자신의 기도가 응답되었다는 어떤 표시들, 아마 '구원의 신탁'[33]을 받았음이 분명하다는 결론을 내릴 수 있다. 기도가 응답되었을 것 같지는 않다. 이 간구는 이 시편 후반부에도 나오기 때문이다. '이제'라는 말은 지금까지 말한 것에 대한 실제적 결론을 시작하는 말일 것이다. 그가 말한 모든 것에 기초해서(여호와와 그분이 자기 백성을 위해 하신 것에 대한 상세한 찬양), 시편기자는 이 경우에도 역시 승리를 예상한다[그래서 NIV에는 '그렇다면'(then)이라고 되어 있다]. 승리의 이미지는 그를 둘러싼

---

31 시편기자는 실제 성소에 있는 단의 뿔을 가리킬 수도 있다(왕상 2:29). 아니면 이 표현들은 그런 개념들에 근거한 관용구가 되었을 수도 있다.

32 Craigie, *Psalms*, p.233.

33 Clause Westermann, *The Praise of God in the Psalms*, p.70.

모든 원수 위에 그의 머리가 높이 있거나, 혹은 들린 것이다(머리를 든다는 이미지에 대해서는 시 3:4을 보라). 그는 승리를 예상하기 때문에, 찬양의 제사를 드리기로 결심한다. 이 행은 청유법인 "내가 제사를 드리겠고"(אֶזְבְּחָה)라는 말과, 그 결심을 강화하기 위해 같은 어원에서 나온 직접 목적격인 "제사"(זִבְחֵי)라는 말을 사용한다. 예상했던 말인 '찬양의'(תּוֹדָה) 제사 대신, '즐거운'(shouts of joy, תְּרוּעָה) 제사라고 말한다. 그는 찬송을 '외침'(shout)이라는 말로 대신하면서, 열광적이고, 큰 소리로 찬양드릴 것이 분명하다고 강조한다. 그의 환호의 외침에는 또한 노래하는 것과 찬송하는(make music) 것이 수반된다(결심의 청유법이 두 개 더 있다). 그의 찬송은 크게 경축하는 것이 될 것이다(참고. 시 69:3).

II. 여호와를 의지하고 인내하며 기다리는 사람은 그분의 보호와 인도를 위해 확신을 갖고 기도할 것이다(7-14절)

A. 이것은 여호와의 계속적인 임재를 위한 기도다(7-10절)

이 시편의 두 번째 부분이 그가 부를 때에 그의 목소리를 '들으시고' '긍휼히 여기'(시 4:1의 같은 단어를 보라)시며 '응답하'시라는 하나님을 향한 일반적 간구로 시작한다. 이 표현들은 탄식 시편의 서론적 부르짖음과 간구에서 자주 발견된다. 이 구절에서 대구법은 '듣다'가 '응답하다'라는 의미임을 분명히 밝힌다(또한 시 34:7, 18절을 보라).

8절은 어려운 구절이다. 이것은 "내가 마음으로 주께 말하되"(לְךָ אָמַר לִבִּי)라는 매우 분명한 말로 시작한다. 하지만 이 구절 나머지 부분들은 좀 더 불확실하다. "너희는 내 얼굴을 찾으라"라는 말은 MT(בַּקְּשׁוּ פָנָי)의 번역이며, 그다음에는 "여호와여 내가 주의 얼굴을 찾으리이다"(אֶת־פָּנֶיךָ יְהוָה אֲבַקֵּשׁ)라는 말이 나온다. 어떤 주석가들은 본문을 있는 그대로 보아서, 그것을 "당신께, 내 영혼이 말하되(명령에 속한다), 내 얼굴을 찾으라"라고 번역한다. 페로운은 "내 얼굴을 찾으라"는 말은 하나님의 말씀이라고 설명한다. 시편기자는 이 말을 취하여 하나님 앞에 놓는다. 자신의 호소가 좀 더 거부할 수 없는 것이 되도록 하기 위해서다. 그것은 마치, "주께서 '내 얼굴을 찾으라'라고 말씀하셨지요. 제 마음은 그것을 받아들여 '내가 주의 얼굴을 찾으리이다'라고 반응합니다"라고 말하는 것과도 같다.[34] 다른 사람들은 이 명령어를 단수 형태로 바꾸고 '얼굴'에 붙은 접미사를 삼인칭으로 바꾸어 '그의 얼굴을 찾으라'(בַּקֵּשׁ פָּנָיו, NIV를 보라)라고 만든다. 이것은 그의 마음이 그의 얼굴을 찾으라고 권면하고 있었다는 의미일 것이다. 결과적인 의미는 크게 차이가 없다. 본문을 바꿀 정도는 아니다. 다른 제안들은 보다 광범위하다. 크레이기는 문제가 '얼굴'과 '찾다'라는 말의 반복에서 생긴 것이라고 말한다. 그는 그것을 단순화해서 헬라어 역본처럼 '내가 당신의 얼굴을 찾았나이다'라고 읽는다.[35]

여호와의 얼굴을 찾고자 하는 시편기자의 결심은 여호와의 기쁨을 보고자 하는 그의 마음과 조화를 이룬다. 여호와의 얼굴을 찾는다는 것은 그분의 은혜를 위해 기도한다는 의미다. 시편 105:4은 여호와의 강력한 임재를 의지하는 것과 함께 그것을 사용한다. 마찬가지로, 빛나는 얼굴은 여호와의 은혜로운 간섭을 나타낸다(시 31:16; 민 6:25). 이 표현은 시편기자가 여호와의 은혜로운 간섭을 고대하고 있었음을 의미한다. 이것은 여호와의 임재가 그분의 은총과 보호를 강조하는 이 시편 전반부와 잘 어우러진다.

이 반복은 9절에서 네 개의 부정적 요청들과 함께 간결하게 설명되어 있다(אַל를 네 번 사용한 다음에 지시법들이 나온다). 먼저 "주의 얼굴을 내게서 숨기지 마시고"로, 이것은 여호와의 얼굴을 찾겠다는 결심을 기록하는 8절에서 자연스럽게 나온다. 얼굴을 숨기는 것(신인동형론)은 은총과 축복을 거절하는 것을 의미한다(시 22:24, 143:7). 그리고 그 결과는 두려울 것이다(시 30:7). 처음의 이러한 요청은 그다음 세 개의 요청들로 명확하게 설명된다. 먼저 "주의 종을 노하여

---

[34] *Psalms*, I:269. 또한 Kraus, *Psalms 1–59*, p.331을 보라.

[35] Craigie, *Psalms*, p.232.

버리지 마소서"로써 자신의 기도를 노함으로 거부하지 말라는 의미다. 이 호소의 기초는 하나님이 지금까지 그의 도움이 되셨다는 것(현재 완료)이다. 그다음 두 개의 요청은 하나님께 자신을 버리지 마시고 떠나지 마시라는 요청이다. 그분은 그의 구원의 하나님이시기 때문이다. 여호와가 그를 떠나신다면 이제 그는 혼자일 것이다. 그리고 이것은 분명 멸망을 의미한다(시 44:9 하와 78:60과 비교해보라). 즉 빛도 없을 것이며, 요새(개역개정은 '능력'으로 번역했다 - 역주)와 같은 보호도 없을 것이다. 버리지 말라는 호소는 실제로는 간섭하사 그를 구원해달라는 호소다.

떠나지 마시라는 이 호소의 이유는 10절에 나와 있다. 부모는 어떤 식으로든 그를 버렸다는 것이다.[36] 이것은 우리가 생각하듯 부모가 그를 버렸다는 의미는 아닐 것이다. 이것은 그가 버림받은 아이처럼 친구도 없고 의지까지 없다는 것을 나타내는 속담투의 표현일 수도 있다.[37] 하지만 이것은 그들의 죽음을 의미할 수도 있다.[38] 만일 그렇다면, 시편기자는 조언이나 지지를 받기 위해 의지할 사람이 아무도 없다고 느꼈을 것이다. 그래서 그는 여호와께 더욱 절박하게 호소한다. 그는 여호와께 나는 이미 혼자이니 나를 버리지 마시라고 말한다. 그다음에 여호와가 그를 똑바로 일어서게 하시리라는 믿음을 갑자기 단언하며 끝난다[이 절은 '하지만 여호와는'이라는 강력한 이접적 접속사(but, yet 등의-역주)로 시작된다]. 그는 여호와가 그를 돌보실 것이라고 재빨리 주장한다(אסף은 그저 '모으다'라기보다는 '보호하다, 돌보다'라는 의미다. 예를 들어, 이런 뉘앙스는 다윗이 밧세바를 그의 아내로 돌보기 위해 왕궁으로 데려왔다고 말하는 삼하 11:27에서 뒷받침할 수 있다).

---

36 이 절은 원인절, '왜냐하면'이다. 이것을 양보절로, '…했지만'이라고 보아서(NIV를 보라), 가설적인 것으로 만들 수도 있을 것이다.

37 Kirkpatrick, *Psalms*, p.143.

38 Shalom Paul은 부모가 죽었다고 설명하는 바벨론 신정론에서 비슷한 용례를 발견한다("Psalm XXVII 10 and the Babylonian Theodicy," *VT* 32[1982]:489-492).

B. 이것은 악의적인 거짓 증인들을 다루는 데서 여호와가 인도해달라는 기도다(11-12절)

그다음 간구는 명령법과 함께 표현되어 있다. "여호와여 주의 도를 내게 가르치시고"(הוֹרֵנִי에서 나온 הוֹרֵנִי, 시 1:2의 같은 단어를 보라). 여호와의 '도'(way)는 계명들에 나타난 여호와의 계시된 뜻이다. 이 요청은 여호와가 언약을 지키도록 자신을 인도하사 하나님의 축복을 받게 해달라는 것이다. 병행 콜론은 이 일반적 의미를 지지한다. "평탄한 길로 나를 인도하소서"(נְחֵנִי, 시 23:3의 같은 단어를 보라). '평탄한'(מִישׁוֹר, 시 67:4의 같은 단어를 보라) 생명의 길은 곧고, 확고하며, 단단한 길이다. 이것은 장애물과 어려움이 없는 길이다. 평탄한 길은 안전과 번영의 장소로 인도할 것이다.

그가 이런 인도를 필요로 하는 이유는 그의 원수들 때문이다. 여기에서 그들은 문자적으로는 '나를 지켜보는 자들'(שׁוֹרְרָי)이라고 묘사되는, 그래서 유심히 지켜보는 적수들이다. 이 사람들은 죄를 덮어씌울 만한 기회가 있는지, 이용할 만한 약점이 있는지 호시탐탐 지켜보고 있었다.

그의 기도는 그런 원수들에게 넘겨지지 않게 해달라는 요청으로 끝난다. "나를 맡기지 마소서"(אַל תִּתְּנֵנִי) …위증자가 일어나…"(이것은 9절 하, 10절에서 사용된 것과 동일한 절의 구문이다).[39] 이 요청은 하나님께 그를 원수들의 '바람'(desire, 개역개정에는 이 말이 번역되어 있지 않다-역주)에 그를 맡기지 말라는 것이다['영혼'(נֶפֶשׁ)은 욕구 혹은 여기에서 '바람'을 의미할 수 있다. NEB에는 '탐욕'이라고 되어 있다. 시 11:5의 같은 단어를 보라]. 그들이 바라는 것은 그의 삶에서 그를 반대하는 데 사용할 만한 뭔가를 발견하려는 것이었다. 그들은 거짓 증인들이며 폭력으로 그를 타도하려 결심했기 때문이다. 마지막 표현은 그들이 악의적인(חָמָס, 시 58:2의 같은 단어를 보라) 증인들이라는 점을 반복하는 것처럼 보인다.[40]

---

39 차이점은 10절의 마지막 부분은 확신의 표현이지만, 12절의 마지막 부분은 악의적인 원수들에 대한 더 분명한 설명이라는 것이다. 12절에서는 확신에 대한 진술이 없으므로, 13절이 그것을 제공해줄 것이다.

40 חָמָס,라는 단어는 통상 폭력을 '내뿜다'라는 의미의 형용사로 여겨진다. 이것이 '증거하다'라는 의미의

C. 이것은 여호와의 축복이 올 것임을 확신하는 기도다(13절)

이 구절은 일반적으로 부정적 조건절 '만일 …하지 않다면…(if not)'을 소개하는 구문(לוּלֵא)으로 시작한다. 본문에서 이 단어를 둘러싸고 기록된 의외의 점들은 마소라 본문이 이 의미를 불확실한 것으로 보았다는 것을 나타낸다. 통상적 해결책에는 귀결절을 추정하거나 이 표현 전체를 제거해버리는 것이다(여러 역본을 따라). 또한 이 표현이 '확실히'라는 의미를 지닌 수사적인 것일 수도 있다.[41] 이 행의 요점은 시편기자가 자신의 확신을 단언하고 있었다는 것이다. 아마도 "분명 나는 내가 산 자들의 땅에서 여호와의 선한 것을 보게 될 줄 믿었다"(הֶאֱמַנְתִּי, '보다'라는 부정사는 그가 믿은 것을 표현한다)라는 번역에서 '선한'(טוֹב, 시 34:8의 같은 단어를 보라)이라는 말은 여호와의 구체적인 복들, 선한 것들을 말한다(여호와의 행동에 대해서는 사 63:7을, 양 떼와 수확에 대해서는 렘 31:12, 14절을 보라). 그는 자신이 이생에서(4절에서 언급된 그의 평생) 하나님의 복을 볼(경험할) 것임을 확신한다. 그 때 하나님이 그를 도우러 오신다는 것이다.

D. 기도하는 사람들은 인내심 있게 여호와를 기다리라는 권면을 받는다(14절)

마지막 구절은 담대한 용기를 가지고 여호와의 구원을 인내심 있게 기다리라는 권고다. '기다리다'(קָוָה, 시 25:3의 같은 단어를 보라)라는 단어는 기다림의 일부로 약간의 긴장이나 들뜸이 있긴 하지만, 확신에 찬 기대를 나타낸다. 명령법은 그 구절에서 반복된다. 하지만 두 번의 명령법 사이에는 강하라는 권고가 나온다. 두 번째 콜론은 "강하고(חֲזַק) 담대하며(let your heart be strong, וְיַאֲמֵץ) 여호와를 기다릴지어다"라고 되어 있다. '여호와'를 지시법으로 된 주어로 이해할 수도 있긴

다른 어간에서 나온 것일 수도 있다. 왜냐하면 이것은 '증거하다' עֵד라는 말과 대응해서 사용되는 경우가 매우 많기 때문이다. 그렇다면 이 구절은 원수들을 폭력을 증진하는 증인으로 묘사한다. 그들은 이것 때문에 정죄를 받게 될 것이다(신 19:16-21). D. Pardee, "YPH 'Witness' in Hebrew and Ugaritic," VT 28(1979):204-213을 보라.

[41] KBL, p.477.

하지만('그분이 너의 마음을 강하게 하시기를'), 주어는 아마 '너의 마음'(your heart)일 것이다. 이것이 그 행과 더 잘 조화를 이룰 것이기 때문이다.

하지만 이 구절의 화자는 누구인가? 이것은 시편기자를 권고하기 위해 주어진 제사장이나 선지자의 신탁으로 해석할 수도 있다(예를 들어, 삼상 1:17).[42] 아니면 이것은 시편기자가 자신의 신앙을 강화하기 위해 자신에게 말하고 있는 것일 수도 있다(예를 들어, 시 42:5, 11절, 43:5).[43] 혹은 여호와에 대한 강한 믿음과 소망을 격려하기 위해 다른 사람에게 말하고 있는 것일 수도 있다. 형태가 단수인 것으로 보아 이 구절이 회중에게 주는 일반적 권고는 아닐 것이다. 탄식 시편에서는 스스로에게 하는 권고가 나오는 경우도 드물지 않다. 두 가능성 모두 본문에 맞으며 같은 결론으로 이끌 것이다. 확신에 찬 기대를 하게 한다는 것이다.

메시지와 적용

이 시편은 시편 25-26편에 나오는 몇 가지 사항을 강조한다. 하지만 특별히 여기에서만 강조한 점은 시편기자의 확신에 대한 것이다. 거짓 증인들에 의해 야기된 어려움 가운데서도, 여전히 그는 전에 여러 번 자신을 구원하고 보호해주신 여호와에 대한 확신을 지니고 있다. 그는 백성들의 찬송을 통해 여호와의 모든 기이한 일을 상기하게 될 성소로 가고자 한다. 거기에서 그를 구원하고 인도하실 하나님의 은총을 다시 한 번 구할 것이며, 여호와의 응답을 기다리면서 믿음 안에서 강해지도록 격려를 받을 것이다. 성소의 안전함 속에서 그는 신적 간섭의 실제를 목격하며, 이것은 여호와의 은총을 구하려는 그의 확신에 다시 불을 붙인다.

---

42 A. A. Anderson, *Psalms 1-72*, p.226; Craigie, *Psalms*, p.234.
43 Weiser, *Psalms*, p.254.

강해에서 이 시편을 제대로 다루기 위해서는 확신을 강조하고 성소의 중요성을 포착할 필요가 있다. 이 시편의 메시지는 이렇게 표현할 수 있다. *거짓 비난에 직면할 때 신실한 자들은 여호와의 성소 곧 그들의 신앙을 강화할 장소를 찾고 확신에 찬 기대로 신적 보호와 인도를 구해야 한다.* 시편기자가 성소에 가고자 하는 것은 텅빈 장소에 가려는 것이 아니다. 그 성소는 여호와의 임재가 명백할 때에만 안전과 격려의 장소가 될 것이다. 그것은 사람들이 거기에서 여호와가 하신 일들을 찬양하고 확신에 찬 기대로 기도하도록 서로 격려할 때에만 일어날 것이다. 성소가 비어 있고 사람들이 침묵한다면, 이 시편의 메시지는 효과가 없을 것이다.

사도 바울의 고린도 교회에 대한 경험은 이 시편의 긴장을 잘 나타낸다(여기에서 많은 반대는 신자들로부터 온 것처럼 보이기는 하지만). 그 골칫거리 교회에 보낸 두 번째 서신에 따르면, 거짓 교사들은 바울의 평판을 좋지 않게 하려고 그에 대한 거짓말을 퍼뜨리고 있었다. 바울은 그 문제를 처리해야 했다. 하지만 그는 자신의 힘으로 그것을 처리하지 않았다. 그의 '자랑'은 여호와께 있었다. 그가 여호와를 의지했을 때 그분은 강하신 분임을 입증했다(고후 12:9-10을 보라). 자신을 변호하기 위해 그는 교회를 확립하고 세울 때, 하나님이 그를 통해 하신 일을 가리킬 수밖에 없었다. 그는 기도했다. 그는 사람을 통해 편지를 보냈다. 그는 화해하려 애쓰면서 그의 사랑과 관심을 표현했다. 이 모든 것에서, 위기를 해결하고 믿음을 세우실 분은 하나님이셨다. 바울은 다윗과 마찬가지로 어려움을 해결하는 일에서 확신 있게 여호와의 은총을 구했다. 그는 여호와의 일을 하고 있었기 때문이다.

37

A Confident Cry for Deliverance from the Wicked and Their Destiny PSALM 28

악인과 그들의 운명으로부터 구원해달라는 확신에 찬 간구 (시편 28편)

서론

본문과 다양한 역본들

> 다윗의 시
>
> 1 여호와여 내가 주께 부르짖으오니
>   나의 반석이여[1] 내게 귀를 막지 마소서
>   주께서 내게 잠잠하시면
>   내가 무덤에 내려가는 자와 같을까 하나이다
> 2 내가 주의 지성소[2]를 향하여
>   나의 손을 들고

---

1 '나의 반석'이라는 말 대신 헬라어 본문에는 '나의 하나님'이라고 되어 있다.
2 헬라어는 דְּבִיר־אֶל을 '성전'(πρὸς ναὸν)으로 번역하여, '주의 거룩한 성전으로'라고 번역한다. 이 단어는 가장 안쪽의 성소, 지성소를 나타내는 것으로, 신탁의 장소인 것처럼 '말씀', דָּבָר과 관련이 있는 것은 아니다.

주께 부르짖을 때에

나의 간구하는 소리를 들으소서

3 악인과 악을 행하는 자들과 함께

나를³ 끌어내지 마옵소서

그들은 그 이웃에게 화평을 말하나

그들의 마음에는 악독⁴이 있나이다

4 그들이 하는 일과

그들의 행위가 악한 대로 갚으시며

그들의 손이 지은 대로(work)⁵ 그들에게 갚아

그 마땅히 받을 것으로 그들에게 갚으소서

5 그들은 여호와께서 행하신 일과

손으로 지으신 것⁶을 생각하지 아니하므로

여호와께서⁷ 그들을 파괴하고

건설하지 아니하시리로다

6 여호와를 찬송함이여

내 간구하는 소리를 들으심이로다

7 여호와는 나의 힘과 나의 방패이시니

내 마음이 그를 의지하여 도움을 얻었도다

---

3 헬라어에는 대명사적 직접 목적어 대신 '내 영혼'이라고 되어 있다. 그것은 그 다음에 유사한 표현에 동사를 하나 덧붙인다. '나를 멸망시키지 마소서'($μὴ\ συναπολέσῃς\ με$). 이것은 אַל־תֶּאֱסְפֵנִי 을 나타낼 것이다.

4 MT는 고통을 유발한다는 의미에서 רָעָה, '악'(evil)이라고 되어 있다. 헬라어 본문에는 이것이 복수로 되어 있다. '악들'(evils).

5 헬라어역과 다른 역본들 및 두 개의 히브리어 사본에는 복수로 '행한 것들'(works)이라고 되어 있다.

6 헬라어역과 다른 역본들 및 두 개의 히브리어 사본에는 복수로 '행한 것들'(works)이라고 되어 있다.

7 헬라어 본문에는 2인칭 남성 단수 동사들이 나와 있다. '당신이 파괴할 것이나'와 '당신이 건설하시 않을 것이다.'

그러므로 내 마음[8]이 크게 기뻐하며[9]

내 노래로[10] 그를 찬송하리로다

8   여호와는 그들의[11] 힘이시요

그의 기름부음 받은 자의 구원의 요새이시로다

9   주의 백성을 구원하시며 주의 산업에 복을 주시고

또 그들의 목자가 되시어 영원토록 그들을 인도하소서

구성과 전후 문맥

이 시편은 개별적 탄식으로, 여호와께 외치는 부르짖음을 들어달라는 간구, 악인들과 그들의 운명으로부터 구원해달라는 기도, 기도에 응답하시고 힘과 보호와 구원을 주신 것에 대한 찬송, 그리고 민족을 돌보아달라는 추가 기도 등이 포함되어 있다. 명백한 탄식 부분은 없다. 하지만 이 시편에서 분명 탄식할 만한 상황을 감지할 수 있다. 시편기자는 멸망시키려고 작정을 하고 덤비는 위선적인 행악자들에게 둘러싸여 있다. 그리고 하나님은 기도에 응답하지 않으시는 것처럼 보인다! 이 시편은 공동 주제에 의해 시편 27편과 밀접하게 연결되어 있다. 여호와를 요새(stronghold, 27편에는 '능력'으로 번역되어 있다 – 역주)로 묘사하는 것, 구원 혹은 해방에 대한 강조, 성소에 대한 언급, 뿐만 아니라 기도 형식의 유사

---

8   헬라어 번역은 '육신'($\sigma\acute{\alpha}\rho\xi$)이다.

9   헬라어는 '소생했다'($\dot{\alpha}\nu\acute{\epsilon}\theta\alpha\lambda\epsilon\nu$)이다. 또한 Theodotion과 수리아 역본을 보라.

10   히브리어는 וּמִשִּׁירִי, 내 노래로'이다. 헬라어에는 '그리고 내 뜻에서'($\kappa\alpha\grave{\iota}\ \dot{\epsilon}\kappa\ \theta\epsilon\lambda\acute{\eta}\mu\alpha\tau\acute{o}\varsigma\ \mu o\upsilon$)라고 되어 있으며, 아마 다시 한 번 '내 마음'으로 읽은 것이다.

11   MT에는 לָמוֹ로 되어 있다. 하지만 편집자들은 헬라어, 수리아 역본, 그리고 몇몇 히브리어 사본들처럼 '그의 백성'($\tau o\hat{\upsilon}\ \lambda\alpha o\hat{\upsilon}\ \alpha\dot{\upsilon}\tau o\hat{\upsilon}$)이라고 읽을 것을 제안한다. 이것은 히브리어 לְעַמּוֹ를 반영할 것이다. MT는 아마 정확한 독법을 보존하고 있을 것이다. 이것은 분명 더 어려운 독법이다. 덧붙여, '백성'은 그 다음 구절에서 사용되며, 서기관은 아마 두 줄을 조화하려 애썼을 것이다.

성 등이다. 또한 시편 28편은 시편 27편과 역순으로 배열되어 있다. 거기에서는 찬송의 노래가 먼저 나오고 그다음에 탄식이 나온다. 하지만 여기에서는 확신에 찬 찬송 전에 기도와 탄식이 나온다.[12]

정확히 어떤 상황이었는지는 알기 어렵다. 이 묘사들은 특정 시간에 제한되지 않는 것이기 때문이다. 이 시편은 여호와의 기름부음 받은 자에 대해 언급한다. 하지만 이것은 제왕 시편이나 메시아 시편이 아니다. 그저 여호와가 그의 기름부은 자를 통해 땅을 다스리는 것에 대한 관심을 나눌 뿐이다. 시편기자는 아마 왕일 것이다('기름부음 받은'이라는 말이 제사장 혹은 심지어 온 민족을 가르칠 수도 있지만). 그는 평화를 도모하는 척하지만 해를 끼치거나 그를 멸망시키려 계획하는 사람들과 마주한 듯하다. 그의 유일한 자원은 성소에서 피난처를 찾는 것뿐이다. 거기에서 그는 그들이 마땅히 받을 것을 받게 해달라고(하지만 그들이 심판을 받을 때 자신까지 휩쓸려가지 않도록 해달라고) 하나님께 진심으로 기도할 수 있다. 크라우스는 이 시편이 군주정 시대의 것으로 대단히 오래된 것일 수 있다고 결론을 내렸다. 그것은 수많은 역경의 때에 적용될 수 있을 것이다.[13] 앤더슨은 이 시편이 다윗만큼 오래되지는 않았을 것이라고 단호하게 주장한다.[14] 하지만 이 시편에는 다윗이 저자라는 것을 사전에 배제하는 것은 아무것도 없다. 성전에 대한 언급은 앞에서 말했듯이 성막에 대해 적용할 수 있을 것이다. 방패, 요새, 힘, 구원에 대한 언급들은 다윗이 쓴 다른 시편들에도 공통적으로 나온다. 그리고 여호와께 백성의 목자가 되시고 그들을 인도하시기를 구하는 기도는 분명 다윗에게 적절하다. 이 시편이 다윗이 쓴 것이 아니라면, 군주정 초기의 다윗과 유사한 누군가가 썼을 것이다.

이 시편은 시편 29편과도 연결되어 있다. 시편 28편에서 저자는 여호와를 그

---

12 VanGemeren, *Psalms*, p.287.
13 *Psalm 1-59*, p.340.
14 *Psalms 1-72*, p.228.

의 힘으로 묘사한다. 그리고 시편 29편에서 여호와는 그분이 자기 백성에게 주시는 큰 힘으로 인해 찬양을 받으실 것이다. 시편 28편에서 저자는 여호와가 그의 백성에게 복을 주시기를 기도한다. 그리고 이 기도는 시편 29:11에서 응답된다.

이 탄식시는 여러 방식으로 나눌 수 있을 것이다. 이것은 단순하게 두 부분으로, 탄식(1-5절)과 감사 찬송(5-9절)으로 나눌 수도 있을 것이다. 하지만 9절은 민족을 위한 기도다. 그래서 이것은 세 번째 부분으로 간주해야 한다. 5절은 회중에게 전달된 확신의 표현이며, 역시 회중에게 말하는 찬송 부분에 맞을 것이다(6-8절). 하지만 6절은 여호와에 대한 실제 찬송으로 시작된다. 그래서 이것은 찬송 부분을 시작하는 것이 되어야 한다. 그렇게 되면 5절은 간구의 확신 부분이 된다.

석의적 분석

요약

여호와는 그를 보호하고 구원하시므로, 시편기자는 여호와가 악하게 행동하는 사람들을 타도하심으로 자신에게 분리시켜달라고, 그리고 계속해서 자기 백성을 보호하고 돌보아달라고 확신 있게 기도한다.

개요

I. 시편기자는 여호와께 그를 악인들과의 공동 운명에서 구해달라는 기도에 귀를 기울여달라고 간구한다(1-5절).

    A. 그는 여호와께 기도를 들어주시고 사망할 수도 있는 사람들과 분리해 달라고 부르짖는다(1절).

    B. 그는 여호와께 호의를 베푸시고, 자신의 행동으로 인해 심판받을 위선적 죄인들과 함께 끌어내지말아달라고 간구한다(2-4절).

    C. 그는 악인들이 하나님을 무시했기 때문에 멸망할 거라고 확신한다(5절).

II. 시편기자는 자신의 기도가 응답되리라고 확신하면서 여호와를 그에게 힘과 보호와 승리를 주시는 분으로 찬송한다(6-8절).
III. 시편기자는 여호와가 그의 백성을 구원하시고 돌보아 달라고 간구한다(9절).

강해 형태의 주석

I. 하나님의 백성은 불경한 사람들이 악한 행동을 하며 그분이 행하신 일을 무시한 것 때문에, 하나님이 그들과 자신을 분리해주시기를 바란다(1-5절)

A. 여호와께 불경한 자들이 처할 운명에서 자신을 구원해달라고 기도한다(1절)
처음 다섯 구절에서 시편기자는 어려움이 무엇이었는지는 명시하지 않지만, 자신이 도움을 구하는 부르짖음이 응답되기를 간절히 바라는 마음을 표현한다. 그의 주된 관심사는 여호와가 응답하지 않으시면 그를 괴롭힌 원수들처럼 그도 죽게 되리라는 점이었다. 1절은 탄식의 서론적 부르짖음으로, 그리고 2-5절은 그에 상응하는 간구로, 5절은 확신을 표현하는 것으로 이해할 수 있다.

이 시편은 직접적인 호소로 시작한다. "여호와여 내가 주께 부르짖으오니"(אֶקְרָא)은 진행형적 어조를 가진다. 지금 내가 부르짖고 있다는 것이다). 이 호소는 그가 '반석'이라고 부르는 하나님께 그의 말에 귀 기울이시기를 요청함으로 더 강화된다(부정 지시법 אַל־תֶּחֱרַשׁ은 요청의 긴급성을 표현한다). 귀를 막는다는 비유적 표현(암시된 비교)은 그의 기도가 응답되지 않았음을 의미한다. 하나님이 응답하시지 않으면 마치 그분이 기도를 들으시지 않는 것처럼 보일 것이다. 이런 개념은 이 구절 후반부에서 좀 더 진전되어 있다. 만일 하나님이 침묵을 지키신다면 시편기자는 무덤에 내려가는 자들과 같이 되리라는 것이다. 이 행은 '…하지 않도록'(פֶּן)이라는 말로 시작되는데, 이것은 조건절을 표현한다. "주께서 내게 잠잠하시면"(תֶּחֱשֶׁה), 이것은 '주께서 나의 기도에 응답하지 않으시면'이라는 의미다.

구절 안에 있는 중간의 두 절이 귀먹고 잠잠하다는 말로 서로 비슷하기 때문에, 이 구절의 강조점은 하나님이 응답하지 않으시리라는 두려움이다. 하나님이 악인들과 죄인들의 기도를 들으시지 않기 때문에(사 59:1-2), 시편기자는 자기도 불경한 사람으로 취급되는 것을 두려워했다.

그리고 하나님이 응답하지 않으신다면, 그는 무덤에 내려가는 사람들과 같을 것이다. "내가 …와 같을까 하나이다"(מָשַׁל에서 나온 וְנִמְשַׁלְתִּי, 시 49:3의 같은 단어를 보라)라는 동사는 침묵의 결과를 표현한다. 이 단어는 주로 비교되는 두 대상이 받아들일 수 없는 대조를 형성할 때 사용된다. 그는 무덤에 내려가는 자들(יוֹרְדֵי בוֹר)과 같기를 원치 않는다. 무덤은 암흑과 우울함을 함축하기 때문이다. '무덤'(pit)이라는 말은 모든 종류의 구멍, 물통, 혹은 토굴 감옥을 다 말할 수 있다. 하지만 이것은 종종 무덤(grave) 혹은 사망과 동의어로 사용된다(시 30:3, 88:6; 잠 1:12; 욥 7:9를 보라. 스올에 대해서는 시 6:5의 같은 단어를 보라). 무덤에 내려가는 사람들은 그저 죽는 것이 아니라, 소망없이 죽는 것이다. 이 직유에서 다윗은 자신을 불경한 사람들과 비교한다. 계속 기도 응답 못한다면, 그는 그들과 다른 존재처럼 보이지 않을 것이다. 그는 여호와께 구원받지 못하고, 그들이 죽는 것처럼 죽을 것이다. 시편 30:3에서는 반대의 개념이 표현되어 있다. 거기에서 다윗은 하나님이 그를 죽음에서 구원하신 것을 찬양한다. "주께서 내 영혼을 스올에서 끌어내어 나를 살리사 무덤으로 내려가지 아니하게 하셨나이다." 그의 두려움은 여호와께 아무 말도 듣지 못하고 죽는 것이다. 그가 진심으로 이것을 두려워했다. 하지만 하나님에 대한 그의 호소는 확신에 차 있었다. 그가 하나님을 자신의 반석이라고 불렀기 때문이다. 이것은 안전과 안정됨을 나타내는 비유적 표현이다(암시된 비교). 이런 호칭을 사용한 것은 여호와가 그를 안전하게 지키셨던 적이 있음을 나타낸다. 이것은 또한 이전의 경험들에서 그를 원수들에게서 보호한 분은 오직 하나님 한 분 뿐이었다는 사실도 나타낸다. 하나님은 지금 그를 구원할 수 있는 유일한 분이시다.

B. 그는 여호와께 악을 행한 자들이 받는 심판에서 자신이 벗어날 수 있게 해달라고 기도한다(2-4절)

불경한 자들은 그들이 했던 행동의 결과로 심판받는 것이 마땅하다. 하지만 의인은 그 심판에 끌려들어가기를 원치 않는다. 그는 악인이 하는 것과 같은 일을 하지 않았기 때문이다. "내가 주께 부르짖을 때에 나의 간구하는 소리를 들으소서." 이 구절은 첫 번째 구절의 개념에 살을 붙인다. '들으소서'와 '귀를 막지 마소서'다. 그가 하나님이 들으시기(즉 응답하시기) 원하는 것은 "나의 간구하는 소리"라고 부른다.[15] '소리'는 그가 말하는 것을 나타내며(원인의 환유), '나의 간구'(תַּחֲנוּנַי)는 신적 은총에 대한 호소다(이 단어는 חָנַן, '은혜롭다, 은총을 보이다'와 관련되어 있다. 시 4:1의 같은 단어를 보라).

그다음에 나오는 시제를 나타내는 절들은 그의 기도를 더 강렬하게 만들어 준다. 첫 번째는 "내가 주께 부르짖을 때에"(בְּשַׁוְּעִי)로, 이 동사는 필사적으로 도움을 구하는 부르짖음을 의미한다(참고. 욘 2:2). 두 번째는 "내가 주의 지성소를 향하여 나의 손을 들고"이다. 손을 든다는 것은 집중하는 기도를 의미한다(수식어의 환유로, 이 동작은 기도에 포함되기 때문이다. 사 1:15에 나오는 비슷한 표현을 보라). 그들은 손을 든 채 서 있을 수도 있고(왕상 8:22) 혹은 무릎을 꿇을 수도 있다(스 9:5). 이 기도는 성소를 향한 것이다. 하지만 이것은 실제로 성소 안에 계신 여호와를 향한 것이다(주제의 환유). 그리고 "지성소"(innermost place, דְּבִיר)는 지성소(Holy of Holies), 곧 성소 뒤쪽에 있는 밀폐된 방을 말한다. 이 용어는 시편에서 여기에서만 사용된다(대하 5:7을 보라). 이 모습은 간구하는 사람이 여호와가 그의 백성 가운데 거하시는 곳인 지성소 쪽을 향해 손을 들고 구원을 위해 부르짖으면서, 성소 안뜰에 서 있는 모습이다.

그에 상응하는 간구가 3-4절에 기록되어 있다. 그는 하나님이 악한 원수들

---

[15] 이 단어는 서너 개의 관련된 요청들을 반영하기 위해 복수로 되어 있다. 혹은 그의 간구를 위해 추상적 복수로 되어 있다.

을 심판하실 때 자신을 그들에게서 분리해주시기를 원한다(창 18장에 나오는 아브라함의 기도와 비슷하다). 그들에 대한 그의 묘사는 그 이유를 보여준다. 그들은 "악인"(혹은 불경한 자들, 시 1:1의 같은 단어를 보라)이다. 이것은 그들을 하나님 앞에 죄가 있고 정죄받은 사람들로 규정한다. 그들은 "악을 행하는 자들"(악을 행하거나 실천하는 자들, פֹּעֲלֵי אָוֶן)이다.[16] 이러한 묘사는 어떤 신앙의 원수들에게도 다 들어맞을 것이다. 여기에서 그들의 악이란 원수 민족들의 공개적 적대감이 아니라, 시편기자가 알고 있는 사람들, 그러나 위선자들로 입증된 사람들이 보이는 적대감이다. 그들의 특징은 이웃들에게는 화평을 말하면서('화평을 말하는 자', דֹּבְרֵי שָׁלוֹם), 마음에는 악독(רָעָה, 시 10:15의 같은 단어를 보라)이 있다는 것이다. 그들은 마치 다른 사람이 잘되기를 원하는 것처럼 말하면서, 한편으로는 내내 그들을 파멸시킬 의도적 음모를 품거나 의인들을 희생하여 자기 이익을 채우려는 계획을 세움으로, 다른 사람을 해칠 궁리를 한다.

하나님은 이들을 심판하신다. 그리고 다윗은 그들과 함께 끌려가지 않게 해달라고 기도한다(אַל־תִּמְשְׁכֵנִי). 이 모습은 정복자들이 사람들을 끌고 가서 파멸에 치닫게 하는 군사적 맥락을 나타낸다. 커크패트릭은 이 말이 범죄자들이 재판정

---

16 '악'(אָוֶן)이라는 단어는 '악함, 괴로움, 슬픔'을 의미한다. '슬픔'이라는 의미는 베냐민 탄생의 어려움으로 인해 '내 슬픔(אוֹנִי)의 아들'이라고 이름을 지은 것에서 볼 수 있다. 잠언 22:8은 악을 뿌리는 자는 '재앙'을 거두리라고 말한다. 두 번째 범주의 본문들에서는 이것을 우상숭배를 묘사하는 데 사용한다(호 12:12). 사실상 호세아는 벧엘이라는 이름으로 말장난을 하는 것이다. 그곳의 우상숭배 때문이다. 그리고 호 4:15에서는 이것을 בֵּית אָוֶן이라고 부른다. 세 번째 범주는 불법, 악이 주는 괴로움에 대해 사용하는 일반적 용법이다. 시편 7:14은 불경한 자들이 '재앙'(misery)을 낳고 거짓말을 낳는다고 말한다. 이것은 이사야 1:13에서는 여호와가 견딜 수 없는 이스라엘의 위선적 예배를 묘사하는 데 사용된다. '악을 행하는 자들'이라는 자주 나오는 표현은 악한 행동으로 문제를 일으키는 사람들을 강조한다(욥 34:36; 시 5:6). '악을 행하는 자들'이 누구를 가리키는가 하는 것에 대해서는 많은 추측이 있다. Briggs는 그것은 시편 28편에서 바벨론 사람들을 가리킨다고 말한다(*Psalms*, p.247). 하지만 전후 문맥으로 보아 그들은 이스라엘 안에 있다. 그들이 외국인이라고 결론을 내릴 만한 증거는 없다. 탄식 시편을 보면 그들이 시편기자의 동족, 적어도 지속적으로 접촉하는 나라에 있는 사람들일 가능성이 더 높다 (A. A. Anderson, *Psalms 1-72*, p.230; Westermann, *Praise and Lament in the Psalms*, p.188-194를 보라). Bernhardt는 그들이 사적으로 예배를 드리는 자들의 개인적 원수로, 힘을 남용해서, 특히 비방, 거짓 고소, 저주 등을 사용하여 해를 끼치고자 하는 사람들이라고 말한다(*TDOT*, I:147). 또한 G. W. Anderson, "Enemies and Evildoers in the Book of Psalms," BJRL 48(1965, 6): 18-29를 더 보라.

으로 끌려가는 것을 말할 수도 있다고 주장한다.[17] 이 표현의 구체적 의미가 무엇이었든 간에, 요점은 분명하다. 여호와가 이 악한 사람들을 심판하실 때 시편기자는 그들과 함께 멸망하기를 원치 않는다. 왜 그런가? 그는 그들 중 하나가 아니기 때문이다. 하나님이 악인들을 군사적 침략 같은 민족적 재앙으로 심판하시고 그가 그들과 함께 죽는다면, 마치 그도 심판을 받은 것처럼 보일 것이다. 그는 악인들이 특정한 종류의 죽음을 당할 거라는 사실을 안다. 그것은 무덤으로 내려가도록 이끄는 죽음이며, 의인의 운명과는 다르다(시 1:6; 잠 12:3 등을 보라).

이런 관심사를 표현하고 나서, 그는 또한 여호와께 그들을 벌주시기를 구한다. '그들이 하는 일'과 그들의 악한 행위에 따라 벌을 내리시라는 것이다. 시편기자는 자신의 기도를 이런 식으로 표현하여 하나님의 정의에 호소한다. 불경한 자들의 행동은 하나님 보시기에 악하므로, 그들은 하나님의 심판을 받아 마땅하다. 그 벌은 그들이 실제로 한 것에 걸맞아야 한다. 그 행동은 그들의 마음속에 있는 것이 외적으로 드러난 것이다(3절). 그들은 '악을 행하는 자들'(<פֹּעַל)이라고 불리므로, 그 기도는 그들이 그들의 행동(<פֹּעַל)을 따라 처리되게 해달라는 것이다. 이 '행동'이라는 단어는 그들이 하는 것, 활동 등과 같은 것이다. 하지만 그들이 하는 일은 악하다고 나온다. 같은 단어가 5절에서는 여호와의 '행하신 일'에 대해 사용된다. 하지만 그것을 행하시는 분은 여호와이시기 때문에 그 행동들은 의롭다. 그들의 행동들이 악하다는 것은 그다음 콜론에서 강조된다. "그들의 행위가 악한 대로"[מַעֲלָל, '행동, 행위'. 이것은 여호와의 행위를 말할 수도 있지만(시 78:7), 일반적으로 나쁜 사람들의 행위를 말한다]. 이 구절은 "그 마땅히 받을 것으로 그들에게 갚으소서"라는 말로 끝난다. 동사는 '주다'(give, 개역개정에서는 '갚다'라고 번역했다 – 역주)에서 '갚으소서'(שׁוּב에서 나온 הָשֵׁב, 시 126:1의 같은 단어를 보라)로 바뀐다. 이것은 정당한 보상이 될 것이기 때문이다. 즉 그들의 죄와 죄의 결과가 그들에게 돌아갈 것이다. "그 마땅히 받을 것"(גְּמוּל)이라고 번역된 단

---

[17] Psalms, p.145.

어는 '조치'를 의미한다. 하지만 이것은 보상이라는 개념을 포함한다. 그렇다면 이 기도는 죄에 대한 심판을 구하는 기도다.

C. 의인은 하나님이 그분을 중히 여기지 않는 사람들을 멸하시리라는 것을 안다(5절)

의인은 하나님이 악인들을 심판하시리라는 것을 안다. 그래서 5절은 하나님이 이 일을 하실 거라는 시편기자의 확신을 표현한다. 이것은 심판의 이유로 시작한다. 그들은 여호와의 행하신 일을 생각하지 않는다는 것이다. '생각하다'(give heed, יָבִין에서 나온 יָבִינוּ, 시 49:1의 같은 단어를 보라)라는 단어는 문자적으로는 '이해하다, 인식하다, 분별하다'라는 의미다. 시편기자는 이 사람들이 자신을 어떻게 대하는가 하는 것 뿐 아니라, 그들이 여호와께 믿음으로 반응하지 못했다는 사실에 기초하여 호소한다. 그들은 여호와가 하신 일에 주의를 기울이지 않음으로써, 그분의 주권적 엄위하심이나 그분의 언약에 관심을 보이지 않았다[시 8:3, 6절에서 '일'('만드신 것'으로 번역됨 – (역주)]. 그들은 그것에 대해 알았다. 하지만 그것을 이해하려 하거나 그에 따라 살려 하지 않았다. 커크패트릭은 이렇게 말한다. "그들은 신앙고백은 할지 모르지만 실제로는 무신론자로, 여호와가 세상을 다스리신다는 것을 부인하고 창조, 섭리, 심판에서 그분이 하신 일을 분별하기를 거부한다. 불신이 그들이 짓는 모든 죄의 뿌리에 놓여 있다. 여호와의 일과 그분이 하시는 일은 4절에 나오는 그들의 행위 및 그들이 손으로 한 일과 강력한 대조를 이룬다."[18] 그들은 하나님의 손으로 하신 일을 무시할지 모르지만, 하나님은 그들의 손으로 한 일을 무시하지 않으실 것이다.

심판에 대한 예상은 이 구절 후반부에서 단언된다. "그가 그들을 파괴하시리라"에서 주어는 여호와시다(그래서 어떤 사람들은 그 이름을 주어로 덧붙이고 싶어 한다). 그분이 그들을 멸하실 것이며, (다시는) 세우지 않을 것이다. 파괴하는 것은

---

[18] *Psalms*, p.146.

심판과 파멸을 나타내는 비유이며, 세운다는 것은 설립하고 공고히 한다는 의미의 비유이다(암시된 비교). 이것은 마치 불경한 자들이 부숴지고 다시 재건되지 않을 건물과도 같다는 것이다(말 1:1-5을 보라). 이 비유는 대단히 현실적이다. 전쟁에서 사람들은 자기 집이 심하게 훼손될 때 멸망당하는 경우가 많았기 때문이다(렘 24:6을 보라). 그러므로 패배는 황폐하게 하고 굴욕을 주는 일이었다.

II. 하나님의 백성은 여호와가 그들에게 힘과 보호와 구원을 주시는 것을 찬양함으로 기도에 응답하시리라는 확신을 표현한다(6-8절)

A. 그들은 여호와가 기도에 응답하신다고 확신하기 때문에 그분을 찬양한다(6절).

시편의 어조는 이제 찬양으로 바뀐다. 5절에 나오는 자연스러운 확신의 표현인 찬양이다. 이 찬양은 "여호와를 찬송함이여"(시 5:12의 같은 단어를 보라)라는 말로 시작하며, 그다음에 요약적 이유를 제시한다. 즉 여호와가 그의 간구하는 소리를 들으셨다는 것이다. 시편기자가 그의 기도에 하나님이 응답하셨다는 것을 깨달음으로 변화된 것은 분명하다.[19]

B. 그들은 여호와가 힘과 보호와 구원을 주신 것을 찬양한다(7-8절)

7절에서 그는 여호와를 "나의 힘과 나의 방패"라고 묘사한다.[20] 여호와가 그의 힘이라고 단언함으로(결과의 환유), 그는 자신의 참된 힘이 여호와에게서 온다고 말한다(참고. 시 29:11). 여호와가 그의 방패라고 단언함으로(비유), 여호와가 그를 보호해주신다고 믿는다. 이 시편에 나오는 이미지들은 군사적 배경을 시사한다

---

19 이 일이 일어났거나 일어나기 시작했으며, 그는 구원의 신탁을 받았을 수도 있다. 하지만 이 동사는 또한 하나님이 확실하게 응답하시리라는 확신을 표현한 것일 수도 있다.

20 7절의 시적 배열은 이분법(//)이 '도움을 얻었다' 뒤에 오는 관계로 어색하다. "여호와는 나의 힘과 나의 방패이시니/내 마음이 그를 의지하여 도움을 얻었도다//그러므로 내 마음이 크게 기뻐하니/내 노래로 그를 찬송하리로다."

('반석', '방패', '요새'). 아니면 그의 사고에는 이런 표현들이 매우 일반적인 것이어서, 이것을 비군사적 배경에도 적용할 수 있을지 모른다. 하나님은 그에게 모든 반대를 처리할 힘을 주시고 그 과정에서 그를 보호하신다. 여호와는 그의 힘이고 방패시기 때문에 그분을 의지한다(<בָּטַח, 시 4:5의 같은 단어를 보라). 그리고 그 결과 도움을 얻는다("내 마음이 도움을 얻었도다", וְנֶעֱזָרְתִּי, 시 46:1의 같은 단어를 보라). '의지하다'라는 단어는 특징적 완료로 분류할 수 있을 것이다. 그가 지금까지 의지했고 여전히 의지한다는 것이다. 그리고 '도움을 얻었다'(וְנֶעֱזָרְתִּי)라는 동사는 그 결과를 표현한다.[21] 하나님이 도우신다 혹은 돕는 자가 되신다는 개념은 백성이 스스로 할 수 없는 일을 하나님이 백성을 위해 하신다는 것을 강조한다. 이 단어는 군사적 전투에서 사용될 수 있다(삼상 7:12; 시 46:1, 5절을 보라). 또한 다른 유형의 신적 간섭들에서도 사용될 수 있다. 이를테면 고아를 구해주는 것 등이다(시 10:14). 이 경우의 도움은 원수들과 그들의 운명에서 구원해달라는 기도에 대한 하나님의 응답을 바라본다. 여호와가 '돕지'(간섭하지) 않으셨다면, 구원은 없을 것이다(삼상 7장 이야기가 분명히 보여주는 것처럼 말이다).

이 구절 후반부는 신적 도움에 대한 기쁨을 표현한다. "내 마음이 크게 기뻐하며"(וַיַּעֲלֹז). 이것은 이 구절에서 시편기자가 자신의 마음을 두 번째로 언급하는 것이다. 그리고 이것은 원수들의 마음과 현저한 대조를 이룬다(3절). 그들의 마음은 악했다. 하지만 그의 마음은 그분을 의지하고 기뻐한다. 여기에서 사용된 동사(עָלַז)는 노래하는 것과 소리치는 것을 통해 기쁨을 표현하는 것을 나타낸다. 그의 찬양은 열정이 넘친다! 그 시제인 즉각적 완료(여기에서는 와우 연속사와 함께 과거형이다)는 그가 그 순간 느끼는 기쁨을 표현한다.

그의 기쁨은 공적인 노래로 여호와를 인정하는 것으로 표현될 것이다.

"내가 그를 찬송하리로다"(I will acknowledge him, יָדָה에서 나온 אֲהוֹדֶנּוּ, 시 6:5의 같

---

21 Goldingay는 이것을 미래 시제로 번역하는 것을 더 좋아한다. "그래서 내가 도움을 받을 것이다"(*Psalms 1-41*, p.408). 그리고 Kraus는 이 줄과 다음 동사를 "내가 도움을 얻었고, 그러자 내 마음이 크게 기뻐했다"라고 해석한다(*Psalms 1-59*, p.339).

은 단어를 보라)는 미완료 시제다(접미사가 달린 청유법일 수도 있지만). 이것은 그가 찬양의 제물을 가져오고 여호와가 어떻게 그의 기도에 응답하셨는지 선포할 때 하려고 예상하는 것(혹은 이것이 청유법이라면 그가 하기로 결심하는 것)을 나타낸다.[22]

8절은 "여호와는 그들의 힘이시요"라고 재진술하면서 이 찬송 부분의 결론을 맺는다. '나의 힘'에서 '그들의 힘'으로 바꾼 것 때문에 어떤 주석가들은 본문이 잘못되었고, '그분의 백성들의 힘'이라고 읽어야 한다고 제안했다(헬라어 및 수리아어 그리고 몇몇 사본들의 지지를 받아). 본문에 나오는 형태는 색다르지만(לָמוֹ =, '그들에게'='그들의'), 갖가지 독법들이 말하고 있는 것과 똑같은 것(לְעַמּוֹ, '그의 백성에게')을 말하는 것이다.

여기에 여호와는 "그의 기름부음 받은 자"(분명 왕일 것이다)의 "구원의 요새"(saving stronghold)라는 말이 덧붙여진다. 이 본문은 문자적으로는 '구원의 요새'(the stronghold of salvation, מָעוֹז יְשׁוּעוֹת)일 것이다. '요새'라는 비유는 '힘'(시 29:1의 같은 단어를 보라)과 관련이 있다. 그것은 안전하고 강한 장소다. '구원'(시 3:2의 같은 단어를 보라)이라는 말은 한정 소유격으로, '구원하는 요새'로 받아들일 수 있다. 아니면 이것은 요새의 효과인 구원을 나타낼 수도 있다. 여호와는 그의 안전의 장소이셨기 때문에, 그는 거듭 반복해서 구원받았다. "그의 기름부음 받은 자"(מְשִׁיחוֹ)라는 표현으로 시편기자는 자신을 삼인칭으로 말한다. 이 형용사는 목적 소유격으로("그의 기름부음 받은 자의 구원의 요새"), 여호와가 그의 기름부음 받은 왕을 구원하신다는 의미다.

III. 하나님의 백성은 계속해서 복을 주시고 돌보아주시기를 기도한다(9절)

이 시편 마지막 구절은 민족을 위한 결론적 기도다. 하나님은 그에게 구원을 보여주셨다. 그래서 그는 "주의 백성을 구원하시며"(הוֹשִׁיעָה, 번갈아 나오는 히필 명령

---

[22] 이 동사를 진행형 미완료로 보아서 영어의 현재 시제로 번역할 수도 있다. 그렇게 되면 그가 지금 이 노래를 가지고 여호와를 인정한다는 의미일 것이다.

법 형태)라고 기도한다. 그의 요청은 여호와가 민족을 이 모든 원수 및 괴로움들에서 구원해달라는 것이며, 그분은 그렇게 하셨다. 그들은 그 순간 위험에 처해 있지는 않았을지 모르지만, 앞으로 그렇게 되리라고 예상할 만한 충분한 이유가 있다. 그러고나서, 그는 구원해달라는 기도에 "주의 산업에 복을 주시고"라는 말을 덧붙인다. '산업'이라는 말은 백성을 의미하며(암시된 비교), 이것은 그들이 이제 여호와의 소유로 그분께 속했음을 의미한다(신 4:20). 이 단어는 이스라엘과 여호와 사이의 특별한 관계와 그분께 그들이 지니는 가치를 포착한다. 시편기자는 그들에게 신적 축복이 임하기를, 즉 여호와가 모든 면에서 그들을 풍요하게 하시고 권능을 주시기를 기도한다(시 5:12의 같은 단어를 보라).

이 구절의 마지막 부분은 하나님께 백성의 목자가 되어 달라고 간구한다. "또 그들의 목자가 되시어(רָעָה에서 나온 רְעֵם) 영원토록(וְנַשְּׂאֵם, '영원까지,' 시 61:5의 같은 단어를 보라) 그들을 인도하소서(עַד־הָעוֹלָם, 시 24:7의 같은 단어를 보라)". 여호와께 그들의 목자(여기에서는 암시된 비교)가 되어 달라는 기도는 여호와를 목자에 비유하는 잘 알려진 이미지에 근거한 것이다. 이것은 다윗이 자신의 경험을 통해 대단히 잘 알았던 것이었다(참고. 비유에 대해서는 시 23:1을 보라). '그들의 목자가 되시어'라는 기도는 하나님이 공급하시고, 인도하시며, 돌보시고, 그들을 보호해달라고 구하는 기도다. 목자이신 그분은 그들을 위험에서 안전하게 인도할 것이다(사 40:11을 보라). 대조가 이보다 더 명확할 수는 없다. 하나님은 악인들을 심판하시지만, 신실한 자들은 부드럽게 인도하여 원수들에게서 보호하실 것이다.

메시지와 적용

이 시편의 메시지는 어려운 상황의 한가운데서도 여호와는 그분의 백성을 보호하고 구원하신다는 것이다. 그렇기 때문에 그들은 계속해서 여호와께 악인들에게서 지켜주시고 신실한 목자로서 그들을 돌보아달라고 기도할 수 있다. 하지만 때로는 여호와가 그들의 기도를 듣지 않으시는 것처럼 보일 것이다. 그분의 침묵이 어떤 두려움과 불확실함을 유발하든, 그것을 그분이 그들과 관계를 끊었다는 의미로 해석해서는 안 된다. 세상의 악이 너무나 억압적인 것이 되어서 하나님 백성의 삶이 위험에 처할 때, 그들은 여호와께 악인들에게 마땅히 받을 것을 받게 해달라고, 하지만 의인은 악인과 공동 운명에 처하지 않도록 해달라고 확신 있게 기도할 수 있을 것이다. 그런 확신을 갖고 있지 않다면, 말씀 안에서 영적으로 성장해야만 한다.

이 시편의 강해는 이렇게 요약할 수 있다. *여호와는 우리를 지키는 구원자이시므로, 그분이 우리를 악인들의 심판에서 악인들과 구별하고, 영원토록 돌보아주시리라고 확신할 수 있다. 이것은 큰 기쁨과 영원한 찬송을 불러일으킬 구원이다.* 물론 따라야 할 본보기는 그리스도 예수이시다. 그분은 고난받을 때 위협하지 아니하시고, 오직 공의로 심판하시는 하나님께 자신을 부탁하셨다(벧전 2:23). 하나님은 심지어 지금도 악인들을 심판하시지만, 그리스도가 모든 원수를 그분의 발 아래 두실 미래에는 분명히 그렇게 하실 것이다(고전 15:25).

어떤 사람은 현대의 신자들이 하나님께 사람들을 심판해달라고 기도하는 것이 적절하지 않다고 느낄 수도 있다. 하지만 시편 28편의 기도는 적절한 기도이며, 기독교의 가르침과 충돌을 일으키지 않는다. 다윗은 여호와가 특히 악한 사람들의 집단, 하나님과 그분의 뜻에 전혀 관심이 없고 다른 사람들에게 해를 끼치고 그들을 멸망시키는 일에만 열중인 사람들을 심판하실 것을 기도한다. 그는 하나님께 그분이 한 번도 행하지 않으신 어떤 것을 하시라고, 혹은 그분이 하겠다고 말씀하지 않으신 어떤 것을 하시라고 기도하는 것이 아니다. 그의 기도는 개인적인 피의 복수를 해달라는 것이 아니다. 그것은 그들이 행한 악한 일에 따라 심판받고 그 심판이 그들을 의인들과 구별해달라는 기도다. 왕의 관심사는 믿음과 하나님의 백성을 지키는 것이다. 오늘날에도 너무나 악해서 무죄한 사람들의 삶을 약탈하고 멸망하게 하는 사람들이 있다. 다른 사람들, 특히 독실한 신자들의 생명을 탄압하고 망치는 악한 사람들이 하는 일을 하지 못하게 한다면, 많은 사람이 고난과 죽음을 모면할 것이다. 우리가 세상의 악에 관해 다른 어떤 식으로 기도하든 정의와 의가 널리 퍼지고 신적 정의가 시행되도록 기도하는 것이 적절하다. 하나님 나라가 임하고 하나님의 뜻이 땅에서 이루어지기를 기도하는 것, 혹은 여호와가 빨리 오시도록 기도하는 것은 곧 하나님을 거부하고 그분의 말씀을 받아들이지 않는 사람들에게 심판이 임하기를 기도하는 것이다.

38 여호와의 능력의 '소리'(시편 29편)

The Powerful "Voice" of the LORD PSALM 29

서론

본문과 다양한 역본들

다윗의 시[1]

1 너희 권능 있는 자들아[2]

영광과 능력[3]을 여호와께 돌리고 돌릴지어다

---

1 일부 헬라어 사본은 '성막을 떠날 때에'(ἐξοδίου σκηνῆς)라는 말을 덧붙인다.

2 "권능있는 자들"(the sons of the mighty, בְּנֵי אֵלִים)이라는 표현은 어렵다. 이와 비교할 수 있는 표현인 "하나님의 아들"(בְּנֵי אֱלֹהִים)은 욥기 2:1과 시편 84:7에서 천사를 말하며, 이것이 아마 여기 기록된 문구의 의미일 것이다. אֵלִים은 '하나님'이라는 의미로 혼자 나오지는 않는다. 복수는 '신들'을 의미한다 (출 15:11; 단 11:36을 보라). 수리아 역본은 '어린 숫양들'이라고 번역한다. 어떤 헬라어 번역들은 '여호와께 드려라, 하나님의 아들들이여'(υἱοὶ Θεοῦ), "여호와께 너희의 숫양들을 드려라"(υἱοὺς κριῶν)라고 되어 있어, 이 절의 첫 번째 문을 반복함으로써 이 구절에 힘을 디힌다.

3 헬라어 본문에는 '영광'(τψήν)이라고 되어 있다. 이것은 11절에 나오는 '힘'을 ἰσχὺν라고 번역한다.

2 여호와께 그의 이름에 합당한 영광을 돌리며
거룩한 옷⁴을 입고 여호와께 예배할지어다

3 여호와의 소리가 물 위에 있도다
영광의 하나님이 우렛소리를 내시니
여호와는 많은 물 위에 계시도다
4 여호와의 소리가 힘 있음이여
여호와의 소리가 위엄차도다
5 여호와의 소리가 백향목을 꺾으심이여
여호와께서 레바논 백향목을 꺾어 부수시도다
6 그 나무를 송아지 같이 뛰게 하심이여⁵
레바논과 시룐으로 들송아지 같이 뛰게 하시도다⁶
7 여호와의 소리가 화염을 가르시도다
8 여호와의 소리가 광야를 진동하심이여
여호와께서 가데스 광야를 진동시키시도다
9 여호와의 소리가 암사슴을 낙태하게 하시고⁷
삼림을 말갛게 벗기시니⁸
그의 성전에서 그의 모든 것들이 말하기를 영광이라 하도다

---

4 헬라어에는 '그의 거룩한 뜰에서'(ἐν αὐλῇ ἁγίᾳ αὐτοῦ)라고 되어 있다. 아마도 בְּהַדְרַת 대신 '…의 뜰에서'라는 의미로 בְּחַצְרַת로 읽은 듯하다.

5 헬라어에는 '그것들을 두드려서 작게 하다'(beat them small, λεπτυνεῖ)라고 되어 있다.

6 이 행에 대해 헬라어 본문은 "그리고 젊은 일각수(unicorn)처럼 사랑받는 그"(καὶ ὁ ἠγαπημένος ὡς υἱὸς μονοκερώτων)라고 되어 있다.

7 MT에는 יְחוֹלֵל אַיָּלוֹת라고 되어 있다. 이것은 "암사슴이 진통을 겪게 하다"(출산의 진통에서)라는 의미다. 이것은 다음 구절과 정확하게 대구를 이루지 않기 때문에, 어떤 사람은 그 대신에 '떡갈나무'라는 의미의 אֵילוֹת로 읽을 것을 제안한다. 이것은 물론 좋은 대구를 형성한다. 하지만 여기에는 두 가지 어려움이 있다. 그렇게 하려면 이 동사가 색다른 용법으로 사용되어야 하며, 어떤 사본이나 역본도 이러한 다른 독법이 나온 것은 없다. 헬라어역에는 '암사슴을 준비하다'(καταρτιζομένου ἐλάφους)라고 되어 있다.

8 헬라어역에는 '수풀의 덮개를 벗길 것이다/자를 것이다'(ἀποκαλύψει)라고 되어 있다.

10 여호와께서 홍수 때에 좌정하셨음이여
　　여호와께서 영원하도록 왕으로 좌정하시도다
11 여호와께서 자기 백성에게 힘을 주심이여
　　여호와께서 자기 백성에게 평강의 복을 주시리로다

구성과 전후 문맥

가장 아름다운 시편 중 하나인 시편 29편은 자연에 계시되어 있으며, 하나님의 백성이 진정한 믿음으로 반응한다면 손에 넣을 수 있는 하나님의 능력을 다룬다. 이 본문은 오로지 찬양이다. 요청은 전혀 없다. 묘사적인 찬양 시편은 하나님의 인격과 삶에 나타난 하나님의 행동, 좀 더 단순하게 말해 하나님의 위대하심과 은혜에 대한 것이다. 이 시편에서 하나님의 위대하심에 대한 강조는 폭풍우에 나타난 여호와의 권능과 엄위하심에 의해 포착되며, 그분의 은혜에 대한 강조는 그분이 자기 백성에게 힘과 평강을 주신다는 선언에서 발견된다.

폭풍우에 초점을 맞춘 것은 흥미롭다. 이스라엘에는 폭풍우가 없기 때문이다. 시편기자는 폭풍이 레바논과 시리아를 가로질러 북쪽으로 가나안 영토까지 이동하는 것을 추적한다. 폭풍의 위치와 시편기자의 몇 가지 말은 그것이 가나안의 종교적 믿음에 대한 반대 논쟁임을 나타낸다. 북부 지역에서 폭풍신은 바알신(하닷)이었다. 하지만 시편기자에게 그것은 폭풍을 유발하는 바알의 소리가 아니라 이스라엘의 하나님 여호와의 소리였다.

이 논쟁을 구성하기 위해, 가나안 찬송의 일부를 이어받아 바알 숭배에 반대하는 논쟁으로 사용했을 수 있다. 그러면서 히브리인들에게 모든 자연과 민족들에 대한 그들의 하나님 여호와의 주권을 단언한 것이다.[9] 또한 이 시편이 번

---

9 이 시편과 가나안의 사상들 간의 관계는 학자들마다 다양하게 설명한다. 그중 몇 가지에 대해서는 T. H. Gaster, "Psalm 29," *JQR* 37(1946, 7): 55–65; F. M. Cross, Jr., "Notes on a Canaanite Psalm in the Old Testament," *BASOR* 117(1949):19–21; P. C. Craigie, "Psalm xxix in the Hebrew Poetic

안한 것이기보다는 이스라엘에서 지어진 것일 가능성도 동일하게 있다. 가나안의 원래 찬송은 어떤 것도 발견되지 않았기 때문이다. 더 오래된 형태의 가나안 찬송을 다윗이 사용했고, 이 시편은 후에 그것을 개정한 것이라는 생각을 지지하는 증거는 없다. 저자가 가나안 신화들에 의해 발전된 옛 문학적 관례를 사용했으나, 그것이 바알이 아니라 여호와께 드려진 것임을 확실하게 밝혔다고 말해도 똑같이 의미가 통할 것이다. 이 시편의 이런 개념과 표현들은 다윗이 저자라는 것과 맞아떨어질 것이다. 이 시편이 말하는 요점은 매우 분명하다. 그것을 누가 썼든 혹은 그것이 기록된 배경이 어떠하든, 여호와가 자연의 모든 세력 위 보좌에 앉아 계신다는 것이다.

석의적 분석

요약

시편기자는 레바논과 시리아에 내린 무시무시한 폭풍우에서 여호와의 권능이 어마어마하게 나타난 것을 목격하고, 천군천사를 불러 자기 백성에게 힘과 평강을 주실 수 있는 능력을 보이시면서 자연을 주권적으로 통치하시는 그분께 영광을 돌리도록 명한다.

개요

I. 찬송하라는 명령: 시편기자는 천군천사에게 거룩한 옷을 입고 여호와께 영광을 돌리라고 명한다(1-2절).

Tradition," *VT* 22(1972): 143-51; John Day, "Echoes of Baal's Seven Thunders and Lightenings in Psalm xxix…," *VT* 29(1979):143-51; F. C. Fensham, "Ugarit and the Translator of the Old Testament," *Bible Translator* 18 (1967):71-74를 보라. Kraus는 이 시편이 가나안의 바알 찬송이 직접 기원이 되었다는 생각을 받아들이지만, 여호와(Yahweh)라는 이름이 바알 하닷(Baal-Hadad)으로 대체되었다고 말한다. "이 개념에서 가나안 신화를 압도하는 논쟁적 의미를 해석에서 해결해야 할 것이다"(*Psalms 1-59*, p.347).

    A. 그는 천군에게 여호와께 영광을 돌리라고 명한다(1-2절 상).

       1. 그들은 그분께 영광과 힘을 돌려야 한다(1절).

       2. 그들은 그분께 그분의 이름에 합당한 영광을 돌려야 한다(2절 상).

    B. 그는 천군에게 거룩한 옷을 입고 그분을 예배하라고 명한다(2절 하).

II. 찬양의 이유: 시편기자는 레바논과 시리아에 내리는 무시무시한 폭풍우에서 여호와가 자연을 전능하게 주관하신다는 것을 묘사한다(3-9절).

    A. 그는 폭풍이 일어나는 것을 "여호와의 소리"로 여긴다(3-4절).

       1. "여호와의 소리"는 바다에서 폭풍이 일어나는 것에서 나타난다(3절).

       2. "여호와의 소리"는 힘 있고 우렁차다(4절).

    B. 그는 한창 폭풍우가 일 때 "여호와의 소리"를 증거한다(5-7절).

       1. "여호와의 소리"는 레바논의 백향목을 꺾는다(5절).

       2. "여호와의 소리"는 큰 산을 흔들리게 한다(6절).

       3. "여호와의 소리"는 갈라진 번개를 번쩍이게 한다(7절).

    C. 그는 폭풍우가 지나는 것을 "여호와의 소리"라고 본다(8-9절).

       1. "여호와의 소리"는 광야에 있는 모든 것을 흔든다(8절).

       2. "여호와의 소리"는 폭풍의 결과에 책임이 있다(9절).

         a. 암사슴들은 놀라서 송아지를 조산한다.

         b. 삼림은 폭풍에 의해 말갛게 벗겨진다.

         c. 하늘 궁전의 모든 피조물은 여호와의 권능이 나타날 때 여호와께 '영광'이라고 외친다.

III. 결론: 시편기자는 여호와가 모든 자연을 지배하며 자기 백성들과 더불어 그분의 힘과 평강을 공유하실 수 있다고 선언한다(10-11절).

    A. 그는 홍수에 대해 언급하면서, 여호와가 영원히 왕으로 좌정하신다고 선언한다(10절).

       1. 여호와는 홍수 때 (권함을 갖고) 좌정하셨다.

       2. 여호와는 영원히 왕으로서 좌정하신다.

B. 그는 폭풍에 대해 언급하면서, 또한 여호와가 그의 백성에게 힘과 평강을 주실 능력이 있다고 선언한다(11절).
1. 폭풍우를 부르실 수 있는 분이 그의 백성에게 힘을 주신다.
2. 폭풍우를 멈추실 수 있는 분이 그의 백성에게 평강을 주신다.

강해 형태의 주석

I. 하나님은 그분의 엄위하신 능력 때문에 하나님의 종들에게 찬양을 받아 마땅하다(1-3절)

이 시편의 처음 세 구절은 찬송하라는 명령이다. 이것은 여호와의 성품과 명성에 상응하는 영광을 돌리라는 명령이다. 이 명령의 형태는 점층적 대구법으로 되어 있다. 세 줄이 매우 비슷하지만, 네 번째 줄은 중요한 조건을 제시하기 위해 바뀐다. "여호와께 돌리고…돌릴지어다…여호와께 돌리며…거룩한 옷을 입고 여호와께 예배할지어다."

처음 세 개의 명령은 '돌리다' 혹은 '주다'(הָבוּ,에서 나온 יָהַב)이다. 이 반복된 명령은 여호와께 "영광과 능력", "그 이름에 합당한 영광"을 드리라는 것이다. 이 표현은 기본적으로 찬송에서 하나님의 영광과 힘을 선포하라는 것, 하나님께 그분이 받으셔야 마땅한 영예를 드리라는 것을 의미한다. '영광'(כָּבוֹד, 시 19:1의 같은 단어를 보라)이라는 단어는 하나님의 중요성을 말하며, '힘'(עֹז)은 그분의 능력을 말한다.[10] 하나님의 능력은 실제로 그분의 영광을 나타낸다(참고. 사 6:1-3.

---

10 עֹז은 '강하다'라는 의미다. 형용사 '강한'(עַז), 명사 '힘'(עֹז) 덜 흔한 명사(עֱזוּז), 그리고 형용사(עִזּוּז), '능한'이 있다. '힘'이라는 명사는 육체적인 것이든 영적인 것이든 강하거나 능력 있는 것은 무엇이든 말할 수 있다. 요새 혹은 강한 팔 혹은 능한 목소리 등과 같은 것이다. 그것은 철면피 같은 용모, 즉 강한 얼굴이라는 부정적 의미로 사용할 수도 있다(신 28:50). 잠언 21:29은 악인이 자기 얼굴을 굳게 한다고 말한다(냉담함을 보이다).

'영광'에 대해서는 시 19:1의 같은 단어를 보라). 이 명령은 하나님께 그분의 '이름' 혹은 그분의 본성에 합당한 찬양을 드리라는 것이다. 여호와의 본성에 대한 모든 것은 찬양받아야 마땅하다. 하지만 특히 그분의 힘, 즉 그분의 초자연적 권능은 더욱 그렇다. 이 시편에서 그 힘은 하나님이 자연을 주관하시는 것에서 입증될 것이다.

이 명령은 "권능 있는 자들"(בְּנֵי אֵלִים)에게 주어진 것이다. 이 표현은 어렵지만 아마도 '하나님의 아들들'을 의미할 것이다. 다른 곳에서는 그것이 다르게 기록되어 있긴 하지만(בְּנֵי אֱלֹהִים) 말이다. 구약에서 이들은 천사들일 것이다(욥 2:1).[11] 가나안 본문들에서 "엘(하나님)의 아들들"이라는 표현은 신들의 만신전을 말한다.[12] 이 시편의 논쟁적 성질에는 이교 신화에 대한 암시가 포함되어 있을 가능성이 매우 높다. 시편기자가 '권능 있는 자들'에게 여호와를 찬양하라고 요구할 때, 그는 가나안 사람들에게 친숙하지만 이 말의 참된 의미를 지닌 언어를 사용한다. 이것은 바로 천사라는 말이다. 이교도들에게 그는 만신전의 신들이 이스라엘의 하나님 여호와께 찬양을 하도록 요구하는 것처럼 보이겠지만, 그가 생각하기에 이것은 신들이 아니고 천사같은 존재였다. 그의 말은 이중적 언급이었다. 천사 무리에게 거룩한 옷을 입고 여호와께 예배하라고 명하면서, 그는 사실상 그들의 신들 혹은 그 신들 배후에 있는 영들에게 그분께 영광을 돌리라

이것은 여호와의 본질적 속성이다. 이 속성으로 인해 그분은 찬송받으셔야 한다. 여호와의 힘은 그분의 창조물에서(시 29:1), 구원의 행동들에서(시 68:28), 원수들을 멸하시는 것에서(출 15:13) 보여진다. 그분의 능한 임재는 궤와 연결되어 있다. 이 궤는 "주의 권능의 궤"(시 132:8)로, 혹은 그냥 "능력"(시 78:61)으로 언급된다. 이것은 여호와의 능력 있는 임재의 중심적 초점이 되었기 때문이다.
이 말에는 몇 개의 매우 비슷한 유사어가 있으며, 이것들을 분명하게 구분하는 것은 쉽지 않다.

11 '권능 있는 자들'이라는 표현에서, '권능'은 하나님을 말하며, 1이라이 군주들처럼 땅 위에 있는 권능 있는 사람들을 말하는 것이 아니다. '권능 있는 (하나님의) 자들'이 이스라엘 사람들을 가리키는 것도 불가능한 것은 아니다. 하지만 이 문구가 인간을 말하는 유일한 곳은 호세아 1:10로, 거기에서는 "너희는 살아 계신 하나님의 아들들"이라고 되어 있다. 히브리어를 보면 거기에서 이 명사의 단수 형태(בְּנֵי אֵל)를 사용하여, '하나님의 아들들'이라고 되어 있다(Perowns, *Psalms*, (1:277-8).

12 흥미롭게도 John Milton은 Book I of *Paradise Lost*에서 타락한 천사를 고대 근동의 신들로 판정한다. 성경에 나오는 천사들로서의 '하나님의 아들들'과 가나안의 군소 신들로서의 '하나님의 아들늘' 산의 연관을 지어 이런 통찰과 조화를 이룬다.

고, 여호와께 굽혀 절하라고, 그리고 그분을 예배하라고(הִשְׁתַּחֲווּ) 명한다. 이교 신들이 여호와께 절한다는 개념에 대해서는 시편 97:7을 보라. 경배는 여호와의 주권에 대해 피조물이 보일 수 있는 유일한 반응이다.

시편기자는 하늘의 천군들에게 여호와의 이름을 찬양하라고 명한다. 하지만 그들은 "거룩한 옷을 입고"(בְּהַדְרַת־קֹדֶשׁ, '거룩한'에 대해서는 시 22:3의 같은 단어를 보라) 그분을 찬양해야 한다. 몇몇 주석가들은 이 말이 성소에서 예배 의식을 위해 옷을 입은 제사장들을 묘사한다고 말한다.[13] 제사장들은 거룩함과 여호와께 대한 정결함을 의미하기 위해 흰 세마포 옷을 입어야 했다. 하지만 때로는 여호와를 높이기 위해 축제용 옷을 입기도 했다. 따라서 하늘의 궁정에서 여호와를 경배하는 자들은 성도든 천사든 상징적으로 제사장의 옷을 입은 것으로 묘사된다. 그들이 여호와께 끝없이 경배를 드리기 때문이다. 이렇게 연관시키는 것의 요점은, 찬송이 여호와가 마땅히 받아야 하는 것일지는 모르지만, 이 찬송은 하늘 성소에 필요한 거룩함을 옷 입은 사람들이 부르는 것이어야 한다는 것이다. 이 표현을 다른 식으로 해석할 수도 있다. 그리고 이것은 그 말이 여호와를 말한다는 것이다. 거룩함으로 옷 입은 분을 예배하라는 것이다.[14] '옷 입다'(בְּהַדְרַת־קֹדֶשׁ, '거룩한 옷을 입고')라는 단어는 보통 여호와의 영광스러운 나타나심을 말한다.[15] 하나님의 거룩하심과 예배자의 적절한 상태 사이의 관계는 너무나 분명해서 말할 필요도 없겠지만, 시편기자는 이것을 찬송하라는 그의 명령에 포함시킨다. 사람들이 하나님께 기쁜 찬송을 드리기 위한 필요 조건들을 보도록 하기 위해서다.

---

13 예를 들어, Perowne, *Psalms*, I:276을 보라.

14 Kidner, *Psalms 1-72*, p.125.

15 이 단어가 '옷'('장신구'와 관련된 단어)이 아니라 '나타남'을 의미하는 우가릿 언어와 관련이 있다는 주장은 별로 설득력이 없다(Kraus, *Psalms 1-59*, p.346; P. R. Ackroyd, "Some Notes on the Psalms," *JTS NS* 17[1966]: 392-99를 보라).

II. 하나님은 능력의 말씀으로 자연을 주관하시는 것으로 인해 찬송을 받으셔야 한다(3-9절)

이 시편은 이제 찬송하라는 명령에 대한 이유를 제시한다. 여호와가 그분의 말씀으로 자연을 전능하게 주관하시는 것 때문이다. 여기에서 묘사하는 것은 땅을 휩쓸고 지나가는 엄청난 폭풍우다. 시편기자는 그 길과 전개 과정을 추적하며, 한 걸음 한 걸음마다 이것을 여호와의 소리로 돌린다("여호와의 소리", קוֹל יהוה). 이 소리는 본문에서 일곱 번 나온다(계 10:3의 일곱 우레와 비교해보라).

앞으로 보겠지만, 이 폭풍의 출처는 이스라엘의 북쪽, 가나안 나라다. 이 본문은 가나안 본문들(우가릿)과 비슷한 표현 및 관심사를 갖는다. 이 가나안 본문들은 폭풍우의 흥망을 가나안 신인 바알신에게서 기인한 것으로 본다. 바알에 대한 묘사들은 그를 손에 번쩍이는 번개로 된 창을 들고, 다른 손에는 천둥을 위한 클럽(club)을 들고 파도 위에 서 있는 것으로 묘사한다. 사람들은 그것이 비를 내려주기를 원했다(왕상 18장을 보라). 실제로 비가 오고 천둥이 치면 그들은 그것을 바알의 공으로 돌렸다. 실제로 가나안 본문은 일곱 겹의 우레가 바알에게서 나온다고 말한다. 이 시편에서는 "여호와의 소리"가 일곱 번 나오는 것으로 나타난다.[16] 그렇다면 시편은 가나안의 표현들과 믿는 바들을 취해서 가나안 나라의 폭풍우를 묘사한다. 하지만 자연에 대해 – 심지어 바알의 나라에 대해 – 주권을 가진 분은 바알이 아니라 여호와라는 것을 단언한다.

이 부분은 세 개의 작은 부분으로 나누어질 수 있을 것이다. 격정적인 폭풍의 일어남(3-4절), 폭풍의 강력한 힘(5-7절), 그다음에 폭풍이 광야로 지나가는 것(8-9절)이다.

---

16 John Day, *God's Conflict with the Dragon and the Sea: Echoes of Canaanite Myth in the Old Testament* (Cambridge: Cambridge University Press, 1985).

A. 하나님은 그분의 엄위하신 말씀으로 폭풍우를 불러오신다(3-4절)

시편의 이 부분은 "여호와의 소리가 물 위에 있도다"라는 진술로 시작한다. "여호와의 소리"(קוֹל יְהוָה)는 천둥 소리를 말하는 비교의 비유(암시된 비교)로 해석할 수 있다. 특히 "영광의 하나님이 우렛소리를 내시니"라는 다른 콜론에 비추어 볼 때 그렇다. "여호와"(야훼)는 이처럼 "영광의 하나님"(혹은 '영광스러운 하나님')과 대비되고, "소리"는 '우렛소리를 내다'라는 동사와 대비된다. 세 번째 콜론에서 "여호와의 소리"라는 표현은 단순히 "여호와"(야훼)와 대비된다. 우렛소리를 소리와 비교하는 것은 이 구절을 단순히 해석하는 것이다. 하지만 시편 나머지 부분에서 이 표현은 비교의 비유적 표현처럼 보이지 않는다. 그래서 시편기자는 아마 이 소리가 자연의 요소들을 명령한다는 의미로 말했을 것이다. 그분의 말씀으로 폭풍우가 생겨나고 그다음에 소멸하도록 한다는 것이다(원인의 환유). 따라서, 이 표현 역시 첫 번째 구절에 대한 해석처럼 해석할 수 있다. 즉 여호와가 말씀으로 폭풍우가 생겨나게 하셨다는 것이다.

"물" 혹은 "많은 물"은 창공 위나 아래에 있는 거의 어떤 종류의 물이든 다 말할 수 있다. 하지만 이 본문에서 폭풍의 길은 내륙의 물로부터 레바논과 시리아로 이어진다. 이것은 이 '물'이 지중해, 대해를 말한다는 의미다. 이것은 또한 창공 위의 물, 일어나고 있는 짙은 구름을 의미하는 것일 수도 있다. 하지만 그렇더라도 이 폭풍우의 길을 생각해볼 때, 이 구름은 바다로 향할 것이다.

4절은 단지 여호와의 소리가 힘 있고 위엄차다는 것을 단언한다. 이 두 단어에는 앞에 전치사(בְּ)가 붙어있는데, 이것은 소리의 본질[본질의 베트(beth)]을 나타내는 것으로 보는 것이 가장 좋다. 그렇게 되면 번역은 "…(이) 힘 있음이여"와 "…(이) 위엄차도다"가 될 것이다.

B. 하나님의 강력한 말씀이 폭풍을 사납게 날뛰게 한다(5-7절)

여호와의 소리가 이제는 백향목을 꺾어 부순다. 이 나무들은 레바논의 자랑이다. 하지만 여호와가 일으키시는 폭풍우는 폭풍우를 몰고 오는 맹렬한 바람으로 그것들을 제압하고, 뿌리 뽑고, 부러뜨린다. 이 대구법은 분사(칼, שָׁבַר)와 과거 시제(피엘, וַיְשַׁבֵּר)를 결합한다. 둘 다 폭풍우의 계속적인 전진을 표현하는 말로, '꺾다'와 '꺾어 부수다'이다. 이것은 또한 '여호와의 소리'를 '여호와'와 대비한다.

그다음에 6절은 지진을 시적 형태로 묘사한다. "그것들을 뛰게 하심이여"는 땅이 이동한 것과 더 비교를 이룬다. 그리고 직유법(예를 들어, "송아지 같이")이 시적 심상을 채운다. 동사에 대한 '그들'이라는 접미사는 예측적인 것으로, 그다음 구절에 나오는 레바논과 시룐을 말한다. 이것은 이스라엘 북쪽 지역에 있는 두 개의 산 혹은 산맥이다(시룐산은 헐몬산을 말하는 것이다. 참고. 신 3:9).

마지막 7절에는 갈라진 번개에 대한 시적 묘사가 나온다. "여호와의 소리가 화염을 가르시도다."

C. 하나님의 능력의 말씀이 폭풍을 가라앉게 한다(8-9절)

그다음에 산들을 지나 동쪽 광야로 간 폭풍은 거기에서 사라진다. 그 장소는 "가데스 광야"다. 이 이름을 남쪽에 있는 가데스 바네아를 말하는 것으로 여겨서는 안된다. 날씨 유형이 그렇게 남쪽으로 향하지는 않을 것이기 때문이다. 이것은 아마 북쪽의 오론테스강에 있는 가데스일 것이다. '가데스'라는 말은 신전, 거룩한 장소를 지칭하며, 그래서 성전들이 있는 도시들을 가리키는 상당히 흔한 이름이다. 이 본문은 여호와의 소리가 광야를 "진동시키시도다"(יָחִיל)라고 말한다. '광야'는 광야에 있는 식물군과 동물군을 말한다(주제의 환유). 폭풍우는 이것을 모두 떨거나 흔들리게 하고, 그 뒤로 비틀리고 찢겨진 증인들이 이것의 맹렬함을 목격하게 한다.

이 시편 이 부분의 마지막 구절은 이 폭풍의 결과를 기록한다. 첫째, 이것이 암사슴들에게 산통을 느끼게 해서(יְחוֹלֵל אַיָּלוֹת) 새끼를 조산하게 만든다는 것이다.[17] '암사슴'을 '떡갈나무'(אֵילוֹת)로 바꿀 필요는 없으며, 사본상의 증거도 없다(NIV와 다른 역본들을 보라). 이것은 "삼림을 말갛게 벗기시니"라는 다음 구절과 멋진 대구를 이룬다. 여기에는 동의어적 대구법은 필요가 없다. 한 행에는 동물들이 나오고, 그다음 행에는 나무들이 나오는 것은 문제가 아니다. 실제로 세 번째 콜론은 전혀 새로운 개념을 제시한다.

9절은 찬양의 원인에 대한 결론을 제공한다. 시편기자가 할 수 있는 것은 이제 천군 천사가 하나님을 찬양한다고 인정하는 것 뿐이다. 그의 성전에 있는 모든 것은 "영광"이라고 말한다. 여기에서 "성전"은 하늘의 성전을 말한다. '영광'이라는 말을 사용한 것은 천군 천사가 하나님께 영광을 돌리는 시편의 첫 부분을 상기시키기 때문이다.

"영광"은 찬양의 갈채다(시 19:1의 같은 단어를 보라). 이 단어는 기본적으로 '무겁다'라는 의미이므로, '영광'이라는 발전된 의미는 중요성 혹은 가치를 말하며, '영광을 돌리다'는 '찬양을 통해 하나님의 중요성을 인정하다'라는 것을 말한다. 어느 누구도 그분의 본질적 가치나 영광에 뭔가를 더할 수 없으므로, 하나님께 영광을 돌린다는 것은 온 땅 전체에 찬송을 통해 그분의 평판을 확장한다는 것이며, 이것은 오직 그분만이 제대로 주권자, 모든 자연의 주님이심을 선포한다는 의미다.

III. 결론: 하나님은 힘과 평강으로 그분의 백성에게 복을 주신다(10-11절)

A. 여호와는 모든 자연을 다스리신다(10절)

여호와가 가나안에서 그분의 힘과 영광을 보여주신다는 묘사에 더하여, 시편기자는 이것의 가장 큰 표현을 상기시킨다. 이것은 바로 홍수다(창 6-8장). '홍수'라는 이 단어는 창세기에 나오는 홍수에 대해서만 사용한다. 따라서 사용된 동

---

17 이 행의 해석에 대해서는 수많은 제안이 있다. 대부분은 짐승에 대한 언급이 있다는 것에 동의한다. 하지만 이 동사는 '산기가 있다'(Jerome), '고통으로 꿈틀거리다'(Kraus), '경련을 일으키게 하다'(Goldingay) 등으로 번역되었다. Goldingay는 이 후자의 번역을 사슴이 공포로 이리저리 뛰어 돌아다니는 것으로 설명한다(*Psalms 1-41*, p.412). 그러나 그는 '고통으로 몸부림치다'라는 번역도 이치에 닿는다고 인정한다.

사(יָשַׁב)는 그때를 말한다. "그가 좌정하셨음이여." 그다음 구절이 개념을 홍수로부터 모든 시대로 확장시킨다. "여호와가 영원하도록 왕으로 좌정하시도다." 시편기자는 그때는 전 세계적인 한 사건에서, 그리고 지금은 한 지역에 국한된 폭풍우에서 여호와가 모든 자연을 주권적으로 주관하시는 것을 마음속으로 상상한다.

B. 여호와는 자기 백성의 필요를 채우신다(11절)

시편기자는 폭풍우의 움직임에 대한 묘사를 끝내면서, 이제 하나님의 백성을 위한 교훈을 표현한다. 여호와는 맹렬한 폭풍을 일으키심으로 그분의 힘을 표현하시므로, 그 힘에 의해 찬송을 받으셔야 한다. 하지만 그분은 그 힘을 자기 백성에게도 주신다.[18] 다시 말해, 하나님의 힘은 하나님의 백성이 세상을 극복할 자원으로 사용할 수 있다. 그다음에, 여호와는 폭풍이 광야에서 소멸하도록 명령할 수 있는 것과 마찬가지로, 자기 백성에게 평화를 주실 수 있다. 삶의 광포함 중 그분이 진정시키지 못할 것은 없다.

메시지와 적용

이 시편은 마지막 구절에서 교훈을 제공하므로, 강해의 방향은 분명하다. *하나님은 자연 속에서 엄위한 힘과 완전한 평화를 보여주시며, 그 자연을 그분의 백성들(하늘의 천사들과 함께 그분을 찬송하고 거룩함으로 그분을 예배하는)이 이용할 수 있게 하신다.* 이 시편의 내용은 그 힘이 무엇을 할 수 있는지, 그리고 그 평강이 얼마나 잠잠하게 하는 것인지 잘 보여준다. 그리고 시편 첫 부분에 나오는 찬송

---

10 시편들이 종종 기도로 끝난다거나 혹은 이 말들이 9절 하-10절에도 반복된다는 것에 근거하여 이 구절에 나온 동사들을 명령법으로 만들 이유는 없다(Goldingay, *Psalms 1–41*, p.421). 또한 찬송 시편들에는 교훈적 요소가 있으며, 이 구절에 대한 전통적 이해는 그것에 부합한다.

하라는 명령은 비록 천사들에게 한 명령이기는 하지만, 모든 피조물이 하나님께 그 이름에 합당한 영광을 돌리기 위한 지침을 제공한다. 그렇게 찬송을 돌리는 것은 영적으로 그분의 거룩한 임재에 들어갈 준비가 되어 있는 사람들에게서 나와야 한다. 우리는 이 모든 것이 함축하는 바를 사람들이 힘이나 평강을 이용하기 원한다면, 모든 영광과 힘이 그분께 속해 있다고 인정함으로 신실함을 보여야 한다는 것이라고 말할 수 있다. 하지만 그들은 거룩함으로 이 일을 해야 한다. 사도 바울은 빌립보 교회에 그리스도와 그의 부활의 능력을 아는 것에 방해되는 모든 것을 자신이 제거했다고 말했다(빌 3:1-11). 땅의 성도는 거룩함으로 옷 입고 하늘의 천사들 및 천사장들과 함께 찬송을 받으시기에 합당하신 분께 끝없는 찬송을 드린다. 그분은 능력의 말씀으로 모든 것을 창조하셨을 뿐 아니라 그것을 유지하시기 때문이다(히 1:3).

   신약은 여러모로 주 예수 그리스도를 구약의 여호와와 동일시하며, 특히 이 시편 주제와 관련하여 그렇게 한다. 그분은 모든 피조물에 대해 같은 힘을 보여 주시기 때문이다. 신약에서 우리는 예수님이 폭풍우를 잠잠케 하시고, 물 위를 걸으시며, 물로 포도주를 만드시고, 심지어 그분이 죽으실 때 폭풍우와 지진이 일어난 것을 안다. 예수님은 이런 일들을 통해 하늘과 땅의 주님이시라는 주장들이 믿을 만한 것임을 입증하신다. 또한 신자들은 평생 이 주님께 힘과 평강을 기대한다.

39

A Moment in His Anger—A Lifetime in His Favor   PSALM 30

그의 노염은 잠깐, 그의 은총은 평생
(시편 30편)

서론

본문과 다양한 역본들

다윗의 시[1], 곧 성전 낙성가

1   여호와여 내가 주를 높일 것은 주께서 나를 끌어내사
    내 원수로 하여금 나로 말미암아 기뻐하지 못하게 하심이니이다
2   여호와 내 하나님이여 내가 주께 부르짖으매
    나를 고치셨나이다
3   여호와여 주께서 내 영혼을(me)[2] 스올[3]에서 끌어내어
    나를 살리사 무덤으로(from the grave)[4] 내려가지 아니하게 하셨나이다

---

1   쎌타이역에는 hus εις τὸ τέλος로 되어 있다. '인도자를 따라'라는 히브리어는 통상 그렇게 번역한다.
2   히브리어로는 '내 생명'(my life).

4 주의 성도들아 여호와를 찬송하며

 그의 거룩함을 기억하며(to his holy name)[5] 감사하라

5 그의 노염은 잠깐이요[6]

 [7]그의 은총은 평생이로다

 저녁에는 울음이 깃들일지라도

 아침에는 기쁨이 오리로다

6 내가 형통할[8] 때에 말하기를

 영원히 흔들리지 아니하리라 하였도다

7 여호와여 주의 은혜로 나를 산 같이 굳게 세우셨더니[9]

 주의 얼굴을 가리시매 내가 근심하였나이다

8 여호와여 내가 주께 부르짖고

 여호와께[10] 간구하기를[11]

9 내가 무덤에 내려갈 때에

 나의 피가 무슨 유익이 있으리요

 진토가 어떻게 주를 찬송하며

 주의 진리를 선포하리이까

---

3 히브리어 sheol, 이 본문에서는 확실한 죽음의 장소.

4 이 번역은 더 널리 받아들여지는 케티브 독법, מִיֹּרְדֵי "(웅덩이로) 내려가는 사람들로부터"라는 독법을 따른다. 이것은 헬라어역, Thedotion, 수리아 역본의 지지를 받는다. 케레는 부정사 형태 מִיָּרְדִי, '내가 (웅덩이로) 내려가는 것으로부터'라고 되어 있다. 이것은 Aquila, Symachus, the Targum 및 다른 몇 몇 사본의 지지를 받는다.

5 히브리어는 '그의 거룩함을 기억하여'(memorial of his holiness) 혹은 '그의 거룩한 기념적 (이름)'이라고 되어 있다. '기억'이라는 단어는 종종 어떤 사람이 기억할 이름을 의미한다(출 3:15을 보라. 시 6:5의 같은 단어를 보라), 헬라어 역본은 문자적인 번역을 한다. '그의 거룩함의 기억함(μνήμη)을 위해.'

6 헬라어 역본은 '잠깐이요' 대신에 '노여움(ὀργή)은 그의 분노 안에 있다'라고 말한다. 분명 רֶגַע 대신 רֹגֶז을 생각하고 있을 것이다.

7 '그리고'(and)는 히브리어에는 없지만, 헬라어와 수리아 역본에는 있다.

8 혹은 '번영' 혹은 '자급자족'.

9 MT는 "(주께서) 나의 산을 (לְהַרְרִי) 굳게 세우셨더니"라고 되어 있다. 헬라어역은 명백히 이것을 לְהֲדָרִי로 이해한다. 거기에는 "내 아름다움에(τῷ κάλλει μου) 주께서 힘을 더하셨나이다"라는 말이 있기 때문이다.

10 여호와여 들으시고 내게 은혜를 베푸소서
    여호와여 나를 돕는 자가 되소서[12] 하였나이다

11 주께서 나의 슬픔이 변하여 내게 춤이 되게 하시며
    나의 베옷을 벗기고 기쁨으로 띠 띠우셨나이다
12 이는 잠잠하지 아니하고[13] 내[14] 영광으로 주를 찬송하게 하심이니
    여호와 나의 하나님이여 내가 주께 영원히 감사하리이다

구성과 전후 문맥

이 시편은 아름답고 적절한 비유적 표현 및 분명하고 강력한 진전 때문에, 시편 모음집에서 가장 멋진 시편 중 하나다. 이것은 거의 죽을 뻔한 질병에서 회복된 후 기록된 것처럼 보이는 찬송시다. 치유의 결과로 이 시편기자는 다른 신자들에게 자신의 경험과 하나님의 응답을 이야기할 때 함께 그분을 찬양하라고 명한다. 본문으로 보아 그의 딜레마가 하나님의 진노의 결과라는 것이 분명하다. 그리고 그로 보아 그 재난이 교만이나 주제넘음에 대한 신적 징계라는 해석이 가장 유력하다("내가 형통할 때에 말하기를 영원히 흔들리지 아니하리라 하였도다 주의 얼굴을 가리시매 내가 근심하였나이다"). 어떤 사람은 이것이 신적 징계가 아니라고 생각하지만,[15] 이 시편은 그가 자만심을 가진 후에는 하나님이 얼굴을 숨기시

---

10 몇몇 사본들은 אֲדֹנָי을 거룩한 글자들 יהוה로 바꾼다. 헬라어는 '나의 하나님'이라고 되어 있다.
11 헬라어 번역들은 이 동사들을 보통 미래 번역으로 본다.
12 이 구절에서 모든 동사는 MT에서는 명령형으로 되어 있다. 하지만 헬라어역에서는 이것은 모두 성 과거(definite past)로 번역했다.
13 동사 יִדֹּם는 '잠잠하지 (않을) 것이다'이다. 헬라어 역본에는 '나는 고통으로(κατανυγῶ) 사무치지 않을 것이다'라고 되어 있다. 아마 אֶדְקַר과 같은 히브리어 형태를 나타낼 것이다.
14 대명사 '내'(my)는 헬라어 번역에는 있지만 MT에는 없다.
15 Goldingay는 이 시편이 단순히 신자가 통상적으로 겪는 기복의 삶을 묘사한다고 생각한다(Psalms 1–41, p.433). 하지만 강해에서 보겠지만 시편의 언어는 인생의 통상적 사건들을 묘사하는 것일 가능성이 거의 없다.

고 시편기자가 두려움을 느끼게 하는 것이 포함된다는 것, 그리고 이것이 하나님의 진노라고 불린다는 것을 분명하게 나타낸다. 페로운은 그가 자신을 신뢰하기 시작했다고 말하며, 그래서 그의 생각을 이렇게 풀어서 말한다. "나는 너무나 강하고, 안전한 것처럼 보여서, 마음속으로 생각하기 시작했다. 나는 절대 움직이지 않을 거야. 주님은 내 산을 매우 강하게 만드셨거든. 그때 주님은 얼굴을 숨기셨고 나는 괴로웠다."[16] 이것이 적절한 이해라면, 시편기자의 치유는 육체적인 것이기보다는 오히려 영적인 것이었다.

표제는 이 시편이 다윗의 것이라는 전통과 그것이 '성전 낙성'(חֲנֻכָּה)을 위한 것이라는 전통을 기록한다. 대부분의 주석가들은 이 시편이 다윗이 쓴 것일 리가 없다고 말할 것이다. 이것이 성전의 봉헌을 언급하고 있기 때문이다(흥미롭게도 표제의 한 부분을 부인하기 위해 표제의 다른 한 부분을 가지고 말한다). 그 이유는 '봉헌'이라는 단어가 성전의 완성을 의미하기 때문이라는 것이다. 다양한 주석가들은 성전 봉헌에 대해 서로 다른 몇 가지 경우를 제안한다. 하나는 그것이 주전 165년경, 안티오커스 에피파네스 이후 시대 성전 재봉헌을 말한다는 것이다(마카베1서 4:52). 하누카 절기와의 연관은 흥미롭다. 하지만 이 시편을 늦은 시기에 쓰인 것으로 볼만한 이유는 없다. 게다가 '봉헌'이라는 말은 통상 '재 봉헌'이라는 말로 사용되지 않는다. 또 다른 견해는 이것을 주전 515년의 성전 봉헌을 말하는 것으로 보는 것이다(에 6:16-17). 다윗이 이 시편을 썼을 수도 있다고 인정하는 사람들 가운데 자신의 집을 봉헌하기 위해 썼다고 주장하는 사람도 있다(삼하 5:11-12). 다윗은 그 집이 그의 안전과 나라의 힘을 나타내는 상징이라고 이해했다. 하지만 그 이전에 그가 병에 걸렸었다는 증거는 없다. 설득력이 떨어지는 견해는 이것이 압살롬과의 문제(삼하 20:3) 이후에 다윗이 자기 집을 정결하게 하기 위해 쓴 시라는 것이다. 반게머런은 이 시편이 '다윗과 연관되어' 있었지만, 표제어는 이 시편이 포로생활의 고난과 회복의 표현으로 민족적 성격

---

16 Perowne, *Psalms*, p. I:280.

을 띠게 되었을 때 덧붙여졌다고 주장한다.[17] 그는 다윗이 그것을 썼고 후에 주전 515년에 봉헌을 위해 개작되었다고 말하는 것이다. 하지만 그것은 분명하지 않다. 분명 다윗이 쓴 시편이 후에 더 중대한 용도로 쓰이게 되었고 그것을 알리기 위해 표제가 추가되었을 가능성은 분명히 있다. 골딩게이 역시 이 표제가 아마 포로생활 이후, 혹은 심지어 안티오커스의 신성 모독 이후에 시편이 재사용된 것이라고 적고 있다.[18]

또한 이 시편은 표제가 단순하게 말하듯이 성전 봉헌을 위해 다윗이 쓴 것일 수도 있다. 이것은 다윗이 성전을 건축했다는 의미는 아니고, 단지 성전을 건축할 준비를 위해 그가 한 것들 중에서도 특히, 봉헌을 위한 시편을 썼다는 의미일 것이다. 흥미롭게도 성전 부지를 취득하기 직전에 다윗은 인구조사를 하는 죄를 범했다. 그로 인해 여호와가 그 땅에 심한 전염병을 내리셨다(삼하 24장과 대상 21장). 다윗은 그 전염병에 걸리지 않았다(삼하 24:17). 그러므로 그것이 원래 그런 경우를 위해 쓰인 것이라면, 언급된 치유는 육체적인 것이기보다는 영적인 것이어야 할 것이다. 이 시편이 원래 어떤 경우를 위해 쓰였는지는 확실히 알기 어렵다. 하지만 표제는 잠시 미뤄두고 시편 자체만 보면, 다윗의 시라는 것을 분명히 알 수 있다. 이 문제들에 대해 어떤 결정을 내리든 시편의 메시지는 분명하고 어느 때나 적절하다. 어떤 경우에 쓰였는지 발견하려는 시도는 그저 시편에 언급된 상황을 설명하는 것 외에는 그다지 가치가 없다.

본문은 선언적인 찬송 시편의 유형을 따른다. 요약적 설명과 함께 서론적 찬양이 나오고(1-3절), 회중에게 여호와의 노염은 잠깐이고 은총은 평생이니 함께 찬양하자고 하는 명령이 나오며(4-5절), 그가 처한 딜레마와 그의 기도에 대한 보고(6-10절), 그리고 마지막으로 찬양 자체(11-12절)가 나온다.

---

17 VanGemeren, *Psalms*, p.296.
18 Goldingay, *Psalms 1-41*, p.425.

석의적 분석

요약

시편기자가 오만한 교만의 죄로 인한 징계에서 구원받은 경험을 통해, 시편기자와 회중은 여호와가 슬픔을 기쁨으로 바꾸신 것을 찬양하고, 그의 노여움은 순간일 뿐이지만 은총은 평생 지속된다는 것을 인정한다.

개요

I. 시편기자는 여호와가 그를 확실한 죽음에서 구원하셨다는 것을 인정하고 회중에게 하나님의 징계는 짧지만, 은총은 평생 지속된다는 사실을 함께 찬양하자고 요청한다(1-5절).

    A. 그는 여호와가 원수들에게서 자신을 구하신 것으로 인해 여호와를 높이기로 한다(1절).

    B. 그는 여호와가 그를 죽는 것에서 구하고 회복시켜주셨다고 선언한다(2-3절).

    C. 그는 회중에게 여호와의 징계는 짧지만 그분의 은총은 평생 지속된다는 것을 인정하라고 명한다(4-5절).

II. 시편기자는 오만의 죄로 인해 그가 받은 징계 및 구원해달라는 그의 기도를 상기한다(6-10절).

    A. 그는 자신이 오만하게 행동했을 때 하나님이 어떻게 그를 징계로 두렵게 하셨는지 말한다(6-7절).

    B. 그는 어떻게 그 징계에서 도와달라고 기도했는지 상기한다(8-10절).

        1. 하나님의 은총을 위해 기도하면서, 그는 자신이 죽어도 하나님께 아무 유익이 되지 않는다고 추론한다(8-9절).

        2. 이 기도는 하나님께 은혜를 베푸시고 도와달라는 간구였다(10절).

III. 시편기자는 여호와가 그의 기도에 응답하사 그가 영원토록 그분을 찬양하게 하셨다고 단언한다(11-12절).

    A. 그는 어떻게 하나님이 그에게 슬픔을 불러일으킨 징계를 제거하시고 기쁨을 낳은 건강으로 회복하셨는지 말한다(11절).

    B. 그는 하나님이 이렇게 하신 것은 그가 영원히 하나님을 찬송하도록 하기 위한 것임을 인정한다(12절).

강해 형태의 주석

I. 하나님이 생명을 위협하는 어려움에서 신자들을 구원하실 때, 그들은 회중이 하나님의 영속적인 은총을 찬양하도록 이끌어야 한다(1-5절)

A. 참회하는 신자들은 하나님이 생명을 위협하는 괴로움에서 구원하신 것을 인정한다(1-3절)

이 시편의 첫 번째 부분은 죽음에서 구하시는 것에 대한 요약 찬송이다. 이 시작 부분에는 이 딜레마가 신적 징계였다는 분명한 표시가 없다. 이것은 단지 하나님이 시편기자의 기도를 응답하시고 그를 죽음에서 구하셨다는 말만 있을 뿐이다. 첫 번째 단어는 시편의 목적을 확증한다. "내가 주를 높일 것은"(אֲרוֹמִמְךָ은 '높다'는 동사 רום에서 나온 포렐 청유법이다. 시 46:10의 같은 단어를 보라)은 찬송을 통해 '여호와를 높이다' 혹은 '칭송하다'라는 결심을 표현하는 것이다. 이것이 독실한 신자가 하는 일이다. 그가 드릴 찬송은 회중의 마음속에서 여호와께 올려질 것이다. 이것은 시편기자를 높이지는 않을 것이다. 왜냐하면 하나님의 은혜가 없었다면 그는 죽었을 것이기 때문이다. 오직 여호와만이 찬양을 받으시기에 합당하다. 언제나 그렇지만 특히 이런 상황에서 더욱 그렇다. 첫 번째 단어가 이 시편의 목적을 확증한다면, 첫 번째 행은 찬양의 이유를 제시한다. 그의 원수들에게는 실망스럽겠지만 여호와가 그를 죽음에서 구조하다는 것이다. 이 구조는 "나를 끌어내사"(הֶעֱלִיתַנִי)라는 말로 표현된다. 이 단어는 양동이 같은 것으로 '끌어올리다'라는 것이다. 그렇기 때문에 이것은 비유적 용법(암시된 비교)으로, '주께서 나를 죽음에서 구원하셨다'라는 의미다. 추가적 설명은 "내 원수가 나로 말미암아 기뻐하지 못하게(did not allow) 하심이니이다"라는 것이다. 동사(שִׂמַּחְתָּ, 피엘 완료)는 또한 "주께서 기뻐하지 못하게끔"(cause) 하셨다고 번역될 수 있다. 주께서는 그들에게 경축할만한 아무런 이유도 주지 않으셨다는 것이다['흡족해하다'(gloat)는 너무 사소한 말일 것이다. 단어 연구에 대해서는 시 48:11의 같은 단어를 보라]. 그가 죽었다면 원수들은 축하를 했을 것이다. 하지만 여호와가 원수들이 그 기대를 실현하지 못하게 막으셨다.

이것이 기도의 응답이라는 것이 2절의 요점이다. "내가 주께 부르짖으매"(שִׁוַּעְתִּי)와 "나를 고치셨나이다"(וַתִּרְפָּאֵנִי)라는 것이다. '고치다'(רָפָא)[19]라는 단

---

19 רָפָא는 본질적으로 '고치다'라는 의미다. 하지만 이것은 광범위한 어조를 지닌다. 이것은 일반적으로 하나님을 주어로 사용된다. 하지만 사람들이 치유자로 나오는 곳도 몇 군데 있다. 관련된 명사 מַרְפֵּא도 있는데, 이것은 '치유, 치료, 건강'을 의미한다(예를 들어 렘 14:19). 이 명사는 치유하는 단어들을 말할 수 있다[온순한 혀(soothing tongue), 잠 15:4] 혹은 평온한 마음(healthy mind, 잠 14:30) 등이다. 이것은 또한 질병을 치유하는 것에 대해서도 사용될 수 있다(대하 21:18).
이 동사는 사람들이나 사물들을 치유하는 것, 고치는 것, 혹은 수선하는 것에 대해 문자적으로 사용될 수 있다. 이를테면 피부병(레 14:3, 48절), 짠 물(왕하 2:22), 혹은 깨어진 도기(겔 47:8)와 같은 것이다. 이것은 일반적으로 어떤 종류의 상처, 질병, 감염의 치유에 대해서든 다 사용될 수 있다. 히브리인들은 대단히 많은 질병이 신적 징계의 결과라고 이해했기 때문에, 치유에는 영적인 요소도 있었다. 그들이 치료약과 의사를 이용한다고 해도 오직 하나님만이 치유하실 수 있었다. 예를 들어, 하나님은 미리암에게 피부병이 걸리게 하시고, 이후에 치료하셨다(민 12:9절 하).
이 동사는 사람들의 상처와 비통함을 치유하는 것에 대해 비유적으로 사용할 수 있다. 그리고 여기에는 보통 여호와의 은총이 회복되는 것—종종 죄사함과 함께—이 포함된다. 이사야 6:10은 이 말을 이런 식으로 사용한다. 사람들이 고침(영적 회복과 침략으로부터의 구원)을 받지 못하도록 신적 심판이 따라야 했기 때문이다. 출애굽기 15:26에서 여호와는 쓴 물을 달게 하셔서 백성이 마실 수 있게 하며 "나는 너희를 치료하는 여호와임이라"라고 선언하신다. 이 사건은 하나의 시험 수단이었으므로, 이것을 통해 그들의 신앙은 강화되었다. 여호와는 물을 바꾸심으로 그들을 치유하셨다. 하지만 이것은 그분이 그들의 질병 역시 치유하실 수 있다는 표시였다. 시편 30편에서 나오는 용례는 아마 이 분류에 들어갈 것이다. 어떤 육체적 치유가 포함되었든 간에 이것은 본질적으로 그의 교만에서 영적으로 치유되는 것이었기 때문이다. 이런 식의 치유는 거의 죄 사함에 해당하는 말이 된다(이것이 죄를 사하는 것과 대비되는 시 103:3의 상심한 마음을 고치는 것을 말하는 시 147:3을 보라). 예레미야 3:22에 따르면, 하나님은 배교를 고치실 것이다. 역대하 7:14는 죄 사함이 회복의 선행조건이라고 말한다. 죄 사함이 없으면 치유가 없다. 아마 치료와 함께 메시야가 오는 것에 대한 말라기의 계시에는 이 둘이 결합되어 있을 것이다(말 4:2). 고난받는 종에 대한 예언은 그의 고난에 의해 우리가 치유를 받는다고 진술한다(사 53:5).

어느 질병에서 혹은 부상에서 치유하는 것을 시사한다. 하지만 이 시편은 이 개념들 중 어느 것도 전개하지 않는다. 그래서 '고치다'(heal)라는 단어는 다른 어떤 회복을 말하는 것이 분명하다.[20] 여기에서 이 말은 죄 사함이라는 개념을 포함하는 것일 가능성이 크다. 실제로 히브리인들은 일반적으로 고통과 괴로움이 어떤 식으로든 신적 징계와 연관되어 있다고 생각했다. 나머지 시편은 여기에서 이 개념을 확증한다. 시편기자는 건방진 태도로 인해 하나님의 진노를 만났다는 것을 인정하기 때문이다. 하나님이 그를 고치셨다는 시편기자의 말은 반드시 육체적인 아픔을 겪었어야 한다는 의미는 아니다. 이것은 아마 하나님의 축복이 함께하는 건강한 영적·육체적 삶으로의 회복이었을 것이다.

이 구원은 3절에서 보다 분명하게 설명된다. 하나님은 그가 죽지 않도록 막으셨다. 이 구절의 전반부는 하나님이 그를 스올에서 끌어내셨다고 말한다. 이 스올이라는 단어는 무덤, 죽음, 혹은 죽은 자들의 영역을 의미할 수 있다. 하지만 이것은 또한 확실하고 임박한 죽음의 장소를 의미할 수도 있다. 그리고 이 구절은 하나님이 그를 죽지 않도록 막아주셨다고 덧붙일 것이므로, 여기에서는 분명 이런 의미일 것이다(시 6:5의 같은 단어를 보라). 대응되는 구절의 주동사는 "나를 살리사"(חִיִּיתַנִי, 피엘 완료)로써, '살다'라는 동사에서 나온 것이다. 이 형태는 '생명을 주다', '소생시키다' 혹은 '살아 있도록 보존하다'라고 번역할 수 있을 것이다. 하지만 계속 살아 있도록 한다는 개념(또한 시 22:29; 출 1:17, 22절을 보라)이 그다음 문구인 "무덤으로 내려가지 아니하게 하셨나이다"와 가장 잘 맞는다. 다른 사람들은 죽어가고 있었다. 하지만 하나님은 그를 끌어내사 치유하심으로 그가 죽지 않게 보존하셨다.

---

20 Goldingay, *Psalms 1–41*, p.426.

B. 참회하는 신자는 다른 사람에게 하나님의 징계가 그의 은총에 비해 짧다는 것을 인정하도록 권유한다(4-5절)

시편기자는 회중에게 함께 여호와를 찬송하자고 권한다. 우리는 여기에서 사건으로부터 예배 의식으로 발전하는 것을 볼 수 있다. 이 찬송은 성소에서 의인의 무리 가운데서 드려질 것이다. 이 의인들은 찬송에 참여할 뿐 아니라 이 찬송에 표현된 믿음을 확증할 것이다. 그 백성은 하나님의 "사랑받는 자"(חֲסִידָיו, 개역개정은 '성도'라고 번역했다 – 역주)라고 칭해진다. 이 단어는 '인자하심'(loyal love, 시 23:6의 같은 단어를 보라)과 관련되어 있다. 이들은 여호와와 그분의 언약에 신실한 사람들이다. 그들은 여호와가 다른 사람의 기도에 응답하실 때 기뻐할 것이다. 그들은 여호와께 찬송하고(זמר) 그분의 거룩한 기념비(즉, 이름 זכר, 시 6:5의 같은 단어를 보라)를 감사 또는 인정하라는(הודו, 시 6:5의 같은 단어를 보라) 권유를 받는다.

그들의 찬송 내용은 5절의 교훈에 표현되어 있다. 영어 번역은 보통 매끄럽게 읽힌다. 하지만 히브리어는 해석하기가 좀 더 어렵다. 마치 황홀경에 빠져서 개념들을 선포하는 것처럼 보인다. "그의 노염은 잠깐이요 그의 은총은 평생

---

21 אַף(אָנַף 단어를 보라)는 셈어에서 '노염' 뿐 아니라 '콧구멍, 코'를 의미한다. 예를 들어 창세기 2:7에서 본문은 여호와가 "생기를 그 코에 불어넣으시니"라고 말한다. 그다음에 이중의 의미를 지닌 이 단어는 '얼굴'을 의미하게 되었다. "땅에 엎드려 절하며"(he bowed his face to the ground)라고 말하는 창세기 19:1의 경우 등이다. '노염'이라는 의미로 발전한 것은 노여움의 특징인 코로 씩씩거리는 것 때문이다. '진노, 노염'이라는 단어는 하나님과 인간 모두에 사용되지만, 대부분 하나님에 대해 사용된다. 하나님에 대해 사용되었을 때 이 단어는 신인동형론적인 것이다. 하지만 이것이 전달하는 진노의 속성은 실제적이다. 그 묘사는 인간적 특성들에 의거하기 때문에, 인간의 노여움으로 시작하는 것이 도움이 될 것이다. 노여움은 강한 불쾌감에 대한 표현이다. 이것은 가장 강력한 감정들 중 하나로, 보통 자신의 관심사나 흥미의 대상에 대한 어떤 위협에 의해 혹은 어떤 무례함이나 실제 공격에 의해 자극된다. 예를 들어, 이 말은 야곱이 자신의 복을 취한 것에 대한 에서의 격노에 대해(창 27:45), 자기 아내에 대한 야곱의 분노에 대해(창 30:2), 아들을 거의 죽음으로 이끌 뻔한, 요나단에 대한 사울의 격노에 대해(삼상 20:30) 사용된다. 심지어 친구들 사이에서도 노여움은 표면화될 수 있다. 엘리후는 욥이 자신의 정당함을 입증하는 것에 화가 났다(욥 32:2-5). 그리고 모세는 하나님의 백성의 악함에 대해 노했다(출 32:19, 22절). 노여움의 원인은 많고 다양하다. 예를 들어, 에서는 자신의 복을 잃어버린 것에 대해 화가 났다. 보디발은 자기 아내가 수치스러운 대접을 받았다는 말을 듣고 화가 났다(창 39:19). 그리고 시므온과 레위는 가족의 명예가 손상을 입었기 때문에 화가 났다(창 34:28). 때로 노여움은 의로운 분노다. 모세가 바로의 마음이 완약한 것에 화를 낸 경우처럼(출 11:8). 인간의 분노는 많은 도발이 없이도 일어날 수 있지만, 보통 어떤 위반 혹은 인식된 잘못에 의해 정당화되거나 적어도 이해할 수 있는 것이 된다.

이로다 저녁에는 울음이 깃들일지라도 아침에는 기쁨이 오리로다"(רִנָּה, 시 33:1에 나오는 같은 단어를 보라). 행은 많은 비유적 표현을 사용한다. "노염"[21]은 그가 하나님의 진노 때문에 견뎠던 고난을 말한다(그래서 원인의 환유다). "은총"은 그것이 유발한 치유를 말한다(그래서 또한 원인의 환유다). "울음"은 고난의 결과다(그래서 결과의 환유다). 그리고 울려 퍼지는 외침은 치유의 결과다(역시 결과의 환유다). 또한 "저녁"은 어둠과 위험의 때이며, 고난의 때를 나타낸다(암시된 비교). "아침"은 빛과 생명, 새로운 날의 때이며, 그래서 치유를 나타낸다(또 다른 비유). 고난의 때는 "잠깐"이라고 묘사된다. 그것을 평생에 걸친 하나님의 은총과 대조하기 위해서다. 그리고 고난의 경험은 "깃들인다"(spends the night, 짧게 머무는 것과의 비교). 크라우스는 이렇게 말한다. "비탄과 울음은 어제, 즉 과거의 사건들이라고 판명된다. 새 아침, 여호와가 간섭하시는 때(참고. 시 46:5, 90:14, 143:8)가 오면, 그 이후 삶의 의미를 결정하는 정신에서 환희가 터져나온다."[22]

"잠깐"(רֶגַע)이라는 말은 대단히 짧은 시간을 말한다(그래서 이것은 억제된 표현이다). 이 단어의 배경은 움직임이라는 느낌을 약간 지닌다. 이를테면 눈을 깜빡

분노의 결과는 이성적 책망에서 공공연한 적대감까지 다양하다. 어떤 경우 분노한 가운데 한 말의 힘은 파괴적이다. 하지만 인간의 분노는 또한 통제 가능하다. 그리고 그것이 지혜의 가르침에서 관심을 받는 점이다(예를 들어, 잠 14:17, 16:32).
하지만 이 단어는 대부분 하나님의 진노를 말할 때 사용된다(신적 진노는 이 중요한 속성을 최소화하려는 현대의 견해에도 불구하고 성경적인 가르침이다). 죄에 대한 하나님의 진노는 구약 전체에서 발견된다. 이것은 금송아지 숭배 죄에서 일찍이 나타난다(출 32:10-12, 22절). 하지만 이것은 호세아, 이사야, 예레미야, 에스겔 같은 선지자들이 가장 자주 사용한다. 하나님의 진노는 언제나 어떤 위반 혹은 반역적 행동이 근거가 된다.
많은 본문에서 하나님의 진노는 신적 사랑과 필요한 상호관계가 있다(출 4:14; 시 30:6). 자기 백성에 대한 하나님의 은총과 사랑으로 인해 그들의 반역을 처리할 필요가 있게 되며, 인간적으로 들리는 불끈거리는 콧구멍과 거친 호흡, 즉 '노여움'은 죄를 심판하고 벌하는 속성에 대한 묘사다. 이것이 갑자기 화를 폭발하는 인간적인 측면을 말하는 것일 수는 없다. 하나님은 변덕스럽지 않으며 절대 통제 불능 상태가 되지 않으신다.
우리는 또한 하나님이 얼마나 노하기를 더디하시는지 읽는다(출 34:6; 민 14:18). 언제나 사람들이 회개하기를 바라는 마음이 있으시기 때문이다. 하지만 그분은 죄 있는 자들을 제거해버리지는 않으실 것이다. 이것은 마치 죄에 대한 심판—이것이 하나님의 진노로 인해 오는 것이다—은 최후의 수단인 것과도 같다(Thomas Edward Finch, "A Study of the Word 'ap and the Concept of Divine Wrath in the Old Testament," unpublished thesis, Dallas Theological Seminary, May, 1975를 보라).

22 Kraus, *Psalms 1–59*, p.355.

이는 것 등이다[그래서 명사에서 파생한 동사 '눈을 깜빡이다'(make a twinkling)라는 말이 나온 것이다]. 이 단어의 의미는 상대적이다. 이사야 57:6에서 이것은 하나님이 역사에서 이스라엘을 다루신 것과 비교하여 포로생활의 지속 기간에 대해 사용된다. 여기에서 이 단어는 그의 평생과 비교하여 해석해야 한다. 하나님의 은총 속에 보낸 평생 가운데, 이 징계는 잠깐일 뿐이다. 하나님의 '은총'(רָצוֹן)[23]이란 시편기자에게는 하나님이 그의 평생에 그에게 주신, 혹은 그를 위해 하신 은혜로운 일들일 것이다. 이 신적 은총은 그에게 화평과 기쁨을 가져다주었다. 하지만 이것은 그 딜레마에 대한 그의 이야기가 설명하듯, 이 사건에 의해 돌연히 중단되었다.

그래서 이 구절은 찬송의 주제를 형성한다. 하지만 이것은 또한 교훈적이다. 고통 가운데 있는 다른 신자들은 이것이 일시적인 것, 영원한 계획 안에 있는 잠깐의 순간이라는 것을 알고 격려를 받을 것이다. 그럴 때에는 그의 은총 가운데 평생을 보낸 것이 고통을 견디도록 돕는 데 어떤 의미가 있었는지 자세히 말해주면 도움이 된다.

---

23 이 명사는 '호의, 은총, 용납, 의지' 등을 의미한다. 그것은 '…을 기뻐하다, 호의적으로 받아들이다'라는 의미의 동사 רָצָה와 관련이 있다. 하지만 이 단어의 기본적 의미는 '받아들이다'인 듯하다. 이것은 또한 어떤 좋은 것을 발견하다, 혹은 어떤 것으로 기뻐하다라는 개념을 가지고 있었다. 이 기쁨은 선물을 받는 것에 있을 수도 있고 혹은 뭔가를 주기 위한 동기일 수도 있다.
이 단어는 대부분 기쁨, 즉 주권적인 하나님의 자비와 은혜, 선하심을 나타낸다. 용법들을 보면 관련된 개념들이 중복된다. 첫 번째 의미 범주에서 하나님의 '은총'은 하나님의 백성에 대한 가혹한 대우와 반대되는 것으로 그들에 대한 그분의 일반적인 선의를 의미한다. 그리고 이것이 여기 시편 30편에서의 의미다. 두 번째 범주에서 이것은 하나님이 백성을 받으시는 것을 나타낸다. 이것은 제사를 드리는 사람들을 하나님이 받으시는 것에 대해(출 28:39; 레 1:3), 그리고 그분께 용납될 만한 의로운 말과 생각에 대해(시 19:14) 이런 식으로 사용된다. 세 번째 범주에서 이 단어는 또한 하나님의 뜻, 즉 그분의 기쁨 혹은 즐거움을 말한다(시 40:8).
이 동사의 용법은 본질적으로 같은 의미들을 지닌다. 누군가에게 호의적인 것, 누군가의 제물이나 선물을 받아들이는 것, 그들을 기뻐하는 것이다.

II. 참회하는 신자들은 그들을 회복시키신 하나님을 찬송할 때, 그 징계를 오게 한 자신의 죄를 인정해야 한다(6-10절)

A. 죄의 고백은 믿음의 고백의 일부다(6절)

이제 갑자기 이야기가 바뀌어 딜레마에 대해 말한다. 6절은 우리에게 무엇이 이 문제를 유발시켰는가에 대해 단 하나의 단서만 준다. 시편기자는 "내가 형통할 때에 말하기를 영원히 흔들리지 아니하리라 하였도다"라고 말한다. 이 진술에서 이 단어(שַׁלְוִי)에 대한 해석이 결정적이다. 이것은 '형통함'으로 번역할 수도 있고 '편안함' 혹은 '자급자족'으로 번역할 수도 있다. 그는 분명 하나님의 은혜로 성공과 안전을 받았다. 그리고 이것을 곰곰이 되새겨보면서 자신이 '안전하고 안심할' 수 있으며, 절대 흔들리지 않을(בַּל־אֶמּוֹט, 시 62:2의 같은 단어를 보라) 것이라고 주장했다. 브로일스 같은 몇몇 주석가들은 '형통'이라는 단어를 자기만족에 빠진 교만으로 해석할 필요는 없다고 생각한다. 시편기자는 자신의 안전을 하나님의 은총 덕으로 돌리기 때문이다.[24] 이 시편은 그저 인생의 부침을 묘사할 뿐일 것이다. 하지만 이런 해석에는 두 가지 문제가 있다. 첫째, 이것은 그의 생명을 거의 끝나게 할 뻔했던 하나님의 노여움을 설명하지 않는다. 이것은 인생에서 통상적으로 겪게 되는 불운이 아니다. 둘째, 그의 안전이 하나님께 왔다는 진술은 자신의 자급자족적 마음에 대한 그의 진술과 대조를 이룬다. 하나님의 진노는 시편기자에게 납득이 안 가는 일이 아니었다. 크라우스가 말하듯이, "내가 영원히 흔들리지 아니하리라"라는 말은 자신에 대해 아무것도 걱정하지 않는 신뢰다. 시편 10:6은 이것을 불경한 자들의 생각이라고 말하고, 잠언 1:32에서는 어리석은 사의 생각이라고 말한다.[25] 앤더슨은 풍요한 상태에서 시편기자가 모든 번영을 주시는 분이신 하나님을 잊어버렸다고 말한다. 이스라엘

---

24 *Psalms*, p.155.
25 *Psalms 1-59*, p.356.

사람들은 그들의 풍요로움에 너무 자신만만해서 복주신 하나님을 잊어버리지 않도록 하라고 경고를 받았다(신 8:10-20). 하나님의 축복을 오로지 인간의 성취로만 해석하려는 유혹을 받는 경우가 흔히 있는데, 그 결과는 배은망덕함이다.[26] 최소한 시편기자는 주제넘는 행동을 했다. 환경 때문에 자신이 안전하다고 생각한 것이다. 그가 자신의 안전이 자급자족함에 기초하고 있다는 의미로 말했다면 이것은 교만이다. 그는 자신이 절대 흔들리지 않을 거라고 생각했다. 그래서 앤더슨은 "내가 영원히 흔들리지 아니하리라"라는 진술은 교만한 사람의 확신이 될 수도 있고 의로운 사람의 믿음이 될 수도 있지만, 이 구절에서는 교만을 말한다고 결론을 내린다.[27] 이것은 이 시편의 중심 주제, 곧 하나님이 매우 진노하셔서 시편기자가 죽지 않게 해달라고 기도해야 했다는 사실을 제대로 다루는 단 하나의 해석이다.

7절은 이 진술의 결과를 발전시킨다. 이 구절의 전반부는 해석하기 어렵다. 그는 "여호와여 주의 은혜로 나를 산같이 굳게 세우셨더니"라고 말한다. 강해자는 이것이 긍정적인 진술인지 부정적인 진술인지 파악해야 한다. '산'이라는 말을 시온산, 즉 그 나라의 중심적 위치로 이해한다면, 다윗은 하나님이 시온산에 그의 군주국을 확고히 세우는 것을 기뻐하셨다고 말할 것이다(시 2:6을 보라). '나의 산'(my mountain, 개역개정은 '나를 산 같이'라고 번역했다 - 역주)은 그렇게 되면 산에 자리하는 것에 대한 대리적 비유(주제의 환유)가 될 것이다. 하나님은 그에게 강력한 군주정을 주셨다. 그렇다면 이것은 긍정적인 진술이 될 것이다. 그리고 이 구절 나머지 부분은 대조가 될 것이다.

그가 '산'을 하나님이 그에게 반대하여 굳게 세우신 장애물을 의미하는 말로 사용했다면, 이것은 부정적 진술로, 이 구절 나머지 부분에서는 이것을 상세히 설명하고 있을 것이다. 그렇게 되면 '나의 산'이라는 표현은 하나님이 주신 징계

---

26 *Psalms 1-72*, p.243.
27 같은 책.

에 대한 (암시된) 비교의 비유적 표현이 될 것이다.

어떤 해석을 취하느냐에 따라 '기쁨'이라는 의미가 설명되어야 한다. 이 문구가 긍정적인 것이라면, 이것은 하나님이 그분의 선의와 은총으로 그의 삶과 그의 나라를 강하게 하셨다는 의미일 것이다. 이것이 부정적 진술이라면, 하나님의 뜻이 그의 영적 유익을 위해 그의 앞에 장애물을 두신거라는 의미일 것이다. "여호와께서 그에게 상함을 받게 하시기를 원하사"(사 53:10)라는 선지자의 말에서 보는 것과 같다. 고난이 의도한 목적을 위해 그것이 하나님의 뜻을 만족시켰다는 것이다. '기쁨'이라는 단어가 방금 축복받은 평생을 나타내기 위해 사용되었다는 사실은 첫 번째 견해를 지지할 것이며, 하나님이 그에게 멋진 삶과 강한 군주국을 주시기를 기뻐하셨다고 말할 것이다.

두 번째 문구는 이 딜레마에 분명하게 초점을 맞춘다. "주의 얼굴을 가리시매 내가 근심하였나이다." 하나님이 그분의 얼굴을 가리신다는 비유(신인동형론)는 은총을 거두시는 것을 의미한다. 하나님의 얼굴이 백성에게 비춘다는 것이 그들에게 은혜로우시다는 것을 의미하는 것과 반대다. 하나님이 은총을 거두시는 결과는 시편기자가 근심한다(terrified)는 것이다(하나님의 숨기심에 '당황해'한다는 것이 아니다. בָּהַל에 대해서는 시 83:16의 같은 단어를 보라). 요점은 그가 자신이 형통할 때에는 절대 흔들리지 않을 거라고 생각했다는 것이다. 그리고 그가 이처럼 스스로 한다고 생각했기 때문에, 하나님이 은총을 거두셨고 그가 근심했다는 것이다. 그의 유일한 자원은 죽지 않게 해달라고 기도하는 것뿐이었다.

B. 하나님을 공경하면서 동시에 백성을 세우는 회복에 대한 기도를 열거한다 (8-10절)

시편기자는 이제 두려운 경험에서 회복되기 위한 그의 기도에 대해 말한다. 이것은 기도에 응답하신 하나님을 찬양하는 것에 빠질 수 없는 부분이다. 하지만 그는 또한 그 기도와 그 기도에 대한 응답을 통해 기도하고 찬송하는 법에 대해 백성에게 가르친다. 8절에서 그는 기도를 소개한다. "여호와여 내가 주께 부르짖고 여호와께 간구하기를." 이 행에 나오는 동사들은 형태상 미완료 시제다 (אֶקְרָא와 אֶתְחַנָּן). 이 동사들은 둘 중 하나로 설명할 수 있을 것이다. 8절은 기도에 대한 말의 일부일 수도 있다. 고난의 때에 그는 "여호와여 내가 주께 부르짖고 여호와께 간구할 것입니다"라고 말했다는 것이다. 아니면 그가 그때 했던 일에 대한 묘사일 수도 있다. "내가 부르짖었고 …내가 간구했다"라는 것이다. 이런 의미에서 이 동사들은 과거형으로 받아들일 수 있다(와우 없는).

이 기도는 9절에 나오는 동기와 함께 시작되며, 10절에서는 간구 자체를 기록한다. 이 동기는 수사학적 질문 형태로 되어 있다. "내가 무덤에 내려갈 때에 나의 피가 무슨 유익이 있으리요?"[28] 요점은 그의 죽음에 의해 얻을 게 아무 것도 없다는 것이다. 설사 그의 죽음이 죄에 대한 벌의 결과라 해도 하나님이 그것에서 어떻게 유익을 얻으실 것인가? 하나님이 유익을 얻으실 길은 회개하는 사람을 죽음에서 구해주사 회중 가운데서 찬송하게 하는 것이다. 이것이 이 구절 후반부에 나오는 수사학적 질문들의 요점이다. "진토가 어떻게 주를 찬송하며 주의 진리를 선포하리이까?" '진토'라는 말은 자신을 의미한다. 무덤에서 진토로 변하는 죽은 사람이라는 것이다(그래서 결과의 환유로, 원인은 죽음이다). 그러나 그렇지 않다. 그가 죽어야 한다면, 그는 가서 성소에서 공개적인 인정을 할 수가 없다. 하나님은 이 일에 대해 어떠한 찬송도 받지 않으실 것이다. 이러한 생각은 보다 예리한 강조점과 함께 반복된다. "주의 진리(faithfulness)를 선포하리이까?"[문자적으로는 신실함이라는 의미를 지닌 '주의 진리'(your truth), 시 15:2의 같은 단어를 보라]. 하나님이 신실하시다면, 백성은 하나님이 약속을 지키시리라고 의지할 수 있다. 죄 사함과 치유를 포함한 약속이다. 죽는 사람은 하나님의 신실하심을 증거할 수 없다. 이것은 하나님이 그에게는 신실하지 않으셨음을 나타낸다. 그래서 그가 하나님께 하는 호소는 본질적으로 "주님은 아무 것도 얻지

---

28 '무덤'(pit)에 해당하는 단어는 이제 시편 16:10에서처럼 שַׁחַת이다. 이 시편 앞 부분에서 '무덤'(pit)은 בּוֹר라는 단어였다. 둘 다 무덤(grave)을 의미한다.

못하실 것이고, 예배자 한 명을 잃어버리실 것입니다"[29]라는 것이다.

시편기자는 여기에서 하나님과 어리석은 거래를 하는 것이 아니라, 하나님이 그를 죽음에서 구해주신다면 그가 성소에 가서 모든 사람에게 하나님의 신실하심을 말할 만한 충분한 이유를 가지게 되리라고 말하는 것이다. 그렇다면 이것은 하나님이 그를 구원하실 동기다. 백성이 하나님의 신실하심에 대해 듣기를 원하신다면, 그분이 신실하다는 것을 보여주셔야 한다는 것이다.

10절에서 그는 자신의 간구를 회상한다. 이 간구의 절박성을 전달하기 위해 세 개의 명령형이 사용되었다. '들으소서', '내게 은혜를 베푸소서', (나를 돕는 자가) '되소서'라는 것이다. '들으소서'(שְׁמַע, 시 45:10의 같은 단어를 보라)라는 동사는 하나님께 자신의 기도에 호의적으로 반응하시라는 간청이며, '내게 은혜를 베푸소서'('חָנֵּנִי, 시 4:1의 같은 단어를 보라)라는 동사는 그가 받을 자격이 없을지라도 신적 은총을 내려달라는 간청이고, (나를 돕는 자가) '되소서'라는 동사는 하나님께서 그를 도우시라는, 즉 그가 스스로는 할 수 없는 일을 해달라는 호소다('도움'에 대해서는 시 46:1의 같은 단어를 보라). 하나님이 그에게 은총을 보이지 않으시고 돕지 않으신다면, 그는 죽을 것이다. 이 시편은 하나님이 그를 죽음에서 구하셨다고 선포하는 것으로 시작했다. 이것은 그가 그 구원이 있기 전에 기도한 것에 대한 기록이다. 그리고 이 선포 (이 시편 전체)는 이 기도의 응답에 대한 보고다.

III. 신자들이 즐거운 삶을 회복하게 하신 하나님을 찬양할 때, 그들이 영원토록 찬양하게 하시려고 하나님이 그렇게 하셨음을 인정해야 한다(11-12절)

이 시편의 마지막 두 구절에서 우리는 진정한 의미의 찬양을 보게 된다. 시편기자는 서론적 찬송에서 하나님이 그를 고치셨다고 선언했다. 그리고 회중에게

---

[29] Kidner, *Psalms 1–72*, p.129.

그 찬송에 함께하자고 권했다. 이제 그는 실제로 찬양을 드릴 것이다. 11절은 시적 언어들이 너무 가득해서 의미를 설명하기가 어렵다. 그는 "주께서 나의 슬픔이 변하여 내게 춤이 되게 하시며 나의 베옷을 벗기고 기쁨으로 띠 띠우셨나이다"라고 말한다. '슬픔'(mourning)이라는 말은 하나님의 노여움 아래서 경험한 슬픔(grief)을 의미하며(그래서 결과의 환유다), '춤'은 그가 곤란함에 벗어나 새롭게 되었을 때 누린 큰 기쁨을 의미한다(마찬가지로 결과의 환유다). 이 두 이미지는 멋진 대조를 이룬다. 슬픔이라는 말은 비애 및 죽음과 연관이 있으며, 춤은 경축 및 생명과 연관이 있다. 그렇다면 하나님이 그의 베옷을 벗기셨다는 말은 하나님이 그를 생명으로 회복시키심으로 그가 그것을 벗을 이유를 주셨다는 의미다(그래서 결과의 환유다. 하나님은 그의 죄를 용서하고 회복시키셨으며, 마치 그가 실제로 애도와 슬픔의 옷인 베옷을 입었던 것처럼 그 베옷을 벗기셨다). 하나님이 기쁨으로 그에게 옷 입히셨다고 말할 때, 그는 다른 언어, 비교의 언어를 사용한다. 하나님이 그의 삶을 너무나 기쁘게 만들어주셔서 마치 기쁨으로 옷 입은 것과 같았다는 것이다. 성경에서 기쁨으로, 혹은 의로, 혹은 구원으로 옷 입는다는 것은 그 사람의 본성과 상태를 묘사하는 표현들이다. 이제 시편기자는 기쁨에 넘친다.

하나님은 한 가지 목적을 위해 이 모든 것을 행하셨다. 바로 "잠잠하지 아니하고 내 영광으로 주를 찬송하게 하심이라"라는 것이다. 이것이 자신의 종을 죽음에서 구하심으로 하나님이 얻으시는 큰 유익이다. 시편기자는 자신을 '영광'(כָּבוֹד)이라고 말한다. 이것은 그 자신의 영혼을 말하는 것이다. 하지만 이 단어를 선택한 것은 그의 가치, 그의 참된 본성을 강조한다(시 19:1의 같은 단어를 보라). 이것은 적절한 용어다. 인간의 영혼이 여호와 하나님께 찬송을 부를 때, 인간 영혼의 진정한 가치를 반영하기 때문이다. 이것은 그 사람의 가장 최상의 상태를 나타낸다. 잠잠하다는 것은 영혼의 본질적 가치를 부인하고 가장 그분의 영광을 빼앗는 것이 될 것이다.

시편기자는 하나님의 은총으로 그의 생명으로 회복되고 나서, 영원히 그분을 찬양하기로 서원한다. "여호와 나의 하나님이여 내가 주께 영원히 감사하리이다." 이 동사(אוֹדְךָ, 시 6:5의 같은 단어를 보라)는 아마 의지를 강조하는 청유법으로 보아야 할 것이다. 접미사가 어미를 모호하게 만들지만 말이다. 그는 영원히 여호와를 인정하겠다는 결의를 선포한다.

메시지와 적용

이 시편의 중심 초점은 찬송의 내용이다. 하나님의 노여움은 잠깐이지만, 그의 은총은 평생 지속된다는 것이다. 이 진리는 하나님의 백성이 마음속에 소중히 간직해야 할 진리이다. 그래서 하나님이 그분의 은총을 거두시고 고난과 괴로움을 겪게 하실 때, 그들은 그 괴로움을 자세히 살펴봄으로 상황을 올바른 관점에서 볼 수 있어야 한다. 이로 인해 사도 바울도 사방에서 심한 괴로움을 당할 때조차 계속 사역을 할 수 있었다. 그는 일시적인 것이 아니라 영원한 것을 보았다(고후 4:16-18). 설사 괴로움이 교만이나 다른 어떤 죄의 결과라 해도, 신자는 하나님의 은총 가운데 사는 평생에 신적 징계가 있다는 것을 안다. 하나님이 자기 백성을 징계하신다면 그것은 그들과 즐거운 교제를 다시 회복시키시기 위함이다. 그래서 이 시편의 중심 요점은 전체 본문 강해를 결합하도록 다음과 같이 표현할 수 있을 것이다. *하나님은 자신이 징계하신 백성을 고치고 회복시키사, 그들이 회중에게 하나님의 은총 가운데 살아가는 삶은 고난의 때를 견디게 해준다고 선포하게 하신다*는 것이다.

평생 하나님의 은총 안에 있다는 것이 무슨 의미인지 마음속으로 제대로 이해하면 분명 만사를 적절한 관점에서 보게 될 것이다. 또한 이 시편에는 찬양이 중대한 적용이 나온다. 사람들이 괴로움에서 평탄한 삶으로 회복될 때, 그 어려움의 이유가 무엇이든 그들은 회중 가운데서 여호와를 찬송할 의무가 있다는 것이다. 이 시편은 하나님이 백성을 찬양하게 하시려고 그들을 질병과 위험에서 구해주신다는 것을 분명히 밝힌다. 이것은 하나님께 우리의 찬송이 필요해서 그런 것이 아니다. 이것은 찬송이 덕을 세우기 때문이며, 이와 같은 찬송에서 하나님이 자기 백성을 다루시는 것에 대한 위대한 진리와 자만심에 빠지는 것에 대한 중요한 경고를 배울 것이기 때문이다. 오늘날 많은 곳에서 신자들은 자만에 빠진다. 그래서 마침내 하나님은 삶에서 그들이 무릎을 꿇게 할 어떤 일을 하신다. 그 순간들은 종종 매우 괴롭지만, 그것을 그분의 은총에 비추어 이해하면 하나님께 더 큰 경배를 드리고 더 큰 영광을 돌릴 수 있다.

Trust in the Time of Trouble PSALM 31

괴로울 때 의지함(시편 31편)

서론

본문과 다양한 역본들

다윗의 시, 인도자를 따라 부르는 노래[1]

1 여호와여 내가 주께 피하오니
  나를 영원히 부끄럽게 하지 마시고
  주의 공의로 나를 건지소서[2]
2 내게 귀를 기울여
  속히 건지시고[3]
  내게 견고한[4] 바위와

---

1 헬라어 사본들에는 ἐκστάσεως, '놀람' 혹은 '극도의 두려움'이라는 말이 추가되어 있다.
2 헬라어에는 또 하나의 절인 καὶ ἐξελοῦ με, '그리고 나를 구원하소서'라는 말이 있다.
3 수리아 역본에는 '나에게 응답하소서'라고 되어 있다.
4 헬라어역은 이것을 Θεὸν ὑπερασπιστὴν, '보호하시는 하나님'이라고 해석한다.

구원하는 산성이 되소서

3 주는 나의 반석[5]과 산성이시니
그러므로 주의 이름[6]을 생각하셔서 나를 인도하시고 지도하소서
4 그들이 나를 위하여 비밀히 친 그물에서 빼내소서
주는[7] 나의 산성이시니이다
5 내가 나의 영을 주의 손(your hand)[8]에 부탁하나이다
진리의 하나님 여호와여 나를 속량하셨나이다
6 내가 허탄한 거짓을 숭상하는 자들을 미워하고[9]
여호와를 의지하나이다
7 내가 주의 인자하심을 기뻐하며 즐거워할 것은
주께서 나의 고난을 보시고
환난 중에 있는 내 영혼을 아셨으며[10]
8 나를 원수의 수중에 가두지 아니하셨고
내 발을 넓은 곳에 세우셨음이니이다

9 여호와여 내가 고통 중에 있사오니 내게 은혜를 베푸소서
내가 근심 때문에(with)[11] 눈과

---

5 헬라어는 '나의 힘' $κραταίωμά\ μου$이라고 해석한다.
6 한 사본과 수리아 역본에는 '여호와'라는 말이 추가되어 있다.
7 일부 헬라어 사본들에는 '오 여호와여'라는 말이 추가되어 있다.
8 헬라어역에는 '주의 손들'(your hands)이라고 되어 있다.
9 MT의 שָׂנֵאתִי에 대해 헬라어역(하나의 히브리어 사본, Jerome, 수리아 역본과 마찬가지로)은 '주가 미워하셨다' $ἐμίσησας$고 되어 있다. 이것은 명백히 이해할 수 있다. 이 구절 후반부에 나오는 강력한 대조 때문이다.
10 헬라어역에는 괴로움 속에 있는 나를 '주께서 구원하셨다'($ἔσωσας$)라고 되어 있다. 이것은 아마 다른 본문이기보다는 여호와가 그의 괴로움들을 아신다는 것에 대한 해석일 것이다.
11 어떤 사본과 역본상의 증거는 '으로부터'(from)라고 해석하는 것을 지지한다.

영혼과 몸이 쇠하였나이다[12]

10 내 일생을 슬픔으로 보내며

나의 연수를 탄식으로 보냄이여

내 기력이 나의 죄악 때문에[13] 약하여지며

나의 뼈가 쇠하도소이다

11 내가 모든 대적들 때문에[14]

욕을 당하고 내 이웃에게서는 심히 당하니

내 친구가 놀라고

길에서 보는 자가 나를 피하였나이다

12 내가 잊어버린 바 됨이 죽은 자를 마음에 두지 아니함 같고

깨진 그릇과 같으니이다

13 내가 무리의 비방을 들었으므로

사방이[15] 두려움으로 감싸였나이다

그들이 나를 치려고 함께 의논할 때에

내 생명을 빼앗기로 꾀하였나이다

14 여호와여 그러하여도 나는 주께 의지하고

말하기를 주는 내 하나님이시라 하였나이다

---

12 주석가들은 이 마지막 부분을 추가로 보충한 것으로 여기고 지워버리는 경향이 있다(Kraus, *Psalms 1–59*, p.360을 보라).

13 בַּעֲוֹנִי, '나의 불법 때문에' 혹은 '나의 죄책'이라는 이 단어는 문제가 된다. 이 시편에는 죄에 대한 다른 표시가 전혀 없기 때문이다. 헬라어는 '빈곤', πτωχεία이라고 되어 있다. 이것은 בְּעָנְיִ라고 읽는 것을 반영할 것이다. Symmachus는 διὰ τὴν κάκωσίν μου라고 되어 있는데, 이것은 בְּעָנְיִי, '나의 슬픔'을 반영하는 것이다.

14 이 구절의 구문은 다소 어렵다. 어떤 사람은 이 첫 번째 전치사구를 마지막 구절과 함께 보아서 더 분명한 대구법이 되게 한다. 헬라어역은 이것을 "나는 나의 모든 원수들 가운데서 비난의 대상이 되었다. 하지만 내가 …하게도 너무 심히 당했다"라고 이해한다.

15 מָגוֹר라는 단어는 헬라어역에서 παροικούντων로 번역되었다. '내 수위에 서하는 사람들'이라는 의미다. 이 번역은 이 행을 오해한 것이다.

15 나의 앞날이 주의 손에 있사오니

　내 원수들과

　나를 핍박하는 자들의 손에서 나를 건져 주소서

16 주의 얼굴을 주의 종에게 비추시고

　주의 사랑하심으로 나를 구원하소서

17 여호와여 내가 주를 불렀사오니

　나를 부끄럽게 하지 마시고

　악인들을 부끄럽게 하사

　스올에서 잠잠하게 하소서[16]

18 교만하고 완악한 말로

　무례히 의인을 치는

　거짓 입술이 말 못하는 자 되게 하소서

19 주를 두려워하는 자를 위하여 쌓아 두신 은혜[17]

　곧 주께 피하는 자를 위하여 인생(people)[18] 앞에 베푸신

　은혜가 어찌 그리 큰지요

20 주께서 그들을 주의 은밀한 곳에 숨기사

　사람의 꾀에서 벗어나게 하시고

　비밀히 장막에[19] 감추사

　말 다툼에서 면하게 하시리이다

21 여호와를 찬송할지어다

　견고한 성에서

---

16 헬라어는 יִדְּמוּ 대신에 καταχθείησαν, '그리고 쓰러뜨려졌다'(아마도 וַיֵּרְדוּ)라고 읽는다.
17 헬라어는 '여호와'라는 말을 덧붙인다(몇몇 히브리 사본들과 함께).
18 문자적으로는 '사람의 아들들.'
19 몇몇 역본에는 '주의 장막'이라고 되어 있다.

²⁰그의 놀라운 사랑을 내게²¹ 보이셨음이로다

22 내가 놀라서²² 말하기를
    주의 목전에서 끊어졌다²³ 하였사오나
    ²⁴내가 주께 부르짖을 때에
    주께서 나의 간구하는 소리를 들으셨나이다
23 너희 모든 성도들아 여호와를 사랑하라
    여호와께서 진실한 자를 보호하시고²⁵
    교만하게 행하는 자에게 엄중히 갚으시느니라
25 여호와를 바라는 너희들아
    강하고 담대하라

구성과 전후 문맥

시편 31편은 모세오경, 욥기, 요나서, 예레미야서, 예레미야애가 등과 같은 성경의 다른 본문에서 발견될만한 고난과 확신에 대한 다양한 이미지와 표현들을 한데 모아놓은 매혹적인 작품이다. 이 때문에 오늘날 대부분의 학자들은 이 작품이 두 명 이상의 저자가 공동의 문학적 표현에 의지해서 만들어낸 복합물이라고 결론을 내렸다. 이 시편의 배열은 역경에서 확신으로 이동하는 두 개의 유사한 기도(1-8절과 9-24절)를 반영하는 듯하다.²⁶ 예레미야서 및 예레미야애가

---

20 몇몇 사본과 Jerome에는 '…하신(who)'이라고 되어 있다.
21 '내게'라는 말이 헬라어역이나 수리아역에는 나오지 않는다.
22 헬라어에는 표제에 있는 것처럼 '극도의 두려움으로'라고 되어 있다.
23 이 말은 여기에만 나오기 때문에, 어떤 사람들은 이 동사가 גּזַר 대신 נִגְרַשׁ가 되어야 한다고 주장한다. 그 의미는 본질적으로 같다(애 3:54을 보라).
24 헬라어역에는 '그러므로' $διὰ\ τοῦτο$라고 되어 있다.
25 헬라어역에는 '여호와가 진리를 추구하시고' $ἀληθείας\ ἐκζητεῖ$라고 되어 있다.
26 Anderson, *Psalms 1-72*, p.246-247을 보라.

와 비슷한 문학적 표현들 때문에, 일부 주석가들(예를 들어 크라우스와 커크패트릭)은 이것이 예레미야 혹은 그와 같은 선지자가 편찬한 것이라고 주장한다. 하지만 이와 같은 경우 이 시편이 예레미야가 말한 것들과 유사하기 때문에 예레미야가 쓴 것인가, 아니면 예레미야가 시편 31편에 나오는 것과 같은 이전의 본문 및 표현들을 사용한 것인가 하는 문제는 여전히 남아 있다.

더 이전의 주석가들은 이 시편이 다윗이 쓴 것이라고 받아들였으며, 몇몇 경우에는 사무엘서 23:24-26과 연관시켰다. 이 연관은 그것이 '놀람'(alarm) 혹은 서두름 속에서 기록되었다고 말하는 헬라어역의 표제를 이 시편, 그리고 다윗이 사울에게서 도망치는 사무엘상에 나오는 히브리어("내가 서두르는 가운데 말한다")와 연결시킨다. 두 본문에 나오는 한 단어의 용법에 기초하여 그렇게 희미하게 연관시키는 것은 설득력이 없다. 게다가 이 시편은 사람들이 시편기자에 대해 악의적으로 말하고 가까웠던 사람들이 그를 버리면서 그가 오랫 동안 겪은 고통에 대해 말하는 듯하다. 욥에 대한 묘사는 이 시편의 주제들과 훨씬 더 조화를 잘 이룬다. 이 말은 다윗이 이 시편을 썼을리 없다는 말이 아니라, 단지 확인할 수 있는 정보에 근거하여 어떤 때였는지 구체적으로 말할 수 없다는 것 뿐이다.

이 시편은 탄식의 주제와 감사의 주제가 처음부터 끝까지 순환되기는 하지만, 형태상으로 탄식시처럼 보인다. 표현들은 종종 일반적인 것으로, 시편기자가 육체적으로 아팠는지 혹은 영적으로 의기소침했는지, 아니면 둘 다인지를 분명하게 밝히지 않는다. 또한 그의 괴로움이 그를 죽이려 한 원수들 때문이었는지 혹은 거짓 고소로 그를 파멸시키려 한 원수들 때문이었는지도 분명하지 않다. 심지어 고난의 한 요소인 그의 죄책에 대해서도 몇 가지 의문이 있다. 상황이 어떠하든 그가 사용하는 표현들은 삶에 대한 낯익은 묘사들, 곧 위협적인 괴로움들로, 여호와께 도와달라고 부르짖지 않을 수 없게 하는 것이었다. 시편기자는 확신과 소망의 표현과 함께 언약 표현들 역시 사용한다. 그것은 신실한 자들에게는 익숙한 말들이다. 이것은 이 시편이 온갖 종류의 괴로움들에도 언약에 순종하는 사람들을 격려하기 위한 교훈적 목적이 있었음을 보여준다. 이 시편기자는(그가 다윗 같은 사람이든 예레미야 같은 사람이든) 수많은 익숙한 표현을 편집함으로 괴로움 속의 확신을 축약하여 제시하고 있었다. 이러한 축도는 당면한 문제에 중요한 본질적 사항들을 정리한 초록 혹은 요약이다. 이것은 이 시편을 아는 신실한 사람들에게, 그러한 삶의 고난과 괴로움의 때에 여호와께 삶을 맡긴 사람들의 신앙고백에 가까운 진술들 뿐 아니라, 고난과 괴로움의 목록도 제공했다. 하지만 이것은 이 시편이 필연적으로 교훈적 저술이라는 의미는 아니다. 아마 시편기자는 탄식 형태의 글을 쓰게 만든 어떤 경험을 했을 것이다. 하지만 이 글에서는 관련된 애가, 신앙 진술, 기도들을 요약하기 위해 일련의 표현들이 사용되었다. 마지막 구절은 신실한 자들에게 이러한 어려움들에 대처하기 위해 신앙을 강하게 하라고 격려한다. 이 시편을 알고 기도할 때, 도움을 얻을 수 있을 것이다.

석의적 분석

메시지
시편기자는 자신의 삶을 맡긴 여호와가 신실하고 선하시기 때문에, 악한 원수들에게서 벗어나 그들을 물리치게 해달라고 확신 있게 기도하고, 신실한 자들에게 자기 백성을 보호하시는 여호와 안에서 강하라고 권면한다.

개요
I. 시론적 부르짖음: 시편기자는 수치를 당하지 않고 재빨리 안전하게 구원받기를 구하며 기도한다(1–2절).
II. 확신: 시편기자는 자신의 생명을 여호와께 부탁한다. 그는 여호와가 자신을 구원하고 인도하사, 그분의 인자하심을 찬송하게 하시리라고 확신하기 때문이다(3–8절).

A. 그는 여호와가 자신을 구원하고 인도하시리라고 확신한다. 그분은 그의 산성과 요새이시기 때문이다(3-4절).
   B. 그는 여호와의 돌보심에 자신을 맡기며, 그가 멸시하는 쓸모없는 우상들에게 자신을 맡기지 않는다(5-6절).
   C. 그는 여호와의 인자하심을 찬양할 것을 기대한다. 여호와는 그의 괴로움에 응답하고 그를 구원하실 것이기 때문이다(7-8절).
III. 탄식: 시편기자는 하나님의 은혜를 필요로 한다. 왜냐하면 원수들이 그를 죽이기를 꾀하자, 그는 큰 괴로움에 빠졌고 끊임없이 비난을 받았기 때문이다(9-13절).
   A. 그는 막 멸망하려는 순간에 처했기 때문에 하나님의 도움을 필요로 한다(9-10절).
   B. 그는 원수보다 친구들에게 비난받고 거부당한다(11-12절).
   C. 그는 자신의 생명에 대한 악한 음모를 안다(13절).
IV. 적절한 간구: 시편기자는 자신의 신앙을 다시 단언하면서 여호와께 자신을 구원하시고 원수들을 잠잠하게 해달라고 기도한다(14-18절).
   A. 그는 여호와에 대한 자신의 신앙을 다시 단언한다(14절).
   B. 그는 하나님이 자신을 구원하심으로, 그에게 인자하심을 보이시기를 기도한다(15-16절).
   C. 그는 자기 대신 원수들이 영원히 잠잠함 가운데 수치를 당하게 해달라고 기도한다(17-18절).
V. 찬양과 권고: 시편기자는 여호와가 신실한 자들을 보호해주신 것에 대해 찬송하고, 여호와를 바라는 모든 사람에게 그분을 사랑하고, 신앙 안에서 강하라고 권면한다(19-24절).
   A. 그는 신실한 자들을 보호하는 여호와의 선하심을 찬송한다(19-20절).
   B. 그는 여호와가 그의 성급한 결론들에도 불구하고 그에게 응답하신 것에 대해 여호와를 찬송한다(21-22절).

C. 그는 여호와를 바라는 사람들에게 여호와를 사랑하고 믿음 안에서 강하라고 권한다(23-24절).

강해 형태의 주석

I. 신실한 자들은 악한 자들이 그들을 멸망시키려 할 때 구원과 방어를 위해 기도할 것이다(1-2절)

이 시편은 서론적 부르짖음에서 하나의 요약으로 시작한다. 여호와께 드리는 말, 믿음의 단언, 탄원이다. "여호와여 내가 주께 피하오니"(시 7:1의 같은 단어를 보라)는 맨 처음부터 시편기자가 여호와의 돌보심 속에 있었다는 것을 분명하게 밝힌다. 그리고 그의 기도는 구원을 위한 것으로, 처음에는 부정적으로 진술되어 있다. "나를 영원히 부끄럽게 하지 마시고"(אַל־אֵבוֹשָׁה לְעוֹלָם). '부끄럽게 하다, 부끄러워하다'(בוש)[27]라는 용법은 한때 존중받고 귀하게 여겨지던 모든 것이

---

[27] 동사 בוש는 '부끄러워하게 하다', '굴욕을 주다'라는 의미다. 또한 흔한 명사 בֹּשֶׁת, '수치'와 비슷하거나 관련된 의미를 지닌 두 개의 희귀 명사들이 있다. 이 동사와 이것의 파생어들은 대부분 시편과 예레미야서에서 발견된다. 이 단어는 당혹스러울 정도로 통상적인 것들(이를테면 '은밀한 부분들'에 대해 이 단어를 사용하는 것과 같은)이나 지혜롭지 못한 어리석은 자의 활동(잠 10:5)에 대해 사용할 수 있다. 하지만 이 의미는 대개 더 심각하다. Seebass는 이 단어가 어떤 사람 혹은 어떤 것이 이전에 존중받던 지위와 중요성이 무너지는 경험을 했다는 의미를 지닌다고 요약한다. 저자들은 파괴적인 대재앙을 묘사하기 위해 이 단어를 사용하며, 예레미야의 경우 민족의 멸망에 대해 이 단어를 사용한다. 어떤 것이 무너진다는 개념과 함께, 망신을 당하거나 수치를 당하는 것에 대한 강조도 나온다. 예레미야는 민족이 이방 세력들에 의해 수치를 당할 것이라고 말했다(예를 들어, 렘 2:36-37을 보라). 백성은 여호와를 거부했기 때문에 여호와의 돌보심 아래 있던 이전 상태는 무너질 것이고 그들은 수치를 당할 것이다. 고대 사회에서 그런 패배와 추방은 수치스러운 모습을 실제로 보여주었다. 종종 죄수들은 머리털을 깎고 모든 영광을 빼앗긴 채 끌려갔기 때문이다(예를 들어, 미 1:16). 이 수치는 대체로 백성이 그들의 하나님을 잊어버렸고 그래서 그들의 하나님이 그들을 거부했기 때문에 온다. 자세한 논의는 H. Seebass, "בוש, bôš" in *TDOT*, ed. by G. J. Botterweck and H. Ringgren, II:50-60을 보라.
Seebass는 시편 전체에 나오는 이 단어의 네 가지 용례를 열거한다. (1) 이 말은 1번은 전쟁에서 졌을 때 수치가 그들의 얼굴을 덮었다고 표현하면서, 애가로 사용한다(시 44:5). (2) 2번은 신뢰의 단언으로 사용된다[시 22:5(수치를 당하지 않다), 44:7]. (3) 13번은 간구에서 사용된다. (여기에서와 같이) "나를 부끄럽게 하지 마소서"와 같은 것이다. (4) 16번은 원수들에 대한 소망 사항으로, 그들이 수치를 당하게 해달

무너지고 진멸되는 불명예와 굴욕을 말한다. 그리고 거기에는 시편기자의 신앙도 포함될 것이다. 하나님이 원수들로 그를 죽이도록 허락하신다면, 그가 믿은 것은 원수들이 보기에 쓸모없는 것처럼 여겨질 것이기 때문이다. 이 기도는 자기 대신 원수들이 수치를 당하게 해달라는 것, 하나님이 그들의 믿는 바와 행동들이 거짓된 것임을 보여달라는 것이다. 또한 그의 서론적 기도는 긍정적 요청들도 담고 있다. 하나님이 공의(시 1:5에 나오는 같은 단어를 보라)로 자신을 건져달라는 것이다. 이것은 하나님이 악한 우상숭배자들을 멸하시고 언약 백성을 지켜주실 때 하나님의 본성이 나타나리라는 의미다. 의로우신 하나님은 그분을 의지하는 사람들을 멸망시키지 않으신다.[28]

지체할 시간이 없었다. 그래서 2절에 나오는 호소는 하나님이 속히 그의 말을 들으시고 구해달라는 것이다. "귀를 기울여"(혹은 귀담아, הַטֵּה에서 나온 הַטֶּה)라는 말은 하나님께 대단히 면밀한 주의를 기울여달라는 담대한 비유다(신인동형론). 이 기도 자체는 하나님이 그를 속히(명사, מְהֵרָה, '서두름, 속도'는 부사적으로 사용된다. 수 8:19에서 이것은 즉각적 행동이라는 의미를 지닌다) 건져달라는(시 22:20의 같은 단어를 보라) 것이다. 이 시편은 그의 약화된 상태가 긴급함의 이유라고 설명할 것이다.

2절 후반부는 그 구원이 무엇을 의미하는지 명확히 밝힌다. 여기에서 "되소서"라는 명령어는 하나님께 그분이 이러한 것들이심을 보여달라는 호소다. "내

라는 말로 사용된다(시 71:24). 원수들이 수치를 당하게 해달라는 기도는 단순한 복수가 아니라, 계속 배신하고 거짓말을 믿는 사람들이 진리의 하나님에 의해 드러나게 해달라는 호소다. 바벨론의 신들은 수치를 당해야 한다고 나온다. 그들은 구원하지 못하기 때문이다(렘 50:2). 진리를 알지만 거짓말을 가르치는 제사장들과 선지자들은 스스로에게 수치를 가져온다(렘 10:14). 마찬가지로, 의로운 길을 버리고 점점 깊은 죄속으로 떨어지는 사람들은 스스로에게 수치를 가져온다(호 2:5).
명사 בּוֹשׁ은 선지서에서 바알이라는 이름과 동의어로 사용된다(렘 3:24; 호 9:10). 바알이라는 이름을 언급만 해도 수치가 되었기 때문이다. 이 단어는 또한 한때 '바알(주)'이라는 단어를 그 안에 가지고 있었을 고유명사에도 삽입되어 있다(삼하 2:8). '멜렉'이라는 신적 이름 역시 '수치'에 해당하는 모음들을 붙여서 읽으면 이교 신 '몰렉'의 이름이 된다. 그 의미는 당혹감을 넘어 불명예 혹은 수치를 나타낸다(בּוֹשׁ, bôš, '수치를 당하다', by F. Stolz, in *Theological Lexicon of the Old Testament*, ed. by E. Jenni and C. Westermann, I:204-07을 보라).

28 Alexander, *Psalms*, p.132.

게 견고한 바위(לְצוּר־מָעוֹז)와 구원하는 산성(לְבֵית מְצוּדוֹת, 문자적으로는 '요새의 집')이 되소서." 이러한 비유적 표현들은 여호와가 자신에게 힘과 안전을 제공해주셨으면 좋겠다는 것을 나타낸다(시 18편에서 이 이미지들의 용법을 보라). 이 소유격은 반석과 집의 의도와 성질을 명확하게 보여준다. 이것의 목적은 2절 끝에 매우 명확하게 진술되어 있다. "나를 구원하소서" 혹은 "구해주소서"(לְהוֹשִׁיעֵנִי, 시 3:2의 같은 단어를 보라)라는 것이다.

II. 신실한 자들은 자신의 삶을 여호와께 부탁한다. 그들은 여호와가 자신을 구원하고 인도하사, 그분을 찬양할 이유가 있게 하시리라는 것을 알기 때문이다(3-8절)

A. 여호와에 대한 그들의 확신은 자기 백성을 구원하고 인도하시는 그분의 평판에 기초한다(3-4절)

이 시편에서 확신 부분은 2절의 비유들에 표현된 개념을 재진술하는 것으로 시작된다. 3절은 하나님이 이러한 존재이심을 보여달라는 기도가 아니다. 이것은 그분이 반석('나의 반석'에 해당하는 다른 단어, סַלְעִי)이고 산성(2절 하의 두 번째 비유인 '나의 산성,' מְצוּדָתִי을 반복하면서)이시라는 확신에 대한 진술이다. 이러한 주장은 이전에 하나님이 그에게 힘과 안전을 제공해주셨던 경험들에 기초한다. 하나님은 그의 반석이시고 산성이시기 때문에, 그는 그분이 자신을 인도하실 것을 믿고 의지할 수 있음을 안다. 여호와가 인도하시리라는 기대 역시 하나님의 성품에 기초한다. "주의 이름을 생각하셔서서"('이름'에 대해서는 시 20:1을 보라). 하나님은 이러한 것을 행하신 역사를 가지고 있으므로, 또한 그것은 그분의 성품과 조화를 이루므로, 시편기자는 여호와의 인도와 구원을 기대한다.

3절에 나오는 두 동사 "나를 인도하시며"(시 23:3의 같은 단어를 보라) "나를 지도하소서"는 모두 미완료 시제로 되어 있다. 어떤 주석가들은 이 동사들(그리고 4절에 나오는 그다음 동사들)을 명령의 미완료로 분류하며, 그것을 명령법으로 번역한다(NIV를 보라). 비록 이 시편에는 간구들이 자주 섞여 있긴 하지만 이 부분은 확신의 부분처럼 보이므로 단순 미래로 보는 것이 가장 낫다. 그는 하나님이 자신을 인도하고, 지도하며, 구원하시기 원한다. 구원하다에 해당하는 동사는 '주께서 나를 끌어내실 것입니다'(תּוֹצִיאֵנִי, '끌어내다'라는 동사 יצא에서 나온 단어)이다. 그는 하나님이 그를 위하여 '친' 그물(혹은 덫, רֶשֶׁת)에서 끌어내시기를(그를 자유케 하시기를) 기대한다('그들이 친'이라는 동사는 명시된 주어가 없으며 그렇다면 수동태로 번역할 수 있을 것이다). '그물'이라는 비유(암시된 비교)는 사냥에 비유해서 그를 멸망시키려 하는 원수들의 속임수를 나타낸다. 그는 그들의 그물에 걸리지 않기 위해 여호와의 인도를 필요로 한다. 그가 하나님이 이 일을 하실 것이라는 사실을 아는 것은 하나님이 그의 피난처가 되시기 때문이다(2절 후반에 나오는 첫 번째 비유가 여기에서 반복된다).

B. 여호와에 대한 확신으로 인해 그들은 자신의 삶을 다른 신이 아니라 그분께 맡길 수 있다(5-6절)

여호와가 그에게 의미하시는 모든 것 때문에, 시편기자는 주저없이 "내가 나의 영을 주의 손에 부탁하나이다"(5절 상)라고 말할 수 있다. 이 구절은 돌아가시기 직전 예수님이 십자가에서 하셨던 말씀 때문에 잘 알려져 있다. 신실한 자들은 자신들의 삶, 몸과 영혼을 여호와가 돌보시도록 내어드릴 수 있다. 강조된 것은 "주의 손에"라는 말이다. 히브리어 본문에서는 이것이 처음에 나와 있기 때문이다('손'은 하나님의 강력한 행동을 나타내는 신인동형론이다). "내가 부탁하나이다"(פָּקַד에서 나온 אַפְקִיד)라는 동사는 여기에서 '맡기다'라는 의미가 있다(시 8:4의 같은 단어를 보라). 그리고 이 동사의 뉘앙스는 영어의 현재 시제와 잘 맞는다(진행형 미완료). 그는 여기에서 자신을 여호와께 맡기고 있기 때문이다. 하지만 '영'(רוּחַ)이라는 말을 사용한 것은 색다르다. 이 말은 그 자체로는 다른 단어들(이를테면 נֶפֶשׁ)이 그렇듯 육체와 영혼으로 된 전인을 의미하지는 않기 때문이다. 이것은 '호흡, 바람, 영혼'을 의미한다. 이것은 제유로써 전인을 나타내지만, 강조되어 있는 것은 영혼이다. 어떤 의미에서 이것은 그가 살든지 그렇지 않든지 그의 영혼은 하나님께 맡겨졌다는 의미다. 그가 이것을 하는 이유는 하나님이 그를 구속하셨기 때문이다.["나를 속량하셨나이다"는 פָדִיתָה로, פָדָה에서 나온 현재 완료다(시 25:22의 같은 단어를 보라)]. 페로운은 그가 '주님은 지금까지 나의 속량자였으며 지금도 나의 속량자이십니다'라고 말한다고 주장한다. 그것은 더 나아가 '주께서 변하지 않으시므로, 나는 이 현재의 재앙에서 속량될 것을 확신하며 기대합니다'[29]라는 의미다. 그렇기 때문에, 그는 자신의 생명을 그에게 기꺼이 맡길 것이다. 이 구절의 마지막 표현은 그의 확신과 그의 신뢰의 초점을 더 상세히 설명한다. 여호와는 "진리의 하나님"(אֵל אֱמֶת)이시다. 이것은 이중적 의미가 있다. "진리"(시 15:2의 같은 단어를 보라)라는 말은 신실함 혹은 신용할 수 있음이라는 의미를 지닌다. 즉 신실함이라는 특징을 가진 하나님은 신뢰할만한 분이다. 이것은 또한 더 하찮은 신앙의 대상과 반대되는 '참된 하나님'이라고 볼 수도 있다. 그가 곧이어 허탄한 거짓이라고 묘사할 이방 신들은 신뢰하기 어렵다.

그가 여호와께 부탁하는 것은 거짓 신들을 따르는 자들을 전적으로 거부하는 것과 대조를 이룬다. "내가 미워하고"(שָׂנֵאתִי, 시 139:21의 같은 단어를 보라)는 거부라는 개념 뿐 아니라 경멸한다는 감정적 반응 역시 포함하고 있다. 그는 이방인들 및 그들의 허탄한 신들과 아무 상관이 없다. 그들은 '허탄한 거짓'(הַבְלֵי־שָׁוְא, '거짓의 허탄함', 두 번째 단어는 한정 소유격이다)이라고 묘사된다. 이 표현들은 신들에 대한 비유적 묘사다(수식어의 환유─이교의 우상들은 공허한 헛된 것들이다). 거짓 신들은 쓸모없는 것들이다. 이것들은 거짓이다(사 44:20을 보라). 이것들을 숭배하는 사람들은 속고 있는 것이다. 그들은 구원할 수 없기 때문이다(시 115:2-8을 보라). 하지만 이것들에 의해 눈이 먼 사람들은 그들의 종교적 관행을 세심하게 준수한다("숭상하는 자들", הַשֹּׁמְרִים 시 12:7의 같은 단어를 보라). 하지만 시편기자는 그렇지 않다! 그는 강력하게 단언한다. "내가…여호와를 의지하나

---

[29] Perowne, *Psalms*, I:285.

이다"(시 4:5의 같은 단어를 보라).

C. 여호와가 그들의 환난을 아시기 때문에 그들은 그분을 찬양하게 될거라고 기대한다(7-8절)

그들의 확신은 이제 여호와를 찬송하리라는 기대에서 표현된다. 청유법(אָגִילָה, 시 6:13의 같은 단어를 보라. 그리고 וְאֶשְׂמְחָה, 시 48:11의 같은 단어를 보라)들은 찬송을 하려는 그의 결심을 전달한다. 하지만 그는 몹시 기뻐하고 즐거워하며 찬송하려 한다. 이것은 여호와의 인자하심에 대한 경축이다(חֶסֶד은 원인의 환유로, 이 단어는 하나님의 신실하신 사랑이 그에게 가져다줄 구원과 인도를 말한다).

하나님이 그의 고난을 주목하시고 그를 거기에서 건지신 것의 배후에는 그 신실한 사랑이 있다. 7절 후반은 하나의 대명사(אֲשֶׁר)로 시작하는데, 이것은 '왜냐하면'이라는 설명적 의미 혹은 '…에 의해'라는 관계적 의미로 볼 수 있다. 이 말로 시작되는 두 절들은 완료 시제를 사용하는데(רָאִיתָ와 יָדַעְתָּ), 이것은 아마 현재 완료, '당신이 보셨고', '당신이 아셨다'가 되어야 할 것이다. 하나님이 처음부터 그의 어려움들을 알고 계셨다는 확신을 표현하기 위해서다.[30] 이것은 8절에서 입증할 수 있다. 이것은 그의 확신을 현 상황에 명확히 적용하기 때문이다. "주께서 나를 원수의 수중에 가두지 아니하셨고 내 발을 넓은 곳에 세우셨나이다." 시편기자는 하나님이 그를 버리지 않고 지켜보신다고 확신한다. 그리고 하나님이 반드시 구원하시리라는 확신은 마치 그 일이 일어난 것처럼 묘사되어 있다(8절에 나오는 완료 시제는 그가 확신하고 있는 일들이 곧 일어나리라는 것을 표현하는 확신의 완료일 것이다).

---

30 이것들은 정과거(definite past)로 분류할 수 있을 것이다. '당신은 보았다'와 '당신은 알았다'라는 것이다. 아니면 영어의 현재형 번역으로 '당신은 본다'와 '당신은 안다'라고 번역해서 자기 백성에 대한 하나님의 돌보심이라는 일반적 진리를 표현할 수도 있다. 현재의 경우도 예외가 아니다.

III. 신실한 자들은 여호와의 은혜로운 간섭을 구하는 기도에서 하나님께 자신들의 괴로운 한탄을 표현할 것이다(9-13절)

A. 그들은 여호와께 그들의 탄식과 슬픔에 대해 말한다(9-11절)

이 탄식은 하나님의 은총을 구하는 말로 시작된다. "내게 은혜를 베푸소서"(חָנֵּנִי. 이 부르짖음은 시 6:9, 30:10, 51:1, 56:1 등에서 낯익은 것이다. 이 동사의 의미에 대해서는 시 4:1의 같은 단어를 보라). 이 부분의 요점은 여호와의 은총을 나누어달라고 부르짖을 필요가 있게 하는 탄식이다. 시편기자는 먼저 현재의 위기에서 자신의 상태를 묘사한다. 그는 고통(צַר) 중에 있으며 그의 눈은 근심(כַּעַס) 때문에 쇠한다. '쇠하다' 혹은 '소모되다'(עָשֵׁשׁ)라는 동사는 그가 극도의 슬픔과 약함으로 저하되고 있음을 나타낸다. 이 동사는 본질적으로 그가 부서지고 있다고 표현한다(이것은 옷이 해지거나 좀먹어서 조각조각 부서지는 상태에서 사용한다). 눈을 특별히 언급하는 것은 종종 그렇듯이 일반적인 안녕, 슬픔, 염려를 나타낸다. 이 구절에 덧붙여진 것은 "영혼과 몸이"(문자적으로는 배가)라는 말이다. 이것은 분명 영적으로나 육체적으로나 그가 약해지고 있다는 것을 나타낸다.

그의 힘이 사라지고, 생명이 점차 시들어간다는 증거가 그의 슬픔(יָגוֹן)과 탄식(אֲנָחָה)에서 나타난다. 이 두 단어는 그 괴로움이 그의 삶에 가져온 결과를 묘사한다(그래서 이 단어들은 결과의 환유다). 실제 어려움이 무엇이었든, 그의 생명은 슬픔과 탄식에 떨어지게 되었다. 이 구절 후반부에서 그는 보다 구체적으로 자신의 힘이 자신의 죄악 때문에 약해진다고 말한다. 이 단어는 여기에서 갑자기 나오고 이 시편 다른 어느 곳에서도 설명되어 있지 않기 때문에, 많은 주석가가 이것을 헬라어역에서 '가난함'으로 번역한 것에 따라, '나의 괴로움' 혹은 '나의 불행' 같은 말로 수정하고 싶어 한다.[31] 이 단어가 이 행 안에 그대로 남아 있다

---

[31] A. A. Anderson은 '불행'(misery)이 전후 문맥에 더 잘 맞으며 *scripta plena*로 쓰인 본문 b'wny 자음들로부터 유래된 것일 수 있다고 제안한다(*Psalms 1-72*, p.250). VanGemeren은 그의 상태를 묘사하는 일련의 다른 단어들 속에서, 이 단어는 죄를 고백하지 않을 때 그가 처한 가혹한 상태를 표현하는 것으로 여겨야 한다고 말한다. 그는 NIV가 '괴로움'(affliction)이라고 번역하면서 주에서 그것을 '죄악'이라

면, 그것은 괴로움이 그의 방종함에서 오는 것이라는 죄책감으로 해석될 수 있을 것이다. 이것을 모든 괴로움이 죄의 결과라는 의미로 받아들일 필요는 없다. 이것은 쓰라린 마음 가운데, 여호와의 손이 그녀를 치셨다고 생각했던(그것을 유발시킨 죄에 대한 설명은 없이) 나오미의 느낌을 어느 정도 표현할 것이다. 물론 시편기자가 자신의 괴로움의 원인이라고 보는 몇 가지 죄가 있을 수도 있다. 그렇다 해도 그것은 이 시편에서 주된 사항이 아니다. 이 시편은 자기 백성에 대한 하나님의 사랑과 신실하심에 초점을 맞춘다. 여기에서 진짜 중요한 것은 그의 힘이 다하고 뼈가 약해졌다는 것이다. 그가 말하는 뼈란 신체 전체를 말하거나(제유), 아니면 영혼이 뼈로 된 틀에 넣어져 있다는 의미일 것이다(환유). 여기에서는 후자를 염두에 두고 있다. 시편기자의 곤경에서 육체적 연약함과 영적 의기소침함은 분리하기 어렵기 때문이다.

B. 그들은 여호와께 친구들과 원수들이 자신에 대해 어떻게 말하는지 이야기한다(11-13절)

탄식은 이제 어떻게 다른 사람들이 그의 고통을 더하는지 묘사하는 것으로 바뀐다(탄식의 '그들' 부분). 그의 불행은 지인들과 친구들의 불안과 의심에 의해 더 증가한다. 원수들이 그에게 한 일들로 인해 그의 이웃들은 그를 비난하게 되었다. 이 행에서 원수들은 이 탄식의 시작 부분에서 사용되었던 '고통'(צָרַי)과 관련된 단어(רַע, '나의 원수들, 나를 괴롭히는 자들')로 묘사된다. 그들 때문에 그는 근처에 사는 사람들에게 욕이 되었다.[32] 욕(חֶרְפָּה, 시 22:6의 같은 단어를 보라)은 통렬

고 설명해놓은 것을 언급한다(*Psalms*, p.306). 하지만 '죄악'의 확장된 의미들에 기초해서 그 의미를 괴로움 혹은 가혹함이라고 규정하는 것은 여전히 죄와의 연관성을 나타낸다. Goldingay는 이 단어를 MT에 나와 있는 대로 놔두고 이것을 '고집스러움'으로 번역하거나, 아니면 헬라어역처럼 '약함'이라고 번역할 수 있다고 말한다. 그다음에 각 해석에서 하나씩 적용을 한다(*Psalms 1-41*, p.443).

32 이 줄은 '심히'(מְאֹד)라는 말로 끝나는데, 이것은 어색한 것처럼 보인다. 이 단어는 더 잘 이해되도록 하기 위해 재해석되었다. Dahood는 이 단어가 '재앙'(mem이라는 전치사가 달린 אֵיד)이라고 제안한다. 그는 그다음에 이 행들을 '내 대적들 때문에 나는 욕을 당하고, 내 이웃에게는 재앙이었다'라고 재배열한다(*Psalms* I:189). Delitzsch는 어원론과 용례에 근거해서 '짐'이라는 의미의 명사, m'd라는 글자가 들어 있는 명사, 아마도 מָאוֹד가 있다고 제안한다(*Psalms*, I:387-8).

한 조롱, 날카로운 비판이다. 욥의 친구들이 그를 '위로'하러 왔을 때 그를 대했던 방식을 생각하지 않을 수 없다. 시편기자는 공감받거나 이해받지 못한다. 비난과 고발을 받을 뿐이다. 그리고 그를 아는 사람들에게 그는 '두려운 것'(פַּחַד, dread thing, 개역개정은 '놀라고'라고 번역했다 – 역주), 두려워하고 피해야 할 어떤 것이 되었다(시 36:1을 보라). 실제로 그가 밖에 있을 때 그를 보는 자가 그에게서 피했다(11절 하). 그의 유일한 결론은 사람들이 마치 그가 죽은 것처럼 그를 잊어버렸다는 것이다. 그는 사람들의 마음에서 멀어진다(문자적으로는 '심장으로부터', מִלֵּב). 요는 사람들이 그를 그들 마음에서 잊어버렸다는 것이다. 그들은 그에 대해 생각하기를 원치 않는다. 그는 마치 깨어진 그릇('썩어가는' 그릇, אֹבֵד), 더 이상 유용하지 않은 불필요한 존재가 되었다.

친구와 이웃들은 욕을 하고 피하면서 뒤에서는 그에 대해 수군거린다. 그는 많은 사람이 그에 대해 소리 죽여 비방하는(דִּבָּה) 것을 듣는다. 골딩게이는 '명예 훼손'이라는 의미를 시사한다.[33] 이 말은 그가 처한 위험을 상기시킨다. "사방이 두려움"(מָגוֹר מִסָּבִיב)이라는 것이다. 이 표현은 예레미야가 바스훌에게 임할 무시무시한 심판에 비추어 이름을 다시 지어주기 위해 사용한다(렘 20:3). 그리고 이것은 예레미야가 전한 멸망의 메시지를 요약하는 모토가 되었다. 안전한 장소도 없고, 숨을 곳도 없으며, 분명 도울 사람도 없을 것이다.

이런 이야기를 하는 사람들은 실제로 그에 대해 음모를 꾸몄다. 그들은 은밀하게 모여서 그의 생명을 취할 음모(זָמְמוּ, 시 10:2의 같은 단어를 보라)를 꾸몄다. 그래서 우리는 이제 그 고통의 핵심부에 있는 것이 무엇인지 발견한다. 그것은 그를 죽일 계획을 세우면서 한편으로 그를 둘러싼 공포의 말을 퍼뜨리는 악한 원수들이다. 그들로 인해 그는 다른 사람들에게 두려운 존재가 되어, 사람들이 그를 피하거나 비난하게 되었다. 그 과정에서 그는 슬픔과 절망으로 가득 차, 날마다 더 약해졌다. 오직 여호와만이 그를 이 끔찍한 위기에서 건지실 수 있었다.

---

33 Goldingay, *Psalms*, p.435.

IV. 신실한 자들은 여호와가 자신을 구원하시고 악한 원수들을 영원히 잠잠케 하심으로, 그분의 인자하심을 보여달라고 기도할 것이다(14-18절)

A. 그들은 여호와가 그분의 인자하심으로 그들을 구원하시기를 간구한다 (14-16절)

그 주위의 큰 위험과 친구들 및 이웃들의 거부에도 불구하고, 시편기자는 하나님께 충성한다. "여호와여 그러하여도 나는 주를 의지하고 말하기를 주는 내 하나님이시라 하였나이다." 두 동사 모두 그의 신앙 진술의 일부로, 현재 시제로 번역할 수 있다. 하지만 첫 번째 동사를 현재 완료로 본다면, 그것은 그가 이미 시편에서 말한 것, 즉 그가 여호와를 의지했으며 여러 번 구원을 받아서 하나님은 그의 반석이시며 피난처라는 것을 포함한다. 그는 이제 신앙이 흔들리지 않을 것이다. 여호와를 의지하는 것은 그에게 위로를 가져다준다. 그는 자신의 앞날이 하나님의 손에 있음을 알기 때문이다. 그가 말하는 '앞날'(times)은 그가 얼마나 사는가 하는 것 뿐 아니라 그가 사는 때에 무엇이 일어나는가를 의미한다(주어의 환유). 그렇다면 어떤 의미에서 그가 자신을 추적하는 사람들로부터 구원해달라고 기도할 때, 그는 하나님께 그의 삶에 대한 그분의 뜻에 맞게 행동해달라고 구하고 있는 것이다. 그는 기도할 수 있고 열심히 기도한다. 하지만 그의 삶을 하나님의 뜻에 맡긴다. 그의 기도는 믿음에 의해 더욱 강화된다. 그는 자신의 앞날이 하나님의 손안에 있는 것을 알기 때문에, 자기 생명을 원수의 손에서 구원받게 해달라고 기도한다. 그는 자신에게 일어나는 일이 원수들에 의해 결정되는 것을 원치 않는다.

그렇다면 그의 간구는 여호와의 인자하심에 기초를 둔다(16절). 이 행은 "여호와는 그의 얼굴을 네게 비추사 은혜 베푸시기를 원하며"(민 6:25)라는 대제사장적 기도를 분명하게 의지한다. 그는 제사장의 신탁이 하나님이 하신다고 한 바로 그 일을 해달라고 하나님께 기도한다. 그것은 "주의 얼굴을 주의 종에게 비추고"라는 것이다. 이 비유적 표현(신인동형론)은 신적 기쁨과 은총이 백성에게 베풀어지는 것을 나타낸다. 제사장의 축복의 두 번째 동사가 분명히 밝히는 것처럼, 빛나는 혹은 밝은 얼굴은 신적 은총을 상징한다. 여기에서 시편기자는 적절한 기도의 태도를 가지고 호소한다. 그는 자신을 종이라고 말한다. 자신을 하나님의 종이라고 부르는 것은 분명 겸손함을 고백하는 것이다. 하지만 이 단어의 용법은 또한 경건하고 순종적인 신자를 묘사한다. 그는 순종적인 신자이기 때문에, 여호와께 자신을 구원해달라고(הוֹשִׁיעֵנִי) 호소할 수 있다. 그분의 신실하신 언약 사랑 때문이다. 다른 사람들은 시편기자를 피하거나, 그가 고통에 빠져 있을 때 그를 공격할지 모르지만, 그의 하나님이신 여호와는 그렇지 않으시다.

B. 그들은 여호와께 원수들을 부끄럽게 하셔서 원수들이 잠잠하게 해달라고 기도한다(17-18절)

시편기자는 여호와께 자신이 부끄러움을 당하지 않게 해달라고 반복해서 부르짖는다. 그는 도움을 구하기 위해 그분을 불렀다. 그는 악인들이 부끄러움을 당하고 무덤에서 잠잠하게 해달라고 기도한다.[34] 앞에서 말했듯이, 이것은 개인적 복수를 위한 기도가 아니다. 하나님께 악인들을 부끄럽게 해달라고 기도하는 것은 그들을 멸망시킴으로 하나님이 참되신 하나님이심을 다시 한 번 증명해달라는 의미이다. 그들은 믿음과 행동들로 자신들이 옳다고 주장했다. 그것은 여호와의 길이 거짓이었음을 암시한다. 하나님이 그들을 멸하실 때 그들은 거짓을 믿고 그것을 따라 산 것으로 인한 수치와 치욕을 당할 것이다. 그리고 그들이 무덤에 있을 때, 그들은 더 이상 자신의 견해를 퍼뜨리거나 의인들에게 악의에 찬 공격을 하지 않을 것이다. 따라서 18절에서 그는 거짓을 말하는 입술이 잠잠하게 되어야 한다고 구체적으로 말한다. '거짓말하는 입술'은 문자적으로는 '거짓의 입술'(שִׂפְתֵי שָׁקֶר)이다. '입술'은 그들이 입술로 말하는 것을 의미하며(원

---

[34] 스올이라는 단어는 또한 악인들의 죽은 영혼들의 영역, 혹은 지옥을 의미한다. 이 본문은 그들의 침묵을 강조하므로, 이것은 아마 단순히 무덤을 의미할 것이다(시 6:5의 같은 단어를 보라).

인의 환유), '거짓'은 그들이 말하는 것을 묘사하는 한정 소유격이다. 이것은 거짓되다. 이 말은 그들의 모든 이야기가 거짓이라는 것이 아니라, 그들이 의인에게 거슬러 하는 말을 의미한다. 여기에는 진리를 부인하는 것, 믿음을 조롱하는 것, 거짓 비난, 조롱, 위협 등이 포함될 것이다. 그들이 말하는 것은 적대적이다. 이것은 의인에게 교만하고 완악하게 무례히 하는 말이라고 나와 있기 때문이다. 무례하게(עָתָק)라는 단어는 그들이 독단적이고, 거만하며, 인상적이라는 것을 묘사한다. 그들의 말은 권위주의적이다. 그들은 교만하고 완악한 말을 한다. 그들은 우월감을 나타내는 태도로써 의인들을 쓸모없는(בָּזָה, 시 22:6의 같은 단어를 보라) 자로 멸시한다. 하나님은 시편기자의 기도에 응답하심으로 세상의 교만하고 불경한 자들에게 비방과 위협을 당하는 모든 의인에게 그분의 신실하신 사랑을 보이실 것이다.

V. 신실한 자들은 하나님께 찬양을 드리고, 다른 사람들에게 여호와를 사랑하고 믿음 안에서 강하라고 권고할 준비를 한다(19-24절)

A. 그들의 찬송은 하나님의 선하심과 보호하시는 돌보심에 대한 것이다(19-22절)

이것은 이 시편의 찬송 부분이다. 한편으로 이것은 여호와의 신실하신 사랑에 대한 시편기자의 강한 확신의 연장선인 듯 보인다. 하지만 다른 한편으로 그는 자신이 서둘러 결론을 내렸음에도 여호와가 그의 기도에 응답하셨다고 설명하고 있으므로, 이는 구원에 대한 찬송이다. 이것이 실제 찬송이라면, 여호와가 그를 위해 행동하셨으며 혹은 행동하기 시작하셨으며, 이것으로 인해 찬송이 촉구된다. 이것은 성소에서 드려진 찬송이다. 이것은 다른 사람들에게 그들의 믿음에서도 강하라고 권면하기 때문이다. "주의 은혜가 어찌 큰지요"라는 말로 시작하는 찬송에서 시편기자가 말하는 은혜(goodness, 시 34:8의 같은 단어를 보라)라는 말은 여호와가 그분의 백성이 사용하고 누리도록 쌓아놓으신 모든 좋은 것들의 총합을 의미한다.[35] 그것이 쌓여 있다는 말은 하나님이 그분을 경외하고 그분께 피하는 자들에게 이미 행하신 것 외에 훨씬 더 많은 것을 주시리라는 의미다. 이 모든 것은 사람들('인생')이 증거해야 하는 것이다.

특히 이 찬송에서 하나님의 은혜(선하심)는 그분이 자기 백성을 보호하시는 돌보심과 관련되어 있다. "주께서 그들을 주의 은밀한 곳에 숨기사"라는 말은 성소와 여호와의 임재를 말하는 것일 수도 있다. 또한 하나님이 어디서든 그분의 백성을 보호하기 위해 그들과 함께하시는 것을 말할 수도 있다(피난처처럼). 이 보호는 "사람의 꾀"(מֵרֻכְסֵי אִישׁ)로부터 보호하는 것이다. 이 말은 여기에서만 단 한 번 나온다. 이것은 '묶다'라는 단어와 연결되어, 사람들을 한데 묶어준다는 개념을 전달할 수도 있다. 즉, 음모 혹은 그러한 음모를 꾸미는 것을 말한다. 이것은 이 구절 후반부에서 "말다툼"(from the strife of tongues)(מֵרִיב לְשֹׁנוֹת)과 대응을 이룬다. '다툼'은 종종 충돌, 법적 고소 혹은 고발을 말한다(시 95:8의 같은 단어를 보라). 이 공격은 말로 하는 것이다. '말'(tongues)이라는 단어를 사용한 것으로 보아 이것을 분명히 알 수 있다. 그리고 이것은 '사람'이라는 말을 사용한 것이 말하듯, 단지 죽을 수 밖에 없는 인간들에게서 나오는 것이다. 하나님은 그분의 백성을 자기 임재 안에서 장막(סֻכָּה)으로 보호하신다. 이것이 성막을 말한다면, 이것은 어떤 장소가 피난처를 제공한다는 의미가 아니라, 그 장소에 계시는 하나님을 의미할 것이다.

찬송은 21절에서 여호와의 위대하신 구원과 보호에 대해 계속된다. "그의 놀라운 사랑을 보이셨도다." 여호와는 놀랍고 엄청난 방법으로 그분의 사랑을 보이셨다. 즉 놀라운 방법으로 그분은 사랑을 보이셨다.[36] 하지만 추가적 전치사구는 명확하지 않다. 이것은 "견고한 성에서"(בְּעִיר מָצוֹר)라고 되어 있다. 그래서 어떤 사람들은 이 말을 지워버린다. 이것은 아마 하나님이 그를 마치 견고한

---

35 Delitzsch, *Psalms*, I:390.

36 VanGemeren, *Psalms*, p.310.

성 안에 있는 것처럼 보호하셨다는 의미일 것이다.[37]

하나님의 인자하신 사랑의 위대함은 더욱 더 확대된다. 이것은 시편기자가 가졌던 의심과 조급함(יפְחָ) 때문이다. 이 말의 의미는 그가 놀라서 자신을 여호와의 목전에서 끊어진 것으로 포기했다는 의미다. '놀라서'(haste)라는 단어는 추격자들을 피해 허둥거리며 도망치는 사람에 대해 사용되며, 그래서 놀람과 조급함이 연결되어 있다. 그는 아마 겁을 먹고 자신이 여호와의 임재에서 쫓겨났다고 서둘러 말했을 것이다. 그는 너무 많은 조롱과 비난을 들어서, 하나님이 자신과의 관계를 끝내셨다고 거의 확신하게 되었다. 그럼에도 그는 여전히 기도했으며 이제 자신의 결론이 성급한 것이었음을 인정한다. 그가 하나님께 부르짖었을 때 하나님이 그의 부르짖는 음성을 들으셨기 때문이다.

B. 그들의 격려는 신자들이 믿음 안에서 강하게 되라는 것이다(23-24절)

이 시편은 언약에 충실하라는 권고로 끝을 맺는다. 이 호소는 모든 "성도들"(his beloved, חֲסִידָיו), 하나님의 백성이 되고 그분의 인자하신 사랑에 의해 사는 모든 사람들을 위한 것이다. 그들은 여호와를 사랑하라(אֶהֱבוּ, 시 11:7의 같은 단어를 보라)는 권면을 받는다. 이것은 언약의 근본적 명령이다. "네 하나님 여호와를 사랑하라"(신 6:5). 이것은 언약 규정들에 대한 순종을 보여주도록 여호와를 경배하고 섬기라는 명령이다. 이것은 하나님의 뜻에 복종하는 삶이다. 이것이 이 맥락에서 그처럼 중요한 이유는 여호와가 신실한 자들은 보존하시지만 교만한 자들에게는 엄중히 갚으시기 때문이다. 여호와께 순종하지 않으려고 하는 것이 교만이다. 그리고 그것은 정당한 벌을 받을 것이다. 여호와를 사랑하는 것은 신실함이다. 그리고 여호와는 신실한 자들을 보존하신다. 언약에 기초하여 하나님께 이생에서 구원과 보호를 호소해도 사람들이 그 언약에 충실하지 않다면 헛일이 될 것이다.

---

[37] 이 표현은 '포위된 성에서'라고 번역하여 그가 처한 고난을 말하는 것이 될 수도 있다.

그래서 그는 신실한 자들, 즉 여호와를 바라는 자들(הַמְיַחֲלִים)[38]이라고 말한다. 시편기자는 그들에게 큰 용기를 가지라고('강하라') 권면하며, 그들의 마음(즉, 의지)을 강화한다.

메시지와 적용

이 시편은 믿음, 특히 의인에 대한 반대가 반복되는 문제임을 상기시켜준다. 서구의 일부 신자들은 상대적으로 자유롭게 사는 복을 받았다. 하지만 세계 대부분의 지역에서는 여전히 강한 핍박과 반대가 있다. 특히 기독교 신앙이 점차 커지고 있는 곳에서는 더 그렇다. 심지어 우리가 사는 평화로운 곳에서도 신앙에 대한 적대감이 점차 커지는 것이 점점 더 문제가 되고 있다. 세상에서는 악이 커지고 있으며, 이것은 기독교 신앙을 파괴하려고 한다. 이러한 공격은 다른 종교들에서 올 수도 있고 아니면 무신론적이고 세속적인 것들로부터 올 수도 있다. 그것은 악의에 찬 말과 비난으로 시작될 수도 있지만, 공개적 증오와 반대로 곪아갈 것이다. 많은 사람이 이러한 시편들을 읽으면서 자신과 별로 관련되어 있다고 생각하지 못하겠지만, 그들은 역사를, 세상을, 그리고 믿음의 문화를 제거하려는 그리 미묘하지 않은 시도들을 다시 한 번 살펴볼 필요가 있다.

---

[38] יָחַל라는 단어는 '바라다, 기다리다'라는 의미다. 이것은 קָוָה(시 25:3의 같은 단어를 보라)와 동의어이지만, 약간 다른 강조점을 지닌다. 어원학적으로 수많은 제안이 있었다. 하나는 도움을 기다린다는 것을 나타내는 아랍어 '…에 빠진'이라는 단어와 연결되어 있다는 것이고, 또 어떤 것은 '강하다'라는 아랍어아 연결되어 있어 '확고하고 강력한'이라는 개념을 준다는 것이다. 그리고 또 다른 것은 이것을 '진통을 하다' 혹은 산고를 겪다(חִיל 혹은 חוּל)라는 히브리어와 연결해서 해산을 기다린다는 의미로 본다. 이것은 중심 개념을 파악하려는 시도이지만, 설득력이 없다. 여호와를 바라는 것 혹은 여호와를 기다린다는 것이 공통적인 개념이다. 여호와는 모든 선의 원천이기 때문이다. 이 본문은 그들이 기다리는 것이 무엇인지 정확하게 말하는 법이 거의 없다. 그저 그들이 여호와를 기다린다고만 말할 뿐이다. 바라는 것 혹은 기다리는 것은 기도에 대한 호의적 반응이다. 즉 그분의 말씀을 기다린다는 것이다. 그리고 이 기도가 악인의 멸망을 위한 기도라면, 그렇게 바라는 것은 종말론적 의미를 지닐 수 있다. 여호와를 바라는 것은 믿음과 용기를 요한다(시 31:24에서처럼). 믿음과 용기가 필요한 이유는 바라는 것이 견뎌야 하는 필요성을 암시하기 때문이다. 하지만 견디는 것은 관계에 기초하고 있으며, 그래서 이것은 믿음의 일부다.

이것은 전혀 새로운 것이 아니다. 이것은 분명 하나님께는 놀라운 일이 아니다. 하나님은 오랜 세월 자기 백성을 구원해 오셨으며, 그들이 그분을 의지한다면 계속해서 그리하실 것이다. 이 시편은 우리의 때와 환경이 원수들의 손이 아닌 하나님의 손에 있다는 것을 알고, 하나님의 돌보심에 우리의 삶을 맡길 필요가 있다는 것을 상기시킨다. 이 말의 의미는 우리를 악에서 구해주시고, 진리로 인도하시며, 신들이든 철학들이든 허탄한 거짓을 섬기는 악인들을 잠잠케 하심으로, 진리가 정당함을 입증해달라고 하나님께 호소하는 부단한 기도의 삶을 사는 것이다.

이 시편에는 많은 개념이 이리저리 얽혀 있다. 이것은 강해에서 다루어야 할 것이다. 이와 같은 시편은 하나의 명제적 주제로 요약하는 것이 어렵지만, 다음과 같은 진술은 적어도 강해가 주요한 것들에 초점을 맞추도록 해줄 것이다. *진리를 멸시하고 의인을 멸하려고 혈안이 된 세상에서, 신실한 사람들은 그들의 삶을 하나님의 보호하심에 맡기고, 괴로움으로부터의 구원과, 삶을 사는 동안의 인도와, 악한 원수들의 심판을 위해 기도할 때 확신을 지니게 된다.* 강해의 어조는 확신에 찬 긍정적인 것이 되어야 한다. 여기에는 탄식이 나와 있긴 하지만, 이 시편은 고난에서 확신으로 넘어가는 것을 강조하기 때문이다.

이 시편이 몇 가지 언약 언어를 사용한다는 점에서 또 하나 실제적으로 적용할 점이 있다. 자신을 여호와의 보호하심에 맡긴다는 말은 여호와의 보살핌이 곧 자기의 백성을 위한 그분의 인자하심이라는 사실을 상기시켜준다. 그렇기 때문에 '그의 사랑하는' 자라고 인식되려면, 백성은 여호와를 사랑하고, 이교도들과 거짓 종교들 혹은 철학적 사상들에 물들지 않으며 궁극적 승리를 가져오기 위해 그분께 소망을 고정시킴으로, 계속 충성해야 한다.

이 시편의 의미를 예수 그리스도보다 삶으로 더 잘 나타낸 존재는 없다. 예수님은 다른 누구보다 더 악인들에게 반대와 핍박을 받았다. 예수님은 다른 누구보다 더 그들의 손에 고난을 받았다. 그리고 예수님은 다른 누구보다 하나님의 계획을 믿고 더 확신하셨다. 십자가에서 그분은 이 시편의 중심적 주제를 택하여 그것을 자신에게 적용하셨다. "내 영혼을 아버지 손에 부탁하나이다"(눅 23:46). 시편기자가 이 말을 했을 때 이것은 자신과 모든 소망과 염려를 하나님의 손에 맡긴다는 의미였던 반면, 예수님이 이 말을 하실 때 그것은 그분 자신의 행동에 의해 자신의 영혼, 즉 자신의 생명을 하나님 아버지께 내어드린다는 의미였다.[39] 예수님은 이 세상에서 하고자 하신 일을 이루셨으며, 이제는 그분의 생명을 내려놓을 때였다. 또한 이 말은 오랜 세월 신앙을 위해 자신들의 삶을 내어놓은 성도들이 사용한 말이다. 자신의 생명을 하나님의 돌보심에 부탁한다는 것은 한순간이나 잠시 동안만 지속되는 것이 아니라, 영원토록 지속되는 것이기 때문이다.

---

39. Perowne, *Psalms*, I:284.

41

The Joy of Forgiveness PSALM 32

죄 사함의 기쁨(시편 32편)

서론

본문과 다양한 역본들

다윗의 마스길[1]

1 허물의 사함을 받고(transgression is forgiven)[2]
  자신의 죄가 가려진 자는 복이 있도다
2 마음[3]에 간사함이 없고
  여호와께 정죄를 당하지 아니하는 자는 복이 있도다

---

[1] 히브리어 מַשְׂכִּיל는 '지혜롭다'라는 의미의 שָׂכַל라는 단어와 관련된 것으로, '솜씨 있게 구성된' 시라는 의미를 지닐 수 있다(서론을 보라). 헬라어역에는 '교훈'(συνέσεως)이라고 되어 있는데, 이것은 8절에서 히필 동사 '내가 교훈하리로다'가 사용되기 때문이다.

[2] נְשֻׂא라는 단어는 마치 III *he* ' 인 것처럼 נְשׂוּי라고 철자가 되어 있다. "허물의 사함을 받은" (forgiven of transgression)이라는 것이다. 이것은 '가려진'이라는 단어 형태와 대응을 이룬다.

[3] 헬라어 번역은 간사함을 속이는 말이라고 해석했으며, '마음'(spirit)을 '말'(mouth)로 번역했다(ἐν τῷ στόματι αὐτοῦ). "그리고 그의 마음속에는 속임수가 없다."

[4] 혹은 ' 때문에'(כִּי).

3 내가 입을 열지 아니할 때에[4]

　종일 신음하므로 내 뼈가 쇠하였도다

4 주의 손이 주야로 나를 누르시오니

　내 진액[5]이 빠져서 여름 가뭄에 마름 같이 되었나이다 (셀라)

5 내가 이르기를 내 허물(transgressions)[6]을 여호와께 자복하리라 하고

　주께 내 죄를 아뢰고

　내 죄악을 숨기지 아니하였더니

　곧 주께서 내 죄악(guilt of my sin)[7]을 사하셨나이다 (셀라)

6 이로 말미암아 모든 경건한 자는 주를 만날 기회를 얻어서[8]

　 주께 기도할지라

　진실로 홍수가 범람할지라도

　그에게 미치지 못하리이다

7 주는 나의 은신처이오니

　환난에서 나를 보호하시고

　구원의 노래로 나를 두르시리이다[9] (셀라)

---

5 לְשַׁדִּי은 매우 희귀한 단어로, 민수기 11:8에서 나온다. 여기에서 이 단어는 보통 '내 힘'으로 번역된다['내 진액'(my moisture)에 대한 환유]. 헬라어역은 (후에 나온 개정판들 및 Jerome과 함께) 이것을 εἰς ταλαιπωρίαν, '비참함, 불쌍함으로'라고 번역한다. 이것은 לְשֻׁדִּי을 반영한 번역일 것이다. 번역자는 이 행에서 다른 어려움들에도 봉착했다. '여름'(קַיִץ)을 '가시'(קוֹץ)로 읽고, '가뭄', חַרְבוֹן('의 가뭄에서', בְּחַרְבֹנֵי)이라는 명사를 공격하다, 치다'라는 다른 어근 חָרַב(잘 알려진 단어인 '검'과 관련된)에서 나온 접미사 달린 부정사로 여기는 것이다. 그 결과 다음과 같은 번역이 나온다. "가시가 내 안에 박혔을 때 나는 비참함으로 변했다(= 철저히 비참하게 되었다)." 이 행에 '진액'에 해당하는 희귀한 단어, '가시'와 혼동될 수 있는 '여름'에 해당하는 단어, 동음이의어와 혼동할 수 있는 '가뭄'에 대한 복수 구문이 나온다는 사실은 모두 어떻게 헬라어 번역이 이것을 잘 이해시키려 애썼는지를 설명해준다. 보다 어려운 MT 독법이 받아들여진 독법이다.

6 몇몇 사본들, 헬라어역, Aquila, Jerome은 모두 단수 형태로 되어 있다.

7 문자적 번역은 '내 죄의 사악함'(iniquity of my sin)이 될 것이다. 하지만 '사악함'은 (환유에 의해) 사악함에 대한 죄책 혹은 사악함에 대한 벌을 의미한다. 죄책은 사함을 받을 것이다. 헬라어역은 단어에 더 문자적으로 충실하다. 하지만 몇몇 사본은 이 구절 끝부분을 '내 죄의 불경함'(ἀσέβειαν)이라고 바꾸었다.

8 　내가 네 갈 길을 가르쳐 보이고
　　너를 주목하여 훈계하리로다[10]
9 　너희는 무지한 말이나 노새 같이 되지 말지어다
　　그것들은 재갈과 굴레로 단속[11]하지 아니하면
　　너희에게 가까이 가지 아니하리로다
10 　악인에게는 많은 슬픔이 있으나
　　여호와를 신뢰하는 자에게는 인자하심이 두르리로다
11 　너희 의인들아 여호와를 기뻐하며 즐거워할지어다
　　마음이 정직한 너희들아 다 즐거이 외칠지어다

구성과 전후 문맥

시편 32편은 참회 시편 중 하나다(또한 시 6, 38, 51, 102, 130, 143편을 보라). 이 본문에 나오는 독특한 메시지는 죄 사함에서 오는 큰 기쁨과 위안이다. 그리고 이

---

8 히브리어는 문자적으로는 '발견할 때에'(לְעֵת מְצֹא)라고 되어 있다. 이것으로 이 구절의 전반부가 끝난다(Masoretic 이분법이 나타내는 것처럼). רַק, '분명히, 확실히'라는 단어는 같은 행에 쓰여 있으며, 일부 주석가들은 본문을 עַר, '괴로움'으로 수정해서 '(네가) 괴로움을 만날 때에' 혹은 '괴로움이 (너를) 발견할 때에'와 비슷하게 읽을 것을 제안한다. 하지만 그렇게 바꾸는 것을 지지해줄 만한 것은 없다. 헬라어 번역은 εὐθέτῳ, '적절한 때에'라는 것이다. MT를 계속 유지한다면, 이 의미는 '발견할 때에'가 될 것이며, 그다음 줄은 '분명'이라는 말로 시작할 것이다.
9 이 구절에 대한 헬라어 번역은 매우 다르다. 이것은 이 구절을 풀어서 설명한 것에 가깝다. 하지만 '두르다'라는 개념을 반복한다. "주는 나의 은신처이오니 환난에서 나를 보호하시고"에 대해 이것은 "주는 나를 두른 괴로움의 피난처이다"라고 읽는다. "구원의 노래로 나를 두르시리이다"에 대해서는 "나의 기쁨, 나를 에워싼 사람들로부터 나를 구하소서"라고 읽는다.
10 MT의 "내가 너를 주목하여 훈계하리로다"(אִיעֲצָה)를 헬라어역은 '내가 너에게 내 눈을 고정하리다'(ἐπιστηριῶ, אֲשִׁעָה에 해당되는 말)라고 번역한다.
11 עֶדְיוֹ라는 단어는 문자적으로는 '그 장식품'이라는 의미일 것이다. 하지만 여기에서 이것은 이 단어에서 유래된 말의 '장식용 마구들'(trappings) 즉 마구(harness)라는 의미를 지닌다. 이것은 훌륭한 설명이 된다. '그 마구가 재갈과 굴레인'이라는 것이다. 헬라어역은 τὰς σιαγόνας αὐτῶν으로 "재갈과 굴레를 찬 그들의 턱(뺨)"이라는 것이다. 아마도 לְעֵהֶם, '그들의 목구멍'이라고 읽은 듯하다.
12 Broyles, *Psalms*, p.161.

것은 죄의 고백을 고집스럽게 거부함으로 인해 받은 하나님의 징계인 영적 침체 및 슬픔과 뚜렷한 대조를 이룬다. 고백하지 않은 죄에 대한 큰 슬픔과 죄 사함의 큰 기쁨에 비추어, 시편기자는 사람들에게 자신이 한 것과 같은 실수들을 피하고 여호와의 죄 사함을 구하라고 호소한다. 그래서 이 시편의 후반부는 교훈적 어조를 띤다. 이는 비싼 값을 치르고 교훈을 습득한 사람이 전하는 긴급한 조언이다.

전통적으로 이 시편은 다윗이 쓴 것으로 여겨졌다. 이것은 그가 많은 시편을 썼다는 것을 받아들이는 것이다. 그리고 그가 큰 죄를 지은 후에 자신의 죄를 대면하고 고백하기까지 긴 시간이 있었다는 것을 인식한다. 이 시편은 죄를 인정하기를 거부하는 시간에 대해 말하므로, 밧세바와 더불어 저지른 죄와 연관되었으며, 시편 32편은 시편 51편의 속편이 되었다. 하지만 이것을 분명하게 보여주는 것은 없다. 다윗이 죄를 짓고 좀처럼 고백하지 않으려 했던 다른 경우는 없었는가? 그리고 이와 비슷한 어떤 것을 경험한 다른 사람들은 없었는가? 배경을 굳이 구체적으로 명확하게 만들어야 할 강력한 이유는 없다. 이것을 거부할 이유 역시 없지만 말이다. 우리는 확실히 알 수는 없다. 이 연관은 적어도 시편기자가 말하는 것들이 어떤 종류인지에 대한 좋은 예를 제시하기는 한다.

시편 32편은 개인적 감사에 더 가깝다. 하지만 이것은 죄의 고백, 신탁, 교훈적 강조 등을 덧붙인다.[12] 사실상 이 시편은 지혜 문학에도 어울리는 몇 가지 주제를 가지고 있어서, 이 시편기자가 감사의 시편을 지혜 전통에 맞게 각색했을 것이라는 결론을 내리게 된다.[13] 이 시편은 성소에서 예배 동안 낭송되고 표현되었다. 그때는 죄 사함에 대해 그리고 회중의 교훈에 대해 여호와께 감사를 드리기에 이상적인 시간이다.[14] 이 시편은 오랜 세월 신자들에게 죄 사함의 확신을 주기 위해 사용되었다.[15]

---

13 VanGemeren, *Psalms*, p.310-311.
14 Anderson, *Psalms 1-72*, p.254.
15 R. W. Jenson, "Psalm 32," *Int* 32(1979):172-76을 더 보라.

이 시편은 여러 가지 방식으로 세분할 수 있을 것이다. 그러나 각 부분들의 내용에 따라 배열하는 것이 가장 쉽다. 1-2절은 죄 사함에 대한 찬송을 기록한다. 3-5절은 딜레마와 구원을 기록한다. 6-7절은 격려를 형성한다. 8-10절은 교훈이다. 가장 큰 변화는 6절과 함께 나온다. 그래서 1-5절을 함께 다루고, 그 다음에 6-7절을, 그리고 그 나머지를 마지막 부분으로 볼 수 있을 것이다.[16]

석의적 분석

요약

시편기자는 하나님의 징벌과 죄 사함을 경험하고 나서, 이제 다른 사람들에게 죄인들을 은혜롭게 다루시는 여호와를 구하라고 격려한다. 죄 사함의 축복은 삶을 변화시키기 때문이다.

개요

I. 시편기자는 죄를 고백했을 때 죄 사함의 기쁨을 발견했다고 단언한다. 하지만 하나님께 징벌을 받고 난 후에야 그렇게 되었다(1-5절).

    A. 다윗은 자신의 죄를 숨기지 않고 완전한 죄 사함을 발견한 사람이 받을 하늘의 축복을 단언한다(1-2절).

    B. 다윗은 죄를 고백하지 않았을 때 얼마나 심하게 징벌을 받았는지 말한다(3-4절).

    C. 다윗은 죄를 고백했을 때 어떻게 죄 사함을 받았는지 말한다(5절).

II. 시편기자는 다른 사람들에게 여호와를 찾으라고 권한다. 여호와는 그분을 의지하는 자들을 은혜롭게 대하시기 때문이다(6-7절).

    A. 교훈: 신실한 자들은 하나님을 찾을 수 있을 때 하나님께 기도해야 한

---

16 추가로 Jack Barensten, "Restoration and Its Blessing," *GTJ* 5(1984):247-69을 보라.

다. 환난이 올 때 안전함을 찾기 위해서다(6절).
    B. 여호와는 자기 백성을 구원의 노래로 두르셔서 그들을 보호하시고 환난에서 보존하신다(7절).
III. 시편기자는 다른 사람들에게 여호와가 그들로 순종하지 않을 수 없게 하실 때까지 여호와께 순종하기를 거절하지 말라고 교훈한다(8–11절).
    A. 다윗은 다른 사람들에게 가르침과 훈계를 제공한다(8절).
    B. 다윗은 사람들에게 여호와를 따르고 고집을 부리지 말라고 교훈한다. 여호와를 의지하는 사람들은 그분의 인자하심에 의해 보호를 받을 것이기 때문이다(9–10절).
    C. 다윗은 의인들에게 여호와를 기뻐하라고 명한다(11절).

강해 형태의 주석

I. 죄 사함은 큰 기쁨과 위안을 가져다준다(1–2절)

A. 죄 사함에는 큰 기쁨이 있다(10절)

처음 두 구절은 이 관조적 시편의 웅대한 주제를 알린다. "하나님께 사함을 받은 자는 복이 있도다"(본문에는 단순히 "허물의 사함을 받은 자는 복이 있도다"라고 되어 있다). 그다음에 나오는 구성은 위기를 통해 이 주제를 발전시킨다. 이 위기는 모든 사람이 경험하며 또 계속해서 경험하게 될 위기, 즉 죄책감과 삶의 붕괴로 무릎을 꿇게 될 때까지 죄를 고백하기를 거부하는 것이다. 놀랍게도, 그때 하나님은 속히 죄를 용서하신다. 고백하지 않은 죄에 대한 죄책감으로 인한 두려움보다 더 마음을 괴롭고 무력하게 하는 것은 없다. 그리고 하나님과의 관계가 바로잡혔다는 것을 아는 것보다 더 자유케 하고 안정을 주는 것도 없다. 이 원리는 인간 관계에도 해당된다. 자신이 저지른 잘못에 대해 사죄하기를 거부하면 영혼을 억누르고 예배와 섬김을 방해하는 상처와 긴장, 분열들이 남게 된다.

이 시편은 행복한 기쁨에 대한 이유를 두 가지 다른 식으로 진술한다. 죄가 제거되었다고 선포하는 것과, 죄가 기록되지 않았다고 선포하는 것이다. 첫 번째 것은 처음에 나오는 알림의 말이다. "허물이 사함을 받고[17] 자신의 죄가 가려진 자는 복이 있도다." 이 기쁨은 너무나 크다. 죄가 너무 큰 패배감을 주기 때문이다. 다윗은 자신의 죄를 두 개의 핵심 단어로 묘사한다. 첫째는 '허물'(פֶּשַׁע), '공개적 반역'을 뜻하는 말로, 이를테면 공개적 대결이 되어버리는 군사적 반역 등과 같은 것이다(시 51:2의 같은 단어를 보라). 이 죄는 우발적인 죄가 아니었으며, 해야 할 일을 하지 못하는 것이 아니었다. 이것은 고의적인 죄였다. 그는 자신이 하는 일이 잘못된 것임을 충분히 알면서도 그 일을 저질렀다.

두 번째 단어는 '죄'를 나타내는 흔한 단어(חַטָּאָה)로, 실패, 과녁이나 길을 맞추지 못하는 것을 말한다(시 51:2의 같은 단어를 보라). 이 길은 신적 계시다. 그래서 이 신적 계시에 부합하지 못하는 행동은 어떤 것이든 '죄'다. 이 단어는 부지불식간에 저지른 죄든 미리 계획한 죄든 모든 죄를 포괄한다. 마찬가지로 사도 바울은 "모든 사람이 죄를 범하였으매 하나님의 영광에 이르지 못하더니"(롬 3:23)라고 썼다. 사람들은 하나님의 기준에 미치지 못하기 때문에, 반드시 죄 사함을 받아야 한다.

성경은 참으로 회개하는 사람에게는 죄 사함이 있다고 거듭 반복해서 가르친다. 시편 130:4은 "사유하심이 주께 있음은 주를 경외하게 하심이니이다"라고 말한다. 다윗이 시편 32편에서 '사함을 받은'에 대해 사용한 단어는 죄가 '멀리 들어 올리다'[נָשָׂא], '위로 들어 올리다, 이륙하다(lift off), 제거하다', 시 24:7의 같은 단

---

17 히브리어의 단어 순서는 보다 강력하다. "허물의 사함(forgiven of transgression)을 받은 자는 복이 있도다"(영어 성경에는 대부분 whose transgressions are forgiven이라고 되어 있다-역주). 즉 허물에 관해 사함을 받은 자라는 말이다. 이 구문은 주의를 끌기 위해 '사함을 받은'(forgiven)이라는 말을 앞에 놓고 '허물'(transgression)의 소유격으로 이것을 구체적으로 설명한다.

어를 보래]였다. 이 단어는 죄가 완전히 제거되었으며 이것과 함께 죄책감으로 인한 두려움의 짐도 제거되었다는 점을 강조한다. 병행 줄은 그 죄가 '가려'졌거나, '감춰'(כסה에서 나온)졌다고 말한다. 이것이 숨겨져서 눈에 안 보이게 되었으니 더 이상 죄책감이나 두려움을 유발할 수 없다는 것을 의미한다.[18] 하나님이 죄를 사하실 때 그 죄는 제거된다. 하나님은 절대 그것을 다시 꺼내지 않으실 것이다. 이생에서나 내세에서나 마찬가지다.

모든 시대의 신자는 계속해서 죄를 고백하기 위해 하나님 앞에 나아오며, 하나님이 죄를 제거하셨다는 것을 확신하기 때문에 기쁨과 위로가 충만해서 갈 것이다. 그들은 이것에 대한 하나님의 말씀을 갖고 있다.

그리고 이러한 큰 기쁨을 가져오는 것은 바로 이것이다. 이 시편은 이 행복한 상태에 대한 표현으로 시작되었다. "복이 있도다"(אַשְׁרֵי) 혹은 보다 구체적으로는 "오, (죄가 사함을 받은 자의) 복 있음이여"라는 말로 시작되었다. 이 단어는 자신이 하나님과 올바른 관계에 있는 것을 아는 사람에게서 나오는 진짜 기쁨과 즐거움을 묘사한다(또한 시 1:1을 보라). 이것은 죄에서 영적으로 풀려난 하늘의 복, 혹은 영원한 기쁨이다. 심지어 육체적 어려움과 어쩌면 반대의 와중에서도 우리는 참으로 하나님께 축복받았다는 느낌을 가질 수 있다. 그러므로 이 단어는 '행복하다'는 일반적 개념을 초월한다. 일부 번역자는 그렇게 번역하거나 '행운' 등의 다른 말로 번역하지만 말이다.

---

18 어떤 사람들은 구약에서 죄는 참으로 사해진 것이 아니라 그리스도의 구속 사역 때까지 덮어지기만 한 것이라고 가르친다. 본문은 죄가 사함을 받았다고 분명하게 말한다. 그리고 바울은 로마서 4장에서 그 확실함을 강조하기 위해 이 구절을 인용한다. 구약 신자들은 그 죄가 마침내 어떻게 갚아질 것인지 이해하지 못했을 것이다. 하지만 그동안 그들은 죄를 고백하면 죄 사함을 받을 것이라는 확실한 하나님의 말씀을 가지고 있었다. 그들은 규정된 의식, 곧 속죄가 있음을 의미하는 희생 제물용 짐승을 죽이는 것으로 그 과정을 마무리함으로써 그들의 믿음을 나타내 보일 것이다. 참회하는 자들은 자신의 죄 사함을 위해서는 하나님의 말씀을 그냥 받아들이기만 하면 된다. 우리 역시 믿음으로 죄 사함에 대한 하나님의 말씀을 받아들인다. 그리고 설사 그 의식이 그리스도 안에서 성취되었다 해도, 우리는 여전히 하나님의 어린양의 피로 인해 우리를 깨끗하게 해달라고 하나님께 호소한다.

B. 더 이상 정죄함이 없음을 아는 것은 매우 안심할 일이다(2절)

죄 사함은 하나님이 죄를 제거하셨다는 의미일 뿐만 아니라, 또한 참회하는 자에게 불법을 '전가하지' 않는 것을 의미한다. "여호와께 정죄를 당하지(impute iniquity) 아니하는 자(one)[19]는 복이 있나니." 이 동사(חָשַׁב)[20]는 '전가하다, 간주하다, 돌리다'라는 의미. 이것은 기록의 언어, 설명의 언어다. 실제로 현대 용법에서 이 단어는 '컴퓨터'와 관련이 있다. 여기에서 이 시편은 마치 하늘에 죄를 기록하는 기록책이 있기라도 하듯, 암시된 비교를 사용한다. 사함받은 죄는 전가되지 않는다. 이것은 그 죄들에 대한 기록이 없다는 것이다. 그 죄들은 사라지고 잊혀진다.[21] 하나님은 불법을 기억하는 분이 아니시므로(시 130:4), 큰 기쁨이 있다. 이 동일한 동사가 창세기 15:6에서도 사용된다. 여기에는 아브람이 "여호와를 믿으니 여호와께서 이를 그의 의로[as, 혹은 즉 (namely)] 여기시

---

19 이 행은 단수 명사를 사용해서 "사함을 받은 사람(man, אָדָם)은 복이 있나니"라고 되어 있다. 나는 이것이 남자들에게만 적용되는 것처럼 들리는 것을 피하기 위해 '사함을 받은 자(one)는 복이 있나니'라고 번역했다. 이것은 남자에게만 적용되는 말이 아니기 때문이다. 또한 이것은 복수형으로 사용할 수도 있다. '사람'은 모두에게 적용되는 말이기 때문이다. "허물의 사함을 받은 자들은 복이 있나니."

20 동사 חָשַׁב는 계산에 관한 의미론적 분야에서 몇 가지 의미를 지닌다. 즉 계산하다, 셈하다, 세다 등이다. 또한 어떤 것을 신중하게 생각하는 분야에서도 몇 가지 의미를 지니고 있다. 즉 고안하는 것과 발명하는 것, 그리고 종종 그것을 실행하는 것이다. 우리는 서너 분야에서 용법을 살펴볼 수 있을 것이다. 첫째, '생각하다'라는 의미가 있다. 창세기 38:15에서 이 단어는 어떤 사람을 어떤 종류의 사람으로 생각한다는 의미에서 이런 의미로 사용되었다. 그는 그녀를 창녀라고 생각했다. 요나 1:4에서 이 단어는 폭풍 속에서 배가 거의 깨지게 되었다고 생각한 것을 말하기 위해 비유적으로 사용되었다.
보다 흔한 용법은 '계획'이라는 의미의 용례다. 잠언 16:9은 사람이 마음으로 자기의 길을 계획하지만 여호와가 걸음을 지도하신다고 말한다. 이 의미의 흔한 용례는 악을 계획하거나 궁리하는 사람들, 행동으로 바꾸는 계획을 세우는 사람들에 관한 것이다(호 7:15).
세 번째 의미는 '고찰하다, 귀하게 여기다'라는 것이다. 이것은 이사야 40:15, 17절에서 열방을 '아무 쓸모없는 것으로 간주하다, 여긴다'라는 의미로 사용되었다. 열왕기상 10:21은 은을 숫자에 세지 않았다고 말한다. 은은 솔로몬 시대에는 귀한 것으로 간주되지 않았기 때문이다. 그리고 말라기는 이 단어를 여호와의 이름을 존중하는(믿음과 순종으로) 사람들을 묘사하기 위해 사용한다(말 3:16).
마지막으로, 이 단어는 '간주하다, 계산하다'라는 의미로 사용된다. 창세기 15:6은 이 단어를 이런 식으로 사용한다. 아브람이 여호와를 믿었으며 여호와가 그에게 의로 간주하셨다는 것이다. 여기 시편 32편에서 참된 죄 사함은 여호와가 불법으로 간주하거나 전가하지 않으신다는 것을 의미한다.

21 죄가 하나님께 '잊혀진다' 혹은 '더 이상 기억되지 않는다'는 것은 신인동형론이다. 하나님은 모든 것을 똑같이 알고 계시기 때문이다. 하지만 이 표현들은 기억에 의거해서 행동하는 것과 관련이 있다. 하나님은 참회하는 자에게 불리하게 그 죄를 기억하지는 않으신다('기억하다'에 대해서는 시 6:5의 같은 단어를 보라). 그것은 그 죄들이 잊혀졌다면 하나님은 절대 그것을 다시 꺼내어 다루지 않으시리라는 의미다.

고"(וַיַּחְשְׁבֶהָ)라고 되어 있다. 사도 바울은 로마서 4장에서 이 구절과 시편 32:2를 결합하여 믿음으로 의롭다 함을 받는 것의 의미를 설명한다. 사람들이 여호와를 믿을 때, 하나님은 그들을 의로 간주하신다. 혹은 그들에게 의(바울은 예수 그리스도의 의라고 말할 것이다)가 있다고 믿으시며 그들의 죄를 그들의 것으로 여기지 않으신다. 그 후에 신자들이 스스로의 죄를 고백할 때, 그들은 하나님이 처음에 그들이 죄 사함을 구했을 때 하셨던 것처럼 그들을 사해주시리라는 것을 안다.

이 시편은 "마음에 간사함(רְמִיָּה, 시 5:7의 같은 단어를 보라)이 없고"라는 말을 덧붙인다. 이 단어는 속임수 혹은 이중성을 말한다. 여기에서는 어떤 사람의 죄와 관련해서 그렇다는 것이다. 죄인이 자신의 죄를 비밀로 하거나 부인한다면, 진정한 회개가 없기 때문에 죄 사함도 없다. 참으로 참회하는 사람들은 고백을 할 때 그러한 속임수를 쓰지 않을 것이다. 그들은 자신의 죄를 완전히 다 인정할 것이다. '간사함'이 없다는 것은 죄 사함을 위한 자격 조건이다. 하나님은 이 죄 사함이 진정한 것인지, 아니면 그 사람이 그냥 고백을 하고 있긴 하지만 죄에 대해 양심의 가책을 느끼거나 변화되려는 마음이 없이 그렇게 하는 것인지를 아신다. 죄를 고백하는 사람에게는 온전한 죄 사함이 주어지지만, 고백은 정직해야 한다.

II. 죄책의 비참함은 죄에 대한 고백과 함께 제거된다(3-5절)

A. 고백에 대한 거부는 신적 징계를 가져온다(3-4절)

하나님이 죄를 사할 준비를 하신다는 사실에도 불구하고, 그리고 무엇이 죄인지 알고 그것을 고백할 필요가 있다는 것을 알고 있음에도 그들은 죄를 고백하는 일을 거부한다. 때로 그들은 자기가 한 일은 죄가 아니라고 확신한다. 때로는 고백을 할 필요가 없다고 스스로 말한다. 그들이 이미 하나님의 백성이기 때문이라는 것이다. 때로 그들은 자신들이 하는 일이 죄라는 것을 알지만, 그것을 멈출 수가 없다. 이유가 어떻든 하나님은 그들이 처벌을 받지 않고 슬쩍 넘어가게 하지 않으실 것이다. 하나님은 그분의 백성이 정신을 차리고 죄 사함을 구하기를 바라며 오래 참으신다. 하지만 그들이 거부하면, 하나님은 그들을 그렇게 구하는 지점까지 데리고 올 방법들을 갖고 계신다.

이 시편에서 다윗은 하나님이 모종의 방식으로 그를 징계하셨다는 사실을 증거한다. 우리는 그것이 무엇이었는지 모른다. 그는 다른 죄인들도 이 시편을 자신의 특별한 경험에 대해 사용할 수 있도록 시적 용어로 표현했기 때문이다. 그는 단순히 "내가 (나의 죄에 대해) 입을 열지 아니할 때에 종일 신음하므로 내 뼈가 쇠하였나이다 주의 손이 주야로 나를 누르시오니"라고 말한다.

다윗이 경험한 영적 침체와 고뇌의 원인은 두 가지다. 첫째, 그는 입을 열지 않았다. 이것이 궁극적 원인이다. 침묵은 고백의 반대로 간주되어야 한다(5절). 그는 자신의 죄에 대해 침묵을 지켰다. 이것은 그가 그 죄를 고백하지 않았다는 의미다.[22]

그래서 여호와는 그를 징계하셨다. 이것이 그가 받은 고난의 직접적 원인이다. 다윗은 하나님의 손이 자신을 눌렀다고 말한다.[23] 하나님의 '손'(신인동형론)이라는 비유적 표현은 종종 그분의 권능을 말한다. 하지만 대단히 직접적이고 개인적인 방식으로 나타나는 권능이다. 하나님의 손은 사람들을 보호하거나, 인도하거나, 안전하게 붙잡거나, 지지해주신다. 하지만 사람들에게 향하여 고난이나 죽음을 가할 수도 있다(참고. 룻 1:13).

시편기자에게 무슨 일이 일어났는지는 말하기 어렵다. 그의 뼈가 쇠하였다는 시적 표현은 둘 중 한 가지로 생각할 수 있다. 이것이 그의 물리적 육체를 말한다면, '뼈'는 전체의 일부, 즉 육체와 그 힘의 일부일 것이다(제유). 하지만 '뼈'

---

22 예를 들어, 다윗은 밧세바와의 죄와 우리아를 죽인 죄를 일 년 가까이 부인하고 자기를 속이는 상태로 살았다. 나단이 왕실에 들어와 그 죄를 폭로하기 전까지 말이다.

23 여기에서 동사 형태는 תִּכְבַּד이다. 이것은 와우 접속사 없는 과거형으로 해석할 수도 있고, 아니면 과거에 하나님의 징계가 자주 있었음을 표현하는 관례적 용법일 수도 있다.

가 그의 영혼을 담는 뼈대를 의미한다면(주제의 환유), 그 고통은 육체적인 것이기보다는 영적인 것에 더 가깝다. 전후 문맥은 후자를 의미하는 것처럼 보인다. 그의 영혼이 약해지면서 그의 하루하루는 신음으로 채워졌으며, 삶의 활력, 문자적으로 그의 진액은 여름 가뭄처럼 말랐기 때문이다. 여름 열기와의 이러한 비교(직유)는 생생하다. 이것은 에너지를 고갈시키고 힘껏 살아갈 의지를 내지 못하게 한다. 다윗에게는 열정이 없었다. 그에게는 동기가 유발되지 않았다. 그는 내내 기진맥진했다. 기본적으로 그는 의기소침했다. 그리고 그것은 그의 육체적 에너지와 건강에 영향을 끼쳤다. 하나님은 시편기자가 하나님께 반역할 때 삶을 충만히 살도록 허용하지 않으셨다. 그로 충만한 삶을 살게 하는 분은 하나님이시다.

B. 고백은 죄 사함을 가져온다(5절)

시편기자의 상태는 그가 주된 원인인 죄를 계속 무시했다면 조금도 더 나아지지 않았을 것이다. 하지만 그는 여기에서 자기를 영적 침체에 계속 빠지게 하는 것이 바로 자기 죄였다는 사실을 깨닫게 되었다고 증언한다. 그래서 그는 죄를 고백했다.

5절에 고백에 대한 두 개의 단어가 사용되었다. 첫 번째 단어는 '아뢰다'(acknowledge)로, 이것은 '알다'라는 동사의 사역적 형태다(יָדַע에서 나온 אוֹדִיעֲךָ). "주께서 내 죄를(חַטָּאתִי) 알게 하셨다" 혹은 "내가 주께 알렸다"라는 것이다.[24] 물론 하나님은 그 죄에 대해 모두 아셨다. 하지만 어떤 죄 사함이든 죄인은 이 문제를 하나님과 동의해야 한다. 즉 자신이 죄를 지었다는 것을 알려야 한다. 여기에 그는 내가 "내 죄악[25]을 숨기시 아니하였더니"라고 덧붙인다.

---

24 이 동사는 미완료 형태이지만, 과거형일 수 있다. 이것은 완료 시제, 정과거와 유사하다. 그래서 여기에서는 그런 뉘앙스로 쓰였을 것이다. 어떤 사람들은 두 번째 콜론에 나오는 '내가 이르기를'(I said)이라는 말의 위치가 잘못되었으며, 여기 있어야 한다고 말한다. 그래서 '내가 이르기를 '주께 내 죄를 아뢰고…'가 되어야 한다는 것이다. 다른 사람들은 이것이 5절 후반에 진술되어 있을 뿐 아니라 여기에 암시되어 있다고 주장한다. 그저 고백에 대한 단순한 보고로 보는 것이 더 낫다.

이 구절에서 사용된 다른 단어는 '자복하다'이다. "내가 이르기를 내 허물을 여호와께 자복하리라 하고"[나의 허물(פְּשָׁעַי)을 공적으로 인정한다]. 이 동사는 비슷하게 들리는 동사(יָדָה에서 나온 הוֹדָה)로, 어떤 사람들은 이것도 '아뢰다'라고 번역하지만(시 6:5의 같은 단어를 보라), 의미가 다르다. 이것은 분명하고 모호하지 않은 고백을 의미한다. 분명 공개적으로, 적어도 이것을 듣고 증언하고, 이것에 의해 교훈을 얻고 격려받을 사람들이 함께 있을 때 그렇게 한다는 것이다. 성소에서 사람들은 고백하는 자의 마음속에 있는 고백의 세세한 것들은 알지 못하겠지만, 그들은 죄의 고백이 이루어졌다는 것은 알 것이다.

기쁜 일은 하나님이 즉시 죄를 사해주셨다는 것이다. 극적 역전은 히브리어 본

---

25 '죄악'이라는 단어는 עָוֹן이다. 이 단어와 어원학상으로 연관성이 있을 만한 것에 대한 두 가지 견해가 있다. 그리고 둘 다 같은 어원에서 나온 아랍어를 포함한다. 히브리어에 대응되는 글자로 된 두 개의 아랍어 단어가 있다(아랍어에는 하나의 히브리어 글자인 ע에 해당되는 두 개의 자음이 있다). 하나는 '길을 잃다'라는 의미이고, 다른 하나는 '뒤틀리다, 구부러지다'라는 의미다. 어떤 사전 편찬자들은 히브리어 עָוֹן를 '구부리다, 뒤틀다'라는 아랍어 단어와 연관시킨다. 거기에서 '곡해'라는 명사의 정의가 나온다. 즉 불순종으로 율법을 구부린다는 것이다. 다른 사람들은 그것을 아랍어의 '길을 잃다, 길에서 벗어나다'라는 단어와 연결하여, '고집스러움' 혹은 '죄악'(iniquity)이라는 의미를 끌어낸다. 죄악은 의도적이고 왜곡된 것일 수도 있고, 아니면 우연한 것일 수도 있다. 하지만 이 단어는 잘못에 빠진 것이라는 의미일 뿐이다. 히브리어에서 이 명사의 모든 용법을 추적해가다 보면, 이 단어가 비뚤어진 행동이라는 의미를 반드시 가져야 하는 본문은 없다. 전후 문맥은 '죄악'이 비뚤어진 것을 의미하는 것으로 묘사할 수도 있을 것이다. 하지만 이 단어의 의미는 보다 일반적이다. 그래서 이것은 아마 올바른 길에서 '벗어나다, 길을 잃다'라는 의미일 것이다.

이 명사는 구체적인 죄의 행동에 대해 가장 자주 사용된다. 이스라엘 사람들은 그들의 죄악이 사함받기를 원했다(출 34:9). 엘리 가문의 죄악은 속죄함을 받을 수 있는 정도를 넘어섰다(삼상 3:14). 다윗의 죄 고백은 죄악을 인정한다(시 51:2). 이 본문과 다른 많은 본문은 여호와의 계시된 뜻에서 벗어나는 것을 묘사하기 위해 이 명사를 사용한다. 그래서 한 범주는 '죄악, 고집스러움'을 의미한다.

이 단어는 또한 죄된 행동의 결과인 죄책에 대해서도 사용할 수 있다. 이스라엘의 의식에서 신적 교훈들을 따르는 예배자는 '죄악' 즉 죄책에서 자유할 것이다. 시편 32:5에서 시편기자는 하나님이 "내 죄악"(iniquity/guilt of my sin)을 사하셨다고 말한다. 이 단어는 또한 죄의 또 다른 결과, 곧 벌 혹은 결과에 대해 사용될 수 있다. 창세기 4:13에서 가인은 "내 죄벌이 지기가 너무 무거우니이다"라고 말한다. 그는 죄를 고백하고 있거나 죄 사함을 호소하고 있는 것이 아니었다. 그는 벌이 너무 심하다고 불평하는 것이었다. 레위기 5:17은 어떤 사람이 죄를 짓는다면 그는 자신의 벌을 받을 것이라고 말한다. 이 두 범주는 결과의 환유로 발전되었다.

때로 이 단어는 모든 측면을 염두에 두고 사용된다. 스가랴 3:9은 "내가…이 땅의 죄악을 하루에 제거하리라"라고 말한다. 하나님은 죄와 죄책 및 벌을 제거하실 것이다. 종종 한 본문에서 죄를 나타내는 단어들이 함께 사용된다. 각 단어는 죄의 어떤 측면에 주의를 집중시킨다. 죄를 나타내는 가장 흔한 단어(חַטָּאת)는 과녁을 맞추지 못하는 것 및 기준에 미달하는 것과 관련이 있다. 하지만 두 번째로 자주 나타나는 단어는 죄악은 올바른 길에서 벗어나거나 길을 잃는 행동으로 묘사한다.

문에 나오는 대명사들에 의해 강조되어 있다. 내 죄를 내가 아뢰었다. 내 죄악을 내가 숨기지 않았다. 내가 말했다. 내가 자복할 것이다. 하지만 당신에 대해서 말하자면, 당신을 사하셨다. 변화를 강조하기 위해 '당신'이라는 대명사가 추가된다. 하나님은 "내 죄악"(iniquity of my sin, עֲוֺן חַטָּאתִי)을 사하셨다. 이것은 둘 중 하나로 해석할 수 있을 것이다. 하나는 이 두 단어를 최상급 소유격('왕 중의 왕' 혹은 '노래 중의 노래'처럼)을 표현한 것으로 보는 것이다. 이것은 죄됨을 강조할 것이다. 내가 받아들이는 다른 해석 방식은 '죄악'(iniquity)이라는 단어를 그것의 유래된 의미 중 하나인 '죄책' 혹은 '벌'로 규정하는 것이다. 이것은 하나님이 죄를 제거하셨을 때 죄의 모든 결과를 제거하셨다는 것을 의미한다.

III. 사람들은 여호와의 은총을 구함으로 그런 비참함을 피할 수 있을 것이다(6-7절)

시편기자가 즉시 생각한 것은 고백하지 않은 죄의 슬픔과 고통에서 다른 사람들을 구하기 위해 그의 경험을 말해야겠다는 것이었다. 그들은 여호와를 발견할 수 있는 동안 그분께 기도해야 한다. 이 맥락에서는 신적 은총을 위해 말이다. 하나님이 그들을 은혜롭게 대하시면 재앙을 예방할 수 있다.

6절에 나오는 '경건한 자'(devout)는 경건하고(godly), 독실한(pious) 사람들이다(חָסִיד). 사용한 용어는 시편 전체에서 쓰인 '인자하심'[loyal love, 혹은 '인자하심'(lovingkindness), חֶסֶד, 시 23:6의 같은 단어를 보라]이라는 흔한 단어와 관련이 있다. 경건한 자들은 하나님과 언약을 맺은 자들, 여호와를 사랑하고 섬기려는 자들, 하지만 여호와와 적절한 관계를 유지하려면 죄 사함이 필요하다는 것을 발견한 자들이다. 다윗은 그들에게 기도하라고 교훈한다. 하지만 "주를 만날 기회를 얻어서"(문자적으로는 '발견의 때에')라는 불가해한 표현은 몇 가지 의문을 야기시킨다. 여호와를 발견할 수 없는 때는 언제인가? 신학적으로 하나님은 언제나 존재하시며, 필요할 때면 언제나 그분께 기도할 수 있다고 말한다. 하지만 성경은 하나님께 다가갈 수 있는 가능성에 대해서보다는 우리의 상황에 대해 묘사하기 위해 이와 같은 말을 사용한다. 즉 말하자면 우리가 기도하도록 촉구하는 상황들, 기회의 창이라는 것이다. 하나님은 하나님의 백성이 행동할 수 있는 길을 열어주셨기 때문이든 아니면 그분의 영에 반응을 보이도록 그들을 움직이고 계시기 때문이든, 그분의 백성이 행동하도록 촉구하신다. 하지만 사람들이 그에 대한 반응으로 기도하지 않는다면, 그 기회는 끝날 것이며 여호와는 더 이상 죄의 고백을 촉구하지 않으실 것이다. 사람들이 그들의 죄를 인식하는 바로 그때, 그들은 죄 사함을 위해 기도해야 한다. 그렇게 하지 않으면, 그들에게 신적 징계가 임할 것이다. 다시 말해, "기회를 얻어서"라는 말은 우리가 그분께 기도할 필요가 있다고 (성령에 의해) 자각하게 되는 것을 말한다. 그리고 이것은 우리가 기도하는가, 반역하는가에 따라 강력할 수도 있고 냉랭해질 수도 있다. 하나님이 사람들로 그들의 삶에서 죄를 처리하도록 촉구하실 때, 그때가 그분을 만날 때다. 시편 95:7절 하-8절 상은 이렇게 경고한다. "너희가 오늘 그의 음성을 듣거든 너희 마음을 완악하게 하지 말지어다."

사람들이 자기 죄를 인식할 때(다윗의 경우에는 선지자에 의해, 종종 하나님의 영 혹은 하나님의 말씀에 의해) 기도한다면, 그들은 죄책과 신적 징계의 불행에서 구조될 것이다. 본문은 징계라는 개념을 표현하기 위해 '홍수'가 밀려 나온다는 비유적 표현을 사용한다.[26] 우리는 한 해의 대부분 동안 말라 있는 이스라엘 땅의 강 바다를 생각할 수 있다. 하지만 그것은 우기에는 확 불어나는 홍수로 인해 급류로 변할 수 있다. 시편기자의 말은 그러한 홍수처럼 온갖 종류의 고난들이 갑자기 닥칠 수 있지만, 기도하라고 할 때 기도하는 사람들은 죄에 대한 징계라는 참화를 피하리라는 것이다. 그는 고난(즉 홍수)이 삶에 닥치지 않을 거라고 말하는 게 아니라, 그것이 경건한 자들을 압도하지 않을 것이라고 말하는 것이다.

이로 인해 다윗은 몇 가지 강력한 이미지를 가지고 여호와를 찬송하게 된다. 그는 하나님을 은신처(סֵתֶר)라고 말한다. 이 비유는 신적 피난처, 보호, 돌보심

---

[26] 이사야 8장 역시 홍수의 물이 예루살렘 성까지 땅을 덮는 것과 앗수르 군대의 침략 사이의 암시된 비교를 한다.

을 말한다. 둘째, 그는 하나님이 그를 환난에서 보호하신다고(תִּצְּרֵנִי) 말한다. 그는 인생의 어떠한 재앙들에서도 하나님의 보호를 받는다. 셋째, 그는 하나님이 구원의 노래로 그를 두르신다고 말한다. '노래'(shouts, '울리는 외침을 외치다'라는 רָנַן에서 나온 말. 시 33:1의 같은 단어를 보라)라는 단어는 종종 큰 승리의 환희에 대해 사용된다. 여기에서 이 노래는 '구원'(פַלֵּט)이라는 말로 한정된다.[27] 이 말은 하나님의 크신 보호와 구원에 대해 노래하고 외칠, 성소에 있는 사람들의 무리를 말할 것이다. 비슷한 결과가 시편 51편에도 표현되어 있다. 거기 보면 죄 사함은 참회하는 사람이 다시 한 번 성소에 들어가 기쁨과 즐거움의 소리를 들을 수 있게 해준다.

IV. (그러므로) 고집스럽게 여호와께 저항하는 것보다 그분께 굴복하는 것이 더 낫다(8-11절)

A. 사람들은 고집스러운 교만을 내려놓아야 한다(8-9절)

8절은 사람들을 그들이 가야 할 길로 교훈하겠다는 시편기자의 결심을 소개한다. 하지만 하나님이 말씀하고 계신 것인가, 아니면 시편기자가 말하는 것인가? 8절에서 갑자기 이루어진 전환은 질문에 대한 분명한 해결책을 제시하지 못한다. 9절에서 동사가 복수라는 것만 빼면("되지 말지어다"), 이것은 하나님이 시편기자에게 주신 신탁의 말씀처럼 들린다. 8절에서 접미사가 단수라는 것만 빼면, 이것은 시편기자가 백성에게 말하는 것일 수도 있다. 시편기자가 하나님이 그에게 말씀하신 것을 참고하여 그것을 회중(그가 집합적으로 '너'라는 단수로 말하는)에게 조언할 때 사용했다고 보면 문제가 해결될 듯하나. 그 다음에 그는 9절에서 그것을 확장시켰다. 어떤 경우든, 그 의미가 바뀌지는 않을 것이다. 설

---

27 소유격은 다양하게 해석될 수 있다. 이것은 목적 소유격으로 그들이 구원에 대해 소리쳤다는 의미일 수도 있다. 아니면 한정적 용법으로 이것이 승리의 외침을 나타내는 것일 수도 있다. 혹은 주격 소유격으로 부르짖음으로 인한 구원을 나타낼 수도 있다.

사 그가 8절에서 화자였다 해도, 하나님은 그를 통해 말씀하실 것이기 때문이다. 이 교훈은 궁극적으로는 하나님이 주신 것이다.

8절에서 사용된 동사들은 지혜 문학에 흔히 나오는 것이다. "내가 너를 교훈하겠다"(이 말은 개정개역에는 번역되어 있지 않다-역주, אַשְׂכִּילְךָ, 시 36:4의 같은 단어를 보라)라는 말은 이해하게 만든다는 의미다. "내가 너를 가르치겠다"(אוֹרְךָ, 시 1:2의 같은 단어를 보라)라는 말은 그 길을 보여준다는 의미이며(그리고 율법을 의미하는 토라와 관련이 있다), "내가 훈계하리로다"(אִיעֲצָה)라는 말은 조언을 준다는 의미다. 이 마지막 동사에는 대명 접미사가 달려 있지 않다. 하지만 "주목하여"라는 표현은 '너를 내 눈으로 지켜보면서'라는 훈계의 방식을 표현한다. 이 모든 것은 계시에 기초를 둔 적절한 이해와 성공적인 인도를 위해 사용된다. 이것이 사람들이 가야 할 길이다. 이 시편에서 지혜로운 교훈은 십중팔구 회개와 고백을 통한 죄 사함과 관련이 있다. 하지만 지혜는 이것을 넘어서 사람들이 살아야 할 길은 의의 길이라는 것을 말해준다.

따라서 고집스러운 교만은 처리되어야 한다. 다윗은 두 개의 인상적인 직유를 사용해서 사람들에게 말과 같이 혹은 노새와 같이 되지 말라고 경고한다. 이 짐승들이 길을 따라가게 하려면 재갈과 굴레로 단속해야 한다. 하나님도 그의 백성을 이렇게 단속해야만 한다면 그렇게 하실 것이다. 하지만 그보다는 이것이 필요하지 않게 자원하는 마음을 갖게 하실 것이다.[28] 하나님은 그보다는 사람들이 옳은 것을 택하고 잘못된 것은 거부하며, 죄를 지었을 때 자기 죄를 고백하고 그 죄를 감추려 애쓰지 않는 사람들을 원하실 것이다.

B. 사람들은 여호와의 사랑의 보살핌에서 큰 기쁨을 발견할 것이다(10-11절)

마지막으로, 다윗은 10절에서 작은 자명한 이치인 잠언을 제시한다. "악인에게

---

28 마찬가지로 시편 51편에서 다윗은 하나님이 상한 마음을 찾으신다고 말한다. 자기 고집을 꺾은 말의 모습이 쉽게 떠오른다. 말은 자신의 힘이나 즐거움을 전혀 잃어버리지 않았다. 단지 고분고분해졌을 뿐이다.

는 많은 슬픔이 있으나 여호와를 신뢰하는 자에게는 인자하심이 두르리로다." 여기에서 대조되는 것은 '악인'(시 1:1의 같은 단어를 보라)과 여호와를 신뢰하는 자(시 4:5의 같은 단어를 보라), 불신자와 신자다. 악인들에게는 많은 환난 혹은 비통함(문자적으로는 슬픔)이 있을 것이다. 그는 그것이 무엇인지 혹은 언제 임할지 구체적으로 말하지 않는다. 하지만 '많은'이라는 말은 6절에서 사용된 '많은 물'(홍수), 신속히 임하는 대재앙을 생각나게 한다. 지혜 문학은 일반적으로 악인들은 이생에서 겪는 어려움들에 대해 하나님의 도움을 받을 가망성이 없으며, 내세에서는 그들의 죄로 인해 심판을 받을 것이라고 가르친다.

신자들의 앞날은 밝다. 하나님의 인자하심이 그들을 두를 것이다. 극복해야 할 어려움은 있겠지만, 하나님의 신실하신 언약 사랑이 언제나 함께할 것이다. 설사 신적 사랑이 신자들을 연단한다 해도, 그 사랑은 언제나 그들의 최고의 이익을 염두에 두고 있을 것이다(시 30편을 보라).

얼마나 대단한 선택인가! 노새처럼 고집을 부려 죄를 인정하기를 거절할 수도 있다. 그래서 죄책의 두려움과 영적 침체를 심화할 신적 징계를 받을 수도 있다. 반면 죄를 고백하고 즉시 하나님의 인자하심을 통한 신적 죄 사함 안에서 안심과 기쁨을 발견할 수도 있다.

이 시편의 마지막 구절은 첫 번째 구절과 균형을 이룬다. 첫 번째 구절에서 다윗은 사함을 받은 신자의 복을 찬미했다. 마지막 구절에서 그는 의인들, 마음이 정직한 자들에게 찬양하고 즐거이 외치라고 요구한다.

메시지와 적용

이 시편은 죄 사함의 기쁨에 대한 감사다. 이것이 주는 교훈은 분명하다. 죄를 고백하고 죄 사함을 받으라는 것이다. 죄 사함에는 큰 기쁨과 안심이 있고, 죄 사함을 받지 못하면 신적 연단이라는 큰 슬픔과 비통함이 있기 때문이다. 하나님은 올바른 때에 우리가 기도하기를 바라신다. 하지만 우리가 거절하면, 하나님은 우리를 변화시키기 위해 무언가 하실 것이다. 이 시편의 요점은 너무나 분명해서 결론에서 많은 설명이 필요하지 않다. 하지만 나는 강해적 아이디어를 대조되는 두 진술로 표현할 것이다. 처음에는 부정문으로 시작해서 나중에는 긍정문으로 끝난다.

고백하지 않은 죄를 갖고 사는 사람들에게는 영적 침체와 억압된 죄의식이 찾아오므로, 죄를 인정하지 않으려 하는 것은 어리석은 일이다.

죄 사함은 하나님의 기쁜 복을 가져다주고 죄책감으로 인한 고통을 덜어주므로, 죄를 고백하고 감추지 않는 것은 지혜로운 행동이다.

우리가 죄를 지었음을 부인한다면 우리는 거짓말을 하는 것이다. 우리가 죄를 고백하면, 그분은 신실하시고 의로우사 우리의 죄를 사하시고 우리를 모든 불의에서 깨끗하게 하실 것이다(요일 1:9). 시편 51편이 설명하듯이 고백하지 않은 죄를 갖고 사는 것은 여호와 안에 있는 기쁨을 사라지게 하고, 예배에 참여할 자격을 박탈시키며, 다른 사람들에게 여호와의 도를 가르치지 못하게 막는다. 하지만 죄 사함은 너무나 즉각적이고 확실하며, 매우 즐거운 것이어서, 정기적인 죄 고백을 통한 죄 사함을 거부하는 것은 가장 어리석은 일이다.

42

A New Song of Praise for His Word and His Faithfulness, His Righteousness, and His Love   PSALM 33

그분의 말씀과 신실하심, 의와 사랑에 대한 새로운 찬양 노래(시편 33편)

서론

본문과 다양한 역본들[1]

1 너희 의인들아 여호와를 즐거워하라
    찬송은 정직한 자들이 마땅히 할 바로다
2 수금으로 여호와께 감사하고
    열 줄 비파로 찬송할지어다
3 새 노래로 그를 노래하며
    즐거운 소리로 아름답게 연주할지어다

4 여호와의 말씀은 정직하며
    그가 행하시는 일은 다 진실하시도다

---

[1] 헬라어역은 이 시편을 다윗의 것으로 본다. τῷ Δαυίδ. 그러나 다윗의 저작임을 강력하게 주장하기에는 증거가 불충분하다.

5   그는 공의와 정의를 사랑하심이여

    세상에는 여호와의 인자하심이 충만하도다

6   여호와의 말씀으로 하늘이 지음이 되었으며

    그 만상을 그의 입 기운으로 이루었도다

7   그가 바닷물을 모아 무더기 같이² 쌓으시며

    깊은 물을 곳간에 두시도다

8   온 땅은 여호와를 두려워하며

    세상의 모든 거민들은 그를 경외할지어다

9   그가 말씀하시매 이루어졌으며(it came to be)³

    명령하시매 견고히 섰도다⁴

10 여호와께서 나라들의 계획을 폐하시며

    민족들의 사상을 무효하게 하시도다⁵

11 여호와의 계획은 영원히 서고

    그의 생각은 대대에 이르리로다

12 여호와를 자기 하나님으로 삼은 나라

    곧 하나님의 기업으로 선택된 백성은 복이 있도다

---

2 "무더기 같이"는 נֵד이다. 헬라어는 "포도주 부대 안에서처럼"(ὡς ἀσκόν)라고 되어 있다. נֹאד(דַד)에서 나온) 대신 נֹאד(א)라고 읽은 것이다. 헬라어 독법은 Targum, 수리아 역본, Old Latin에서 지지를 받는다. 일부 주석가들은 נֹאד, '항아리'라는 형태로 읽는다. 이것은 '곳간'과 좋은 대응을 이룰 것이다(NIV의 번역을 보라). 하지만 MT의 독법은 출애굽기 15:8 및 시편 78:13과 가깝다.

3 헬라어에는 이 동사가 나오며, 마지막 동사는 복수로 되어 있다. '그것들이 이루어졌다' 그리고 '그것들이 창조되었다.'

4 헬라어역에는 '창조되었다' ἐκτίσθησαν로 되어 있다.

5 헬라어역에는 세 번째 콜론이 추가되었다. 이것은 10절 전반을 대체로 되풀이한다. "그리고 군주들의 계획을 무효로 만든다"(καὶ ἀθετεῖ βουλὰς ἀρχόντων).

13 여호와께서 하늘에서 굽어보사

　　모든 인생[6]을 살피심이여

14 곧 그가 거하시는 곳에서[7]

　　세상의 모든 거민들을 굽어 살피시는도다

15 그는 그들 모두[8]의 마음을 지으시며

　　그들이 하는 일을 굽어 살피시는 이로다

16 많은 군대로 구원 얻은 왕이 없으며

　　용사[9]가 [10]힘이 세어도 스스로 구원하지 못하는도다

17 구원하는 데에 군마는 헛되며

　　군대가 많다 하여도 능히 구하지[11] 못하는도다

18 여호와는(the eye)[12] 그를 경외하는 자

　　곧 그의 인자하심을 바라는 자를 살피사

19 그들의 영혼을(them)[13] 사망에서 건지시며

　　그들이 굶주릴 때에 그들을 살리시는도다

---

6 본문은 문자적으로 '사람의 아들들'(בְּנֵי הָאָדָם)이라고 되어 있다.

7 본문은 מִמְּכוֹן־שִׁבְתּוֹ, '거하심의 장소로부터'라고 되어 있다. שִׁבְתּוֹ 대신 שִׁקְדוֹ라고 읽을 만한 사본상의 증거가 몇 가지 있다. 하지만 헬라어역과 Qumran은 둘 다 표준적인 MT 독법을 지지한다.

8 יַחַד, '모두' 혹은 '함께'는 이 문장에서 해석하기 어렵다. 그래서 헬라어는 '오직'(κατὰ μόνας =יַחַד)이라고 되어 있다. A. A. Anderson은 이것을 '오직'이라는 의미로 받아들인다. 오직 여호와만이 마음을 지으신다는 의미다(*Psalms 1-72*, p.265).

9 헬라어는 '거인'(γίγας).

10 일부 역본들은 '그의'라는 말을 본문에 삽입한다.

11 이 동사(MT에서는 피엘 미완료)는 Targum에서와 마찬가지로 헬라어에서 수동형으로(=니팔), σωθήσεται로 번역된다. 이것은 그렇게 되면 "그 역시 구원받지 못할 것이다"라고 읽힐 것이다.

12 한 사본 및 헬라어와 수리아 역본은 이것을 복수로 만든다.

13 문자적으로는 '그들의 생명.'

20 우리 영혼이 여호와를 바람이여(we wait in hope)[14]
   그는 우리의 도움과 방패[15]시로다
21 우리 마음이 그를 즐거워함이여
   우리가 그의 성호를 의지하였기 때문이로다
22 여호와여 우리가 주께 바라는 대로
   주의 인자하심을 우리에게 베푸소서

구성과 전후 문맥

시편 33편은 선언적인 찬송 시편이다. 이것은 찬송하라는 부름(1-3절), 찬양의 원인(4-19절), 결론(20-22절)으로 이루어져 있다. 이런 구성은 보통 창조 세계와 역사에 계시된 여호와의 위대하심과, 여호와의 위대하심을 그의 백성이 누리게 해 주시는 여호와의 은혜를 칭송한다. 시편 33:4-5은 네 개의 주제를 열거하면서 찬송의 원인에 대한 요약 진술을 한다. 처음 세 개의 주제는 하나님 위대하심을, 마지막 하나는 그분의 은혜를 드러낸다. 그 주제들은 하나님의 말씀의 직접성, 그분이 하시는 일의 신실함, 그분의 의로운 결정들, 그리고 자기 백성에 대한 그분의 인자하심이다. 이 주제들 각각은 그다음에 시편 본론 부분에서 전개된다. 여호와의 말씀은 6-9절에서, 여호와의 신실하심은 10-12절에서, 의인에 대한 그분의 사랑은 13-15절에서, 자기 백성에 대한 그분의 인자하심은 16-19절에서 전개된다. 강해를 조직할 때 이 의도적 유형을 염두에 두어야 한다.

이 글의 저자가 누구인지 알 수 있는 결정적인 증거는 거의 없다. 이 시편과 시편 1, 2, 10편만 시편 1권에서 표제가 없다. 하지만 헬라어역과 몇몇 역본들 및 쿰란(Qumran)에서는 이 시편을 다윗이 쓴 것으로 본다. 시편 33편을 32편과

---

14 문자적으로는 '우리의 영혼이 바라다.'
15 헬라어에는 '방어자'(defender, ὑπερασπιστής)라고 되어 있다.

연결시키는 몇몇 히브리 사본들이 있다. 하지만 이러한 것들은 빠져 있는 표제를 집어넣기 위함일 것이다.

이 시편이 어떤 경우를 위해 기록되었는가 하는 것 역시 똑같이 모호하다. 이 글은 창조와 구속을 강조하기 때문에, 가을 절기들과 연관이 있다.[16] 하지만 하나님에 대한 찬양은 역사적 사건들 및 백성의 믿음과 절대 분리되지 않았으며 특정한 때에 국한되지 않았다.[17] 이 시편은 아마 성전 모음집에 포함되기 전에는 민족에게 있었던 어떤 위기를 반영하는 독자적인 글이었을 것이다. 이것은 이스라엘의 의식에서 다양한 절기 때 사용되었을 것이다. 하지만 백성들의 믿음에서 여전히 중심적 위치를 차지하고 있었다. 이와 같은 시편들은 적절하고 기억할 만한 신앙 고백적 진술로 만들어졌다.

석의적 분석

요약

시편기자는 의인들에게 여호와를 찬송하라고 명한다. 그들이 구원에 대해 그분을 의지할 수 있기 때문이다. 여호와의 말씀은 참되고, 그분의 주권적 역사는 신실하며, 그분의 심판은 옳고, 자기를 의지하는 자들에 대한 그분의 인자하심은 영원하다는 것을 알고 그렇게 하라는 것이다.

개요

I. 찬송하라는 명령: 시편기자는 의인들에게 음악 반주와 기쁨의 부르짖음으로 새롭게 여호와를 찬송하라고 명한다(1-3절).

---

[16] 예를 들어, A. A. Anderson, *Psalms 1-72*, p.260을 보라. Sigmund Mowinckel은 이것이 신년(New Year) 절기의 일부라고 생각했다(*The Psalms in Israel's Worship*, I:89, 94-95). Weiser는 이것을 가을 절기와 함께 놓았다. 하지만 그에게 이것은 언약 절기였다(*Psalms*, p.289).

[17] Claus Westermann, *Praise of God in the Psalms*, p.155를 보라.

    A. 의인은 즐거워하라는 명령을 받는다(1절).

    B. 그들은 음악 반주로 찬송해야 한다(2절).

    C. 그들은 새 노래를 잘 불러야 한다(3절).

II. 찬송의 원인: 여호와가 찬송을 받아야 하는 이유는 그분의 말씀은 옳고, 그분의 역사는 신실하며, 그분의 심판은 의롭고, 그분을 의지하는 자들에 대한 그분의 인자하심은 영원하시기 때문이다(4-19절).

    A. 그는 하나님 말씀의 확실함과 명확함을 선언하고 보여준다(4절 상, 6-9절).

        1. 요약: 여호와의 말씀은 정직하다(4절 상).

        2. 보여짐: 여호와는 말씀으로 모든 것을 창조하셨다(6-9절).

    B. 그는 하나님 역사의 신실하심을 선언하고 보여준다(4절 하, 10-12절).

        1. 요약: 그분의 모든 역사는 신실함 가운데 이루어진다(4절 하).

        2. 보여짐: 그분은 세상의 계획들을 좌절시키고 그분의 계획을 성취하신다(10-12절).

    C. 그는 여호와의 심판이 의롭다는 것을 선포하고 보여준다(5절 상, 13-15절).

        1. 요약: 여호와는 의롭고 공의로우시다(5절 상).

        2. 보여짐: 주권적인 여호와는 사람들을 살피고 평가하신다(13-15절).

    D. 그는 여호와의 인자하심이 신실하다는 것을 선언하고 보여준다(5절 하, 16-19절).

        1. 요약: 땅은 그분의 인자하심에 대한 증거로 가득 차 있다(5절 하).

        2. 보여짐: 그분을 의지하는 사람들의 생명을 구원하고 보존하시는 것은 여호와의 인자하심이다(16-19절).

III. 결론: 하나님의 백성은 그분에 대한 믿음을 보인다(20-22절).

    A. 그들은 여호와를 열심히 기다린다(20절).

    B. 그들은 그분을 의지하기 때문에 기뻐한다(21절).

    C. 그들은 그분의 인자하심을 계속해서 보여달라고 간구한다(22절).

강해 형태의 주석

I. 찬송하라는 명령: 의인은 큰 기쁨과 솜씨로 새롭게 하나님을 찬양해야 한다(1-3절)

A. 의인들은 여호와께 즐거이 노래해야 한다(1절)

이 명령은 '의인'(צַדִּיקִים)과 '정직한 자'(יְשָׁרִים)들에게 여호와를 찬송하라는 것이다. '의인'이라는 단어는 여호와를 믿는 신자들로서 그분의 기준에 따라 살고자 애쓰는 사람들을 말한다(신 6:25; 시 1:5의 같은 단어를 보라). 그리고 '정직한 자'는 여호와를 신실하게 따르고 그분이 보시기에 옳은 일을 하려 애쓰는 사람들을 말한다.[18] 이 두 묘사는 이 시편에서 그다음에 나올 것, 여호와의 말씀이 '정직하다'는 것, 즉 똑바르거나 곧다는 것, 그리고 여호와가 '의'를 사랑하신다는 것(6-9절), 그렇기 때문에 모든 사람을 의롭게 평가하신다는 것(13-15절)을 대비하게 해준다.

이 시편은 신실한 자들에게 하나님을 찬송하라고 명하면서, 찬송에 대해 여섯 개의 다른 단어를 사용한다. 처음 두 개는 1절에 나온다. 첫 번째 동사는 '기쁘게 노래하다'라고 번역된 것으로 '울려 퍼지게 외치다'(רָנַן)라는 의미다. 이것은 이를테면 제의적 외침(레 9:24)으로, 포로생활에서 구원받는 것과 같은 기쁜 경우들(사 52:8-9) 등에 사용하는 기쁨의 큰 소리다.[19] 두 번째 단어는 '찬

---

[18] '정직한'(יָשָׁר)이라는 단어에는 똑바로 혹은 직선으로 간다는 의미가 있다(시 67:4의 같은 단어를 보라). 정직한 자들은 똑바로 앞을 본다. 즉 벗어나는 것이 없다(잠 4:25). 정직한 자는 여호와 보시기에 옳은 것을 행한다. 즉 그들은 그분의 명령을 지킨다(출 15:26; 신 6:17-18).

[19] רָנַן라는 단어는 성경에서 찬송이라는 의미로 사용되는 여러 단어 중 하나다. 이것은 기본적으로 '기뻐하다, 외치다'라는 의미다. 가장 흔한 파생어는 '큰 외침'이라는 의미인 רִנָּה라는 명사다. 이 동사는 성경에서 53번 나오는데, 그중 25번이 시편에 나온다. 명사는 33번 나오는데, 시편에 15번이 나온다. 심지어 이 단어들이 성경의 다른 책들에 나올 때에도 시적인, 시편과 같은 본문에 가장 자주 나온다. 이것은 이 단어들이 두드러지게 제의적 용어의 일부임을 나타낸다.
본질적으로 רִנָּה은 큰 소리로 하는 표현, 보통은 기쁨의 표현을 말한다. 하지만 어떤 본문에서는 탄식과 고통의 표현이기도 하다(애 2:19). 어떤 본문에서는 단순히 큰 소리로 외치는 것을 말한다(잠 1:20, 8:3). 큰 소리로 외친다는 개념은 이 단어가 의성어로, '울려 퍼지는 외침'처럼 들린다는 결론에 이르게 했다. 이 단어는 단순히 날카로운 외침을 말하는 것이 아니다. 어떤 본문에서는 이것이 구두적 의사소통에 대

송'(תְּהִלָּה)이라는 명사다. 이 단어, 그리고 이것의 동사(הָלַל)는 자발적 찬양, 찬양할 만한 어떤 것에 대한 자연스러운 묘사를 말한다. 이를테면 애굽 고관들이 사라의 아름다움을 열렬하게 칭찬한 것 등과 같은 것이다(창 12:15). 하나님은 대단히 많은 부분에서 찬양을 받으시지만, 특히 그분의 인격(시 48:10-12, 106:1), 그분의 창조와 창조 세계의 보존(시 148:1-6), 그분의 구원 행위(시 22:26; 34:2)에 대해 찬양을 받으신다.[20]

시편기자는 이러한 찬양은 정직한 자들이 "마땅히 할 바"(נָאוָה)라고 말한다.[21] 찬양하는 것은 신자들의 본성과 경험에 적절하다. 그들은 하나님의 은혜로 모든 것을 받았기 때문이다. 찬양하지 않는 신자는 경우에 맞지 않는 옷을 입은 사람과 같다.

한 의미로 사용되기 때문이다(잠 8:3). 하지만 많은 본문에서 이것은 큰 소리로 외치는 것, 목소리를 높이는 것, 혹은 음악적 성질의 표현들을 말한다. 이 명사는 비슷한 방식들로 사용된다. 큰 기쁨이라는 요소가 가장 흔한 의미이지만, 이것은 또한 탄식이나 간구의 큰 외침이 될 수도 있다(예를 들어 시 17:1, 61:1, 88:2). 이것은 찬송에서나 응답을 얻기 위한 시도에서나 하나님을 향해 큰 소리로 외치는 것에 대해 사용된다. 어떤 본문들은 또한 이 외침이 말로 하는 내용을 갖고 있음을 나타낸다(시 35:27, 118:15). 흥미롭게도 사람들만 외치는 것이 아니라 의인화된 개념들도 소리 높여 외친다. 이를테면 거리의 지혜(잠 1:20), 시온의 딸(습 3:14), 시온(애 2:19), 예루살렘의 황폐한 곳(사 52:9) 등이다. 또한 피조물도 외치며(렘 51:48), 온 땅(시 98:4), 나무도 외친다(시 96:12). 이것들 각각은 전후 문맥 안에서 해석되어야 할 것이다. 그리고 천사, 새벽별(욥 38:7)도 기뻐서 소리를 질렀다.

용례들 중 절대 다수는 하나님을 찬양할 것을 요구한다. 제의적 용례에서는 찬양할 이유, 기쁨의 외침에 대한 정당화가 주어져 있다. 이것은 보통 열정적 반응을 요구하는 여호와의 어떤 행동이다. 하지만 그분의 본성, 그 이름, 그 의, 그 심판에 기초하고 있을 수도 있다(R. Ficker, "רנן to rejoice," in *Theological Lexicon of the Old Testament*, ed. by e. Jenni and C. Westermann, III:1240-1243를 보라).

20 단연코 구약에서 찬양에 대해 가장 잘 알려진 말인 הָלַל라는 단어는 보통 '찬양'으로 번역되지만, 또한 '…을 기뻐하다' 혹은 '자랑하다'라는 의미가 될 수도 있으며, 따로 다루어야 하는 몇 가지 색다른 용례들도 있다. 이 단어의 어원학적 정체에 대해서는 의견이 일치되지 않는다. 이것이 '밝다, 비치다'라는 의미의 동사와 관련된 것인가 아니면 '자랑하다, 찬양하다'라는 단어인가 하는 것이다. 더 도움이 되는 것은 '외치다'라는 의미를 지닌 우가릿어 및 '외치다, 환희'를 의미하는 아카드어, '누군가에게 즐겁게 노래하다'라는 같은 어원의 단어가 있는 아라비아어와의 연관이다. 이 히브리 동사는 142번 나온다. 절대 다수의 경우는 여호와를 찬양하는 것과 관련되어 있으며, 약 아홉 번만 다른 대상에 대해 사용된다.

본질적으로 같은 의미를 지닌 수많은 관련된 용어가 있다. 가장 흔한 단어는 תְּהִלָּה로, 이것은 '찬송하다'라는 의미다. 하지만 두 개의 다른 단어도 있는데, 이를테면 '연회를 베풀다'(הִלּוּלִים, 삿 9:27)와 같은 것이다. 이 동사와 보통 명사의 기본 개념은 누군가의 속성 혹은 행동들을 '찬송하다' 혹은 '추천하다'라는 것이다. 이것은 기쁨이나 감사의 자발적 표현이다. 전형적 예는 창세기 12:15로, 거기에서 고관들은 왕 앞에서 사래를 칭찬한다. 이것은 다른 자연적 반응들에 대해서도 사용된다. 남편이 자신의 고상하고 유능한 아내를 칭찬하는 것(잠 31:28), 신부를 칭찬하는 처녀들(아 6:9), 혹은 왕이 자신의 대관식을 칭송하는

B. 그들의 찬양 음악 반주와 함께 불러야 한다(2절)

이 구절의 전반부와 후반부는 둘 다 악기와 함께 찬양하라고 명한다. 첫 번째 명령법은 보통 '찬양하다' 혹은 '감사하라'(יָדָה;에서 나온 הוֹדוּ)라고 번역되는 것으로, 주로 제사 의식이 수반되는 공적 찬양을 말한다(시 6:5의 같은 단어를 보라). 이 단어는 '인정하다'라고 이해하는 것이 더 낫다. 이것은 신앙을 고백하거나 죄를 고백하는 것에 대해 사용될 수 있기 때문이다(시 32:5). 신앙 고백은 하나님과 그분의 속성, 그분이 하신 일을 찬양하며 인정하는 것이다(시 89:5, 105, 106, 145편). 찬양은 3개에서 12개의 줄이 달린 하프 모양의 악기인 수금(כִּנּוֹר)으로 해야 했다.[22]

이 구절에 나오는 다른 동사는 "찬송할지어다"(זָמַר에서 나온 זַמְּרוּ)이다.[23] 이것은 여호와께 음악을 '연주하다' 혹은 '곡조를 노래 부르다'라는 기본 개념을 가진

것(대하 23:12-13) 등이다. 심지어 악인들도 율법을 버린 자에게 칭찬을 듣는다(잠 28:4).
이 단어들의 종교적 용례가 여기에서 가장 중요하다. 같은 의미가 동일하게 적용된다. 즉 어떤 것을 자발적으로 누리는 것은 모두 풍성한 묘사들로 표현된다는 것이다. 그래서 경건한 자들은 여호와의 말씀(시 119:164), 그분의 역사(시 113), 그분의 속성들로 인해 그분을 찬양한다. 사람들은 여호와를 자랑하거나 기뻐한다(시 44:8; 사 41:16). 가장 흔한 표현은 복수 명령법으로 '찬양하라'(Praise Yah, הַלְלוּ־יָהּ)이다. 이 표현(그리고 종종 이 단어의 다른 용례들)은 찬송이 성전에서 의인들의 회중 가운데 이루어졌음을 것을 나타낸다(시 22:22, 107:32). 찬양하라는 부름은 보통 노래(시 69:30), 춤(시 149:3), 음악(시 150:1-5)을 포함한다. 다윗이 성전 예배를 조직할 때, 그는 특정한 지파들에게 여호와를 찬양하도록 지정했다(대상 16:4, 36절, 25:3). '할렐루야'라는 외침은 이 말이 신약에서 사용된 것이 입증하듯, 짧은 제의적 외침이 되었다.
이 단어의 다른 용례는 자신을 자랑하는 것 혹은 기뻐하는 것으로, 시편 75:4의 "내가 오만한 자들에게 오만하게 행하지 말라 하며"와 같은 경우다. 그다음에 이 말이 어리석어 보이는 어떤 사람의 행동들을 묘사하는 본문들이 있다. 어리석어 보이는 재판장(욥 12:17), 혹은 어리석어 보이는 웃음(전 2:2) 등이다. 이 동사의 다른 어간들은 '미치다'라는 개념을 가지고 있다(렘 25:16; 삼상 21:13). 이런 단어들이 같은 계열의 단어인지 아닌지는 의문이다.

21 이 단어의 의미는 '어울리는, 적절한'이라는 것이다. 우리는 어울리지 않는 것들을 살펴봄으로써 그 의미를 가장 잘 볼 수 있다. 잠언은 탁월한 말(잠 17:7), 사치(잠 19:10), 영예(잠 26:1) 등이 어리석은 자에게는 어울리지 않는다는 것을 보여주기 위해 이 단어를 사용한다. 이것은 어리석은 자에게는 어울리지 않는다. 하지만 칭찬은 정직한 자에게 적절하고 어울린다.

22 Eric Werner, "Musical Instruments," in IDB, 3:474-75를 보라. 또한 Joachim Braun, *Music in Ancient Israel/Palestine*(Grand Rapids: Eerdmans, 2002)를 보라.

23 זָמַר은 하나님을 찬양하여 '음악을 연주하다'라는 의미다. 아랍어에 이 단어와 같은 어원을 가진 말이 있는데, 이 말은 '갈대피리를 불다' 혹은 '피리를 불다'라는 의미다. 성경적 용례에는 두 개의 일반적인 의미 범주가 있다. 첫째, 이 동사는 노래하는 것에 대해, 즉 노래로 하나님을 찬양하는 것에 대해 사용할 수 있다(예를 들어, 시 30:12와 다른 많은 본문). 이 노래하는 것에는 악기가 수반될 수도 있고 수반되지

다. 그리고 종종 노래에 악기가 수반되는 곳에서 사용된다. 이 동사 및 관련 명사 '시편'(מִזְמוֹר)은 여호와께 곡조를 부르는 것을 의미한다. 종종 악기가 수반되며, 아마 현악기일 것이다. 여기에서 이것은 열줄 비파(נֶבֶל)로 해야 한다. 이 악기의 모양과 소리가 어떠하든 간에, 찬송하라는 부름에는 현악기를 사용하는 것이 포함되었다는 사실은 분명하다. 다른 시편들은 다른 악기들을 열거한다. 하지만 이 시편은 수금과 비파를 선호한다.

C. 그들은 새 찬양의 노래로 아름답게 연주해야 한다(3절)

3절에는 찬양에 대한 두 개의 동사가 더 나온다. 첫 번째 구절에서 동사는 단지 '노래하다'이다. 그리고 그에 대응하는 것은 '아름답게 연주하다'라는 표현이다. '노래하다'(שִׁיר)라는 단어는 개인들(출 15:2), 레위인 성가대 혹은 모여서 성가를 번갈아 교창하거나 제창으로 부르는 사람들에 대해 사용하는 일반적 용어다. 두 번째 명령은 다소 복잡하다. 이것은 문자적으로는 "현악기를 연주하는 데 성공하다"라는 말이다. 이 구문은 명령법과 부정사를 사용한 중언법이다. 그 안에서 명령법은 부사가 되고 부정사가 주동사가 된다. 그래서 "(현악기를) 아름답게 연주할지어다"라는 말이 나온 것이다. '현악기를 연주하다'(נגן)라는 동사는 다윗이 사울 앞에서 수금을 연주하는 것에 대해 사용된다(삼상 16:23).

않을 수도 있다. 분명 그런 경우에, 두 번째 범주의 의미가 있다. 악기를 연주한다는 것이다(예를 들어, 여기 시 33:2에서).

파생된 명사 מִזְמָרָה는 하나님을 찬양하는 '곡조, 노래'라는 의미로, 같은 범주에 들어간다. 악기로 연주하는 음악(암 5:23), 노래하는 것(출 15:2), 그다음에 이런 구분이 분명하지 않은 본문들이다(시 81:2).
시편 책에 흔하게 나오는 제목인 מִזְמוֹר은 '시편'으로 번역된다. 이것은 '곡조'로 이해될 수도 있다. 제목에서 이것은 보통 어떤 사람의 이름 뒤에 나온다, '다윗의 시편/곡조' 등과 같다. 이것은 악기가 수반되거나 수반되지 않은 노래를 말한다. 많은 시편은 시편을 노래할 때 악기의 사용을 명시한다.

24 שִׁיר라는 단어는 '노래'를 뜻하는 명사로, 이 명사에서 파생된 동사는 '노래하다'라는 것이며, 이 용법들은 다소 단도직입적이다. 이것은 사랑의 노래든, 술에 취해 부르는 노래든, 노동자의 노래든, 시끄러운 것이든 즐거운 것이든 어떤 종류의 노래 혹은 노래하는 것에 대해서도 사용할 수 있다. 이것은 또한 종교적 노래들이나 여호와께 노래하는 것에 대해서도 사용될 수 있다. 레위인 성가대의 노래든 회중 혹은 개인들의 노래든 간에, 이것은 순례자의 노래, "올라가는 노래"(시 120-134편)의 표제에서 사용된다. 이것은 또한 악기 반주가 수반된 노래에 대해 사용될 수 있다.

모든 회중은 "새 노래"(שִׁיר חָדָשׁ)[24]를 부르라는 명령을 받는다. 이것은 새로운 곡 이상을 의미한다. 이것은 찬양을 위한 새로운 경험을 요구한다(그래서 결과의 환유다). 새 노래라는 주제는 구약에서 일곱 번 사용된다. 시편 40:1-3에서 다윗은 하나님이 "찬송을 내 입에 두셨"다고 말함으로 그가 최근에 받은 구원을 설명한다. 거기에서 새 노래는 분명 비유적 표현이다(결과의 환유). '새 노래'는 이것을 고취시킨 구원을 위한 것이기 때문이다. 다른 언급들(시 96:1, 98:1, 149:1; 사 42:10)은 이 본문(시 33:3)과 마찬가지로, 구원에 대한 새로운 경험 혹은 여호와의 임재에 대한 새로운 인식에서 나온 새로운 열심으로 찬양하라는 명령이다. 사람들에게 새 노래를 부르라고 명하는 것은 사람들에게 하나님의 임재와 그 유익을 누려서, 그들이 성소에서 뭔가 새롭게 노래할 것이 있도록 하라는 것이다.

II. 의인은 하나님의 능력의 말씀, 신실하신 역사, 의로운 감독, 인자하심을 찬양해야 한다(4-19절)

이 시편의 두 번째 부분에서 우리는 찬양을 할 이유를 발견한다. 그것은 여호와의 네 가지 속성을 열거하는 네 부분으로 된 요약으로 시작한다(4-5절). 이 각각의 주제들은 그 뒤에 나오는 시편의 각 부분에서 전개될 것이다.

요약의 첫 번째 줄은 "여호와의 말씀은 정직하며"(시 67:4의 같은 단어를 보라)라고 선언한다. 그다음 6-9절은 가장 설득력 있는 예를 들어서 그 주제를 전개한다. 이것은 여호와의 창조에 대한 말씀이다. 이 말씀들은 분명하고 직접적이었다. 이것은 불확실함을 포함하지 않았다. 이것은 부적절하지 않았으며 요점에서 벗어나지 않았다.

두 번째 주제는 "그가 행하시는 일은 다 진실하시도다"(4절 하)라는 것이다. "그가 행하시는 일은 다"(all his work)라는 것은 창조보다 훨씬 더 광범위하다. 그것은 하나님이 하시는 모든 것을 말한다. 그것이 신실하게 행해진다는 것은 그분의 계시된 계획을 온전히 신뢰할 수 있다는 의미다(시 15:2의 같은 단어를 보라).

이 주제를 전개하기 위해 이 시편은 인간 역사를 위한 하나님의 계획에 초점을 맞춘다. 그것이 '그가 행하시는 일은 다'의 가장 적절한 요약이기 때문이다. 하나님의 계획을 반대하는 많은 인간적 계획에도 불구하고 하나님의 계획은 성취될 것이다.

세 번째 개념(5절 상)은 여호와가 "공의와 정의를 사랑하심이여"[25]이다. 이 구절은 분사(אֹהֵב)로 시작한다. 하지만 주어 대명사를 빼놓고 있다. "그는 (여호와를 지칭함) 사랑하심이여." '공의'와 '정의'는 이러한 속성들에서 흘러나오는 공의롭고 정의로운 행동들을 말한다(그래서 이것은 원인의 환유다. 또한 시 98:2, 99:4를 보라). '공의'(righteousness)라는 말은 기준에 부합하는 것을 말한다. 여호와가 기준이며 그분이 말씀 안에서 이것을 계시하셨다(시 1:5의 같은 단어를 보라). 여호와는 공의를 사랑하시므로, 그분의 백성에게 이것을 요구하신다(시 11:7). 다른 단어 '정의'(justice)는 정부 활동의 모든 측면에 적용되지만, 주로 결정들에 적용된다(시 9:4의 같은 단어를 보라). 법적 행동들은 하나님의 말씀에 계시된 그분의 정의와 조화를 이룰 때 정의롭다. 그래서 이 개념들은 13-15절에 더 충분히 설명되어 있다. 여기에서 우리는 인간의 마음을 지으신 여호와가 어떻게 사람들 안에서 의를 찾고 그 마음을 살피시는지 읽게 된다.

네 번째 주제(5절 하)는 온 세상 안에 있는 여호와의 인자하심이다. 여기에서도 '인자하심'(חֶסֶד, 시 23:6의 같은 단어를 보라)이라고 번역된 단어는 이 사랑으로 인해 생겨나는 것, 곧 구원과 보살핌을 말한다(그래서 이것은 원인의 환유다). 이것이 16-19절에서 상세히 설명된 것의 요점이다. 여호와는 그분의 인자하심에 의해 전쟁에서 그분의 백성을 구하시며 기근에서 그들의 생명을 살려주신다.

---

[25] 이 두 단어 '공의와 정의'는 하나가 다른 하나를 꾸며주는 중언법으로 해석할 수 있을 것이다. '정의 안의 공의' 혹은 '공의로운 정의'라는 것이다.

A. 여호와를 찬양하라. 그분의 말씀은 직접적이시기 때문이다(4절, 6-9절)

그렇다면 첫 번째 주제인 "여호와의 말씀은 정직하며"(4절 상)라는 주제는 창조에서 하나님이 직접 말씀하신 것에 의해 예시된다. 여기에서 시편기자는 여호와를 경외함으로 순종해야 한다고 결론을 내릴 것이다.

6절은 요약 진술의 표현인 "여호와의 말씀"을 반복한다. 이것은 이 진술과의 연결고리를 형성하고 그다음 몇 구절의 내용을 소개하는 역할을 한다. 이 주제에 대한 가장 좋은 예는 창조, 특히 먼저 하늘과 땅의 창조에서 하나님이 하신 선포다(창 1:1-8). 그다음에 병행 콜론은 하늘의 만상이 형성된 것을 말한다(창 1:14-19; 사 40:12 하; 시 147:4을 보라). 이제 그 명령을 형성하는 것은 그의 "입 기운"이다(원인의 환유로, 첫 번째 콜론에 나오는 '말씀'에 대한 진술을 바꿔 말한 것이다). 요점은 모든 창조가 직접적으로 전해진 살아 계신 하나님의 능력의 말씀으로 생겨났다는 것이다.[26]

7절은 풍성한 시적 표현으로 하나님의 창조 행위들을 제시한다. 무더기 같이 쌓인 물은 분명 육지가 바다와 분리된 창조의 셋째 날에 일어난 사건들을 말하는 것이다. 다른 본문들은 하나님이 바닷물이 건너갈 수 없는 경계선을 설정하셨다고 말한다(렘 5:22; 시 104:9, 148:6; 욥 26:10; 잠 8:27-29을 보라).[27]

시편 33편에 나오는 말과 출애굽기 15장에 나오는 바다의 노래(이것은 반드시 더 연구해야 한다) 간에는 약간의 연관성이 있다. 바닷물이 무더기 같이 쌓인다는 표현(7절)은 출애굽기 15:8에 나온다. 시편 33:7은 '깊은 물'에 대해 언급하는데, 이것은 출애굽기 15:5과 8절에서 애굽 군대를 멸망시키는 도구다. 게다가 시편

---

26 창조 기사는 고대 종교들에 나오는 것처럼 어떤 마술적인 본문이 아니었다. 이교 종교들에는 대구법들이 있다. 애굽에서 프타신은 이 요소들을 염두에 두고 그의 말로 그것들이 생겨나게 했다(J. Pritchard, *ANET*, p.5를 보라). 차이점은 성경에는 능력이 여호와께 있고, 그 말이 어떤 마술적 요소로써 있지 않다는 것이다. 그렇기 때문에 창세기 1장은 이교 신앙들에 대한 논박을 형성하기도 한다.

27 *Enuma Elish*(IV:139, 40)의 신화적 이야기에도 보면 Marduk이 Tiamat 바다에 경계선을 설정했다고 나온다(Alexander Heidel, *The Babylonian Genesis*[Chicago. University of Chicago Press, 1974], p.42를 보라).

33:7은 여호와가 깊은 물을 곳간에 두신다고 말하는데, 이것은 관련된 다른 본문들에서도 나오는 개념이다(신 28:12; 욥 38:22을 보라). 좋은 것들은 하나님의 곳간에서 나오지만, '깊은 물'은 위험하고 파괴적이다. 그러므로 곳간에 있는 깊은 물은 하나님이 사용하시는 무기들의 병기고를 시사한다(렘 5:25). 하나님은 말씀으로 바다를 주관하시며, 적절할 때 그것을 사용하신다. 사실상 하나님은 출애굽에서 그러셨듯이 종종 창조 세계의 구성 요소들을 무기로 사용하며, 바다의 노래는 창조 세계의 구성 요소들에 의지한다. 시편 3:6-9은 하나님이 이런 요소들을 창조하신 것에 대해 그분을 찬양하기 위해 비슷한 표현들을 사용한다.

이 모든 것에 대한 자연스러운 반응은 두려움이다. "온 땅은 여호와를 두려워하며 세상의 모든 거민은 그를 경외할지어다"(8절). '땅'은 땅에 사는 사람들을 말한다(주제의 환유). 대구법은 이것을 분명하게 보여준다. 이 시편의 진리들을 깨닫자마자, 모든 사람은 이제 여호와의 주권을 인정해야 한다. 그들은 조만간 그렇게 할 것이다. 앤더슨이 말하듯 여호와는 세상의 백성과 특별한 관계를 맺고 계신다. 그들이 인정하든 안하든, 그분은 그들의 창조주이시며, 유지자이시기 때문이다.[28]

권고(동사들은 청유법이다)는 사람들에게 여호와를 공경하고(예배하고) 순종하라는 것이다. 이것은 우주의 절대적 권위에 대한 유일하게 적절하고 합리적인 반응에 대한 명령이다. 바로 공경과 복종이다. 대응되는 동사는 더욱 강하다. "경외할지어다"(יגורו)라는 것이다. 이것은 더 우월하고 강력한 어떤 것에 의해 위협을 받는다는 의미에서 두려워한다는 뜻이다(신 1:17, 18:22; 삼상 18:15을 보라). 그래서 사람들은 하나님을 창조주로 인정하라는 명령을 받을 뿐 아니라, 또한 그렇게 인정할 때, 공경과 순종으로 이끄는 경외가 가득 채워진다.

이러한 명령에 대한 이유가 9절에 나와 있다. 그리고 이것은 우리를 무장해제 시킬 만큼 단순하지만 또한 압도적으로 심오하다. 여기에서 우리는 하나님 말씀

---

[28] *Psalms 1-72*, p.263-264.

의 직접성과 명확성이라는 개념으로 다시 돌아간다. "그가 말씀하시매 이루어졌으며, 명령하시매 견고히 섰도다." 여호와는 그저 말씀하셨다. 그리고 그분의 말씀은 우주와 그 안에 있는 모든 것이 생겨나게 하셨다. "그가 말씀하시매"(he spoke)라는 말은 문자적으로는 '그가 말했다'(he said, וַיֹּאמֶר)라는 것으로, 창세기 1장 내내 사용된 동사와 직접 연관이 있다. 그리고 "이루어졌으며"(וַיְהִי)라는 동사는 분명 창세기 1:3에 나오는 "하시매 빛이 있었고"(וַיְהִי)를 상기시킨다. 두 번째 줄은 "그가 명령하시매"라는 말과 "견고히 섰도다"라는 말을 사용한다. 선다는 개념은 종종 아랫사람이 윗사람에게 보이는 행동에서 사용된다(예를 들어, 창 41:46에서 요셉은 바로왕 앞에 선다). 하나님의 명령과 모든 것이 견고히 선 것에 대한 이러한 기사는 모든 피조물이 하나님의 명령에 의해 지속되며 그분의 명령을 행하기 위해 여호와 앞에 서 있다는 것을 강조한다. 델리치는 "그분은 명령만 하시면 된다. 그러면 그것은 주인이 부르기만 하면 바람과 같이 나타나는 순종적인 종처럼 생겨난다"[29]라고 말한다. 같은 강조점이 시편 119:89-90에도 나온다.

모든 백성은 하나님의 직접적이고 강력한 말씀을 찬양하라는 명령을 받는다. 하나님은 그 말씀으로 모든 것을 만들고 유지하시기 때문이다. 심지어 종교계에서조차 사람들이 현대적 궤변으로 창조에 대한 하나님의 말씀을 무시하거나 부인할 때, 그들은 하나님의 영광을 빼앗아가는 것일 뿐 아니라 참된 예배를 무너뜨리는 것이다. 모든 피조물에 대한 주권적인 주님이 계시지 않다면, 예배하거나 순종할 이유가 없기 때문이다.

B. 여호와를 찬양하리. 그분의 일은 신뢰할 수 있기 때문이다(4절 하, 10-12절)
이 부분은 여호와의 모든 일은 의지할만하다는 주제가 발전하면서, 역사에서 여호와의 주권적 계획에 초점을 맞춘다(4절 하). 나라들의 계획 및 의도(10절)가

---

[29] *Psalms* I:42.

여호와의 계획 및 의도(11절)와 대조를 이루면서 10절과 11절은 한데 결합되어 있다. 여기에서 두 개의 핵심어는 '계획'과 '생각'(purpose, 혹은 의도)이다. 첫 번째 단어(עֵצָה)는 '계획, 협의, 조언'이라는 의미다(시 1:1과, 이드로가 모세에게 조언을 해주는 출 18:19을 보라). 두 번째 단어(מַחְשָׁבָה, 시 32:2의 같은 단어를 보라)는 종종 '목적'으로 번역되는 단어로, 의도라는 개념을 나타낸다[하나님이 신자에게 의로 '여기신다'는 것을 말하기 위해 이 동사가 사용되는 창 15:6, 혹은 형제들이 요셉을 다루는 것에 있어 그를 해'하려 했다'(계획했다)라고 하는 창 50:20을 보라]. 이제 나라들의 계획과 의도에 관해서 시편기자는 여호와가 그것들을 "폐하시며"(פָּרַר), "무효하게 하시도다"(נוּא)라고 말한다. 이 두 번째 용어는 어떤 행동을 중단하게 한다는 개념을 의미한다(어떤 사람이 서원하는 것을 금하는 경우처럼 말이다. 민 30:8을 보라).

다른 한편, 여호와의 계획과 생각은 영원히 지속된다. 여기에서 우리는 '영원히 서다, 지속되다'(עָמַד)라는 동사가 반복되는 것을 본다. 여호와의 피조세계가 그분이 명령하시매 견고히 선 것처럼(9절), 그분의 생각도 영원토록 견고히 선다(11절). 그것은 세상의 적대적 계획들에 의해 흔들리거나 방해받을 수 없다. 지혜자가 말하듯, "지혜로도 못하고, 명철로도 못하고, 모략으로도 여호와를 당하지 못하느니라"(잠 21:30). 그리고 시편기자가 말하듯이, 그분은 자신의 계획이 서게 하려고 "나라들의 계획을 폐"하신다. 여호와의 계획의 확실함은 일시적인 것이 아니라 영원한 것이다. 이것은 "영원히, 가장 먼 시간까지"(עוֹלָם를 전치사와 함께 사용한 용례, 시 61:5의 같은 단어를 보라)라는 말에 의해 강조되며 하나님의 마음의 생각(purpose)이 "대대에 이르리로다"(דֹּר וָדֹר)라고 단언한다. 여호와의 계획은 완전히 신뢰할 수 있다. 그것은 신실하게 수행되기 때문이다.

12절은 여호와와 언약을 맺은 사람들에게 적절하게 축복을 선언한다. 그들은 그분의 계획과 목적에 따라 사는 사람들이다. 그들은 '나라'(גּוֹי)와 '백성'(עַם)이라고 불린다. 이 단어들은 10절에 나온 용법과는 대조적으로 쓰인다. 다시 말해, 하나님의 계획을 망치려 애쓰지 않는 나라, 백성이 있다. 그들이 그 계획의 핵심에 있기 때문이다. 이 구절은 하나님 계획의 핵심이 세상에 복을 주고자 아브라함과 맺은 언약에 따라 이스라엘을 선택한 것이라는 점을 주장하기 위해 언약 언어를 사용한다. 이스라엘을 반대함으로 하나님의 계획에 반대하려는 나라들의 끝없는 계획의 변형들은 무효가 될 것이다. 크레이기는 "여호와를 자기 하나님으로 삼은 나라(12절)는 그 존재가 단순히 인간의 열망에 기초한 것이 아니라 신적 계획에 기초하고 있기 때문에 복이 있다"[30]라고 말한다. 여호와를 하나님으로 삼는 나라는 복을 받았을 뿐 아니라 또한 나라들 가운데서 우월한 위치를 차지하게 된다.

여호와는 어떻게 이스라엘의 하나님이 되셨는가? 그분은 그들을 자신의 기업으로 택하셨다(12절). 여호와는 선택을 통해 이스라엘을 자신의 것으로 만드셨다. 신명기 32:8-9은 여호와가 나라들에게 그들의 기업을 주실 때 이스라엘(혹은 하나님의 아들)의 수효대로 그들의 경계를 설정하셨다고 말한다. 이스라엘은 여호와의 분깃이었기 때문이다. 카이어드는 하나님이 세상을 각 지역들로 나누실 때, 천사가 각 나라들의 통치자가 되도록 임명하셨다고 설명한다. 하지만 그분은 이스라엘을 스스로 다스리기로 하셨다. 그래서 우리는 성경 저자들처럼 하나님은 온 세상의 주권자이시지만, 그분의 통치를 인정하고 그분을 추종하는 이스라엘에 대해서는 유일무이하고 인식할 수 있는 주권자시라는 결론을 내릴 수 있다.[31]

이처럼 시편 33편은 여호와가 역사의 주권적인 주님이시라고 단언한다. 그분은 세상에 대해 분명히 수행하실 하나의 계획을 갖고 계신다. 대개는 세상의 계획과 목적들을 취소하심으로 그 계획을 수행하신다. 그분의 계획에는 그분의 나라 이스라엘, 자기 소유로 택하신 그 나라가 포함된다. 대대로 표면화된 이스라엘 혹은 메시아를 멸하려는 세상의 모든 계획(시 2:1-3을 보라)은 실패했다. 그 계획들은 그분의 계획과 반대이기 때문이다. 그분의 계획은 영원하다.

---

30 Craigie, *Psalms*, p.273.

31 G. B. Caird, *The Language and Imagery of the Bible*, p.179.

C. 여호와를 찬양하라. 그분은 모든 사람을 의로 평가하시기 때문이다(5절 상, 13-15절)

세 번째 부분에서 이 시편은 여호와를 그분의 의의 기준에 따라 모든 사람을 살피고 평가하시는 의로운 통치자로 제시한다. 13절과 14절은 병행구절로, 각 구절은 세 개의 개념을 포함한다. 여호와의 높은 위치("하늘에서"//"그가 거하시는 곳에서"), 그분이 살피시는 것("굽어보사"와 "살피심이여"//"그가 굽어 살피시는도다"), 그리고 그분이 검사하시는 대상("모든 인생[사람의 아들들]"//"세상의 모든 거민")이다.

가장 현저한 대조는 여호와가 바라보시는 곳이 '하늘'이고 그분이 관찰하시는 곳이 인간의 거하는 곳 "세상"(14절)이라는 것이다. 그다음 구절은 이것이 "그가 거하시는 곳", 보다 정확히 말하면 그분의 '앉으심/거하심'(שִׁבְתּוֹ)이라고 덧붙인다. 앉아 있다는 말은 비유적 의미로 여호와께 적용된다(신인동형론). 이것은 보통 그분의 왕권을 나타낸다(시 9:7, 29:10, 55:19, 107:13을 보라). 이것은 높은 위치에서 모든 피조물을 바라보시는 주권적 통치자로 여호와를 묘사한다.

이 두 구절에서 여호와의 살피심에 대해 세 개의 동사가 사용된다. '뚫어지게 응시하다'(נָבַט), '보다'(רָאָה), '살피다'(שָׁגַח)이다. 여호와는 무심한 관찰자가 절대 아니시므로, 이 동사들의 의미는 감독이나 평가가 되어야 한다. 15절은 '분별하다'(בִּין, 시 49:1의 같은 단어를 보라), 즉 어떤 것들 간에 '구분하다'라는 동사를 사용함으로 평가라는 개념을 지지한다. 여호와는 "굽어 살피시는 이"(הַמֵּבִין, 정관사의 기능은 유명무실하며, 13-14절의 형식상 주어인 여호와와 동격인 분사)이시다. 이 형태는 여호와가 평가하는 분이심을 명확하게 보여준다. 그분이 굽어 살피시는 것은 끊임없이 분별하는 것이다. 15절의 첫 번째 콜론은 이 구문을 '지으시는 이'(הַיֹּצֵר)라는 분사와 병행시킨다. 이 구절의 전반부와 후반부는 둘 다 여호와가 누구신지 실제적 견지에서 설명한다. 모든 것을 보시는 분은 '지으시는 이'이며 '굽어 살피시는 이'이시다. 이 두 분사 간의 연관은 분명하다. 마음을 지으시는 이, 즉 그분의 계획에 따라 마음을 형성하시는 이(יֵצֶר이 나타내듯이[32])가 그 활동들을 평가하신다.

이 구절은 그분이 그들 "모두의" 마음을 지으신다고 말한다. 이 단어(יחד)는 보통 '함께' 혹은 '모든 것을 포함해서' 혹은 '모두'라는 의미다. 이것은 개인들이 함께 어떤 것을 하거나 어딘가로 가는 것을 말한다(예를 들어 사 44:11, "그들이 다 함께 수치를 당할 것이니라"). 이것은 어떤 때는 단순히 '모두'(כל)라는 말의 동의어이며, 여기에서처럼 이 말과 대응되어 나온다. 그래서 이 구절은 "모두의 마음을 지으시며 그들이 하는 일을 굽어 살피시는 이"라고 말하는 것으로 해석할 수 있다. 여호와는 모든 사람의 주권적 창조주이시므로, 그들의 모든 행동과 의도들을 아신다. 그리고 그분은 하나의 계획을 가지고 창조하셨으므로(그 동사가 나타내듯이), 자신이 창조하신 인류에 대한 그분의 지식은 평가적 지식이다. 요약 진술은 여호와가 공의와 정의를 사랑하신다고 말하므로(5절), 이 평가적 살피심의 기준은 사람들이 의로운지 아닌지 결정하는 것이다.

주권적인 여호와는 의로운 재판관이시다. 그분은 모든 인간의 행동들을 철저하게 평가하신다. 여호와가 인류를 창조하셨으므로, 그분의 평가는 심지어 행동 배후의 동기까지 꿰뚫고 들어갈 수 있다. 그분은 우리가 누구인지, 우리가 무엇을 하는지, 왜 그것을 하는지 완전히 아신다. 그리고 여호와가 우리를 평가하는 기준은 그분의 의다.

D. 여호와를 찬양하라. 그분은 자기 백성을 구원함으로 사랑을 보이시기 때문이다(5절 하, 16-19절)

네 번째 부분은 하나님의 인자하심이 어떻게 사람들의 일에서 역사하는지 보여

---

32 이 단어는 설계에 의해 '형성하다, 짓다'라는 의미다. 이것은 예술가의 작품에 적절한 단어다. 이 분사가 '토기장이'에게 사용된 것처럼 말이다. 이 동사는 여호와의 창조의 행동, 이를테면 땅의 흙으로 사람을 지으시는 것(창 2:7) 등에 대해 사용될 수 있다. 이 동사는 시편 139:16에서 하나님이 태에서 생명을 하나의 계획을 가지고 지으셨다는 것에 대해 이 동사를 사용한다. "나를 위하여 정한 날."
토기장이에게 이 말이 분사적으로 사용된 것처럼, 이것은 사람들에 대해서도 사용될 수 있다. 강조점은 계획에 의해 창조되었다는 것이다. 관련 명사 יֵצֶר은 '의도' 혹은 '상상력'을 의미한다. 이것은 마음의 악한 성향을 말하거나(창 6:5), 단지 일반적인 사람의 의도를 말할 수도 있다. 이 동사는 '창조하다, 형성하다, 짓다'라는 의미다(시 139:16에서는 '정하다'라고 번역된다).

준다. 요약 진술(5절 하)은 세상이 여호와의 인자하심으로 충만하다고 말한다. 이것은 여호와의 사랑이 그분의 백성을 돌보시는 것이 온 세상 구석구석에서 나타난다는 의미다(그래서 이 속성은 원인의 환유다). 이 점에 대한 상세한 설명은 16절에서 시작된다. "많은 군대로(בְּרָב־חַיִל, חַיִל에 대해서는 시 49:6의 같은 단어를 보라) 구원 얻은(נוֹשָׁע, 시 3:2의 같은 단어를 보라) 왕이 없으며, 용사가(גִבּוֹר, 시 45:3의 같은 단어를 보라) 힘이 세어도(בְּרָב־כֹּחַ) 스스로 구원하지(יִנָּצֵל, 시 22:20의 같은 단어를 보라) 못하는도다." 이 구절은 일반 원리, 본질적으로 보편적 진리로 제시된다. 때로는 승리가 강한 군대에 속한 것처럼 – 그리고 때로는 하나님이 강한 군대를 사용하기로 선택하시는 것처럼 – 보일지도 모른다. 하지만 승리는 하나님이 뜻하신 경우에만 온다. 군사적 힘만 의지하는 사람들은 여호와께서 그들과 대항하여 싸우실 때 당황할 것이다(시 20:7을 보라). 궁극적인 요점은 그 승리가 군사적 힘을 통해서만 오지 않는다는 것이다(애굽 사람들이 배운 것처럼 말이다. 출 15:1-11을 보라).

이러한 개념은 17절에서 저자가 고대 사회 군사적 힘의 화신인 '말'에 초점을 맞출 때 한 걸음 더 발전된다. 그는 이것이 '헛된 것'(שֶׁקֶר)이라고 말한다. 이 단어는 '거짓된, 공허한' 그래서 '헛된' 것이라는 의미다. 이 단어의 용법은 여호와의 신실하신 언약 사랑(חֶסֶד)에 초점을 맞추는 시편 33편의 이 부분에서 상당히 의미심장하다. 이 단어, 특히 그와 관련된 동사는 종종 깨어진 언약에 관해 사용되기 때문이다(참고. 시 44:17, 89:33; 창 21:23; 사 63:8; 레 19:11). 예를 들어, 시편 89:33은 "나의 인자함(וְחַסְדִּי)을 그에게서 다 거두지는 아니하며 나의 성실함도 폐하지(וְלֹא־אֲשַׁקֵּר) 아니하며"라고 말한다. 여호와는 자기 백성에 대한 그분의 인자하심을 보여주실 것이다. 하지만 전쟁용 말이나 병거는 구원에 대한 거짓된 소망이 될 것이다. 즉 그것들을 의지하는 백성은 배신감을 느낄 것이다. 그것이 큰 힘을 가지고 있다 해도 그것은 구원할 수 없기 때문이다.

군사력을 의지하는 것이 가망 없는 일이라는 사실과 대조해서('말'은 무기와 전투 수단을 나타낸다), 시편기자는 여호와의 인자하심을 바라는 것이 가져다주는 구원에 대한 기대를 말한다. 18절은 역사적으로 '보다'라고 번역된 분사(הִנֵּה)로 시작한다. 이것은 여기에서 중요한 어떤 것, "여호와의 눈"(개역개정은 '여호와라고 번역했다 – 역주)을 가리키는 분사다. 그리고 이 문맥에서 이렇게 함으로 또한 하나의 대조를 표현한다. 이를테면, '하지만, 반대로'와 같은 것이다. '여호와의 눈'(신인동형론)에 대한 언급은 13절과 14절에 나온 평가적인 바라봄을 상기시킨다. 이제 여호와는 그분을 경외하는 자들, 신실한 언약 신자들을 살피신다. 그리고 15절에 나온 것처럼 여호와가 사람들의 마음을 안다면, 그분은 분명 "그의 인자하심을 바라는" 자들을 아신다.

'바라다'(יָחַל, 시 31:24의 같은 단어를 보라)라는 말은 바라던 것이 도착할 때까지 약간의 긴장 속에서 기다린다는 개념(창 8:2을 보라)과 확신에 찬 신뢰의 기대(시 42:5)를 포함한다. 이것이 마지막 수단은 아니다. 가망이 없는데도 계속 희망을 가지는 것은 아니라는 것이다. 그보다 이것은 기대하는 믿음, 하지만 인생의 긴장들을 갖고 씨름하는 믿음이다.[33] 여기에서 소망의 대상은 여호와의 '인자하심', 즉 언약 약속들에 따라 행하신 신실한 사랑의 행동이다.

여호와가 신자들을 지켜보며 돌보시는 이중적 목적은 19절에서 두 개의 부정사로 표현된다. 첫째는 "그들의 영혼을 사망에서 건지시"기 위해서다. '건지다'(נָצַל, 시 22:20의 같은 단어를 보라)는 '낚아채다, 구조하다, 구해내다'라는 의미다(16절의 용사들이 할 수 없었던 일). 그리고 '사망'은 전쟁의 결과를 말한다(결과의 환유, 16-17절을 보라). 또한 대구법이 시사하듯, 이것은 어떤 이유에서든 죽음이라는 일반적 의미로 받아들일 수도 있을 것이다. 이 병행절은 두 번째 목적 부정사를 제공한다. "그들이 굶주릴 때에 그들을 살리"시기 위해서다. 이 기근은 아마 군사적 포위 공격의 일부였을 수도 있다(이 시편에 나오는 군사적 언어는 그것을 시사할 수도 있다). 하지만 이것은 또한 단지 자연 재해의 일부였을 수도 있다

---

33 יָחַל라는 단어는 קָוָה, '기다리다, 소망하다'라는 단어와 동의어다(시 25:3의 같은 단어를 보라). 이 두 동사는 거의 비슷한 의미를 지닌다.

(욥 5:20을 보라).

하나님을 찬양할 이유들은 창조에서 보여진 그분의 강력한 말씀에서 시작되었다. 그다음 이유는 역사에서 그분의 주권적 뜻을 가져오신 하나님의 신실하심이었다. 그 뜻은 그분의 말씀에서 우리에게 계시되었다. 그분의 주권적 뜻에 대한 이러한 초점은 그분이 공의와 정의를 찾으면서 사람들을 주권적으로 평가하시는 것에 대해 묵상하게 했다. 마지막으로, 이 주권적이고 의로우신 하나님은 위험과 사망에서 건지는 인자하심으로 인해 찬양받으셔야 한다.

III. 의인은 그분의 인자하심을 기다리며 신앙에 계속 확신을 가져야 한다(20-22절)

마지막 세 구절에서 시편기자는 동사의 복수 형태를 사용하여 회중을 대신해 말한다. 일반적으로 묘사적 찬양 시편은 찬양으로 혹은 찬양하라고 새롭게 요구하는 말로 끝난다. 하지만 여기에는 여호와의 성호를 기쁘게 의지하면서(21절), 소망 가운데 그분의 계속된 인자하심을 요구하면서(22절), 여호와의 보호를 기다리는 사람들이 여호와께 가진 확신의 고백이 나온다(20절).

간단히 말해, 사람들의 반응은 확신을 가지고 여호와를 기다리는 것이다. 첫 번째 단어는 '우리가 참을성 있게 기다린다'(חכה는 '기다리다, 대기하다'라는 의미다)는 것이다. 이것은 참을성 있는 기대를 나타내는 말이다. 예를 들어, 호세아는 희생자를 기다리는 강도 떼에 대해 이 동사를 사용한다(시 6:9). 그러나 이 시편에서 기다림의 대상은 선한 것이다. 그들은 여호와를 기다린다. "도움"과 "방패"라는 두 단어는 그들이 기다리는 이유에 대한 단서를 제공해준다. 첫 번째 단어 '도움'(עזר, 시 46:1의 같은 단어를 보라)은 오직 하나님만이 주실 수 있는 승리를 말한다(그래서 이것은 원인의 환유다). 이 말은 본질적으로 그분이 그들이 갖고 있지 않은 것, 혹은 그들이 스스로는 할 수 없는 것을 제공해주시리라는 의미다. 예를 들어, 이것은 신명기 33:26-27에서 이런 의미로 사용된다. 거기 보면 여호와는 원수들을 쫓아내심으로 '도우신다.' 다른 단어인 '방패'(מגן)는 보호를 나타내는 비유다. 이것은 군사적 맥락에서 사용되는 용어다. 일반적으로 이것은 여호와가 자기 백성을 방어하신다는 것을 의미한다.

21절에서는 결론의 두 번째 부분이 나온다. 이것은 즐거운 기대다. 이 즐거움은 '여호와의 이름', 즉 여호와의 속성과 행동들에 대한 신앙에 기초한다(시 20:1의 같은 단어를 보라). 이 행은 처음에는 미완료 시제로, "우리 마음이 그를 즐거워함이여"(we will rejoice, יִשְׂמַח, 시 48:11의 같은 단어를 보라)라고 나오고, 그다음에는 원인절에서 완료 시제로 "우리가 의지하였기"(we have trusted)(בָטָחְנוּ, 시 4:5의 같은 단어를 보라)라고 나온다. 이 동사들은 둘 다 현재 시제로 번역할 수는 있지만, 전후 문맥을 볼 때 구분하는 것이 더 나아보인다. 그들은 여호와를 의지하였기(현재 완료로, 그들이 어떤 순간에 믿음에 이르렀고 계속 의지한다는 의미) 때문에, 자신들이 즐거워할 것이라고 확신한다. '의지하다'에 해당하는 단어는 신뢰할 수 있는 하나님을 모시는 것에서 오는 안전함을 표현하며, 이것이 '그의 성호', 행동에 계시된 그분의 신적 속성들이 의미하는 것이다.

마지막으로 22절에서, 사람들의 확신은 여호와께 계속 인자하심을 보여달라는 요청 형태의 기도로 바뀐다. 그들은 그분께 그 소망을 두었기 때문이다. 이 시편은 갑자기 하나님께 직접 말하는 것으로 바뀐다(돈호법, 마무리 기도). 전반부에서 '인자하심'(חֶסֶד)이라는 말을 사용한 것(다시 한 번 결과를 위한 원인의 환유)은 18절을 상기시킨다. 여기에서 그들은 그 인자하심으로 인해 생겨나는 것, 구원과 보호의 행동을 원한다. 이 구절의 전반부는 그들의 믿음을 다시 단언한다. "우리가 주께 바라는 대로"(혹은 כַּאֲשֶׁר가 나타내듯이, '바라므로'). 그들의 호소는 그분에 대한 그들의 소망에 기초를 두고 있다. 그분은 신자들을 구원하고 유지하시기 때문이다(18-19절).

메시지와 적용

의인이 여호와를 찬양해야 할 이유는 많다. 하지만 이 시편은 여호와의 인격과 역사의 매우 기본적인 네 가지 특징들을 뽑아낸다. 이 네 가지 주제를 상세히 설명하는 가운데, 무수한 신학을 다룰 수 있다. 창조, 하나님의 영원한 계획, 하늘에 계신 의로운 통치자의 모든 인간에 대한 평가, 그분을 의지하는 자들을 구원하고 지키시는 하나님의 사랑 등이다. 주제들의 순서는 여호와의 인자하심에서 절정에 이른다. 그리고 이러한 강조는 하나님의 인자하심이 그들을 위해 계속 활동하실 것을 기대하는 기도로 확증된다. 결국 그들이 언약 백성인 것은 여호와가 그들을 택하셨고, 그들에게 그분의 말씀을 주셨으며, 그들에게 역사하시려고 계획을 세우셨고, 모든 사람을 의로 평가하시며, 그분의 신실하신 사랑에 의해 구원하시기 때문이다. 이 시편의 강해는 분명 찬양의 원인에 초점을 맞출 것이며(4-19절) 또한 반드시 하나님의 사랑으로 절정에 이르러야 한다. 우리는 이 시편에 대한 강해 아이디어를 다음과 같이 표현할 수 있을 것이다. *하나님의 백성은 하나님의 정확한 말씀, 확실한 계획, 의로운 심판, 그리고 무엇보다 큰 위험과 손실의 때에 그들을 유지하시는 신실하신 사랑으로 인해 하나님을 찬양해야 한다.*

이 주제들을 다루는 신약 본문을 발견하기는 어렵지 않을 것이다. 창조주에 대한 찬양은 요한계시록 4장과 5장에 나오는 하늘의 성가대에서 발견된다. 하지만 사도들의 글에서도 발견된다(골 1장). 시편과 같은 구성 문체로 되어 있는 요한복음 1장은 창조의 말씀에 초점을 맞춘다. 신약에는 여호와의 신실하심에 대한 언급들이 많이 나온다. 디모데후서 2:13은 우리가 미쁨이 없을지라도 주는 항상 미쁘시다는 것을 상기시킨다. 그분은 자기를 부인할 수 없으시기 때문이다. 미쁘신 것은 그분의 본성이다. 그리고 미쁘신 그분은 자기 백성을 악한 자로부터 강하게 하시고 보호하실 것이다(살후 3:30). 결국 그분의 이름은 충실(Faithful)과 진실이다(계 19:11). 바울은 어떻게 하나님의 계획이 오랜 세월에 걸쳐 내려오면서 변화되지 않고 그리스도 안에서 성취되며, 결국에는 그리스도가 모든 것을 그분의 발아래 두고 하나님 아버지께 나라를 바치게 될 것인지 반복해서 말한다(고전 15:20-28). 여호와는 또한 자기 백성에게 상을 주시지만 불경한 자들은 멸하시는 의로운 재판장이시다(딤후 4:8). 베드로는 여호와의 눈이 의인에게 향하고, 그의 귀는 그들의 기도에 기울이시지만, 그의 얼굴은 악행하는 자들을 대하신다고 단언한다(벧전 3:12). 신자들이 죄를 범하면 그들에게 대언자가 있는데, 바로 의로우신 예수 그리스도(요일 2:1)라고 말한다. 그분의 의는 언약 백성을 보존해줄 것이며, 믿음의 원수들을 멸망시킬 것이다. 이 모든 것은 자기 백성에 대한 그분의 큰 사랑의 표현으로, 그 사랑은 이생과 내세에서 그들을 유지시켜줄 것이다(롬 8:37). 요한은 우리가 주님을 사랑하는 것은 그가 먼저 우리를 사랑하셨기 때문이라는 것과(요일 4:19), 그 사랑이 구원의 사랑이라는 것을 상기시킨다(계 1:5).

이 모든 것에 대해 신자들은 하나님의 사랑이 더 나타날 것을 기다리면서 풍성한 찬양을 드려야 한다. 결국 그분이 우리를 구속하심으로 사랑과 은혜를 보여주신 것은 우리로 그분을 찬양하게 위함이다(엡 1:12).

43 Edifying Praise for the Goodness of God PSALM 34
하나님의 선하심에 대한 교훈적 찬양(시편 34편)

서론

본문 및 다양한 역본들

다윗이 아비멜렉 앞에서 미친 체하다가 쫓겨나서 지은 시[1]

א   **1** 내가 여호와를 항상 송축함이여

　　　　내 입술로 항상 주를 찬양하리이다

ב   **2** 내 영혼이[2] 여호와를 자랑하리니

---

1 표제는 그때가 다윗이 아비멜렉 앞에서 '미친 체하다가'(changed his appearance, בְּשַׁנּוֹתוֹ אֶת־טַעְמוֹ) 그(아비멜렉)에게 쫓겨났을 때라고 말한다. 이것은 사무엘상 21:12-15에 나오는 사건을 말한다. 하지만 거기 나오는 왕의 이름은 아비멜렉이 아니라 아기스다. 주석가들은 이러한 불일치를 어떻게 처리할 것인지에 대해 의견이 분분하다. 어떤 사람들은 이것이 실수로, 표제가 얼마나 믿을 만하지 못한 것인지 보여준다고 말한다. 어떤 사람들은 이것이 그 사람의 셈어식 이름이라고 말한다. 그리고 어떤 사람들은 이것이 개인의 이름이 아니라 왕조의 이름이라고 말한다. 이 시편은 이 용어들의 가장 일반적인 의미 외에 그 사건과 어떤 구체적인 연관도 보여주지 않는다.

2 MT에는 נַפְשִׁי, '내 영혼'이라고 나오는데, 이것은 '내가 (찬양하리이다)'라는 의미다. 하지만 이 동사는 그 명사와 일치되므로, 나는 '내 영혼이 찬양하리이다'라고 그냥 놔두었다.

		곤고한 자들이 이를 듣고 기뻐하리로다
♩	3	나와 함께 여호와를 광대하시다 하며
		함께 그의 이름을 높이세

ד	4	내가 여호와께 간구하매 내게 응답하시고
		내 모든 두려움에서(terrors)³ 나를 건지셨도다
ה	5	그들이 주를 앙망하고⁴ 광채를 내었으니
		그들의 얼굴은 부끄럽지 아니하리로다
ז	6	이 곤고한 자가 부르짖으매 여호와께서 들으시고
		그의 모든 환난에서 구원하셨도다
ח	7	여호와의 천사가 주를 경외하는 자를 둘러 진 치고
		그들을 건지시는도다

ט	8	너희는 여호와의 선하심을 맛보아 알지어다
		그에게 피하는 자는 복이 있도다
י	9	너희 성도들아 여호와를 경외하라
		그를 경외하는 자에게는 부족함이 없도다
כ	10	젊은 사자⁵는 궁핍하여 주릴지라도
		여호와를 찾는 자는 모든 좋은 것에 부족함이 없으리로다

---

3 MT에는 מָגוֹר, '두려움'(terror)에서 나온 단어인 מְגוּרֹתַי라고 되어 있다. 헬라어역은 이 단어를 비슷한 동사 '머무르다'로 잘못 해석해서, 이 형태를 שוּר, '머무르는 것'이라고 번역했다.

4 MT에는 완료 시제, הִבִּיטוּ, '그들이 앙망하다'가 나온다. 하지만 주어가 없기 때문에 그것은 '앙망하는 (사람들)'이라고 번역되었다. 몇몇 사본은 명령법 הַבִּיטוּ으로 되어 있다. 그리고 헬라어 역본은 '가까이 다 가가다', προσέλθατε(= שוּ)라고 되어 있다. 또한 Aquila, 수리아 역본, Jerome을 보라. 이 독법에 따르 면 그다음 동사를 또한 명령법 '계몽되다', φωτίσθητε(= MT에 나오는 וְנָהָרוּ, 완료 시제 대신 וְהָאִירוּ)로 간 주해야 한다. 그리고 이러한 독법들과 조화를 이루어서 헬라어에 나오는 '얼굴'에 대한 대명사는 '당신의 (얼굴들)'이다. Kraus는 MT에서 문제는 '그들이 앙망하다'라는 동사의 주어에 대한 것이라고 말하며, 바로잡는 것이 불가피하다고 결론을 내린다. 그는 헬라어역, Aquila, Jerome을 따라, '그를 앙망하고 광채

לֹ 11 너희 자녀들아 와서 내 말을 들으라
　　　내가 여호와를 경외하는 법을 너희에게 가르치리로다

מ 12 생명을 사모하고 연수를 사랑하여
　　　복 받기를 원하는 사람이 누구뇨

נ 13 네 혀를 악에서 금하며
　　　네 입술을 거짓말에서 금할지어다

ס 14 악을 버리고 선을 행하며
　　　화평을 찾아 따를지어다

ע 15 여호와의 눈은 의인을 향하시고
　　　그의 귀는 그들의 부르짖음에 기울이시는도다

פ 16 여호와의 얼굴은 악을 행하는 자를 향하사
　　　그들의 자취를 땅에서 끊으려 하시는도다

צ 17 의인[6]이 부르짖으매 여호와께서 들으시고
　　　그들의 모든 환난에서 건지셨도다

ק 18 여호와는 마음이 상한 자를 가까이 하시고
　　　충심으로 통회하는 자를 구원하시는도다

ר 19 의인은 고난이 많으나
　　　여호와께서 그의 모든 고난에서 건지시는도다

ש 20 그의 모든 뼈를 보호하심이여

를 내라'라고 번역할 것을 제시한다(*Psalms 1-59*, p.381-382). 하지만 시편에서 표현된 주어가 없다는 것은 극복할 수 없는 문제가 아니다.

5 כְּפִירִים은 '젊은 사자들'이다. 이 단어에 대해 헬라어는 '부자', πλούσιοι라고 되어 있다. 아마 כְּבֵדִים 혹은 כַּבִּירִים, 곧 '영광스러운' 혹은 '강력한'이라는 단어를 생각하는 듯하다. 하지만 Briggs는 이것이 '젊은 사자들'에 대한 해석이라고 주장한다(*Psalms*, p.300). '젊은 사자들'이라는 말과 이것의 비유적 의미를 그대로 유지하는 것에 대해서는 J. J. M. Roberts, "The Young Lions of Psalms 34, 11," *Bib* 54(1973):165-7을 보라. Goldingay는 '배교자들'이라는 번역을 제시한다. 하지만 이것은 후대의 히브리어에 기초하고 있다(*Psalms 1-41*, p.476).

6 '의인'이라는 말은 주제 변화의 난점을 해소하기 위해 헬라어와 수리아 역본에 덧붙여져 있다.

         그 중에서 하나도 꺾이지 아니하도다
ת **21** 악이 악인을 죽일 것이라[7]
         의인을 미워하는 자는 벌을 받으리로다
   22 여호와께서 그의 종들의 영혼을 속량하시나니
         그에게 피하는 자는 다 벌을 받지 아니하리로다

구성과 전후 문맥

이 시편은 두 주요 부분으로 나뉘진다. 바로 선언적 찬양(1-10절)과 그다음에 교훈과 함께 나오는 서술적 찬양이다(11-22절). 두 종류의 찬양을 사용하는 이런 구성은 시편 모음집에서 드문 경우가 아니다. 모빙켈은 이것이 지혜 문학의 영향이라고 말한다. 그것은 이 시편을 많은 학문적 시편 작성 기법 같은 교훈적 시편으로 만든다.[8] 적어도 우리는 이 찬양 시편이 회중을 위한 많은 교훈과 권고를 담고 있음을 관찰할 수 있다. 사실 8절은 이 시편 전체의 주제를 포착한다. "너희는 여호와의 선하심을 맛보아 알지어다"라는 것이다. 이것은 그의 기도를 반영한다. 그는 이것을 경험했기 때문이다. 그리고 이것은 그의 교훈을 요약한다. 그는 다른 사람들이 여호와를 신뢰하고 그분의 선하심을 경험하게 되길 원한다. 크라우스는 이 시편이 감사도, 찬송도, 지혜 시편도 아니라고 결론을 내린다. 하지만 이 시편이 지혜 문학의 영향을 받은 교훈적 시에 들어간다 해도, 감사 시편으로 이것이 의도하는 바는 명백하다.[9]

이 시편은 표제 안에 역사적 기록이 들어 있다. 이것은 이 시편을 다윗이 블

---

[7] MT에는 תְּמוֹתֵת רָשָׁע רָעָה, '고난(즉 악)이 악인을 죽일 것이라'라고 되어 있다. 헬라어역은 폴렐 미완료 대신 명사가 나와 있다. '죄인의 죽음은 악이다.' θάνατος ἁμαρτωλῶν πονηρός T. H. Robinson, "Notes on Psalm xxxiv. 21," *ExpT* 52(1940, 41):117을 보라.

[8] S. Mowinckel, *The Psalms in Israel's Worship*, p.38.

[9] *Psalms 1-59*, p.383. 또한 L. J. Liebreich, "Psalms 34 and 145 in the Light of their Key Words," *HUCA* 27 (1956):181-92를 보라.

레셋 진영에서 미친 체했던 때와 연결시킨다(삼상 21:10-15). 이러한 연관을 지지해주는 것은 두려움에 대한 강조(삼상 21:10, 12절), 두 본문 모두에서 '맛, 외모, 얼굴'에 대한 언어유희가 나오는 것, 여호와를 경외하는 사람들과 여호와를 미워하는 사람들 간의 대조, 이 시편에서 '얼굴'을 자주 언급하여 그가 얼굴의 특징을 바꿀 것을 암시하는 것, 그리고 6절에 나오는 미묘한 참회의 기색 등이다. 하지만 현대의 주석가들 중 이 시편을 그 시대의 것으로 보는 사람들은 많지 않다. 앤더슨은 이합체적 배열로 보아 이것이 포로기 이후의 것임을 암시한다고 말한다.[10]

이 시편은 이합체적, 혹은 알파벳순으로 배열되어 있기에 구조를 판별하기가 어렵다.[11] 이 행의 배열에는 와우라는 글자가 포함되어 있지 않다. 그래서 한 줄이 남는다. 그리고 추가된 그 한 줄은 여호와의 구속에 주의를 집중시킨다. 그래서 이 시편의 교훈적 성질을 지지하기 위해 이렇게 연상적으로 배열되어 있는 것이다.

하지만 이 본문 구조의 윤곽을 잡는 것이 불가능하지는 않다. 선언적 찬양 부분(1-10절)을 보면 찬양하라는 시편기자의 서원과, 다른 사람들도 그와 함께 찬양하라는 요구(1-3절), 구원에 대한 보고(4-7절), 다른 사람들에게 주는 보호와 공급을 위해 여호와를 의지하라는 권고(8-10절) 등이 나온다. 이 시편 후반부에서는 교훈적 부분, 권고, 명령들이 나온다(11-22절). 이 부분에는 사람들에게 개인적 체험에 의해 하나님을 알라는 권고(11-12절)가 나오고, 그다음에는 일련의 교훈들이 나온다(13-22절).

---

10 *Psalms 1-72*, p.268.

11 Anthony R. Ceresko, "The ABE's of Wisdom in Psalm xxxiv," *VT* 35(1985):99-104와 Victor A. Hurowitz, "Additinoal Elements of Alphabetical Thinking in Psalm xxxiv,: *VT* 52(2002):326-33을 더 보라.

석의적 분석

요약

시편기자는 사람들에게 자신을 모든 환난에서 구원하신 여호와를 함께 찬양하고, 주시는 교훈들을 따름으로써 스스로 여호와의 선하심을 경험해보라고 권한다.

개요

I. 시편기자는 회중에게 그를 모든 환난에서 구해주신 여호와를 함께 찬양하고, 스스로 여호와의 선하심을 경험하라고 명한다(1-10절).

    A. 그는 사람들에게 함께 여호와를 찬양하여 곤고한 자들이 기뻐하도록 하라고 명한다(1-3절).

    B. 그는 여호와가 어떻게 기도에 응답하사 그를 모든 환난에서 건져주셨는지 말한다(4-7절).

    C. 그는 사람들에게 여호와의 보호와 공급을 스스로 체험할 것을 촉구한다(7-10절).

II. 시편기자는 회중에게 어떻게 여호와의 복을 받으면서 장수할 것인지에 대해 교훈한다(11-12절).

    A. 그는 사람들에게 자신에게 배우라고 촉구한다(11-12절).

    B. 그는 사람들이 어떻게 하나님의 복을 누리면서 장수할 수 있는지 교훈한다(13-22절).

        1. 그들은 배신하는 말을 하지 말고 화평을 추구해야 한다(13-14절).

        2. 그들은 여호와가 어떻게 악인이 아니라, 의인에게 은총을 보여주시는지 알아야 한다(15-16절).

        3. 그들은 여호와가 마음이 상한 외인의 기도를 들으신다는 것을 알리는 권면을 받는다(17-18절).

4. 그들은 그분이 의인들을 무사히 구하신다는 것을 알라고 권면을 받는다(19-20절).
5. 그들은 의인을 미워하는 자들은 멸망과 정죄를 받을 것이지만, 여호와의 종들은 속량되고 결코 정죄받지 않으리라는 것을 알아야 한다는 권면을 받는다(21-22절).

강해 형태의 주석

I. 사람들은 하나님이 하시는 구원의 행동을 함께 찬양하고, 여호와의 선하심을 개인적으로 체험하도록 권면을 받아야 한다(1-10절)

A. 개인의 찬양에 회중의 찬양이 더해져야 한다(1-3절)
전형적인 선언적 찬양 시편답게 시편기자는 언제나 여호와를 찬양하려는 결심으로 시작한다(אֲבָרֲכָה는 결심의 청유법이다. '내가 송축할 것이다.' 시 5:12의 같은 단어를 보라). 두 번째 구절도 마찬가지로 계속 찬양할 것을 강조한다. "내 입술로 항상 주를 찬양하리이다"(תְּהִלָּתוֹ, 시 33:1의 같은 단어를 보라. 입은 그가 말하는 것에 대한 원인의 환유다). 시편기자의 선언은 여호와의 인격과 사역에 대한 강렬한 보고가 될 것이다.

'찬양하다'에 해당하는 동사(תִּתְהַלֵּל)는 2절 첫 부분에서 사용되며 단어의 순서는 찬양의 초점이 무엇인지 분명히 보여준다. "여호와를 내 영혼이 자랑하리니(In the LORD my soul will make its praise)." 이 동사 어간(히트파엘)은 이 단어의 집중적이고 반복적인 성질을 강조한다. 그는 정기적으로 반복해서 찬양할 것이다. 그래서 고난받는(עֲנָוִים, 시 9:12의 같은 단어를 보라) 많은 사람이 그의 말을 듣고 기뻐하게 하려는 것이다. 그들의 기쁨은 단순히 그를 위한 것만이 아니다. 그들은 또한 여호와가 기도에 응답하시는 것을 들음으로 그들 자신의 믿음도 격려를 받을 것이다. '듣다'와 '기뻐하다' 혹은 '즐거워하다'라는 두 동사는 미래 시제로 번역해도 적절하지만, 명령법으로 볼 수 있다. '그들은 들을 것이다'와 '그들은 기뻐할 것이다'라는 것이다. 그들이 찬양을 듣는 것으로부터 받는 유익은 두 경우 모두 같을 것이다.

3절에서 시편기자는 사람들에게 함께 찬양하자고 요구한다. 첫 번째 명령법(권유의)은 "광대하시다 하라"(גַּדְּלוּ, '크다, 위대하다'라는 단어의 사역적 어간)라는 것이다.[12] 모든 사람은 여호와의 행동을 말하는 일에 참여해야 한다. 이 행동을 말하는 것은 여호와의 위대하심에 초점을 맞추며, 그래서 사람들이 듣기에 그분이 광대하게 여겨지기 때문이다. 이와 유사한 것은 "함께 그의 이름을 높이세"(וּנְרוֹמְמָה)라는 청유법이다. '이름'은 여호와의 속성 전체, 그분이 누구이며 무엇을 하시는지에 대해 사용되는 용어다(시 20:1의 같은 단어를 보라). 여호와에 대해 말하는 것은 위대함에 대해 말하는 것이며, 그래서 찬양은 그분을 높이고 광대하게 하는 것이다.

---

12 גָּדַל, '크다, 위대하다'라는 단어와 관련된 형용사 גָּדוֹל, '큰, 위대한'은 구약에서 흔하게 나오는 단어다. 관련된 몇몇 다른 단어들도 있다. מִגְדָּל, '망루, גֹּדֶל, '위대함' 등이다.
이 단어는 대부분의 어간에서 나온다. 칼, '크다, 크게 되다', 피엘/푸알, '크게 하다, 광대하게 하다', 히필, '크게 만들다, 큰 일을 행하다', 그리고 히트파엘, '자랑하다, 뽐내다' 등이다. 흔한 용례들은 점점 더 커지는 것, 크게 되는 것, 혹은 성숙하게 되는 것에 관한 것이며, 비유적 용법은 찬양의 의미론적 분야에서 여호와를 광대하시다 하는 것에 대해 나온다.
첫 번째 범주에서 이 개념은 자라는 것 혹은 크게 되는 것이다. 창세기 21:8은 그냥 아이가 자란다고 말하기 위해 단어를 사용한다. 호세아 9:12 역시 자식을 기르는 것에 대해 이 단어를 사용한다. 크다는 개념은 숫자에서 크다는 것일 수도 있고 영향력이 크다는 것일 수도 있다. 여호와가 아브람을 큰 민족으로 만들겠다고 약속하신 것처럼(창 12:2). 그것은 또한 백성이 커지는 것을 말하기도 한다(렘 5:27). 마찬가지 의미에서 다윗 집은 커질 것이다(슥 12:7).
또한 히필을 주로 '큰 일을 행하다'라는 의미로 사용하는 본문이 있다. 즉 하나님이 하신 일들의 유형을 묘사하는 것이다. 시편 126:3에서 이것은 포로생활에서 구하신 것을 말한다. "여호와가 우리를 위하여 큰 일을 행하셨으니." 문자적으로 '그는 행하기 위해 크게 되었다'(he made great to do)라는 것이다(시 126:3).
시편 연구에서 더 흥미로운 것은 찬양에서 이 단어를 사용하는 본문들이다. 피엘과 히필 용례들 간에는 기본적으로 중복되는 것이 있다. 둘 다 '크게 되게끔 하다, 광대하게 하다'라는 의미가 될 수 있기 때문이다. 하나님은 사람의 소유와 평판을 증대하심으로 사람을 크게 만드실 수 있다(욥 7:17). 하지만 어떻게 우리가 하나님을 크게 만들 수 있는가? 하나님은 이미 크신데 말이다. 이것은 오직 찬양을 통해 하나님의 평판을 확대함으로써만 그렇게 할 수 있다. 찬양에서 구체적인 세부 사항 없이 하나님의 크심을 주장할 때, 회중들은 여호와의 인격과 사역의 광대함을 이해할 것이다. 사람들은 하나님이 크시다는 것을 안

B. 개인의 찬양은 구원에 대해 보고하며 여호와를 높인다(4-7절)

선언적 찬양의 핵심은 구원에 대한 보고다. 찬양받아야 할 것은 여호와가 그를 위해 하신 일이다. 4절은 그저 "내가 여호와께 간구하매 내게 응답하시고"라고 말한다. '내가 간구했다'(דְּרַשְׁתִּי)라는 동사는 진지한 기도를 상징적으로 말한다. 이 동사는 주의 깊게 추구한다는 개념을 갖고 있기 때문이다(수식어의 환유, 기도는 응답을 열심히 구하는 것이었기 때문이다). 이 보고는 하나님이 기도에 응답하셨다는 것이다. 두 번째 구절은 그것이 무엇이었는지 구체적으로 말한다. "내 모든 두려움(מְגוּרוֹתַי, 시 31:14에 나오는 מָגוֹר와 관련된다. גּוּר는 '공포')에서 나를 건지셨도다"(הִצִּילָנִי, 시 22:20의 같은 단어를 보라).

여기에는 그를 두렵게 하는 문제가 무엇이었는지에 대한 설명이 없다. 하지만 시편 끝에서는 괴로움에 대해 말하고 그 괴로움을 의인을 미워하는 악인과 관련시킨다. 하지만 여전히 그것이 무엇이었는지 분명하게 밝히지는 않는다.

이 간구하는 것은 그다음에 앙망하는 것으로 설명된다. "그들이 주를 앙망하고"는 문자적으로는 '그들이 그분을 앙망한다'['뚫어지게 응시한다'는 것이다. 이 동사는 완료 시제(הִבִּיטוּ)다. 주어는 나와 있지 않다. 그래서 이 동사는 '광채를 내는' 것의 주어로 해석될 수도 있다. '그들이 앙망하고 그들이 광채를 내다'라는 것은 '앙망하는 자들이 광채를 내다'라는 의미다. '광채를 내다'(נָהָרוּ)라는 동사는 '비추다, 빛을 발하다, 빛나다'라는 의미다. 빛을 발한다는 개념, 예를 들면 빛나는 얼굴은 기쁨을 비유한다(암시된 비교). '빛'에 해당하는 다른 단어들이 종종 그런 것과 마찬가지다. 이 두 동사는 금언적 완료, 일반적 진리로 볼 수 있다. 그래서 영어의 현재 완료는 적절한 번역이다. 여호와를 뚫어지게 앙망하는 사람들은 그분의 임재의 기쁨을 반영한다. 그리고 그 결과, "그들의 얼굴은 부끄럽지

다. 하지만 찬양을 통해 그들은 하나님이 얼마나 크신지 인식하게 될 것이다. 그리고 이것은 그들이 일찍이 깨달은 것보다 더 클 것이다.
사람이 이 동사들, 특히 히필과 히트파엘 어근의 주어일 때, 이것은 보통 헛된 자랑을 말한다(단 11:36). 에스겔 28:23에서처럼 히트파엘이 하나님을 주어로 사용될 때, 이것은 '내가 나 자신을 광대하게 할 것이다', 즉 '나 자신이 너희의 눈에 더 크게 보이도록 만들 것이다'라는 의미다.

아니하리로다"(אַל־יֶחְפָּרוּ).[13] 이 형태는 부정지시법, '그들이 부끄러움을 당하게 하지 말라'인 것처럼 보인다. 하지만 이것은 본문 흐름에 맞지 않는다. 이 구문은 때로 어떤 것이 일어날 수 없다는 혹은 일어나서는 안 된다는 확신을 표현하기 위해 사용되었다. 부정문은 강력한 어조를 가지고 있을 수도 있다. 이 개념은 '그들의 얼굴이 부끄럽게 될 수 없다' 혹은 '그들의 얼굴은 절대 부끄러움을 당하지 않을 것이다'일 것이다. 그들은 멸망당하지 않을 것이다. 그들이 인생에서 귀중하게 여기는 모든 것, 심지어 여호와에 대한 그들의 믿음조차 보존될 것이다. '얼굴'은 첫 번째 구절과 대조를 이루기 위해 선정한 것이다. 그들의 얼굴은 광채가 나고, 그들은 부끄러운 표정을 짓지 않을 것이다.[14]

이제 시편기자는 모든 비유를 접고, 자기의 구원을 분명하게 말한다. "이 곤고한 자(עָנִי)가 부르짖으매 여호와께서 들으시고 그의 모든 환난에서 구원하셨도다." 그가 자신에 대해 묘사한 부분은 '겸손한, 가난한'으로도 번역할 수 있다. 자신에 대한 묘사는 예레미야애가 3:1, "고난당한 자는 나로다"와 비슷하다. 이 동사들은 과거 시제로 되어 있다. 여호와가 그를 "들으시고"[answered, 즉, '들으셨다'(heard)] "구원하셨도다"(구하셨다, 시 3:2의 같은 단어를 보라)라는 기본적 사실들을 그저 보고하는 것이다.

7절은 그다음 부분, 곧 사람들에게 하나님의 선하심을 체험하라고 권유하는 부분에 속한 것으로 간주할 수도 있다. 하지만 8절 첫 부분에 나오는 변화는 극적이다. 그래서 7절은 구원에 대한 보고에 속한 것으로 보아야 한다. 이것은 구원의 이유를 설명해준다. "여호와의 천사가 주를 경외하는 자를 둘러 진 치고 그들을 건지시는도다" 이 구절은 찬양을 통해 배워야 하는 원리를 형성한다. 여호와가 그에게 헌신한 사람들을 보호하고 구원하신다는 원리다. "여호와의 전

---

13 동사 חָפֵר, '부끄러워하다'는 보통 בּוֹשׁ, '부끄러움을 당하다'와 대응된다. 이 단어들에 대해서는 동일한 함축들이 적용된다.

14 일부 주석가들은 이 행이 부끄럽지 않은 얼굴로 다윗이 그의 믿음과 확신을 보여주는 대신, 블레셋 진영에서 미친 체한 것과 연관이 있었을 것이라고 지적한다.

사" 혹은 '여호와의 사자'(מַלְאַךְ־יהוה)는 아마 다른 본문에서와 마찬가지로(몇 개만 예를 들어도, 창 16:7; 수 5:14; 삿 6:11-33을 보라) 여기에서도 여호와 그분을 나타내는 칭호일 것이다. 이 표현은 이 땅에 여호와가 때로는 눈에 보이게, 때로는 보이지 않게 나타나사 그의 백성을 변호하고 구원해주신 것을 나타내는 말이다. 여호수아 5:14에 따르면, 그는 여호와의 군대 장관으로 확인된다. 그리고 그가 열왕기하 6:17에서처럼 천사들의 지도자라면, 그가 주를 경외하는 사람들 주위로 어떻게 진을 치는지 설명이 될 것이다. 그것은 그가 그들 주위로 '진을 친다'(חָנָה)라고 말할 때, 이것이 군사적 진영이라는 이미지다(암시된 비교). 우리는 길에서 야곱을 만난 하나님의 사자들을 생각하게 된다. 그리고 그는 이 장소를 마하나임이라고 칭했다('두 진영', 창 3:21). 천사가 하나님의 백성 주위에 진을 친다는 표현은 여호와가 늘 함께하며 보호해주시는 것을 나타낸다. 그래서 기도에 대한 응답을 보고하면서 시편기자는 여호와께 어떻게든 초점을 맞춘다.

C. 개인의 찬양은 회중에게 하나님의 선하심을 스스로 경험하도록 권고하는 것이 되어야 한다(8-10절)

찬양은 덕을 세우기 위해 고안된 것이다. 다른 사람들은 어떤 사람으로부터 찬양에 대한 소식을 들을지 모르고, 심지어 찬양에 참여할지도 모른다. 하지만 찬양의 목적은 그들이 여호와를 의지하여 하나님의 선하심을 체험하기 위함이다. 8절에서 이 권고는 시작된다. 그들은 그의 찬양을 들었다. 하지만 이제 그들은 "여호와의 선하심을 맛보아 알지어다"라는 말을 듣는다. "맛보아(טַעֲמוּ) 알지어다(וּרְאוּ)"라는 두 명령법은 비유적이다. 맛을 본다는 것은 음식을 시도해보는 것, 먹어보는 것을 의미한다. 여기에서 이 단어는 암시된 비교를 형성한다. 이것은 결정하는 것, 판단하는 것을 의미한다(시 31:18을 보라). 시편기자는 그들이 여호와에 대한 믿음에 의거해서 행동함으로, 즉 그분을 찾고 그분께 기도함으로 하나님의 선하심을 발견하기 원한다. 그들은 기도에 대한 응답, 혹은 축복의 공급을 한 번도 경험해본 적이 없었을 것이다. 그들은 한 번도 구하지 않았기 때문이다["너희가 얻지 못함은 구하지 아니하기 때문이요"(약 4:2 또한 요 16:24을 보라)]. 하지만 키드너는 맛을 보는 것이 가볍게 시식하는 것 이상이 되어야 한다고 말한다. 이 개념은 히브리서 6:5와 베드로전서 2:3에서 믿음의 삶의 시작을 묘사하기 위해 사용된다.[15]

그리고 그들이 이런 식으로 경험한다면('맛보다'), 그들은 여호와의 선하심을 '보게' 될 것이다. 이 말은 경험으로 깨닫는다는 의미다. 명령법 간에는 순서가 있다. 맛보고 (그 결과) 본다는 것이다. 그들이 보게 될 것은 여호와가 선하시다는 것이다(טוֹב).[16] 이 말은 삶에 유익하고, 기쁨을 주며, 삶과 조화를 이루는 모든 것을 포괄한다. 여기에서 이것은 하나님의 속성이다. 그런데 사람들은 그분

---

15 *Psalms 1–72*, p.140.

16 '선'(good)이라는 단어 טוֹב 및 이것과 관련된 모든 형태는 구약에서 700번 이상 나온다. 이것은 이 단어가 얼마나 광범위한 의미들을 갖고 있는지 나타낸다. 사전들과 성구 사전들을 살펴보면 이 단어는 '기분 좋은, 유쾌한, 만족스러운, 호의적인, 유용한, 옳은, 예쁜, 잘생긴, 즐거운, 기쁜, 건강한, 가치 있는' 등을 의미할 수 있으며, 수많은 다른 말로 번역할 수 있음을 알 수 있다. 이 말은 본질적으로 삶에 도움이 될 만한 모든 것을 묘사한다. 즉 인생을 낳거나, 증진시키거나, 고양시키거나, 장식하는 모든 것이다. 이것은 '악'의 반대로, 악은 삶에 고통과 파괴를 가져오는 것을 묘사한다. 여기에서 우리는 인간 본성의 근본적 문제에 봉착한다. 이것은 바로 선과 악에 대한 지식이다(창 2:9). 사람들은 삶을 보호하고 보존할 능력을 갖고 있다. 하지만 그들은 또한 삶에 큰 고통을 유발할 수 있고 심지어 파괴할 수도 있다.
한 가지 흔한 용법은 어떤 물체가 어떤 사람 혹은 어떤 목적에 적합한가 표현하는 것이다. 이를테면 나무가 먹음직하다는 것이나(창 3:6), 룻이 일곱 아들보다 낫다는 것(룻 4:15) 등이다. 여기에는 단순히 적합할 뿐 아니라 어떤 상황에 유익이 되거나 적절한 것들이 포함된다. 왕의 은혜로운 말(시 45:2)이나 좋은 기별(잠 25:25) 등이다.
두 번째 범주의 용법들은 어떤 것 혹은 어떤 사람의 질을 묘사하기 위해 이 단어를 사용한다. 이를테면 좋은 땅, 혹은 좋은 나무 등이다. 이것은 단순히 그늘만 내는 것이 아니라 열매를 맺는 것을 의미한다(왕하 3:19, 25절). 이 특질은 종종 사람들을 행복한 혹은 좋은 것이라고 묘사하고, 그다음에 또한 윤리적인, 의로운 혹은 도덕적인(삼상 15:28)이라고 묘사할 것이다. 이것은 또한 어떤 사람의 외모나 건강을 묘사할 수도 있다. 이를테면 건강한 아이(모세, 출 2:2) 혹은 아름다운 사람(아가서에서 일곱 번 나온다) 등이다. 이 단어는 또한 건강하다는 의미에서 '마음'을 묘사할 것이다. 좋은 마음은 건강한 영혼이다(잠 17:22). 대부분의 묘사적 용법들에는 환경에 근거한 하나의 결정, 저자의 의견이 포함된다. 예를 들어, 어떤 말(이드로의 조언)은 그것이 유익하다면 선한 것이다(출 18:17). 때로 현자는 훌륭한 구분을 해서, 어떤 것이 다른 것보다 더 좋다고 말할 것이다(잠 21:9, 19절, 25:24).
이 단어는 또한 종교적 개념들에 대해서도 사용된다. "선한 길"(잠 2:9) 등과 같은 경우다. 이것은 살아갈 올바른 길을 의미한다. 사실상, '선'을 추구하는 것과 '하나님'을 추구하는 것은 거의 같은 것을 표현한다. 어떤 사람은 적절하거나 호소력이 있다는 것보다 더 큰 의미에서 좋다고 부를 수 있다. 이것은 외를 말한다(삼상 2:26; 시 125:4).
그리고 마지막으로 이 단어는 하나님을 묘사한다. 이 전례적 형식은 사람들에게 여호와를 찬양할 것을

이 선하시다는 것을 어떻게 볼 것인가? 이 단어는 원인의 환유가 되어야 한다. 그들은 여호와가 삶에 필요한 것들을 공급해주시는 것을 경험할 것이다. 이것은 그분이 선하시다는 것을 보여준다. 하나님이 창조하시는 것과 그분이 주시는 것이 모두 선하기 때문에 하나님은 선하시다.

하나님의 선하심을 누리는 것은 복된 삶이다. 그러므로 이 행은 "그에게 피하는 자는 복이 있도다"(אַשְׁרֵי)라고 덧붙인다. 이것은 시편 1:1에서 사용된 단어다(이것에 대한 논의는 그 부분을 보라). 여호와를 의지하고 그분의 선하심을 체험하는 사람들은 자신들이 하나님과 올바른 관계를 맺고 있음을 아는 하늘의 복을 누릴 것이다.

두 번째 권고는 회중에게 여호와를 경외하라는 것이다(9절). 그들은 여기에서 '너희 성도들'(קְדֹשָׁיו, '그의 거룩한 자들', 시 22:3의 같은 단어를 보라)이라고 나온다. 거룩한 나라의 일부로 여호와께 속한 백성이라는 것이다(출 19:6). '거룩한'이라는 묘사는 하나님의 백성에 대해 자주 사용되었지만(예를 들어, 레 11:44, 5절), 그들이 '그의 거룩한 자'라고 불리우는 곳은 여기 뿐이다. 그렇다면 성도는 여호와를 경외하라는 명령을 받는다. 이것은 단순히 감정적인 반응보다는 순종하는 경건을 보이라는 것이다(시 2:11의 같은 단어를 보라). 경외하는 자들에게는 부족함이 없기 때문이다. 그들에게는 아무것도 부족함이 없다. 여호와를 경외하는 것은 그분을 의지하고, 그분께 순종하며, 그분을 예배한다는 의미이기 때문이다.

10절은 신적 보호라는 주제를 계속 다루면서 여호와를 경외하는 사람들은 그분을 찾으며 모든 좋은 것에 부족함이 없다는 것을 보여준다. 이것은 음식이 없어 주린 "젊은 사자"와 대조를 이룬다. 이 말이 그를 괴롭히던 악인들을 말하는

요구한다. 그분이 선하시고, 그분의 인자하심은 영원하시기 때문이다(시 118:1을 보라). 그분은 환난 때에 요새이시며(나 1:7) 악을 선으로 바꾸실 수 있기 때문이다(창 50:20). 사실 하나님은 본질적으로 선하시다. 그렇지 않으면 그분은 선한 일을 하시지 않을 것이다. 하나님이 창조하신 모든 것은 매우 선하다(창 1:31). 또한 그분은 자기 백성에게 선한 선물을 주신다(시 145:15, 16). 예를 들어, 그분은 이스라엘에게 율법을 주셨다(신 6:24). 그분은 그들에게 좋은 땅을 주셨다(신 9:4, 5). 그분은 그들에게 선지자들을 주셨다(신 18:18-22). 사실상, 모든 좋은 것과 온전한 선물은 하나님께로부터 온다. "여호와의 인자하심으로 말미암아 그를 찬송할지로다"(시 107:8).

것이라면, 이 비유(암시된 비교)는 그들을 위험하고 파괴적인 것으로 묘사한다(특히 시 35:17, 22:13을 보라). 하지만 그들은 굶주리고 있다. 즉 약탈자들은 자신이 원하는 것을 얻지 못한다. 반면 하나님의 백성에게는 부족한 것이 없다. 이 차이는 그들이 여호와를 찾고 그분은 그들을 위해 공급하신다는 것이다.

II. 강한 믿음을 가진 사람들은 여호와를 찬양할 때 회중을 위한 교훈을 포함해야 한다(11-22절)

A. 이 권고는 사람들이 복된 삶을 사는 법을 배우라는 것이다(11-12절)

이 부분의 처음 두 구절은 사람들에게 배우라는 권고다. 잠언 같은 방식으로 그들은 '자녀들아'(문자적으로는 '아들들', בָּנִים. 이것은 어리고 경험이 부족한 의존적인 사람, 배우는 사람들을 의미한다)라고 불린다. 그들은 '오라'(לְכוּ는 여기에서 감탄사가 될 수 있다) 그리고 '들으라'는(שִׁמְעוּ은 단순히 듣기만 하는 것이 아니라 가르침에 반응하는 것, 순종하는 것을 의미한다. 시 45:10의 같은 단어를 보라) 권고를 받는다. 그가 그들에게 가르칠 것은 여호와에 대한 경외다. 앞에서 여호와를 경외하라는 명령은 이제 단계별로 상세히 제시될 것이다. 그것은 생명을 사모하는, 즉 연수(many days)를 사랑하는 사람들에게 좋은 것을 보라고 호소하는 것이다('연수'는 날의 길이, 장수를 의미한다. 잠 3:2, 10:27을 보라). 이 호소는 수사학적 질문으로 제시된다. "생명을 사모하는 사람들", 즉 죽음과 파멸의 길과는 반대로 생명을 바라는 사람들은 이 가르침을 따라야 한다는 것이다. 여기에서 지혜 문학의 기본 주제가 논리정연한 질문으로 제시된다. 선한 것으로 하나님의 복을 받고 장수하려면 여호와를 경외해야 한다(잠 1:7).

B. 배워야 할 다섯 가지 기본적 교훈이 있다(13-22절)

1. 말이나 행동에서 악을 따르지 말고 선과 화평을 따르라(13-14절)

첫 번째 교훈은 예방적 측면과 교훈적 측면이 있다. 예방적 측면은 "네 혀를 악에서 금하며(וּנְצֹר) 네 입술을 거짓말에서 금할지어다"라는 것이다. 지혜 문학은 말에 대해 많은 것을 말한다(잠 4:24, 13:3; 마 12:36을 보라). 하지만 기본적 가르침은 지혜로운 자는 그들이 말하는 것을 통제해서 그것이 다른 사람들에게 해가 되거나('악', רָע, 시 10:15의 같은 단어를 보라) 거짓말('배신하는', מִרְמָה, 시 5:7의 같은 단어를 보라)이 되지 않도록 하라는 것이다. 그들의 말은 해롭지 않고 정직한 것이 되어야 한다. 하지만 이것을 보존하려면 부지런해야 한다. 그다음 구절은 이 교훈을 말에서 행동으로 확대시킨다. 이 경고는 악을 버리고(סוּר) 선을 행하라는 것이다(잠 16:17). 여기에는 적극적으로 화평을 추구하는 것이 포함된다(שָׁלוֹם, 시 38:3의 같은 단어를 보라). 평강은 적대감이 없는 조화 및 안녕을 의미하는 것으로, 손쉽게 주어지는 것이 아니다. 이것은 추구해야 한다. 그래서 첫 번째 교훈은 신실한 자들에게 모든 악을 피하라는 것이다. 그것은 죄이고 해롭기 때문이다. 그리고 선과 화평이 특징인 생활방식을 따르라는 것이다. 이것을 금하는 법은 없다.

2. 의롭게 살라. 여호와는 악이 아니라 의로움을 존중하시기 때문이다(15-16절)

그다음 교훈은 함축적인 것이다. 이 원리는 하나님은 의인(시 1:5의 같은 단어를 보라)을 존중하시지만, 악(רָע)을 행하는 자들은 존중하지 않으시며, 그래서 지혜롭게 듣는 자들은 의인의 길을 따라야 한다고 결론을 내린다는 것이다. 여호와의 '눈'과 '귀'라는 비유적 표현은(둘 다 신인동형론) 여호와가 의인을 지켜보며 그들의 기도에 응답하시지만 "여호와의 얼굴은 악을 행하는 자를 향하"신다는 것을 생생하게 보여준다. 여기에서 '여호와의 얼굴'(역시 신인동형론)은 심판을 하시려는 여호와의 결심을 나타낸다. 그의 얼굴은 악을 행하는 자들을 '향하기'(against, 이 맥락에서는 전치사 בְּ) 때문이며, 또한 그것이 그들의 기억을 땅에서 끊으려는 목적을 가지고 있기 때문이다. "그들의 자취"(זִכְרָם, 시 6:5의 같은 단어를 보라)는 그들의 이름을 의미하는 말일 것이다. 그들의 이름을 끊는다는 것은 그들을 땅에서 멸망시켜서 기억되지 못하게 한다는 의미이기 때문이다. 그렇기 때문에 사람들이 악을 행하기로 한다면, 여호와는 그들에게 반대하신다. 하지만 그들이 선한 것을 행하기로 한다면, 여호와는 그들을 보호하신다.

3. 환난 때에 여호와께 기도하라. 그분은 자비로우시기 때문이다(17-18절)

이 교훈은 원리의 형태로 되어 있다. 즉 하나님은 의인의 기도를 듣고 환난에서 건지신다는 것이다. 그들은 세련되고 정확한 기도를 드릴 필요가 없다. 그저 괴로움 속에서 여호와께 부르짖기만 하면 된다. 그러면 그분은 들으실 것이다. 그분은 자비로우시기 때문이다. 본문은 18절에서 이것을 심오하게 설명한다. "여호와는 마음이 상한 자('마음속이 깨어진 자들' לְנִשְׁבְּרֵי־לֵב)를 가까이 하시고 충심으로 통회하는 자를 구원하시도다"('영혼이 상한 자들을 그가 구원하신다', וְאֶת־דַּכְּאֵי־רוּחַ יוֹשִׁיעַ). 마음은 뜻을 나타낸다(주제의 환유). 뜻이 깨어졌다는 것은 투지가 사라졌다는 것, 모든 소망과 기대가 박살났다는 것이며, 그 고난받는 자가 황폐함에 빠져버린다는 것이다. 그와 유사한 것은 '영혼이 상한 자'라는 것이다. '깨어지고 상한' 것은 사람의 의지와 삶에 대한 견해가 절망적임을 묘사하는 비유적 표현이다(비교). 상황에 의해 깨어진 사람들은 바로 하나님이 가까이 계신 사람들이다. 하나님은 가장 어려운 상황에서 그분께 부르짖는 사람들을 고치고 회복시키기를 기뻐하시기 때문이다.[17] 크라우스는 이렇게 말한다. "하나님이 가까이하신다는 것은 절대 정적인 어떤 것, 사람 위에 있으면서 움직이지 않는 형이상학적인 것을 말하는 게 아니다. 이것은 세상에 개입하사 해방하는 유익한 임재를 보여주시는 하나님께로부터 나오는 움직임을 말한다."[18]

---

17 성경은 절망에 빠져 여호와께 도움을 부르짖는 사람들의 예로 가득 차 있다. 그중 하나인 하갈은 광야에서 방황할 때 아무런 소망도 보지 못했다. 그러나 여호와가 그의 부르짖음을 들으셨을 때, 그분의 공급을 받았다(창 21:17). 그리고 심지어 완악한 뜻이 깨어진 죄인이라도 여호와께 받아들여질 것이다. 상한 심령은 죄인이 그분께 드릴 수 있는 유일한 제물이기 때문이다(시 51:17). 하지만 이 구절의 요약은 이사야 61:1에 나온다. 거기 보면 하나님이 마음 상한 자를 고치기 위해 그의 종에게 기름을 부으신다. 이 말은 절망과 궁핍에 빠져 포로 생활을 하던 사람들에게 주어진 것이다.
18 *Psalms 1-59*, p.386.

4. 여호와께 충실하라. 그분은 의인을 무사히 구원하시기 때문이다(19-20절)

이 교훈 또한 여호와가 의인을 구하신다는 교훈적 원리를 제시한다. 그래서 논리적 결론은 계속 의로움을 유지하라는 것이다. 이 구절이 의인은 괴로움을 경험하지 않도록 막아준다고는 말하지 않는 것이 흥미롭다. 그들에게는 많은 고난(רָעוֹת에서 나온 רַע. 이것은 고통스러운 경험들, 불행들, 재난들을 의미한다)이 있다. 하지만 그것은 여호와가 그들을 그런 고난들에서 건져주신다고 말한다. '건지다'(נָצַל, 시 22:20의 같은 단어를 보라)라는 흔한 단어는 이것이 어려움으로부터 구조되는 것을 의미한다는 사실을 강조한다. 마치 여호와가 그들을 고난에서 건지시는 것과 같다. 그 결과 그들이 해를 입지 않고 무사히 보존된다는 것이다. 여기에서 본문은 "그의 모든 뼈를 보호하심이여 그중에서 하나도 꺾이지 아니하도다"라고 말한다. 이 말은 시적(상징적, 그리고 아마도 과장법적)인 것으로, 하나님이 고난받는 자들을 상처 없이 어려움에서 벗어나게 보호하시는 것을 나타낸다. 하지만 이 구절은 십자가 처형의 때, 예수님께 문자적으로 해당한다고 인식되었다. 그때 그의 뼈가 꺾어지지 않았다고 기록되었다(요 19:33). 그것은 이 시편의 문자적 개념을 구체적으로 적용한 것이다. 하지만 원래 의미는 의인이 해를 입지 않고 건지심을 받으리라는 것이다. 물론 예수님은 죽으셨다. 그래서 그분께 건지심을 받는다는 것은 죽음으로부터의 더 큰 건지심을 의미할 것이다. 지혜 문학에서 이와 같은 진술들은 일반적인 원리다. 규칙에는 예외가 있기 때문이다. 이 진술들은 의인은 인생의 모든 어려움에서 해를 입지 않고 살아남을 가능성이 충분히 있다는 것을 가르친다.

5. 여호와 안에 피하라. 그렇게 하는 사람들은 벌을 받지 않을 것이기 때문이다(21-22절)

마지막 교훈은 순종을 고취한다. 그것은 악인의 운명을 의인의 운명과 대조하기 때문이다. 악인들, 악하게 행하고 의인을 미워하는 자들에게는 벌(יֶאְשָׁמוּ)이 있다. 그들은 자신들이 지은 죄에 책임을 질 것이다. 여호와께 피하는 자들(시 7:1의 같은 단어를 보라)에게는 벌이 없다(וְלֹא יֶאְשָׁמוּ). 여호와가 그의 종들의 영

혼을 속량하시기(פְדָה, 시 25:22의 같은 단어를 보라) 때문이다.[19]

메시지와 적용

이 본문에는 수많은 매우 실제적인 교훈들이 포함되어 있다. 이러한 교훈들이 메시지 적용의 일부가 될 것이다. 하지만 이 교훈들은 시편의 주된 개념과 연관되어 있는데, 이것은 어떤 신적 간섭의 행위에 대해 드려진 찬양에는 하나님의 백성에 대한 권고가 반드시 포함되어야 한다는 것이다. 이것은 찬양을 덕을 세우는 것으로 만든다. 강해를 할 때 우리는 이 시편의 기본 사상들을 포착하면서도, 이것을 철저히 공정하게 다루어야 할 것이다. 또한 하나로 통합된 주제가

---

[19] '벌하다'(condemn)라는 동사는 אָשַׁם이다. 이것은 레위기에서 제사 중 하나의 이름으로 사용된다. 전통적으로는 속건제['trespass offering'(AV) 혹은 'guilt offering'(RV)]라고 불리지만, 더 정확하게는 '보상제'(reparation offering)이라고 불린다. 이것은 짐승 제사 뿐 아니라 재정적 보상을 요하는 죄들을 처리하기 때문이다.
이 동사와 관련된 형태들, 이를테면 אָשָׁם와 אַשְׁמָה라는 명사나 אָשֵׁם라는 형용사에 대해서는 세 가지 기본적 의미가 있다. 1) 범죄 혹은 죄, 2) 죄에 대한 죄책, 3) 보상 제사의 일부였던 배상 등이다.
첫 번째 범주는 사람을 유죄로 만드는 범죄 혹은 죄다. 이 용법은 레위기 5:19에서 제물의 필요성을 확증하기 위해 나온다. "그가 여호와 앞에 참으로 잘못을 저질렀음이니라"(אָשֹׁם אָשַׁם). 이것은 또한 시편 68:21에서 나온다. 거기 보면 하나님이 죄를 짓고 다니는 자(בַּאֲשָׁמָיו)를 깨뜨리실 것이라고 나온다. 마찬가지로 잠언 14:9은 미련한 자는 죄를 심상히 여긴다고 말한다.
두 번째 범주는 죄인이 지는 죄책이다. 창세기 26:10은 이것을 분명히 이런 의미에서 사용한다. "네가 어찌 우리에게 이렇게 하였느냐 백성 중 하나가 네 아내와 동침할 뻔 하였도다 네가 죄를 우리에게 입혔으리라." 또한 레위기 6:4(5:23)은 죄책에 대해 이 단어를 사용한다. "죄(sin)를 범하였고 죄(guilt, אָשֵׁם)가 있는 자니." 어떤 사람이 죄책이 있는 것으로 발견된다면 그는 그 죄에 대한 벌을 받아야 한다. 사람들이 자신의 죄를 회개하지 않고 여호와를 의지하지 않는다면, 그들은 '죄 있는' 채로 있을 것이며, 그들의 죄에 대한 벌을 받아야 할 것이다. 하지만 여호와를 의지하는 사람은 죄 사함을 받을 것이다. 그들은 더 이상 유죄가 아니며, 그들의 죄로 인해 벌을 받지 않을 것이다. 하나님은 그들의 죄를 처리하실 것이며, 이것이 바로 제사의 의미다.
세 번째 범주는 보상제사에 관한 것이다. 거기에는 제물로 배상을 하는 것이 포함되었다. 이것은 죄에 대한 배상이었다. 여기에서 우리는 회복(restoration)에 대한 제의적 규정을 본다. 레위기 5:6-7은 죄를 범한 사람은 배상제물(속건제물), אָשָׁם를 가져와야 했다고 말한다. 레위기 5:15 역시 이것이 상황을 바로잡기 위해 갚는 것이라고 말하다 그래서 이 말은 범죄와 그것에 대한 배상(아니면 그 범죄에 걸맞는 제물)에 대해 사용된다. 이러한 경우에는 범죄에 대해 금전적 가치를 부여하고 거기에 20퍼센트의 추징금과 함께 상환한다.

되도록 충분히 간결해야 한다. 인생의 고난들은 하나님의 백성을 압도해서는 안 되며, 그들은 기도를 통해 이 고난에서 건지심을 받을 것이고, 찬양을 통해 다른 사람들에게 믿음으로 살고 하나님의 선하심을 체험하도록 교훈할 것이다. 이 진술은 고난으로부터 응답받은 기도, 구원을 위한 찬양, 백성을 위한 교훈이라는 배경을 갖는다.

여기에는 잠언과 신약에 반복되는 많은 개념이 나온다. 아마 가장 직접적으로 연관되어 있는 것은 베드로의 글일 것이다. 베드로전서 2:9-17에서 사도는 신자들을 거룩하다고 말하며, 그러고나서 어떻게 믿음의 삶을 살 것인가에 대해 온갖 종류의 실제적인 교훈을 준다. 그다음에 베드로전서 3:10-13에서 그는 시편 34편을 인용하여 그것을 그리스도인들에게 적용한다. 여기에 최고봉을 이루는 바울의 말을 더할 수 있다. 그것은 신실한 자들에게는 정죄가 없다는 말이다(롬 8:1, 33-34절).

Hated Without a Cause PSALM 35

까닭 없이 미움을 받음(시편 35편)

서론

본문과 다양한 역본들

다윗의 시

1 여호와여 나와 다투는¹ 자와 다투시고
   나와 싸우는 자와 싸우소서
2 방패와 손 방패를 잡으시고
   일어나 나를 도우소서
3 창을 빼사² 나를 쫓는 자의 길을 막으시고³
   또 내 영혼에게 나는 네 구원이라 이르소서

---

1 MT에는 'רִיבַי'라고 되어 있다. 이것은 '다투라' 'רִיבָה'는 명령법과 같은 어원에서 나온 말로, '나와 다투는 자들'이라는 의미다. 하지만 헬라어역에는 '나에게 불의를 행하는 자'(ἀδικοῦντάς)라고 되어 있다.
2 이 히브리어 단어는 칼집에서 무기를 빼는 것을 의미할 것이다. 하지만 칼집이 없다면 이것은 아마 그 저 무기를 사용할 준비가 된 것을 의미했을 것이다(창 14:14을 보라).

4 내 생명을 찾는 자들이

　부끄러워 수치를 당하게 하시며

　나를 상해하려 하는 자들이

　물러가 낭패를 당하게 하소서

5 그들을 바람 앞에 겨와 같게[4] 하시고

　여호와의 천사가 그들을 몰아내게 하소서

6 그들의 길을 어둡고 미끄럽게 하시며[5]

　여호와의 천사가 그들을 뒤쫓게 하소서[6]

7 그들이 까닭 없이 나를 잡으려고 그들의 그물을 웅덩이[7]에 숨기며

　까닭 없이 내 생명을 해하려고 함정을 팠사오니

8 멸망[8]이 순식간에[9]

　그에게 닥치게 하시며

　그가 숨긴 그물에 자기가 잡히게 하시며

　멸망 중에 떨어지게 하소서

---

3 히브리어 סְגֹר는 동사로, 나를 쫓는 자의 '길'이 생략된 것으로 추정해서, '멈추게 하다' 혹은 '막다'라고 번역될 것이다. 이것이 AR, RV, NEB와, NIV 각주에 나오는 번역이다. 많은 주석가는 이것을 무기로 해석해서, רֹמַח이나 סְגֹר으로 설명한다. 아마도 양날도끼나 던지는 창 같은 것을 의미하는 차용어일 것이다. 헬라어 번역 역시 '막다'(σύγκλεισον)라고 되어 있다.

4 MT는 '겨와 같게'(כְּמֹץ)라고 되어 있다. 하지만 헬라어역은 '먼지'(χνοῦς)라고 되어 있다.

5 이 형태는 반복에 의한 강조 형태로, חֲלַקְלַקּוֹת, 대단히 미끄러운 것을 나타낸다(렘 23:12을 보라).

6 헬라어 본문은 καταδιώκων, 아마도 '뒤쫓게'일 것이다. 하지만 어쩌면 '박해하게'일 수도 있다.

7 이것은 그물로 살짝 덮인 구덩이를 의미할 것이다. 많은 주석가는 이 말이 적절하지 않다고 생각한다. 첫 번째 구절은 '그들의 그물을 숨기다'가 되어야 하며, 두 번째 구절은 '웅덩이를 파다'가 되어야 한다. 헬라어역을 보면 첫 번째 구절은 '파괴하는 덫'(διαφθορὰν παγίδος)으로 되어 있고, 두 번째 콜론에서 '그들이 파다' 대신 '비난했다'(ὠνείδισαν)로 되어 있다.

8 8절에서 두 번 다 히브리어의 '멸망'(הַשּׁוֹאָה)에 해당하는 곳에 헬라어는 '덫'(παγίς)이라고 되어 있다.

9 이 절은 여기에서 부사절로 '그가 알지 못할 때'로 혹은 심지어 '알지 못하게'로 축약해서 볼 수 있다.

10 혹은 '내 모든 존재.'

11 문자적으로는 '폭력의 증인들.'

9   내 영혼이 여호와를 즐거워함이여

    그의 구원을 기뻐하리로다

10 내 모든 뼈가[10] 이르기를 여호와와 같은 이가 누구냐

    그는 가난한 자를 그보다 강한 자에게서 건지시고

    가난하고 궁핍한 자를 노략하는 자에게서 건지시는 이라 하리로다

11 불의한 증인들[11]이 일어나서

    내가 알지 못하는 일로[12] 내게 질문하며

12 내게 선을 악으로 갚아

    나의 영혼을 외롭게 하나[13]

13 나는 그들이 병 들었을 때에[14] 굵은 베 옷을 입으며

    금식하여 내 영혼을 괴롭게 하였더니

    내 기도가 내 품으로 돌아왔도다[15]

14 내가 나의 친구와 형제에게 행함 같이[16] 그들에게 행하였으며

    내가 몸을 굽히고 슬퍼하기를 어머니를 곡함 같이 하였도다

15 그러나 내가 넘어지매 그들이 기뻐하여 서로 모임이여

    불량배[17]가 내가 알지 못하는 중에[18] 모여서

    나를 치며 찢기를 마지아니하도다

---

12 VanGemeren은 이 말이 그가 자신을 심문한 고소인들을 몰랐다는 의미일 것이라고 말한다. 이제 그들이 변해서 그가 그들을 알아보지 못했기 때문이든, 아니면 그들이 새로운 사신이었기 때문이든 말이다(Psalms, p.332).

13 '내(영혼)가 외롭게 하나'에 대해, 히브리어는 문자적으로 '내 영혼의 자식 없음'(שְׁכוֹל)이라고 되어 있다. NIV는 '나는 버림받았다'라고 되어 있다. BHS 편집자들은 שֹׁכֵן, 내 생명을 '숨어서 기다린다'라고 읽을 것을 제안한다(Kraus, Psalms 1-59, p.426을 보라).

14 헬라어역은 여기에서 '그들이 나를 괴롭게 할 때'(παρενοχλεῖν)라는 독법에서 시작해서, 이 부분을 다르게 번역한다.

15 헬라어에는 '내 기도가 내 무릎으로 돌아올 것이다'(ἀποστραφήσεται)라고 되어 있다.

16 헬라어에는 '이웃처럼, 우리 형제처럼, 나는 그들을 기쁘게 할 것이다'라고 되어 있다.

17 히브리어 נֵכִים는 형용사로, '매를 맞은 자'(smitten ones), '불구자'를 의미한다. 그래서 '불량배'(wretches, 비참한 사람 – 역주)라는 해석은 비난하는 자들 자신이 병에 걸렸다는 뜻일 수도 있다. 다른 사람들은 그것을 분사로 읽어서 '때리는 자들'(נָכִים)로 번역해야 한다고 제안한다. 또 다른 제안은 본

16 그들은 연회에서 망령되이 조롱하는 자 같이[19]

　　나를 향하여 그들의 이를 갈도다

17 주여 어느 때까지 관망하시려 하나이까

　　내 영혼을 저 멸망자에게서 구원하시며

　　내 유일한 것을 사자들에게서 건지소서

18 내가 대회 중에서 주께 감사하며

　　많은 백성 중에서 주를 찬송하리이다

19 부당하게 나의 원수된 자가

　　나로 말미암아 기뻐하지 못하게 하시며

　　까닭 없이 나를 미워하는 자들이

　　서로 눈짓하지 못하게 하소서

20 무릇 그들은 화평을 말하지 아니하고[20]

　　오히려 평안히 땅에 사는 자들을

　　거짓말로 모략하며

21 또 그들이 나를 향하여 입을 크게 벌리고

　　하하 우리가 목격하였다 하나이다

22 여호와여 주께서 이를 보셨사오니 잠잠하지 마옵소서

문을 כֵּרִים, '외국인들'로 바꿔야 한다는 것이다. 헬라어는 '재앙'($\mu\acute{\alpha}\sigma\tau\iota\gamma\varepsilon\varsigma$)으로 되어 있어, 이 단어를 נָכָה라는 어근에서 나온 '매를 맞은'이라는 개념과 연결시킨다. 하지만 이 구절은 다시 나뉘어져 있다. 그래서 "내가 넘어졌을 때 그들이 나에 대해 기뻐했다/그리고 재앙이 나에게 많이 초래되었다[brought, 동사를 수동형으로 읽어서]/그리고 나는 그것을 알지 못했다/그들은 흩어졌다[동사를 수동형으로 읽어서] 하지만 어안이 벙벙하지는 않았다"라고 되어 있다.

18 Perowne은 이것이 그가 결백하다고 주장하는 것일 수도 있고, 혹은 8절의 표현에서처럼 자신이 알지 못했다고 주장하는 것일 수도 있다고 말한다(Psalms, I:308).

19 이 행은 대단히 어렵다. MT는 בְּחַנְפֵי לַעֲגֵי מָעוֹג라고 되어 있는데, 이것이 기본적으로 '케이크/연회의 망령된 조롱자들/조롱들 같이'라는 말이다. 제안된 수정안 하나는 마지막 두 단어를 לַעֲגֵי로 읽어서, '조롱의 조롱들' 같은 식으로 부사적 개념으로 만드는 것이다. NIV는 이것을 '그들은 불경한 자들처럼 악의적으로 조롱했다'라고 해놓았다. 조롱을 부사적으로 강화하려는 이 해석은 헬라어에도 있는 듯하다. 거기에서는 '그들은 나를 유혹했다. 그들은 나를 가장 모욕적으로 비웃었다'라고 해놓았다. 이렇게 제안된 수정안들은 말이 되는 것 같기는 하지만 그리 설득력이 있지는 않다. 연회 음식 등의 의미로 본다면 조롱자가 연회 때 온 사람이라는 것, 혹은 음식을 만들고 있는 사람이라는 것을 나타낼 수 있을

주여 나를 멀리하지 마옵소서

23 나의 하나님, 나의 주여 떨치고 깨셔서

　　 나를 공판하시며 나의 송사를 다스리소서

24 여호와 나의 하나님이여

　　 주의 공의대로 나를 판단하사

　　 그들이 나로 말미암아 기뻐하지 못하게 하소서

25 그들이 마음속으로 이르기를

　　 아하 소원을 성취하였다 하지 못하게 하시며

　　 우리가 그를 삼켰다

　　 말하지 못하게 하소서

26 나의 재난을 기뻐하는 자들이

　　 함께 부끄러워 낭패를 당하게 하시며

　　 나를 향하여 스스로 뽐내는 자들이

　　 수치와 욕을 당하게 하소서

27 나의 의를 즐거워하는 자들이

　　 기꺼이 노래 부르고 즐거워하게 하시며

　　 그의 종의 평안함을 기뻐하시는 여호와는 위대하시다

　　 하는 말을 그들이 항상 말하게 하소서

28 나의 혀가 주의 의를 말하며[21]

　　 종일토록 주를 찬송하리이다

것이다. 우리는 이 행이 그를 공격하는 조롱자들을 묘사한다는 것 외에는 무슨 말을 하려 했는지 전혀 알 수 없다.

20 헬라어에는 부정사 대신 '나에게'라는 전치사구가 있다. '그들이 나에게 화평을 말했다.'

21 헬라어역에서는 이 동사를 기본적 의미인 '묵상하다'($\mu\epsilon\lambda\epsilon\tau\acute{\eta}\sigma\epsilon\iota$)라는 의미로 받아들인다.

구성과 전후 문맥

시편 35편은 개별적 탄식시다. 하지만 배열은 좀 다르다. 실제로는 한 시편에 세 개의 탄식시가 들어 있는 것이다. 이 구문은 여호와께 원수들의 공격에서 보호해주고 정당함을 입증해달라고 하는 서론적 부르짖음으로 시작해서 탄식, 기도, 찬양의 서원이 이어진다(1-10절). 두 번째 부분에서는 탄식에 초점이 맞춰진다(11-18절). 세 번째 부분에서는 간구가 나오는 것이 특징이다(19-28절). 이 세 단위는 개별적 탄식시의 기본 요소들을 갖고 있다. 하지만 고정된 순서로 되어 있는 것은 아니다. 사실상, 찬양의 서원이 확신을 더 많이 표현하긴 하지만, 이 시편은 탄식과 확신보다는 간구 쪽으로 더 많이 기울어진다. 베스터만은 탄식시에서는 간구 부분이 확장되고, 탄식은 더 짧아졌다가 사라지는 경향이 있다고 말한다.[22]

이 시편은 다윗이 쓴 것으로 되어 있다. 하지만 대부분의 주석가들은 이것이 훨씬 더 늦게 기록되었다고, 혹은 적어도 이 시편의 현재와 같은 형태는 더 늦은 시기, 이를테면 포로기 이후 시대의 초기 등과 같은 시기에 쓰였다고 말할 것이다. 시편 자체에는 이것이 언제 기록되었는지 연대를 확인할 만한 증거는 거의 없다. 이것은 매우 다양한 상황에 다 들어맞을 수 있으며, 아마 오랜 세월 동안 내려오면서 여러 상황에 적용되었을 것이다. 이것은 거짓된 비난에서 자신의 정당함을 입증해달라는 기도다. 이 시편에 나오는 비유적 표현은 법적, 군사적, 사냥 용어를 종횡무진 누빈다.[23] 하지만 이 글에 나오는 묘사들과 기도들은 본질적으로 특정 시간에 제한을 받지 않는 초시간적인 것이다.

이 시편의 기도는 저주 형태를 띤다. 현대 신자들이 기도의 내용으로 삼기에 약간의 어려움을 제기하는 많은 저주 시편이 있다(서론을 보라). 하지만 시편기자

---

22 Claus Westermann, *The Praise of God in the Psalms*, p.55.
23 VanGemeren, *Psalms*, p.328.

는 여기에서 하나님께 그분이 결국은 하지 않으실 어떤 것을 해달라고 구하는 것이 아니며, 그저 학대받은 것에 대해 복수하려 하는 것도 아니다. 시편기자는 그들의 존재 자체를 싫어하는 사람들에게 공격받고, 비방을 받으며, 이따금 거짓 비난을 받는 의인들을 대표한다. 하나님께 그들을 멸망시킴으로 그분의 백성과 그들의 믿음을 지켜달라는 기도는 충분히 할 수 있는 기도다. 물론 신약에서는 그들의 회개와 구원에 더 초점을 맞춘 기도를 드릴 것이다. 하지만 신자들이 큰 핍박과 멸망을 경험하고 있으며, 거기에서 건져달라는 그들의 기도에는 억압자들의 멸망이 포함된 경우는 예외다. 그런 어려움이 중단되게 해달라는 기도는 종종 많은 서구 신자들이 제대로 깨닫지 못하는 긴급한 기도다.

석의적 분석

메시지

시편기자는 각각 전형적인 탄식 시편의 한 가지 요소를 강조하는 세 연에서, 의로우신 여호와께 그의 대적들을 멸망시키고 그들로부터 자신을 구해달라고 간구한다. 그들은 까닭 없이 그를 미워하고 그를 멸망시키기 위해 거짓 고소하기 때문이다.

개요

I. 시편기자는 서론적 간구를 강조하면서, 여호와께 원수들을 멸망시킴으로 그를 구해달라고 간구한다. 그들은 이유 없이 그를 미워하기 때문이다(1-10절).

   A. 그는 어려울 때 여호와께 의시함으로, 전생에서 사기 원수들을 물리쳐 달라고 간구했다(1-6절).

   B. 그는 그들이 아무 까닭 없이 자신을 잡으려고 마련한 덫에 그들이 빠지게 해달라고 구하다(7-8절)

   C. 그는 여호와가 약한 자를 건지시는 것에 대해 찬양할 것을 약속한다

(9-10절).

II. 시편기자는 탄식에 초점을 맞추고서, 그가 어떻게 이유 없는 대적들의 적의 때문에 고난을 받았는지 묘사하며 그렇기 때문에 도움을 구한다(11-18절).

    A. 그는 대적들이 어려울 때 자신이 온갖 친절을 베풀었는데도 어떻게 그들은 그에게 악으로 갚을 수 있는지 한탄한다(11-16절).

    B. 그는 여호와가 아직 그를 돕지 않으셨다고 한탄하며 그분께 자신을 건져달라고 간구한다(17절).

    C. 그는 큰 회중에서 여호와를 찬양하리라고 약속한다(18절).

III. 시편기자는 간구를 강조하면서, 여호와께 평화롭고 조용한 백성에 대한 악의적 비난으로 분쟁을 일으킨 사람들을 멸하심으로 그가 옳다는 것을 입증해달라고 구한다(19-28절).

    A. 그는 여호와께 원수들이 승리하지 않게 해달라고 호소한다. 그들은 악의적인 말로 분쟁을 일으키기 때문이다(19-21절).

    B. 그는 여호와께 은총을 베풀어주고, 의에 따라 심판해주시며, 원수가 수치를 당하게 해달라고 구한다(22-26절).

    C. 그는 의인이 계속적으로 여호와를 찬양할 것을 약속한다(27-28절).

강해 형태의 주석

I. 의인은 여호와께 까닭 없이 자신을 미워하는 악인을 처리해달라고 호소한다(1-10절)

A. 이 호소는 악인을 물리쳐달라는 것이다(1-6절)

여호와에 대한 시편기자의 즉각적 부르짖음은 그가 자신의 대적들, 곧 그와 다투는 사람들(רִיב, 시 95:8의 같은 단어를 보라)과 다툰다는(יְרִיבַי) 것이다. 그의 부르짖음은 같은 문제가 있었던 모든 의인의 부르짖음이며, 이 호소는 여호와의 말씀과 조화를 이룬다. "내가 너를 대적하는 자를 대적하고"(사 49:24-26). 이 행의 같은 어원에서 나온 단어는 기도가 더욱 시적 정의를 지니게 해준다. 다툼을 일으키는 사람들은 하나님의 대적을 받을 것이다. 병행 콜론은 그들과의 다툼이 전쟁터에서 일어날 수도 있고 혹은 전쟁터와 같은 유형의 충돌에서 다툴 수도 있다는 것을 나타낸다. "나와 싸우는 자와 싸우소서"(לְחַם אֶת־לֹחֲמָי). 이 말은 비유적인 말이다. 여호와가 굉장한 독자적 구원을 주시지 않았다면, 그분은 시편 기자와 그를 지지하는 자들의 노력을 통해 다투거나 싸우실 것이기 때문이다(그래서 원인의 환유다). 말이 반복되는 것은 동해복수법적 정의라는 성경의 원리를 상기시켜준다. 검으로 사는 사람은 검으로 죽을 것이라는 표현과 같은 것이다.

군사적 이미지는 2절에서 시편기자가 "방패와 손 방패를 잡으시고"(הַחֲזֵק)라고 요청할 때도 계속된다. 첫 번째 명사는 작은 '방패'를 말하며 두 번째는 흉부 보호 패드를 말한다. 그래서 이 두 개가 있으면 그는 완전히 보호될 것이다. 여기에서도 이 비유들은 어떤 개입을 묘사하는 것으로 여겨질 수 있다(암시된 비교들로써, 이것이 마치 여호와가 무기를 잡으신 것처럼 기적적인 승리가 되리라는 의미로써 말이다). 하지만 이 개념은 여호와가 그분의 백성에게 무기를 주신다는 말이다(환유). 대응되는 요청은 이것을 더 설명해준다. "일어나 나를 도우소서"(and rise as[24] my help). '도움'이라는 단어의 의미는 여호와가 시편기자를 위해 그 스스로는 도저히 할 수 없는 것을 해주시리라는 것이다(시 46:1의 같은 단어를 보라). 승리는 신적 '도움'이 있을 때에만 올 것이다. 하나님께 일어나시라고(קוּמָה, 시 3:1의 같은 단어를 보라) 요청하는 것은 여호와가 어떤 식으로든 원수들에 대항하여 움직여주시기를 요청하는 것이다(신인동형론적). 때로 여호와가 그의 백성의 부르짖음을 들으시고 그들을 위해 간섭하실 때, 그것은 '이제 내가 일어나리라'는 말로 시작한다.

---

[24] 전치사 בְּ는 '본질의 베스'(beth)로, 여호와가 돕는 자시라는 것을 나타낸다. '나를 돕는 자로서 일어나소서'(arise as my helper).

군사적 이미지는 3절에서 "창을 빼사"[본문에서 형태가 '중단시키다'로 남겨져 있지 않은 경우에 해당된다. 그렇게 남아 있는 경우에는 '창을 빼사 (길을) 막으시고'라고 읽어야 할 것이다]라는 말로 계속된다.[25] '빼다'(הרק)에서 나온 הרק)라는 동사는 문자적으로 상자 혹은 칼집을 '비우다'라는 의미다. 여호와는 다시 한 번 시편기자를 쫓는 사람들을 향해 성공적으로 칼집에서 무기를 빼는 신적 원인이 될 것이다. 이 표현은 일반적으로 세력을 동원하는 것에 대한 말이다. 무기에는 칼집이 없었을 수도 있기 때문이다. 시편기자가 이 무기를 사용한다면, 이 표현은 여호와가 그들에게 싸울 능력을 주시리라는 의미가 될 것이다. 승리가 세세한 면에서 어떻게 이루어지든 간에, 격려가 되는 것은 승리가 하나님으로부터 오리라는 것이다. "나는 네 구원이라."

그다음 세 구절에서 기도는 이 신적 간섭으로 악인에게 어떻게 해야 하는지에 관한 것이다. 첫 번째 요청은 그들이 부끄러워 수치를 당하게 해달라는 것이다(4절). 이 구절에는 네 개의 명령법이 나온다. 전반부에 두 개, 후반부에 두 개다. "부끄러워하게 하시며"와 "수치를 당케 하시며", 그리고 "물러가게 하시며"와 "낭패를 당하게 하소서"다. 굴욕을 당해야 하는 사람들은 참으로 악한 사람들이다. 그들은 그의 생명을 구한다. 그것은 그를 죽이려 한다는 의미다. 그리고 그들은 그에 대해 악을 도모한다. 그것은 그들이 그를 해치고 생명을 멸할 방도를 계획한다는 것이다. 그다음 5절에서 시편기자는 잘 알려진 농업적 이미지로 기도를 이어간다. "그들을 바람 앞에 겨와 같게 하시고." 시편 1편에서 보았듯이, 겨의 이미지는 그들이 그들의 악 때문에 하나님께 쓸모없는 존재이며 심판에서 제거될 것임을 나타낸다. 그는 여기에서 겨를 밀과, 악인을 의인과 분리시키는 이 심판을 위해 기도한다. 이 직유법에서 바람(רוח)이 겨를 날려버릴

---

25 본문에서 이 형태는 '문을 닫다'(close up, סכר)라는 것이다. 하지만 대부분의 주석가들은 이것이 무기라고 생각한다. Perowne은 우리가 이 형태를 '길'이 생략된 동사 형태로 보지 말아야 할 이유가 없다고 말한다. '만나다'라는 말은 길을 막음으로 저항하는 것보다는 적을 맞으러 나아가는 것을 나타내지만 말이다(*Psalms*, I:307).

것이다. 하지만 그들을 날려버리는 분은 여호와일 것이다. "여호와의 천사가 몰아내게 하소서." 이 동사의 형태는 분사(הוֹחֶה) '몰아내는 것'이다. 아무런 목적어도 표시되어 있지 않기 때문에, 편집자들은 이 형태가 '그것들을 몰아내는 것'(הָדְחֵם, 헬라어역처럼)이 되어야 한다고 제안한다. 그렇게 되면 "여호와의 천사가 그들을 뒤쫓게 하소서"(רֹדְפָם)로 끝나는 6절과 더 잘 대응될 것이다. 이 절은 어떻게 "여호와의 사자가 그들을 몰아내는 것과 함께" 악인이 바람에 날려갈 것인지 설명하는 부사구다. 이것은 아마 여호와 자신을 언급할 것이다. "여호와의 사자"는 종종 여호와가 인간 영역에 직접 간섭하실 때 쓰이는 그분에 대한 묘사이기 때문이다. 이것은 여기와 시편 34편에서 사용된다. 그리고 6절에서 그 요청의 수단에 대해서도 반복해서 사용된다. "그들의 길을 어둡고 미끄럽게 하시며 여호와의 천사가 그들을 뒤쫓게 하소서." '어둡다'와 '미끄럽다'는 비유는 그들이 도망치려 할 때 당황하고 방해를 받아 쉬운 길을 발견하지 못하리라는 것을 나타낸다.

B. 이 호소는 그에 대한 그들의 정당하지 않은 마음에 기초한다(7-8절)

시편기자는 원수들이 그를 그렇게 취급할 이유가 없었다는 사실에 기초해서 구해달라고 호소한다. 그것은 "까닭 없이"(חִנָּם에서 나온 חָנַם, 시 4:1의 같은 단어를 보라), 전혀 아무런 이유도 없이 그런 것이었다. 키드너는 이 시편은 우리를 불의의 상처에 민감하게 해준다고 덧붙인다.[26] 시편기자는 그들의 미움을 받을만한 사람들이 아니었다. 나중에 상세히 말하겠지만, 사실 그가 그들을 대우한 방식은 바로 정반대의 반응을 받을 만한 것이었다. 그럼에도 불구하고, 그들은 그를 잡으려고 그물을 웅덩이에 숨겼으며, "까닭 없이" 그를 죽이려고 함정을 팠다. 이 비유적 언어(암시된 비교들)는 사냥 관행에서 나온 것이다. 적대적 목적을 가지고 웅덩이를 파는 것은 먹이를 포착하고 죽이려는 계획을 나타낸다. 8절에

---

[26] *Psalms 1-72*, p.143.

서 시편기자는 동해복수법적 정의를 위해 기도한다. 그들이 친 그물에 대신 그들 자신이 잡히게 해달라고, 그들이 멸망(שׁוֹאָה) 중에 떨어지게 해달라고 기도하는 것이다. '닥치게 하다'라는 첫 번째 동사의 주어는 '멸망'으로, '멸망이 그에게 닥치게 하다'라는 것이다. 그다음 동사는 남성 단수형을 부사적으로 받아들여, '그가 모를 때에'라고 볼 수 있을 것이다. 이것은 '알지 못하는 새에'라는 의미다. 멸망은 그 자신의 덫이 될 것이다. 그를 잡아서 멸망에 빠지게 하는 것이다.

C. 이 호소에는 여호와를 찬양하리라는 맹세가 포함된다(9-10절)
불의하고 악한 원수들에 대한 놀라운 승리의 결과는 찬양이 될 것이다. 9절에서 시편기자는 "내 영혼이 여호와를 즐거워함이여"('내가 즐거워함이여'라는 의미다)라고 말한다. 이 동사(גִּיל)는 기쁨에서 나오는 제의적 외침이다(시 13:4의 같은 단어를 보라). 그리고 "그의 구원을[안에서(in), 아니면 때문에(because of)] 기뻐하리로다(תָּשִׂישׂ)." 이것은 구원받은 것에 대해 예측 가능한 자연스러운 결과다. 그는 열정적으로 기뻐할 것이다. 하지만 이것이 여호와의 구원을 경축하는 것이라는 사실이 분명히 나타날 것이다. 사실상 그의 선언은 안간힘을 써서 하는 것이다. 즉 "내 모든 뼈가 이르기를." '뼈'는 아마 골격 안에 있는 것, 즉 그의 영혼, 마음, 뜻, 열심에 대한 비유적 표현일 것이다(주어의 환유). 자신이 가진 모든 것을 가지고 그는 하나님의 비교할 수 없는 성품을 선언할 것이다. 이 선언은 여기에서 부정적 대답을 요구하는 수사학적 질문으로 표현된다. "여호와와 같은 이가 누구냐"는 '여호와여 주와 같은 이가 없나이다'라는 의미다. 그리고 자신의 주장을 밝히기 위해 그는 어떻게 여호와가 "가난하고 궁핍한 자"(עָנִי וְאֶבְיוֹן, 시 9:12의 같은 단어를 보라)를 강력한 자들에게서 건지시는지 단언한다. 원수들이 강하다는 사실은 그들이 의인이었다면 문제가 없었을 것이다. 하지만 그들의 힘은 취약한 사람들(מִגֹּזְלוֹ, "노략하는 자에게서")을 약탈하기 위해 사용되었다. 여호와는 그들을 멸망시키려 하는 사람들에게서 궁핍한 사람들을 건지신다(מַצִּיל, 시 22:20의 같은 단어를 보라). 이것이 하나님이 보이신 의와 선이다.

II. 의인들은 까닭 없이 미움을 받는 것을 보여주고, 건짐을 받지 못하는 것을 탄식한다(11-18절)

A. 탄식의 내용은 원수들이 선을 악으로 갚는다는 것이다(11-16절)

두 번째 작은 탄식에서 시편기자는 탄식 자체를 더욱 강조한다. 그러면서 간구와 찬양을 포함시킨다. 그의 기본적 불평은 사람들이 그의 성품을 비방하고 선한 행동을 악한 행동으로 갚았다는 것이다. 그는 먼저 그들의 비방을 언급한다. 그를 대적하여 "불의한 증인들이 일어나서." 그로 인해 여호와가 그들을 향해 일어날 필요가 있게 되었다. 그 증인들은 폭력적이고 파괴적이다(חָמָס, 시 58:2의 같은 단어를 보라). 이 동사는 진행형적 뉘앙스를 가진 미완료 시제다. 그들의 행동은 그가 말한 대로 될 것이었다.

병행 콜론은 다소 불분명하다. "내가 알지 못하는 일로 내게 질문하며"('질문하다'라는 동사는 또 다른 진행형 미완료적 뉘앙스를 지닌다. '알다'라는 동사는 완료 시제로, 특징적인 것일 수도 있고, 독자적인 것일 수도 있다). 그들이 그에게서 그가 알지 못하는 죄목에 대한 대답을 요구했을 수도 있고, 아니면 질문을 던지는 사람들이 그가 알지 못하는 사람들이었을 수도 있다. 법적 대결 전체가 그에게는 깜짝 놀랄 일이었다.

이 탄식은 그다음에 그들이 어떻게 그의 친절함을 악으로 갚았는가에 대한 긴 묘사로 넘어간다. 그는 12절에서 요점을 요약한다. "내게 선을 악으로 갚아." 델리치는 그가 불평하는 것은 다윗이 사울을 존중해주었음에도 다윗을 죽이려 한 경험을 상기시킨다고 말한다(삼상 24:18).[27] '갚다'(יְשַׁלְמוּנִי, 시 38:3의 같은 동사를 보라)라는 동사는 역시 진행형 미완료로, 그에 대한 그들의 지속적인 대우를 묘사한다. 이 단어는 보통 행동에 대한 보상 혹은 보답을 말한다. 그 결과 시편기자는 그가 혼자라고 말한다. 본문에서 이 표현의 문자적 의미는 '그의 영

---

[27] *Psalms*, I:424.

혼의 자식 없음'(שַׁכּוּל)이다. 그는 혼자이고, 빼앗겼으며, 버려졌다.

그다음 몇 행에서 그는 왜 불의한 취급에 대한 불평이 타당한지 보여준다. 간단히 말해, 그는 그들이 어려움에 빠졌을 때 형제나 친구처럼 함께 애도하고 슬퍼했다고 말한다. 하지만 그가 넘어졌을 때 그들은 그것에 대해 기뻐하고, 공격하며, 조롱했다. 그는 놀라면서 말한다. 큰 어려움에 빠진 사람을 대하는 태도 간의 대조가 이보다 더 강할 수는 없기 때문이다. 13-14절에서 그는 자신이 어떻게 그들을 궁휼히 여겼는지 말한다. "나는 그들이 병들었을 때에(בַּחֲלוֹתָם) 굵은 베옷을 입으며." 그는 그들이 어려움에 빠졌을 때 그들에게 진실하게 공감해 주었다. 그러나 그들은 그것을 잊어버린 듯하다. 그리고 또한 그는 "금식하여 내 영혼을 괴롭게 하였더니"(עִנֵּיתִי בַצּוֹם נַפְשִׁי)라고 말했다. '괴롭게 하다'라는 말은 병든 자들의 필요에 집중하기 위해 스스로 사치품과 안락함과 쾌락들을 끊었다는 말이다(참고. 레 16:31). 다시 말해, 그의 돌봄은 피상적인 것이 아니었다. 그는 그들을 돌보기 위해 모든 것을 제쳐놓았다.

그의 태도는 동정 어린 중보자의 태도였다. 이 구절의 마지막 콜론은 해석하기가 어렵다. "내 기도가 내 품으로 돌아왔도다"(תָשׁוּב). 이 행이 설명할 수 있는 것은 몇 가지가 있다. 첫째, 그의 기도는 계속적인 것이었다. 둘째, 그의 기도는 겸손하게 드려진 것이었다. 셋째, 그의 기도는 자신에게 불이익을 초래할 수도 있는 것이었다. 넷째, 그의 기도가 잃어버린 바되지 않을 것이며 축복 가운데 돌아올 것이라는 예언이었다. 하지만 이것은 또한 기도가 응답되지 않고 돌아오리라는 의미일 수도 있다. 여기에서 겸손이라는 개념을 의미한다. 델리치는 이 본문을 열왕기상 18:42에 나오는 깊은 기도에 근거해서 엘리야의 사건과 비교하면서, "그는 머리를 가슴께로 푹 숙여서 그의 본성 가장 깊은 곳에서 나온 것이 다시 그의 품으로 돌아오게 했다"[28]라고 말한다. 하지만 키드너는 기도가 응답받지 않은 채 혹은 하나의 축복으로 다시 돌아오리라는 개념을 주장한다(참

---

28 *Psalms*, I:424.

고. 마 10:13).²⁹ 적어도 우리는 그가 그것을 위해 기도했다고 말할 수 있다.

그다음에, 14절에서 시편기자는 그가 가족이나 친한 친구인 것처럼 그들을 위해 슬퍼했다는 것을 묘사한다. 이 단어의 순서는 그것을 강조한다. "나의 친구와 형제에게 행함 같이 내가 그들에게 행하였으며 내가 몸을 굽히고 슬퍼하기를 어머니를 곡함 같이 하였도다." '몸을 굽히다'(קָדַר)라는 단어는 '어두운' 혹은 '더러운'이라는 개념을 갖고 있다. 아마도 탄식하면서 외모를 소홀히 하거나 심지어 먼지와 재를 사용하기까지 하는 관습을 말할 것이다.

그에 대한 그들의 행동들의 대조는 15절에서 시작된다. "그러나 내가 넘어지매"(וּבְצַלְעִי). '절뚝거리다, 넘어지다'(צֶלַע>)는 시간을 나타내는 절이다. '내가 넘어질 때에'라는 것이다. 이 표현은 아마도 그가 지금 고난, 질병을 경험하는 것에 대한 비유적 표현일 것이다(암시된 비교). 그가 곤란에 처했을 때 그들은 무엇을 했는가? "그들이 기뻐하여 서로 모임이여!" 이 사람들은 시편기자가 괴로움에 처했을 때 기뻐했다. 그래서 그들은 그가 취약해진 지금, 모여서 그를 해칠 음모를 꾀했다. 바로 여기에서 그는 그들을 "불량배"(wretches, נֵכִים)라고 부른다. 이 단어는 '치다, 공격하다'라는 단어에서 나온 형용사(נָכָה)이며, '맞은 자', 즉 '불구자'라는 의미를 갖는다. 이런 해석을 그대로 유지한다면, 이것은 의미를 확대해서 '불쌍한 놈'(wretches)과 같은 것을 의미한다. 시편기자는 그들이 자신과 똑같은 질병들을 가지고 있었다고 말한다. 하지만 그의 병에 대해 그들은 자신이 그들의 병에 보였던 것과 다른 반응을 보였다. 어떤 주석가들은 그 말을 '치는 자들'(smiters)이라고 바꿀 것이다. 그들은 그를 멸망시키려고 작정을 하고 덤비는 원수들이기 때문이다.³⁰ 이 의미를 취한다면, 이것은 혀로 치는 것, 즉 비방을 말하는 것일 수 있다(참고. 렘 18:18). 주석에 나오는 다른 제안은 본문을 더 수정한 것들이다.

---

29 *Psalms 1–72*, p.142.
30 Perowne, *Psalms 1–72*, p.143.

시편기자는 그들을 이런 식으로 언급한 후에, "나는 알지 못했다"라고 말한다. 이것은 관계절로 '내가 알지 못하는 자들'이라고 종속절이 될 수도 있고, 아니면 대조를 나타내어, '그리고 나는 알지 못했다'라고 볼 수도 있다. 그에 대한 그들의 불량스러움이 충격으로 다가왔다는 의미일 것이다. 그들의 공격은 그들이 그를 마구 헐뜯는 데 그치지 않았다는 것이다. 이 동사는 현재 상태 그대로 그들의 공격을 비유적으로 나타낼 것이다. 그것은 마치 그들이 그를 산산조각내는 것과도 같다. 이 폭력적 묘사는 16절에서도 "그들은 연회에서 망령되이 조롱하는 자 같이(중에)"라는 말로 계속된다. '망령된 자 중에'(בְּחַנְפֵי)에서 첫 번째 단어는 최상급적 개념을 가지고 있다. 이것은 '조롱하는 자'(부분 소유격)를 구성하기 때문이다. 조롱하는 자들 가운데 이들이 (가장) 망령된 자들이다. 조롱하는 자들(혹은 조롱, לְעֵגֵי)은 그들의 더듬거리는 이상한 말을 놀리는 자들이다(이것은 사 28:11에서 더듬거림, 혹은 미개함, 외국인들의 헷갈리는 이해하기 어려운 말이라는 의미로 나온다). 이 절의 마지막 단어(מָעוֹג)는 드물게 나오는 단어다. 이것은 열왕기상 17:12에서 '떡, 축제 때 쓰는 음식'이라는 뜻으로 나온다. 이것은 다소 문제가 있다. 그래서 주석가들은 이 단어가 같은 어원의 말(עוג)에서 나왔을 것이라고 말한다. 이 말은 '뒤틀다, 돌다'라는 의미일 것이다. 이것은 그들의 조롱을 뒤틀어진 것으로 묘사하는 한정 소유격이다. 다른 주석가들은 이 말을 계속 음식과 연관시키면서, 이것이 절기의 조롱, 혹은 '케이크 조롱자'라고 묘사한다. 이 소유격은 '조롱하는 자'와 동격이다. 이것은 절기 때 시편기자를 조롱하기 위해, 혹은 아마도 음식과 음료를 얻기 위해 선택된 아첨군과 조롱하는 자들을 말할 것이다.[31] 그다음에 그들의 이를 '가는 것'은 그들이 으르렁거리는 것, 조롱하는 것, 말에 걸맞는 얼굴 표정을 나타내는 비유적 표현일 것이다(수식어의 환유). 그래서 시편기자가 약해져 있을 때 그들이 그를 대한 태도는 놀랄 만큼 무정하게 잔인하고 정당하지 않은 공격들로 얼룩진 것이었다.

---

[31] Moll, *Psalms*, p.245.

B. 그 애도는 여호와가 구원하실 필요성에 초점을 맞춘다(17절)

이러한 사악한 조롱과 개인적 공격들은 단 하나의 자원으로 이끌 뿐이다. 그것은 바로 기도다. 그리고 기도의 형태는 낯익은 것이다. "주여 어느 때까지 관망하시려 하나이까?"(무엇에 따라, 주님은 보실 것입니까?) 이것은 수사학적 질문으로, 여호와가 아직 간섭하지 않으심을 한탄하는 것이었다. '주께서 보다'(תִּרְאֶה)라는 동사는 여호와가 바라보기만 하고 간섭하지는 않으신다는 것을 의미한다. 그 다음 콜론은 행동을 하시라고 기도하기 때문이다. "내 영혼을 저 멸망자에게서 구원하시며 내 유일한 것을 사자들에게서 건지소서." 여기서 '구원하다'(rescue)라는 말은 '돌려주다', '회복하다'(הָשִׁיבָה)라는 의미다. 그는 자신의 생명(נַפְשִׁי)을 언급하면서 그것을 그의 가장 귀한 재산[יְחִידָתִי, 오래된 번역본들에서는 '소중한 것'(darling)이라고 되어 있다]이라고 묘사한다. 그것이 그가 가진 것 중 다른 어느 누구도 갖지 못한 한 가지, 곧 그의 생명이다. 그리고 그것은 그의 가장 귀한 재산이다. 생명을 잃으면 모든 것을 잃는 것이기 때문이다.

의미심장하게도, 이 구절에서 원수들은 '사자'(כְּפִירִים)로 묘사된다. 그것은 시편 34:10에 나오는 '사자'의 의미를 명확하게 해준다. 그것은 아마 시편 모음집의 최종 편집자가 시편들을 꿰매어 합치면서 사용한 실 중 하나일 것이기 때문이다.

C. 탄식에는 회중 가운데서 여호와께 찬양하리라는 서원이 포함된다(18절)

시편의 이 부분은 또한 여호와를 찬양하려는 시편기자의 결심 혹은 기대로 마무리한다. "내가 주께 감사하며"(הדה에서 나온 אוֹדְךָ, 시 6:5의 같은 단어를 보라)라는 말은 그가 성소에서, 회중 한가운데서 여호와를 공개적으로 인정하게 되리라는 기대를 나타낸다. 대회(mighty throng, עַם עָצוּם)는 그의 찬양을 들을 큰 모임, 커다란 회중을 말한다(유사한 동사는 אֲהַלְלֶךָּ이다. 시 33:1의 같은 단어를 보라).

III. 의인은 평화롭게 하는 사람에게 대항하여 분쟁을 일으킨 자들에게 정의를 행해 달라고 여호와께 간구한다(19-28절)

A. 이 간구는 악인들이 그들의 악한 말에 의해 분쟁을 일으키는 것을 막아달 라는 것이다(19-21절)

이 시편 마지막 부분에서 강조하는 것은 간구다. 첫째는 하나님이 악인을 처리 해달라는 것이다. 그는 먼저 여호와께 그들이 그로 말미암아 기뻐하지 못하게 해달라고 구한다. 이 표현(결과의 환유)은 하나님께 그들이 승리하지 못하게 해 달라는 요청이다. 이 문장의 주어는 "부당하게 나의 원수된 자"(אֹיְבַי שֶׁקֶר)다. '부 당한'(false, שֶׁקֶר)이라는 말은 원수들을 거짓 원수들로 묘사하는 부사적 대격이다 (시 144:8의 같은 단어를 보라). 이것은 그들이 그의 원수가 될 이유가 없었다는 이 전의 강조를 반복한다. 그래서 부정직과 배반이 그들을 원수로 만들었다는 것 이다. 이 의미는 "까닭 없이 나를 미워하는 자들"(שֹׂנְאַי חִנָּם, '까닭 없는 나의 증오자 들')이라는 병행적 행에 의해 확증된다. 이제 요청은 "서로 눈짓하지 못하게 하 소서"(יִקְרְצוּ עָיִן), 즉 악의적인 눈짓을 하지 말게 해달라는 것이다. 눈짓하는 사 람은 뭔가 악한 일을 계획하고 있음을 전달할 뿐이다.[32] 그래서 그들이 기뻐하 는 것에 더하여, 그들이 눈짓하는 것은 취약한 시편기자에 대한 경멸일 뿐 아니 라 그에 대한 우월감의 표현일 것이다.

20절은 이 사람들이 화평을 말하지 않으며, 평안히 땅에 사는 사람들을 거짓 으로 모략한다고 말한다. 이것이 함축하는 바는 그들은 화평을 말하는 것처럼 보일지 모르지만(눈짓으로) 시편기자가 제대로 분별하듯이, 화평을 말하고 있지 않다는 것이다. 그들은 거짓말을 계획하고 있기(말하는 것이 아니라) 때문이다. 거 짓말(מִרְמוֹת, 시 5:7의 같은 단어를 보라)이라는 말은 그들이 화평을 제공하는 체하 지만 그 반대를 계획한다고 단언한다. 그들의 악의적인 계획 수립의 초점은 땅

---

32 Sir. 27:22을 보라.

의 평안함, 화평하게 조용히 살기 원하는 사람들, 그것을 선포하는 사람들을 신뢰하는 사람들을 향한 것이다. 이 속임수는 무엇일까? 아마 거기에는 시편기자가 이미 말했던 것, 즉 속이는 자들은 그가 전혀 알지 못하는 것을 했다고 고소하리라는 것이 포함될 것이다. 이것은 21절과 잘 어울린다. 거기에서 그들은 입을 크게 벌리고 웃으며 "우리가 목격하였다"라고 말한다. 그 사람들이 거짓 증인들이라면, 그들이 보았다고 주장한 것은 허위다. 하지만 그것은 사람을 파괴시키기에 충분한 것이었다.

B. 이 간구는 여호와가 의인들을 구하시는 것에 초점을 맞춘다(22-26절)

그다음 다섯 구절은 신적 간섭에 의해 정당함을 입증해달라고 간구한다. 이 간구는 "여호와여 주께서 이를 보셨사오니 잠잠하지 마옵소서"(אַל־תֶּחֱרַשׁ)라는 말로 시작한다. 바로 전 구절에서 원수들은 자신들이 승리를 보았다고 주장했다. 이 구절에서 시편기자는 여호와가 그의 곤경을 보셨다는 것을 안다. '보셨다'라는 단어는 각 구절에서 서로 다른 함축을 지닌다. 그다음에 하나님이 잠잠하시다는 비유적 표현은 하나님이 기도에 응답하지 않으신다는 신인동형론적인 말이다(또한 시 50:3, 83:2, 109:1을 보라). 이것은 "멀리하지 마옵소서"라는 말과 대응을 이룬다. 이것은 하나님이 시편기자의 삶에 관여하지 않으신다는 또 하나의 비유적 표현이다(시 22:1, 11절, 19절). 이 기도는 23절에서 긍정적인 말로 표현되어 있다. 하지만 더 담대한 신인동형론적 표현이 사용된다. 바로 "주여 떨치고 깨셔서"(הָעִירָה וְהָקִיצָה)이다. 이 두 동사는 동의어다. 그래서 이 동사들은 하나의 호소를 강력하게 전달한다. 하나님이 깨셔야 한다는 것, 즉 그를 위해 행동하고 삼가는 것처럼(즉 무관심하거나 모르는 것처럼) 보이시지 말아야 한다는 것이다. 이 호소는 하나님이 그의 정당함을 입증하기 위해(מִשְׁפָּט, 시 9:4의 같은 단어를 보라), 즉 이 사건을 판단하기 위해 행동하시라는 것이다. 그는 확신 있게 이렇게 구한다. 자신이 결백하다는 것을 알기 때문이다. 대응을 이루는 전치사구는 "나의 송사를"(לְרִיבִי)이라는 말로, 1절에서 하나님께 그를 위하여 "다투시고", "싸우소서"라는 간구를 생각나게 한다. 그의 확신은 또한 그가 "나의 하나님, 나의 주"께 기도를 드리는 것에서도 명백하게 나타난다. 그다음에 24절은 적극적 동사를 사용한다. "주의 공의대로 나를 판단하사"(שָׁפְטֵנִי). 이것은 그가 "나의 하나님 나의 주께" 호소하는 것으로, 그가 의로우신 하나님과 언약 관계를 맺고 있음을 강조한다. 그의 주장은 의로우므로, 의로우신 하나님은 그의 정당함을 입증하실 것이다. 그다음에 그는 19절에 나왔던 간구를 반복한다. "그들이 나로 말미암아 기뻐하지 못하게 하소서." 하지만 25절에서 그들이 어떻게 그에 대해 기뻐할지 덧붙인다. "그들이 마음속으로 이르기를 아하 소원을 성취하였다 하지 못하게 하시며." 그들로 "우리가 그를 삼켰다"라고 말하지 못하게 해달라는 것이다. 여호와가 정당함을 입증해달라는 그의 기도에 응답하지 않으신다면, 그들은 승리할 것이며, 그를 멸망시킴으로 마음의 소원을 성취했다고 선포할 수 있을 것이다. '삼키다'라는 동사는 비유적인 것이다(암시된 비교로 동물의 세계에서 나온 말로, 그들은 사자에 비교되었으며, 그들은 그를 향해 입을 크게 벌렸다). 이것은 완전히 멸망시켜서 그에 대한 흔적조차 없게 하겠다는 의미다.

마지막으로 그는 26절에서 그들이 부끄러움을 당하고(시 31:1의 같은 단어를 보라) 함께 낭패를 당하게(וְיַחְפְּרוּ) 해달라고 기도한다. 그들은 그의 재앙과 패배를 매우 기뻐하고 있기 때문이다. 하지만 그의 기도는 그 반대가 되게 해달라는 것이다. 그들이 수치와 욕(וּכְלִמָּה)을 당하게, 곧 그것으로 옷 입게 해달라는 것이다. 옷을 입는다는 비유적 표현은(암시된 비교) 그들이 옷처럼 수치로 덮이게 해달라는 것이다. 사람들이 맨 먼저 그것을 보게 될 것이고, 그 벌은 마땅한 것이다. 이 사람들은 시편기자를 낮추고 자신들을 높인 사람들, 즉 그를 비방하는 한편 자신들에 대해 자랑하던 사람들이기 때문이다. 시편기자는 여호와께 그를 적절한 위치로 높이시고 그들을 적절한 위치로 낮추심으로 그가 옳다는 것을 입증해달라고 요청한다.

C. 이 간구는 그와 하나님의 백성이 계속적으로 여호와를 찬양할 것이라고 약속한다(27-28절)

이 시편의 마지막 두 구절은 다시 한 번 찬양에 관한 것이다. 이 구절들은 신실한 백성이 여호와를 찬양했으면 하는 시편기자의 바람과(27절), 여호와의 의를 늘 말하리라는 그의 결심을(28절) 표현한다. 첫 번째 구절은 백성에 관한 간구다. "나의 의를 즐거워하는 자들이." 즉 내가 의롭다고 선언되거나 정당하다고 입증되기를 원하는 자들이 "기꺼이 노래 부르고 즐거워하게 하시며." 이 간구는 하나의 비유를 사용한다(결과의 환유). 그들이 찬양하게 한다는 것은 그들이 찬양할 수 있도록 구해달라는 것이기 때문이다. 그들에게 찬양할 이유를 달라는 것이다. 그들 찬양의 내용은 "그의 종의 평안함을 기뻐하시는 여호와는 위대하시다"(יִגְדַּל)라는 것이 되어야 한다("평안함"이라는 말은 평강, שָׁלוֹם으로, 원수들이 거짓으로 약속하는 것처럼 보이는 것이었다). 시편기자의 신실한 후원자들은 여호와가 그의 종의 정당함을 입증하시고 원수들에게 수치를 당하게 하심으로 그 종을 기뻐하시는 것을 보여주셨을 때, 이렇게 말할 수 밖에 없었다.

마지막으로, 시편기자는 이 구원의 결과가 그의 찬양이 될 것이라고 선언한다. "나의 혀(그가 말하는 것에 대한 원인의 환유)가 주의 의를 말하며." 여기서 '말하다'라고 번역된 동사는 다른 곳에서는 '묵상하다'(תֶּהְגֶּה, 시 2:1의 같은 단어를 보라)라고 나온다. 이것은 때로는 숨죽여, 때로는 크게 귀에 들리도록 말하는 것으로 여호와의 행사를 되풀이하고, 설명하며, 깊이 생각하는 것이다. 여기에서 이것의 주제는 "주의 의"다. 이 표현에 나오는 단어는 하나님의 의가 그에게 하실 일을 의미한다(그래서 원인의 환유다). 즉 상황을 바로잡음으로 그의 정당함을 입증한다는 것이다. 그리고 이 행 후반부에 나오는 "주를 찬송"이라는 말은 그가 하나님께 드릴 찬양을 말한다(접미사는 목적 소유격이다). 여기에서도 '찬송'은 찬양의 원인, 여호와가 하실 일로써 찬양받으셔야 하는 것을 말한다(이제 결과의 환유다). 하나님의 의는 정당한 구원을 가져오며, 정당한 구원은 찬양이 흘러나오게 한다.

메시지와 적용

이 시편에는 악한 원수가 가하는 잘못된 비난으로 고난받는 의인에 대한 내용이 나온다. 이 시편은 본질적으로 여호와께 보호를 요청하며, 자신의 정당함을 입증해달라고 드리는 기도다. 정당함을 입증해달라는 간구는 매우 구체적인 악인에 대한 저주의 어조를 띤다. 악인들이 완전히 멸망하게 해달라는 것이다. 그래서 강해는 이 문제를 분명하게 서술해야 한다. 의인은 모든 거짓 비난에서 완전히 결백하다는 것, 원수들은 까닭 없이 그들을 미워한다는 것, 조용히 살기 원하는 사람들을 괴롭히는 악인들에게 하나님이 정의를 시행해달라고 기도한다는 것이다. 기도라는 주제를 중심으로 한다면, 다음과 같이 강해 개념을 정리할 수 있다. *세상에서 평화롭게 살고자 하는 의인들이 미움을 받고 거짓 비난을 받는다면, 그들은 여호와께 보호와 정당함을 입증해달라는 기도를 해야 한다.* 기도의 내용을 받쳐줄 신학적 개념을 찾는다면, 여호와는 악인을 멸하시고 성도들의 정당함을 입증하실 것이다. 그렇다면 적용은 기도하는 것이 될 것이다.

성경에는 고난에 대해 상당히 많은 자료가 있다. 그리고 많은 본문이 서로 상관관계 속에 있다. 먼저 사람들이 까닭 없이 그를 미워했으므로, 그분의 이름으로 말미암아 우리를 미워할 것이라고 경고하신 마태복음 10:22부터 보자. 그의 교훈은 잘 견뎌서 종말에 구원을 받도록 하라는 것이다. 베드로는 이 주제를 취해서 하나님의 백성을 위한 교훈들을 제시한다. 첫째, 우리는 선한 양심을 가져서(이 고난이 참으로 까닭 없는 것이었다는 의미다) 우리의 선행을 욕하는 자들로 부끄러움을 당하게 해야 한다(벧전 3:16-17). 둘째, 지금 고난을 당한다면, 우리는 그분의 고난에 참여하는 것으로 즐거워해야 한다. 그리고 우리는 그분의 영광이 나타날 때 기뻐할 수 있다(벧전 4:13). 그동안 우리를 살피시도록 하나님께 삶을 의탁해야 한다(벧전 4:19). 그렇기 때문에 신자들은 그들에 대한 비난들이 거짓되다는 것, 그들이 정말로 결백하다는 것을 분명히 해야 한다. 그러면 그들은 이 세상에서 고난을 견딜 때 여호와가 보호해달라고 기도할 수 있을 것이며, 심지어 지금 그들이 정당하다는 것을 입증해서 그들을 거짓되게 비난하는 자들이 부끄러움을 당하게 해달라고 기도할 수 있을 것이다. 그들은 여호와가 영광 중에 나타나실 때 그분이 자기 백성의 정당함을 입증하고 악인에게 갚아주시리라는 것을 분명히 안다. 정의가 실행되기를 기도하는 것은 잘못이 아니다. 하지만 신약의 정신에서는 악한 행악자들이 더 늦기 전에 회개하도록 기도하는 것이 적절하다.

45

God's Preserving, Fulfilling Love PSALM 36

보존하고, 만족케 하시는 하나님의 사랑(시편 36편)

서론

본문과 다양한 역본들

여호와의 종 다윗의 시, 인도자를 따라 부르는 노래

1 악인의 죄가 그의 마음속으로 이르기를(oracle)[1]

그의 눈에는

하나님을 두려워하는 빛이 없다 하니

---

1 נְאֻם, '신탁'(또한 때로는 '말하다')이라는 단어는 이 행의 의미에 대해 몇 가지 어려움을 야기시켰다. MT를 보면 첫째 줄이 נְאֻם־פֶּשַׁע לָרָשָׁע, '악인에 관한 죄의 신탁'이라고 되어 있다. 문제는 그다음에 나오는 '내 마음 속으로'라는 말과 연관되어 있다. 헬라어역에서 이 행 전체는 이렇게 되어 있다. '속으로 율법을 범한 사람이, 그는 죄를 범할 수 있다고 말한다'[παράνομος τοῦ ἁμαρτάνειν(이것은 לָרָשָׁע פֹּשֵׁעַ? 라는 독법을 반영한다)]. MT 구문은 여기에만 나온다. 어떤 주석가들은 헬라어역의 독법 일부를 받아들여, '내 마음'을 '그의 마음'으로 바꾸며, '죄'라는 명사를 '범죄자'라는 분사로 바꾼다. "번역자는 마음속 깊은 곳에서 악하게 말한다"(A. A. Anderson, *Psalms 1-72*, p.287을 보라). Kraus는 '신탁'이라는 단어를 נְעִים로 바꿀 것을 제안한다. "악인에게는 범죄가 그의 마음 속 깊은 곳에서 기쁜 것이다"(*Psalms 1-59*, p.396-397). 하지만 강력한 증거 없이 그저 문제를 해결하기 위해 본문과 의미를 바꾸는 것은 설득력이 없다. 어떤 사람들은 '그의 마음'으로만 바꾸고, "죄의 말을 하는 것은 악인에게 속한 것으로, 그의 마음속에서 일어나는 것이다"라고 읽는다(VanGemeren, *Psalms*, p.337을 보라). 그다

2 그가 스스로 자랑하기를[2]
자기의 죄악은 드러나지 아니하고 미워함을 받지도 아니하리라 함이로다[3]

3 그의 입에서 나오는 말은 죄악과 속임이라
그는 지혜와 선행을 그쳤도다

4 그는 그의 침상에서 죄악을 꾀하며
스스로 악한 길에 서고
악을 거절하지 아니하는도다

5 여호와여 주의 인자하심이 하늘에 있고
주의 진실하심이[4] 공중에 사무쳤으며

6 주의 의[5]는 하나님의 산들과 같고(like the mightiest mountains)[6]
주의 심판은 큰 바다와 같으니이다
여호와여 주는 사람과 짐승을 구하여 주시나이다

7 하나님이여[7] 주의 인자하심이 어찌 그리 보배로우신지요[8]
사람들이[9] 주의 날개 그늘 아래에
피하나이다

음에는 이 단어가 표제 혹은 제목에 나와야 하며, 1절에 속한 것은 전혀 아니라는 주장이 있다(Broyles, Psalms, p.174; Craigie, Psalms, p.290). 이 제안들 자체도 어려움이 없는 것이 아니다. 본문은 있는 그대로 읽고 해석할 수 있으며 다음과 같이 그럴듯한 의미를 가질 수 있다. "악인의 죄에 대한 신탁이 내 마음속에 있다." 시편기자는 악인의 본성을 깊이 이해했다.

2 הֶחֱלִיק은 문자적으로 "그는 매끄럽게 하다"라는 의미다. Kraus는 이 행을 이렇게 번역한다. "그는 그 앞에서 자신을 위해 모든 것을 매끄럽게 하기 때문이다"(Psalms 1–59, p.397).

3 이 절은 단순히 "그의 죄악을 미워하기 위해 드러내다"(לִמְצֹא עֲוֹנוֹ לִשְׂנֹא)라고 읽는다. 헬라어역과 수리아 역본은 마지막 단어에 접속사를 추가해서 '그리고 미워하다'라고 해석한다. 아마 부정형 동사 대신 정형 동사로 보는 것이다.

4 헬라어와 수리아 역본에는 접속사가 있다. '그리고 주의 진실하심이.'

5 몇몇 사본들과 역본에는 이 단어가 복수로 되어 있다. "주의 결정들/판결들"

6 MT에는 '하나님의 산들과 같고'(like the mountains of God, כְּהַרְרֵי־אֵל)라고 되어 있다. '하나님'이라는 단어는 최상급으로, 가장 힘센 산 혹은 가장 큰 산으로 해석될 수도 있다.

8 그들이 주의 집에 있는 살진 것으로 풍족할 것이라
주께서 주의 복락의 강물을 마시게 하시리이다

9 진실로 생명의 원천이 주께 있사오니
주의 빛 안에서 우리가 빛을 보리이다

10 주를 아는 자들에게 주의 인자하심을 계속 베푸시며
마음이 정직한 자에게 주의 공의를 베푸소서

11 교만한 자의 발이 내게 이르지 못하게 하시며
악인들의 손이 나를 쫓아내지 못하게 하소서

12 악을 행하는 자들이 거기서[10] 넘어졌으니[11] (see how the evildoers have fallen)
엎드러지고 다시 일어날 수 없으리이다

구성과 전후 문맥

커크패트릭은 "이 시편은 두 개의 대조적인 묘사를 제시한다. 하나는 의도적으로 악을 택한 사람의 불경한 원리와 행동에 대한 것이고, 다른 하나는 하나님의 보편적이고 다함 없는 인자하심에 대한 것이다. 시편기자는 자기 주위에 널리 퍼져 있는 악(그는 그 악의 희생자가 될 위험에 처해 있다. 11절을 보라)에서 눈을 돌려, 구조와 위로를 위해 하나님의 선하심을 묵상한다"[12]라고 말한다.

---

7 '하나님'이라는 단어와 그다음에 나오는 '심지어 사람의 아들들'이라는 말로 해서 일부 주석가들은 시편 65:2와 좀 더 비슷한 "주께로 그들이 왔나이다"(יָבֹאוּ ;אֵלֶיךָ)라는 말로 해석할 것을 제안했으나 그렇게 바꿀 이유는 없다.

8 헬라어역에는 '보배로우신지요'(יָקָר)라는 말 대신 '어찌 그리 증가되었는지요'(ἐπλήθυνας)라고 되어 있다.

9 MT에는 '그리고 사람의 아들들이'라고 되어 있다.

10 MT에는 '거기서' שָׁם라고 되어 있다. 이 말은 그것이 일시적 의미를 부여받지 않았다면 해석하기가 어렵다. '어떻게…하는지 보라'(see how)라는 번역은 Dahood의 제안이다(Psalms, I:224). 다른 사람들은 본문을 보통 יִשַׁמּוּ, '그들은 황폐하게 된다'(예를 들어, Kraus, Psalms 1-59, p.397라고 수정한다.

11 완료 시제는 예언적 완료로 간주할 수 있다. 확실히 일어나는 일에 대한 기대를 말한다.

이 시편은 불의로 가득한 세상에서 살아야 하는 의인들에게 주어진, 하나님의 복에 대한 아름다운 묵상이다. 주위에는 온통 하나님을 믿지 않고 다른 기준을 따라 사는 사람들 투성이다. 그들은 자신들이 하는 일을 '악하다'고 부르지 않을지 모른다. 하지만 그것이 불경하고 이기적이며, 다른 사람들에게 어려움을 안겨준다면, 달리 묘사할 방법이 없다. 그것은 하나님으로부터 어떠한 응보도 있지 않을 거라고 생각하는 철학의 열매다. 하지만 시편기자는 사랑이 많고, 의로우시며, 신실하신 여호와 하나님, 자기 백성에게 온갖 영적 공급으로 복주시며 결국 그들을 영생으로 데려가시는 그 하나님께 힘을 얻고, 악인들은 심판에 빠진다. 여기에서 시편기자는 지혜 시편들에 나와야 하는 수많은 주제를 다룬다. 인생의 불공평함, 최후의 응보, 의인에 대한 하나님의 축복 등이다.

이 시편은 분류하기가 어렵다. 시편의 여러 요소를 지니고 있기 때문이다. 이것은 혼합된 유형이다. 1-4절은 개인의 탄식 같지만 몇 가지 지혜 요소들이 있다. 5-9절은 하나님을 향한 찬송처럼 보인다. 그리고 10-12절은 기도다. 일반적으로 이 시편은 지혜 시편으로 분류한다. 이 시편이 시편 1편과 14편을 상기시키기 때문이다. 이는 또한 탄식 시편이 될 수도 있다. 어려움에 대한 보고와 기도가 포함되어 있기 때문이다. 이것은 본질적으로 찬송, 탄식, 지혜 문학들의 주제를 결합하는 하나의 묵상이다.

저자는 주위의 불경한 사람들에게 핍박받을 위험에 처해 있으나, 여호와의 성품과 사역을 확신하고, 그분께 보호해달라고 기도하는 사람이다. 이 시편에는 분명 포로 시절 이전의 자료가 포함되어 있다. 의인들이 성소에서 누리는 복에 대해 말하기 때문이다. 어떤 사람들은 이 시편의 연대를 늦은 시기의 것으로 보셨지만, 오래된 전통들이 여기에 표현되어 있다.[13] 또한 묵상이 어떤 형태로는 실제로 이전에 기록되었을 가능성도 없지 않다.

---

12 *Psalms*, p.183.
13 Kraus, *Psalms 1-59*, p.398.

이 시편은 세 부분으로 나눌 수 있다. 첫 번째는 악인의 철학과 그 철학의 열매에 대한 계시, 탄식의 어조로 나온 계시다(1-4절). 두 번째는 계시된 하나님의 본성 및 속성들이 그의 삶에 적용되는 방식에 대한 시편기자의 믿음의 간증, 찬송가와도 같은 간증이다(5-9절). 그리고 세 번째는 이 묵상에서 나오는 확신에 찬 기도다. 이것은 구속받은 자들에게 계속해서 그분의 인자하심을 보여주시고, 악인들이 그를 믿음에서 방황하도록 하지 못하게 막아달라고 하나님께 구하는 것이다(10-12절). 이 시편은 부정적인 것(악인들)에서 긍정적인 것(믿음)으로 넘어가고 실제적 기도로 끝나는 강해적 전개에 아주 적합하다.

석의적 분석

요약

악인이 악한 계획들을 꾸밀 때 악인의 철학과 관행에 관한 신탁을 받고 여호와의 영광스러운 속성들을 경험하여 알게 된 것으로 위로를 받은 시편기자는, 여호와께 계속해서 그분의 인자하심과 의로써 자신을 보존하사, 악인들이 자신의 정직함을 파괴하지 못하게 해달라고 기도한다.

개요

I. 탄식: 시편기자는 악을 도모하는 악인들의 철학과 관행에 관한 신탁을 받는다(1-4절).

    A. 그는 기본적으로 악인에게는 하나님을 두려워하는 빛이 없다고 추정한다(1절).

    B. 악인의 생활방식은 계속해서 오직 악 뿐이다.

        1. 악인의 양심은 불법을 감추는 일에 무뎌져 있다(2절).

        2. 악인의 말은 방자하고 속임수 뿐이다(3절).

        3. 악인의 삶은 더 이상 하나님 앞에 값진 것이 아니다(4절 상).

4. 악인의 계획들은 악한 과정을 기반으로 한다(4절 하).

II. 찬송: 시편기자는 신자에게 풍성한 축복을 가져오는 여호와의 속성을 묵상
　　하면서 위로를 얻는다(5-9절).

　　A. 그의 기본적 믿음은 여호와의 계시된 본성에 기초한다(5-6절).

　　　1. 여호와의 인자하심과 신실하심은 그 누구도 뛰어넘을 수 없다.

　　　2. 여호와의 의와 결정들은 헤아릴 수 없다.

　　　3. 여호와는 생명을 보존하신다.

　　B. 그의 생명은 하나님의 보호와 공급을 누린다(7-9절).

　　　1. 사람들은 여호와의 인자하심 안에 피할 수 있다(7절).

　　　2. 신자들은 성소에서 최고의 공급으로 만족한다(8절).

　　　3. 신자들은 여호와께 생명과 진리를 받는다(9절).

III. 간구: 시편기자는 여호와가 이처럼 계속 보호하는 사랑을 보이사, 그의 정
　　직함이 보존되게 해달라고 기도한다(10-12절).

　　A. 그는 여호와의 사랑에서 계속 유익을 얻게 해달라고 기도한다(10절).

　　B. 그는 악인들에게서 보존해달라고 기도한다(11절).

　　C. 그는 악인의 멸망을 내다본다(12절).

강해 형태의 주석

I. 하나님의 계시는 불신자의 악한 길들을 드러낸다(1-4절)

A. 그들의 기본적 믿음은 하나님을 두려워할 것이 하나도 없다는 것이다(1절) 이 시편의 첫 번째 줄은 말한다. "악인의 죄가 그의 마음속으로 이르기를." 여기에서 "이르기를"(oracle, נְאֻם)은 '계시, 신탁, 신적인 말'로 번역할 수 있으며, 심지어 '말하다'라는 동사로 번역할 수도 있다. 보통 이 말 다음에는 이것의 주어

('여호와의/로부터 오는 신탁', 즉 '여호와께서 말씀하시되')가 나온다. 하지만 여기에서는 그다음에 목적어가 나온다("죄에 대한 신탁"). 이것은 신탁의 내용을 말한다.[14]

이 계시는 "악인"의 "죄"에 초점을 맞출 것이다. "악인"(혹은 '불경한 자', רָשָׁע, 시 1:1의 같은 단어를 보라)이라는 말은 불신자들을 말한다. 그들은 하나님 앞에 죄가 있다. 그들은 한 번도 회개하거나 죄 사함을 구한 적이 없기 때문이다. 그들은 벌을 받아 마땅하다. 하나님 앞에서 그들의 지위라는 면에서 볼 때 그들은 '악하다'(wicked). 하지만 삶에서는 그들은 좋은 사람들처럼 보일 수도 있다. 그래서 그들은 때로 그냥 '불경한'(ungodly) 사람들이라고 불린다. 이 계시는 그들의 '죄'(פֶּשַׁע, 시 51:1의 같은 단어를 보라)에 대한 것이다. 이 명사의 관련 동사는 군사적 맥락에서 정부나 국가에 대한 반역을 나타내는 말로 사용된다. 이것은 그 죄가 계획적인 것임을 나타낸다. '죄'(transgression)라는 영어 단어는 '경계선을 넘다'라는 의미이다. 하지만 '반역'이라는 개념은 그렇게 넘어가는 것에 고집스럽고 공격적인 행동이라는 개념을 더해준다. 불신자들은 하나님과 그분의 뜻에 반역하며 살아간다. 그들은 이것을 부인할 것이다. 혹은 하나님을 부인할 것이다. 하지만 하나님께 순종하지 않기로 선택하는 사람들이 반역적이라는 사실은 여전히 남아 있다.

이 구절의 후반부는 그가 받은 신탁의 요약이다. "그의 눈에는 하나님을 두려워하는 빛이 없다." 여기에서 핵심 단어는 '두려움'(פַּחַד, 시 119:120의 같은 단어를 보라)이다. 이것은 '두려움'에 대해 통상적으로 쓰는 단어가 아니다. 이것은 '무서운 것'(dread), 혹은 '두려워해야 하는 어떤 것', '무서운 어떤 것'을 의미한다. 이것은 사람들을 두려움에 떨게 하고 그들이 그 자리에 멈추게 하는 뭔가가 일어나는 것을 말한다. 예를 들어, 시편 31:11에서 다윗은 원수들 때문에 자신이 무서운 것(개역개정은 '놀라고'라고 번역했다 – 역주)이 되었다고 말한다. 이것

---

14 어떤 역본들은 이 단어의 통상적 용법을 따라, '악이 말하다'라는 번역을 제안한다. 하지만 이것은 다소 설명하기 어려운 개념이다.

은 두려움과 혐오감을 유발하는 끔찍한 것을 말한다. 여기에서 이 의미는 불신자가 하나님으로부터 멈춰서 자기 길을 성찰하게 하는 어떤 '두려운 것'도 받지 않은 채 살아간다는 의미가 될 것이다. 그는 하나님이 자신이 하는 것을 좋아하지 않으셨으면 막으셨을 거라고 생각한다. 하나님이 그렇게 하지 않으셨기 때문에, 승인을 했거나 그분이 아예 존재하지 않는 것이거나 둘 중 하나라는 것이다. 악인은 점점 더 득의양양해지면서, 하나님을 전혀 고려하지 않게 되었다. 그들은 '사실상 무신론자'가 되었다. 마치 하나님이 없는 것처럼 사는 것이다. 이것이 모든 죄의 핵심적인 믿음이다. 이것은 사람들이 원하는 것을 하도록 길을 터준다. 다른 사람들에게 어떤 결과를 가져다주든 상관없이 말이다.

B. 합리화된 죄가 만연한 삶을 사는 사람들의 생활방식(2-4절)

이 묵상은 이제 악인들의 죄가 무엇인지 슬픈 마음으로 생각해볼 것이다. 첫 번째 주제는 악인들이 어떻게 양심을 대하는가 하는 것이다. 3절은 문자적으로 "그가 자신의 죄악을 미워하도록 드러내는 것에 관해서는, 자기 견해에 따라 자기에게 부드럽게 대한다"라는 말이다. 이것은 번역하고 해석하기 쉬운 구절이 아니다. 하지만 일단 단어들의 의미와 문법적 구조를 정리하고 나면, 기본적으로 악인들이 생각 속에서 자신이 하는 일을 덮어 가린다고 말하는 것을 보게 된다. 그렇게 하지 않으면 그들은 자신이 진정 어떤 존재인지 보고 미워할 것이기 때문이다. 이 구절은 '왜냐하면'(for, 이 말은 개역개정에 나와 있지 않다 – 역주)이라는 말로 시작한다. 이 말은 여기에서는 '아니, 오히려 어느 쪽인가 하면'이라는 의미를 지닌다. 이것은 강력한 대조를 이룬다. 그는 하나님을 두려워하지 않는다. 오히려 부드럽게 다룬다. 하나님을 얕보는 사람들은 자신을 **중**시한다. 이렇게 요리조리 빠져나가는 기질을 가진 사람은 (동사가 암시하는 것처럼), 자기 삶의 거친 부분을 '부드럽게 덮어서'(חָלַק) 죄가 발견되지 않게 한다. 이것은 합리화, 자기 기만, 잘못된 아첨이다. 그는 양심을 달래기 위해 모든 것에서 자신을 정당화한다. 그래서 그는 자신이 얼마나 불쾌한 인물인지 알지 못한다. 하나님을 두려워하는 사람은 자신의 죄를 보고 그 죄를 올바르게 다룬다. 하지만 이러한 유형의 사람은 죄를 감춘다.

이 구절의 나머지 부분은 두 개의 부정사로 구성되어 있다. '드러나다'와 '미워하다'이다. 첫 번째 부정사는 바로 앞에 나오는 동사를 설명한다. "그는 부드럽게 다룬다…그의 죄악을 드러내는 것에 관해." 죄악이란 그가 방황하거나 제멋대로 한 것을 말한다(시 32:5의 같은 단어를 보라). 두 번째 부정사는 이렇게 드러난 것의 결과를 제공한다. "미워함을 받지도." 즉 그것을 혐오하고 거부한다는 것이다(시 139:21의 같은 단어를 보라). 그렇다면 이 구절이 말하는 것은 그가 자신의 죄를 덮어 가리지 않는다면 그 죄들을 발견하고 미워할 것이지만, 일을 부드럽게 해나가는 방식을 볼 때, 그의 행동들은 설사 그것이 다른 사람들에게 해를 끼치거나 누군가를 파멸시킬 수 있다 해도 그에게는 단순히 영악한 정책이나 경쟁력 있는 사업일 수 있다는 것이다.

3절 전반은 그다음에 그가 말하는 것에 초점을 맞춘다. "그의 입에서 나오는 말은 죄악과 속임이라." 여기에서 악은 다른 사람들에게 영향을 끼치기 시작한다. 이것은 더 이상 자신이 선한 사람이라고 스스로 확신하는 것과 관련된 것이 아니다. 그보다 그의 말은 그를 배신한다. 그가 말하는 것에 대한 첫 번째 묘사는 그것이 고통스러운 혹은 골치 아픈 '악'(אָוֶן, 시 28:3의 같은 단어를 보라)이라는 것이다. 즉 슬픔과 괴로움을 낳는 악이라는 것이다. 이것은 악한 생각 같은 내적인 악함이 아니라, 슬픔을 유발하는 행동들이다. 악인이 말하는 것에 대한 두 번째 묘사는 '속임'(מִרְמָה, 시 5:7의 같은 단어를 보라)이라는 것이다. 이 용어는 별로 설명이 필요 없다. 그들이 말하는 것은 거짓이다. 이것은 믿을 수가 없다. 이 두 단어는 결합할 수 있다(명목상 중언법으로). "곤란함을 일으키는 속이는 행동들"이라는 것이다. 이것은 그들의 말에 있는 고통과 곤란함의 원인을 설명해줄 것이다. 그들은 사람들을 속인다. 불신자들의 세계에서는 그때나 지금이나, 사업, 법, 정치, 교육, 심지어 종교에서 거짓말이 판을 치며, 거짓을 일삼는 자들이 목표를 성취한다면 그 거짓말은 정당화된다.

3절 후반에서는 악인의 범죄에 대한 또 다른 개념이 추가된다. "그는 지혜와 선행을 그쳤도다." 대구법은 형식적이거나 종합적이다. 이 구절과 다음 구절은 악인의 한 가지 묘사에 뒤이은 다른 묘사이기 때문이다. 이 구절 역시 요점을 설명하기 위해 부정사를 사용한다. 처음에 나오는 "그는 그쳤도다"(חָדַל의 현재 완료) 다음에는 직접 목적어를 제공하는 부정사가 나온다(그가 그친 것이 무엇인지 대답하는 것이다). 바로 "신중하게 행동하는 것"(개역개정은 '지혜'라고 번역했다 – 역주, שָׂכַל에서 나온 לְהַשְׂכִּיל)이다. 이것은 지혜의 말이다. 이것은 하나님의 지혜와 조화를 이루기 때문에 성공적인 적절한 행동을 말한다.[15] 마지막 부정사 "선을 행

---

[15] שָׂכַל라는 단어는 다양한 맥락에서 '지혜롭게 다루다, 신중하다, 통찰을 가지다, 통찰력이 있다, 합리적이다' 그리고 '성공적이다'라고 번역되었다. 이 단어는 '통찰력'이라는 명사에서 나온 단어로, '통찰을 갖다'라는 기본 개념을 가지고 있다(K. Koenen, שָׂכַל in TDOT, ed. by Botterweck, Ringgresn and Fabry, XIV:112–128을 보라). 일반적 용법에서 이것은 단순히 상식을 말할 것이다. 하지만 종교적 맥락에서는 하나님의 뜻에 따라 지혜롭게 사는 것과 관련이 있다. 이러한 삶은 하나님과의 관계에 성공을 가져올 것이다.

그렇다면 첫 번째 범주의 의미들은 '통찰력을 갖다'일 것이다. 우리는 창세기 3:6의 시험받는 이야기에서 이런 의미를 본다. 거기에서 금단의 열매를 먹는 것은 하나님처럼 "지혜롭게 하는" 것이라고 나온다. 즉 하나님의 통찰과 지혜를 갖는다는 것이다('정보에 밝다'). 그러나 이 지혜의 정당한 용도가 있다. 여호와께 불순종하는 것이 아니라 여호와를 두려워하는 것에 의해 고쳐져야 한다. 시편 32:8은 여호와가 통찰을 주신다고 말한다. 이것은 신적 계시와 신적 능력 부여와 함께 온다. 잠언에 따르면, '신중한' 사람(이 말은 이렇게 번역될 수 있을 것이다)은 서로 다른 상황에서 어떻게 행동해야 할지 안다(잠 10:5, 10:19). 사실상 잠언의 목적 중 하나는 사람들에게 이러한 신중함을 기르는 훈련을 하는 것이며, 이 신중함은 의, 정의, 공평함이라는 특징을 갖는다(잠 1:4). 시편 119:99은 하나님의 계명을 지키는 것이 신중한 사람을 분별하게 해준다고 말한다. 시편 2:10에서 시편기자는 땅의 왕에게 지혜로울 것을 권면한다. 곧 상식을 가지라는 말이다. 그들은 하나님을 반대하고 있었으며, 하나님은 이제 곧 그들을 멸망시키실 것이었기 때문이다. 시편 36편에서 불경한 사람은 지혜롭게 행동하여 선을 행하기를 그쳤다. 그는 어리석은 사람처럼 산다.

두 번째 범주의 의미는 어떤 것을 '이해한다'는 것이다. 시편 14:2와 53:2은 어리석고 불경한 인류는 지각이 없다고 말한다. 그들이 지각이 있다면 그렇게 악한 삶을 살고 앞으로 올 심판의 경고를 무시하지는 않을 것이다. 시편 106:7은 조상들이 하나님의 기이한 일들을 깨닫지 못했다는 말로 하나님에 대한 그들의 반역을 설명한다. 하지만 긍정적인 측면에서 보면, 가난한 자들을 보살피는 사람들에게는 복이 선포된다(시 41:1). 이것은 그가 궁핍한 처지에 있는 사람들을 긍휼의 마음으로 이해한다는 의미다. 이 개념은 그의 이해가 행동으로 나타난다는 것이다.

세 번째 범주는 '성공적인'이라는 것이다. 이런 신중함, 이런 통찰을 가진 사람들은 올바른 선택을 할 것이며 성공할 것이다. 열왕기하 18:7–8은 어떻게 여호와가 히스기야와 함께 하셔서 그가 행한 모든 일에 형통했는지 말해준다.

역본마다 그것을 다르게 번역하기는 하지만, 이사야 52:13에 나오는 용법도 아마 여기 속할 것이다. "내 종이 지혜롭게 다룰 것이라" 혹은 "내 종이 형통하리니." 이 예언은 고난받는 종이 어떻게 하나님의 뜻에 따라 지혜롭게 살아 결국에는 성공하게 될 것인지 예언해준다. 세상이 보기에 그는 실패자였다. 그리고 그들은 그를 존중하지 않았다. 하지만 결국 그는 그들 모두 위에 높아질 것이며, 그들은 아연실색하게 될 것이다. 경건한 지혜의 열매는 하나님과의 성공이다.

하다"(יָשַׁב에서 나온 לְהֵיטִיב, 선하게 되다/선하게 행하다. 시 34:8의 같은 단어를 보라)는 "선한/옳은 일을 행하는 것에서" 신중하게 행동하는 것에 대해 설명한다.

그래서 '신중하게 행동하다'라는 단어는 '지혜롭게 되다', '통찰력 혹은 지각을 갖다, 혹은 좋은 솜씨를 보여주다'라는 의미다. 하지만 악인은 너무나 오랫 동안 제멋대로 행동했기 때문에 옳은 일을 행하는 것에 관해 더 이상 신중하게 행동하지 않는다. 그들은 세상적인 일에는 기술이나 지혜가 있을지 모르지만, 옳은 일을 행하는 것에서는 그렇지 않다. 그들은 직업이나 성공에 알맞는 일을 하는 것에서는 훈련을 받았지만, 옳은 일을 하는 것에서는 그렇지 않다.

그다음에 4절은 악인들이 세우는 계획, 그들이 신념 체계 안에서 어떻게 정책과 절차를 정리하는가에 초점을 맞춘다. 이것은 "그는 침상에서 죄악을 꾀하며"(<חָשַׁב, 시 32:2의 같은 단어를 보라)라는 말로 시작한다. 그는 자신이 계획하는 것이 죄악, 즉 곤란을 유발하는 악이 아니라고 생각할 수도 있다. 그가 자신을 속였기 때문이다. 그의 계획들은 하나님이 계시하신 의의 요구를 고려하지 않기 때문에 순전히 악할 뿐이다. 그다음에 본문은 "그는 스스로 악한 길에 서고"라고 단언한다. 그는 삶의 길에서 사람들에게 도움이 되지 않고, 그들에게 선(시 34:8의 같은 단어를 보라)보다 해를 더 끼치는 입장을 취한다. 마지막으로 이 구절은 "그는 악(시 10:15의 같은 단어를 보라)을 거절하지 아니하는도다"라고 말한다. '거절하다'(hate)라는 단어는 실제로는 '거절하다'(reject, <מָאַס)이다. 그가 하는 일이 다른 사람들에게 도덕적으로 잘못되거나 해로운 것이라 해도, 그는 그것을 고집할 것이다. 그것이 그에게 기쁨을 주거나 이익이 되기 때문이다. 악인들은 사람들에게 고통을 유발하는 그 어떤 것도 거절하지 않는다(그들을 일터에서 쫓아낸다거나, 재정적으로 파산시킨다거나). 그들은 종종 이기고, 성공하려는 욕망의 충동을 받기 때문이다. 여기에 나오는 것은 침상에 누워서 누구를 멸망시킬까 생각하는 살인자에 대한 묘사가 아니라, 사람들에 대한 관심이 전혀 없는, 그저 자기의 계획만을 세우는 세상적 사람들에 대한 묘사일 것이다. 오늘날 주위를 둘러보면, 특히 재정의 세계를 둘러보면, 탐욕이 수많은 사람의 생계를 어떻게 망

처놓았는지 어렵지 않게 볼 수 있다. 범죄자들이 하는 일은 나라의 기준으로 보면 불법이 아닐지 모르지만, 하나님의 기준으로는 죄다.

그렇다면 이것이 악인에 대한 계시다. 혹자는 동사들이 단수로 되어 있는 것을 주목한다. 이것은 시편기자가 어떤 한 사람을 염두에 두고 있음을 시사한다. 여기에서 묘사된 것에 대한 성경의 많은 예들이 생각난다. 하지만 단수로 된 묘사들은 또한 이런 식으로 사는 유형의 사람들을 대표한다. 즉 이와 같은 사람들이 많다.

II. 여호와에 대한 믿음은 구원과 축복을 가져온다(5-9절)

A. 여호와의 성품은 크신 사랑의 행동들에서 계시되었다(5-6절)

악인들의 행동들과는 대조적으로, 시편기자는 의인들의 믿음, 곧 그의 믿음을 묘사한다. 그는 의인을 악인과 비교하지 않는다. 그보다 그는 의인이 믿는 대상인 여호와의 본성을 불신자들의 믿음 및 실천들과 비교한다. 그는 이러한 대조를 상세히 논하지 않는다. 이것은 믿음에 대한 묘사가 전개되면서 자명하게 된다. 신자들은 자신들의 미덕과 불신자들의 악함을 대조시킬 수 없다. 그들도 같은 행동을 많이 하기 때문이다. 그들의 차이는 그들이 여호와와 언약을 맺음으로써 누리는 삶이다. 여기에서 처음 두 구절은 여호와의 핵심 속성을 묘사한다. 키드너는 이렇게 말한다.

> 여기에 탐구해야 할 무궁무진한 세계, 인도받아야 할 '넓은 곳'(참고. 시 18:19)이 있다. 그곳은 헤아릴 수 없고(하늘, 구름), 난공불락이며(산들), 다함이 없는(큰 바다) 것이다. 하지만 그 모든 것에도 불구하고 그것들은 환영하며, 후히 환대한다(6절 하-9절). 우리를 쥐어짜는 것은 사람들의 세계 뿐이다. 사람의 변덕스러움은 이 크게 솟은 언약 사랑 및 진실하심과 축 처진 대조를 이룬다 (5절). 모든 것을 상대적으로 보는 사람의 기준은 하나님의 의라는 정확하고

도 상쾌한 산 곁의 늪지다(6절). 인간의 평가는 하나님의 심판에 비하면 피상성 그 자체다…[16]

그렇다면 5절은 그분의 '인자하심'과 '진실하심'에 초점을 맞춘다. 이 두 속성은 시편들에서 종종 한데 결합되어 나온다. '인자하심'(חֶסֶד, 시 23:6의 같은 단어를 보라)은 하나님이 그분의 백성에 대한 신실하신 언약 사랑이다. 하나님은 자기 백성과 언약을 맺으셨으며, 신실하게 그 언약을 지키신다. 그분은 그들을 사랑하시기 때문이다. 그래서 이 말은 종종 성경에서 '인자하심'(lovingkindness)이라고 번역되지만, 이것은 '충성된 사랑'(loyal love) 혹은 '신실한 언약 사랑'(faithful covenant love)이라는 개념을 더 전달한다. '진실하심'(אֱמוּנָה, 시 15:2의 같은 단어를 보라)은 이 말과 자연스럽게 대응되는 말이다. 이 단어는 하나님이 약속하신 것의 신뢰성 혹은 신빙성을 강조한다(시 33:4, 100:5, 89:50, 88:12). 이것은 같은 어원에서 나온 많은 단어, 이를테면 '정교한 장인', 혹은 '기둥', 혹은 '수탁자' 등과 같은 것에서 예시된다. 이 모든 단어는 믿을 만한 사람 혹은 물건들을 말한다.

시편기자가 하나님의 신실하신 언약 사랑에 대해 말하는 것은 이것이 한계가 없다는 것이다. 그는 이 속성들의 정도를 가장 높은 하늘과 비교하는 비유적 표현을 사용한다. 인자하심은 하늘에 있으며 신실하심은 공중에 있다. 여호와가 하늘 보좌에 앉아 계신다는 사실은 이 속성들을 어떤 식으로 묘사할지 선택하는데 영향을 미쳤을 것이다. 하지만 주된 요점은 그의 신실한 사랑은 헤아릴 수 없는 것, 이해할 수 없는 것, 무한한 것이라는 점이다. 하나님의 신실하신 사랑에 한계가 있는가? 혹은 하늘에 한계선이 있는가? 하나님은 약속하신 것을 신실하게 행하신다. 그분은 자기 백성을 한없이 사랑하시기 때문이다.

6절에서 시편기자는 하나님의 의로운 결정들, 혹은 시에서는 그분의 의와 결정들을 고찰한다. 대구법은 다시 두 속성을 결합한다. 이 두 속성은 시에서 종

---

[16] *Psalms 1–72*, p.147.

종 함께 협력한다. '의'(צֶדֶק, 시 1:5의 같은 단어를 보라)라는 단어는 기준, 옳은 것을 따르는 것을 말한다. 물론 하나님의 기준이다. 그래서 그분이 하시는 것은 무엇이든 옳다. 이에 대응되는 것은 '심판'(מִשְׁפָּטִים, 시 9:4의 같은 단어를 보라)이라는 단어로, 이것은 하나님이 내리는 결정들을 말한다. 그래서 이 구절의 주제는 하나님의 의로운 결정들이다. 여기에서 비유적 표현들은 그분의 의를 극복할 수 없고(직유는 "하나님의 산들과 같고"이다) 헤아릴 수 없는(비유는 "큰 바다"이다) 것으로 비유한다. "하나님의 산들"이라는 묘사는 흥미로운 표현이다. '하나님'이라는 신적 호칭은 이따금 성경에서 최상급을 표현하는 데 사용된다. 여기에서 이런 용법으로 사용되었다면, 이것은 '가장 큰 산들'이라는 의미일 것이다. 큰 산들은 움직이거나 굽어지지 않는 물체, 모든 사람의 눈에 똑똑히 분명하게 보이는 것이며, 자연적 경계선으로서 쉽게 정복할 수 있는 것이 아니다. 이 진리가 신적 계시의 핵심이다. 하나님의 의는 그분의 모든 행사가 명백하고 확실한 기준이라는 것이다. 어떤 사람은 하늘을 꿈꾸는 모든 불경한 사람의 길 앞에는, 어떤 죄인도 오를 수 없는 하나님의 신적 의라는 안데스산맥이 가로막고 있다고 말한 적이 있다.

심판을 큰 바다라고 부르는 것은 성경 다른 곳에서 말하는 것을 강조한다. 이것은 하나님의 지혜와 지식은 헤아릴 수 없다는 것이다. '큰 바다'(great deep, תְּהוֹם רַבָּה)라는 말의 용법은 아마 깊은 곳의 근원이 터졌던 노아 시대의 홍수를 말하는 것일 수도 있다. 특히 대응되는 행이 하나님이 "사람과 짐승을 구하여 주시나이다"라고 단언하기 때문이다. 그렇지만 어느 누구도 하나님의 결정을 이해하기는커녕, 그 결정의 진상을 결코 규명할 수도 없다고 말한다.

이 모든 것의 의미는 여호와가 구원하신다는 것이다("주는 구하여주시나이다", תּוֹשִׁיעַ, 시 3:2의 같은 단어를 보라). '주는 구하여 주시나이다'(you save)라는 동사(습관적 미완료, 구원하는 것은 하나님이 본성이므로)는 이 본문에서 '구해주다'(deliver)라는 의미를 지닌다. 특히 이것이 사람과 짐승을 언급하기 때문에 더 그렇다. 사람에 관해서는 구해주는 것이 영적인 차원과 분리될 수 없다. 그들은 그들을 구하신 것으로 인해 그분을 신뢰하기 때문이다. 이 부분 전체의 요점은 하나님의 신실하신 사랑과 의로우신 결정들의 증거는 구원이라는 것이다.

B. 여호와의 본성은 의인들에 대한 그분의 축복에서 드러난다(7-9절)

하나님의 이 속성들은 첫눈에 보기에는 추상적이다. 하지만 이 속성들은 사람과 짐승을 구하시는 하나님의 본성에 대한 묘사이며, 그래서 그분의 행동들의 원인이다. 다시 말해, 하나님이 신실하시다고 알려진다면, 그것은 그분이 사람들을 대하면서 신실하심을 보여주셨기 때문이다. 그분의 사랑과 의에 대해서도 마찬가지다. 그다음 다섯 구절에서 이 시편은 하나님의 '인자하심'에 초점을 맞춘다. 이것은 하나님의 신실하신 언약 사랑을 신자의 삶에 낳는 것이다.

이 부분은 "하나님이여 주의 인자하심이 어찌 그리 보배로우신지요 사람이 주의 날개 그늘 아래에 피하나이다"라는 감탄의 말로 시작한다. 보배로운(יָקָר) 것은 희귀하기 때문에 소중히 여겨야 한다. 그것은 정선된 것, 값비싼 진주와 같은 것이다. 하나님의 신실하신 사랑은 어떤 사람이 받을 수 있는 것 중 가장 소중한 재산이다. 그 이유는 그분의 인자하심 안에 안전과 안심이 있기 때문이다. "사람들"(문자적으로는 '사람의 아들들')은 그분 안에 피할 수 있다.[17] 피하는 것(יֶחֱסָיוּן, 시 7:1의 같은 단어를 보라)은 비유적 표현으로(암시된 비교), 여호와를 의지하는 것을 폭풍 속에 피난처, 안전한 장소를 찾는 것과 비교한다. 여기에서 믿음의 대상은 "주의 날개 그늘"[동물형태관(zoomorphism)]이다. 예수님은 암탉이 그 새끼를 날개 아래에 모음 같이 사람들을 자신에게 모으고자 하셨으나 그들이 거절했다고 말씀하셨을 때 같은 비유를 사용하셨다(마 23:37). 이것은 하나님이 언약 안에서 안전과 보호를 제공하시는 것을 나타내는 묘사다. 신자들에 대한 하나님의 사랑이 의미하는 것은 바로 이것이다. 이것은 이 세상을 살아가면서 그들이 안

---

17 어떤 해석들은 '하나님이여'를 '사람의 아들들'과 함께 연결하여 여기에서 인간들 중 상류가문 태생의 사람들과 비천한 가문 태생의 사람들을 말하고 있다고 본다(NIV를 보라). 하지만 이 본문에서 '하나님' 이라는 단어에 대해 이런 구분을 할 증거가 충분하지 않다. 게다가 이것은 '사람의 아들들'을 비천한 가문 태생의 사람들로 국한한다.

전한 것 뿐 아니라, 죄에서 구원받는 것과 심판에서 건지심을 받는 것을 말하며, 그 때문에 그것은 이들에게 보배로운 것이다.

그다음 8절에서 시편기자는 성소와 제사장의 이미지를 사용해서 하나님이 자기 백성에게 주신 영적 축복에 대해 말한다.[18] 첫 번째 콜론은 신자들이 "주의 집에 있는 살진 것(דֶּשֶׁן, 시 20:2의 같은 단어를 보라)으로 풍족할 것이라"라고 말한다. '집'은 성소를 말한다. 그리고 '살진 것'은 고기의 기름진 부분, 기름기가 있는 가장 좋은 부분을 말한다(사 55:2을 보라. 여기에서 이것은 제유다). 이것은 제사장의 몫이 될 것이다. 이것은 마치 하나님이 그의 백성에게 제공하시는 것은 성소의 가장 좋은 음식이라는 것과 같다. 여기에서 염두에 두는 것은 예배자들이 실제로 공동 식사로 화목제물을 먹는 성소 의식이다.[19] 이것은 실제 식사였을 것이다. 하지만 이것은 또한 그들이 하나님과 화평을 누리고 있음을 나타내는 상징적 행동이었다. 이 축복은 하나님의 은혜를 받고 그분과 화평을 누리는 영적 유익들을 염두에 둔다. 하지만 또한 그 유익이 그들의 일상적 삶에 영향을 끼치는 방법들도 염두에 둔 것이다. 하나님의 임재 안에서 그들은 육체적으로나 영적으로 만족한다.

또한 그들은 만족할 만큼 마실 것이다. 두 번째 콜론에는 "주께서 주의 복락의 강물을 마시게 하시리이다"라고 되어 있다. '주의 복락'(עֲדָנֶיךָ < עֵדֶן)은 에덴동산 및 거기에서 흐르는 강을 암시한다. 성소는 에덴동산을 상기시켰다. 그리고 물은 하나님이 생명을 공급하시는 것을 상징했다. 성소 의식에서 그것은 마치 하나님의 축복을 받으며 신자들이 다시 한 번 에덴동산에서 생명의 강을 마시는 것과도 같았다. 이것은 실제로 물을 공급하는 것이었다. 하지만 여기에는 영적 생명을 공급한다는 상징적 의미가 있다. 그리고 하나님이 성소에서 예배자들에게 주신 음식과 음료는 또한 다른 본문들이 보여줄 것처럼, 앞으로 올 메

---

[18] 이 이미지들이 창조 기사 및 성소와 어떻게 연관되는지에 대한 상세한 연구로는 *Recalling the Hope of Glory*, chapter 4에 나오는 필자의 논의를 보라.

[19] Anderson, *Psalms 1–72*, p.290.

시아 시대를 나타내는 예표적 의미를 지닌다.

이 부분의 절정은 9절에 나온다. 시편기자는 하나님의 인자하심이 보배롭다고 주장했다. 그 인자하심이 너무나 보배로워서 신자들이 그분 안에 피할 수 있다. 그들은 그분 안에 피할 때 안전함과 보호를 발견한다. 그리고 하나님이 제공하시는 영적·육체적으로 풍성한 삶을 발견한다. 이 모든 것의 기저에 있는 이유는 "생명의 원천이 주께 있사오니 주의 빛 안에서 우리가 빛을 보리이다"라는 것이다. '원천'이라는 말은 창조에 대한 또 하나의 암시다. 이것은 성소에 있는 물 대야를 샘 혹은 우물이라는 견지에서 말한다. 하지만 모든 생명의 공급은 하나님, 창조주라는 것을 의미한다. 그분은 생명이시다. 그리고 그분은 모든 생명의 창조자이며 유지자이시다. "주의 빛 안에서"라는 표현은 신적 계시를 언급하는 것일 수도 있다. 하지만 신적 은총을 의미하는 "주의 얼굴의 빛"을 단축해서 말한 것일 수도 있다.[20] 하나님의 은총 안에서 사람들은 빛을 볼 수 있다. '빛'은 성경에서 진리, 의, 생명, 기쁨, 조명을 나타내는 비유적인 의미로 쓰인다. 여기에서 빛은 생명의 충만함을 전달한다. 이것은 육체적 생명일 뿐 아니라 영적 생명이 될 것이며, 영적 이해가 포함된다. 사람들이 그분을 의지할 때 그들은 그분의 은혜로 생명을 발견한다. 그들은 생명이 무엇인지 알게 된다. 그들이 생명을 주시는 분과 교제를 나누기 때문이다.

성경에서 생명과 빛은 결합되어 있다. 창조에서 생명의 첫 번째 특징은 빛이었기 때문이다. 빛이 없이는 생명이 없을 것이다. 그리고 신약에서 요한은 예수님에 대해 "그 안에 생명이 있었으니 이 생명은 사람들의 빛이라 빛이 어둠에 비치되 어둠이 깨닫지 못하더라"(요 1:4-5)라고 말한다. 빛은 생명의 진수다. 어둠은 죽음과 혼돈을 나타낸다. 하나님이 사람들을 구원하실 때, 그분은 그들을 어둠에서 빛으로 구해내신다. 빛은 길을 비추기 때문에 하나님의 빛 안에서 신자들은 만사를 영적으로 이해할 수 있다. 하나님은 그분의 은혜로 그분의 백성

---

[20] Anderson, *Psalms 1-72*, p.290.

에게 생명을 주시므로, 그 생명에는 영적 이해가 포함된다. 시편기자가 받은 이 신탁은 그가 선과 악을 구별할 수 있도록 해준 빛의 일부다.

III. 하나님의 인자하심이 계속되면 의인은 이 악한 세상에서도 견딜 수 있다(10-12절)

이 시편의 마지막 세 구절은 이 인자하심을 계속 베풀어달라는 기도다. 긍정적 측면이 10절에 표현되어 있다. "주를 아는 자들에게 주의 인자하심을 계속 베푸시며 마음이 정직한 자에게 주의 공의를 베푸소서." 인자하심과 공의라는 이 두 단어는 5-6절에서 소개되었다. 하지만 '인자하심'이 먼저 나오고 이는 7절의 유일한 초점이므로, 이것이 간구의 일차적 관심사다. 시편기자는 하나님의 속성들로 인한 모든 결과가 정직한 자들에게 펼쳐지기 바란다. 하지만 주로 '의'와 결합된 '인자하심'이 그렇게 되기를 원한다.

간구의 부정적 측면은 하나님이 정직한 자들을 "교만한 자의 발"로부터 보호해달라는 것이다. '발'을 지목한 것(제유)은 교만한 자들의 신속한 움직임 때문이다('교만'은 그 사람의 속성을 제시하는 수식어의 환유다). 이들은 파괴적인 악인들로서, 교만으로 악한 계획들을 세우고 파괴적인 삶의 길에 서는 사람들이다. 시편기자는 마음속으로 정복한 적군의 목을 발로 누르는 교만한 정복자의 모습을 그렸을 수도 있다. 시편기자는 하나님의 인자하심이 그를 그들에게서 보호해주기를 원한다.

시편기자는 확신의 말로 끝낸다. 이것은 하나님의 말씀이 악인을 위해 예언하시는 것을 예상하는 일반적인 말이다. 본문에는 '거기서'(םש)라는 말이 나온다. 하지만 이 단어는 보통 미래의 시간에 대해서가 아니라, 장소에 대해 사용된다. 이 의미에 대해서는 어떤 설명도 없다. 이것을 미래에 '거기'를 의미하는 것으로 받아들인다면, 다른 해석이 요구된다. 다후드는 이것을 '보다'라고 번역한다. 이것은 시편기자가 마치 환상 속에서 악인의 멸망을 보고 있었다는 생각을 나타낸다. 즉 악인은 넘어질 것이며 일어나지 못할 것이다(이 동사들은 완료 시제이므로 확신에 찬 예상을 하는 이 부분에서 예언적 완료로 분류된다). 그들의 악함은 끝날 것이기 때문에 보호해달라는 기도는 그분의 백성을 사랑하고 그들을 구원하시는 하나님의 본성에 기초하며, 악인들이 멸망하는 것은 시간 문제라는 완전한 확신으로 표현된다.

메시지와 적용

마태복음 13장에서는 밀과 가라지에 대한 비유가 나온다. 종들은 가라지를 뽑아버리고 싶어 하지만, 주인은 추수 때가 될 때까지 놓아두었다가 그때 가서 분리하라고 말했다. 이것이 의미하는 것은 당분간은 의인이 불의한 사람들 가운데서 살아야 한다는 것이다. 그리고 우리가 사는 이 작은 세계에는 서로 다른 삶의 철학에 따라 사는 두 종류의 사람이 있는 것이다. 바로 하나님을 두려워하지 않고 그분의 율법에 상관하지 않고 살아가는 사람들이 있고, 여호와를 믿는 믿음으로 살아가는 의인들이 있다. 사도 바울은 상당한 시간을 들여 이 둘을 대조한다. 로마서 1:28-32에서 그는 세상의 사람들을 묘사한다. 그들은 하나님을 알지 못했다. 그래서 하나님은 그들을 멋대로 살도록 내버려두셨다. 그리고 그들의 일부 특징은 이 시편에 나오는 묘사들과 잘 맞는다. 교만하고, 속이며, 어리석고, 악을 도모한다는 것이다. 다른 한편에 신자들이 있다. 그들은 믿음으로 하나님의 은혜를 받게 되었으며, 그로 인해 하나님의 사랑이 그들 마음에 부어졌다(롬 5:1-5). 그 결과 그들은 온갖 종류의 영적인 복을 받았으며(엡 1:3-14), 그들은 어떤 것도 그들을 그리스도 예수 안에 있는 하나님의 사랑에서 끊을 수 없다는 것을 안다(롬 8:39). 이 두 부류의 사람들은 삶의 철학, 생활방식, 운명 면에서 얼마나 대조적인가! 이 대조를 반영하여 두 가지 삶의 방식을 드러내도록 강해를 짤 수 있을 것이다. *세상은 하나님을 거부하고 그분의 율법을 무시한 채 살지만, 신자들은 그분의 신실하신 사랑을 의지하고 풍성한 육체적·영적 축*

복을 받는다.

  이 시편의 요점은 메시지나 강조점, 특정 시간에 제한받지 않고 언제나 적용된다. 불경하고 악한 사람들의 지배를 받는 세상에서 우리의 안전과 보안에 대한 유일한 소망은 여호와의 신실한 사랑이다. 이 시편은 다윗이 그랬던 것처럼 이 사랑의 본질과 그것이 이생에서와 내세에서 우리에게 가져다주는 것을 깊이 생각할 기회를 준다. 우리는 다윗처럼 하나님께 우리를 향한 그분의 사랑의 유익을 계속 확장시켜달라고 기도할 수 있다. 그리고 기도해야 한다. 그것이 우리의 삶이며, 그런 삶에서 우리는 이 세상에서 믿음대로 살려면 꼭 필요한 영적 이해를 가질 수 있기 때문이다.

46 신적 섭리의 의로움(시편 37편)
The Righteousness of Divine Providence PSALM 37

서론

본문과 다양한 역본들

א 1 악을 행하는 자들 때문에 불평하지 말며
　　　불의를 행하는 자들을 시기하지 말지어다
　 2 그들은 풀과 같이 속히 베임을 당할 것이며
　　　푸른 채소 같이 쇠잔할 것임이로다
ב 3 여호와를 의뢰하고 선을 행하라
　　　땅에 머무는 동안 그의 성실을 먹을 거리로 삼을지어다[1]
　 4 또 여호와를 기뻐하라
　　　그가 네 마음의 소원을 네게 이루어 주시리로다

---

1 MT에는 וּרְעֵה אֱמוּנָה라고 되어 있다. 하지만 헬라어역에는 καὶ ποιμανθήσῃ ἐπὶ τῷ πλούτῳ αὐτῆς, '그리고 너희는 그 풍성함으로 먹을 것이다'라고 되어 있다. הֲמוֹנָהּ로 읽은 것이다.

| ג | 5 | 네 길을(your way)² 여호와께 맡기라³ |

그를 의지하면 그가 이루시고

    6 네 의를 빛 같이 나타내시며

       네 공의를⁴ 정오의 빛 같이 하시리로다

| ד | 7 | 여호와 앞에 잠잠하고⁵ 참고 기다리라⁶ |

자기 길이 형통하며

악한 꾀를 이루는 자 때문에 불평하지 말지어다

| ה | 8 | 분을 그치고 노를 버리며 |

불평하지 말라 오히려 악을 만들 뿐이라

    9 진실로 악을 행하는 자들은 끊어질 것이나

여호와를 소망하는 자들은 땅을 차지하리로다

| ו | 10 | 잠시 후에는 악인이 없어지리니 |

네가 그 곳을 자세히 살필지라도 없으리로다⁷

    11 그러나 온유한 자들은 땅을 차지하며

풍성한 화평으로 즐거워하리로다

| ז | 12 | 악인이 의인 치기를 꾀하고 |

그를 향하여 그의 이를 가는도다

---

2 Targum과 몇몇 사본에는 복수로 되어 있다. '네 길들을'(your ways).

3 MT에는 시편 22:8처럼 גֹּל, '맡기라'로 되어 있다. 헬라어역은 ἀποκάλυψον, '드러내다'라고 되어 있다. 아마 גַּל에 해당되는 말일 것이다.

4 Targum과 몇몇 사본에는 복수로 되어 있다. '네 판단들/결정들.'

5 דּוֹם는 '잠잠하라'(be still)이다. 이것은 헬라어 역본에서 ὑποτάγηθι, '굴복하다'로 해석되었다.

6 MT에 나오는 동사는 וְהִתְחוֹלֵל이다. 헬라어에는 καὶ ἱκέτευσον, '그리고 그에게 간곡히 탄원하다'라고 되어 있다. 하지만 Aquila는 ἀποκαραδόκει라고 되어 있다(Targum도 마찬가지다). BHS 편집자들은 וְהוֹחֵל라고 읽을 것을 제안한다.

7 헬라어역은 풀어서 설명한다. μὴ εὕρῃς, '너는 그것을 발견하지 못할 것이다'라는 것이다. 반면 MT에는 '그리고 그는 그렇지 않다'(וְאֵינֶנּוּ)라고 되어 있다.

| | 13 | 그러나 주께서 그를 비웃으시리니 |

그의 날이 다가옴을(his day will come)⁸ 보심이로다

| ח | 14 | 악인이 칼을 빼고 활을 당겨 |

가난하고 궁핍한 자를 엎드러뜨리며

행위가 정직한⁹ 자를 죽이고자 하나

| | 15 | 그들의 칼은 오히려 그들의 양심을 찌르고 |

그들의 활은 부러지리로다

| ט | 16 | 의인의 적은 소유가 |

악인의 풍부함¹⁰보다 낫도다

| | 17 | 악인의 팔은 부러지나 |

의인은 여호와께서 붙드시는도다

| י | 18 | 여호와께서 온전한 자의 날을¹¹ 아시나니 |

그들의 기업은 영원하리로다

| | 19 | 그들은 환난 때에 부끄러움을 당하지 아니하며 |

기근의 날에도 풍족할 것이나

| כ | 20 | 악인들은 멸망하고 |

여호와의 원수들은 어린 양의 기름 같이(like the glory of the pastures, 목장의 영광 같이 - 역주)¹²

---

8 이 형태는 미완료 시제 יָבֹא다. 몇몇 사본들과 Qumran은 בָּא, 완료 시제로 되어 있다. 이 의미는 '그들의 날이 왔다'는 것이다.

9 히브리어는 문자적으로는 '길의 정직함'으로, '길'은 세목에 대한 소유격이다. 헬라어역과 다른 몇몇 사본들에는 보다 일반적인 표현인 '마음의 정직함'이라고 되어 있다. MT가 정확한 해석을 보존한다.

10 MT에서 '풍부함'(רָבִּים)은 '악인'을 꾸며준다. 하지만 헬라어, 수리아 역본, Jerome의 독법은 '죄인들의 풍성한 재산(혹은 큰 풍부함)'이라고 말한다. 이 형태는 아마 '풍부함'과 결합하기 위해 רַב으로 되어 있을 것이다.

11 '…의 날'(days of)(יְמֵי)에 대한 헬라어 번역은 τὰς ὁδούς, '길들'로 되어 있다. 이것은 분명 첫 번째 지혜 시편인 시편 1편의 익숙한 표현을 상기시킨다.

12 이 구절은 각 역본에서 설명하기 어려운 몇 가지 변형들로 나타난다. MT에는 כִּיקַר로 되어 있는데, 이것은 그들이 목장의 가장 좋은, 소중한 부분과 같음을 나타낸다. 하지만 헬라어 본문에서 이 행은 ἅμα

타서 연기가 되어

　　없어지리로다

ל 21　악인은 꾸고 갚지 아니하나

　　의인은 은혜를 베풀고 주는도다

　22　주의 복을 받은¹³ 자들은 땅을 차지하고

　　주의 저주를 받은 자들은¹⁴ 끊어지리로다

מ 23　여호와께서 사람의 걸음을 정하시고

　　그의 길을 기뻐하시나니

　24　그는 넘어지나 아주 엎드러지지 아니함은

　　여호와께서 그의 손으로 붙드심이로다

נ 25　내가 어려서부터 (and)¹⁵ 늙기까지

　　의인이 버림을 당하거나

　　그의 자손이 걸식함을 보지 못하였도다

　26　그는 종일토록 은혜를 베풀고 꾸어 주니

　　그의 자손이 복을 받는도다

ס 27　악에서 떠나 선을 행하라

　　그리하면 영원히 살리니¹⁶

τῷ δοξασθῆναι αὐτοὺς καὶ ὑψωθῆναι, '그들이 존중받고 높임을 받는 순간 그들은 연기처럼 완전히 사라져버렸다'라고 되어 있다. '영광, 소중한'에 해당하는 단어는 동사 형태로 여겨졌다. 그리고 '목장'에 해당하는 희귀한 단어인 כָּרִים는 כְּרֻבִים로 이해되었다. Symmachus는 ὡς μονοκέρωτες로 되어 있는데, 이것은 כְּרָמִים, '야생 수소들'에 해당되는 말이다.

13　MT에서 이 형태는 수동형, 푸알 분사יְבֹרָכָיו이다. 하지만 헬라어 역본은 이것을 능동형 οἱ εὐλογοῦντες αὐτόν, '그를 축복하는 사람들'로 만든다. 마치 이 형태가 피엘 מְבָרְכָיו인 것처럼 보는 것이다. MT는 보다 희귀하고 어려운 형태를 보존하고 있으며 그렇게 유지되어야 한다.

14　마찬가지로 히브리어 수동형 '그에게 저주를 받은 자들' מְקֻלָּלָיו 대신에, 헬라어역에는 능동형 καταρώμενοι αὐτόν, '그를 저주하는 사람들'이라고 되어 있다.

15　이 접속사는 헬라어 역본과 몇몇 사본들에서 나온 것이다. 이 말은 MT에는 나오지 않는다.

16　헬라어, εἰς αἰῶνα αἰῶνος.

28 여호와께서 정의를 사랑하시고 그의 성도를 버리지 아니하심이로다
그들은 영원히 보호를 받으나[17]
악인의 자손은 끊어지리로다

29 의인이 땅을 차지함이여
거기서 영원히 살리로다

פ 30 의인의 입은 지혜로우며
그의 혀는 정의를 말하며

31 그의 마음에는 하나님의 법이 있으니
(and)[18] 그의 걸음은 실족함이 없으리로다

צ 32 악인이 의인을 엿보아
살해할 기회를 찾으나

33 여호와는 그를 악인의 손에(to his power)[19] 버려 두지 아니하시고
재판 때에도 정죄하지 아니하시리로다

ק 34 여호와를 바라고 그의 도를 지키라
그리하면 네가 땅을 차지하게 하실 것이라
악인이 끊어질 때에 네가 똑똑히 보리로다

ר 35 내가 악인의(wicked, ruthless)[20] 큰 세력을 본즉
그 본래의 땅에 서 있는 나무 잎이 무성함과 같으나[21]

---

17 헬라어역에는 또한 ἄνομοι δὲ ἐκδιωχθήσονται, '그리고 무법한 자들은 쫓겨날 것이다'라는 말이 나온다. 몇몇 주석가들은 이 추가 문구를 받아들인다. ἄνομοι는 עֲוָלִים에 해당될 것이며, 그래서 이합체 시에 필요한 ע을 제공해줄 것이기 때문이다. 본문의 지면 배치를 보면 לְעוֹלָם로 시작되는 본문 두 번째 행이 있는데, 이 전치사가 없었다면 거기에서 ע라는 글자를 얻을 수 있을 것이다. 어떤 경우든 이합체 시 형태는 여기에서 잘 보존되어 있지 않다.

18 접속사는 헬라어역과 수리아 역본들에서 나온 것이다. 이것은 MT에는 없다.

19 문자적으로는 '그의 손에.'

20 헬라어 역본은 ὑπερυψούμενον, '자신을 대단히 높이는' 혹은 '높임을 받는'이라고 되어 있다. 편집자들은 עָרִיץ을 עֲרִיץ, '건방진'으로 바꿀 것을 제안한다.

21 헬라어에는 ἐπαιρόμενον ὡς τὰς κέδρους τοῦ Λιβάνου, '자신을 레바논의 백향목처럼 높이는'이라고 되어 있다. 문제는 מִתְעָרֶה, '자신을 벌거벗은 채로 보이다'라는 말의 의미가 무엇인가 하는 것이다.

36 　내가 지나갈 때에(he passed away)[22] 그는 없어졌나니

　　내가 찾아도 발견하지 못하였도다

שׁ 37 　온전한 사람을 살피고 정직한 자를 볼지어다

　　모든 화평한 자의 미래는[23] 평안이로다

38 　범죄자들은 함께 멸망하리니

　　악인의 미래는[24] 끊어질 것이나

ת 39 　의인들의 구원은 여호와로부터 오나니

　　그는 환난 때에 그들의 요새이시로다

40 　여호와께서 그들을 도와 건지시되

　　악인들에게서 건져 구원하심은

　　그를 의지한 까닭이로다

구성과 전후 문맥

시편 37편은 속담적 특성을 보이는 대단히 교훈적인 시편이다. 베스터만은 이 시편이 지혜 전통에 푹 잠겨 있어서 잠언에 포함시켜도 될 정도라고 말한다.[25]

이것은 분명 מַעֲלֶה로 해석되었으며, חֲרָזִים은 כְּאָרְזֵי로, 그리고 עָנָן은 כִּלְבָנוֹן로 해석된 것이다. NIV는 '무성함'이라는 해석을 제시한다.

22 헬라어역, 수리아 역본, Jerome은 모두 '내가 지나갔다'고 되어 있다.

23 히브리어는 אַחֲרִית, 헬라어는 ἐγκατάλειμμα, '미래의 남은 자' 혹은 '나머지'라고 되어 있다. 히브리어 단어는 '끝, 마지막'이라는 의미다. 어떤 사람들은 이것이 '후손/자손'을 의미할 수도 있다고 말한다. 예레미야 31:17의 의미에 근거한 것이다(아마 헬라어 역본의 해석은 이것을 배경으로 할 것이다). 이것은 38절의 대구법과 잘 맞을 것이다. 죄인들은 멸망했다//그들의 자손들은 끊어졌다. 하지만 본문은 '끝'이라는 의미로 볼 때 잘 이해된다. 악인의 끝은 멸망이며, 신자의 끝은 구원이다. 끝은 삶의 방식의 결론을 의미한다(Kraus, *Psalms 1–59*, p.407을 보라). 끝에 가서, 즉 미래에 현재의 갈등이 어떻게 해결될 것인지 분명해진다.

24 헬라어, ἐγκαταλείμματα. 주 23을 보라.

25 Claus Westermann, *The Psalms: Structure, Content and Message*, tr. R. D. Gehrke(Minneapolis: Augsburg, 1980), p.112.

이 모든 가르침들을 통해 이 시편은 하나님의 의로운 섭리가 세상에 대한 그분의 다스림에서 정당하다고 입증된다는 사실을 드러낸다.[26] 이것을 발견하기 위해 시편기자는 백성에게 기다리고, 의지하며, 끝을 내다보라고 지시한다. 확인하라는 것이 어떻게 하나님이 경건한 자들에게 상을 주고 악인들을 멸망시킴으로 그분의 의를 보이시는지 확인하라는 것이다.

지혜 문학다운 관심사로, 이 시편은 악인의 형통함과 권세와 의인의 궁핍과 고난(악인으로 인한)을 대조시킨다. 이것은 현재 하나님이 보호하고 돌보시리라는 약속, 그리고 미래에 그분이 화평을 제공하시리라는 약속을 의인들에게 제시한다. 악인들은 그것을 갖지 못할 것이다. 요약하면 의에는 그 자신의 보상이 있을 뿐 아니라, 또한 결국에 가서는 그 의가 보상으로 주어질 것이다.[27]

이 시편의 구조는 대체로 이합체적 배열에 의해 감춰져 있다. 하지만 이 시편에서 다양한 강조점들을 추적하는 데 도움이 될 만한 표시들이 있다. '불평하지 말라'라는 말은 1절에 나오며 그다음에는 7-8절에 나오는 유사한 시작들을 나타내는 표시이다. 믿음으로 견디라는 명령, 즉 바라라, 기다리라, 의뢰하라, 헌신하라는 말은 3, 7절과 34절에 나온다. 그렇다면 1-6절은 합해서 축복에 대한 약속과 함께 믿음 안에서 견디라는 명령이 될 것이며, 34-40절은 장차 구원의 축복을 받으리라는 약속과 함께 믿음을 가지라는 결론적 명령으로 볼 수 있을 것이다. 7-33절은 교훈적 자료의 핵심이다. 여기에서 7-20절은 하나의 단위로써, 응보가 이르고 있으므로 믿음을 굳게 지키라는 명령을 새롭게 말하는 것으로 보인다. 그렇게 되면 21-23절이 남게 되며, 이 구절들은 신실한 자들이 그들의 신실함을 어떻게 나타낼 수 있는지 보이기 위해 지혜의 삶을 칭찬한다. 이 구절들은 좀 더 세분화할 수 있다. 21-26절은 여호와가 어떻게 의인을 보살피시는지 강조하며, 27-33절은 의인들이 악에서 떠나라고 명하기 때문이다. 여호와는 의

---

26 Perowne, *Psalms*, I:315.
27 또한 Michael Jinkins, "The Virtues of the Righteous in Psalms 37," in *Psalms and Practice*, ed. by S. B. Reid (Collecgeville, MN: Liturgical Press, 2001), p.164-201을 보라.

를 사랑하고 의인을 버리지 않으실 것이기 때문이다.

시편 37편은 시편 1편에서 소개된 개념 중 몇 가지를 더 발전시킨다. 의인의 길과 악인의 길 간의 대조, 율법에 대한 초점, 특히 심판에서 장차 의인과 악인이 분리되리라는 점 등이다. 이 관심사 중 일부는 시편 73편에서 다룰 것이다. 거기에서는 형통하는 악인들과 고난받는 의인들에 대해 좀 더 자세히 다룬다. 하지만 율법을 아는 것에 대해서는 좀 덜 강조되었다. 그것은 후에 시편 119편에서 나온다(시편의 구성에 대한 주석은 이 책의 서론을 보라).

이 시편의 교훈적 특성은 토라 시편들(이를테면 시 119편)과 유사한 것으로, 그 때문에 많은 주석가가 이 시편이 포로기 이후의 것이라고 여긴다. 하지만 의, 율법에 대한 순종, 악인들에 대한 하나님의 심판을 통해 정당함이 입증되는 것 등의 관심사는 포로기 이후의 공동체만 갖고 있는 것이 아니다. 시편 37편 연구에서 핵심적으로 살펴볼 것 중 하나는 땅의 축복에 대한 흥미로운 강조다. 3절을 보면 의인이 땅에 거하며, 하나님의 성실을 먹을거리로 삼을 것이라는 내용이 나오고, 9절에서는 악인들은 끊어질 것이나 신자들은 땅을 차지할 것이라고, 11절에서는 온유한 자들은 땅을 차지할 것이라고, 22절에서는 주의 복을 받은 자들은 땅을 차지할 것이라고, 그리고 34절에서는 악인들이 끊어질 때, 여호와가 신실한 자들이 땅을 차지하도록 높이실 거라고 말한다. 땅으로 돌아가는 것에 대한 강조는 없다. 그보다 의인들과 악인들은 둘 다 땅에 거하지만, 의인들은 탐욕스럽고 형통하는 원수들에게서 공격을 받는 것처럼 보인다. 그들은 신실하게 살아야 하며, 여호와가 악인들을 제거하고 의인들이 평화롭게 땅을 차지할 수 있게 하실 것을 기다리라는 명령을 받는다. 이 시편의 환경들은 어느 곳에나 들어맞을 수 있으며, 언젠가 여호와의 원수들에게 억압을 받지 않고 땅을 유업으로 받는 것은 땅에 거하고 있지만, 약속이 아직 실현되지는 않은 하나님의 백성이 끊임없이 갖고 있는 소망이었다. 이 시편의 소망은 예수님께서 온유한 자들이 땅을 유업으로 받을 것이라고 약속하면서 이 시편 구절을 인용하셨을 때도 여전히 적절했다(마 5:5; 막 10:30).

석의적 분석

요약

이 시편기자는 잠언적 표현 모음을 사용해서 의인들에게 계속적으로 여호와를 의지하고, 궁극적으로 꺾일 악인에 대해 안달하지 말라고 권면한다.

개요

I. 시편기자는 회중에게 여호와의 복을 누리기 위해 믿음 안에서 견디라고 가르친다(1-6절).

    A. 그들은 죄된 사람들에 대해 안달하지 말아야 한다. 죄된 사람들은 사라질 것이기 때문이다(1-2절).

    B. 그들은 여호와를 의뢰하고 선을 행해야 한다. 그분은 의인의 마음의 소원이 이루어지게 해주실 것이기 때문이다(3-6절).

II. 시편기자는 회중에게 성실함을 굳게 잡으라고 말한다. 환난의 때가 다가오고 있기 때문이다(7-20절).

    A. 여호와를 의지하고 불평하지 말아야 한다. 이것은 악을 행함으로 이끌 뿐이다(7-8절).

    B. 악인은 심판을 받을 것이지만 의인은 땅을 차지하리라는 것을 알아야 한다(9-11절).

    C. 그들은 여호와가 어떻게 악인들을 막고 벌하시는지 주목해야 한다(12-20절).

        1. 악인은 악을 꾀하지만, 여호와는 비웃으신다(12-13절).

        2. 악인은 궁핍한 자를 공격하지만, 곧 부러질 것이다(14-15절).

        3. 의인은 적은 소유를 가질지 모르지만, 악인은 부러질 것이다(16-17절).

        4. 여호와는 온전한 자의 길을 보호하지만, 악인은 끊어지게 하실 것이다(18-20절).

III. 시편기자는 회중에게 지혜의 삶으로 믿음을 보이라고 명한다. 여호와가 그들을 축복하실 것이기 때문이다(21-33절).

   A. 그는 여호와가 의인을 돌보시는 방식을 묘사한다(21-26절).

      1. 의인은 주지만, 악인은 손에 쥐고 있다. 그리고 여호와는 각각 그에 따라 갚으실 것이다(21-22절).

      2. 여호와는 의인의 활동들을 정하고 보호하신다(23-24절).

      3. 여호와는 다른 사람들을 돌보는 의인에게 먹을 것을 제공하신다(25-26절).

   B. 그는 사람들에게 악에서 떠나라고 명한다. 여호와는 정의를 사랑하시기 때문이다(27-33절).

      1. 그들은 악에서 떠나야 한다. 여호와는 선을 행하는 자는 보존하고 보호하시지만, 악인은 멸하시기 때문이다(27-29절).

      2. 의인은 지혜를 말한다. 여호와의 법이 그들 마음속에 있기 때문이다(30-31절).

      3. 악인은 의인을 멸망시키려 하겠지만, 여호와는 그들을 버려두지 않으실 것이다(32-33절).

IV. 시편기자는 회중에게 여호와를 바라고 의지하라고 권면한다. 여호와가 구원과 화평을 가져오시기 때문이다(34-40절).

   A. 그는 그들에게 순종하는 마음으로 여호와를 기다리라고 권면한다. 그분이 결국 그들을 높이실 것이기 때문이다(34절).

   B. 그는 그들에게 악인은 끊어질 것임을 상기시킨다(35-38절).

      1. 그는 사라져버린 교만한 사람들을 목격했다고 말한다(35-36절).

      2. 그는 온전한 사람들에게는 미래가 있으나, 악인은 완전히 멸망당한다고 단언한다(37-38절).

   C. 그는 여호와가 의인의 구원이시며 그분께 피하는 자들을 악인에게서 구원하신다고 결론을 내린다(39-40절).

강해 형태의 주석

I. 믿음 안에서 견디면 여호와의 복을 누리게 될 것이다(1-6절)

A. 죄된 사람들에 대해 안달하는 것은 헛된 일이다. 그들은 곧 사라질 것이기 때문이다(1-2절)

이 시편의 1-6절이 강조하는 것은 믿음 안에서 견디라는 것, 특히 의인을 위한 축복의 약속이라는 토대에서 그렇게 하라는 것이다(잠 24:19, 3:31, 23:17을 보라). "불평하지 말라"(אַל־תִּתְחַר)[28]라는 이 부분은 "시기하지 말라"(אַל־תְּקַנֵּא)[29]와 대응을 이룬다. 이 경고들은 세상의 형통함과 영향력에 얼마나 영향을 받기 쉬운지 이해한다. 하지만 이것은 여기에 상세히 설명되어 있지는 않다. 언급된 것은 "악을 행하는 자들 때문에"(מְרֵעִים, 시 10:15의 같은 단어를 보라)와 "불의를 행하는 자"(עֹשֵׂי עַוְלָה, 시 43:1의 같은 단어를 보라)라는 말 뿐이다. 그들이 무엇을 하든 신실한 자들은 그것을 시기해서는 안된다. 불평하거나 시기하는 것은 믿음이 약

---

28 '불평하지 말라'는 אַל־תִּתְחַר을 번역한 것이다. חָרָה라는 동사는 '태우다, 타오르다'라는 의미다(특히 분노로). 이 동사와 관련된 명사는 חָרוֹן로, '불타는 것 혹은 분노'라는 의미다. 이 말은 종종 אַף과 대응을 이루어 사용된다(시 2:5을 보라). 칼 체계에서 이 단어는 분노하는 것에 대해 사용된다. 이것은 '(분노가) 불붙다'(인간에 대해서는 창 39:19와 출 32:10, 하나님의 분노가 타오르는 것에 대해서는 민 11:1, 10절과 출 32:10)라고 혹은 '그것이 그에게 매우 흥분된 것이었다'(사람에 대해서는 창 4:5, 6절과 욘 4:1, 4절, 9절, 그리고 하나님에 대해서는 시 18:8)라고 표현할 수 있을 것이다.
히필 어간에 대해 이 단어는 '불평하다'(fret)로 번역된다. 이것은 '애가 타서 열을 내다'라는 의미다. 이 단어는 네 번 나오는데, 세 번은 시편 37편에서(1, 7, 8절) 나오며, 한 번은 잠언 24:19(사실상 여기에는 시 37편의 첫 번째 구절이 거의 단어 하나하나 그대로 나온다)에서 나온다. 정확한 어휘를 찾기는 어렵다. 하지만 '불평하다'가 가장 가까운 단어다. 이 개념은 분명 '흥분하다'보다는 훨씬 더 강한 것이다. 이것은 열정적인 강렬함, 통절한 분개를 표현한다. Kraus는 이것이 그보다 훨씬 이상이라고 말한다. 이것은 하나님의 능력과 통치에 대한 격렬한 좌절과 분노다. 안달하는 것은 분별이 없는 것이다. 삶의 불공정에 대해 분노하는 것은 불신의 표시이기 때문이다(*Psalms 1-59*, p.405). 그 때문에 시편기자는 곧 믿음과 순종을 조언할 것이다. 이생의 모든 염려를 여호와께 맡기는 믿음이다.

29 이 동사는 '시기하다, 질투하다' 혹은 '열심인'으로 번역할 수 있다. 이것은 각 경우 열정적인 강렬함을 묘사한다. 긍정적 의미로는 어떤 제도나 관계를 안전하게 지키기 위해 열심을 낸다는 의미이고, 부정적 의미로는 어떤 것에 대한 욕망으로 불타오른다는 의미다. 이 구절에서 "불평하지 말라"는 악인들이 할 수 있는 일과 할 일에 대한 불안함의 문제를 다루며, "시기하지 말라"는 악인들이 가진 것을 원하는 문제에 초점을 맞춘다.

한 것이 될 것이며, 그래서 이 시편은 하나님의 백성에게 그분을 의뢰하며 신실하게 살라고 명할 것이다.

이 훈계의 이유는 악인들이 일시적이기 때문이다. 그들은 지속되는 것을 아무것도 갖고 있지 않다. 풀의 이미지(직유)는 성경에서 인생이 짧다는 것에 대해 종종 사용된다. 악인들은 당분간은 형통한 것처럼 보일지 모르지만, 풀[30]과 같이 시들 것이며, 푸른 채소 같이 쇠잔할 것이다. 이러한 비교들은 죽기 전에도 번영과 영향력을 잃어버리거나, 혹은 신적 심판을 받는 것을 예견하게 한다. 그렇다면 하나님의 백성은 자신의 운명을 결정하는 분을 두려워해야 하며, 따라서 영원한 것을 바라야 한다.

B. 여호와를 의지하고 선을 행해야 한다. 그분은 신실한 자들의 소원을 이루어주시기 때문이다(3-6절)

3절은 초조한 두려움과 소망에 대한 적절한 대안을 알려준다. 그것은 바로 여호와를 의뢰하고(בְּטַח, 시 4:5의 같은 단어를 보라) 선을 행하는 것이다(טוֹב, 시 34:8의 같은 단어를 보라). 이 개념은 여호와의 뜻에 복종하고 삶의 불공정함과 갈등들을 처리하기 위해 그분을 의지하라는 것이다. 그들의 믿음은 그들이 하나님의 뜻에 맞는 일을 열심히 행함으로써 입증될 것이다. 이 신실한 삶은 3절 후반에서 실제적인 용어들로 설명된다. 그들은 땅에서 머물면서 그분의 성실을 먹고 살아야 한다. 그분의 성실을 먹고 산다는 말은('양을 신실하게 치라'[31]는 해석보다는) 살아가면서 하나님의 신실하심(אֱמוּנָה, 시 15:2의 같은 단어를 보라)으로부터 영적 힘과 안전을 이끌어내야 한다는 의미다. 여기에서 그들과 악을 행하는 자들은

---

30 여기에서 의도하는 이미지를 알려면 물이 귀한 이스라엘의 풀을 생각해야 한다. 우기가 지나면 대부분의 지역에서 풀이 거의 사라져버린다.

31 VanGemeren, *Psalms*, p.299에 나오는 논의를 보라. "양을 신실하게 치라"로 바꾼 것은 성실이라는 말을 부사적으로 본 것으로, "땅에 머물다"라는 말과 더 나은 대구를 이루기는 한다. 하지만 이것이 동의어적인 대구가 될 필요는 없다. 앞에서 말했듯이, 헬라어역은 이 단어를 '풍부함'과 혼동해서, '그것의 풍부함으로 먹게 될 것이다'라고 해석한다.

뚜렷한 대조를 이룬다. 그들은 땅에서 살면서 풍성한 목초를 누릴 것이며 시들거나 쇠하지 않을 것이다. 하나님이 신실하시기 때문이다.

두 번째 명령(4절)은 신실한 자들에게 여호와를 기뻐하라는 것이다. 그러면 여호와가 그들이 간구한 것들(מִשְׁאֲלֹת)을 주신다는 것이다. 시편 1편에서 설명했듯이, 의인이 여호와를 기뻐하면 그들의 간구는 여호와의 뜻과 조화를 이룰 것이다. 이것은 원하는 게 무엇이든 하나님이 다 주신다는 무조건적인 약속이 아니다. 그들의 소원이 여호와 안에 있다면 그들의 간구는 적절할 것이다. 그렇게 되면 그들은 그분의 신실하심을 누릴 것이다.

5-6절은 의뢰라는 명령을 확장한다. 여기에서 동사는 '맡기다'(גֹּל, 시 22:8에서와 같이)이다. 이것은 '멀리 굴려버리다', 즉 분개, 두려움, 시기 등의 감정을 여호와께 던져 버리는 것을 의미한다.[32] 그들이 이렇게 할 수 있고 또 해야 하는 이유는 그분이 행동하실(יַעֲשֶׂה) 것이기 때문이다. 그분이 어떻게 행동하실지는 믿음으로 기대해볼 수 있다. 그분은 그들의 의와 정의를 "빛 같이" 그리고 "정오의 빛 같이" 나타내실 것이다. 그들의 의와 신실함은 세상의 냉혹한 전망들을 이기고 승리할 것이다. 이 직유는 정의를 나타내는 것을 하나님이 행동하시는 새로운 시대가 밝아오는 것과 연관시킨다(잠 4:18; 말 4:2을 보라). 이러한 극적인 변화, 악인의 멸망, 의인의 승리 등은 하나님의 주권적 통치를 보여주고 믿음의 길이 옳다는 것을 입증해준다.

II. 믿음 안에서 견디면 심판의 날에 보상을 받는다(7-20절)

A. 의인은 악을 행하지 않도록 믿음을 지켜야 한다(7-8절)

그다음 부분에서는 앞으로 응보가 있을 것임을 상기시키며 견디라는 명령을 더욱 강화한다. 처음 두 구절은 '불평하지 말라'는 말을 반복하면서 이 명령을 한다. 첫

---

[32] VanGemeren, *Psalms*, p.298.

번째 행은 사람들에게 여호와 앞에서 잠잠하고(דֹּם에서 나온 הֹום) 참을성 있게 기다리라고(חוּל에서 나온 הִתְחוֹלֵל). 이것은 '몸부림치며 괴로워하다'라는 의미의 단어다. 그래서 히트포렐에서 '간절히 바라며 기다림'이다) 명한다. 잠잠히 기대하는 것은 분명 염려나 좌절된 소원들과는 정반대다. 잠잠하다는 개념은 하나님의 손에 놓아두고 고요히 감수한다는 것이다.[33] 참을성 있게 기다린다는 개념은 하나님의 간섭을 기대한다는 것이다. 그래서 늘 소란스러운 염려에 가득 찬 삶과는 반대로, 악을 행하는 자들의 성공한 것처럼 보이는 꾀와는 대조적으로, 의인들은 멈춰서 여호와가 그들에게 주시는 공급과 보호를 기다려야 한다. 결국 예수님이 말씀하신 것처럼, 사람들이 아무리 염려해도 수명을 하루도 더할 수 없다(마 6:27). 그래서 권고는 반복된다. 불평하지 말라. 이제 본문은 악을 행하는 자들에 대해 더 설명한다. 그들은 형통하는(מַצְלִיחַ) 자들이기 때문이다. 어느 누구도 모든 면에서 실패한 사람들, 그러면서 악한 꾀(מְזִמּוֹת, 시 10:2의 같은 단어를 보라)를 행하는 행악자들에 대해서는 염려하거나 부러워하지 않을 것이다. 행악자들은 잠시 동안 그들의 악한 꾀로 형통한다. 그들에 대해 불평하는 것은 짧은 생각이다.

하지만 교훈은 이것을 넘어선다. 의인들은 분(אַף, 시 30:5의 같은 단어를 보라)을 그치고 노(חֵמָה)를 버리라는 명령을 받는다. 이것은 다른 사람들이 행하는 악을 그들도 행하도록(אַךְ־לְהָרֵעַ) 이끌 뿐이기 때문이다(또한 시 73:2-3, 15절; 갈 5:20-21, 26절을 보라). 강렬한 애태움과 시기심을 가지고 살다보면 분노에 사로잡힐 수 있으며, 잘못된 것들에 대한 분노는 행악자들의 행동과 같은 행동, 혹은 악과 다를 바 없는 전술을 사용하는 보복으로 이어질 것이다.

B. 행악자늘은 멸망할 것이지만, 의인은 땅을 차지할 것임을 알아야 한다 (9-11절)

의인은 여호와께 굴복해야 한다. 그분이 악인들의 꾀로 인해 생겨난 불공정함

---

[33] Perowne, *Psalms*, I:316.

을 해결하실 것이기 때문이다. 그리고 오직 그분만이 하실 수 있다. 그래서 9절은 악을 행하는 자들은 끊어질 것이나 의인은 땅을 차지할 것이라는 설명(כִּי)을 제공한다. 그들이 '끊어질'(<כָּרַת) 것이라는 생각은 다른 본문들에서는 이것이 사회에서 출교당하거나 비명에 죽는 것에 대해 사용될 수 있지만, 이 맥락에서는 신적 심판을 받아 죽는 것을 말한다. 요는 신적 정의가 다가오고 있다는 것이다. 이 점은 10절에 상세히 설명되어 있다. 거기에서는 잠시 후에 악인은 없게 될(אֵין) 것이라고 말한다. 병행 콜론은 "네가 그곳을 자세히 살필지라도 (וְהִתְבּוֹנַנְתָּ) 없으리로다"라고 덧붙인다. 이와 대조적으로 온유한 자들(וַעֲנָוִים, 시 9:12의 같은 단어를 보라), 즉 제한된 자원과 능력 때문에 여호와께 의존하고 그분을 바라는 자들은 땅을 차지하고 풍성한 화평으로 즐거워할 것이다. 여기에 나오는 '즐거워하다'라는 단어는 4절에서 반복된다. 그들은 여호와를 기뻐하라는 명령을 받았으며, 화평으로 즐거워할 것이다(이것은 그들이 직면한 혼란, 고난, 염려와 대조된다). 그래서 이 명령은 약속들이 성취될 것을 기대하며 살라는 것이었다.

크라우스는 이 시편에서 사람들의 운명이 뒤집히는 것은 땅에 대해서라고 설명한다. 의인과 악인 모두 축복의 서약으로 땅을 갖는다. 하지만 악인은 땅을 빼앗길 것이다. 그들이 한 일 때문이다. 그들은 하나님이 주신 은혜의 서약을 믿음으로 받지 않았기 때문에, 생명과 땅을 빼앗긴다. 하지만 신자들은 약속된 복을 받을 것이다. 현재(시 25:13) 그리고 종말론적 의미에서(사 60:21, 65:9) 그렇다.[34]

C. 의인은 악인을 막고 벌하시는 여호와를 신뢰해야 한다(12-20절)

이 세상에서 의인들은 악인들의 공격에 취약하다. 그들은 먹잇감과 같다. 12절은 악인들이 의인을 치기 위해 꾀한다고(זֹמֵם, 시 10:2의 같은 단어를 보라) 말한다. 그들은 믿음과 정직함을 가진 사람들을 파멸시키고 싶어 하면서 음모를 꾀한

---

34 *Psalms 1-59*, p.406.

다. 그들이 이를 간다는 것은 비유적 묘사(먹이의 짐승들과의 암시된 비교)다. 이것은 그들의 사악한 시기와 탐욕을 말하기도 한다. 마치 으르렁거리면서 이를 가는 것과 같다는 것이다(시 35:16, 112:12). 악을 행하는 자들의 원한과 적의는 그 정도로 심하다.

하지만 여호와는 그들을 비웃으신다. 시편 2:4에서와 마찬가지다. 이 신인동형론적 표현은 그들의 음모가 우습고, 약하며, 실패할 것이 뻔하다는 것을 보여준다. 시편기자는 여호와가 그들의 날이 다가옴(יבא)을 보시기 때문이라고 설명한다. 여호와는 이미 그날, 즉 그들의 멸망의 때와 환경(그래서 주제의 환유다)이 다가오는 것을 보신다. 그것은 불가피하게 결정되어 있다. 그리고 그것은 곧 하나님의 계획 속에서 일어난다. 이 부분 전체의 주제는 악인의 생명과 활동에는 끝이 있다는 것이다.

14-15절은 악인의 공격을 생생하게 묘사한다. 검과 활은 강력한 멸망의 상징이다. 그 줄은 무기(제유)를 든 악한 원수들의 문자적인 공격을 언급한 것일 수도 있고, 아니면 군사적 이미지(암시된 비교)를 이용한 어떤 공격을 언급한 것일 수도 있다. 그들이 어떻게 그것을 하려 애쓰든, 그들의 목표는 가난한 자들과 궁핍한 자들이 넘어지게 하려는 것, 즉 그들이 사는 길에서 정직한 사람들을 죽이려는 것이다. 그들은 가난하고 궁핍한 자들을 전부 멸망시키려는 게 아니라, 의로운 사람들만 죽이려는 것이다. 악인들에게 위협이 되는 것은 의인들이다. 그들은 죄에 대한 다가오는 심판을 상기시킨다. 그들의 세계에서 정직한 자들의 자리는 없다. 그래서 그들은 취약한 신자들을 공격한다. 하지만 15절은 그들의 공격이 그들에게로 되돌아갈 것이며, 그들은 그들 자신의 간계 안에서 멸망할 것이라고 말한다. 하나님은 의로우시다. 그분은 즉시 행동하지는 않으실지 모른다. 하지만 자기 백성에게 악인에 대한 심판이 다가오고 있다고 확신시키신다. 어쩌면 임박한 심판이 있을 것이지만, 분명한 것은 종말론적 심판이 있다는 것이다.

이 부분 가운데서 시편기자는 속담투의 표현을 덧붙인다. "의인의 적은 소유가 악인의 풍부함보다 낫도다." 이것이 함축하는 바는 악인이 의인의 물질 대부분을 빼앗아갔지만, 의인이 가진 적은 것이 더 낫다는 것이다. 악인은 모든 것을 잃어버릴 것이기 때문이다(17절. 잠 15:16, 16:8을 보라). 악인들의 무기는 부러질 것이다. 그것은 그들이 싸울 능력이 없어지리라는 것을 의미한다(아마도 제유). 하지만 의인들은 여호와가 붙드실 것이다(סוֹמֵךְ). 하나님의 때에 악인은 멸망하고 의인은 땅을 차지할 것이다. 여호와는 "온전한 자의 날"(יְמֵי תְמִימִם, 시 7:9의 같은 단어를 보라)을 아신다. 이 표현은 하나님이 악인의 날을 보신다는 이전의 진술을 상기시킨다. 여기에서 그분은 온전한 자의 날을 아신다('날'은 날의 길이 뿐만 아니라 그들의 활동의 주제를 나타내는 환유다). 하나님이 그들을 아신다면 그것은 그분이 그들의 일에 적극적이시라는 것을 의미한다(시 1:6을 보라).[35] 그래서 의인들은 온유하고, 가난하며, 온전하고 정직하다. 그리고 여호와가 그들의 길을 아시기 때문에, 그들이 받을 기업은 영원하다(18절 하).

그들에 대한 전망은 19절에도 계속된다. 그분이 그들을 아시기 때문에 그들은 부끄러움(יֵבֹשׁוּ, 시 31:1의 같은 단어를 보라), 곧 멸망을 당하지 않을 것이며, 기근의 날에도 풍족할 것이다. 그들은 많은 것을 가지고 있지 않을지 모르지만, 그것으로 충분할 것이다. 그래서 그들은 땅에 거할 것이며 그분의 성실을 식물로 삼을 것이다.

이에 반해 악인은 멸망할 것이다(20절). 본문은 그들이 여호와의 원수이기 때문에 '악인'이라는 사실을 분명히 밝힌다. 앞에서 그들은 시들어버리는 풀에 비유되었다. 이제 그들은 '목장의 아름다움'(beauty of the pasture, 개역개정은 '어린 양의 기름 같이'라고 번역했다 – 역주)에 비유된다. '아름다움'(יָקָר)이라는 단어는 목장에 있는 것을 묘사할 것이다(그래서 수식어의 환유다). 이것은 식물(시 103:15) 혹은 동물을 언급할 수도 있다(삼상 15:9, 15절). 지금은 아름답고 풍성하다. 하지만 그것은 갑자기 끝날 것이다. 그리고 그들이 가진 것은 그 뿐이다. 본문은 그다음

---

35 Herbert B. Huffmon, "The Treaty Background of Hebrew *Yada*'," *BASOR* 181(1966):31-33을 보라.

에 그들이 연기가 되어 "없어지리로다"(כָלוּ를 두 번 사용해서)라고 반복해서 말한다. 이 말이 제사의 연기를 뜻하는 것이라고 볼만한 이유는 없다. 또한 연기라는 공통점만 있을 뿐이다. 연기는 사라지며, 그들도 그렇게 될 것이다. 완료 시제는 '그들이 멸망할 것이다'라는 미완료에 이어 나오는 예언적 완료 역할을 한다. 또한 이것은 그들 역시 지금 여기에서 사라지리라는 사실을 말할 수도 있다. 그래서 동시적 완료다. 이 이미지들은 약간 다르다. 들의 아름다움은 사라져 없어져버릴 것이고 연기는 희미하게 사라질 것이다.

III. 믿음 안에서 견디는 삶은 경건함으로 표현될 것이며, 이생과 내세에서 하나님의 보호와 공급을 받게 된다(21-33절)

A. 여호와는 이생에서 의인들을 위해 공급하실 것이다(21-26절)

시편기자는 이제 의인이 받을 복들로 눈을 돌린다. 이 부분은 의인의 한 가지 특징에 대한 묘사로 시작하고 끝난다. 그들은 은혜를 베풀고 준다(חוֹנֵן וְנוֹתֵן). 이것은 꾸고 갚지 아니하는(לֹא יְשַׁלֵּם, 시 38:3의 같은 단어를 보라) 탐욕스러운 악인들과 대조를 이룬다. 의인은 여러 면에서 놀라운 하나님의 은혜를 받았기 때문에 은혜가 무엇인지 안다. 그래서 그들은 그에 대한 보답으로 궁핍한 다른 사람들에게 은혜를 베풀며 그들에게 필요한 것을 준다. 크라우스는 악을 행하는 자들이 빌린 것을 갚을 수 없는 이유는 여호와의 심판이 그들에게 임하기 때문이라고 말한다. 하지만 의인은 그들을 도울 수 있는 위치에 있다.[36] 이것은 의인의 한 가지 행동 방식을 나타낸다. 특히 의인은 은혜로운 자로 묘사되고 있기 때문에 더욱 그렇다. 하지만 이 행은 더 광범위하게 적용되는 것처럼 보인다. 게다가 이 특징은 일반적인 의인들에게도 적용된다(잠 21:26).

그다음 구절은 의인의 축복을 더 묘사한다. 주의 복을 받은 사람들(מְבֹרָכָיו,

---

[36] *Psalms 1–59*, p.406.

시 5:12의 같은 단어를 보라)은 땅을 차지할 것이다. 하지만 주의 저주를 받은 사람들(מְקֻלָּלָיו, 시 109:28의 같은 단어를 보라)은 끊어질 것이다. 그들이 의인들에게서 도움을 받으리라는 단서는 없다. 오히려 그들은 제거될 것이며 땅에서 결코 누리지 못할 것이다(잠 10:30과 비교하라).

23-24절에서 시편기자는 의인들이 여호와 안에서 안전하다는 점을 상세히 설명한다. 그들의 발걸음은 여호와가 정하시며(כּוֹנָנוּ), (또는 그때) 그분이 그의 길을 기뻐한다. 이것은 그의 모든 활동이 안전하고 확실해진다는 것이다. 그리고 이는 의로운 활동이다. 그가 여호와의 길을 기뻐하기 때문이다. 이것은 그가 의를 행한다는 의미다. 그가 어쩌면 시기의 죄로 인해, 혹은 악을 행하는 자들의 공격으로 인해 넘어지더라도, 아주 엎드러지지는 않을 것이다(יוּטָל). 모든 이미지(길, 넘어짐, 엎드러짐)는 삶의 경험들을 나타내는 암시된 비교들이다. 그가 악을 행하는 자들의 공격으로 어려움에 처한다 해도, 치명적인 것은 아닐 것이다. 여호와가 손으로 그를 붙드시기 때문이다(סוֹמֵךְ 17절에서처럼 말이다. 잠 20:24, 16:9를 보라).

그다음 25절에서 그는 여호와가 의인들에게 얼마나 일관되게 공급하시는지 말한다. 이제 나이가 든 그는 삶의 경험들을 회고하면서, 의인이 버림을 받거나 그 자녀들이 걸식함을 보지 못했다고 말한다. 이것은 의인이 절대 어려움을 당하지 않는다는 말이 아니다. 심지어 이 시편 안에서도 그들은 다른 사람들과 마찬가지로 기근을 견디기 때문이다. 하지만 여호와는 그의 백성을 붙잡으사 절대 버림받지 않게 하신다. 이런 관찰은 성전이 제 기능을 다하고 있을 때는 분명 사실일 것이다. 궁핍한 사람들은 언제나 성전에 가서 의식에 사용한 음식을 받기 때문이다[시 22:26은 "겸손한 자(the poor)는 먹고 배부를 것이요"라고 말한다]. 그리고 율법은 의인이 그들의 밭에서 사람들에게 이삭을 줍도록 허락하라는 규정을 만들었다(레 19:9-10). 모든 것이 하나님의 의도대로 작동했다면, 의인들은 절대 걸식을 하지 않을 것이다. 여호와가 여러모로 그들의 필요를 규정으로 만들어놓으셨기 때문이다.

이 부분은 관대한 자로서 의인의 특징을 반복하는 것으로 끝맺는다(26절). 그들은 은혜를 베풀고 꾸어준다(וּמַלְוֶה). 시편 15:5에 따르면 그들은 이자를 받으면 안 되었다. 그들이 참으로 의인이라면 궁핍한 사람들에게 빌려줄 때 전혀 이자를 받지 않을 것이다(출 22:25; 시 112:5, 9절을 보라). 이것은 은혜롭고 관대한 행동이다. 이 구절은 아리송한 표현을 덧붙인다. "그의 자손이 복을 받는도다." 이것은 아마 하나님의 축복이 다음 세대까지 확장된다는 것, 즉 그들이 의인이 되어 복을 받을 것이며, 마찬가지의 방식으로 다른 사람들을 도우리라는 것을 의미한다.

B. 여호와는 의인을 악인에 대한 심판에서 보존하신다(27-33절)

다음 일곱 구절에서 시편기자는 여호와가 어떻게 의인을 악인의 운명에서 보존하시는지 말한다. 여기에서 이 부분은 명령법으로 시작된다. "악에서 떠나 선을 행하라." 전에는 여호와를 의뢰하고 선을 행하라고 명령했다. 그리고 이제는 악을 행하는 것을 피하기 위해 분노에서 떠나라고 명령한다. 의 안에서 견디려면 악을 결연히 거부하고 의도적으로 선을 추구해야 한다. 그러한 신실함의 결과는 "그리하면 영원히 살리니"라는 것이다.

신실함의 일차적 이유는 여호와가 정의를 사랑하시고(אֹהֵב מִשְׁפָּט, 28절) 그의 사랑하시는 자(חֲסִידָיו, 그분과 언약을 맺은 자, 시 23:6의 같은 단어를 보라)를 버리지 않으시기 때문이다. 그들의 믿음의 증거는 무엇인가? 첫째, 우리는 30절에서 그들이 지혜(חָכְמָה, 시 19:7의 같은 단어를 보라)와 정의(מִשְׁפָּט, 시 9:4의 같은 단어를 보라)를 말한다는 것을 듣는다. 지혜는 하나님을 공경하고 하나님께 귀중한 삶을 사는 것을 말하고, 정의는 올바른 결정들을 내리는 것을 말한다. 그들이 촉진하는 지혜와 정의의 길은 잠언에 나오는 의인의 길이다(잠 1:3). 둘째, 그들의 말에는 정의가 너무나 분명한 특징이다. 율법이 그들의 마음에 있어 그들이 실족하지 않도록 보존하기 때문이다. 그들은 율법을 알고 믿기 때문에(시 40:6, 40:3; 렘 21:33) 하나님을 기쁘시게 하고 다른 사람들을 도와줄 좋은 것들을 말한다. 의로운 사람들은 하나님의 말씀을 아는 사람들이며, 쉽게 그것을 전달한다. 그들이 말하는 것은 지혜롭고 의로운 것으로, 악인의 말처럼 악의 있고 이기적인 것이 아니다.

33절에서 시편기자는 이 부분의 주제를 반복한다. 여호와는 의인을 보존하신다. 여기에서 제시한 사례는 악인이 숨어 기다린다는 것이다(잠 1:11-18과 비교해보라). 단순히 의인을 해치거나 방해하려는 생각에서가 아니라, 그들을 멸망시키기 위해서다. 여기에 나오는 행악자들은 분명 가장 악한 부류일 것이다. 그들의 적의는 지혜와 선에 대한 극단적인 역반응이다. 하지만 하나님의 약속은 분명하다. 그분은 자기 백성을 그들의 권세에 버려두지 않으신다.

마지막으로 그분은 의인이 재판을 받을 때 유죄가 되지 않게 하신다(בְּהִשָּׁפְטוֹ וְלֹא יַרְשִׁיעֶנּוּ). 이것은 하나님이 이생에서 의인들이 부당하게 재판을 받게 하지 않으시리라는 의미일 수도 있다. 아마도 악행자들이 의인을 비방하고 멸망시키려는 것을 언급하는 말일 수도 있다. 하지만 역사는 반대의 이야기들로 가득 차 있다. 요점은 설령 의인들이 법정으로 끌려간다 해도, 그들은 하나님 앞에서는 절대 유죄가 아니라는 것이다(그들이 참으로 의인이라고 가정할 때). 페로운이 말하듯, 사람들은 정죄할 수 있지만 하나님은 무죄로 보신다.[37] 이 행의 정확한 의미가 무엇이든 간에, 이 시편의 논증은 일관적이다. 즉 하나님이 의인을 구원하고 세상에서 악인들을 제거하시리라는 것이다.

IV. 믿음 안에서 견디는 것은 구원과 화평을 보장한다(34-40절)

A. 여호와는 순종하는 마음으로 그분을 기다리는 사람을 높이신다(34절)
결론부에서의 명령은 여호와를 "바라고(קַוֵּה, 시 25:3의 같은 단어를 보라) 그의 도를 지키라"(שְׁמֹר, 시 12:7의 같은 단어를 보라)라는 것이다. 다시 한 번 믿음 안에서 견디라는 명령 – 이제는 하나님이 악의 문제를 해결해주실 것을 기다리면서 –

---

[37] *Psalms*, I:319.

이 순종과 결합되어 있다. 여호와의 도를 지킨다는 것은 그것에 순종하는 것을 의미한다. 그리고 약속은 그들이 높임을 받아(יְרוֹמְמֶךָ, 시 46:10의 같은 단어를 보라) 땅을 차지하리라는 것이다. 그들은 취약한 곳에서 약속을 받는 다른 곳으로 옮겨갈 것이다(시 113:4-5). 이것은 악인들이 끊어지는 것을 볼 때 일어날 것이다. "네가 보리로다"라는 말은 그 사건을 목격한다는 의미일 뿐 아니라 승리 가운데 지켜본다는 의미. 이러한 기대는 하나님이 그분의 백성을 구원하실 때 이따금씩 실현될 것이다. 하지만 종말의 때에 완전히 성취될 것이다.

B. 여호와는 의인의 미래는 보장하시지만, 악인들의 미래는 보장하지 않으신다(35-38절)

그 사이에 시편기자는 그가 본 것을 묘사한다. 즉 무자비한 사람들(רָשָׁע עָרִיץ)이 형통하는 것이다. '형통하는'(flourishing, NIV)이라는 번역에는 어려운 표현의 의미를 포착하려는 것이다. 이 동사(מִתְעָרֶה)는 '자신을 적나라하게 보여주다'라는 개념이 있지만, 호화로운 나무처럼 '퍼져나간다'라는 의미로 해석된다. 즉 풍성함과 영향력을 보여준다는 것이다. 이 행은 헬라어로 '레바논의 백향목처럼 자신을 높인다'로 번역되었다. 요점은 냉혹한 악인들이 형통한다는 것이다. 이 단어를 어떻게 번역하든 간에 말이다.

시편기자가 말하는 사람이 누구든 간에 그는 죽고 더 이상 존재하지 않았다(36절). 그리고 그런 경우들에 앞에서 언급했듯이(10절), 그를 찾았으나 발견하지 못했다. 이 사건은 교훈적인 것이다. 악인은 사라지리라는 것이다. 잠언이 반복하듯이, 그들을 부러워하지 말라. 그들은 끊어질 것이기 때문이다. 아직 성취되지 않은 미래가 있다(잠 23:17-18).

시편기자는 사람들에게 기다리면서 지켜보라고 명한다. 화평한 가운데 사는 의인들에게는 이런 미래가 있지만 악인들에게는 그렇지 않기 때문이다(37-38절). '미래'(אַחֲרִית)라는 말은 미래의 후손이라는 의미로 받아들일 수 있을 것이다. 이것은 땅을 차지한다는 약속과 조화를 이룰 것이다(렘 31:17). 하지만 이것은 아마 이보다 더 일반적일 것이다. 크라우스의 설명은 적절하다. 신자들의 끝은 구원이라는 것이다. 이런 의미에서 '끝' 혹은 '미래'(이후에 오는 것)는 삶의 방식의 결론이다. 미래에는 현재 진행되는 투쟁이 분명하게 결정날 것이다.[38] 범죄자의 끝과 미래는 완전한 멸망이 될 것이다. 그들은 끊어질 것이다.

C. 여호와는 그분께 피하는 자들을 구원하신다(39-40절)

이 시편은 신자들에게 그들의 구원(תְּשׁוּעָה, 시 3:2의 같은 단어를 보라)을 재확신시키는 것으로 끝난다. 의인의 구원은 여호와께 온다. 그래서 불평하는 것이 아니라 믿음을 보이는 것이 적절한 태도다. 그는 환난 때에(עֵת צָרָה) 요새(보호와 안전의 비유)시다. 19절은 환난의 때를 '악한 때'(evil time)라고 부른다. 그 어려움이 무엇이든 간에, 여호와는 그의 백성을 도우시고(עָזַר에 대해서는 시 46:1의 같은 단어를 보라) 악인들에게서 그들을 건지시며(וַיְפַלְּטֵם)[39] 구원하신다(וְיוֹשִׁיעֵם). 하나님이 그렇게 하시는 이유는 그들의 믿음, 특히 "그를 의지한"(חָסוּ בוֹ, 시 7:1의 같은 단어를 보라) 까닭이다.

---

38 *Psalms 1-59*, p.407.

39 פָלַט은 '도망치다'라는 의미다. 기본적 개념은 거기서 유래된 명사인 '도망자'(פָלִיט), 곧 도망치는 사람에서 볼 수 있다(아브람에게 롯이 잡혔다고 말한 사람처럼, 창 14:13). 또한 '도망의 장소'를 말하는 명사 מִפְלָט(시 55:8), 그리고 일반적인 의미의 '도망'을 말하는 명사 פְּלֵיטָה도 있다(창 32:9; 사 37:1).
이 동사는 사역형 피엘 형태로 '안전한 곳으로 데려오다' 혹은 '건지다'라는 의미로 나온다. 시편에서 이 동사는 이런 의미로 빈번하게 사용된다(기도에 대한 대답을 전하는 것으로써 시 22:4와 8절, 시 37:40은 완전한 구원이라는 의미로, 몇몇 다른 몇몇 본문들 역시(예를 들어 시 31:1, 71:2)]. 분사는 하나님을 '나의 구원자'로 언급하기 위해 사용된다(시 18:2, 40:17, 144:2).
몇 가지 색다른 용례 역시 있다. 이것은 욥기 21:10에서는 새끼를 낳을 때 쫓아버린다(도망하게 하다)라는 의미로 사용된다. 그리고 히필은 이사야 5:29에서 앗수르가 사자처럼 먹이를 움켜쥐고 가져가버린다는 말에서 사용된다. 이것은 '건지다'라는 것과 반대인 것처럼 보인다. 하지만 이것은 어떤 것을 안전하게 가져간다는 의미다.

메시지와 적용

이 시편의 강해는 매우 간단하다. 본래 교훈적인 시편이기 때문이다. 이 교훈의 배후에 있는 문제는 '불경한 자들의 형통함과 권능 대 의인들의 궁핍과 고난'이라는 해묵은 문제다. 그렇다면 이에 비추어 이 시편은 신자들에게 여호와를 의지하고, 그들의 믿음대로 살며, 최종적 구속을 고대하라고 명한다. 약속은 하나님의 섭리가 옳다고 입증할 것이며, 따라서 의인의 삶이 이생에서나 종말의 때에 보상을 받게 된다는 것이다. 시편 37편의 즉각적이고 반복적인 교훈은 '불평하지 말라'는 것이다. 하지만 시편의 잠언적 표현들과 교훈 모음은 사람들이 불평하지 않을 수 있게 할 적극적 교훈들을 제시한다. 개요에 나오는 주 요점은 다음의 주된 네 가지 교훈을 제시한다.

1. 하나님의 복을 누리기 위해 믿음 안에서 견디라.
2. 응보의 날이 다가오고 있으니 정직함을 굳게 잡으라.
3. 지혜의 삶을 사는 것으로 믿음을 보이라.
4. 여호와가 구원과 화평을 가져오시므로 참을성 있게 기다리라.

이 전체 시편을 하나로 묶어주는 강해적 개념을 표현하는 방법 중 하나는 이 교훈들을 하나의 일반적 진술 형태로 표현하는 것이다. *믿음으로 살고 여호와의 오심을 고대하는 사람은 이 세상의 불공정에 대해 불안해하지 않고 의인을 향한 여호와의 복을 누릴 것이다.*

사도 바울은 우리가 받은 것을 굳게 잡고, 그의 본을 따르면서 우리의 믿음 안에서 밀고 나아가라고 가르친다(빌 3:12-21). 그다음에 그는 우리에게 믿음에서 굳게 서라고 가르침으로 이 부분을 반복하며(빌 4:1), 염려하기보다 기뻐하고 기도하라고 명하며 이 교훈을 구체적으로 적용한다. 그때 하나님의 평강이 우리의 마음을 지키신다는 것이다(빌 4:4-6).

Prayer of a Sick Man Suffering Because of Sin PSALM 38

죄 때문에 고난받는 병든 사람의 기도(시편 38편)

서론

본문과 다양한 역본들

다윗의 기념하는[1] 시

1 여호와여 주의 노하심으로 나를 책망하지 마시고[2]
  주의 분노하심으로 나를 징계하지 마소서

2 주의 화살이 나를 찌르고
  주의 손이 나를 심히 누르시나이다[3]

---

1 이 단어는 히필 부정사 구문 לְהַזְכִּיר이다. 한 헬라어 번역은 περὶ σαββάτου, '안식일을 위해'라는 말을 덧붙인다.
2 몇몇 사본들과 역본들은 부정어 וְאַל를 반복한다.
3 MT에 나온 동사는 וַתִּנְחַת이다. 이것은 첫 번째 콜론에 사용되었던 것과 동일한 동사다(נִחֲתוּ). 헬라어 역본에는 여기에서 καὶ ἐπεστήρισας, '탄압했다'라고 되어 있다. 이것은 וַתָּנַח에 해당하는 말이었을 것이다. 몇몇 주석가들은 같은 동사가 병행 줄 양쪽에 다 사용되었을 가능성은 없다고 생각한다. 하지만

3 주의 진노로 말미암아

　내 살에 성한 곳이 없사오며

　나의 죄[4]로 말미암아

　내 뼈에 평안함이 없나이다(no[5] wholeness).

4 내 죄악이 내 머리에 넘쳐서

　무거운 짐 같으니(like)[6] 내가 감당할 수 없나이다

5 내 상처가 썩어 악취가 나오니[7]

　내가 우매한 까닭이로소이다

6 내가 아프고 심히 구부러졌으며[8]

　종일토록 슬픔 중에 다니나이다

7 내 허리에 열기가 가득하고

　내 살에 성한 곳이 없나이다

8 내가 피곤하고[9] 심히 상하였으매[10]

　마음이 불안하여 신음하나이다

9 주여 나의 모든 소원이 주 앞에 있사오며

　나의 탄식이 주 앞에 감추이지 아니하나이다

같은 동사의 반복은 11절에도 나온다[Kraus는 이 구절에서 יַעֲמֹדוּ는 원문에 들어 있었을 것같지는 않다고 말하지만 말이다(*Psalms 1–59*, p.410)].

4 헬라어, Symmachus, 수리아 역본은 모두 복수로 되어 있다.

5 몇몇 사본들과 수리아 역본에는 '그리고 없나이다'(and there is no)라고 되어 있다.

6 수리아 역본과 Vulgate에는 접속사가 있다. '그리고…같다'(and like a).

7 헬라어 역본과 수리아 역본에는 접속사가 있다. '그리고 악취가 나오니.'

8 헬라어역과 Jerome에는 접속사가 있다. '그리고 구부러졌으며.'

9 헬리이역에는 '니는 괴롭힘을 받았고'(I am afflicted)라고 되어 있다.

10 MT에는 וְנִדְכֵּיתִי라고 되어 있다. 하지만 몇몇 사본에서는 이것을 וְנִדְכֵּאתִי라고 철자한다.

10 　내 심장이 뛰고 내 기력이 쇠하여
　　　내 눈의 빛도 나를 떠났나이다

11 　내가 사랑하는 자와 내 친구들이 내 상처를 멀리하고[11]
　　　내 친척들도 멀리 섰나이다[12]

12 　내 생명을 찾는 자가 올무를 놓고
　　　나를 해하려는 자가 괴악한 일을 말하여
　　　종일토록 음모를 꾸미오나

13 　나는 못 듣는 자 같이 듣지 아니하고
　　　말 못하는 자 같이 입을 열지 아니하오니

14 　나는 듣지 못하는 자 같아서
　　　내 입에는 반박할 말이 없나이다

15 　여호와여 내가 주를 바랐사오니
　　　내 주(You[13])(my Lord[14]) 하나님이 내게 응답하시리이다

16 　내가 말하기를 두렵건대 그들이 나 때문에 기뻐하며
　　　내가 실족할 때에 나를 향하여 스스로 교만할까 하였나이다

17 　내가 넘어지게[15] 되었고
　　　나의 근심이 항상 내 앞에 있사오니

18 　내 죄악을 아뢰고
　　　내 죄를 슬퍼함이니이다

---

11 문자적 번역은 단순히 '나와 함께 있지 않고'(there is not with me)라는 것이다.

12 MT는 מִנֶּ֣גֶד נִגְעִ֣י יַעֲמֹ֑דוּ 라고 되어 있다. 이 줄에 대해 헬라어역은 ἐξ ἐναντίας μου ἤγγισαν καὶ ἔστησαν, '내 앞에 가까이 오고(나를 마주 대하고) 잠잠히 서 있었다'라고 한다. 이것은 וַיַּעֲמֹ֑דוּ מִנֶּ֣גֶד נִגְעִ֣י 에 해당될 것이다.

13 몇몇 사본들에는 접속사가 나와 있다. '그리고 당신'

14 본문에는 אֲדֹנָ֑י 라고 되어 있다. 하지만 대부분의 사본들에는 יהוה 라고 되어 있다.

15 MT의 '넘어지는 것'(for falling, צֶ֥לַע)에 대해 헬라어역은 μάστιγας, '채찍'이라고 번역한다.

19 내 원수가 활발하며(living)¹⁶ 강하고

　　부당하게 나를 미워하는 자가 많으며

20 또 악으로 선을 대신하는 자들이

　　내가 선¹⁷을 따른다는 것¹⁸ 때문에 나를 대적하나이다¹⁹

21 여호와여 나를 버리지 마소서

　　나의 하나님이여 나를 멀리하지 마소서

22 속히²⁰ 나를 도우소서

　　주 나의 구원이시여

구성과 전후 문맥

이것은 기도다. 이것은 개인적 탄식 시편으로 분류될 수도 있을 것이다. 하지만 엄밀한 의미에서 이런 시편들의 기본 유형을 따른다는 것은 아니다. 시편 6편과는 가장 먼저 첫 번째 구절과 비교해볼 수 있다. 여기에서 저자는 심각한 질병으로 고통을 받는다. 그 병이 너무 심해서 가까운 친구들과 가족들조차 그를

---

16 MT의 구문은 חַיִּים, '살아 있는 자들'(living ones)이 포함되어서 어렵다. 이 해석은 여러 역본에 의해 지지를 받는다. 하지만 많은 주석가가 BHS에 나온 הִנָּם, '근거 없이, 이유 없이'라고 읽으라는 제안을 따른다[Kraus는 이것이 시편의 '주제별 배열과 조화를 이룬다'라고 말한다(*Psalms 1–59*, p.410)]. 이것은 그의 원수들을 아무 이유 없이, 왜곡하여 그를 미워하는 사람들로 묘사하는 두 번째 콜론과 더 밀접한 대응을 이룬다는 것이 그들의 주장이다(시 35:19, 69:5와 비교해보라). 하지만 그렇게 바꾸는 것을 뒷받침해주는 본문의 증거가 없기 때문에, 그리고 대구법이 언제나 그렇게 밀접하지는 않기 때문에, MT 해석을 그대로 유지해야 한다.

17 헬라어 역본에는 '외'라고 되어 있으며, 몇몇 사본은 히니의 콜론을 덧붙인다. "그들은 사랑받는 자인 나를 무서운 시체처럼 던져버린다."

18 케티브와 케레 둘 다 부정사다. 케레가 선호되어야 한다. רָדְפִי, '나의 따르는 것'(my pursuing)이라는 것이다.

19 히브리어 יִשְׂטְנוּנִי는 헬라어 역에서 ἐνδιέβαλλόν με, '나를 비방하다'라고 번역한다. 이 동사는 '적이 되다, 반대하다, 고발하다'라는 의미다.

20 헬라어 본문은 πρόσχες, '가까이 오다, 주의하다'이다.

피한다. 그리고 그의 원수들은 그 상황을 이용해서 그를 멸망시키려 애쓴다. 이 모든 것으로 인해 그는 자신과 하나님의 관계를 검토하게 된다. 그 결과 그는 자신의 고난이 죄의 결과임을 인정하게 되었고, 그래서 깊이 회개하는 마음으로 기도한다.[21] 브리그스는 죄에 대한 언급들이 이 시편에서 부차적인 것이라고 생각한다.[22] 하지만 그것을 입증하는 것은 아무것도 없다. 게다가 이 시편의 현재 형태는 강해 자료다.

이 시편에 죄 혹은 질병의 정확한 성질에 대해 구체적으로 알려주는 내용이 아무것도 없다. 그러므로 어떤 경우에 쓰였는지 알 수 있는 어떠한 단서도 없다. 표제는 이 시편을 다윗이 쓴 것이라고 말한다. 그리고 그런 경험에 대한 기록이 없다는 것을 제외하면, 그가 이 시편을 쓰지 못했을 이유는 없다. 이것은 고난에 대해 강렬한 묘사를 하는데, 다소 과장된 것일 수 있다. 이것이 시편 모음집의 일부로 성소에 놓여 있었다는 사실은 예배 의식용 목적으로, 적어도 비슷한 고난을 받은 다른 사람들을 위해 사용되었으리라는 것을 나타낸다. 하지만 그 외에 예배나 의식 거행과는 어떠한 공식적 연관도 없다. 이것은 개인적 용도로 쓰인 것이다.[23]

표제는 또한 이 시편이 "기념하는"(לְהַזְכִּיר, '기억하도록 만드는') 시였다고 말한다. 이 말은 시편 70편에서도 찾아볼 수 있다. 이것은 의식이라는 전문적 의미에서 이해할 수 있다. 봉헌제와 관련하여 예배자는 제물의 일부를 '기념'(אַזְכָּרָה)으로 드릴 것이기 때문이다. '기념물'을 태울 때 이 시편을 부르거나 노래했을 것이다.[24]

---

21 실제로 고난의 배후에 어떤 죄가 있었다는 것을 의심할 이유는 없다. 많은 본문에 다른 설명들도 있긴 하지만, 질병이 종종 죄에 대한 하나님의 벌로 간주되었음을 보여준다(Mowinckel, *Praise of God in Israel's Worship*, II:2를 보라). 모든 질병이 죄의 결과라고 단순하게 결론을 내릴 수는 없다. 하지만 이 시편은 때로는 신실한 사람들에게 그렇다는 것을 상기시킨다.
22 *Psalms*, I:335, 6.
23 Craigie, *Psalms*, p.302-303.
24 A. Cohen, *The Psalms*, Soncino Series, p.117.

이 단어가 기념제(memorial offering)와 연관되었음을 시사할 수도 있겠지만, 그저 표제가 그의 고난을 기념하거나 하나님께 그의 고난을 기억하시게 하려는 것이었을 수도 있다. 키드너는 "하나님께는 기억하는 것이 곧 행동하는 것이므로, 이 단어는 하나님 앞에 도움을 구하는 상황을 내어놓는 것이다"[25]라고 말한다. 이 시편은 감사가 아니라 불평과 기도에 대한 것이므로, 이 해석이 좀 더 그럴듯하다.

이 시편은 기도로 시작하고 기도로 끝난다(1절과 21-22절). 하지만 탄식 부분이 2-14절을 차지한다. 이것은 하나님이 그의 죄를 벌하시고, 그가 육체적으로나 정신적으로 심각한 문제를 겪고 있었으며, 원수들이 그를 파멸시킬 준비를 하고 있었다는 사실을 한탄한다. 이 확신은 15-20절에서 오는데, 거기에서 시편기자는 왜 하나님이 그렇게 하셔야 하는지 서너 가지 이유를 제시하면서, 여호와가 자신의 기도에 응답하시리라는 믿음을 표현한다. 이 시편을 다른 탄식들과 구분하는 것은 그의 고난과 원인을 묘사하는 긴 부분이다.

석의적 분석

요약

시편기자는 개인적인 죄로 인해 질병과 여호와께 고립되는 호된 징벌을 받고, 기회를 노리던 원수들에게 가혹한 공격을 받은 후, 여호와께 자신을 건져달라고 기도한다. 죄를 고백한 그에게 소망은 여호와 뿐이시기 때문이다.

개요

I. 시편기자는 여호와께 주의 분노하심으로 그를 징계하는 일을 멈춰달라고 호소한다(1절).

---

[25] *Psalms 1–72*, p.153

II. 시편기자는 죄로 인해 닥친 자신의 큰 고난, 고립, 적대감들을 한탄한다(2-14절).

    A. ["주"(You)] 그는 죄에 대한 하나님의 징계의 결과로 자신이 경험한 고난과 고뇌를 묘사한다(2-4절).

        1. 여호와의 강력한 벌은 그에게 무거웠다(2절).

        2. 죄에 대한 여호와의 진노는 그에게 엄청난 고난을 가져다주었다(3-4절).

    B. ("나") 그는 하나님을 찾지 않을 수 없게 한 병과 고독을 묘사한다(5-11절).

        1. 그 징계가 너무 심해서 그는 상하고 불안했다(5-8절).

        2. 그의 계획은 그가 소망하는 하나님으로부터 감춰지지 않았다(9절).

        3. 그 징계는 그의 건강을 고갈시키고 시력을 약화시켰다(10절).

        4. 그의 상태는 친구들과 동료들을 멀리 떠나게 만들었다(11절).

    C. ("그들") 그는 기회주의적 원수들의 적대감과 그들에게 응수할 수 없는 자신의 처지를 한탄한다(12-14절).

        1. 원수들은 그의 고난을 그를 제거할 기회로 보았다(12절).

        2. 자신의 고난과 죄 때문에 그는 원수들에게 대응할 수 없다(13-14절).

III. 시편기자는 여호와가 그에게 응답하실 것을 확신한다. 불의한 원수들은 기뻐할 준비가 되어 있고, 자신은 곧 죽게 되었으며, 스스로의 죄를 인정하기 때문이다(15-20절).

    A. 그는 여호와를 바라며 그분이 자신의 기도에 응답하실 것을 확신한다(15절).

    B. 그는 자신이 확신에 차서 의존하는 이유들을 말한다(16-20절).

        1. 원수들은 그가 넘어질 때 기뻐할 준비가 되어 있다(16절).

        2. 그는 곧 죽기 직전의 상태이다(17절).

        3. 그는 자신의 죄악을 인정한다(18절).

        4. 건강하고 강한 여러 원수는 선을 악으로 갚는다(19-20절).

IV. 시편기자는 여호와께 자신을 회복시키심으로 기도에 응답해달라고 호소한다(21-22절).

    A. 그는 여호와께 자신을 버리지 말라고 간청한다. 그분은 그의 하나님이시기 때문이다(21절).

    B. 그는 여호와께 자신을 속히 도와달라고 간청한다(22절).

강해 형태의 주석

I. 죄로 인해 심한 징계를 받는 신자들은 오직 하나님께 탄원할 수 있다(1절)

이 시편은 분노하심으로 징계하지 말아달라고 하나님께 간청하는 말로 시작한다. 즉 고난이 형벌이 아니라 훈육이 되게 해달라는 것이다. 첫 구절의 대구법과 단어의 순서는 하나님이 그를 다루시는 것의 심각함에 대한 관심을 강조한다. "여호와여, 주의 노하심으로 나를 책망하지 마소서"와 "주의 분노하심으로 나를 징계하지 마소서"라는 것이다. 본문에는 부정어(אַל)가 단 한 번만 나오지만, 두 번째 콜론에서는 그것이 있는 것으로 이해된다. 이 동사들은 하나님의 책망(תוֹכִיחֵנִי)과 징계(תְיַסְּרֵנִי)를 말한다. 이 두 동사의 의미는 매우 비슷하다. '책망하다'(יכח)는 벌 뿐만 아니라 말로 바로잡는 것을 의미하는 반면, 징계하다(יָסַר, 시 6:1의 같은 단어를 보라)는 벌로 바로잡지만 또한 교훈도 함께 주는 것을 의미한다.[26] 그는 하나님의 분노가 그에게 폭발되지 않기를 기도한다. 그는 그

---

[26] 동사 יכח는 히필 동사 체계에서 주로 나오며 '결정하다, 판결하다, 입증하다'라는 의미가 있다. 이것은 책망이나 교정이 수반되는 논쟁이나 토론을 시작하는 것, 혹은 일반적인 토론이나 결정, 혹은 책망과 동반되는 유죄 판결이든 석방이든 간에 갈등의 결과를 말하는 법적 용어다.
첫째, 우리는 그것이 심판한다는 일반적 의미로 사용된 것을 본다. 메시아는 의로 심판하실 것이다(사 11:3).
둘째, 창세기 24:14에 나오는 한 가지 용례가 있다. 거기에서 이 단어에는 '정하다'라는 의미가 있다.
셋째, 이 단어는 어떤 사람이 의롭다는 것을 입증하는 것 혹은 보여주는 것을 의미한다(욥 19:5).

것이 신적 징계임을 인정함으로써, 그가 처한 곤경이 죄로 인한 것임을 인정한다. 그는 간접적으로 이것을 인정하고, 하나님이 그를 질병과 죄에서 구해주시기를 바란다. 이 시편은 그가 단순히 덜 심한 벌을 원하는 것이 아니라, 어떠한 처벌에서든 건지시기 원한다는 것을 보여준다. 이 처음 구절은 그의 탄식과 기도의 어조를 결정한다.[27]

II. 그들의 간청은 고난과 고립이 그들의 죄로 인한 것임을 인정한다(2-14절)

A. 그들은 자신의 고난이 죄에 대한 신적 징벌(chastening)임을 인정해야 한다 (2-4절)

최초의 간청 후에, 2절은 시편기자가 신적 징계(discipline)를 경험한다는 것에 초점을 맞춘다. 첫 번째 묘사는 하나님의 화살을 언급하며, 병행적 행에서는 하나님의 손을 언급한다. 화살은 분명 비유적인 것이다. 그것은 고난 자체를 말할

넷째, 훨씬 더 자주 나오는 것은 토론의 부정적 결과다. 이것은 시편 50:8에서 '하나님이 백성을 책망하다' 혹은 '꾸짖다'라는 의미, 그리고 같은 본문에서 그들에게 죄를 깨닫게 한다는 의미(21절)가 있다. 아브라함이 우물을 놓고 아비멜렉을 책망했듯이(창 21:25), 사람들 역시 책망할 수 있다.

하나님의 책망은 그 목적이 바로잡는 것을 강조한다. 잠언 3:12은 아비가 그 기뻐하는 아들을 징계함 같이 여호와가 사랑하시는 자들을 책망하신다고 말한다. 여호와는 다윗 언약에서 왕들에게 그들이 죄를 범했을 때 징계하겠다고 경고하셨다(삼하 7:14). 이러한 바로잡음은 대개 고통이 수반된다(욥 33:19). 그리고 시편기자는 바로 이것에서 구조되기를 원한다. 그래서 하나님의 책임이 진노와 함께 오지 않도록 하기 위해서다(시 6:1, 38:1).

이사야 1:18에는 니팔 동사의 중대한 용법이 있다. 이것은 전통적으로는 "오라 우리가 서로 변론하자"라고 번역되었다. 더 나은 번역은 '오라, 우리가 이 분쟁을 수습하자'가 될 것이다. 이 본문은 신적 징계를 요구하는 것이 아니라, 그 징계를 끝낼 것을 요구하고 있기 때문이다.

이 동사와 관련된 두 개의 동사가 있다. תוֹכַחַה은 '꾸짖음, 바로잡음'(시 149:7)이다. 그리고 תוֹכַחַת은 '책망' 혹은 '논쟁'이다. 이것은 시편 38:14에서는 '논쟁'이라는 의미를 갖는다. 이 구절에서 이 말은 시편기자가 자신의 주장을 펼칠 수 없거나 펼치는 것을 내키지 않아 하는 것을 말한다(또한 합 2:1을 보라). '책망'이라는 의미는 잠언에 흔하게 나온다[잠 3:11을 보라. 이러한 책망은 징계를 위한 것이며(6:23), 생명을 준다(15:31)]. 마지막으로, 이것은 잠언 39:11 및 73:14와 잠언 29:15에서 '바로잡음'이라는 의미가 있다.

[27] 이 구절은 '분노'에 대해 אַף이 아니라 קֶצֶף이 사용되었다는 것을 제외하고 시편 6편의 첫 구절과 거의 똑같다. 이 구절의 용례는 두 본문을 결합한다. 시편 6편의 여러 측면에 대한 해석이 여기에서도 적용될 수 있다.

수도 있다. 고대 사회에서 질병은 종종 신으로부터 나오는 화살이라고 묘사되었기 때문이다[가나안의 레세프(Resheph)]. 그리고 분명 죄로 인해 여호와가 그런 고난들을 실제로 보내셨기 때문이다(애 3:12). 이 비유는 화살과 하나님의 '공격'을 비교한다. 하나님의 손 역시 비유적인 것으로(신인동형론), 그의 권능을 나타낸다.

이 구절에서 하나의 동사가 화살과 하나님의 손 모두에 사용된다. 이 동사의 첫 번째 용례(וַתִּנְחַת, נָחֵת의 니팔 완료형)는 '통과하다, 박아 넣다'라는 것으로, 하나님의 '화살'이 지닌 효과에 대한 묘사로 적절하다. 이 동사의 두 번째 용례(וַתִּנְחַת, 칼)는 주의 손이 나를 '심히 누르셨다'라는 의미다. 하나님이 보내신 고난이 그의 존재 한가운데를 꿰뚫었으며, 그것이 그를 무겁게 눌렀다.

3절에서 시편기자는 징계의 결과로 자신의 상황이 어떠한지 묘사한다. 첫째, 우리는 그의 애처로운 상태를 보게 된다. 그의 살에는 성한 곳(soundness, מְתֹם, 시 7:8의 같은 단어를 보라)이 없었다. 이것은 그의 몸에는 멀쩡한 곳이 없었고, 그는 모든 곳에 고난을 받았다는 의미다. 그리고 그의 뼈에는 평안함(שָׁלוֹם)[28]이

---

[28] '평안함'(wholeness)에 해당하는 단어는 שָׁלוֹם다. 관련된 분사는 מְשַׁלְּמֵי, '갚는 사람'으로, 이것은 20절에서 사용된다. 이 단어에 대해 간략히 살펴보면 이 시편과 다른 시편들을 연구하는 데 도움이 될 것이다. 동사 שׁלם의 주요 의미는 칼 체계에서는 '완전하다, 건전하다', 피엘 체계에서는 '완성하다, 보상하다'이다. 관련된 명사가 몇 개 있다. 가장 흔한 것은 שָׁלוֹם로, 이것은 '완전함, 건전함, 안녕'과 물론 '평안'을 의미한다. 그다음에 שָׁלֵם, '완전한, 안전한, 평안한', 그리고 שֶׁלֶם, '화목제'가 있다. 이 동사는 칼 형태로 몇 번 나온다. 이것은 어떤 것을 완전한, 혹은 끝난 것으로 묘사한다. 이를테면 성전 같은 것이다(왕상 7:51). 혹은 이것은 어떤 사람이 건전한 혹은 상해를 입지 않은 (욥 9:14)것을 의미한다. 이 동사는 피엘/푸엘 체계에서는 더 광범위한 의미들을 지닌다. 첫째, 이것은 완전하게 만들어진 어떤 것에 대한 기본적인 사역적 개념을 갖는다. 즉 어떤 것(성전, 왕상 9:15)을 '완성시킨다'는 것이다. 둘째, '온전하게 하다, 회복시키다'라는 의미가 있다. 이것은 레위기 24:18에서 배상을 하는 것에 대해, 그리고 열왕기하 4:7에서 빚을 갚는 것에 대해 이런 의미로 사용된다. 셋째, 서원을 갚는 것 혹은 서원을 성취하는 것이다(예를 들어 시 50:14, 66:13). 또한 '보답, 보상, 배상'의 의미로 사용될 수 있다. 이것은 룻기 2:12에서 여호와께서 룻의 신실함에 보답을 해주시기 바라는 것에서 사용된다. 그 보답은 행한 일에 대한 반응이다(삼하 3:39; 시 31:23). 하지만 때로는 선을 악으로 '보답되는' 것처럼 보이기도 한다(창 44:4; 시 35:12, 38:20).
히필 의미는 '완성하다, 이행하다'라는 것이다. 이사야 38:12-13에서, 히스기야 왕은 그가 고난을 받을 때 여호와가 그런 주께 하시는 것이라고 한탄한다.
명사 שָׁלוֹם는 비슷한 범위의 의미들을 지닌다. 첫째, 그것은 유다가 완전히 다 잡혀간다는 말에서 보듯(렘 13:19), '완전함'을 의미한다. 둘째, 시편 38:3에서처럼 '성한 것'을 의미한다. 또한 이사야 38:17과 욥

없었다(그의 뼈대 안, 전신의 내부를 의미하는 환유). "평안함"(wholeness)이라는 단어는 건강과 안녕을 말한다. 그의 안에 있는 것은 아무것도 제대로 되어 있지 않았다.

이런 상태에 대한 이유는 이 대응되는 묘사들에 이어서 나오는 두 절에 표현되어 있다. 하나님의 진노 때문에 성한 곳이 없고, 그의 죄 때문에 평안함이 없다는 것이다. 진노에 해당하는 말(זַעַם)에는 들끓는다는 의미가 있다. 하나님의 진노는 시편기자에게 쏟아 부어질 정도에 이르렀다. 그의 죄 때문이었다. 죄는 진노의 원인이다. 그리고 진노는 육체적 장애의 원인이다. 징계에는 시편기자의 모든 부분에 하나도 빠짐없이 영향을 끼치는 총체적인 고통이 포함되었다.

4절은 죄가 그에게 끼친 영향을 설명함으로 그의 고난을 묘사한다. 그는 먼저 죄악이 자기 머리에 넘친다고 말한다. 본문은 여기에서 사용된 완전한 이미지를 진술하지 않는다. 하지만 그는 십중팔구 홍수라는 개념을 사용하고 있는 것이 분명하다(시 18:4-5, 69:2). 그렇기 때문에 그의 죄악은 그를 삼켜버린 깊은 홍수에 비유되며 그는 물에 빠진다. '죄악'이 그의 죄 이상을 의미할 수도 있다. 그것은 또한 죄악에 대한 죄책 혹은 벌을 의미할 수도 있다(그래서 환유다). 이 구절에서 그의 죄 때문에 압도되었다는 느낌과 그것으로 인해 그가 받은 고난을 분리하기는 어렵다. 이 구절의 두 번째 비유는 그의 죄악(그리고 그 죄악에 대한 벌)

기 5:24에서도 그러한 의미로 사용되었다. 다만 안전함이라는 느낌이 추가되었다. 셋째, 그것은 누군가가 어떤 사람의 안부를 물을 때처럼(창 43:27) '건강'을 의미하거나, 혹은 비슷하게 '형통'을 의미한다(시 122:6). 넷째, '화평'을 의미한다. 그것은 삶의 평안함을 말할 수 있다(창 15:15). 어떤 관계와 관련해서 사용되는데, 이를테면 평강의 사람이라는 말 등이다. 이것은 친구를 의미하는 말이었다. 보다 중요한 것으로, 이 말은 언약에서 하나님과 함께 사용된다(민 6:26; 말 2:5; 사 54:10). 물론 그것은 전쟁으로부터의 평강을 말한다(사 9:5; 미 5:4; 수 9:15). 언약 관계 내에서 평강은 종종 '의'와 대응을 이룬다(사 53:5; 시 125:5). 화평과 의는 둘 다 올바른 질서를 말하기 때문이다(72:3, 7절).
시편에서 שָׁלוֹם은 광범위한 의미를 지닌다. 안전(시 4:8), 평온함 혹은 침착함(시 29:11, 35:27), 땅을 소유하는 것과 누리는 것(시 37:11), 건강(시 38:3), 원수들의 위협이 없는 것(시 55:18), 형통함(시 73:3), 불행에서 보호받음(시 119:165), 그리고 일반적으로 하나님의 축복의 핵심 등이다(시 147:14). 일반적으로 이 용어는 하나님과 사람 간의 관계를 규정하면서 하늘과 땅을 연결시키고, 많은 실존의 영역에서 그 연관의 결과를 묘사한다. F. J. Stendebach, "šālôm" in TDOT, edited by G. J. Botterweck, H. Ringgren, and Heinz-Josef Fabry, XV:13-48을 더 보라.

을 내리누르는 견딜 수 없는 짐에 비교한다. 이 직유는 죄의 짐과 그 결과가 지기 힘들 정도로 무겁다는 것을 나타낸다. 이 구절은 죄에 대한 고백 자체는 아닐지 모르지만, 분명 그가 겪는 모든 고난의 기저에 죄가 있다는 점을 인정한다.

B. 그들은 불평을 쏟아놓을 때, 유일한 도움의 원천을 깨닫게 될 것이다(5-11절)
그다음 몇 구절에서 시편기자는 자신의 애처로운 질병을 한탄하며 스스로 자초했음을 다시 한 번 인정한다. 그의 상태와 죄 때문에 그는 자신을 도울 수 있는 유일한 분이신 하나님께 다시 돌아온다.

5-8절에서 그는 자신의 환난을 한탄한다. 그는 먼저 자신의 상처(בּוּרֹה)에서 불쾌한 냄새가 난다고 말한다. 이 동사(בָּאַשׁ에서 나온 הִבְאִישׁ)는 "어떤 것을 더럽고 불쾌한 것으로 만들다"라는 의미다. 게다가 그는 그것이 썩는다고 말한다(נָמַקּוּ). 이 두 동사는 그의 몸이 과도한 고통을 겪고 있음을 강조한다. 첫 번째 동사는 불쾌한 냄새에 주목하고, 두 번째 동사는 전염성 물질이 나오는 것에 주목한다. 이것으로부터 그가 어떠한 병을 앓고 있었는지는 알아내기는 거의 불가능하다. 여기에 나온 말은 과장된 것일 수도 있지만 반드시 그런 것도 아니다. 그가 어떤 끔찍한 상황에 처해 있었든 간에, 그는 그것이 자신이 '우매한'(אִוֶּלֶת) 까닭에 유발되었다는 점을 분명히 밝힌다. 그의 죄는 어리석음이었다. 그 어리석음이 그를 거기에 이르게 했기 때문이다. 그리고 이 상태 때문에, 죄는 있는 그대로 나타난다. 모든 죄는 어리석기 때문이다.[29] 적어도 그는 그것이 어리석다는 것을 인식할 정도의 영적인 판단력이 있었다.

6절에 따르면 그는 아프고(bowed down) 심히 구부러졌다(brought very low). 이 두 동사 간의 차이는 강조점의 차이다. 첫 번째 동사(נַעֲוֵיתִי, עָוָה에서 나온 니팔)는 뒤틀리거나, 굽어지거나, 경련을 일으킨다는 개념을 갖는다. 그는 기본적으로 굽어져 있다. 아마도 고통 때문일 것이다. 두 번째 동사(שַׁחֹתִי, שָׁחַח의 완료 시제)는

---

[29] Perowne, *Psalms*, I;322.

질병으로 쓰러지거나, 바닥에 떨어지거나, 억눌린다는 개념을 갖는다. 겸손으로 엎드리는 것을 말한다. 그래서 그는 "내가 (고통으로) 굽어지고, (질병으로) 심히 구부려졌다"라고 말한다. 그다음에 이 구절의 대응 콜론에서 그는 종일 슬픔 중에 다닌다고 주장한다. 이 어간에서 나온 동사(피엘 הִלַּכְתִּי의 강세적 의미)는 그가 전혀 안식을 취하지 못하는 것을 나타내며, "슬픔"(קֹדֵר)이라는 말은 고통스러운 상황에 대한 어두운 슬픔을 묘사한다.

그는 7-8절에서 이것을 설명하려 애쓴다. 하지만 자신의 소름끼치는 상태를 반복하는 것 외에 별다른 것을 할 수가 없다.[30] 그는 먼저 허리에 열기(נִקְלֶה)가 가득하다고 말한다.[31] 그러고나서 살에 성한 곳이 없다는 앞의 말을 반복한다. 8절에서는 자신이 피곤하고(נְפוּגוֹתִי) 심히 상하였다(וְנִדְכֵּיתִי)고 말한다. 마음이 불안한(מִנַּהֲמַת לִבִּי) 그는 '포효한다'(roars, 개역개정은 '신음한다'라고 번역했다 – 역주). 이 '포효하다'(שָׁאַגְתִּי)라는 동사는 여기에서 부적절한 것처럼 보일 수도 있다. 왜냐하면 그는 포효할 힘은 없고 오직 신음만 할 수 있는 것처럼 보이기 때문이다. 이 단어는 사자의 포효함 혹은 천둥이나 군사들의 소리에 대해 사용한다. 하지만 이것은 자신이 경험한 고통이나 슬픔으로 인해 감정이 북받쳐 통제할 수 없는 소리를 쥐어짜내는 사람들에 대해서도 사용된다. 이것은 시편 22:2에서 죽음이 가까이 왔을지라도 하나님께 도움을 구하는 고난받는 자의 부르짖음에 대해서도 사용되었다. 고난받는 자가 발하는 이 느닷없는 소리는 죄책으로 인한 슬픔과 그의 가장 깊은 곳에 있는 고통에서 온다. 이 시편의 이 행에는 그의 실제적인 육체적·영적 고통을 넘어서, 좌절과 두려움이 표현되어 있다.

9-11절에서 시편기자는 여호와가 자신이 처한 곤경에서 풀어주시기를 바라는 마음을 표현한다. 그는 점점 약해지고 다른 모든 사람은 그를 버렸기 때문이

---

30 Briggs는 כִּי이 원인을 나타내는 '왜냐하면'(for)이기보다는 강세적 의미의 '실로'가 될 수 있다고 말한다(*Psalms*, I:342). 하지만 대부분의 역본은 이것이 본문에서 '왜냐하면'을 의미하는 것으로 받아들인다. NIV는 이것을 번역하지 않는다.

31 NIV는 이것을 '등에 타는 듯한 고통이 있다'라고 번역한다.

다. 모든 고통과 고난을 묘사하는 와중에도 그는 자신의 곤경이 하나님께 감춰져 있지 않다는 확신을 갖는다. 9절은 이러한 진술로 시작된다. "주여(אֲדֹנָי), 나의 모든 소원이 주 앞에 있사오며", "나의 소원"(תַּאֲוָתִי) 혹은 "나의 열망"은 그가 바라는 것을 말한다(그래서 원인의 환유다). 즉 그가 건강을 회복하고 여호와와 화목하는 것을 말한다.[32] 하나님은 그가 간절히 바라는 것이 무엇인지 아신다. 그의 탄식은 그분께 감춰져 있지 않기 때문이다[절제된 표현, tapeinosis, 정반대의 의미를 뜻하는 것으로, 하나님이 그의 아픔과 고통에 대해 모두 알고 계신다는 말이다]. 하나님이 모든 아우성치는 듯한 불평과 여린 신음을 상세히 알고 계신다는 것은 고난에 처한 그에게 큰 위로다. 그렇기 때문에 고난받는 자들은 확신을 가지고 그분을 의지해야 한다.

여호와는 절망적인 상태의 그를 도울 수 있는 유일한 분이시다(10절). 그는 자신의 심장이 '뛰고' 기력이 '쇠하여'라고 말한다. '뛰다' 혹은 '고동치다'라고 번역한 단어는 여기에서만 나온다(סְחַרְחַר, 이 동사의 페알랄 형태, GKC #55e, p.152). 이 동사의 색다른 형태는 여기에서 열광적으로 뛰는 심장이 재빨리 연속적으로 뛰는 것을 강조한다.[33] 게다가 그는 기력이 쇠하였다고(문자적으로는 그를 버렸다고) 말한다.

대응되는 표현은 그의 눈에 초점을 맞춘다. 이 구문은 아리송하다. "내 눈의 빛도 나를 떠났나이다." 그의 눈에서 빛이 사라졌다는 것은 그가 더 이상 명료한 인식을 갖지 못하고 있음을 나타낸다. 하지만 실제로 시력을 잃어버린 것을 말하는 것일 가능성도 없지 않다. 힘이 사라지고, 심장이 전속력으로 뛰며, 육

---

32 Dahood은 '한숨'이라고 번역할 것을 주장한다. '내 마음의 모든 한숨.' 이것은 마음의 슬픔과 비슷한 말이다(*Psalms*, I:233).

33 Goldingay는 이것이 '심장이 뛰다'를 의미하지 않는다고 말한다. 그보다 이것은 여행을 간다는 의미의 동사에서 나온 것이다. 그래서 그는 이 개념이 달아난다는 것이라고 말한다. 고난을 받을 때 심장에 구멍이 하나 남겨진 것을 느끼는 것과 같다(*Psalms 1-41*, p.545). Kraus의 설명이 훨씬 더 이해하기 쉽다. 그는 이것이 '이리저리 놀아다니다'라는 의미라고 말한다. 두려움으로 심상이 불규칙하게 누는서리게 만들었다는 의미다(*Psalms 1-59*, p.413).

신이 고통 가운데 있다면, 시력의 상실은 모든 표현이 의미하는 것, 즉 그가 죽어가고 있음을 강조하는 게 분명하다.

그리고 설상가상으로 – 더 악화되는 것이 가능하다면 – 그의 친구들과 이웃들은 그를 버렸다(11절). 그는 자신의 불행 속에 고립되어 있다. 이 구절은 친구들(אֹהֲבַי, "내가 사랑하는 자"), 동료들(רֵעַי), 이웃들(קְרוֹבַי, "나의 가까이 있는 사람들")과 같이 그를 도우러 오리라 기대했던 사람들을 말한다. 그를 사랑하는 사람들과 동료들은 그의 재앙(일격, 상처)으로부터 거리를 두었으며, 그와 가까운 사람들은 멀리 서 있었다. 이 동사(עָמַד)는 이 구절에서 두 번 사용되는데, 먼저 미완료로, 그다음에는 완료 시제로 나온다. 이 두 시제는 그들의 반응을 구분하려는 것, 즉 친구들은 어떻게 해야 할지 생각하며 그의 상처에서 멀리 물러나 있었고, 이웃들은 이미 멀리 서 있었음을 말하는 것일 수도 있지만, 이 두 동사가 유사한 어조를 지닐 가능성이 더 많다. 그는 단지 친한 친구라는 사람들의 냉담함을 묘사하는 것이다.

C. 원수들이 그의 곤경을 이용하려 할 때 그는 어떤 말도 하지 않을 것이다(12-14절) 탄식 부분의 마지막 세 구절에서 시편기자는 기회주의적인 원수들이 어떻게 그가 아픈 틈을 타서 그를 완전히 파멸시키려 하는지 묘사한다. 그는 자신이 약한 상태인데다, 자신의 죄가 이것을 초래했으므로, 그들에게 반박할 말이 없다고 생각한다. 그는 그들의 악의적 비난에 반응하지 않기로 한다.

12절은 원수들의 적대감을 묘사하며, 원수들을 그의 생명을 찾는 사람들이라고 말한다. 그들은 분명 그가 비천한 상태에 처하는 데 기여했다. 그를 완전히 멸망시키려 함으로 그의 곤란을 악화시켰기 때문이다. 이들이 그의 질병을 유발하지는 않았지만 그들은 못된 짐승들처럼 상처받은 먹잇감을 보고 그를 넘어뜨릴 준비를 했다. 그들은 그를 불행 속에 그냥 놔두지 않고, 도리어 올무를 놓았다(וַיְנַקְשׁוּ). 그들에 대한 두 번째 묘사는 그들이 그를 파멸(그의 고통스러운 비운, עַוָּתִי)에 이르게 한 것이다. 그들은 그를 죽이는 것에 만족하지 않고, 더 많은 해를 끼치려 한다. 그리고 그들은 괴악한 일(destruction, הַוּוֹת)에 대해 말한다. 마지막으로 이 구절은 종일토록 그들이 음모(יֶהְגּוּ, 시 5:7의 같은 단어를 보라)를 꾸민다고(מִרְמוֹת, 시 2:1의 같은 단어를 보라) 말한다. 그래서 이 구절에서 우리는 원수가 그의 생명을 파멸에 이르게 하려고 그의 곤경을 이용할 때, 가능한 많은 피해와 파괴를 가할 방법들을 찾는다는 것을 알게 된다. 이 구절 마지막에 있는 강조는 그들이 고난받는 시편기자를 거짓으로 고소하고 비난하는 일에 바쁘다는 사실을 시사한다. 모두 그를 영영토록 파멸시키려는 것이다.

그들의 분주한 혀와는 대조적으로, 그는 침묵을 지킨다. 그는 아무것도 듣지 못하는 자, 혹은 말 못하는 자같이 된다는 직유를 사용한다. 그는 그들의 말을 듣지 못하고 입에 반박할 말이 없는 사람과 같다. 시편기자는 친구들 및 동료들로부터 고립되어 있다고 느끼며, 잠잠히 자신의 고난에 침잠한다. 그는 원수들의 파괴적인 말을 듣지 않으며 그 말들에 대답하지 않는다.[34] 그의 상태는 그들의 고소나 조작 능력을 넘어서는 것이다. 시편기자는 여호와가 그의 건강을 회복시켜주시고, 화목하게 해주시기를 기다린다. 거짓되고 악의적인 원수들과 싸우는 것은 아무런 가치가 없을 것이다.

III. 그의 탄원은 견고한 이유들로 뒷받침되는 여호와에 대한 확신에 기초해야 한다 (15-20절)

A. 그는 여호와가 기도에 응답하시리라는 확신을 단언한다(15절)

15절과 함께 시편의 어조는 확신에 찬 기대로 바뀐다. "그러나(이 말은 개역개정에 번역되어 있지 않다 - 역주, כִּי) 여호와여 내가 주를 바랐사오니(הוֹחָלְתִּי, 시 31:24의 같은 단어를 보라) 내 주 하나님이 내게 응답하시리이다." 이 구절은 하나님에 대한

---

34 그의 질병은 죄의 결과이기 때문에, 그는 그들의 악의적 고소 앞에서 자신의 정당함을 입증할 수 없음을 안다. 그는 그저 여호와가 자신을 용서하고 상황을 바로잡아주시기를 기다릴 뿐이다.

찬양과 신뢰의 표현이 둘 다 들어 있다는 점에서 독특하다.[35] 그의 소망은 여호와께 있으며 그의 확신은 여호와가 자신의 기도에 응답하시리라는 것이다. 두 번째 콜론에 나오는 동사의 주어는 추가적 대명사에 의해 강조된다. "주여 당신이 내게 응답하시리이다"(You, you wil answer).

B. 그들은 확신에 대한 확실한 근거가 있다(16-20절)

1. 하나님은 악인이 흡족함을 누리도록 내버려두지 않으실 것이다(16절)

시편기자는 이제 응답받은 기도에 대해 확신에 찬 기대를 갖는 몇 가지 근거를 제시한다. 첫째, 하나님은 악인이 그의 멸망에 대해 기뻐하게 하지 않으시리라는 것이다(시 30:1과 비교해보라). 16절은 "내가 말하기를 두렵건대 그들이 나 때문에 기뻐…할까 하였나이다"라고 말한다. 이 줄은 '…할까 하였다'(lest, פֶּן)라는 말을 관용구적으로 사용한다. 이 말은 '그들이 기뻐하면 어쩌지?'라는 의미다. 그는 그들이 자신을 보며 기뻐하지 않게 해달라고 회고한다. 시편기자는 그의 발이 미끄러진다면, 즉 그가 질병으로 회복할 수 없이 쓰러진다면(죽거나 건강을 잃고 옴짝달싹 못하게 된다면), 그들은 스스로 교만하리라는 것이다(הִגְדִּילוּ). 그들은 이미 그의 질병을 놓고 기뻐했다. 여호와가 그를 건져주신다면, 그들은 그의 사망을 의기양양하게 경축하지 못할 것이다.

2. 하나님은 그를 슬픔 가운데 죽게 하지 않으실 것이다(17절)

하나님이 기도에 응답하셔야 하는 두 번째 이유는 그가 거의 죽게 되었다는 사실이다. 그는 "내가 넘어지게 되었고"(לְצֶלַע נָכוֹן)라고 말한다. 즉 넘어지도록 정해졌다는 것이다. 그리고 슬픔은 끊임없이 그의 앞에 있다. 끊임없이 죽음을

---

35 Westermann은 이런 종류의 절들('그러나'로 시작되는)에서는 하나님을 찬양하는 것과 신뢰를 고백하는 것이 서로 매우 밀접하게 관련되어 있다고 말한다. 그는 신뢰의 고백, 하나님이 자신의 말을 들으신다는 확신, 하나님에 대한 찬양이 여기에서 분명하게 구분될 수 없고 서로 합쳐져 있다는 사실은 앞에서 언급한 사실과 대응된다고 덧붙인다. 개인의 간구들에서 하나님이 들으신 간구들과 미해결된 간구들 간에 명확한 경계선을 그을 수는 없다는 것이다(*The Praise of God in the Psalms*, p.74).

예상하는 그의 상태를 바꿀 만한 것은 오직 신적 간섭뿐이었다. 그리고 하나님은 구원의 하나님이시다.

3. 하나님은 그의 죄 고백을 받으실 것이다(18절)

하나님이 그를 호의적으로 지켜보셔야 하는 세 번째 이유는 그의 죄 고백이다. "내 죄악을 아뢰고(אַגִּיד) 내 죄를 슬퍼함이니이다(אֶדְאַג)." 여기에서 '죄악'이라는 말을 환유적으로 죄에 대한 처벌의 의미로 해석한다 해도, 이 구절은 여전히 그의 죄를 인정하는 것이 된다. 그는 자신의 죄악(죄와 그 모든 결과들)을 알림으로써, 죄를 고백한다. 병행적 행은 그가 겪는 현재의 비통함 뿐만 아니라 그의 미래에 대해서도 관심을 표현한다. 이 동사는 미래에 대해 '불안한, 염려스러운, 근심스러운'이라는 의미다. 이것은 과거에 대한 슬픔보다는 미래에 대한 불길한 예감을 갖고 있었다는 것을 강조한다. 죄인을 죄책감으로 인한 두려움으로 채우는 것이 죄의 본성이다. 하지만 죄를 고백함으로써 그는 하나님의 징계를 끝내기에 가장 중요한 이유를 제시한다.

4. 하나님은 악인들이 선을 악으로 갚도록 허용하지 않으실 것이다(19-20절)

악인들은 그를 부당하게 취급한다. 그들은 활발하고 강하다(19절). 그들은 병들고 죽지 않을 것처럼 보인다(물론 이것은 병에 걸린 시편기자가 보는 관점이다. 그들도 죽는다). 그보다 그들은 장수하고 여전히 강한 것처럼 보인다. 이 본문은 여기에서 다소 어렵다. 이것은 '하지만 내 원수들, 살아 있는 자들은, 강하다'(וְאֹיְבַי חַיִּים עָצֵמוּ)라고 되어 있다. 많은 주석가가 이 문맥에서 '살아 있는'이라는 단어에 어려움을 느낀다. 대신 그들은 '까닭 없이'(חִנָּם)라는 단어를 선호한다.[36] 이 병행들은 원수가 "부당하게"(שֶׁקֶר) 그를 미워한다는 두 번째 콜론의 표현과 대응을 이룬다. 이런 제안은 분명 흥미롭다. 하지만 그것을 입증하는 사본상의 증거

---

[36] Craigie, *Psalms*, p.301-2; Kraus, *Psalms 1-59*, p.410을 보라.

는 없다. '사는 것'에 대한 강조 역시 이 맥락에서는 이해가 된다. 시편기자는 자신을 살아 있기보다는 죽은 것으로, 완전히 넘어지기 시작한 것으로 보며, 반면 그의 원수들은 살아 있고 활발한 것으로 본다. 그리고 병행적 행에 따르면, 그들은 그의 원수가 될 이유가 전혀 없다. "부당하게"라는 말은 '거짓되게, 거짓된 목적'이라는 의미다. 그들은 그를 반대하고 그의 병을 이용할 이유가 없었다.

20절에 따르면, 이 문제는 개인적 증오보다 더 근본적인 문제였다. 이것은 선과 악 사이의 해묵은 충돌이었다. 최초의 분사(מְשַׁלְּמֵי)는 그들을 선(טוֹב, 시 34:8의 같은 단어를 보라) 대신 악(רָעָה, 시 10:15의 같은 단어를 보라)으로 그에게 갚는 사람들이라고 묘사한다. 이 구절 후반부는 요점을 반복한다. 그들은 그가 선을 따르는 것 때문에 그를 대적한다. '나를 대적하다'(יִשְׂטְנוּנִי)라고 번역된 동사는 '대적이 되다'라는 의미의 동사(שָׂטַן)에서 나온 것이다(여기에서 '사탄'이라는 단어가 나온다). 그는 원수들과의 이 충돌에서 선을 추구한다. 하지만 그들은 그를 반대하며, 그에게 고통스러운 재앙을 가져오려 애쓴다. 그는 선을 성취하지는 못할지 몰라도, 끊임없이 선을 추구한다. 그리고 그들은 자신들이 계획하는 악을 언제나 성취하지 못할지는 몰라도, 그것이 그들이 나아가는 방향이다. 이보다 대조가 더 명확할 수는 없다. 시편기자에게 하나님은 악이 선을 이기고 승리하도록 허용하지 않으실 것이다. 그는 죄를 지었거나 병을 자초했을지 모른다. 하지만 그는 자신의 죄를 고백했으며 하나님이 그를 회복시켜 주시리라 기대할 수 있다. 그 이유가 악한 사람들이 더 큰 악을 행하는 것을 막기 위한 것일 뿐이라 하더라도 말이다.

IV. 즉각적인 도움을 구하는 그의 탄원은 여호와와 그의 개인적 관계에 기초해야 한다(21-22절)

A. 여호와는 그를 버리지 않으신다. 그분은 그의 하나님이시기 때문이다(21절)

시편기자는 이제 새로운 탄원으로 시편을 마무리한다. 21절은 이것은 부정적으로 표현한다. 바로 "나를 버리지 마소서"(אַל־תַּעַזְבֵנִי)와 "나를 멀리하지 마소서"(אַל־תִּרְחַק)다. 이 말이 의도하는 의미는 물론 그 반대다. 여호와는 그의 하나님이시기 때문이다. 이것은 그의 필요를 채우심으로 하나님의 존재를 알리시라는 탄원이다.

B. 여호와는 속히 그를 도우셔야 한다. 그분은 그의 구원이시기 때문이다(22절) 호소의 긍정적 측면은 상황의 긴급성을 강조하는 것이다. "속히 나를 도우소서"(חוּשָׁה לְעֶזְרָתִי). 21절에서 그는 기도의 대상을 "여호와여, 나의 하나님이여"라고 불렀다. 이제 그는 "주 나의 구원"(אֲדֹנָי תְּשׁוּעָתִי)을 대상으로 기도한다. 하나님을 그의 구원이라고 부르는 것은 비유적인 말이다. 하나님은 그를 구원하는 구세주이시다(그래서 그는 원인, 곧 구세주 대신 결과, 곧 구원이라는 말을 집어넣는다). 그래서 구원은 그가 말하는 '도움'이라는 말의 의미다(시 46:1의 같은 단어를 보라).[37]

메시지와 적용

참회의 시편들 중에서도 이 본문은 불안하게 독특하다. 고난받는 시편기자는 첫 번째 구절과 마지막 구절에서만 하나님께 죄로 인한 징계에서 구해달라고 호소한다. 하지만 그는 그 죄가 무엇인지 전혀 설명하지 않는다. 그리고 그의 딜레마에 대한 해결책에 관해 어떤 암시도 주지 않는다. 우리는 그 죄가 심각한 것이라고 추정할 뿐이다. 벌이 극단적인 성격의 것이기 때문이다. 아마 죄의 성질은 의도적으로 배제되었을 것이다. 어떤 죄를 지은 사람이든 이 시편을 징계

---

[37] Craigie는 시편 22편에서 이러한 호소들의 비슷한 용례들을 상기시킨다. 21절 전반에 나오는 "나를 버리지 마소서"는 시편 22:1에서 나오며, 21절 하의 "나를 멀리하지 마소서"는 시편 22:11에서, 그리고 22절 전반의 "속히 나를 도우소서"는 시편 22:19에서 나온다(*Psalms*, p.305). 하지만 이 두 한탄의 차이점은 시편 22편에는 죄의 고백에 대한 말이 없는 반면, 시편 38편에는 죄가 그가 궁핍하게 된 기저의 원인이라는 것이다.

에서 구원받는 것에 적용할 수 있도록 하기 위해서다.

이 본문 대부분은 죄로 인해 받은 징계를 상세하게 묘사하는 데 할애된다. 그는 심한 질병, 죄책의 부담, 친구들이 멀어진 것, 원수들의 음모 등을 상세히 묘사한다. 이 시편의 각 부분은 욥의 불평들을 생각나게 한다. 하지만 그의 원수들의 반응에 대한 언급과 함께, 이 시편은 하나님께 그를 구해주심으로 불의를 막아달라고 호소한다. 시편기자는 하나님이 그를 구해주실 것을 확신한다. 그가 하나님을 의지하고, 죄를 고백했으며, 하나님이 대적들이 이 상황을 이용하여 그를 멸망시키지 못하게 하시리라는 것을 알기 때문이다.

따라서 중심이 되는 강해적 개념을 이렇게 말할 수 있다. 여호와를 소망하는 사람들이 자신의 죄를 인정할 때, 심한 징계에서 치유받을 것을 확신하며 기도할 수 있다. 전체 시편은 두 가지로 적용된다. 첫째, 신자들은 죄를 가볍게 보아서는 안 된다는 경고를 받는다. 성경은 하나님이 죄를 고집하는 사람들을 징계하시리라는 것을 분명히 밝힌다(시 6편, 119:67을 보라). 둘째, 신자들은 신적 징계가 있을 때 여호와께 구해달라고 기도하라는 격려와 훈계를 받는다. 그들이 죄를 인정하고 그것을 감추거나 합리화하려 하지 않는다면, 그 죄가 아무리 심각하다 해도 사함이 있을 뿐 아니라, 하나님의 징계에서 구원받는다. 이 시편은 우선적으로 죄의 징계에 관한 것이며, 돌이킬 수 없는 죄의 자연스러운 결과에 관한 것은 아니다.

48

The Prayer of a Desperately Sick Man PSALM 39

몹시 아픈 사람의 기도(시편 39편)

서론

본문과 다양한 역본들

다윗의 시, 인도자를 따라 여두둔(Jeduthun)[1] 형식으로 부르는 노래

1 내가 말하기를 나의 행위를 조심하여
 내 혀로 범죄하지 아니하리니
 악인이 [2]내 앞에 있을 때에 내가
 내 입에 재갈[3]을 먹이리라[4] 하였도다

---

1 이것은 케티브이다. 케레는 '여디듄'(Jedithun)이다.

2 헬라어역에는 '죄인들이 함께 뭉쳤다'(ἐν τῷ συστῆναι)라고 되어 있다. 이것은 MT의 בְּעֹד 대신 בַּעֲמֹד 형태를 반영한다.

3 '재갈' מַחְסוֹם에 대해 헬라어역은 '보초, 파수꾼'(φυλακὴν)이라고 되어 있다. '보초'라는 번역은 이 동사를 '내가 두다'(I set)라고 번역하는 데 영향을 끼쳤을 것이다. 수리아 역본에는 '폭력으로부터'(מֵחָמָס)라고 되어 있다.

4 MT는 '먹이다(keep), 억제하다(guard)'라는 동사를 반복한다. 하지만 헬라어 번역은 '내가 두다'(I set, ἐθέμην)로, 이것은 מה אָשִׁימָה에 해당된다. 이것은 그다음에 나오는 본문의 난점 때문에 선택되었을 것이다.

2 내가 잠잠하여[5]

　선한 말도 하지 아니하니[6]

　나의 근심이 더 심하도다

3 내 마음이 내 속에서 뜨거워서

　작은 소리로 읊조릴 때에 불이 붙으니

　나의 혀로 말하기를

4 여호와여 나의 종말과

　연한[7]이 언제까지인지 알게 하사

　내가 나의[8] 연약함을(transitory)[9] 알게 하소서

5 주께서 나의 날을 한 뼘 길이만큼(handbreadths)[10] 되게 하시매

　나의 일생이 주 앞에는 없는 것 같사오니

　사람은[11] 그가 든든히 서 있는[12] 때에도 진실로 모두가 허사 뿐이니이다(셀라)

6 진실로 각 사람은 그림자 같이 다니고

---

5 헬라어에는 '겸손하게 된' ἐταπεινώθην이라고 되어 있다.
6 MT에서 이 줄은 아리송하다. "나는 선으로부터 침묵했다." 헬라어에는 '좋은 것'(ἀγαθῶν)이라고 되어 있다. 이 줄에 대한 다양한 해석은 주석에서 다룰 것이다.
7 헬라어에는 ἀριθμὸν, '숫자'로 되어 있다.
8 이 마지막 절은 단지 '어떻게 내가 끝나는지'라고 되어 있다. Richard J. Clifford, "What Does the Psalmist Ask for in Psalm 39:5 and 90:12?", *JBL* 119 (2000):59–66을 더 보라.
9 חָדֵל은 끝나는 것, 혹은 끝이 있는 것을 말한다. 그래서 '덧없는' 혹은 '일시적인'이라는 해석이 나온 것이다. 헬라어역에서는 이것을 ὑστερῶ, '나에게 부족한 것'이라는 말로 번역한다.
10 한 뼘은 7.5센티미터가 조금 안 되는 것으로, 손가락 네 개 넓이 정도이다. 복수로 되어 있는 것으로 보아 서너 뼘을 나타낸다. 헬라어 사본들은 '오래된', παλαιὰς, 혹은 '한 뼘 길이' παλαιστὰς 등으로 서로 다르게 되어 있다.
11 MT는 '모든 사람이 든든히 서 있는 모든 덧없음'이라고 되어 있다. '덧없음'과 함께 כָּל을 사용한 것은 중복오사(誤寫, 철자 한 개를 실수로 중복해서 쓰는 것-역주) 때문일 것이다. 이것은 많은 사본과 수리아 역본에는 나오지 않는다.
12 MT에 나오는 형태인 נִצָּב '든든히 서 있음'(standing firm)에 대해서는 수많은 학자가 의문을 제기했다(예를 들어 D. W. Thomas, "נצב in Psalm XXXIX 6," Studies in the Bible. Fs. for M. H. Segal, *Publication of the Israel Society for Biblical Research* 17 [1964]:10–16을 보라). Weiser(*Psalms*, p.327)는 이것을 '자신감 있는'이라고 해석한다. Kraus(*Psalms 1–59*, p.416)는 새롭게 정비한 형태인 נִצָּב, '묘목'을 받아들인다. 헬라어에는 '모든 살아 있는 사람'(ζῶν)이라고 되어 있다.

헛된 일로 소란하며

재물을 쌓으나

누가 거둘는지[13] 알지 못하나이다

7 주여[14] 이제 내가 무엇을 바라리요[15]

나의 소망[16]은 주께 있나이다

8 나를 모든 죄에서 건지시며

우매한 자에게서 욕을 당하지 아니하게[17] 하소서

9 내가 잠잠하고 입을 열지 아니함은

주께서 이를 행하신 까닭이니이다[18]

10 주의 징벌을 나에게서 옮기소서

주의 손이 치심으로[19] 내가 쇠망하였나이다

11 주께서 죄악을 책망하사 사람을 징계하실 때에

그 영화를[20] 좀먹음 같이[21] 소멸하게 하시니

참으로 인생이란 모두 헛될 뿐이니이다 (셀라)

---

13 MT는 접미사가 달린 분사를 사용한다. '그들의 모으는 자', 즉 그들을 모을 (자)라는 것이다. 헬라어역은 문장에 나오는 주어를 그대로 갖고 있다. "그를 위해 그가 그것을 거둘"(συνάξει αὐτά)이라는 것이다.

14 본문에는 אֲדֹנָי이 나온다. 하지만 많은 사본에는 여호와를 나타내는 4자음 문자로 되어 있다.

15 헬라어역에는 '나의 소망' ἡ ὑπομονή μου이라는 명사가 나온다. 이것은 תִּקְוָתִי이라고 해석한 것이다.

16 헬라어역은 이 단어가 소망의 근거라고 이해했을 것이다. 그들은 '나의 근거, 나의 존재', ἡ ὑπόστασίς μου를 사용했기 때문이다.

17 헬라어는 부정사 אַל를 번역하지 않았다(아마 중복오사일 것이다). 그 결과 이것은 긍정적 진술로 ἔδωκάς με, '나로 당하게 하셨다'라는 문장이 되었다.

18 MT는 단순 완료 시제 עָשִׂיתָ로 되어 있다. 헬라어는 ὁ ποιήσας με, "(당신은) 그것을 행한 분이시다"(= עֹשֵׂנִי), 혹은 "나로 만들었다"라고 되어 있다.

19 תִּגְרָה(여기에만 나오는)라는 단어는 '적대감, 일격'을 의미한다. 헬라어역은 ἀπὸ τῆς ἰσχύος, "(주의 손의) 힘으로"라고 되어 있다. תְּגבוּרָה를 생각하는 것이다.

20 חֲמוּדוֹ는 다소 불분명하다. 이것은 사랑스러운 것, 혹은 귀중한 것, 그에게 귀한 것인 '그의 아름다움' 혹은 '그의 재물'을 말한다.

21 헬라어는 ὡς ἀράχνην, '거미 같이'라고 되어 있다. 거미줄을 의미한다.

12 여호와여 나의 기도를 들으시며

　　나의 부르짖음에 귀를 기울이소서

　　내가 눈물(my tears)[22] 흘릴 때에 잠잠하지 마옵소서[23]

　　나는 주와 함께 있는 나그네이며

　　나의 모든 조상들처럼 떠도나이다

13 주는 나를 용서하사[24]

　　내가 떠나 없어지기 전에

　　나의 건강을 회복시키소서

구성과 전후 문맥

이 시편은 개인의 탄식이며, 이것이 탄식과 함께 고백을 담고 있기 때문에, 또한 참회적인 것이다. 이 기도는 독특하다. 이것이 욥기 및 전도서와 밀접하게 연결되어 있기 때문이다[이 시편에 나오는 허사(vanity)라는 말을 예로 전 1:2, 12:8과 비교해보라].[25] 이 시편에 나오는 표현들이 매우 개인적인 특성을 갖고 있다는 것은 이것이 제의적 용도를 위해 만들어진 것이 아니라 개인적인 기원을 갖고 있었음을 나타낸다. 성소 모음집에 추가되었을 때는 다른 상황들에도 적용할 수 있

---

22 이 단어는 문자적으로는 '나의 눈물'(my tear)로, 눈물을 의미한다. 몇몇 번역은 이것을 '우는 것'으로 해석한다.

23 MT는 몇 군데에서 단어의 순서를 반대로 해놓기 때문에, 헬라어 역본에 나오는 단어 순서와 행 구분은 다르다. 둘 다 "여호와여 나의 기도를 들으시며"라는 말이 나온다. 하지만 그다음에 MT에는 "나의 부르짖음(에) 귀를 기울이소서"라는 말이 나오지만 헬라어역에는 첫 번째 행을 완성하기 위해 "그리고 나의 간구를"이라는 말이 나온다. 그다음 MT에는 "내가 눈물 흘릴 때에 잠잠하지 마옵소서"라고 나오고, 헬라어에는 "나의 눈물에 주의하소서"(귀를 기울이소서)라고 나온다. 그다음에 헬라어역에는 "잠잠하지 마옵소서"라는 말이 남는다. 단어들의 순서와 색다른 연관(내가 눈물 흘릴 때 잠잠하지 마옵소서)에 비추어볼 때, 이 역본이 어떻게 이것을 번역했는지 쉽게 알 수 있다.

24 MT의 הָשַׁע는 문제가 된다. 이것은 '문지르다'라는 의미다 – '너의 눈을 문지르다–' Kraus는 이것이 분명 הְשַׁע, '보다'라고 쓸 것을 잘못 쓴 것이라고 말한다(Psalms 1-59, p.416). 헬라어 역본에는 ἄνες, 나를 '살려주다' 혹은 '나를 내버려두다'라고 되어 있다.

25 Broyles, *Psalms*, p.187을 보라.

는 것이긴 하지만 말이다. 일반적인 생각은 이 시가 페르시아 시대의 것이라는 것이다. 하지만 크라우스는 이집트 문학에 기원을 둔 지혜문학이 후에 시편 39편을 형성했다고 말하면서, 그 배경에 대한 확고한 단서는 없다고 인정한다.[26] 이 시편이 다윗이 쓴 것이든 후대의 것이든, 하나님의 징계하시는 손으로 인한 고난에 대한 묘사는 모든 시대에 적용된다.

여기에서 우리는 죄로 인해 하나님의 징계를 받은 고난받는 신자의 슬픔 가득한 기도를 본다. 고난이 너무나 심각한 나머지, 그는 자신이 이 땅에서 몇 날이나 더 살까 궁금해하면서 인생의 연약함과 짧음을 묵상한다. 그는 불신자들이 주위에 있을 때 너무 많이 불평하면 하나님께 죄를 짓는 것이고 어리석은 자들에게 그의 신앙을 질책할만한 여지를 주지 않을까 우려하면서, 잠잠히 고난을 받아들이려 애썼다. 고난이 더 강렬해지고 고뇌가 커지면서, 그는 억눌린 감정을 혼자서만 간직하고 있을 수가 없었다. 그는 말을 해야 했다. 하지만 그는 매정한 세상이 아닌 하나님께 말했다. 그는 인생의 헛됨을 더 알기 원했다. 그에게는 하나님의 빛 안에 있는 것 외에는 모든 것이 절망적으로 보였기 때문이다. 그 빛 안에서 그는 소망을 발견했다. 그의 한탄은 큰 슬픔에 대한 한탄, 절망의 기도였을지 모른다. 하지만 소망이 없는 것은 아니었다. 그는 여호와를 바랐기 때문에, 자신의 불평을 그분께 쏟아놓으며 도움을 구하는 기도를 했다.

처음 세 구절은 딜레마에 처한 환경들, 고난, 잘못된 사람들에게 잘못된 것을 말하지 않으려는 그의 마음을 보여준다. 시편 나머지 부분은 그의 감정에 관한 것이다. 4-6절은 인생의 헛됨을 이해하려는 바람을, 7-13절은 죄와 그 징계에서 해방되고 남은 날들을 하나님의 은총 속에서 보내고자 하는 기도를 기록한다.

---

26 *Psalm 1-59*, p.417.

석의적 분석

요약

시편기자는 인간의 삶이 이 땅에서 사라지는 호흡 뿐임을 받아들이고 나서, 징계가 멈춰 남은 날들을 즐길 수 있기를 바라며 살아 있는 동안 하나님의 돌보심에 자신을 맡긴다.

개요

I. 시편기자는 그가 어떻게 악인들 앞에서 슬픔에 겨워 입을 열 때까지 고통에 관해 침묵을 지켰는지 말한다(1-3절).
    A. 그는 악인들이 앞에 있는 동안 고통에 대해 침묵을 지키기로 결심했다. 하나님을 비난함으로 그분께 죄를 짓지 않기 위해서였다(1절).
    B. 그는 침묵을 지켰지만 그의 억눌린 감정들이 자극되었다(2절).
    C. 그는 말을 하지 않을 수 없었다(3절).

II. 시편기자는 삶이 짧다는 것을 이해하기 위해 간구를 제시한다. 그는 하나님이 삶을 짧고 연약하게 만드셨다는 것을 알기 때문이다(4-6절).
    A. 그는 인생이 짧음을 배우게 해달라고 기도한다(4절).
    B. 그는 하나님이 인생을 짧고 연약하게 만드셨다는 인식에 기초하여 호소한다(5-6절).
        1. 그의 날의 연한은 하나님 앞에서 아무것도 아니다(5절 상).
        2. 모든 사람은 소란한 가운데 쌓으며 자기의 시간을 보낼지라도 이는 수증기처럼 일시적이다(5절 하-6절).

III. 시편기자는 여호와께 그를 죄와 징계에서 구해주사, 삶의 남은 날들을 즐길 수 있게 해달라고 간구한다(7-13절).
    A. 그는 소망이 여호와께 있다고 단언한다(7절).
    B. 그는 우매한 자들에게서 욕을 당하는 것을 피하기 위해 죄에서 건져달

라고 간구한다(8절).

C. 그는 징계가 제거되기를 간구한다. 신적 징계는 죄를 깨닫게 하고, 모든 것을 소멸하게 한다(9-11절).

D. 그는 자신의 고난이 끝나기를 간구한다. 그래서 남은 날들을 누릴 수 있게 해달라는 것이다(12-13절).

1. 여호와는 그의 눈물 어린 부르짖음에 응답하셔야 한다. 그는 나그네이기 때문이다(12절).

2. 여호와는 엄한 징계를 완화하셔야 한다. 그의 남은 날들이 즐거운 것이 되게 하기 위해서다(13절).

강해 형태의 주석

I. 신자는 불신자 앞에서 자신이 징계 받는 것에 대해 하나님을 비난하지 않으려 애써야 하지만, 억눌린 고통은 견디기 어렵다(1-3절)

A. 참으로 회개하는 신자는 불신자 앞에서 자신이 징계받는 것에 대해 하나님을 비난하지 않는다(1-2절)

이 시편은 시편기자가 불경건한 사람들 앞에서 그의 징계에 대해 이야기함으로 죄를 짓는 것을 피하려 애쓴다는 말로 시작한다. 이것은 의도적인 결심이었다. "내가 말하기를"(정과거 동사)이라는 말은 시편을 쓰기 전에 이러한 결심을 하게 된 상황들을 명확히 밝힌다. 이것이 심한 징계의 때라는 것은 8-13절에 분명히 나타난다. 그는 여호와께 징계를 받을 때 여호와가 자신을 대하신 방식에 대해 불신자들에게 불평함으로 여호와와 그를 의지하는 사람들의 명예를 훼손할까 두려워했다. 그래서 그는 행위를 조심하기로('keep' watch, אֶשְׁמְרָה, 시 12:7의 같은 단어를 보라), 그리고 불신자들이 있을 때는(문자적으로는 '아직 내 앞에') 입에 재갈(מַחְסוֹם)을 먹이기로('keep', 같은 동사 형태) 결심했다(청유법). 그가 자신을 지킨다면, 그는 더 이상 죄를 짓지 않을 것이다. 사용된 구문은 전치사가 있는 부정사로, '죄를 짓는 것으로부터'(מֵחֲטוֹא, 시 51:1의 같은 단어를 보라)라는 것이다. 이것은 그가 무엇에 대해 주의를 기울였는지 나타낸다. 바로 혀로 죄를 짓는 것, 즉 뭔가 잘못된 것을 혹은 잘못된 사람에게 말하는 것이다. 이것은 또한 의도된 결과로 해석될 수 있다. "나는 죄를 짓지 않도록 하기 위해 나의 행위를 조심할 것이다." 그는 스스로 침묵하기로 결심했다. 그래서 재갈이라는 이미지를 사용했다(암시된 비교). '재갈'이라는 말은 '억제하다'(חסם)라는 의미의 동사에서 나온 것이다. 그는 말하는 것에서 자제력을 발휘한다(마찬가지로 시 73:15은 어떻게 현자가 자기만 지혜롭게 의심을 간직했는지 말한다).

2절에 따르면, 그는 '잠잠하게'(remained silent to stillness, נֶאֱלַמְתִּי דוּמִיָּה) 있었다. 이 동사는 과거의 때를 말한다. '나는 잠잠했다.' 그리고 명사는 동사를 꾸며준다. '나는 잠잠함 속에 침묵을 지켰다'(I kept silent in stillness).[27] 이 두 단어는 그가 완전히 침묵을 지켰음을 강조한다.

그는 또한 '선한 말에서도 침묵을 지켰다고 말한다(הֶחֱשֵׁיתִי מִטּוֹב). 이 전치사 구는 해석하기 어렵다. 델리치는 시편기자가 침묵 속에서 "형통함에서 돌아서고" 있었다고 혹은 형통함에 주목하지 않았다고, 즉 그가 악행자들이 누리는 것을 본 것에서 돌아섰다고 말한다. 그는 그들의 형통함과 의로운 삶의 괴로운 차이에 대해 침묵하려 애썼다.[28] 다른 사람들은 그것이 '헛되이' 혹은 '쓸모없이'라는 의미를 지닌다고 말한다. 나는 선을 제외하고 침묵을 지켰다. 이 말은 그것이 자신에게 아무 소용이 없었다는 의미다.[29] 골딩게이는 이것을 "나는 필요 이상으로 침묵을 지켰다"[30]라고 번역할 수 있다고 말한다. 페로운은 '잠잠하다'라

---

27 Broyles, *Psalms*, p.346.

28 *Psalms*, II:28.

29 Kidner, *Genesis 1–72*, p.156.

30 *Psalms 1–41*, p.553.

는 동사 다음에 나오는 전치사는 (1) '전혀 선이 아니다'(나는 안락함과 기쁨에서 나 자신을 침묵시켰다. 즉 안락함과 기쁨 없이, 나에게는 어떤 안락함이나 기쁨도 없었다)라는 의미이거나, 아니면 (2) 침묵의 부정적 결과로써, "그것이 나에게 잘 되지 않았다" 혹은 "그것은 소용이 없었다"[31]라는 의미라고 주장한다. 그렇게 되면 이 두 번째 제안은 "나의 근심이 더 심하도다"라는 말과 대응을 이룰 것이다. 다시 말해, 그는 침묵을 지키려 애썼다. 하지만 그렇게 하는 것이 잘 되지 않았기 때문에 그는 말을 해야 했다. 그가 말한 그 문구가 무엇을 의미하든, 요점은 완전히 침묵을 지키려는 그의 결심을 유지할 수 없었다는 것이다. 슬픔 혹은 고통('고통 가운데 있다'라는 동사 כאב에서 나온 כאב)은 시편기자가 겪을 정신적·육체적 고통(실망과 재난에서)을 말한다. 그는 고통의 문제와 무시하고자 애썼던 삶의 선한 측면에서 자신이 멀리 떨어져 있다는 문제로 분투했기 때문이다. 점차 이 모든 것이 그를 자극하기 시작하자, 그는 답답함을 억제할 수 없었다.

B. 신자들은 고통이 극심할 때 그 마음을 하나님께 쏟아놓아야 한다(3절)

그의 스트레스와 고통이 너무나 극심해져서 그는 마침내 공개적으로 말해야 했다. 하지만 그는 여호와께 말했다. 그의 마음은 "뜨거워"(חם)졌다. 그가 상황을 묵상할 때에 "불이 붙"기 시작했기 때문이다. 이것은 고통스러운 딜레마에 대한 그의 고뇌가 점차 커지는 것을 나타내는 비유들이다(그가 열이 났다면 아마도 환유적일 것이다). 안에서 탄다는 것은 성경에서 사람들이 행동하도록 자극하는 열정적인 강렬함과 연관된 개념이다(렘 20:9; 눅 24:32를 보라). 여기에서 그가 부르짖도록 자극하는 것은 고통과 고뇌다. '타다'(תבער)라는 동사는 '타기 시작했다' 혹은 '타고 있었다'라고 번역할 수 있다. 이러한 마음의 동요는 그가 잠잠하지 못할 정도로 커지고 있었기 때문이다. 그렇게 타는 것은 그가 '작은 소리로 읊조릴' 동안 일어났다. 그가 더 생각할수록 그것이 더욱 고통스럽게 되었다는 것이

---

[31] *Psalms*, I:327, p.330-313.

다. '작은 소리로 읊조림'이라고 번역된 단어는 실제로는 '한숨 쉼'(הָגָה, '묵상하다, 숙고하다'에서 나온 것이 아니라, חגה, '갈망하다, 타다'에서 나온)에 해당하는 단어일 것이다.[32] 마지막으로 그는 더 이상 자제할 수가 없었으며, 여호와께 불평하며 큰 소리로 말했다("나의 혀로", 4절). 이렇게 공개적으로 말하는 것은 말로 하나님을 비난하는 것처럼 들렸고, 9절에 나오는 그의 고백에 포함되어 있었을지도 모른다. 아니면 여기에서 큰 소리로 말하는 것은 단지 그가 자신의 고뇌에 대해 하나님께 부르짖는 것이며, 불신자들에게 향한 것이 아니기 때문에 용서받을 필요가 없었을 가능성이 더 많다. 어쨌든 이 시편 나머지 부분은 그가 혀로 말한 것이다. 그는 여호와께 자신의 슬픔, 죄, 그리고 남은 세월에 대해 말했다.

II. 고난을 받는 신자들은 삶이 앞으로 어떻게 될 것인지 알기 원한다. 그들은 인생이 짧고 일시적임을 알기 때문이다(4-6절)

A. 고난받는 자들은 인생이 짧다는 것을 알고 싶어 한다(4절)

1. 그들은 자신에게 남은 시간에 관심이 있다

이것은 고난 가운데 죽음에 가까이 간 사람들의 공통적인 관심사다. 4절부터 시작하여, 시편기자는 삶에 대한 대답을 찾는다. 그리고 시편의 나머지 많은 부분은 삶에 대한 한탄이 뒤섞인 일련의 간구들이다. 그는 좌절과 염려의 어조로 요청의 명령, "알게 하사"(הוֹדִיעֵנִי)를 사용해서, 여호와께 그의 끝을 계시하고 그의 생명의 연한을 알려달라고 긴급하게 요구한다. "나의 종말"(קִצִּי)은 '잘라내다, 끝 혹은 '근절하다'를 의미하는 동사와 연결되어 있다. 고난속에서 그는 삶의 끝을 염두에 둔다. 대응되는 표현은 "그의 연한"(the measure of his days)이라는 말로 이것을 강조한다. '날들'(days)이라는 말은 삶의 남은 시간을 말한다(제유). 날이라는 말을 사용한 것은 '나의 해의 연한'(the measure of my days)이라는 말보

---

[32] VanGemeren, *Psalms*, p.359.

다 더 적은 것처럼 보이게 한다. 그는 죽을 수 밖에 없는 자신의 운명을 매우 크게 인식했다.

2. 그들은 자신의 연약함에 관심이 있다

이 간구의 다음 부분은 그가 얼마나 연약한지(מֶה־חָדֵל) 알게 해달라는 요청(격려형)이다. 이 '연약한'이라는 단어는 '끝내다, 끝나다, 그만 두다'(חָדֵל)를 의미하는 단어와 관련이 있다. '일시적인'이라는 말은 이러한 개념을 잘 번역한 것이다. 시편기자는 슬픔과 좌절 속에서 자신이 얼마나 연약한지 여호와가 알게 해주시기를 원한다. 그것은 그의 삶이 얼마나 지속될 것인지 말해줄 것이다. 그는 자신의 징계가 곧 자신의 생명을 끝낼 정도로 충분히 가혹하다는 것을 알았다. 이런 감정적 폭발 이후에 시편기자는 비교적 온건한 애가를 제시하며 인간의 덧없음에 대해 지혜로운 강화를 한다.

B. 고난받는 자들은 자신의 삶이 짧고 연약하다는 것을 깨닫는다(5-6절)

1. 그들의 수명은 하나님 앞에서는 아무 것도 아니다(5절 상)

여기에서 시편기자는 날의 짧음에 대해, 특히 그의 개인적 고난에 비추어볼 때 짧은 것에 대해 한탄한다. 그러고나서, 하나님의 주권과 무한한 지혜를 명백히 이해한 가운데, 사람의 삶이 일반적으로 일시적인 성질이 있음을 인정한다. 그의 상태는 여기에서 단념 혹은 지혜로운 하나님에 대한 확신에 찬 순종의 분위기로 바뀌는 듯하다. 그는 먼저 하나님이 자신의 삶을 "한 뼘 길이만큼" 만드셨다고 인정한다. 이 비유(암시된 비교)는 시편기자의 날들이 짧게 지속되는 것을 표현하며, 복수 형태가 삶의 짧은 기간들 속에서라는 의미라면, 이것은 그기 짧은 기간 근근히 살아나간다는 개념을 강화한다. 게다가, 그의 일생(חֶלְדִּי, '나의 존속 기간')이 하나님 앞에서는 아무것도 아니다. 그의 삶은 짧다. 명백하게 임박한 종말 때문에 훨씬 더 짧게 되었다. 그리고 그가 가진 것은 무엇이든 하나님에 비하면 아무것도 아니다.

2. 그들은 모든 사람이 그렇지 않은 척 해도, 사실은 모두 연약하다는 것을 인정한다

인생에 대한 예리한 관찰은 '분명'(surely, 개역개정에는 이 말이 번역되어 있지 않다-역주)(אַךְ)이라는 불변화사로 시작된다. 여기에 표현된 진리는 "든든히 서 있는"(נִצָּב, '자신감 있는') 것은 한 줌의 공기, 입김, 헛된 것(הֶבֶל - 전도서의 핵심 단어)에 불과하다는 것이다. '든든히 서 있는'이라는 분사는 사람들이 최상의 상태로 있는 것, 어떤 목적을 위해 확고히 서 있는 것을 묘사하는 데 사용된다. 사람들이 가장 강한 상태에 있거나 혹은 힘이라는 이미지를 제시할 때도, 그들은 헛된 입김에 불과하다. 즉 갑자기 사라져버린다.

게다가 인간은 이리저리 돌아다니는 그림자와도 같다. 다시 한 번 불변화사(אַךְ)로 구가 시작된다. 이 표현(בְּצֶלֶם)은 "그림자 같이"라는 것이다[이것은 그 사람의 본성을 나타내기 위해 본질의 베스(beth)를 사용한다]. 이 단어는 잘 알려진 '형상'이라는 단어의 색다른 용법이다. 이 단어는 창세기에서 하나님이 창조하신 바 사람들의 본성과 기능을 묘사한다. 하지만 시편기자는 이것을 살짝 비틀어서 인생은 짧기 때문에 사람들은 그냥 형상으로, 진짜인 어떤 것의 복사본으로 나타날 뿐이라고 말한다. 이 용법은 사람의 본성이 가공의 어떤 것과 거짓 형상을 제시하는 것 사이의 어디쯤이라는 것을 강조한다. 일상적 활동에서 거의 유령처럼 다닌다는 것이다.

이 구절은 계속해서 실제와 대조를 이루는 인간 활동에 대해 묘사한다. 사람들의 삶은 바쁘고 그들은 뭔가를 손에 넣는 것에 골몰한다. 하지만 그들은 그림자일 뿐이다. "그들은 헛된 일(다시 הֶבֶל)로 소란하며"(יֶהֱמָיוּן). 혹은 여러 활동을 하지만, 덧없는 삶 위에서, 말하자면 입김 속에서 하는 것일 뿐이다. 각 사람은 재물을 쌓으나(יִצְבֹּר) 누가 거둘는지(אֹסְפָם, '그것들을 거두는 자', 접미사가 달린 분사는 목적 소유격 역할을 한다) 알지 못한다. 사람들은 뭔가를 모으면서 평생을 보내지만, 죽을 때 누가 그것을 가져갈지 알지 못한다. 얼마나 쓸데없는 일인가! (시 49:10, 그들은 남에게 재물을 남겨두고 떠난다).

III. 그들의 소망은 여호와께 있기 때문에, 고난받는 신자들은 죄 사함과 회복을 위해 기도한다. 남은 날들을 누리기 위해서다(7-13절)

A. 고난받는 신자들은 여호와에 대한 소망을 굳게 붙잡는다(7절)

이 구절은 '이제'(and now)라는 말로 시작한다. 이 말은 이 시편의 전환점이다. 그렇기 때문에 7절은 믿음의 표현들로 넘어간다. 그는 하나님을 '주'라고 부른다(다른 사본들에는 거룩한 이름 여호와—야훼라고 되어 있지만). 그리고 "이제 내가 무엇을 바라리요"(קִוִּיתִי, 시 25:3의 같은 단어를 보라)라고 묻는다. 이 동사는 동시적 완료다. 그래서 현재 시제로 번역된다. '기다리다, 바라다'라는 이 동사는 참을성 있게 기다리는 믿음 뿐 아니라, 기다릴 때 느끼는 어느 정도의 긴장을 포착한다. 시편기자는 불타는 고뇌가 그로 말하지 않을 수 없게 할 때까지 징계를 잠잠히 견뎠다. 그는 무엇을 기다리고 있었는가? 그는 자신의 질문에 대답한다. 그러면서 자신의 질문을 다소 수사적인 것으로 만든다. "나의 소망은 주께 있나이다." 여기서 "나의 소망"은 앞에 나온 동사(יָחַל)에서 나온 תּוֹחַלְתִּי, 시 31:24의 같은 단어를 보라)와 동의어다. 이 또한 참을성 있게 견디는 것을 의미한다. 그에게는 여호와를 기다리고 바라는 것 외에 다른 선택권이 없다. 징계에서 그를 구할 수 있는 분은 하나님 밖에 없기 때문이다. 시편 나머지 부분은 그가 하나님께 그를 위해 간섭해달라고 기도할 때 이렇게 기다리는 것과 바라는 것을 보여줄 것이다.

B. 징계받은 신자들은 우매한 자들에게서 받는 욕을 피하기 위해 죄에서 건져달라고 기도한다(8절)

이 구절은 그의 죄(פֶּשַׁע, 시 51:1의 같은 단어를 보라)에서 건져달라는(הַצִּילֵנִי, 시 22:20의 같은 단어를 보라) 요청으로 시작한다. 여기에서 '건지다'라는 단어는 죄를 사하고 그 결과들을 제거해달라는 의미다. 그의 죄는 하나님의 권위에 복종하기를 거부하여 저지른 반역적인 행동들이었다. 그 죄들이 애초에 징계의 원인이었다. 하지만 이제는 불안한 생각들과 고뇌를 다룰 능력이 없는 것이 포함된다.

그는 하나님이 자신을 구하사 우매한 자들에게서 욕(חֶרְפָּה, 시 22:6의 같은 단어를 보라)을 당하지 않게 해주시기를 바란다. 욕이란 통렬한 비웃음, 조롱이다. 그리고 '우매한 자'(נָבָל, 시 14:1의 같은 단어를 보라)는 하나님이나 그분의 도움 - 혹은 그분의 백성 - 을 고려하지 않는 사람이다. 시편기자가 죄를 용서받지 못하고 징계에서 건짐을 받지 못한다면, 우매한 자들이 그와 그의 신앙을 조롱할 것이다.

C. 징계받는 신자들은 그 징계가 끝나기를 기도한다. 그것은 죄를 깨닫게 하고 쇠망하게 하기 때문이다(9-11절)

신자들이 그들의 고난을 인정하는 것이 징계의 결과라면, 그들은 본질적으로 죄를 고백했기 때문에 회복을 구할 수 있다. 여기에서 시편기자는 3절에 나오는 그가 잠잠했으며 입을 열지 않았다는(과거형 동사) 말을 반복한다. 하나님이 그를 징계하셨기 때문이라는 것이다("주께서 이를 행하신 까닭이니이다"). 그는 잠잠하기로 한 결심이 이루어졌다고 말한다. "내가 잠잠하고." 하지만 그후 그는 입을 열고 하나님께 말한다. 앞 구절에서 침묵하겠다는 서원은 기도를 하지 않겠다는 것이 아니라 불충한 불평을 하지 않고 침묵하겠다는 것이었다.[33] 시편기자는 이제 그의 고난을 조금 더 명확하게 이해하는 듯하다. 그것은 여호와로부터 온 징계였다. 그 징계는 바로잡고 교훈하는 데 그 목적이 있었다. 그것이 여호와께 왔다는 인식은 '주'(You)라는 말을 강조하여 사용한 것에서 강화된다.

그는 여호와께 징계를 제거해달라고 간구한다. 그것은 그를 쇠망하게 하기(consuming) 때문이다(10절). 이 구절은 "옮기소서"(remove, הָסֵר)라는 직접 목적어로 시작한다. 그것은 이 일의 긴급성을 표현한다. 그는 유예를 호소한다. 징계가 너무 심해서 그의 생명 자체가 위협을 받았기 때문이다. 그는 하나님이 그의

---

[33] Alexander, *Psalms*, p.176.

"징벌"(נִגְעֶךָ)을 옮겨주시기 원한다. 징벌(stroke)이라는 말은 비유적으로(암시적 비교), 특히 하나님이 죄에 대한 징계로 보내셨다고 여겨지는 질병들에 대해 사용되는 단어다. 이 '징벌'은 그를 거의 죽을 지경으로 몰아갔다. "내가 쇠망하였나이다"(אֲנִי כָלִיתִי). 이것은 끝났다는 말로, 여호와는 그를 완전히 끝까지, 약하고 완전히 의존적인 상태로 끌고 가셨다. 그의 유일한 소망인 그분께 돌아오게 하시기 위해서다.

그는 앞에서 하나님께 자신이 느낀 연약함에 대해 간구할 때 사람들의 덧없는 본성에 대해 관찰한 것과 마찬가지로, 여기에서도 여호와의 징계가 끝나게 해달라고 간구할 때 그 징계에 대해 말한다(11절). 하나님의 징계는 사람들을 소멸하게 한다. 주동사 '주께서 징계하시다'(יְסַרְתָּ, 시 6:1)라는 말은 하나님의 특징적인 혹은 일반적인 활동을 말한다. 그분의 징계는 책망(בְּתוֹכָחוֹת)과 함께 나온다. 책망이라는 말은 징계에 해당하는 말과 동의어다. 이것은 하나님의 교정 목적을 강화한다.

하나님이 사람들을 징계하실 때, 그들의 "영화"('precious' things)를 소멸하게 하신다. 이 단어는 그들의 생명이 될 수도 있고, 그들의 외모 또는 그들의 재산이 될 수도 있다. 이 모두가 하나의 개념에 들어 있다. 바로 그들의 삶, 그들이 소중히 여기고 누리는 것이다. 인간의 본성은 연약하고 덧없다. 사람들은 귀중한 삶을 구축하고 그것이 지속되기를 바라지만, 하나님은 단숨에 그것을 해치워버리실 수 있다.

여기에서 죄에 해당되는 단어는 '죄악'(עָוֹן, 시 32:5에 나오는 같은 단어를 보라)이다. 이것은 잘못된 방향으로 가는 것, 고집을 부리는 것을 의미한다. 여기서 이것은 사람들의 죄에 총체적으로 적용되니, 그래서 여호와가 모든 사람을 다루시는 것을 포함하는 말에 적절하다.

D. 징계받는 신자들은 징계가 끝나기를 바란다. 남은 삶을 누리기 위해서다 (12-13절)

1. 사람들은 나그네와 같기 때문에 하나님의 도움을 요청한다(12절)

시편기자는 이제 자신의 눈물 어린 부르짖음에 응답해달라고 간청하며 여호와께 고난을 끝내달라고 호소한다. 그가 부르짖는 이유는 '나그네'(גֵּר)이기 때문이다. 이것은 이 개념을 잘 포착하는 다소 고풍스런 단어다. 나그네는 땅에 임시로 거주하는 자로서, 상속권도 없고 약간의 양도권만 있을 뿐이다. 그는 지나가는 손님과도 같다. 그가 자신을 묘사하기 위해 사용하는 유사한 단어는 '정착민'(settler, 개역개정은 '떠도나이다'라고 번역했다 – 역주, תּוֹשָׁב)이다. 이것은 임시 거주자를 의미할 수 있다. 시편기자는 많은 권리를 갖지 않은 사람으로서 도움을 호소한다. 나그네와 정착민들은 일반적으로 가난했으며(족장 가족들을 제외하고), 그 땅에 영구적으로 사는 사람들의 선의에 의존했다. 이런 개념은 이스라엘에게도 잘 맞는다. 그 땅은 여호와께 속해 있었으며, 사람들은 임시 정착민으로 그분의 은총에 의존하고 있었기 때문이다(레 26:23을 보라). 이런 의미에서 모든 신자들은 나그네다. 그 때문에 그들은 자신들의 권리를 주장하는 대신 은총을 구하는 기도를 해야 한다.[34] 이방인으로서 시편기자는 특별하게 보호하고 보살펴달라고 호소한다. 그는 하나님께서 그의 백성이 이방인에게 하도록 요구하신 일을 그에게 해달라고 구했다.

2. 그들은 하나님께 그들에 대한 엄한 태도를 완화하사, 인생을 누릴 수 있게 해달라고 구한다(13절)

시편기자는 자신이 얼마나 오래 살지 알지 못한다. 하지만 인생을 누리기 원한다. '용서하다'(look away)라는 동사는 하나의 비유로써(신인동형론), 하나님이

---

[34] A. A. M. Beuken, "Psalm 39: Some Aspects of the Old Testament Understanding of Prayer," *Heythrop Journal* 19(1978): 1–11을 보라.

엄한 태도를 완화해주셨으면 하는 바람을 표현한다. 그의 죄에 너무 많은 주의를 기울이시는 것을 멈춰달라는 것이다. 이런 요청을 하는 이유는 "나의 건강을 회복"(that I may be made cheerful, וְאַבְלִיגָה)하기 위해서다. 이것은 청유형이다. 하지만 이 명령법 다음에 이것은 목적절로 종속되어 있다. 이것은 여호와의 징계가 자신을 끝내기 전에 그 징계를 멈추어달라는 시편기자의 마지막 간구다. 이 시편의 마지막 절은 그가 죽을지 모른다고 다시 말한다. 즉 떠나 없어진다는 것이다.

메시지와 적용

징계하시는 하나님으로 인한 큰 고난 가운데서 시편기자는 인생, 특히 인생의 짧음을 인식하게 되었다. 바로 그때에 사람들은 자기 삶이 고난 가운데 끝날 수도 있다는 것을 인식한다. 그들은 인생이 연기(vapor), 덧없는 호흡(הֶבֶל)이라는 결론을 내리게 될 뿐이다. 이 비유는 현실의 모든 것이 불충분함을 묘사한다. 이것은 덧없는 것이며, 지속되지 않을 것이다. 이러한 영원성의 결여와 쇠약함이 모든 사람의 조건이다. 고난받는 시편기자는 즉각적인 현실에 직면한다. 그리고 시간이 지나면서 그의 감정이 강렬해져서, 그의 불평들은 자칫 잘 모르는 사람들 앞에서 표현하면 하나님께 대한 불충함처럼 들릴 수 있었을 것이다.[35] 하지만 그에게는 책임감이 있었다. 그는 자신의 불타는 고뇌를 절제할 수 없었을 때, 하나님께 자신의 억눌린 좌절을 쏟아놓았다. 그는 배우고자 하는 바람, 죄를 용서받고자 하는 바람을 표현했다. 하지만 무엇보다도 고난이 끝나서 어느 때이든 즐길 수 있기를 바랐고, 절대 소망을 버리지 않았다.

이 시편은 영적인 삶에 대한 본질적인 메시지를 제공한다. 이것은 죄와 슬픔

---

35 Kidner, *Psalms 1-72*, p.156.

의 문제를 다루어 본 적 있는 신자라면 누구나 공감할 것이다.[36] 메시지는 여러 방식으로 전달할 수 있다. 하지만 한 가지 효과적인 강해 개념은 이것이다. 죄로 인해 심한 징계를 받고 인생의 연약함과 불확실함에 직면한 신자들은 그들의 불평을 여호와께 쏟아놓아야 한다(그러나 공감하지 않는 세상에 쏟아놓아서는 안 된다). 그분이 그들을 건지실 유일한 소망이기 때문이다. 어느 누구도, 시편기자나 현대의 신자도, 이러한 고난을 고뇌로 가득차지 않은 채 그리고 불평을 쏟아놓지 않을 수 없는 상태로 받아들일 수는 없다. 이것이 인간적이다. 그리고 그들이 여호와께 말하는 한은 괜찮다. 그들은 자신의 필요를 다른 신자들과 나누고 조언을 받을 수도 있을 것이다. 하지만 궁극적으로 불평과 간구는 여호와를 향해야 한다. 다른 어느 누구도 그를 구해줄 수 없고, 즐거운 미래를 보장해줄 수 없다. 어떤 고난에서든 여호와께 초점을 맞추어야 한다. 고통 가운데 있을 때 모든 삶은 모호하게 되지만, 여호와께 집중하면 그것을 소망으로 바꾸어주시기 때문이다. 신약 역시 인생은 일시적이며 우리는 이 세상에서 나그네라는 것을 상기시킨다. 하지만 우리에게는 모든 고통, 특히 죄로 인한 고통을 초월하는 소망이 여호와 안에 있다(히 11:3; 벧전 2:11을 보라).

---

[36] 강해에서는 이것이 죄에 대한 징계 때문에 온 고난이라는 것을 사람들에게 상기시키는 것이 도움이 된다. 모든 고난이 죄로 인한 것은 아니다. 사람들은 고난의 다양한 이유를 상기해야 하며, 그들에게 죄에 대한 벌이 아닌 고난을 다루는 시편들(시 44편 같은)을 보게 해주어야 할 것이다.

49

The Song of Sacrificial Service PSALM 40

희생 제사의 노래(시편 40편)

서론

본문과 다양한 역본들

다윗의 시, 인도자를 따라 부르는 노래

1 내가 여호와를 기다리고 기다렸더니
 귀를 기울이사 나의 부르짖음을 들으셨도다
2 나를 기가 막힐 웅덩이와
 수렁에서 끌어올리시고
 내 발을 반석 위에 두사
 내 걸음을 견고하게 하셨도다[1]
3 새 노래 곧
 우리 하나님께 올릴 찬송을 내 입에 두셨으니

---

1 헬라어역은 이것을 '그가 나의 걸음을 지도하셨도다'라고 번역했다.

많은 사람이 보고 두려워하여

　　여호와를 의지하리로다

4　여호와를 의지하고(makes the LORD his trust)[2]

　　교만한 자와

　　거짓에 치우치는 자를 돌아보지 아니하는[3] 자는 복이 있도다

5　여호와 나의 하나님이여

　　주께서 행하신 기적이 많고 우리를 향하신[4] 주의 생각도 많아

　　누구도 주와 견줄 수가 없나이다

　　내가 널리 알려 말하고자 하나

　　너무 많아 그 수를 셀 수도 없나이다

6　주께서 내 귀를 통하여 내게 들려 주시기를[5]

　　제사와 예물을 기뻐하지 아니하시며

　　번제와 속죄제를 요구하지 아니하신다 하신지라

7　그 때에 내가 말하기를 내가 왔나이다

　　나를 가리켜 기록한 것이 두루마리 책에 있나이다

8　나의 하나님이여 내가 주의 뜻 행하기를 즐기오니

2　헬라어역은 '만들다'(makes), םׂשָ라는 동사를 '이름' םׁשֵ이라는 명사로 해석한다. '여호와의 이름을 바라고.'

3　이 행은 헬라어 본문에서는 οὐκ ἐνέβλεψεν εἰς ματαιότητας καὶ μανίας ψευδεῖς라고 단순화되어 있다. '헛된 것들과 거짓된 미혹들을 중시하지 아니하는.'

4　'우리를 향하신'이라는 전치사구는 헬라어 역본에 없다.

5　MT의 표현은 매우 정확하다. '주께서 나를 위해 파신 귀들'(ears you dug for me)이라는 것이다. 하지만 헬라어 번역은 σῶμα δὲ κατηρτίσω μοι, '주께서 나를 위해 예비하신 몸'이라는 것이다. 이것은 히브리서 10:5, 7절에 나오는 본문이다. 다른 헬라어 역본들과 LXX의 몇몇 사본들에는 ὠτία, '귀들'(ears)이라고 되어 있다. 이런 변화를 설명할 한 가지 이론은 언셜자체로 단어들이 혼동을 일으켰다는 것이다. ΩΤΙΑ라는 단어는 ΣΩΜΑ로 바뀌었다. 시그마가 앞 단어로부터 반복되었고, ΤΙ는 M으로 바뀌었다는 것이다. 보다 그럴듯한 설명은 헬라어역이 이 관용구에 대한 해석을 제공한다는 것이다. 시편기자는 전체인 '몸' 대신에 부분인 '귀'라는 말을 사용했다. 또한 히브리서의 해석이 시편에 대한 헬라어 사본에 영향을 미치는 것이다. 하지만 가능성은 적다.

주의 법이 나의 심중에 있나이다 하였나이다

9 내가 많은 회중 가운데에서
의의 기쁜 소식을 전하였나이다
여호와여 내가 내 입술을 닫지 아니할 줄을
주께서 아시나이다

10 내가 주의 공의를 내 심중에 숨기지 아니하고
주의 성실과 구원을 선포하였으며
내가 주의 인자와 진리를
많은 회중 가운데에서 감추지 아니하였나이다

11 여호와여 주의 긍휼을 내게서 거두지 마시고[6]
주의 인자와 진리로 나를 항상 보호하소서[7]

12 수많은 재앙이 나를 둘러싸고
나의 죄악이 나를 덮치므로 우러러볼 수도 없으며
죄가 나의 머리털보다 많으므로
내가 낙심하였음이니이다

13 여호와여 은총을 베푸사 나를 구원하소서
여호와여 속히[8] 나를 도우소서

14 내 생명을 찾아 멸하려 하는 자는
다 수치와 낭패를 당하게 하시며
나의 해를 기뻐하는 자는
다 물러가 욕을 당하게 하소서

---

[6] 많은 주석가가 이 행을 기도로 본다(동사, 명령의 미완료). '거두지 마시옵소서.' 이것은 헬라어 역본의 해석이기도 하다. 형태에 대해서는 주석 부분에서 다룰 것이다.

[7] 헬라어역은 여기에서 과거형으로 번역한다.

[8] 헬라어 역본의 해석은 '가까이 오사($πρόσχες$) 나를 도우소서'다.

15 나를 향하여 하하 하하 하며 조소하는 자들이

자기 수치로 말미암아 놀라게 하소서(Let those be appalled)⁹

16 주를 찾는 자는

다 주 안에서 즐거워하고 기뻐하게 하시며

주의 구원을 사랑하는 자는

항상 말하기를 여호와는 위대하시다 하게 하소서

17 나는 가난하고 궁핍하오나

주께서는 나를 생각하시오니

주는 나의 도움이시요 나를 건지시는 이시라

나의 하나님이여 지체하지 마소서

구문과 전후 문맥

시편 40편은 제사 의식, 하나님의 뜻을 행하기 위한 헌신이라는 주제를 다루기에 좋은 기회를 제공한다. 헌신에 대한 강조는 시편 한가운데서 하나님의 위대하신 구원의 행동에 대한 반응으로, 그리고 긴급한 구원을 위한 기도의 기초로 나와 있다.

시편 40편은 두 개의 시편으로 되어 있다. 바로 찬양과 기도다. 첫 번째 부분은 선언적 찬양 혹은 감사의 시편이다. 여기에는 구원이 주는 교훈과 찬양, 그리고 헌신의 서원과 함께 구원에 대한 보고가 나온다. 이 시편의 마지막 부분은 기도다. 이 기도는 여호와를 향한 찬양에서 표현된 시편기자의 구원의 경험에

---

9 MT에는 '그들이 그들의 수치 때문에 놀라게 하소서'(let them be appalled because of their shame)라고 되어 있다. 헬라어역은 '그들이 그들의 응보로 속히 수치를 받게 하소서'(let them quickly receive shame for their reward)라고 되어 있다. κομισάσθωσαν(=יָשֻׁבוּ)를 사용해서, 그리고 '때문에'(עַל־עֵקֶב) 대신 παραχρῆμα, '속히, 즉시'를 사용하여 이렇게 번역한 것이다.

기초한다. 그는 구원에 대해 하나님을 잊지 않고 찬양했으므로, 하나님이 현재의 위기에서 그를 실망시키지 않으실 것이라 확신했다. 그 결과는 일련의 원리들로 표현될 수 있을 것이다. 신적 간섭이 진정한 찬양을 불러일으키고, 진정한 찬양은 개인적 헌신으로 이어지며, 영적 헌신은 기도에 필수적이다.

모두가 다 이 두 시편이 합해서 하나의 시편을 이룬다고 생각하는 것은 아니다.[10] 이것은 시편 27편처럼 간구 전에 찬양이 나오는 하나의 통합된 글일 수도 있다. 이 두 부분에서는 언어가 약간 중복되며, 문체가 반복적이다. 시편 40편은 감사와 봉헌의 서원으로 시작해서 탄식으로 넘어가고, 그다음에는 기도가 나오는 전례식문의 일부다. 크레이기는 이튼(Eaton)과 마찬가지로 이 시편을 제왕 시편이라고 부른다.[11] 그가 보기에 적절한 배경은 왕이 왕들의 율법을 순종하겠다고 서원하는 것이다(신 17:14-20). 이 시편에는 이것이 제왕 시편이라는 것을 나타내는 단서가 아무것도 없다. 이것은 왕이 사용했을 수도 있었을 것이다. 하지만 예배하는 공동체에서 더 광범위하게 사용되었을 수도 있다. 크라우스는 이 시편이 포로기 이후에 기록된 선지자적 영감을 받은 감사라고 본다.[12] 하지만 이 시편은 이스라엘의 어떤 시기에든 해당될 수 있다. 공허한 의식에 관한 선지자적 교훈은 많은 선지서에서도 찾아볼 수 있기 때문이다.

사도들은 희생 제사의 시편인 시편 40편이 예수 그리스도의 봉헌에 대한 예표론적인 것이라고 인식했다. 즉 이 시편은 그리스도의 성육신과 기꺼이 성부 아버지의 뜻을 행하려는 순종에서 가장 완전한 의미를 발견한다는 것이다. 그래서 이 시편 강해는 먼저 원래의 의미와 적용을 다루고, 그다음에 히브리서에서 사용된 의미를 설명해야 한다.

설사 이 시편이 하나의 시라 해도, 각 부분은 여전히 감사 다음에 기도가 나

---

[10] Craigie, *Psalms*, p.313-314.

[11] Craigie, *Psalms*, p.315, 또한 John H. Eaton, *Kingship and the Psalms*(London: SCM Press, 1976), pp.42-44를 보라.

[12] *Psalms 1-59*, p.424.

오는 식으로 전개된다. 이 시편의 구조는 주석가마다 다르게 규정한다. 예를 들어, 크라우스는 이것을 둘로 나누어 1-11절은 찬양, 12-17절은 기도로 본다. 골딩게이는 1-12절은 첫 번째 부분으로, 13-17절은 기도로 본다(이것은 시 70편을 형성하기 때문이다). 크레이기는 1-10절은 감사, 11절은 기도, 12-17절은 탄식으로 본다. 이 논의에서 1-11절은 감사로 간주되며, 하나님에 대한 충성과 미래의 구원에 대한 시편기자의 확신에 찬 단언으로 끝난다. 그다음에 12-17절은 기도로 간주된다. 12절에 나오는 딜레마에 대한 묘사로 시작해서, 13-17절에 나오는 간구들로 보는 것이다. 9-12절은 전반적인 의미를 바꾸지 않고 다르게 배열할 수도 있겠지만, 이렇게 구조를 보는 방식도 매우 유용하다.

석의적 분석

요약

시편기자는 자신이 경험한 기이한 구원의 행동 때문에 자신은 하나님께 순종하는 종이라고 기쁘게 말하고, 현재의 수많은 악에서 속히 구조해달라고 기도한다.

개요

I. 하나님의 기이한 구원의 행동 때문에, 시편기자는 자신을 하나님께 순종하는 종이라고 기쁘게 제시하며, 하나님을 향한 찬양으로 충성을 입증하고, 하나님이 계속 보호하시리라는 확신을 표현한다(1-11절).
    A. 그는 자신의 구원에 대해 기쁘게 말하며 회중에게 여호와를 의지하라고 말한다(1-4절).
        1. 그는 오랜 기간 기도한 후에 하나님이 그를 구하셨고 그에게 찬송할 이유를 주셨다고 말한다(1-3절 상).
        2. 그는 자신의 경험을 통해 많은 사람이 여호와를 의지할 것이라고

확신하고, 어떤 거짓된 소망이 아니라 여호와를 의지하는 사람들의 복에 주의를 환기시킨다(3절 하-4절).

  B. 그는 자신을 여호와께 순종하는 종으로 제시한다. 그분의 멋진 행동들 때문이다(5-8절).

    1. 그는 하나님의 헤아릴 수 없이 많은 멋진 행동으로 인해 하나님을 찬양한다(5절).

    2. 그는 하나님이 제사보다 그의 삶을 더 바라신다는 것을 인식하고, 하나님의 뜻을 행하는 데 몰두한다(6-8절).

      a. 헌신: 그는 하나님께 자신의 생명을 드린다.

      b. 방향: 그는 하나님의 말씀에 순종한다.

      c. 바람: 그는 하나님의 뜻을 행하기로 결심한다.

  C. 그는 자신이 회중에게 여호와의 소식들을 전했다고 입증한다(9-10절).

  D. 그는 여호와의 신실하신 사랑과 자비가 그를 보존하리라는 확신을 표현한다(11절).

II. 여호와는 돕는 자요 구원자이시므로, 시편기자는 여호와께 자신을 파멸시키려는 사람들과 견뎌야 하는 악들에서 속히 구해달라고 간청한다. 여호와를 찾는 의인들이 함께 찬양할 수 있게 하기 위해서다(12-17절).

  A. 그는 죄악이 자신을 덮쳤다고 한탄한다(12절).

  B. 그는 악인들에게서 속히 구해달라고 기도한다. 여호와의 위대하심이 선포되도록 하기 위해서다(13-16절).

    1. 그는 그를 파멸하려 하는 악인들이 통렬한 수치를 당할 구원을 속히 이루어달라고 기도한다(13-15절).

    2. 그는 하나님이 그를 구해주사, 여호와의 구원을 구하는 모든 사람이 하나님의 위대하심을 선언하게 해달라고 기도한다(16절).

  C. 그는 여호와께 자신을 돕는 일을 지체하지 마시라고 기도한다. 그는 대단히 큰 어려움에 처해 있기 때문이다(17절).

강해 형태의 주석

I. 하나님의 강력하신 구원의 행동들 때문에, 신실한 신자들은 생명을 유지할 수 있다(1-11절)

A. 하나님은 기이한 구원의 행동을 하심으로, 찬양하게 하신다(1-5절)

1-5절에서 우리는 시편기자의 찬양을 본다. 여기에서 분명하게 선포되는 것은 하나님이 사람들을 그들의 환난에서 구해주신다는 것이다. 그들이 다른 사람에게 그분의 행사를 선포할 수 있게 하기 위해서다.

1. 하나님의 구원의 행동들은 참으로 놀랍다(1-3절 상)

전형적인 선언적 찬송 방식에 맞게, 이 시편은 구원에 대한 보고로 시작된다. 처음에는 요약 진술이 나온다. "내가 여호와를 기다리고 기다렸더니 귀를 기울이사 나의 부르짖음을 들으셨도다." 이것은 분명 고되고 끈질긴 기도였을 것이다. 동사 구문이 나타내는 바와 같다(קַוֹּה קִוִּיתִי, 시 25:3이 같은 단어를 보라). '기다리다'라는 동사는 긴장 및 관심을, 하지만 기대감을 미리 표현한다. 그리고 독립 부정사는 인내심을 강조한다. 하나님은 결국 간섭하셨으며, 이 시편은 극적 이미지로 이 구원에 대해 말한다. 그의 괴로움은 "기가 막힐 웅덩이"(slimy pit, 문자적으로는 '파멸의 웅덩이', בּוֹר שָׁאוֹן)와 "수렁"(문자적으로는 '수렁의 진창', טִיט הַיָּוֵן)이라는 말로 표현된다. 이것이 실제 상황일 가능성이 없는 것도 아니다. 사람들은 이따금 오래되고 깨진 물탱크에 들어간다. 어떤 경우 거기 숨어 있기도 하고, 어떤 경우 원수들이 그들을 거기에 던져 넣기도 한다(예를 들어 창 37:14을 보라. 그 구덩이에 물은 없었지만 말이다). 깨진 물탱크에는 벽에 난 틈에서 물이 조금씩 스며 나와 바닥이 진창이었을 것이다. 시편기자가 실제로 그런 웅덩이 안에 있지 않았다면, 그는 자신이 마치 그런 끔찍한 웅덩이의 진흙탕에 빠져 있는 것과 같았다고 말하기 위해 비유적으로 이 말을 사용한 것이다(그리고 이 비유들은 암시된 비교다). 구덩이 안의 진흙과 진창의 이미지는 침울한 주위 환경, 완

전한 무력함, 우울하게 하는 의심들, 영적 고난 등을 의미할 것이다.[13]

여호와는 이 '혼란한 상태'에서 그를 끌어올리시고(וַיַּעֲלֵנִי), 그의 발을 반석 위에 두사(וַיָּקֶם, 시 3:1의 같은 단어를 보라) 걸음을 견고하게(כּוֹנֵן, 시 93:1의 같은 단어를 보라) 하셨다. 이 묘사들은 또한 비유적 표현이다. 그가 그런 웅덩이에 있었고 문자적으로 끌어올려져 굳게 섰다면, 하나님이 그를 구한 사람들을 통해(그래서 이 비유적 표현들은 원인의 환유다) 그런 일이 일어나게 하셨을 것이다. 하지만 그의 곤경에 대한 묘사가 암시된 비교라 해도 마찬가지일 것이다. 그는 사람들이 구덩이에서 희생자를 끌어올리는 것과 마찬가지로, 어려움에서 하나님이 자신을 건지셨다는 것이다. 이것이 해석이라면 우리는 그 딜레마가 무엇이었는지는 정확하게 알지 못한다. 하지만 그것은 구덩이에 있는 것처럼 절망적이었으며, 그곳에서 끌어올려지는 것처럼 놀라운 것이었다.

하지만 이 얼마나 대조적인가! 하나님은 그를 구덩이에서 끌어올리심으로 자유케 하셨을 뿐 아니라, 또한 그의 발을 반석 위에 두심으로 안전하고 안정되게 하셨다. 요점은 어떤 종류의 고난이든 깊은 고난에 빠져 스스로의 힘으로는 그 어려움 속에서 헤어나올 수 없고 환경에 억눌린 사람들을 하나님이 건지시고, 그들에게 안전과 확신을 주실 수 있다는 것이다. 설사 그 어려움들이 어리석은 선택들의 결과이거나, 영적인 삶이 죄와 그 결과의 진창에 빠져 있다 해도, 하나님은 참을성 있게 기다리는 사람들을 언제라도 건질 용의가 있으시다. 참을성 있게 기다리는 것은 믿음의 행동이다. 이것은 적극적인 믿음, 즉 해방이 올 때까지 주시하며 진지하게 기도하는 것을 암시한다.

이러한 놀라운 건져냄의 결과는 여호와께 공개적인 찬송을 드리는 것이다. 그래서 3절은 말한다. "새 노래 곧 우리 하나님께 올릴 찬송(תְּהִלָּה, 시 33:1의 같은 단어

---

13 Kraus는 이 두 이미지가 죽은 자들이 거하는 지하의 혼돈스러운 곳을 묘사하며(69:2, 14절을 보라), 여기에서는 죽음의 영역에 들어가면서 시편기자가 거의 죽을 뻔했음을 나타낸다고 말한다(*Psalms 1-59*, p.444). Craigie는 이 시편을 제왕 시편이라고 주장하는데, 이 비유들이 모종의 군사적 위기를 의미하기 때문이다(*Psalms*, p.315).

를 보라)을 내 입에 두셨으니." 여기서 '새 노래'는 하나님께 찬양을 부를 새로운 이유, 기도에 대한 응답으로 온 건져냄이다(그래서 이것은 결과의 환유다). 하나님은 그에게 노래할 이유를 주셨다. 다른 말로 하면, 하나님은 그로 찬양하게 하시려고 그를 건지셨다. 이것은 새로운 건지심이므로, 하나님이 그에게 주신 새로운 노래였다. 찬양은 하나님의 이러한 행동들에 대한 자연스럽고 적절한 반응이다.[14]

2. 공적 찬양은 다른 사람들의 믿음을 격려한다(3절 하-4절)

시편기자는 왜 하나님이 찬양을 원하시는지 잘 알았다. "많은 사람이 보고 두려워하여[15] 여호와를 의지하리로다"(וְיִבְטְחוּ, 시 4:5의 같은 단어를 보라). 시편기자는 이 찬양에서 또한 그들이 교만한 자(רְהָבִים)나 거짓에 치우치는 자(שָׂטֵי כָזָב)를 의지한다면 어떤 도움도 받을 수 없다는 것을 가르친다. 그들은 거기에서 건져냄을 전혀 발견하지 못할 것이다. 그들은 미혹되어 거짓(이 용어가 허용하는 것처럼 신기루)을 따른다. 사람들이 이 찬양을 들었을 때 그들은 구원의 참된 원천이 여호와임을 알았을 것이다. 그리고 이것은 거짓말이 아니었다. 시편기자의 삶에서는 진리가 곧 현실로 나타났기 때문이다. 하나님은 그를 의지하는 사람들을 구해주신다.

하지만 너무나 자주, 신뢰할 만한 도움을 구해야 할 거대한 영적인 필요가 있는 상황인데도, 하나님의 사람들은 침묵하고 있다. 다시 말해 선언적인 찬양이 없다.

3. 찬양은 하나님의 놀라운 역사에 초점을 맞춰야 한다(5절)

이 시편기자는 이제 그가 침묵을 지키지 않았음을 입증한다. 9-10절에서 그는 자신이 하나님께 신실하게 찬양의 제사를 드렸다는 것을 힘주어 단언한다.

---

[14] Goldinay는 건져내는 행동은 예배자가 찬양을 드리는 것으로 이어지기까지는 절대 완성된 것이 아니라고 하며 이 점을 강조한다(*Psalms 1-41*, p.570).

[15] 이 동사들은 이 행에서 언어유희를 형성한다. יִרְאוּ רַבִּים וְיִירָאוּ

여기에서 그는 하나님의 모든 역사에 대해 말한다. "여호와 나의 하나님이여 주께서 행하신 기적이 많고 우리를 향하신 주의 생각도 많아 누구도 주와 견줄 수가 없나이다.[16] 내가 널리 알려 말하고자 하나 너무 많아 그 수를 셀 수도 없나이다." 이 찬양은 자기 백성을 향한 하나님의 생각의 결과인 놀라운 역사뿐 아니라, 이 생각들에 대한 것이었다. 시편기자는 비록 그 생각들이 말로 할 수 있는 것 이상(문자적으로는 '말하기에는 너무 많은')이지만 그것을 선언하기로(청유법) 결심했다. 그는 자신의 표현력의 한계를 보며 그저 하나님의 기이한 일을 찬송가 식으로 언급할 뿐이다.[17]

여기에서 한 가지 관찰할 것은 선언적 찬양의 반응이 없는 신적 간섭은 하나님의 계획을 망친다는 것이다. 하나님은 그분의 백성에 대한 계획을 갖고 계신다. 그리고 그 계획은 그들을 위한 놀라운 행동을 제공한다. 이 모든 것을 통해 하나님은 찬양과 감사의 표현들을 바라신다. 찬양은 다른 사람들을 세우고 변화시키기 때문이다.

B. 하나님의 놀라운 구원의 행동은 개인적 헌신을 요구한다(6-8절)

감사는 또한 헌신으로 이끈다. 이것이 바로 하나님이 참으로 바라시는 것이다. 시편기자는 하나님의 놀라운 구원에 대해 찬양을 드렸다. 그리고 이제 그에 수반하여 여호와를 섬기겠다고 서원한다. 이 부분에서는 이스라엘의 제사가 어떻게 이루어졌는지 회상하는 것이 도움이 된다. 사람들이 여호와를 찬양하고자 할 때면 언제나, 그들은 '제사'(זֶבַח), 화목제를 성소로 가져왔다. 이것은 찬양에 수반되어야 했다(레 7:12을 보라). 이것은 '찬양의 제사' 혹은 토다 제사였다(시 6:5의 같은 단어를 보라). 그들이 가져온 수반되는 제사 가운데는 봉헌 '제물'(מִנְחָה, 레

---

16 이 행의 의미는 난해하다. MT는 אֵין עֲרֹךְ אֵלֶיךָ 라고 되어 있다. 이 단어들은 '주와 비교할(put in comparison) 수 있는 것은 아무것도 없나이다'라고 번역할 수 있다. 이 동사는 또한 '정리하다, 제시하다'(set in order, set forth)라는 의미이다. '주께는 그것들을 내놓을 수 없다'(laying forth of them unto you). 이 말은 그의 백성을 향한 여호와의 생각이 무수히 많다는 것을 의미한다.

17 Kraus, *Psalms 1–59*, p.426.

2장을 보라)이 있었다. 감사하는 예배자들이 이 제물을 가져왔을 때, 그들은 본질적으로 "모든 것이 주께로 말미암았사오니 우리가 주의 손에서 받은 것으로 주께 드렸을 뿐이니이다"(대상 29:14)라는 다윗의 말을 인용했다. 예배자들은 감사의 표시로 제물을 드렸을 것이다. 그리고 여호와가 하신 일 때문에 그들은 봉헌의 서원을 할 것이다. 시편 40편은 이러한 봉헌의 서원 하나를 제공하며, 그 과정에서 하나님이 구원하시는 사람들에게서 무엇을 바라시는지 보여준다. 그분은 의식 자체에만 관심이 있는 것이 아니라, 그 의식이 나타내는 것에 관심이 있으시다. 이 찬양의 제사와 봉헌 제물을 준비하기 위해 그들은 먼저 부정한 것들과 죄를 제거하기 위해 '속죄제'(חַטָּאָה)를 가져와야 하며, 하나님께 완전히 받아들여지는 것, 혹은 속죄를 위해 '번제'(עוֹלָה)를 가져와야 한다.[18]

본문의 이 부분을 강해할 때, 봉헌에 대한 세 가지 유용한 원리를 전개할 수 있을 것이다. 히브리서에 따르면 그리스도 안에서 이 본문이 성취되는 것에서 완전한 봉헌의 예를 발견할 수 있다. 시편의 이 부분이 몇 개의 삽입구들과 함께 쓰였으므로, 강해는 사고의 순서를 명확하게 해야 할 것이다.

> 제사와 예물을 기뻐하지 아니하시며
> (주께서 내 귀를 통하여 들려주시기를)
> 번제와 속죄제를 요구하지 아니하신다 하신지라
>
> 그때에 내가 말하기를 내가 왔나이다
> (나를 가리켜 기록한 것이 두루마리 책에 있나이다)
> 나의 하나님이여 내가 주의 뜻 행하기를 즐기오니
> (주의 법이 나의 심중에 있나이다)

---

[18] 이 제사들 각각에 대한 상세한 연구로는 레위기에 대한 필자의 저서인 *Holiness to the LORD*(Grand Rapids:Baker, 2002), p.85-154를 보라.

1. 하나님은 신자들의 헌신을 기뻐하신다

첫 번째 원리는 하나님이 원치 않으시는 것에서 부정적으로, 그분이 백성이 하도록 마련하신 것에서 긍정적으로 제시된다. 하나님은 무엇을 원하지 않으셨는가? 시편기자는 그분이 제사(זֶבַח)와 봉헌 예물(מִנְחָה)을 기뻐하지 않으시고(לֹא־חָפַצְתָּ), 또한 전체 번제(עוֹלָה)와 속죄제(חֲטָאָה)도 요구하지 아니하신다고(לֹא שָׁאָלְתָּ) 말한다. 의식적 행동 자체는 아무런 의미가 없다고 단언한다(삼상 15:22을 보라). 하나님은 단지 제사 하나만을 원하신 것이 아니다. 그분은 절대 그렇게 하지 않으신다(그래서 완료 시제는 격언적 번역으로, 영어의 완료 시제로 번역되어야 한다). 성경은 하나님이 자기 백성으로부터 이것을 원치 않으셨다는 것을 분명히 밝힌다. 요는 그분이 공허한 의식에 관심이 없으셨다는 것이다. 그분은 제사보다는 제사의 의미에 더 관심이 많으셨다. 하나님이 제사들을 제정하셨을 때, 하나님은 이 의식이 내적 믿음의 외적 표현이 되게 하셨다. 죄의 고백 없는 속죄제, 혹은 진정한 봉헌의 말이 없는 봉헌 예물은 쓸모없는 것이다.[19] 사람들은 신령하게 보이기 위해 제사를 드릴지는 모르지만 믿음에 대한 헌신이 없으면 제사는 하나님께 욕이 되었을 것이다. 오늘날의 의식 행위들도 마찬가지다. 하나님은 단지 예물보다는 예배자를 우선적으로 원하시기 때문이다. 예배자가 있다면, 그분은 또한 제대로 드려진 예물을 받으시게 될 것이다. 시편 51:17은 "하나님께서 구하시는 제사는 상한 심령이라"라고 말한다. 하나님께는 짐승들이 필요없었다(시 50:7-14). 오직 그분은 상한 심령을 원하셨다. 제사의 의미는 그것이었다. 시편 40편에 나오는 이 진술은 그에 비추어 이해해야 한다. 하나님은 제사를 원하셨는가? 그렇다. 하나님이 그 제사들을 제정하셨기 때문이다. 하지만 그분은 그 제사들이 나타내도록 되어 있는 것을 원하셨다.

시편기자는 하나님이 바라시던 것에 응한다. "내가 왔나이다…내가 주의 뜻

---

19 Kraus는 이 구절들이 의식과는 대조적으로 순종을 강조한 선지자들의 말이며, 따라서 포로기 이후의 것이라고 주장한다(Psalms 1-59, p.427). 하지만 예배에서 경건을 강조한 것은 후기 시대에만 그런 것은 아니다.

행하기를 즐기오니." 신자들은 여호와의 뜻을 행하기를 즐겨야 한다. 그렇지 않으면 실제로 그분을 섬기는 것이 아니다. 그들은 그분의 뜻에 굴복하지 않을 것이다. "내가 왔나이다"(בָּאתִי)라는 말은 '여기'(here, הִנֵּה, 개역개정에는 이 말이 번역되어 있지 않다-역주)라는 말로 시작한다. 전통적으로 이 말은 '보라'라고 번역되었다. 이것은 일어나는 일에 주의를 기울인다. 그리고 일어나는 일은 시편기자가 여호와의 임재 앞으로 나아와 거기에서 하나님의 뜻(רָצוֹן, 시 30:5의 같은 단어를 보라)을 행하고 싶어 하는 마음을 선언하는 것이었다. 단어의 반복으로 우리는 시편기자가 바라는 것이 하나님이 바라던 것, 곧 여호와를 기쁘시게 하는 일을 하려는 헌신이었음을 알 수 있다. 이 본문에서 시편기자는 적절한 반응을 보인다. 하나님의 건지심을 경험한 사람의 적절한 반응은 여호와를 섬기기로 헌신하는 것이기 때문이다.

"내가 왔나이다 내가 주의 뜻 행하기를 즐기오니." 모든 세대의 신자는 평생 이런 마음의 소원으로 씨름했다. 하지만 예수님은 스스로 항상 아버지가 기뻐하시는 일을 행한다고 말씀하실 수 있는 단 한 분이셨다(요 8:29). 그분은 하나님 아버지의 뜻에 굴복했다. 그분은 하나님 아버지의 뜻을 행하기 위해 세상에 오셨기 때문이다.

2. 하나님은 모든 사람이 그분을 섬기도록 준비하게 하신다

두 번째 원리는 6절에서 괄호로 묶인 절로 주어진다. "주께서 내 귀를 통하여 들려 주시기를"(אָזְנַיִם כָּרִיתָ לִּי). 초점은 귀에 있다. 하지만 이것은 전인을 말한다(제유). 하나님께 귀가 있다면, 그것은 사람이 하나님의 교훈들을 듣는 의미다. 시편기자의 요점은 여호와가 원하시는 것을 듣고 행하도록 사람을 만드셨다는 것이다(마찬가지로, 사 50:4은 날마다 여호와가 선지자의 귀를 열어주신다고 말한다).[20] 이 구체적인 표현은 헬라어역에서 번역되었다. 본문에서는 이 개념이 이해되지 않을 수도 있기 때문이다. 이것은 '주께서 나를 위해 마련하신 몸'이라고 되어 있다. 이것은 구체적이지는 않지만 요점을 포착한다.

이 서원을 사용함으로 모든 신실한 자들은 하나님이 그들을 하나님의 뜻을 행하게끔 만드셨음을 인정했다. 하나님은 사랑의 의도로 그들의 몸과 영혼을 준비하셨다(시 139:13-18). 그렇기 때문에 그들이 가진 모든 능력, 지체, 기능은 하나님을 섬기는 데 드려져야 한다. 제사장들은 안수를 받을 때 이 사실을 상기해야 했다. 그 안수 때 모세는 그들의 귀와 엄지손가락과 엄지발가락에 피를 발랐다(레 8:23). 하나님을 섬길 때, 그들이 들은 것과 손댄 것, 간 곳은 모두 여호와께 구별되어야 했다.

오늘날 신자들 역시 자기 몸이 순종을 위해 만들어졌음을 인식해야 한다. 여호와는 그들 각자를 하나님의 교훈들을 듣고 따르게 만드셨다. 그리고 그들이 일단 이것을 인식하면, 그분을 섬기려는 헌신이 따라야 했다. "내 귀를 통하여"라는 말은 신자들에게 순종하라는 예수님의 권고를 상기시켜야 한다. "귀 있는 자는 들을지어다"(마 11:15). 신자들은 언제나 귀를 기울이고, 언제나 그분의 뜻을 행하도록 주신 모든 것을 사용할 준비를 해야 한다.

사도들은 이 말들이 그리스도의 성육신에서 완전한 의미로 실현되었음을 발견했다. 이 기독교 교리는 신비로운 방식으로 성령이 성자의 몸을 준비하사, 성부가 성자를 세상에 보내셨다고 가르친다. 이 몸은 순종하는 섬김을 위해 마련된 것이다. 귀에 대한 강조가 나타내는 바와 같다. 그분의 가르침, 그분의 강력한 역사, 그분의 사랑과 긍휼에 의해 그분은 성부 하나님의 뜻을 행할 것이며, 그분을 위한 성부 하나님의 뜻은 그분의 몸이 우리를 위해 십자가에 달리시는 것이었다.[21]

---

20 이사야의 이 본문은 종의 노래 중 하나로, 그리스도인 강해자들은 이 노래를 시편 40편과 마찬가지로 예표론적인 그리스도에 대해 예언하는 것으로 인식한다. 그가 듣고 순종한다는 것은 저자에게도 해당되지만, 그리스도 안에서 완전히 실현되었다. 그래서 귀라는 세부 사항을 사용하여 순종을 강조하는 것은 두 메시아 본문에 모두 나온다.

21 Perowne은 히브리서 10:5, 7절에서 '귀'라는 단어가 '몸'이라는 단어로 바뀐 것은 시편의 논증이나 히브리서 본문에 크게 영향을 끼치지 않는다고 설명한다. 히브리서의 요점은 여호와의 제사가 사람의 몸의 제사—이것은 그분이 이 세상에 오신 성육신에서 이미 암시되었다—일 뿐 아니라, 또한 순종하는 뜻의 고난이 있다는 것이다. 지지는 칩든 이스라엘인의 헌신을 표현한 바 있는 이 단어들이 훨씬 더 놀랍게 표현하며, 실로 가장 고귀한 의미에서 하나님 아들의 완벽한 순종을 유일하고 참되게 표현한다고 생각했다(*Psalms*, I:336).

3. 하나님은 그분의 뜻을 행하기 위한 방향을 제시하신다

본문은 "나를 가리켜 기록한 것이 두루마리 책에 있나이다"라고 말한다. 더 문자적으로는 '나에게 관해 기록한 것'(בִּמְגִלַּת־סֵפֶר כָּתוּב עָלָי)이다. '두루마리 책'은 성경을 말한다. 그래서 제사를 위한 지시들이나 왕을 위한 규칙들에 국한되지 않는다.[22] 성경 안에 있는 어떤 것이 '나를 가리켜 기록된' 것이라고 말하는 것은 그것이 '나를 위하여 규정된' 것이라고 말하는 것이다. 이것은 순종하도록 기록된 것이었다. 모든 신자와 마찬가지로 시편기자는 그가 따라야 할 언약 규정들이 있다는 것을 알았다. 하나님은 자기 백성이 어떻게 살아야 하고 그들이 자신들의 삶으로 무엇을 해야 할지 말씀 안에 규정해 놓으셨다.[23] 이것이 모든 결정을 위한 효과적 지침이 되어야 한다면, 그것은 우리 생각의 자연스러운 부분이 되어야 했다. 마지막 문장인 "주의 법이 나의 심중에 있나이다"(וְתוֹרָתְךָ בְּתוֹךְ מֵעָי, 시 1:2의 같은 단어를 보라)는 시편기자가 읽는 것을 듣고 있었을 뿐 아니라 알고 있었음을 진술한다. 독실한 신자들이 여호와의 말씀을 받고 그 말씀에 따라 살 때, 그것이 그들의 마음과 입에 있다(신 30:14을 보라). 그들은 그것을 알고 기억한다.

이 말들은 또한 예수 그리스도께 적용할 때 더 큰 의미를 발견할 수 있다. 이 행은 여호와의 말에서 '나를 가리켜 기록한 것' 혹은 '나를 위해 기록한 것'이라고 해석할 수 있을 것이다. 예수님은 성경을 제대로 찾아보면 이것이 그분에 대해 말한 것임을 보게 될 것이라고 말씀하셨다(요 5:39). 이 말씀은 의로 교훈했을 뿐 아니라, 또한 예언과 예표들을 통해 메시아의 인격과 사역을 계시해주었다. 하나님

---

22 Craigie는 Eaton의 뒤를 이어 기록된 것이 왕들을 위한 지시에 관한 것이었다고 주장한다. 이것은 제왕 시편이기 때문이다. 아니면 이것이 제왕 시편이기 때문에 이것들은 왕을 위한 규칙들임이 분명하다(*Psalms*, p.315). 분명 어떤 사람이 그의 헌신을 표현하기 위해 이 시편을 사용한다면, 그는 마음속으로 적어도 왕들을 위한 규칙들을 포함했을 것이다. 하지만 이 시편은 그런 국한된 개념을 나타내는 단서가 전혀 보이지 않는다.

23 우선 율법은 하나님의 구속받은 사람들이 제사장 나라와 거룩한 백성이 되어야 한다고 말했다(출 19:6). 이 웅대한 계획은 그들이 어떻게 살고 섬겨야 하는지 즉시 정해주었다.

의 뜻을 행한다는 것은 하나님이 인정하시는 것을 행한다는 의미일 뿐 아니라 또한 그분이 정하시는 것 역시 행한다는 의미다. 예수님의 전 생애는 말씀에 순종하는 삶이었고, 그것은 또한 예언의 성취였다. 결국 그분은 성부가 하라고 규정하신 것을 행하셨다. 즉 세상의 죄를 위해 그분의 생명을 대속물로 주신 것이다.[24]

시편기자와 마찬가지로 모든 신자는 그들 각각을 위해 "기록한 것이 두루마리 책에" 있다는 것을 받아들인다. 하나님의 말씀은 그들에게 하나님이 승인하시는 것이 무엇이고, 하나님이 그들에게 하도록 정하시는 것이 무엇인지 알려준다. 다시 말해, 하나님의 말씀은 그들의 헌신에 방향을 제시해준다. 그리고 그들은 정확히 어떻게 그분을 기쁘시게 할지 알기 위해 반복해서 그것을 참고해야 한다. 방향 없는 헌신은 미혹이기 때문이다. 세상의 모든 바람과 헌신은 사람들이 하나님의 뜻이 무엇인지 알지 못한다면 아무 소용이 없다. 하나님은 바로 그분의 말씀 안에 자기 백성을 위한 계획을 규정해놓으셨다. 그리고 그 계획은 그들이 주님과 똑같이 되는 것과 함께 시작된다.

C. 하나님의 의, 신실함, 사랑이 회중 가운데 선포되어야 한다(9-10절)

그다음 몇 구절은 시편 후반부로 넘어가는 이행부로, 후반부는 억압하는 원수들로부터 건져달라는 기도다. 이것은 시편기자가 과거 구원의 행동들에 대해 여호와께 찬양을 드리는 것에서 그의 신실함을 입증하는 것으로 시작한다. 이것은 기도와 찬양 주기에서 중요한 부분이다. 하나님은 사람들이 그분을 찬양하도록 하시기 위해 기도에 응답하신다. 이렇게 하기 위해 시편기자는 자신의 충성을 단언하며, 여호와께 이 긴급한 요청 역시 응답해달라고 동기부여를 한다.

그는 먼저 "내가 기쁜 소식을 전하였나이다"(בִּשַּׂרְתִּי)라는 말로 시작한다. 하

---

[24] 이사야 53:10은 "여호와께서 그에게 상함을 받게 하시기를 원하사"라고 말한다. 이것은 그분이 성부 하나님이 하기 원하시는 일을 하셨다는 의미다. 그리고 이 시편을 다른 식으로 바라보면, 가장 엄밀한 의미에서 성부는 예수님의 제사를 바라지 않으셨다. 그분은 온 세상의 죄를 위한 제사가 되도록 그분을 세상에 보내셨기 때문이다.

지만 그는 단어들을 쌓아올림으로 이 점을 강조할 것이다. "내가 내 입술을 닫지 아니할 줄을", "내가 주의 공의를 내 심중에 숨기지 아니하고", "내가 주의 성실과 구원을 선포하였으며", "내가 주의 인자와 진리를 감추지 아니하였나이다." 이 요란한 말들의 한가운데 '여호와여 주께서 아시나이다'라는 말이 나온다. 이것은 '아시다시피'라는 말이다. 그는 회중 가운데 신실하게 하나님을 찬양했다.

그가 드린 찬양의 주제는 풍성하다. '의'(צֶדֶק), '주의 공의'(צִדְקָתְךָ), '주의 성실'(אֱמוּנָתְךָ), '주의 구원'(תְּשׁוּעָתְךָ), '주의 인자'(חַסְדְּךָ)와 '주의 진리/신실하심'(אֲמִתְּךָ) 등이다. '의'에 해당하는 두 단어는 환유적이다. 그 결과 하나님이 시편기자에게 주시는 해방 때문이다(해방의 원인은 하나님의 의였다. 시 1:5의 같은 단어를 보라).[25] '구원'은 그가 그토록 열심히 찬양했던 건져냄(deliverance)이다(시 3:2의 같은 단어를 보라). '인자와 진리'라는 단어는 아마도 '신실한 인자'를 의미하는 중언법일 것이다. 이것은 하나님의 간섭을 그가 누린 하나님과의 언약 관계의 일부로 묘사한다. 이것은 또한 원인의 환유일 것이다. 하나님의 인자하심(시 23:6의 같은 단어를 보라)이 그에게 구원을 가져왔기 때문이다. '진리'와 '신실함'이라는 단어는 같은 어근에서 나온 것이다(시 15:2의 같은 단어를 보라). 이 단어들은 하나님의 해방이 그분 자신, 그분의 말씀, 그분의 백성에 대한 신실하심의 증거였음을 강조한다. 여기에 열거된 속성들은 하나님이 과거에 그에게 주신 해방, 특히 시편 40편 시작부에 기록된 것에 대한 신학적 설명이다. 이것은 또한 여호와께 찬양을 드리려는 신자들을 위한 교훈이기도 하다. 그들은 하나님의 놀라우신 행동에 분명하게 드러난 그분의 본성을 묘사할 수 있어야 한다.

---

25 많은 번역자가 이것이 무엇인지 이해할 수 있도록 본문에 '구원'(deliverance)이라는 말을 넣는다. 하지만 그렇게 하면서 저자가 강조한 것을 잃어버린다. 그는 여호와의 본성에 초점을 두기 때문에 의에 해당하는 단어들을 사용하기로 했다. 비록 그는 하나님의 의가 하신 것 또한 의미했지만 말이다. 이것을 '구원'(deliverance)으로 바꾸는 것은 초점을 여호와에서 사람들의 경험으로 옮기는 것이다. 본문을 원래 쓰인 대로 해석하여 찬양이 구원하시는 하나님의 본성에 초점을 맞춘다고 설명하는 것이 훨씬 더 좋다. 여기에서 Kraus는 도움이 된다. 그는 의가 이스라엘에서 규범이나 정의의 원리가 아니었으며, 행동, 구원을 주는 것, 약속과 파트너십이라는 신실함의 증거가 바로 규범이며 정의의 원리였다고 설명한다 (*Psalms 1–59*, p.427).

D. 하나님이 과거에 하신 구원의 행동들은 미래에 대한 확신을 느끼게 한다(11절)

이 구절은 여호와께 하는 말로 시작된다. "여호와여." 여기에서 표현된 확신은 여호와가 그분의 긍휼을 거두지 아니하시리라는 것이다. '거두다'(תִכְלָא)라는 동사는 9절에서 사용된 것과 동일한 동사다(אֶכְלָא). 그는 여호와의 신실하신 사랑을 찬양하는 것에서 입술을 거두지 않았으므로, 여호와가 자신에게 베푸신 긍휼을 거두지 않으시리라고 확신한다.

11절에 나오는 동사는 명령의 미완료로 해석할 수 있을 것이다. '거두지 마시고'라는 것이다. 그리고 이 행은 기도로 여겨야 한다.[26] 하지만 이것은 방금 드린 찬양과 연관된 확신에 찬 기대를 나타내는, 일반적 진술일 가능성이 더 많다(ESV를 보라). 이 기도는 12절의 기도와 함께 시작될 것이며 13-17절에서 완전히 표현될 것이다.

시편기자가 기대하고 바라는 것은 여호와의 '긍휼'(רַחֲמֶיךָ, 시 25:6의 같은 단어를 보라)과 '인자'와 '진리'다. 그는 이 신적 속성들이 그를 위해 가져올 구원과 보호를 기대한다(그래서 이것들은 원인의 환유다). 그는 전적으로 여호와를 의존하며, 무력하다. 그래서 그에게는 여호와의 긍휼이 필요하다. 그는 신실한 언약의 일원이며, 여호와의 신실하신 인자함을 기대한다. 그는 이것을 통해 보존될 것이다(יִצְּרוּנִי).

II. 여호와는 돕는 자이고 구원자이시므로, 신자들은 그분의 신실한 사랑에 기초하여 그분의 영광을 위해 이 세상의 악에서 구원받도록 기도해야 한다(12-17절)

A. 이 세상의 악은 압도적이다(12절)

12절은 애가를 구체적으로 제시한다. 그는 대체로 그의 죄로 인해 야기된 수많은 환난들에 압도되어 있다. '재앙'(evils, רָעוֹת, 시 10:15의 같은 단어를 보라)이 그를

---

[26] Craigie, *Psalms*, p.316.

둘러싸고 있다. 이것은 그가 견디고 있는 고통스러운 재난들이다. 그리고 이것들은 수없이 많다. 병행 콜론은 그의 죄가 그 환난에 대한 책임이 있음을 분명하게 밝힌다. 그가 "나의 죄악(עֲוֹנֹתַי, 시 32:5의 같은 단어를 보라)이 나를 덮치므로"라고 말할 때, 그는 아마 자신의 죄가 유발한 어려움들, 즉 자신의 환난들을 말할 것이다(그래서 원인의 환유다). 이 해석은 죄악을 무효로 만들지는 않는다. 이것은 죄악들과 연관된 고난들에 초점을 맞춘다. 그 결과는 그가 더 이상 볼 수 없다는 것이고, 이것은 아마 문자 그대로의 시력을 말하는 것이 아니라 그의 인식, 똑바로 생각하고 사물을 이해할 수 있는 능력을 말할 것이다.

그의 고난은 그의 머리털보다 많다(과장법). 너무나 많은 고난으로 인해 그는 낙심한다(문자적으로는 '내 마음이 나를 버린다'. עֲזָבַנִי). 그에게는 저항하고 계속 진행하려는 의지가 없다. 그의 정서적, 영적 자원들은 그를 버렸다.

B. 하나님은 그분의 백성을 멸하려는 사람들에게서 구하실 수 있다. 그들이 그분의 위대하심을 선언하도록 하기 위해서다(13-16절)

1. 그들은 재앙에서 속히 구해달라고 기도한다(13-15절)

이 시편의 마지막 몇 구절은 간구(시 70편을 형성하는 부분)를 기록한다. 시편기자는 하나님의 뜻에 대한 호소로 시작한다. "여호와여 은총을 베푸사(רְצֵה, 시 30:5의 같은 단어를 보라) 나를 구원하소서"(לְהַצִּילֵנִי, 시 22:20의 같은 단어를 보라). 하지만 병행 콜론은 긴급한 느낌을 더한다. "여호와여 속히(חוּשָׁה) 나를 도우소서." 이것은 시간이 없다는 것을 아는 사람의 입에서 나오는 필사적인 부르짖음이었다.

그다음 14-15절에서 그는 자기 원수들을 멸망시켜달라고 구한다. 그들과 그들의 위협이 끝나게 해달라는 세 개의 간구[27]가 나온다. 그리고 각각의 간구에는 이 간구의 이유 역할을 하는 것으로 원수들에 대한 묘사가 나온다. 첫 번째 요청은 그들이 수치와 낭패를(יֵבֹשׁוּ וְיַחְפְּרוּ) 당하게 해달라는 것이며, 한정절

---

[27] 다른 한편, Craigie는 이제 이 동사들을 기도가 아니라 확신으로 여긴다(*Psalms*, p.316).

은 "내 생명을 찾아 멸하려 하는"(문자적으로는 내 생명을 취하기 위해 그것을 찾는, לְסַפּוֹתָהּ이다)이라는 것이다. 피에 굶주린 원수들은 그를 죽이려고 열심히 찾고 있었다. 그래서 기도는 그들이 "수치를 당하게"(시 31:1의 같은 단어를 보라) 해주시고 낭패를 당하게 해달라는 것이다.[28]

두 번째 간구는 원수들이 물러가 욕을 당하게 해달라는 것이다. 그들은 "나의 해를 기뻐하는 자"[who desire my hurt, 문자적으로는 '나의 고통을 기뻐하는 자'(desirers of my pain), חֲפֵצֵי רָעָתִי]라고 묘사된다. 그들은 그에게 고통스러운 재앙을 가하거나 그들을 멸망시키기 원했다. 그래서 그는 그들이 물러가 욕을 당하게 해달라고 기도한다(יִסֹּגוּ אָחוֹר וְיִכָּלְמוּ).

세 번째 호소는 그들이 그들의 수치로 말미암아 놀라게(יָשֹׁמּוּ) 해달라는 것이다. 그다음에 그들은 그를 멸망시키고자 그를 조롱하는 사람들로 묘사된다. "나를 향하여 하하 하하 하며 조롱하는 자들." 여기서 '하하'(aha)라고 번역된 불변화사(הֶאָח)는 거들먹거리면서 의기양양해하는 것을 나타낸다. 시편기자는 그들이 수치를 당하기 원할 뿐 아니라 그렇게 될 때 놀라기를 원한다.

2. 그들은 하나님께 그들에게 찬송할 이유를 달라고 기도한다(16절)

16절에서 시편기자가 의인을 위해 바라는 유익들에 초점을 맞추면서 기도는 변한다. 악한 원수들의 멸망은 단순히 시편기자에게 안도감을 줄 뿐 아니라, 의로운 기쁨도 줄 것이다. 간구의 단어 순서는 기쁨을 강조한다. 이 구절은 "다 주 안에서 즐거워하고 기뻐하게 하시며, 주를 찾는 자는"이라고 되어 있기 때문이다. 이 유형은 기도가 처음에 표현되어 있고, 그다음에 동사들의 주어가 하나의 묘사로 분명하게 설명되어 있다. 여기에서 이 묘사는 여호와를 찾는 사들, 여호와께 기도하는 혹은 그분의 조언을 구하는 신자들에 대한 것이다. 즐거워하

---

[28] Broyles는 원수들이 시편기자를 죽이려 하지는 않았다고 주장한다. 하지만 그의 논지는 약간 애매하다(p.192).

고 기뻐하는 것에 해당되는 동사들(וְיִשְׂמְחוּ יָשִׂישׂוּ)은 결과의 환유다. 원인은 흉악한 원수들의 멸망에서 구해달라는 그의 기도에 대한 응답이 될 것이다(이것은 또한 '즐겁게 기뻐하다'라는 중언법이 될 수도 있다. שָׂמַח에 대해서는 시 48:11의 같은 단어를 보라). 이 기도는 여호와가 그들에게 기뻐할 만한 신실한 이유를 달라는 것이다. 이러한 개념은 이 구절 후반부에서 한층 고양된다. "주의 구원을 사랑하는 자는 항상 말하기를 여호와는 위대하시다 하게 하소서." 주의 구원을 사랑하는 사람들은 이것에 마음을 쓰고 이것을 위해 기다리는 사람들이다. 그들은 부지런히 깨어 있는 신자들이다. 이 구절의 전반부에서처럼, 시편기자는 여호와가 기도에 응답하사 이 사람들이 하나님의 위대하심을 선포할 수 있기를 원한다. 그들이 하게 될 선언은 "여호와는 위대하시다"(יִגְדַּל יְהוָה)이다. 이 동사는 하나님의 변치 않는 본성을 위대한 것으로 묘사한다. 하지만 그분의 위대함을 선포하는 것은 사실을 새롭게 깨닫는 것에서 온다(이 동사에 대해서는 시 34:3의 같은 단어를 보라).

C. 하나님은 그분의 백성을 위한 계획을 갖고 계셔서 그들이 확신 있게 기도하게 하신다(17절)

이 시편은 여전히 긴급하게 도움을 받아야 할 필요가 있다는 현재 시제로 끝난다. 현재의 딜레마로 다시 돌아갔다는 것은 "나는"(But as for me, וַאֲנִי)이라는 말로 표시 되어 있으며, 그러고나서 그의 탄식을 생각나게 하는 것에서 그는 "(나는) 가난하고 궁핍하오나"(וַאֲנִי עָנִי וְאֶבְיוֹן, עָנִי에 대해서는 시 9:12의 같은 단어를 보라)라고 말한다. 그에게는 의지할 수 있는 자원이 더 이상 없다. 하지만 그에게는 여호와가 계신다. 그는 여호와가 그에 대해 생각하시는 것을 안다(אֲדֹנָי יַחֲשָׁב לִי). '생각하다'(חָשַׁב, 시 32:2의 같은 단어를 보라)라는 이 단어는 '고찰하다, 간주하다, 궁리하다'라는 의미다. 그는 하나님께 잠깐 지나가는 생각이 아니다. 또한 여호와가 보호하시는 민족의 일부일 뿐만도 아니다. 하나님은 그를 위한 계획을 세우신다! 여기에 위로가 있다. 하나님이 그를 특별히 그분의 뜻을 행하도록 만드셨다면, 그리고 하나님이 그를 위한 계획을 가지고 계신다면, 하나님은 그의 생명을 기꺼이 악인들에게 양도하지는 않으시리라는 것이다. 시편기자는 확신에 차서 하나님은 그의 도움(עֶזְרָתִי, 시 46:1의 같은 단어를 보라)이시요 그를 건지시는 자(מְפַלְטִי, 시 37:40의 같은 단어를 보라)라고 말할 수 있다. 비록 하나님은 자신이 그렇다는 것을 스스로 입증하셨지만, 시편기자는 여기에서 초조해진다. 그래서 호소를 반복한다. "나의 하나님이여 지체하지 마소서"(אַל־תְּאַחַר). 앞에서 그는 여호와께 속히 자신을 도와달라고 애원했다. 지금 그는 그의 도움이며 건지시는 자이신 여호와가 지체하지 않으시기를 기도한다. 시편기자는 여호와를 신뢰한다. 과거에 경험한 참으로 놀라운 간섭들 때문이다. 하지만 믿음 안에서 얼마나 확신을 갖고 있는지는 상관없이, 현재의 위기가 끝나기까지는 안식이 없다.

메시지와 적용

이 본문은 하나님의 위대한 구원의 행동에 대한 감사가 어떻게 하나님이 행하는 일에 헌신하도록 촉구하고, 도움을 구하며 기도할 때 확신을 갖게 하는지 보여준다. 봉헌의 서원에는 또한 주님의 성육신과 성부 하나님에 대한 순종을 나타내는 전형적인 부분이 나온다. 전체 시편에 대한 강해 개념은 수많은 방식으로 전개할 수 있다. 이것은 시편의 순서를 포착한다. *하나님의 놀라운 구원의 행동들은 찬양과 봉헌을 고취시키며, 이것에 기초하여 신실한 자들은 여호와께 자신들을 건져달라고, 그래서 자신들이 그분의 위대하심을 선포할 수 있게 해달라고 계속해서 기도한다.*

   이 적용이 예배자의 봉헌에 초점을 맞추는 것이라면—이것은 신적 간섭에 대한 찬양의 필요한 결과이며, 다른 위기에 처했을 때 효과적인 기도를 드리는 데 필수적이다—다음과 같은 원리들을 말할 수 있을 것이다.

   첫째, 하나님은 자기 백성이 그들의 몸을 산 제사로 그분께 드릴 것을 요구하신다. 그것은 그들의 영적 예배다(롬 12:1). 바울은 봉헌제를 그리스도인의 삶에 적용한다. 그가 사용하는 시제들로부터 이렇게 드리는 것이 주된 봉헌 서원으로, 신자들이 그들의 영적 순례 여정에서 드리는 것이라고 이해할 수 있다. 신자들은 여호와께 이러한 봉헌을 드릴 필요가 있다. 이것은 온 생애를 그분을 섬기는 데 드리는 것을 의미한다. 신자들은 계속해서 그분께 헌신하는 것을 주요 관심사로 삼아야 한다.

둘째, 하나님은 말씀으로 그분이 승인하시고 우리를 위해 정하신 것이 무엇인지 계시하셨다. 인도받지 않은 헌신에는 많은 유익이 없다. 신자들은 그분의 말씀을 따라 살아야 한다. 순종의 헌신이 하나님을 기쁘시게 하기 위함이다. 그분의 온전하신 뜻을 발견하고 따르는 법을 알 수 있는 다른 길은 없다.

셋째, 찬양과 감사는 참된 봉헌을 위한 영감이다. 하나님의 백성은 고난의 때에 여호와를 부르며, 그분이 응답하실 때 찬양을 드려야 한다. 그들이 하나님의 은혜로우신 공급을 찬양할 때, 그분에 대한 자신들의 헌신과 확신이 크게 강화되는 것을 발견할 것이다.

물론 가장 큰 찬양은 우리 주 예수 그리스도를 위한 찬양이다. 그분은 "우리를 수렁에서 끌어올리시고 내 발을 반석 위에 두사 내 걸음을 견고하게 하"셨으며 "새 노래…를 내 입에 두"셨다. 무엇보다 십자가에서 그분이 보이신 희생은 우리로 하나님의 뜻에 굴복하는 것이 어떤 의미인지 절실하게 깨닫도록 도와준다.

50 Encouragement for Help Against Treachery PSALM 41
배신에 대해 도움을 촉구함 (시편 41편)

서론

본문과 다양한 역본들

다윗의 시, 인도자를 따라 부르는 노래

1 가난한 자(the weak)[1]를 보살피는 자에게 복이 있음이여

 재앙의 날에 여호와께서 그를 건지시리로다

2 여호와께서 그를 지키사 살게 하시리니

 그가 이 세상에서 복을 받을 것이라[2]

---

[1] 헬라어 역본에는 καὶ πένητα, '그리고 궁핍한 자'(וְאֶבְיוֹן 와 같은 뜻이)라고 되어 있다. 추가되는 부분은 이 행을 운율적으로 균형 잡히게 해준다(그래서 BHS 편집자들은 이것을 끼워 넣을 것을 권한다). 하지만 그렇게 추가된 부분은 근거가 있는 것이 아니다. 일반적으로 '약하고 궁핍한 자'라는 결합은 헬라어 번역의 영향을 받은 것이다.

[2] MT에는 이 동사의 푸알 형태인 יְאֻשַּׁר, '그가 복될 것이다/복되다'라고 되어 있다. 이것은 분명 여호와가 그에게 복주시리라는 것을 암시한다. 수많은 사본과 헬라어 역본은 능동태 형태의 동사가 나오며, 계속해서 여호와를 주어로 삼는다. καὶ μακαρίσαι αὐτὸν. 그것은 접미사가 달린 피엘 형태에 해당된다. וְיְאַשְּׁרֵהוּ. 대부분의 주석가들은 MT의 형태가 오류로 인해 변질된 것이며, 능동태 동사를 따라야 한다고

주여 그를³ 그 원수들의 뜻에⁴ 맡기지 마소서

3   여호와께서 그를 병상에서 붙드시고

그가 누워 있을 때마다(all his bed)⁵ 그의 병을 고쳐 주시나이다(change)⁶

4   내가 말하기를 여호와여 내게 은혜를 베푸소서

내가 주께 범죄하였사오니 나를 고치소서⁷ 하였나이다

5   나의 원수가⁸ 내게 대하여⁹ 악담하기를

그가 어느 때에나 죽고 그의 이름이 언제나 없어질까 하며

6   나를 보러 와서는

거짓을 말하고

그의 중심에 악을 쌓았다가

결론을 내린다. 그렇게 해석해도 이 구절의 의미는 바뀌지 않을 것이다. 여호와를 주어로 하는 일관된 행들의 흐름만 보장될 것이다. 보다 어려운 독법이 선호된다. 특히 이 의미가 충분히 명확하기 때문에 그렇다.

3   MT에는 이 동사의 이인칭 남성 단수 형태 וְאַל תִּתְּנֵהוּ, '그리고 그에게 주지 마소서'(아마도 '주께서는 그에게 주어서는 안된다')로 되어 있다. 이 형태는 이 구절의 전후 문맥에서 여호와에 대한 확신의 말이 직접 말을 거는 것으로 급작스럽게 바뀐다. 3인칭 동사는 헬라어, 수리아 역본, Jerome에서 사용되며, 대부분의 주석가들은 이 해석을 선호한다. 처음의 י를 ה로 바꾸어서 '그리고 그에게 주지 않도록'이라고 읽는 것이다. 처음 세 구절의 시는 일관된 형태를 따르지 않을지 모르며, 그래서 시편기자는 여기에서 여호와에 대한 진술들에 답하기 위해 이인칭을 사용했을 것이다. 어떤 경우든 이 행의 의미는 분명하다.

4   MT는 בְּנֶפֶשׁ라고 되어 있고, 헬라어역은 εἰς χεῖρας, '손에'라고 되어 있다. 이것은 일반적인 표현에 맞을 것이다.

5   이 표현은 '그의 전체 침상에서'(on his whole bed)라고 해석할 수 있을 것이다. '침상'(bed)을 주제의 환유로 본다면, 이것은 '그의 모든 병들'을 의미할 것이다(RSV를 보라). 하지만 이 의미는 이것이 더 이상 병상이 아니라는 것이다. 여호와가 그의 병을 고쳐주시기 때문이다.

6   여기에서도 MT는 동사의 2인칭 형태, הָפַכְתָּ, '당신이 변하다, 변화시키다'라고 되어 있다. 그렇게 되면 MT는 서로 다른 형태로 문체상의 융통성을 어느 정도 보여준다. 헬라어 본문은 ἔστρεψας, '당신이 돌이키셨다'라고 되어 있다. 주석가들은 이것을 구절들의 흐름에 맞게 역시 3인칭 동사로 읽을 것을 제안한다. 한 콜론은 여호와가 하신 일을 말하고, 대응되는 콜론은 직접 여호와께 말할 가능성도 없지 않다. 3인칭으로 바꾼 것이 더 매끄러운 해석으로, 이것에 대한 반대 논증이 될 수 있다.

7   MT는 נַפְשִׁי를 사용하며, 헬라어역은 이것을 문자적으로 '내 영혼을 고치소서'라고 번역했다.

8   행 첫 부분에 접속사가 나오는 것을 지지해주는 몇몇 사본들이 있다.

9   수리아 역본과 Targum은 לִי 대신 עָלַי을 제안한다.

나가서는[10] 이를 널리 선포하오며

7   나를 미워하는 자가 다 하나같이 내게 대하여
    수군거리고 나를 해하려고 꾀하며

8   이르기를 악한 병[11]이 그에게 들었으니
    이제 그가 눕고 다시 일어나지 못하리라 하오며

9   내가 신뢰하여 내 떡을 나눠 먹던 나의 가까운 친구[12]도
    나를 대적하여 그의 발꿈치를 들었나이다[13]

10   그러하오나 주 여호와여 내게 은혜를 베푸시고 나를 일으키사
    내가 그들에게 보응하게 하소서 이로써

11   내 원수가 나를 이기지 못하오니
    주께서 나를 기뻐하시는 줄을 내가 알았나이다

12   주께서 나를 온전한 중에 붙드시고
    영원히 주 앞에 세우시나이다

13   이스라엘의 하나님 여호와를
    영원부터 영원까지 송축할지로다
    아멘 아멘[14]

---

10 BHS 편집자들과 많은 주석가가 운율을 고려해서 '그가 나아가'라는 동사를 삭제할 것을 제안한다. 이 행은 다소 길다. 하지만 사본상의 증거를 보면 이것을 그대로 놓아두는 것이 더 적절하다.

11 헬라어역은 이것을 단순히 λόγον παράνομον κατέθεντο κατ᾽ἐμοῦ, "그들이 나에 대해 악한 말을 내다"라고 번역하지만, MT에는 דְּבַר־בְּלִיַּעַל, '악한 것'이라고 되어 있다. '벨리알의 것'(a thing of belial)이라는 말은 악하고 쓸모없는 것을 의미한다. 벨리알을 마귀의 이름으로 여기는 것을 지지하는 충분한 증거는 없으나, Craigie는 이 표현을 '마귀적 질병'(*Psalms*, p.318-319)으로 번역한다.

12 MT에는 אִישׁ שְׁלוֹמִי, '평화의 사람'이라고 되어 있으며, 이것을 헬라어 역본은 문자 그대로 번역한다.

13 헬라어는 마지막 절을 "나에 대한 확대된 속임수", ἐμεγάλυνεν ἐπ᾽ἐμὲ πτερνισμόν라고 번역한다. 이 번역은 '발꿈치'를 배신으로 해석했다. 히브리서는 문자적으로 '나에 대해 발꿈치를 확대했다'고 말한다.

14 헬라어 역본은 '아멘'(אָמֵן)을 γένοιτο, '그대로 될지어다'라고 번역한다. 이것은 '아멘'이 아직 예배 의식에 사용된 표현이 아니었음을 의미한다.

구성과 전후 문맥

죄에 대한 죄책감과 함께 질병을 견디는 것은 신자에게 충분히 어려운 일이다. 그런데 온갖 인사를 다 하고 나서는 그 상황을 이용하여 배신하는 행동을 하는 사람들의 방문을 받는 일은 더 큰 어려움을 준다. 그러나 자비로우신 여호와는 참회하는 신자들을 회복시키시고 원수들의 계획이 끝내 이루어지지 않도록 막아주신다. 이 시편은 바로 그런 경우에 여호와가 간섭하신 것을 경축하는 것이다. 강해는 분명 감사 및 그에 포함된 교훈들을 강조한다. 하지만 이 감사의 의의는 시편기자가 경험한 질병과 배신에 비추어보아야 비로소 제대로 인식할 수 있다. 대부분의 신자들은 살면서 이와 비슷한 경험을 하기 때문에 이 시편의 메시지는 아주 적절하다.

이 시편은 별개의 세 부분으로 되어 있어 분류하기가 어렵다. 처음 세 구절은 교훈이고, 중심부는 기도이며, 마지막 두 구절은 감사다. 이 시편의 기도 부분은 본질적으로 탄식이다. 하지만 이 시편 자체는 탄식 시 유형을 따르지 않는다. 크레이기는 모빙켈[15]의 말을 따라, 이것을 질병의 노래라고 묘사한다. 하지만 좀 더 발전시켜 이것을 전례식 혹은 전례식의 일부로, 아픈 사람이 병 고침을 위해 성소에 왔을 때 드리는 의식을 위한 것이라고 분류한다.[16] 이것은 1-3절이 탄원자에게 주는 제사장의 말이었음을 의미한다(그렇게 되면 처음부터 끝까지 삼인칭으로 바꿀 필요가 있게 된다). 4-10절은 성소에서 기도하는 아픈 사람의 말이 될 것이다. 그리고 이런 접근을 하면 11-12절에서 찬양으로 바뀌는 것을 설명하기 위해 10-11절 사이에 치유의 신탁이 있었다는 가정을 해야 한다.

이 시편은 감사일 가능성이 더 많다. 4-10절은 기도다. 하지만 이런 유형의 시편에서 이것은 자신의 기도에 대한 시편기자의 보고를 나타낸다. 이것은 그

---

15 *The Psalms in Israel's Worship*, II:1-9.

16 *Psalms*, p.318.

가 아플 때 드리는 기도다. 마지막 두 구절은 회복에 대해 실제로 드리는 찬양이다. 이런 유형의 시편은 종종 교훈적 요소를 포함하므로, 1-3절은 대단히 잘 맞는다. 사람들은 시편기자의 경험에서 배워야 했다.

일부 주석가들은 이 시편이 제왕 시편이라고 주장했다. 그러나 이 시편은 제왕 시편의 독특한 특징들을 가지고 있지는 않다. 그래서 이 분류는 부자연스럽다. 이것은 왕이 해야 했던 것들을 포함하는지도 모르지만, 성경은 이런 행동들을 왕에게만 국한시키지 않는다.[17] 제1권 끝에 제왕 시편이 나왔으면 하는 마음에 이렇게 연관지었을 수도 있다. 왕이 이 시편을 사용했을 것이라고 분명하게 말할 수 있다.

표제는 이것을 다윗의 시라고 말한다. 다윗이 한 번도 아프지 않았다고 보는 것은 이상한 일이겠지만, 다윗이 아팠다는 기록도 없다. 골딩게이가 말하듯, 여기에서는 다윗이 하나님의 건지심을 증거하지만, 그 이후의 왕들 역시 이것을 사용한다.[18] 물론 대부분의 주석가들은 이 시편의 연대를 후기의 것으로 추정한다. 크라우스는 말하는 부분들의 다양한 기능이 더 이상 남아 있지 않기 때문에, 현재 상태의 시편은 후기의 것이라고 생각한다. 이는 그것이 오랜 기간에 걸쳐 변화되어 왔음이 분명하다고 덧붙인다.[19] 물론 이런 주장을 뒷받침할 강력한 증거는 없다. 그리고 원래 한 사람이 이 시편의 각 부분을 쓰지 않았어야 할 이유도 없다.

---

17 예를 들어, J. H. Eaton은 왕의 첫 번째 의무가 약한 자를 돌보는 것이라고 말한다(*Kingship in the Psalms*, p.44-46). 이것은 분명 사실이다. 그리고 왕은 이 시편을 읽으면서 그런 의무를 상기할 것이다. 하지만 모든 이스라엘 사람 역시 그렇게 해야 한다(신 10:18-19, 24:17-18).

18 *Psalms 1-41*, p.582.

19 *Psalms 1-59*, p.431.

석의적 분석

요약

시편기자는 여호와가 건강을 회복시키고 원수들의 배신을 막아달라는 그의 기도에 어떻게 응답하셨는지 증거하고는, 궁핍한 자들의 필요를 돌보는 사람들은 자신이 궁핍할 때 하나님께 건짐을 받을 것이라고 선언한다.

개요

I. 서론: 시편기자는 신자들에게 하나님은 궁핍한 자를 보살피는 사람들을 보호하고 보존하신다고 가르친다(1-3절).
  A. 그는 여호와가 약한 자들을 보살피는 자를 건져주신다고 말한다(1절).
  B. 그는 여호와가 어떻게 그를 원수들에게서 보호하고 건강을 회복시켜주시는지 기술한다(2-3절).

II. 보고: 시편기자는 여호와가 어떻게 그의 질병을 고치고 그의 상황을 이용하는 배신적인 원수들에게서 건져달라는 자신의 기도에 응답하셨는지 증거한다(4-10절).
  A. 기도: 그는 자신의 죄를 인정한 후에 병을 고쳐달라는 그의 간구를 상기시킨다(4절).
  B. 애가: 그는 원수들과 신뢰하던 친구들이 자신이 아플 때 자신을 이용했던 것에 대비하여 자신의 고난을 말한다(5-10절).
    1. 원수들은 우정을 가장했지만 그에 대해 악의적인 소문을 퍼뜨렸다(5-8절).
    2. 그가 신뢰하던 친구가 그를 배신했다(9절).
  C. 기도: 그는 자신의 대적들에게 보응하기 위해 하나님께 자신을 건져달라는 간구를 상기시킨다(10절).

III. 감사: 시편기자는 그를 원수들에게서 구해주시고 그의 정직함으로 인해 하나님의 임재로 받아들여주신 것에 대해 감사를 드린다(11-12절).

첫 번째 책의 송영: 시 41:13.

강해 형태의 주석

I. 궁핍에 처한 사람들을 돌아보는 신자들은 그들이 궁핍할 때에 건지고 보호하시는 여호와를 발견할 것이다(1-3절)

A. 여호와는 약한 자들을 보살피는 자들을 건지신다(1절)

처음 세 구절은 감사하는 시편기자의 교훈을 기록한다. 이것은 궁핍한 자들을 보살피는 사람들은 여호와께 도움을 얻을 것이라는 금언으로 시작한다. 어떤 면에서 이 줄은 "긍휼히 여기는 자는 복이 있나니 그들이 긍휼히 여김을 받을 것임이요"(마 5:7)라고 말한다. 이 시편은 팔복의 선언과 함께 시작된다. "복이 있음이여"(אַשְׁרֵי, 시 1:1과 같다)라는 것이다. 이 단어는 보통 이것과 같은 교훈적 본문들에서 발견된다. 이 외침 때문에, 그다음에 나오는 동사들은 기도가 아닌 가르침이다. 이 경우 복이 있는 사람들은 약한 자들 혹은 궁핍한 자들(דַּל)을 돌아보는 사람들이다. 사용된 동사 형태(מַשְׂכִּיל, 시 36:4의 같은 단어를 보라)는 색다르다. 이것은 지혜의 말 중 하나, 즉 분별력을 가지고 지혜롭게 혹은 신중하게 다루는 것을 말한다. 이 맥락에서 이것은 실제적 지혜, 즉 오로지 자신만을 바라보기보다는 궁핍한 사람들을 주의 깊게 생각하는 것을 묘사한다. 하지만 이것은 그들이 생각하는 것 이상이다. 이것은 그들을 위해 행동을 취하는 것을 의미한다. 시편기자가 뒤에서 분명히 말하겠지만, 자신의 쓰라린 경험을 통해 볼 때 사람들은 그렇게 하지 않았다. 심지어 가까운 친구조차 그가 곤경에 처해 있을 때 그에게 죄를 지었다.

여기서 말하는 교훈은 이렇게 올바른 방식으로 행동하는 사람들은 그들이 깊은 불행에 처해 있을 때 버림을 받지 않으리라는 것이다.[20] 본문은 "재앙의 날에 여호와께서 그를 건지시리로다"(יְמַלְּטֵהוּ)[21] 라고 말한다. 이것을 부정적으로 표현하면, 사람들이 곤경에 빠진 다른 사람을 절대 돕지 않는다면, 자신이 곤경에 빠졌을 때 어떤 권리로 도움을 청할 것인가를 반문할 수 있다. 반대로 이것을 긍정적으로 표현하면, 곤경에 빠졌을 때 하나님이 건져주시기를 구하는 사람들은 약하고 가난한 자들을 적극적으로 돌아보는 사람이 되어야 한다.[22]

B. 여호와는 그의 건강을 회복시키고 원수들에게서 그를 보호하신다(2-3절)
이제 시편기자는 이 건지심의 결과에 대한 묘사를 하면서 원리를 상세히 말한다. 여호와는 그를 보호하고(יִשְׁמְרֵהוּ, 시 12:7의 같은 단어를 보라), 보존하신다 (וִיחַיֵּהוּ). 이 마지막 동사는 '살다'(חָיָה)의 사역형이다. 이것은 '보존하다' 혹은 '살아 있게 하다'라고 번역할 수 있을 것이다. 여호와는 이처럼 다른 사람에게 은혜를 베푸는 신자들이 곤란을 당하지 않을 것이라고 보장하신다.

시편기자는 "그가 이 세상에서 복을 받을 것이라"라고 덧붙인다. 이 동사(MT에서 יְאֻשַּׁר의 푸알 형태)는 그가 칭찬을 받으리라는 것, 그리고 그의 명성이 보존되

---

20 Krraus, *Psalms 1–59*, p.431.
21 מָלַט라는 동사는 건지심 혹은 구원을 나타내는 또 다른 단어 중 하나다. 이것은 기본적으로 '살짝 빠져나가다'라는 의미다(하지만 칼 체계에서는 나오지 않는다). 이것은 주로 니팔 체계에서 나온다. 한 가지 의미는 단순히 '어떤 것이 살짝 빠져나가 통과하다' 혹은 '지나치다'라는 것이다(삼상 20:29). 이 말이 보다 자주 사용되는 의미는 '도망하다'라는 것이다. 적군의 경계선을 빠져나가거나 위험에서 벗어나는 경우처럼(창 19:17에서 롯에게 그의 생명을 보존하기 위해 도망하라고 촉구하거나, 혹은 삿 3:29에서 도망하지 못한 모압 사람들의 경우처럼, 혹은 삼상 23:13에서 다윗이 그일라로부터 도망했을 때처럼). 시편 22:5에서 이것은 수동적 의미를 갖는 것으로, 여호와께 부르짖어 '구원을 얻은' 조상들을 말한다. 피엘에서 이것은 보통 '구해내다'라는 의미다. 시편 41:1에서와 마찬가지다. 어떤 사람 혹은 어떤 생명을 구해낸다는 것은 그를 위험이나 어려움 속에서 구원한다는 의미다. 그가 살짝 빠져나가 도망칠 수 있게 해주는 것처럼 말이다. 같은 의미가 보다 드물게 사용되는 히필로도 나온다(사 31:5). 두 개의 히트파엘 형태는 도망치다(욥 19:20) 혹은 멀리 뛰다(욥 41:19에서 악어의 턱에서 나오는 불꽃)라는 개념을 갖는다. 흥미롭게도 피엘은 알을 낳는 것에 대해 사용한다(사 34:14에서 알이 살짝 빠져나오게 하는 것). 그리고 히필도 마찬가지로 해산하는 것에 대해 사용한다(사 66:7).
22 Craigie, *Psalms*, p.320.

리라는 것을 의미한다.[23] 이 단어는 시편의 첫 단어인 "복 있는"(אַשְׁרֵי)이라는 단어와 관련이 있다. 이 단어는 자신이 하나님과 올바른 관계를 맺고 있음을 아는 것에서 오는 행복이다. 이 동사는 서너 본문에서 '복 있다고 부르다, 행복하다고 선언하다'라는 의미다(예를 들어 창 30:13; 잠 31:28). 이 행은 사람들이 하나님의 돌보심 아래 있는 그의 행복한 상태를 인식하리라는 것을 나타낸다. 이것을 피엘 형태로 만들기 위해 다른 해석을 받아들인다면, 이것은 하나님이 그를 땅에서 행복하게 혹은 복되게 하시리라는 것을 의미할 것이다. 분명히 사람들이 그를 복되다고 한다면 이것은 하나님이 그에게 복을 주시기 때문이다.

그렇다면 이 구절은 하나님께 직접 말하는 것으로 바뀐다. 사용된 형태는 부정적인 의지 형태(וְאַל תִּתְּנֵהוּ)로, 직접적으로 하나님께 호소하는 것으로 번역할 수 있다. "그를 그 원수들의 뜻에 맡기지 마소서." 이와 같은 간구는 바로 앞뒤 전후 문맥에 맞지 않는 것처럼 보이기 때문에, 많은 주석가가 본문에서 '그가 주지 않으시기를' 혹은 '그가 주지 않으신다'라고 바꾸었다. 여기에서(그리고 다음 구절에서) 직접 말하는 것으로 바꾼 것은 그리 문제가 되지는 않는다. 본문에 나오는 형태는 필사자가 간구를 곁들인 탄식의 어조로 바뀌었다고 여길 필요는 없고, '주께서 주지 않으신다'고 단언하기 위해 하나님의 뜻에 호소하는 강력한 진술을 하고 있음을 뜻한다.[24] 신실한 자들을 원수들이 바라는 대로 넘겨주는 것은 하나님의 뜻이 아닐 것이다. 어떻게 여호와가 의인을 건지사 그들이 복을 받게 될지 다른 사람들에게 말하면서, 그는 의인이 원수들의 뜻(desire, בְּנֶפֶשׁ)에 넘겨지지 않도록 확증하려고 돌이켜 여호와께 말한다. 본문은 이 경우 이런 뜻이 그를 멸망시키려는 것이었다고 설명할 것이다(그래서 '뜻'은 공격을 나타내는 원인의 환유다).

---

23 Kraus, *Psalms 1-59*, p.431.
24 Gesenius는 명령법과 함께 나오는 부정어 אַל는 때로 어떤 것이 일어날 수 없거나 일어나서는 안 된다는 확신을 표현하기 위해 사용된다고 말한다. 그는 시편 34:6, 41:3, 50:3, 121:3 등을 나열한다(*GKC* #109e, p.322).

3절은 여호와가 의인을 병상에서 붙드시리라고 단언함으로 계속 이 교훈을 말한다. 여호와는 단순히 보존만 하지 않으신다. 오히려 그분은 상황을 변화시키신다. 시편기자는 이러한 신적 돌보심의 기이함에 사로잡혀서, 돌이켜 여호와께 말한다. "그가 누워 있을 때마다 그의 병을 고쳐주시나이다." 이 행은 해석하기가 어렵다. 침상은 고난의 장소다(그래서 이것은 주어의 환유다). 그는 하나님이 그를 고치심으로 고난을 받고 누워 있는 장소 전체를 변화시키신다는 의미로 말한다. 그가 누워 있을 때 그의 병을 고쳐주신다는 것은 병을 가볍게 하사 그 장소를 변화시키신다는 의미다. 이 진술은 그가 자신의 병상에서 드린 기도에 대한 간증으로 넘어가는 역할을 한다. 다시 말해, 시편기자는 경험에서 나온 말을 하는 것이다.

II. 여호와가 보존하고 보호하시는 사람들의 간증은 비슷한 상황에 있는 다른 사람들이 기도하도록 격려할 것이다(4-10절)

A. 회복을 위한 기도를 하려면 하나님께 지은 죄를 인정할 필요가 있다(4절)

이 시편의 중심부는 기도에 대한 보고로 시작하고 끝난다. 이것이 현재 드리는 기도가 아닌 보고라는 것은 처음에 나오는 동사인 "내가 말하기를"(I said, אֲנִי אָמַרְתִּי)에서 나타난다.[25] 이것을 이전의 불평에 대한 언급이라고 여길 만한 이유는 없다. 이것은 그가 아팠고 사람들의 배신을 경험했던 것에 대한 불평을 말한다. 이 기도에는 두 가지 요청이 있었다. "내게 은혜를 베푸소서"(חָנֵּנִי, 시 4:1의 같은 단어를 보라)와 "나를 고치소서"(רְפָאָה נַפְשִׁי, 시 30:2의 같은 단어를 보라)라는 것이다. 첫 번째 요청은 그가 받을 자격이 없는 도움에 대한 부르짖음, 자비를 구하는 간구다. 그리고 두 번째 요청은 건강을 회복시켜달라는 구체적인 청

---

25 하지만 Craigie는 이것이 시편 41편 1-3절에 나오는 제사장의 말 다음에 읊조리는 전례 의식이라고 말한다(*Psalms*, 319).

원이다. 두 번째 명령은 첫 번째 것을 상세하게 설명한다. 그는 치유받을 자격은 없지만, 하나님의 자비에 호소한다.

그가 그렇게 하는 이유가 설명적이다. "내가 주께 범죄하였사오니"(חָטָאתִי, 시 51:2의 같은 단어를 보라). 여기에서 그는 자신의 죄를 인정한다. 구체적인 죄는 진술되어 있지 않다. 다만 그가 죄를 지었기 때문에 그에게 자비와 치유가 필요하다는 말만 나온다. 그렇다면 이 치유는 육체와 영혼 모두에 해당하는 것으로, 질병과 질병의 원인을 제거하는 것이다. 물론 모든 질병이 죄된 행동의 결과는 아니다. 하지만 이 경우에는 그런 것처럼 보인다. 이 사실은 그의 원수들의 반응을 설명한다. 그들은 심각한 질병에 걸린 그의 침상에 와서 내내 그가 사망하기를 바란다. 그리고 그들은 그의 죄책에 대해 어느 정도 알고 있었기 때문에 그를 비난할 만한 내용이 있었다.

B. 그의 고난과 배신에 대한 보고는 다른 사람들에게 기도하도록 격려할 것이다(5-9절)

시편기자는 내내 그들의 참된 동기들을 알고 있었다. 5절에서는 그들이 그에 관해 악(רַע, 시 10:15의 같은 단어를 보라)을 말한다고 이야기한다. 이것은 그들이 그에게 임한 해악에 대해 이야기했다는 의미다. - 그들이 그의 탓으로 돌리는 악이든, 그들이 그에게 계획하는 악이든 - 아마도 그들이 이 질병을 기회로 보았다는 점에서 둘 다 있을 것이다. 궁극적으로 그들은 그의 질병을 말하는 것이 아니라, 그들이 고대하던 그의 죽음을 말했다. "그가 어느 때에나 죽고 그의 이름이 언제나 없어질까?" 이름(שֵׁם, 시 20:1의 같은 단어를 보라)이 없어진다는 것은 그가 더 이상 존재하지 않고 그에 대한 모든 기억이 잊혀지는 것이기 때문이다. 그가 완전히 제거되기를 바라는 그들의 말은 죄에 대한 벌로 적절하지 않았다. 그들의 말은 악의적이었다.

시편기사는 그들이 그를 방문했을 때 그들의 거짓된 관심을 간파했다. 그는 이제 단수 동사를 사용한다. 그는 특정한 원수를 염두에 두고 있었을 수도 있고,

아니면 그것을 집단적인 의미로 사용했을 수도 있다. "나를 보러 와서는 거짓을 말하고." 방문한 그들은 온갖 적절하고 기분 좋은 말을 한다. 하지만 거짓으로 (שָׁוְא, '공허한, 헛된', '거짓된 목적'으로) 그렇게 한 것이다. 그들은 말하는 것과 생각하는 것이 다르다. 방문을 하는 동안 그들은 비난할 만한 단서들을 모은다. 이 행에 대한 정확한 해석은 다소 어렵다. 이것은 "그는 중심에 악"(אָוֶן, 시 28:3에 나오는 같은 단어를 보라), 즉 죄된 것과 문젯거리가 되는 것들, 악하게 사용될 만한 것들을 쌓는다고 읽을 수 있다. 이것은 그들이 하는 것을 묘사하는 것인가, 아니면 고난받는 자가 그것을 자초했음을 말하는 것인가? '쌓다'(יִקְבָּץ)라는 동사는 전자를 의미한다. 어떤 경우든 이 개념은 외부에 세세히 다 알려질 것이다.

지금까지 방문자가 드러낸 모습에는 거짓말하는 입과 악한 마음이 포함된다. 여기에 이제 비방이 더해져 소문이 나게 될 것이다. 안에서 그들은 의례적인 인사를 할 것이다. 하지만 밖에 가면 말을 바꾼다. 본문은 "나가서는 이를 널리 선포하오며"라고 말한다. 시편기자는 그들이 거짓으로 말하고 그의 죽음을 바란다고 묘사했으므로, 밖에 가서 말하는 것은 아픈 사람에게 말한 거짓된 것들(친절한 말)과는 분명 대조된다. 시편기자는 그들이 무엇을 생각하며 밖에서 무엇을 말할지 알았다.

7-8절은 그의 원수들("나를 미워하는 자", שֹׂנְאַי, 시 139:21의 같은 단어를 보라)이 거리에서 그에 대해 수군거리는(יִתְלַחֲשׁוּ)[26] 것을 기록한다. 간단히 말해, 그들은 그에 대해 악을('그의 악') 꾀한다(יַחְשְׁבוּ, 시 32:2의 같은 단어를 보라). 이 구절들은 5-6절의 유형을 따라 먼저 이 단어들을 소개하고 묘사하며, 그다음에 그것에 대해 이야기한다. 그들이 말하는 것은 8절에 기록되어 있다. "악한 병이 그에게 들었으니 이제 그가 눕고 다시 일어나지 못하리라."[27] "악한 병"이라는 말은 '악한

---

[26] לָחַשׁ라는 단어는 '속삭이다'라는 의미다. Gaster는 이것을 주문과 연결시키며 '쉿'이라는 해석을 한다 (Th. H. Gaster, "Short Notes," VT 4 [1954]:73-79). 이것은 더 나아가 그들의 속삭임을 악이라고 묘사할 것이다.

[27] MT에는 "그는 일어나는 데 더하지 못할 것이다"라고 되어 있다. 이것은 동사적 중언법으로, 그가 다시는 일어나지 못하리라는 것, 즉 그의 병에서 회복되지 못하리라는 의미다.

것'(evil thing, דְּבַר־בְּלִיַּעַל), "벨리알의 것"(시 18:5의 같은 단어를 보라)을 의미하는 해석적 번역이다. 이 단어는 보통 악하고 쓸모없는 것을 의미하며, 그래서 여기에서는 소름끼치는 것을 의미한다. 죄의 고약한 행동들과 빈번하게 연관되는 이 용어를 사용한 것은 분명 이 질병에 대한 소문에 영향을 끼칠 것이다. 구약에 마귀의 왕 벨리알로 해석하는 것에 대한 증거는 없다(하지만 고후 6:15을 보라). 크라우스는 이것이 죽음의 어떤 사악한 권세를 시사한다고 말한다. 그들이 이런 식으로 수군거리는 것이 그것을 저주로 만든다는 것에서 그들은 마치 주문을 거는 것과 같다.[28] 그리고 골딩게이는 그들이 스스로 그 죄인이 벌받는 것을 보기 위한 하나님의 종들이라고 생각하지 않았을까 추정한다.[29] 이런 전제들이 본문에서 입증될 수 있는지는 의심스럽다. 이것들은 단지 그의 상태를 육체적으로나 정신적으로 최악의 용어로 묘사한 것이었을 수도 있다. 그들은 모든 사람에게 그의 병상이 곧 그의 임종의 자리임을 확실히 알게 했다.

시편기자의 가장 큰 고통은 9절에 기록되어 있다. 그것은 바로 가까운 친구의 배신이다. 그는 그를 "나의 가까운 친구", 혹은 "나의 평강의 사람"(אִישׁ שְׁלוֹמִי)이라고 묘사한다. 이런 묘사를 사용한 것(시 38:3의 같은 단어를 보라)은 그 사람이 자신의 평화와 복지에 헌신한 사람, 진정으로 걱정해주는 친한 친구였다는 것 혹은 자신이 그렇게 생각했다는 것을 나타낸다. 더 나아가 그는 시편기자가 신뢰하고(בָּטַחְתִּי, 시 4:5의 같은 단어를 보라), 그와 더불어 있을 때 안전하고 안정감을 느꼈던 사람으로 묘사된다. 마지막으로 그는 시편기자와 함께 떡을 나눠 먹은 사람이다(문자적으로는 '내 떡/음식을 먹는 자', אוֹכֵל לַחְמִי). 함께 떡을 먹었다는 것은 진정한 신뢰와 교제가 있었음을 나타낸다. 관계에 대한 세 가지의 강력한 묘사에서 나오는 어투는 그 배신이 얼마나 치가 떨리는 것이었는지 알려주는 데 기여한다.

"나를 대적하여 그의 발꿈치를 들었나이다." 이 표현은 문자적으로는 그의

---

[28] *Psalms 1-59*, p.432.
[29] *Psalms 1-59*, p.432.

발꿈치를 '크게 만들었다'(הִגְדִּיל)라는 말이다. '발꿈치'(עָקֵב)라는 말은 배신을 이해하는 열쇠다. 이것은 창세기에서 '야곱'이라는 이름과 연결하여 가장 잘 알려져 있다.[30] 그렇다면 친숙한 친구가 시편기자를 배신하여 등을 돌리고, 원수들과 함께 그를 속여 그의 자리를 빼앗기 위해 그에게 우위를 점하려 애썼다. 몇몇 주석가들은 그가 아히도벨과 비슷한 사람들이었다고 추정하지만, 이 사람이 누구인가에 대해서는 아무런 언급도 없다. 이러한 배신은 인간관계에서 너무나 흔해서, 이 행은 대대로 많은 사람에게 적용되었다. 이 구절은 요한복음 13:18에서 유다에게 적절히 적용된다. 예수님은 전체 시편을 그의 상황에 적용하지는 않고, 그저 배신만을 적용하신다. 이 구절은 유다에 대한 예언이 아니다. 그보다 다윗의 더 위대한 자손 예수 그리스도를 그가 배신한 것에 이 단어의 가장 완전한 의미와 의의가 있다고 볼 수 있다.[31]

C. 회복을 위한 기도는 고난받는 자에게 가해진 부당한 행위를 바로잡으려 애쓸 것이다(10절)

이 시편의 간증 부분 역시 기도로 끝난다. 이것은 자비를 구하는 탄원을 반복한다. "내게 은혜를 베푸시고." 하지만 병을 고쳐달라는 탄원 대신 이제 그는 "나를 일으키사"(וַהֲקִימֵנִי, 시 3:1의 같은 단어를 보라)라고 구한다. 이것은 같은 것이지만 그가 자신의 지위와 권능으로 완전히 회복된다는 개념을 포함한다. 첫 번째 기도가 호소의 일부로 죄에 대한 설명적 고백이었던 반면, 이 기도는 "내가 그들에게 보응하게 하소서"(וַאֲשַׁלְּמָה לָהֶם, 시 38:3의 같은 단어를 보라)라는 그의 희망

---

[30] 이 신생아가 자기 형의 발꿈치를 붙잡았기 때문에 그 사건을 기념하고 받은 신탁을 표시하기 위해 그에게 '야곱'이라는 이름이 지어졌다(창 25:26). '야곱'(יַעֲקֹב)이라는 이름은 '그가 보호를 받기를' 혹은 '(여호와가) 보호하신다'라는 의미로, 발꿈치 사건과 후위 부대라는 개념을 결합시킨다. 그의 이름이 '발꿈치 잡는 사람' 혹은 '속이는 자'라는 부정적 함축을 갖게 된 것은 그가 그의 형을 속이고 복을 가로챘을 때였다(창 27:36). 이 함축은 그에게 꼭 달라붙어 있었다. 예레미야 9:4의 "형제마다 완전히 속이며"(עָקוֹב יַעְקֹב)에서 증언하는 바와 같다. 이것은 어떤 음험한 방법들을 이용하려 하는 것이다. 이처럼 '발꿈치'라는 단어는 속이는 어떤 사람의 배신을 의미했다.

[31] M. J. J. Menken, "The Translation of Psalm 41:10 in John 13:18," *JSNT* 40(1990):61-79를 보라.

사항을 포함한다.[32] 다른 몇 군데에서 시편기자는 하나님이 그들의 악을 갚아주실 것을 기도할지도 모른다. 하지만 여기에서는 시편기자가 그것을 직접 하기 원한다. 물론 악인은 그들의 배신과 악의에 대해 보응을 받을 것이다. 주석가들은 시편기자가 이러한 것을 바란다는 사실에 난처해했으며, 이것을 폄하하려 애썼다.[33] 원수들은 그에 대해 나쁘게 말함으로 그를 파멸시키고자 했다. 시편기자는 일어나서 그들의 악함을 폭로하고, 배신에 대해 수치를 주며, 그들의 계획을 끝내버리기 원한다. 기도 응답으로 회복된 시편기자가 그들의 위선과 계획을 알려서, 모든 사람이 그들의 악함을 알게 할 것이다. 하나님의 영광과 믿음의 온전함 그리고 신실한 자들의 안전을 위해 의인은 이렇게 해야 한다. 이런 종류의 배신은 무해한 죄가 아니기 때문이다. 그리고 실제로 이 시편기자가 다윗이었다면, 민족의 지도자로서 그는 그렇게 할 책임이 있었다. 그들은 악한 거짓말로 그를 제거하려 애썼기 때문이다. 이것은 개인적 복수가 아니라 그보다 훨씬 더 중요한 것이었다(서론에 나오는 저주 시편에 대한 논의를 보라).

III. 구원에 대한 감사는 여호와가 그를 따르는 사람들을 기뻐하신다는 것을 보여준다(11-12절)

이 시편의 마지막 두 구절은 감사함으로 하나님께 말하는 것이다. 하지만 이 말은 회중이 듣게 하려는 것이다. 시편기자는 "주께서 나를 기뻐하시는 줄을 내가 알았나이다"라고 선언한다. '이 일에서'(in this, 개역개정에는 이 말이 번역되어 있지

---

32 이 단어는 언어유희를 섞은 것이다. 그의 좋은 친구는 평화의 사람, 그를 돌보는 사람이 되어야 했으나 그렇게 하지 못했다. 그래서 시편기자는 그 모욕을 갚아주고 싶어 한다.

33 Kissane은 이것이 아마도 그들을 실망하게 하여 조롱하고자 하는 마음을 의미할 뿐이라고 말한다(E. J. Kissane, *The Book of Psalms*, p.184). 이것은 너무 약하다. 게다가 이것을 의미하는 것이라면, 그는 축부히 쉽게 이것을 말할 수 있었을 것이다. Weiser는 이런 감정은 이해할 만한 것으로, 그의 분노와 실망에서 나온 것이라고 말한다. 하지만 신약에 비추어 판단할 때, 이 본문에서 구약의 사고는 너무도 인간적인 감정에 제한을 받는다는 것을 분명하게 보여준다고 말한다(*Psalms*, p.345).

않다 - 역주)는 그가 치유되고 회복된 것을 의미한다.³⁴ 하나님은 그의 기도에 응답하셨고 그의 병을 고쳐주셨다. 그는 성소에 서서 원수들이 뭐라고 말하든, 이러한 병 고침은 하나님이 그를 기뻐하시는 증거라고 선언할 수 있었다. 그가 이것을 안 것은 기도에 응답하시면서 하나님께서 그의 원수들이 그를 이기고 승리하도록 허용하지 않으셨기 때문이다. 이 표현은 문자적으로 내 위에 '기뻐하다' 혹은 '외치다'(יָרִיעַ)라고 말한다. 원수들은 기뻐 외칠 입장에 있지 않았다. 그가 죽었으면 하는 그들의 소망이 좌절되었기 때문이다. 그들은 악한 계획에 실패했으며, 또한 그 계획이 폭로되었다.

이것은 여호와가 그를 온전한 중에(בְּתֻמִּי, 시 7:8의 같은 단어를 보라) 붙드신다는 증거였다. 이 단어는 완료 시제로(תָּמַכְתָּ), 특징적 완료로 볼 수 있으며 현재 시제로 번역되었다. 또한 단순 완료로 볼 수도 있다. '주께서 나를 붙드셨다'라는 것이다. 이것이 전후 문맥에 조금 더 잘 맞는다. 그의 온전함을 여호와가 구원해주신 이유로 언급하는 것은 앞에서 그가 죄를 인정한 것과 조화를 이룬다. 이것은 죄인이 된다고 해서 하나님이 그를 기뻐하지 않으신다는 의미가 아니다. 하나님은 그를 기뻐하셨다. 그가 죄를 고백하고 자비를 호소했기 때문이다. 자신의 죄를 인정한 것은 그가 여호와의 교훈과 규정들에 따라 살고자 한다는 증거다. 그는 여호와를 굳게 붙잡고 기도했기 때문에 여호와는 그를 고치셨고, 그를 영원토록 그분의 임재 안에 세우셨다. 여호와 앞에(혹은 여호와의 임재 안에) 세우신다(וַתַּצִּיבֵנִי)는 개념은 성소에 세우는 것에서 나온 것일 수도 있다. 하지만 이것은 그가 이제 죄를 용서받고, 치유를 받아, 하나님과의 교제를 회복하여 여호와의 돌보심 안에 확고히 서는 것을 의미한다. 하나님 앞에서 그의 위치는 영원히 확증된다.

---

34 Craigie는 이것이 그에게 주어진 신탁을 말한다고 말한다(*Psalms*, p.321).

제1권의 송영

시편 41:13은 이 시편의 일부가 아니라 1권(시편 구성에 대해서는 서론을 보라)에 나오는 시편 모음을 위한 송영이다.

> 이스라엘의 하나님 여호와를
> 영원부터 영원까지 송축할지로다 아멘 아멘.[35]

메시지와 적용

이 시편에서 우리는 궁핍한 사람들에게 자비를 보이는 사람들과 그들을 배신하는 사람들 간의 대조를 본다. 이것은 감사의 시다. 시편기자의 기도가 응답되었기 때문이다. 그는 곤경에서 건져냄을 받고 '친구들'의 배신으로부터 보호받았다. 그가 드리는 찬양의 요점은 여호와가 참회하며 고난받는 자를 회복시키고 배신하는 원수들의 계획들을 막아주신다는 것이다. 이것은 여호와가 그를 기뻐하신다는 증거다.

그가 드리는 이 찬양의 전면에 나오는 것은 여호와가 곤경의 때에 건지시는 사람들은 궁핍한 사람들을 돕는 사람들이라는 것이다. 그들은 자신들이 여호와께 구하는 자비를 참으로 이해하는 사람들이다. 이 시편의 흐름은 분명하다. 그는 먼저 하나님이 자비로운 자를 보호하고 건져주신다는 점을 말하고, 그다음에 여호와가 어떻게 자신을 구해주셨는지 선언함으로 증거를 제시하며, 마지막으로 여호와가 그를 받으셨다는 것을 보여주는 건지심에 대한 감사를 드린다.

---

[35] '송축하다'(blessed, בָּרוּךְ)에 대해서는 시편 5:12의 같은 단어, '아멘'(אָמֵן)에 대해서는 시편 15:2의 같은 단어를 보라.

그렇다면 기초가 되는 생각은 팔복과 함께 반복될 것이다. "긍휼히 여기는 자는 복이 있나니 그들이 긍휼히 여김을 받을 것임이요"(마 5:7).

이 시편에 대한 강해적 개념은 다음과 같이 표현할 수 있을 것이다. *하나님은 궁핍한 사람들에게 자비를 베푸는 사람을 기뻐하시므로, 그가 곤경에 처했을 때 그를 건지실 것이다.* 이러한 건지심에는 건강을 회복하는 것과 배신의 계획들이 이루어지는 것을 막는 것이 모두 포함된다. 용서를 원하는 사람이 다른 사람을 용서할 필요가 있는 것과 마찬가지로, 자비를 원하는 사람은 다른 사람에게 자비를 보일 필요가 있다. 그러므로 우리가 궁핍한 사람들에게 자비를 베푸는 것에 대한 성경의 교훈들에서 기본적 적용이 나와야 한다. 궁핍한 자들에게 자비를 베풀 때, 우리는 하나님의 복을 받을 것이다. 특히 우리가 자비를 구할 때 더욱 그렇다.